中国铁建年鉴

CHINA RAILWAY CONSTRUCTION CORPORATION LIMITED YEARBOOK

2011

中国铁道建筑总公司史志编审委员会编

中国铁道出版社

2012 · 北京

图书在版编目（CIP）数据

中国铁建年鉴. 2011/中国铁道建筑总公司史志编审委员会编.
—北京:中国铁道出版社,2012.3
ISBN 978-7-113-14350-3

Ⅰ.①中... Ⅱ.①中... Ⅲ.①铁路工程-中国-2011-年鉴 Ⅳ.①F532.3-54

中国版本图书馆CIP数据核字(2012)第034242号

书　　名:中国铁建年鉴(2011)
作　　者:中国铁道建筑总公司史志编审委员会
出版发行:中国铁道出版社(100054,北京市西城区右安门西街8号)
责任编辑:罗桂英
封面设计:杨启燕
印　　刷:北京中铁建印刷有限公司
开　　本:787毫米×1092毫米　1/16　印张:45　插页:52　字数:170万
版　　本:2012年3月第1版　2012年3月第1次印刷
书　　号:ISBN 978-7-113-14350-3
定　　价:260.00元

中国铁道建筑总公司史志编审委员会

本期年鉴编辑工作人员

编辑说明

一、《中国铁建年鉴》是一部概览中国铁建系统的综合性、资料性工具书，1993年创刊，逐年连续出版，本期年鉴为第19卷。年鉴全面、系统地反映2010年度中国铁建系统企业改革、施工生产、经营管理、科技教育、党群工作等方面的成果、经验和重要活动信息。

二、年鉴内容采用文章、条目、图片、表格等表现形式。年鉴体例采用分类编辑法，全书由类目、分目、条目三个层次组成，个别类目如工程施工、科技文化，为表述清楚设次分目。本期年鉴设类目16个，类目下设分目68个、次分目31个、条目1479条、表格79份、文章17篇。

三、本期年鉴随着企业的发展和重点工程施工情况，在彩页中增设"企业发展"、"沙特轻轨铁路"、"京沪高速铁路"、"包西铁路"、"站房"等栏目。

四、年鉴稿件来源于中国铁建总部机关各部门及所属各单位，并经其主管领导审核把关。年鉴文章、条目、图表中涉及的某些数据，是按不同口径、通过不同渠道提供的，如有矛盾之处，应以经营计划和财务部门提供的数据为准。

五、本年鉴根据行文实际需要，对单位名称采用全称和简称并用的办法。

六、本年鉴卷首有详细的目录，卷末有按汉语拼音顺序排列的主题分析索引，文中所有信息均可由目录、索引、书眉获得。

七、本年鉴坚持"质量第一、读者第一、服务第一"的宗旨，从年鉴内容到格式均按《编辑出版法规手册》的有关规定进行规范。如有疏漏不当之处，欢迎提出宝贵意见。

八、《中国铁建年鉴》的编辑出版，得到中国版协年鉴工作委员会、中国铁道出版社和兄弟单位的指导、帮助，得到中国铁建系统各级领导、部门的关心、支持，得到各单位史志工作者的密切配合，我们在此一并致谢。

2010 年 2 月 15 日，中共中央总书记、国家主席、中央军委主席胡锦涛（前排左二）到建设中的福建厦门翔安海底隧道工地，给在春节期间坚持施工的建设者拜年，勉励大家再接再厉，安全优质建成厦门海底隧道。图为中国铁建总裁赵广发（前排右二）在向胡锦涛总书记汇报翔安隧道建设情况。

（刘 文 摄）

2010年5月22日，中共中央政治局常委、全国人大常委会委员长吴邦国在四川调研期间，专程考察四川地震灾后重建项目成都至都江堰铁路工程。吴邦国对铁路建成通车给予高度评价，赞扬铁路部门和建设者为四川地震灾区恢复重建作出重要贡献。中铁第五勘察设计院集团公司董事长娄德兰（中）作为监理单位代表受到吴邦国委员长亲切接见。（丁浩 提供）

2010年6月14日，中共中央政治局常委、国务院总理温家宝（前排右二）视察中铁十四局集团北京地铁6号线平安里站建设工地。（刘文 摄）

2010年11月20日，中国国家副主席习近平在安哥拉访问期间，视察中资企业联合承建的安哥拉社会住房项目工地，并亲切接见中铁十七局集团公司董事长、党委书记段东明等中资企业负责人和参建员工代表。图为习近平（前排右）亲切接见段东明（前排左）。（成善平　摄）

2010年5月19日，中共中央政治局常委、中纪委书记贺国强（右二），中央书记处书记、中纪委副书记何勇（右三）一行在江苏省省委书记梁保华（右一）陪同下视察中国铁建南京长江隧道建设工地。（刘　文　摄）

2010年6月19日，中共中央政治局委员、国务院副总理、国务院抗震救灾总指挥部总指挥回良玉在青海省玉树州考察期间，冒雨视察中国铁建玉树地震灾后重建指挥部营地，亲切慰问中铁二十一局集团四公司参建干部职工。图为回良玉副总理（左二）在营地施工图前听取指挥部人员汇报。　（高秋凤　提供）

2010年8月19日，中共中央政治局委员、国务院副总理张德江到中国铁建调研安全生产工作。图为张德江副总理（右一）与中国铁建董事长、总经理孟凤朝（左一）亲切握手。　（刘　文　摄）

2010年4月9日，全国人大常委会副委员长路甬祥（右二）率执法检查组到中铁第四勘察设计院集团公司开展科学技术进步法执法检查。　（李　杰　摄）

2010 年 7 月 30 日，内蒙古自治区党委书记胡春华（左一）视察中铁十九局集团矿业公司乌努格吐山铜钼矿项目。（张振宇 摄）

2010 年 9 月 27 日，吉林省省委书记孙政才（前排中）视察中铁十三局集团公司长春站综合交通换乘中心施工现场。

（李升旺 提供）

2010 年 8 月 14 日，上海市市委副书记、市长韩正（前排右）视察中铁二十四局集团公司都江堰蒲虹公路工程施工现场。图为韩正市长听取中铁二十四局集团公司董事长、党委书记王北京（前排左）的工作汇报。（文 雄 摄）

2010年6月8日，山西省省委副书记、省长王君(前排左三)到中铁二十局集团一公司忻阜高速公路路面项目部施工现场检查指导工作。（麻 祎 提供）

2010年9月30日，天津市市长黄兴国（右）到天津地铁于家堡枢纽站建设工地，慰问中铁十六局集团公司工程建设者。（刘 静 摄）

2010年3月25日，国务院国资委监事会主席李克(中)、国务院监事会第十六办事处主任金丹阳(左)在中国铁建副总裁、总会计师庄尚标(右)陪同下到中铁二十四局集团公司调研。（文 雄 摄）

2010年6月3日，铁道部副部长陆东福(左三)到中铁二十一局集团公司西宁北货运中心项目部检查指导工作。
(高秋风 提供)

2010年11月19日，铁道部副部长卢春房(右一)到中铁建设集团公司承建的京广铁路保定站改造工程检查工作。
(赵大鹏 提供)

2010年11月5日，国家安全生产监督管理总局副局长王德学(左)视察中铁十六局集团公司北京地铁6号线8标段工程。
(成海忠 摄)

2010 年 9 月 23 日，股份公司董事长、党委书记孟凤朝（前排中）视察中国土木工程集团公司沙特分公司利雅得金融区项目。

（郭子岩　提供）

2010 年 11 月 6 日，第四届中外跨国公司 CEO 圆桌会议在北京举行。股份公司总裁赵广发应邀参加会议，并作为中国进入世界 500 强企业的代表在开幕大会上发表主题演讲。

（董跃君　秉　文　摄）

2010年6月1日，股份公司党委副书记、纪委书记、工会主席、监事会主席彭树贵接见中国铁建“十佳女职工标兵”。（刘文 摄）

2011年11月8日，股份公司党委副书记、纪委书记、监事会主席齐晓飞（左三）到中国铁建昆明工程指挥部检查工作。（伍振 刘超 摄）

2010年4月21日，股份公司副总裁扈振衣（中）在特立尼达和多巴哥共和国斯卡伯罗总医院项目现场办公。（弭尚宝 摄）

2010年6月19日，股份公司副总裁、玉树地震灾后恢复重建领导小组组长夏国斌(左二)代表中国铁建与青海省签订《青海玉树地震灾后恢复援建协议》。 (刘文 吴广红 摄)

2010年6月25日，中央企业职工技能竞赛工程测量工决赛在成都举行。股份公司副总裁范德出席决赛开幕式。图为开幕式前，范德副总裁(右)亲切接见参赛选手，鼓励大家"顽强拼搏，保持荣誉，赛出好成绩"。 (赵其红 提供)

2010年11月23日，股份公司副总裁周志亮出席尼日利亚莱基自贸区首届工程机械展开幕式。图为周志亮副总裁(右)与中国驻尼日利亚大使邓波清(左)和尼日利亚拉各斯州副州长 Serah Sosan 女士一起为首届莱基工程机械展剪彩。 (杨明利 摄)

2010 年 12 月 28 日，股份公司副总裁、总会计师兼总法律顾问庄尚标（前排右二）到南宁中国铁建·凤岭山语城项目调研。（穆恒昌 摄）

2010 年 7 月 9 日，股份公司副总裁张宗言（右二）到中铁十三局集团公司哈齐铁路客运专线施工现场指导工作。（李仕兵 摄）

2010 年 3 月 18 日，股份公司副总裁刘汝臣（前排左）到中铁十五局集团公司北京地铁项目部考察施工情况。（段兵 提供）

中铁建中非建设有限公司

CRCC CHINA-AFRICA CONSTRUCTION LIMITED

中铁建中非建设有限公司（以下简称中非建设）是中国铁建股份有限公司（以下简称中国铁建）全资子公司，2010 年 2 月成立。经营范围包括施工总承包、矿产勘察设计、项目投资、货物进出口，具有企业境外投资资格。

中非建设是中国铁建为推进“大海外”战略，深度立体经营以尼日利亚为龙头的非洲建筑市场而成立的。主营业务分为尼日利亚莱基自由贸易区开发建设、国际工程承包和国际商贸物流三大板块，市场开拓重点是以尼日利亚为中心的西非市场、以南非为中心的南部非洲市场和以坦桑尼亚、肯尼亚为中心的东非市场。莱基自由贸易区开发建设项目是中国铁建在境外的最大投资项目，2006 年项目投资开发正式启动。中非建设负责莱基自由贸易区的投资、规划、开发、建设、招商、运营和管理，未来的莱基自由贸易区将建设成为基础设施完善、配套服务齐全，集投资、创业、生活、居住为一体的具有国际标准的现代化新城，成为中尼、中非合作的里程碑。在商贸物流领域，中非建设立足于莱基自由贸易区商贸物流园区，着眼于整个非洲市场乃至全球的贸易物流商机，打造中国铁建的国际商贸物流平台，为中国铁建的海外工程项目和国际商贸物流业务提供资源保障和服务网络支持，并力争发展成为中非贸易中最具实力的国际商贸和物流的系统集成商。

（李颖星　撰文并提供图片）

董事长、党委书记、总经理陈晓星（右三），副总经理、总工程师张国峰（左二），副总经理张文锦（右二）、丁永华（右一），财务总监曹锡锐（左三），副总经理池长贵（左一）。

尼日利亚莱基自由贸易区物流园区

莱基自由贸易区入口

诚合保险经纪有限责任公司

CHENGHE INSURANCE BROKERS CC.,LTD.

诚合保险经纪有限责任公司由中国铁建股份有限公司独家出资设立的全国性、综合性保险经纪公司，注册资本金5000万元人民币。公司是在原中国铁道建筑总公司商业保险中心基础上组建而成，于2009年11月正式挂牌运营。主要从事建筑安装工程险、建筑施工人员人身意外伤害险、企业财产险、机械设备险、机动车辆险、货物运输险、各类责任险等保险经纪业务。

公司依托中国铁建在铁路、公路、市政、地铁、水利、水电等工程领域丰富的施工管理经验，特聘一批专家、教授组成一支集工程技术、保险经纪专家于一体的复合型专业团队，更好地为客户提供高效、专业、周到、精准的服务。

公司经营范围覆盖海内外。作为保险经纪人承揽的国内业务主要有包西、牡绥、合福、湘桂、云桂、张唐、赣龙铁路和哈大、大西、成渝、沪昆铁路客运专线及广西沿海铁路、山西中南部铁路通道、京承高速公路、昆明二环路改造工程、南京长江隧道、北京西直门交通枢纽、三峡大厦、万达广场、中国铁建大厦等项目；承揽的海外业务主要有阿尔及利亚175铁路、阿尔及利亚东西高速公路、中国中铁委内瑞拉铁路、利比亚沿海铁路、西线铁路、土耳其高速铁路、沙特麦加铁路、尼日利亚现代化铁路等项目。在项目经营过程中积累了丰富的风险管理、保险采购、索赔服务工作经验。

（靳浩冉 撰文并提供图片）

董事长曹锡锐（左二）、总经理汤建国（右二）、副总经理张德清（左一）、郎玉华（右一）。

2011年3月23日~25日，股份公司副总裁、总会计师庄尚标代表股份公司出席公司阿尔及利亚东西高速公路（中段）工程险理赔协调会。

①铁路
②南京长江隧道
③北京用友软件中心

中铁十二局集团公司开发的“秦岭终南山公路隧道建设与运营管理关键技术”成果获2010年度国家科学技术进步一等奖。（张林祥　提供）

中铁十六局集团公司开发的“西气东输工程技术及应用”成果获2010年度国家科学技术进步一等奖。（成海忠　摄）

中铁十八局集团公司开发的“遂渝线无砟轨道关键技术研究与应用”成果获2010年度国家科学技术进步一等奖。（阎世杰　提供）

中铁第五勘察设计院集团公司主持，中国铁建股份公司和中铁十三、十七、十六、十二局集团公司参加的“高速铁路900吨简支箱梁建造成套技术与装备”成果获2010年度国家科学技术进步二等奖。（杨 青　提供）

中铁十四局集团公司研发的“莱钢厂区复杂环境1600万立方米石方深孔控制爆破安全快速施工综合技术”被中国工程爆破协会评为科学技术特等奖。（刘 宁　提供）

中铁二十四局集团福建公司在厦门园博园桥梁工程枢星桥施工中开发的“竖向预应力倒Y型斜塔双侧不对称斜拉桥施工技术”成果获中国施工企业管理协会科学技术创新成果二等奖。（李锋 庄民群 提供）

中铁二十三局集团公司自主研发的“CRTS Ⅲ型无砟轨道板及维修施工技术”成果通过四川省科技厅鉴定，达到国际领先水平。（沈北林 提供）

中铁十三局集团六公司在102国道跨伊通河桥施工中开发的“飞燕式钢管混凝土异型拱桥综合施工技术”成果通过吉林省科技厅鉴定，达到国际领先水平。（李升旺 提供）

中铁十一局集团一公司承建的武广高速铁路汀泗河特大桥，为中国首座高速铁路主跨140米钢箱系杆拱桥。施工中成功解决大跨度钢桥无砟轨道施工难题，填补国内空白。大桥综合施工技术经湖北省科技厅鉴定，达到国际领先水平。

（徐云华 摄）

中铁十三局集团公司承建的厦深铁路榕江特大桥工程主跨（110+220+220+110）米钢桁梁柔性拱在同类型桥梁中位居世界第一位。施工中成功解决大跨度钢桁梁柔性拱拼装方案及抗台风稳定性等施工难题。图为钢桁梁悬拼施工场景。（李仕兵 摄）

中铁第四勘察设计院集团公司勘察设计的武昌火车站改扩建工程获 2010 年度中国土木工程詹天佑奖。（方 东 摄）

中铁第一勘察设计院集团公司勘察设计、中铁十二局集团公司承建的武汉北编组站工程获 2010 年度中国土木工程詹天佑奖。（赵九轩 提供）

中铁第四勘察设计院集团公司勘察设计，中铁十一、十二、十七、二十四、二十五局集团公司参建的合肥至武汉铁路工程获 2010 年度中国土木工程詹天佑奖。（沈全荣 摄）

中铁第四勘察设计院集团公司勘察设计的武汉长江隧道工程获2010年度中国土木工程詹天佑奖。（刘新红 摄）

中铁十一、十二局集团公司承建的石太铁路客运专线南梁隧道工程获2010年度中国土木工程詹天佑奖。（赵九轩 提供）

中铁十一局集团四公司、中铁十二局集团二公司、中铁十八局集团五公司参建的云南思茅至小勐养高速公路工程获2010年度中国土木工程詹天佑奖。（阎世杰 提供）

中铁十五局集团公司、中铁十八局集团上海公司参建的南京至淮安高速公路工程获2010年度中国土木工程詹天佑奖。图为中铁十八局集团公司承建的老山隧道工程通过国家森林公园，隧道洞口采用零仰拱新工法开挖，确保原生植被免遭破坏。

（阎世杰　提供）

中铁二十局集团房地产公司开发的中铁·山水天下项目获2010年度全国詹天佑大奖·重庆优秀住宅小区金奖。（麻祎　提供）

中铁十九局集团公司参建的润扬长江公路大桥工程获2010年度国家优质工程金质奖。（杨秀权　摄影）

中铁十八局集团二公司参建的华能海门电厂一期 1、2 号机组新建工程获 2010 年度国家优质工程金质奖。（阎世杰 提供）

中铁十八局集团二公司、中铁十四局集团公司参建的华能通辽宝龙山风电场（148.5 兆瓦）工程获 2010 年度国家优质工程银质奖。（王秀杰 提供）

中铁十四、十五局集团公司参建的华能寿光风力发电项目工程（一期）获 2010 年度国家优质工程银质奖。（刘 宁 摄）

中铁十九局集团二公司、中铁二十四局集团公司、中铁二十局集团一公司参建的京杭运河常州市区段改线工程获 2010 年度国家优质工程银质奖。 （麻 祎 提供）

中铁十三局集团四公司承建的黑龙江省松花江大顶子山航电枢纽船闸工程获 2010 年度国家优质工程银质奖。（李升旺 提供）

中铁第一勘察设计院集团甘肃铁一院工程监理公司监理的新建内蒙古东乌铁路“四电”工程获 2010 年度国家优质工程银质奖。（王秀梅 提供）

中铁第四勘察设计院集团公司勘察设计、中铁二十四局集团公司承建、中铁二十四局集团福建铁路建设公司参建的温福铁路(福建段)Ⅱ标段青岙隧道工程获 2010 年度国家优质工程银质奖。（庄民群 提供）

中铁十六局集团公司，中铁二十二局集团公司及其电气化工程公司、哈尔滨铁路建设集团公司，中铁二十三局集团公司及其二公司、电务工程公司参建的滨洲线海拉尔至满洲里段增建二线及博克图至兴安岭段改造工程获 2010 年度国家优质工程银质奖。（沈北林 提供）

中铁十二局集团公司、中铁二十一局集团三公司、中铁十九局集团三公司参建的国家高速公路广州至昆明(G80)云南罗村口至富宁高速公路工程获 2010 年度国家优质工程银质奖。（高秋凤 提供）

中铁十三局集团四公司参建的绥满国道主干线海林至亚布力公路改扩建工程获 2010 年度国家优质工程银质奖。（李升旺 提供）

中铁十八局集团公司承建、中铁十三局集团电务工程公司参建的国家高速公路网沪陕线陕西境蓝田至商州高速公路蓝田至林岔河段秦岭隧道工程获2010年度国家优质工程银质奖。（张湘涛　摄）

中铁第四勘察设计院集团公司勘察设计的湘潭市湘江四大桥工程获2010年度国家优质工程银质奖。

（刘时运　提供）

中铁十八局集团五公司参建的通惠河北路道路工程获2010年度国家优质工程银质奖。图为四惠河立交桥全景。

（潘桥敏　提供）

中铁十四局集团公司、中铁二十三局集团一公司参建的国道104济南零点立交至燕山立交高架桥工程获2010年度国家优质工程银质奖。

（刘　宁　提供）

中铁十八局集团三公司承建的天津开发区净水厂三期工程获 2010 年度国家优质工程银质奖。（张伟良 摄）

中铁上海设计院集团上海先行建设监理公司监理，中铁十六、十七、十九局集团公司参建的上海市轨道交通 7 号线工程获 2010 年度中国市政金杯示范工程奖。（葛彦 提供）

中铁十一、十三局集团公司参建的上海浦东浦江镇公共交通配套工程获 2010 年度中国市政金杯示范工程奖。（李升旺 提供）

中铁建设集团公司承建的中铁建设大厦工程获 2010 年度国家优质工程银质奖和国家公共建筑装饰奖和装饰设计奖。（赵大鹏 提供）

2010 年 4 月 20 日，中国铁建副总裁扈振衣（前排右三）与特立尼达和多巴哥共和国保险财产发展有限公司总经理温迪·阿里女士（前排左三）分别代表双方签署股份公司在美洲地区的第一份设计施工与设备采购安装总承包合同——多巴哥斯卡伯罗总医院项目合同。（弭尚宝 提供）

2010 年 5 月 6 日，中国土木工程集团公司总经理袁立（左三）会见肯尼亚副总理兼财政部长肯雅塔阁下（右三）、肯尼亚驻华大使姆土里先生（左二）。（寇鲁林 摄）

2010 年 3 月 22 日，奥地利驻华大使赛迪科、商务参赞安斯莱一行到昆明中铁大型养路机械集团公司参观访问。图为奥地利驻华大使赛迪科先生、商务参赞安斯莱等在昆明中铁参观考察。（富建强 摄）

2010 年 11 月 8 日，中国铁建与美国加州众议院代表团举行会谈。（秉文 摄）

2010 年 11 月 25 日，中国土木工程集团公司承建的坦桑尼亚联合共和国多多马大学工程竣工。图为坦桑尼亚联合共和国总统基奎特阁下为工程竣工剪彩，并出席多多马大学新学期开学典礼暨首届毕业生毕业庆典。

（郭子岩　提供）

中国土木工程集团尼日利亚有限公司承建的尼日利亚阿布贾工业银行大楼工程。（郭子岩　提供）

中铁十二局集团公司承建的阿尔及利亚东西高速公路工程。（卢德安　提供）

中铁十七局集团公司承建的安哥拉社会住房工程。（周秦　提供）

中铁十八局集团泰国公司承建的泰国曼谷轻轨铁路工程。（马剑平　提供）

沙特麦加轻轨铁路

2010年11月13日，中国铁建承包建设的沙特麦加轻轨铁路建成通车。图为中国铁建总裁赵广发与乘坐首发列车的麦地那大学教师交谈。（董立巍 摄）

麦加轻轨铁路的建成，大大缓解了数百万穆斯林在朝觐期间的交通压力。（刘 文 摄）

整洁明亮的站台。（董立巍 摄）

轻轨高架区间交叉渡线段。（刘 文 摄）

穆兹1车站夜景。（刘 文 摄）

阿拉法特2站系统安装工程。（刘 文 摄）

中铁十二局集团公司承建的京沪高速铁路徐州段后八丁特大桥工程，全长7.7公里。（武 羽 摄）

2010年5月，中铁十六局集团公司完成京沪高速铁路第一道岔铺设。（杨卧龙 摄）

中铁第一勘察设计院集团公司监理的京沪高速铁路北京特大桥工程，全长48.2公里1479孔。（王秀梅 提供）

中铁十七局集团公司承建的跨越京沪、京九等5条既有铁路线的京沪高速铁路1标段特殊结构工程——西黄左空间刚构桥。（贾国春 摄）

中铁十七局集团公司承建的京沪高速铁路跨京开高速公路转体桥工程。（贾国春 摄）

包西铁路

中铁十一局集团公司承建的包西铁路庆兴隧道工程。（李旭阳 摄）

中铁十二局集团电气化公司承建的包西铁路 BXZH-3 标段“四电”工程。（袁永江 摄）

中铁十七局集团公司承建的包西铁路周家湾延河特大桥工程。（孟庆财 提供）

中铁十九局集团公司承建的包西铁路米家园则榆溪河特大桥工程。（田九江 摄）

中铁十二局集团建筑安装公司承建的西安北客站工程是全亚洲规模最大的车站，车站建筑风格寓意“唐风汉韵、盛世华章”，具有现代交通建筑跨度大、结构新、通透快捷的特征，是一座集先进性、经济性、系统性、功能性和文化性于一体的现代化客站。图为西安北客站候车大厅。

（梁建平　摄）

中铁十三局集团公司承建的南京南站工程。（李仕兵　摄）

2010 年 4 月 26 日，福厦铁路正式开通运营。图为动车组即将从中铁十六局集团公司承建的福州南站始发。（杨卧龙　摄）

中铁十七局集团公司承建的武广铁路客运专线武汉站。（周福荣　摄）

中铁建设集团公司承建的厦门北客站工程。

（赵大鹏　摄）

中铁十二局集团二公司承建的太中银铁路吕梁山特长隧道工程。（白国峰 摄）

中铁十六局集团公司参建的福厦铁路工程。（杨卧龙 摄）

中铁十六局集团五公司承建的兰渝铁路古迹坪隧道工程。（杨卧龙 摄）

中铁十八局集团二公司承建的厦深铁路长沙湾特大桥工程。（王秀杰 摄）

中铁二十局集团六公司承建的兰新铁路第二双线祁连山隧道工程。（麻 祎 提供）

中铁十一局集团一公司承建的湘桂铁路古龙特大桥工程被评为全线样板示范工程。（全 伟 摄）

中铁二十局集团公司承建的海洋铁路工程。（麻 祎 提供）

北京铁城建设监理公司监理的兰青铁路二线站后工程获青海省江河源杯优质工程奖。
（满赫伦 提供）

中铁十三局集团公司承建的哈大铁路客运专线长春联络线工程。（李升旺 提供）

中铁十七局集团公司承建的武广铁路客运专线猴岩大桥工程。（孟庆财 提供）

中铁十三局集团公司承建的京石铁路客运专线跨张石高速公路特大桥工程。（李仕兵 摄）

中铁十七局集团公司承建的成绵乐铁路客运专线涪江2号特大桥工程。（孟庆财 提供）

中铁二十三局集团公司承建的石武铁路客运专线黄龙寺隧道工程，全长8715米，是目前在建的世界上最长的板式无砟轨道高速铁路隧道。

（沈北林　提供）

中铁二十四局集团浙江公司承建的沪宁城际高速铁路德胜河特大桥工程。

（章恒全　摄）

中铁建电气化局集团公司承建的郑西铁路客运专线电气化工程。（赵守民　摄）

中铁十一局集团五公司承建的重庆渝湘高速公路沙坝隧道工程获重庆市巴渝杯优质工程奖。（付 刚 摄）

中铁十二局集团二公司承建的厦蓉高速公路 AT19 标段污河昔特大桥工程，最高墩 123 米。（陈庆亮 摄）

中铁十二局集团一公司承建的陕西省宝汉高速公路工程。（武 羽 摄）

中铁十三局集团公司承建的承唐高速公路安子岭 1 号大桥与安子岭 1 号隧道工程。（李升旺 提供）

中铁十四局集团三公司承建的亚洲跨度最大、安装精度最高的天津滨海新区海河开启桥工程。 （杜振珂 摄）

中铁十四局集团一公司承建的福州长乐机场高速公路二期A5标段金鸡山隧道工程。 （刘 宁 提供）

中铁十六局集团公司承建的唐山曹妃甸纳潮河大桥工程。 （杨卧龙 摄）

中铁十六局集团公司参建的青兰高速公路陕西段建成通车。 （杨卧龙 摄）

中铁十六、十八局集团公司承建的青岛胶州湾隧道全长 7800 米，其中海底段隧道 3950 米，湾口最大水深 40 米，是目前中国建设的第二条海底隧道。（刘庆玉 摄）

中铁十八局集团二公司承建的苏州凤凰山隧道工程。（张 骥 摄）

中铁十八局集团大都公司参建的京承高速公路三期工程。（贾 靖 提供）

中铁十九局集团公司承建的青岛滨海公路南段一期工程陈家贡湾特大桥获 2010 年度火车头优质工程奖。（王振泰 摄）

中铁十九局集团公司承建的重庆渝湘高速公路武隆至水江段白云隧道工程获 2010 年度火车头优质工程奖。（路玉宝 摄）

中铁十九局集团公司承建的云南新街至河口高速公路工程获 2010 年度云南省优质工程奖。（倪作霖 摄）

中铁二十一局集团三公司承建的十天高速公路桥隧相连的 H-C03 标段工程。（高秋凤 提供）

中铁建设集团公司承建的上海世界博览会石油馆工程获 2010 年度上海市钢结构金刚奖。（赵大鹏　提供）

中铁建设集团公司承建的海口市第二行政办公区工程获 2010 年度海南省建筑施工优质结构工程奖。（赵大鹏　提供）

中铁十六局集团北京公司承建的呼和浩特市东方君座办公区工程质量优良。（成海忠　摄）

中铁建设集团公司承建的山西太原恒大绿洲一期工程。
（赵大鹏 提供）

中铁建设集团公司承建的西安万达广场工程。
（赵大鹏 提供）

中铁十八局集团大都公司参建的河北省燕郊开发区地中海风情区汇福苑工程。
（贾 靖 提供）

中铁建设集团公司承建的天津爱家星河花园工程。
（赵大鹏 提供）

中铁十九局集团公司承建的安徽池洲海螺 2×5000 吨 / 日水泥熟料生产线工程被评为 2010 年度国家建材工程建设优质工程。
（蔡庆荣 摄）

中铁十一局集团三公司、电务公司参建的上海轨道交通2号线西延伸工程获上海白玉兰杯优质工程奖。图为安装完毕的支架和汇流排。（李 毅 提供）

中铁十三局集团公司承建的长春轻轨三期工程。（李升旺 提供）

中铁十三局集团公司承建的深圳地铁3107标段工程。（李升旺 提供）

中铁十九局集团公司参建的南京地铁2号线工程。（邱公立 摄）

中铁十九局集团公司参建的中国黄金集团公司乌努格吐山铜钼矿工程获 2010 年度中国有色金属工业优质工程奖。（张振宇 摄）

中铁十三局集团公司承建的南水北调中线京石段应急供水工程 8 标段界河倒虹吸延长段工程。（李升旺 提供）

中铁十六局集团公司承建的南水北调中线穿黄工程过河隧道贯通。图为盾构机在黄河南岸竖井内破土而出。（成海忠 摄）

中铁十一局集团六公司自主研发的 THY9008 运梁车，是中国铁建研制的首套桥隧箱梁运架设备。（高 宇 摄）

昆明中铁大型养路机械集团公司研发制造的 QJC-190 桥梁检查车。（董 志 提供）

昆明中铁大型养路机械集团公司研发制造的世界第一台 YGHQ-1200 数控气压焊轨车。（董 志 提供）

中铁轨道系统集团公司自主研发的土压平衡盾构机。（吴定州 提供）

中铁房地产集团公司开发建设的长沙中国铁建·山语城。（李 娜 提供）

中铁房地产集团公司开发建设的贵阳中国铁建·国际城。（李 娜 提供）

中铁房地产集团公司开发建设的合肥中国铁建·国际城一期旭园项目。（李 娜 提供）

中铁房地产集团公司和中铁二十二局集团公司合作开发建设的保定中国铁建·京南一品。（王烂烂 摄）

中铁十四局集团凯华置业公司开发建设的岸芷汀兰项目被中国房地产研究会人居环境委员会授予中国人居环境金牌建设试点项目。（刘 宁 提供）

2010年1月28日，中铁第四勘察设计院集团公司总体设计的世界上第一条修建在湿陷性黄土上的高速铁路——郑西铁路客运专线通车运行。（罗春晓 摄）

中铁第一勘察设计院集团公司在广州地铁2、3号线车辆段设计中，采用两线共用设置，为全国首创，车辆段规模居亚洲第一。（张孟桥 摄）

中铁第一勘察设计院集团公司设计的北京地铁5号线工程获2010年度全国优秀勘察设计一等奖。（王秀梅 提供）

中铁第一勘察设计院集团公司设计的郑西铁路客运专线轨道工程获2010年度陕西省优秀勘察设计一等奖。（张孟桥 摄）

中铁第一勘察设计院集团公司设计的新丰镇编组站综合自动化系统。（丁洋 摄）

2010年1月，中铁第一勘察设计院集团公司参与设计的上海世界博览会配套工程——上海市特大型市政工程浦东国际机场北通道建成通车。（张培龙 摄）

2010 年 7 月 1 日，中铁第四勘察设计院集团公司勘察设计的沪宁城际高速铁路通车运营。（李 敏 摄）

2010 年 10 月 26 日，中铁第四勘察设计院集团公司勘察设计的沪杭铁路客运专线建成通车。（罗春晓 摄）

2010 年 12 月 22 日，中铁第四勘察设计院集团公司勘察设计的宜万铁路全线开通运营。（李 敏 摄）

2010 年 1 月 30 日，中铁第四勘察设计院集团公司设计的广州南站投入运营。广州南站模型陈列在上海世界博览会中国铁路馆。（徐惠敏 摄）

中国铁建 BT 项目——重庆鱼洞长江大桥一期工程建成通车。

（刘 文 提供）

2010 年 12 月 16 日，中铁建山东京沪高速公路济乐有限公司与交通银行、中国银行、中国农业银行、中国建设银行、中国工商银行、招商银行组成的银团，在山东大厦签订 56 亿元的银团贷款合同。 （周 圆 提供）

2010 年 5 月 26 日，中国铁建与南京市政府签署南京长江隧道股权资产回购协议。图为签约仪式现场。

（刘 文 摄）

中国铁建 BT 项目——昆明市主城二环快速系统改扩建工程获 2010 年度火车头优质工程奖。

（倪作霖 摄）

青海玉树地震救灾纪实

2010 年 4 月 14 日，青海玉树地震发生后，中铁十九局集团公司广大职工表现出强烈的社会责任感，积极主动捐款 150 余万元。图为该集团公司海外指挥部职工捐款时的情景。

（张羽彬　摄）

中铁第一勘察设计院集团公司的技术人员在玉树灾后重建工作中，为早日让灾区人民过上正常生活，加班加点工作，受到当地群众的热烈欢迎。图为藏族同胞热情地为技术人员指路。

（丁洋　摄）

2010 年 4 月 16 日，中国铁建委托中铁二十一局集团公司向青海玉树灾区捐款 500 万元人民币。图为中铁二十一局集团公司党委副书记、工会主席张克勤（右）代表中国铁建向青海灾区人民捐款，青海省副省长骆玉林（左）代表省政府接受捐款。

（高秋凤　提供）

中铁二十二局集团三公司帮助玉树地震灾区 42 名藏族儿童进行心理救助和心灵抚慰。图为 7 月 24 日，42 名玉树儿童在中铁二十二局集团三公司组织的专题活动中收获快乐的同时，也重拾信心。

（孔祥文　摄）

中铁二十一局集团一公司承建的玉树灾后重建工程——玉树州藏医院。

（高秋凤　提供）

2010 年 10 月 19 日，中铁第四勘察设计院集团公司职工体育代表团参加湖北省第十三届运动会，在企业组 32 个参赛代表团中，金牌及奖牌榜排名第 3。图为代表团在开幕式上入场。（李 杰 摄）

2010 年 10 月 15 日，中铁房地产集团公司举办“践行企业价值观，提升发展软实力”演讲比赛。（李 娜 提供）

2010 年 11 月 6 日，中铁建设集团公司开展“爱岗敬业、无私奉献”青年职工演讲比赛。（赵大鹏 提供）

中铁物资集团公司举办春节文艺联欢会。（施卫民 摄）

2010 年 12 月 17 日，由中国美术家协会与中国铁建联合举办，中国铁道建筑报社承办的，以“中国铁建与大路生活”为主题的第十五届大路画展在中国美术馆隆重开幕。赵广发、廖静文、吴长江、詹建俊、马书林等领导和艺术家为画展剪彩。（刘 文 摄）

目　录
Contents

特　载
Special Records

大 事 记
Record of Major Events

概　况
CRCC in Brief

董事会工作
Activities of the Board of Directors

工程施工
Engineering Construction

工程管理
Engineering Management

海外经营　境外工程
Overseas Operation & Projects

海外经营
Overseas Operation

·海外业务·

·Overseas Business·

·海外及港澳资源管理·

·Overseas and Hong Kong and Macao Resource Management·

境外工程
Overseas Projects

经 营 管 理
Operation & Management

企业管理
Enterprise Management

经营计划
Operation Planning

房地产开发与监管
Real Estate Development and Supervision

资本运营与管理
Capital Operation and Management

财　务
Financial Affairs

审计监事
Audit Supervisors

·审计工作·
·*Audit Work*·

·监事会工作·
·*Work of Board of Supervisors*·

·审计与风险管理·
·*Audit and Risk Management Committee*·

综合管理
Comprehensive Administration

机关政务　行政事务
Office Affairs & Administration

人力资源
Human Resources

信息化建设

Information Construction

法律事务

Legal Affairs

机关房地产管理

Administrative Real Estate Management

离退休职工管理

Retired Staff Management

公　安

Public Security

科技 文化
Science, Technology & Culture

科 技
Science and Technology

文 化
Culture

·史志鉴工作·
·*Making Chronicle Work*·

·企业文化·
·*Corporate Culture*·

党的工作
CPC Work

综合工作
Comprehensive Work

组　织
Organization

·机关党务·
·*Office Affairs*·

宣　传
Publicity

纪检监察
Discipline & Supervision

报 纸
Newspaper

工 会 共青团
Labor Union & CYL

工 会
Labor Union

·生产综合·
·Manufacture Overall·

·组织权益·
·Organization's Rights·

团　委
CYL Committee

所属单位
CRCC's Subsidiaries

中国土木工程集团有限公司
China Civil Engineering Construction Corporation

中铁十一局集团有限公司

China Railway 11th Bureau Group Co., Ltd.

中铁十二局集团有限公司

China Railway 12th Bureau Group Co., Ltd.

中铁十三局集团有限公司

China Railway 13th Bureau Group Co., Ltd.

中铁十四局集团有限公司

China Railway 14th Bureau Group Co., Ltd.

中铁十五局集团有限公司

China Railway 15th Bureau Group Co., Ltd.

中铁十六局集团有限公司

China Railway 16th Bureau Group Co., Ltd.

中铁十七局集团有限公司

China Railway 17th Bureau Group Co., Ltd.

中铁十八局集团有限公司

China Railway 18th Bureau Group Co., Ltd.

中铁十九局集团有限公司

China Railway 19th Bureau Group Co., Ltd.

中铁二十局集团有限公司

China Railway 20th Bureau Group Co., Ltd.

中铁二十一局集团有限公司

China Railway 21st Bureau Group Co., Ltd.

中铁二十二局集团有限公司

China Railway 22nd Bureau Group Co., Ltd.

中铁二十三局集团有限公司

China Railway 23rd Bureau Group Co., Ltd.

中铁二十四局集团有限公司

China Railway 24th Bureau Group Co., Ltd.

中铁二十五局集团有限公司

China Railway 25th Bureau Group Co., Ltd.

中铁建设集团有限公司

China Railway Construction Group Ltd.

中铁建电气化局集团有限公司

China Railway Electrification Bureau (Group) Co., Ltd.

中铁房地产集团有限公司

China Railway Real Estate Group Co., Ltd.

中铁第一勘察设计院集团有限公司

China Railway First Survey and Design Institute Group Co., Ltd.

中铁第四勘察设计院集团有限公司

China Railway Fourth Survey and Design Institute Group Co., Ltd.

中铁第五勘察设计院集团有限公司

China Railway Fifth Survey and Design Institute Group Co., Ltd.

中铁上海设计院集团有限公司

China Railway Shanghai Design Institute Group Co., Ltd.

中铁物资集团有限公司

China Railway Goods and Materials Co., Ltd.

昆明中铁大型养路机械集团有限公司

Kunming China Railway Large Road Maintenance Machinery Co., Ltd.

中铁轨道系统集团有限公司

China Railway Rail System Group Co., Ltd.

北京铁城建设监理有限责任公司

Beijing Tiecheng Construction Supervision Co., Ltd.

中铁建(北京)商务管理有限公司

China Railway (Beijing) Business Management Co., Ltd.

中铁建中非建设有限公司

CRCC China – Africa Construction Limited

先进集体
Advanced Groups

逝世人物
Deceased Elite

光荣榜
Honor Roll

统计资料
Statistics

文献辑要
Documentation Abstract

附　录
Appendix

信息资料
Information

中国铁建所属单位名录

索　引
Index

2011 年 1 月 24 日 ~25 日，中国铁建一届二次职工代表大会暨 2011 年工作会议在北京隆重召开。图为会议会场。

（刘建国 摄）

特 载

本栏责任编辑 杨启燕

坚持改革创新　推动科学发展
为打造国际领先的具有高价值创造力的跨国建筑产业集团提供坚强保证

——党委书记、董事长孟凤朝在中国铁建股份有限公司党委二届六次全体会议上的工作报告

（摘　要）

（2011 年 1 月 23 日）

2010 年的主要工作

2010 年，是中国铁建应对挑战、攻坚克难、抢抓机遇、加快发展的一年。面对新形势新任务，各级党组织以科学发展观和党的十七届四中、五中全会精神为指导，以“明路子、建班子、抓基层、带队伍”为主线，充分发挥党组织的政治优势、组织优势，积极推动经济发展方式转变，把各级领导干部和广大党员职工的思想和行动引导到坚定不移地走质量效益型发展道路上来，企业科学发展取得新成效，转变发展方式迈出新步伐，主要经济技术指标跃上新台阶，党的建设和思想政治工作有新加强，职工队伍保持和谐稳定，企业实现了又好又快发展。2010 年世界 500 强排名第 133 位，全球 225 家最大承包商位居第 1，在 2010 年中国企业 500 强中排名第 8 位。2008、2009 年连续两年为国资委年度业绩考核 A 级企业，2007～2009 年第二任期业绩考核 A 级企业并获得第二任期“业绩优秀企业奖”。

一、创先争优活动深入开展

中央决定，在党的基层组织和党员中深入开展创建先进基层党组织、争当优秀共产党员活动。股份公司党委按照中央和国资委党委的统一部署，紧密结合企业实际，高度重视，精心组织，扎实推进，务求实效，在全系统掀起创先争优活动热潮。

一是迅速行动，深入动员。中央企业创先争优活动动员部署会议结束当天，股份公司党委就召开常委扩大会议，认真学习上级文件和会议精神，把思想认识统一到中央和国资委党委的总体部署上来。6 月 2 日，股份公司党委召开视频会议，对全系统深入开展创先争优活动进行动员部署。在纪念建党 89 周年大会上，公司党委进行了再动员，为创先争优活动全面启动奠定了坚实的思想基础。

二是健全机构，落实责任。股份公司、所属单位普遍成立了由党委书记或党政主管担任组长的领导小组，同步成立了活动办公室等相应的工作机构。各级基层党组织根据实际，或是成立专门的工作机构，或是指定有关部门和专门人员，负责创先争优活动日常工作。

三是制定方案，确定主题。结合企业发展战略，股份公司党委确定了“抢抓机遇保发展，调整优化促转型”的活动主题。各级党组织也结合企业科学发展和生产经营实际，周密制定方案，精心设计活动主题和载体。公司总部机关确定了“创先争优强素质，恪尽职守树形象”的活动主题。各单位党委确定了“我在企业有责任，创先争优当先锋”、“带头学标准，带头用标准，促进管理上水平”等活动载体，赋予了创先争优活动强大的生机与活力。

四是注重宣传，营造氛围。在股份公司报纸、网站分别开设了“创先争优，为党旗增光辉”、“深入开展创先争优活动”专栏，编印了活动简报。各级党组织也充分利用报刊、广播、局域网、墙报、板报、橱窗等媒介，大力宣传创先争优活动。股份公司党委从 2010 年 11 月开始，利用一个多月时间，在《中国铁道建筑报》上对 24 个创先争优活动典型事迹进行集中宣传，为创先争优活动营造良好的舆论氛围。

五是加强督导,有序推进。股份公司党委派出5个检查组,从8月下旬开始到10月中旬,历时一个多月,对全系统创先争优活动进行了深入检查和督导。通过听取集团公司、子公司和工程项目部三级党组织的情况汇报,召开有三级领导班子成员、中层干部、基层党员和一线职工等各层面代表参加的座谈会,查阅相关台账和资料等方式,全面掌握创先争优活动的情况,发现问题,指出不足,给予具体指导。

六是结合实际,务求实效。各级党组织坚持围绕中心、服务大局,做到"五个注重",即注重在谋发展促转型中创先争优,注重在抓基层打基础中创先争优,注重在提素质强能力中创先争优,注重在保稳定促和谐中创先争优,注重在担责任展作为中创先争优。将企业改革发展稳定和党的建设等各项工作作为创先争优活动的实践和检验平台,把创先争优活动与企业中心工作相结合,与落实学习实践科学发展观活动整改工作相结合,与党内其他经常性创先争优活动和日常工作相结合,积极探索创新,不断拓展和深化活动内涵,努力实现"单位创先进、党员争优秀、职工提素质、企业上水平"的目标要求,有力推动了企业又好又快发展。

股份公司创先争优活动受到上级的充分肯定。国资委党委书记、主任王勇在中央企业创先争优活动经验交流会上对中国铁建提出表扬。

二、领导班子建设不断加强

一是以建设学习型党组织为载体强化学习培训。各级党委坚持中心组学习制度,组织领导班子和班子成员认真学习十七届四中、五中全会和中央经济工作会议、中央企业负责人会议精神,学习股份公司重要会议和重大决定精神,自觉把思想和行动凝聚到坚持科学发展观,走质量效益型发展道路上来,促进企业发展方式转变,提高各级领导班子治理企业的能力和水平。与此同时,加强领导干部培训工作。选送1名股份公司领导参加中组部和总政治部举办的2010年军地领导干部交叉培训,选送2名股份公司领导到大连高级经理学院参加中组部组织的专题培训,选送9名领导干部参加中央党校学习,选送2名领导干部分别参加国资委在国家行政学院、浦东干部学院举办的培训班。通过培训,进一步提高了领导干部素质和能力。

二是深化"四好领导班子"创建活动。股份公司党委结合全系统多年来创建"四好领导班子"活动的实际,一方面修改完善原有绩效考核指标,使对不同业务板块和经营规模的所属单位领导班子生产经营绩效的考核更加科学、合理,有效调动所属领导班子争创"四好领导班子"的积极性;另一方面坚持分类指导,不搞一刀切,在进行生产经营绩效考核时,既考核所属单位当年的生产经营实际绩效,又兼顾各所属单位生产经营成果的进步和成长态势,充分发挥争创活动的激励作用。所属各单位党委按照"四好"标准,结合企业改革发展和生产经营目标,制定创建计划,强化创建措施,推动了创建活动的深入开展,使"四好"成为各级领导班子和班子成员的奋斗目标,领导班子的整体功能进一步增强。

三是加强组织考核。落实《中央企业领导人员管理暂行规定》《中央企业领导班子和领导人员考核办法(试行)》要求,以法人治理结构的完善和领导班子的建设为重点,切实加强企业领导人员队伍的全面建设管理工作。2010年对7个单位的领导班子进行了考察,任免领导班子成员76人次。通过调整配备,所属单位领导班子知识、年龄、专业结构得到了进一步改善,为企业的健康持续发展提供了组织保证。

三、基层党组织建设扎实推进

大力加强和改进基层党组织建设。重点抓了三个方面的工作。一是扎实开展基层党建情况调研。股份公司党委派出2个调研组,通过听汇报、查资料、看现场、召开小型座谈会等方式,对所属10多个国内工程项目部党建工作现状进行调研。此外,由党委副书记霍金贵带队,专程到阿尔及利亚、土耳其、坦桑尼亚3个国家,对股份公司本级和中国土木工程集团公司海外项目党建情况进行调研,为加强海外项目党建掌握了第一手资料。二是召开专题经验交流会。股份公司党委于2010年4月召开了全系统工程项目部党的建设工作座谈会。会议全面总结了股份公司近年来加强工程项目部党的建设的成功经验,分析了新形势下项目党的建设所面临的机遇和挑战,对以改革创新精神加强和改进工程项目部党的建设提出了新的任务和要求。9个先进集体和1名优秀工程项目部党组织书记代表在会上作经验介绍,53个先进工程项目部党组织和43名优秀工程项目部党组织书记受到表彰。股份公司党委还于2010年9月在井冈山召开宣传思想工作会议。4个集团公司党委、1个工程公司党委和3个工程项目部党组织介绍各自结合企业改革发展和生产经营实际抓好宣传思想工作和企业文化建设的有益经验。这些会议的召开,促进了各单位的相互交流与学习,达到共同提高的目的。三是制定颁布加强项目党建工作的决定。在充分调研、座谈、总结、交流的基础上,股份公司党委、股份公司联合制定颁布《关于加强和改进工程项目部党的建设的决定》,就加强和改进工程项目部党的建设的总体要求和主要任务、建立健全党的组织、建立健全充分发挥项目党组织政治核心作用的体制机制、加强项目领导班子建设等问题作出明确规定,为今后一个时期加强和改进工程项目部党的建设提供了明确的政策依据和制度保证。在此基础上,各单位党委结合实际,制定贯彻《关于加强和改进工程项目部党的建设的决定》的实施办法,确保各项要求落到实处。

切实加强骨干培训。充分利用股份公司党校、所属单位培训中心和社会教学培训资源,对基层党员领导干部进行政治和党建理论的集中培训和轮训。为更好地贯彻落实十七届四中全会和全国国有企业党建工作会议精神,股份公司党委分两批对所属局、处两级310名组工干部进行培训,学习研讨新形势下加强和改进企业党的建设的新思路、新举措,提高广大组工干部的政治理论素养和党务工作能力。各单位党委普遍做到1~2年,对基层党组织书记进行培训,不断提高基层党组织书记的综合素质和履职能力。

努力推进基层党建工作规范化。各级党组织紧密联系实际,适应股改上市新形势,积极探索,大胆创新,对有关制度进行修订和完善,规范基层党建工作。股份公司党委以贯彻落实《关于加强和改进工程项目部党的建设的决定》为契机,以规范项目党建为抓手,指导各单位规范基层党建工作。中铁十三、十九、二十局集团公司等单位,坚持不懈加强制度体系建设,编印了党组织工作制度规范,从党组织的设置、隶属关系、主要职责,到议事规则、参与企业重大问题决策以及加强党组织自身建设,从外协施工队伍党组织建设、流动党员管理,到海外项目党的建设,都作出明确规定,要求具体,标准清晰,促进了基层党建工作制度化规范化。

四、宣传思想工作深入人心

以学习型党组织建设为抓手,理论武装工作扎实推进。各级党组织深入贯彻落实科学发展观,扎实推进学习型党组织建设,认真开展十七届五中全会精神的学习贯彻,紧紧围绕企业科学发展这一主题进行深入研讨,破解企业改革发展难题。股份公司党委出台《关于推进学习型党组织建设的实施意见》,成立工作协调小组,各级党组织通过健全组织机构、改进学习方式、严格考核考评,促进全系统学习型党组织建设深入发展,实现学习时间、内容、人员、效果四落实,推动了企业的科学发展。党委中心组发挥龙头带动作用,围绕产业结构调整、增长方式转变、精细化管理等重大问题学习研讨,使中心组学习成为统一思想、理清思路、推动发展的重要平台。基层项目党支部结合严格责任成本管理、严防安全质量事故、提升党员素质等实践问题,在学习中明思路、增智慧,促进了实际工作,提高了项目管控水平。广大党员积极参加读书学习和岗位培训活动,思想素质和工作技能有了新的提高。

以践行企业价值观活动为载体,企业文化建设不断深化。开展“践行企业价值观,提升发展软实力”专题教育活动,是股份公司党委、股份公司根据企业发展面临的形势作出的重大决策。各级党组织高度重视,周密部署,妥善安排,通过召开座谈会、研讨会,举办故事会、征文活动、演讲比赛等方式,使全体员工对企业价值观有了进一步的了解和认知,“建优质工程,树企业形象”的理念和抓质量、抓安全、树品牌、树形象的意识更加深入人心。据统计,全系统举行演讲累计500多场,受众超过7万人,百度网页搜索中有关践行中国铁建企业价值观活动的网页超过51万篇。两篇企业文化建设案例入选中央企业文化建设案例选编并被评为优秀奖,文化融合的做法在国资委召开的中央企业文化融合工作交流会上作了经验介绍。

以思想教育为着力点,思想政治工作进一步加强。各级党组织围绕生产经营、改革发展等中心工作,深入开展宣传思想教育,巩固加快企业科学发展的共同思想基础。大力开展主题教育、形势任务教育,组织干部职工深入学习中央重大决策精神和股份公司党委的一系列工作部署,增强贯彻落实的自觉性和坚定性。大力选树先进典型,积极营造弘扬先进、比学赶超的良好氛围。广泛开展深入细致的职工思想工作,认真调研分析职工思想状况,及时理顺情绪,化解矛盾,确保职工队伍稳定。以承担中央企业党建政研课题为突破口,扎实推进党建政研会工作。全系统完成4个上报政研课题,评选表彰一批政研成果。召开全系统宣传思想工作会议,总结成果,部署工作,探索进一步加强和改进思想政治工作的新途径,并成功推出中铁十六局集团公司党委《用制播电视专题片的创新形式,增强宣传工作的吸引力和有效性》等8个典型经验,反响强烈。

以品牌建设为重点,对外宣传报道再创佳绩。各级党委结合企业实际,围绕调结构转方式中的新成绩、企业管理中的新经验、科技创新中的新成果,以及重点工程建设取得的新进展等热点和亮点,提前谋划,适时组织集中宣传报道,营造了中国铁建良好的品牌形象和外部舆论环境。2010年仅股份公司党委宣传部就组织在中央主流媒体发稿253篇。其中,新华社刊发通稿45篇;中央电视台《新闻联播》发稿25条。特别是国家领导人视察中国铁建、春节施工、京沪高速铁路全线铺轨、南京长江隧道通车、中铁建铜冠投资有限公司成功收购外企以及沙特轻轨铁路按时开通等重大事件的报道,影响面广、社会反响强烈。通过撰写、制作高质量的PPT发言材料、电视宣传片、宣传画册和展板等,参加全球建筑峰会、全国援外工作会议、中国人才发展论坛等高端会议和论坛,参展中国对外经贸洽谈会铁路展、中国国际隧道与地下工程技术展和世界高速铁路大会等大型活动,使中国铁建良好的品牌形象得到更加广泛的推广和认同。同时,进一步规范了新闻发言人制度,对37起突发事件新闻危机积极开展危机公关和舆论引导工作,最大限度降低负面消息的影响,维护了企业品牌形象。

五、反腐倡廉建设成效显著

加强廉洁从业教育,提高防腐拒变意识。认真开展党纪法规学习教育活动、案例警示教育活动,积极推进廉洁从业文化建设。通过举办知识竞赛、参观反腐成果展、听取服刑人员现身说法等方式,筑牢各级领导人员和广大员工防腐拒变的思想防线。

完善廉洁从业配套制度,提高制度执行力。紧紧围绕腐败问题易发多发的重点领域和关键环节,健全完善相关制度,促进内控制度建设、管理流程优化和权力的合理配置。

开展效能监察,提高服务企业能力。继续开展工程建设领域专项治理工作,派出4个检查组重点抽查承担中央投资特别是扩大内需的工程项目,提高了专项治理工作的实效。充分运用工程项目责任成本管理和财务审计专项检查的成果,对管理混乱、效益不佳和严重亏损的项目进行重点剖析,研究切合实际的整改帮扶措施,加大责任追究力度。根据中央和国资委总体部署,股份公司对本级、所属单位及其子(分)公司、工程项目部违规设置账外账和"小金库"问题进行专项治理,收到预期效果。

加大治本力度,严肃查办违纪违法案件。各单位落实办案责任,突出办案重点,提高办案质量,发挥查办案件治本功能,有效地打击了违纪违法行为。2010年受理群众来信、来电、来访举报363件,初核267件,立案237件,结案239件,党纪政纪处分455人,移送司法机关25人。挽回和避免经济损失4696万元。各级纪检监察组织在严肃督办违纪违法案件的同时,积极化解企业经营风险。广大纪检监察干部以对企业高度负责的精神,不畏艰辛,忍辱负重,全系统共化解经营风险87起,积极有效地维护了企业正当利益,维护了各级经营管理者合法权益。

完善体制机制,认真落实党风廉政建设责任制。始终坚持"党委统一领导,党政齐抓共管,纪委组织协调,部门各负其责,依靠群众支持和参与"的领导体制和工作机制,把党风廉政建设作为重点工作,纳入各单位党组织领导班子和领导干部目标管理,明确了谁主管、谁负责,谁负责、谁承担责任的党风廉政建设责任制,并将党风廉政建设责任制执行情况与年度经营业绩考核和评先评优结合起来。根据上级有关文件,结合党员领导干部民主生活会开展了年度企业领导班子述廉议廉工作,收到良好效果。

六、工会、共青团工作成绩喜人

工会工作扎实有效。一是职工权益得到有效维护。各级工会把平等协商集体合同作为工会维权机制建设的核心内容,严格把关,全力推进,全系统集体合同签订率100%,使集体合同制度切实起到职工权益"保护神"的作用。深化"三不让"承诺,积极开展送温暖活动,着力解决职工群众的现实困难。完善矛盾调处预警机制,热难点问题得到有效化解,为稳定职工队伍、构建和谐企业发挥了重要作用。二是群众生产工作成效显著。以路内外、国外重难点工程为主战场,积极开展形式多样的劳动竞赛,促进重点难点工程建设。全年有25个单位获得全国"安康杯"竞赛优胜单位,21个单位获得省部级"安康杯"竞赛优胜单位。在2010年中央企业职工技能竞赛工程测量工决赛中,由10名选手组成的中国铁建代表队获4枚金牌、5枚银牌和1枚铜牌,包揽了大赛前四名;年内全系统有5人被授予全国劳动模范称号,2人获得全国五一劳动奖章。三是组织建设民主管理稳步推进。深入开展党工共建创先争优活动,推进工会整体工作上水平。股份公司总部召开首届一次职代会。各单位坚持职代会民主评议干部,普遍做到有述职、有评议、有测评、有公布、有反馈。企务公开不断深化,股份公司和3个集团公司获全国厂务公开先进单位称号。四是加强项目建家建线。以"职工住房公寓化,职工食堂餐厅化,营区建设园林化,文体设施小区化,工地文化标准化"为目标,深入开展建家建线达标竞赛活动,一线职工的生产生活质量明显提高,职工的凝聚力、向心力、战斗力不断增强。国务院总理温家宝视察了中铁十四局集团公司北京地铁项目部并与农民工代表座谈,对该项目关心员工生活的做法给予了充分肯定。股份公司工会获全国模范职工之家称号,标志着股份公司工会职工之家建设迈上新台阶。

共青团工作展现活力。通过创办《中国铁建青年简讯》、升级"中国铁建青年网"、开展青年原创短信大赛、启动第九届"活力杯"征文活动等形式,积极营造浓厚的共青团工作氛围。深入开展共青团创先争优活动,有力促进了基层团组织建设。想青年之所想,不断推进"助困、助学、助才、助业"工作。大力推进"保安全、求质量、促进度、增效益——中国铁建青年在行动"主题活动,广泛开展争创"青年文明号"、争当"青年岗位能手"活动,带领广大团员青年奋战勘察设计施工一线,充分发挥生力军和突击队的作用。勇担社会责任,展现中国铁建青年风采。在广大团员青年中开展以"心手相牵——情系家乡孩童"为主题的关爱农民工子女志愿服务行动,激励广大农民工安心工作、奉献企业。各级团组织和广大团员青年以捐水、捐款、成立青年送水突击队等形式,积极参加西南抗旱救灾。

2010年全系统有74名先进青年和135个先进青年集体受到团中央、中央企业团工委及省部级团组织的表彰。

回顾过去的一年工作，我们深刻体会到：

——融入中心、服务大局，是做好工作的根本。围绕企业生产经营中心任务，服务改革发展稳定大局是党委工作的出发点和落脚点。只有从企业中心工作大局出发，把党组织政治核心作用融入到保障年度目标和各项工作任务之中，才能找到党建工作与中心工作的最佳结合点，才能找到党组织发挥作用的平台和党员施展才干的空间，充分体现党组织的作用和先进性。

——加强领导、落实责任，是做好工作的保障。只有建立党委统一领导、党委部门具体落实、班子成员履行"一岗双责"、党政工团齐抓共管的党建工作格局，把党建工作与行政工作同计划、同安排、同考核，注重监督检查，加强过程控制，才能确保各项工作落实到位。

——与时俱进、开拓创新，是做好工作的关键。在新形势下，党建和思想政治工作只有从企业改革发展的实际出发，坚持与时俱进，不断研究新情况，及时调整工作思路，采取相应对策措施，推进制度创新、机制创新和载体创新，才能在加强中改进、在改进中加强，才能在工作中形成新的亮点，使党建和思想政治工作充满生机与活力。

过去一年的工作，虽然成绩十分显著，但也存在一些问题和不足，必须引起高度重视，认真加以解决。主要是：适应现代企业制度，党组织发挥政治核心作用的途径和方式仍需要进一步探索；"融入中心抓党建、进入管理起作用"的要求有待进一步落实；个别领导干部忽视党建工作、淡化党组织作用的情况仍然存在；党务干部队伍建设有待进一步加强；等等。

"十二五"党建工作的基本思路和主要任务

"十二五"的五年，是中国铁建改革发展进程中极为关键的时期。这五年，中国发展仍处于可以大有作为的重要战略机遇期，为我们在高起点上持续较快发展提供了难得的历史机遇；这五年，国资委提出"做强做优中央企业、培育具有国际竞争力的世界一流企业"的核心目标，为我们科学发展、和谐发展指明了方向；这五年，中国铁建将加快结构调整、促进企业转型，实现由大到强的转变。

经过一年多的深入调研、精心准备和反复修改，《中国铁建股份有限公司发展战略与规划》已经股份公司总裁办公会研究并提交董事会审议。这是统领中国铁建"十二五"乃至更长时期改革发展的纲领性文件，各级党委、领导和全体党员、广大职工，必须把思想统一到中国铁建的总体发展战略上来，以邓小平理论和"三个代表"重要思想为指导，深入贯彻落实科学发展观，按照胡锦涛总书记对中国铁建提出的"建优质工程，树企业形象"的要求，以"巩固、发展、提高、创新"为基本方针，以"转方式、调结构、促转型、上水平"为发展主线，紧紧抓住和用好国家发展战略和经济全球化深入发展的重要机遇期，转变发展思路，巩固发展规模，优化发展结构，创新发展模式，提高发展质量，促进产业转型升级，提升跨国指数，着力做强做优，实现规模与效益、结构与布局的合理匹配，进一步增强企业核心竞争力，推动企业可持续发展，将中国铁建建设成为具有国际竞争力的世界一流建筑企业。

中国铁建的总体发展战略是：建筑为本、相关多元、一体运营、转型升级，发展成为经济规模国际领先、技术实力国际领先、市场竞争力国际领先，具有高价值创造力的跨国建筑产业集团。

发展远景目标是：用10～15年时间，国际化和产业升级实现新的突破，发展成为国际领先的具有高价值创造力的跨国建筑产业集团。

"十二五"（2011～2015）发展总体目标是：以产业结构调整和转型升级为抓手，做到"自主创新能力强、资源配置能力强、风险管控能力强、人才队伍强"及"经营业绩优、公司治理优、布局结构优、社会形象优"。公司综合实力显著增强，主要经济指标增幅位居行业前列，盈利能力明显提高，产业结构调整取得重大突破，自主创新能力明显提升，海外经营比重有较大幅度增长，体制机制更加完善，员工权益得到切实保障，企业更加和谐稳定，推进企业向做强做优深层次发展。实现"一保两进"。一保，保持ENR全球最大225家承包商前三强的地位，创造利润达到国际建筑企业利润率平均水平。两进，进入世界500强前100强的行列；进入国家重点培育的30～50家具有国际竞争力的世界一流的大企业大集团。

适应新形势新任务要求，"十二五"期间股份公司党建工作的基本思路是：以邓小平理论和"三个代表"重要思想为指导，深入贯彻落实科学发展观，适应现代企业制度要求，紧紧围绕公司"十二五"发展战略和企业中心工作，坚持继承和创新相结合，以改革创新精神，努力提高党建工作科学化水平，为推动企业科学发展、做强做优，把中国铁建打造成为经济规模国际领先、技术实力国际领先、市场竞争力国际领先，具有高价值创造力的跨国建筑产业集团提供坚强保证。主要任务是：建设一批政治素质好、经营业绩好、团结协作好、作风形象好的领导班子；建设一支经得起困难和风险考验，充分发挥先锋模范作用的党员队伍；建设一支有理想、有道德、有文化、有纪律，熟练掌握相关科技知识和劳动技能的职工队伍;建立一套适应现代企业制度、保证党组织充分发挥政治核心作用的党建工作机制;形成一条加强思想政治工作、企业文化建设和党组织自身建设的有效途径。

2011 年主要工作

2011 年是“十二五”规划开局之年,是实现中国铁建“十二五”发展目标的起步之年。2011 年党的工作,要全面贯彻落实党的十七届四中、五中全会精神和中央经济工作会议、中央企业负责人会议精神,紧密围绕企业“十二五”规划,结合 2011 年企业改革发展任务和生产经营目标,以创先争优活动为重点,以领导班子建设为关键,以宣传思想工作为动力,以反腐倡廉建设为保障,凝聚各级党组织、领导干部和广大党员、职工的力量和智慧,团结奋斗,扎实工作,为全面实施“十二五”各项任务开好局、起好步。

一、学习贯彻五中全会精神,深入推进创先争优活动

党的十七届五中全会通过的《建议》强调,要切实加强党的基层组织建设,深入开展创先争优活动,带领广大群众推动经济社会又好又快发展。我们要以五中全会精神为指导,进一步深化创先争优活动,激发基层党组织和广大党员干部职工的积极性创造性,推动企业又好又快发展。

1. 牢牢把握深入学习实践科学发展观主题,动员各级党组织和广大党员在推动科学发展、加快转变经济发展方式中创先争优。要认真组织党员干部深入学习科学发展观,牢固树立科学发展理念,更加自觉地走科学发展道路。要把学习贯彻五中全会精神同做好企业改革发展稳定各项工作结合起来,同研究制定企业五年发展规划和科学发展战略结合起来,同加强和改进企业党建工作结合起来,把五中全会各项战略部署转化为推动企业改革发展的措施办法。引导党员干部和职工群众进一步增强主动性、责任感、紧迫感,努力争科学发展之先、创和谐企业之优,把创先争优激发出来的政治热情转化为推进企业完成“十二五”目标任务的实际行动。

2. 紧紧围绕加强党的基层组织建设创先争优,为完成“十二五”目标任务提供政治动力和组织保证。各级党组织要紧扣落实“十二五”规划目标任务,围绕加强基层组织建设,以“四好领导班子”创建活动和“四强”党组织、“四优”共产党员创建活动为抓手,不断深化创先争优活动,创新基层党组织活动内容、方式和载体,增强基层党建工作活力,提升党组织的凝聚力、创造力和战斗力。要进一步形成分布广泛、完善严密、坚强有力的基层党组织网络体系,为科学发展夯实组织基础。要强化基层党组织功能,不断增强基层党组织服务大局、推动科学发展的能力。要加强基层党组织书记队伍建设,为科学发展建好带头人队伍。要加强党员队伍建设,通过广泛开展公开承诺、设岗定责等活动,搭建党员推动科学发展的平台,发挥广大党员在推动科学发展中的先锋模范作用。中央企业创先争优活动领导小组 2011 年上半年将对中央企业基层党支部建设和海外党组织建设情况进行调研。各单位要对本单位基层党支部建设和海外党组织建设情况进行一次自查,并将检查情况报股份公司创先争优活动领导小组。股份公司党委将在 2011 年二季度对所属单位支部建设情况进行调研和抽查,重点检查各单位贯彻落实股份公司党委、股份公司关于加强和改进工程项目部党的建设的决定的情况。

3. 以党内创先争优带动单位创先争优,进一步扩大创先争优活动的实效。坚持党员带群众、党内带党外,以党组织和党员创先争优影响、感染和带动群众创先争优,使创先争优成为全体员工的价值取向。要适应企业组织结构、经营机制和管理方式的新变化,围绕企业的中心任务设计主题和内容,以正在做或正要做的事情为中心,用做好当前重点工作的实际成果衡量和检验创先争优活动的成效,使党组织和党员的争创目标与企业的发展目标紧密结合,赋予创先争优活动持久强大的生命力。要建立公开承诺、上评下议的动力机制,一方面通过公开承诺,把党组织和党员要干的实事向职工群众公开,让党员把身份亮出来、把承诺的事情做起来;一方面通过领导点评、群众评议、评比表彰等方式,让先进的有光荣感、后进的有危机感、一般的有紧迫感,激发创先争优的内在动力。

要紧密结合学习型党组织建设创先争优。各级党组织要把建设学习型党组织的要求贯穿创先争优活动全过程,以建设学习型党组织活动促进创先争优活动,以创先争优活动推动建设学习型党组织活动各项要求的贯彻落实。

4. 切实加强组织领导,确保创先争优活动扎实有效开展。要使创先争优活动不断取得新成果,关键在领导,重心在基层,根本在实干。各单位党委书记要切实履行第一责任人的职责,要用足够的时间和精力抓好这项工作,行政领导要带头参加、积极支持创先争优活动的各项工作。各级党员领导干部要加强对联系点工作的指导,努力把联系点建设成为试验点和示范点,以点带面,推动整体工作。要加强分类指导和督导,做到经常性抽查和集中性督查相结合,通过调研、检查等多种方式,加强对活动的督导,及时发现和解决问题。要把创先争优活动开展情况纳入党建工作考核和年度干部考核的重要内容,将考核结果作为考核单位党建工作和评价干部工作实绩的重要内容。要把发现、树立、宣传、推广先进典型作为推进创先争优活动的重要抓手,充分发挥先进典型的引领带动作用,充分激发广大基层党组织和党员干部干事创业的热情和动力,形成学先进、赶先进、当先进的浓厚氛围。股份公司党委决定,于2011年3月召开创先争优活动经验交流会,选择一些活动开展比较好的集团公司、工程公司党委和生产一线基层党组织交流经验,相互学习,共同提高。"七一"前,股份公司党委将表彰一批"先进基层党组织"、"优秀共产党员"和"优秀党务工作者"。

二、践行"四好"标准,切实加强领导班子建设

各级党委要按照"四好"标准,进一步加强领导班子建设,努力把各级领导班子建设成为政治素质好、经营业绩好、团结协作好、作风形象好的坚强领导集体。重点抓好以下工作:

一是加强领导人员管理的制度化规范化建设。根据《中央企业领导人员管理规定》和《中央企业领导班子和领导人员考核办法(试行)》等文件精神,在总公司《公司制企业领导人员管理暂行办法》的基础上,制定《中国铁建股份有限公司领导人员管理办法》。二是做好所属单位领导班子补缺调整工作。着力改善领导班子结构,注重选拔政治立场坚定、经营管理能力强、政绩突出、群众公认的优秀年轻管理人才进入各级领导班子。三是加强对领导班子和领导人员的考核。按照《中央企业领导班子和领导人员综合考核评价办法》,落实领导班子和领导人员的年度考核和任期考核制度,全面、客观、科学地对领导班子和领导人员的德才表现和工作业绩做出综合考核评价。四是加强对领导人员的监督。坚决贯彻落实中央《关于进一步从严管理干部的意见》以及股份公司领导人员管理办法中有关干部管理规定,实行谈话谈心制度,加强对干部"八小时之外"的监督,落实领导人员个人有关事项报告制度,认真执行问责制度。股份公司党委主要负责人与下一级党政正职每年要谈一次话,各单位正职每年要和副职领导谈一次话,对干部出现苗头性问题早提醒早教育早纠正。

这里需要强调的是,必须坚持正确的选人用人导向。坚持德才兼备、以德为先,进一步拓宽选人用人视野,健全完善选人用人制度,改进选人用人方式方法,增强选人用人的科学性和合理性,真正把政治上靠得住、工作上有本事、作风上过得硬、职工群众信得过的优秀干部选拔出来。要严明干部人事工作纪律,努力营造风清气正的选人用人环境。要健全正常的干部晋升和退出机制。干部使用要实行科学的动态管理,不搞终身制,不搞安置性。有的正职干不好,要就地免职。根据个人素质能力和工作需要,也可以当副职。

要切实转变领导作风、工作作风。各级领导特别是主管领导要善于集中班子成员的集体智慧,发挥集体领导的作用,按照集体领导、民主集中、个别酝酿、会议决定的原则,坚持"三重一大"制度,执行议事规则和决策程序,形成靠制度管人、按程序办事、各项工作规范操作的工作机制。要看重领导责任,以高度的责任感和强烈的紧迫感来对待自己的工作,勤政廉洁,真抓实干。要少说空话、注重实干,多做打基础、利长远、群众受益多的事,创造出经得起群众、历史和实践检验的业绩。不断提高思想道德修养,追求健康的生活情趣,保持共产党员在职工群众中的良好形象。

三、加强宣传思想政治工作,营造良好环境

1. 加强思想政治工作,推动企业科学发展。要深入贯彻中央学习型党组织建设工作座谈会精神,推进学习型党组织建设。通过强化党委中心组学习,带动全体员工的学习,用学习型党组织建设带动学习型企业建设。特别是要以《中央宣传部关于学习贯彻党的十七届五中全会精神集中开展形势政策宣传教育工作方案》为指导,突出抓好十七届五中全会精神和"十二五"规划的学习。2011年上半年,股份公司党委将召开学习型党组织建设工作视频会,总结工作,交流经验,表彰先进,推动全系统学习型党组织建设工作。要深入学习贯彻《中央宣传部、国务院国资委关于加强和改进新形势下国有及国有控股企业思想政治工作的意见》,深刻认识加强和改进新形势下国有企业思想政治工作的重要性和必要性,建立健全企业思想政治工作的责任体系和保障机制,推进思想政治工作方式方法和载体创新,以强有力的思想政治工作推动企业科学发展。要以庆祝建党90周年为契机,开展系列活动,营造浓厚氛围,号召全体党员和职工立足岗位、敬业奉献。股份公司党委将出台文明单位建设实施办法,做好文明单位和道德模范的评选工作,推进群众性精神文明创建活动和公民道德建设的蓬勃开展。

2. 突出发展软实力,深化企业文化建设。要进一步修订、完善企业文化视觉识别系统,加大执行力度,消除不规范现象,使"四个统一"更加规范到位。出台员工行为规范手册,征集、提炼子文化理念,特别是企业愿景、企业使命等理念,使企业文化体系更加完善。要创新载体,采取多种形式,持续、深入开展践行企业价值观活动和文化理念教育活动,使先进的文化理念深入员工心中,变为员工自觉行为,提升企业发展的软实力。股份公司党委将组织践行企业价值观演讲团,深入重难点工程建设现场巡回演讲,用身边事教育身边人,推进铸魂育人工程。

3. 加大新闻宣传和舆论引导力度,营造良好发展环境。要提高各级领导与媒体打交道的能力,切实做到善待媒体，善用媒体，充分发挥媒体的积极作用。要加强舆情监控，建立良好的危机公关网络，增强突发事件媒体应对能力和舆论引导力度，最大限度降低负面消息影响。要加大正面宣传报道力度，抓住亮点工程和热点话题、重大活动和重要节日等，超前谋划，全方位、多层次地进行集中宣传报道，向全社会和海内外展示企业新作为，塑造企业新形象，为企业的生产经营、改革发展营造良好的舆论氛围和环境。2011 年要重点做好京沪高速铁路通车、新疆重大基础设施建设等西部重点工程的宣传报道。

四、以惩防体系建设为主线，推进党风建设和反腐败工作

按照十七届中央纪委六次全会和国务院国资委纪委部署，围绕中心，服务大局，以惩防体系建设为主线，以组织建设为保证，以密切党同职工群众的血肉联系为重点，不断提高反腐倡廉能力，努力营造管理规范、风正气清、奋发有为、干事创业的良好环境，积极推进企业改革、发展和稳定。

要认真贯彻落实党风廉政建设责任制，扎实推进惩防体系建设。要创新载体，增强效果，广泛开展反腐倡廉主题教育活动。全力加大查办案件力度。继续保持高压态势，坚定不移地查处违纪违法案件。严肃查处各级领导人员以权谋私、利用职权为特定关系人牟利、滥用职权和违规进行职务消费等案件。结合开展工程建设领域突出问题和“小金库”专项治理发现的问题，严肃查处在工程建设中违规决策、违法分包、设立“小金库”和因失职渎职、贪污受贿造成项目明亏、暗亏和潜亏的案件。严肃查处职工群众反映强烈的损害企业利益、侵害职工合法权益和违反组织人事纪律的案件。加强对查办案件工作的创新，进一步拓宽案源线索渠道，完善信访举报和网络举报机制，深入研究违纪违法案件的新形式、新手段，努力掌握发案规律，健全办案机制，整合办案力量，提升突破大案要案的能力。认真做好效能监察工作。重点检查监督各单位工程建设领域突出问题专项治理的整改工作，着重完善决策机制、健全管理制度、优化业务流程、改进管理方式、完善内部控制、加强风险管理、探索建立完善供应商、承包商等“黑名单”制度，逐步推进企业诚信体系建设，建立健全长效治理机制。要继续抓好“小金库”专项治理工作。坚持纠正违规问题与整章建制相结合，查处违纪行为与警示教育相结合，进一步加大核查力度，认真核实群众信访举报，坚决查办违法违纪案件，严肃追究责任，收缴违规资金，健全资金和资产管理制度，防止“前清后乱”，巩固治理成果。2011 年适时召开工程建设领域突出问题专项治理工作视频会议，总结阶段性工作，提出要求。

五、发挥独特优势和作用，加强工会共青团工作

工会、共青团具有联系群众、联系青年、服务群众和青年的独特优势和作用。各级党委要加强对工会、共青团工作的领导，支持工会共青团按照各自章程独立、积极地开展工作。工会工作要以依法履行基本职责为关键，有效推动“两个普遍”，促进劳动关系和谐，维护职工队伍稳定。以加强职代会制度建设为重点，推动民主参与、民主管理、民主监督。以服务发展大局为根本，大力弘扬劳模精神和工人阶级伟大品格，广泛开展群众经济技术创新活动，不断激发职工的创造活力和创新动力。全力推进职工素质建设工程，不断提高职工素质。继续抓好党工共建创先争优活动，全面促进工会工作。以建立健全工会组织为基础，积极推进体制改革，进一步提升工会干部队伍的能力和水平。共青团工作要以推进共青团创先争优活动为主线，着力强化组织制度建设，扎实开展青年特色活动，动员团员青年充分发挥生力军和突击队作用，在服务党政工作大局、促进青年成长成才的实践中建功立业。

战略引领　科学发展
打造具有高价值创造力的跨国建筑产业集团
——董事长、党委书记孟凤朝在中国铁建一届二次职工代表大会暨2011年工作会议上的报告
（摘要）
（2011年1月24日）

这次会议的主要任务是：深入贯彻落实党的十七届五中全会、中央经济工作会议和中央企业负责人会议精神，总结"十一五"和2010年工作，研究部署"十二五"和2011年工作，以清晰的战略引领企业科学发展，打造国际领先的具有高价值创造力的跨国建筑产业集团。

一、"十一五"工作的简要回顾

过去的五年，是中国铁建抢抓历史机遇、实现跨越式发展的五年，是深化体制机制改革、推进调整升级的五年，是经受严峻考验、企业知名度美誉度快速提升的五年。五年来，中国铁建各级经营管理者、广大专业技术人员和全体员工，在国资委和有关部委的大力支持下，以科学发展观为指导，紧紧围绕把中国铁建建设成为"中国建筑业的领军者，全球最具竞争力的大型建设集团"这一战略目标，拓展业务保增长，调整优化上水平，加强管控增效益，深化改革转机制，圆满完成了"十一五"规划的各项目标任务，实现了由量的增长到质的飞跃。

1. 经营业绩连创新高，企业实力不断提升

公司紧紧抓住中国建筑行业快速发展特别是国家为应对全球金融危机，加大基础设施建设的难得机遇，拼搏进取，奋发图强，实现了持续快速增长。2006年首次跨入世界500强，排名第485位，2010年排名上升到第133位；连续入选全球225家最大承包商，排名由2005年的第15位上升到2010年的第1位；连续入选中国企业500强，排名由2005年的第24位上升到2010年的第8位。2008、2009年连续两年为国资委年度业绩考核A级企业，2007～2009年第二任期业绩考核A级企业，并获得第二任期"业绩优秀企业奖"。

伴随着生产经营的快速发展，企业综合实力显著增强。装备水平和机械化施工能力大幅提升，机械设备总装备能力由2005年的35467台（套）增加到2010年底的67016台（套），机械设备的原值由2005年的92亿元增加到2010年的314亿元。员工收入稳步增长。

2. 公司治理逐步完善，体制机制深刻变化

从2005年11月国务院国资委启动中国铁建董事会试点工作以来，董事会试点工作在运行中规范，在探索中完善，特别是坚持外部董事多于内部董事的制度安排，使企业的领导体制、决策机制发生了重大变化。五年来，董事会不断加强自身建设，狠抓战略管理、企业重大问题决策、经理人员考核激励、内控与风险管理、二级单位董事会规范运作试点等全局性重大问题，稳健开展工作，引领企业实现了持续快速健康发展，连续被国资委考评为运行良好的央企董事会之一。

2008年3月，中国铁建主营业务先后在上海和香港两地整体成功上市，募集资金407亿元人民币，对公司抵御席卷全球的金融危机，实现更好更快发展具有决定性作用。上市三年来，公司牢固树立回报股东、规范运作、公开透明等适应上市公司要求的理念，进一步规范和明确股东会、董事会、监事会、经理层的权责，形成各负其责、协调运作、有效制衡的公司治理机制。公司战略更加清晰，绩效考核体系更加完善，重大决策更加规范高效，信息披露依法合规，投资者关系管理周密

细致,公司先后获2008年最佳首次公开发行、2009中国资本市场十大最佳创富创新奖、最具竞争力港股上市公司(10强)等近20个奖项。

董事会试点和改制上市,使中国铁建实现了由传统的管理体制向以董事会制度为核心的现代公司治理制度的过渡,为保障中国铁建长期持续健康发展和基业长青创造了良好的条件。

3. 业务板块平衡发展,结构调整初见成效

中国铁建通过与同行业国际一流公司和国内同类企业的对标分析,结合自身情况,确定了战略转型的方向:"建筑为本、运营为纲",把建筑施工的商业模式,逐步调整到以建筑施工与综合特许经营相结合的新的商业模式,向产业上游和利润高端延伸。

工程承包板块的升级取得成效。通过增加工程局和设计院注册资本金、投入大量资金购置大型专用设备、整合全系统资源增强电气化局竞争力、积极创造条件推进EPC总承包、加强项目管理和工程公司建设等系列措施,推进工程承包板块经营能力、装备水平、"四电"业务、承包方式、项目管理的升级。"十一五"期间,工程承包板块为公司价值作出了支柱性贡献。

非工程承包板块较快发展。"十一五"期间,中国铁建组建中铁房地产和中铁轨道两个集团公司,明确加快发展勘察设计咨询、工业制造、房地产开发、资本运营和物流贸易等板块的发展方向,进一步加大投入和扶持的力度,各板块协同效应进一步加强,实现了同工程承包板块的同步发展。与铜陵有色金属集团控股有限公司合作成功收购厄瓜多尔铜矿,尼日利亚莱基自由贸易区各方关系逐渐理顺,收购财务公司工作顺利推进,新的利润增长点初露端倪。

4. 科技创新成果丰硕,核心竞争力明显提升

中国铁建大力推进"科技兴企"战略,科技创新体系不断完善,科技创新平台日趋巩固,科技投入逐年增加,高新技术人才日益壮大,以全面掌握高速铁路的设计与修建技术、复杂水文地质条件下的长大地下工程的设计与修建技术、铁路现代化装备制造技术为代表,中国铁建自主创新成效显著,技术创新能力和科技水平有了新的飞跃。5年获国家科技进步奖11项,省部级科技进步奖194项;专利545项,其中发明专利61项;国家级工法70项;国家勘察设计"四优"奖19项;中国土木工程詹天佑奖33项。股份公司被正式纳入全国第二批创新型企业试点单位,并荣获国资委第二任期科技创新特别奖。

5. 企业管控不断加强,质量效益明显提升

中国铁建始终坚持推行精益化管理,走质量效益型发展道路。市场经营管理的制度化、科学化水平明显提高,股份公司对全系统市场经营的统筹协调力度不断加大,"股份公司协调经营、集团公司主体经营、工程公司辅助经营"的营销管理体制逐步建立;责任成本管理不断推进,形成了较为完善的组织体系和制度体系;全面预算管理从无到有,逐步完善。内部控制与风险管理体系逐步建立并发挥作用;财务信息化建设大力推进,集中核算系统、网上财务报表系统、资金集中管理系统投入使用并取得明显成效;设备物资集中招标采购开始起步,制度逐步完善,范围逐步扩大;工程公司建设和架子队建设深入推进,专业化能力明显提升;项目标准化建设稳步推进,项目管理水平不断提高。企业管控的不断加强,对降低成本,提升经济效益,确保工程质量发挥了重要作用。5年获中国建设工程鲁班奖24项,获国家优质工程奖89项,中国铁建18个单位承建的12项工程被评为新中国成立60周年百项经典暨精品工程。

6. 班子结构不断优化,党群工作成效显著

深入学习贯彻党的十七届四中全会《关于加强和改进新形势下党的建设若干重大问题的决定》,党的建设在继承中改进,在创新中加强。按照"参与决策、带头执行、有效监督"的要求,坚持和完善民主集中制,紧密结合主业整体改制上市的实际,不断探索、总结、完善现代企业制度条件下党委发挥政治核心作用的途径和方法,把党组织的独特政治优势与企业的经营管理紧密结合起来,形成独特的核心竞争力。深入开展学习实践科学发展观活动、创先争优活动、建设学习型党组织和"四五六"好活动,充分发挥基层党组织推动发展、服务职工、凝聚人心、促进和谐的作用。以创建"四好领导班子"为抓手,创新领导班子选用机制,在二级单位副职层面积极推行公开招聘、竞争上岗,领导班子结构明显改善,与2005年末相比,平均年龄降低0.5岁;大学本科以上学历人员所占比例提高12个百分点。成功召开总公司第二次党代表大会。专业技术人员队伍大幅度增加。企业改革和重点工程中的对外宣传工作、思想政治工作有声有色,企业文化建设效果显著。党风建设和反腐倡廉工作稳步推进。对工会、共青团等群众组织的领导得到加强,全心全意依靠工人阶级办企业的方针得到落实,职工队伍保持稳定。在汶川地震、玉树地震的救援及灾后重建中,在奥运会、世博会、亚运会举办期间,在对口扶贫过程中,积极履行社会责任,受到广泛好评。5年来,有38人获全国劳动模范、全国五一劳动奖章,11个单位获全国五一劳动奖状,1127人获省部劳动模范、火车头奖

章，25个先进基层党组织、74名优秀共产党员、优秀党务工作者受到省(部)级表彰。胡锦涛、温家宝等党和国家领导人多次到中国铁建建设项目及所属企业视察，对企业的改革发展给予了充分肯定，胡总书记寄语中国铁建"建优质工程，树企业形象"，给广大员工以极大的鞭策和鼓舞。

二、当前和今后一个时期面临的形势

"十二五"的五年，是中国铁建改革发展进程中极为关键的时期。未来五年，中国发展仍处于可以大有作为的重要战略机遇期，为我们在高起点上持续较快发展提供了难得的历史机遇；未来五年，国资委提出"做强做优中央企业、培育具有国际竞争力的世界一流企业"的核心目标，为我们科学发展、和谐发展指明了方向；未来五年，中国铁建将加快结构调整、促进企业转型，实现由大到强到优的转变。总体上说，今后五年，中国铁建面临的内外形势，可以概括为"三大"。

大机遇

从国际环境看，当今世界，和平、发展、合作仍是时代潮流。2008年爆发的金融危机，不能改变全球经济长期增长的趋势。各国财政政策为主导的投资拉动和出口驱动、新兴区域市场的加快发展、以发展中国家为主的全球城镇化持续推进、生产力水平的持续提升将成为未来世界经济增长的最重要推动力。综合分析英国全球经济视角出版社和牛津经济研究院联合发布的《全球建筑2020报告》、戴维斯·兰登咨询公司历年发布的《全球建筑市场研究报告》、美国工程新闻周刊(ENR)近十年发布的《全球225家最大承包商报告》和埃森哲咨询公司近年来发布的《建筑行业高绩效研究报告》，未来五年，全球建筑市场投资额年复合增长率将达4%，2015年达到6万亿美元左右；国际建筑市场投资额的年复合增长率将达4.7%，2015年达到2.46万亿美元。中国政府在财政政策、资金等方面大力支持企业"走出去"，中国对外工程承包市场到2015年仍将继续保持20%左右的年复合增长率。中国铁建海外发展空间巨大。

从国内环境看，未来五年，仍然是中国经济社会发展的重要战略机遇期。经济结构战略性调整、城镇化水平持续提升、经济平稳较快发展以及国家政策持续保障，将直接推动中国建筑业可持续发展。未来相当长时期中国建筑市场仍将呈现相对平稳的增长，年复合增长率将达7.9%，2015年总产值达到12万亿元，2020年将达到顶峰并超越美国成为全球第一大建筑市场。"十二五"时期，铁路、公路建设市场投资仍将维持在较高水平，城市轨道交通、房屋建筑、水利水电、水工、新能源等领域的建设投资将快速增长。中国铁建国内建筑市场仍将持续稳定发展。勘察设计咨询、房地产开发、特许经营、装备制造、物资物流、矿产资源等，在"十二五"时期都面临较好的发展机遇和广阔的发展空间。

同时必须看到，中国铁建的发展也面临严峻的挑战。国际环境的不稳定不确定因素仍然较多，国际金融危机影响深远，世界经济格局正发生深刻复杂变化；国内制约发展的深层次矛盾依然存在，发展中不平衡、不协同、不可持续的问题依然突出；宏观经济政策正从反危机为主向保持经济正常运行为主，一些刺激经济增长的政策不可避免地要逐渐退出，中国GDP年均增长10%以上的速度难以长期维持，大规模基础设施建设的时期终归要过去。

总的看，未来五年，中国铁建面临较好的国际国内环境，具有难得的发展机遇，机遇大于挑战。充分利用国际、国内两种资源，开拓国际、国内两个市场，在更大范围、更广领域、更高层次参与国际国内建筑市场的合作与竞争，抓住大机遇，实现大发展，是中国铁建"十二五"时期的首要任务。

大调整

全球经济发展呈现大调整趋势。2008年金融危机爆发之后，各国加快发展模式转型和发展方式转变，科技创新孕育着重大突破并可能催生新兴产业形成发展，全球经济结构将出现明显变化。党的十七届五中全会明确提出"十二五"时期，要以科学发展为主题，以加快转变经济发展方式为主线；坚持把经济结构战略性调整作为加快转变经济发展方式的主攻方向。包括中国在内的全球经济结构将呈现大调整的趋势。

国际建筑行业的发展模式呈现大调整趋势。主要有六个特点：工程总承包逐步取代施工总承包成为工程承包的主要模式；公私合作模式成为一大主流(尤其是在欧洲)；国际建筑企业之间乃至建筑企业与其他产业之间的兼并重组不断发生，行业集中度将继续提升；全球绿色建筑市场将以60%的年复合增长率高速增长，可持续发展已成为全球建筑市场的重要规范和标准；新兴区域市场将取代发达国家成为最主要的细分区域市场；交通等基础设施建设将是未来细分行业市场的"主题"，非住宅市场的主导地位将进一步强化。

同行业标杆企业的发展模式呈现大调整趋势。国际标杆企业如万喜、布依格、ACS等的业务多元化、跨国经营化、产业链一体化等特征显著，同时能够依据企业战略发展需要，通过全球范围内的兼并收购，在短时间内实现对某地域市场的快速进入和有针对性的培育自身竞争优势。国内中国中铁、中国建筑、中交集团、中国中冶等企业，通过以工程总承包为核心的相关多元化，以资源整合推动专业化，布局海外推进国际化，整合产业链、优化组织结构实施一体化，有效提升了经营效率和盈利水平。这些企业的发展经验，对中国铁建推进结构调整具有积极的借鉴意义。

中央企业的大调整呈现加快的趋势。早在2006年，国资委就明确提出推进国有资本调整和国有企业重组，将中央企业调整、重组至80～100家，在此基础上重点培育和发展30～50家具有自主知识产权和知名品牌、具有国际竞争力的大公司大集团的中央企业调整路线图。在2010年底的中央企业负责人会议上，王勇主任明确提出“十二五”时期中央企业改革发展的核心目标是“做强做优中央企业、培育具有国际竞争力的世界一流企业”。2010年12月，中国国新控股有限责任公司正式挂牌，其主要职责是加快中央企业整合和调整国资产业布局。国新公司的成立是推进国有经济布局结构调整优化的一项重要举措，意味着中央企业重组即将进入一个新的加速周期。

顺应大调整的时代潮流，科学研判形势，果断运筹决策，加快调整步伐，抢占发展制高点，确立竞争优势，确保进入国资委重点培育的具有国际竞争力的30～50家世界一流企业行列，是中国铁建各级班子“十二五”时期的重大历史使命。

大转变

中国铁建具备抢抓机遇、实现由大到强到优转变的明显优势。经过铁道兵36年的积淀和兵改工26年的发展，中国铁建已经成为中国建筑行业的领军者，具有较强的综合竞争实力、差异化的技术领先优势、规模化的业务结构布局、比较完善的组织与管理架构、以铁道兵光荣传统为主体的独特的企业文化和较强的品牌影响力，为我们实现在发展中转变、在转变中发展打下了坚实基础。

在“十一五”期间，中国铁建经过上上下下的不懈探索和艰苦努力，走上了大转变的征途，由单一的工程施工向科研、勘察设计、施工、物流、监理、维护运营和投资等较为完善的产业链的转变，由单一的工程承包业务向六大板块业务协同发展的转变，由国内单一市场到开发国内外两个市场、海内外一体化经营的转变，由国有独资公司向国有控股的境内外上市公司的转变，由传统的管理体制向以董事会制度为核心的现代公司治理机制的转变。这五个转变，是我们长期以来，特别是“十一五”的五年创造、积累的宝贵经验，是我们继续前进的基石。

实现转变必须正视存在的问题。中国铁建虽然已经是世界最大的工程承包商，但这仅仅是按营业收入排名的，我们可以称得上大，但还称不上强，可以说是大而不强。我们资产规模大，营业收入大，管理跨度大，员工总量大；但我们赢利能力不强，各板块战略协同不强，风险管控能力不强，创新能力不强。具体讲，中国铁建存在的主要问题：一是业务结构不合理，盈利能力较弱；二是发展战略还需要进一步清晰，管控体系不健全，各业务板块缺乏战略协同；三是海外经营格局不完善，项目运作模式不成熟，风险管控能力不强；四是增长方式较粗放，管理模式不精细，同质化发展现象严重；五是人才结构不尽合理，用人体制机制有待完善，人才队伍与企业发展不匹配；六是科技创新体系不健全，科技创新能力有待提高。

正视存在问题，增强危机意识，以敢于突破自我、超越自我的勇气、信心和气魄，以不达目的不罢休的执着精神，以求真务实的扎实作风，转变发展思路，调整优化结构，推进转型升级，实现由大到强到优的转变，是贯穿中国铁建“十二五”改革发展全过程和各领域的永恒主题。

三、发展战略与规划、“十二五”及2011年改革发展的主要任务与措施

经过一年多的深入调研、精心准备和反复修改，《中国铁建股份有限公司发展战略与规划》已经股份公司总裁办公会、董事会审议并原则通过。这是集体智慧的结晶，是统领中国铁建“十二五”乃至更长时期改革发展的纲领性文件。各级领导班子和全体员工，必须把思想统一到中国铁建的总体发展战略上来，转变发展思路，巩固发展规模，优化发展结构，创新发展模式，提高发展质量，促进产业转型升级，提升跨国指数，着力做强做优，实现规模与效益、结构与布局的合理匹配，进一步增强企业核心竞争力，推动企业可持续发展，将中国铁建建设成为具有国际竞争力的世界一流建筑企业。

中国铁建的总体发展战略是：建筑为本、相关多元、一体运营、转型升级，发展成为经济实力国际领先、技术实力国际领先、竞争实力国际领先，具有高价值创造力的跨国建筑产业集团。

中国铁建“十二五”（2011～2015）发展总体目标是：以产业结构调整和转型升级为抓手，转变发展方式，着力做强做优，建设具有国际竞争力的世界一流建筑企业。实现“一保两进”。一保，保持ENR全球最大225家承包商前三强的地位，创造利润达到国际建筑企业利润率平均水平。两进,进入世界500强前100强的行列;进入国家重点培育的30~50家具有国际竞争力的世界一流的大企业大集团行列。

2011年是"十二五"的开局之年,是中国铁建加快发展、调整转型的关键之年。中国铁建的总体发展战略和"十二五"发展总体目标,是面对大机遇、大调整和大转变的必然选择,是中国铁建永葆青春、永续发展的必由之路;2011年生产经营主要指标,是全面完成"十二五"规划目标,开好局,起好步的基本要求。全系统各级领导班子、广大干部职工要充分发扬"铁道兵前无险阻、铁道兵前无困难"的大无畏精神,把"高价值创造力"作为一种标准、一种理念、一种文化、一种境界,统一思想,振奋精神,开拓进取,扎实工作,为实现中国铁建宏伟蓝图努力奋斗!

实现上述目标的主要措施是:

1. 推进结构调整,促进转型升级

加快结构调整是中国铁建实现可持续发展的必然选择,是"十二五"工作的重中之重。目前,中国铁建的业务结构严重失衡。从营业收入看,90%来自于工程承包,工程承包中60%是铁路;90%多来自于是国内市场,国际市场不足10%。从利润贡献看,80%多来自于工程承包,90%多来自于国内。可以说,中国铁建把命运系在了中国基础设施建设身上,甚至系在了国内铁路建设的身上,这是非常危险的。要按照"7+1"的产业构成和"1223"的产业组合,推进结构调整,促进转型升级。

要做强做优工程承包板块。积极推进工程承包板块的结构调整。在巩固铁路、公路、城市轨道优势地位的同时,大力提升房屋建筑、市政建设、水利水电、矿产资源等领域开发能力,加快开拓环保、节能、新能源、石油化工等建设领域,逐渐改变铁路一块独大的局面。要快速进入水工市场。水工市场前景广阔,竞争相对较小,中国铁建具有快速进入的基础和条件。要解放思想,开拓视野,打通进入水工市场的途径,时机成熟时组建专业的水工集团公司,形成工程承包板块新的利润增长点。要进一步强化工程总承包能力。探索将优势工程局合并行业甲级设计院、甲级设计院合并相关工程局或工程公司,打造以工程总承包为主的具有国际竞争力的大型集团。要做强"四电"业务。以"四电"勘察设计、工程施工、产品制造和项目运营为主线,以建设国际知名的系统集成商为目标,尽快形成自己的发展优势,缩小与先进企业的差距。

要做大做强非工程承包板块。加快发展房地产板块。构建以中国铁建房地产集团公司为核心、若干集团公司的区域性房地产公司为重点的房地产业发展格局,择机并购中央企业的非主业房地产资产。充分运用全系统的资源优势,建立起适应企业需要、总量适度、区域合理、梯次有序的土地储备规模。秉承"优质生活体验营造者"的定位,打造中国铁建房地产品牌。综合分析各单位实际情况,实行房地产准入制度,鼓励支持各集团公司发挥比较优势,以资金为纽带,按照市场化原则,加强与房地产集团公司的联合。要积极开展特许经营。抓紧中国铁建投资有限公司的筹备工作。按照既定方针,加快尼日利亚莱基自贸区开发建设,加快国内各个BT、BOT项目的建设,使其尽快形成产值、形成利润。新投资项目,要完善决策程序,突出投资回报,明确责任主体,规避投资风险。勘察设计咨询板块要强化研发平台建设,保持技术领先优势,着力培育工程总承包能力,发挥好在国际市场的引领作用,发挥好与其他板块特别是工程承包板块的协同作用,发展成为以设计业务为支撑、业务相关多元化的国际型工程公司和工程咨询公司。工业制造板块要以昆明中铁大型养路机械集团公司、中铁轨道系统集团公司为依托,加强自主创新,加快新产品研发,掌握核心技术,完善生产布局,建设营销网络,在巩固国内市场份额的同时,积极开拓国际市场,构建高端制造业、加工制造业相互支撑、协调发展的工业制造格局,培育形成两个营业收入过百亿的装备制造企业。物资物流板块要以铁路物资、能源、金属为三大核心领域,建立完善高效的物流信息化、区域化、市场化服务体系,提供一体化流通服务。要整合全系统铁路专用线、仓储等物流资源,实现物流资源的集中利用和专业运作;要在推进股份公司物资集中采购管理中,发挥好中铁物资集团等内部企业的作用,加快物资物流板块与其他相关板块的联动协调发展。矿产资源板块要加快厄瓜多尔铜矿的开发,尽快形成产能,产生效益;充分依托工程承包业务,采用工程换资源等多种模式,投资开发国内外重点矿业,形成一定发展规模和利润贡献。金融信托保险板块要加快财务公司的设立,搞好保险经纪业务,积极培育探索银行信托保险、金融租赁等业务,走产融结合的新路。积极探索其他新兴战略产业。

要大力拓展海外市场。进一步理清"大海外"战略的发展思路。明确举什么旗、走什么路的问题。强化股份公司总部对海外市场的统一规划、统一管理、统一协调,建立健全海外发展体制机制,依托CRCC、CCECC两个品牌,以中土集团、具有海外发展能力的集团公司作为海外发展的主力军,走管控有力、扩张有序、风险可控、效益优先、发展协同的海外发展之路。

要加强海外资源的整合。按照区域化、专业化、差异化的发展要求，全面梳理、评估、整顿现有海外机构，建立海外经营准入和重大项目审批制度，按照“先入为主、资源优势、能力优势”等原则统一协调，在一个国家和地区明确1～2家经营主体，对已走出海外以及拟走向海外的工程局的海外业务能力进行评估，不具备海外业务能力的集团公司首先应专注于国内经营。要继续推进海外经营方式的转变。实现由施工总承包向设计、施工、采购、运营、维护一体化的工程总承包模式转变，由输出劳务向输出管理、机械设备、技术和国家标准转变。要切实防范海外经营风险。认真总结吸取经验教训，形成科学、高效、专业的风险管理机制，提高本土化经营能力、合约管理能力、科技研发创新能力，切实防范海外经营风险。

经过几年的努力，中国铁建要达到产业结构进一步优化升级，总体布局更加合理，竞争力明显增强，产业实现集约化发展，各产业对企业的贡献度有较大幅度提升。

2011年，要切实抓好进入水工市场、整合海外资源、提高房地产板块对利润的贡献度、设立投资公司、收购财务公司等重点工作，稳步推进结构调整迈出关键性步伐，取得实质性进展。

2. 完善公司治理，促进科学发展

科学合理的公司治理机制，是保证企业持续健康发展、基业长青的体制基础。

要进一步健全科学决策体系。在股份公司层面，要进一步强化董事会战略引领、重大事项决策的功能，加强与外部董事的沟通与联系，通过组织董事实地考察、分阶段听取汇报等多种办法，加强外部董事对企业各个层面的了解和认知，保证外部董事及时、充分了解和掌握决策信息，确保决策科学稳健。各二级单位要按照《公司法》和《公司章程》的规定，健全董事会、监事会组织，完善董事会、监事会、经理层、党委会等各自的议事规则，依法合规决策重大事项。

要进一步完善考核评价机制。坚持分类考核、分级考核、突出班子、覆盖全员，在广泛征求意见的基础上，修改完善股份公司对二级单位的绩效考核办法，突出经济增加值和价值创造力，加大考核与薪酬挂钩力度，使考核更加合理，更加精准，构建科学合理的全员考核评价体系。

要进一步强化内控和全面风险管理。在前几年试点的基础上，将全面风险管理融入企业日常管理体系，以投融资管理、财务资金管理、人力资源管理、安全质量管理、海外经营等关键风险点为重点，加强风险内控体系建设，完善内控机制，提高风险评估、识别、防范能力，努力降低风险造成的损失。要建立健全以总法律顾问制度为核心的法律风险防范机制，加强法律合规工作，在重大问题决策过程中，在经营承揽公关活动中，在各种合同签订审核中，切实发挥好法律合规部门的作用，确保依法合规，不留隐患。

要进一步做好信息披露和投资者关系工作。根据股份公司《信息披露管理办法》和《重大信息内部报告制度》，建立健全信息快速汇总上报的工作网络。遵循充分合规披露信息、投资者机会均等、诚实守信、保密、互动、沟通等原则，建立投资者关系管理机制。建立健全新闻发言人制度，对需要对外披露的信息，由指定人员统一对外发布，做到对法定信息的披露，一字不漏；不能披露的信息，一字不露。通过信息披露和卓有成效的投资者关系工作，增强投资者对公司价值的认同，提升中国铁建企业形象和社会影响力。

2011年，要着力建立健全二级公司法人治理结构、修改完善考核评价与薪酬管理制度、全面推进内控与风险管理体系建设，使中国铁建的公司治理更加符合上市公司的要求，更加规范高效。

3. 强化集团管控，实现精益生产

强化集团控制是加快转变经济发展方式的重要途径，是提高经济增长质量、效益的战略要求。

要继续推进资金集中管理。当前，通货膨胀苗头初显，存贷款进入加息周期，人民币升值步伐加快，对中国铁建的资金管理提出新的严峻挑战。要坚持“现金为王”的理念，加大资金集中管理力度，有效破解业主监管难题，进一步解决好“资金池”业务中存在的各种问题，抓好以“资金池”业务为主的资金集中工作。解决协调好股份公司和集团公司之间的利益关系，加大二级公司闲置资金向股份公司集中的力度。

要继续推进统一集中招标采购。强力推进设备物资由项目部、工程公司集中招标采购向集团公司、股份公司集中招标采购转变；建立健全各集团公司、股份公司设备物资集中招标采购平台，发挥好物资集团的作用；加大大中型设备调剂力度，提升使用效率；大力推行保险资源集中管理；积极推进办公物资设备集中招标采购管理。通过统一集中招标采购，发挥规模优势，降低采购成本，提升企业效益。

要继续推进责任成本管理。继续加强和完善组织体系、制度体系建设；提高项目责任成本预算的编制水平，完善责任中心的责任界定，落实二次分解工作，解决责任成本管理在板块之间、单位内部之间的不平衡问题；开展考评活动，强化监督检查，提升责任成本管理的执行力和有效性;因地制宜,突出重点,全面推进海外项目责任成本管理。

要继续强化经营协调机制。建立以集团公司为市场主体、股份公司为中枢的区域经营协调机制,建立符合市场规律的市场开发机制和一体化运营机制,实行以区域经营、领域经营为主的市场开发模式,严格治理内部同业竞争、无序竞争、恶性竞争等问题。

要继续推进专业化建设。积极推进业务分散重叠、经营效率低下、资产盈利不强、资源利用效率不高、无法形成规模优势的企业和资产专业化重组;依据条件成熟度,根据综合性、专业性、区域性均衡、减少内部竞争的原则,逐步开展将工程局调整为综合局、专业局、区域局相互协调的探索研究,逐步将部分综合性工程局通过资源重组改造改组为专业化局。工程公司要基本实现专业化。

要继续推进工程队、架子队建设。按照股份公司关于加强工程队建设的决定精神,继续在重点项目、新上项目全面推进工程队、架子队,从根本上杜绝大包转包现象。要建立健全合格分包商、合格外部劳务的基础资料,建立黑名单制度,严格外部劳务的使用程序,杜绝亲属包工队、问题包工队。

2011 年,要通过强化集团管控,推进精益生产,进一步提高经济运行的质量和效益。

4. 推进科技创新,提升竞争能力

实施"科技兴企、创新推动"战略,发挥科技创新对企业发展的引领和支撑作用,实现要素驱动向创新驱动转变,是提升中国铁建技术实力,提高核心竞争力的关键所在。

要实施"科技兴企"战略。根据产业经济布局和行业发展趋势,构建前瞻性和应用型相结合的"四个一批"科技战略。即:建设一批国家级和省部级研发中心、实验基地和孵化基地;研发收购一批全球领先的核心技术、高端产业、尖端产品;打造一批研发精英团队、著名商标、知名品牌;自主或集成研发一批核心关键技术。

要调整优化科技布局。建设总部具有协同性平台作用的高端技术中央研发中心,强化集团公司、工程公司技术创新主体作用,大力培育国家级技术中心、工程实验室及博士后工作站等科研机构,规范、扶持子公司技术研发机构,形成总部、子公司各具特色的技术研发体系,将企业打造成传统产业中的高新技术企业。

要突出科技创新重点。根据产业经济布局和行业发展趋势,组织实施重大、重要项目及前沿技术的研究,着力建设隧道、桥梁、轨道、工程设备制造、地下工程等专业性技术服务平台,加强对基础设施建设科技需求的前瞻布局和关键性技术研究,对越江穿海隧道、高速铁路、客运专线"四电"系统集成、工业制造等优势领域的核心技术进行重点攻关,对跨海桥梁、港口码头、围海造田等新领域的工程建造技术进行引进探索,增强原始创新、集成创新、引进消化再创新能力,为重点产业在产品设计技术研发、成果转化和产业化发展等方面提供有力的技术支持,实现科技创新与生产的融合,创新链与产业链的互动。

要完善科技创新保障体系。推进科研经费制度的改革,建立多渠道、多层次、全方位的科技投入保障体系。逐步推进重大科技开发项目招投标制。加强产学研联合,与知名高校、科研院所建立技术创新的战略联盟。建立完善的技术标准体系和技术检测平台,积极参与国际标准和行业标准的制定。大力培养引进科技创新人才,建立健全科技创新激励机制,形成尊重人才、鼓励创新的良好氛围和环境。

5. 强化培养使用,提高人才素质

企业的竞争,归根结底是人才的竞争。人才是企业发展的第一要素、第一资源、第一推动力,是转型之要、生产之本、活力之源。

要建设五支队伍,推进七大工程。按照"数量充足、素质优良、结构合理、专业匹配"的要求,以经营管理人才、专业技术人才、复合型政工人才、复合型外经人才和高技能人才五支队伍建设为重点,紧紧抓住培养、引进、使用三个环节,全面推进院士、大师培养引进工程、百千万科技创新人才工程、海外实战经营管理人才培养工程、"135"管理经营人才提升工程、注册师发展工程、高技能人才培养工程和项目管理人才保障工程。

要控制员工总量,提高员工素质。把控制员工总量与提高员工素质有机结合起来,防止人员过快增长。要切实加强对各类人员的培训,提高全员素质。要制定切实可行的培训规划和强制性的培训政策,发挥股份公司党校的作用,依托国内外知名高校等培训机构,建立健全各类人才培训基地。积极开展大规模、分层分类、形式多样、持续不断的培训,建立起科技创新、项目投资、产业发展与人才培养之间紧密联系、良性互动机制。以紧缺急需人才为重点,提高人才培养适用性,全面提高全体员工的素质和能力。

要坚持以用为本,培养引进并重。要树立"不求所有,但求所用"的人才新理念,把以用为本贯彻体现到人才培养开发、评价发现、流动配置、激励保障等各方面,最大限度地集聚人才、调动人才、发展人才,最大限度地激发和发挥人才的活力和作用，形成人才辈出、人尽其才、才尽其用的良好局面。实施高层次人才培养引进工程，加强高层次人才创新培养，建立股份公司特级专家制度，加强选拔、资助和管理服务工作。建立健全人才招聘选拔、评价、使用、保障激励制度。加强人才发展环境建设，营造重才爱才、公开平等、竞争择优的制度环境。

6. 坚持党群共建，凝心聚力发展

各级党组织和广大共产党员要紧紧围绕“转方式、调结构、促转型、上水平”这个发展主线，进一步增强推动企业发展的自觉性，营造和谐稳定的内部发展环境，提高党建工作的科学化水平，为实现“十二五”发展目标提供思想组织保证。

要深入开展创建“四好领导班子”活动。要以理论武装为根本，不断提高各级领导班子思想政治素质和理论水平。要以选贤任能为重点，建立健全能上能下、能进能出、竞争择优、充满活力的用人机制。在“上”的方面，要引入竞争择优机制，积极推行公开选拔、竞聘上岗等制度。在“下”的方面，要进一步建立健全领导干部引咎辞职、责令辞职制度，研究制定不称职干部的具体认定标准，加大调整不称职干部的力度，对经组织考核确系不称职的干部，采取免职、降职、待岗、改任非领导职务等多种办法予以调整。要以作风建设为核心，塑造各级领导班子的良好形象。作为领导干部，要大兴密切联系群众之风，大兴求真务实之风，大兴艰苦奋斗之风，大兴批评和自我批评之风，真正做到常修为政之德、常思贪欲之害、常怀律己之心。从真情为民着眼，从求真务实着手，倡导特别讲大局、特别讲付出、特别讲实干、特别讲纪律的作风，进而凝聚起推动中国铁建又好又快发展的最广泛最深厚的力量。要以团结协作为保证，充分发挥领导班子集体决策功能。领导班子应当始终坚持集体领导和个人分工负责制，正确识位、正确定位。正职对副职要做到总揽不包揽，信任不放任，果断不专断；副职对正职要做到服从不盲从，到位不越位，分工不分家。班子成员互相信赖、互相配合、互相支持、互相补台，努力形成重事业、顾大局、讲团结、比奉献，齐心协力干事业、一心一意谋发展的良好氛围。

要继续开展创先争优活动。要在推动中心工作上下功夫，紧密结合党和国家中心任务和重大活动来谋划，始终围绕企业发展的中心任务和重点工作来推进。要在创新活动方式上下功夫，注意继承过去争创活动的有效做法，鼓励基层党组织在实践中不断创造新的活动方式。要在解决实际问题上下功夫，努力破解影响和制约企业科学发展的新的难题，切实解决职工生产生活的困难问题。要在形成长效机制上下功夫，以创先争优活动为契机，切实加强基层党的建设。建立健全创先争优的长效机制，使创先争优活动常态化。要在真抓实干上下功夫，领导干部要做创先争优的表率，抓薄弱环节，落实责任制。

大力推进企业文化建设。以“铸中国铁建精神、树中国铁建品牌、建中国铁建团队”为主线，大力推进企业文化建设。不断完善富有活力和特色的文化体系，有效提升企业的无形资产和综合竞争力，引领企业持续健康发展。要加强企业核心价值观教育，加强思想政治工作，加大对外宣传力度，深化精神文明创建活动，使全体员工真正理解、融入中国铁建文化，使中国铁建文化成为扩大企业知名度美誉度、提升企业软实力的有效载体。

要改进机关作风，提高服务水平。加强机关员工培训，提高思想业务素质，明确工作职责，理顺部门分工，整合部门功能，优化办事流程，以更高的标准、更高的效率、更高的质量，更好的服务企业，服务基层。

要切实加强党风廉政建设。贯彻落实党风廉政建设责任制，建立和完善不想腐败、不许腐败、不能腐败、不敢腐败、不屑腐败的体制机制。

要加强对群团工作的领导。通过党建带工建、带团建、带妇建，把工青妇组织建设成为工作活跃、作用明显、群众信赖的“职工之家”、“青年之家”、“妇女之家”，形成党组织与群众组织优势互补、良性互动的工作格局。充分发挥工会和职代会在民主管理、民主决策、民主监督中的作用，建立和谐劳动关系，确保职工工资、离退休职工养老金的按时足额发放，确保“五险两金”按期按规定缴纳，切实履行“三不让”承诺，做好困难企业和困难职工的帮扶工作，构建内和外顺，稳定繁荣的企业环境，为中国共产党成立90周年献礼。

转变发展方式 着力做强做优 建设具有国际竞争力的世界一流企业

——总裁赵广发在中国铁建一届二次职工代表大会暨2011年工作会议上的报告

(摘 要)

(2011年1月24日)

这次会议的主要任务是:深入贯彻党的十七届五中全会、中央经济工作会议和中央企业负责人会议精神,总结2010年工作和“十一五”经验,分析当前形势,落实“十二五”规划,部署2011年工作,动员全系统上下统一思想,明确目标,团结奋进,开拓创新,为建设具有国际竞争力的世界一流企业而努力奋斗。

一、2010年与“十一五”工作回顾

2010年,是“十一五”收官之年,是中国铁建极不平凡的一年。一年来,在国资委的正确领导和国家有关部委的大力支持下,我们深入学习实践科学发展观,按照“强化管理增效益,科学发展上台阶”的工作部署,进一步解放思想,狠抓落实,各项工作取得了新成绩。

(一)市场开发成效显著。紧紧围绕铁路、路外、海外三个市场,全力抓好市场开发,全年新签合同额再创历史新高。铁路市场,在推行招标新规则、竞争异常激烈等情况下,夺取了重大胜利。路外市场,坚持全面出击、重点突破,市场份额大幅提升。由铁道部主导,系统内9家单位参与的海外铁路项目承揽,前期工作推进有力,部分项目已取得阶段性成果。

(二)创效板块快速发展。按照企业整体战略部署,推进结构调整,加快发展步伐,非工程承包业务竞相发力,呈现快速发展的良好势头。

勘察设计咨询优势明显。承担了国内铁路市场60%以上的勘察设计任务,继续保持优势。中铁第一勘察设计院集团公司积极“走出去”,承担阿联酋铁路、麦加轻轨等项目的勘察设计任务;中铁第四勘察设计院集团公司承揽19条城市轨道交通线路的总体总包设计,并成功进入铁路投资咨询评估领域;中铁第五勘察设计院集团公司全面进入铁路、城市轨道交通、市政工程勘察设计领域;中铁上海设计院集团公司在咨询、精密测量等新兴业务领域实现突破;北京铁城建设监理公司经营规模稳步提升。

工业制造能力进一步释放。昆明中铁大型养路机械集团公司投资兴建的自动化、信息化产业基地一期工程全面投产,生产能力大幅提升。同时,开发出道岔清筛机、桥梁检查车等一系列拥有自主知识产权的新产品。中铁轨道系统集团公司组建晚、起点高、发展快,形成轨道、隧道装备、钢结构等系列产品研发制造能力,特别是重装设备制造基地,规模与能力达到国内一流,具有自主知识产权和国际先进水平的土压平衡盾构机已下线,并投入使用。

房地产开发步入快车道。自合肥房地产工作会议以后,房地产板块进入快速发展轨道,市场布局不断完善,业务发展到全国26个大中城市。中铁房地产集团公司在北京、天津、杭州、成都、合肥、南宁、贵阳等地开发的“中国铁建·国际城”和“中国铁建·山语城”等一大批项目,成为当地知名品牌。

物流贸易发展迅速。中铁物资集团公司与国内外知名大型企业的战略合作全面推进,拓展了业务渠道和发展空间。加强对系统内所需物资的采购供应,为降低成本,保障供应发挥了重要作用。

资本运营效益显现。坚持“双轮驱动”,积极稳妥地推进资本运营,加速资产周转,成效明显。重庆遂渝高速公路复线、贵阳北二环等项目的实施,将给企业带来较好收益。南京长江隧道已顺利移交,重庆遂渝高速公路大学城段,预期收益良好。矿产资源投资开发迈出实质性步伐,与铜陵有色金属集团控股有限公司联合收购厄瓜多尔铜矿项目,开发前期工作全面启动。尼日利亚莱基自由贸易区项目进展平稳,成功举办了第一届中国工程机械展。

(三)**经济效益稳步增长**。一年来,各单位坚持整体协调、理性经营,任务质量明显提升,为项目创效提供了基础保障。进一步强化过程控制,深入推进责任成本管理,通过优化施工方案、开展效能监察、加强过程审计、加大亏损项目整治、清理"小金库"等多种方式,有效促进了项目效益提高。物资设备集中采购、资金集中管理力度加大,有效降低了成本。

(四)**在建工程总体可控**。针对施工规模不断扩大、资源高度紧张、重难点工程增多、在建任务繁重的状况,统筹规划,科学组织,精心施工,保证了任务的完成。结合施工形势,各单位积极组织开展科技攻关、劳动竞赛、百日大干、青年突击队等活动,极大地促进了工程建设,一大批重难点工程相继被突破。举世瞩目的沙特麦加轻轨铁路,在极短的工期内和异常艰难的情况下,举全系统之力组织了一场艰苦卓绝的大会战,克服前所未有的困难,按期保质建成通车并安全顺利完成第一阶段朝觐运营任务,受到国际国内的高度评价和赞誉。厦门翔安海底隧道建成通车,青岛胶州湾隧道胜利贯通,开创了中国海底隧道建设新纪元;国内盾构直径最大的"万里长江第一隧"——南京长江隧道,攻克世界六大技术难题,创造了中国越江隧道施工的新纪录;郑西、沪宁、昌九、沪杭、宜万、包西、海南东环、喀和、长吉、太中银等多条铁路先后建成通车;京沪高速铁路全线铺通,创造486.1公里/小时的世界高速铁路运营试验速度最高纪录,成为中国高速铁路建设新的里程碑;京石、石武等重点项目总体进展顺利;广深港铁路客运专线狮子洋隧道左线盾构机实现江中对接;青海玉树震后重建项目建设取得阶段性成果。全系统获国家优质工程金质奖2项、银质奖15项。

(五)**技术创新成果丰硕**。坚持自主创新与引进消化吸收再创新,大力开展设计技术、施工技术和装备制造技术的研发、创新与应用。2010年获国家科技进步奖4项,国家级勘察设计"四优"奖6项,中国土木工程詹天佑奖7项;申请专利350项,授权专利241项。昆明中铁大型养路机械集团公司和中铁轨道系统集团公司被认定为国家级高新技术企业,20家单位被认定为省级高新技术企业,22个技术中心通过省级年度复审。新增1个博士后工作站,全系统博士后工作站达到5个。高速铁路设计和建造技术继续保持国际领先。无砟轨道、高速道岔、扣件系统、"四电"集成、隧道、桥梁建设技术取得新突破。

(六)**基础管理有效推进**。一是各单位认真贯彻工程公司和工程队建设两个《指导意见》,强力推进工程公司和工程队建设。工程公司创效能力不断提高,2010年公布的进入20强的工程公司,有5家实现利润突破亿元大关。工程队、架子队建设步伐加快,各单位制定出台相应的管理办法,从机制和政策上予以保证,一大批专业化的工程队建成。

二是积极做好人力资源工作。全年接收高校毕业生14800人,举办各类培训班超过600期,培训人员7万多人次。在国资委、人力资源部和社会保障部组织的中央企业职工技能大赛中,包揽大赛前4名,取得4金、5银、1铜的好成绩。推荐第十届詹天佑铁道科技技术奖10人、第七届詹天佑中铁建专项基金奖23人、享受政府特殊补贴16人。薪酬制度改革迈出新步伐,进一步完善了子公司负责人薪酬管理制度,认真执行工效挂钩政策和国资委对企业工资总额调控的要求,在经济增长的前提下提高职工工资收入,在岗职工人均工资达到47671元。

三是认真落实企业信息化建设纲要。相继建成视频会议、财务网上办公、总部机关自动化办公等系统。人力资源、电子商务、施工项目管理、资本运营、法律合规、审计等应用系统建设全面展开,部分系统已上线试运行,企业信息化水平明显提升。

四是落实法制工作三年目标计划,进一步健全以企业总法律顾问为核心的法律风险防范机制。目前,全系统有23家二级单位设置总法律顾问,16家二级单位设立独立的法律事务部门。坚持关口前移,认真做好规章制度、经济合同、重要决策和授权委托书的法律审核,为重大经营活动提供法律服务,积极处理经济纠纷和诉讼案件,有力地维护了企业合法权益。

五是加强企业文化建设。一年来以重难点项目建设为突破口,在全系统大力弘扬铁道兵精神,以先进的企业文化激励人,增强了企业的凝聚力、向心力和战斗力。加大对外宣传工作,在各大主流媒体进行集中宣传报道,扩大了企业的声誉。

六是积极做好稳定工作。认真处理来信来访事件,及时解决各种矛盾和纠纷。深入做好困难职工帮扶工作,落实"三不让"承诺,积极做好离退休干部职工的服务工作,促进了企业和谐稳定。

2010年各项奋斗目标的胜利完成,为全面实现"十一五"发展目标画上圆满句号。"十一五"时期,是企业快速转型并实现跨越式发展的重要时期。五年来,企业新签合同额、营业收入、利润一年一个台阶,成为发展速度最快的中央企业之一。企业连续5年入选世界500强,并由最初的485位跃升至133位,跃居世界建筑企业之首。

这一时期,企业成功登陆资本市场,实现A+H股整体上市;深入推进产业结构调整,培育了六大业务板块;组建了中铁建房地产集团公司、中铁轨道系统集团公司等专业化集团公司,完成铁路"四电"、工业制造等领域的资源整合;大力实施"走出去"战略,创造多项中国企业对外工程承包纪录,成为中国成长最快的海外工程承包商;积极参与四川汶川特大地震、青海玉树强烈地震、甘肃舟曲特大山洪泥石流、南方雨雪冰冻等重大灾害的救灾抢险和灾后重建;积极参加北京奥运会、上海世界博览会场馆建设以及国庆60周年等重大活动的服务。集中力量办成了一些大事和难事,充分体现了中央企业的顶梁柱和骨干作用。

五年来,中国铁建相继建成青藏铁路、京津城际、宜万铁路、武广高铁、厦门海底隧道、南京长江隧道、沙特麦加轻轨等一大批国内领先、世界一流的具有重大影响力的标志性工程,攻克多项世界级难题,获得国家科技进步奖11项,中国土木工程詹天佑奖33项,中国建设工程鲁班奖24项,国家优质工程奖89项,奠定了在高速铁路、高速公路、城市轨道交通和长大隧道等施工领域的领先地位。

五年来,中国铁建始终坚持以人为本,着力改善民生,努力解决职工群众的实际问题。在岗职工收入大幅提升。基本解决了社会保险费用拖欠问题,确保了"五险两金"足额按时上缴,使广大职工的切实利益得到了有力维护。五年来,我们通过开展送温暖和落实"三不让"承诺,救助困难职工12.7万户次,为困难职工排忧解难,使广大职工共享企业发展成果。

五年来,企业呈现快速发展的良好势头,在国际国内市场的知名度和影响力与日俱增,受到党和国家领导人的高度关注。胡锦涛、温家宝等党和国家领导人多次到中国铁建承建的项目或所属单位视察,对中国铁建给予充分肯定。胡总书记寄语中国铁建"建优质工程,树企业形象",成为新时期企业发展的强大精神动力。

五年取得的成绩令人鼓舞,积累的经验弥足珍贵。进一步明确了企业改革发展的方向,进一步加深了市场规律和企业发展规律的认识,进一步增强了搞好企业的信心和决心。我们的主要体会是:

第一,必须转变发展方式,提高企业发展的质量和效益。作为大型建筑企业集团,单一的产业结构和同质化的发展模式已不能适应国际化竞争的要求,只有大力调整产业结构,推进产业链向高端和高附加值领域延伸,努力实现各企业差异化、专业化发展,改变"一头独大"、"大而全"的现状,才能切实转变发展方式,真正提高发展质量与效益,推动企业长远发展。

第二,必须遵循市场规律和企业发展规律,推动企业科学发展。建筑市场风云变幻,竞争残酷激烈,机遇稍纵即逝,只有牢固树立科学发展观,紧紧围绕市场,及时调整工作思路,改进工作方法,推进自主创新,加强集团管控,有效防范风险,才能牢牢把握主动权,在激烈的市场竞争中立于不败。

第三,必须优化资源配置,发挥企业整体优势。决定一个企业发展的不仅仅是它占有资源的多少,而是其有效配置资源的能力。只有立足主业,发挥产业协同效应,统筹国内国外两个市场,提高资源配置能力,充分发挥中国铁建的整体优势和各集团公司的区位优势,才能使有限的资源产生倍增效应。

第四,必须弘扬铁道兵优良传统,建设先进企业文化。"特别能吃苦、特别能战斗、特别能奉献"的铁道兵精神铸就了中国铁建独特的企业文化。尤其在攻坚克难、艰苦卓绝的关键时刻,能够信得过、靠得住、拉得出、打得赢,招之能来、来之能战、战之能胜,这种精神是企业核心竞争力的重要组成部分,是我们的宝贵财富和不竭动力。

第五,必须全心全意依靠职工办企业,充分发挥各级组织的积极性和创造性。职工群众是企业的主人,蕴藏着丰富的智慧和巨大的创造力,只有充分调动他们的积极性和创造性,才能使企业充满活力。只有牢牢把握发展这个主题,充分发挥各级党委、纪委、工会、共青团组织的重要作用,才能形成齐抓共建的强大合力,共同克服前进道路上的困难,无往而不胜。

二、"十二五"时期企业改革发展总体思路

"十二五"是企业贯彻落实科学发展观,加快转变发展方式的关键时期。全面分析面临的形势和存在的问题,精心谋划发展战略,制定切实可行的措施,对做强做优企业,推进又好又快发展具有重要意义。

(一)形势分析与判断

国际国内经济形势复杂多变。从国际看,金融危机导致的急剧动荡逐步缓解,世界经济缓慢复苏,但不稳定、不确定因素仍然较多,复苏进程艰难曲折。美国实施新一轮量化宽松政策,加剧了全球流动性泛滥,引发主要货币汇率较大波动和金融市场动荡,持续推高石油、粮食等大宗商品价格,全球性通货膨胀风险加剧,各种形式的贸易保护主义有所抬头。从国内看,经济发展继续保持长期向好,工业化、信息化、城镇化、市场化、国际化深入发展,积极的财政政策和稳健的货币政策的实施,为企业发展提供了广阔的空间。中国目前仍处于发展的重要战略机遇期,但也面临着诸如人民币升值、通货膨胀、房价过快上涨、信贷规模过快增长等一系列矛盾和问题,经济发展不确定因素增多,尤其是货币政策由宽松转向稳健,更有迹象表明,相关政策有逐步趋紧的态势,将在一定程度上影响基建投资。对此,我们要有清醒的认识。

建筑市场将迎来新一轮的大发展。当前,中国进入加快转变经济发展方式的关键时期,固定资产投资短期内不会发生剧烈波动。从近期各行业公布的"十二五"发展规划看,基建投资规模将继续保持高位运行。以铁路、公路和轨道交通市场为例,"十二五"期间分别新增投资3.5万亿元、2.2万亿元、3万亿元,其中铁路营业里程到2015年将达到12万公里以上,"四纵四横"高速铁路网主骨架及与主骨架连接的高速铁路、城际铁路建设将加速推进,新建和改造铁路客站1015座,大规模铁路建设高潮将持续发展;公路市场将完成7条首都放射线、9条南北纵向线、18条东西横向线的高速公路网建设;城市轨道交通到2020年新增营业里程6560公里,成为大规模铁路建设之后新的投资热点。国际建筑市场也出现新的动向,欧美等发达国家为走出金融危机阴影,提振经济,纷纷借鉴中国经验,加大了基建投资力度,美国、波兰等很多欧美国家将加速发展高速铁路;中东、非洲、东南亚等地基建投资力度不减,未来五年,仅海湾地区正在建设和即将投入建设的各种基建工程和能源工程,总规模将超过2万亿美元,海外市场大有可为。如何抓住并用好宝贵的战略机遇期,迅速做强做优企业,是当前我们面临的紧迫任务。

企业发展存在诸多亟待解决的问题。中国铁建经过63年的艰苦不懈努力,企业已具备较大的发展规模,并奠定了扎实的技术基础、经济基础和市场基础,具有较强的市场竞争力和社会影响力。但对标国内外先进企业,我们还存在许多短板和差距。

(二)"十二五"发展指导思想和总体思路

股份公司在深入分析形势、密切联系实际、广泛征求意见、凝聚各方智慧的基础上,经过多次讨论、反复修改,制定下发《中国铁建"十二五"发展战略与规划》,这是指导未来五年股份公司发展的纲领性文件。根据十七届五中全会、中央经济工作会议和中央企业负责人工作会议精神,"十二五"企业改革发展的指导思想是:以邓小平理论和"三个代表"重要思想为指导,深入贯彻落实科学发展观,按照胡锦涛总书记对中国铁建提出的"建优质工程,树企业形象"的要求,以"巩固、发展、提高、创新"为基本方针,以"转方式、调结构、促转型、上水平"为发展主线,紧紧抓住和用好国家发展战略和经济全球化深入发展的重要机遇期,转变发展思路,巩固发展规模,优化发展结构,创新发展模式,提高发展质量,促进产业转型升级,提升跨国指数,着力做强做优,实现规模与效益、结构与布局的合理匹配,进一步增强企业核心竞争力,推动企业可持续发展,将中国铁建建设成为具有国际竞争力的世界一流企业。

总体发展战略是:建筑为本、相关多元、一体运营、转型升级,发展成为经济实力国际领先、技术实力国际领先、竞争实力国际领先,具有高价值创造力的跨国建筑产业集团。

远景目标是:用10~15年时间,国际化和产业升级实现新的突破。

"十二五"发展目标是:实现"一保两进"。一保,就是保持ENR全球最大225家承包商前三强的地位,创造利润达到国际建筑企业利润率平均水平。两进,进入世界500强前100强的行列;进入国家重点培育的30~50家具有国际竞争力的世界一流的大企业大集团。

"十二五"总体思路是:紧紧围绕"一个目标",注重抓好"两大任务",不断开拓"三个市场",着力做到"四强四优",始终坚持"五项原则"。

"一个目标":就是做强做优,把中国铁建建设成为具有国际竞争力的世界一流企业。

"两大任务":就是科学发展、和谐稳定。科学发展是企业的永恒主题,和谐稳定是企业长盛不衰的基础,没有科学发展,企业就没有出路,没有和谐稳定,企业发展就难以长久,要始终不渝地维护和谐稳定、促进科学发展,建设政通人和、长治久安的企业,构建"平安铁建"、"和谐铁建"。

"三个市场":铁路市场是我们传统的优势领域,具备人才、技术、装备等竞争优势,必须坚守阵地,强基固本,确保行业领先。路外市场规模大、发展快、前景好,要进一步加大开发力度,拓展公路、轨道交通、市政、房建等现有市场,积极参与水工、新能源、绿色环保等弱势领域和新兴市场的竞争,弥补经营短板,培育新的经济增长点。海外市场是企业可持续发展的必由之路,要坚定"走出去"战略的信心和决心,树立全球化的战略思维和开放视野,立足全球配置资源,加强协调,创新模式,提升国际化经营的能力和水平。

"四强四优":就是自主创新能力强、资源配置能力强、风险管控能力强、人才队伍实力强;经营业绩优、公司治理优、布局结构优、社会形象优。要通过推进企业发展由量的扩张向质的提升转变,由粗放型向集约型转变,由业务高度集中、同质化竞争向产业链完善、专业化差异化发展转变,由劳动密集型向管理技术资本一体化转变,提升战略决策能力、市场开拓能力、资本运营能力、项目管理能力、兼并收购能力、协调发展能力,不断强化总部管控、协调、监督、服务职能,着力做到"四强四优",提升企业的综合素质和主业核心竞争力。

"五大原则":一是"经济强企"原则。坚持效益至上、现金为王,大力提升管理水平,增强创效能力,提高经济运行质量,夯实企业经济基础。二是"科技兴企"

原则。充分发挥科技的引领作用,加大科技投入,在关键领域和主打产品上实现突破,加强科技成果的转化应用,为加快转变发展方式提供有力支撑。三是"质量建企"原则。质量就是信誉、品牌和市场,要按照"建优质工程、树企业形象"的要求,以高质量产品保市场,以高素质人才促发展。四是"依法治企"原则。企业经营必须依法合规,依法经营,要重视各项制度建设,提高执行力,靠制度管人管事管企业。五是"文化树企"原则。文化是企业的灵魂,要传承企业优良传统,弘扬铁道兵精神,不断赋予其新的时代内涵,培育先进的企业文化,实现企业基业常青。

三、2011 年的主要任务

2011 年,是"十二五"开局之年,良好的开端是成功的一半。按照"十二五"总体规划,2011 年要重点抓好以下八个方面的工作:

(一)加强市场开发,提高经营质量

密切关注国内市场变化,以"保规模、强管理、促创新、提质量"为重点,继续抓好市场开发,开创经营工作新局面。

保持经营规模稳步增长。一是要继续把铁路市场作为经营工作的重中之重,认真研究铁路新的招投标管理办法,周密部署,统筹协调,确保铁路市场份额。二是继续抓好公路项目承揽。重点抓好国家级、省部级重点交通枢纽、高速公路以及跨江、跨海公路大桥等项目承揽力度。三是深入抓好城市轨道交通、市政和房建项目承揽,确保市场占有率。四是积极抓好机场、港口、水利电力等弱势领域的市场开发,努力开拓能源、环保等新兴市场。

不断提高经营质量。始终把提高任务含金量作为经营工作的首要任务。要坚持精揽原则,严把经营第一关口,科学测算,合理报价。要全面贯彻落实《工程经营工作指导意见》,发挥企业整体和区位优势,推行区域经营管理,有效整合内部资源,实现市场经营管理的科学化、规范化。要坚持自主经营,直接与市场对接、与客户对接。

确保经营资质就位。资质是企业闯市场的"通行证"。根据国家住房和城乡建设部的要求,原特级企业资质将于 2012 年 3 月 13 日后自动失效,2011 年年底前必须提出申请重新就位,时间紧,任务重,务必高度重视。股份公司已作出部署,各单位要顾全大局,全力做好相关工作。

(二)强化项目管理,确保安全质量

优化资源配置。要紧紧围绕施工生产,强化管理、统一协调,切实缓解资源与规模矛盾。各单位对在建项目要进行全面梳理,根据项目特点,组织队伍、配好班子、优化方案,确保资源配置一次到位。要深入推行法人管项目,切实转变项目管理模式,由工程公司对项目的人员、设备、资金等生产要素进行统一调配,实现扁平化管理,加强管控,堵塞漏洞。

持续推行标准化管理。要按照"机械化、工厂化、专业化、信息化"和安全、质量、工期、投资、环保、技术创新"六位一体"的要求,建设标准化项目部、标准化施工队,将标准化管理理念融入项目管理全过程,镜头不换、纵深发展,做到事事有标准、环环扣标准,促进项目管理上水平。

推进重点项目实现突破。2011 年,我们将京沪高速铁路、西格铁路二线关角隧道、广深港铁路客运专线福田车站、哈齐铁路客运专线、沪昆高速铁路、利比亚铁路、阿尔及利亚铁路等 41 项工程列为股份公司的重点工程,这些项目技术含量高、投资规模大、施工难度大、社会影响大,必须按要求按期保质完成。

高度重视安全质量。安全是施工生产第一要务,是构建和谐企业的基础,是实现又好又快发展的保证,是企业最大的政治。要认真落实党中央、国务院以及国资委、安监总局关于安全生产的一系列规定和要求,按照张德江副总理在股份公司调研时提出的"抓质量、抓安全、树品牌、树形象"的要求,深入开展"安全生产年"活动,总结经验教训,切实把安全生产作为各项工作的"硬任务",放在更加突出的位置来抓,警钟长鸣,常抓不懈。

(三)推进精益管理,提高经济效益

精益化管理就是以最小的投入产生最大的效益。各单位要把精益化管理贯穿于生产经营全过程,以管理促效益。

注重"三次经营",提高项目盈利水平。要以"三次经营"为抓手,深化项目全过程控制,实现闭环管理,提高项目创效能力。要从源头抓起,坚持理性经营,避免项目先天亏损;要狠抓环节控制,把责任成本管理贯穿于项目管理全过程,严格落实责任制,努力降低成本费用。

强化集团管控,提升集约化管理水平。要严格落实《设备集中招标采购管理暂行办法》和《物资集中招标采购管理暂行办法》,继续加大设备物资统一招标采购和集中管理力度,进一步完善设备物资招标采购两级平台,对盾构机等《中国铁建大型设备目录》中的设备必须由股份公司统一组织采购。物资采购要以局集团公司为主体,充分发挥整体优势,切实达到降低成本的目的。要大力扶持内部相关产业发展。

加强财务资金管理和风险管控,确保经济安全高效运行。要高度重视经济安全,加强财务资金风险管控,强化审计监督在企业风险管理和内部控制体系中的建设性、预防性作用,密切关注现金流量动态,对异常现象早预警、早防范、早处理。要坚持“量入为出”的原则,推行全面预算管理,增强预控能力。要加快财务信息化建设,建立统一规范的财务管理、资金管控和预算管理体系,对资金实施集中管理。要积极拓展融资渠道,压减银行贷款规模,提高经济运行质量。

改进和完善考核评价机制,引导企业健康发展。认真落实国资委关于经济增加值(EVA)考核的要求,不断改进和完善现有的考核评价体系,推进个性化的考核,对不同性质的单位进行分类考核,同一性质的企业也要区别对待,使考核制度更加公平、科学、合理、适用,真正起到激励和导向作用。尤其在考核指标的权重比例上,要向经济效益、社会效益和可持续发展的能力上倾斜,引导企业健康良性发展。

(四)优化产业结构,做大做强创效板块

着力强化设计咨询的先导作用。设计咨询单位要继续巩固铁路市场,同时,要加快发育路外经营能力,积极探索咨询、设计、监理、代建、施工一体化经营模式,培育工程总承包能力。要着眼未来,突出抓好技术研发平台建设,加强前沿技术研究,以技术优势引领市场发展。要与国际接轨,熟悉和掌握国外相关技术标准体系,配合做好相关工作,全力推动中国标准在国外工程中的应用。

着力提升工业制造核心竞争力。要围绕“国内一流”目标,加快推进系统内工业制造资源的整合和外部优势企业并购,在基地建设、研发投入等方面支持工业制造板块加快发展。

着力做强做专做大房地产业务。要抓住国家推进城镇化建设步伐和住房刚性需求的机遇,以做强做专做大、提高利润贡献率为目标,加强组织领导,完善决策程序,强化风险防控。努力做到眼前和长远、房地产开发和资本经营的有机结合,抓好土地储备、设计规划、施工建设、销售创效四个关键环节。要以住宅开发为主,积极开展物业管理业务,逐步增强商业地产运作能力,建立统一的管理和服务标准,加快房地产发展。

着力提高物流贸易的综合实力。要根据物流产业振兴规划、铁路建设规划以及企业发展实际,以物资集团为主,整合系统内的物流资源,依托在建项目,逐步构建覆盖重要省会城市、辐射全国各大片区的经营网络,为系统内工程施工项目提供全天候、一体化服务。加大投入,大力支持物流贸易业务发展,盘活系统内闲置或利用效率不高的仓储基地、材料厂、专用线等物流基础设施,抓紧建立现代化大型仓储物流基地。要加快“走出去”步伐,努力开拓海外市场。

着力推进资本运营稳健发展。坚持围绕主业,依托上市融资平台,努力探索资本运营新渠道和新模式。要重点关注与主业密切相关、投资回报率较高的领域,采取参股、控股、独资等多种形式,积极稳妥地推进工程总承包、BT、BOT 等高端业务发展,改变长期以来在产业低端徘徊的状况。各单位要认真落实股份公司《资本运营项目投资管理暂行办法》,规范运作,加强管控,防范风险。

着力增强矿产资源开发能力。要利用一切可以利用的资源,积极寻求涉足矿产资源的机会,拓展矿产开发新市场,培育新的效益增长点。

(五)健全管控机制,规范海外经营

坚定不移地实施“走出去”战略,统一组织、统一管理,构建“大海外”格局,提升国际化经营能力和水平。

完善海外经营管理机制。国际市场竞争更加激烈,情况更加复杂。股份公司已经制定印发了《境外工程经营管理协调办法》,各单位要抓好落实,并在实践中不断修订完善。要进一步加强研究,着力建立健全海外经营管理制度,完善海外工程经营协调机制,使海外经营制度化、规范化。

加强在建工程管理。海外项目管理不能简单套用国内模式,要总结经验,吸取教训,将每个海外项目都当作重点来对待,创新管理方法,改进管理手段,优化资源配置,强化保障措施,确保工期、质量、安全、效益和信誉。

强化基础工作。要推进海外机构、人员本土化属地化管理,加快教育培养,着力解决海外人才紧缺的问题。要切实解决海外工作人员的实际问题,消除他们的后顾之忧,调动积极性,保持队伍稳定。要抓好海外项目承揽的信息筛选、方案研究、可行性分析、方案评审、报价分析、投标决策等关键环节,注重风险控制。要探索由设计院作为总承包单位引领企业“走出去”的路子。要高度重视合同管理,做好基础资料积累和整理,建立流程,理顺关系。要注重海外项目的变更索赔,坚持依法合规,本着有理有利的原则开展工作。

(六)实施人才工程,加强队伍建设

人才是企业科学发展的第一资源和第一推动力,要创新人才发展机制,优化人才发展环境,积极开发利用国内国际两种人才资源,大力推进人才职业化、市场化、专业化、国际化,培养造就“数量充足、素质优良、结构合理、专业匹配”的人才队伍,为建设世界一流企业奠定人才基础。

建设坚强有力的班子。要坚持“德才兼备、以德为先”的用人标准,完善以业绩和能力为导向的考核评价机制,培养任用一批素质过硬、作风扎实、坚强有力、堪当重任的经营管理者。要坚持民主集中制,加强企业民主管理和干部民主评议,促进各级班子建设,树立班子威信,提高班子的战斗力、凝聚力和向心力,增强推进企业科学发展的能力。各级领导要恪尽职守、廉洁自律，严格遵守《国有企业领导人员廉洁从业若干规定》，坚持“一岗双责”，不为私心所扰，不为名利所累，不为物欲所惑，扑下身子抓工作，真抓实干求实效，既要有思路、有部署，更要抓实施、抓落实，确保各项目标和任务落到实处、取得实效。

汇聚各类高端人才。根据企业发展需求，有计划、有步骤、有针对性地吸收、引进和培养一批与国内国际业务和各创效板块发展相匹配的国际化经营人才、院士大师级科技人才、注册师人才和高技能人才。要用广阔的平台、十足的诚意凝聚人心，使人才能够进得来、留得住、用得好，营造人尽其才、才尽其用的良好氛围。要不断提高人才素质，控制人员数量，严防规模过度膨胀。

改进人才培养机制。以提高实际操作技能水平为重点，加快岗位技能人才队伍建设，提高层次、突出特色、增强技能，坚持职业技能鉴定培训，大力推进导师带徒、岗位练兵、技术比武、技能比赛的有效做法，为培养技能岗位人才开辟成才通道。依托国内外知名高等院校、职业院校等各类培训机构，建设人才培训基地，制定不同层次、全面系统的培训方案，创新培养模式，提高培训的系统性和实效性。

（七）推进工程公司和工程队建设，夯实发展基础

工程公司和工程队是企业的基础，基础不牢，地动山摇。要深入推进工程公司和工程队建设，强基固本，夯实基础。

进一步深化工程公司建设。以做强做专为目标，培育和扶持工程公司发展。继续清理整顿分公司和三级单位，该合并的合并，该撤销的撤销，将资源集中到工程公司，充实工程公司的力量，这项工作在年内要取得实质性进展。各集团公司要继续加大引导力度，下大力，动真格，切实提升工程公司的专业化施工能力。

强力推进工程队建设。各单位要坚决落实股份公司的决定和要求，把工程队、架子队建设作为企业强基固本的一项重要举措，结合企业实际，深入抓好落实。股份公司要进一步研究完善具体办法，将工程队建设纳入企业绩效考核，加强督促检查和考核评比，力求实效。

（八）维护企业稳定，营造和谐氛围

牢固树立和谐发展的理念，坚持以人为本，注重思想政治工作和企业文化建设，为企业科学发展营造内和外顺、健康稳定、生机勃勃的良好环境。

切实维护职工权益。要坚持依靠职工办企业不动摇，真心诚意地解决职工群众最关心、最直接、最现实的实际问题，使广大职工群众共享企业发展成果；要完善薪酬管理办法，加大工资调整力度，全面落实最低工资标准，促进职工收入不断增长；要依据国家政策，结合企业实际，妥善处理并逐步改善职工住房问题；要继续落实覆盖全体职工和从业人员的社会保障制度，按时足额缴纳社会保险费用，解决职工后顾之忧；要进一步做好特困职工、困难家庭、离退休人员的帮扶救助工作，使他们感受到企业大家庭的温暖；要尊重民意，畅通表达渠道，妥善处理来信来访，化解矛盾和纠纷，维护企业稳定。

树立中央企业良好形象。积极履行企业社会责任，以良好的经营业绩回报股东、回报社会；坚持节约发展、清洁发展、绿色发展的理念，大力推进节能减排工作，加快淘汰落后技术、工艺和设备，提高资源利用效率；坚持做好重大自然灾害和突发事件的应急抢险和救灾防灾工作，在力所能及的前提下，做好扶贫帮困工作，担当中央企业责任，密切各方关系，为企业发展构建和谐顺畅的外部环境。

加强思想政治工作。毛泽东曾讲“思想政治工作是经济工作和其他一切工作的生命线”。要紧紧围绕企业发展目标和中心任务，深入开展思想政治工作。当前，要深入抓好党的十七届五中全会、中央经济工作会议和中央企业负责人会议精神的学习贯彻，以统一思想，提高认识，凝聚力量，振奋精神，增强发展的信心和决心；要教育引导广大职工树立正确的人生观、价值观，增强主人翁责任感、荣誉感，培养爱岗敬业、拼搏奉献精神；要广泛宣传，深入动员，团结一切可以团结的力量，调动一切可以调动的积极因素，把全系统的力量凝聚到建设“世界一流企业”的宏伟目标上来。

注重企业文化建设。要弘扬铁道兵精神，始终保持艰苦奋斗、无私奉献、雷厉风行、令行禁止的优良作风，以先进的企业文化来凝聚人、鼓舞人、教育人、培养人；要在传承的基础上，紧跟时代，结合实际，着眼未来，不断注入新的理念和思想内涵，提升企业文化品位，始终保持先进性；要推进员工行为标准化建设，制定员工行为规范手册，加强对员工的教育培训，使全体员工深入理解并融入中国铁建文化，将企业文化真正内化为员工的自觉行动；要通过网络、报纸、电视等多种媒体，加大宣传力度，扩大企业知名度和影响力，使“中国铁建”品牌享誉海内外。

坚持以人为本 维护公平正义 以反腐倡廉建设新成效推动企业和谐发展

——党委副书记、纪委书记彭树贵在中国铁建股份有限公司党风建设和反腐倡廉工作会议上的报告

（摘要）

（2011年1月25日）

这次会议的主要任务是：认真贯彻党的十七届五中全会、十七届中央纪委六次全会精神，深刻领会胡锦涛总书记在中央纪委六次全会上的重要讲话精神，全面落实2011年中央企业反腐倡廉建设工作会议的要求，总结2010年工作，部署2011年任务。

一、2010年党风建设和反腐倡廉工作基本情况

过去的一年，全系统各级纪检监察组织在国务院国资委纪委和股份公司党委、纪委的正确领导下，围绕中心，服务大局，以惩防体系建设为主线，以创先争优活动为契机，以党风廉政建设责任制为抓手，全面贯彻《国有企业领导人员廉洁从业若干规定》（以下简称《若干规定》），各项工作取得新的进展，为企业发展提供了有力保障。

（一）开展廉洁从业教育，防腐拒变意识不断增强

一是广泛开展相关法规制度的学习教育活动。各级党委、纪委通过中心组学习、“三会一课”、业务培训、专题讲座等多种形式，组织学习《若干规定》、《党员领导干部廉洁从政若干准则》（以下简称《若干准则》）、《关于领导干部报告个人有关事项的规定》和《关于进一步推进国有企业贯彻落实“三重一大”决策制度的意见》等法规制度。共组织学习活动2151场次，参加学习96102人次。股份公司纪委以知识竞赛的形式，督促学习《若干规定》，全系统有64069人上网参加竞赛。通过教育，提高了各级领导人员和广大党员学习法规、掌握制度、遵纪守法的自觉性。

二是积极组织形式多样的宣传教育活动。股份公司纪委下发国务院国资委纪委编写的警示教育读本《镜鉴》11000余册，要求大家学习读本、明辨是非；组织总部机关和部分驻京单位干部职工代表参观全国检察机关渎职侵权犯罪展览，教育大家珍惜美好人生，远离违法犯罪；号召全系统纪检监察干部和广大党员干部观看电视剧《远山的红叶》，引导大家立足本职，爱岗敬业。各单位普遍组织收看了股份公司纪委制作的警示教育片《一个“能人”的毁灭——杨池林贪污案纪实》，引起强烈反响，警戒效果显著。中铁十一、十七、二十三局集团公司定期向领导人员和机关干部发送廉洁短信，内容丰富、形式新颖；中铁上海设计院集团公司通过开展“一月一案”教育活动，中铁十二局集团公司和中铁第一、第四勘察设计院集团公司通过组织干部职工听取服刑人员现身说法，进行警示教育；中铁十六局集团公司组织全体领导人员和管理人员查找廉洁从业风险点，完善廉洁从业风险防范机制；中铁二十一、二十五局集团公司和中铁第五勘察设计院集团公司、中铁物资集团公司建立干部廉洁从业档案，提高了领导人员廉洁自律意识。全系统共组织廉洁从业宣传教育活动1134场次，接受教育75446人次，提高了教育的覆盖面，增强了教育的有效性。

三是扎实推进廉洁文化建设。各单位注重将“以廉为荣，以贪为耻”的理念融入生产经营管理和职工行为规范，引导广大干部职工筑牢道德防线，自觉抵制各种消极腐败现象。中铁十五局集团公司以“五个一”活动为载体，推进廉洁文化进机关、进项目、进家庭，在潜移默化中引导和教育各级领导人员和广大干部职工廉洁从业，增强了教育的渗透性。

（二）完善体制机制，惩防体系建设扎实推进

一是着力健全企业内控制度。2010年，股份公司制定出台《贯彻落实〈国有企业领导人员廉洁从业若干规定〉实施办法》，修订完善《2010年重大/重要风险

管控措施落实方案》《设备物资集中招标采购管理暂行办法》等31项内控制度。各单位落实上级精神，紧贴管理实际，不断完善反腐倡廉建设配套制度。中铁十二局集团公司推广《项目部人员任用回避制度》《项目部车辆配备制度》；中铁十九局集团公司修订《关于加强工程项目监督工作的若干规定》；昆明中铁大型养路机械集团公司制定《领导干部廉洁自律报告制度》；中铁轨道系统集团公司制定《领导人员管理规定(暂行)》。全系统建立《若干规定》配套措施129项，建立完善"三重一大"决策制度282项。

二是不断完善监督制约机制。各级纪委注重加强与业务部门沟通，以反腐倡廉建设联席会议为载体，不断完善由纪委组织协调，业务部门各负其责的监督机制，综合运用巡视调研、业绩考核、审计和专项检查等多种监督方式，重点对各级领导人员贯彻党的路线方针政策、落实科学发展观、执行"三重一大"决策制度以及遵守《若干规定》等情况进行监督。通过召开以加强作风建设为主题的民主生活会，开展述廉评廉。股份公司纪委根据《中国共产党巡视工作条例》和国务院国资委的相关要求，组织巡视调研组，对部分单位进行第一阶段的巡视调研，掌握了大量的第一手资料，积累了巡视工作经验，取得了初步成效。中铁二十四局集团公司巡视调研活动起步较早，工作深入细致；中铁十三局集团公司在所属单位实行职代会民主评议项目经理制度，加强对项目重点人员的监督；中铁十四局集团公司在全局开展外部租赁机械设备专项治理，加强对重点领域的监督；中铁二十二局集团公司、中铁建电气化局集团公司全面介入"三项招标"活动，加强对重点环节的监督。通过这些不断完善的监督机制和广泛开展的监督活动，节约了工程成本，提高了经济效益，降低了腐败风险。

三是认真落实党风廉政建设责任制。全系统签订党风廉政建设责任书4601份，考核单位2925个，考核个人4665人次，奖励1081人次。追究责任243人，其中纪律处分98人，减扣薪酬处理32人。领导人员实行廉洁承诺10482人次，述廉议廉6354人次。

(三)严惩违纪违法行为，查办案件保持强劲势头

一是着力查办各类违纪违法案件。在严肃查处违纪违法案件的同时，注重认真调查核实，及时为受到错告、诬告的人员澄清是非，保护广大干部职工的积极性，消除负面影响，促进企业和谐稳定。

二是全力化解经营风险。面对复杂多变的市场环境，各级纪检监察组织和广大纪检监察干部从维护企业正当利益和干部职工合法权益的大局出发，以高度的责任感和使命感，挺身而出，积极应对，主动协调各方关系，努力排除各种干扰，全力化解各类危机，竭力保护勤勉敬业的相关人员，千方百计为生产经营保驾护航。一年来，全系统妥善处置各类经营风险事件87起。可以说，每一次行动，都浸透着广大纪检监察干部的心血和汗水，都凝聚着广大纪检监察干部对企业的无限忠诚。

三是积极开展企检共建活动。各级纪检监察组织努力搭建与检察机关资源共享、协调互动的有效平台，对规范企业管理行为，促进领导人员廉洁从业，化解各类经营风险，弥补企业办案资源不足，起到了积极作用。中铁十一局集团公司构建起覆盖全局所有生产经营管理领域的企检共建平台，并召开企检共建推进会，在普及的基础上不断将工作推向深入。

(四)开展效能监察，企业管理行为不断规范

一是稳步推进工程建设领域突出问题专项治理工作。各单位根据中央统一部署，组织全面排查，发现并纠正安全质量管理、设备物资招标采购、劳务分包队伍管理、合同管理、责任成本管理等环节存在的各类问题9083个，发出监察建议书3552份，作出监察决定507项。监督设备物资集中招标采购3617场次，通过货比三家和竞争性谈判，直接降低采购成本26亿元。发现并处理领导人员违规插手招标、规避招标、虚假招标、围标串标等违纪行为144起。协助修订和完善各类规章制度1239项，促进了专项治理工作长效机制不断健全，工程项目运行更加高效、安全、廉洁、规范。

二是扎实开展"小金库"专项治理工作。各单位根据上级要求，广泛宣传发动，认真自查自纠，对"小金库"容易滋生的重点领域、重点部门和重点单位进行集中治理。股份公司按照"小金库"专项治理领导小组的统一部署，派出由财务、审计、监察、纪检等人员组成的4个督导组对9个集团公司43个单位进行检查督导，发现问题及时整改，"小金库"治理工作取得初步成效。各级纪检监察组织结合这次专项治理工作，严肃查办"小金库"案件。初核19件，立案11件，处分15人，遏制了"小金库"的滋生蔓延。

三是深入开展整治亏损项目效能监察。各单位严格按照股份公司2010年初关于对大额潜亏项目进行督察的要求，深入排查，剖析原因，制定整改措施，严格责任追究，促进了全系统项目管理水平的提高。

(五)落实《若干意见》，纪检监察组织建设不断加强

各级党委、纪委以高度的责任感和紧迫感，认真贯彻落实中央纪委、中组部、监察部和国务院国资委党委联合下发的《关于加强和改进中央企业和中央金融机构纪检监察组织建设的若干意见》(以下简称《若干意见》)，并结合企业实际，着手制定《实施办法》，纪检监察组织建设取得新的成效。全系统各级纪委由251个

增加到273个,监察机构由175个增加到181个,人员编制由687人增加到735人,交流任职65人。各单位围绕《若干意见》的贯彻,还进行了有益的尝试和探索。中铁十七局集团公司206个在建项目全部建立"纪工委",为基层项目部开展纪检监察工作提供了组织保证。中国土木工程集团公司,中铁十八、二十局集团公司向海外项目派遣监察专员,监督职能实现"走出去"。中铁建设集团公司在基层聘任专兼职纪检监察员,在物资设备供应、专业分包、劳务分包等合作单位选聘廉洁从业监督员,监督资源不足问题得到相对缓解。股份公司纪委组织查办案件经验交流暨案件审理业务培训班,97名纪检监察干部参加培训,业务素质得到提高;编发14期《中国铁建反腐倡廉简讯》,刊发稿件58篇,工作经验得到推广。股份公司纪委获全国纪检监察调研工作先进单位称号。

二、面临的形势和应对的思路

认清形势是正确决策的基础。胡锦涛总书记在十七届中央纪委六次全会的重要讲话中指出:过去的一年,党风建设和反腐败斗争取得了新成效,积累了新经验。同时,在一些部门和领域,腐败现象易发多发,商业贿赂、内幕交易现象严重,违纪违法问题突出,群众反映的问题屡禁不止。当前,党风廉政建设和反腐败斗争的总体态势是,成效明显和问题突出并存,防治力度加大和腐败现象易发多发并存,群众对反腐败期望值不断上升和腐败现象短期内难以根治并存,反腐败斗争形势依然严峻。

当前,股份公司改革发展进入关键时期,党风建设和反腐倡廉工作也面临诸多亟待解决的问题:在企业规模迅速扩张的同时,管控难度不断增大;在资本运营投资力度加大的同时,财务风险随之增长;在上市融资放大国有股权效应的同时,经营风险明显增大;在加快实施"走出去"战略的同时,境外资产监管任务更加紧迫;在企业改革发展进程加快的同时,职工反映的热点问题更趋集中。特别是少数企业领导人员,宗旨意识不强,群众观念淡薄,漠视职工疾苦和权利,想问题不把职工放在心上,办事情不把职工放在眼里,在工资分配、社保福利、企务公开、选人用人等方面,践踏职工权益,危害公平正义,引起职工群众强烈不满。这些,迫切需要我们认清形势,把握原则,创新思路,切实担负起为企业改革发展保驾护航的责任。

一是必须坚持"以人为本,执纪为民"。这是贯彻胡锦涛总书记十七届中央纪委六次全会重要讲话精神、推进企业反腐倡廉建设必须坚持的核心理念。"德莫高于爱民,行莫高于利民"。各级纪检监察组织要恪守为民之德,将这一理念贯穿于党风建设和反腐倡廉工作全过程。必须努力维护职工群众的合法权益,认真解决损害职工利益的突出问题,严肃查处职工群众反映强烈的腐败问题;必须努力加强领导人员作风建设,认真解决脱离群众、浮躁虚夸、奢侈浪费和选人用人有失公平公正的问题;必须紧紧依靠职工群众的支持和参与,努力拓宽职工群众参与反腐倡廉建设的渠道,"知屋漏者在宇下,知政失者在草野",通过集中群众的智慧和力量,推动反腐倡廉建设深入开展,不断以反腐倡廉建设的实际成效,赢得职工群众的信赖和支持。

二是必须坚持"围绕中心,服务大局"。服从服务于企业改革发展稳定大局,是纪检监察工作的重要使命。各级纪委必须紧紧围绕中国铁建的发展战略目标,坚持把反腐倡廉建设放在企业工作大局中来思考、谋划和部署,找准工作的切入点和突破口,融入生产经营全过程。要进一步加强对党和国家法律法规、中国铁建"十二五"规划,以及企业规章制度落实情况的定期检查和专项督查,提升制度执行力。坚决纠正有令不行、有禁不止和"上有政策,下有对策"的行为,尽力避免企业各项工作出现重大偏差和失误。

三是必须坚持"改革创新,科学推进"。面对企业快速发展的新形势、新任务,职工群众的新希望、新期待,反腐倡廉建设的新情况、新问题,只有坚持以改革的精神、创新的思路和科学的方法,才能更好地解决影响和制约企业发展的困难和问题,才能最大程度地满足职工群众的意愿和期盼,才能真实地体现反腐倡廉建设各项工作的针对性和实效性。要善于以宽阔的眼界和开放的思维,及时总结推广各单位的创新经验,认真学习借鉴国(境)外优秀企业的有益做法,大力推进反腐倡廉建设理念思路、体制机制和方式方法的创新。要深入研究解决滋生腐败的深层次原因和问题,最大限度减少体制障碍和制度漏洞。要运用系统的思维、统筹的观念和科学的方法开展工作,做到有计划、有实施、有检查、有反馈,确保反腐倡廉建设落实到位。

三、2011年主要任务

深入贯彻落实党的十七届五中全会精神,按照十七届中央纪委六次全会和中央企业反腐倡廉建设工作会议部署,围绕中心,服务大局,以惩防体系建设为主线,以加强组织建设为保证,着力解决反腐倡廉建设中职工群众反映强烈的突出问题,不断提高反腐倡廉建设科学化水平,努力营造管理规范、风清气正、奋发有为、公平正义的良好环境,为推进企业改革、发展和稳定提供有力保障。

(一)以保持党同职工群众的血肉联系为重点,切实加强各级领导人员作风建设

作风建设关系党的生死存亡,决定企业的兴衰成败。加强党风建设、保持党同群众的血肉联系,是胡锦

涛总书记在中央纪委六次全会重要讲话中，贯穿始终的主题思想。各级党委、纪委要认真领会胡锦涛总书记的讲话精神，充分认识加强领导人员作风建设的重要性和紧迫性，激浊扬清，止恶扬善，以作风建设的实际成效，带动企业风气根本好转。

坚决纠正损害职工利益的不正之风，认真解决影响企业稳定的突出问题。事不公则心不平，心不平则气不顺，气不顺则难稳定。各级党委、纪委要教育领导人员强化群众观念，增强执行群众路线的自觉性和坚定性。要督促检查职工群众在改善生产环境、加强劳动保护、提高生活待遇等方面的合理要求是否得到满足；要督促检查各单位“五险二金”、工资集体协商、职工健康安全保障、职工代表大会、企务公开等维护职工权益的制度是否得到落实。尤其要督促相关部门研究解决领导人员和一线职工工资收入差距过大的问题，使职工工资增长与企业利润增长相一致，让职工“劳有所得，劳有所值”。坚决纠正对职工疾苦漠不关心、对职工呼声置若罔闻、对职工权益麻木不仁的风气，并对损害职工利益的行为予以坚决纠正、严肃问责。真正让中国铁建的广大职工在世界上被视为艺术创造的建筑行业里，实现诚实劳动、和谐劳动、安全劳动、体面劳动。

努力克服浮躁虚夸的不正之风，切实解决影响企业改革发展的突出问题。领导人员作风漂浮、好大喜功，是企业生存发展的大忌，也是职工群众一向诟病的焦点。当前，受社会不良风气的影响，企业的浮躁风气也日渐增长。个别领导人员热衷交际应酬找门路，忙于迎来送往拉关系，对个人前途精于盘算，对本职工作疏于思考。不能静下心来深入市场搞经营，难以扑下身子深入现场抓管理。长此以往，企业改革和发展必定陷入困境。各级党委、纪委要教育引导领导人员大兴求真务实之风，在其位谋其政，司其职负其责，真正把精力放在潜心学习企业管理上，把心思放在深远谋划企业发展上，团结和带领职工群众，致力于企业的改革和发展。

竭力匡正干部选拔任用不正之风，深入整治违反组织人事纪律的问题。用人导向不良，企业正气必然不彰。在干部选拔任用上，要坚持“德才兼备，以德为先”的用人标准，始终把握正确的用人导向。要制定和规范科学严谨的干部选拔任用程序并严格执行，不能随意删减、更改。各级纪检监察组织要对干部考察、人事研究、任命公示等干部选拔使用全过程实施有效监督，确保选人用人的标准、程序、方法公平公正。要尊重人才成长的规律，坚持用当适任、用当其时、用当其才，不能拔苗助长、急于求成。“试玉要烧三日满，辨才须待七年期”。干部成长是一个长期而复杂的过程，要严格执行选人用人标准，保证破格提拔干部的质量，避免出现“贤者处草野，庸者居庙堂”的不正常现象。要认真贯彻中共中央办公厅印发的《党政领导干部选拔任用工作责任追究办法（试行）》和中央纪委、中组部、监察部联合印发的《关于严厉整治干部选拔任用工作中行贿受贿行为的通知》，深入整治违反组织人事纪律的行为，依纪依法匡正干部选拔任用中的不正之风，提高职工群众对干部选拔任用工作的满意度，营造公平正义的选人用人环境。

大力整治奢侈浪费之风，有效遏制职务消费失控的问题。各级领导人员要坚持艰苦奋斗、勤俭节约的原则，逐步规范职务消费，适当控制个人兴趣爱好，爱之有度，好之有道，既要避免因上行下效而助长奢侈浪费之风，也要防止被人投其所好，成为违纪违法的突破口。各级纪委要督促各单位、各部门加强对公务用车、公款接待、公务考察的管理，将所有资金都纳入监管范围，所有消费都并入预算框架，遏制职务消费中假公济私、奢侈浪费的问题。

严厉整顿以权谋私的不正之风，着力解决领导人员廉洁自律方面的突出问题。自 2009 年以来，中央和有关部委连续出台《若干规定》《若干准则》《关于领导人员报告个人有关事项的规定》《党政主要领导干部和国有企业领导人员经济责任审计规定》等规章制度。我们要认真执行这些规章制度，严厉整顿在工程招投标、设备物资采购与租赁、劳务队伍选用、验工计价、工程款拨付、财务管理、企业资质和营业执照管理等工作中，以权谋私、假公济私、损公肥私的行为。各级纪检监察组织要严格执纪，促进领导人员廉洁从业，促进企业风气的根本好转。

（二）以惩防体系建设为主线，整体推进纪检监察工作

惩防体系建设是企业党风建设和反腐倡廉工作的主线。中央纪委、国务院国资委纪委 2011 年要对中央企业惩防体系建设情况进行检查。全系统要以迎接检查为契机，不断完善惩防体系框架，推动纪检监察各项工作取得新突破。

一是开展反腐倡廉教育活动，构建道德风险防线。加强廉洁从业教育，提高思想道德修养，是实施监督关口前移、完善不想腐败机制的重要举措。要把对各级领导人员的政策关爱融入到反腐倡廉教育中去。要针对不同职位、岗位，因人施教，适时施教，提高教育的有效性。要发挥思想政治工作的传统优势，以建党 90 周年为契机，开展系列主题教育活动。同时要注重人文关怀和心理疏导，提高教育的感召力。要大力加强廉洁文化建设，完善载体，构建平台，推进廉洁文化落地生根，大力营造尊廉崇廉、斥贪恶腐的舆论氛围，增强

教育的影响力。要通过社会反面典型现身说法和企业内部典型案例通报，增强抵御腐败风险的意识，提高教育的警示性和震慑性。

二是完善企业内控制度，构建有效监督防线。健全企业内控制度，加强权力运行监督，是加大反腐倡廉建设力度，完善不能腐败机制的根本途径。要围绕项目管理、投资管理、内外采购、重大决策、选人用人等容易出问题的关键环节，健全公开监督和责任追究制度，做到有权就有责，用权受监督，违规必追究。要在健全实体性制度的同时，完善程序性制度，既要明确规定应该办什么，又要明确规范怎么办，以减少制度执行的自由裁量空间。2011 年要抓紧制定和完善“三重一大”决策制度；修订完善生产经营管理制度体系，堵塞因制度缺失而形成的管理漏洞。

在完善内控制度的同时，必须严格依照制度，实施对权力运行的监督。严格监督是对企业的真正负责，是对干部的真心爱护。要拓宽监督渠道。督促相关部门依照有关规定，实行党务公开和企务公开，并力求公开的内容更全面深入、更真实准确。要公布群众举报电话，探索建立网络举报平台。要整合监督资源。按照党风廉政建设责任制的规定，加强与各部门的协调与沟通，通过民主生活会、职工代表大会，进行述廉与议廉；通过实行廉洁承诺、签订廉洁包保责任书，促进自律与他律。2011 年，将在总结前期巡视调研经验、巩固既有成果的基础上，出台巡视调研暂行办法，协调全系统纪检监察力量，对二级单位和股份公司本级直管项目全面开展巡视调研工作。各单位在接受股份公司巡视调研的同时，也要对巡视下属单位做出安排，通过这项工作，进一步促进基层权力运作的规范化。

三是加大查办案件力度，构建惩治威慑防线。查办案件是各级纪检监察组织的基本职能，是惩治腐败现象、震慑违纪违法行为、完善不敢腐败机制的最有效手段。要继续加大办案力度，对有案不查、瞒案不报、阻挠办案的单位及领导，要严肃追究责任。要突出办案重点。坚决查办违反《若干规定》和“三重一大”决策制度，独断专行、违规操作、以权谋私，造成国有资产严重流失案件；违反企业民主管理制度、侵害职工合法权益案件；贪污受贿、挪用公款、私分国有资产案件；私设“小金库”、商业贿赂案件；因工作失职、渎职，造成工程项目严重亏损或发生重大安全质量责任事故，给企业造成重大经济损失或恶劣影响案件；严格执行《党员领导干部违反规定插手干预工程建设领域行为适用〈中国共产党纪律处分条例〉若干问题的解释》和《违反规定插手干预工程建设领域行为处分规定》，着力规范领导人员从业行为。要整合办案力量。在充分利用内部办案资源的基础上，继续完善与地方纪检监察和司法机关联合办案机制，对重难点案件，主动联合检察机关共同办案，力争突破一批大案要案。要增强职业敏感性。对一些看似平常的问题，要有透过现象看本质的意识，有的表面上看似疏于管理，实质上是为自己或特定关系人谋取私利提供方便；有的表面上看似通过与中介合作完成任务，实质上是为了个人和中介从企业攫取利益，更有甚者，冒用中介名义，直接从企业骗取费用，中饱私囊。对这些所谓的表象、假象，要增强洞察力和辨别力。要充分发挥查办案件的治本功能。及时分析、总结案件发生的特点、规律，普遍发生的问题从制度上找漏洞，反复发生的问题从规律上找原因，不断促进企业反腐倡廉制度的建立和完善，不断提升反腐倡廉建设水平。

四是做好效能监察工作，构建过程控制防线。多年实践证明，效能监察对促进企业改革发展、国有资产保值增值、反腐倡廉建设深入推进，具有不可替代的独特优势和重要作用。2011 年，全系统要围绕“全面实施精细化管理、大力提升发展的质量和效益”这一目标，扎实开展效能监察工作。

要深入推进工程建设领域突出问题专项治理。认真贯彻落实国务院国资委《关于中央企业工程建设领域突出问题专项治理整改工作的指导意见》，在 2010 年全面排查和整改规范的基础上，正确把握政策界限，确定整改重点，逐项抓好落实。要把专项治理与深化改革、提高企业管理水平结合起来，积极探索建立完善供应商、分包商等“准入”和“黑名单”制度，逐步推进企业诚信评价体系建设，建立健全工程建设领域突出问题治理长效机制。

要继续抓好“小金库”专项治理工作。充分认识“小金库”问题的严重危害性和治理工作的极端重要性，在 2010 年取得初步成效的基础上，“镜头”不换，焦点不变，力度不减，继续推进“小金库”专项治理工作，竭力清除这一长期影响企业健康发展的顽症。要认真开展“回头看”活动，切实加强检查验收，努力健全资金和资产管理制度，防止“前清后乱”，巩固治理成果。

要提高效能监察工作的针对性。把效能监察工作与责任成本管理检查、安全质量检查、领导人员绩效考核等工作结合起来，协调组织开展资金管理、设备物资采购、招投标管理、项目管理、合同管理、境外资产管理等方面的效能监察和专项检查。2011 年要按照中央要求，认真开展公务用车专项治理，规范各级机关及各类项目部的车辆配置和使用标准，对违反程序超标准购置和使用公务用车、公务用车落户个人名下等现象进行一次集中治理。要深入查找经营管理的薄弱环节和管理漏洞，补齐监督“短板”，督促建章立制，加强内部控制，提升企业管理水平。

五是加强责任落实，确保反腐倡廉建设整体推进。党中央、国务院不久前修订下发的《关于实行党风廉政建设责任制的规定》，针对性更强、措施更严、追究力度更大。各级党委要高度重视，并自觉承担起推进反腐倡廉建设的政治责任和领导责任。各级领导班子、领导人员要明确责任，分工协作。领导班子主要负责人要切实履行“第一责任人”职责，其他班子成员要履行“一岗双责”；各级纪检监察组织要抓好组织协调、督促检查、分类指导，通过落实反腐倡廉联席会议制度，完善分工协作、齐抓共管的工作机制；各职能部门要认真抓好所承担的反腐倡廉建设牵头任务和配合工作的落实。

（三）以提高执纪为民的能力为重点，全面推进纪检监察组织建设

各级党委、纪委要认真做好《若干意见》和股份公司《实施办法》的贯彻落实，真正把纪检监察组织建设成为“公平正义之家”，把纪检监察干部培养成为“党性强、品行端、业务精、作风硬”的忠诚卫士。

增强学习意识，提高依法执纪的能力。“工欲善其事，必先利其器；士欲宣其义，必先读其书”。广大纪检监察干部肩负着维护企业公平正义、促进企业健康发展的神圣职责，必须牢固树立学习意识，养成勤奋读书的习惯。必须加强对党和国家法律法规以及企业规章制度的学习，为更加自觉、坚定、有效地维护公平正义提供智力支持。必须加大调查研究的力度，积累调研经验，形成调研成果，不断提高学习的深度广度和发现问题、分析问题、解决问题的能力。2011 年，股份公司纪委将举办优秀调研成果评选活动，编辑《优秀调研成果汇编》。必须加大培训力度，更新培训内容，丰富培训形式，促进纪检监察干部改善知识结构、拓宽工作视野、提高综合素质。2011 年，股份公司纪委将加强案件查办、案件审理、效能监察等专项业务的培训。

增强责任意识，提高化解经营风险的能力。各级纪检监察组织要本着对企业高度负责的精神、怀着对干部职工真诚爱护的情感，切实担当起为企业清障除险、为干部职工撑腰避险的责任。要通过与经营部门联合召开座谈会等形式，教育引导各级领导人员和经营管理人员牢固树立依法合规经营的理念，正确区分和把握违纪违法与开拓创新的界线，防止因不懂政策法规而误闯禁区，避免小过错酿成大祸端。要不断拓宽信息渠道，及时收集和准确掌握业内动态，见微知著，争取主动。要加强与财务、审计、法律等部门的协调配合，实施对财务风险、合规风险等方面的有效监控，发现问题，及时化解。要大力开展企检共建活动，健全与司法机关等外部监督机构的协调机制，加强交流与沟通，争取理解和支持。总之，要通过多种手段和办法，全力化解企业经营风险，最大限度地维护企业经济效益和社会信誉不受损失，竭尽全力地保护勤勉敬业的领导人员和忠于企业的各级经营管理人员免遭伤害，为他们营造一个良好、宽松的工作环境，使之聚精会神搞经营，一心一意谋发展。

增强自律意识，提高拒腐防变的能力。作为执纪者，纪检监察干部岗位特殊，任务艰巨，使命光荣，其自身形象的好坏，直接影响反腐倡廉工作的质量和效果。为此，必须增强自律意识，确立正确的理想信念，时刻为肩负的责任而自重，为存在的不足而自省，为提高执纪为民的能力而自励，自觉用坚强的党性、崇高的信念、严明的纪律来约束自己，切实做到“对党和企业无限忠诚、对腐败现象和腐败分子绝不姑息、对广大干部和职工群众倾情爱护、对自己和家人严格要求”，永远无愧于党的忠诚卫士的光荣称号。

融入中心 构建和谐
在推进企业与职工队伍的发展中建立新功业
——党委副书记、工会主席彭树贵在中国铁路工会中国铁建股份有限公司一届二次全委(扩大)会上的工作报告
(摘 要)
(2010 年 12 月 21 日)

2010 年,中国铁建加快做强做大步伐,进一步推进转型发展,已在全球 225 家最大工程承包商中排名第 1 位;在世界 500 强企业中排名第 133 位,其中在入选的中央企业中排名第 5 位;在中国 500 强企业中排名第 8 位,其中在入选的中央企业中排名第 5 位。目前,中国铁建的足迹已遍及除台湾地区以外的所有省(市、自治区)和境外 45 个国家及地区。全系统各级工会在党组织领导和行政支持下,围绕中心、服务大局、履行职责、维护权益、发挥作用、构建和谐,为企业又好又快发展营造了良好环境,提供了强大动力。

着力开展主题活动,推进企业发展成效显著

1. 劳动竞赛再创佳绩。各级工会把长盛不衰的劳动竞赛,作为提高员工素质、促进企业发展的重要途径,作为融入中心、服务大局的主要载体,以重难点工程为主战场,以安全优质、工期信誉、降耗创效为目标,促进了重难点工程的有效突破。特别是在广州新客站、沙特麦加轻轨等高速铁路和客运专线项目上组织的突击竞赛,充分展示了劳动竞赛攻难克险、促进施工的强大威力。2010 年 9 月,在湖州宁杭客运专线召开了中国铁建劳动竞赛和工地标准化建设现场推进会,12 个单位作了典型经验介绍,组织观摩了中铁十七、二十四局集团公司标准化建设工地,有效地推动了全系统劳动竞赛向纵深发展。

2. 劳动保护成效卓著。各级工会把维护职工生命健康权,作为保障职工权益的重点,不断完善劳动保护措施,把“安康杯”竞赛、“一法三卡”落实到施工现场,提高了职工安全操作技能,规范了职工安全行为。在各工程项目,总结推广“一法三卡”成功经验,实行直聘职工安全监督员做法,人卡结合,共同防范,大大消除了施工安全事故隐患。年内,全系统有 46 个单位获得全国、省部级“安康杯”竞赛优胜单位称号。特别是中铁十五局集团公司连续 9 年获全国“安康杯”,被中华全国总工会和国家安全生产监督管理总局授予全国“安康杯”竞赛示范企业称号。

3. 合理化建议成果丰硕。全系统提出合理化建议和技术改进项目 6379 项,采纳 3672 项,实施 2606 项,创造经济价值 4.8 亿元。技术创新 486 项,创造经济价值 2.1 亿元。获得省部级以上表彰 240 项、股份公司表彰 111 项。

4. “创争”活动扎实推进。各级工会把开展“创建学习型企业、争当知识型职工”活动,作为全面提高职工素质、推进企业实现可持续发展的一项系统性工程常抓不懈。年内,全系统有 131 名职工参加了省市以上 17 个工种的技能大赛,有 25 人获得前三名。在中央企业职工技能比赛工程测量工决赛中,中国铁建代表队获得 4 枚金牌、5 枚银牌和 1 枚铜牌,又一次包揽了大赛前四名。

5. 评先创模成绩突出。2010 年,全系统有 5 人被授予全国劳动模范称号,2 人获得全国五一劳动奖章;有 103 个单位被中国铁路总工会授予火车头奖杯,432 人被授予火车头奖章,为历年来获得火车头奖杯(奖章)最多的一年;77 人获股份公司劳动模范称号、42 个先进集体受到表彰,97 个单位和个人获得中国铁建“工人先锋号”、“工人先锋号标兵”称号。

6. 建家水平明显提升。各单位积极推广南京、京沪、宁杭建家建线先进经验,出现了一批“工地社区建家”、“海外项目建家”等具有鲜明特色的建家建线典型。中铁十四局集团公司北京地铁 6 号线项目部,从

上场以来就把高标准、高质量建家建线作为立足北京、展示企业形象的窗口。2010年6月14日,国务院总理温家宝视察该项目部,对项目建家建线给予充分肯定,股份公司工会还在该项目部召开了建家建线现场观摩会。在青海玉树,股份公司工会投资60余万元,为灾区购置了电视、洗衣机、热水器、图书等学习生活用品。年内,全系统有15个单位被中华全国总工会、49个单位被股份公司授予"模范职工之家"称号。股份公司建家建线经验在中国铁路总工会落实"三不让"承诺暨工会工作会议上交流。特别是股份公司工会荣获全国模范职工之家称号,标志着全系统建家建线迈上了一个新的台阶。

着力履行基本职责,创建和谐企业彰显作为

1. 集体合同得到有效履行。各级工会把平等协商集体合同作为工会维权机制建设的核心内容,集体合同的落实兑现率逐年上升,质量不断提高。有的实行集体合同"一拖三"形式,有的向工程公司委派平等协商职工方代表,还有的开展集体合同专项监督检查,实行"双重"责任考核,促进了集体合同的有效履行。集体合同制度切实成为职工权益维护的"保护神"。

2. 职工帮扶救助得到有效落实。年内,全系统筹集"三不让"专项资金9200余万元,救助困难职工家庭12590户次,发放困补资金2728万元;资助困难职工子女入学1717人次,资助资金560万元;救助患病职工3447人次,救助资金2417万元。在深入推进"三不让"承诺同时,各级加大送温暖力度,"两节"送温暖深入扎实开展。全系统筹措送温暖资金4565万元,慰问困难职工19219户,慰问劳动模范、离退休人员、一线职工和农民工43435人,有1655名工程公司级以上领导参加走访慰问活动,把各级组织和领导的关怀送到了每一户困难职工家中。

3. 热难点问题得到有效化解。各级工会从稳定和谐、主动维权出发,通过建立工会主席与职工联系制度、开通维权热线、设立网络投诉信箱等,把大量的矛盾化解在基层,化解在萌芽状态,并积极参与应急突发事件、事故的处理,为稳定职工队伍、构建和谐企业发挥了重要作用。

4. 农民工合法权益得到较好维护。目前,全系统使用农民工近200万人。各级工会继续积极推进农民工合法权益十项机制建设,把按时足额发放农民工工资作为维护重点,以现金或工资卡形式支付工资。许多单位坚持职工和农民工同吃、同住、同劳动、同学习、同管理。开展"十佳外务工"评选,与特别优秀的农民工签订了无固定期合同。一年来,各级用于慰问农民工的资金达600多万元,股份公司评选的77名劳动模范中有4名是农民工,有50多名农民工被各级评为先进个人和技术创新能手。

着力加强制度建设,企业民主管理有序推进

1. 职代会质量不断提高。全系统普遍建立职代会制度。在1月股份公司首届职代会召开之后,股份公司党政工联合下发《中国铁建股份有限公司职工(代表)大会实施办法》,各单位在积极落实《实施办法》的基础上,普遍开展了职代会达标评比、星级职代会竞赛、职工代表述职等活动,职代会质量进一步提高。

2. 民主评议干部有效推进。各单位坚持民主评议领导干部制度,积极落实职代会职权。年内,在全系统综合测评的207名集团公司领导干部中,优良率90%以上的有191人,占92.3%。一些单位进一步扩大评议范围,把评议延伸到在建工程项目经理、党工委书记,并把评议结果作为干部晋职晋级的重要依据,进一步增强了民主评议的实效。

3. 企务公开不断深化。全年有15个集团公司开展企务公开专项检查,企务公开覆盖面100%。公开的重点向物资采购、外部劳务使用、重大投资项目运作等拓展,公开的内容逐步向职工关心的热点、难点和敏感问题延伸,从而扩大了职工的知情权、参与权和监督权。年内,股份公司和3个集团公司获全国厂务公开民主管理先进单位称号。

着力抓好自身建设,工会组织的服务能力不断提升

1. 党工共建创先争优活动有序开展。为贯彻落实中华全国总工会、中国铁路总工会关于开展党工共建创先争优活动的通知精神,10月25日,股份公司工会召开党工共建创先争优活动动员大会,成立领导小组,下发活动实施意见,提出总体要求和具体推进计划。目前,各单位迅速行动,广泛进行动员,活动有序推进。

2. 工会工作调研取得良好效果。10月中旬,股份公司工会组成调研组,对24个集团公司工会工作和贯彻落实股份公司工会一大精神等情况进行调研。其间还到9个工程公司、10个局指挥部及工程项目部进行现场交流,收集整理了大量第一手材料,归纳梳理基层和职工群众62条意见和建议,撰写了调研报告,为股份公司工会改进工作、更好履职和创新发展提供了依据。

3. "机构精简、职能分开"得到较好落实,干部素质能力有力提升。股份公司工会一大提出的"机构精简、职能分开"的要求,在各集团公司得到较好落实。中铁二十一、二十二、二十三、二十四、二十五局集团公司按照权益保障、生产保护职能分开的原则,设立两个职能部门,并调配工作人员;还有两个集团公司也在办理之中。一年来,各级工会组织业务培训67期,培训工会干部2679人次。目前,在全系统800多名工会干部中，本专科和研究生学历的占86%，35岁以下的占26%，年轻干部逐步挑起工会工作的大梁。

4. 信息工作和特色工作成绩显著。各级工会重视经验总结、信息宣传和工作创新，工会信息工作和特色工作取得良好成效。各级工会在报刊、杂志刊登稿件271篇，经验介绍86篇。股份公司工会编发《情况通报》24期。股份公司工会对27项特色工作成果给予表彰奖励，有效地推动了工会工作的创新发展。

5. 工会财务和经费审计工作有序规范。各级工会财务坚持工会经费"三服务"宗旨，认真贯彻新工会会计制度，开展财务工作规范化建设，经费收入持续稳步增长。2010年，全系统工会经费收入可达到2.2亿元，其中股份公司工会本级经费预算收入1340万元。向各单位拨付经费补助267.07万元，送温暖补助370.5万元，建家建线和救灾补助92万元，充分体现了经费来自于基层、用之于基层、服务于职工的原则和使用方向。10月，中国铁路总工会经费审计委员会审计组对股份公司本级工会经费收支情况进行审计，对工会财务工作给予较高评价。在2010年中国铁路总工会财务工作竞赛评比中，股份公司工会获得一等奖，中铁十五局集团公司工会被中华全国总工会评为先进单位，还有4个集团公司工会受到中国铁路总工会表彰。上半年，股份公司工会经费审计委员会抽调专业会计人员组成3个审计组，分别对15个单位原任工会主席进行经济责任离任审计，对审计中发现的问题限期予以整改，并对审计情况进行了通报。

6. 女职工和体协工作取得好成绩。针对全系统近6万名女职工，组织开展"巾帼双文明建功立业"、"女职工示范岗"竞赛，立足岗位奉献，岗位成才。年内，股份公司组织110名女工干部进行培训，表彰"十佳女职工标兵"。全系统职工群众文体活动成绩优异，股份公司代表队在全国铁路乒乓球比赛中夺得男团冠军、女团亚军，在篮球、桥牌比赛中分别获得第二、第四名。股份公司还成功举办了第三届"中国铁建杯"职工羽毛球赛。

回顾一年来的工作，我们的主要体会是：工会工作必须融入中心，在促进企业发展上展示作为；工会工作必须坚持维权，在"第一要务"上发挥职能作用；工会工作必须强化民主管理，在制度建设上有所突破；工会工作必须以人为本，在推进实现职工诚实、和谐、体面劳动中提出新举措；工会工作必须以基层为重点，在强基固本上有新加强；工会工作必须以工会干部为基础，在不断提高自身素质上有新建树。

2011年的主要工作任务

2011年工会工作的指导思想：认真贯彻党的十七届五中全会、中国工会十五届四次执委会和中国铁路总工会十三大精神，坚持科学发展观，坚定不移地走中国特色社会主义工会发展道路，进一步增强政治责任感和使命感，以依法履行基本职责为基础，有效推动"两个普遍"，促进劳动关系和谐，维护职工队伍稳定；以加强职代会制度建设为重点，扩大有序参与，强化民主管理，推进基层民主政治建设；以服务发展大局、服务职工群众为根本，大力弘扬劳模精神和工人阶级伟大品格，不断激发职工的创造活力和创新动力，振奋精神，建功立业；以建立健全工会组织为基础，积极推进体制改革，进一步提升工会干部队伍的能力和水平，团结动员广大职工为实现企业持续健康发展作出新贡献。

切实做到维护职工，在构建和谐中实现新突破

保障和改善民生是有效维护职工权益的内在要求，是实现企业科学发展的根本动力。各级工会要高度重视、下大力抓好维权维稳工作，切实解决好职工群众最关心、最直接、最现实的利益问题，妥善处理好各种利益关系，确保职工队伍和谐稳定。

1. 要在建立完善职工工资正常增长和支付保障机制上搞好维护。职工工资是职工收入的主要来源，是职工最基本、最重要、最核心的经济利益。各单位要以提高职工工资收入为重点，尽快解决职工特别是一线职工收入偏低的问题。要进一步加强工资集体协商工作。推行工资集体协商是当前全总、铁总力推的重点工作。从2011年起，各单位要按照股份公司、股份公司工会联合下发的《关于开展工资集体协商工作的通知》要求，认真抓好工资集体协商和签订专项协议工作，在企业尽快形成党委领导、行政主导、工会配合、各方协同、职工参与的工作格局，推动建立工资分配劳资共决机制。要进一步加强对工资分配情况的监督检查。要建立职工工资正常增长、按时支付和监督检查机制，确保2011年全系统职工工资增长不低于各集团公司与股份公司签订的责任指标。

2. 要在社会保险、基金统筹方面搞好维护。社会保障关乎职工的生存状态、生活质量和企业大局的稳定，更是建设和谐企业的基础性工程。做好这项工作，企业各级领导责无旁贷、义不容辞。要按时足额缴纳"五险一金"，对还有欠缴的单位，领导要高度重视，限期加以解决。各级工会要加大监督检查力度，并同行政一道，把社保缴纳纳入集体协商范围，列入集体合同，从根本上纠正缴纳不足和不按时缴纳的问题。要建立完善企业年金、住房公积金和职工补充医疗保险制度，加大规范运作和垂直监管力度，为职工筑起一道生活安全屏障。要进一步强化对社会保障法律政策落实情况、社会保险缴纳及资金使用情况、社会保障体系运行情况的监督检查，努力把重视民生、保障民生、改善民生的要求落实到实际工作中。

3. 要在职工健康安全保障方面搞好维护。各级工会要以“安康杯”竞赛为抓手，进一步健全职业健康安全保障工作领导体制和机制，确保各项职责的落实；要加强安全生产重点岗位职工的教育，把我要安全、我会安全、我能安全、我保安全变为广大职工的自觉行动和行为准则；要不断加大安全生产的投入，进一步改善职工的劳动条件，不断加大监督检查力度，坚决遏制施工现场领导违章指挥、工人违章作业、造成重特大事故频发多发的势头；要建立现场医疗卫生保障体系，切实抓好职业病防治、防暑降温、饮食安全和健康体检等工作，确保职工的身体健康和生命安全；要建立健全职工安全生产监督岗，配齐职工安全员，针对职工的健康安全需求，强化全面监督管理。

4. 要在职工最关注、最现实、最直接的利益方面搞好维护。要继续加大力度，督促各单位按时足额拨付“三不让”资金，建立和完善困难职工帮扶档案，进一步研究政策，拓展思路，创新方法，妥善处理好救助标准与救助范围、事后救助与事前预防、物质帮扶与精神鼓励的关系，既要经济扶力、又要理念扶志，既要上岗扶路、又要能力扶技，把工作做实、做细、做深，做成工会组织帮扶的精品工程，职工群众满意的贴心工程，党政领导信任的放心工程。要深入开展送温暖活动，切实把“两节”送温暖组织好、领导好、落实好，做到“主动帮、覆盖广、不遗漏、求实效”。要继续开展好日常性的送温暖活动，及时解决职工的实际困难，切实把党组织和领导的关怀送到职工群众中去。要在保证职工正常探亲、休假方面搞好维护。享受国家规定的节假日；是法律赋予职工的基本权利，必须予以保证。各级工会要督促因工期等特殊原因，造成职工不能正常休假的，安排调休、轮休或按规定给予经济补偿。要进一步深化“农民工援助行动”，督促项目及时足额发放农民工工资，做到不拖欠、不减薪，主动维护好农民工的合法权益。

切实做到尊重职工，在民主管理中取得新进展

1. 深入推行职代会制度，确保职工民主管理权。要不断完善职工代表进入“两会”法人治理结构，有效落实工会主席作为职工董事进入董事会、工会副主席作为职工监事进入监事会制度，实现民主管理的源头参与。要不断规范职代会程序，进一步提高职代会质量。认真贯彻落实股份公司一届一次职工代表大会通过的《职工(代表)大会实施办法》，进一步提升职代会的质量和水平。要严格执行法律、法规，确保职代会各项职权落实到位。各单位职代会原则上要单独召开，如确需与工作会合并召开，必须分段实施，会标采用先职代会、后工作会的模式。股份公司工会计划在明年上半年对落实情况进行专项检查。要不断推进民主监督评议领导干部工作。要通过健全评议组织、扩大评议范围、规范评议程序、实行大会述职、用好评议结果、加强评议督导等工作，抓好评议的组织领导。

2. 深入推行集体合同制度，保障职工经济利益权。要进一步完善诉求表达机制，为广大职工表达利益诉求畅通渠道；通过采取建立工会主席接待日制度、职工代表和领导交流对话制度以及职工代表巡视制度、尝试建立职工“诉求意见站”、组织开展调研活动等方式，了解民情民意，对职工群众反映的热点难点问题，各级领导要认真研究，及时给予解决。

3. 深入推行企务公开制度，确保职工民主监督权。一是做到公开到位。不断扩大公开的覆盖面，由只公开涉及职工切身利益的工资收入、“五险一金”缴纳等具体问题，向生产经营领域延伸；由只公开结果，向公开全过程深化。使公开的内容更全面、更透明，使公开的作用更明显、更及时。二是公开内容真实。要以职工关注的焦点、热点、难点问题为重点，对物资设备采购、工程分包、劳务使用、工资奖金分配等问题，建立健全公开制度，做到真公开、能公开、出成效。三是创新公开载体。以设立企务公开栏、意见箱、实现网上公开为主要形式，以开展“优秀企务公开栏”评比为主要活动，不断扩大公开的覆盖面。四是加强评议监督。要对企务公开的情况进行评议，做到有制度、有检查、有反馈、有评比、有奖惩，进一步推动企业管理过程的和谐顺畅。

切实做到依靠职工，在服务发展中创造新业绩

全心全意依靠职工办企业，是企业实现可持续发展的根本动力。

1. 不断引深劳动竞赛活动，推动企业实现发展目标。各级工会要主动适应企业拓展市场和生产经营规模快速扩张的需要，深入推进建功立业劳动竞赛。一是要突出重点，组织好重大项目的劳动竞赛。在当前和今后一个时期，要以路内外、国内外重大项目为重点，以“五比五创”为内容，以创建“工人先锋号”、“工人先锋号标兵”为载体，不拘一格地开展劳动竞赛：在保证安全、维护职工身体健康上开展竞赛；在严格质量、争创优质工程上开展竞赛；在践诺合同、兑现工期要求上开展竞赛；在强化成本管理、争创良好效益上开展竞赛；在强化技术管理、提升创新能力上开展竞赛；在推进标准化管理、创建文明工地上开展竞赛；在推进三线建设、改善职工生产生活条件上开展竞赛。2011年，中华全国总工会、中国铁路总工会和股份公司将继续在铁路客运专线项目开展竞赛活动，各参建单位要按照要求做好准备。二是要创新载体，进一步提升劳动竞赛的整体水平。要结合中华全国总工会劳动竞赛三年规划，研究制定实施方案，深入开展针对性强、内容集中、富有特色、效果显著的主题竞赛和综合性竞赛，做到哪里有施工生产、哪里有重点工程，哪里就有主题突出、内容丰实、载体灵活的劳动竞赛。三是要明确要求，大力开展技术改进和技术创新活动。劳动，是人类智慧、力量和道德日臻完善的源泉。掌握先进技术，是新时期工人阶级先进性的具体体现。各级工会要针对当前企业高技能人才短缺，操作层技术力量薄弱的现状，在高科技、高难度、高风险、高信誉的重点工程建设项目上，抓好技术培训，引导广大职工争创一流团队、一流业绩、一流形象和一流工程。

2. 不断引深劳动保护活动，促进企业安全和谐发展。在新形势下，劳动保护工作如何适应形势发展要求，找准切入点，有效治理企业事故隐患和职业危害，切实维护职工的安全健康权益，成为各级工会组织着力研究的重大课题。实践证明，“一法三卡”既体现了工会群众性监督检查的特色，又与企业的安全管理有机衔接，是企业施工生产管理中推动群众性监督检查与专业安全管理相结合的有效探索和实践。要着力加强创造性，进一步发现和排查危险源（点），并及时进行清理和整治。要建立和完善“一法三卡”工作台账，使“一法三卡”工作法贯穿于施工生产全过程，做到有章可循、有法必依。要广泛开展聘请“群众安全生产监督员”活动，严格履行安全监督职责，着力发挥群众监督作用，形成安全生产群防群治、齐抓共管的良好格局，构筑起企业安全发展的坚固防线。

3. 不断引深争先创模活动，促进企业形成良好风尚。劳动创造价值，奋斗成就伟业。各单位要高度重视和继续下大力开展争先创模活动，及时组织好五一劳动奖、火车头奖、“工人先锋号”及中华全国总工会在“党工共建创先争优”活动中开展的“双千”评选活动。要扎实抓好劳模评选工作，选树和宣传一批爱岗敬业、争创一流，艰苦奋斗、勇于创新，淡泊名利、甘于奉献，具有企业特点和时代特色的先进集体和个人，努力营造尊重劳动、尊重知识、尊重人才、尊重创造的良好环境。要大力加强劳模的管理和服务，切实体现对劳模的关怀，及时帮助他们排忧解难，2011 年要组织好第四次劳模出国考察疗养。

切实做到发展职工，在提升素质上形成新优势

1. 要高度重视党工共建活动。要按照股份公司党委的统一部署和工会下发的《关于深入开展党工共建创先争优活动的实施意见》的要求，组织好全系统“党工共建创先争优”活动，实现“党建带动工建、工建服务党建”的目标。2011 年是中国共产党成立 90 周年，中华全国总工会创先争优活动领导小组将评选表彰 1000 个先进基层工会组织，并授予全国模范职工之家称号，同时评选表彰 1000 名全国优秀工会工作者。“五一”前股份公司工会也将开展相关的评选表彰活动。各级工会要认真总结推广基层好的经验做法和先进典型，争创股份公司、全路、全国模范职工之家和争当优秀工会工作者。

2. 要高度重视“职工书屋”建设。要充分发挥职工书屋的阵地熏陶作用和辐射引领作用，进一步提升职工队伍的整体素质。要通过抓好施工一线“职工书屋”建设，为广大职工提供更方便、更快捷的学习交流平台；要以职工业校为阵地，采取集中办班、个人自学等形式，进一步提高职工队伍的文化素质；要通过开展技能培训、技术比武和合理化建议等活动，进一步提高职工队伍的技术素质；要按照主体是职工、核心是教育、重点在实效的思路，进一步把职工思想政治教育作为企业全局性、战略性、长期性的任务常抓不懈；要通过道德品质教育，不断提高职工队伍的文明素质；要通过各种有益的集体活动，不断培养职工的团队精神，努力造就有理想、有道德、有文化和有纪律的新型铁建员工队伍。

3. 要高度重视建家建线工作。项目标准化管理为工程项目建家建线提出了新的更高的要求。要认真落实股份公司《建家建线管理办法》，坚持高起点、高标准，实现建家建线由“要我建家向我要建家”转变，由解决“吃住温饱型低水平向吃住舒适营养型高标准”转变，由“生活单一型向生活、文化、娱乐综合型”转变，真正让全系统广大职工在世界上公认的最高雅、最高贵的建筑行业中实现诚实劳动、和谐劳动、体面劳动。要提倡新上项目社区化建家建线，做到建管并重，发挥作用，不断提升项目建家建线的水平和境界；要积极探索海外工程建家建线模式，充分展示中国铁建在国际市场的品牌形象；要主动掌握各单位建家建线的发展状况，善于发现先进，树立典型，推动建家建线整体水平的提升。2011 年下半年，股份公司工会将对中华全国总工会、中国铁路总工会、股份公司三级授予的模范职工之家和模范职工小家进行复查验收。

切实做到引领职工，在自身建设上增强新活力

1. 要进一步抓好工会组织建设。要按照“扩大覆盖面、增强凝聚力”的要求，进一步健全和完善各级工会组织建设。要认真贯彻《工会法》《企业工会工作条例》和《铁路工会组织办法》，督促各级工会按期召开工会代表大会，配齐配强工会领导班子，不断推进工会组织建设。要认真落实股份公司工会一大提出的“机构精简、职能分开”的要求，有效抓好新建单位的工会组织建设。要切实抓好项目、工程队、架子队建会和农民工入会工作，配备好工会主席，选举好工会小组长，培养好工会积极分子。2010 年股份公司拟评选表彰一批优秀工会工作者、优秀工会积极分子和模范职工之家,努力建设一支政治强、业务精、有朝气、有活力的工会干部队伍。

2. 要进一步抓好工会干部队伍建设。要按照中国工会十五届四次执委会和中国铁路工会十三大对工会干部队伍建设的要求,进一步建设高素质的工会干部队伍。要积极争取党政支持,规范选拔任用工会领导干部制度,做好工会干部协管工作,进一步完善工会干部队伍的激励和约束机制。要转变工会干部的思想作风和工作作风,牢固树立为基层服务、为职工服务的思想,全面提升工会干部队伍的政治素质和业务能力。股份公司工会计划在 2011 年下半年举办一期工会专(兼)职干部培训班。

3. 要进一步抓好工会女职工工作。要根据中华全国总工会《工会女职工委员会工作条例》规定,适时完成股份公司工会女工委换届工作;指导未建立女工组织的单位,尽快健全完善;要进一步落实女职工权益保护专项集体合同,督促各单位依法落实女干部待遇,不断增强女职工干部的维权意识与能力;要组织抓好全国、全路"巾帼文明岗"、"巾帼文明标兵"的选树推荐工作;要继续深化女职工素质提升工程,适时组织女干部成长成才经验交流会,不断提升女职工队伍的综合素质;要倡导女职工积极参与本单位组织的各种劳动竞赛、技术比武,不断提高女职工的岗位技能和应对岗位竞争的能力;要继续深入开展"巾帼建功"竞赛活动,搭建平台,创新载体,充分发挥女职工的聪明才智,不断增强创新意识,提高创新能力,投身创新实践,为推进企业科学发展建功立业。

4. 要进一步抓好工会财务经审工作。要高度重视和有力加强工会财务管理,收足、管住、用好工会经费。要继续围绕工会重点工作,坚持服务大局、服务基层、服务职工的宗旨,加强财会制度建设,出台工会财务内控制度,制定工会财务工作竞赛评比办法,完善工会财务会计管理规范达标规划,实现全系统集团公司工会 2011 年、工程公司工会 2012 年全部达标的要求;推进工会系统的财务信息化建设,统一财务管理表格,逐步提升财务管理手段和管理水平;重视工会会计队伍建设,加大业务培训力度,举办优秀论文评选,不断提高各级会计人员的业务素质;要加强工会经费收缴和"三不让"专项资金筹集,按规定收足、管住、用好"三不让"资金,对资金使用情况向职代会报告,股份公司工会将对工会经费和"三不让"资金的收缴到位情况进行检查,对长期大额拖欠的单位进行通报。要进一步加强工会经费审查工作,保证工会资产安全完整。要加强工会经审工作规范化建设,进一步强化工会经费审查审计工作,加大审计力度,提高审计质量,发挥审计作用。2011 年二季度,股份公司工会将对部分单位工会经费收支情况和工会主席任期经济责任进行审计,对离任工会主席也将及时组织离任审计。要加强工会资产管理,控制资金风险,为工会开展活动提供强有力的保障。

5. 要进一步抓好工会特色工作。要继续抓好工会特色工作评比,为指导工会工作提供借鉴作用。各单位要联系实际,积极开展工会特色工作、亮点工作,推动工会工作不断创新发展。要进一步抓好工会工作信息的搜集、交流与传播,充分利用《中国铁道建筑报》《工会信息》《铁路工运》以及股份公司工会《情况通报》和党工共建创先争优《简报》等刊物,及时交流经验,推动整体工作。

强化责任抓落实 降本增效促发展 以责任成本管理推动经济增长方式的转变

——副总裁、总会计师庄尚标在中国铁建责任成本管理暨经营创效工作会议上的讲话

（摘 要）

（2010年11月2日）

一、责任成本管理工作回顾

自股份公司2004年重庆会议开始推行责任成本管理以来，各单位积极探索，勇于实践，责任成本管理理念深入人心，责任成本管理体制、机制逐步完善，经济效益大幅提升，企业的综合实力明显增强。主要表现在：

（一）责任成本管理的意识、理念深入人心

1. 2004年重庆会议的探索试行。这次会议提出在工程项目上试行责任成本管理。责任成本管理在全系统得到学习和推行，取得初步成效。

2. 2006年南京会议的全面推广。这次会议要求各单位全面推行责任成本管理。南京会议的召开使全系统迅速掀起了全面推行责任成本管理的高潮，极大地促进了企业效益水平的提升。

3. 2008年银川会议的深入推进。这次会议提出了深入推进责任成本管理的要求，特别强调要抓住百年一遇的发展机遇，精细管理，加快发展。

三次会议的成功召开，以及我们6年来坚持不懈的努力，统一了思想，更新了观念，形成了共识，打好了基础，逐步形成了整体重视、全员参与、过程控制、效果显著的责任成本管理氛围。

（二）责任成本管理的基础工作扎实有效

1. 责任成本管理理论得到丰富和创新。通过实践，全系统深刻意识到责任成本管理的核心是责任共担，关键是考核兑现，灵魂是员企共赢，责任成本管理是围绕成本效益的企业管理和项目管理，是最核心的管理价值观。建立了“凡是有花钱的地方就要有人管成本”的“大成本”理念。

2. 责任成本管理制度体系趋于完善。股份公司制定了责任成本管理办法、检查评比办法，以及责任成本管理分析报告制度；各集团公司相继出台了许多涵盖面广、控制得力的制度和措施，形成了“经营围绕成本算、生产围绕成本干、管理围绕成本转”的良好氛围。

3. 责任成本管理流程逐步固化和精细。在责任成本管理工作的实践中，各单位逐步形成了较为科学的管理流程，覆盖面广，关键环节重点控制，主要内容完备细致，各项措施有效得力。基本做到：注重开篇布局，做好上场前期策划；重视方案优化，着力向方案要效益；严格数量控制，防止计量效益流失；强化集中管控，规范物资采购管理；规范劳务分包，推行“架子队”“工程队”管理模式；把好竣工清算关，防止收尾效益流失；拓宽管理范畴，严控机关经费开支；提升管理手段，积极探索信息化建设。

（三）责任成本管理的典型引导作用明显

1. 在集团公司层面，先进单位继续保持优势。近年来，中铁十二局集团公司在经营承揽、完成产值、实现利润、完成上交等方面继续保持领先地位。中铁十一局集团公司后来居上，通过狠抓责任成本管理，强化各项措施，使企业经营、生产、财务各项指标连创新高。中铁十六、十七局集团公司和中铁建设集团公司稳扎稳打，注重基础，积小胜为大胜，实现生产经营和财务状况的持续健康发展。

2. 在工程公司层面，强者恒强趋势明显。工程公司20强取得的骄人成绩，是与重视责任成本管理工作密不可分的，是落实责任成本管理工作的典型。

3. 在项目部层面，典型实例不胜枚举。各集团公司通过树立典型，总结案例，使责任成本管理水平得到较大提高，涌现了一大批责任成本管理优秀的项目部。

（四）责任成本管理的组织及队伍建设初见成效

1. 三级管理的架构体系基本健全。全系统形成集团公司为决策层，工程公司为控制层，项目部为执行层的三级责任成本管理架构。截至2010年三季度末，股份公司二级单位设立专职的成本管理部门21家，全系统从事责任成本管理的人员6453人。其中，专职人员3966人；兼职人员2487人。

2. 骨干力量在磨炼中成长壮大。通过实践锻炼，培养了一大批善经营、会管理的责任成本管理骨干力量。

3. 基层管理人员素质不断提高。通过加强培训和实践，各单位预算员、造价工程师等基层管理人员的业务水平和专业技能得到锻炼和提高。

（五）企业的经济总量和综合实力显著增强

1. 行业排名迅速提升。2009年，五大中央建筑企业主要指标中，股份公司营业收入3555亿元，第一次排名第一位，毛利润、每股收益、盈余现金保障倍数、营业利润增长率等财务指标也居于前列。

2. 收入、利润、净利润大幅提高。2004年到2009年，股份公司营业收入从912亿元增加到3555亿元，增加了2.9倍；利润总额从9.4亿元增加到83.1亿元，增加了7.8倍；净利润从4.7亿元提高到67.3亿元，增加了13.3倍。

3. 净现金和有效资产快速增长。从2004年到2009年，股份公司净现金增加了4.9倍，有效资产总量增加了3倍。

经济总量和综合实力的增强，为企业可持续健康发展提供了可靠保障和强劲动力。

（六）责任成本管理的内涵得到拓展和升华

1. 责任成本管理推动了和谐企业建设。责任成本管理针对行业特点，建立起一套科学系统的纵向到底、横向到边、互动连锁、责任链闭合的运行机制，实现员工、企业、社会三方共赢的目的，为打造“百年铁建”营造了和谐环境。

2. 责任成本管理丰富了企业文化内涵。近年来，“百年铁建，成本为先”、“责任共担，员企共赢”、“责任凝聚人心，成本创造效益”等一系列责任成本管理文化，已经成为企业核心价值观的重要组成部分，已经渗透到从经营管理者到每一位普通员工心中，并在实践中得到升华。

3. 责任成本管理改变了企业发展方式。责任成本管理立足于眼睛向内，苦练内功，是保持企业全面、协调、可持续发展的制胜手段，是实现精益化管理，走质量效益型发展道路的必然选择。

在总结回顾已取得的成绩的同时，也必须清醒认识到，我们在责任成本管理中还存在一些不容忽视的问题，主要表现为：一是有的单位重视程度还不够；二是单位之间发展不平衡，强者恒强，弱者逾弱，差距有越来越大的趋势；三是管理短板问题尚待解决，体制机制障碍有待突破；四是在新形势下，责任成本的管理水平与企业发展的要求还有较大差距。各级领导要正视这些问题，采取有力有效的措施解决好这些问题，使责任成本管理更具有生命力，更富有战斗力。

二、责任成本管理工作面临的新形势

（一）宏观经济形势的发展对责任成本管理工作提出了新要求

1. 完全依赖规模扩张创效的途径将难以持久。我们必须要下大力气解决好规模大、效益少；产值高、利润低的问题。

2. 国家经济发展的转型对企业经济转型形成倒逼态势。党的十七届五中全会明确了“十二五”期间中国进一步转变经济增长方式的目标。这种大背景下，企业的经济增长方式也必须彻底转变，要抓好责任成本管理，走质量效益型发展之路。

3. 通货膨胀、贷款加息和人民币升值是我们成本管理面临的“三座大山”。我们无法将成本上升的压力全部传导或转嫁给业主、分包商和供货商，为了保持企业的盈利水平，唯有走提升效率、自我约束、内部挖潜、压缩成本、严控费用、自行消化之路。

（二）行业竞争格局的演变对责任成本管理工作提出了新挑战

1. 在中央企业同业竞争中我们的软实力还不强。通过对5家中央建筑企业2009年度主要财经指标的对比可以看到，我们除了经营承揽、营业收入、资产周转率等指标占优外，在利润总额、净利润、毛利率、资产负债率等指标上还有一定差距。

2. 在市场的比拼中我们还没有足够的话语权。

3. 股份公司非工程承包板块尚未形成稳定的收益来源。目前，股份公司各业务板块中，工程承包板块始终一头独大，工程承包板块既要承担支撑规模的作用，又要承担主要创效的重担，这种情况进一步增加了我们必须抓好责任成本管理的紧迫感和使命感。

（三）上市公司的生存环境对责任成本管理工作提出了新课题

1. 企业上市使我们始终肩负着回报股东的责任。企业上市后，要确保营业收入的稳定增长，确保净资产收益率、净利润等指标的稳步提升，这既是对股东的承诺，也是管理当局必须履行的职责和义务。

2. 企业上市使我们始终面对监管机构和社会公众的监督压力。作为上市公司，中国铁建已经成为一个公众公司，既要对股东负责，又要对社会公众负责，接受各界的监督，否则，就要被问责，甚至被问罪。

3. 企业上市对我们内部控制能力提出严峻挑战。财政部等五部委发布了《企业内部控制配套指引》，要求上市公司从2011年1月1日起执行，对企业内控管理提出新的要求。责任成本管理将责、权、利与成本控制紧密相连，是确保内控制度有效执行、防范各种经营风险的有效手段。

三、未来3~5年责任成本管理工作的总体思路和发展目标

未来3~5年，是国家经济转型、企业增长转型的关键时期，各单位要牢牢把握发展机遇，以责任为主线，强基础，严管控，抓落实，不断提高责任成本管理工作水平。

（一）责任成本管理的总体思路和原则

未来3~5年，责任成本管理工作的总体思路是：以科学发展观为统领，以提高效益为根本，以夯实基础和强化管控为着力点，以责任考评为手段，以信息化建设为平台，努力打造行业领先的成本管理体系，以责任成本管理推动企业管理由粗放型向精益型转变。

为此，我们必须坚持以下四项原则：

1. 坚持效益优先、稳健均衡的原则。
2. 坚持资源统筹、管控集中的原则。
3. 坚持预算先导、成本先行的原则。
4. 坚持依法合规、有序受控的原则。

（二）责任成本管理的发展目标和措施

未来3~5年，责任成本管理工作要实现的发展目标是：坚持内部管理型战略，强力推进精益化管理，实现责任成本管理的标准化、规范化、信息化，实现经济效益与经营规模的同步增长，毛利率、利润总额、净利润三项指标达到行业先进水平。

为实现上述发展目标，必须着力采取以下五项措施：

1. 强基固本，实现责任成本基础管理的标准化、规范化。各单位在总结一些好的做法基础上，尽快定型管理机构、定型管理制度、定型管理流程、定型业务流程。

2. 强化执行，实现责任成本管理监控的常态化。一是坚持抽查反馈制度。股份公司每年要对集团公司抽查面不低于20%，对项目部抽查面不低于5%，集团公司要对工程公司和项目部抽查面不低于40%。二是坚持评比通报制度。三是坚持分析报告制度。

3. 科技支撑，实现责任成本管理手段的信息化。一是实现成本定额管理的信息化；二是实现成本报表的网络化；三是实现成本分析查询的信息化。

4. 完善考评，实现责任成本绩效考评的科学化。一是责任成本管理效果要切实与经营者业绩考评挂钩；二是责任成本管理效果要切实与每位员工的经济利益挂钩；三是责任成本管理效果要切实与奖罚兑现率挂钩。

5. 统筹兼顾，实现责任成本管理价值的最大化。一是通过强化责任成本管理不断改善企业管理；二是通过强化责任成本管理不断优化财务状况；三是通过强化责任成本管理不断提升竞争能力。

四、2011年责任成本管理的主要工作

2011年责任成本管理工作的总体要求是：强化责任、狠抓落实、规范操作，确保实效，全面提升责任成本管理水平。具体目标是：各业务板块和境内外所有单位全部推行责任成本管理，各单位毛利率在2010年基础上提高0.5个百分点，期间费用占营业收入的比重比2010年降低0.2个百分点，项目亏损面降低50%，资产负债率低于2010年水平。

为全面完成上述总体要求和具体目标，各单位要切实抓好以下八项工作：

（一）统一思想，提高认识，狠抓责任成本管理工作的落实

各单位主管领导要高度重视责任成本管理工作，把责任成本管理提升到关系企业持续发展和生死存亡的战略高度来抓。要牢固树立“以效益论英雄”的观念，对那些责任成本管理落实不好、开展不力、效益差的单位负责人或项目经理要坚决予以调整。

（二）夯实基础，健全制度，尽快完善责任成本管理体系建设

一是继续加强组织体系建设；二是加快对制度体系的梳理和补充完善；三是在总结近年来全系统责任成本管理工作开展的基础上，出版发行《建筑企业工程项目责任成本管理》。

（三）正视问题，奋起直追，切实解决管理短板和发展不平衡的问题

1. 切实提高项目责任成本预算的编制水平。

2. 进一步完善责任中心责任界定，认真落实二次分解工作。

3. 着力解决责任成本管理在板块之间、单位内部之间的不平衡问题。

（四）严格检查，加强督导，着力提升责任成本管理执行力及有效性

一是继续开展考评活动。股份公司在2011年将继续对各单位开展责任成本管理情况进行考评。二是建立完善对亏损项目实行督导的制度。股份公司将对过程亏损金额在2000万元以上的项目纳入督导范围；过程亏损金额在5000万元以上的纳入重点督导范围。三是将毛利率、经营性现金净流量和资产负债率3项指标纳入监控范围。四是建立通报制度。股份公司将对责任成本管理工作成效显著的单位和项目进行通报表彰，对存在严重问题的单位和项目进行通报批评。

（五）统筹安排，注重时效，尽快搭建责任成本管理的信息化平台

各单位要按照股份公司的统一部署和要求，尽快建立一套操作性强的责任成本管理信息系统，实现成本预算、控制、核算、分析的网络化。

（六）因地制宜，突出重点，全面推进海外项目责任成本管理

对于海外项目，在总结经验和教训的基础上，重点做好以下工作：一是要建立健全责任成本管理体系；二是做好投标阶段风险控制；三是科学准确地测算项目成本；四是要建立责任成本管理的分析报告制度，及时了解和掌握海外项目的成本变动情况；五是要加强应收款项管理。原则上，所有海外项目不得垫资施工。

（七）更新观念，强化管控，全力推进各项资源集中管理

一是要大力推行设备物资、劳务分（承）包、专业分包的统一集中采购和招标采购；二是要继续抓好资金集中管理；三是认真落实保险资源集中管理；四是积极推进办公用物资设备集中采购管理。

（八）广纳贤才，强化培训，努力提高责任成本管理队伍素质

一是做好责任成本管理人才的中、长期规划，积极引进人才、转岗培养人才；二是采取外部培训、以会代训等多种方式，组织各级人员学习相关专业理论和业务知识；三是重点加强对项目经理的培训工作；四是集中力量编制一些指导性和操作性强的责任成本管理手册及精缩版案例；五是加强责任成本管理工作的评优评先工作，形成一支高效和谐的管理团队。

2010 年 1 月 20 日，中铁物资集团公司与南京长江隧道公司、中国石油江苏销售公司联合成立南京中油铁建开发实业有限公司。图为三方代表签订合作协议。 （叶玲玲 摄）

大事记

特载
大事记
概况
董事会工作
工程施工
海外经营 境外工程
经营管理
综合管理
科技文化
党的工作
工会 共青团
所属单位
人物
统计资料
文献辑要
附录

本栏责任编辑 杨启燕

2010 年大事记

1 月

▲1 日　贝宁总统亚伊到中铁十四局集团公司科托努立交桥建设工地，与中国铁建员工共庆新年。科托努立交桥是中国政府援助贝宁的大型项目，2009 年 6 月 18 日开工建设。

▲6 日　中国铁建党委召开学习贯彻《国有企业领导人员廉洁从业若干规定》视频报告会（中心组学习扩大会），会议邀请中央纪委政策法规室主任耿文清作专题辅导报告。

▲同日　中国铁建与河北钢铁集团有限公司在北京签署战略合作协议，双方将各自构建集成化平台，努力促进产需“无缝对接”。中铁物资集团公司董事长、党委书记申兆军代表中国铁建与河北钢铁集团有限公司签署合作协议。

▲7 日 ~8 日　中国铁建股份有限公司工会工作会议在广州中铁二十五局集团公司召开。会议传达国资委中央企业工会第一联络组 2009 年工作会议和中华全国铁路总工会“三不让”暨“三线”建设现场会议精神，总结 2009 年中国铁建系统工会工作，研讨 2010 年工会工作要点和重点。

▲8 日　中国铁建与贵州省贵阳市人民政府签署合作框架协议，贵阳市市委副书记、市长袁周和中国铁建副总裁周志亮代表双方在协议上签字。按照框架协议，中国铁建将以 BT 方式承担贵阳市太慈桥片区路网改造工程和北二环道路工程的投资和建设。

▲同日　中国铁建安全质量视频会议在北京召开。中国铁建总裁赵广发作重要讲话，副总裁刘汝臣作专题报告。会议通报表彰 2009 年度安全工作先进单位，公布 2009 年安全工作包保责任状兑现情况，部署 2010 年安全质量工作，提出经济、政治、社会责任并重，制度、队伍、品牌建设共举，全面推动安全质量再创新水平。

▲10 日　中国铁建总裁赵广发在北京总部机关会见阿拉伯联合酋长国铁路公司董事长努沃斯一行，双方就共同关心的问题交换意见。中国驻阿拉伯联合酋长国大使高育生出席座谈会。

▲同日　中国—沙特经贸联委会第四届会议在沙特首都利雅得举行。会议由中国商务部部长陈德铭和沙特财政大臣阿萨夫共同主持，会议就进一步发展中沙经贸合作达成一系列共识。中国铁建副总裁扈振衣出席会议。

▲11 日　中国铁建 2010 年首次设备集中采购项目在北京开标，中铁十六、十七、二十局集团公司 3 个单位的 10 种大型设备和通用及非标设备参加招标采购。此次开标标志着中国铁建在充分发挥品牌效应和整体优势，加强设备集中采购管理，拧紧总部管控阀门，降低采购成本，实现规模采购效益，提升企业核心竞争力方面迈出重要一步。

▲14 日　中国铁建董事长李国瑞在北京总部机关会见以巴西众议员道路交通委员会主席雅伊梅·马丁斯为团长的巴西政府代表团，双方就巴西铁路和其他基础设施建设的合作进行深入有益的探讨。

▲28 日　中国铁建党委二届五次全体委员会议在北京召开。党委书记李国瑞代表二届党委常委会作题为《明路子，建班子，抓基层，带队伍，促进经济发展方式转变》的工作报告。

▲29 日 ~31 日　中国铁建首届一次职工代表大会暨 2010 年工作会议在北京召开。会议由中国铁建副董事长丁原臣，党委副书记、纪委书记、工会主席、监事会主席彭树贵，副总裁夏国斌 3 人分别主持。国务院国资委监事会主席李克，监事会第 16 办事处主任金丹阳、副主任樊华应邀出席会议。中国铁建董事长、党委书记李国瑞作《加快经济发展方式转变，坚持走质量效益型发展道路》的重要讲话，总裁、党委副书记赵广发作《强化管理增效益，科学发展上台阶》的行政工作报告，副总裁、总会计师庄尚标作《关于财务收支及经济运行情况的报告》《2009 年业务招待费使用情况的报告》，副总裁、副总经济师扈振衣作提案征集和审理立案情况报告，中铁十二局集团公司、中铁物资集团公司、中铁轨道系统集团公司在会上作经验介绍，大会选举产生职代会 5 个专门委员会，审议并通过首届职代会实施办法（草案）和职代会联席会议制度（草案）等决议。

▲30 日　江苏省南京市发展改革委员会党委书记、副主任程晓蔚一行 5 人代表南京市政府访问中国铁建，对中国铁建在南京长江隧道建设中作出的突出贡献表示感谢，对李国瑞董事长、赵广发总裁以及参建铁建员工表示慰问。会见中，程晓蔚代表市政府向中国铁建赠送绘有“世纪穿越彰显世界百强身手，中国铁军扛鼎长江隧道称雄”的锦旗，向李国瑞颁发南京

市人民政府的荣誉证书和感谢信。李国瑞代表中国铁建向南京市人民政府赠送“第一人称为企业服务，跨越发展谱世纪新篇”的牌匾。

▲31 日　中国铁建 2010 年党风建设和反腐倡廉工作会议在北京召开。会议以科学发展观为统领，深入贯彻党的十七届四中全会精神，认真落实十七届中央纪委五次全会和 2010 年中央企业纪检监察工作会议要求，总结 2009 年党风建设和反腐倡廉工作，全面部署 2010 年任务。国务院国资委纪委副书记、监察局局长邵春保出席会议并讲话，中国铁建党委副书记、纪委书记、工会主席、监事会主席彭树贵作《全面贯彻落实〈若干规定〉，不断深化反腐倡廉建设，为中国铁建基业常青保驾护航》的报告，党委书记、董事长李国瑞，总裁、党委副书记赵广发分别发表重要讲话。

▲1 月　中铁建设集团公司获“全国推行全面质量管理 30 周年优秀企业”称号，董事长、党委书记汪文忠获“全国推行全面质量管理 30 周年杰出管理者”称号。

2 月

▲ 2 日　中国铁建副总裁扈振衣在北京中国铁建大厦会见美国加州议员鲁卡雷一行，双方就准备在美国加州修建高速铁路等问题交换意见。

▲ 3 日～4 日　中国铁建团委一届二次全委（扩大）会在北京京燕饭店召开。团委书记赵佃龙、团委副书记沈玉泉及各单位团（工）委书记、团委委员 31 人参加会议。会议传达中国铁建党委二届五次全委会、首届一次职代会暨 2010 年工作会、中国铁建 2010 年党风建设和反腐倡廉工作会议精神及中央企业团工委会议精神。

▲5 日　中铁二十一局集团公司董事会规范运作试点工作会议在甘肃省兰州市举行，标志着中国铁建二级公司董事会规范运作试点工作正在向纵深展开。

▲8 日　中国铁建股份有限公司与重庆高速公路集团有限公司正式签署成渝高速公路复线（重庆段）项目投资及项目合作框架协议。这是中国铁建继渝遂高速项目后在重庆获得的又一项高速公路 BOT 项目。

▲13 日　中共中央政治局委员、天津市市委书记张高丽视察中铁十六局集团公司承建的天津站交通枢纽工程第 2 标段建设工地，并代表市委、市人大、市政府、市政协慰问节日期间坚守一线施工的职工，在现场与大家合影留念。

▲15 日　中共中央总书记、国家主席、中央军委主席胡锦涛在中共中央书记处书记、中央办公厅主任令计划，中共中央书记处书记、中央政策研究室主任王沪宁，中共福建省省委书记孙春兰，省长黄小晶等陪同下，到建设中的福建厦门翔安海底隧道工地，给在春节期间坚持施工的建设者拜年，勉励大家再接再厉，安全优质建成厦门海底隧道。中国铁建总裁赵广发；中铁十八局集团公司党委书记郝趁义；中铁二十二局集团公司董事长、党委书记刘国志，总经理司家海，党委副书记兼翔安隧道指挥长郭衍敬等在现场迎接胡锦涛总书记。

▲26 日　国家开发银行支持西藏和四省藏区发展工作会议在成都召开。中国铁建总裁赵广发、副总裁张宗言出席会议。会上签订中国铁建与国家开发银行《共同推进西藏经济及社会建设开发性金融合作协议》。

▲同日　中铁十七局集团公司承建的中国援建多米尼克罗索至朴茨茅斯公路开工仪式在罗索市陂特维尔举行。多米尼克总统利物浦夫妇、总理斯凯利特、中国驻多米尼克大使邓波清出席开工仪式。

3 月

▲5 日　天津市副市长李文喜在中铁十八局集团公司机关办公楼贵宾厅会见中国铁建总裁赵广发、副总裁范德一行，双方就加强合作、实现共赢深入交换意见，并达成广泛共识。

▲6 日　中国铁建获 2009 年度全国纪检监察调研工作先进单位称号。

▲8 日　为纪念“三八”国际劳动妇女节 100 周年，中国铁建工会作出决定，授予李红、安锦春、戴慧明、张凤玲、王峥、郑卫红、马红叶、李嘉、齐晓景、沈天丽 10 名女职工十佳女职工标兵称号。

▲10 日　世界银行亚太各代表处代表考察团一行 46 人，在中国财政部外资司和铁道部外资办公室等相关部门领导陪同下，对中铁二十三局集团公司担负施工的贵广铁路第 7 标段环境保护、水土保持、移民安置等情况进行现场考察，并将贵广铁路建设作为一个典范推荐给亚太各代表处，供学习借鉴。

▲同日　国家发展改革委员会副主任、国家能源局局长张国宝在北京钓鱼台国宾馆会见俄罗斯联邦地区发展部部长巴萨尔金一行。双方就落实《中国东北地区与俄罗斯远东及东西伯利亚地区合作规划纲要》，促进两国毗邻地区合作广泛交换了意见。中国铁建总裁赵广发等企业界代表出席会晤。

▲10 日～12 日　中国铁建二级公司董事会规范运作试点培训研讨会在北京召开。中国铁建董事长、党委书记李国瑞到会发表重要讲话，总裁赵广发对二级公司董事会试点工作提出具体要求，副董事长丁原

臣主持会议并作总结讲话。会议邀请国资委企业改组局副局长秦永法讲授国有企业改革和公司治理；中国铁建副总裁、总会计师、总法律顾问庄尚标讲授领导干部如何阅读会计报表，独立董事吴太石讲授企业全面风险管理和内部控制，董事会秘书李廷柱讲授董事会试点规范运作与操作实务。

▲14 日　中铁十三、十九、二十、二十二局集团公司获 2009 年度全国工程建设质量管理先进企业称号。

▲17 日　青岛至荣城城际铁路、青岛北客站、海天至青岛铁路、临沂至临沭铁路工程建设动员大会在山东省青岛市新建青岛北站举行。山东省省委书记姜异康、省长姜大明，铁道部副部长卢春房，中国铁建总裁赵广发、副总裁张宗言等参加动员大会。

▲22 日　中国驻安哥拉大使张伯伦到中铁十七局集团公司安哥拉社会住房 K. K 项目指导工作。

▲同日　中央电视台《朝闻天下》播出回眸 2009 系列报道《中国铁建——抢抓机遇，逆势而上》。

▲同日　奥地利驻华大使赛迪科、商务参赞安思来一行到昆明中铁大型养路机械集团公司参观访问。

▲22 日～26 日　国务院国资委监事会主席李克率第 16 办事处主任金丹阳一行到中铁二十四局集团公司监督检查，审查财务决算、企业内控制度等 10 余项监管资料，并到工程公司、项目部进行实地检查。

▲25 日～26 日　中国铁建董事长、党委书记李国瑞，副总裁夏国斌带领机关有关部门负责人和中铁十四、十八局集团公司及中铁第四勘察设计院集团公司主要领导，实地考察京沪高速公路乐陵至济南 BOT 项目所经二市四县的自然地理环境，并在山东省济南市召开现场办公会议，专题研究解决京沪高速公路建设中遇到的困难和问题。

▲27 日　中铁二十局集团六公司承担的国家重点工程、目前世界上最长的高海拔高速铁路隧道——新建兰新铁路第二双线祁连山隧道全面开工建设。该隧道全长 9.515 公里，横跨甘肃、青海两省，最高海拔 4345 米，平均海拔 3500 米～4300 米。

▲28 日　中铁房地产集团公司 2010 年度施工总承包项目推介会暨阳光招标发布会在北京举行，中国铁建副总裁范德到会作重要讲话，12 个地产项目的房建工程实行阳光招标，标志着中国铁建地产开发正向着阳光运作、协同发展目标迈进。中国铁建系统具有房屋建筑工程施工总承包一级资质（含一级资质）以上的各集团公司负责人及相关人员参加大会。

▲同日　中铁二十四局集团公司参建的上海铁路南站工程，中铁十七、十八、二十三局集团公司参建的北京至天津城际轨道交通工程（北京南站改扩建工程），中铁二十四局集团公司参建的合肥至南京铁路（含瀼滁河大桥），中铁二十局集团一公司参建的苏州绕城高速公路（西南段），中铁十九、二十、二十四局集团公司参建的京杭运河常州市区段改线工程获第九届中国土木工程詹天佑奖。

▲29 日　中铁十二局集团公司“富水大断面黄土隧道施工关键技术研究”获神华杯第二届中央企业青年创新奖银奖；中铁十一局集团公司“ZQJ32/900 型下行式客运专线简支箱梁移动模架研发及应用”、中铁十四局集团公司“高地应力顺层偏压软岩隧道综合施工技术”、中铁十六局集团公司“DSZ32 米/900 吨型上行式双导梁移动模架现浇双线铁路箱梁综合技术”、中铁十八局集团公司“敞开式硬岩 TBM 整机修复改进及工程应用”、中铁二十一局集团公司“无焊接开挖台车”、中铁建电气化局集团公司“现代导轨电车机电安装工程施工技术及工艺研究”、中铁第一勘察设计院集团公司“乌鞘岭隧道修建技术”、中铁第四勘察设计院集团公司“高速铁路双块式无砟轨道再创新技术研究”、中铁第五勘察设计院集团公司“双块式无砟轨道组合式轨排法施工装备及工艺”9 项成果获神华杯第二届中央企业青年创新奖优秀奖。中国铁建团委获优秀组织奖。

▲29 日～30 日　美国电视媒体著名栏目《探索发现》制作组到京沪高速铁路中铁十五局集团公司施工管段，拍摄电视系列片《打造京沪高速铁路》。

▲30 日　中铁建设集团公司被北京市石景山区评为 2009 年度区域经济发展突出贡献单位。

▲3 月　中国铁建正式加入联合国全球契约。2009 年 11 月，中国铁建董事长李国瑞签署致联合国秘书长潘基文先生的申请函，申请加入联合国全球契约。

▲3 月　昆明中铁大型养路机械集团公司被云南省商务厅评为 2009 年度云南外贸企业前十名。

▲3 月　《中国铁建年鉴》2008 年卷获第四届全国年鉴编纂出版质量评比综合特等奖和框架设计、条目编写、装帧设计 3 个专项优秀奖。

▲3 月　中铁第四勘察设计院集团公司电化处提出的国际标准提案《轨道交通地面装置铁路综合接地系统测量方法》在第 49 届 IEC/TC9 华盛顿年会上讨论。

4 月

▲3 日　中国铁建召开安全生产紧急视频会议，强调“要安全的效益，不要带血的利润”。会议要求全系统立即开展安全大检查，采取有效措施坚决遏制较大及以上事故的发生，确保企业健康发展。

▲6 日　中国铁建总裁赵广发在北京总部机关会见中国驻阿尔及利亚大使刘玉和。

▲7 日～8 日　全球建筑峰会在美国纽约麦克劳·希尔公司总部大厦举行。大会的主题是“在世界市场赢得商机”。来自欧洲、亚洲、美洲、中东和澳大利亚等主要建筑市场的 20 多个国家的 350 多名代表出席大会。中国铁建副总经济师尚清喜、副总工程师彭江鸿组成中国铁建代表团与会，并代表中国铁建于峰会第一天作主旨发言。

▲8 日　中铁十六局集团公司承建的南水北调中线穿黄工程 II－B 标段过河段隧洞全部贯通。该隧洞全长 3450 米，断面内直径 7 米，位于黄河河床下 25 米～32 米深处，2005 年 11 月开工建设，采用盾构法施工。

▲9 日　全国人大常委会副委员长路甬祥率执法检查组到中铁第四勘察设计院集团公司开展科学技术进步法执法检查。

▲同日　安哥拉总统多斯桑托斯，在副总统费尔南多·多斯桑托斯和多位内阁部长陪同下，视察中铁十七局集团公司安哥拉社会住房 K. K. 项目一期工程 V 标段工地，对施工进展、工程质量、安全文明施工表示满意，称赞中国铁建为安哥拉基础设施建设作出重要贡献。

▲14 日　青海省玉树县藏族自治州发生 7.1 级地震，中国铁建立即了解玉树地震情况和本系统在青海施工项目及驻西宁公司的情况，按应急预案做好抗震救灾的准备工作。

▲同日　中国铁建总裁赵广发在北京总部机关会见沙特水电部副部长兼沙特电力公司执行主席萨利哈·阿拉哇基博士一行，双方就沙特水利水电工程项目建设等方面的合作进行会谈。

▲同日　中国铁路建设发展成就集体采访团在中国铁建采访。中国铁建副总裁夏国斌出席媒体集体采访会。

▲15 日　中国铁建董事长、党委书记李国瑞召开紧急会议，落实国务院国资委关于开展玉树抗震救灾工作紧急通知的精神，部署全系统抗震救灾工作。

▲15 日～16 日　中国铁建工程项目部党的建设工作座谈会在北京召开，会议表彰先进工程项目部党组织 53 个、优秀工程项目部党组织书记 43 名。中铁十二、十三、十八、二十局集团公司党委和中铁十五局集团公司京沪高速铁路工程指挥部党委、中铁十九局集团公司沪宁城际铁路 V 标段项目部党工委、中铁二十二局集团六公司津秦铁路客运专线项目部党工委、中铁二十四局集团公司杭甬铁路客运专线 3 标段工程指挥部党工委、中铁十七局集团三公司郑西铁路客运专线项目部党工委书记苏志强等单位和个人代表在会上作经验发言。

▲16 日　中国铁建董事长、党委书记李国瑞，总裁赵广发委托中铁二十一局集团公司向青海玉树灾区捐款 500 万元人民币，并发去慰问信。

▲17 日　中国铁建总裁助理王学伟作为中国铁建的爱心使者在青海省政府受到青海省副省长骆玉林的亲切会见。

▲20 日　中国铁建副总裁扈振衣在特立尼达和多巴哥共和国首都西班牙港市与特多国家保险财产发展有限公司总经理温迪·阿里女士分别代表双方签署多巴哥斯卡伯罗总医院项目合同，这是中国铁建在美洲地区的第一份设计施工与设备采购安装总承包合同。

▲同日　中国铁建 5 个单位被中华全国铁路总工会授予火车头奖杯、27 名个人被授予火车头奖章。

▲22 日　国内首次采用 BOT 加 EPC 总承包模式运作的高速公路建设项目，中国铁建与重庆高速公路集团公司合作投资 78.38 亿元的成渝高速公路复线重庆段开工建设。该段全长 80 公里，设双线 6 车道。

▲同日　昆明中铁大型养路机械集团公司北京研发中心、北京营销公司挂牌成立。

▲26 日　中铁十五局集团一公司岳常高速公路项目部经理张九林、中铁十六局集团公司副总经理黄昌富、中铁二十局集团公司副总经济师李令选、中铁第一勘察设计院集团公司航测副总工程师何金学、中铁第四勘察设计院集团公司副总工程师郭志勇被评为全国劳动模范。

▲同日　中国铁建副总裁、总会计师庄尚标，中铁十二局集团公司总会计师王锦友被评为全国先进会计工作者，并被中华全国总工会授予全国五一劳动奖章。

▲同日　中铁十八、二十二局集团公司承建的厦门翔安海底隧道建成通车。

▲同日　中国铁建参建的福州至厦门铁路客运专线正式通车运营。该线全长 273 公里，设计时速 250 公里。中铁二十四局集团南昌公司、中铁二十一局集团公司福厦项目部分别承担杏林站、福厦 3 标段及厦门站区间既有线改造等施工任务。

▲27 日　中国铁建 2009 年度业绩投资者与分析师推介会、新闻发布会在香港港丽酒店举行。中国铁建董事长李国瑞、总裁赵广发、副总裁周志亮、副总裁兼总会计师庄尚标、董事会秘书李廷柱等出席大会。30 多家来自香港、国外投资机构的 60 余名投资者与分析师、20 多家新闻媒体的 50 余名新闻记者参加大会。

▲28 日　中铁十六、十八局集团公司承建的胶州

湾海底公路隧道贯通。该隧道全长7.8公里,其中海域段长3.95公里,设双向6车道,是继厦门翔安海底隧道之后,中国大陆开工建设的第二条海底隧道。

5月

▲1日　中铁十二局集团公司在长平高速公路虹梯关隧道施工中,创造单口月掘进556米新的世界纪录。该隧道左线长13.122公里、右线长13.098公里,为单向双车道隧道。

▲2日　党的第三代领导核心,原中共中央总书记、国家主席、中央军委主席江泽民在江苏省省委书记梁保华、省长罗志军,南京市市委书记朱善璐、市长季建业,中国铁建董事长、党委书记李国瑞,中国铁建副总裁、党委常委夏国斌等陪同下,视察中国铁建南京长江隧道建设工地。

▲同日　中铁二十三局集团公司主持研制的高速铁路CRTSⅢ型无砟轨道板通过试运行。

▲7日　中国铁建总裁赵广发在北京总部机关会见安哥拉城市规划与建设部部长若泽·费雷拉阁下,就中铁十三局集团公司承建的安哥拉首都罗安达市Cazenga社会住房和城市基础设施项目建设,以及相关合作事宜进行深入友好的交流,并达成合作共识。

▲9日　中铁十四局集团四公司获创新杯·2010中国建筑业创新实力百强企业称号,公司总经理李旭获创新杯·2010中国建筑业创新管理百位杰出贡献企业家称号。

▲11日　中国铁建中土尼日利亚公司设计施工的奥克塔大桥建成通车。

▲13日　中华全国铁路总工会作出表彰决定,再次对在高速铁路和铁路客运专线建设中作出重要贡献、业绩突出的先进集体和先进个人进行表彰,分别授予火车头奖杯和火车头奖章。在此次表彰中,中国铁建系统有16个先进集体获得火车头奖杯,69名先进个人获得火车头奖章。

▲19日　中共中央政治局常委、中央纪委书记贺国强,中央书记处书记、中央纪委副书记何勇在江苏省省委书记梁保华,省委常委、南京市市委书记朱善璐等陪同下,视察中国铁建南京长江隧道建设工地。

▲19日~21日　中国铁建参加在上海新国际博览中心举行的第四届中国国际隧道与地下工程技术展览会,这是中国铁建首次参加该展览会。中国铁建副总裁张宗言作为主席台嘉宾出席展览会开幕典礼。

▲22日　北京市市委副书记、市长郭金龙到中铁十二局集团公司承建的北京地铁10号线二期工程8标段建设工地调研,对防汛工作提出具体要求。

▲25日　国家审计署驻济南特派员办事处副特派员班东启一行到中铁十五局集团公司京沪高速铁路管段检查指导,重点查看底座板施工、CA砂浆灌注和轨道板精调工作,对该集团公司的施工进度、安全质量、标准化管理给予高度赞扬。

▲26日　中国铁建董事长李国瑞与南京市市长季建业共同签署南京长江隧道股权资产回购协议,副总裁周志亮与南京市交通集团董事长冯宝春签署南京长江隧道设计、施工总承包协议。南京长江隧道是中国铁建与南京市交通集团、南京浦口国资公司共同出资组建项目公司投资建设的BOT项目,中国铁建占80%股权,建设经营期30年。此次南京市政府回购中国铁建股权,既方便南京市对城市交通的整体规划,又大大缩短了中国铁建的投资回收期,实现了合作双赢。

▲27日~28日　中国铁建设备物资节能减排业务会议在四川省成都市召开。会议传达董事长李国瑞、总裁赵广发对设备物资节能减排工作的重要指示,分析当前设备物资工作的开展情况,并对下一阶段的设备物资招标采购工作目标进行重点部署。副总裁夏国斌作重要讲话。

▲28日　中国铁建承建的"万里长江第一隧"南京长江隧道建成通车。该隧道先后攻克大直径、高水压、强透水、超浅埋、长掘进、高风险六大世界级技术难题,标志着中国超大直径盾构隧道施工技术达到国际先进水平。

▲31日　中国铁建发布《关于中铁建铜冠投资(加拿大)有限公司已收购Corriente Resource Inc.约96.9%的股份的公告》,这标志着中国铁建与铜陵有色金属集团控股有限公司以各50%股权联合收购加拿大初级矿业公司科里安特资源公司拥有的厄瓜多尔铜矿获得成功,中国铁建矿产资源开发取得重大突破。

▲5月　中铁建电气化局集团公司获2009年度中国轨道交通企业自主创新50强称号。

6月

▲1日　李红、安锦春、戴慧明、张凤玲、王峥、郑卫红、马红叶、沈天丽、齐晓景、李嘉被评为中国铁建"十佳女职工标兵"。

▲1日~6日　中国铁建纪委、监察局在中国铁建党校举办查办案件经验交流暨案件审理业务培训班,全系统91名纪检监察干部参加培训,中国铁建党委副书记、纪委书记、工会主席、监事会主席彭树贵出席开班典礼并作重要讲话。

▲2日　中国铁建召开深入开展创先争优活动动员部署会议,会议采取视频方式召开。中国铁建党委

书记、董事长李国瑞作动员讲话，党委副书记霍金贵主持会议，党委常委、副总裁夏国斌出席会议。中国铁建总部机关全体党员在机关总部主会场参加会议，各单位领导班子成员、机关部门负责人、党群部门全体人员在各单位分会场参加会议。

▲2日~5日　中国铁建工会在全国妇联下属的中华女子学院举办全系统女职工干部培训班。中国铁建所属集团公司、子公司工会女工委主任、副主任、女工工作负责人，股份公司机关女工干部以及2010年“十佳女职工标兵”110余人参加培训。

▲6日　铁道部副部长卢春房在原铁道部副部长、京沪高速铁路公司董事长蔡庆华，总经理李志义等陪同下，到中国铁建京沪高速铁路1标段建设工地检查指导，并对工程建设取得的成绩给予充分肯定。

▲8日　山西省省委副书记、省长王君到中铁二十局集团一公司忻阜高速公路路面项目部施工现场检查指导工作。

▲12日　中铁二十二局集团公司在厦门翔安海底隧道施工中开发的“软弱地层大断面海底隧道施工稳定性控制研究”和“厦门翔安海底隧道穿越富水砂层综合施工技术”成果通过北京市住房和城乡建设委员会组织的专家鉴定，达到国际领先水平。

▲同日　全国政协副主席、国务院港澳事务办公室主任廖晖率领港澳代表团，在四川省省委书记刘奇葆、副省长魏宏等陪同下，视察中铁十五局集团成都公司承建的四川省道S303线映卧公路灾后恢复重建工程。

▲14日　中共中央政治局常委、国务院总理温家宝在中共中央政治局委员、北京市市委书记刘淇，国务院研究室主任谢伏瞻，人力资源和社会保障部部长尹蔚民，民政部副部长李立国陪同下，到中铁十四局集团公司北京地铁6号线平安里站施工工地视察，亲切看望和慰问端午节期间仍坚守在首都建设工地上的中国铁建职工，并在中铁十四局集团公司项目部工地会议室召开新一代农民工代表座谈会，与新一代青年农民工进行深入细致的座谈和交流。中国铁建董事长李国瑞，中铁十四局集团公司总经理张挺军，中铁十四局集团隧道公司副总经理、项目经理徐磊在工地迎接温家宝总理。

▲15日　中国铁建承建的沙特麦加轻轨铁路项目首列列车落地揭幕仪式在麦加举行。沙特城乡事务大臣曼苏尔亲王及麦加市市长等官员，中国驻沙特吉达总领事馆总领事王勇、驻沙特使馆经参处参赞俞子荣，铁道部专家组副组长马思朴，中国铁建总裁赵广发出席揭幕仪式。

▲17日~19日　铁道部副部长陆东福在中铁第四勘察设计院集团公司董事长蒋再秋等陪同下，到武九、九景衢、皖赣、商杭铁路项目进行现场踏勘及调研，听取中铁第四勘察设计院集团公司的方案汇报，并分别与湖北省、江西省、浙江省、安徽省就加快铁路项目建设前期工作举行座谈。

▲18日　中国铁建2009年年度股东大会、2010年第一次类别股东大会在中国铁建大厦召开，此次股东大会以85.48%的赞成比例通过中国铁建非公开增发方案。

▲同日　中铁十五局集团西北公司承担的坦桑尼亚松巴万加经马太至卡桑港公路项目举行开工奠基仪式，坦桑尼亚总统基奎特出席开工仪式。该公路是坦桑尼亚首都达累斯萨拉姆连接西南部的主要通道，同时也是鲁夸省通往赞比亚边检站的交通要塞，公路全长112公里，总投资约7亿元人民币。

▲同日　中铁十七局集团五公司职工赵海生入选2009年度“中国好人榜”。

▲19日　中共中央政治局委员、国务院副总理、国务院抗震救灾总指挥部总指挥回良玉在青海省玉树州考察期间，在青海省省委书记强卫、省长骆惠宁，国务院国资委副主任黄丹华等陪同下，冒雨视察中国铁建玉树地震灾后重建指挥部营地，亲切看望慰问中国铁建参建干部职工。

▲同日　中国铁建与青海省省政府在青海省胜利宾馆洽谈《青海玉树地震灾后恢复援建协议》，经过商讨，双方就该总协议达成一致意见。中国铁建副总裁夏国斌，中铁二十一局集团公司董事长、总经理李宁等出席洽谈会。

▲19日~23日　中国铁建组织非独立董事朱明暹，外部独立董事李克成、赵广杰、魏伟峰，在董事长李国瑞、董事会负责人等陪同下，重点围绕产业结构调整升级、创效板块的未来发展进行专题调研，实地考察调研了中铁物资集团公司、中铁房地产集团公司、昆明中铁大型养路机械集团公司、中铁轨道系统集团公司、中铁第四勘察设计院集团公司、中铁十一局集团公司和中铁建电气化局集团公司及所属企业。

▲20日　青海玉树灾后恢复重建对口援建工作会议在西宁召开。国家发展改革委员会主任张平，青海省省委书记强卫、省长骆惠宁，兰州军区副司令员赵建中，国资委副主任黄丹华，住房和城乡建设部副部长仇保兴等出席会议。中国铁建等4家中央企业在会上与青海省政府签订对口援建协议。

▲20日~25日　铁道部副部长卢春房在中国铁建总裁赵广发、副总裁刘汝臣等陪同下，在沙特麦加轻轨铁路建设工地现场办公。

▲28日　中铁物资集团公司与中国建筑材料集

团公司所属的中国建材股份有限公司、中建材集团进出口公司战略合作签约仪式在北京香格里拉饭店举行。中国铁建副总裁夏国斌、副总经济师尚清喜,中国建筑材料集团公司副总经理马建国、刘宝瑛、黄安中,中铁物资集团公司总经理金跃良等出席仪式。

▲30 日　在中国共产党成立 89 周年之际,中央候补委员、中铁第一勘察设计院副院长李金城参加中共中央在北京召开的深入开展创建先进基层党组织、争当优秀共产党员活动座谈会,受到胡锦涛、习近平、贺国强等党和国家领导人的亲切接见。

▲同日　中国铁建与南京市政府在北京国际饭店签署战略合作协议。中国铁建副总裁周志亮与南京市政府常务副市长沈健分别代表双方在合作协议上签字。

▲同日　中国商务部副部长陈健在中国铁建总裁赵广发陪同下会见沙特城乡事务部部长曼苏尔亲王和副部长哈比卜博士,沙方对麦加轻轨铁路项目进度表示满意:"只有中国公司能在一年多时间里使工程达到如此进度。"

▲同日　长沙至株洲、湘潭城际铁路开工动员大会在湖南省长沙市举行。长株潭城际铁路全长 95.5 公里,为双线电气化客运专线,设计时速 200 公里,建设工期 4 年,工程总投资 233.2 亿元。中铁十四、十七、二十二、二十五局集团公司和中铁第四勘察设计院集团公司、中铁轨道系统集团公司参加建设。

▲同日　在 2010 年中央企业职工技能竞赛工程测量工大赛中,中铁十二局集团公司田国锐、中铁十一局集团公司游泽勤、中铁十三局集团公司潘文忠、中铁十七局集团公司智慧获得金奖,中铁二十局集团公司朱建峰、中铁十二局集团公司弓新亮、中铁十四局集团公司张斌、中铁十二局集团公司彭东、中铁十五局集团公司赵金涛获得银奖,中铁建设集团公司刘庆辉获得铜奖。

▲6 月　中铁十八局集团公司在铁道部主管的《铁道建筑技术》刊发 TBM 技术专刊;同时,该集团公司副总经理邓勇主编的《TBM 施工技术及工程实践》专著由天津大学出版社出版发行。

▲6 月　中铁第一勘察设计院集团公司获陕西省文物保护工作先进单位称号,李伟、杜蓓被评为文物保护工作先进个人。

7 月

▲1 日　中铁十一、十九、二十四局集团公司和中铁第四勘察设计院集团公司参建的沪宁城际高速铁路正式通车。沪宁城际高速铁路是国内第一条在软土路基上修建、第一条全线采用 CRTS－Ⅰ型轨道板铺设、第一条全线采用国产化设备的高速铁路。全长 301 公里,合同投资 394 亿元,2008 年 7 月 1 日开工建设。

▲2 日　中国铁建董事长、党委书记李国瑞,副总裁扈振衣、夏国斌,总工程师韩风险在北京中国铁建大厦与负责沙特麦加轻轨铁路项目的沙特城乡事务部副部长哈比卜阁下亲切会晤,双方就项目建设相关事宜交换了意见,共谋确保按期通车之策。

▲5 日　中国铁建获"国家西部大开发突出贡献集体"称号。

▲6 日　中铁十五局集团公司连续 9 年获全国"安康杯"竞赛优胜企业称号。

▲8 日　美国《财富》杂志发布 2010 年世界 500 强名单,中国铁建以 2009 年度营业收入 520.44 亿美元的业绩,排名第 133 位。

▲同日　牡绥铁路扩能改造工程开工建设。该线全长 138.823 公里,总投资 106.2 亿元。中铁十三局集团公司承担 31.5 亿元的施工任务,占总投资的 30%。

▲10 日　中国铁建援建青海玉树地震灾后重建第一批项目——玉树藏族自治州藏医院开工建设,总投资 4800 万元,建筑面积 12000 平方米。

▲同日　中铁十五局集团公司完成的"等压等渗小流量新型注浆工艺及其他关键技术在富水、高压、松散围岩隧道施工中的应用研究"成果经专家组鉴定,达到国际领先水平。

▲15 日　中国铁建向新疆维吾尔自治区阿勒泰地区捐赠经济社会发展资金 100 万元。

▲19 日　中国铁建董事长、党委书记李国瑞在北京中国铁建大厦亲切会见南非国民议会交通委员会班固主席率领的南非代表团一行。

▲23 日　中国铁建在国务院国资委年度业绩考核中,2009 年度业绩考核和 2007 ~ 2009 年 3 年任期业绩考核均为 A 级,被国资委授予业绩优秀企业称号,并获得科技创新特别奖。

▲25 日 ~ 28 日　安哥拉国家交通部副部长若泽·若昂·库卫卦一行 7 人,到中铁二十局集团公司承建的全长 1343 公里的本格拉铁路调研。

▲26 日　中国铁建召开"小金库"专项治理工作视频会议,对做好中国铁建"小金库"专项治理工作进行动员和部署。

▲同日　中国铁建召开第 40 次党委常委扩大会议,中国铁建党委书记、董事长李国瑞主持会议并传达国资委中央企业负责人会议精神。

▲27 日　香港特别行政区行政长官曾荫权率特区政府代表团到由香港特区政府捐资援建、中铁十五

局集团公司承建的映秀至卧龙公路灾后恢复重建施工现场检查工作,并亲切接见该集团公司参建员工。

▲29 日　沙特麦加轻轨铁路会战第一阶段表彰大会在麦加施工现场召开。大会由中国铁建副总裁刘汝臣主持,总裁赵广发出席会议并讲话,铁道部专家组组长朱明瑞、督导组组长米隆出席大会。项目公司党工委书记赵佃龙宣读《关于表彰麦加轻轨铁路项目会战第一阶段先进集体和个人的决定》,中铁十二、十三、十四、十六、十九局集团公司,中铁建设集团公司、中铁建电气化局集团公司 7 个单位获先进集体称号,37 名先进个人受到表彰,其中外籍员工 4 名。

▲30 日　中铁国际航空服务有限公司在北京中国铁建大厦正式挂牌营业。

▲7 月　中国铁道建筑总公司工会获全国模范职工之家称号。

8 月

▲2 日　中国铁道建筑总公司暨中国铁建股份有限公司干部大会在北京中国铁建大厦召开,国资委企干二局副局长孟凡良宣读国资委任免决定。国资委任命孟凤朝为中国铁道建筑总公司董事长,提名为中国铁道建筑总公司总经理人选,免去李国瑞的中国铁道建筑总公司董事长、董事职务,不再担任中国铁道建筑总公司总经理职务;国资委党委任命孟凤朝为中国铁道建筑总公司党委副书记,免去李国瑞的中国铁道建筑总公司党委副书记、党委常委职务。

▲11 日 ~ 12 日　中国铁建在中铁二十三局集团公司召开高速铁路Ⅲ型板式无砟轨道创新技术观摩交流会。

▲13 日 ~ 14 日　全国援外工作会议在北京人民大会堂举行。会前,中共中央总书记、国家主席、中央军委主席胡锦涛,中共中央政治局常委、国务院总理温家宝,亲切会见全体与会代表,并同大家合影留念。中共中央政治局委员、国务院副总理王岐山主持会议并作总结讲话。中国铁道建筑总公司董事长、总经理孟凤朝作为中央企业唯一发言代表在会上作经验交流。

▲14 日　中共中央政治局委员、国务院副总理张德江在铁道部副部长卢春房和河南省省委书记卢展工、省长郭庚茂等陪同下视察中铁十七局集团公司承建的石武铁路客运专线郑州东站施工现场。

▲17 日　中铁二十局集团房地产公司开发的中铁 · 山水天下项目获 2010 年度中国詹天佑大奖 · 重庆优秀住宅小区金奖。

▲19 日　中共中央政治局委员、国务院副总理张德江在国家安全监管总局局长骆琳、国务院副秘书长肖亚庆、铁道部副部长卢春房、国务院国资委副主任黄淑和、国家安全监管总局副局长梁嘉琨等陪同下,到中国铁建调研安全生产工作。中国铁建董事长孟凤朝在座谈会上对中国铁建发展和安全生产情况作了详细汇报。

▲20 日　中铁十四局集团公司研发的"莱钢厂区复杂环境 1600 万立方米石方深孔控制爆破安全快速施工综合技术"成果被中国工程爆破协会评为科学技术特等奖。

▲23 日　中共中央政治局常委、国务院总理温家宝到中铁十五局集团成都公司承担的援建项目映汶高速公路映秀隧道进口和烧火坪大桥工地,察看"8 · 14"特大山洪泥石流灾情。温家宝总理强调,本着"安全第一"的原则,恢复重建的进度要服从质量要求,不能为了赶施工进度而忽视工程质量。

▲同日　中铁十五局集团公司在新疆维吾尔自治区喀什至和田铁路铺轨施工中,创造 24 小时不间断单线铺轨 11. 366 公里全国新纪录。这是该公司继 1998 年在南疆铁路西延工程创造独头单线日铺轨 10. 688 公里、2002 年在西合铁路工程创造铁路隧道整体道床 500 米无缝长轨铺设、2006 年在黄万铁路(河北黄骅南站至天津万家码头)创造国内日架直线 32 米梁 14 孔 3 项中国企业新纪录后,创造的第 4 项铁路铺架施工全国新纪录。

▲28 日　铁道部副部长卢春房在中国铁建总裁赵广发陪同下,在沙特麦加会见沙特城乡事务部副部长哈比卜博士,双方就进一步加强合作,共同努力,确保麦加轻轨铁路项目按期保质完成深入交换意见。

▲30 日　中共中央对外联络部部长助理贺钧,中国驻沙特大使杨洪林、驻吉达总领事王勇在中国铁建总裁赵广发等陪同下,到沙特麦加轻轨铁路项目工地调研,看望慰问参建职工。

▲31 日　中国铁建在北京和香港同时启动 2010 年中期业绩发布会暨非公开发行 A 股路演。

▲8 月　中铁十九局集团轨道交通公司完成的"富水流砂地层下穿立交桥隧道综合施工技术研究"成果经专家组鉴定,达到国际先进水平。

▲8 月　中铁建设集团公司开发的河南信阳中国铁建 · 领秀城房地产项目,在中国房地产协会举办的 2010 品质地产发展论坛评选中获 2010 · 中国绿色低碳最佳宜居生态楼盘奖。

▲8 月　中铁第一勘察设计院集团公司项目管理营业收入连续 4 年工程在全国勘察设计行业评比中获得第一名。

9 月

▲2 日 中国驻阿尔及利亚大使刘玉和、阿国公共工程部长古勒和特雷姆森省长一行视察中铁十七局集团公司担负施工的阿国东西高速公路工程,称赞该集团公司在东西高速公路建设中进场晚、进度快、质量优、信誉好。

▲6 日 中国铁建董事长、党委书记孟凤朝在中国土木工程集团公司北京总部机关会见尼日利亚前总统奥巴桑乔。

▲同日 中国铁建副总裁、总经济师扈振衣在中国铁建大厦会见来华访问的澳大利亚 OPR 公司 CEO 约翰·朗格兰特先生、三菱商事尾上晃先生等一行 7 人,双方就 OPR 公司负责营运开发的澳大利亚奥卡吉(Oakajee)矿山铁路及港口项目的合作事宜进行会谈。

▲同日 中国铁建副总裁范德会见前来调研的北京市海淀区人大常委会主任周来升一行。

▲7 日 国务院国资委监事会主席李克在中国铁建副总裁、总会计师兼总法律顾问庄尚标陪同下,到中铁二十一局集团四公司调研。

▲8 日 中国铁建董事长孟凤朝在北京总部机关会见美国加利福尼亚州高速铁路局总裁范·阿克一行。宾主双方就加州高速铁路建设相关事宜进行友好交谈。

▲同日 中铁十四局集团公司承建的广深港铁路客运专线 ZH-1 标段综合工程通过第 6 批全国建筑业新技术应用示范工程评审。

▲9 日 中铁第四勘察设计院集团公司主持的“高速铁路动车组检修基地关键技术研究”成果通过湖北省科技厅组织的专家鉴定,达到国际先进水平,并成功应用于武汉、广州、上海动车基地的设计中,取得良好效果。

▲15 日 中铁十四局集团公司被评为 2010 年度中国文化管理百强企业。

▲16 日 国务院国资委监事会主席李克在中国铁建副总裁、总会计师兼总法律顾问庄尚标等陪同下,到中铁十七局集团四公司遵毕高速公路项目部调研,对项目部传承铁道兵优良传统,认真履行社会责任表示满意。

▲20 日 中铁第四勘察设计院集团公司设计的昌九城际铁路通车运营。

▲23 日 中国铁建董事长孟凤朝一行在沙特首都利雅得拜会中国驻沙特大使杨洪林和经济参赞俞子荣。

▲同日 中国铁建承建的沙特麦加轻轨铁路全线铺通。

▲26 日 中铁第一勘察设计院集团公司勘察设计的拉萨至日喀则铁路开工建设。

▲同日 中铁二十局集团公司承建的蒙古国叶罗河矿铁路提前铺通,从而结束了蒙古国 50 年来没有高标准铁路的历史。

▲26 日~27 日 中国铁建劳动竞赛现场推进会在中铁十七局集团公司宁杭铁路客运专线工地召开。

▲27 日~29 日 中国铁建宣传思想工作会议在江西井冈山召开,中国铁建党委副书记霍金贵作宣传思想工作报告。

▲30 日 青海省省委书记、人大常委会主任强卫到中国铁建援建的玉树州藏医院,看望慰问参建职工。

▲9 月 中铁第一勘察设计院集团公司完成的《新建铁路拉萨至日喀则铁路水土保持方案报告书》《新建铁路拉萨至日喀则环境影响报告书》通过国家技术评审。

▲9 月 中国铁建在 2010 年中国企业 500 强中排名第 8 位,在中国企业效益 200 佳中排名第 33 位。

▲9 月 中铁十八局集团公司获天津市 AAA 级劳动关系和谐企业称号。

10 月

▲1 日 国务院国资委主任、党委书记王勇在中国铁建董事长、党委书记孟凤朝,副总裁张宗言陪同下,到北京地铁 9 号线军事博物馆站北工区,看望和慰问国庆节期间坚守工作岗位的中铁十四局集团隧道公司一线职工。

▲8 日 中铁二十一局集团德盛和置业有限公司开发的中国铁建·梧桐苑项目获 2010 年度西安楼市最佳低碳环保楼盘和最佳户型设计楼盘两项大奖。

▲10 日 阿尔及利亚东西高速公路西标段暨 W8 标段通车典礼在中铁十七局集团二公司管段举行。W8 标段的通车,标志着阿尔及利亚东西高速公路西标段全线建成通车。

▲12 日 沙特城乡事务部部长曼苏尔亲王在利雅得城乡事务部总部会见中国铁建总裁赵广发一行,双方围绕麦加轻轨铁路建设深入交换意见,并达成广泛共识。

▲同日 中国铁建召开大规模铁路经营总结表彰视频会议。

▲15 日 由国家档案局经济科技档案司司长李晓明、档案馆室司司长朱煜和档案科研所主任姜莉组成的督查组到中国铁建总部机关对档案安全管理工作进行专项督查。

▲18 日　中国铁建董事长、党委书记孟凤朝在中国铁建大厦贵宾室会见山东省省委常委、副省长王军民一行，双方就进一步推进战略合作协议实施，加快济南至乐陵高速公路建设进行深入交流。

▲19 日　中国铁建与中远集团签署战略合作协议。

▲20 日　《中国铁道建筑报》驻中铁十二局集团公司记者站站长、中铁十二局集团公司宣传部部长江耀明获第十一届范长江新闻奖。

▲同日　中铁二十三局集团公司开发的“CRTSⅢ型无砟轨道板及维修施工技术”成果通过四川省科技厅组织的专家组鉴定，达到国际领先水平。

▲22 日　以“贯彻落实人才发展规划纲要，全面推进人才优先发展”为主题的首次中国人才发展论坛大会在北京会议中心召开。国务院副总理张德江为大会致辞，中央组织部副部长、人力资源和社会保障部部长尹蔚民作主旨报告。中国铁建董事长、党委书记孟凤朝应邀在大会上作题为《提高人才队伍能力，推动企业科学发展》的发言。

▲24 日　中国土木工程集团公司总经理袁立在北京会晤应邀来访的乍得共和国基础设施和交通部大型项目局 Mahamat Senoussi Cherif 局长及其率领的乍得政府代表团一行以及乍得驻中国大使和经济参赞。

▲26 日　格鲁吉亚总理尼卡·吉拉乌利在北京会见中国铁建总工程师韩风险、国际部部长武宪功，中铁二十三局集团公司董事长兼总经理李洪奇等一行。

▲同日　中铁十一、十二、二十四局集团公司和中铁第四勘察设计院集团公司参建的沪杭高速铁路开通运营。该铁路全长 202 公里，设计时速 350 公里，在 9 月 28 日试运行中创造时速 416.6 公里世界铁路运营试验最高速度。

11 月

▲2 日　中华全国铁路总工会授予中国铁建沙特麦加轻轨铁路建设 5 个先进集体、10 名先进个人火车头奖杯和奖章。

▲4 日　中共中央政治局委员、北京市市委书记刘淇，市长郭金龙在中国铁建董事长孟凤朝、副总裁张宗言陪同下，视察中铁十四局集团隧道公司承建的北京地铁 6 号线平安里车站建设工地，对工程质量、文明施工情况给予好评。

▲同日　中国铁道建筑总公司，中铁十二、十三局集团公司，中铁第一勘察设计院集团公司被评为全国厂务公开民主管理工作先进单位。

▲5 日～10 日　中国铁建《企业档案工作规范》暨档案业务培训班在股份公司北京培训中心举办。

▲6 日　第四届中外跨国公司 CEO 圆桌会议在北京举行。中共中央政治局委员、国务院副总理张德江出席大会开幕式并致辞。全国政协副主席、中共中央统战部部长杜青林，全国政协副主席郑万通出席开幕式，十届全国人大常委会副委员长成思危在开幕式上作主旨演讲。中国铁建总裁赵广发应邀参加会议，并作为中国进入世界 500 强企业的代表在开幕大会上发表主题演讲。

▲同日　中国首座高速铁路主跨 140 米钢箱系杆拱桥、武广高速铁路汀泗河特大桥综合施工技术在湖北武汉通过鉴定。该桥主跨 140 米下承式钢箱系杆拱拼装新工艺、高速铁路大跨度钢桥铺设无砟轨道等总体施工技术达到国际领先水平，开创大跨度钢桥铺设无砟轨道的先例。该桥由中铁十一局集团一公司承建。

▲8 日　美国加州众议院副议长马世云率领加州众议院代表团访问中国铁建，中国铁建总裁赵广发、副总裁周志亮、张宗言等与代表团在北京总部机关举行会谈，铁道部中美铁路项目协调组组长刘涟清陪同会谈。双方就中国铁建谋求参与美国高速铁路建设，尤其是投标美国加州第一个高速铁路示范段建设项目的合作事宜交换意见，并初步达成合作共识。

▲同日　中国新闻奖、长江韬奋奖颁奖报告会在北京京西宾馆举行，中共中央政治局常委李长春出席并讲话。第十一届范长江新闻奖获得者、《中国铁道建筑报》记者江耀明上台领奖并受到李长春的亲切接见。

▲10 日　《中国铁道建筑报》原总编辑朱海燕采写的，符勇编辑的评论员文章《事故，自己打自己的战争》获第六届（2009 年度）全国安全生产新闻奖评论类一等奖。

▲11 日　沙特阿拉伯政府副首相兼内政大臣、最高朝觐委员会主席纳耶夫·本·阿卜杜拉齐兹亲王率领 9 位政府部长视察中国铁建建设的麦加轻轨铁路工程。

▲13 日　中国铁建总承包建设的沙特麦加轻轨铁路开始运营。

▲15 日　中铁十二、十四、十五、十六、十七、十八、十九、二十四局集团公司，中铁第四勘察设计院集团公司参与建设的京沪高速铁路全线铺通。

▲17 日～19 日，中国铁建组团参加波兰华沙中国高速铁路技术暨相关企业推介会。

▲20 日　中国国家副主席习近平在安哥拉访问期间，视察由 20 多家中资企业组成联合体承建的安哥拉社会住房项目工地，并亲切接见中铁十七局集团公

司董事长、党委书记段东明等中资企业负责人和参建员工代表。

▲20日~21日 由中国铁建科技设计部主办、中国土木工程集团公司承办的中国铁建海外工程优秀论文评选会在北京召开。会议分管理、线路路基轨道和路面、桥梁隧道3个专业评审组，评选出优秀论文116篇。其中，一等奖33篇；二等奖83篇。

▲23日 中国铁建副总裁周志亮出席尼日利亚莱基自由贸易区首届工程机械展，并作为中方嘉宾在会展上致辞。

▲25日 坦桑尼亚联合共和国总统基奎特视察中国土木工程集团东非有限公司承建的多多马大学二期学术楼项目和医疗诊所项目。

▲26日 中国铁建保密知识培训班在北京中国铁建大厦三楼会议室举行。国务院国资委办公厅（党委办公室）副主任兼保密办公室主任贾春曲到会并作重要讲话，国务院国资委保密档案处处长冯振中作《当前保密形势和有关法规解读》的讲座；培训班邀请北京中孚公司技术人员作保密技术演示，并组织观看国资委保密警示教育片。

▲29日 中国铁建责任成本管理暨经营创效工作会议在北京召开。会上，中国铁建董事长、党委书记孟凤朝，总裁赵广发作重要讲话；副总裁庄尚标、张宗言分别就责任成本管理和经营创效工作作专题报告；中铁十一局集团公司等6家单位作经验交流；党委副书记、纪委书记、工会主席、监事会主席彭树贵宣读《关于表彰2010年责任成本管理暨经营创效工作先进单位和先进个人的通报》；国务院监事会第16办事处主任金丹阳出席会议并作重要指示。

12月

▲1日 中共中央政治局委员、北京市市委书记刘淇，市长郭金龙考察中铁十七局集团公司承建的京沪高速铁路第1标段北京段跨南四环马家楼桥西线路工程，刘淇称赞中铁十七局集团公司不仅是一支敢打硬仗的队伍，而且是一个智慧型企业团队，感谢他们为首都建设奉献的精品工程和艺术作品。

▲2日 由中国土木工程集团公司牵头、中铁第五勘察设计院集团公司承担设计的土耳其安伊高速铁路2标段电气化工程初步设计获得土耳其铁路总局（TCDD）批复，标志着中国高速铁路电气化工程“走出去”战略迈出了坚实一步，为今后中国铁路企业承担类似项目积累了宝贵的经验。土耳其安伊高速铁路2标段时速250公里，全长158公里，其中电气化工程包括5个牵引变电所、515条公里接触网。中国土木工程集团公司、中国机械进出口（集团）有限公司与土耳其两家承包商组成联合体中标，中国土木工程集团公司为联合体牵头方及轨道、“四电”工程总承包商。

▲同日 中铁十八局集团沙特公司朱拜尔项目部获得沙特朱拜尔工业区皇家委员会“连续230万个工时作业零事故奖”，并同时获得最佳项目经理、最佳施工经理和最佳安全经理3项单项奖。

▲2日~4日 中国铁建办公室主任座谈会在广西壮族自治区南宁市召开，中国铁建办公室及所属集团公司办公室主任等39人参加会议。

▲3日 在京沪高速铁路枣庄至蚌埠间的先导段联调联试和综合试验中，国产“和谐号”CRH380A新一代高速动车组在中铁十四局集团公司承建的宿州东站创下最高运行时速486.1公里的纪录，这是继9月28日沪杭高速铁路试运行创下时速416.6公里纪录之后，中国高速铁路再次刷新世界铁路运营试验最高速。

▲同日 中铁建设集团物资公司被评为全国用户满意服务企业。

▲4日 中国驻阿尔及利亚大使刘玉和、商务参赞吕义峰视察中国土木工程集团公司承建的阿尔及利亚55公里铁路新线项目。

▲6日 中国铁建表彰沙特麦加轻轨铁路建设先进集体和个人，中华全国铁路总工会分别授予中铁十二局集团公司沙特麦加轻轨铁路项目部等5个单位火车头奖杯、李春晖等10人火车头奖章，中国铁建工会分别授予中国土木工程集团公司沙特麦加轻轨铁路项目部等6个单位“工人先锋号”、皮宇等21人“工人先锋号标兵”称号。

▲同日 由铁道部运输局主办、中铁物资集团公司承办的第七届世界高速铁路大会工务座谈会在北京召开。中国铁建副总裁夏国斌出席座谈会。

▲7日 中铁十三局集团公司承建的安哥拉卡赞卡项目一期工程开工仪式在安哥拉首都罗安达举行，安哥拉总统多斯桑托斯出席开工仪式。

▲同日 中国铁建在北京成功协办第七届世界高速铁路大会，中国铁建总裁赵广发，副总裁扈振衣、张宗言作为大会贵宾出席大会。

▲9日 中国铁建总裁赵广发在北京总部会见来华参加世界高速铁路大会的美国纽约州参议院议长马尔科姆·史密斯一行，双方就纽约州高速铁路建设交换了意见，并达成共识。铁道部美国铁路项目协调组副组长丛庆滋参加会见。

▲11日~26日 中国铁建党委副书记霍金贵带队赴阿尔及利亚、土耳其、坦桑尼亚三国，对中国土木工程集团公司海外工程项目党建工作进行调研，并察

看中国铁建在3个国家的主要工程项目施工现场，听取生产经营情况汇报，慰问项目部干部职工。

▲12日　国务院国资委副主任邵宁、国家自然科学基金委员会副主任沈文庆院士出席中铁二十一局集团公司参建的四川雅砻江锦屏水电站锦屏山隧道A洞口揭牌仪式，标志着锦屏地下实验室正式投入使用。该实验室由集团公司等5家单位参建，垂直岩石覆盖2400米，是目前世界岩石覆盖最深的实验室，也是中国首座极深地下实验室。实验室的建成标志着中国已经拥有世界一流的低辐射研究平台，能够自主开展暗物质探测等国际最前沿的基础课题研究。

▲17日　由中国美术家协会与中国铁建联合举办，中国铁道建筑报社承办的、以"中国铁建与大路生活"为主题的第十五届大路画展在中国美术馆开幕。

▲同日　中国铁路大型养路机械首个博士后工作站在昆明中铁大型养路机械集团公司挂牌设立。

▲18日　中国中央政府赠澳门的大熊猫"开开""心心"入住由中国土木工程集团公司承建的澳门熊猫馆。

▲21日~22日　中国铁建工会一届二次全委(扩大)会议在北京召开。铁道部党组成员、中华全国铁路总工会主席何玉华，中国铁建董事长、党委书记孟凤朝出席会议并讲话，中国铁建党委副书记、纪委书记、工会主席、监事会主席彭树贵作题为《融入中心，构建和谐，在推进企业与职工队伍的发展中建立新功业》的工作报告。

▲22日　中铁十一至二十二局集团公司，中铁第四勘察设计院集团公司等单位参建的宜万铁路建成通车。该铁路是目前中国铁路建设史上难度最大、桥隧最多、历时最长、造价最高的铁路。

▲同日　开国将军、原铁道兵政委宋维栻因病在广州逝世，享年94岁。

▲24日　中铁第一勘察设计院集团公司总体设计的中国第一条在艰险复杂山区修建的高速铁路西(安)成(都)客运专线(陕西段)开工建设。

▲28日　中国铁建股份有限公司2010年第一次临时股东大会在中国铁建大厦三层报告厅举行。会议通过表决，孟凤朝当选股份公司执行董事。

▲同日　中国铁建股份有限公司第一届董事会第四十次会议在中国铁建大厦三层报告厅举行。会议通过表决，同意孟凤朝当选股份公司董事长。

▲同日　中铁十一、十二、十四、十五、十七、十九、二十一局集团公司及中铁建电气化局集团公司参建的包西铁路陕西段开通运营。

▲30日　中铁十七、十九、二十五局集团公司，中铁建设集团公司、中铁建电气化局集团公司参建的海南东环铁路建成通车。该铁路北起海口站，南至三亚站，全长308.11公里，时速250公里，总投资202亿元，2007年9月29日开工建设。

▲12月　中铁第五勘察设计院集团公司自主研发的"一种中跨连续梁造桥机"获第十二届中国专利奖优秀奖。

▲12月　中铁十一、十二、十九、二十、二十四局集团公司，中铁建设集团公司，中铁建电气化局集团公司，中铁第五勘察设计院集团公司，昆明中铁大型养路机械集团公司9个单位领导班子获中国铁建2009年度"四好领导班子"称号。

▲12月　中铁十三局集团公司被评为全国科技创新先进企业，开发的"峡谷条件下430米跨度上承式钢管混凝土拱桥综合施工技术"、"富水砂卵石地层土压平衡盾构施工关键技术"两项科技成果获技术创新优秀成果一等奖，"严寒地区浅埋土质隧道综合施工技术"获二等奖。

▲12月　中铁建设集团公司获"十一五"全国建筑业科技进步与技术创新先进企业称号。

▲12月　中铁第一勘察设计院集团公司获2010年国家火炬计划重点高新技术企业称号。

▲12月　中铁十四局集团公司获全国科技进步与技术创新先进企业称号。

2010年11月29日，中国铁建责任成本管理暨经营创效工作会议在北京举行。图为会议会场。
（邹静　王莹摄）

概况

本栏责任编辑　杨启燕

【简况】 中国铁建股份有限公司(以下简称中国铁建或股份公司)的前身为组建于1948年7月的中国人民解放军铁道兵,1984年集体转业并入铁道部,改称铁道部工程指挥部;1989年成立中国铁道建筑总公司,2000年9月28日与铁道部脱钩,先后划归中央企业工作委员会和国务院国有资产管理委员会管理;2007年11月5日,由中国铁道建筑总公司独家发起成立中国铁建股份有限公司,于2008年3月10日、13日分别在上海证券交易所和香港联合证券交易所成功上市。

中国铁建下辖33个二级单位。在岗职工229070人,拥有1名工程院院士、8名国家勘察设计大师、252名享受国务院特殊津贴的专家。资产总额3501.94亿元,较2009年增长23.75%。主要机械动力设备70120台(套),总功率593.58万千瓦,技术装备率8.99万元/人,动力装备率24.2千瓦/人。业务范围涵盖工程承包、勘察设计咨询、工业制造、房地产开发、物流与物资贸易及资本运营,打造了包括科研、规划、勘察、设计、施工、监理、维护、运营、设备制造和投融资等在内的全面完整的建筑业产业链和业内最完善的资质体系,在高原铁路、高速铁路、高速公路、桥梁、隧道和城市轨道交通工程设计及施工领域确立了行业领导地位。兵改工以来,在工程承包、勘察设计等领域获得国家级奖项397项。其中,国家科技进步奖59项;国家勘察设计"四优"奖80项;中国土木工程詹天佑奖46项;中国建设工程鲁班奖71项;国家优质工程奖142项。

中国铁建经营范围遍及除台湾以外的31个省、直辖市、自治区,香港、澳门特别行政区,以及世界45个国家和地区,是中国乃至全球最具实力、最具规模的特大型综合建设集团之一。连续5年入选"世界企业500强",2010年排名第133位;连续13年入选"全球225家最大承包商",2010年排名第1位;连续6年入选"中国企业500强",2010年排名第8位。2008、2009年连续两年为国资委年度业绩考核A级企业,2007~2009年第二任期业绩考核A级企业并获得第二任期"业绩优秀企业奖"。 (杨启燕)

【主要经济技术指标完成情况】 (1)新签合同额再创历史新高,业务增长动力强劲。2010年,中国铁建新签合同总额7471.98亿元,比2009年增长24.3%。工程承包主营核心业务继续得到巩固和加强,全年新签工程承包合同6775.92亿元,占新签合同总额的90.7%,比2009年增长22%。其中,新签铁路工程合同4336.77亿元,占新签合同总额的58%,比2009年增长42.2%;新签公路工程合同941.83亿元,占新签合同总额的12.6%,因国内公路项目招标减少,同比下降26.4%;城市轨道交通、市政、房建、水利电力、机场码头工程分别新签工程合同941.83亿元、317.86亿元、530.49亿元、117.73亿元、2.64亿元。

根据加快结构调整、促进产业转型的战略部署,中国铁建非工程承包板块营销工作积极作为,新签合同额696.07亿元,比2009年增长51.3%,实现比工程承包板块更快的发展。勘察设计咨询板块经营持续增长,全年新签勘察、设计、监理、咨询等业务合同额75.79亿元,比2009年增长21.7%。工业制造板块经营快速发展,在加大投资扩大产能的同时,营销工作快速跟进,全年新签工业制造业务合同额87.36亿元,比2009年增长53.8%。物流与物资贸易板块经营大步跨越,全年新签物流与物资贸易合同额402.47亿元。

(2)营业收入快速增长。2010年,中国铁建受国内加大基础设施投资的影响,营业收入比2009年有较快增长。全年实现营业收入4701.59亿元,比2009年增长32.25%。其中,工程承包板块实现营业收入4284.97亿元,同比增长31.91%;勘察设计咨询板块实现营业收入83.33亿元,同比增长9.1%;工业制造板块实现营业收入92.56亿元,同比增长13.68%;房地产开发板块实现营业收入51.89亿元,同比增长98.73%;物流与物资贸易板块实现营业收入259.09亿元,同比增长62.8%。全年实现净利润43.17亿元,因沙特麦加轻轨项目亏损,比2009年下降35.88%。

(3)经济运行质量发展平稳。与2009年相比,资产总额由2829.9亿元增加到3501.94亿元,增长23.75%;净资产由540.79亿元增加到582.31亿元,增长7.68%;货币资金由649.52亿元增加到652.07亿元,增长0.39%;银行借款比2009年增加88.59亿元,增长55.9%。 (杨启燕)

【主要财务指标完成情况】 2010年,股份公司实现营业收入4701.59亿元,比2009年的3555.21亿元增加1146.38亿元,增长32.25%。其中,工程承包增长22.02%;勘察设计咨询增长9.1%;工业制造增长13.68%;物流贸易增长62.8%;房地产增长98.74%。2010年,海外营业收入达到224.69亿元,比2009年的223.03亿元增加1.66亿元,增长0.74%。实现利润60.89亿元,与2009年的83.07亿元相比减少22.18亿元,下降26.7%。实现净利润43.17亿元,比2009年的67.32亿元减少24.15亿元,减少35.88%。股份公司2010年末资产总额3501.94亿元,负债总额2919.63亿元,所有者权益582.31亿元。截至年底,货币资金余额652.07亿元,比年初的649.52亿元增加2.54亿元,增长0.39%。 (丁亚杰)

中国铁建主要经济技术指标完成情况比较

项　　目	2009 年	2010 年	同比增长或下降(%)
资产总额(亿元)	2829.90	3501.94	23.75
所有者权益	540.79	582.31	7.68
营业收入(亿元)	3555.21	4701.59	32.25
利润总额(亿元)	83.07	60.89	-26.70
净利润(亿元)	67.32	43.17	-35.88
归属于母公司所有者的净利润	65.99	42.46	-35.66
技术开发投入(亿元)	62.52	88.29	41.22
利税总额(亿元)	208.00	227.93	9.58
应缴税金总额(亿元)	124.93	167.04	33.71
加权平均净资产收益率(%)	13.12	7.85	增加 5.27 个百分点
总资产报酬率(%)	3.79	2.30	减少 1.49 个百分点
总公司国有资产保值增值率(%)	109.88	96.9	减少 12.98 个百分点

制表:杨启燕

【企业资质】 截至 2010 年底,中国铁建系统具有施工资质企业 153 家。其中,主项资质为总承包特级资质企业 18 家;主项资质为施工总承包一级资质企业 105 家;主项资质为专业承包一级资质企业 30 家。具有房屋建筑工程施工总承包一级资质企业 51 家,公路工程施工总承包一级资质企业 67 家,市政公用工程施工总承包一级资质企业 100 家,水利水电工程施工总承包一级资质企业 20 家,铁路工程施工总承包一级资质企业 18 家,矿山工程施工总承包一级资质企业 3 家,城市轨道交通工程专业承包资质企业 25 家,铁路电气化工程专业承包一级资质企业 22 家。(董跃君)

【管辖单位】 截至 2010 年底,中国铁建股份有限公司下辖中国土木工程集团有限公司、中铁十一局集团有限公司至中铁二十五局集团有限公司、中铁建设集团有限公司、中铁建电气化局集团有限公司、中铁房地产集团有限公司,中铁第一、第四、第五勘察设计院集团有限公司,中铁上海设计院集团有限公司、中铁物资集团有限公司、昆明中铁大型养路机械集团有限公司、中铁轨道系统集团有限公司、北京铁城建设监理有限责任公司、中铁建(北京)商务管理有限公司、中铁建中非建设有限公司、中国铁建(加勒比)有限公司、中国铁道建设(香港)有限公司、诚合保险经纪(北京)有限责任公司、北京培训中心 33 家二级子公司和单位;有三级企业 331 家,其中工程公司 143 家。

(陈　维　李学红)

【机构编制变更情况】 1 月 5 日,中铁建设集团公司设立北京分公司,负责对北京区域内房建总承包业务的统一管理。

1 月 22 日,中铁建设集团公司投资 3 亿元,注册成立中铁建设房地产有限公司。

同日,中铁十八局集团公司设立苏丹办事处。

1 月 28 日,中铁十二局集团公司设立云南分公司(仅限于经营承揽)。

3 月 12 日,中铁建设集团公司在巴布亚新几内亚成立中铁建设集团巴新公司。

3 月 15 日,中铁十二局集团公司设立大连分公司(仅限于经营承揽)。

3 月 17 日,昆明中铁大型养路机械集团公司成立北京昆维通铁路机械化养护工程有限公司,注册资本金 6000 万元。其中,实物资产 1796 万元;货币资产 4204 万元。同时成立北京研究院和北京营销公司两个分支机构。

同日,中国土木工程集团公司成立中土北方(北京)建筑工程有限公司。

3 月 23 日,中铁十八局集团公司成立中铁十八局集团房地产开发有限公司。

4 月 14 日,中铁轨道系统集团公司在尼日利亚设立中国铁建工业(尼日利亚)有限公司。

同日,中铁物资集团公司在珠海横琴设立中铁物资集团港澳有限公司。

4 月 19 日,中铁十九局集团公司将矿业分公司改注为中铁十九局集团矿业投资有限公司。

5 月 19 日,中铁二十四局集团公司在上海成立轨道交通分公司。

5月29日，昆明中铁大型养路机械集团公司成立昆明奥通达铁路机械有限公司。

5月31日，中铁物资集团公司成立兰州有限公司。

6月23日，中铁十二局集团公司设立四川分公司（仅限于经营承揽）。

8月30日，中铁第四勘察设计院集团公司与福建省交通规划设计院合资设立海峡（福建）综合交通工程设计研究有限公司，注册资本金1000万元。中铁第四勘察设计院集团公司占60%股权，福建省交通规划设计院占40%股权。

9月8日，中铁二十三局集团第五工程有限公司更名为中铁二十三局集团轨道交通工程有限公司。

同日，中铁二十五局集团公司成立物业服务有限公司，与南方实业开发有限公司为一个机构、两块牌子。

10月28日，中铁二十一局集团公司成立利雅得分公司。

10月29日，中铁十八局集团公司设立沈阳工程有限公司（仅限于经营承揽）。

11月5日，中铁物资集团公司成立北京有限公司，与五棵松饭店为一个机构、两块牌子。

11月16日，中铁物资集团公司成立北京中铁建物资贸易有限公司，与北京中铁建印刷公司为一个机构、两块牌子。

11月24日，调整中铁轨道系统集团公司领导职数，增设副总经理4人。

12月10日，中铁二十一局集团公司成立阿布扎比有限公司。

同日，中铁第五勘察设计院集团公司增设总会计师职位，调整后领导职数10人。

同日，中铁二十局集团公司成立南宁混凝土构件有限公司。

12月14日，中铁十九局集团华南工程有限公司更名为中铁十九局集团第七工程有限公司。

同日，中铁十二局集团公司成立辽宁工程有限公司（仅限于经营承揽）。

12月31日，中铁十七局集团公司成立长春、武汉分公司（仅限于经营承揽）。（陈　维　李学红）

【直管项目管理机构设立、变更情况】 2月11日，成立中国铁建贵阳工程建设指挥部，定员15人。主要负责对贵阳市北二环道路和贵阳市太慈桥片区路网改造两个BT项目的投资、建设管理，

3月12日，撤销上海建设管理分公司，与之为一个机构、两块牌子的华东工程协调管理代表处更名为上海代表处，定员3人；12月定员调整为5人，与机关职能部门同等规格管理。

5月27日，南京长江隧道有限公司被南京市政府回购，为做好后续工作，成立中国铁道建筑总公司南京长江隧道工程指挥部。

5月28日，成立中国铁建玉树地震灾后重建指挥部，由中铁二十一局集团公司和中铁第一勘察设计院集团公司主导并管理，定员30人。

6月7日，成立中国铁建美国有限公司，负责美国铁路建设项目的跟踪、承揽。

6月18日，成立中国铁建成渝高速公路复线工程指挥部，定员30人，负责成渝高速公路复线重庆段工程项目的设计、采购、施工管理。

9月30日，成立中国铁建股份有限公司阿联酋分公司，主要承揽阿拉伯联合酋长国铁路工程，由中国土木工程集团公司负责运作。

12月31日，成立中国铁建昆明新机场快速公交工程指挥部，定员15人，负责昆明市新机场快速公交基础设施工程建设管理。（陈　维　李学红）

【企业并购重组】 3月19日，将中铁二十局集团所属中铁国际航空服务有限公司资产及相关资质划转中铁建（北京）商务管理有限公司管理。

6月21日，将中铁十八局集团金属结构工程有限公司的人员、资产以2009年12月31日为截止时点划转中铁轨道系统集团有限公司管理。11月，公司更名为中铁建钢结构工程有限公司。

12月10日，批复同意中铁十五局集团公司推进收购宜宾市建筑勘察设计院。（陈　维　李学红）

【调整管理规格】 2月2日，提高中铁物资集团有限公司、中铁第五勘察设计院集团有限公司、中铁上海设计院集团有限公司、昆明中铁大型养路机械集团有限公司、中铁轨道系统集团有限公司5家二级单位管理规格，与工程局集团公司同等规格管理。

10月25日，总部机关职能部门管理规格调整为与工程局集团公司同等规格。调整范围：董事会秘书局，机关行政职能部门（含信息中心）、党委工作部门（含党校）、纪委工作部门、工会工作部门、团委。总公司机关房地产管理中心、机关离退休职工管理部、中国铁道建筑报社亦同样调整。海外事业部部门领导职级与机关职能部门领导同等规格。（陈　维　李学红）

【人员状况】 截至2010年底，在岗职工229070人。其中，长期职工223981人；临时职工5089人。年内增加在岗长期职工33804人，其中新录用大学、中专、技校毕

业生 21114 人；非在岗职工回归 3267 人；从农村、城镇招收 1550 人；录用退伍军人 469 人。减少在岗长期职工 13988 人，其中退休 1501 人；死亡 346 人；在岗长期职工减为非在岗职工 2012 人；终止解除劳动合同 4131 人；开除、除名、辞退 422 人。增减抵消后在岗长期职工年末人数比 2009 年增加 19816 人，增长 9.71%。非在岗职工年末人数 47529 人，比 2009 年减少 4020 人。在岗职工和非在岗职工年末人数 276599 人，比 2009 年增加 15950 人。其他从业人员年末人数 36067 人，比 2009 年增加 1761 人，其主要成分是零散外部劳务人员。在岗职工中息工放假人员年末人数 5944 人，为在岗职工人数的 2.59%，比 2009 年减少 4297 人。建制单位外部劳务人员年末人数 715285 人，比 2009 年增加 174985 人。离休、退休、退职人员年末人数 72741 人，比 2009 年增加 4286 人。（张建红　徐博华）

【干部构成】 截至 2010 年底，中国铁建系统干部总数 126172。其中，专业技术干部 117478 人，占干部总数的 93.11%；女干部 25607 人，占干部总数的 20.3%；少数民族干部 4228 人，占干部总数的 3.35%；党员干部 49716 人，占干部总数的 39.4%。专业技术干部中，高级技术职务 14014 人，中级技术职务 28138 人，初级技术职务 62200 人。干部学历结构：研究生及以上毕业 2686 人，大学本科毕业 70017 人，大专毕业 39375 人，中专毕业 7182 人，高中毕业 4780 人，初中以下 2132 人。大专以上学历干部 112078 人，占干部总数的 88.83%。干部年龄结构：30 岁以下 49914 人，31 岁～40 岁 32702 人，41 岁～50 岁 17714 人，51 岁以上 11406 人。（王　谐）

【工人构成】 截至 2010 年底，中国铁建系统工人总数 136585 人，比 2009 年增加 552 人。女工人 30954 人，占工人总数的 22.66%。文化程度：本科及以上 3138 人，占工人总数的 2.3%；大专、高技 16271 人，占工人总数的 11.91%；中专、技校、职高 28008 人，占工人总数的 20.51%；高中 37672 人，占工人总数的 27.58%；初中及以下 51496 人，占工人总数的 37.7%。136585 人签订劳动合同，占工人总数的 100%。其中，固定期限 45595 人；无固定期限 90990 人。技术工人 98618 人，占工人总数的 72.2%；79065 人获得国家职业资格证书，持证率为技术工人总数的 80.17%。其中，初级工 7366 人；中级工 20904 人；高级工 39946 人；技师 9393 人；高级技师 1456 人。（张建红　徐博华）

【主要技术设备】 截至 2010 年底，股份公司系统保有机械动力设备 70120 台（套），其中主要施工机械设备 23076 台（套），进口主要施工机械设备 1673 台（套）。机械动力设备固定资产原值 334.86 亿元，净值 220.52 亿元，机械设备总功率 593.58 万千瓦，技术装备率和动力装备率分别达到 8.99 万元/人和 24.2 千瓦/人。拥有盾构（TBM）121 台；铁路客运专线施工用运架一体机 4 台、900 吨架桥机 83 台、运梁车 87 台、提移梁机 149 台（套）、移动模架 138 套；常规铁路架桥机 81 台、铺轨机 35 台，电气化施工设备（作业车、放线车、立杆车、轨道起重设备、重型轨道车、轨道平板车等）455 台（套）；大型机械化整道设备（起拨道捣固车、配碴整形车、动力稳定车等）69 台。股份公司系统机械设备成新率 66%；主要施工机械设备完好率 93.2%，利用率 80.35%，闲置率 7.42%。2010 年更新各类机械设备 15849 台，价值 94.6 亿元，报废设备 4655 台，原值 7.69 亿元。主要施工设备实现机电液一体化、智能化、多功能化，无论从数量、质量和装备能力上都已接近或达到世界先进水平，提高了股份公司的市场竞争力，在工程投标和完成施工任务中发挥了重要作用。（白云飞）

【改革发展】 1.公司治理逐步完善，体制机制深刻变化。从 2005 年 11 月国务院国资委启动中国铁建董事会试点工作以来，董事会试点工作在运行中规范，在探索中完善，特别是坚持外部董事多于内部董事的制度安排，使企业的领导体制、决策机制发生重大变化。5 年来，董事会不断加强自身建设，狠抓战略管理、企业重大问题决策、经理人员考核激励、内控与风险管理、二级单位董事会规范运作试点等全局性重大问题，稳健开展工作，引领企业实现持续快速健康发展，连续被国资委考评为运行良好的中央企业董事会之一。

2008 年 3 月，中国铁建主营业务先后在上海和香港两地整体成功上市，募集资金 407 亿元人民币，对公司抵御席卷全球的金融危机，实现更好更快发展具有决定性作用。上市 3 年来，公司牢固树立回报股东、规范运作、公开透明等适应上市公司要求的理念，进一步规范和明确股东会、董事会、监事会、经理层的权责，形成各负其责、协调运作、有效制衡的公司治理机制。公司战略更加清晰，绩效考核体系更加完善，重大决策更加规范高效，信息披露依法合规，投资者关系管理周密细致，中国铁建先后获 2008 年“最佳首次公开发行”、“2009 中国资本市场十大最佳创富创新奖”、“最具竞争力港股上市公司（10 强）”等近 20 个奖项。

董事会试点和改制上市，使中国铁建实现了由传统的管理体制向以董事会制度为核心的现代公司治理制度的过渡，为保障中国铁建长期持续健康发展和基业长青创造了良好的条件。

2. 业务板块平衡发展，结构调整初见成效。中国铁建通过与同行业国际一流公司和国内同类企业的对标分析，结合自身情况，确定战略转型方向："建筑为本、运营为纲"，把建筑施工的商业模式，逐步调整到以建筑施工与综合特许经营相结合的新的商业模式，向产业上游和利润高端延伸。

工程承包板块升级取得成效。通过增加工程局和设计院注册资本金、投入大量资金购置大型专用设备、整合全系统资源增强中铁建电化局集团公司竞争力、积极创造条件推进 EPC 总承包、加强项目管理和工程公司建设等系列措施，推进了工程承包板块经营能力、装备水平、"四电"业务、承包方式、项目管理的升级。"十一五"期间，工程承包板块为中国铁建价值作出支柱性贡献。

非工程承包板块较快发展。"十一五"期间，中国铁建组建中铁房地产和中铁轨道两个集团公司，明确加快发展勘察设计咨询、工业制造、房地产开发、资本运营和物流贸易等板块的发展方向，进一步加大投入和扶持力度，各板块协同效应进一步加强，实现与工程承包板块的同步发展。2010 年与铜陵有色金属集团控股有限公司合作成功收购厄瓜多尔铜矿，尼日利亚莱基自由贸易区各方关系逐渐理顺，新的利润增长点显现。

3. 企业管控不断加强，质量效益明显提升。中国铁建始终坚持推行精益化管理，走质量效益型发展道路。市场经营管理的制度化、科学化水平明显提高，股份公司对全系统市场经营的统筹协调力度不断加大，"股份公司协调经营、集团公司主体经营、工程公司辅助经营"的营销管理体制逐步建立；责任成本管理不断推进，形成了较为完善的组织体系和制度体系；全面预算管理从无到有，逐步完善。内部控制与风险管理体系逐步建立并发挥作用；财务信息化建设大力推进，集中核算系统、网上财务报表系统、资金集中管理系统投入使用并取得明显成效；设备物资集中招标采购开始起步，制度逐步完善，范围逐步扩大；工程公司建设和架子队建设深入推进，专业化能力明显提升；项目标准化建设稳步推进，项目管理水平不断提高。企业管控的不断加强，对降低成本，提升经济效益，确保工程质量发挥了重要作用。5 年获中国建设工程鲁班奖 24 项、国家优质工程奖 89 项，中国铁建 18 个单位承建的 12 项工程被评为新中国成立 60 周年百项经典暨精品工程。

4. 薪酬制度改革推进，班子结构不断优化。进一步完善子公司负责人薪酬管理制度，认真执行工效挂钩政策和国资委对企业工资总额调控的要求，在经济增长的前提下提高职工工资收入，在岗职工人均工资 47671 元。以创建"四好领导班子"为抓手，创新领导班子选用机制，在二级单位副职层面积极推行公开招聘、竞争上岗，领导班子结构明显改善，与 2005 年末相比，平均年龄降低 0.5 岁，大学本科以上学历人员所占比例提高了 12 个百分点。 （杨启燕）

【企业管理】 1. 坚持可持续发展战略。(1) 践行联合国全球契约。3 月，中国铁建加入联合国全球契约组织，积极响应联合国全球契约倡导的覆盖人权、劳工权益、环境保护以及反腐败四个领域的十项原则，以及在冲突地区负责任投资原则等企业与社会、与自然可持续发展原则，并积极融入企业战略与运营。(2) 推进全面风险管理。按照国资委《中央企业全面风险管理指引》要求，建立"4 + 1"全面风险管理组织体系，即业务职能单位、风险管理职能部门、经理层、董事会的四道控制防线和内部审计部门进行监督的管理体系。中国铁建经营坚持风险导向的原则，重视内部控制体系建设，积极开展风险评估与风险管控工作。(3) 重视内部信访举报。年内受理来信来访 4690 件次，接待职工群众来访 3660 人次。包括各类申诉、揭发检举、工资福利、离退休待遇、劳动就业、伤残病亡待遇、工程款拖欠、工程质量、环境保护等方面内容。信访立案 898 件次，结案 863 件次，结案率 96%。

2. 落实内部监控机制。(1) 推进党风建设和反腐倡廉工作。2010 年加强案件查办、效能监察、专项检查和治理等工作，考核单位 2925 个，考核个人 4665 人次，奖励 1081 人次。追究责任 243 人，其中纪律处分 98 人，减扣薪酬处理 32 人。组织所属单位全面排查，发现并纠正安全质量管理、设备物资招标采购、劳务分包队伍管理、合同管理、责任成本管理等环节存在的问题 9083 个，发出监察建议书 3552 份，作出监察决定 507 项；监督设备物资集中招标采购 3617 场次，直接降低采购成本 26 亿元；发现并处理领导人员违规插手招标、规避招标、虚假招标等违纪行为 144 起；协助修订和完善规章制度 1239 项，促进了专项治理工作长效机制不断健全。(2) 加大内部审计力度。2010 年累计完成审计项目 2958 项，完成年度计划的 120%，审计查出并纠正有问题金额 309937 万元，为企业挽回经济损失 8076 万元，提交审计报告 2337 份，提出审计建议 10265 条。其中进行经济责任审计 310 项，纠正违规违纪金额 18911 万元，发现个人经济问题 99 起，受党政纪处分 12 人，移交纪检监察部门 11 人，移送司法机关 1 人。

3. 不断规范用人机制。(1) 制度建设。2010 年制定《中国铁建股份有限公司外部董事管理暂行办法》《中国铁建股份有限公司总部机关选聘工作人员暂行办法》《中国铁建股份有限公司机关工作人员职位晋升暂行办法》《总部机关人员绩效考核办法》《中国铁建股份有限公司员工学历教育暨职能部门培训班管理暂行办法》,转发中纪委、中组部、监察部联合印发的《关于严厉整治干部选拔任用工作中行贿受贿行为的通知》等3份文件,发出《给领导干部的信》,起草《企业领导人员管理办法》。(2)签订劳动合同。中国铁建尊重保障员工权益,严格遵守《劳动合同法》,规范劳动用工制度。2010年,员工劳动合同签订率99.2%。

4.创优评先成绩突出。中国铁建把开展"创建学习型企业、争当知识型职工"活动,作为全面提高职工素质、推进企业实现可持续发展的一项系统性工程长抓不懈。2010年,全系统有131名职工参加省市以上17个工种的技能大赛,25人获得前三名。在中央企业职工技能比赛工程测量工决赛中,中国铁建代表队获得4枚金牌、5枚银牌和1枚铜牌,再一次包揽大赛前四名。全年有6人获"全国技术能手"称号,6人获"中央企业技术能手"和"中央企业青年岗位能手"称号;5人被评为全国劳动模范,2人获全国五一劳动奖章。

(杨启燕)

【科技创新】 2010年,中国铁建科技创新出现新的飞跃。一是继续保持高速铁路多项成套技术世界先进水平,初步形成具有中国特色、可以走出国门的中国式无砟轨道体系。先后在沪杭、京沪高速铁路试运行中创造世界铁路最高运营速度,为中国高速铁路建设作出突出贡献。二是桥梁建设技术有突破。承建的沪杭高速铁路跨沪杭高速公路主跨160米自锚上承式转体拱桥,为目前高速铁路同类桥型中跨度最大、速度目标值最高(350公里/小时)、转体重量最大(16800吨)的无砟轨道桥梁,其建造技术达到国际领先水平;承建的沪蓉西高速公路支井河大桥顺利通车,桥梁施工跨度实现飞跃,是世界最大跨度的上承式拱桥。三是隧道及地下工程建设技术继续保持行业领先,从设计到施工,均保持行业领先地位。由中国铁建管理、设计、施工的世界上修建难度最大、技术难题最多的盾构隧道——南京长江隧道建成通车,克服盾构直径超大、水压最高、地质复杂、透水性强、覆土超薄、掘进距离长、水下高压盾构换刀等技术难题,技术水平世界领先。四是高速铁路电气化技术迅速提高。中国铁建研制成功具有自主知识产权的高性能铜镁接触线,形成成套生产技术。五是新产品研制成效显著。独立设计制造的适应不同地质条件的土压平衡式盾构机,形成具有完全自主知识产权的盾构机制造技术。研制的YCP35型平衡冲击压路机、Ⅰ/Ⅱ-S-L-800线上砂浆作业车均已形成生产能力并申请专利;"动态变形模量Evd测试仪"和"变形模量Ev2测试仪"已在武广等多条高速铁路的路基检测中应用,相关指标已被《高速铁路设计规范》所采纳。在国资委中央企业业绩考核中,中国铁建被授予科技创新特别奖。显性科技指标屡创佳绩,中国铁建的知名度和影响力不断提升。参建的武昌火车站改扩建工程、武汉北编组站、合肥至武汉铁路、武汉长江隧道、石太铁路客运专线南梁隧道、云南思茅至小勐养高速公路、南京至淮安高速公路7个项目获中国土木工程詹天佑奖。全年获国家科技进步奖4项,省部级科技进步奖50项,财政部中央级建筑施工科技研发项目奖2项;获中国勘察设计协会行业奖6项,省部级勘察设计"四优"奖49项;受理专利382项,授权专利259项;获第十二届中国专利奖优秀奖1项,获省部级工法190项;股份公司技术中心通过北京市认定,创新型企业通过三部委专家评审。(杨启燕)

【工程创优】 2010年,中国铁建贯彻落实党中央、国务院关于安全质量工作一系列重要指示,牢记胡锦涛总书记对中国铁建"建优质工程,树企业形象"的殷切期望,按照张德江副总理"抓质量、抓安全、树品牌、树形象"要求以及国务院领导"高度重视安全生产、高度重视工程质量、高度重视央企形象"的指示精神,不断增强安全质量责任感和使命感,紧紧围绕安全质量保障体系,施工作业环境和全员安全质量素质三个关键环节,强化内部监督检查,落实逐级负责制,工程质量逐步提高。年内创火车头优质工程47项、铁路优质工程31项、国家优质工程17项。其中,润扬长江公路大桥工程,华能海门电厂一期1、2号机组新建工程获国家优质工程金质奖;华能通辽宝龙山风电场(148.5兆瓦)工程、华能寿光风力发电项目工程(一期)、京杭运河常州市区段改线工程、黑龙江省松花江大顶子山航电枢纽船闸工程、新建内蒙古东乌铁路"四电"工程、温福铁路(福建段)Ⅱ标段青岙隧道工程、滨洲线海拉尔至满洲里段增建二线及博克图至兴安岭段改造工程、国家高速公路广州至昆明(G80)云南罗村口至富宁高速公路工程、绥满国道主干线海林至亚布力公路改扩建工程、国家高速公路网沪陕线陕西境蓝田至商州高速公路蓝田至林岔河段秦岭隧道工程、湘潭市湘江四大桥工程、通惠河北路道路工程、国道104济南零点立交至燕山立交高架桥工程、天津开发区净水厂三期工程、中铁建设大厦工程获国家优质工程银质奖。

(杨启燕)

【国内工程施工】 2010年,中国铁建完成施工产值4284亿元,占年度计划的126%,比2009年增加986亿元。全系统5000万元以上的在建项目1923项。其中,铁路工程587项;公路工程686项;市政工程156项;城市轨道交通工程183项;水利水电工程74项;房建工程190项;其他工程47项。完成主要实物工程量:桥梁10437座6426公里,完成3214公里;隧道2963座5769公里,完成2690公里。年内,由中国铁建参与建设的大多数重难点工程相继取得突破。1月4日,昌九城际铁路全线铺通,9月20日开通运营;1月28日,郑西铁路客运专线试运行,2月6日正式运营;3月16日,沪宁城际铁路全线铺通,7月1日正式开通;厦门翔安海底隧道4月26日建成通车,青岛胶州湾隧道4月28日贯通,开创中国海底隧道建设新纪元;5月28日,国内盾构直径最大的"万里长江第一隧"——南京长江隧道正式通车,攻克世界六大技术难题,创造中国越江隧道施工的新纪录;9月28日,沪杭高速铁路试运行,最高时速416.6公里,刷新世界铁路运营试验的最高时速,10月26日正式通车营运;11月15日,京沪高速铁路全线铺通,12月3日在枣庄至蚌埠间的先导段试验时速达到486.1公里,再次刷新世界铁路运营试验的最高时速;12月8日,广深港铁路客运专线狮子洋隧道左线盾构机实现江中对接,克服了被专家称为"不可接受风险"的世界性技术难题;12月22日,中国铁路建设史上难度最大、桥隧最多、历时最长、造价最高,被称为"建筑在地下长江上的铁路"——宜万铁路建成通车;12月28日,包西铁路陕西段开通运营,标志着包西铁路全线正式竣工交付使用;12月30日,海南东环高速铁路、东北地区第一条高速铁路——长吉城际铁路及喀和铁路建成通车。 (杨启燕)

【海外工程施工】 中国铁建海外市场实施统一规划、统一管理、统一协调的发展战略,逐步建立健全海外发展机制,依托CRCC、CCECC两个品牌,整合海外资源,明确海外组织机构和区域核心竞争主体,发挥系统优势,以中国土木工程集团公司、具有海外发展能力的集团公司作为海外发展的主力军,走管控有力、扩张有序、风险可控、效益优先、发展协同的海外发展之路,实现产业输出和标准输出,逐步向跨国集团转变。2010年,中国铁建新签海外合同156项,合同额259.12亿元,占新签合同总额的3.5%。截至年底,中国铁建在建海外项目283项,合同额1687.18亿元。海外营业收入224.69亿元,占总营业收入的4.78%。11月13日,迄今世界上设计运能最大、运营模式最复杂、同类工程建设工期最短的轻轨铁路项目——沙特麦加轻轨铁路开通运营。年内在建的主要工程:安哥拉社会住房项目和本格拉铁路大修工程,阿尔及利亚175公里新线电气化铁路、55公里铁路和东西高速公路工程,利比亚沿海铁路及南北铁路工程,以色列特拉维夫红线轻轨工程,土耳其安卡拉—伊斯坦布尔高速铁路二期工程,沙特南北铁路、麦麦高速铁路及200所学校工程,尼日利亚铁路现代化、阿布贾城市铁路和达迈高速公路工程,格鲁吉亚第比利斯绕城铁路工程,蒙古国叶罗河铁路工程,科威特别墅和公用建筑工程,印度Mandi医药大学工程,坦桑尼亚松马卡公路改建工程。 (杨启燕)

【房地产开发】 2010年,中国铁建完成房地产开发投资275.71亿元,其中企业自有资金投入185.61亿元,分别完成计划的99.4%和87.67%。中铁房地产集团公司(以下简称中铁地产)完成房地产开发投资235.34亿元,其中企业自有资金投入149.96亿元,分别完成计划的117.67%和99.97%。截至年底,中国铁建分别在北京、天津、广州、杭州、重庆、西安、长沙、贵阳、南宁、成都、合肥、长春、济南、厦门等26个城市获得48项房地产开发项目,建设用地总面积646万平方米,规划总建筑面积2012万平方米。其中,中铁地产建设用地总面积428万平方米,规划总建筑面积1422万平方米。年内,中国铁建有29个项目在21个城市进行销售,销售面积183.4万平方米,比2009年增长141.3%;实现营业收入51.89亿元,比2009年增长98.73%。 (杨启燕)

【铁路大型养路机械产品开发】 截至2010年底,昆明中铁大型养路机械集团公司生产各类大中型养路机械1400余台,国内市场占有率80%以上(另有部分产品出口),形成多个系列39个品种的产品格局。年内,自主研发、具有完全自主知识产权的YHGQ-1200数控气压焊轨车通过验收,交付成都铁路局综合维修中心使用;道岔清筛机、桥梁检查车两个自主研发新产品完成样机试制;1200立方米高效清筛机、连续式正线道岔捣固稳定车、轨道吸污车、钢轨铣磨车、高精度测量车、恒张力放线车等新产品研发工作取得实质性进展。其中,轨道吸污车、恒张力放线车完成组装调试;高效清筛机、连续式正线道岔捣固稳定车完成技术设计;钢轨铣磨车通过铁道部方案评审。 (杨启燕)

【轨道系列产品生产】 2010年,中铁轨道系统集团公司开展引进道岔技术及工装设备的国产化研究,系统掌握时速250、350公里道岔生产技术和生产工艺。时速250公里的铁路客运专线道岔已批量生产,并广泛应用于铁路建设中;时速350公里的高速铁路道岔完成试制,通过铁道部专家组鉴定,道岔研究、设计、制造技术达到国际先进水平,道岔生产成为核心产品,并形成品种齐全的轨道产业;铁路道岔、扣配件和岔枕生产技术成功应用于沪杭高速铁路建设,为沪杭高速铁路试验时速达到416.6公里提供了保障。中铁轨道系统集团公司独立设计制造7台适应不同地质条件的土压平衡式盾构机，形成具有完全自主知识产权的盾构机制造技术。（杨启燕）

【党建工作】 中国铁建以“明路子、建班子、抓基层、带队伍”为主线，充分发挥党组织的政治优势、组织优势，积极推动经济发展方式转变，党的建设和思想政治工作有新加强，职工队伍保持和谐稳定，企业实现又好又快发展。在创先争优活动中，中国铁建各级党组织结合企业科学发展和生产经营实际，周密制定方案，精心设计活动主题，充分利用报刊、网站、广播、墙报、板报、橱窗等媒介，大力宣传创先争优活动，并不断拓展和深化活动内涵，在中央企业创先争优活动经验交流会上受到国资委表扬。落实《中央企业领导人员管理暂行规定》《中央企业领导班子和领导人员考核办法（试行）》要求，以法人治理结构的完善和领导班子的建设为重点，切实加强企业领导人员队伍的全面建设管理工作。2010年对7个单位的领导班子进行了考察，任免领导班子成员76人次。加强工程项目部党的建设，颁布《关于加强和改进工程项目部党的建设的决定》，为今后一个时期加强和改进工程项目部党的建设提供明确的政策依据和制度保证。开展“践行企业价值观，提升发展软实力”专题教育活动，使全体员工对企业价值观有了进一步的了解和认知，“建优质工程，树企业形象”的理念和抓质量、抓安全、树品牌、树形象的意识更加深入人心。积极推进廉洁从业文化建设，开展党纪法规学习、案例警示教育活动，紧紧围绕腐败问题易发多发的重点领域和关键环节，健全完善相关制度，促进内控制度建设、管理流程优化和权力的合理配置。继续开展工程建设领域专项治理工作，派出检查组重点抽查承担中央投资特别是扩大内需的工程项目，提高了专项治理工作的实效。（杨启燕）

【信息化建设】 认真落实《中国铁建信息化规划纲要（2009－2014）》，树立“大信息化”建设理念，践行“高起点、高标准、高效率、低风险、低成本”的建设方针，积极探索具有中国铁建特色的信息化道路，从加强应用系统建设和应用、建立信息化治理体系、强化基础设施建设、创新信息化项目建管模式等方面全面推进信息化进程。中国铁建相继启动中国铁建人力资源管理系统、电子商务平台、企业应用中心、资本运营管理系统、法律合规管理系统和股份公司总部协同办公系统建设；开展中国铁建信息标准、信息化绩效评价、管理制度体系3个咨询项目建设，初步建立中国铁建信息标准体系、管理制度体系，形成包括信息化领导力与组织保障、信息化基础建设、信息化应用与效果、IT服务管理与IT治理、信息化人力资源五大领域58项评价项及15项调查项的信息化评价体系，发布《中国铁建用户界面与交互标准（UI标准）》；以会计核算、网络合并报表、资金集中管理三大系统建设为代表的财务信息化基础平台基本建成，持续推进并深化财务信息系统的应用；全面开展视频会议系统二期建设，使视频会议全面覆盖到三级单位和部分项目部；完成股份公司中心机房改造工作，基本满足现阶段应用系统信息交换、信息处理与数据存储的要求，使网络应用需求与信息安全保障得到基本满足；积极落实国资委关于软件正版化工作的要求，加大软件正版化推广力度，全系统投资441万元，集中采购MS－OFFICE软件3000套。（杨启燕）

【履行社会责任】 中国铁建在企业取得良好的经济效益同时，积极参与国内国外各类社会公益事业，做好扶贫帮困工作，在重大自然灾害和突发事件面前切实发挥和履行中央企业的中流砥柱作用，积极构建和谐的公共关系，以高度的责任感和使命感积极回馈社会，造福民众，充分体现作为“共和国长子”的中央企业风范和跨国大型企业的全球责任。（1）吸纳社会就业。2010年，中国铁建在国内不断创造就业，生产一线吸纳农民工近200万人；在海外，坚持区域化、属地化经营策略，从高端管理到普通务工，数以万计的当地务工人员加入中国铁建队伍，共谋发展，协同提升。加大高校毕业生招聘力度，年内接收高校毕业生14800人，缓解了施工一线专业技术人员紧缺状况，优化了专业技术人员队伍结构，为各单位顺利完成施工生产任务提供了强有力的人力资源保障。（2）热心公益事业。年内在国务院扶贫开发领导小组、河北省扶贫办公室等具体指导下，中国铁建挂职在河北省万全县、尚义县的扶贫干部，为两县风能发电、新型农业及基础设施等建设提供有效的资金和技术帮助。全年落实资金60余万元，帮助村民修路、打井、购买种子、改善种植技术等，百姓生活得以改善。继续开展“金秋助学”活动，全年资助困难及受灾职工子女3020人，发放助学资金605.81万元；救助困难农民工子女122人，发放助学资金23.42万元。（3）参与玉树灾后重建。4月14日，青海省玉树地区发生地震，中国铁建迅速组织人员奔赴灾区抗震抢险，并向灾区捐款500万元。同时成立玉树地震灾后重建指挥部，主动请缨，成为6家援建玉树灾后重建中央企业之一。具体负责重建工作的中铁二十一局集团公司克难除险，调配优质资源，全力以赴，保质保量开展重建工程建设，中铁二十一局集团四公司获全国抗震救灾英雄集体称号。（杨启燕）

中国铁道建筑总公司领导人员名单

中国铁道建筑总公司领导

董事长、总经理、党委副书记	李国瑞（5月免）	党委常委	扈振衣
	孟凤朝（5月任）		夏国斌
董事、党委书记	赵广发		范　德
副董事长、党委常委	丁原臣（12月退休）		周志亮
党委副书记	霍金贵		庄尚标
党委副书记、纪委书记、工会主席	彭树贵		张宗言
			刘汝臣

中国铁建股份有限公司领导人员

董事长、党委书记	李国瑞（11月免）		魏伟峰
	孟凤朝（11月任）	党委副书记、纪委书记、工会主席、监事会主席	彭树贵
执行董事、总裁、党委副书记	赵广发	副总裁、党委常委、总经济师	扈振衣
执行董事、副董事长、党委常委	丁原臣（12月退休）	副总裁、党委常委	夏国斌
非执行董事、党委副书记	霍金贵	副总裁、党委常委	范　德
非执行董事	朱明暹	副总裁、党委常委	周志亮
独立非执行董事	李克成	副总裁、党委常委、总会计师	庄尚标
	赵广杰	副总裁、党委常委	张宗言
	吴太石	副总裁、党委常委	刘汝臣

中国铁建股份有限公司总法律顾问、总工程师、董事会秘书、总裁助理、三总师副职、纪委副书记、工会副主席、专职外部董事

总法律顾问	庄尚标（兼）		曾庆道（5月退休）
总工程师	韩风险		刘发林
董事会秘书	李廷柱（10月退休）		张永宝
	余兴喜（10月任）		许顺生
监事	黄少军		琚建明
总裁助理	林兰生		孟乔然
	王学伟	副总经济师兼直属机关党委书记	廖大球
	李友才		
	卓　磊	副总经济师、职工监事	于凤丽（12月任）
	陈大洋	副总经济师	房光辉（12月任）
	李明申	纪委副书记、监察局局长	李河川（12月退休）
	陈晓星（1月任）	纪委副书记	王国平
副总工程师	彭江鸿	工会副主席、机关工会主席	柴顺林
	辛　实	专职外部董事	李德琛（6月退休）
	张播琦		李左军（11月退休）
副总经济师	尚清喜		

中国铁建股份有限公司机关各部门及二级机构负责人以上人员名单

董事会秘书局

主任　李学甫
副主任　靖　菁
秘书处处长　靖　菁（兼）
股权代表管理处处长　谢华刚

办公室

主任　冯中海
副主任　韩明莉（享受部门正职待遇）
马吉财（12 月免）
戴开扬
部员　曹　军
卜锦华
秘书处处长　梁树峰
信息处处长　孙永利
行政保卫处处长　樊祜修
信访处处长　邵长亮
信访处副处长　牛凤忠
档案馆馆长　汪枞华
档案馆副馆长　晋爱萍

发展规划部

部长兼企协秘书长　衣守义
副部长　陈　维（享受部门正职待遇）
部员　杜经红
战略规划处处长　任保义
战略研究处处长　李吉锋
企协副秘书长兼企业管理处处长　董跃君（享受部门副职待遇）
编制处处长　李学红

人力资源部（党委干部部）

部长　陈大洋（兼）
副部长　宋旭东
张晓明
领导干部处处长　陈建军
人事处处长　张晓明（兼）
劳资处处长　张介鹏
社会保险管理处处长　王玉平
培训与技能鉴定处处长　刘爱波

科技设计部

部长　王清明
科研处处长　贾志武
技术处处长　许和平
设计咨询管理处处长　李重阳

经营计划部

部长　孙国富
副部长　张国峰
王旭永
市场开发处处长　吴文钊
市场开发处副处长　吕　琳
造价合同处处长　王旭永（兼）
计划统计处处长　户苏予

工程管理部

部长　陈勇鹏
副部长　高晓东（8 月任，享受部门正职待遇）
曾宗根
部员　刘　晖
综合处处长　贾国林
工程管理处处长　陈洪波

安全质量监督部

部长　王　峰
副部长　彭　峰
秦正刚
安全监督处处长　程明薪
质量监督处处长　仇　发

房地产开发部

部长　曾庆道（兼，5 月退休）
副部长　楼　翱（主持工作，12 月任）

设备物资部

部长　覃为刚
总机械师　沙明元（享受部门正职待遇）
副部长　白云飞
设备处处长　白云飞（兼）
工业处处长　康　琳
工业处副处长　郭春雷

资本运营部

部长　金守华（12 月调离）
副部长　张沛然（主持工作，12 月任）
总经济师　苟照杰
部员　李学智
尹　华
汪起帆
咨询评估处处长　陈梦月
投资管理处处长　王　闯
矿产资源处处长　鞠小华
资产管理处处长　汪起帆（兼）

财务部

部长　余兴喜（8 月免）
曹锡锐（12 月任）
副部长　曹锡锐（8 月主持工作）
冀　涛

资金结算中心主任　黄健民
部员　彭长林
财务处处长　王　磊
会计处处长　李　彤
机关财务处处长　杨现庆
产权处处长　汪兆启

审计监事局

局长　黄少军（兼）
副局长　董海军
部员　李忠心
审计一处处长　王铁兵
审计二处处长　边元双

法律合规部

部长　王甲国（12 月任）
副部长　刘　兵

国际部

部长　武宪功

信息中心

副主任　肖新华（1 月任）

党委办公室

主任　赵登善
党委秘书处处长　高尚升（12 月免）

党委组织部

部长、直属机关党委常务副书记　张良才
副部长　林立人（享受部门正职待遇）
组织员　高学存
组织处处长　杨　赳
党员教育管理处（机关党委工作处）处长　王子利

党委宣传部（企业文化部）

部长兼政研会秘书长　钱桂林
副部长　刘　渝
政研会副秘书长兼宣传教育处处长　李昌明
企业文化处处长　钱东锋
新闻处处长　刘　渝（兼）

纪委办公室

主任　白　晶

纪委纪检监察室

主任　王兆刚
纪检监察专员　杜庆吉
执法监察处处长　王共鸣

工会生产综合部

生产宣教处处长　李青颖

工会组织权益部

部长　孙启业
组织女工处处长　孙秀伟
财务处副处长　吕向东

团委

书记　赵佃龙
副书记　沈玉泉（1 月任）

海外事业部

部长　郝桂林
副部长　于洪忠
经济合作处处长　王永强

中国铁道建筑总公司机关各部门及二级机构负责人以上人员名单

机关离退休职工管理部

部长、党总支书记　马玉亮（10 月退休）
　马吉财（12 月任）
副部长　赵连成（5 月退休）
　高尚升（12 月任）
生活服务处处长　曾楚雄
就医服务处副处长　杨建群
组宣处处长　谭李平

机关房地产管理中心

主任　吕殿义
副主任　张家年
部员　张宏德
基建处处长　童联合
房地产管理处处长　杜学文

中国铁道建筑报社

社长兼总编辑　朱海燕（3 月免）
　钱桂林（11 月任）
副社长　韩传荣
副总编辑　王　洋
总编辑助理　罗光明（享受部门副职待遇）
办公室主任　韩传荣（兼）
新闻部主任　何大成
政文部主任　梅梓祥
美术摄影部主任　王沂光
广告部主任　杨晓志

（王　谐）

中国铁道建筑总公司所属单位组织序列表

- 中国铁道建筑总公司
  - 中国铁建股份有限公司
    - 中国土木工程集团有限公司
    - 中铁十一至二十五局集团有限公司
    - 中铁建设集团有限公司
    - 中铁建电气化局集团有限公司
    - 中铁房地产集团有限公司
    - 中铁第一、第四、第五勘察设计院集团有限公司
    - 中铁上海设计院集团有限公司
    - 中铁物资集团有限公司
    - 昆明中铁大型养路机械集团有限公司
    - 中铁轨道系统集团有限公司
    - 北京铁城建设监理有限责任公司
    - 中铁建（北京）商务管理有限公司
    - 中铁建中非建设有限公司
    - 中国铁建（加勒比）有限公司
    - 中国铁道建设（香港）有限公司
    - 诚合保险经纪（北京）有限责任公司
    - 北京培训中心
  - 锦鲤资产管理中心
    - 划入总公司存续企业的中国铁道建筑（香港）有限公司等四十一家单位（股权）
  - 其他控股公司
    - 北京通达京承高速公路有限公司
    - 重庆铁发遂渝高速公路有限公司
    - 咸阳中铁路桥有限公司

制表：李学红

中国铁建股份有限公司机关组织序列表

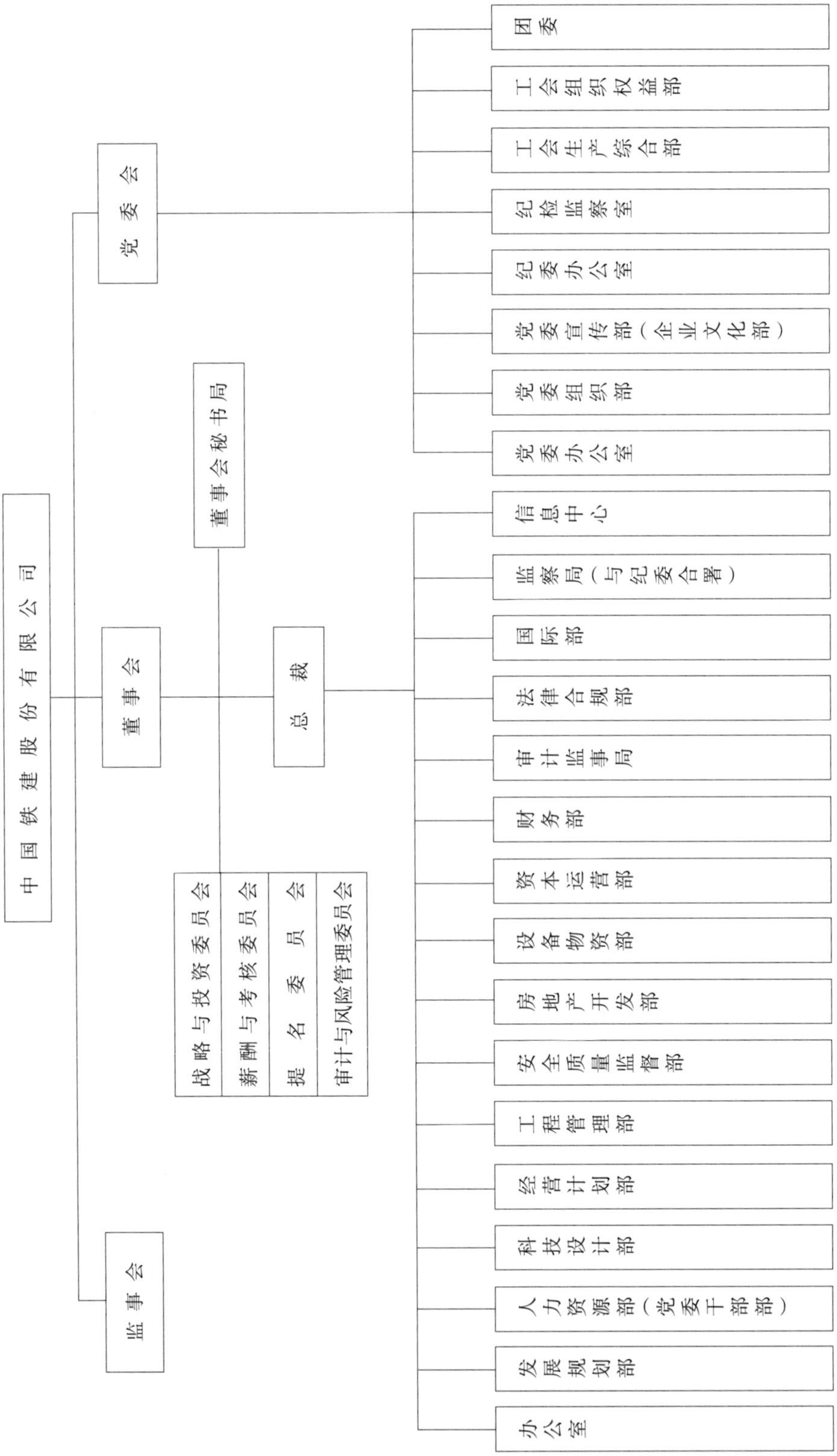

制表：李学红

中国铁建股份有限公司所属二级单位组织序列表

中国铁建股份有限公司

- 中国土木工程集团有限公司
- 中铁十一局集团有限公司
- 中铁十二局集团有限公司
- 中铁十三局集团有限公司
- 中铁十四局集团有限公司
- 中铁十五局集团有限公司
- 中铁十六局集团有限公司
- 中铁十七局集团有限公司
- 中铁十八局集团有限公司
- 中铁十九局集团有限公司
- 中铁二十局集团有限公司
- 中铁二十一局集团有限公司
- 中铁二十二局集团有限公司
- 中铁二十三局集团有限公司
- 中铁二十四局集团有限公司
- 中铁二十五局集团有限公司
- 中铁建设集团有限公司
- 中铁建电气化局集团有限公司
- 中铁房地产集团有限公司
- 中铁第一勘察设计院集团有限公司
- 中铁第四勘察设计院集团有限公司
- 中铁第五勘察设计院集团有限公司
- 中铁上海设计院集团有限公司
- 中铁物资集团有限公司
- 昆明中铁大型养路机械集团有限公司
- 中铁轨道系统集团有限公司
- 北京铁城建设监理有限责任公司
- 中铁建(北京)商务管理有限公司
- 中铁建中非建设有限公司
- 中国铁建(加勒比)有限公司
- 中国铁道建设(香港)有限公司
- 诚合保险经纪(北京)有限责任公司
- 北京培训中心

制表:李学红

中国铁道建筑总公司党组织序列表

- 中国铁道建筑总公司党委
  - 中国铁建股份有限公司党委
    - 中国土木工程集团有限公司党委
    - 中铁十一局集团有限公司党委
    - 中铁十二局集团有限公司党委
    - 中铁十三局集团有限公司党委
    - 中铁十四局集团有限公司党委
    - 中铁十五局集团有限公司党委
    - 中铁十六局集团有限公司党委
    - 中铁十七局集团有限公司党委
    - 中铁十八局集团有限公司党委
    - 中铁十九局集团有限公司党委
    - 中铁二十局集团有限公司党委
    - 中铁二十一局集团有限公司党委
    - 中铁二十二局集团有限公司党委
    - 中铁二十三局集团有限公司党委
    - 中铁二十四局集团有限公司党委
    - 中铁二十五局集团有限公司党委
    - 中铁建设集团有限公司党委
    - 中铁建电气化局集团有限公司党委
    - 中铁房地产集团有限公司党委
    - 中铁第一勘察设计院集团有限公司党委
    - 中铁第四勘察设计院集团有限公司党委
    - 中铁第五勘察设计院集团有限公司党委
    - 中铁上海设计院集团有限公司党委
    - 中铁物资集团有限公司党委
    - 昆明中铁大型养路机械集团有限公司党委
    - 中铁轨道系统集团有限公司党委
    - 北京铁城建设监理有限责任公司党委
    - 中铁建（北京）商务管理有限公司党委
    - 中铁建中非建设有限公司党委
    - 股份公司党校（北京培训中心）党委
    - 总公司（股份公司）直属机关党委
  - 总公司（股份公司）直属机关党委（虚线连接）

制表：杨 赳

中国铁道建筑总公司工会组织序列表

- 中国铁道建筑总公司工会
  - 中国铁建股份有限公司工会
    - 总公司（股份公司）直属机关工会
    - 股份公司党校（北京培训中心）工会
    - 中铁建（北京）商务管理有限公司工会
    - 北京铁城建设监理有限责任公司工会
    - 中铁轨道系统集团有限公司工会
    - 昆明中铁大型养路机械集团有限公司工会
    - 中铁物资集团有限公司工会
    - 中铁上海设计院集团有限公司工会
    - 中铁第五勘察设计院集团有限公司工会
    - 中铁第四勘察设计院集团有限公司工会
    - 中铁第一勘察设计院集团有限公司工会
    - 中铁房地产集团有限公司工会
    - 中铁建电气化局集团有限公司工会
    - 中铁建设集团有限公司工会
    - 中铁二十五局集团有限公司工会（筹）
    - 中铁二十四局集团有限公司工会
    - 中铁二十三局集团有限公司工会
    - 中铁二十二局集团有限公司工会
    - 中铁二十一局集团有限公司工会
    - 中铁二十局集团有限公司工会
    - 中铁十九局集团有限公司工会
    - 中铁十八局集团有限公司工会
    - 中铁十七局集团有限公司工会
    - 中铁十六局集团有限公司工会
    - 中铁十五局集团有限公司工会
    - 中铁十四局集团有限公司工会
    - 中铁十三局集团有限公司工会
    - 中铁十二局集团有限公司工会
    - 中铁十一局集团有限公司工会
    - 中国土木工程集团有限公司工会

制表：杨 赳

中国铁道建筑总公司共青团组织序列表

- 中国铁道建筑总公司团委
  - 中国铁建股份有限公司团委
    - 中国土木工程集团有限公司团委
    - 中铁十一局集团有限公司团委
    - 中铁十二局集团有限公司团委
    - 中铁十三局集团有限公司团委
    - 中铁十四局集团有限公司团委
    - 中铁十五局集团有限公司团委
    - 中铁十六局集团有限公司团委
    - 中铁十七局集团有限公司团委
    - 中铁十八局集团有限公司团委
    - 中铁十九局集团有限公司团委
    - 中铁二十局集团有限公司团委
    - 中铁二十一局集团有限公司团委
    - 中铁二十二局集团有限公司团委
    - 中铁二十三局集团有限公司团委
    - 中铁二十四局集团有限公司团委
    - 中铁二十五局集团有限公司团工委
    - 中铁建设集团有限公司团委
    - 中铁建电气化局集团有限公司团委
    - 中铁第一勘察设计院集团有限公司团委
    - 中铁第四勘察设计院集团有限公司团委
    - 中铁第五勘察设计院集团有限公司团委
    - 中铁上海设计院集团有限公司团委
    - 中铁物资集团有限公司团委
    - 昆明中铁大型养路机械集团有限公司团委
    - 中铁轨道系统集团有限公司团工委
    - 中铁建（北京）商务管理有限公司团委
    - 中铁建中非建设有限公司团委

制表：杨 赳

2010年3月10日~12日，中国铁建二级公司董事会规范运作试点培训研讨会在北京召开。图为研讨会会场。
（李 静 提供）

董事会工作

特载 | 大事记 | 概况 | 董事会工作 | 工程施工 | 海外经营 境外工程 | 经营管理 | 综合管理 | 科技文化 | 党的工作 | 工会 共青团 | 所属单位 | 人物 | 统计资料 | 文献辑要 | 附录

本栏责任编辑 **杨启燕**

【中国铁道建筑总公司董事会】 中国铁道建筑总公司董事会（以下简称总公司董事会）由孟凤朝、赵广发2名董事组成。董事会按照《公司法》《公司章程》的规定行使职权。2010年按照国务院国资委要求，继续做好建设规范董事会各项工作。在国务院国资委指导下，建立健全公司法人治理相关制度，继续完善董事会决策机制，组织董事参加国资委董事会专题培训及试点企业工作座谈等，董事会运行不断完善。（余兴喜）

【总公司董事会向国资委报告年度工作】 7月7日，国资委召开董事会试点企业年度工作报告专题会议，总公司董事会向国资委报告2010年度工作。董事长李国瑞代表董事会向国资委作年度工作报告，汇报总公司董事会运行、生产经营等情况，其他董事进行补充发言。国资委副主任金阳对总公司董事会运作给予充分肯定，对做好2010年度董事会工作提出希望和要求。会后，国资委下发《关于对中国铁建股份有限公司董事会2009年度工作的意见》，评价总公司董事会2009年度运行良好，总公司治理水平不断提高，在促进企业健康发展、为股东创造价值等方面发挥了重要作用，同时指出董事会运作中五个需要进一步改进和加强的工作、四个需要关注和督促解决的问题。总公司贯彻落实国资委意见，认真研究制定整改措施并落实。（李廷柱）

【总公司董事会第7次临时会议】 1月18日，总公司董事会第7次临时会议以通讯方式召开，会议审议通过关于《中国铁道建筑总公司对外捐赠管理办法》的议案。（靖　菁）

【总公司董事会第8次临时会议】 2月25日，总公司董事会第8次临时会议在中国铁建大厦办公楼15层第1会议室召开，会议审议通过关于总公司向中国铁建股份有限公司注入资产的议案和关于总公司与中国铁建股份有限公司签署附条件生效股份认购框架协议的议案。（靖　菁）

【总公司董事会第9次临时会议】 4月24日，总公司董事会第9次临时会议在中国铁建大厦办公楼15层第1会议室召开，会议审议通过关于总公司向中国铁建股份有限公司注入资产补充事项的议案和关于总公司与中国铁建股份有限公司签署附条件生效股份认购框架协议补充协议的议案。（靖　菁）

【总公司董事会第10次临时会议】 5月24日，总公司董事会第10次临时会议在中国铁建大厦办公楼15层第1会议室召开，会议审议通过《关于南京长江隧道有限责任公司股权变更及有关问题的议案》。（李　静）

【总公司董事会第11次临时会议】 8月9日，总公司董事会第11次临时会议在中国铁建大厦办公楼15层第1会议室召开，会议审议通过关于总公司总经理人选的议案和关于向中国铁建股份有限公司推荐董事、董事长人选的议案。（李　静）

【总公司董事会第12次临时会议】 8月13日，总公司董事会第12次临时会议在中国铁建大厦办公楼15层第1会议室召开，会议审议通过关于长城财务公司全部国有股权无偿划入总公司的议案。（李　静）

【中国铁建股份有限公司股东大会】 股东大会是股份公司的权力机构，依法行使下列职权：决定公司的经营方针和投资计划；选举和更换非由职工代表担任的董事、监事，决定有关董事、监事的报酬事项；审议批准董事会报告；审议批准监事会报告；审议批准公司的年度财务预算方案和决算方案；审议批准公司的利润分配方案和弥补亏损方案；对公司增加或者减少注册资本作出决议；对发行公司债券作出决议；对公司合并、分立、解散、清算或者变更公司形式作出决议；制定和修改公司章程，并批准《股东大会议事规则》《董事会议事规则》和《监事会议事规则》；对公司聘用、解聘或者不再续聘会计师事务所作出决议；审议单独或者合计持有公司3%以上有表决权股份的股东提出的议案；审议批准公司在一年内购买、出售重大资产超过公司最近一期经审计总资产30%的事项；审议批准变更募集资金用途事项；审议批准股权激励计划；审议批准公司章程规定的对外担保事项；审议法律和公司股票上市地的证券监督规则规定的应当由股东大会审议批准的关联交易；审议法律、公司股票上市地的证券监督管理机构的相关规定及公司章程规定应当由股东大会决定的其他事项。（余兴喜）

【2009年年度股东大会】 中国铁建股份有限公司2009年年度股东大会于2010年6月18日在北京市复兴路40号中国铁建大厦召开，会议审议通过关于公司2009年度财务决算报告的议案、关于公司2009年度利润分配方案的议案、关于公司2009年年报及其摘要的议案、关于董事会2009年度报告的议案、关于监事会2009年度工作报告的议案、关于聘用会计

师事务所为公司2010年度外部审计师及支付其审计费用的议案、关于2009年度董事薪酬标准的议案、关于调整独立董事年度基本报酬标准的议案、关于公司符合非公开发行A股股票条件的议案、关于向特定对象非公开发行A股股票发行方案的议案、关于本次非公开发行A股股票预案（补充修订版）的议案、关于公司与中国铁道建筑总公司签署附条件生效股份认购框架协议和补充协议的议案、关于公司非公开发行股票涉及关联交易事项的议案、关于公司前次募集资金使用情况报告的议案、关于本次非公开发行股票募集资金投资项目可行性研究报告的议案、关于提请股东大会批准中国铁道建筑总公司免于发出要约收购的议案、关于提请股东大会授权董事会办理本次公司非公开发行股票相关事宜的议案、关于修订公司〈关联交易决策制度〉的议案、关于授予董事会发行公司H股股份一般性授权的议案。（李廷柱）

【2010年第一次A股类别股东大会】 6月18日，中国铁建股份有限公司2010年第一次A股类别股东大会在北京市复兴路40号中国铁建大厦召开，会议审议通过关于向特定对象非公开发行A股股票发行方案的议案。（李廷柱）

【2010年第一次H股类别股东大会】 6月18日，中国铁建股份有限公司2010年第一次H股类别股东大会在北京市复兴路40号中国铁建大厦召开，会议审议通过关于向特定对象非公开发行A股股票发行方案的议。（李廷柱）

【2010年第一次临时股东大会】 12月28日，中国铁建股份有限公司2010年第一次临时股东大会在北京市复兴路40号中国铁建大厦召开，会议审议通过关于股份公司执行董事人选的议案、关于公司2010年中期利润分配方案的议案和关于H股募集资金用途变更的议案。（李学甫）

【中国铁建股份有限公司董事会】 中国铁建股份有限公司董事会（以下简称股份公司董事会）由董事长孟凤朝，执行董事、总裁赵广发，非执行董事霍金贵、朱明暹，独立非执行董事李克成、赵广杰、吴太石、魏伟峰8名董事组成。董事会对股东大会负责，按照《中国铁建股份有限公司公司章程》依法行使职权。董事会下设战略与投资、提名、薪酬与考核、审计与风险管理4个专门委员会。董事会制定《股东大会议事规则》《董事会议事规则》《监事会议事规则》《独立董事工作制度》《总裁工作细则》及各专门委员会工作细则等法人治理相关工作制度。（余兴喜）

【股份公司董事会战略与投资委员会】 主要职责：对公司长期发展战略规划和重大战略性投资决策进行研究并提出建议；审核公司年度经营计划，对须经董事会批准的重大投资、融资和担保方案进行研究并提出建议；对须经董事会批准的重大资本运作、资产经营项目进行研究并提出建议，对需经董事会批准的公司重组、并购及转让公司所持股权、改制、组织结构调整的方案进行研究并提出建议；监督、指导公司的安全风险管理工作；对以上事项的实施进行评估检查；董事会授权的其他事项。战略与投资委员会由赵广发、朱明暹、李克成、吴太石4名董事组成，赵广发任战略与投资委员会主席。（余兴喜）

【股份公司董事会提名委员会】 主要职责：定期检讨董事会的架构、人数及组成（包括专业能力、知识及经验方面），并就任何拟做出的变动向董事会提出建议；研究董事、总裁和其他高级管理人员的选择标准和程序，并向董事会提出建议；广泛搜寻具备合适资格可担任董事、总裁和其他高级管理人员的人选；对董事候选人、总裁候选人和其他高级管理人员人选进行审查并提出建议；评核独立非执行董事的独立性；就董事、总裁和其他高级管理人员的委任或重新委任以及董事、总裁和其他高级管理人员（尤其是董事长和总裁）继任计划的有关事宜向董事会提出建议；董事会授权的其他事项。提名委员会由孟凤朝、霍金贵、朱明暹、李克成、赵广杰5名董事组成，孟凤朝任提名委员会主席。2010年，提名委员会分别于1月15日、5月29日、11月5日、12月29日召开4次会议，审议关于部分单位董事会人选变动的议案、关于中国铁建美国有限公司董事会人选组成的议案、关于股份公司董事人选的议案、关于选举中国铁建股份有限公司董事长的议案。（余兴喜）

【股份公司董事会薪酬与考核委员会】 主要职责：制定、审查公司董事及高级管理人员的薪酬政策与方案；研究公司董事及高级管理人员的考核标准，进行考核并提出建议；监督公司薪酬制度执行情况；董事会授权的其他事项。薪酬与考核委员会由赵广杰、李克成、吴太石3名董事组成，赵广杰任薪酬与考核委员会主席。2010年，薪酬与考核委员会分别于4月15日、7月30日、10月29日召开3次会议，讨论公司高级管理人员2009年度业绩考核结果和薪酬兑现初步意见和2010年总裁业绩考核方案，审议关于总

裁2009年度绩效考核结果和薪酬兑现意见的议案和关于公司高级管理人员2009年度薪酬兑现方案的议案。 （余兴喜）

【股份公司董事会审计与风险管理委员会】 主要职责：负责提议公司外部审计机构的聘请、更换；公司内部审计制度的监督；公司内外部审计的沟通、监督和核查；财务信息及其披露的审阅；内控制度的审查；公司风险管理策略和解决方案的制定，重大决策、重大事件和重要业务流程的风险控制、管理、监督和评估等；董事会授权的其他事项。审计与风险管理委员会由吴太石、赵广杰、魏伟峰3名董事组成，吴太石任审计与风险管理委员会主席。2010年，审计与风险管理委员会分别于2月23日、4月24日、8月29日、10月27日、11月30日、12月22日召开6次会议，围绕内部控制和风险管理开展工作。一是继续聘用安永和安永华明会计师事务所为公司2010年度外部审计机构。二是与安永会计师事务所关于公司2009年年报、2010年中期报告、2010年年报审计情况进行深入沟通，对各期报告审计工作和2009年度管理建议书提出意见和建议。审议通过公司2009年财务决算报告、利润分配方案、年报及其摘要，2010年第一季度报告、第三季度财务报告。三是听取并审议公司2009年度公司内部控制自我评估报告、2010年审计项目计划、2010年上半年内部控制与风险管理报告、2010年度公司全面风险管理报告、2010年度风险和内控管理报告、2010年度内控审计报告，提出相关意见和建议。四是审议沙特麦加轻轨项目计提合同预计损失的议案。 （余兴喜）

【董事会秘书】 股份公司设董事会秘书1名，由董事会聘任和解聘。董事会秘书为公司的高级管理人员，对董事会负责。其主要职责：（1）组织筹备董事会会议和股东大会，准备会议材料，安排有关会务，负责会议记录，保障记录的准确性，保管会议文件和记录，主动掌握有关决议的执行情况。对实施中的重要问题，应向董事会报告并提出建议。（2）确保公司董事会决策的重大事项严格按规定的程序进行。根据董事会的要求，参加组织董事会决策事项的咨询、分析，提出相应的意见和建议。受委托承办董事会及其有关委员会的日常工作。（3）作为公司与证券监管部门的联络人，负责组织准备和及时递交监管部门所要求的文件，负责接受监管部门下达的有关任务并组织完成。（4）负责协调和组织公司信息披露事宜，建立健全有关信息披露的制度，参加公司所有涉及信息披露的有关会议，及时知晓公司重大经营决策及有关信息资料。（5）负责公司股价敏感资料的保密工作，并制定行之有效的保密制度和措施。对于各种原因引起公司股价敏感资料外泄，要采取必要的补救措施，及时加以解释和澄清，并通告公司股票上市地监管机构。（6）负责协调来访接待，保持与新闻媒体的联系，负责协调解答社会公众的提问，并组织向中国证监会报告有关事宜。（7）保证公司的股东名册妥善设立，保证有权得到公司有关记录和文件的人及时得到有关记录和文件。（8）协助董事及总裁在行使职权时切实履行境内外法律、本章程及其他有关规定。在知悉公司作出或可能作出违反有关规定的决议时，有义务及时提醒，并有权如实向中国证监会及其他监管机构反映情况。（9）协调向公司监事会及其他审核机构履行监督职能提供必要的信息资料，协助做好对有关公司财务负责人、公司董事和总裁履行诚信责任的调查。（10）履行董事会授予的其他职权以及公司股票上市地要求具有的其他职权。

（余兴喜）

【中国铁建股份有限公司第一届董事会第26次会议】

1月19日以通讯方式召开，会议审议通过关于部分所属单位董事会人选变动的议案。 （靖 菁）

【中国铁建股份有限公司第一届董事会第27次会议】

1月27日在中国铁建大厦14层第2会议室召开，会议审议通过关于2010年经营计划的议案、关于2010年投资方案的议案、关于2010年预算的议案、关于《中国铁建股份有限公司对外捐赠管理办法》的议案、关于投资贵阳太慈桥片区路网改造BT项目的议案、关于投资贵阳北二环BT项目的议案、关于投资成渝高速公路复线（重庆段）BOT项目的议案、关于中铁十二局集团公司以BT方式投资建设嘉南地方铁路的议案、关于设立中非建设有限公司的议案、关于《中国铁建董事会2010年工作要点》的议案。

（靖 菁）

【中国铁建股份有限公司第一届董事会第28次会议】

3月2日在中国铁建大厦14层第2会议室召开，会议审议通过关于公司符合非公开发行A股股票条件的议案、关于公司向特定对象非公开发行A股股票发行方案的议案、关于本次非公开发行A股股票预案的议案、关于公司与中国铁道建筑总公司签署附条件生效股份认购框架协议的议案、关于公司非公开发行股票涉及关联交易事项的议案、关于成立独立董事委员会的议案、关于授权公司管理层委任独立财务顾问的议案、关于提请股东大会授权董事会办理本次公

司非公开发行股票相关事宜的议案、关于本次董事会后召集股东大会时间的说明的议案。（靖 菁）

【中国铁建股份有限公司第一届董事会第 29 次会议】

4 月 6 日以通讯方式召开，会议审议通过关于公司根据 2008 年度股东周年大会一般性授权发行境外上市外资股（H 股）的议案。（靖 菁）

【中国铁建股份有限公司第一届董事会第 30 次会议】

4 月 25 日 ~26 日在中国铁建大厦 14 层第 2 会议室召开，会议审议通过关于公司 2009 年度财务决算报告的议案、关于公司 2009 年度利润分配方案的议案、关于公司 2009 年年报及其摘要的议案、关于公司 2010 年第一季度报告的议案、关于募集资金存放与实际使用情况专项报告的议案、关于核定公司 2010 年度信贷规模的议案、关于公司本部办理银行授信业务的议案、关于核定 2010 年度公司内部担保额度的议案、关于董事会 2009 年度报告的议案、关于总裁 2009 年度工作报告的议案、关于 2009 年度企业社会责任报告的议案、关于 2009 年度公司内部控制自我评估报告的议案、关于 2010 年度全面风险管理报告的议案、关于聘用会计师事务所为公司 2010 年度外部审计师及支付其审计费用的议案、关于 2009 年度董事薪酬标准的议案、关于调整独立董事年度基本报酬标准的议案、关于总裁 2009 年度业绩考核结果和薪酬兑现初步意见的议案、关于总裁 2010 年度和 2010 ~2012 年任期绩效考核方案的议案、关于投资南昌市红谷滩新区内西客站地区市政路网 BT 项目的议案、关于对外捐赠事宜的议案、关于公司向特定对象非公开发行 A 股股票发行方案进一步补充的议案、关于非公开发行 A 股股票预案（补充修订版）的议案、关于公司与中国铁道建筑总公司签署附条件生效股份认购框架协议补充协议的议案、关于公司非公开发行 A 股股票涉及关联交易事项进一步补充的议案、关于公司前次募集资金使用情况报告的议案、关于非公开发行 A 股股票募集资金投资项目可行性研究报告的议案、关于提请股东大会批准中国铁道建筑总公司免于发出要约收购的议案、关于召开 2009 年年度股东大会及 A 股与 H 股类别股东大会审议相关事宜的议案、关于授予董事会发行公司 H 股股份一般性授权的议案、关于《中国铁建股份有限公司年报信息披露重大差错责任追究制度》的议案、关于《中国铁建股份有限公司内幕信息知情人和外部信息使用人管理制度》的议案、关于《中国铁建股份有限公司董事会会议议案管理细则》的议案。（靖 菁）

【中国铁建股份有限公司第一届董事会第 31 次会议】

5 月 24 日以通讯方式召开，会议审议通过关于向中铁建铜冠公司提供资金和银行贷款担保额度的议案。（李 静）

【中国铁建股份有限公司第一届董事会第 32 次会议】

6 月 1 日以通讯方式召开，会议审议通过关于设立中国铁建美国有限公司的议案、关于中国铁建美国有限公司董事会人选组成的议案。（李 静）

【中国铁建股份有限公司第一届董事会第 33 次会议】

6 月 21 日以通讯方式召开，会议审议通过关于公司根据 2009 年度股东周年大会一般性授权发行境外上市外资股（H 股）的议案。（李 静）

【中国铁建股份有限公司第一届董事会第 34 次会议】

7 月 30 日在中国铁建大厦 14 层第 2 会议室召开，会议审议通过关于股份公司总裁 2009 年度绩效考核结果、2007 ~2009 年任期业绩考核结果和薪酬兑现意见的议案。（李 静）

【中国铁建股份有限公司第一届董事会第 35 次会议】

8 月 29 日 ~30 日在中国铁建大厦 14 层第 2 会议室召开，会议审议通过关于公司 2010 年上半年财务决算的议案、关于公司 2010 年半年报及其摘要的议案、关于公司 2010 年中期利润分配方案的议案、关于将部分 A 股募集资金利息用于补充营运资金的议案、关于将部分闲置 A 股募集资金暂时用于补充流动资金的议案、关于 H 股募集资金用途变更的议案、关于公司募集资金存放与实际使用情况专项报告、关于设立非公开发行 A 股股票募集资金专项账户的议案、关于对外捐赠有关事宜的议案。（李 静）

【中国铁建股份有限公司第一届董事会第 36 次会议】

9 月 19 日以通讯方式召开，会议审议通过关于设立中国铁建阿联酋分公司的议案、关于不再设立中国铁建（中东）有限公司的议案。（李 静）

【中国铁建股份有限公司第一届董事会第 37 次会议】

10 月 12 日以通讯方式召开，会议审议通过关于向中国铁建股份有限公司推荐董事会秘书及联席公司秘书人选的议案。（李 静）

【中国铁建股份有限公司第一届董事会第 38 次会议】

10 月 28 日在中国铁建大厦 14 层第 2 会议室召开，会议审议通过关于公司 2010 年第三季度报告的议案、关于沙特麦加轻轨项目计提合同预计损失的议案、关于对外捐赠审批权限有关事宜的议案、关于公司高级管理人员2009年度薪酬兑现方案的议案。（李 静）

【中国铁建股份有限公司第一届董事会第39次会议】 11月10日以通讯方式召开，会议审议通过关于股份公司执行董事人选的议案、关于召开2010年第一次临时股东大会的议案。（李 静）

【中国铁建股份有限公司第一届董事会第40次会议】 12月28日在中国铁建大厦14层第2会议室召开，会议审议通过关于选举中国铁建股份有限公司董事长的议案、关于设立中国铁建投资有限公司的议案、关于给中铁建设集团有限公司增加2亿元注册资本金的议案。（李 静）

【董事会秘书局】 董事会秘书局为公司董事会的常设工作机构，负责公司董事会日常工作事务，负责筹备、组织股东大会、董事会会议，负责董事会决议执行情况的监督和信息反馈；负责起草董事会重要文件，建立健全董事会各项工作制度；负责董事会印章管理，处理法人代表授权委托事项；负责为董事履职提供工作服务；负责公司投资者关系管理，管理股东名册，接待投资者来访，与投资者保持良好的日常沟通与交流；组织编制年度报告、半年度报告、季度报告等定期报告；负责安排、组织业绩路演、推介活动；负责董事会与公司内外部的联络与沟通，协调与境内外监管机构的关系；负责公司内部重大信息的收集、整理与汇总，对外进行信息披露；负责公司委派的专职外部董事的日常管理、工作服务；负责委派的专职外部董事代表出资人行使决策意见的沟通与协调；负责公司董事会与全资、控股子公司董事会的业务联系；参与公司股票、债券及其衍生品的发行工作；参与公司全面风险管理、内部控制、履行社会责任等工作；承办总公司董事会相关工作；完成领导交办的其他工作。董事会秘书局下设秘书处、投资者关系处和股权代表管理处，定员14人，设主任1人、副主任1人，现员11人。

2010年依据部门职责和中国证监会及北京监管局、上海、香港两地交易所等的监管要求，按照年初《董事会2010年工作安排》的总体部署，主要围绕公司董事会规范运作、完善公司治理体系建设、规范信息披露、投资者关系管理、二级公司董事会规范运作试点等方面开展工作，为企业改革与发展服务，依法合规办事，注重工作实效。（李学甫）

【完善公司法人治理制度】 2010年进一步加强董事会制度建设，按照中国证监会、上海证券交易所、香港证券联合交易所等监管部门要求，结合公司实际，制定《中国铁建股份有限公司董事会会议议案管理细则》《中国铁建股份有限公司年报信息披露重大差错责任追究制度》《中国铁建股份有限公司内幕信息知情人和外部信息使用人管理制度》，修订《中国铁建股份有限公司关联交易决策制度》等法人治理制度文件，持续完善公司治理机制，确保董事会运行依法合规。（靖 菁）

【编发《董事会工作简报》】 为满足董事会向国资委定期报告企业重大决策与事项，及时与公司业务部门、所属单位沟通情况的需要，按照董事会工作简报制度，2010年编发《董事会工作简报》5期，介绍公司董事会规范运作试点工作开展情况、刊载国资委副主任邵宁在国资委试点企业董事会秘书工作研讨培训班上的讲话、股份公司董事长李国瑞在中国铁建董事会规范运作试点培训研讨会上的讲话及中铁房地产集团公司董事会工作要点。（靖 菁）

【董事调研】 为配合股份公司制定“十二五”发展规划和三年滚动规划，6月，股份公司独立（外部）董事朱明暹、李克成、赵广杰、魏伟峰在股份公司董事长、董事会秘书陪同下，重点围绕产业结构调整升级、创效板块现状及未来发展规划开展专题调研，分别召开物流贸易、房地产、工业制造、勘察设计咨询、工程承包5个板块企业的座谈会，考察在昆明、长沙、武汉、常州、江阴的7家所属企业及生产厂家，通过视察生产车间、与一线干部职工交谈、听取专题汇报等方式，点评、分析企业发展，提出建设性的意见和建议，对中国铁建抓住机遇应对挑战、实施结构调整与战略转型具有重要的指导意义，为董事会审议公司“十二五”发展规划和三年滚动规划提供了决策依据。（李 静）

【修订关联交易决策制度】 6月18日，《中国铁建股份有限公司关联交易决策制度》部分条款经2009年度股东大会审议后修订，以中国铁建董〔2010〕89号文正式印发。（李 静）

【制定年报信息披露重大差错责任追究制度】 为增强年报信息披露的真实性、准确性、完整性和及时性，制定《中国铁建股份有限公司年报信息披露重大差错责任追究制度》，经4月25日～26日股份公司第一届董事会第30次会议审议通过，以中国铁建

董〔2010〕26号文正式印发。（赫东娜）

【制定内幕信息知情人和外部信息使用人管理制度】 为进一步规范公司内幕信息知情人和外部信息使用人管理，保护公司股东、债权人及其他利益相关人员的合法权益，制定《中国铁建股份有限公司内幕信息知情人和外部信息使用人管理制度》，经4月25日~26日股份公司第一届董事会第30次会议审议通过，以中国铁建董〔2010〕60号文正式印发。

（李 静）

【制定董事会会议议案管理细则】 为规范公司董事会议案流程管理，提高董事会规范运作水平和议事效率，加强决策的科学性，确保公司及时、完整履行信息披露义务，制定《中国铁建股份有限公司董事会会议议案管理细则》，经4月25日~26日股份公司第一届董事会第30次会议审议通过，以中国铁建董〔2010〕66号文正式印发。（李 静）

【中铁十五、二十一局集团公司董事会规范运作试点工作会议】 2月，股份公司分别召开中铁十五、二十一局集团公司董事会规范运作试点工作会议，向两个集团公司分别派出5名外部董事，股份公司为外部董事颁发聘书，中铁十五、二十一局集团公司董事长与外部董事签署服务合约。中铁十五、二十一局集团公司制定的《公司章程》《董事会议事规则》《监事会议事规则》经股份公司批复后实施。（徐 红）

【举办二级公司董事会规范运作试点培训研讨会】 3月10日~12日，股份公司在北京举办二级公司董事会规范运作试点培训研讨会，中铁十五、二十一局集团公司和中铁房地产集团公司3家试点企业的董事、监事会主席、董事会秘书和董事会工作机构负责人，股份公司董事会试点领导小组成员40余人参加培训。股份公司董事长李国瑞发表重要讲话，总裁赵广发对二级公司董事会试点工作提出具体要求，副董事长丁原臣主持会议并作总结讲话。研讨会邀请国资委企业改组局领导，股份公司副总裁、总会计师、总法律顾问庄尚标，独立董事吴太石和董事会秘书分别讲授国有企业改革和公司治理、领导干部如何阅读会计报表、企业全面风险管理和内部控制、董事会试点规范运作与操作实务相关知识。（徐 红）

【信息披露】 2010年，股份公司在上海证券交易所披露临时公告55份、定期报告7份、公司治理文件2份、H股公告4份以及股东大会会议资料等，在香港证券联合交易所披露公告与通告72份、通函19份、财务报表两份、月报表12份及3份委任代表表格等中文文件和67份英文文件。信息披露文件在报送交易所的同时，按监管机构要求同时报送北京证监局，并分别在《中国证券报》《上海证券报》《证券日报》《证券时报》4家指定报纸和《中国铁道建筑报》及公司网站上披露。公司网站发布的海外监管公告，包括董事会决议、重大工程中标公告等，经过翻译后，在公司网站上披露，向投资者提供中英文版，方便海内外投资者了解公司信息。（赫东娜）

【编制定期报告】 2010年，股份公司完成2009年年度报告（A股和H股）、2010年一季度报告、半年度报告（A股和H股）和三季度报告的编制和披露工作。在定期报告编制过程中，注重资料的收集、整理、核查、审核和确认，对股份公司重大事项的了解不断深入，为更加准确、恰当地披露报告奠定了基础，形成“定时总结、及时上报、准确汇总、合规披露”的制度和工作流程。

（卢富平 何 珊 赫东娜）

【投资者关系管理】 2010年，股份公司安排机构投资者见面会83次260人次，会后及时整理会议记录，按照有关要求及时上传到上海证券交易所上市公司专区备案。来访会议的召开，可以帮助投资者全面地了解公司及管理层对大势的判断，使分析师给予公司的评价更加真实。公司设专人负责回答投资者热线咨询电话，以积极、坦诚和负责的态度，耐心解答投资者提出的相关问题，并及时向公司管理层反映投资者提出的合理建议和意见，协助公司更好地完善与投资者的沟通渠道。公司对投资者及个人股东发来的电子邮件妥善处理，年内处理投资者及个人股东的电子邮件超过1000封，并按时归档、整理和呈批处理。公司与主要外资机构的分析师、市场部主动沟通、联系，与其建立良好的工作关系。10月19日，股份公司领导和有关人员参加花旗大中华投资者会议，与国内外十多位投资者进行交流。（卢富平 何 珊）

【获奖情况】 2010年，中国铁建首次被《财富》杂志评为世界最受赞赏的公司；8月，在《理财周报》举办的第三届中国上市公司最佳董事会评选活动中被评为2010中国央企控股上市公司最佳董事会（20强）、2010中国上市公司最佳治理董事会（20强）、2010中国上市公司最佳董事会秘书；10月12日，在中国上市公司投资者关系管理研究中心等组织的第五届中国投资者关系评选活动中，中国铁建获投资者关系管理百强奖和最佳披露奖；12月，在上海证券报社主办的优秀董秘评选活动中，获2010年度金治理·信息披露公司董秘奖。（何　珊）

【业绩发布和路演】 年内起草《关于公司2010年中期报告路演的请示》《关于公司2010年三季度业绩发布相关工作的请示》《关于做好资本市场沟通工作有关问题的请示》等文件，组织2009年年度报告、2010年一季度报告、中期报告和三季度报告的业绩发布会及相关的路演活动。（卢富平）

【股东大会名册管理】 股份公司在册股东人数A股294049人、H股25411人。有效掌握股东名册，能为股东大会等会议的召开提供特定时期的股东名册。对H股股东名册及地域分布、大股东名单等的统计，能及时了解公司股份分布情况。（赫东娜）

【企业再融资】 董事会秘书局作为公司融资办公室综合组的办事机构，负责各专项事务小组的综合和协调性事务，负责金虎项目各种主任办公会、联席会议、专题会议的组织工作，负责与所聘中介机构的协调和联络工作。年内上报《关于非公开发行A股股票的请示》《关于中国铁道建筑总公司规范运作有关情况的报告》《中国铁建股份有限公司关于增发境外上市外资股发行方案的请示》《中国铁建股份有限公司关于增发境外上市外资股相关问题的承诺及说明》《中国铁道建筑总公司关于豁免要约收购中国铁建股份有限公司义务的申请》5份文件。（卢富平）

【股市信息的处理和管理】 一是加强与监管机构的信息沟通。年内接收、传阅上海证券交易所、中国证券监督管理委员会、北京证券监督管理局和北京上市公司协会下发的通知及文件近170份，保证公司及时了解监管机构的最新政策、法规和动态，保障公司与监管机构之间的信息沟通和信息反馈的顺畅。二是协助有关部门对上市公司运行情况信息的报告。3月18日~19日参加国资委召开的国有控股上市公司运行情况信息布置培训会。国资委建立国有控股上市公司运行情况信息报告制度，信息报告通过网络方式在线填报，要求在所控股上市公司季（年）度报告披露后两个工作日内完成填报。年内协助财务部在每次定期报告披露后进行填报。（卢富平　赫东娜）

【加强信息披露管理】 年内下发《关于进一步加强信息披露工作的通知》，强调要深刻认识该项工作的极端重要性，贯彻执行好国家相关的法律法规和公司各项规章制度，切实抓好其中的重点环节，立即开展自查自纠活动。下发《关于沙特麦加轻轨铁路项目信息披露问题的通知》，对沙特麦加轻轨铁路项目的信息披露问题作了重点要求。（卢富平　赫东娜）

【分红派息】 2010年起草《关于中国铁建股份有限公司2009年度分红派息工作的报告》，明确该项工作办理的流程和规定，具体安排及时点，主要工作事项的分工及建议等。（卢富平　赫东娜）

【中介机构的重新选聘和合同签定】 年内完成公司所聘中介机构的重新选聘、合同签定工作，所聘中介机构有北京市德恒律师事务所（境内律师）、贝克·麦坚时律师事务所（境外律师）、香港皓天财经集团有限公司（常年财经公关公司及年报印刷商）、香港中央证券登记有限公司（H股股东管理服务机构）。（卢富平）

2010年3月,中国铁道建设(香港)有限公司以中国铁建股份有限公司名义中标广深港高速铁路CC826合同香港标段工程,合同金额17亿港元。图为签约仪式现场。 (郑 重 摄)

工程施工

本栏责任编辑 **杨启燕**

工 程 管 理

【工程管理部】 是股份公司工程管理、工程调度、抗洪抢险、抗震救灾、环境保护及铁路战备综合管理职能部门。主要职责:管理、指导全系统工程管理工作,负责组织制定建设项目施工管理、竣工验收管理等各项规章制度,负责交流推广先进项目管理经验,负责组织有关部门处理和解决公司承建的重点工程中的施工组织、施工难点问题和竣工验收交接工作,负责工程调度和重难点工程的信息工作,负责公司总承包项目和本级工程项目的施工组织管理指导工作,负责工程(劳务)分包商审核和架子队建设指导工作,负责工程项目环境保护、防洪、抗震减灾等工作;参与公司总体发展战略及中长期规划的研究制定、社会责任报告编纂工作,参与全面风险管理和内控相关工作,参与绩效考核、经济对标、信息化建设、责任成本管理及概预算梳理、设计变更、经济索赔工作;承办总公司管理的国家铁路战备及总公司经营项目工程管理工作。(刘 辉)

【施工生产综述】 2010年是中国铁路取得飞速发展的一年,同时也是高速铁路建设进入高潮的一年。针对在建任务重、要求工期紧、重难点项目多、潜在风险大的特点,中国铁建以年初拟订的24个国内重点项目为依托,突出重点、兼顾一般,坚定不移地贯彻《工程项目管理暂行办法》和《工程项目标准化管理指导意见》,明确并强化法人管项目的管理思路,不断加强工程队建设,大力推进架子队管理模式,有效保证在建项目的有序推进。2010年,中国铁建完成施工产值4284亿元,占年计划的126%,比2009年增加986亿元。全系统超过5000万元的在建项目有1923个。其中,铁路工程587项;公路工程686项;市政工程156项;城市轨道交通工程183项;水利水电工程74项;房屋建筑工程190项;其他工程47项。承建桥梁10437座,设计长度6426公里,完成3214公里;承建隧道2963座,设计长度5769公里,完成2690公里。

2010年,中国铁建参建的大多数重难点工程相继取得突破。1月4日,昌九城际铁路全线铺通,9月20日开通运营;1月28日,郑西铁路客运专线成功试运行,2月6日正式运营;3月16日,沪宁城际铁路全线铺通,7月1日正式开通;4月26日,中铁十八、二十二局集团公司参建的全长8.695公里的"中国大陆海底第一隧"厦门翔安海底隧道建成通车;4月28日,中铁十六、十八局集团公司参建的全长6.17公里的青岛胶州湾隧道贯通;5月28日,股份公司承建的、被誉为"万里长江第一隧"的南京长江隧道正式通车,该工程攻克世界六大技术难题;9月28日,沪杭高速铁路试运行,最高时速达到416.6公里,刷新世界铁路运营试验速度的最高纪录,10月26日正式通车营运;11月13日,迄今世界上设计运能最大、运营模式最复杂、同类工程建设工期最短的沙特轻轨铁路开通运营;11月15日,京沪高速铁路全线铺通,12月3日在枣庄至蚌埠间的先导段试验时速达到486.1公里,再次刷新世界铁路运营试验速度的最高纪录;12月8日,中铁十二局集团公司参建的全长10.8公里的广深港铁路客运专线狮子洋隧道左线盾构机成功实现江中对接,克服了被专家称为"不可接受风险"的世界性技术难题;12月22日,中国铁路建设史上难度最大、桥隧最多、历时最长、造价最高,被称为"建筑在地下长江上的铁路"——宜万铁路建成通车。12月28日,包西铁路陕西段开通运营;12月30日,海南东环高速铁路、长吉城际铁路、喀和铁路建成通车。(刘 辉)

【股份公司工程调度工作先进个人】

闫晋锁	中铁十一局集团公司
余安祥	中铁十一局集团公司
茹晓军	中铁十二局集团公司
贯素贞	中铁十二局集团公司
李昕晔	中铁十三局集团公司
李忠岭	中铁十三局集团公司
车兆利	中铁十四局集团公司
左常敏	中铁十四局集团公司
陈襄渝	中铁十五局集团公司
刘新强	中铁十五局集团公司
陈绍辉	中铁十六局集团公司
孙桂军	中铁十六局集团公司
张庆华	中铁十七局集团公司
王翻云	中铁十七局集团公司
闫利亚	中铁十八局集团公司
齐立宾	中铁十八局集团公司
畅文举	中铁十九局集团公司
许爱军	中铁十九局集团公司
陈　剑	中铁二十局集团公司
李海霞	中铁二十局集团公司
赵映红	中铁二十一局集团公司
王文博	中铁二十一局集团公司
林　毅	中铁二十二局集团公司
伍立华	中铁二十二局集团公司
杨勇涛	中铁二十三局集团公司
孙巧莲	中铁二十三局集团公司

瞿罗生　中铁二十四局集团公司
苏文林　中铁二十四局集团公司
康　毅　中铁二十五局集团公司
劳业亮　中铁二十五局集团公司
杨志民　中铁建设集团公司
姚源刚　中铁建设集团公司
袁　莉　中铁建电气化局集团公司
耿藏军　中铁建电气化局集团公司

（刘　辉）

【股份公司优秀项目经理】

杨爱国　中国土木工程集团公司
肖　众　中国土木工程集团公司
宋国平　中铁十一局集团一公司
江淑春　中铁十一局集团一公司
陈永平　中铁十一局集团二公司
王新明　中铁十一局集团三公司
刘昌盛　中铁十一局集团四公司
汪满建　中铁十一局集团五公司
李天胜　中铁十二局集团公司
罗延生　中铁十二局集团一公司
武　峰　中铁十二局集团二公司
陈　俊　中铁十二局集团二公司
张福财　中铁十二局集团四公司
何英伟　中铁十二局集团七公司
何国民　中铁十二局集团建筑安装公司
李春江　中铁十三局集团一公司
徐润泽　中铁十三局集团二公司
刘立臣　中铁十三局集团三公司
朱瑞强　中铁十三局集团四公司
常　亮　中铁十三局集团四公司
陈丕刚　中铁十三局集团电务公司
王　焕　中铁十四局集团公司
王启高　中铁十四局集团一公司
范文远　中铁十四局集团四公司
孙成新　中铁十四局集团四公司
陈格喜　中铁十四局集团建筑安装分公司
习仲伟　中铁十五局集团公司
牛跃军　中铁十五局集团一公司
张永昌　中铁十五局集团五公司
杨　锋　中铁十五局集团七公司
胡志广　中铁十五局集团七公司
杨继发　中铁十五局集团西北公司
王义水　中铁十六局集团公司
陈宏铭　中铁十六局集团一公司
张忠德　中铁十六局集团铁运公司
李克庆　中铁十六局集团电务公司
邱　军　中铁十六局集团北京工程公司
陈广亮　中铁十六局集团北京工程指挥部
吴　杰　中铁十六局集团广州工程指挥部
郝占胜　中铁十七局集团公司
李新国　中铁十七局集团公司
刘友平　中铁十七局集团公司
王林俊　中铁十七局集团二公司
靳登宇　中铁十七局集团三公司
刘烈生　中铁十七局集团六公司
冯清晋　中铁十七局集团建筑公司
崔连友　中铁十八局集团公司
史长兴　中铁十八局集团公司
高永亮　中铁十八局集团三公司
赵　勇　中铁十八局集团六公司
张建升　中铁十八局集团隧道公司
鞠国占　中铁十九局集团一公司
黄　健　中铁十九局集团二公司
袁宗勇　中铁十九局集团三公司
张晓峰　中铁十九局集团五公司
陈友建　中铁十九局集团轨道交通公司
石召监　中铁十九局集团电务公司
陈德彪　中铁十九局集团矿业投资公司
汪发安　中铁二十局集团一公司
李新亮　中铁二十局集团三公司
苗　禾　中铁二十局集团六公司
张　斌　中铁二十局集团六公司
周海军　中铁二十局集团六公司
冯建军　中铁二十一局集团公司
肖继和　中铁二十一局集团一公司
李光军　中铁二十一局集团三公司
王　飞　中铁二十一局集团三公司
高志勇　中铁二十一局集团五公司
郭建东　中铁二十二局集团公司
施德旭　中铁二十二局集团一公司
游庆国　中铁二十二局集团四公司
冯铁骥　中铁二十二局集团六公司
杨　鑫　中铁二十三局集团公司
碗国建　中铁二十三局集团公司
徐在华　中铁二十三局集团一公司
王晓忠　中铁二十三局集团四公司
黄　立　中铁二十四局集团上海电务电化公司
卢　见　中铁二十四局集团上海铁建工程公司
彭立国　中铁二十四局集团浙江工程公司
张春德　中铁二十四局集团南昌铁路工程公司
罗开导　中铁二十五局集团建筑安装公司

鲁智安　中铁二十五局集团广州铁路工程公司
苏永雄　中铁二十五局集团电务公司
江张宿　中铁建设集团铁路工程总指挥部
杨国强　中铁建设集团北京分公司
赵林飞　中铁建设集团北京分公司
李瑞法　中铁建设集团海南分公司
寇　震　中铁建电气化局集团公司
罗世昌　中铁建电气化局集团公司
张华峰　中铁建电气化局集团一公司
闫宏飞　中铁建电气化局集团五公司
陈宝军　中铁建电气化局集团南方工程公司

（刘　辉）

【股份公司工程项目管理先进单位】

中铁十七局集团公司
中铁建电气化局集团公司
中铁十一局集团三公司
中铁十二局集团一公司
中铁十二局集团二公司
中铁十三局集团三公司
中铁十四局集团二公司
中铁十五局集团六公司
中铁十六局集团北京工程公司
中铁十六局集团五公司
中铁十七局集团二公司
中铁十八局集团五公司
中铁十九局集团五公司
中铁十九局集团一公司
中铁二十局集团六公司
中铁二十一局集团三公司
中铁二十二局集团哈尔滨铁路建设集团公司
中铁二十三局集团一公司
中铁二十四局集团鹰潭设备安装工程公司
中铁二十五局集团广州铁路工程公司　（刘　辉）

【股份公司优秀项目经理部】

中国土木工程集团坦桑尼亚供水项目四期工程项目经理部

中国土木工程集团博茨瓦纳洛巴策医院项目经理部

中铁十一局集团公司沪宁城际铁路工程站前Ⅵ标段项目经理部

中铁十一局集团沪杭铁路客运专线 HHZQ－6 标段项目经理部

中铁十一局集团三公司新建铁路太原至中卫（银川）线 SJS－1 标段铺架指挥部

中铁十一局集团建筑安装公司武广铁路客运专线站后 1 标段项目经理部

中铁十二局集团公司武广铁路客运专线工程项目经理部

中铁十二局集团一公司京沪高速铁路 4 标段三项目部

中铁十二局集团二公司宜万铁路 32 标段项目部

中铁十二局集团三公司厦深铁路广东段 XSGZQ－3 标段项目经理部

中铁十二局集团电气化公司新建武汉北编组站“四电”工程项目经理部

中铁十三局集团公司京石铁路客运专线工程指挥部

中铁十三局集团公司黑龙江省鸡西至讷河公路工程建设项目 C08 标段项目经理部

中铁十三局集团公司成都地铁项目经理部

中铁十四局集团公司四川九龙河江边水电站项目经理部

中铁十四局集团一公司厦蓉高速公路贵州境水口（桂黔界）至榕江格龙段 AT9 项目经理部

中铁十四局集团二公司丹东至海城高速公路路基 4 合同段项目经理部

中铁十四局集团三公司 GZ45 天水至定西高速公路 TD1 项目经理部

中铁十五局集团公司京沪高速铁路工程指挥部

中铁十五局集团七公司西汉高速公路强化安全工程 02 标段项目部

中铁十五局集团公司南同蒲铁路改造工程 1 标段项目经理部

中铁十六局集团二公司迁曹铁路项目经理部

中铁十六局集团北京公司建发现代城项目经理部

中铁十六局集团轨道公司深圳地铁 4 号线项目经理部

中铁十六局集团三公司渝湘高速公路 H10 合同段项目经理部

中铁十六局集团四公司昆明市主城二环快速系统金星、菊花立交桥改扩建工程项目经理部

中铁十七局集团公司武广铁路客运专线 XXTJⅥ标段项目经理部

中铁十七局集团公司保阜高速公路 LJ－01B 标段项目经理部

中铁十七局集团公司海南东环铁路 DHZQ－1 标段一工区项目经理部

中铁十七局集团公司铜黄高速公路汤屯段第 4 合同段项目经理部

中铁十七局集团公司京沪高速铁路 1 标段安次梁

场项目经理部

中铁十八局集团公司石武铁路客运专线河南段项目部

中铁十八局集团公司厦门东通道(翔安隧道)工程 A2 标段项目经理部

中铁十八局集团公司轨道交通大兴线 03 标段项目经理部

中铁十九局集团五公司石家庄市二环快速路提升工程第 7 标段项目经理部

中铁十九局集团南京地铁 2 号线 BT 一期工程 D2－TA05 标段项目经理部

中铁十九局集团三公司辽新高速公路路面第 1 合同段项目经理部

中铁十九局集团一公司内蒙古丰镇电厂综合工程项目经理部

中铁十九局集团矿业公司(中外合作)吉林板庙子金矿尾矿库、井巷工程项目经理部

中铁二十局集团公司昆明市二环快速系统改扩建工程项目经理部

中铁二十局集团公司国道 318 线海子山至竹巴笼、雅江过境段公路改建工程 BT9 合同段项目经理部

中铁二十局集团六公司青兰高速公司第 22 合同段项目经理部

中铁二十局集团公司黔桂铁路扩能改造工程指挥部

中铁二十一局集团公司石汝支线电气化改造工程项目经理部

中铁二十一局集团公司西宁北货运中心抗震救灾应急工程指挥部

中铁二十一局集团公司向莆铁路 FJ－12A 标段项目部

中铁二十一局集团公司兰渝铁路 LYS－7 标段项目经理部四分部

中铁二十二局集团电气化公司宜万铁路通信工程项目部

中铁二十二局集团公司洛湛铁路工程指挥部

中铁二十二局集团公司厦门翔安海底隧道 A3 标段项目部

中铁二十三局集团公司大连铁路集装箱中心站工程项目经理部

中铁二十三局集团一公司南昌洪都大桥第Ⅱ合同段项目经理部

中铁二十三局集团四公司内蒙古工程指挥部

中铁二十四局集团公司南昌枢纽西环线工程 XHZ1 标段项目经理部

中铁二十四局集团南昌铁路工程公司闸垣高速公路 LA1 标段项目部

中铁二十四局集团公司 A15 公路 3 标段工程项目经理部

中铁二十四局集团公司萧甬铁路电气化项目部

中铁二十五局集团公司海南东环铁路站前工程第Ⅲ标段项目经理部

中铁二十五局集团公司郑西铁路客运专线 ZXZQ02 标段项目部

中铁建电气化局集团公司兰新铁路乌西至精河二线工程指挥部

中铁建电气化局集团(联合体)郑西铁路客运专线“四电”工程二公司项目部

中铁建电气化局集团南方工程公司(联合体)郑西铁路客运专线“四电”工程项目部

中铁建电气化局集团(联合体)郑西铁路客运专线“四电”工程三公司项目部

中铁建设集团公司上海世界博览会石油馆项目经理部

中铁建设集团公司雅宝路二期危改 B 区外交部单宿 Q1Q2C2 及消防站项目经理部

中铁建设集团公司中滩村旧村改造 B 区(北奥阳光)住宅小区项目经理部

中铁建设集团公司北京石景山区银河万达商业广场项目经理部 (刘 辉)

铁路工程

·京沪高速铁路·

【工程综述】 京沪高速铁路全长 1318 公里,沿途经过北京、天津、济南、南京、上海等 21 座车站,设计时速 350 公里。全线桥梁 1140 公里,占正线长度的 86.5%;隧道 16 公里,占正线长度的 1.2%;路基 162 公里,占正线长度的 12.3%。全线铺设无砟轨道 1268 公里,占线路长度的 96.2%;有砟轨道 50 公里,占线路长度的 3.8%。中铁十二、十四、十五、十六、十七、十八、十九局集团公司参加工程建设,合同投资 387 亿元。上海虹桥站工程由上海建工集团股份有限公司和中铁二十四局集团公司联合体负责施工。 (刘 辉)

【京沪高速铁路 JHTJ－4 标段工程】 位于江苏、安徽省境内,标段长 285.7 公里,合同投资 170 亿元。主要工程量:路基 63 公里;桥梁 54 座 229592 延长米,公路

跨铁路立交桥10座,框架桥262座,隧道2座460延长米,铺轨688.27公里,铺道岔200组,站场4座。由中铁十二、十四、十五局集团公司联合体负责施工。中铁十二局集团公司京沪高速铁路工程指挥部驻安徽省蚌埠市,指挥长高治双;中铁十四局集团公司京沪高速铁路工程指挥部驻安徽省蚌埠市,指挥长张挺军;中铁十五局集团公司京沪高速铁路工程指挥部驻安徽省宿州市,指挥长习仲伟。 (刘 辉)

【京沪高速铁路JHTJ-3标段工程】 由中铁十六局集团公司和中国水利水电集团公司联合体负责施工。中铁十六局集团公司京沪高速铁路工程指挥部驻山东省枣庄市,指挥长郭品云。标段长86.7公里,合同投资50亿元。主要工程量:路基35.8公里,土石方415万立方米;桥梁35座48883延长米,隧道2座1800延长米;车站1座;双线铺轨264.5公里。 (刘 辉)

【京沪高速铁路JHTJ-1标段工程】 由中铁十七、十八、十九局集团公司联合体负责施工。中铁十七局集团公司京沪高速铁路工程指挥部驻河北省廊坊市,指挥长梁毅;中铁十八局集团公司京沪高速铁路工程指挥部驻河北省沧州市,指挥长吴忠良;中铁十九局集团公司京沪高速铁路工程指挥部驻天津市,指挥长孙吉东。标段长237.2公里,合同投资167亿元。主要工程量:路基土石方297万立方米;桥梁9座218573延长米,其中北京特大桥全长48166延长米、天津特大桥全长117800延长米、清沧特大桥全长27886延长米、沧德特大桥沧州段全长18160延长米;涵洞39座1061.33横延米;站场3座,线路所1座;正线铺轨545.047公里,浇注无砟道床423.9公里。 (刘 辉)

【京沪高速铁路上海虹桥站及相关工程】 由中铁二十四局集团公司负责施工。工程指挥部驻上海市虹桥区,指挥长郭富君。承担虹桥车站站场及相关工程施工任务,合同投资1.27亿元。 (刘 辉)

·京石铁路客运专线·

【工程综述】 京石铁路客运专线北起首都北京,南至河北省省会石家庄市,全长283.672公里。其中,北京市境内48.712公里;河北省境内234.96公里。设计时速350公里,桥梁长度占线路全长的77%。工程总投资438.7亿元。2008年10月7日正式开工建设,计划2011年建成通车。中铁十一、十二、十三、二十一、二十二局集团公司参加工程建设。 (刘 辉)

【中铁十一局集团公司京石铁路客运专线工程指挥部】 驻河北省望都县,指挥长王金柱。承担JS-3标段部分工程施工任务,线路长57公里,合同投资327700万元。主要工程量:桥梁3座11650延长米。其中,帅村唐河特大桥7230延长米;东朱谷跨朔黄铁路特大桥4360延长米。土石方124.6万立方米,涵洞29座923横延米,CFG桩110万米。 (刘 辉)

【中铁十二局集团公司京石铁路客运专线工程指挥部】 驻河北省石家庄市,指挥长张金柱。承担JS-4标段部分工程施工任务,线路长28公里,合同投资97820万元。主要工程量:路基12.83公里;桥梁23700延长米,其中石太直通线桥梁13450延长米;石太直通线隧道2座4579延长米;涵洞30座783.31横延米;轨道302.3公里(含JS-3、JS-4标段铺轨)。 (刘 辉)

【中铁十三局集团公司京石铁路客运专线工程指挥部】 驻河北省新乐市,指挥长吴焕通。承担JS-3、JS-4标段部分工程施工任务,线路长74公里,合同投资328178万元。 (刘 辉)

【中铁二十一局集团公司京石铁路客运专线工程指挥部】 驻河北省鹿泉市,指挥长宋建忠。承担JS-4标段16.02公里直通线线下工程及59.7公里有砟轨道铺设和正线240公里无砟轨道铺设施工任务,合同投资138713万元。主要工程量:路基土石方28万立方米,涵洞5座164横延米,桥梁3座13774.7延长米,简支箱梁234孔,简支T梁225孔。 (刘 辉)

【中铁二十二局集团公司京石铁路客运专线JS-1标段工程指挥部】 驻北京市房山区,指挥长陈延军。承担JS-1标段部分工程施工任务,线路长14公里,合同投资141075万元。主要工程量:永定河特大桥14490延长米,铺轨288公里。 (刘 辉)

【中铁二十二局集团公司京石铁路客运专线JS-4标段工程指挥部】 驻河北省井陉县,指挥长王桂春。承担JS-4标段1.9公里直通线施工任务,合同投资5400万元。主要工程量:跨石太铁路特大桥657.85延长米,涵洞3座103.5横延米。 (刘 辉)

·石武铁路客运专线·

【工程综述】 石武铁路客运专线自石家庄东站引出,经邢台、邯郸、安阳、新乡、郑州、许昌、漯河、驻马店、信阳，过天兴洲公铁两用桥，终点为武汉新火车站，和武广铁路客运专线对接，全线设14个车站，线路全长840.725公里。其中，河北境内202.642公里；河南境内506.862公里；湖北境内131.221公里。设计时速350公里，桥隧长度占线路全长的81%。工程投资1167.6亿元。2008年10月15日正式开工建设，计划2011年建成通车。中铁十一、十四、十五、十六、十七、十八、十九、二十、二十三局集团公司参加工程建设。

（刘 辉）

【中铁十一局集团公司石武铁路客运专线湖北段2标段工程指挥部】 驻湖北省武汉市，指挥长荆山。线路长71公里，合同投资508000万元。主要工程量：路基23.747公里，桥梁47座35691延长米，隧道13座11811延长米，制梁场2处，车站1座。（刘 辉）

【中铁十四局集团公司石武铁路客运专线河北段2标段工程指挥部】 驻河北省邢台市，指挥长王焕。线路长68公里，合同投资450523万元。主要工程量：路基5.4公里；土石方137.25万立方米；桥梁9座63265.4延长米，占线路长的92%；CFG桩161.3万米；涵洞403.75横延米；车站1座。（刘 辉）

【中铁十五局集团公司石武铁路客运专线河南段郑州枢纽工程指挥部】 驻河南省郑州市，指挥长郑根锁。合同投资27000万元。主要工程量：桥梁6470延长米。（刘 辉）

【中铁十六局集团公司石武铁路客运专线河南段9标段工程指挥部】 驻河南省信阳市，指挥长张鸿鹏。线路长21公里，合同投资120000万元。主要工程量：路基土石方172万立方米，桥梁17座6033延长米，涵洞43座954.5横延米，隧道7座5709延长米，铺轨42.65公里。（刘 辉）

【中铁十七局集团公司石武铁路客运专线郑州东站2标段工程指挥部】 驻河南省郑州市，指挥长李兴国。合同投资228000万元。主要工程量：路基土石方372万立方米，桥梁8座779延长米，涵洞2座145横延米。（刘 辉）

【中铁十七局集团公司石武铁路客运专线河南段9标段工程指挥部】 驻河南省信阳市，指挥长郝占胜。线路长10公里，合同投资258000万元。主要工程量：路基土石方394万立方米，桥梁22座21998延长米，涵洞35座819横延米。（刘 辉）

【中铁十八局集团公司石武铁路客运专线8标段工程指挥部】 驻河南省驻马店市，指挥长杨国良。线路长56公里，合同投资328000万元。主要工程量：路基12.3公里，土石方283万立方米，桥梁8座42590延长米，隧道2座1184延长米，制梁640孔，CRTSII型轨道板58231块，铺设轨道板17257块。（刘 辉）

【中铁十九局集团公司石武铁路客运专线河南段2标段工程指挥部】 驻河南省新乡市，指挥长李华伟。线路长50公里，合同投资325000万元。主要工程量：特大桥3座43944延长米，路基6.04公里，站场1座，铺设无砟轨道49.9公里。（刘 辉）

【中铁二十局集团公司石武铁路客运专线河南段2标段工程指挥部】 驻河南省新乡市，指挥长周海军。线路长22公里，合同投资168834万元。主要工程量：土石方169万立方米，桥梁4座106.25延长米，涵洞33座842.56横延米，现浇梁4片，制架梁474榀，Ⅰ型轨道板14052块，Ⅱ型轨道板18908块。（刘 辉）

【中铁二十三局集团公司石武铁路客运专线湖北1标段工程指挥部】 驻湖北省大悟县，指挥长袁松。线路长62公里，合同投资398602万元。主要工程量：路基23公里，土石方984.5万立方米；桥梁54座19236延长米，简支梁532孔，连续梁五联27孔；隧道13座19795延长米，其中黄龙寺隧道8715延长米；无砟轨道双线铺设62.3公里。（刘 辉）

·哈齐铁路客运专线·

【工程综述】 哈齐铁路客运专线起自哈尔滨市，向西北方向经肇东、安达、大庆，止于齐齐哈尔市。线路全长286公里，工程投资312.41亿元，设计时速300公里。合同工期2009年10月～2013年10月。中铁十三、十五、十六、二十、二十二、二十三局集团公司参加工程建设。（刘 辉）

【中铁十三局集团公司哈齐铁路客运专线HQTJ－5标段工程指挥部】 驻黑龙江省泰康县，指挥长戴文革。线路长64公里，合同投资446713万元。主要工程量：路基14公里，土石方210万立方米，桥梁51000延长米，箱梁1594孔，涵洞874横延米，铺轨32公里。

（刘 辉）

【中铁十五局集团公司哈齐铁路客运专线HQTJ－4标段工程指挥部】 驻黑龙江省大庆市，指挥长谭振武。

线路长 44 公里,合同投资 218420 万元,主要工程量:路基 29 公里,特大桥 4 座 15270 延长米,涵洞 57 座,正线无砟轨道铺设 89 公里,站线铺轨 4 公里。

(刘 辉)

【中铁十六局集团公司哈齐铁路客运专线 HQTJ-3 标段工程指挥部】 驻黑龙江省大庆市,指挥长任灿伟。线路长 64 公里,合同投资 432000 万元。主要工程量:路基 22 公里,桥梁 6 座 42000 延长米,涵洞 42 座 903 横延米,无砟道床 124 公里,铺长轨 309 公里,安达、龙凤两座车站。 (刘 辉)

【中铁二十局集团公司哈齐铁路客运专线 HQTJ-2 标段工程指挥部】 驻黑龙江省肇东市,指挥长赵崇科。线路长 59 公里,合同投资 315000 万元。主要工程量:路基土石方 462 万立方米,桥梁 11 座 20000 延长米,涵洞 79 座 1545 横延米,站场 1 处,无砟道床 119 公里,铺轨 16 公里。 (刘 辉)

【中铁二十二局集团公司哈齐铁路客运专线 HQTJ-1 标段工程指挥部】 驻黑龙江省哈尔滨市,指挥长张国华。线路长 47 公里,合同投资 476274 万元。主要工程量:路基土石方 569 万立方米,桥梁 8 座,CFG 桩 732 万米,铺轨 233 公里,拆除道岔 25 组,新铺道岔 48 组。 (刘 辉)

【中铁二十三局集团公司哈齐铁路客运专线 HQTJ-5 标段工程指挥部】 驻黑龙江省齐齐哈尔市,指挥长陈涛。线路长 26 公里,合同投资 190734 万元。主要工程量:路基土石方 156 万立方米,桥梁 2 座 19050 延长米,预制轨道板 4.5 万块。 (刘 辉)

·津秦铁路客运专线·

【工程综述】 津秦铁路客运专线起自天津站,途经天津市河东区、东丽区、塘沽区、汉沽区、宁河县,进入河北省唐山市,经北戴河至终点秦皇岛站,全线设滨海站、滨海北站、唐山站、滦河站、北戴河站、秦皇岛站 6 座车站。线路全长 261 公里,设计时速 350 公里,桥隧长度占线路全长的 70.85%。工程投资 338 亿元。2008 年 11 月 8 日正式开工建设,计划工期 4 年。中铁十七、二十一、二十二局集团公司参加工程建设。

(刘 辉)

【中铁十七局集团公司津秦铁路客运专线 3 标段工程指挥部】 驻河北省唐山市,指挥长吴建荣。线路长 32.8 公里,合同投资 308600 万元。主要工程量:路基土石方 57 万立方米,桥梁 6 座 26621 延长米,涵洞 8 座 227 横延米。 (刘 辉)

【中铁二十一局集团公司津秦铁路客运专线 4 标段工程指挥部】 驻河北省秦皇岛市,指挥长张增科。线路长 69.2 公里,合同投资 365137 万元。主要工程量:路基 26 公里,土石方 672 万立方米,桥梁 33 座 28000 延长米,隧道 14 座 11000 延长米,涵洞 91 座 3004 横延米,滦河车站。 (刘 辉)

【中铁二十二局集团公司津秦铁路客运专线 1 标段工程指挥部】 驻天津市,指挥长郭建东。线路长 24.4 公里,合同投资 240000 万元。主要工程量:滨海车站,宁车沽永定新河特大桥。 (刘 辉)

·宁杭铁路客运专线·

【工程综述】 南京至杭州铁路客运专线起自南京枢纽南京南站,途经江苏省南京市江宁区、句容市、溧水县、溧阳市、宜兴市,浙江省长兴县、湖州市、德清县、杭州市余杭区、拱墅区,南止于杭州枢纽杭州东站。线路全长 248.963 公里,设计时速 350 公里,桥隧长度占线路全长的 74%。工程投资 313.8 亿元。2008 年 12 月 27 日正式开工建设,计划工期 3 年。中铁十七、二十四局集团公司和中铁建电气化局集团公司参加工程建设。 (刘 辉)

【中铁十七局集团公司宁杭铁路客运专线 3 标段工程指挥部】 驻浙江省湖州市,指挥长卢朋。线路长 48.5 公里,合同投资 437600 万元。主要工程量:路基土石方 200 万立方米,桥梁 36129 延长米,隧道 4 座 9631 延长米,涵洞 26 座 842 横延米。 (刘 辉)

【中铁二十四局集团公司宁杭铁路客运专线 4 标段工程指挥部】 驻浙江省杭州市,指挥长陈爱民。线路长 53.6 公里,合同投资 43056 万元。主要工程量:路基土石方 153 万立方米,桥梁 40505 延长米,隧道 9871 延长米,铺轨 107 公里,房屋建筑 6634 平方米。

(刘 辉)

【中铁建电气化局集团公司宁杭铁路客运专线"四电"工程指挥部】 驻江苏省南京市、浙江省杭州市,指挥长陈爱民。线路长 53.6 公里,合同投资 43056 万元。主要工程量:通信正线 249 公里,计算机联锁 11 站,电力 720 公里,牵引变电所 5 座,AT 所 15

座，接触网 701 条公里。（刘　辉）

·广深港铁路客运专线·

【工程综述】 广深港铁路客运专线是香港、深圳、广州的新快速铁路通道,拟设新广州站、东涌、虎门、公明、新深圳站 5 座车站。新深圳站向南经专用路轨延伸至香港,跨境列车接驳地铁东涌线、九龙南线至西九龙总站,虎门站预留通往惠州方向的接口。线路全长 105 公里,工程投资 205 亿元,设计时速 200 公里。中铁十二、十四、十五、十七局集团公司参加工程建设。（刘　辉）

【中铁十二局集团公司广深港铁路客运专线狮子洋隧道工程指挥部】 驻广东省广州市,指挥长刘广均。线路长 10.8 公里,合同投资 117946 万元。狮子洋隧道位于广深港铁路客运专线东涌至虎门站区间,为全线控制性工程,是中国第一座采用盾构法施工的水下铁路隧道,由 2 条长 10.8 公里的圆形隧道组成。工程地质复杂,施工风险极大。（刘　辉）

【中铁十四局集团公司广深港铁路客运专线 ZH－1 标段工程指挥部】 驻广东省广州市,指挥长周长进。线路长 31 公里,合同投资 226632 万元。主要工程量:桥梁 8 座 29021 延长米,隧道 1 座 2059 延长米,制梁 508 孔。重点工程:屏山涌、沙湾、东涌站特大桥和青罗峰隧道。（刘　辉）

【中铁十五局集团公司广深港铁路客运专线 ZH－4 标段工程指挥部】 驻广东省深圳市,指挥长张海亮。线路长 11 公里,合同投资 502576 万元。主要工程包括地下车站、区间矿山法隧道、区间盾构隧道、路基、机电安装、电力迁改等。其中,益田隧道 6236 延长米,明洞施工 80 米,矿山法施工 3712 米,盾构法施工 2444 米;皇岗隧道 3932.29 延长米,冷冻法施工 76 米,盾构法施工 3717 米,矿山法施工段 119.29 米。（刘　辉）

【中铁十七局集团公司广深港铁路客运专线 ZH－2 标段工程指挥部】 驻广东省东莞市,指挥长蔚东续。线路长 52 公里,合同投资 355300 万元。主要工程量:土石方 253 万立方米,桥梁 34 座 25778 延长米,隧道 18 座 14449 延长米,路基 8 公里,铺设无砟轨道 105 公里。（刘　辉）

·兰渝铁路·

【工程综述】 兰渝铁路北起甘肃省兰州市枢纽兰州东站,途经榆中县、渭源县、岷县、宕昌县、陇南市(武都区),向东经四川省广元市、苍溪县、阆中市、南部县到南充市(顺庆区),在南充分线(高坪区),一条经武胜县到重庆市,另一条经广安市、三汇坝到重庆市。线路全长 820 公里,其中甘肃境内 435 公里。设计时速 160 公里,桥隧长度占线路全长的 73%。工程投资 774 亿元。2008 年 9 月 26 日开工建设,计划工期 6 年。中铁十一、十三、十六、十八、十九、二十、二十一、二十三局集团公司参加工程建设。（刘　辉）

【中铁十一局集团公司兰渝铁路客运专线 LYS－4 标段工程指挥部】 驻甘肃省宕昌县,指挥长陈仕猛。线路长 26 公里,合同投资 132000 万元。主要工程量:隧道 3 座 26000 延长米,大桥 3 座 504 延长米,宕昌车站。（刘　辉）

【中铁十三局集团公司兰渝铁路客运专线 LYS－4 标段工程指挥部】 驻甘肃省宕昌县,指挥长李素清。线路长 66 公里,合同投资 310000 万元。主要工程量:路基 6 公里,隧道 12 座 39790 延长米,桥梁 15 座 22159 延长米,涵洞 22 座 436 横延米。（刘　辉）

【中铁十三局集团公司兰渝铁路兰州枢纽工程指挥部】 驻甘肃省兰州市,指挥长李维瑞。合同投资 72000 万元。主要工程量:隧道 1 座 2273 延长米,大桥 1 座 448 延长米,路基土石方 670.8 万立方米,铺道岔 191 组,铺轨 72 公里,房屋建筑 5.5 万平方米,高速公路 1.278 公里。（刘　辉）

【中铁十六局集团公司兰渝铁路客运专线 LYS－2 标段工程指挥部】 驻甘肃省渭源县,指挥长薛瑞林。线路长 54 公里,合同投资 242900 万元。主要工程量:路基土石方 435 万立方米,桥梁 15 座 10000 延长米,隧道 13 座 49000 延长米。（刘　辉）

【中铁十八局集团公司兰渝铁路客运专线 XQLS1 标段工程指挥部】 驻甘肃省武都县,指挥长史振春。线路长 31 公里,合同投资 163996 万元。主要工程量:西秦岭特长隧道右线 28236.58 延长米,范家坪隧道 3198 延长米,潘家沟中桥 88.26 延长米。（刘　辉）

【中铁十八局集团公司兰渝铁路客运专线 LYS－9 标

段工程指挥部】 驻四川省元坝县，指挥长王中会。线路长9公里，合同投资53653万元。主要工程量：土石方7.96万立方米，桥梁3座397延长米，涵洞1座23.5横延米，梅岭关隧道8270延长米。（刘 辉）

【中铁十九局集团公司兰渝铁路客运专线LYS－1标段工程指挥部】 驻甘肃省定西市，指挥长解方亮。线路长39公里，合同投资204736万元。主要工程量：路基2公里，隧道5座35000延长米，桥梁4座，车站1座。（刘 辉）

【中铁二十局集团公司兰渝铁路客运专线LY－LZSN－1标段工程指挥部】 驻甘肃省兰州市，指挥长刘庭联。线路长39公里，合同投资204736万元。主要工程量：路基土石方278万立方米，桥梁26座11087延长米，隧道17座23910延长米，涵洞15座622延长米，铺轨109公里。（刘 辉）

【中铁二十一局集团公司兰渝铁路客运专线LYS－7标段工程指挥部】 驻甘肃省兰州市榆中县，指挥长杨安怀。线路长30公里，合同投资181572万元。主要工程量：土石方406万立方米，隧道3座6953延长米，桥梁25座16063延长米，T梁1292片，连续梁3处464米，涵洞96座1780横延米。（刘 辉）

【中铁二十一局集团公司兰渝铁路客运专线LY－LZSN－3标段工程指挥部】 驻甘肃省兰州市，指挥长何颉。线路长58公里，合同投资31659万元。主要工程量：信号计算机联锁车站7座，其中新建3座；改建4站信号机810架，联锁道岔664组，轨道区段1089个，区间自闭58.44公里。（刘 辉）

【中铁二十三局集团公司兰渝铁路客运专线重庆枢纽1标段工程指挥部】 驻重庆市北碚区，指挥长李建军。线路长48公里，合同投资217369万元。主要工程量：路基15.994公里，土石方2528万立方米，桥梁12座4520延长米，改建既有单线隧道3座2312延长米，新建单线隧道4座6209延长米，正线铺轨51.66公里，站线铺轨178.49公里。（刘 辉）

·兰新铁路第二双线·

【工程综述】 兰新铁路第二双线自兰州西站引出，经青海省西宁市，甘肃省张掖市、酒泉市、嘉峪关，新疆维吾尔自治区哈密市、吐鲁番市，引入乌鲁木齐站，线路全长1776公里，设31座车站。其中，甘肃境内797.815公里；青海境内265.728公里；新疆境内712.907公里。设计时速200公里，工程投资1200亿元。2009年11月4日正式开工建设，计划工期5年。铁路建成后，将以客运为主，兼顾货运，现有兰新铁路将改为货运专线。中铁十一、十二、十三、十六、十七、十八、十九、二十、二十一局集团公司参加工程建设。（刘 辉）

【中铁十一局集团公司兰新铁路第二双线LXS－16标段工程指挥部】 驻甘肃省瓜州县，指挥长余霖。线路长84公里，合同投资354475万元。主要工程量：路基79.8公里，土石方893万立方米，桥梁33座4775延长米，正、站线铺轨800公里。（刘 辉）

【中铁十二局集团公司兰新铁路第二双线LXS－14标段工程指挥部】 驻甘肃省玉门市，指挥长徐孟校。合同投资80608万元。主要工程量：路基20.8公里，桥梁5座，清泉南站。（刘 辉）

【中铁十二局集团公司兰新铁路第二双线LXTJ8标段工程指挥部】 驻新疆维吾尔自治区乌鲁木齐市，指挥长祁玺剑。线路长42公里，合同投资216881万元。主要工程量：土石方426万立方米，桥梁20座10083延长米，涵洞84座2704横延米，达板城隧道4598延长米。（刘 辉）

【中铁十三局集团公司兰新铁路第二双线LXS－6标段工程指挥部】 驻青海省门源县，指挥长王保国。线路长52公里，合同投资219800万元。主要工程量：路基34公里，土石方216万立方米，特大桥8座15400延长米，隧道1座2200延长米，铺轨104公里，铺设轨道板173.9公里。（刘 辉）

【中铁十三局集团公司兰新铁路第二双线LXTJ4标段工程指挥部】 驻新疆维吾尔自治区哈密市，指挥长刘立臣。线路长30公里，合同投资120000万元。主要工程量：土石方220万立方米，路基17.7公里，桥梁20座，涵洞46座12600横延米。（刘 辉）

【中铁十六局集团公司兰新铁路第二双线LXTJ6标段工程指挥部】 驻新疆维吾尔自治区吐鲁番市，指挥长焦敬青。线路长34公里，合同投资242959万元。主要工程量：路基22.3公里，桥梁11座12100延长米，涵洞64座1912.9横延米，无砟道床68.4公里，铺长轨670公里，大河沿车站。（刘 辉）

【中铁十七局集团公司兰新铁路第二双线 LXS－17 标段工程指挥部】 驻甘肃省酒泉市，指挥长郝军。线路长 104 公里，合同投资 302000 万元。主要工程量：路基土石方 1103 万立方米，桥梁 32 座 5227 延长米，涵洞 266 座 6521 横延米。（刘 辉）

【中铁十八局集团公司兰新铁路第二双线 LXS－2 标段工程指挥部】 驻甘肃省兰州市红古区，指挥长于长彬。线路长 53 公里，合同投资 391414 万元。主要工程量：路基土石方 183 万立方米，桥梁 21 座 24495.3 米，隧道 9 座 17338 延长米，涵洞 35 座 849.6 横延米，铺设无砟轨道 53664 米。（刘 辉）

【中铁十八局集团公司兰新铁路第二双线 LXS－5 标段工程指挥部】 驻青海省门源县，指挥长高永亮。线路长 16 公里，合同投资 140966 万元。主要工程量：大坂山隧道 15918 延长米。（刘 辉）

【中铁十九局集团公司兰新铁路第二双线 LXS－15 标段工程指挥部】 驻甘肃省玉门市，指挥长陈金荣。线路长 46 公里，合同投资 318342 万元。主要工程量：路基 19.6 公里，土石方 301.7 万立方米，桥梁 26.5 公里，涵洞 46 座。（刘 辉）

【中铁二十局集团公司兰新铁路第二双线 LXS－7 标段工程指挥部】 驻青海省门源县，指挥长任少强。线路长 16 公里，合同投资 150899 万元。主要工程量：大梁隧道 6561 延长米，祁连山隧道 9515 延长米。（刘 辉）

【中铁二十局集团公司兰新铁路第二双线 LXTJ1 标段工程指挥部】 驻新疆维吾尔自治区哈密市，指挥长姚长文。线路长 67 公里，合同投资 196910 万元。主要工程量：路基土石方 878.4 万立方米，桥梁 2937.2 延长米，隧道 1 座 1050 延长米，涵洞 122 座 3400.4 横延米，无砟道床 67.7 公里，红柳河南站。（刘 辉）

【中铁二十一局集团公司兰新铁路第二双线 LXSQZ－1 标段工程指挥部】 驻青海省西宁市，指挥长赵进忠。线路长 23 公里，合同投资 187541 万元。主要工程量：桥梁 16 座 12000 延长米，隧道 6 座 6315 延长米，涵洞 13 座 293 横延米。（刘 辉）

【中铁二十一局集团公司兰新铁路第二双线 LX－LZSN－1 标段工程指挥部】 驻甘肃省兰州市，指挥长赵彦旭。线路长 15 公里，合同投资 139250 万元。主要工程量：路基 2 公里，土石方 116 万立方米，桥梁 12 座 6407 延长米，隧道 4 座 6805 延长米，铺轨 31 公里，电力迁改 15 公里。（刘 辉）

【中铁二十一局集团公司兰新铁路第二双线 LXTJ7 标段工程指挥部】 驻新疆维吾尔自治区乌鲁木齐市，指挥长朱昌岳。线路长 34 公里，合同投资 197129 万元。主要工程量：桥梁 14 座 4088.6 延长米，隧道 5 座 6001 延长米，涵洞 77 座 206 横延米。（刘 辉）

【中铁二十一局集团公司兰新铁路第二双线 KKS－13 标段工程指挥部】 驻甘肃省酒泉市，指挥长杜逢春。线路长 14 公里，合同投资 45000 万元。主要工程量：路基土石方 92 万立方米，新建酒泉南站 1 座，特大立交 1 座，箱型涵 24 座。（刘 辉）

·向莆铁路·

【工程综述】 向（塘）莆（田）铁路，西起江西省南昌市，自向塘枢纽新南昌站引出，途经江西抚州、南城、南丰，福建建宁、泰宁、将乐、沙县、尤溪至永泰分岔，分别引入外福铁路福州站和福厦铁路莆田站。线路全长 607 公里，设计时速 200 公里，桥隧长度占线路全长的 76.8%。工程投资 386 亿元。2007 年 11 月 23 日正式开工建设，计划 2012 年竣工通车。中铁十二、十四、十八、十九、二十一、二十三、二十四局集团公司参加工程建设。（刘 辉）

【中铁十二局集团公司向莆铁路 FJ－3B 标段工程指挥部】 驻福建省三明市，指挥长王法岭。线路长 88 公里，合同投资 92000 万元。主要工程量：隧道 21.5 座 72967 延长米，其中戴云山隧道 15599 延长米；桥梁 33 座 8696 延长米，涵洞 18 座，新建车站 3 座。（刘 辉）

【中铁十四局集团公司向莆铁路 FJ－3A 标段工程指挥部】 驻福建省尤溪县，指挥长赵克东。线路长 69 公里，合同投资 35000 万元。主要工程量：桥梁 25 座 7152 延长米；隧道 18 座 57837 延长米，其中戴云山隧道 15599 延长米、尤溪隧道 12974 延长米、棋盘石隧道 10822 延长米。尤溪、长庆车站两座。（刘 辉）

【中铁十八局集团公司向莆铁路 FJ－1A 标段工程指挥部】 驻福建省泰宁县，指挥长崔连友。线路长 80 公里，合同投资 358000 万元。主要工程量：土石方 654 万立方米；隧道 32.5 座 45636 延长米，其中雪峰山隧道 17840 延长米、宝台山隧道 11550 延长米；桥梁 38 座 12754 延长米；涵洞 27 座 1651 横延米；正线铺轨 136.5 公里；车站两座。（刘 辉）

【中铁十九局集团公司向莆铁路 FJ－11 标段工程指挥部】 驻福建省福州市，指挥长王成宏。线路长 123 公里，合同投资 43000 万元。主要工程量：大尖山隧道 6220 延长米，道德山隧道 6043 延长米，涵洞 3 座 65 横延米，公路跨铁路立交桥 1 座 58 米。（刘 辉）

【中铁二十一局集团公司向莆铁路 FJ－12A 标段工程指挥部】 驻福建省莆田市，指挥长王亮。线路长 14 公里，合同投资 59479 万元。主要工程量：莆田特大桥左线 179 号墩～502 号墩 10959.66 延长米，莆田特大桥右线 1 号墩～70 号墩单线 2451.76 延长米。（刘 辉）

【中铁二十三局集团公司向莆铁路 FJ－10 标段工程指挥部】 驻福建省莆田市，指挥长袁全祥。线路长 26 公里，合同投资 151695 万元。主要工程量：路基土石方 45 万立方米；隧道 5 座 46504.8 延长米，其中青云山特长隧道 22175 延长米；大桥 4 座 947.6 延长米；涵洞 6 座 332.3 横延米；临电力 26 公里；铺轨 44 公里。（刘 辉）

【中铁二十四局集团公司向莆铁路 JX－1A 标段工程指挥部】 驻江西省南昌市，指挥长魏立发。线路长 31 公里，合同投资 101138 万元。主要工程量：路基土石方 201.4 万立方米，桥梁 10 座 12305 延长米，涵洞 47 座 1229.1 横延米。（刘 辉）

【中铁二十四局集团公司向莆铁路 JX－4A 标段工程指挥部】 驻江西省抚州市，指挥长温裕洪。线路长 71.2 公里，合同投资 165000 万元。主要工程量：路基 51.8 公里，隧道 7 座 9000 延长米，桥梁 49 座 10000 延长米，涵洞 225 座，站场两座。（刘 辉）

·贵广铁路·

【工程综述】 贵广铁路始于贵州省贵阳市贵阳北站，止于广东省广州枢纽新广州车站，途经贵阳、都匀、桂林、贺州、肇庆、佛山、广州，线路全长 857 公里。其中，广东境内 207.5 公里；广西境内 348.5 公里；贵州境内 301 公里。设计时速 200 公里，桥隧长度占线路全长的 70%。工程投资 858 亿元。2008 年 10 月 13 日开工建设，计划工期 4 年。中铁十二、十三、十四、十六、十八、二十一、二十三局集团公司参加工程建设。（刘 辉）

【中铁十二局集团公司贵广铁路 GGTJ－6 标段工程指挥部】 驻广西壮族自治区桂林市，指挥长李天胜。线路长 66 公里，合同投资 572800 万元。主要工程量：路基土石方 436 万立方米，桥梁 26 座 19000 延长米，隧道 14 座 31000 延长米，涵洞 137 座 4815 横延米，铺轨 505 公里，车站两座。（刘 辉）

【中铁十三局集团公司贵广铁路 GGTJ－8 标段工程指挥部】 驻广西壮族自治区钟山县，指挥长臧守杰。线路长 67 公里，合同投资 29300 万元。主要工程量：路基土石方 827 万立方米；隧道 9 座 2383 延长米，其中两安隧道 12632 延长米；桥梁 13 座 8321 延长米；涵洞 234 座 6273 横延米；无砟道床 25 公里；车站两座。（刘 辉）

【中铁十四局集团公司贵广铁路 GGTJ－9 标段工程指挥部】 驻广西壮族自治区贺州市，指挥长谢晋水。线路长 60 公里，合同投资 354306 万元。主要工程量：路基土石方 268 万立方米，桥梁 23 座 12575 延长米，隧道 10 座 33789 延长米，涵洞 59 座 2033 横延米，正线铺轨 299 公里，车站 1 座。（刘 辉）

【中铁十六局集团公司贵广铁路 GGTJ－11 标段工程指挥部】 驻广东省广宁县，指挥长赵国旗。线路长 59 公里，合同投资 432102 万元。主要工程量：土石方 731 万立方米，桥梁 23 座 6967 延长米，隧道 27 座 36781 延长米，涵洞 75 座 3424.2 横延米，铺架 151 公里，车站两座。（刘 辉）

【中铁十八局集团公司贵广铁路 GGTJ－4 标段工程指挥部】 驻贵州省从江县，指挥长贾振功。线路长 50 公里，合同投资 329659 万元。主要工程量：路基土石方 530 万立方米；隧道 6 座 45441 延长米，其中洛香隧道 11232 延长米、高青隧道 10953 延长米；桥梁 15 座 2690.85 延长米；涵洞 20 座 489.39 横延米。（刘 辉）

【中铁二十一局集团公司贵广铁路 GGTJ－3、4 标段工程指挥部】 驻贵州省黎平县，指挥长张超民。线路长 31 公里，合同投资 186000 万元。主要工程量：路基土石方 48.6 万立方米；隧道 6 座 28200 延长，其中黄岗双线隧道 12245 米；桥梁 13 座 2309.8 延长米；涵洞 4 座；无砟道床 23.43 公里。（刘 辉）

【中铁二十三局集团公司贵广铁路 GGTJ－7 标段工程指挥部】 驻广西壮族自治区阳朔县，指挥长杨鑫。线路长 94 公里，合同投资 526642 万元。主要工程量：路基土石方 885 万立方米；桥梁 58 座 29785 延长米，预制及架设箱梁 818 孔；涵洞 108 座 2973 横延米；隧道 23 座 43851 延长米，其中宝峰山隧道 13678 延长米；铺设无砟轨道 188 公里；车站两座。（刘　辉）

·湘桂铁路·

【工程综述】 湘桂铁路北起湖南省衡阳市，南至广西壮族自治区凭祥市友谊关，与越南铁路相接。线路全长 1013 公里，设计时速 200 公里，工程投资 575 亿元。2009 年 3 月开工建设，计划工期 3 年半。中铁十一、十二、十八、二十、二十三、二十五局集团公司参加工程建设。（刘　辉）

【中铁十一局集团公司湘桂铁路 XG－6 标段工程指挥部】 驻广西壮族自治区柳州市，指挥长江淑春。线路长 69 公里，合同投资 229094 万元。主要工程量：土石方 1035 万立方米，桥梁 28 座 9237 延长米，涵洞 286 座 7568 横延米，隧道 9 座 11800 延长米，车站两座。（刘　辉）

【中铁十二局集团公司湘桂铁路 LN－3 标段工程指挥部】 驻广西壮族自治区兴安县，指挥长徐上进。线路长 48 公里，合同投资 174998 万元。主要工程量：路基 29.3 公里，桥梁 24 座 13400 延长米，涵洞 158 座 3740 横延米，隧道 5 座 5687 延长米。（刘　辉）

【中铁十二局集团公司湘桂铁路 LN－5 标段工程指挥部】 驻广西壮族自治区南宁市，指挥长张新生。线路长 54 公里，合同投资 329599 万元。主要工程量：桥梁 65 座 30740 延长米，制架箱梁 1181 孔，隧道 8 座 6704 延长米，涵洞 41 座 1119 横延米。（刘　辉）

【中铁十八局集团公司湘桂铁路 LN－4 标段工程指挥部】 驻广西壮族自治区南宁市，指挥长苏在林。线路长 54 公里，合同投资 248099 万元。主要工程量：土石方 80 万立方米，桥梁 20 座 5960 延长米，隧道 17 座 30100 延长米，涵洞 13 座 459 横延米。（刘　辉）

【中铁二十二局集团公司湘桂铁路 LN－3 标段工程指挥部】 驻广西壮族自治区宾阳县，指挥长李国华。线路长 64 公里，合同投资 447354 万元。主要工程量：土石方 441 万立方米，桥梁 57 座 44931 延长米，预制架设箱梁 1111 孔，涵洞 52 座 1376 横延米，铺轨 472 公里，车站 1 座。（刘　辉）

【中铁二十三局集团公司湘桂铁路 XG－5 标段工程指挥部】 驻广西壮族自治区临桂县，指挥长张教才。线路长 54 公里，合同投资 206546 万元。主要工程量：路基长 30 公里，土石方 680 万立方米，桥梁 27 座 9861 延长米，隧道 8 座 11100 延长米，涵洞 167 座 3859 横延米，铺设无砟轨道 13 公里。（刘　辉）

【中铁二十五局集团公司湘桂铁路 GTXG－1 标段工程指挥部】 驻湖南省衡阳市，指挥长王小青。线路长 93 公里，合同投资 142000 万元。主要工程量：土石方 372.9 万立方米，桥梁 13014 延长米，制架梁 449 片，铺轨 218 公里。（刘　辉）

【中铁二十五局集团公司湘桂铁路 XG－7 标段工程指挥部】 驻广西壮族自治区柳州市，指挥长曾水长。线路长 35 公里，合同投资 324454 万元。主要工程量：土石方 1036 万立方米，桥梁 28 座 12574 延长米，涵洞 262 座 10325 横延米，隧道 1 座 310 延长米，铺轨 370 公里。（刘　辉）

·渝利铁路·

【工程综述】 重庆至利川铁路为复线建设，渝利铁路由重庆枢纽江北客站经庙坝北、长寿北、涪陵北、丰都、石柱至湖北省利川市凉雾镇，在凉雾车站与宜万铁路接轨。线路全长 264 公里。其中，重庆境内 238 公里；湖北境内 26 公里。设计时速 200 公里，桥隧长度占线路全长的 79.2%。工程投资 301 亿元。2008 年 12 月 29 日开工建设，计划工期 5 年。（刘　辉）

【中铁十一局集团公司渝利铁路 5 标段工程指挥部】 驻重庆市长寿区，指挥长余斌。线路长 50 公里，合同投资 163700 万元。主要工程量：土石方 561 万立方米，隧道 6 座 14577 延长米，桥梁 49 座 13368 延长米，涵洞 99 座 3236 横延米，站场两座。（刘　辉）

【中铁十二局集团公司渝利铁路 1 标段工程指挥部】 驻重庆市渝北区，指挥长赵树林。线路长 36 公里，合同投资 364000 万元。主要工程量：土石方 1133 万立方米，隧道 21 座 32426 延长米，桥梁 44 座 19371 延长米，涵洞 3237 横延米。（刘　辉）

【中铁十五局集团公司渝利铁路 5 标段工程指挥部】

驻重庆市石柱区，指挥长田存周。线路长6公里，合同投资33604万元。主要工程量：隧道3.5座5990延长米，桥梁2座398.9延长米，铺设无砟轨道6.458公里。 （刘　辉）

【中铁十八局集团公司渝利铁路5标段工程指挥部】 驻重庆市石柱县，指挥长张海龙。线路长27公里，合同投资145287万元。主要工程量：路基土石方6.5万立方米；桥梁3座897.9延长米；隧道4座26700延长米，其中万寿山隧道13468延长米、沙子关隧道9249延长米；铺设双线无砟轨道61128米。 （刘　辉）

市政工程

·青岛胶州湾隧道·

【工程综述】 青岛胶州湾隧道是连接青岛市主城与西部黄岛城区的重要通道，南接薛家岛，北连团岛，下穿胶州湾海域3.95公里。线路全长7.12公里，隧道长6.17公里。设两条主隧道和一条服务隧道，主隧道为双向6车道，设计行车时速80公里。采取钻爆法施工，是中国在建的第二条大断面海底隧道。2006年12月开工，计划2010年底建成通车。中铁十六、十八局集团公司参加工程建设。 （刘　辉）

【中铁十六局集团公司青岛胶州湾隧道工程指挥部】 驻山东省青岛市，指挥长凌树云。承担第1标段施工任务，线路长2.845公里，合同投资5.9亿元。主要工程量：左线隧道2845延长米，服务隧道2750延长米，匝道隧道142.6延长米。 （刘　辉）

【中铁十八局集团公司青岛胶州湾隧道工程指挥部】 驻山东省青岛市，指挥长张斌。承担第3标段施工任务，合同投资5.1亿元。主要工程量：左线隧道3293.3延长米和洞口工程，路基1.8公里。 （刘　辉）

·天津海河隧道·

【工程综述】 海河隧道工程位于天津市滨海新区于家堡中心商务区和东西沽地区，工程北起胜利路，南至津滨大道立交，以隧道的形式穿越现状新港路、永泰路、规划友谊路、规划中心公园、规划于新路、规划南大街、海河、规划滨河南路、津沽公路，在津沽公路南侧升至地面，路线全长4.2公里，隧道长3.38公里，其中埋在地下的部分2.9公里，双向6车道，采用沉管隧道施工工艺。海河隧道工程分两个标段施工。第1标段位于天津市京海储运中心西货场至海河南津滨大道立交，线路长1.306公里。第2标段位于天津市滨海新区于家堡中心商务区和东西沽地区，北起中央大道胜利路，南接津滨大道立交，以隧道形式穿越新港路、规划永太路、规划友谊路、规划于新道、规划南大街、海河、规划滨河南路、津沽公路，在津沽公路南侧升至地面，路线长4.113公里，其中主体隧道长2.48公里。 （刘　辉）

【中铁十八局集团公司海河隧道工程指挥部】 驻天津市，指挥长冯希民，承担天津海河隧道工程施工任务。合同投资218881万元，合同工期2009年2月～2010年12月。 （刘　辉）

城市轨道交通工程

【北京地铁工程】 中国铁建总承包北京地铁6号线一期、8号线二期、9号线、10号线二期、7号线、14号线土建工程31个标段，合同总额119.46亿元。其中6号线一期、8号线二期、9号线、10号线二期4条城区线有14个标段，合同额78.28亿元，占4条城区线合同总额的32.25%。中国铁建承建的北京地铁6号线一期工程车站25座，区间27个；8号线二期工程车站8座，区间11个；9号线工程车站7座，区间9个；10号线二期工程车站两座，区间6个；7号线工程车站9座，区间11个；14号线工程车站5座，区间6个。线路总长度约50公里，共56座车站、60个区间。中铁十一、十二、十三、十四、十五、十六、十八、十九、二十、二十二局集团公司参加工程建设。 （刘　辉）

·北京地铁6号线一期·

【工程综述】 北京地铁6号线是一条贯穿北京中心城区的东西向轨道交通骨干线，全长41.74公里，由一期、二期、三期工程组成。其中，一期工程西起海淀区五路居，东至朝阳区草房，线路长31公里，设车站20座；二期工程自朝阳区草房至通州区东小营；三期工程自苹果园至海淀区五路居。 （刘　辉）

【中铁十三局集团公司北京地铁6号线一期10标段工

程指挥部】 指挥长宋云财。线路长1.09公里,合同投资39871万元,合同工期2009年7月~2012年9月。主要工程为五里桥车辆段。（刘 辉）

【中铁十四局集团公司北京地铁6号线一期9标段工程指挥部】 指挥长徐磊。线路长4.73公里,合同投资108257万元,合同工期2009年4月~2012年9月。主要工程为平安里站、北海北站、南锣鼓巷站及平安里—北海北—南锣鼓巷—东四站区间。（刘 辉）

【中铁十六局集团公司北京地铁6号线一期8标段工程指挥部】 指挥长陈广亮。线路长3.74公里,合同投资87800万元,合同工期2009年4月~2012年9月。主要工程为车公庄站、车公庄西站及车公庄站—车公庄西站区间、白石桥站—车公庄西站区间、车公庄站—平安里站区间。（刘 辉）

【中铁十九局集团公司北京地铁6号线一期2标段工程指挥部】 指挥长黄治平。线路长2.46公里,合同投资83230万元,合同工期2009年4月~2012年9月。主要工程为呼家楼站、甜水园站及呼家楼站—甜水园站区间、东大桥站—呼家楼站区间。（刘 辉）

·北京地铁8号线二期·

【工程综述】 北京地铁8号线二期工程北起回龙观,向南在中国美术馆东街与地铁6号线相接。二期工程线路长17.5公里,全部为地下线,设车站12座,其中换乘站4座。8号线是贯穿北京市南北的骨架线路,位于北京市的中轴线上,服务于北部清河回龙观地区、奥林匹克中心区、中部历史文化区、商业区等重要功能区。（刘 辉）

【中铁十四局集团公司北京地铁8号线二期10标段工程指挥部】 指挥长周庆合。线路长3.24公里,合同投资56244万元,合同工期2009年10月~2012年12月。主要工程为什刹海站、南锣鼓巷站及鼓楼大街站—什刹海站—南锣鼓巷站—中国美术馆站区间。（刘 辉）

【中铁十五局集团公司北京地铁8号线二期3标段工程指挥部】 指挥长田志杰。线路长0.34公里,合同投资21374万元,合同工期2008年12月~2011年12月。主要工程为回龙观东大街站和回龙观东大街站—霍营站区间明挖段。（刘 辉）

【中铁十六局集团公司北京地铁8号线二期8标段工程指挥部】 指挥长戴兴民。线路长1.49公里,合同投资48370万元,合同工期2009年10月~2012年12月。主要工程为安华桥站、中国美术馆站及中国美术馆站北区间、北土城站—安华桥站区间、美术馆折返线3个暗挖段。（刘 辉）

【中铁十八局集团公司北京地铁8号线二期5标段工程指挥部】 项目负责人指挥长黄广锴。线路长0.46公里,合同投资20404万元,合同工期2008年12月~2011年12月。主要工程为永泰庄站和清河小营站—永泰庄站区间暗挖段。（刘 辉）

【中铁十八局集团公司北京地铁8号线二期9标段工程指挥部】 指挥长陈典华。线路长2.33公里,合同投资48800万元,合同工期2009年10月~2012年12月。主要工程为黄寺站、鼓楼站及安华桥站—黄寺站区间、黄寺站—鼓楼大街站区间。（刘 辉）

【中铁十八局集团公司北京地铁8号线二期2标段工程指挥部】 指挥长王忠诚。线路长1.33公里,合同投资18690万元,合同工期2008年12月~2011年12月。主要工程为起点至回龙观东大街站明挖区间、车辆段出入段线。（刘 辉）

·北京地铁9号线·

【工程综述】 北京地铁9号线南起丰台区郭公庄,北至国家图书馆站,与地铁4号线相接。9号线全长16.5公里,全部为地下线,设车站13座,换乘站8座。9号线是一条位于城市西部整体呈南北走向的线路,与线网中的多条线路交叉换乘,在线网中起到重要的联络作用。（刘 辉）

【中铁十四局集团公司北京地铁9号线5标段工程指挥部】 指挥长赵光泉。线路长3.24公里,合同投资60119万元,合同工期2007年4月~2012年9月。主要工程为六里桥站、军事博物馆站及六里桥站—北京西客站南侧预留区间、北京西客站北侧预留—军事博物馆站区间、军事博物馆站—盾构始发接收井区间。（刘 辉）

【中铁十九局集团公司北京地铁9号线8标段工程指挥部】 指挥长张云生。线路长0.65公里,合同投资41409万元,合同工期2008年10月~2012年9月。

主要工程为郭公庄站和郭公庄站后折返线明挖段。
（刘 辉）

·北京地铁10号线·

【工程综述】 北京地铁10号线二期位于城市道路三环与四环之间，起于一期工程终点劲松站南端，终于一期工程起点巴沟站西侧，完工后将与现有的10号线一期构成北京市地铁第二环线。10号线二期工程线路长32.44公里，全部为地下线，设车站23座。10号线作为北京地铁第二条环线，具有连接中心城西北、东南方向的对角线功能，是线网中的骨架线路。（刘 辉）

【中铁十二局集团公司北京地铁10号线二期8标段工程指挥部】 指挥长王鹏程。线路长4.5公里，合同投资66541万元，合同工期2008年12月～2012年7月。主要工程为樊家村车站及草桥站—樊家村区间、樊家村站—孟家村站区间。（刘 辉）

【中铁十六局集团公司北京地铁10号线二期11标段工程指挥部】 指挥长丛恩伟。线路长4.61公里，合同投资81716万元，合同工期2008年12月～2012年9月。主要工程为莲花桥站和西局站—六里桥站、六里桥站—莲花桥站两个盾构区间及莲花桥站—公主坟站暗挖区间。（刘 辉）

·北京地铁7号线·

【工程综述】 北京地铁7号线起于北京西站，沿羊坊店南路、两广大街至东四环，穿越化工路至垈头，最后至焦化厂设置终点站，沿线经过丰台、西城、东城、朝阳4个区。线路全长约24公里，设车站21座，全部为地下线，线路在东端设置车辆段1座。（刘 辉）

【中铁十一局集团公司北京地铁7号线9标段工程指挥部】 指挥长曾恕辉。线路长1.80公里，合同投资27518万元，合同工期2010年5月～2014年11月。主要工程为南楼子庄站，化工站—南楼子庄站区间。
（刘 辉）

【中铁十二局集团公司北京地铁7号线00标段工程指挥部】 指挥长张爱军。线路长1.05公里，合同投资33680万元，合同工期2009年10月～2013年12月。主要工程为大郊亭站、百子湾站及大郊亭站—百子湾站区间。（刘 辉）

【中铁十二局集团公司北京地铁7号线8标段工程指挥部】 指挥长张爱军。线路长0.98公里，合同投资27270万元，合同工期2010年5月～2013年12月。主要工程为化工站和百子湾站—化工站区间。
（刘 辉）

【中铁十三局集团公司北京地铁7号线6标段工程指挥部】 指挥长蒙秀林。线路长2.11公里，合同投资59371万元，合同工期2010年5月～2014年12月。主要工程为双井站车站和广渠门外站—双井站暗挖区间、双井站—九龙山站盾构区间。（刘 辉）

【中铁十六局集团公司北京地铁7号线4标段工程指挥部】 指挥长徐福田。线路长1.93公里，合同投资67355万元，合同工期2010年5月～2014年12月。主要工程为三里河站、磁器口站和珠市口站—三里河站区间，三里河站—磁器口站区间、磁器口站—广渠门内站区间联络线。（刘 辉）

【中铁十八局集团公司北京地铁7号线13标段工程指挥部】 指挥长梅江涛。线路长1.38公里，合同投资36866万元，合同工期2010年5月～2014年12月。主要工程为焦化厂站和双合村站—焦化厂站区间、焦化厂站—设计终点区间。（刘 辉）

【中铁十九局集团公司北京地铁7号线7标段工程指挥部】 指挥长金贵平。线路长1.68公里，合同投资58698万元，合同工期2010年5月～2014年12月。主要工程为九龙山车站、大郊亭站和九龙山车站—大郊亭暗挖区间。（刘 辉）

·北京地铁14号线·

【工程综述】 北京地铁14号线西起丰台区长辛店东河沿路，穿京石高速路后，沿卢沟桥路向东，进入北京南站，至朝阳公园后，至来广营地区。线路全长45.9公里。全线设置36座车站，并设有停车场及车辆段各1座。沿途将经过丰台、宣武、崇文、东城、朝阳5个区。（刘 辉）

【中铁十四局集团公司北京地铁14号线17标段工程指挥部】 指挥长苗春刚。线路长2.54公里，合同投资57433万元，合同工期2010年11月～2014年12月。主要工程为大望路站、红庙站和九龙山站—大望路站—红庙站区间。（刘 辉）

【中铁十五局集团公司北京地铁 14 号线 12 标段工程指挥部】 指挥长李运涛。线路长 1.19 公里,合同投资 25107 万元,合同工期 2010 年 5 月 ~2014 年 12 月。主要工程为十里河站和十里河站—南八里庄站区间。（刘 辉）

【中铁二十局集团公司北京地铁 14 号线 9 标段工程指挥部】 指挥长刘召臣。线路长 1.07 公里,合同投资 23658 万元,合同工期 2010 年 5 月 ~2014 年 12 月。主要工程为安乐林站和永定门外站—安乐林站区间。（刘 辉）

【中铁二十二局集团公司北京地铁 14 号线 3 标段工程指挥部】 指挥长刘召臣。线路长 2.29 公里,合同投资 34159 万元,合同工期 2010 年 5 月 ~2012 年 4 月。主要工程为郭庄子站和大瓦窑站—郭庄子站、郭庄子站—大井站两个区间。（刘 辉）

港澳工程

【澳门熊猫馆工程】 位于澳门路环石排湾郊野公园内,占地面积约 2000 平方米,总建筑面积 1757.6 平方米,合同投资 1207.6 万美元。2010 年 5 月 8 日开工建设,2010 年 10 月 31 日竣工。（杨启燕）

安全质量监督

【中国铁建股份有限公司安全管理委员会】 2007 年成立。2010 年,中国铁建股份有限公司安全管理委员会成员调整。总裁赵广发任主任委员,副总裁刘汝臣、扈振衣、夏国斌,工会主席彭树贵、总工程师韩风险任副主任委员;机关有关部门负责人为委员。下辖安全管理委员会办公室,设在安全质量监督部,安全质量监督部部长王峰兼任办公室主任。中国铁建股份有限公司安全管理委员会的主要职责:规划、监督、指导全系统安全工作;对安全生产状况进行评估,及时提出强化管理的举措;对安全重大问题提出决策性意见;审查较大以上事故调查处理报告,提出处理意见。（郭 宏）

【安全质量监督部】 负责中国铁建系统监督管理劳动安全、人身安全、锅炉压力容器安全、运输安全和工程质量、计量、试验工作,在安全、质量管理和“三标”体系运行工作中发挥规划、监督、管理和服务作用的职能部门,下设安全监督处、质量监督处和贯标办公室,定员 10 人,设部长 1 人、副部长 2 人。现员 9 人。其中,教授级高级工程师 2 人;高级工程师 7 人。各集团公司设安全、质量监督管理机构。安全质量监督部的主要职责是:贯彻执行中央和国家有关部委安全生产和质量管理的方针、政策和法规,管理、监督全系统劳动安全、人身安全、锅炉压力容器安全和质量管理、计量、试验及贯标认证工作;组织制定安全生产、质量管理规划、规章制度;分析安全生产、质量管理情况,提出预防事故措施;组织开展安全、质量大检查活动,促进安全质量标准工地建设,推广现代安全、质量管理办法;开展安全、质量创优、评优活动和“三标”体系运行工作,协助较大以上事故的调查处理,实施有关奖惩事宜。（郭 宏）

【安全质量工作综述】 2010 年是中国铁建发展历史上极为不平凡的一年。在国际金融危机影响尚未完全消退、国内经济形势复杂多变、国际国内建筑市场出现新变化的情况下,认真贯彻落实党中央、国务院关于安全质量工作一系列重要指示,牢记胡锦涛总书记对中国铁建“建优质工程,树企业形象”的殷切期望,按照张德江副总理“抓质量、抓安全、树品牌、树形象”要求,以及国务院领导“高度重视安全生产、高度重视工程质量、高度重视央企形象”的指示精神,用科学发展观统领安全质量工作全局,不断增强安全质量责任感和使命感,本着对国家、社会、历史和员工负责精神,紧紧围绕安全质量保障体系、施工作业环境和全员安全质量素质三个关键环节,全面提高全员的安全质量意识,不断完善安全质量管理制度,强化内部监督检查,落实逐级负责制,在提高技术水平、改善施工生产环境、防范事故发生等方面做了大量工作。

在安全管理方面,牢固树立安全发展观念,逐级落实责任,全面开展标准化建设,不断完善安全管理体系,按照国务院安全生产委员会继续开展“安全生产年”的工作要求,认真贯彻落实国务院《关于进一步加强企业安全生产工作的通知》,深入开展安全生产宣传培训、安全生产监察、重点领域隐患排查专项治理等行动。4 月和 12 月,股份公司分别派出两批专项督导组对重点工程、技术难度高、安全风险大的近千个工程项目进行安全质量和工程项目专项督查。年度责任事故死亡控制在百亿元产值 2 人以内的安全生产内控目标。中国土木工程集团公司、中铁二十三局集团公司、中铁建设集团公司和中铁建电气化局集团公司被授予

2010 年度中国铁建安全生产先进单位称号。

在质量管理方面，牢固树立“质量建企”理念，实施“精品工程”战略，严格控制质量通病，提高工程质量，总体质量形势稳步提升，工程创优成效显著。2010 年获国家优质工程金质奖 2 项、银质奖 15 项，11 个 QC 小组被评为全国优秀质量管理小组，1 个班组被评为全国质量信得过班组，55 个 QC 小组被评为全国工程建设优秀质量管理小组，两个单位被评为全国工程建设质量管理小组活动优秀企业。　（仇　发　郭　宏）

【安全质量工作视频会议】 1 月 8 日，股份公司召开安全质量工作视频会议，总结分析 2009 年安全生产和工程质量情况，表彰安全质量工作先进单位，兑现安全工作包保责任状，部署 2010 年安全质量工作。

（郭　宏）

【安全质量管理干部培训】 2 月 26 日 ~3 月 3 日在甘肃省兰州市举办中国铁建系统安全质量管理干部培训班，对在职安全质量管理干部进行法律法规、安全生产风险管理、事故案例分析、事故调查处理和质量管理、优质工程评选培训。　（郭　宏）

【安全生产工作紧急会议】 针对严峻的安全生产形势，4 月 3 日、5 月 9 日在北京分别召开安全生产紧急视频会议和股份公司领导干部大会。会议传达国务院领导关于安全生产工作的指示，贯彻国家有关部委安全生产工作会议精神，通报事故情况，部署股份公司安全大检查活动。会议要求各单位认真吸取事故教训，落实主体责任，健全安全管理机构，加强工程队、架子队建设，推进现场标准化管理，加快本质安全型企业建设步伐，切实采取有效措施，消除事故隐患，坚决遏制较大及以上事故的发生，确保企业安全发展。

（郭　宏）

【安全工作包保责任状】 年初，股份公司董事长李国瑞、总裁赵广发与各集团公司主要党政领导干部分别签订“2010 年安全工作包保责任状”。年终，兑现责任状，按规定分别给予达标的中国土木工程集团公司，中铁十一、十六、十七、二十二、二十三、二十五局集团公司，中铁建设集团公司、中铁建电气化局集团公司、中铁房地产集团公司，中铁第四、第五勘察设计院集团公司，中铁上海设计院集团公司、中铁物资集团公司、昆明中铁大型养路机械集团公司、中铁轨道系统集团公司、中铁建（北京）商务管理有限公司、北京铁城建设监理公司党政主要领导 10000 元 ~30000 元奖励。

（郭　宏）

【全国“安全生产月”活动】 根据中共中央宣传部、国家安全生产监督管理总局、公安部、国家广播电影电视总局、中华全国总工会、共青团中央、中华全国妇女联合会《关于开展 2010 年全国“安全生产月”活动的通知》精神，6 月，中国铁建开展第 9 次全国“安全生产月”活动。各单位紧紧围绕“安全发展、预防为主”活动主题，认真组织，广泛宣传，深入开展安全生产大检查活动，加大隐患排查治理力度，在全国“安全生产月”活动期间，中国铁建安全生产形势稳定，未发生生产安全事故，取得较好效果。　（郭　宏）

【“全国质量月”活动】 根据国家质量监督检验检疫总局、工业和信息化部、住房和城乡建设部、国务院国有资产监督管理委员会、中华全国工商业联合会、中华全国总工会、共青团中央联合下发《关于开展“2010 年全国质量月”活动的通知》精神，全系统开展 2010 年质量月活动。各单位围绕“抓质量水平提升，促发展方式转变”活动主题，强化质量责任意识，广泛开展“质量管理思路创新”活动，促进质量管理工作上水平。　（仇　发）

【安全生产先进单位】 中国土木工程集团公司、中铁二十三局集团公司、中铁建设集团公司和中铁建电气化局集团公司获 2010 年度中国铁建安全生产先进单位称号。　（郭　宏）

【安全先进工作者】 2010 年，中国铁建表彰安全先进工作者 92 名。

中国铁建安全先进工作者

张　弛	王炳军	曹　颖	李方志	刘　斌
仇效兵	段贤昌	赵广正	张立军	王晋生
刘银生	杜全营	朱晓峰	马洪利	孙士达
郭永斌	林宪广	邹佳光	李孝南	路　锋
彭跃立	薛宇开	段远钊	白建忠	高明德
邵德兴	亢子明	王显勇	卢　朋	李引明
孙陈锋	叶瑞莲	杨银辉	杨利全	庞建康
常建梅	许国安	由继福	王汉清	李彦玲
李培安	张晓利	刘　强	罗成建	达文斌
任永明	吕　信	王立刚	庞万福	付启海
杨贵江	谢红山	程　楠	白志波	李治强
周有刚	吴　耘	余祖绍	赖水春	王　海
况成明	谭伟文	武　强	张启瑞	姜晋南
蒋　杰	周炳学	王　杰	王维宇	戎建军
齐玉岭	王永华	王　刚	张立军	胡丽娟
成柏云	范玉峰	杨跃连	王继平	朱海龙
刘　平	刘布阳	杨元春	施　霞	黄平原

牛西星　王建华　牛文明　张璠琦　辛　实
陈洪波　郭　宏　（郭　宏）

【质量管理先进个人】 2010年，中国铁建表彰质量管理先进个人86名。

中国铁建质量管理先进个人

刘正强　傅燕凝　张　怡　毛宗德　冯秀国
龚自强　黄　伟　赵飞虹　魏国斌　和万春
王玉华　钱立军　陈　琦　黄威望　齐占国
于春红　侯景德　杨战勇　闫子锋　王其升
李文华　闫永凤　王　伟　许传波　刘金桥
郭壮丽　卞　峰　石振起　王晋生　洪应和
叶瑞莲　李卫国　吴云久　王宏祥　郑永杰
张湘涛　邢丽杰　马桂珠　鲍汝苍　夏明清
杨军奇　胡学院　徐　敏　孙世科　高俊青
代亚力　曲玉林　田占良　程素英　董启军
崔艳丽　田江云　梁永锋　张旭光　肖天宏
关培山　张作民　郝陆勇　李远超　赵中良
曾水长　周祁陵　李潮军　谭　剑　刘虑本
赵保奎　陈建利　方宏伟　李文彬　李珍琴
冯大立　赵兴东　何文超　李宪杰　陈永祥
那学明　石兴国　高延平　田丽平　眭海清
沈　吟　王　闯　张璠琦　曾宗根　孙胜考
贾志武　（仇　发）

【中国铁建安全质量标准工地建设】 2010年，全系统有63个工地（车间）被评为中国铁建安全质量标准工地（车间）。

中国铁建安全质量标准工地

中国土木工程集团公司博茨瓦纳国际科技大学项目一期工程

中铁十一局集团公司沪宁城际铁路站前Ⅵ标段

中铁十一局集团二公司包西铁路项目部

中铁十一局集团公司京石铁路客运专线3标段架梁分部

中铁十二局集团公司沪杭铁路客运专线4标段

中铁十二局集团二公司厦深铁路XSGZQ－10标段梅林隧道工程

中铁十二局集团公司忻阜高速公路S合同段

中铁十二局集团公司宁安铁路1标段

中铁十三局集团公司京石铁路客运专线JS－3、4标段

中铁十三局集团公司上海嘉闵高架桥工程JM－4标段

中铁十三局集团公司天津地铁3号线第1合同段

中铁十四局集团公司成绵乐铁路客运专线CM-LZQ－4标段

中铁十四局集团公司石武铁路客运专线（河北段）项目

中铁十四局集团公司向莆铁路FJ－3A标段

中铁十四局集团公司四川省甘孜州九龙县九龙河江边水电站

中铁十五局集团公司林海公路1标段

中铁十五局集团公司新建铁路阜阳至六安线Ⅰ标段

中铁十五局集团二公司长平高速公司长治至平顺段LJ15合同段

中铁十五局集团五公司阳翼高速公路LM2合同段

中铁十六局集团公司达陕高速公路D4合同段

中铁十六局集团公司杭州地铁1号线项目

中铁十六局集团公司宁夏建发现代城工程项目

中铁十六局集团公司京沪高速铁路枣庄制板场

中铁十七局集团公司厦深铁路（广东段）6标段

中铁十七局集团公司太中银铁路SJS－Ⅱ标段

中铁十七局集团公司大广高速公路衡大段LQ7标段

中铁十七局集团公司苏州轨道交通Ⅰ－TS－11标段

中铁十八局集团公司北京地铁8号线二期5标段

中铁十八局集团公司向莆铁路泰宁隧道进口段

中铁十八局集团公司渝利铁路万寿山隧道工程

中铁十九局集团公司盘营铁路客运专线PYTJ－2标段

中铁十九局集团公司新建长春至吉林城际铁路工程（站前及迁改工程）CJCJ－2标段

中铁十九局集团公司北京地铁6号线一期02标段

中铁十九局集团公司新建石家庄至武汉铁路客运专线（河南段）SWZQ－2标段

中铁二十局集团公司海洋铁路岔洋河特大桥工程

中铁二十局集团公司石家庄至武汉铁路客运专线SWZQ－2标段无砟轨道板厂

中铁二十局集团公司西安地铁1号线TJSG－15标段浐河站

中铁二十一局集团公司大西铁路临潼制梁场

中铁二十一局集团公司津秦铁路客运专线上井子特大桥工程

中铁二十一局集团公司兰新第二双线平西段小峡乡特大桥工程

中铁二十一局集团公司兰新第二双线DK1731＋730～DK1735＋000路基工程

中铁二十二局集团公司新建前进镇至抚远铁路工程

中铁二十二局集团公司宜万铁路通信工程

中铁二十二局集团公司津秦铁路客运专线项目

中铁二十三局集团公司向莆铁路青云山隧道1号

斜井

中铁二十三局集团公司石武铁路客运专线湖北段TJI标段DK1062+829.44~DK1066+325路基工程

中铁二十三局集团公司福州至银川高速公路九江长江公路大桥A3合同段预制梁场

中铁二十四局集团公司常州青洋路上跨沪宁高铁、京沪铁路立交工程

中铁二十四局集团公司杭州铁路枢纽扩建工程II标段“四电”工程

中铁二十四局集团公司厦门至漳洲高速公路(厦门段)A7标段工程

中铁二十五局集团公司南广铁路NGZQ-3标段

中铁二十五局集团公司长沙南北站迁建捞刀河站改建工程

中铁二十五局集团公司深圳市南坪快速路(二期)工程第4合同段

中铁建设集团公司来广营乡清河营村住宅及配套商业金融(一号地)1号~6号楼工程

中铁建设集团公司西安世融嘉城二期工程

中铁建设集团公司中国铁建长沙国际城工程

中铁建电气化局集团公司新建铁路太原至中卫(银川)线站后“四电”及给排水工程SDS-Ⅱ标段、SDS-Ⅲ标段

中铁建电气化局集团南方公司成昆货车外绕线项目

中铁建电气化局集团公司京九铁路电气化改造南昌段工程

中铁物资集团西南公司贵阳分公司

昆明中铁大型养路机械集团机加工公司

中铁轨道系统集团公司道岔车间

中国铁建股份有限公司机关汽车队 （仇 发）

中国铁建股份公司优秀质量管理小组获奖情况表

序号	获 奖 小 组	获 奖 成 果
	一等奖	
1	中铁十一局集团五公司广陕项目部QC小组	高边坡框架梁质量控制
2	中铁十一局集团建筑安装公司武广咸宁北站项目部QC小组	武广铁路客运专线咸宁北站站台雨棚钢桁架施工方法研究
3	中铁十二局集团二公司京石铁路客运专线石太直通线项目QC小组	高温条件下大体积混凝土外观质量的控制
4	中铁十二局集团公司海外指挥部QC小组	合理提高阿尔及利亚工人使用比例
5	中铁十三局集团公司乔家双连拱隧道施工质量控制QC小组	长大双连拱隧道施工质量控制
6	中铁十三局集团公司外墙苯板施工质量控制QC小组	提高外墙苯板粘贴合格率
7	中铁十四局集团隧道公司南京长江隧道第三项目部QC小组	开展QC小组活动提高超大型盾构机施工效率
8	中铁十四局集团三公司海河开启桥项目部QC小组	海河开启桥开启驱动装置销齿轨精确定位施工质量控制
9	中铁十五局集团七公司京沪高速铁路无砟轨道施工QC小组	确保冬季聚脲防水层施工质量
10	中铁十五局集团公司四公司益田路隧道QC小组	确保钢边橡胶止水带安装质量
11	中铁十六局集团二公司开发区项目部QC小组	确保薄壁空心墩施工质量
12	中铁十六局集团轨道公司南水北调穿黄工程项目部QC小组	大直径泥水盾构机刀盘刀具的优化改造
13	中铁十七局集团一公司广深港项目ZH-2标段深圳轨道板场QC小组	提高预应力轨道板封锚质量
14	中铁十七局集团二公司鱼洞长江大桥二期工程QC小组	提高锚下同束有效预应力的均匀度

续表

序号	获 奖 小 组	获 奖 成 果
15	中铁十八局集团公司上海 A15 高速公路预制梁板 QC 小组	提高预制梁板外观质量
16	中铁十八局集团公司潼西改扩建项目部梁板 QC 小组	预制梁板自动化喷淋养生系统研制与应用
17	中铁十九局集团路桥二公司桥梁接地 QC 小组	提高客运专线冬期施工桥墩综合接地系统一次性检测通过率
18	中铁十九局集团一公司京沪高速铁路项目 QC 小组	降低高速铁路桥梁混凝土桥面聚脲防水层修补率
19	中铁二十局集团一公司宜万铁路 W15 标段项目经理部 QC 小组	提高双块式无砟轨道施工精度控制
20	中铁二十局集团三公司达陕项目部 QC 小组	提高铁矿隧道拱架施工质量
21	中铁二十一局集团四公司京石铁路客运专线项目分部三队 QC 小组	减少钻孔桩混凝土充盈系数
22	中铁二十一局集团三公司西安地铁项目 QC 小组	提高地铁接地网接头焊接质量
23	中铁二十二局集团六公司武汉市汉西一路辅助用房及办公综合楼工程 QC 小组	提高墙板整浇混凝土结构的尺寸偏差施工质量
24	中铁二十二局集团四公司张石高速项目经理部 QC 小组	严格关键工序控制提高隧道二衬防水混凝土施工质量
25	中铁二十三局集团公司龙溪洛清江双线特大桥工程 QC 小组	提高水中大直径桩清孔效率
26	中铁二十三局集团一公司宁道项目部 QC 小组	提高 L = 20 米后张法预应力空心板张拉起拱的达标率
27	中铁二十四局集团浙江公司沪宁城际铁路工程站前Ⅳ标段项目部 3 工区 QC 小组	CRTS1 型板式无砟轨道 CA 砂浆灌注外观质量控制
28	中铁二十四局集团南昌公司宜春明月大桥项目部 QC 小组	劲性骨架安装水平精度的控制
29	中铁二十五局集团恒元建筑公司南宁铁路局凤岭职工住宅小区 Q C 小组	加气混凝土砌块外墙抹灰质量控制
30	中铁二十五局集团三公司长湘高速公路第 6 合同段 50 米 T 梁预制质量控制 QC 小组	50 米 T 梁预拱度线型控制质量攻关
31	中铁建设集团公司第 59 项目王勇 QC 小组	外墙金属漆观感质量控制
32	中铁建设集团公司市政工程分公司 QC 小组	提高热力管道接头焊缝一次施工合格率
33	中铁建电气化局集团一公司郑西铁路客运专线项目部隧道内接触网安装 QC 小组	提高郑西铁路客运专线隧道内接触网支持结构的安装效率
34	中铁建电气化局集团北方公司郑西铁路客运专线项目部董建林 QC 小组	确保高速铁路接触网整体吊弦一次安装合格率 100%
35	昆明中铁大型养路机械集团机加工公司大件工段 QC 小组	特殊车轮油孔的机加工工具开发
36	中铁第一勘察设计院集团公司 330 千伏 AT 牵引变压器研制 QC 小组	郑西铁路客运专线 330 千伏牵引变压器研制
37	中铁第一勘察设计院集团公司郑西铁路客运专线电力贯通线路设计 QC 小组	攻克郑西铁路客运专线电缆贯通线路技术难题
38	中铁第四勘察设计院集团公司基床系数地路 QC 小组	建立室内基床系数试验方法
39	中铁第四勘察设计院集团公司临岳高速公路地路专业 QC 小组	缩短西冲隧道地质勘察时间
40	中铁第五勘察设计院集团公司复杂环境下平顶直墙暗挖隧道研究 QC 小组	浅覆土、近距离暗挖隧道下穿重要市政设施设计与应用

续表

序号	获　奖　小　组	获　奖　成　果
41	中铁第五勘察设计院集团公司桥梁振动控制技术研究 QC 小组	单圆柱高墩曲线特大桥的振动控制
42	中铁上海设计院集团公司明珠广场施工沉降观测测量 QC 小组	提高高层建筑施工沉降观测的精度
43	中铁上海设计院集团公司阜六铁路总体设计 QC 小组	缩短阜阳至六安铁路初步设计工期
44	中国土木工程集团公司武汉市江夏公交停保场房建 QC 小组	武汉市江夏公交停保场主修车间优化设计
45	中铁轨道系统集团公司重装技术 QC 小组	提高板材零件下料质量及合格率
	二等奖	
46	中铁十一局集团六公司龙佑机械厂 QC 小组	提高 450 吨提梁机主梁的加工质量
47	中铁十一局集团二公司厦蓉高速公路 BT10 标段项目部高墩施工 QC 小组	确保山区高墩施工质量
48	中铁十一局集团五公司忻州至阜平项目秦城枢纽钢箱梁桥上部结构施工 QC 小组	确保钢箱梁制作、拼装、焊接及防腐质量
49	中铁十二局集团建筑安装公司第 14 项目部 QC 小组	提高大面积混凝土地面平整度
50	中铁十二局集团四公司京沪高速铁路徐州制板场 QC 小组	京沪高速铁路 CRTSII 型混凝土轨道板外观质量控制
51	中铁十二局集团三公司双鹰顶隧道项目部 QC 小组	提高隧道二次衬砌混凝土外观质量
52	中铁十二局集团一公司京沪高速铁路第二项目部 QC 小组	开展 QC 活动，降低防护墙结构尺寸偏差
53	中铁十三局集团公司支井河特大桥拱上立柱及钢盖梁安装 QC 小组	支井河特大桥拱上立柱及钢盖梁安装线形质量控制
54	中铁十三局集团公司锡乌铁路和日木隧道斜井开挖光面爆破 QC 小组	提高隧道开挖光面爆破施工质量
55	中铁十三局集团公司南京地铁 2 号线车站机电设备安装工程 QC 小组	合理安排地铁机电设备安装工程工序确保安装合格率
56	中铁十四局集团四公司京沪高速铁路防水层 QC 小组	保证冬季桥面聚脲防水层的施工质量
57	中铁十四局集团北京房山桥梁公司新都制梁场 QC 小组	预应力管道定位误差控制
58	中铁十四局集团一公司华电沽源风电 A 标段 QC 小组	风机基础接地网施工质量控制
59	中铁十四局集团电气化公司王运峰 QC 小组	提高沟槽式连接水管卡箍一次安装质量
60	中铁十五局集团六公司京沪高速铁路铺架项目部 QC 小组	提高 900 吨预制箱梁架设后梁面高程控制精度
61	中铁十五局集团一公司安新项目部清水混凝土工程 QC 小组	提高清水混凝土外观质量
62	中铁十五局集团二公司泉厦高速公路项目部 QC 小组	提高预制梁表面凿毛质量
63	中铁十六局集团二公司天津地铁项目 QC 小组	提高盾构单环施工速度
64	中铁十六局集团三公司芜湖市袁泽特大桥 QC 小组	大差异不等长 T 梁预制可调式短节段模板设计
65	中铁十六局集团北京轨道交通工程建设公司杭州地铁 1 号线建华站项目部 QC 小组	盾构隧道沼气防控措施

续表

序号	获 奖 小 组	获 奖 成 果
66	中铁十七局集团四公司京沪高速铁路安次梁场项目 QC 小组	提高Ⅱ型板梁面平整度及六面坡的成形质量
67	中铁十七局集团三公司引红济石项目 QC 小组	提高引水隧洞钢拱架支立质量
68	中铁十七局集团电气化公司襄渝铁路项目 QC 小组	降低既有线分相绝缘器移位安装工程成本
69	中铁十七局集团五公司京沪高速铁路项目第一 QC 小组	采用泡解棉包裹桩头钢筋,提高破桩钢筋质量检验合格率
70	中铁十八局集团建筑安装公司江苏项目部 QC 小组	攻克空心楼盖 GBF 高强薄壁管上浮施工难关
71	中铁十八局集团一公司预制箱梁支座预埋钢板 QC 小组	提高箱梁支座预埋钢板空响合格率
72	中铁十八局集团华南公司深圳地铁 2225 标段项目部 QC 小组	人工挖孔桩在复杂地质条件下的质量控制
73	中铁十八局集团二公司索夹安装质量控制 QC 小组	采取预控措施确保索夹安装施工质量
74	中铁十九局集团公司天平铁路指挥部控制钢筋闪光对焊质量 QC 小组	控制钢筋闪光对焊质量
75	中铁十九局集团二公司武广铁路联调联试安全防护 QC 小组	确保武广铁路客运专线 350 公里/小时动车组联调联试期间的施工安全
76	中铁十九局集团四公司厦深铁路(广东段)4 标段三工区钢管桩 QC 小组	钢管桩围堰在深水中的应用和创新
77	中铁二十局集团六公司蔚蓝花城七色镇 QC 小组	提高蔚蓝花城七色镇 A 区混凝土外观质量
78	中铁二十局集团一公司锡乌铁路项目部 QC 小组	减少混凝土框架结构墙体竖向裂缝
79	中铁二十局集团二公司剑青公路酒家垭隧道 QC 小组	控制隧道初期支护施工质量
80	中铁二十一局集团四公司京石铁路客运专线项目分部一队 QC 小组	减小钻孔桩钢筋笼上浮量
81	中铁二十一局集团二公司安质部 QC 小组	提高现场管理标准化建设达标率
82	中铁二十一局集团二公司金诚铁路混凝土有限公司 QC 小组	降低液体外加剂结晶率
83	中铁二十二局集团哈尔滨建设集团公司广珠铁路 3 标段 QC 小组	深水裸岩钻孔桩质量控制
84	中铁二十二局集团三公司厦门市公路局道路研发中心项目 QC 小组	高层外立面马赛克观感质量控制
85	中铁二十二局集团一公司津秦铁路客运专线项目部箱梁质量管理小组	提高津秦铁路客运专线后张法预应力混凝土箱梁压浆质量
86	中铁二十三局集团八公司轨道板车间 QC 小组	轨道板起板吊装问题的解决
87	中铁二十三局集团电务公司体系运行 QC 小组	开展 QC 活动,提高体系运行效率
88	中铁二十三局集团三公司干海子特大桥电弧喷铝攻关小组	提高钢结构电弧喷铝层一次性施工合格率
89	中铁二十四局集团南昌公司永康市实验幼儿园迁建工程项目部 QC 小组	提高塑胶地板施工质量
90	中铁二十四局集团新余公司贵阳绕城公路项目部 QC 小组	提高干井大桥混凝土防撞护栏合格率
91	中铁二十四局集团上海电务电化公司杭州铁路枢纽扩建工程Ⅱ标段信号 QC 小组	确保艮山门动车所过渡信号工程施工封锁正点开通

续表

序号	获　奖　小　组	获　奖　成　果
92	中铁二十五局集团公司海南东环城际铁路 III 标段万宁制梁场 QC 小组	提高城际铁路单箱双室箱梁端隔墙施工质量
93	中铁二十五局集团公司广珠铁路 1 标段二公司项目部 QC 攻关小组	墩身大体积高性能混凝土表观质量控制
94	中铁二十五局集团柳州铁路公司沾昆项目部第一 QC 小组	安全、高效完成机场预留框架桥线路加固顶进施工
95	中铁建设集团公司福建大厦工程项目 QC 小组	提高高强填充内模结构质量
96	中铁建设集团公司宁德火车站陈月平 QC 小组	攻克淤泥地基高路堤冲孔灌注桩施工技术难题
97	中铁建设集团公司宁德火车站陈月平 QC 小组	大跨度钢结构吊装滑移支座施工技术研究
98	中铁建电气化局集团二公司郑西铁路客运专线项目部 QC 小组	提高高速铁路隧道内漏缆一次架挂成功率
99	中铁建电气化局集团五公司宁局车辆 5T 系统工程项目部 QC 小组	确保车辆 5T 系统按时开通
100	中铁建电气化局集团南方公司太中银铁路“四电”项目部接触网 QC 小组	提高接触网道岔施工调整精度
101	昆明中铁大型养路机械集团总装公司兴铁 QC 小组	降低 DC－32 型捣固车拨道表指针超差
102	中铁第一勘察设计院集团公司重庆地铁 1 号线车站结构设计 QC 小组	攻克风化岩质地层单拱大跨暗挖车站设计难题
103	中铁第一勘察设计院集团公司西成铁路客运专线线路设计 QC 小组	提高西成铁路客运专线秦岭高中山区及大巴山区线路选线质量
104	中铁第一勘察设计院集团公司襄渝铁路信号系统设计 QC 小组	解决 ZPW－2000A 轨道电路“红光带”故障的技术难题
105	中铁第四勘察设计院集团公司合福铁路客运专线工经 QC 小组	优化山区铁路桥隧相连地段箱梁运架方案
106	中铁第四勘察设计院集团公司城建院接触网基础设计 QC 小组	降低接触网基础开挖量和混凝土用量
107	中铁第四勘察设计院集团公司大石街污水管网方案设计 QC 小组	优化大石街污水管网设计方案
108	中铁第五勘察设计院集团公司路基检测质量控制 QC 小组	提高 K30 平板荷载试验的准确性
109	中铁第五勘察设计院集团公司深基坑预留加固土快速开挖法 QC 小组	深基坑预留加固土快速开挖法
110	中铁第五勘察设计院集团公司 SX32/64 型节段拼装造桥机研发 QC 小组	SX32/64 型节段拼装造桥机研制
111	中铁上海设计院集团公司宿淮铁路大跨度连续梁拱组合结构 QC 小组	提高单线铁路大跨度连续梁拱组合结构的横向刚度
112	中铁上海设计院集团公司降低研发中心附楼能耗 QC 小组	降低中铁二十四局集团安徽工程有限公司研发中心附楼建筑能耗
113	中铁上海设计院集团公司宿淮线江苏段新建涵洞参考图 QC 小组	提高长大国铁项目中大批量涵洞工点的设计效率
114	中国土木工程集团公司广州综合维修基地房建 QC 小组	优化广州维修基地大型机械检修库设计
115	中铁轨道系统集团公司道岔分公司技术 QC 小组	时速 250 公里客运专线铁路 60 千克/米钢轨 18 号单开道岔制造、铺设质量控制

制表：孙胜考

中国铁建 1984～2010 年获奖优质工程统计表

项目 / 数量 / 年度	中国土木工程詹天佑奖	中国建设工程鲁班奖（国家优质工程）	国家优质工程	省（直辖市）优质工程	铁道部（铁路）优质工程	火车头优质工程	总公司（股份公司）优质工程
1984 年			1				1
1985 年			1		1		7
1986 年			1		4		
1987 年			1		3		
1988 年				8(8)	3		
1989 年			2	5(5)	7		
1990 年		2	2	7(7)	2		
1991 年		1	2	10(10)			10
1992 年				3(3)	1		12
1993 年				8(8)	5		14
1994 年				2(2)			9
1995 年				7(7)	24		19
1996 年		3		10(10)	12		20
1997 年		4		7(7)	20		29
1998 年		2		10(10)	27		27
1999 年	2	2	4	13(13)	24		54
2000 年		3	5	22(14)	13		41
2001 年	2	5	1	19(14)	21		61
2002 年		6	5	44(29)	9	12	64
2003 年	5	9	5	43(25)	18	28	55
2004 年	3	6	10	69(42)		14	48
2005 年	1	4	13	69(59)		29	78
2006 年	5	5	11	66(14)		56	90
2007 年	8	5	23	73(11)		61	110
2008 年	8	8	18	67		71	99
2009 年	5	6	20			63	91
2010 年	7		17		31	47	143
合 计	46	71	142	562(298)	225	381	1082
总 计	259			1168(298)			1082

注：省、直辖市优质工程括号中的数量不含建设过程中所获“优质结构奖”数量。　　制表：仇 发

2010年中国铁建获国家优质工程奖情况表

序号	获 奖 工 程	施 工 单 位
	金质奖	
1	润扬长江公路大桥工程	中铁十九局集团二公司
2	华能海门电厂一期1、2号机组新建工程	中铁十八局集团二公司
	银质奖	
3	华能通辽宝龙山风电场(148.5兆瓦)工程	中铁十八局集团二公司、中铁十四局集团公司
4	华能寿光风力发电项目工程(一期)	中铁十四、十五局集团公司
5	京杭运河常州市区段改线工程	中铁十九局集团二公司、中铁二十四局集团公司、中铁二十局集团一公司
6	黑龙江省松花江大顶子山航电枢纽船闸工程	中铁十三局集团四公司
7	温福铁路(福建段)Ⅱ标段青岙隧道工程	中铁二十四局集团公司及其福建铁路建设公司
8	滨洲铁路海拉尔至满洲里段增建二线及博克图至兴安岭段改造工程	中铁十六局集团公司,中铁二十二局集团公司及其电务公司、哈尔滨铁路建设集团公司,中铁二十三局集团公司及其二公司、电务公司
9	国家高速公路广州至昆明(G80)云南罗村口至富宁高速公路工程	中铁十二局集团公司、中铁十九局集团三公司、中铁二十一局集团三公司
10	绥满国道主干线海林至亚布力公路改扩建工程	中铁十三局集团四公司
11	国家高速公路网沪陕线陕西境蓝田至商州高速公路蓝田至林岔河段秦岭隧道工程	中铁十三局集团电务公司、中铁十八局集团公司
12	湘潭市湘江四大桥工程	中铁第四勘察设计院集团公司
13	天津开发区净水厂三期工程	中铁十八局集团三公司
14	通惠河北路道路工程	中铁十八局集团五公司
15	国道104济南零点立交至燕山立交高架桥工程	中铁十四局集团公司、中铁二十三局集团一公司
16	中铁建设大厦工程	中铁建设集团公司
17	新建内蒙古东乌铁路“四电”工程	中铁第一勘察设计院集团甘肃铁一院工程监理公司

制表:仇 发

2010年中国铁建获火车头优质工程奖情况表

序号	获奖工程	施工单位
1	重庆渝湘高速公路武(隆)彭(水)段中兴隧道工程	中铁十五局集团一公司
2	重庆渝湘高速公路武(隆)水(江)段白云隧道工程	中铁十九局集团一公司
3	福建浦(城)南(平)高速公路祝源隧道工程	中铁十一局集团四公司、中铁十五局集团公司
4	福建浦(城)南(平)高速公路A合同段综合工程	中铁十一局集团公司、中铁十一局集团四公司、中铁十一局集团二公司、中铁十一局集团电务公司
5	北京首都国际机场3号航站楼楼前交通项目JT-1、JT-2合同段工程	中铁十二局集团二公司
6	陕西小(河)至(安)康高速公路包家山特长隧道工程	中铁十二、十八局集团公司
7	陕西沪陕高速公路丹界段机电工程	中铁十二局集团电气化公司
8	湖北沪蓉西高速公路支井河特大桥工程	中铁十三局集团公司
9	哈尔滨市绕城高速公路天恒山隧道工程	中铁十三局集团四公司
10	哈尔滨市绕城高速公路松花江大桥工程	中铁十三局集团四公司
11	陕西小(河)至(安)康高速公路大棕坡隧道工程	中铁十四局集团三公司
12	安徽黄塔高速公路马金岭隧道工程	中铁十四局集团三公司
13	江苏太仓港区玖龙路七埔塘大桥工程	中铁十四局集团公司
14	上海轨道交通11号线北段(一期)工程2、11、24标段安装工程	中铁十四局集团电气化公司
15	山东济阳黄河公路大桥及接线工程	中铁十五局集团公司
16	昆明市主城二环快速系统改扩建工程	中铁十二、十五、十六、十九局集团公司
17	石家庄市槐安路高架桥七星桥工程	中铁十五局集团七公司
18	重庆市渝湘高速公路洪(安)酉(阳)段平阳隧道工程	中铁十三局集团三公司、中铁十六局集团三公司
19	重庆市渝湘高速公路武(隆)水(江)段武隆隧道工程	中铁十一局集团一公司、中铁十六局集团五公司
20	湖北沪蓉西高速公路龙潭河特大桥工程	中铁十七局集团二公司
21	石家庄市环城公路307国道东互通立交工程	中铁十七局集团公司及其二公司、中铁十九局集团公司及其矿业公司
22	湖北沪蓉西高速公路齐岳山隧道工程	中铁十七局集团公司
23	湖北沪蓉西高速公路乌池坝隧道工程	中铁十七局集团四公司
24	中铁轨道系统集团公司长沙重型装备制造项目工程	中铁十七局集团建筑公司
25	河南洛阳至南阳高速公路白河特大桥工程	中铁十八局集团一公司

续表

序号	获 奖 工 程	施 工 单 位
26	天津市开发区净水厂三期工程	中铁十八局集团三公司
27	河北三河市地中海风情汇福苑五组团工程	中铁十八局集团北京中铁大都工程公司
28	南宁市葫芦顶大桥工程	中铁十八局集团公司
29	陕西宁(强)棋(盘关)高速公路棋盘关隧道工程	中铁十八局集团公司
30	陕西秦岭终南山特长公路隧道工程	中铁十二、十八局集团公司
31	重庆市渝湘高速公路黔(江)彭(水)段大洞沟隧道工程	中铁十九局集团一公司
32	重庆市渝湘高速公路黔(江)彭(水)段武陵山隧道工程	中铁十九局集团一公司
33	青岛市滨海公路南段一期工程陈家贡湾特大桥工程	中铁十九局集团五公司
34	大连市东联路建设工程第3标段工程	中铁十九局集团五公司
35	重庆市201线奉节至恩施段长凼子隧道工程	中铁十九局集团一公司
36	西安市兰乔圣菲小区工程	中铁二十局集团六公司
37	福建莆田三信·金鼎广场工程	中铁二十二局集团三公司
38	厦门市快速公交(BRT)第一码头枢纽站及匝道桥工程	中铁二十二局集团三公司
39	南昌市阳明路下穿青山湖隧道工程	中铁二十二局集团三公司
40	河北张石高速公路黑石岭隧道工程	中铁二十二局集团四公司
41	沈阳地铁1号线十三号街站、站后区间及出入段线工程	中铁二十二局集团公司
42	北京京承高速公路清水河2号桥工程	中铁二十二局集团公司
43	国道109线大(饭铺)东(胜)段高速公路第3合同段工程	中铁十六局集团三公司
44	国道109线大(饭铺)东(胜)段高速公路第4合同段工程	中铁二十三局集团三公司
45	南通市城北大桥工程	中铁二十四局集团公司
46	福建泉三高速公路泉州段交通机电工程	中铁建电化局集团公司
47	厦门翔安海底隧道工程	中铁十八、二十二局集团公司

制表:仇 发

2010年中国铁建获铁路优质工程奖情况表

序号	获 奖 工 程	施 工 单 位
	一等奖	
1	武汉北编组站工程	中铁十二局集团公司、中铁第一勘察设计院集团公司
2	上海动车段动车运用所	中铁二十四局集团公司
3	合武铁路大别山隧道	中铁十七局集团公司
4	甬台温铁路潘朗特大桥	中铁十一局集团公司
5	甬台温铁路鄞县大道特大桥	中铁十二局集团公司
6	甬台温铁路奉化江大桥	中铁十二局集团公司
7	甬台温铁路温岭火车站	中铁建设集团公司
8	合武铁路江岸特大桥	中铁十一局集团公司
9	合武铁路阎家河特大桥	中铁二十五局集团公司
10	合武铁路武汉段金寨隧道	中铁十二局集团公司
11	朔黄铁路神池南、肃宁北高层公寓	中铁十五局集团七公司、中铁二十四局集团公司
12	大连铁路集装箱中心站	中铁二十三局集团公司
13	精伊霍铁路站后工程ZH2标段	中铁二十一局集团公司
14	萧甬铁路电气化改造工程	中铁建电气化局集团公司、中铁二十四局集团上海电气电化公司
15	襄渝铁路新增二线巴山至梁家坝段电力电气化工程	中铁建电气化局集团公司
16	武汉至襄樊铁路增建二线电力电气化工程	中铁建电气化局集团公司
	二等奖	
17	甬台温铁路西桐特大桥	中铁十一局集团公司
18	甬台温铁路木周岭特大桥	中铁十三局集团公司
19	温福铁路宁德火车站	中铁建设集团公司
20	襄渝铁路增建二线姜家坝右线特大桥	中铁二十局集团公司
21	青藏铁路西格二线申中特大桥	中铁十二局集团公司
22	西安铁路局多元综合楼1、2号楼	中铁十二局集团建筑安装公司
23	太原铁路局白龙苑小区1、2号楼	中铁十二局集团建筑安装公司
24	胶济铁路客运专线大尚庄双线特大桥	中铁二十局集团公司
25	胶济铁路客运专线马尚双线特大桥	中铁二十局集团公司
26	精伊霍铁路风吹雪路基防护工程(伊宁、尼勒克)	中铁二十一局集团公司
27	包兰铁路石(嘴山)汝(芨沟)线电气化改造工程	中铁二十一局集团公司
28	滨州铁路齐齐哈尔至海拉尔段自动闭塞改造工程2标段	中铁二十二局集团公司
29	地方铁路呼准线呼和浩特西至周家湾段电气化工程	中铁建电气化局集团公司
30	达成铁路扩能改造工程站后工程3标段	中铁建电气化局集团公司
31	黎湛铁路河唇至湛江段增建二线站后工程	中铁建电气化局集团公司

制表:仇 发

2010年中国铁建优质工程奖情况表

序号	获 奖 工 程	施 工 单 位
1	武广铁路客运专线XXTJ1标段淦河特大桥工程	中铁十一局集团一、三公司
2	武广铁路客运专线XXTJ1标段汀泗河特大桥工程	中铁十一局集团一、二、三、六公司
3	合武铁路江岸特大桥工程	中铁十一局集团一、二、六公司及桥梁公司
4	武广铁路客运专线XXTJ1标段群力特大桥工程	中铁十一局集团三公司
5	武广铁路客运专线XXTJ1标段华家湾特大桥工程	中铁十一局集团三、六公司
6	武广铁路客运专线XXTJ1标段向阳特大桥工程	中铁十一局集团三、六公司
7	武广铁路客运专线XXTJ1标段下余角海特大桥工程	中铁十一局集团三公司
8	新建武汉至广州铁路客运专线赤壁特大桥工程	中铁十一局集团五、六公司
9	上海轨道交通2号线西延伸工程轨道工程	中铁十一局集团三公司
10	甬台温铁路站前2标段潘朗特大桥工程	中铁十一局集团二公司
11	江西武吉高速公路刘家高架桥工程	中铁十一局集团五公司
12	准东二期铁路朴牛川特大桥工程	中铁十一局集团建筑安装公司
13	恩施市金桂大道1标段工程	中铁十一局集团建筑安装公司
14	温福铁路4合同段亭江特大桥工程	中铁十一局集团二公司
15	福建省浦城至南平高速公路祝源隧道工程	中铁十一局集团四公司、中铁十五局集团公司
16	福建省浦城(闽浙界)至南平高速公路(浦城段)A合同段综合工程	中铁十一局集团公司及其二、四公司,电务公司
17	新建甬台温铁路客运专线西桐特大桥工程	中铁十一局集团五公司
18	新建武广铁路客运专线陆水河特大桥工程	中铁十一局集团四、五公司
19	新建武广铁路客运专线胡家湾特大桥工程	中铁十一局集团二、四、六公司
20	武汉北编组站工程	中铁十二局集团公司
21	达成铁路扩能改造工程ZQSG－4标段天台寺隧道工程	中铁十二局集团一公司
22	新建武汉至广州铁路客运专线白庙北江特大桥工程	中铁十二局集团一公司
23	达成铁路扩能改造工程云顶隧道工程	中铁十二局集团二公司
24	北京首都国际机场3号航站楼楼前交通项目JT－1、JT－2合同段	中铁十二局集团二公司
25	小康高速公路北段第N10合同段	中铁十二局集团公司

续表

序号	获 奖 工 程	施 工 单 位
26	新建甬台温铁路客运专线力皮峰隧道工程	中铁十二局集团三公司
27	新建甬台温铁路客运专线鄞县大道特大桥工程	中铁十二局集团公司
28	郑西铁路客运专线金银山隧道工程	中铁十二局集团三公司
29	郑西铁路客运专线北平泉特大桥工程	中铁十二局集团三公司
30	郑西铁路客运专线峪峒特大桥工程	中铁十二局集团三公司
31	青藏铁路西格二线工程申中特大桥工程	中铁十二局集团三公司
32	甬台温铁路奉化江大桥工程	中铁十二局集团四公司
33	新建武(昌)广(州)铁路客运专线坪岭隧道工程	中铁十二局集团四公司
34	新建武(昌)广(州)铁路客运专线黎竹坪隧道工程	中铁十二局集团四公司
35	新建武(昌)广(州)铁路客运专线部山天尾隧道工程	中铁十二局集团四公司
36	新建武(昌)广(州)铁路客运专线连江隧道工程	中铁十二局集团四公司
37	新建武(昌)广(州)铁路客运专线竹园特大桥工程	中铁十二局集团四公司
38	西安铁路局多元综合楼1、2号楼工程	中铁十二局集团建筑安装公司
39	太原铁路局白龙苑小区1、2号楼工程	中铁十二局集团建筑安装公司
40	沪陕高速公路丹界段机电工程	中铁十二局集团电气化公司
41	广州动车组检修基地接触网工程	中铁十二局集团电气化公司
42	沪蓉西高速公路支井河特大桥工程	中铁十三局集团公司
43	新建甬台温铁路客运专线木周岭特大桥工程	中铁十三局集团公司
44	哈尔滨绕城高速公路天恒山隧道工程	中铁十三局集团四公司
45	哈尔滨绕城高速公路松花江大桥工程	中铁十三局集团四公司
46	小康高速公路大棕坡隧道工程	中铁十四局集团三公司
47	黄塔高速公路马金岭隧道工程	中铁十四局集团三公司
48	上海市轨道交通11号线北段(一期)工程2、11、24标段安装工程	中铁十四局集团电气化公司
49	太仓港区九龙路七浦塘大桥工程	中铁十四局集团公司
50	昆明市主城二环快速系统改扩建工程	中铁十二、十五、十六、十九局集团公司
51	济阳黄河公路大桥及接线工程	中铁十五局集团公司

续表

序号	获 奖 工 程	施 工 单 位
52	石家庄槐安路高架桥七星桥工程	中铁十五局集团七公司
53	神池南单身公寓工程	中铁十五局集团七公司
54	武广铁路客运专线 XXTJV 标段西瓜地特大桥工程	中铁十五局集团公司及其七公司
55	武广铁路客运专线 XXTJV 标段北乡特大桥工程	中铁十五局集团公司
56	武广铁路客专 XXTJV 标段昌山大桥工程	中铁十五局集团公司及其七公司
57	京承高速公路土建第 15 标段	中铁十五局集团公司
58	甬金高速公路绍兴段 1 合同段成功岭隧道工程	中铁十五局集团公司
59	平阳隧道工程	中铁十六局集团三公司
60	重庆市武水高速公路武隆隧道工程	中铁十六局集团五公司
61	广州市轨道交通 5 号线工程区庄至杨箕站盾构区间工程	中铁十六局集团轨道公司
62	南水北调 4 标段 PCCP 工程	中铁十六局集团轨道公司
63	新建铁路福厦线站前重点工程 ZD－I 标段木兰溪特大桥工程	中铁十七局集团公司
64	湖北沪蓉西高速公路龙潭河特大桥工程	中铁十七局集团公司
65	石环公路(省道 S101)307 国道东互通立交工程	中铁十七局集团公司及其二公司、中铁十九局集团公司
66	沪蓉西高速公路齐岳山隧道工程	中铁十七局集团公司
67	沪蓉西高速公路乌池坝隧道工程	中铁十七局集团四公司
68	新建铁路武广铁路客运专线马鞍山特大桥工程	中铁十七局集团四公司
69	中铁轨道系统集团公司长沙重型装备制造项目工程	中铁十七局集团建筑公司
70	岭南高速公路白河特大桥工程	中铁十八局集团一公司
71	天津开发区净水厂三期工程主体工程	中铁十八局集团三公司
72	天津开发区西区北大街地道工程	中铁十八局集团四公司
73	地中海风情汇福苑五组团工程	中铁十八局集团北京中铁大都公司
74	四川省广元至巴中高速公路工程	中铁十八局集团公司
75	慈溪泵站工程	中铁十八局集团公司
76	南宁市葫芦顶大桥工程	中铁十八局集团公司
77	陕西小河至安康高速公路包家山特长隧道工程	中铁十八局集团公司

续表

序号	获 奖 工 程	施 工 单 位
78	陕西宁强至棋盘关高速公路棋盘关隧道工程	中铁十八局集团公司
79	陕西宝天高速姚家山隧道工程	中铁十八局集团公司
80	秦岭终南山特长公路隧道工程	中铁十二、十八局集团公司
81	武广铁路客运专线藏龙岛特大桥工程	中铁十八局集团一公司
82	武广铁路客运专线东湖高新特大桥工程	中铁十八局集团一公司
83	新建甬台温铁路客运专线工程Ⅱ标段太坤山隧道工程	中铁十八局集团公司
84	新建温福铁路福建段2标段霞浦隧道工程	中铁十九局集团公司
85	省道201线奉节至湖北恩施二级公路长凼子隧道工程	中铁十九局集团一公司
86	扶绥海螺5000吨/日熟料+240万吨/年水泥生产线二期B标段区建筑工程	中铁十九局集团一公司
87	重庆至长沙公路黔江至彭水段D12合同段大洞沟隧道工程	中铁十九局集团一公司
88	重庆至长沙公路黔江至彭水段D12合同段武陵山隧道工程	中铁十九局集团一公司
89	青岛滨海公路南段一期工程4合同段陈家贡湾特大桥工程	中铁十九局集团五公司
90	大连市东联路建设工程第3标段工程	中铁十九局集团五公司
91	福建省泉州至三明高速公路三明段SMA11合同段	中铁十九局集团二公司
92	新建铁路洛阳至湛江线永州至岑溪D1K131+820～DIK189+700综合工程	中铁十九局集团五公司
93	广东佛山市和顺至北滘主干线工程DS09标段	中铁十九局集团公司
94	襄渝铁路二线姜家坝右线特大桥工程	中铁二十局集团六公司
95	兰乔圣菲小区	中铁二十局集团六公司
96	胶济铁路客运专线ZH－6标段大尚庄双线特大桥工程	中铁二十局集团公司
97	胶济铁路客运专线ZH－6标段马尚双线特大桥工程	中铁二十局集团公司
98	襄渝铁路二线李子溪隧道工程	中铁二十局集团公司
99	精伊霍铁路风吹雪路基防护工程	中铁二十一局集团一公司
100	精伊霍铁路站后工程	中铁二十一局集团电务电化公司
101	石汝线电气化改造工程	中铁二十一局集团电务电化公司
102	克色克阔兹隧道工程	中铁二十一局集团三公司
103	中央财经大学沙河新校区一期第一阶段学院楼工程	中铁二十二局集团六公司

续表

序号	获 奖 工 程	施 工 单 位
104	莆田三信·金鼎广场工程	中铁二十二局集团三公司
105	沈阳地铁1号线十三号街站、站后区间及出入段线工程	中铁二十二局集团六公司
106	厦门快速公交(BRT)第一码头枢纽站及匝道桥工程	中铁二十二局集团三公司
107	南昌市阳明路下穿青山湖隧道工程	中铁二十二局集团三公司
108	京承高速公路第7合同段清水河2号桥工程	中铁二十二局集团一公司
109	滨州铁路齐齐哈尔至海拉尔段自动闭塞改造工程2标段	中铁二十二局集团电气化公司
110	石太铁路冶河特大桥工程	中铁二十二局集团四公司
111	张石高速黑石岭隧道工程	中铁二十二局集团四公司
112	郑西铁路客运专线南场特大桥工程	中铁二十三局集团公司、中铁二十三局集团一公司
113	郑西铁路客运专线渭南渭河特大桥工程	中铁二十三局集团公司及其一、二公司
114	郑西铁路客运专线潼洛川隧道工程	中铁二十三局集团公司及其三公司
115	襄渝铁路二线安康至重庆段ZH－3标段新铁山隧道工程	中铁二十三局集团公司及其三、四公司
116	国道109线大饭铺至东胜段高速公路第3、4合同段工程	中铁十六局集团三公司、中铁二十三局集团三公司
117	平齐铁路增建二线Ⅰ标段泰来监狱北立交桥工程	中铁二十三局集团二公司
118	甘肃张掖大孤山水电站引水隧洞Ⅱ标段	中铁二十三局集团三公司
119	朔黄铁路发展有限责任公司肃宁北单身公寓工程	中铁二十四局集团公司
120	南通市城北大桥工程	中铁二十四局集团公司
121	新建铁路沪汉蓉通道合肥至武汉段杨家坳特大桥工程	中铁二十五局集团三公司
122	新建铁路沪汉蓉通道合肥至武汉段阎家河特大桥工程	中铁二十五局集团三公司
123	新建铁路沪汉蓉通道合肥至武汉段举水河特大桥工程	中铁二十五局集团三公司
124	新建铁路温福线宁德站房及站台雨棚工程	中铁建设集团公司
125	新建甬台温铁路客运专线奉化等8个站房及站场相关工程第Ⅱ标段	中铁建设集团公司
126	铁道部羊坊店住宅区旧房改造项目7、8号楼工程	中铁建设集团公司
127	北京石景山万达广场伯尔曼大酒店工程	中铁建设集团公司
128	中国科学院过程工程大厦(科研综合楼)工程	中铁建设集团公司
129	中铁建设大厦工程	中铁建设集团公司

续表

序号	获 奖 工 程	施 工 单 位
130	北京市十四中学校综合楼工程	中铁建设集团公司
131	西安朱雀大厦工程	中铁建设集团公司
132	风韵蓝湾工程	中铁建设集团公司
133	金碧骏鸿花园 D1~D6 栋工程	中铁建设集团广州分公司
134	武汉至安康铁路增建二线胡家营至安康段站后“四电”工程 XYZH-01 标段	中铁建电气化局集团二公司
135	改建地方铁路呼准线呼西至周家湾段电气化工程	中铁建电气化局集团二公司
136	福建省泉山高速公路泉州段交通机电工程供货与安装第 QD2 合同段工程	中铁建电气化局集团四公司
137	达成铁路改建扩能改造工程站后 3 标段工程	中铁建电气化局集团北方公司
138	襄渝铁路新增二线巴山至梁家坝段电力电气化工程	中铁建电气化局集团北方公司
139	赤峰至大板至白音华新建地方铁路通信、信号工程	中铁建电气化局集团北方公司、二公司
140	萧甬铁路电气化改造工程	中铁建电气化局集团北方公司
141	黎湛铁路河唇至湛江段增建第二线站后工程	中铁建电气化局集团五公司
142	改建铁路沪汉蓉通道武汉至襄樊段增建第二线电力电化工程	中铁建电气化局集团南方公司
143	武汉至安康铁路增建二线工程 XYS-07 标段	中铁建电气化局集团襄胡线工程指挥部

制表:仇 发

2010 年中国铁建生产安全事故统计表

事故级别	总 计（起数）	死亡人数（含失踪人数）（人）	重伤人数（人）	直接经济损失（万元）	备 注
一般事故	5	8			
较大事故	3	14			主要责任、负次要责任、劳务方责任各一起。
重大事故	2	20			一起负重要责任,另一起尚未结案。
特别重大事故					
其他					
合计	10	42			

制表:郭 宏

中国铁建兵改工以来职工因工死亡人数逐月统计表

项目 数量 年度	一月	二月	三月	四月	五月	六月	七月	八月	九月	十月	十一月	十二月	全年合计		
													职工人数（人）	死亡人数（人）	千人死亡率（‰）
1984 年	1	4	1	1	3	1	3	2	3	1	4	3	150549	27	0. 179
1985 年		1	3	1	2	10	4	2	4	6	2	1	153134	36	0. 235
1986 年	4	1	1	5	3	3	7	5	6	5	3	1	151620	44	0. 29
1987 年			4	12	2		9	8	3	4	2	1	151428	45	0. 297
1988 年			4	1	5	1	2		3		2	3	146855	21	0. 143
1989 年	3		4	2	3		3	1	1	3			150962	20	0. 132
1990 年	1				1		3		1		2		153288	8	0. 053
1991 年			1	1	1		3		5	9	4		158588	24	0. 151
1992 年	1					1	1	2	1	1	2	6	160379	15	0. 094
1993 年	1	2	1		1	3	1	2	1	6	1		145876	19	0. 13
1994 年		3		2			5		1	1		2	145368	14	0. 096
1995 年		3		5		1		1		1	1	2	145608	14	0. 096
1996 年	1	1			1	1				1	1		146871	6	0. 041
1997 年	1	9		3	4	1	1	3	4		2		141327	28	0. 198
1998 年			2								2		139731	4	0. 029
1999 年			1	7	2	2	1	5	3	1		10	171445	32	0. 187
2000 年	6		4				1	5	1	1	1	1	200850	20	0. 1
2001 年	2				2		2	2	6		7	3	186680	24	0. 129
2002 年											1		186000	1	0. 005
2003 年			2			1	1						176000	4	0. 023
2004 年	1				1		2	1	1		1	4	227650	11	0. 048
2005 年		7	4		1			2	7			12	230533	33	0. 143
2006 年	1	8		1						4		6	237232	20	0. 084
2007 年	4		6	4	1	4			3				242168	22	0. 091
2008 年			5		3			2					184868	10	0. 054
2009 年			5					3		6		6	209103	20	0. 096
2010 年		2	12	4	3		10	1	2	1	7		228004	42	0. 184
合　计	27	41	60	49	39	29	59	47	56	51	45	61		564	0. 1195

制表：郭　宏

原铁道兵部队和中国铁建逐年事故死亡人数统计表

项目 数量 年度	死亡人数	千人死亡率	项目 数量 年度	死亡人数	千人死亡率	项目 数量 年度	死亡人数	千人死亡率
1948年	21		1975年	263	0.56	1984年	27	0.179
1949年	96		1976年	257	0.74	1985年	36	0.235
1950年	36		1977年	216	0.64	1986年	44	0.29
1951年	365		1978年	193	0.58	1987年	45	0.297
1952年	521		1979年	192	0.51	1988年	21	0.143
1953年	448		1980年	177	0.58	1989年	20	0.132
1954年	33		1981年	116	0.52	1990年	8	0.053
1955年	157	1.55	1982年	121	0.62	1991年	24	0.151
1956年	144	1.26	1983年	76	0.47	1992年	15	0.094
1957年	60	0.58				1993年	19	0.13
1958年	125	1.24				1994年	14	0.096
1959年	235	1.53				1995年	14	0.096
1960年	249	1.77				1996年	6	0.041
1961年	151	1.17				1997年	28	0.198
1962年	63	0.64				1998年	4	0.029
1963年	137	0.68				1999年	32	0.187
1964年	106	0.51				2000年	20	0.1
1965年	336	1.63				2001年	24	0.129
1966年	436	1				2002年	1	0.005
1967年	351	1				2003年	4	0.023
1968年	263	0.6				2004年	11	0.048
1969年	373	0.58				2005年	33	0.143
1970年	404	0.7				2006年	20	0.084
1971年	536	1.3				2007年	22	0.091
1972年	371	0.71				2008年	10	0.054
1973年	254	0.61				2009年	20	0.096
1974年	291	0.67				2010年	42	0.184
铁道兵合计				8173	0.88	中国铁建合计	564	0.1195

制表：郭　宏

中国铁建兵改工以来伤亡事故统计表

数量 项目 / 年度	合计				职工因工伤亡事故				职工在国有公路上发生交通事故				职工非因工伤亡事故				我方主要责任造成群众伤亡事故				外部劳务伤亡事故			
	起数	轻伤	重伤	死亡	起数	轻伤	重伤	死亡	起数	轻伤	重伤	死亡	起数	轻伤	重伤	死亡	起数	轻伤	重伤	死亡	起数	轻伤	重伤	死亡
1984 年	312	187	107	79	219	162	69	27					36	7	9	24	57	18	29	28				
1985 年	241	168	58	52	215	157	51	36					17	3	4	10	9	8	3	6				
1986 年	259	160	61	77	217	156	47	44					26	3	6	19	16	1	8	14				
1987 年	166	99	38	63	145	92	36	45					13	5	2	11	8	2		7				
1988 年	117	64	23	45	92	60	21	21	4		1	3	15		1	15	6	4		6				
1989 年	111	76	26	33	87	56	19	20	14	20	5	5	10		2	8								
1990 年	113	89	18	31	86	69	15	8	12	17	3	8	12	3		12	3			3				
1991 年	128	99	24	38	107	84	21	24	7	9	4		11			11	3	6		3				
1992 年	144	113	15	28	130	112	13	15	6	1	2	4	6			7	2			2				
1993 年	144	131	28	32	129	119	21	19	10	9	6	11	3	1		2	2	2	1		11			20
1994 年	107	97	8	21	99	94	6	14	3	3	2	2	5			5	1	2		4	9	10	6	33
1995 年	92	85	15	14	92	85	15	14													4	3		6
1996 年	72	62	9	8	70	62	9	6					2			2					3			9
1997 年	87	72	11	36	85	72	11	28					2			8					4	5		7
1998 年	66	59	7	6	64	59	7	4					2			2					4	2	1	9
1999 年	103	86	9	37	98	86	9	32					5			5					2			4
2000 年	66	74	13	21	65	74	13	20					1			1					3	1	1	5
2001 年	66	80	14	30	62	80	14	24					4			6					1			1
2002 年	79	70	7	2	78	70	7	1					1			1					2	1	2	4
2003 年	72	67	10	4	72	67	10	4													2	1		4
2004 年	76	79	7	12	75	79	7	11					1			1								
2005 年	57	63	10	33	57	63	10	33													3			3
2006 年	60	60	11	20	60	60	11	20													1	3		3
2007 年	67	70	14	22	67	70	14	22													3			4
2008 年	4	2	2	10	1			4													3	2	2	6
2009 年	8			20	6			15													2			5
2010 年	10	3		42	1	3		7													9			35
合　计	2827	2215	545	816	2479	2092	456	485	56	59	23	33	172	22	24	150	107	43	41	73	63	28	12	158

制表：郭　宏

中国铁建兵改工以来各单位逐年职工因工死亡人数统计表

年度 / 数量 / 单位	职工因工死亡人数																											
	一九八四年	一九八五年	一九八六年	一九八七年	一九八八年	一九八九年	一九九〇年	一九九一年	一九九二年	一九九三年	一九九四年	一九九五年	一九九六年	一九九七年	一九九八年	一九九九年	二〇〇〇年	二〇〇一年	二〇〇二年	二〇〇三年	二〇〇四年	二〇〇五年	二〇〇六年	二〇〇七年	二〇〇八年	二〇〇九年	二〇一〇年	合计
中国土木工程集团公司																												
中铁十一局集团公司	2	7	6	4	2	2	1	1	7	1	5						2	2		2		1	4				2	51
中铁十二局集团公司	2	1	1	2	4										2	2		14					2	9		2	10	51
中铁十三局集团公司	1	2		2	4	3		1	1	1			1			4				1			1	1			7	30
中铁十四局集团公司	1	3	1	6	1	1	1	4	2				1	1		1	1					6				6		36
中铁十五局集团公司	3	2		2	2	4		6	2	3	4			1		8	6	1					1	3	1			49
中铁十六局集团公司	6	8	11	4	1	2	1	2	2	3	1	2	1	20				1			1	8		3		5	2	84
中铁十七局集团公司	1		2	3		1	1	1			3												9	4	4	1	2	32
中铁十八局集团公司	5	4	9	16	3		2	1		3		6	1			2	2	1						1	5	3	10	74
中铁十九局集团公司	1		4	1	1	3		3		5		1		1	1	10	8				1	12		1				53
中铁二十局集团公司	1	6	7	5	3	4	1	1	1							4		2			2		3					40
中铁二十一局集团公司																												
中铁二十二局集团公司																						3					1	4
中铁二十三局集团公司																												
中铁二十四局集团公司																					4					2	7	13
中铁二十五局集团公司																										1	1	2
中铁建设集团公司		1	1																									2
中铁建电气化局集团公司																												
中铁第一勘察设计院集团公司																												
中铁第四勘察设计院集团公司																					1							1
中铁第五勘察设计院集团公司																			1									1
中铁上海设计院集团公司																												
中铁物资集团公司			1										1															2
昆明中铁大型养路机械集团公司																					1							1
中铁建（北京）商务管理公司																					1	3						4
中国铁建直属单位	4	2	1				1	4		3	1	5	1	5	1	1	1	3		1								34
合　计	27	36	44	45	21	20	8	24	15	19	14	14	6	28	4	32	20	24	1	4	11	33	20	22	10	20	42	564

注:中国铁建直属单位包括原工厂局、国内工程公司、铁路运输处、铁道战备舟桥处。

制表:郭　宏

设备物资

【设备物资部】 主要职责：贯彻执行国家有关设备、运输、物资、工业、节能减排工作的方针、政策和法规；组织制定股份公司系统设备、运输、物资、工业、节能减排管理的各项规章制度；负责股份公司主要物资和大型专用设备的集中招标采购和大型专用施工设备的内部调配；组织设备重大技术的推广与交流；负责利用外资贷款购置设备，协调总承包工程项目和本级经营项目主要物资的供应；负责股份公司系统铁路路料运输、工程路用车、铁路机车车辆调拨、铁路自轮运转特种设备管理；负责铁路集采专供物资、油料、民爆器材计划及协调工作；负责工业企业建设和工业产品技术研发、引进、消化、吸收，以及工业企业资源优化配置、产品调整的研究论证；负责股份公司节能减排管理，组织全系统设备、运输、物资、节能减排检查及年度统计报表汇总上报工作。定员9人，设部长1人、副部长1人、总机械师1人；下设设备处、物资处、工业处。 （白云飞）

【主要技术设备】 截至2010年底，中国铁建系统保有机械动力设备70120台（套）。其中，主要施工机械设备23076台（套）；进口主要施工机械设备1673台（套）。机械动力设备固定资产原值334.86亿元，净值220.52亿元，机械设备总功率593.58万千瓦，技术装备率和动力装备率分别为8.99万元/人和24.2千瓦/人。拥有盾构（TBM）121台，铁路客运专线施工用运架一体机4台、900吨架桥机83台、运梁车87台、提移梁机149台（套）、移动模架138套，常规铁路架桥机81台、铺轨机35台，电气化施工设备（作业车、放线车、立杆车、轨道起重设备、重型轨道车、轨道平板车等）455台（套），大型机械化整道设备（起拨道捣固车、配碴整形车、动力稳定车等）69台。机械设备成新率66%；主要施工机械设备完好率93.2%，利用率80.35%，闲置率7.42%。2010年更新机械设备15849台，价值94.6亿元；报废设备4655台，原值7.69亿元。主要施工设备实现机电液一体化、智能化、多功能化，在数量、质量和装备能力上已接近或达到世界先进水平，提高了股份公司的市场竞争力，在工程投标和完成施工任务中发挥了重要作用。 （白云飞）

【设备管理专业人员】 中国铁建系统有设备管理专业技术人员11303人。其中，高级工程师624人；工程师1899人。设备技术工人32525人。其中，机械司机11858人；汽车驾驶员12219人；修理工3878人。各单位全年完成专业技术培训607期，培训人员10082人。 （白云飞）

【设备运输物资节能检查】 为进一步加强中国铁建设备、运输、物资、节能减排管理工作，增强企业机械化施工能力和综合实力，降低设备物资采购成本，提高管理水平及企业整体经济效益，年内下发《关于认真开展2010年度设备、运输、物资、节能检查工作的通知》，要求各单位从机构设置、制度落实、人员配备、资料管理等方面，加强设备购置、租赁、使用、维护保养、安全操作管理，坚持操作人员持证上岗制度；加强铁路工程路用车及大吨位预制梁运输和桥梁、轨枕、钢轨运输专列的使用管理；加强主要原材料和大宗物资招标采购和危爆物品的使用管理；建立节能减排组织体系和指标监测体系。各单位根据股份公司的安排，统一部署，狠抓落实，总结经验，制定整改措施，取得较好效果。 （白云飞）

【设备物资节能减排业务会议】 5月27日~28日，股份公司在成都召开设备物资节能减排业务会议。会议分析了设备物资节能减排工作的开展情况，对下一阶段工作提出要求。会议提出加大设备物资集中招标采购工作力度，优先采购本系统生产的产品，高度重视节能减排工作。通过会议，各单位提高了认识，排除了畏难情绪，充分认识到设备物资采购的错综复杂性，深刻领会了集中采购的重要含义。 （白云飞）

【推广应用“四新”技术】 组织系统内的设备管理人员与国内外主要设备制造商进行施工设备和施工工艺的交流，促进新设备、新技术、新工艺的及时推广和应用。组织相关人员参加中国国际工程机械、建材机械、工程机械及车辆博览会（上海宝马展），及时了解国内外工程机械的技术水平和发展趋势。

（白云飞）

【大型、专用施工设备管理】 年内，各单位建立铁路客运专线专用施工设备及常规铁路铺架设备管理台账，统计客运专线架桥机、运梁车、移动模架、提梁机和无砟轨道生产、施工等设备，汇总常规铁路架桥机、铺轨机的信息资料，随时掌握大型专用施工设备的动态分布和使用、管理情况，根据客运专线工程需要，按照“资源共享、优化配置”的原则，在股份公司内部进行统筹安排和有效调剂，最大限度地发挥设备的效能，提高设备利用率。调剂工作实施以来，已成功调剂使用5套提运架设备，避免了所属单位各自为战、重复购置造成的资金浪费和设备闲置，充分发挥了股份公司的集团优势。（白云飞）

【设备、物资集中招标采购】 2010年，中国铁建全面推行设备物资集中招标采购制度，年内招标采购盾构机26台，采购金额17.05亿元，市场价格18.45亿元，节约资金1.4亿元。盾构机分别应用于北京、重庆、大连、昆明、苏州、无锡地铁和长株潭、广深港铁路客运专线施工。采购其他大型设备66台（套），采购金额6.55亿元，市场价格6.79亿元，节约资金2400万元。铁路甲控物资作为大宗主要物资，占全部物资的80%，是成本控制的重点，为降低甲控物资采购成本，股份公司及各集团公司积极组织、协调甲控物资招标采购工作，年内在各铁路局交易平台集中招标采购钢材820万吨、水泥4100万吨，共节约成本21.8亿元。（刘宝庆）

【物资供应】 2010年，股份公司系统组织供应物资1755亿元，消耗物资1736亿元。其中，供应钢材1220万吨；木材107万立方米；水泥5011万吨；油料185万吨；炸药19万吨。满足了施工生产的物资需求，确保了施工生产的顺利进行。（刘宝庆）

【成品油集中采购】 股份公司充分发挥物资采购中心专业资源优势，在成品油集中采购方面稳步推进。2010年，中石油铁建油品公司与12个局集团公司的55个工程项目签订采购供应协议，累计供应成品油20万吨，平均每吨供应价格比市场价降低300元左右，共节约成本6000万元。（刘宝庆）

【解决民爆器材直接供应】 为打破民爆器材采购的地方保护主义，股份公司、各集团公司共同配合，积极与福建、贵州、海南、陕西、湖北、山西、云南、甘肃、广东、广西、重庆、湖南、江西等省、直辖市、自治区政府沟通，争取地方政府及民爆器材行业主管部门支持，最大限度地解决股份公司系统民爆器材的直接供应，直接或间接降低部分地区施工单位民爆器材的采购价格。2010年，中铁物资集团铁建民爆器材专营公司集中采购炸药7019吨、雷管440万发、导爆索300万米，节约成本2800万元，集中采购效果开始显现。特别是沪昆铁路贵州段的民爆器材采购供应，得到贵州省人民政府的高度重视与关注，通过积极协调公安部三局和贵州省省政府、省公安厅，打破地方火工品垄断，平抑价格，为施工单位节约成本2亿元。（刘宝庆）

【铁路运输】 全年股份公司系统完成铁路运输88365车，运送各类物资530余万吨。（白云飞）

【组织专列、超限货物运输】 2010年，根据京沪高速铁路、襄渝铁路二线、石武铁路客运专线和包西、太中银、海南东环铁路铺轨、架梁任务需要，申请使用工程路用车5363辆。其中，N车5357辆；P车6辆。股份公司对各单位提出的使用申请，严格把关，及时申报计划并要求使用单位加强管理，按时通报使用情况，杜绝违章使用情况的发生，保证各条新线铺架现场的桥梁、轨排和材料运输。（刘宝庆）

【铁路编组自运行设备发运】 为保证股份公司电气化施工任务的完成，及时与铁道部运输局联系，全年为所属单位铁路编组自运行设备发运办理铁道部调度命令51次，发运192车次。（刘宝庆）

【工业制造】 中国铁建工业制造板块主要以昆明中铁大型养路机械集团公司和中铁轨道系统集团公司为主，此外，还有中铁十一局集团六公司、中铁二十局集团工程机械有限公司、中铁第五勘察设计院集团工程机械有限公司等形成规模的集团公司下属工业制造企业。工业产品范围主要包括盾构、大型养路机械、高速铁路运架提设备、电气化施工设备、矿山法隧道机械、混凝土拌合站、通用门式起重机、压实机械、无砟轨道施工设备、双块式轨枕生产线及其他施工装备系列产品。2010年，工业制造板块完成产值75.8亿元，营业收入70.6亿元，实现净利润5.45亿元。

2010年，昆明中铁大型养路机械集团公司加大新产品研发力度，开发的QS－1200型全断面道岔清筛机、CDWL－32型连续式线路道岔捣固稳定车等新产品，具有完全自主知识产权；开发的恒张力放线车技术设计通过专家评审，取得生产资质，第一批为中铁建电气化局集团公司生产的6台恒张力放线车将在2011年上半年陆续投入使用；11月启动侧切式清筛机研发。

中铁轨道系统集团公司3年开发道岔新产品50余项，完成关键工艺攻关和试验20余项，高锰钢辙叉新品种10个。截至2010年底，接受土压平衡盾构机生产任务17台，两台已在施工一线成功使用。中铁轨道系统集团隧道装备公司具备年产盾构机30台、隧道施工机械100台、混凝土机械200台的生产能力。

中铁建电气化局集团公司积极研发新的接触网钢

支柱防腐技术，大力发展钢结构支柱及其零配件产业，开发混凝土接触网支柱；引进德国力倍公司技术，研发承力索预变形生产技术，已申请国家专利十余项。（郭春雷）

【节能减排管理】 “十一五”以来，股份公司深入贯彻落实党中央、国务院、国资委关于节能减排的各项决策部署，认真学习国务院《关于加强节能工作的决定》和国资委《关于加强中央企业节能减排工作的意见》《中央企业任期节能减排管理目标》等文件精神，大力开展节能减排工作。坚持以提高能源利用率为核心，节能降耗为重点，加快资源利用，促进清洁生产，深化循环经济工作，逐步完善节能减排管理制度，加大监督管理力度，节能减排工作取得明显成效，圆满完成国资委下达的中央企业负责人第二任期和“十一五”节能减排管理目标。（刘宝庆）

【节能减排管理干部培训班】 为深入贯彻党中央、国务院节能减排政策，全面落实国资委关于加强中央企业节能减排工作的各项要求，加强股份公司节能减排管理工作，提高节能减排监测、统计和管理水平，确保实现股份公司“十一五”节能减排目标，7月17日，股份公司在北京培训中心举办中国铁建节能减排管理干部培训班。股份公司所属集团公司、子公司负责节能减排的工作人员140余人参加培训。（刘宝庆）

● 相关链接 ●

翔安隧道与世界海底隧道比较

隧道名称	断　面（平方米）	地质条件	最小覆盖层厚度（米）	施工方法	工期（个月）	长度（公里）
中国厦门翔安海底隧道	170.7	全风华花岗岩	15	钻爆	50	8.695
日本青函隧道	109.5	第三纪火山岩	100	钻爆	288	53.85
英吉利海峡隧道	43.1	中世代白垩岩	45	TBM	96	50.5
丹麦大海峡隧道	68.0	第四纪冰渍物	75	TBM	60	8.0
冰岛华尔峡湾海底隧道	64.0	玄武岩	50	钻爆	48	6.0
日本关门海底隧道	76.9	灰绿凝灰岩	20.7	钻爆	96	18.68

2010 年 5 月 12 日，中国土木工程集团尼日利亚公司设计施工的奥克塔大桥建成通车。
（郭子岩 提供）

海外经营 境外工程

本栏责任编辑 **杨启燕**

海外经营

·海外业务·

【国际部】 股份公司机关行政职能部门。主要职责：贯彻执行党和国家有关外经、外事方针、政策、法律、法规；执行公司的有关决定、决议；负责编制公司海外经营战略，制定、完善公司外经、外事管理制度和规定；代表公司对口国家外交、外经主管部门、省市外事管理部门；负责与驻华使（领）馆、驻外使领馆、商会、协会的工作联系以及驻外企业的交流与合作；负责公司领导参加外事活动联络，因公出国（境）人员审批、护照办理、签证等工作；负责公司境外业务管理、协调、监督、服务工作；负责公司海外业务风险管理与内控工作；负责 ENR（全球最大 225 家国际承包商）评选参选资料准备及报送工作；负责公司对外经营资格证书年检、企业信用等级评价的申报、更新工作；负责处理境外突发事件及公司系统机构、承揽工程情况统计报表及相关统计分析工作。 （杨 贺）

【全球最大 225 家国际承包商排名】 4 月，按照中国对外承包工程商会通知要求，完成美国《国际工程新闻记录》（ENR）组织的全球最大 225 家国际承包商排名的资料报送工作。2010 年，中国铁建在 ENR 全球最大 225 家国际承包商中排名第 1 位。 （杨 贺）

【对外经营资格年检】 5 月，按照北京市商务委员会的通知要求，完成对外承包工程经营资格和对外劳务合作经营资格的更新和年检。 （杨 贺）

2010 年中国铁建海外经营新签合同额统计表

单位：万元人民币

序号	单　　位	新签合同额	占海外合同总额比例（%）
1	中国铁建股份公司本级	57253. 62	2. 244
2	中国土木工程集团公司	966622. 81	37. 880
3	中铁十二局集团公司	255277. 80	10. 004
4	中铁十三局集团公司	78328. 26	3. 070
5	中铁十四局集团公司	30376. 86	1. 190
6	中铁十五局集团公司	212537. 12	8. 329
7	中铁十七局集团公司	67422. 84	2. 642
8	中铁十八局集团公司	625038. 47	24. 494
9	中铁二十三局集团公司	197602. 20	7. 744
10	中铁建设集团公司	56430. 25	2. 211
11	中铁建中非建设有限公司	4917. 01	0. 193
	总　　计	2551807. 24	100. 000

制表：杨 贺

2010 年中国铁建海外经营完成产值统计表

单位：万元人民币

序号	单　　位	海外经营完成产值	占海外总产值比例（%）
1	中国铁建股份公司本级	684122	26.443
2	中国土木工程集团公司	581499	22.477
3	中铁十一局集团公司	113220	4.376
4	中铁十二局集团公司	332520	11.619
5	中铁十三局集团公司	8265	0.319
6	中铁十四局集团公司	169980	6.570
7	中铁十五局集团公司	66202	2.559
8	中铁十七局集团公司	102371	3.957
9	中铁十八局集团公司	386865	14.953
10	中铁十九局集团公司	14272	0.552
11	中铁二十局集团公司	36330	1.404
12	中铁二十三局集团公司	25879	1.000
13	中铁二十四局集团公司	12817	0.495
14	中铁建设集团公司	49688	1.921
15	中铁第五勘察设计院集团公司	1532	0.059
16	中铁上海设计院集团公司	1569	0.061
	总　　计	2587131	100.000

制表：杨　贺

2010 年中国铁建在香港、澳门及海外常设机构表

单　　位	机　构　名　称	所在国家或地区	机构性质
中国铁建股份公司本级	中国铁建股份有限公司沙特分公司	沙特阿拉伯	分公司
	中国铁建（加勒比）有限公司	特立尼达和多巴哥共和国	有限公司
	中国铁道建设（香港）有限公司	香港	有限公司
	中国铁建美国分公司	美国	分公司
	中国铁建阿联酋分公司	阿拉伯联合酋长国	分公司
中国土木工程集团公司	中土集团公司沙特分公司	沙特阿拉伯	分公司
	中国土木阿尔及利亚有限公司	阿尔及利亚	有限公司
	中土东非有限公司	坦桑尼亚	有限公司
	中国土木工程（澳门）有限公司	澳门	有限公司
	中土集团公司吉布提办事处	吉布提	办事处
	中土尼日利亚有限公司	尼日利亚	有限公司

续表

单　　位	机　构　名　称	所在国家或地区	机构性质
中国土木工程集团公司	中国土木工程博茨瓦纳有限公司	博茨瓦纳	有限公司
	中土集团公司阿联酋代表处	阿拉伯联合酋长国	代表处
	中土集团公司以色列分公司	以色列	分公司
	中土集团俄罗斯（远东）办事处	俄罗斯	办事处
	中土集团公司利比亚分公司	利比亚	分公司
	中国土木工程集团（香港）有限公司	香港	有限公司
	中铁（澳门）有限公司	澳门	有限公司
	中土集团公司日本代表处	日本	代表处
	中土集团公司（波兰）有限公司	波兰	有限公司
	中土集团公司土铁项目欧洲代表处	德国	代表处
	中土巴西国际商业有限公司	巴西	有限公司
	中国铁建土耳其分公司	土耳其	分公司
中铁十二局集团公司	亚昌公司	阿尔及利亚	分公司
	海外工程公司	阿尔及利亚	分公司
中铁十三局集团公司	安哥拉办事处	安哥拉	办事处
	纳米比亚办事处	纳米比亚	办事处
	马来亚办事处	马来西亚	办事处
中铁十四局集团公司	喀布尔办事处	阿富汗	办事处
	印度办事处	印度	办事处
中铁十五局集团公司	尼泊尔工程公司	尼泊尔	分公司
	沙特公司	沙特阿拉伯	分公司
	中铁十五局集团河南新开元路桥咨询公司联合体公司	坦桑尼亚	分公司
中铁十八局集团公司	尼日利亚有限公司	尼日利亚	注册公司
	迪拜工程公司	阿联酋迪拜市	注册公司
	沙特工程公司	沙特阿拉伯利雅得市	注册公司
	马达加斯加公司	马达加斯加共和国	注册公司
	中国铁道建筑（泰国）有限公司	泰国曼谷	注册公司
	马斯卡特公司	阿曼马斯卡特区	注册公司
	印度办事处	印度	办事处
中铁建设集团公司	巴新公司	巴布亚新几内亚	分公司
中铁建中非建设有限公司	尼日利亚分公司	尼日利亚	分公司

制表：杨　贺

【境外来访】 1月10日，股份公司总裁赵广发在北京总部机关会见阿联酋联邦铁路公司董事长努沃斯先生一行，双方就共同关心的问题坦诚交换意见。中国驻阿联酋大使高育生出席座谈会。

1月14日，股份公司董事长李国瑞在北京总部机关会见以巴西众议员道路交通委员会主席雅伊梅·马丁斯为团长的巴西政府代表团，双方就巴西铁路和其他基础设施建设的合作进行深入有益的探讨。

3月10日，国家发展改革委员会副主任、国家能源局局长张国宝在北京钓鱼台国宾馆会见俄罗斯联邦地区发展部部长巴萨尔金一行，双方就落实《中国东北地区与俄罗斯远东及东西伯利亚地区合作规划纲要》，促进两国毗邻地区合作广泛交换意见。中国铁建总裁赵广发等企业界代表出席会晤。

4月14日，中国铁建总裁赵广发在中国铁建大厦会见沙特阿拉伯水电部副部长兼沙特电力公司执行主席萨利哈·阿拉哇基博士一行，双方就沙特水利水电工程项目建设等方面的合作进行会谈。

9月6日，尼日利亚前总统奥巴桑乔在访华期间，专程到中国土木工程集团公司总部访问，受到中国铁建董事长孟凤朝、总裁助理陈晓星，中土集团公司董事长林荣新、副董事长刘志明及中土集团公司总部全体员工的热烈欢迎。

9月20日，联合国全球契约组织中国首席代表刘萌女士一行受联合国全球契约组织总干事特派拜访中国铁建。中国铁建发展规划部部长衣守义受副总裁周志亮委托主持会见活动，人力资源部、科技设计部、工程管理部、设备物质部、纪检监察室等相关部门参与会见。

11月8日，中国铁建总裁赵广发，副总裁周志亮、张宗言等在总部机关会议室与美国加州众议院副议长马世云率领的加州众议院代表团举行会谈，铁道部中美铁路项目协调组组长刘涟清陪同会谈。双方就中国铁建谋求参与美国高速铁路建设，尤其是投标美国加州第一个高速铁路示范段建设项目的合作事宜交换意见，并初步达成合作共识。

12月9日，中国铁建总裁赵广发在总部机关会见来华参加世界高速铁路大会的美国纽约州参议院议长马尔科姆·史密斯一行。双方就纽约州高速铁路建设交换了意见，并达成共识。铁道部美国铁路项目协调组副组长丛庆滋参加会见。 （杨 贺）

【领导视察】 6月30日，中国商务部副部长陈健在中国铁建总裁赵广发的陪同下，会见沙特城乡事务部部长曼苏尔亲王和副部长哈比比博士。陈健感谢城乡事务部对麦加轻轨铁路项目建设的支持和帮助。陈健指出，沙特麦加轻轨铁路项目是中沙两国元首高度重视的项目，此次来访就是落实两国元首在项目建设方面达成的共识。陈健表示承建该项目的中国铁建正在全力以赴，克服困难，努力推进工程建设，希望中沙双方继续加强沟通，密切配合，共同支持项目建设的顺利进行。他相信，这个项目必将成为中沙合作的示范性项目，为两国进一步加强经贸合作树立典范。

8月30日，中共中央对外联络部部长助理贺钧，中国驻沙特大使杨洪林、驻吉达总领事王勇在中国铁建总裁赵广发等陪同下，视察沙特麦加轻轨铁路项目工地，看望慰问参建职工。

11月20日，正在安哥拉访问的中国国家副主席习近平在安哥拉访问期间，视察安哥拉社会住房项目工地，并亲切接见中铁十七局集团公司董事长、党委书记段东明等中资企业负责人和参建员工代表。

（杨 贺）

【境外重大事件】 3月24日，中铁十七局集团公司阿尔及利亚东西高速公路项目在中国驻阿尔及利亚大使馆和阿尔及利亚中资企业协会联合举办的《中国人眼中的阿尔及利亚》摄影比赛中获一等奖2项、二等奖1项。

4月16日，中国土木工程集团公司承建的阿尔及利亚175公里铁路新线工程正式开工。

4月20日，中国铁建副总裁扈振衣与特立尼达和多巴哥共和国国家保险财产发展有限公司总经理温迪·阿里女士在特多首都西班牙港市分别代表双方签署多巴哥斯卡伯罗总医院项目合同，这是中国铁建在美洲地区的第一份设计施工与设备采购安装总承包合同。

5月18日，中铁第一勘察设计院集团陕西铁道工程勘察有限公司承担的阿尔及利亚55公里铁路甘塔斯隧道地质勘察钻探项目开钻。隧道长7.37公里，初步设计深孔钻探2孔、深度273米，是该公司依照欧洲规范标准，在国外开钻的第一深孔，有望突破工程钻探欧洲规范瓶颈。

5月31日，中铁建铜冠投资（加拿大）有限公司以每股8.6加元现金收购加拿大科里安特资源有限公司76478495股普通股，约占加拿大科里安特资源有限公司全面摊薄基础上的普通股的96.9%。此前，中国铁建股份有限公司和铜陵有色金属集团控股有限公司各出资50%，共同设立中铁建铜冠投资（加拿大）有限公司。中国铁建是中国最大的铁路建设公司之一，铜陵控股则为中国第二大铜生产商，两者将获得厄瓜多尔东南部17个矿区的矿权。

6月15日，中国铁建承建的沙特麦加轻轨铁路举行首列列车落地揭幕仪式，沙特城乡事务部部长曼苏尔亲王、副部长哈比卜，中国铁建总裁赵广发，中国驻沙特吉达总领事馆总领事王勇、驻沙特使馆经参处参赞俞子荣、铁道部专家组副组长马思朴，股份公司工作组、沙特项目公司、参建单位负责人，项目监理、设计方代表300余人参加揭幕仪式。

7月15日，中铁第一勘察设计院集团公司设计的乌兹别克斯坦图基马奇至安哥连铁路电气化改造项目通信信号系统第一批工程顺利开通。根据乌兹别克斯坦铁道部计划要求，全部工程分三批于2010年7月底全部开通。

8月6日，中铁第一勘察设计院集团公司中心实验室承担的阿尔及利亚55公里铁路项目工地实验室通过阿尔及利亚南方公共工程试验室认证。

9月6日，中铁第一勘察设计院集团公司通号处乌兹别克斯坦电气化改造项目部承担的乌兹别克斯坦图基马奇至安哥连铁路电气化改造项目通信信号系统工程顺利通过工程验收，正式进入3年质保期。这是该集团公司设计的第一个国外通信信号工程项目。

9月23日，中国铁建承建的沙特麦加轻轨铁路全线铺通。

11月11日，沙特阿拉伯政府副首相兼内政大臣、最高朝觐委员会主席纳耶夫·本·阿卜杜拉齐兹亲王率领9名政府部长视察中国铁建承建的沙特麦加轻轨铁路工程。

11月13日，迄今世界设计运能最大、运营模式最复杂的轻轨铁路项目——沙特麦加轻轨铁路开通运营。

11月23日，莱基自由贸易区首届工程机械设备展在尼日利亚莱基自由贸易区卡口广场举行。中国驻尼日利亚邓波清大使，中国铁建副总裁周志亮，尼日利亚拉各斯州副州长 Serah Sosan 女士，联邦政府商务部部长代表、尼日利亚出口加工管理局负责人 Sina 先生等出席开幕式并分别致辞。

12月21日，土耳其中资企业商会在土耳其首都安卡拉正式成立，中国铁建土耳其分公司被选为商会会长兼理事长单位。（杨 贺）

·海外及港澳资源管理·

【海外事业部】 股份公司机关事业部门，主要职能：负责股份公司本级海外资源项目和部分区域工程项目的合作、开发与管理，以股份公司名义对外跟踪承揽境外工程项目，同时代股份公司管理中国铁道建设（香港）有限公司和中国铁建（加勒比）有限公司。实行独立核算、自负盈亏。现员26人。其中，部长、副部长各1人；正式员工6人；借调员工4人；外聘合同员工14人。（吕 文）

【海外工程投标】 2010年围绕股份公司“大海外”战略构想，根据海外市场分布及资源掌握情况，加大工程信息跟踪、经营管理等方面的组织协调力度，促进海外业务经营区域不断拓展。年内主要参加特立尼达和多巴哥共和国国家公路项目第1标段圣费尔南多至马亚罗段55公里高速公路、第3标段所罗门赫克至福廷角段42公里高速公路、第4标段沃勒菲德至曼萨尼拉段27公里高速公路项目投标。（吕 文）

【港澳工程投标】 年内组织参加香港地铁西港岛线轨道接触网工程、香港地铁南港岛隧道工程、香港地铁官塘线隧道工程、香港拓展署中环绕道工程、港珠澳大桥2岛1隧工程等项目投标。（吕 文）

【中标香港港铁公司 C826 合同段工程】 3月，中国铁道建设（香港）有限公司使用股份公司名义组建中国铁建—新昌建筑有限公司—中铁十五局集团公司联合体，中标香港港铁公司 C826 合同段广深港高速铁路隧道深圳皇岗至香港米埔段工程。合同投资17亿港元，合同工期2010年3月~2014年12月，股份公司占40%股份。主要工程量：隧道1490延长米，联络通道6个，安装管片1490环。（吕 文）

境 外 工 程

【安哥拉社会住房工程】 位于安哥拉首都罗安达，2008年5月签约，合同投资35.4亿美元，总建筑面积710000平方米，合同工期35个月。工程包括公寓楼、幼儿园、中学小学以及配套设施。由中铁十四局集团公司承建。截至2010年底，开工累计完成投资1.79亿美元。（杨 贺）

【安哥拉本格拉铁路大修工程】 位于安哥拉中部，西起大西洋沿岸的洛比托港，东至安哥拉与刚果边境，是安哥拉三条铁路主干线之一。全长1343公里，合同投资18亿美元，合同工期2007年8月~2011年1月。由于业主资金问题，工期延期至2012年底。由中铁二十局集团公司负责设计施工总承包。截至2010年底，开工累计完成投资6.11亿美元。（杨 贺）

【阿尔及利亚东西高速公路工程】 东连突尼斯，西接摩洛哥，是贯穿阿尔及利亚东西部的主要交通大动脉，全长1216公里，分东、西、中3个标段建设，总投资110.4亿美元。2006年9月，中国铁建与中国中信组成联合体中标该公路的中、西标段528公里的设计施工总承包工程，合同投资57.5亿美元，合同工期40个月。公路为双向3车道设计，采用欧洲技术标准。中国铁建占联合体51%的股份，负责中段169公里的工程施工，合同投资22.4亿美元；中国中信占49%的股份，负责西段359公里的工程施工，合同投资35.1亿美元。工程于2006年9月18日正式开工，中国铁建所属中国土木工程集团公司及中铁十二、十四、十九局集团公司参加工程建设。截至2010年底，开工累计完成产值22.3亿美元，占合同投资的99.6%。（杨 贺）

【阿尔及利亚175公里电气化铁路新线工程】 业主为阿尔及利亚铁路投资管理局，由特尼亚至布阿里季堡，合同投资27.2亿美元。2009年7月18日开工，合同工期48个月。工程以6个应用合同（设计+临建、隧道、土建、轨道、电气化、通信信号）分期实施。主要工程量：隧道16540延长米；高架桥22公里，占线路正线长度的22%。由中国土木工程集团阿尔及利亚公司承建。截至2010年底，开工累计完成投资0.1亿美元。 （杨 贺）

【阿尔及利亚55公里铁路工程】 位于阿尔及利亚北部沿海地区。2007年7月，中国土木工程集团公司与土耳其OZGUN公司组成联合体中标；2009年6月20日签约，7月18日开工。全长55公里，合同投资5.7亿美元，合同工期30个月。中国铁建负责拆除既有单线线路、改建复线线路。其中，单线双洞隧道7370延长线；单洞双线隧道2796延长米。工程为设计施工总承包项目，设计时速160公里。目前，项目处于前期准备阶段，测量、设计工作有序推进。 （杨 贺）

【利比亚沿海铁路工程】 铁路贯通利比亚东西部，连接突尼斯和埃及。工程分3个标段：1标段西尔特至胡姆斯，长352双线公里，设计时速250公里，2008年2月3日签约，合同投资18亿美元，合同工期48个月；2标段胡姆斯至的黎波里，长120双线公里，设计时速250公里，2008年8月19日签约，合同投资8.3亿美元，合同工期48个月；3标段的黎波里至加迪尔角，长172双线公里。2008年11月26日，利比亚沿海铁路港口支线开工，由中国土木工程集团利比亚分公司负责施工。截至2010年底，开工累计完成投资5.18亿美元。 （杨 贺）

【利比亚南北铁路工程】 纵跨利比亚南北，单线铁路全长802公里，设计时速160公里。黑舍至赛卜哈段，2008年2月3日签约，合同投资8亿美元，合同工期36个月，2008年12月29日开工。由中国土木工程集团公司负责施工。截至2010年底，开工累计完成投资0.2亿美元。 （杨 贺）

【以色列特拉维夫红线轻轨工程】 全长23公里，业主为以色列政府。主要工程为9公里地下双线隧道、10座地下车站及23座地面车站。中国土木工程集团公司与德国西门子公司、以色列非洲—以色列公司、以色列巴士运营公司、葡萄牙SDC土建公司、荷兰轻轨运营公司组成MTS合包集团，于2007年5月28日中标，合同投资22.4亿美元，特许经营期限32年。其中，5年为施工期；27年为运营期。运营期结束后整体移交业主。截至2010年底，开工累计完成投资220万美元。 （杨 贺）

【土耳其安卡拉—伊斯坦布尔高速铁路二期工程】 全长158公里，合同投资12.7亿美元。其中，第1标段科斯克亚至温兹里罕姆段长103公里，合同投资6.6亿美元，2006年11月28日中标并签约，2008年10月21日开工；第2标段温兹里罕姆至依奴诺段长54公里，合同投资6.1亿美元，2006年7月11日中标并签约，2008年9月22日开工。铁路采用欧洲技术标准，设计时速250公里，合同工期24个月。工程由中国铁建牵头，与中国机械进出口集团公司及土耳其成吉思汗、伊兹塔斯建筑公司组成合包集团共同负责工程施工。主要工程量：桥梁22座10300延长米，隧道44座45100延长米，车站7座。 （杨 贺）

【尼日利亚铁路现代化工程】 为双线标准轨铁路，拉各斯至卡诺全长1315公里。2006年10月30日中标，总投资83亿美元。工程采用中国技术标准进行设计、施工，开创中国技术标准输出先河。2007年3月开工，合同工期4年。主要工程量：铺轨2730公里，车站25座，桥梁200公里，机车车辆维修工厂两座。由中国土木工程集团公司负责设计施工总承包。2008年完成初步勘测设计任务，并向尼日利亚提交相关设计资料。2009年5月1日，双方达成一致，先期启动阿布贾至卡杜纳和拉各斯至伊巴丹段。阿布贾至卡杜纳段长186.5公里、站线长41.291公里，2009年10月26日与尼日利亚联邦交通部签约，合同投资84975万美元，合同工期36个月。截至2010年底，开工累计完成投资0.71亿美元。 （杨 贺）

【尼日利亚阿布贾城市铁路工程】 全长60.7公里，合同投资8.4亿美元，2007年5月签约，合同工期4年。主要工程量：铁路桥梁10座1226延长米，公路跨线桥7座340延长米，涵洞168座，铺轨165公里，铺道岔131组。采用中国技术标准，由中土尼日利亚有限公司负责设计施工总承包。截至2010年底，开工累计完成投资1.13亿美元。 （杨 贺）

【尼日利亚达迈高速公路工程】 位于尼日利亚东北部，为132公里州际高速公路双线改造、扩建工程。2006年7月中标，合同投资3亿美元，2007年1月开工，合同工期40个月。由中土尼日利亚有限公司承建。截至2010年底，开工累计完成投资0.88亿美元，占合同投资的29.33%。 （杨 贺）

【沙特阿拉伯麦加地铁南线工程】 全长18公里，包括9个车站、1个车辆段。2009年2月10日签约，合同投资17.7亿美元，合同工期2009年2月～2011年5月。运营期3年。截至2010年底，开工累计完成投资14.34亿美元。 （杨 贺）

【沙特阿拉伯南北铁路工程】 为单线铁路工程，采用美国标准，由欧洲公司负责设计。全长2400公里，总投资28亿美元。中铁十八局集团公司承建的CTW200标段位于沙特北部博斯特至安娜德之间，标段长453公里，合同投资5.24亿美元，合同工期2007年3月～2010年10月。截至2010年底，开工累计完成投资4.9亿美元，占合同投资的93.5%。 （杨 贺）

【沙特阿拉伯200所学校工程】 合同总投资5.14亿美元。200所学校分布在沙特阿拉伯5个城市、135个地块，分为7组。其中，首都利雅得市区170所；其他城市30所。总建筑面积100多万平方米，建成后学校可以容纳约15万名学生就学。200所学校主要以“天井式”布局，三层框架砖混结构，地质坚固，地基采用筏板基础，设教学楼、小型体育馆。2009年11月开工。截至2010年底，已正式签订4组工程合同，承担70个地块120所学校的施工任务。开工累计完成投资0.32亿美元。 （杨 贺）

【沙特阿拉伯麦麦高速铁路工程】 全长449公里，采用法国有砟高速铁路技术标准，设计时速350公里。中铁十八局集团公司承建的第1标段于2009年3月签约，合同投资3.84亿美元，主要工程量：土石方12200万平米，桥梁93座，车站7座。截至2010年底，开工累计完成投资250万美元。 （杨 贺）

【格鲁吉亚第比利斯绕城铁路工程】 为欧洲复兴银行贷款项目，新建双线轨道26.9公里，既有线改造10公里，增建二线30.66公里，合同投资3亿美元。2010年6月15日签约，合同工期2010年7月8日～2013年7月7日。由中铁二十三局集团公司承建。截至2010年底，开工累计完成投资840万美元。 （杨 贺）

【蒙古国叶罗河铁路工程】 为蒙古国宝力德—图木尔叶罗河铁矿有限公司专用铁路，正线长83公里、站线长30公里，合同投资7500万美元。主要工程量：土石方415万立方米，箱涵78座1080横延米，车站5座，站房建筑面积约3000平方米。由中铁二十局集团公司承建。截至2010年底，开工累计完成投资6021万美元，占合同投资的80.3%。 （杨 贺）

【科威特别墅和公用建筑工程】 2010年11月11日签约，合同投资1.21亿美元。工程主要包括别墅324套，幼儿园、小学各两所，女子中学1所，小清真寺6座，主清真寺1座。由中铁十八局集团公司承建。 （杨 贺）

【印度Mandi医药大学工程】 业主为印度国家建筑公司，合同投资1.2亿美元，合同工期2009年7月30日～2011年8月1日。工程主要包括办公楼、医院、住宅、宿舍楼、宾馆等建筑物。由中铁十四局集团公司与NCC组成联合体承建。截至2010年12月底，开工累计完成投资0.46亿美元。 （杨 贺）

【坦桑尼亚松—马—卡公路改建项目】 业主为坦桑尼亚国家公路局，公路长112公里、宽7.5米，合同投资1.19亿美元。2009年10月8日签约，合同工期2010年1月13日～2013年1月13日。中铁十五局集团公司与河南新开元组成联合体承建。截至2010年底，开工累计完成投资365.9万美元。 （杨 贺）

【特立尼达和多巴哥共和国斯卡伯罗总医院工程】 业主为特立尼达和多巴哥共和国卫生部及国家保险财产发展有限公司。占地面积196800平方米，建筑面积18690平方米，合同投资6645万美元。2008年11月3日开工，预计2011年9月8日完工。中国铁建负责工程设计施工设备采购总承包，中国铁建（加勒比）有限公司、中铁建设集团公司、中铁十八局集团公司参加工程建设。 （吕 文）

中铁第四勘察设计院集团公司开发的“铁路设计院勘测设计一体化管理系统建设”获第十七届国家企业管理现代化创新成果一等奖。图为中铁第四勘察设计院集团公司党委书记、院长何义斌登台颁奖。

（刘新红 摄）

经营管理

本栏责任编辑 **杨启燕**

企业管理

【发展规划部】 主要职责:组织制定股份公司总体发展战略、中长期发展规划,组织开展公司发展方针、政策、策略和各创效板块战略、分战略、子战略等战略体系的构建,组织全面风险管理和内控工作,负责公司制度建设和企业重大课题组织研究及企业改革、资源配置、整合、并购、重组、合并、分离、分立、关闭、注销、撤销、破产等方案的制定和组织实施,负责企业组织架构、机构编制设立、审批、撤销、管理等工作,组织工程公司建设及企业管理建设,负责企业施工、勘察设计、工程监理、对外承包等资质的审核、申报、统计、管理工作,负责注册资本金调整和企业工商注册、商标、标识、域名等注册登记工作,负责企业管理协会和公司参加的相关协会的日常工作,负责《中国铁道建筑管理》杂志的编辑、出版,组织公司社会责任报告的编纂并提供相关资料;参与责任成本管理、投资收购论证、信息化建设工作;承办总公司企业管理相关工作。定编15人,设部长兼企业管理协会秘书长1人、副部长1人,下设战略规划处、政策研究处、企业管理处、风险内控处、编制处。 (衣守义)

【工作综述】 2010年围绕企业"抓改革、调结构、提质量、控风险、增实力"主题,在突出抓好股份公司战略规划制定工作的前提下,积极实施产业结构调整,大力开展风险管控,努力强化企业精益化管理。

(1)战略规划编制取得重大成就。经过广泛调研访谈和深入分析,形成外部形势分析、内部诊断等18个专题报告,在此基础上,起草《中国铁建发展战略与规划》,经多次专题研讨,广泛征求意见,形成股份公司第一个发展战略规划,为股份公司的发展明确了方向、路径和相关政策。

(2)资质管理工作取得新成果。密切跟踪新特级资质就位工作进展,组织召开股份公司系统资质工作会议,分析资质的现状、问题,提出下一步工作思路。帮助所属企业完成增项资质26项,完成一级建造师注册862名。

(3)工程公司、工程队建设取得新进展。制定《关于进一步深化工程公司建设若干问题的意见》和《关于加强工程队建设的指导意见》,下发《关于加强工程公司注册地变更搬迁管理有关问题的通知》。开展工程公司20强发布工作,企业基础建设取得明显效果。2010年,20强工程公司的营业收入和利润,比2009年20强工程公司分别增长56%和66.7%。在参加评选的137家综合、专业工程公司中,亏损工程公司数量由2009年的4家减少到1家。三级公司法人治理结构取得重大突破,多数公司实行董事总经理、党委书记"两驾马车"体制。三年工程公司建设已大见成效。

(4)风险内控管理不断深入。建立完善风险内控体系,识别确认股份公司涉及战略、市场、运营、财务、法律5个方面2010年面临的13个重大(重要)风险,制定风险管控措施和落实方案。在全系统正式启动内部控制与风险管理工作,选择中铁十二局集团公司和中铁房地产集团公司为风险内控试点单位。组织完成股份公司总部主要业务流程梳理和穿行测试,编制《股份公司内部控制缺陷及改进建议报告》,风险防范意识和控制能力得到有效提升。

(5)积极推进内部资源整合重组。年内将中铁十八局集团金属结构工程有限公司的人员、资产划转中铁轨道系统集团公司管理,将中铁二十局集团有限公司所属中铁国际航空服务有限公司资产及相关资质划转中铁建(北京)商务管理有限公司管理。

(6)组织架构管理工作取得新成就。年内根据发展需要,股份公司设立二级机构7个:中国铁建美国公司、阿联酋分公司、投资公司和贵阳工程建设指挥部、玉树地震灾后重建指挥部、成渝高速公路复线工程指挥部、昆明新机场快速公交工程指挥部4个股份公司直管指挥部;批复所属企业设立机构48家。下发《关于清理整合企业减少管理层次的通知》,对所属三、四级公司和分公司进行全面清理整合。股份公司组织架构逐步清晰完善,各业务板块经营网络、布局趋向合理,专业能力逐步提高。

(7)制度建设工作取得新成效。先后编制完成《中国铁建股份有限公司全面风险管理报告》《中国铁建股份有限公司董事会内部控制自我评估报告》《中国铁建股份有限公司社会责任报告》,并分别上报国资委和向社会披露。根据企业制度建设需要,编印股份公司首部《规章制度汇编》,促进企业制度建设向规范化、制度化迈进。 (衣守义)

【企业战略规划】 2010年是"十一五"收官之年,以此为契机,中国铁建认真总结过去,全面规划未来。一是明确中国铁建的发展指导思想和指导原则,并结合企业发展历史,根据内外形势分析、对标企业分析、竞争力分析、业务职能分析,制定适合中国铁建发展比较完整的战略体系,包括总体发展战略及产业发展战略、组织管控战略、资源优化战略、职能发展战略、协同发展战略,形成短期、中期、长期战略相结合、宏观与微观相结合的战略结构;二是在发展战略的引领下,制定中国铁建远景目标,编制"十二五"发展规划;三是制定战略规划实施保障措施。（李 江）

【行业对标分析】 对比标杆企业数据显示,股份公司在资产规模、收入规模等体量性指标上已经处于世界领先水平,但在利润总额、净利润水平等指标上依然与世界领先水平有所差距。通过与中国中铁、中国建筑、中国交通建设、中国中冶对比分析,国内对标企业主要采取以工程总承包为核心的相关多元化,从横向和纵向两个方向拓展业务范围,实现规模成长;整合资源,实施相对专业化的业务发展;面对未来国内基建投资萎缩的风险,积极进行海外布局;通过产业链资源整合和组织结构优化,实施高效的一体化,提升经营效率和盈利水平等。这些经验对中国铁建实现战略愿景具有借鉴和参考意义。此外,通过战略管理、一体化运作、兼并收购、资源统筹等12项能力的对比分析,中国铁建与国际标杆企业最佳实践相比,在这些能力上差距较为明显;与国内对标企业最佳实践相比,在企业文化管理和安全管理能力上不相上下,但在战略管理、一体化运作、专业化服务、采购管理、人力资源管理等能力建设方面相对滞后。（李吉锋）

【全面风险管理和内控工作】 股份公司按照国资委《中央企业全面风险管理指引》的要求,建立"4+1"的全面风险管理组织体系,即业务职能单位、风险管理职能部门、经理层、董事会的四道控制防线和内部审计监督管理体系。股份公司经营坚持风险导向的原则,重视内部控制体系建设,积极开展风险评估与风险管控。年内根据设定的控制目标,结合宏观经济形势、所处行业特点和企业发展战略等情况,股份公司持续搜集与企业相关的内部风险和外部风险信息,重点关注战略、财务、市场、运营、安全质量、法律等方面的风险信息。对搜集的风险信息进行筛选、提炼和分类,并通过问卷调查的形式对企业面临的风险状况进行评估,根据评估结果建立风险坐标、绘制风险地图,确定股份公司面临的重大及重要风险。根据股份公司风险偏好和风险承受程度,制定下发重大、重要风险管控措施落实方案,设计风险监控报告流程和重大风险监控指标,明确各风险的主要责任部门的管理职责,全面、及时地掌握股份公司面临的重大、重要风险状况,积极采取应对措施。股份公司结合风险评估结果,对各项业务活动综合运用不相容职务分离控制、授权审批控制、会计系统控制、财产保护控制、预算控制、运营分析控制和绩效考评控制等措施,力争将风险控制在可承受度之内。针对重大风险和突发事件,股份公司建立重大风险预警机制和突发事件应急处理机制,明确相关责任人员和规范的处置程序,不断完善突发事件应急预案,以便重大风险和突发事件得到及时妥善处理。（张世杰）

【中国铁建加入联合国全球契约组织】 3月,中国铁建正式加入联合国全球契约组织。作为联合国全球契约组织成员之一,中国铁建响应联合国全球契约倡导的覆盖人权、劳工权益、环境保护、反腐败4个领域的10项原则,以及在冲突地区负责任投资原则等企业与社会、与自然可持续发展原则,并积极融入企业战略与运营。（张世杰）

【施工企业资质管理】 截至2010年底,股份公司系统具有施工资质企业153家。其中,主项资质为总承包特级资质企业18家;主项资质为施工总承包一级资质企业105家;主项资质为专业承包一级资质企业30家。具有房屋建筑工程施工总承包一级资质企业51家,公路工程施工总承包一级资质企业67家,市政公用工程施工总承包一级资质企业100家,水利水电工程施工总承包一级资质企业20家,铁路工程施工总承包一级资质企业18家,矿山工程施工总承包一级资质企业3家,城市轨道交通工程专业承包资质企业25家,铁路电气化工程专业承包一级资质企业22家。按照国家住房和城乡建设部和铁道部的统一安排,所属企业及股份公司总部新特级资质就位工作正在有序推进,将于2012年3月完成。6362人取得国家一级建造师执业资格。（董跃君 刘军锋）

【企业管理协会工作】 2010年是中国铁建实现跨越式大发展的又一年。从2005年首次进入世界企业500强排名485位起步,6年间实现越升380位的发展奇迹,2010年度排名105位;在中国企业500强中再创佳绩,排名第7位。年内,中国铁建在全国性建筑行业创优评奖中取得丰硕成果,所属部分企业和优秀管理者成为全国建筑行业的先进代表。4个单位被中国建筑业协会授予全国建筑业先进企业称号,6人被授予全国建筑业优秀企业家称号,18人被评为全国建筑业企业优秀项目经理;9个单位被中国施工企业管理协会授予全国优秀施工企业称号,10人被授予中国工程建设优秀职业经理人(优秀施工企业家)称号,25人被评为全国施工企业优秀项目经理,并有6项项目管理成果被评为全国工程项目建设优秀管理成果一等奖。（刘军锋）

【编辑发行《中国铁道建筑管理》】 2010年编辑发行《中国铁道建筑管理》6期,审阅稿件540余篇,修改刊登文章 244 篇约 130 万字，刊登照片 118 幅。为宣传企业精神，促进企业管理、创新、探索、交流发挥了积极作用。10 月，《中国铁道建筑管理》获中国施工企业管理协会行业报刊“金页奖” （杜经红）

【工程公司建设】 中国铁建系统有各类资质的工程公司 147 家，占全系统营业总额的 73.5%，占利润总额的 68.9%。加强工程公司建设是企业夯基固本的长期战略，从 2007 年开始，总公司就把加强工程公司建设作为企业管理的基础工作来抓，并下发相关指导意见。近年来，特别是股份公司上市后，如何提高企业盈利能力、最大限度回报股东成为企业发展的重大问题。为进一步强化工程公司建设力度，提供工程公司的创效和积累能力，股份公司连续三年开展“中国铁建工程公司 20 强”评选活动，依据 2010 年度各工程公司利润指标绝对值大小进行排序，进入 20 强的工程公司分别在股份公司杂志、网站和报纸进行公开发布，引起全系统各级领导、广大员工的极大关注，起到很好的推动作用。

2010 年度中国铁建工程公司 20 强

序号	企业名称	营业收入（万元）	利润总额（万元）
1	中铁二十局集团六公司	347399	15281
2	中铁十二局集团一公司	744401	15115
3	中铁十二局集团四公司	774053	15029
4	中铁十二局集团建筑安装公司	616096	13928
5	中铁十二局集团三公司	795510	13511
6	中铁十二局集团二公司	861683	13041
7	中铁十七局集团二公司	624558	11253
8	中铁十七局集团三公司	511990	10156
9	中铁二十局集团四公司	444861	9663
10	中铁十七局集团一公司	604083	8412
11	中铁十一局集团二公司	567045	7506
12	中铁十八局集团五公司	531771	7004
13	中铁建电气化局集团南方公司	293437	6595
14	中铁二十局集团二公司	343212	6576
15	中铁二十局集团一公司	322347	6469
16	中铁十一局集团三公司	634637	6010
17	中铁十一局集团一公司	571343	6000
18	中铁十三局集团三公司	532160	5502
19	中铁十六局集团二公司	346172	5268
20	中铁十六局集团五公司	280078	5268
合计		10746835	187586

（董跃君）

经营计划

【经营计划部】 主要职能：负责公司国内工程经营工作的协调、指导和管理，组织编制公司经营发展战略规划和经营计划工作相关规章制度、办法；负责重大工程项目投标的组织协调、国内较大工程（施工）总承包及本级工程承包项目的前期调研与承揽；负责概预算、定额等工程经济工作，组织和指导铁路项目概算调整、清理及路外重大工程项目调概索赔等工作；负责本级工程承包项目内部经济责任合同的拟定、签订、监督工作；负责企业内部固定资产投资建设项目的立项批复和生产经营、固定资产投资计划及统计工作；负责公司总部机关小型及大修项目、翻建职工住房项目的立项与计划申报和计划完成情况的监督检查；负责经营风险管理与内控工作；负责工程承包考核指标下达；承办总公司相关计划统计工作。下设市场开发处、造价合同处、计划统计处；设部长 1 人、副部长 2 人；定员 15 人。 （孙国富）

【经营工作综述】 2010 年，经营计划工作管理系统一方面抓机遇、抢市场，一方面抓管理、强基础，在治标和治本两个方面都获得长足进步，取得的成绩概括为“四个突破”、“三个改善”、“五个增强”。四个突破：一是经营规模实现重大突破。全年新签合同额 7471.5 亿元，比 2009 年多签 1228.9 亿元，增长 19.7%。其中，国内新签合同额 7212.9 亿元，比 2009 年多签 1567.4 亿元，增长 27.8%。二是协调经营实现重大突破。股份公司和集团公司两级都前所未有地加大了经营协调力度，协调经营的深入推进以及所取得的突破性进展，有力地遏制了恶性竞争，有效地提升了企业整体的市场占有率。三是变更索赔实现重大突破。全系统全年实现变更索赔总额 419 亿元，比 2009 年增长 72%。变更索赔额占同期完成产值的比率达到 9.8%，比 2009 年增长 2.3 个百分点。四是基础管理实现重大突破。先后出台《工程项目变更索赔指导意见》《工程经营工作指导意见》等制度办法，企业纵向到底、项目横向到边的变更索赔管理体系基本建立，多数单位启动区域经营管理机制的构建工作。加强市场经营、变更索赔及计划统计方面的教育培训，业务研讨工作取得突破性进展。三个改善：一是产业结构和产品结构进一步改善。全年新签非工程承包业务合同额在总额中的占比达到 9%，同比提高近 2 个百分点；部分传统弱势市场实现较快发展，房屋建筑、水利电力工程的新签合同额在工程承包板块中的占比实现同比正增长。二是新签合同的任务质量进一步改善。认真贯彻精揽原则,大力推进协调经营与内外协作经营,加强与业主、设计单位的标前沟通,保证承揽任务质量。三是项目效益形势和环境进一步改善。有力的标前创效工作为项目实现较好效益创造了条件,强力的"二次经营"促进了项目的扭亏增盈;积极向国家有关部委反映情况,推动工程造价政策的逐步改善。五个增强:一是各单位对经营计划工作的重视程度明显增强;二是全系统对经营计划工作实施科学化管理的意识明显增强;三是各级的经营公关沟通能力明显增强;四是全系统计划统计工作的业务能力明显增强;五是国内经营竞争能力和创效能力明显增强。　（齐　伟）

【大规模铁路经营工作】　一批铁路项目受铁路建设市场7月1日实行施工图招标的影响,在6月底前集中上网发布招标公告,共有76个项目179个标段,概算投资总额4000亿元以上。为积极做好此次大规模铁路项目经营工作,股份公司积极行动,快速应战,统一组织、调度全系统的经营资源。经过3个月的艰苦努力,7月~9月,全系统铁路项目中标总额1670.15亿元,占铁路招标总额的51.28%。　（吴文钊）

【参加昆明新机场快速公交基础设施工程投标】　8月~11月,股份公司参加昆明新机场快速公交基础设施工程(昆明地铁6号线)投标。投标期间,股份公司与昆明轨道交通有限公司就施工合同条件和工程造价进行多轮艰苦谈判,修订合同中的不公平、不合理条款,争取到较好的合同条件,大幅提高了拦标价。该项目于2010年10月29日开标,11月18日股份公司收到中标通知书,中标价1602753123元,11月28日双方签署合同。该项目的中标,是股份公司在昆明建筑市场的又一成功力作,对于拓展昆明建设市场有着重要意义。　（王旭永　吕　琳　范永芳）

【下发股份公司工程经营工作指导意见】　10月21日,《中国铁建股份有限公司工程经营工作指导意见》经总裁办公会议讨论通过下发所属单位。指导意见紧密结合经营工作实际,总结各单位多年来经营工作管理方面的成败得失,解决全系统经营工作管理系统化、规范化问题,解决贴近市场搞经营的问题,解决经营工作专职化发展、职业经营人队伍建设问题,解决三级法人经营职责重叠及所属单位内部竞争问题。指导意见的出台对建立健全全系统经营工作体制,完善经营工作运行机制,实现经营工作管理步入科学化、精益化轨道有着重大意义。　（江炳堃）

【下发工程项目变更索赔工作指导意见】　为规范变更索赔工作,强化业务管理,提高全系统变更索赔工作水平,增强工程项目创效能力,改善企业经济运行质量,制定《中国铁建股份有限公司工程项目变更索赔工作指导意见》,经2009年12月7日总裁办公会议研究通过,于2010年1月18日正式下发。这是股份公司第一份关于工程项目变更索赔的管理性文件,也是全系统开展变更索赔工作的纲领性文件,对于全系统变更索赔工作的开展具有重要意义。

（王旭永　齐　伟　范永芳）

【制定变更索赔统计报表制度】　为及时掌握全系统变更索赔成果,对定量分析变更索赔成果,指导全系统变更索赔工作的开展,建立变更索赔工作信息交流平台和沟通主渠道,制定下发《中国铁建股份有限公司变更索赔统计报表制度》,明确所属单位变更报表上报的频次与时间,确定变更索赔报表需采集的样本数据,界定各项数据的范围。报表制度的下发执行,极大地提高了掌握变更索赔成果的准确度,对规范变更索赔工作起到积极的推动作用。　（王旭永　范永芳）

【建立变更索赔专家制度】　为实现变更索赔工作的专家治理,集中分析研究变更索赔工作存在的困难和问题,探讨变更索赔的有效方法与措施,指导变更索赔工作的开展,股份公司建立全系统变更索赔专家库,并制定变更索赔专家制度。　（王旭永　范永芳）

【重难点铁路项目的变更索赔】　根据铁路工程项目变更索赔的实际状况,股份公司重点对包西、郑西、甬台温、温福、福厦、武咸、哈齐、厦门西站等工程费用问题严重的项目进行督导,组织有关单位进行概算清理,多次向铁道部、建设和设计单位进行沟通,呼吁对这些项目工程费用问题予以解决,各重难点项目的变更索赔工作均获得不同程度的进展。　（王旭永　范永芳）

【宜万铁路高风险隧道定额测定及有关费用索赔】
为真实掌握高风险隧道工程定额水平,解决宜万铁路高风险隧道工程费用问题,根据铁道部工程管理中心的安排,股份公司组织中铁第四勘察设计院集团公司,中铁十一、十二、十六局集团公司开展"宜万铁路高风险隧道工程定额测定及经济分析"课题研究。2010年2月5日,股份公司召开课题研究布置会议,对课题研究目的、研究依据、编制原则、人员组织安排和工作计划进行研究布置。3月1日,铁道部工程管理中心主任张梅赴铁四院对课题研究工作进行部署。6月13日,铁道部宜万铁路建设指挥部在北京召开宜万铁路岩溶高风险隧道技术经济分析研讨会，对课题研究分析成果进行研讨。7月8日～9日，铁道部工程管理中心和宜万铁路建设指挥部在重庆召开宜万铁路Ⅰ级高风险隧道技术经济研讨会，会议听取施工、设计和建设单位对宜万铁路Ⅰ级高风险隧道的技术经济情况汇报，并进行充分的讨论和研究，为费用问题的有效解决做理论准备。11月11日，铁道部宜万铁路建设指挥部下发《关于〈宜万铁路Ⅰ级风险隧道应对高风险措施相关费用〉的批复》（宜万合〔2010〕197号），增加相关费用22385万元。宜万铁路高风险隧道有关措施费用得到较好解决。（王旭永）

【经营工作研讨会】 12月19日～22日在海南省三亚市召开。会议学习研讨铁道部《铁路建设工程施工招标投标实施细则》《中国铁建股份有限公司工程经营工作指导意见》，总结2010年全系统经营工作情况，肯定各单位在抓机遇、抢市场，抓管理、强基础两个方面取得的显著成绩；会议同时部署2011年的经营工作任务，要求各级经营工作人员继往开来，再接再厉，认真做好2011年的经营工作。各集团公司、公司分管经营的领导和经营部长参加会议。（吴文钊）

【责任成本管理暨经营创效工作会议】 11月29日，股份公司召开责任成本管理暨经营创效工作会议。股份公司董事长孟凤朝、总裁赵广发在会上作重要讲话，副总裁庄尚标、张宗言分别就责任成本管理和经营创效工作作专题报告。会议肯定了成绩，指出了问题，对下一步工作进行了部署。中铁十一局集团公司等6家单位作经验交流，以典型事迹和生动案例介绍经营创效工作中的具体做法。党委副书记、纪委书记、工会主席、监事会主席彭树贵宣读《关于表彰2010年责任成本管理暨经营创效工作先进单位和先进个人的通报》，国务院监事会第16办事处主任金丹阳出席会议。（王旭永 范永芳）

【变更索赔工作座谈会】 6月7日～8日，股份公司在西安召开变更索赔工作座谈会，副总裁张宗言、总裁助理李明申、副总工程师彭江鸿，办公室、经营计划部、财务部负责人及相关业务人员，中铁二十局集团公司党委书记周富、总经理姜永军，所属施工单位分管领导、业务部门负责人及业务骨干等60余人参加会议。股份公司副总裁张宗言总结2009年及2010年一季度全系统变更索赔工作情况，分析当前变更索赔工作面临的形势，就如何贯彻《工程项目变更索赔工作指导意见》、继续加强基础工作建设、不断提高变更索赔工作管理水平及推进重点项目变更索赔工作提出要求；副总工程师彭江鸿介绍包西铁路项目的投资梳理情况。会上，各单位汇报2009年以来变更索赔工作的开展情况和工作效果，并围绕当前工作的主要矛盾和业务主题进行研讨。经营计划部对《工程项目变更索赔工作指导意见》和定期报表制度进行宣贯，对股份公司拟定的考核办法、考核计划和作业指导书3份讨论稿进行介绍和讲解。（王旭永 范永芳）

【第二期高级经营管理人员培训班】 5月5日～6月16日在北京培训中心举办。股份公司所属26个集团公司的77名经营管理骨干参加培训。培训期间，系统地学习了当前国际国内形势、企业战略管理与企业经营理念、招投标理念策略与实务、合同管理与实务、工程项目设计变更及索赔、团队建设与公共关系、中国铁建经营管理研究等综合知识，学员开阔了视野，提高了认识，培训收到预期效果。（吴文钊）

【第一期经营业务人员培训班】 7月1日～10月28日在石家庄举办。培训班由股份公司经营计划部主办，石家庄铁道大学承办，101人参加培训，这是股份公司首次在全系统范围内组织经营业务人员集中的学习，参训人员全部是刚刚从事或即将从事经营工作的基层业务人员，平均年龄不足26岁。培训内容包括铁路、公路、房屋建筑等工程概预算知识及企业管理相关知识，涵盖经营工作实际的方方面面。经考核，学员所学课程和撰写的结业论文全部合格，其中部分优秀论文在《石家庄铁道大学学报》上发表。（吴文钊 江炳堃）

【变更索赔业务培训班】 10月20日～29日在北京培训中心举办。培训班邀请石家庄铁道大学、铁道部定额所、股份公司专家授课，236名业务人员参加培训。培训内容以实战为主，包括当前建筑市场变更索赔现状及对策分析，变更索赔工作应掌握的理论知识及常用技巧综述，铁路工程概预算编制办法、定额及造价中存在的问题，当前铁路、公路合同管理中的问题分析和对策研究，当前铁路、公路工程变更索赔工作现状、重难点及对策分析，《实务指南》讲解及案例讲解等。（王旭永 王青志 范永芳）

【参加全国水利建设市场主体信用评价】 为促进水利建设市场信用体系建设，根据商务部、国资委《关于印发第二批行业信用评价试点单位名单的通知》（商信用字〔2008〕1号）和中国水利工程协会《水利建设市场主体信用评价暂行办法》（中水协〔2009〕39号），中国水利工程协会开展2010年水利建设市场主体信用评价工作。股份公司系统有18家拥有水利水电工程一级资质的企业参加评审，11家经评审获得AAA级证书，为今后承揽水利水电建设工程创造了条件。

2010年全国水利建设市场主体信用评价AAA级单位

中铁十四局集团公司
中铁十七局集团公司
中铁十八局集团公司
中铁十九局集团公司
中铁二十三局集团公司
中铁十一局集团公司
中铁二十二局集团公司
中铁二十局集团公司
中铁二十二局集团四公司
中铁二十三局集团四公司
中铁十二局集团公司 （高 勇）

【铁路工程人工费调研】 年内，股份公司协助铁道部定额所对在建铁路工程项目人工费情况进行调研。10月20日，铁道部正式下发《关于调整铁路基本建设工程设计概预算综合工费标准的通知》（铁建设〔2010〕196号），对人工费进行上调，上调幅度接近100%。工费标准从2011年1月1日起执行。

（王旭永 王青志）

【股份公司"十一五"生产经济工作回顾】 "十一五"期间，股份公司生产经营计划得到贯彻执行，下达新签合同额计划15840亿元，企业总产值计划11815亿元。累计完成新签合同额22937亿元，完成计划的144.8%；企业总产值完成13887亿元，完成计划的117.5%。进一步加强与规范企业投资行为，股份公司适时调整固定资产投资计划统计内容，制定投资计划统计制度，组织开发网上直报系统，实现全系统网上填报模式。 （户苏予）

【2010年主要经济技术指标完成情况】 2010年新签合同额7471.5亿元，完成年度计划的166%，与2009年同期相比增长19.7%。其中，国内新签合同额7213亿元，同比增长27.8%，占新签合同额的96.5%；海外新签合同额258.6亿元，占新签合同额的3.5%，同比下降56.7%。按业务板块分，工程承包新签合同额6775.4亿元，同比增长17.2%；勘察设计咨询新签合同额75.8亿元，同比增长21.9%；工业制造新签合同额87.4亿元，同比增长53.9%；房地产开发新签合同额114.5亿元，同比增长128.5%；物流贸易新签合同额402.5亿元，同比增长44%。按经营领域分，铁路新签合同额4336.8亿元，公路新签合同额941.6亿元，城市轨道交通新签合同额396.6亿元，水利水电新签合同额117.7亿元，市政工程新签合同额317.9亿元，房屋建筑新签合同额530.2亿元。

2010年完成企业总产值4805.3亿元，完成年度计划的128.1%，比2009年增长31.1%。其中，国内完成企业总产值4585.7亿元，同比增长33.1%；海外完成企业总产值219.6亿元，同比下降0.7%。在企业总产值中，施工产值4284亿元，占89.2%；勘察设计咨询82.8亿元，占1.7%；工业制造94.6亿元，占2%；物资贸易258.4亿元，占5.4%；房地产开发54.7亿元，占1.1%；其他产值30.9亿元，占0.6%。在施工产值中，铁路2464.3亿元，占57.5%；公路919.6亿元，占21.5%；水利电力63.1亿元，占1.5%；房屋建筑287.8亿元，占6.7%；城市轨道232.8亿元，占5.4%；市政工程227.9亿元，占5.3%；其他88.4亿元，占2.1%。

全年完成主要实物工程量：土石方151279万立方米，隧道1476公里，桥梁2396公司，正线铺轨7229公里，公路2764公里，通信线路10569条公里，供电线路8769公里，房屋建筑施工面积3308万平方米、竣工面积443万平方米。 （荆彩萍）

【2010年生产经营内控计划】 1月，股份公司制定下达2010年生产经营计划，计划新签合同额4500亿元，完成企业总产值3752亿元。 （户苏予）

【统计报表业务及获奖情况】 年内完成国家统计局、北京市海淀区统计局下达的2009年建筑业统计年报、2010年统计定报报表任务；完成住房和城乡建设部开展的建筑业企业主要指标月度快速调查工作。在国家统计局2010年度统计数据质量评比中，股份公司获建筑业统计特等奖和固定资产投资统计一等奖。 （荆彩萍）

【学术交流与业务培训】 5月召开股份公司计划统计业务研讨会，针对如何更好地做好计划统计工作进行广泛而深入的业务研讨与经验交流。会议重点启动股份公司两年一度的计划统计优秀论文评选活动，讨论修改《中国铁建股份有限公司优秀统计论文评选办法》，并进行首届论文评选，评出计划统计优秀论文一等奖2名、二等奖4名、三等奖6名。6月举办股份公司固定资产建设项目报建和软件培训研讨班，研讨固定资产建设项目报建办法。9月，在中铁十五、十六局集团公司开展网上直报系统试点工作，并对相关人员进行软件试运行培训，为2011年网上直报系统的推广使用打下良好基础。 （户苏予）

【计划统计会议】 11月13日～15日，股份公司2010年计划统计工作会议在北京中土大厦召开。会上，股份公司副总裁张宗言作题为《求真务实，锐意进取，努力开创计划统计工作新局面》的重要讲话，总裁助理李明申宣读2010年全系统计划统计工作先进单位和先进个人通报，各集团公司分管计划统计工作的集团公司领导、部门负责人和业务人员114人出席会议。会议听取各集团公司关于2010年施工生产经营预计完成情况和2011年计划建议；布置2010年生产经营统计和固定资产投资计划及年度统计工作；组织学习中华人民共和国新统计法；演示企业投资计划与施工生产计划统计管理系统。会议编辑印发《股份公司2010年施工生产经营计划报表汇编》《企业投资计划统计文件汇编》《2010年上半年统计分析》《2009年企业投资统计资料》及《关于从事统计工作人员持证上岗有关事项的通知》等相关文件。 （户苏予）

【统计咨询服务】 根据中国证监会要求和股份公司董事会及相关部门安排，为公司年度、半年度报告、季度报告、企业社会责任报告提供相关资料；根据所属单位承揽和完成合同情况，及时汇总编写《统计信息》12期，为企业管理和领导决策提供依据；为国资委监事会提供《企业年度报告》相关内容。 （户苏予）

【向国资委报送2009年企业投资完成情况和2010年企业投资计划】 1月，根据国务院国有资产监督管理委员会《关于做好报送中央企业2009年投资完成情况和2010年投资计划工作的通知》要求，经股份公司总裁办公会议和董事会讨论通过，以总公司名义向国资委报送总公司系统2009年企业投资完成情况和2010年投资计划及说明材料。2009年，总公司完成投资1204539万元。其中，固定资产投资1016401万元；股权（产权）投资188138万元。2010年，总公司计划投资1049859万元。其中，企业固定资产建设项目140129万元；固定资产设备购置776501万元；股权（产权）投资133299万元。统计口径是企业固定资产建设项目、固定资产设备购置和长期股权（产权）投资项目，不包括房地产开发和BT项目。 （邵洪博）

【向北京市报送总公司在京单位2009～2010年跨年结转和新申请建房计划】 1月，根据北京市住房和城乡建设委员会《关于编报中央和军队在京单位2009～2010年跨年结转和新申请建房计划的通知》要求，总公司在京单位向北京市报送2008年结转到2009年施工项目2个、储备项目1个，2009年新安排施工项目4个、储备转施工项目1个。总建筑面积181571平方米。2009年底开工面积24414平方米，未开工面积157157平方米，当年竣工面积19914平方米。2009年结转到2010年施工项目4个，结转已开工面积4500平方米，未开工面积157157平方米，总建筑面积161657平方米。2010年，总公司在京单位利用自用土地新申请建设项目7个，总建筑面积613491平方米，计划总投资55000万元。其中，职工住宅353293平方米，占总建筑面积57.59%；住宅投资49000万元，占计划总投资的89.09%。住宅投资资金来源全部为个人出资，均不含企业自行决策的公建项目。 （邵洪博）

【编制和下达股份公司2010年企业投资计划】 2月，依据股份公司《关于进一步规范企业投资若干问题的指导意见》和《关于进一步规范企业投资计划和统计有关工作的通知》等文件精神，2010年企业投资计划的编制和下达采用“一纵三横”，统一计划，分块管理。即经营计划部牵头，除负责企业投资计划和统计的汇总、报送和下达职责外，纵向只负责固定资产建设项目投资的单项计划和统计业务，不再纵向布置和采集其他板块的业务数据和相关情况。资本运营项目由资本运营部负责，房地产开发项目由房地产开发部负责，固定资产单纯购置设备（不包括与建筑物相关连的需安设备）由设备物资部负责。从2010年起企业投资计划和统计资料实行实名制，逐步建立投资问责制。2010年企业投资计划经股份公司2010年第2次总裁办公会议和1月27日股份公司第一届董事会第27次会议批准，计划投资总额352.86亿元。其中，资本运营项目48.9亿元（含BT项目35.6亿元）；房地产开发项目211.7亿元（含土地储备200亿元）；固定资产建设项目14.61亿元；设备购置77.65亿元。 （邵洪博）

【企业投资计划统计人员专业培训】 股份公司紧密结合企业投资计划统计工作实际，自编《2009年企业投资统计资料汇编》和《企业利用自用土地建设经济适用住房报建指南》培训教材上、下册，6月举办企业投资计划统计人员专业培训班，全系统314名从事企业固定资产投资计划统计业务骨干参加培训。

（邵洪博）

【编制和下达总公司机关2010年固定资产投资计划】 7月，总公司下达总公司机关固定资产投资计划17322.9万元。其中，工程研发基地11168万元；办公楼结算尾款3675万元及后续项目323.2万元；38号楼南侧地下车库及地上花园尾款178.7万元；2009年结转到2010年更改大修项目1746.8万元；2010年新增大修项目231.2万元。 （邵洪博）

【投资统计实行季报制度】 根据国务院国有资产监督管理委员会《关于做好季度投资完成情况报送工作的通知》要求，从2010年起，总公司被国资委纳入重点监控企业，报送季度动态投资完成情况。总公司所属单位采用季度网上直报制度，这是总公司投资计划和统计工作的一次重大制度建设。 （邵洪博）

【规范投资行为】 2010年，股份公司把规范企业投资行为作为新时期的重要任务来抓。具体做法：一是年度计划早安排。年初及时安排已决策的成熟项目，腾出精力研究新问题，审定新项目；层次抓大放小，提高关注的起点，即把500万元以上的投资项目明细，500万元以下的投资项目合并计算，与此同时，大中小修项目由集团公司自主决策管理，办事效率大大提高。二是利用自有土地建设经济适用房项目要解决土地确权问题，审批时必须出具土地使用权证和法律意见书，提供职代会决议、无房户不达标户名单，以及集团公司集体决策的相关文件。按此要求批复项目，收到良好效果。三是汇编年度计划统计文件，跟踪对照检查计划执行和批复落实情况。 （邵洪博）

【编写企业投资计划统计系列丛书】 企业投资计划统计工作是一项复杂的系统工程，是企业生存和发展基础的基础，也是一个闭循环过程。为了夯实这项基础工作，2010年下半年完成中国铁建企业投资计划统计系列丛书第一稿。内容包括：第1辑《56年投资连载》、第2辑《掸去风尘看短长》、第3辑《自用土地最新图册》、第4辑《打铁先得自身硬——投资审核实例》、第5辑《群星荟萃——从桌面到网络》、第6辑《以人为本的总体规划》、第7辑《复兴路四十号大院——精细化管理务实手册》、第8辑《抓大放小，投熟不投生》、第9辑《计统人员的素质和责任》、第10辑《国富民强，众望所盼》、第11辑《远看一堆草，近看是块宝》、第12辑《基础的基础》。丛书用大量真实的数据和图例，以前所未有的角度反映铁道兵、铁道部工程指挥部、中国铁道建筑总公司、中国铁建股份有限公司四个时期，长达半个多世纪的自身建设史。（邵洪博）

中国铁道建筑总公司“十一五”期间企业投资完成情况表

年 份	资本运营投入资金（万元）	房地产开发投入资金（万元）	固定资产建设项目投入资金（万元）	固定资产设备购置投入资金（万元）	固定资产信息化建设投入资金（万元）	企业投资合计（万元）
2006年	174444	79022	57252	340693		651411
2007年	132100	225400	114300	382300		854100
2008年	137722	701562	116437	544239	1499960	
2009年	191338	350031	102279	924691		1568339
2010年	913684	1856124	112554	962473	24608	3869443
总 计	1549288	3212139	502822	3154396	24608	8443253

制表：邵洪博

房地产开发与监管

【房地产开发部】 主要职责：负责贯彻国家房地产经营法律法规和政策；负责股份公司系统房地产开发管理工作，制定企业房地产发展战略和规划；负责公司总部房地产开发类投资管理与监管；开展国内房地产业发展趋势的分析、研究，组织协调处理和解决房地产企业遇到的问题；构建科学、规范、高效的房地产运营管理体系。参与企业社会责任报告的编纂并提供相关资料；参与全面风险管理与内控工作；参与绩效考核、经济对标、责任成本管理、投资收购论证、投资后评价、全面预算管理、信息化建设等工作。下设开发处、监管处，定员5人，设部长1人。 （楼 翱）

【股份公司房地产开发与经营领导小组】 由股份公司领导和相关业务部门领导组成，组长范德，副组长庄尚标、曾庆道，成员李学甫、衣守义、孙国富、楼翱、张沛然、曹锡锐、黄少军、王甲国。下设办公室，挂靠房地产开发部，主要负责领导小组会议事宜及有关文

件处理。（楼 翱）

【股份公司房地产开发与经营领导小组第 1 次会议】 5 月 31 日召开，会议分别听取中铁十三局集团公司天津滨海新区汉沽项目，沈阳市大东区原电冰箱厂项目；中铁二十五局集团公司柳州龙屯路、磨滩路项目，长沙雨花区九禧地块、滑油塘地块项目，怀化迎丰公园地块项目；中铁十八局集团公司高碑店商住楼项目、涿州住宅项目；中铁十五局集团公司临沂房地产开发项目；中铁二十二局集团公司黄石磁湖北岸项目、厦门观音山 A05/A08 地块项目的汇报。会议在听取项目可行性分析报告、进行认真研究和讨论的基础上，提出会议意见和要求，形成房地产领导小组会议纪要并下达批复。（楼 翱）

【股份公司房地产开发与经营领导小组第 2 次会议】 9 月 1 日召开，会议分别听取中铁第四勘察设计院集团公司株洲湖南工业大学 106667 平方米项目，中铁第一勘察设计院集团公司西安雁塔区延兴门地块项目、雁塔区丈八路地块项目，中铁十六局集团公司金华八一南街 1 号地块项目，中铁房地产集团公司广州荔湾区龙溪路高尔夫球场 D、E、F 地块项目的汇报。会议在听取项目可行性分析报告、进行认真研究和讨论的基础上，提出会议意见和要求，形成房地产领导小组会议纪要并下达批复。（楼 翱）

【股份公司房地产开发与经营领导小组第 3 次会议】 10 月 25 日召开，会议听取中铁十四局集团公司山东章丘双山地块项目的汇报。会议在听取项目可行性分析报告、进行认真研究和讨论的基础上，提出会议意见和要求，形成房地产领导小组会议纪要并下达批复。（楼 翱）

【股份公司房地产开发与经营领导小组第 4 次会议】 11 月 22 日召开，会议听取中铁房地产集团公司关于南宁 0420132 地块项目的汇报。会议在听取项目可行性分析报告、进行认真研究和讨论的基础上，提出会议意见和要求，形成房地产领导小组会议纪要并下达批复。（楼 翱）

【股份公司房地产开发与经营领导小组第 5 次会议】 12 月 7 日召开，会议分别听取中铁房地产集团公司关于北京市房山区理工大学站 3 号地块、长阳镇水碾屯村改造一期用地、城关街道（圣水嘉名）、饶乐府村（兴东园小区）项目的汇报。会议在听取项目可行性分析报告、进行认真研究和讨论的基础上，提出会议意见和要求，形成房地产领导小组会议纪要并下达批复。（楼 翱）

【股份公司房地产开发与经营领导小组第 6 次会议】 12 月 24 日召开，会议分别听取中铁房地产集团公司关于北京市丰台区王佐镇西王佐村住宅项目、宁波象山大目湾项目，中铁十四局集团公司奥体西路项目，中铁二十二局集团公司南宁市相思湖新区地块项目，中铁建设集团公司武汉市蔡甸区健康谷居住项目的汇报。会议在听取项目可行性分析报告、进行认真研究和讨论的基础上，提出会议意见和要求，形成房地产领导小组会议纪要并下达批复。（楼 翱）

【房地产开发项目审批及监管制度】 由于房地产开发属于高风险、高收益的资金密集型行业，房地产项目的决策和审批机制非常重要，对房地产业务的开展起着决定性的作用。股份公司不断探索和创新房地产项目的决策机制，既能严格防范决策和经营风险，又能充分调动和发挥各方面的积极性和能动性，快速应对市场变化。在房地产开发业务方面，采取“统一评估、分级授权、分工负责”的管理机制；在开拓新的房地产项目方面，采用“谁主张、谁论证；谁受益、谁负责”的原则进行审批与管理。开展房地产业务的集团公司需要拓展和获取新的房地产项目时，应经本单位法律事务机构出具法律合规审核意见书，并经本单位董事会研究通过后，向股份公司上报请示，并附项目的可行性研究报告及相关资料。项目可行性研究报告经有关部门研究，报股份公司分管领导同意后，由房地产开发部组织有关人员或聘请专业机构对项目的可行性进行进一步考察和评估。通过评估后再召开股份公司房地产领导小组会议进行研究，经股份公司房地产领导小组会议研究批准后的项目方可实施。经批准后成功获取的房地产项目应报股份公司房地产开发部备案。（楼 翱）

【房地产开发项目可行性研究报告编制指引】 为规范和指导系统内房地产开发项目可行性研究报告编制工作，解决各单位上报的房地产开发项目可行性研究报告质量参差不齐的问题，提高工作效率，规避投资风险，实现科学决策，年内制定下发《中国铁建房地产开发项目可行性研究报告编制指引》。（楼 翱）

【房地产开发统计数据】 2010 年，股份公司完成房地产开发投资 275.71 亿元，其中企业自有资金投入 185.61 亿元，分别完成计划的 99.4% 和 87.67%。中铁房地产集团公司完成房地产开发投资 235.34 亿元，其中企业自有资金投入149.96亿元，分别完成计划的117.67%和99.97%。截至年底，中国铁建分别在北京、天津、广州、杭州、重庆、西安、长沙、贵阳、南宁、成都、合肥、长春、济南、厦门等26个城市持有48个房地产开发项目，建设用地总面积646万平方米，规划总建筑面积2012万平方米（地上建筑面积1646万平方米）。其中中铁房地产集团公司建设用地总面积428万平方米，规划总建筑面积1422万平方米（地上建筑面积1146万平方米）。中国铁建房地产板块全年销售面积183.4万平方米，比2009年的76万平方米增长141.3%。全年销售金额首次突破百亿大关，达到127亿元，比2009年的35.5亿元增长257.7%。其中中铁房地产集团公司销售面积140.2万平方米，销售金额101.4亿元，实现营业收入43.2亿元，分别占76.4%、79.6%和86.4%。（楼 翱）

【获取土地情况】 2010年，中国铁建分别在北京、杭州、厦门、成都、广州、天津、厦门、西安、济南、临沂等10个城市新获得14个房地产开发项目，建设用地面积159万平方米，规划总建筑面积437万平方米。

1月7日，中铁房地产集团公司竞得北京市丰台区黄土岗地块，占地面积9.9万平方米，容积率2.5，规划总建筑面积24.76万平方米。

2月11日，中铁房地产集团公司竞得杭州市拱墅区石祥路地块，占地面积9.9万平方米，容积率2.75，规划总建筑面积27.18万平方米。

5月20日，中铁房地产集团公司竞得北京市房山区长阳镇起步区6号地块，占地面积11.85万平方米，容积率2.02，规划总建筑面积23.95万平方米。

5月21日，中铁房地产集团公司竞得成都市南部新区仁和片区41号地块，占地面积8.03万平方米，容积率3，规划总建筑面积24.09万平方米。

5月21日，中铁房地产集团公司竞得成都市成华区青龙场镇7号地块，占地面积6.87万平方米，容积率2.82，规划总建筑面积19.39万平方米。

6月8日，中铁二十二局集团公司竞得厦门市思明区观音山片区2010P12地块，占地面积1.8万平方米，容积率2.5，规划总建筑面积4.5万平方米。

6月29日，中铁房地产集团公司竞得广州市荔湾区旧龙溪路高尔夫球场A、B两地块，占地面积6.5万平方米，容积率3，规划总建筑面积17.6万平方米。

6月30日，中铁房地产集团公司竞得天津市河北区金钟河大街北侧1、3、5号三地块，占地面积2.52万平方米，容积率3.3～3.49，规划总建筑面积86.78万平方米。

10月13日，中铁二十一局集团公司竞得西安市曲江路以北、雁曲五路以南地块地块，占地面积27.05万平方米，容积率3.5，规划总建筑面积94.66万平方米。

10月30日，中铁十四局集团公司竞得济南章丘市文化路以北、明星小区以东地块，占地面积4.21万平方米，容积率2.5，规划总建筑面积10.52万平方米。

11月7日，中铁十五局集团公司竞得临沂市河东区九曲街道杨庄社区地块，占地面积11.46万平方米，容积率3，规划总建筑面积34.38万平方米。

12月13日，中铁建设集团公司竞得北京市石景山区苹果园交通枢纽商务区J、P地块商业金融项目，占地面积1.91万平方米，容积率4.34，规划总建筑面积8.26万平方米。

12月17日，中铁房地产集团公司竞得北京市房山区城关街道（圣水嘉名）居住、公建混合项目，占地面积13.63万平方米，容积率2.6，规划总建筑面积33.7万平方米。

12月30日，中铁房地产集团公司竞得北京市丰台区王佐镇西王佐村住宅项目地块，占地面积21.21万平方米，容积率1.28，规划总建筑面积27.17万平方米。（楼 翱）

【主要房地产开发项目】 西派国际公寓 位于北京市西城区西二环官园立交桥东南侧。建设用地面积2.5万平方米，总建筑面积13.86万平方米，土地总价5.3亿元，计划总投资19亿元。项目于2004年取得，主要包括5栋公寓楼和3栋独立商业楼。项目于2009年底全部完工交付使用。2010年售罄，累计销售金额28亿元。

长沙·中国铁建·山语城 位于湖南省长沙市北二环与芙蓉北路交汇处。建设用地面积36.8万平方米，总建筑面积91.1万平方米，土地总价1.3亿元，计划总投资29亿元。项目定位为山水景观、生活之城，并配置水景多功能会所、精品商业街、超市、幼儿园、小学等生活配套设施，涵盖联排别墅、板式小高层和高层等产品。项目于2006年获得，由于合作方原因一度停工，2009年完成小股东49%股权收购后转入正常开发。一期工程20.6万平方米住宅完工，二期一组团工程10.6万平方米住宅、小学、幼儿园开工建设。截至2010年底累计销售14.1万平方米，销售金额5.6亿元。

保定·中国铁建·京南一品 位于河北省保定市北市区二环内复兴路以北。建设用地面积14.8万平方米，总建筑面积51.1万平方米，土地总价2.83亿元，计划总投资14亿元。项目于2007年获得，根据保定市未来城市规划，项目所处地区将是又一个城市中心,项目定位于打造一个高品质商住综合小区。一期工程11万平方米进入装修阶段,二期工程29万平方米正在进行结构施工。截至2010年底累计销售面积10.3万平方米,销售金额4.2亿元。

徐州·中国铁建·龙域中央　位于江苏省徐州市新城区中心地段,紧邻徐州市行政中心。建设用地面积36.8万平方米,总建筑面积64.2万平方米,土地总价4.1亿元,计划总投资15亿元。项目于2007年获得,包括徐州市市政府定向销售住宅33万平方米和普通商品住房21万平方米两部分。一期工程33万平方米交付使用,二期21万平方米主体施工局部封顶。截至2010年底累计销售面积41万平方米,销售金额15亿元。

贵阳·中国铁建·国际城　位于贵州省贵阳市南明区花果园南小车河畔。建设用地面积59.2万平方米,总建筑面积225.3万平方米,土地总价10.1亿元,计划总投资67.6亿元。项目于2007年取得,项目背靠万亩原生态自然保护林带和36万平方米森林公园,地理位置得天独厚,是贵阳两城区最大规模生态楼盘。一期工程31.5万平方米进入装修施工阶段,二期38.5万平方米正常进行场地平整。截至2010年底累计销售面积19.6万平方米,销售金额10亿元。

长春·中国铁建·国际花园　位于吉林省长春市汽车产业开发区。建设用地面积23.5万平方米,总建筑面积56.3万平方米,土地总价1亿元,计划总投资14.2亿元。项目于2007年获得,依托北高南低15米天然向阳坡地,楼群呈扇形分布,通过纵贯南北、东西的两条景观带将小区分为12个小型组团,打造大型低密度洋房社区。一期工程16.8万平方米竣工交付使用,二期工程13万平方米桩基施工中。截至2010年底累计销售面积13.6万平方米,销售金额5.8亿元。

北京·中国铁建·原香小镇　位于北京市房山区长阳镇。建设用地面积10.7万平方米,总建筑面积22.36万平方米,土地总价7.23亿元,计划总投资15亿元。项目于2007年获得。该项目充分利用建筑布局的特色,形成以纯正英式园林为蓝本的景观体系,并在项目东侧打造1.5万平方米德坡地公园,成为京西英伦风格社区和低密度花园洋房的典范。工程全部完工交付使用。截至2010年底累计销售面积15.8万平方米,销售金额19.6亿元,项目资金已平衡。

成都·中国铁建·国际城　位于四川省成都市龙泉驿新区。建设用地面积23.8万平方米,总建筑面积126.5万平方米,土地总价9亿元,计划总投资38亿元。项目于2007年获得。该项目以景观资源最大化、经典主题格局、局部特色空间、多层次户外空间为设计原则,34层超高层建筑,形成12万平方米集中式园林,实现高性价比住宅小区的定位。一期工程27万平方米装修施工中,其余进入土方施工阶段。截至2010年底累计销售面积21.8万平方米,销售金额9.4亿元。

南宁·中国铁建·山语城　位于广西壮族自治区南宁市青秀区凤岭镇。建设用地面积16.5万平方米,总建筑面积42.9万平方米,土地总价5.85亿元,计划总投资16.7亿元。项目于2008年获得。该项目以“溪境院落、源山艺墅”的源山缓坡建筑,打造西班牙风情小镇,利用缓坡地形,构成丰富的内部组团,成为南宁花园洋房和高层住宅良好匹配的典范社区。一期工程5.3万平方米花园洋房竣工交付使用,高层二期工程14万平方米进入装修施工阶段,三期一组团工程1.9万平方米完工交付使用,三期二、三组团11.8万平方米桩基施工中。截至2010年底累计销售面积14.6万平方米,销售金额12.7亿元。

长沙·中国铁建·国际城　位于湖南省长沙市长沙县城。建设用地面积37.6万平方米,总建筑面积120万平方米,土地总价2亿元,计划总投资17亿元。项目于2008年获得。社区以一条简约东南亚园林为主线,连接东西方不同园林风格,组团内,高层与板式楼体的结合,组成内庭院式的景观,成为星沙第一大园林社区。一期一组团工程10万平方米进入装修阶段,一期二组团工程15万平方米进入结构施工阶段。截至2010年底累计销售面积10.6万平方米,销售金额4亿元。

合肥·中国铁建·国际城　位于安徽省合肥市庐阳区。建设用地面积44.1万平方米,总建筑面积165万平方米,土地总价8.6亿元,计划总投资60亿元。项目于2008年获得,毗邻大房郢水库,地理位置优越,交通网路发达。项目利用超大规模体量,集住宅、国际商业街区、星级酒店、学校于一体,成为主城区超大规模综合体。一期旭园工程13.5万平方米竣工交付使用,一期广园、瑞园工程37.5万平方米处于施工阶段,其中瑞园进入验收阶段,广园进入结构施工阶段;二期工程43万平方米土方整理中。截至2010年累计销售面积32万平方米,销售金额16亿元。

北京·中国铁建·国际城　位于北京市朝阳区来广营北苑东路。建设用地面积19.6万平方米,总建筑面积81万平方米,土地总价29亿元,计划总投资63亿元。项目于2008年获得。该项目被国家森林公园、立水桥公园、朝来森林公园、郊野公园四大生态公园环绕,住宅产品丰富,规划有多层、小高层、高层和高厅三叠等多种产品形式,另有26万平方米大型商业综合体,融汇时尚与动感,成为最具生活品质社区。一期工程20万平方米进入装修施工阶段,二期15万平方米处于前期准备阶段。截至2010年底累计销售面积8.1万平方米，销售金额19亿元。

北京·中国铁建·青秀城　位于北京市丰台区黄土岗。建设用地面积10万平方米，总建筑面积30万平方米，土地总价19.85亿元，计划总投资33亿元。项目于2010年获得，地处城市重要发展区域，交通便利，通过全板楼设计，低层低密度洋房社区与高层建筑协调匹配，打造城南精品社区。工程全部开工，正进行主体施工。截至2010年底累计销售面积3.1万平方米，销售金额8亿元。

杭州·中国铁建·国际城　位于浙江省杭州市拱墅区。建设用地面积10万平方米，总建筑面积36万平方米，土地总价28亿元，计划总投资66亿元。项目于2010年获得，西靠康桥河绿化景观，南接蔡马河，紧邻浙江大学城市学院，规划有10万平方米商业综合体，竭力营造低碳环保、生态休闲的高品质社区。项目处于前期报批报建阶段，2011年计划开工10万平方米。

北京·中国铁建·长阳国际城　位于北京市房山区。建设用地面积11.85万平方米，总建筑面积30万平方米，土地总价14.6亿元，计划总投资26亿元。项目于2010年获得，是北京市首项以"限房价、竞地价"方式进行土地出让的项目，商品住宅销售限价每平方米12500元。项目全部开工，处于土方施工阶段。

成都·中国铁建·仁和项目　位于四川省成都市高新区仁和地块。建设用地面积8.03万平方米，总建筑面积31万平方米，土地总价12.3亿元，计划总投资26亿元。项目于2010年获得，周边高品质楼盘众多，地铁1号线开通后，区域整体价值提升明显，计划打造为城南高性价比楼盘。项目处于前期报批报建阶段。

成都·中国铁建·成华项目　位于四川省成都市成华区地块。建设用地面积6.87万平方米，总建筑面积26万平方米，土地总价4.4亿元，计划总投资13亿元。项目于2010年获得，位于地铁3号线站口附近，交通便利，利于打造首次置业型快销产品，设计规划为高层住宅产品。项目处于土方施工阶段。

广州·中国铁建·国际城　位于广东省广州市荔湾区旧龙溪路花地河南岸。建设用地面积6.5万平方米，总建筑面积17.6万平方米，土地总价12.95亿元，计划总投资24亿元。项目于2010年获得，景观资源丰富，市政配套齐全，适合打造休闲宜居型高品质社区。规划以高层产品为主，充分利用河景资源，建设成为荔湾区高品质楼盘。项目处于前期报批报建阶段。

天津·中国铁建·国际城　位于天津市河北区金钟河大街北侧。建设用地24.7万平方米，总建筑面积86.78万平方米，土地总价40.3亿元，计划总投资105亿元。项目于2010年获得，横跨月牙河两岸，景观资源极佳，规划地铁5号线和6号线均在本地块设站，是天津市市政府重点打造的核心区域，将成为区域大规模综合社区。规划有高层、小高层和多层等各类住宅产品。项目处于一期工程前期报批报建阶段。

南京·中国铁建·江佑铂庭　位于江苏省南京市浦口新浦路105号。建设用地面积9.6万平方米，总建筑面积26万平方米，土地总价3.3亿元，计划总投资10.4亿元。项目于2008年获得，位于江北CBD核心商圈旁，纬七路过江隧道口，临老山国家森林公园，地理位置先天优越。规划有18栋高层建筑，70平方米~195平方米多种户型，建造约3800平方米社区幼儿园和近7000平方米超大规模社区配套设施。一期工程467套住宅于2010年10月销售完成，实现销售面积4.6万平方米，销售金额3.6亿元。

临沂·中国铁建·国际城　位于山东省临沂市河东区滨河东路和19号街交叉口东南角。建设用地面积11.5万平方米，总建筑面积28万平方米，土地总价1.2亿元，计划总投资8亿元。项目于2010年获得，采用西班牙风格，临河设置2~3层的西班牙风情街并与70米的绿化带相协调，北侧为高层区域2个组团，全地下车库；南侧为多层和小高层区域2个组团，两排建筑之间用生态车库相连并通过前后建筑的错落形成组团式屋顶花园，充分提升小区的居住品质。项目分三期建设，一期工程10.6万平方米，预计于2011年10月开盘销售。

西安·中国铁建·梧桐苑　位于陕西省西安市曲江新区新开门南路西侧。建设用地面积8.4万平方米，总建筑面积33万平方米，土地总价3.5亿元，计划总投资14亿元。项目于2009年获得，处于西安市曲江新区最核心地段，南临寒窑遗址公园，西侧300米曲江池遗址公园。项目分南、北两个区域开发。规划户数约1700户，南区主要打造低密度，高舒适住宅，物业类型有6~7层的花园洋房，11~18层的小高层；北区设计规划为97平方米~103平方米的纯南两房和120平方米~150平米三房户型。项目分两期建设，一期工程已销售4.1万平方米，销售金额4.5亿元。

信阳·中国铁建·领秀城　位于河南省信阳市浉河区北岸，航空路西侧。建设用地面积40万平方米，总建筑面积110万平方米，土地总价3.4亿元，计划总投资31亿元。项目于2008年获得，处于信阳市浉河北岸，东至琵琶路，南至滨河路，分5期开发，产品以60平方米~140平方米户型为主。项目一期、二期已开盘，累计销售面积7.7万平方米，销售金额2.5亿元。

（闫翔宇）

资本运营与管理

【资本运营部】 主要职责:贯彻执行国家资本管理的法律法规,落实国有资产管理委员会有关资产管理的规定,制定公司资本发展战略和运作制度;负责组织研究国内外宏观、微观经济形势和相关产业运行状况,定期向公司领导提出分析报告;负责公司总部境内外经营性固定资产投资(含矿业投资)、权益性资本投资管理工作;负责国内外投资考核指标的下达,组织公司对外经营性投资项目的选择、咨询、论证、评估;负责投资项目股权管理和项目实施过程的监管;负责实物资产管理工作。承办总公司及总公司锦鲤资产管理中心相关工作职能。部门定员13人,设部长1人、副部长1人、总经济师1人;下设咨询评估处、投资管理处、矿产资源处、资产管理处。 (张红彦)

【资本运营项目概况】 中国铁建系统有资本运营项目70项。其中,总公司本级5项;股份公司65项。

总公司本级资本经营项目均为BOT项目,总投资140.11亿元。其中,项目资本金49亿元;企业应投入资本金或注册资金38.44亿元,已投入资本金33.49亿元。实现营业收入10.23亿元。

股份公司资本运营项目65项中,股份公司本级10项。其中,BOT项目4项;BT项目15项;投资参股及股权项目46项。项目总投资698.42亿元,其中资本金681.6143亿元;企业应投入资本金203.47亿元,企业累计出资132.93亿元。BOT项目总投资167.8274亿元,其中项目资本金27.8227亿元;企业应投入资本金22.7511亿元,企业已投入资本金9.8172亿元。实现营业收入7105万元。BT项目总投资167.943亿元,其中项目资本金121.7103亿元;企业应投入资本金117.8997亿元,企业已投入资本金80.3911亿元,累计贷款21.1075亿元。2010年实际回购资金18.7547亿元,回购资金余额22.1589亿元。投资参股及股权项目总投资364.2156亿元,其中项目资本金532.0786亿元;企业应投入资本金59.0106亿元,企业已投入资本金41.4403亿元。 (李学智)

2010年中国铁道建筑总公司资本运营投资情况统计表

项目名称	项数	项目总投资(万元)	企业应投资本金(万元)	企业已投入资本金(万元)
合　计	70	8385329	2419129	1664301
中国铁道建筑总公司	5	1401112	384409	334961
BOT项目	5	1401112	384409	334961
中国铁建股份有限公司	65	6984217	2034720	1329340
BOT项目	4	1678274	227511	98172
BT项目	15	1663787	1217103	816765
参股项目	46	3642156	590106	414403

制表:李学智

【总公司咸阳渭河3号桥BOT项目】 概算总投资1.193亿元,注册资本金4000万元,总公司占80%的股份,咸阳市城市建设投资公司代表咸阳市政府占10%的股份。项目于2005年初正式运营,2010年通行费收入1617.8万元,运营5年累计收入7744万元,累计还贷2900万元。 (李学智)

【总公司京承高速公路二期工程BOT项目】 总投资39.19亿元,2006年9月30日竣工,经营期28年。项目资本金13.7亿元,总公司占70%的股份,首都高速公路发展集团有限公司占30%的股份。总公司已投入资本金9.59亿元,首都高速公路发展集团有限公司投入资本金4.11亿元。2010年通行费收入24436万元,运营累计收入75622万元。累计还贷1000万元,剩余贷款249000万元。 (李学智)

【总公司重庆遂渝高速公路BOT项目】 总投资42.298亿元,2007年12月29日提前一年全线通车,特许经营期30年。项目资本金14.8043亿元,总公司占80%的股份,重庆高速发展集团有限公司占20%的股份。项目2010年通行费收入76291万元，运营累计收入226368万元。累计还贷1000万元，剩余贷款249000万元。（李学智）

【总公司南京长江隧道BOT项目】 为修建南京长江隧道，总公司和南京市交通建设投资控股有限责任公司、南京市浦口区国有资产经营有限公司合资于2005年1月8日注册成立南京长江隧道有限责任公司，总公司占80%的股份，南京市交通建设投资控股有限责任公司占10%的股份，南京市浦口区国有资产经营有限公司占10%的股份。项目由中铁第四勘察设计院集团公司设计，由中铁十四、十五局集团公司负责施工。2010年4月30日顺利通过交工验收，5月，总公司转让。（李学智）

【总公司广东潮揭高速公路BOT项目】 公路全长29.35公里，概算总投资16.23亿元，特许经营期25年。总公司占90%的股份，广东锦峰集团有限公司占10%的股份。2007年7月20日，广东省交通厅以粤交基函〔2007〕1095号文，函告项目股东及项目公司，解除广东省潮州至揭阳高速公路特许经营合同。截至2010年底，总公司投入资金1671万元。2010年11月8日，广东省人民政府办公厅发文，同意确定深圳泰邦集团有限公司为潮揭高速公路项目替代业主。总公司与深圳泰邦集团有限公司已进行多次谈判，项目移交工作正在洽谈中。（李学智）

【股份公司尼日利亚莱基自由贸易区参股项目】 莱基自由贸易区位于尼日利亚拉各斯州市郊的莱基半岛，占地30平方公里。项目土地使用权99年，开发区特许运营权50年。项目由中非莱基投资有限公司（占股比60%）、尼日利亚拉各斯州政府（占股比20%）、尼日利亚莱基全球投资有限公司（占股比20%）合资成立的莱基自由区开发公司进行项目的开发、建设、运营和管理。中非莱基投资有限公司注册资本金2亿元人民币，中国铁建持股35%，中国土木工程集团公司持股30%，中非发展基金持股20%，南京江宁经济技术开发总公司持股15%。2010年4月，国家发展和改革委员会核准莱基自由贸易区一期项目投资；10月完成商务部“境外投资许可”的变更手续；11月，根据《境外经济贸易合作区确认考核暂行办法》的相关规定通过考核，获得商务部和财政部联合签发的境外经济贸易区确认函。（李学智）

【股份公司厄瓜多尔铜矿项目】 2009年12月10日，中国铁建股份有限公司和铜陵有色金属集团控股有限公司共同出资成立中铁建铜冠投资有限公司，双方各占50%的股份。2010年2月28日，中铁建铜冠投资有限公司以其全资子公司中铁建铜冠投资（加拿大）有限公司发起对加拿大科里安特资源公司的全面收购要约，8月收购完成，投入资金6.55亿美元。收购完成后，公司立即安排人员进入厄瓜多尔铜矿项目，开展前期可研工作及启动与厄瓜多尔政府的采矿合同谈判工作。（李学智）

【股份公司石武铁路客运专线河南段参股项目】 石武铁路客运专线河南段正线全长506.857公里，总投资745.37亿元。2008年10月开工，计划2012年6月建成。2009年，股份公司第一届董事会第18次会议审议通过向石武铁路客运专线增加投资10亿元，总投资达到25亿元。股份公司占8.12%的股份，郑州铁路局占81.88%的股份，河南铁路投资有限责任公司占10%的股份。2008年股份公司出资9亿元，2010年出资6亿元，累计出资15亿元。（李学智）

【股份公司四川纳叙地方铁路参股项目】 四川省新建地方铁路隆昌至叙永铁路纳溪至叙永段工程（简称纳叙铁路）是四川省和泸州市的重点建设工程，全长77.599公里，设计时速80公里。四川省铁路集团有限责任公司占52.73%的股份，泸州兴泸投资公司占29.59%的股份，中国铁建股份有限公司占16.85%的股份，中国铁路建设投资公司占0.83%的股份。2010年1月纳叙铁路开始临管运营。（李学智）

【股份公司济南至乐陵高速公路BOT项目】 济南至乐陵高速公路是山东省高速公路网“五纵四横一环八连”中的重要连线之一，公路全长113公里，中国铁建股份有限公司占65%的股份，其余35%由山东省交通厅公路局出资。2010年4月～11月，项目相继完成申请所需的相关手续，获得山东省发展和改革委员会、省交通厅的批复。（李学智）

【股份公司成渝高速公路复线BOT项目】 成渝高速公路复线重庆段线路全长79.88公里，重庆高速公路集团有限公司与中国铁建股份有限公司联合成立重庆渝蓉高速公路有限公司。其中，重庆高速公路集团有限公司占60%的股份，中国铁建占40%的股份。项目预计2013年12月31日建成通车，特许经营期30年。（李学智）

【股份公司重庆鱼洞长江大桥正桥一期工程BT项目】 重庆鱼洞长江大桥一期工程于2008年10月31日

竣工,2008 年 12 月 26 日通车运营。回购程序已启动,回购期 3 年。 (李学智)

【股份公司重庆鱼洞长江大桥正桥二期工程 BT 项目】 根据重庆市发展和改革委员会《关于鱼洞长江大桥正桥二期工程(下游幅桥)BT 融资并建设总承包模式直接发包的批复》精神,重庆鱼洞长江大桥正桥二期工程(下游幅桥)BT 融资建设总承包单位为中国铁建股份有限公司,施工单位为中铁十七局集团有限公司和中铁二十三局集团有限公司等。截至 2010 年 12 月 31 日,股份公司累计投入资金 25850 万元。 (李学智)

【股份公司昆明市二环改扩建工程 BT 项目】 承建的昆明市二环改扩建工程 BT 项目位于云南省昆明市主城区,包括昆明市二环路的南二环段和北二环段,合同投资 32.6 亿元,合同工期 12 个月,回购期 5 年。其中,南二环段合同额 240228.03 万元;北二环段合同额 85428.12 万元。项目已经提前回购,2010 年收到回购款 110000 万元;累计收到回购款 190903 万元,本金回购余额 101419 万元。 (李学智)

【股份公司贵阳市北二环道路 BT 项目】 贵阳市北二环道路全长 12.48 公里,建设工期 17 个月,回购期 5 年,合同投资 319905.36 万元。2010 年,股份公司实际投入资金 16.9 亿元,计划完成施工产值 8.5 亿元。 (李学智)

【所属单位资本运营情况】 南昌市红谷滩新区市政路网 BT 项目 由中铁物资集团公司与中铁十六局集团公司联合投资建设。2010 年 6 月 26 日签署合同,工期暂定 18 个月,建设投资约 12 亿元。南昌市红谷滩新区管理委会作为回购方。

晋江双龙路东拓与浦沟路 BT 项目 为完成该项目,中铁二十二局集团公司成立中铁二十二局集团海西投资有限公司,注册资本金 4000 万元,集团公司 100% 持股。计划总投资 22867 万元,项目建设期 2010 年 4 月 ~2011 年 3 月。

中铁建电气化局集团公司投资交通轨道器材有限公司 交通轨道器材有限公司由中铁建电气化局集团有限公司和江苏铭隆轨道交通设备有限公司共同投资组建。合资公司注册资本金 6500 万元。中铁建电气化局集团公司出资 3380 万元,占合资公司 52% 的股份;江苏铭隆轨道交通设备公司出资 3120 万元,占合资公司 48% 的股份。

中铁建电气化局集团公司投资康远新材料有限公司 康远新材料有限公司由中铁建电气化局集团公司与江阴市康达投资有限公司共同出资组建,公司注册资本金 5937 万元。中铁建电气化局集团公司出资 3027.87 万元,占 51% 的股份。公司产品已经获得铁道部高速铁路入网许可证。截至 2010 年 9 月底,公司新签合同额 23000 万元,实现销售收入 21549 万元,利润总额 190 万元。

中铁物资集团公司收购福斯罗扣件系统(中国)有限公司股权 经股份公司批准,由中铁物资集团有限公司以人民币 2615.33 万元收购该公司 16.2% 的股权,收购于 2010 年 5 月完成。2010 年,福斯罗扣件系统(中国)有限公司运营良好,公司全年主营收入 150177 万元,实现利润 30193.5 万元。

中铁第四勘察设计院集团公司投资昆明楚云交通工程设计有限公司 2010 年,中铁第四勘察设计院集团公司与昆明市轨道公司共同投资成立昆明楚云交通工程设计有限公司,公司注册资本金 1000 万元。其中,中铁第四勘察设计院集团公司出资 800 万元,占 80% 的股份;昆明市轨道公司出资 200 万元,占 20% 的股份。 (李学智)

【南京长江隧道转让】 南京市市政府从惠及民生和城市经济发展的需要出发,决定收购中国铁道建筑总公司持有的南京长江隧道有限责任公司股权。5 月 26 日,总公司与南京市政府签订股权回购协议;同时与南京市交通建设投资控股有限责任公司签订工程项目建设总承包合同。6 月 22 日,南京长江隧道公司召开股东会第 10 次会议、二届董事会五次会议,总公司退出项目公司法人治理。 (张沛然)

【收购加拿大科里安特资源公司】 2 月 28 日,中铁建铜冠投资有限公司以其全资子公司中铁建铜冠投资(加拿大)有限公司发起对加拿大科里安特资源公司的全面收购要约,5 月 28 日完成收购要约,获得该公司 7300 万股份的 96.7%,要约收购成功。8 月,根据加拿大证券法的要求,强制收购剩余股份,获得科里安特资源公司 100% 股权。资金投入 6.55 亿美元。 (张沛然)

【与南京签署战略合作协议】 6 月 30 日,中国铁建与南京市市政府在北京国际饭店签署战略合作协议。双方将在南京市新一轮轨道交通等重大基础设施建设领域,寻求更为广泛的合作,发挥协同效应,促进南京市经济又好又快发展,提升中国铁建的综合实力和竞争优势。中国铁建副总裁周志亮与南京市政府常务副市长沈健分别代表双方在合作协议上签字。 (张沛然)

【与珠海签署战略合作协议】 12月26日，中国铁建总裁助理王学伟代表股份公司参加珠海市西部中心城区开发启动奠基仪式并与珠海市人民政府签署战略合作框架协议。王学伟与珠海市市委书记甘霖、常务副市长何宁卡就西部城区开发的有关情况和今后的合作意向进行初步交流。 （张沛然）

【本级资本运营项目管理座谈会】 11月5日，股份公司召开本级资本运营项目座谈会，提出加强本级资本运营项目的管理要求，确保本级项目平稳有序发展。 （张沛然）

【上海铁城工程实业公司产权转让】 2月，上海铁城工程实业公司全部产权在上海产权交易所完成挂牌交易，受让方为属上海市国资企业的上海徐房（集团）有限公司，这一拖了16年的历史遗留问题得以解决。 （张沛然）

财 务

【财务部】 股份公司负责资产产权管理、财务管理、会计核算、资金管理和会计监督的综合职能部门。主要职责：贯彻执行国家财务会计法律法规和制度，组织制定和实施公司财务发展战略，制定和实施公司财务会计规章制度，管理、组织、监督、检查和规范公司财务会计工作；负责全面预算管理和责任成本管理，组织公司系统业绩考核评价；负责公司系统财务会计管理、会计信息化、资金管理、产权管理和公司总部机关本级会计核算、经费管理、财务预决算工作；负责组织开展经济活动分析和实施财务会计诚信建设，依法编制和及时提供财务会计报告；协助做好公司信息披露相关工作；建立和落实财务内控制度与责任，对公司经济活动过程和经济运行任务进行财务监督和控制；建立和完善财务、汇率、利率、资金风险防范预警与控制机制；组织实施财务收支稽核检查；负责既有的股权管理、货币类金融产品及债券投资与管理；承办总公司及锦鲤资产管理中心财务工作；负责国务院监事会派驻公司办公室事务的协调配合和服务工作；完成公司董事会及董事会相关委员会交办的工作。下设财务处、会计处、机关财务处、产权处、预算及考核处、成本管理处、资金结算中心。定员33人，设部长1人、副部长2人、资金结算中心主任1人。现员28人。其中，高级会计师13人；会计师8人。 （曹锡锐）

【会计人员】 2010年，股份公司系统有持证在岗会计人员14645人。按性别划分，男性6917人，女性7728人；按文化程度划分，硕士以上学历133人，大学本科学历6402人，大专学历5900人，中专学历1307人，其他文化程度903人；按专业技术职务划分，高级会计师936人，会计师2479人，助理会计师5068人，会计员3581人，其他专业技术人员364人，无专业技术职务人员2217人；按行政职务划分，总会计师345人，副总会计师239人，财务部部长756人、副部长（含部总会计师）630人，其他人员12675人。 （李 彤）

【税务工作】 2010年，根据国家税务总局稽查局的要求，股份公司组织中铁十一、十二、十四、十五、十六、十七、十八、十九、二十二、二十五局集团公司和中铁轨道系统集团公司对所属武广高速铁路项目施工单位进行税务检查，达到规范企业税务管理、提高税法遵从度的目的。截至2010年底，全系统三级以上子企业中，有32家（集团公司本级13家）享受高新技术企业所得税15%的优惠政策，有37家（集团公司本级5家）享受西部大开发所得税15%的优惠政策。 （李 彤）

【财务集中管理】 2010年，股份公司财务部继续按照“统一领导、统一规划、分级负责”的原则，稳步、有序地推进财务集中管理系统建设工作，取得显著成绩。截至年底，股份公司所属30余家二级企业、10594个核算单位已纳入财务集中核算系统，除海外项目外，财务集中核算系统上线率100%，实现集团层面的财务集中管理，做到数据集中、核算统一、操作规范、实时监控、信息准确，财务信息化对于提高财务管控能力和管理水平具有明显的效果。年内实现财务集中管理的阶段性目标。 （李 彤）

【财务制度建设】 为规范企业基本建设项目投资行为，加强基本建设财务管理和监督，提高资金使用效益，保护企业和职工的合法权益，制定《中国铁道建筑总公司总部基本建设项目财务管理办法》；为整合内部资源，发挥集中采购管理优势，下发《关于对因公国际机票实行集中采购的通知》，指定中铁国际航空服务有限公司（以下简称中铁航服）作为国际机票唯一集中采购定点单位，系统内所有单位因公出国、出境购买机票，必须通过中铁航服代为办理；为进一步规范各级企业对外捐赠行为，加强各级企业对外捐赠管理，更好地履行社会责任，维护广大股东、债权人和职工权益，制定《中国铁建股份有限公司对外捐赠管理办法》；为加强发票审核管理，促进依法合规使用发票，防范不规范使用发票给企业带来的风险，维护企业健

康的经营秩序，制定《中国铁建股份有限公司发票审核管理办法》。（冀　涛）

【股份公司年度财务工作会议】　11月9日～11日，股份公司2010年度财务工作会议在北京召开。会上，股份公司副总裁、总会计师庄尚标作题为《夯实基础，强化管控，努力推动财务工作再上新台阶》的工作报告，全面总结2010年财务工作，通报前三季度股份公司经济运行情况，提出“十二五”财务战略规划的总体设想，部署2011年财务工作，确定2011年财务工作总体思路。会议表彰2010年度财务工作先进单位和先进个人，布置2010年度财务决算、企业年度工作报告的编报工作，并就财务信息化建设、资金集中管理、财务内控制度等专题进行深入交流与研讨。国资委监事会、机关有关部门负责人以及所属企业总会计师、财务部长、资金管理负责人、决算负责人等近200人参加会议。（李　鲲）

【会计信息披露和配合审计工作】　2010年，股份公司在上海证券交易所和香港联合证券交易所及时、准确、完整地披露季度报告、半年度报告、年度报告等各项会计信息，完成国资委、财政部的财务决算报告的编制和报送工作，并配合董事会办公室完成财务信息披露、资料整理等工作。主要包括：主要会计数据的计算摘录，每股收益的计算，非经常性损益的分析认定，业务板块的划分及毛利率的分析计算，主要经济指标大幅增减原因的分析、解释，担保、收购、兼并等重要事项的确认，整理、更新路演数据资料。年内配合5家决算审计机构完成359个法人单位的审计，完成2010年内退人员精算报告。（丁亚杰）

【财务决算】　2010年，财务决算工作进一步规范化、程序化。各级财务人员不断总结经验教训，提前筹划财务决算工作，及时把握时间节点，加大审核控制力度，很好地完成了月报、季度报告、半年度报告和年度报告的编制与对外披露，以及国资委、财政部各种财务报告的编报与信息披露工作，财务报告编报质量进一步提高。股份公司结合《财务决算管理暂行办法》等规定，加大编制过程中的问题管理，对于个性问题采取面对面、点对点的跟踪，直至问题得到解决；对于共性问题，如内部调剂款的核算、研发费用的核算以及安全生产费用的核算等，采取下发电报或文件的形式统一要求，并及时掌握整改落实情况，对于没有整改的采取通报或督办的形式进行跟踪。股份公司内部往来和关联交易核对机制不断完善。随着信息化建设的不断推进，内部单位间信息传达及时、准确，往来和交易数据抵销基本充分，抵销明细可以完整地在网报中呈现，保证数据抵销有章可循、有据可查，既夯实了企业资产，又准确地反映了企业的真实信息。（王　磊）

【财务分析】　2010年不断完善内部通报制度，强化动态监管力度，促使所属企业及时了解股份公司总体经济运行状况和兄弟单位的经济运行情况，便于各单位通过对照检查发现本单位的问题，对加强企业内部管理起到积极的促进作用。进一步完善问题跟踪制度。针对2009年年度报告及2010年半年度报告中存在的问题，股份公司下发整改通知，要求存在问题的单位提出具体整改措施及时整改。进一步加强专项分析力度，对存在的重要问题重点关注。针对国资委提出的股份公司资产负债率持续上升导致债务风险加大的问题，股份公司在对2009年年度报告进行专项分析的基础上，下发《关于加强债务风险管理有关工作的通知》，明确资产负债率的控制目标，制定具体控制方案和措施，把资产负债率纳入业绩考核指标，务求取得实效。（王　磊）

【责任成本管理】　为深入推进责任成本管理工作，全面贯彻落实股份公司内部管理型战略，推行精益生产，努力提高企业经济效益，年内对中铁十一、十二、十五局集团公司开展责任成本管理工作情况进行调研，有力地推进了基层项目部责任成本管理工作的开展。股份公司组织专家汇总、梳理、研究各单位的责任成本管理经验，编写出《建筑企业工程项目责任成本管理》一书，系统地指导股份公司责任成本管理工作。11月29日～30日在北京召开中国铁建责任成本管理暨经营创效工作会议。会上，股份公司董事长孟凤朝、总裁赵广发作重要讲话，副总裁、总会计师庄尚标，副总裁张宗言分别就责任成本管理和经营创效工作作专题报告。会议通报表彰2010年责任成本管理暨经营创效工作先进单位和先进个人，中铁十一、十二、十六、十七、二十局集团公司和中铁建电气化局集团公司6家单位作经验交流。企业各级管理者一致认为，增强企业内生增长动力，提高发展的质量和效益，在精益化管理上下工夫，走质量效益型的集约发展之路才是唯一选择。国务院监事会第16办事处主任金丹阳出席会议。（城　云）

【国有资本经营收益上缴】　7月，根据《财政部、国资委关于印发〈中央企业国有资本收益收取管理暂行办法〉的通知》和国资委《关于上缴2009年度国有资本收益的通知》要求，核定总公司2009年度应缴国有资本收益为19020万元，总公司于2010年8月完成国有资本

收益缴款手续,并报财政部、国资委备案。（尚 健）

【国有资本经营预算】 11月,根据财政部《关于编报2009年中央企业国有资本经营决算工作的通知》和国资委《关于做好2009年度中央企业国有资本经营决算工作的通知》要求,总公司上报2009年度国有资本经营决算报表及报告。12月接受国资委委托的北京兴华会计师事务所有限责任公司对总公司2009年度国有资本经营预算的审计检查。（尚 健）

【全面预算管理】 1月组织部分单位汇审股份公司2010年全面预算,完成全面预算报告,提交董事会审议通过,并向国资委上报总公司2010年财务预算报告。4月,股份公司批复所属单位2010年全面预算,要求各单位严格按照预算进行企业的经营管理,合理配置企业资源,使企业的发展处于有序、可控状态。8月,按照国资委预算管理要求,调整总公司预算主要指标,并上报国资委。10月,股份公司召开全系统预算管理工作视频会议,传达国资委2011年预算编报的基本要求,安排2011年全面预算工作,要求所属单位加强预算执行的刚性控制。11月,股份公司下达子公司2011年预算指导数。（张鸿斌）

【业绩考核】 1月,股份公司制定子公司负责人2010年绩效考核主要指标方案,提交总裁办公会议审议并获得通过,总裁与各子公司董事长签订2010年绩效合约书。2月,向国资委上报总公司2010年及2010～2012年任期经营业绩考核指标建议值。4月,向国资委上报2009年及2007～2009年任期经营业绩考核完成情况。总公司2009年及2007～2009年任期考核结果为A级。完成董事会对总裁2009年绩效考核结果的方案,考核结果为A级,提交董事会审议并获得通过。5月,组织考核组到本级项目公司及项目部审核2009年经营业绩考核资料。6月,完成董事会对总裁2010年绩效考核指标方案,提交董事会审议并获得通过,董事长与总裁签订合约书。8月,完成子公司负责人2009年绩效考核及本级项目公司和项目部2009年经营业绩考核结果方案,提交总裁办公会议审议并获得通过。10月,完成子公司负责人2010年绩效考核实施方案,提交总裁办公会议审议并获得通过。（张鸿斌）

【中国铁建网络合并报表系统】 2010年,中国铁建会同久其公司共同开发中国铁建报表大厅系统,与一期系统相比,易用性、系统效率、在线用户数等指标得到大幅提升,在中央企业同类系统中处于前列。年内完成财务快报、全面预算报表、国资委预算报表、基础报表、国资委报表、“小金库”专项治理报表6项业务的编制。1月25日,中国铁建报表大厅快报业务上线,新旧系统平稳过渡。6月15日,中国铁建报表大厅合并报表模块进入测试阶段,基本达到设计要求。7月10日,中国铁建报表大厅预算报表业务上线,第一次实现预算报表全级次网络填报。7月31日,中国铁建报表大厅在线客户端开发完毕并上线,易用性和系统效率大大提高。8月10日在中铁十一、十三、十四、十六、十七、十九、二十二、二十四局集团公司和中铁建电气化局集团公司、中铁建设集团公司、中铁物资集团公司进行合并业务测试。8月31日在中铁十四、十七局集团公司进行二级部署测试,第一次实现股份公司总部与二级单位之间数据、参数的互联互通。9月30日,中国铁建报表大厅基础报表业务上线,第一次实现基础报表全级次网络填报。11月20日,国资委“小金库”专项治理系统业务上线,第一次实现网络报表和国资委单机版参数的无缝集成。12月15日,中国铁建报表大厅国资委报表业务上线,实现与基础表业务的数据提取和核对。12月31日完成中铁十一、十二、十四、十五、十六、十七、十八、十九、二十、二十二、二十五局集团公司11家单位的二级部署工作,实现10000个用户(95%)网络填报的既定目标。（岳云飞）

【担保情况】 年内根据股份公司第一届董事会第30次会议审议批准,2010年股份公司对下担保核定总额196.01亿元。截至2010年底,股份公司为8家全资子公司及2家参股公司办理担保合同19笔,担保金额68.94亿元。股份公司实际承担担保责任金额53.98亿元。其中,全资子公司实际承担担保责任金额42.14亿元;参股公司实际承担担保责任金额11.84亿元。（蔡梅君）

【募集资金的管理与使用】 股份公司上市后,收到A股募集资金222.46亿元,扣除发行费用后,实际收到募集资金218.21亿元。为规范募集资金的管理和使用,股份公司在4家银行开立募集资金专用存款账户,并和4家募集资金专户存款银行及中信证券股份有限公司签订“募集资金专户存储三方监管协议”,中信证券公司作为股份公司的保荐人承诺按照《证券发行上市保荐制度暂行办法》《上海证券交易所上市公司募集资金管理规定》以及股份公司制定的《中国铁建股份有限公司募集资金管理办法》,对股份公司募集资金管理事项履行保荐职责,进行持续督导工作。根据A股招股说明书披露的募集资金用途及用款计划,截至2010年底,股份公司已使用募集资金214.23亿元,期末余额3.04亿元(含利息0.01亿元),其中3.03亿元将用于昆明中铁大型养路机械集团公司技术引进国产化项目改扩建工程。8月30日，股份公司召开第一届董事会第35次会议，审议通过《关于将部分A股募集资金利息用于补充营运资金的议案》，股份公司已根据议案要求将A股募集资金利息2.51亿元用于补充流动资金。股份公司在香港上市后，收到募集资金总额181.54亿元，扣除发行费用，实际收到募集资金净额173.59亿元，经外管局批复，股份公司在中国银行(香港)有限公司、中国建设银行股份有限公司香港分行和中国交通银行股份有限公司香港分行开立募集资金专用账户用于存放H股募集资金。截至2010年底，股份公司购置设备资金已全部使用完毕。由于国际金融危机等原因，尼日利亚的基建环境发生变化，招股说明书所列的尼日利亚水泥厂项目停止实施，经12月28日股份公司第一次临时股东大会通过，股份公司将原用于该项目的资金约港币16.86亿元(即约人民币14.71亿元)用于补充营运资金及偿还流动资金外汇借款。根据监管要求，股份公司按季度向北京证监局、国家外汇管理局及时报送A股、H股募集资金使用情况。(孙立颖)

【资金中心系统运营情况】 2010年，全系统各级资金中心强化内部资金结算、集中信贷管理，加大内部资金调剂力度，缩减外部贷款，取得较好的经济效益。全年吸收内部存款646.13亿元，内部调剂资金623.17亿元，按同期银行贷款利率计算，节约资金成本近30亿元；累计实现收入34.85亿元，累计实现净收益18.37亿元。股份公司资金中心系统为全系统加快资金周转、提高资金使用效率、保证生产经营和项目投资、节约成本、创造效益发挥了巨大作用。(东润宁)

【资金集中管理工作情况】 2010年，股份公司在继续发挥各级资金中心传统柜台结算资金集中作用的同时，充分发挥网上银行的作用，在工程集团公司重点推广资金池业务，资金集中取得一定突破。截至2010年底，股份公司和集团公司两级资金中心共吸收存款646.13亿元，股份公司总体资金集中度63.3%；内部调剂资金623.17亿元，资金中心内部存贷比96.5%。截至2010年底，工程集团公司资金池业务授权账户由年初800多户增加到3555户，资金池业务集中资金由年初的20亿元增加到96亿元。在与中国建设银行、中国工商银行和中国农业银行合作的基础上，股份公司又与中国银行、中国交通银行签署资金池业务合作框架协议，进一步扩展资金池业务实施范围。(东润宁)

【股份公司总部财务管理】 2010年完成总公司、股份公司、锦鲤资产管理中心、海外事业部的日常费用报销审核、工资发放、账务处理、财务报告编制、会计档案整理工作；参与年度报告审计、税务审计和原董事长李国瑞离任审计工作；修改完善总部机关经费管理办法，启动机关经费预算管理软件开发。认真分析2010年度总部经费开支情况，预测2011年总部经费预算指标；规范总部机关会计业务工作，处理部分历史遗留问题。(杨现庆)

【资产评估】 2010年，总公司对中铁十二局集团公司转让惠州金帆地产44.6%的股权、中铁建设集团公司持有佳汇公司80%的股权，中铁二十局集团公司收购中铁国际航空服务有限公司100%的股权、中铁保险经纪有限责任公司35%的股权、西安唐城医院48%的股权，中铁上海设计院集团公司转让先科桥梁40%的股权进行资产评估备案。产权转让项目主要采取成本法和未来收益法进行评估，涉及评估前净资产30021.91万元，评估后净资产34206.81万元；资产评估增值4184.9万元，增值了13.94%。年内，总公司未接受非国有资产评估项目。(阎宇)

【"小金库"专项治理】 按照国资委的部署，总公司和股份公司成立"小金库"专项治理工作领导小组，公司主管领导担任组长，分管领导担任副组长，成员由各相关部门组成，下设领导小组办公室。年内分五个阶段组织全系统开展"小金库"专项治理工作。一是动员部署阶段。召开全系统视频会议，传达中央企业"小金库"专项治理工作会议精神，印发《总公司"小金库"专项治理实施办法》，全面部署专项治理工作。二是自查自纠阶段。各单位明确责任主体，建立"小金库"治理工作承诺制度，逐级签订承诺书；利用财务信息化平台先后两次组织全级次单位及时、准确地完成报表填报工作，自查填报面100%，填报工作统一规范，报表信息真实完整；建立"小金库"治理网站专题，全面解读政策法规，充分交流工作经验，及时发布工作简报，总公司工作简报刊登在国资委网站进行经验交流，起到良好的宣传效果。三是内部督导检查阶段。成立4个督导检查组，针对"零申报"、"零问题"、容易出现"小金库"的业务环节和重点部位，以及基础管理薄弱单位开展内部督导检查，公布督导组举报电话，设立举报信箱，大力宣传举报政策和奖励措施，认真核实举报线索并一查到底，新发现"小金库"予以公示。四是"回头看"阶段。进一步巩固和扩大自查自纠工作成果，及时核实汇总内部督导检查阶段新发现的"小金库"情况并向国资委如实补报。五是整改落实阶段。采取有力措施，防止"查而不纠"和"前清后乱"的现象发生，按规定对自查发现的"小金库"全部采取纠正措施，追究相关人员的责任。年内，为排查企业管理隐患，充分揭示问题根源，总公司开展特殊管理资金（资产）调查摸底等工作，梳理各项资产与财务管理制度。针对“小金库”专项治理工作中暴露出来的问题和漏洞，按照“标本兼治、堵疏结合、惩防并举、综合治理”的方针，切实建立健全“小金库”综合治理体系和长效机制，从根本上消除“小金库”的思想、制度根源及资金来源。（邓 凯）

【企业年度工作报告】 根据《国有企业监事会暂行条例》和《关于加强和改进国有企业监事会工作的若干意见》要求，自2006年起，各中央企业每年向国有重点大型企业监事会报送《企业年度工作报告》（以下简称《报告》），全面综合反映企业经营管理和改革发展等情况。按照国资委《关于做好2010年度〈企业年度工作报告〉填报工作的通知》要求，总公司成立《报告》填报工作领导小组，主管领导担任组长，分管领导具体负责。年内，总公司召开填报工作布置会议，以正式文件形式部署2010年度填报工作，要求总部机关和各子公司切实加强组织领导，明确责任分工，确保质量，按时报送。总公司在全系统财务工作会上组织各子公司集中培训，制定并严格执行填报工作规范，不断细化工作流程，完善工作程序。为确保《报告》质量，总公司建立严格的评价机制，从内容翔实、结构清晰、格式规范、信息真实、数据准确、报送及时等方面对各子公司《报告》质量予以评价。总公司及所属32家企业全部按时、高质量地完成了2010年度《报告》编制工作。（邓 凯）

【战备资产财务管理】 协调财政部、国家发展和改革委员会等部委拨付的2010年总公司战备经费和库房建设费，按计划及时拨付给总公司战备单位，保障总公司战备库房建设和战备任务的实施。参与总公司战备局组织实施的战备单位战备库房建设方案论证与推进工作，明确资产产权归属，规范财务管理；加强实物资产管理，规范资产经营工作；保障战备设施建设，规范使用国债资金。（邓 凯）

【银行授信与合作】 2010年，股份公司银行综合授信额度5902亿元。其中，融资类额度1864亿元；非融资类额度4038亿元。股份公司本部银行授信额度1325.6亿元，其中融资类贷款额度972.7亿元，已使用额度折算人民币约53亿元（美元贷款6.99亿元，欧元贷款0.75亿欧元），贷款主要用于购置进口设备和投资国外工程项目；其他非融资类授信额度352.9亿元，已使用80.9亿元，主要用于国内外工程保函，与18家国内银行和3家外资银行签订综合授信协议。为进一步深化银企合作关系，股份公司先后与多家银行签订全面战略合作协议，与中国工商银行签订《“走出去”业务顾问协议》，保证股份公司及所属单位在国内外经营活动中的融资需求。（陈 英）

【会计人员继续教育】 6月28日~8月6日，股份公司举办7期在京单位会计人员继续教育培训班，1400余名中、初级会计人员参加培训。培训班开设企业内部控制指导、建筑施工企业会计核算办法、责任成本管理、股份公司财务大检查发现的问题及整改措施等课程。（刘新龙）

审计监事

【审计监事局】 股份公司负责内部审计、监事会及董事会审计与风险管理委员会的工作机构，下设审计一处、审计二处、监事会办公室。定员10人，设局长、副局长各1人。现员8人。其中，高级技术职务5人；中级技术职务2人；初级技术职务1人。主要职责：贯彻执行国家有关方针、政策、法规，制定内部审计制度和监事会工作制度及有关规定，协助修订股份公司审计与风险管理委员会工作细则；负责对公司及所属企业（单位）财务收支、财务预算、财务决算、资产质量、经营绩效、建设项目等经济活动的真实性、合法性和效益性进行审计监督、评价；负责对股份公司高级管理人员、所属企业负责人收入进行审计监督、评价；负责管理和组织实施股份公司内部经济责任审计及日常审计工作；承办总公司直管项目公司、项目部（指挥部、协调组）和锦鲤资产管理中心的内部审计工作；负责协助监事会主席、监事处理监事会日常事务；协助监事会主席做好监事会业务建设，完善监事会议事规则；负责监事会会议的筹备与组织，督促检查决议的贯彻执行情况；对监事会提出的问题组织调研，进行协助和处理；协调监事会与股份公司所属各单位、机关业务部门之间的关系；协助组织召开审计与风险管理委员会定期和临时会议；负责审计与风险管理委员会会议签到、决议、纪要、记录等文字工作；负责做好审计与风险管理委员会决策的前期准备工作，向其提供相关书面材料；负责审计与风险管理委员会提交董事会审议的专项意见；协助审计与风险管理委员会对股份公司风险管理策略和解决方案、重大决策、重大事件、重要业务流程的风险控制、管理、监督和评价等工作；负责组织会计师事务所对股份公司年度财务决算的审计，并对会计师事务所的审计质量情况进行监督检查；负责内部审计学会工作及审计人员岗位资格证书的管理，组织审计人员后续教育、业务培训和审计理论研究；总结审计工作，交流、推广审计经验，评选和表彰审计先进单位和先进个人。（黄少军）

·审计工作·

【审计工作综述】 2010年累计完成审计项目2958个，完成年度计划的120%；审计发现问题金额309938万元。通过审计，纠正违规违纪金额170755万元，促进增收节支7620万元。全年提交审计报告2337份，提出审计建议10265条。年内完成中铁十四、十七、二十三局集团公司法定代表人的经济责任审计；中铁建设集团公司、中铁第四勘察设计院集团公司、北京培训中心的后续审计；股份公司信息化建设，38号职工住宅楼及车库、总部机关大院道路、电力增容及花园的基建审计；北京通达京承高速公路有限公司、昆明二环改扩建工程BT项目和中国铁建（加勒比）公司的财务收支审计；中国土木工程集团公司境外子企业的年度财务决算的送达审计。审计监事局作为“小金库”专项治理小组的主要成员，按照《中国铁建股份有限公司“小金库”专项治理督导检查工作方案》，全程参与股份公司“小金库”专项治理工作。（沈晓霞）

【审计机构及审计人员】 截至2009年底，中国铁建系统设立内部审计机构171家，有专职审计人员522人。（沈晓霞）

【审计项目】 2010年，全系统进行经济责任审计310项，提交审计报告286份，发现问题金额195536万元。通过审计，纠正违规违纪金额98000万元，促进增收节支897万元。（1）工程项目审计。全系统完成工程项目审计1621项，提交审计报告1270份，发现问题金额64633万元。通过审计，纠正违规违纪金额43462万元，促进增收节支5657万元。（2）财务收支审计。全系统完成财务收支审计252项，提交审计报告248份，发现问题金额11457万元。通过审计，纠正违规违纪金额9993万元，促进增收节支96万元。（3）经济效益审计。全系统完成经济效益审计227项，提交审计报告186份，发现问题金额6590万元。通过审计，纠正违规违纪金额1613万元，促进增收节支74万元。（4）内控制度审计。全系统完成内部控制审计43项，提交审计报告24份，发现问题金额628万元。通过审计，纠正违规违纪金额576万元。（5）基建审计。全系统完成基建审计39项，提交审计报告37份，发现问题金额130万元。通过审计，纠正违规违纪金额126万元，促进增收节支165万元。（6）后续审计。全系统完成后续审计45项，提交审计报告40份，发现问题金额138万元。通过审计，纠正违规违纪金额111万元。（7）专项审计调查。全系统完成专项审计调查150项，提交审计报告136份，发现问题金额16369万元。通过审计，纠正违规违纪金额3185万元，促进增收节支548万元。（沈晓霞）

【审计理论研究及培训】 2010年，全系统举办审计后续教育培训班54期，培训审计人员889人次。年内有15篇论文在省部级以上专业刊物上发表；年初参加国资委中央企业经济责任审计工作会议，审计监事局局长黄少军作为受邀的6家中央企业代表参加，并在会上作经济责任审计先进经验交流演讲；在国资委召开的中央企业内部审计工作会议上，审计监事局提交的书面经验交流材料在大会上交流。（沈晓霞）

【表彰审计工作先进单位和先进工作者】 2010年，股份公司表彰审计工作先进单位34个，先进工作者48名。

审计工作先进单位

中铁十三局集团公司审计部
中铁十七局集团公司审计处
中铁十九局集团公司审计处
中铁二十局集团公司审计部
中铁建设集团公司审计部
中铁十一局集团一公司审计部
中铁十二局集团一公司审计科
中铁十二局集团三公司审计部
中铁十三局集团三公司审计部
中铁十四局集团一公司审计部
中铁十四局集团水利水电工程分公司审计部
中铁十五局集团六公司审计科
中铁十五局集团成都建设工程公司审计监察部
中铁十六局集团五公司审计部
中铁十六局集团北京工程公司审计部
中铁十七局集团五公司审计部
中铁十七局集团六公司审计监察部
中铁十八局集团三公司审计部
中铁十八局集团四公司审计科
中铁十八局集团隧道工程公司审计部
中铁十九局集团二公司审计科
中铁十九局集团五公司审计部
中铁二十局集团一公司审计部
中铁二十局集团二公司审计部

中铁二十一局集团二公司审计部
中铁二十一局集团电务电化工程公司审计科
中铁二十二局集团电气化工程公司审计部
中铁二十三局集团一公司审计部
中铁二十三局集团三公司审计部
中铁二十四局集团福建铁路建设公司审计部
中铁二十四局集团上海铁建工程公司审计部
中铁二十四局集团浙江工程公司审计部
中铁二十五局集团柳州工程公司审计部
中铁建电气化局集团南方工程公司审计部

审计工作先进工作者

张仁华	陈凤茂	王贤俊	薛相涛	高彩燕
刘彩莲	菅海东	张　坤	孙霄霞	张永新
姜守君	金小明	伍正起	张瑞卿	秦晓兵
高慧蔷	秦　燕	曹锦霞	付英杰	曹东果
熊　晖	罗勇军	孟宪法	吴细华	莫成元
汪红英	马怀强	董严宁	贾红科	张明庆
帅进辉	杨选忠	张　兵	李　强	冯有东
宗冠春	雷雪梅	应志平	刘　菡	余　慧
邢淑芳	杜　军	张　凯	陈建明	乘　旭
肖汉良	焦英伟	王铁兵		

（沈晓霞）

·监事会工作·

【监事会工作综述】 2010年，公司监事会根据《公司法》《证券法》及其他法律、法规、规章和《公司章程》的规定，按照《监事会议事规则》，本着对全体股东负责的精神，认真履行有关法律、法规赋予的职权，积极有效地开展工作，对公司依法运作情况和公司董事、高级管理人员履行职责情况进行监督。全年召开会议3次，审议通过14项议案；向董事会、经理层提出管理建议8条，维护了股份公司及股东的合法权益。（董海军）

【中国铁建股份有限公司第一届监事会第8次会议】 4月26日以现场会议方式召开，会议审议通过《公司2009年度财务决算方案》《公司2009年度利润分配方案》《公司2009年度报告及其摘要》《公司2010年一季度报告》《2009年度监事会工作报告》《关于公司募集资金存放与使用情况专项报告》6项议案。（董海军）

【中国铁建股份有限公司第一届监事会第9次会议】 8月30日以现场会议方式召开，会议审议通过《公司2010年上半年财务决算方案》《公司2010年半年报及其摘要》《公司2010年中期利润分配方案》《关于将部分A股募集资金利息用于补充营运资金的议案》《关于将部分闲置A股募集资金暂时用于补充流动资金的议案》《关于公司募集资金存放与实际使用情况专项报告》6项议案。（董海军）

【中国铁建股份有限公司第一届监事会第10次会议】 10月28日以现场会议方式召开，会议审议通过《公司2010年三季度报告》和《关于沙特麦加轻轨项目计提合同预计损失的议案》。（董海军）

【检查公司依法运作情况的独立意见】 2010年，公司监事会主席和全体监事共参加两次股东大会、列席7次董事会现场会议。通过对公司股东大会、董事会的召集召开程序、决议事项、董事会对股东大会决议的执行情况、董事和高级管理人员履行职责情况的监督检查，监事会认为，报告期内公司依照国家有关法律、法规以及《公司章程》的规定，规范运作，法人治理结构完善，重大事项决策程序合法、有效；公司进一步修订和完善内部控制制度，有效防范投资、经营和财务风险；公司董事及高级管理人员在报告期内，看重责任，勤勉敬业，认真履职，严格遵守国家有关的法律、法规及公司的各项规章制度，强化管理增效益，科学发展上台阶，较好地完成了年度发展目标。2010年度没有发现董事或高级管理人员在执行职务时有违反法律、法规、《公司章程》或损害公司股东利益的行为。（董海军）

【检查公司财务情况的独立意见】 2010年，监事会成员通过听取公司财务负责人的专项汇报、审查公司财务报表、审议公司定期报告及会计师事务所审计报告、对董事会决策的重大投融资项目进行实地检查等方式，对公司财务运作情况进行检查、监督。监事会认为，2010年度公司财务制度健全，各项费用提取合理。安永会计师事务所对公司2010年度财务报告进行审计，并出具无保留意见的审计报告，监事会对审计报告无异议。（董海军）

【检查公司最近一次募集资金实际投入情况的独立意见】 2010年，监事会对公司募集资金的使用情况进行监督。监事会认为，公司能够按照《中国铁建股份有限公司募集资金管理办法》的要求管理和使用募集资金，募集资金的使用与招股说明书中承诺的用途相一致，暂时未用的募集资金存放于公司募集资金专户。对于公司将H股募集资金港币16.855亿元用于补充营运资金及偿还流动资金外汇借款的事项、将部分A股募集资金利息用于补充营运资金的事项，有利于提高资金使用效率，符合公司和全体股东的利益，使用方式及程序符合相关法律、法规、规范性文件和《公司章程》的规定。（董海军）

【检查公司收购出售资产情况的独立意见】 2010年，监事会对公司发生的重大收购、出售资产事项进行监督，监事会认为，公司在重大收购、出售资产过程中定价公允，程序合法，未发现损害股东利益或造成公司资产流失的情况。 （董海军）

【检查公司关联交易情况的独立意见】 2010年，监事会对公司发生的关联交易进行监督，监事会认为，公司关联交易事项认真执行《公司法》《证券法》《上海证券交易所股票上市规则》《香港联合交易所有限公司证券上市规则》等法律法规及《公司章程》《中国铁建股份有限公司关联交易决策制度》的规定，各项关联交易事项均经公司董事会和经理层充分论证、谨慎决策，依据等价有偿、公允市价的原则定价，没有违反公开、公平、公正的原则，不存在损害上市公司和中小股东利益的行为。公司于2011年1月21日与控股股东中国铁道建筑总公司签署《关于沙特麦加轻轨项目相关事项安排的协议》，使公司不再承担该项目后期实施的风险，且因关于索赔收入的分配等安排，使该项目存在减少损失甚至扭亏的可能性，有利于保障公司股东尤其是中小股东的利益。该关联交易事项，对价公平合理，董事会表决程序符合法律法规和《公司章程》的规定。 （董海军）

·审计与风险管理·

【中国铁建股份有限公司第一届审计与风险管理委员会第12次会议】 2月23日召开。一是会议听取安永会计师事务所2009年年度报告审计进展情况，并提出建议；二是审议审计监事局2010年审计项目计划并对计划提出改进意见；三是听取审计监事局2009年度内部控制审计情况汇报，会议认为审计监事局提交的2009年度内部控制审计汇报材料质量较高，抓准了风险点，揭示的问题比较明确，但要加强形成原因分析，对"小金库"等严重违规问题加大惩处力度，要重视从局部发现问题来指导全局整改，从全局来加强系统风险控制。 （章　曦）

【中国铁建股份有限公司第一届审计与风险管理委员会第13次会议】 4月24日召开。会议听取安永会计师事务所关于2009年年度报告审计结果的沟通（第三次）汇报；审议通过公司2009年度财务决算报告、公司2009年度利润分配方案、公司2009年年度报告及其摘要、公司2010年第一季度报告、2009年度公司内部控制自我评估报告、2010年度公司全面风险管理报告6项议案；会议同意继续聘用安永和安永华明会计师事务所为公司2010年度外部审计机构，审计费用的确定及支付由董事会委托管理层谈判后报董事会及股东大会审议。 （章　曦）

【中国铁建股份有限公司第一届审计与风险管理委员会第14次会议】 8月29日召开。会议听取安永会计师事务所对公司2010年中期报表审阅的情况汇报，审议公司2010年上半年内部控制与风险管理报告。 （章　曦）

【中国铁建股份有限公司第一届审计与风险管理委员会第15次会议】 10月27日召开。会议听取公司财务部关于2010年度第三季度财务报告的汇报，审议沙特麦加轻轨项目计提合同预计损失的议案。（章　曦）

【中国铁建股份有限公司第一届审计与风险管理委员会第16次会议】 11月30日召开。一是会议原则同意安永会计师事务所关于公司2010年年度报告审计计划，并对安永会计师事务所会议中提出的6点事项提了几点要求。二是关于公司2010年度审计费用，会议同意继续委托审计监事局在总会计师庄尚标的领导下与安永会计师事务所谈判确定。三是关于安永会计师事务所提供的2009年度管理建议书，会议认为内容详细，建议有一定建设性，但个别单位的管理建议书质量还需要不断提高，希望安永会计师事务所在这一方面为公司提供进一步的增值服务。四是关于公司年度内部控制评价报告，会议认为，由于从2011年开始，上市公司要委托中介注册会计师出具内控有效性评价报告，建议由发展规划部牵头，审计监事局配合，在副总裁周志亮和副总裁、总会计师庄尚标的领导下，与中介机构进行谈判遴选，最后给予确定。 （章　曦）

【中国铁建股份有限公司第一届审计与风险管理委员会第17次会议】 12月22日召开。一是会议肯定发展规划部2010年度风险和内控管理报告及审计监事局2010年度内控审计报告，并对两份报告提出几点改进意见。二是会议对公司2011年度内控和风险管理工作提出几点要求。三是关于2010年年度审计报告，会议认为有关部门已经明确认同"A＋H"股可出具一份审计报告，公司从2010年度开始执行，但后期工作暂不调整，审计监事局要和安永华明会计师事务所谈判确定费用，各相关部门要按程序做好相应的变更调整工作。 （章　曦）

2010年6月30日，中央企业职工技能竞赛工程测量工决赛在四川省成都市闭幕。中国铁建代表队获4枚金牌、5枚银牌和1枚铜牌，包揽大赛前4名。图为参赛选手在获奖后合影。（赵其红 提供）

综合管理

特载 | 大事记 | 概况 | 董事会工作 | 工程施工 | 海外经营 境外工程 | 经营管理 | 综合管理 | 科技文化 | 党的工作 | 工会 共青团 | 所属单位 | 人物 | 统计资料 | 文献辑要 | 附录

本栏责任编辑　**杨启燕**

机关政务 行政事务

【办公室】 主要职责:综合协调公司机关职能部门之间的工作,传达、督办公司经理层领导有关决定、指示;负责起草综合性文件、报告及文秘、政务信息、信访、会议纪录及纪要整理,负责文书、档案管理和年鉴、史志编写工作;负责公司内外联系接待和综合性会议会务安排;负责信息化建设和网站管理;负责公司机关行政管理和安全保卫工作。定员 30 人,设主任 1 人,副主任 3 人;下设秘书处、文书处、网站管理处、行政保卫处、信访处、档案馆。 (冯中海)

【中国铁建首届一次职工代表大会暨 2010 年工作会议】 1 月 28 日 ~31 日在北京召开。此次会议有 6000 余人参加,其中北京主会场有 259 名职工代表参加,200 多个分会场有 5800 余人在当地收听收看。会议由中国铁建副董事长丁原臣,党委副书记、纪委书记、工会主席、监事会主席彭树贵,副总裁夏国斌 3 人分别主持。国务院国资委监事会主席李克,监事会第 16 办事处主任金丹阳、副主任樊华应邀出席会议。中国铁建董事长、党委书记李国瑞作题为《加快经济发展方式转变,坚持走质量效益型发展道路》的重要讲话,总裁、党委副书记赵广发作题为《强化管理增效益,科学发展上台阶》的行政工作报告,副总裁、总会计师庄尚标作财务工作报告,副总裁、总经济师扈振衣作提案征集和审理立案情况报告,中铁十二局集团公司、中铁物资集团公司、中铁轨道系统集团公司在会上作经验介绍。党委副书记霍金贵,副总裁夏国斌、范德、周志亮、张宗言、刘汝臣等领导和独立董事朱明暹、魏伟峰等参加会议。大会审议通过首届职代会实施办法(草案)、职代会 5 个专门委员会工作制度(草案)、职代会联席会议制度(草案)、职代会 5 个专门委员会选举办法(草案)等决议,选举产生职代会 5 个专门委员会;中国铁建与所属单位签订 2010 年经营业绩责任书和安全包保责任书;表彰 2009 年度中国铁建 42 个先进集体和 77 名劳动模范。 (戴开扬)

【中国铁建办公室主任座谈会】 12 月 2 日 ~4 日在广西南宁召开,股份公司办公室及所属单位办公室主任 39 人参加会议。会上,股份公司办公室主任冯中海就中国铁建作为"世界 500 强"企业,如何围绕中心发挥办公室作用,处理好几种关系,做好办公室工作作重要讲话;副主任韩明莉对信息报送工作提出要求,就政务信息、网站信息工作管理办法提交会议征求意见;副主任戴开扬通报中国铁建 2010 年生产经营情况和 2011 年工作设想,强调做好《央企要情》报送工作的重要性。与会主任介绍本单位 2010 年生产经营情况和 2011 年工作打算,交流做好办公室工作的体会,并提出建设性意见和建议。此次会议对更好地发挥中国铁建办公系统的整体合力、综合协调能力,提升办公室工作水平起到重要的促进作用。 (韩明莉)

【秘书工作】 2010 年起草和整理各种文字材料 118 篇 60 余万字,领导讲话材料的思想性、指导性、科学性和操作性进一步增强,秘书的理论水平、实践经验和文字综合能力实现新的跨越,充分发挥了总部机关和领导的外脑作用,以文辅政和资政能力达到新高度。根据股份公司领导指示,结合企业年度重点工作,先后深入基层调研 3 次,撰写多篇有深度、有观点、有措施、有质量的调研报告,为各项工作的顺利推进提供了有价值的决策参考。年内编写新闻信息 30 条,其中向股份公司网站和《中国铁道建筑报》报送新闻 10 条。上报《央企要情》的信息数量和质量显著提高,向国资委报送信息 127 条,被国资委采用 47 条,得分 97 分,实现年度国资委排名前 30 位的目标。全年整理总裁(总经理)办公会议纪要 17 份,并结合会议议定事项积极开展督办工作,完成督查任务 40 余项,为领导决策提供了可靠依据,加快了各项重点工作落实的进程。综合服务能力进一步提高,年内陪同领导出席会议、活动、现场办公 300 余次 1200 余天次;安排会议室与接待室 2743 次,服务 39230 人次;承办文件、材料、信函 300 余件。 (梁树峰)

【文书处理】 加强制度建设,提高中国铁建系统公文管理水平,2010 年制定《中国铁建股份有限公司公文处理办法》《中国铁建股份有限公司机关公文质量考核评价暂行办法》《中国铁建股份有限公司报送公文评价办法(试行)》。全年公文核稿 700 余份,制发总公司公文 80 份、公函 140 份,股份公司公文 168 份、公函 296 份。年内,国资委办公厅下发《关于 2009 年中央企业报送公文评价情况的通报》,表彰全年公文无差错单位,中国铁建作为公文无差错单位受到国资委表彰。加强办公系统公文处理人员培训,规范公文管理,两次召开机关公文处理工作会议。严格遵守机要文件交换规定,2010 年,总公司连续第 9 年被中央国家机关机要文件交换站和国资委评为机要交换先进单位。严格按照国资委和股份公司关于公文处理、印章管理办法的各项规定,以及时、准确、优质为目标,努力提高工作效率和质量,全年收发各类文件 41932 份,用印10余万个，未发生差错。重视公文缮印工作，热情为机关服务，文印质量不断提高，全年承办文印、复印材料9701件96万张。（陈丽娜）

【政务信息】 政务信息工作立足生产经营中心，旨在为领导和机关提供决策服务。全年编发《铁建信息》281期，刊用稿件656篇，印发38856份。未涉密信息放上机关办公网，实现信息资源共享。（韩明莉）

【网站管理】 2010年，中国铁建协同办公平台一期建设实施范围为股份公司机关本级，主要包括信息发布和公文管理两个模块，分别于5月、12月上线运行。股份公司机关本级初步实现通知公告、新闻信息发布的流程化、标准化管理，电子期刊的自动化、网络化管理，收文、发文、文档模板管理及请示审批的流程化和自动化管理，有效地提高了机关日常办公和公文管理工作的效率和质量。持续增加网站信息含量，全年刊登文章7552篇，图片6768张，文字580万字。不断优化中国铁建门户网站，年内为展示中国铁建在高速铁路建设、海外发展中取得的非凡业绩，开设"打造中国高铁速度"、"走出去实施大海外战略"和"麦加轻轨专题"3个子网，取得很好效果；为积极配合机关相关部门的工作，设立"学习型党组织"、"创先争优"和"治理小金库"3个专题子页，网站的日访问量大幅提升，由2009年日平均1万多人次提高到2010年的日平均约3万人次。（曹　军）

【行政管理】 加大行政管理力度，确保各项工作制度落实。2010年修订、完善股份公司办公楼行政管理规定、会议审批制度和消防安全管理规定，进一步明确工作程序，推进机关工作制度化、规范化建设。加强机关物业、食堂、车队的监督管理，制定工作目标和标准，提出具体要求，年内，物业公司大厦服务中心通过"北京市物业管理示范项目"检查考评，机关车队连续被评为北京市交通安全先进单位。不断提高接待服务质量，全年接待来访客人13176人次，提供会议服务562次。完成机关集中采购工作，建立固定资产管理台账。制定节能降耗方案，办公楼全年用电180余万度，节约用电近20万度，基本实现节能降耗目标。强化安全管理，落实各项安全措施。年内组织铁建大厦安全大检查3次，制定安全管理规定5项，组织消防演练2次。协助机关信访部门接待上访55次420人次，阻止冲闯办公楼事件8次。（樊祐修）

【受理来信来访】 2010年，全系统受理来信来访4690件次。其中，各类申诉195件次；集体经济52件次；揭发检举74件次；工资福利390件次；离退休待遇713件次；劳动就业240件次；医疗改革296件次；伤残病亡待遇213件次；工程款拖欠372件次；征地拆迁47件次；职工生活776件次；工程质量6件次；精简下放400件次；历史遗留问题398件次；各种建议66件次；环境保护21件次；其他4237件次。各级领导阅批群众来信591件次，接待职工群众来访1642件次，占信访总数的47.6%。集体来访136批1045人次。（邵长亮）

【信访立案】 2010年，中国铁建系统信访立案898件次，结案863件次，结案率96.1%。（邵长亮）

【贯彻落实国资委信访工作意见】 股份公司转发国资委《关于加强中央企业信访工作的意见》，要求所属单位认真学习，悉心领会，充分认识新形势下做好信访工作的重要性，全力推动信访工作机制建设，建立健全信访工作制度，切实加强信访工作，做到工作到位、组织落实，确保见实效。（邵长亮）

【信访干部培训】 8月31日~9月3日，中国铁建信访工作培训班在股份公司北京培训中心举办，140名专、兼职信访干部参加培训。股份公司副总裁范德到会并作《拓宽视野提高能力，努力做好新形势下的信访工作》的开班讲话。国家信访局来访接待司副司长沈相玉、中国政法大学教授许身健、劳动关系学院教授欧阳俊、中国社会科学院农村问题研究中心主任于建嵘、国资委改革发展局处长张贞民分别在培训班上授课。（邵长亮）

【贯彻中央企业档案工作视频会议精神】 4月14日，国务院国资委召开中央企业档案工作视频会议，中国铁建组织在京单位分管档案工作的领导、档案部门负责人及总部机关专兼职档案人员参加视频会议。国务院国资委党委副书记、副主任李伟作题为《高度重视，强化管理，落实责任，切实把中央企业档案工作做细做好》的重要讲话，国家档案局局长杨冬权就国家档案局最新发布的《企业档案工作规范》的贯彻落实情况进行说明，要求各级单位履行好职责，精细化、规范化做好档案管理工作，确保档案安全。此次会议标志着中央企业档案工作正式进入由国资委履行指导职能的新阶段。中国铁建要求全系统档案人员认真学习领会会议精神，着力在档案工作组织建设、制度建设、业务建设、信息化建设和档案开发利用方面取得新的成效。（晋爱萍）

【参加中央企业档案工作座谈会】 4月，中国铁建参加国资委组织召开的中央企业档案工作座谈会。会上,中国铁建作题为《档案工作发展现状与档案工作的创新思路及创新实践》的经验介绍,得到与会人员的一致好评。（晋爱萍）

【向国资委报送档案工作情况及企业相关资料】 5月,根据国资委办公厅要求,及时报送中国铁建档案管理工作情况和企业改革发展的相关档案资料。报送的档案资料包括反映党和国家领导人、国资委领导视察中国铁建的工作照片26张,参加国家重大工程、重点项目工程简介,20例中国铁建利用档案产生经济效益和社会效益事例,中国铁建企业宣传片和参加国家重大工程专题片12张,有效地展示了中国铁建在国资委领导下取得的辉煌成绩。（晋爱萍）

【国家档案局档案安全工作专项督查】 10月15日,国家档案局经济科技档案司司长李晓明、档案馆室司司长朱煜和档案科研所主任姜莉组成督查组,到中国铁建总部机关进行档案安全管理工作专项督查。中国铁建副总裁范德出席汇报会并致欢迎词,办公室主任冯中海主持会议并作专题汇报。督查组从档案利用安全、档案保护、档案库房安全、档案馆建设四个方面进行逐项检查,对中国铁建档案安全管理工作给予充分肯定和高度评价,并针对存在的问题提出指导性意见。中国铁建总部机关32名专、兼职档案人员参加国家档案局档案安全专项督查工作汇报会。（晋爱萍）

【企业档案工作目标管理认定】 2010年,中铁二十五局集团柳州铁路工程公司通过档案工作目标管理国家二级认定;中铁十六局集团北京公司,中铁十九局集团矿业公司、电务公司,中铁二十四局集团南昌公司、浙江公司,中铁二十五局集团恒元建筑工程公司、建筑安装公司、南方实业公司,中铁建(北京)商务管理公司通过档案工作目标管理省部级认定。（晋爱萍）

【档案管理软件升级改版】 为进一步适应企业发展对档案信息化的要求,满足施工总承包企业特级资质标准信息化考评对企业各项目档案资料管理的功能要求,2010年与飞狐灵通软件公司在中铁建版档案管理网络版软件基础上再次进行研究开发,将软件升级为浏览器版档案资源管理系统。经总部机关、中铁十六局集团公司试运行后,11月与中铁十六、十七局集团公司签约使用,实现在互联网环境下集团公司电子档案资源的集中统一管理与利用。（晋爱萍）

【武广铁路客运专线竣工文件编制验收】 武广铁路客运专线是中国建设的第一条高速铁路,采用国际国内领先的施工技术。这给竣工文件编制带来许多新问题。年内针对编制过程中遇到的新情况、新问题,中国铁建多次与广州铁路集团公司、武汉铁路局档案部门商讨,解决武广铁路客运专线竣工文件编制难题。7月,根据武广铁路客运专线公司要求,中国铁建会同广州铁路集团公司和武汉铁路局档案部门专家到武广铁路客运专线中国铁建8个参建单位进行竣工文件检查验收。中国铁建各参建单位严格执行竣工文件编制标准,编制的竣工文件受到广州铁路集团公司和武汉铁路局档案部门的普遍好评。11月,武广铁路客运专线竣工文件正式移交接收单位。（晋爱萍）

【档案业务培训】 10月31日~11月5日,中国铁建《企业档案工作规范》宣贯暨档案业务培训班在股份公司北京培训中心举办。培训班重点讲解《企业档案工作规范》,学习档案管理基本业务,交流档案管理工作经验,研讨档案管理的新思路和新举措,进一步规范企业档案管理工作,全面提升中国铁建档案工作整体水平。所属集团公司、工程公司档案部门负责人及档案专职人员200余人参加培训。（晋爱萍）

【档案业务指导】 认真履行档案监督、指导、服务职能,年内先后到北京培训中心、中铁建(北京)商务管理公司进行档案管理指导,针对存在的问题提出修改意见,促进所属单位档案工作标准化、制度化、规范化管理。为及时、有效地指导基层档案业务,档案馆利用多种形式开展档案业务指导,运用档案业务QQ交流平台、网上在线、电话质询等服务方式,及时为基层单位档案工作排忧解难,全年释疑解惑1584人次,提高了工作效率。（晋爱萍）

【股份公司机关档案接收、整理、归档工作】 全年收集进馆档案759卷,整理上架575卷。其中,科技档案369卷4292份,整理上架212卷3211份、图纸111张;2009年度文书档案224卷2665份,整理上架197卷1849份;专门档案30卷,整理上架30卷;会计档案136卷,整理上架136卷份。归档声像档案照片65张,文书资料125册。（晋爱萍）

【档案利用】 中国铁建系统档案利用工作紧密围绕生产经营中心,创新开发利用方式,取得显著开发利用效果。“十一五”期间,据统计,2006~2009年中国铁建系统档案开发利用为企业创造经济效益或避免经济损失5.5亿元。2010年,股份公司机关档案为总部机关整章建制、职称评审、宣传教育、解决历史遗留问题发挥重要作用,全年利用文书、科技、会计档案411卷份218人次。其中,文书档案210卷份96人次;科技档案89卷份53人次;会计档案112卷份41人次。利用声像档案309份23人次,查阅资料10册5人次。全年复印档案资料1699张。（晋爱萍）

【档案统计】 2010年,认真执行国家档案局档案统计年度报表制度,组织所属单位档案部门进行档案年度报表的汇总与上报工作。据统计,全系统有专职档案人员364人,兼职档案人员3707人。其中,档案研究馆员4人;副研究馆员22人;馆员40人,助理馆员18人,档案员30人,其他中级职务203人。馆存档案1753102卷,录音录像3883盘,照片294238张,光盘8027张,底图2755037张。2010年利用档案148289件40940人次。中国铁建各级档案部门重视档案统计工作,统计数据准确,上报及时。中国铁建连续7年被国家档案局评为档案统计优秀单位。（晋爱萍）

【图书管理】 2010年,图书馆订阅杂志72种、报纸15种,购置音像光盘75部562碟。全年借阅图书2000余册980人次,借阅报刊1300余册2634人次,音像光盘121部1276碟。（汪枞华）

人 力 资 源

【人力资源部】 主要职责:负责制定公司人力资源发展战略和规划并组织实施;负责制定公司人力资源各项管理制度和办法;负责公司领导人员、所属企业和单位领导班子成员、总部机关人员管理;负责全系统专业人才队伍管理建设;负责公司高级管理人员、所属企业和单位领导班子成员、总部机关人员薪酬管理;负责全系统功效挂钩、工资总额计划(预算)和工资收入分配管理、指导、监督、检查工作;负责劳动关系管理、指导;负责总部机关工作人员劳动合同、考核、招聘、任免及薪酬管理;负责人才开发、员工培训、考核和职业技能鉴定;负责社会保险和企业年金管理;负责卫生保障、职业病防治和员工健康保健;负责公司人才资源、劳动工资、离退休职工统计。定员22人,设部长1人、副部长2人,下设领导干部处、人事处(人才中心)、劳资处、社会保险管理处、培训与技能鉴定处(职业技能鉴定中心),现员18人。（陈大洋）

【股份公司领导班子建设】 2009年12月28日,国资委、国资委党委免去丁原臣中国铁道建筑总公司副董事长、董事、党委常委、党委委员职务;2010年1月4日,国资委党委发函同意丁原臣不再担任中国铁建股份有限公司副董事长、董事、党委常委、党委委员职务。4月上旬,国资委完成对股份公司董事会、董事评价及领导班子和领导人员年度综合考核评价工作,以及5名股份公司领导班子副职后备干部的推荐选拔工作。5月17日,根据国资任字〔2010〕58号文通知,孟凤朝任中国铁道建筑总公司董事长,提名为中国铁道建筑总公司总经理人选;免去李国瑞中国铁道建筑总公司董事长、董事职务,不再担任中国铁道建筑总公司总经理职务。根据国资党任字〔2010〕40号文通知,孟凤朝任中国铁道建筑总公司党委副书记;免去李国瑞中国铁道建筑总公司党委副书记、党委常委职务。11月2日,根据国资党委干二〔2010〕189号文通知,同意孟凤朝为中国铁建股份有限公司董事长、党委书记人选,李国瑞不再担任中国铁建股份有限公司董事长、董事、党委书记、党委常委、党委委员职务。调整后,总公司、股份公司共有领导班子成员11人。（汪显东）

【所属单位领导班子建设】 按照股份公司党委统一部署,2010年考察中铁十七、十八、二十、二十四局集团公司,中铁建设集团公司、中铁第一勘察设计院集团公司、中铁物资集团公司7个单位领导班子。年内任免领导班子成员111人次,调整领导人员94人次(含2009年考核、2010年下令的35人次)。其中,调整班子正职30人;副职62人;享受正职待遇2人。2010年领导班子考察及领导人员调整的主要特点:一是以班子补缺考察为主,主要在补缺单位内部产生人选,其中,在提拔的领导人员54人次中,正职10人(含2009年考核、2010年下令的4人),副职44人(含2009年考核、2010年下令的31人);二是主管调整多,调整11个单位的30名党政主要领导,其中提拔10人、职务变动20人;三是年龄和文化结构进一步优化,新提拔的领导人员平均年龄45岁,全部具有大学本科以上学历,1982年以后的大学本科毕业生41人,高级专业职务43人;四是退出班子人员及退休人员增多,其中,在退出领导班子的19人中,改任高级顾问2人、顾问12人,调其他单位工作3人。截至年底,办理退休24人。

调整后,股份公司所属单位领导班子的年龄、文化、专业结构进一步改善。所属单位31个领导班子共有领导成员336人,平均年龄48.65岁。其中,45岁以下的87人,占总数的25.9%;46岁~50岁的119人,占总数的35%。大学本科以上学历322人,高级专业职务310人;1982年以后毕业的大学生182人,占总数的53.69%。所属单位31个领导班子有24个领导班子平均年龄在50岁以下。与2009年相比,平均年龄降低0.36岁,大学本科以上学历人员所占比例提高了3.1个百分点,1982年以后毕业的大学生所占比率提高了7.3个百分点。通过调整配备,所属单位领导班子知识、年龄、专业结构进一步改善,为企业的健康持续发展提供了组织保证。 (汪显东)

【领导人员调整】 中国土木工程集团公司:刘志明任董事长;崔杰任副总经理,不再担任总经济师;林荣新不再担任董事长、董事,免去党委副书记、党委委员职务,退休。

中铁十一局集团公司:李玉棋退休。

中铁十二局集团公司:刘永年任党委副书记,陈汉彪退休。

中铁十三局集团公司:张景生不再担任董事、副总经理,免去党委常委职务,改任顾问;朴文精、邹玉发退休。

中铁十四局集团公司:白福音退休。

中铁十五局集团公司:张海庆任副总经理,不再担任总经济师职务。

中铁十七局集团公司:段东明任董事长、党委书记;卢朋任董事、总经理、党委副书记;梁毅任常务副总经理(正职待遇)、党委常委;瞿观鄞不再担任董事长、董事,免去党委书记、常委、委员职务;李忠信不再担任董事、总会计师,免去党委常委职务,改任顾问;李忠钦、郑余近退休;成志宏、杜水波、罗玉华任副总经理;宋志宏任总会计师。

中铁十八局集团公司:郝趁义任执行董事;彭仕国任董事、总经理、党委副书记;邓中才任常务副总经理(正职待遇);韩利民任副总经理、总工程师;董广田任副总经理,不再担任总经济师职务;刘金林不再担任董事长、董事、总经理,免去党委副书记、常委职务,改任高级顾问;刘树洪不再担任董事,免去党委副书记、纪委书记、常委职务,改任顾问。

中铁十九局集团公司:王景华任副总经理,不再担任总经济师职务;史俊奉、江志明退休。

中铁二十局集团公司:免去康义初党委副书记、纪委书记、党委常委职务,改任顾问;王景柱退休;黄锦波任党委副书记、纪委书记;王玉松任副总经理,不再担任总经济师职务;李令选、王广建任副总经理。

中铁二十一局集团公司:张培众退休;渠巨华任副总经理,不再担任总经济师职务;吴建顺任副总经理;党委书记孟广顺试用期满,继续任职。

中铁二十二局集团公司:熊升品退休。

中铁二十三局集团公司:汤建国不再担任董事、总会计师,免去党委常委、委员职务;廖礼坤辞去副总经理职务;王长留退休。

中铁二十四局集团公司:朱赤任董事、总经理、党委副书记;李生任党委副书记、纪委书记;韩家英不再担任副董事长、董事、总经理职务,免去党委副书记、委员职务,退休;陈招团不再担任董事、副总经理,免去党委委员职务,改任顾问;虞良珍退休。

中铁二十五局集团公司:免去贺爱民党委副书记、纪委书记、党委委员职务,改任顾问;郑丽华免职退休。

中铁建设集团公司:于久龙任副总经理,不再担任总经济师职务;吴永红、沈天丽任副总经理;郭剑平不再担任总会计师职务。

中铁建电气化局集团公司:寇宗乾任副总经理、总工程师;万传军任副总经理,不再担任总经济师职务;免去李如东党委副书记、工会主席、党委常委职务,改任顾问。

中铁第一勘察设计院集团公司:王争鸣不再担任院长职务,任党委书记;刘为民任董事、院长、党委副书记;彭文盛任副院长、总工程师;免去李长海党委书记、常委、委员职务;冉理不再担任董事、副院长、总工程师;免去党委常委职务,改任顾问;魏州泉享受领导班子副职待遇。

中铁第五勘察设计院集团公司:汪树林、周书传退休;免去彭志树党委副书记、纪委书记、党委常委职务,改任顾问。

中铁物资集团公司:申兆军不再担任董事长、董事,免去党委书记、委员职务;王尔康任顾问,免职退休;金跃良任董事长、党委书记,不再担任总经理职务;王涛任总经理、党委副书记;王跃飞、唐建勇任副总经理。

昆明中铁大型养路机械集团公司:王学武退休。

中铁轨道系统集团公司:龚道君、贺勇军任副总经理。

中铁建(北京)商务管理有限公司:刘占强、郝振福退休。

中铁建中非建设有限公司:池长贵任副总经理。

诚合保险经纪(北京)有限责任公司:曹锡锐任董事长,不再担任总经理职务;余兴喜不再担任董事长、董事职务;汤建国任董事、总经理。 (汪显东)

【股份公司监事调整】 中国铁道建筑总公司监事会兼职监事(企业职工代表)李德琛、李河川任期届满,根据国资委《关于换届选举国有企业监事会兼职监事(企业职工代表)的通知》(国监办发〔2010〕7号)要求,经职工代表选举,股份公司研究决定,并报国有企业监事会工作办公室批准,钱桂林、王甲国为中国铁道建筑总公司国有企业监事会兼职监事。 (汪显东)

【领导干部高层次培训】 年内,1名股份公司领导参加中共中央组织部和中国人民解放军总政治部举办的2010年军地领导干部交叉培训。股份公司选送9名领导干部参加中央党校学习,其中地厅级干部进修班8名,中青年干部进修班1名。4名领导干部分别参加国资委在国家行政学院、浦东干部学院、大连高级经理学院举办的培训班。（汪显东）

【印发股份公司外部董事管理暂行办法】 2月,印发《中国铁建股份有限公司外部董事管理暂行办法》,明确所属子公司外部董事的选聘原则和任职条件,对选聘程序、职责权利义务、考核评价、报酬及待遇、解聘辞职等内容作出具体规定。（汪显东）

【沙特麦加轻轨项目人员协调】 5月,为与沙特麦加轻轨项目公司保持联系畅通,股份公司建立晚上值班制度。同时,实施多部门集中办公工作方案,实行日例会工作制度,保证项目部信息的及时传递。年内,股份公司大规模组织人员上场,进行内部资源调配,并与国家部委、使馆多方公关协调,克服国内任务繁重、人员高度分散抽调困难、文化差异大、签证程序复杂、人员集中上场机票难买等多重困难,通过积极高效地工作,创下外交部日办理护照598个建国以来最高纪录,沙特使馆日签证845个的奇迹,一周组织1200余人上场,截至9月底,组织18个单位7900余名人员赴沙特,为沙特麦加轻轨项目的按期完成提供了强有力的人力资源保障。（康福祥）

【直属项目、公司领导人员调配】 西安天创房地产有限公司:李让平任总经理。

南京长江隧道工程指挥部:李振刚任指挥长、党工委书记,郭信君、周继望、卜锦华任副指挥长,卢重森任财务总监。

咸阳中铁路桥有限公司:张铁军为总经理人选;张国峰不再担任董事、总经理;张世杰为董事,不再担任常务副总经理;李先瑞为副总经理人选;李忠心为职工监事人选。

中国铁道建设(加勒比)有限公司:委派于洪忠、韩文华为董事,于洪忠为董事长;推荐于洪忠为总经理人选,韩文华、弭尚宝为副总经理人选。

中国铁建贵阳工程建设指挥部:据建明任指挥长,车明吉任副指挥长、总工程师;余园林任财务总监。

重庆渝蓉高速公路有限公司:许顺生、张沛然为股东代表、董事人选;许顺生为副董事长人选;于凤丽为监事人选;许顺生为总经理人选,罗玉刚为副总经理人选,曹锡锐为财务副总监人选。

中国铁建成渝高速公路复线工程指挥部:刘晖任指挥长兼党工委副书记,谭振武任党工委书记兼常务副指挥长。

中国铁建玉树地震灾后重建指挥部:达文斌任副指挥长,高承荣任党工委副书记。（张晓明　王　谐）

【总部机关人员管理】 经股份公司总裁办公会研究通过,《中国铁建股份有限公司总部机关选聘工作人员暂行办法》《中国铁建股份有限公司机关工作人员职位晋升暂行办法》《中国铁建股份有限公司机关员工学历教育暨职能部门培训班管理暂行办法》正式印发总部机关各职能部门执行,规范总部机关工作人员的选聘、职位晋升及学习培训等方面的工作程序。制定《总部机关人员绩效考核办法》,明确绩效考核的原则、对象、组织保障与职责、考核内容及权重、考核流程及计分标准、考核等级等内容,从制度上规范总部机关员工的绩效考核工作,为科学评价员工年度工作绩效,确定薪酬等级,营造争先创优的企业文化提供科学依据。2010年,总部机关人员任免调配87人次(其中包括15人专业职务聘任)。年内,正式调入总部机关30人,调出2人,办理助勤人员13人,办理退休人员15人。（张晓明　王　谐）

【高校毕业生接收】 年内采取多种措施和政策引导,不断加大所属单位接收高校毕业生的力度,接收的毕业生学习成绩好、政治素质高、能吃苦、肯干事,大大缓解了施工一线专业技术人员紧缺的状况,优化了专业技术人员队伍结构,为各单位顺利完成施工生产任务提供了强有力的人力资源保障。全系统接收高校毕业生14800人。在京单位接收的1214人中,北京生源195人,非北京生源1019人,北京籍生源占接收毕业生总数的16.1%;非北京生源毕业生中,博士研究生5人,硕士研究生151人,本科毕业生863人,完成下达本科生计划872人的99%,完成下达研究生计划159人的98%。近三年,人力资源和社会保障部下达中国铁建的高校毕业生接收计划逐年递增,在国务院各部委和中央企业中名列前茅。（王　谐）

【京外调干落户】 全年办理进京落户89户,其中绿色通道7户,京外调干指标30户,公开招聘指标30户,出京指标1户,解决夫妻两地分居21户,有效解决了所属在京单位引进人才工作生活上的管理难题,促进了员工队伍的思想稳定。引进的专业技术骨干和管理人才,在各自岗位上发挥着重要作用,有效地缓解了在京单位人力资源紧缺的矛盾。（王　谐）

【专业职务任职资格评审】 根据人力资源和社会保

障部、国资委有关政策和股份公司专业技术职务评审工作的总体安排,3月下发《关于做好2010年度专业技术职务评聘工作的通知》《关于做好2010年度政工专业职务评审工作的通知》,全面布置职务评聘工作。根据人力资源和社会保障部关于评审委员会备案的有关规定,股份公司调整工程、经济、会计系列高级专业技术职务任职资格评审委员会,并报人力资源和社会保障部备案批准。12月,本着坚持原则,结合实际,服务大局,优化结构的指导思想,顺利组织召开工程、经济、会计系列的高级专业技术职务评审会议。经评审,228人具备教授级高级工程师任职资格,1340人具备高级工程师任职资格,140人具备高级经济师任职资格,142人具备高级会计师任职资格。截至2010年底,全系统有教授级高级工程师925人,高级工程师10722人,高级经济师940人,高级会计师1178人,高级政工师1247人。 (张晓明 王 谐)

【专家队伍建设】 年内向中国铁道学会推荐第十届詹天佑铁道科学技术奖人选10名。其中,成就奖2名;青年奖8名。推荐第七届詹天佑中国铁道建筑总公司专项基金奖人选23名。其中,成就奖5人;青年奖8名;人才管理奖10名。推荐茅以升铁道工程师奖人选4名。向人力资源和社会保障部推荐2010年度享受政府特殊津贴人选16人。其中,被纳入新世纪百千万人才工程国家级人选2人;技能人才2人。中铁第一勘察设计院集团公司冉理获全国勘察设计大师称号。截至2010年底,全系统有全国勘察设计大师6名。马云昆被评为全国讲理想、比贡献活动优秀组织者。 (王 谐)

【享受政府特殊津贴人员】 2010年,经国务院批准,中国铁建有14名专业技术人员和2名高技能人才享受政府特殊津贴。

享受政府特殊津贴人员

吴焕通 中铁十三局集团公司副总经理、教授级高级工程师

马 栋 中铁十六局集团公司总工程师、教授级高级工程师

王争鸣 中铁第一勘察设计院集团公司董事长、院长、教授级高级工程师

许克亮 中铁第四勘察设计院集团公司副总工程师、高级工程师

王治斌 中铁第五勘察设计院集团技术研究院副院长、教授级高级工程师

王小青 中铁二十五局集团公司总工程师、教授级高级工程师

胡社忠 中国土木工程集团公司总工程师、教授级高级工程师

王守慧 中铁十四局集团公司董事长助理兼南京长江隧道工程指挥部常务副指挥长、教授级高级工程师

薛新功 中铁上海设计院集团公司院长兼总工程师、教授级高级工程师

贯 洪 中铁建设集团公司副总经理兼总工程师、教授级高级工程师

张旭东 中铁十一局集团公司技术部部长、教授级高级工程师

杜嘉俊 中铁十七局集团公司总工程师、教授级高级工程师

任少强 中铁二十局集团公司总工程师、教授级高级工程师

胡 斌 昆明中铁大型养路机械集团公司总工程师、教授级高级工程师

刘军华 中铁十二局集团公司测量大队队长、高级技师

石长江 中铁二十四局集团公司高级技师。

(王 谐)

【两人获第十届詹天佑铁道科学技术奖青年奖】 依据《詹天佑铁道科学技术奖奖励办法》,第十届詹天佑铁道科学技术奖经单位推荐,专家评审组初审,奖励评审委员会复审,詹天佑科学技术发展基金会理事会终审,中国铁建有两人获第十届詹天佑铁道科学技术奖青年奖。

第十届詹天佑铁道科学技术奖青年奖获得者

孙伟亮 中铁十四局集团公司向莆铁路指挥部副指挥长兼总工程师、高级工程师

李秋义 中铁第四勘察设计院集团公司线站处副所长、高级工程师 (王 谐)

【23人获第七届中国铁道建筑总公司詹天佑专项基金奖】 经第七届詹天佑铁道建筑专项基金会评审,评出中国铁道建筑总公司詹天佑专项基金成就奖5名、青年奖8名、人才(管理)奖10名。

第七届中国铁道建筑总公司詹天佑专项基金奖成就奖获得者

梁 毅 中铁十七局集团公司常务副总经理兼京沪铁路指挥部指挥长、教授级高级工程师

任少强 中铁二十局集团公司总工程师、教授级高级工程师

王小青 中铁二十五局集团公司总工程师、教授级高级工程师

王立新　中铁第五勘察设计院集团公司副院长、教授级高级工程师

臧守杰　中铁十三局集团公司副总经理、教授级高级工程师

第七届中国铁道建筑总公司詹天佑专项基金奖青年奖获得者

周　晗　中铁十一局集团一公司副总经理兼总工程师、高级工程师

李庚许　中铁十六局集团四公司总工程师、高级工程师

赵华锋　中铁十二局集团二公司项目总工程师、高级工程师

朱建军　中铁二十一局集团四公司总工程师、高级工程师

刘　皓　中铁轨道系统集团道岔分公司副总工程师、工程师

周光忠　中铁第五勘察设计院集团路桥公司总工程师、教授级高级工程师

钱寅星　中铁二十四局集团福建铁路建设有限公司科研部部长、高级工程师

桂　婞(女)　中铁上海设计院集团公司桥隧处总工程师、高级工程师

第七届中国铁道建筑总公司詹天佑专项基金奖人才(管理)奖获得者

陈泽建　中铁第四勘察设计院集团公司副总工程师、教授级高级工程师

潘寿东　中铁十六局集团三公司总工程师、教授级高级工程师

代敬辉　中铁十八局集团公司海河隧道项目部常务副经理兼总工程师、高级工程师

王申平　中铁第一勘察设计院集团公司地质路基处处长、教授级高级工程师

沙权贤　中铁十三局集团一公司总工程师、教授级高级工程师

徐金平　中铁建电气化局集团南方公司总经理、教授级高级工程师

石红兵　中国土木工程集团尼日利亚有限公司副总经理、高级工程师

刘谭升　中铁十五局集团公司副总工程师、高级工程师

陈　福　中铁二十二局集团公司科技部部长、高级工程师

王立军　中铁十二局集团一公司副总经理、高级工程师　（王　谐）

【4人获得茅以升铁道工程师奖】　经中国铁道学会和中国科学技术发展基金会茅以升科技教育基金委员会评定，中国铁建有4人获得茅以升铁道工程师奖。

茅以升铁道工程师奖获得者

张丕界　中铁十一局集团公司总工程师、教授级高级工程师

李慧敏　中铁十七局集团公司副总工程师、教授级高级工程师

谢新民　中国土木工程集团阿尔及利亚有限公司总工程师、教授级高级工程师

许伟书　中铁二十四局集团公司总工程师、教授级工程师　（王　谐）

【博士后科研工作站管理】　2010年，总公司博士后科研工作站招收博士生1名，与北京交通大学签订联合培养博士后协议，确定研究课题和指导教授，年内课题研究工作已经展开。总公司博士后科研工作站的日常工作由中铁第五勘察设计院集团公司负责。8月，经国家人力资源和社会保障部批准，昆明中铁大型养路机械集团公司博士后科研工作站设立，是中国第一个大型养路机械博士后工作站。截至2010年底，中国铁建系统有5个博士后科研工作站，分别是总公司、中铁十三局集团公司和中铁第一、第四勘察设计院集团公司及昆明中铁大型养路机械集团公司。　（王　谐）

【人才资源统计工作】　根据国资委关于中央企业人才资源统计工作的总体要求，按时完成统计工作，并顺利通过国资委审核。截至2010年12月31日，总公司系统有各类人员231078人。其中，管理人才40271人；专业技术人才85502人；技能人才105305人。截至年底，总公司系统有离休干部880人，其中80岁以上670人；退休干部19269人。　（王　谐）

【军转干部接收安置和援藏干部选派】　根据国务院军转干部安置工作小组办公室的统一部署，中国铁建在北京接收安置军转干部1名。按照国资委统一安排，中国铁建选派3名干部分别完成援藏、到北京市和国资委挂职的任务，切实履行中央企业的社会责任。　（王　谐）

【档案管理】　全年接收干部人事档案22卷1940份，收集、鉴定、整理、归档档案材料2394份，转出干部档案30卷，档案材料3280份。为总部机关及所属单位提供档案利用296人次516份。截至2010年底，人事档案管理系统完成总部机关及所属单位领导人员信息著录15万条目，基本完成管理权限内在职干部基本信息数据库的建立。　（靖广华）

中国铁建干部基本情况统计表

（2010 年度）

单位	总数（人）			各类干部（人）												学历（人）						政治情况（人）				年龄（人）									
	干部总数	其中		局级	副局级	相当局级职务	处级	调研员	副处级	相当处级职务	科级	副科级	相当科级职务	科员、办事员	专职从事专业技术工作	高等院校			中专毕业	高中	初中以下	共产党员	共青团员	民主党派	无党派	25岁以下	26岁~30岁	31岁~35岁	36岁~40岁	41岁~45岁	46岁~50岁	51岁~54岁	55岁~59岁		60岁以上
		女	少数民族													研究生毕业	大学本科毕业	专科毕业															计	女	
总部机关	289	77	6	58	35		56		6							46	212	29		2		253		1	35	2	17	21	50	56	63	50	28		2
中国土木工程集团公司	941	145	43	2	12		57	2	76	53	61	42	90	160	386	103	698	82	22	19	17	540	176	9	216	135	249	83	141	82	95	103	53		
中铁十一局集团公司	8645	1466	212	2	13		98	5	170	23	857	895	1	2122	4433	47	4948	2096	430	792	332	3217	2823	1	2370	2493	2184	1099	805	361	612	719	372	1	
中铁十二局集团公司	8687	1587	202	2	12		149	25	183	53	850	680	152	1108	5472	80	6323	1412	504	275	93	2960	3150	1	1064	2615	2203	1120	1077	485	428	428	331		
中铁十三局集团公司	6360	1052	350	2	9		70		134	12	292	270	181	1276	4114	36	3414	2184	353	308	65	2546	2337	6	1471	1443	1438	1053	955	375	435	484	169		8
中铁十四局集团公司	7477	1778	55	2	14		96		114	7	685	522	140	531	5366	61	4369	2227	602	163	55	3183	1799			1297	1767	1871	1304	482	449	280	27		
中铁十五局集团公司	6809	1482	149	2	13		112	65	238	6	570	457	35	325	4755	52	3734	2429	293	234	67	2660	2151	1	1407	1881	1894	846	682	336	477	501	191		1
中铁十六局集团公司	10378	2382	409	3	12		154	32	316	4	792	530	22	471	8042	179	5650	3335	539	474	201	3834	4583	2	1959	3358	2952	1030	808	435	729	618	447	1	1
中铁十七局集团公司	7546	1383	99	2	12		104	46	189	89	243	213	348	1087	5210	53	5261	1595	285	223	129	2845	3609			1126	3311	979	694	400	356	433	247		
中铁十八局集团公司	8073	1601	323	3	16		168	5	348	46	828	996	118	1599	3965	58	4028	2969	349	434	235	2986	1548		3547	1721	2258	1255	1199	468	435	514	223		
中铁十九局集团公司	8007	1758	745	3	15		117	5	223	4	665	787	284	823	5081	33	3757	3573	328	192	124	3477	3030	1	1499	2670	1909	786	1161	322	445	480	232		2
中铁二十局集团公司	7858	1744	111	3	13		71	92	139	53	614	479	387	868	5139	47	3995	2753	593	360	110	2521	1767		3570	1927	1755	1255	1063	565	697	441	155		
中铁二十一局集团公司	4541	953	142	3	11		72	18	129	2	358	454	10	597	2887	38	2207	1940	241	95	20	1858	1669		1014	1237	1218	478	588	330	351	241	98		
中铁二十二局集团公司	6343	1441	242	2	13		71	28	159		375	379	183	1868	3265	80	2421	2758	470	304	310	2293	1740	1	2309	1526	1587	929	700	357	496	466	277	2	5
中铁二十三局集团公司	6306	1414	107	2	12		89		127	18	441	580	72	1482	3483	35	2357	2865	658	267	124	2255	2175	1	1875	2076	1430	798	804	418	488	229	62		1
中铁二十四局集团公司	5464	803	70	2	12		77		119	25	409	457	79	685	3599	22	2644	2002	504	177	115	2498	1727	2	1237	1496	1281	422	583	447	610	266	347	9	12
中铁二十五局集团公司	4613	793	424	3	9		55	11	115					1209	3211	17	2513	1622	394	67		1784	1149		1680	1420	1310	458	557	319	298	138	113		
中铁建设集团公司	2490	344	94	2	11		62	1	51	179	150	100		375	1559	38	1913	457	29	48	5	1076	1246		168	942	682	309	230	77	106	114	30		
中铁建电气化局集团公司	3324	721	90	3	11		59	26	119	20	323	294	43	449	1977	64	2036	849	184	136	55	1423	1238		126	951	758	503	412	208	235	184	69	1	4
中铁房地产集团公司	166	26	9	3	5		30		38	12	36		14	28		10	143	12	1			124				3	35	60	42	12	8	4	2		
中铁第一勘察设计院集团公司	3142	658	86	3	11		76	31	117		65	12		91	2736	268	2099	587	134	46	8	1694	301	25	1122	108	613	419	564	476	554	261	145	3	2
中铁第四勘察设计院集团公司	3453	684	89	2	10		63		97	45	45	21		280	2785	746	2122	456	110	5	14	1319	398	10	1726	101	751	632	496	624	505	191	153		
中铁第五勘察设计院集团公司	1203	312	44	2	8		41		60		86			174	832	252	843	101	7			580	240			198	413	149	181	132	96	21	13		
中铁上海设计院集团公司	1019	246	14	4	4		29		37		77	61		21	786	126	696	154	36	5	2	321	232	3	463	109	234	152	138	112	154	78	42	2	
中铁物资集团公司	1068	272	46	2	7		49	11	84	2	98	71	13	734	60	75	607	270	38	61	17	526	271		104	255	268	129	108	84	118	72	34		
昆明中铁大型养路机械集团公司	473	103	42	3	10		48		38		10				289	66	291	98	10	2	6	267	52	2	152	31	131	66	81	71	52	20	21		
中铁轨道系统集团公司	1204	282	15	1	6		20		47	5	79	140	24	635	621	31	594	439	56	67	17	476	324	1	403	357	191	131	170	156	121	55	21		2
北京铁城建设监理公司	67	21			1		1	1	3	3	31			26	1	7	53	7				36			31	10	6	6	14	15	11	4	1		
中铁建（北京）商务管理公司	163	70	4		1		12		14	9	26	5	2	46	48	1	45	72	10	24	11	114	4		45	5	3	9	24	18	49	44	11		
中铁建中非建设公司	36	2	1	2	3		6		1	1	3			20		13	22		1			28	1	1	6		9	8	10	5	3	1			
北京培训中心	27	7	5	2	1		7	1	3	3	4	2	2	2		2	22	2	1			22			5			1	4	5	5	7	5		
合计	126172	25607	4228	125	322		2119	405	3494	674	9073	8447	2200	19092	80102	2686	70017	39375	7182	4780	2132	49716	39740	68	29604	31493	32857	17057	15645	8233	9481	7447	3919	19	40

制表：王　谐

中国铁建技术干部情况统计表

（2010 年度）

单位	总数（人）：技术干部总数	其中：副处以上领导	其中：高级	其中：中级	其中：初级	工程技术人员（人）：小计	高级工程师	工程师	助工、技术员及未聘职务	卫生技术人员（人）：小计	正副主任医师	主治医师	医、护师及未聘职务
总部机关	281	135	207	53	16	114	97	15	2	3	3		
中国土木工程集团公司	877	139	270	251	287	594	210	158	226	1			1
中铁十一局集团公司	6862	270	735	1661	4466	4948	476	1126	3346	216	16	54	146
中铁十二局集团公司	8475	402	835	2204	4480	6168	547	1626	3995	223	35	108	80
中铁十三局集团公司	5877	216	803	1522	2404	4146	529	1337	2280	95	5	36	54
中铁十四局集团公司	7430	225	876	1531	4066	5628	625	1144	3859	71	3	23	45
中铁十五局集团公司	6551	409	612	1557	3660	4801	390	1079	3332	123	7	40	76
中铁十六局集团公司	9869	422	974	1895	5588	7497	653	1436	5408	157	6	51	100
中铁十七局集团公司	7258	341	589	1481	3970	5441	349	1059	4033	285	48	67	170
中铁十八局集团公司	7185	508	867	1543	4013	5497	610	1158	3729	97	8	26	63
中铁十九局集团公司	7484	360	718	1731	4568	5482	414	1215	3853	266	35	112	119
中铁二十局集团公司	7588	239	546	1884	3345	5063	367	1022	3674	86	3	2	81
中铁二十一局集团公司	4430	227	432	1107	2891	3372	321	805	2246	43	1	16	26
中铁二十二局集团公司	5246	254	486	1002	3352	3914	373	767	2774	168	7	33	128
中铁二十三局集团公司	5816	234	458	1104	3375	4352	344	786	3222	66	6	15	45
中铁二十四局集团公司	5236	208	344	1559	3333	4122	257	1203	2662	2		1	1
中铁二十五局集团公司	4546	193	280	984	2133	3575	196	700	2679	9	1	6	2
中铁建设集团公司	2286	306	198	543	1033	1893	152	453	1288	2		2	
中铁建电气化局集团公司	3087	180	301	666	2120	2355	203	486	1666	17		6	11
中铁房地产集团公司	162		49	75	38	123	32	70	21				
中铁第一勘察设计院集团公司	3142	238	1197	1232	652	2882	1150	1126	606	16	3	3	10
中铁第四勘察设计院集团公司	3444	217	1386	1307	714	3137	1318	1165	654	2		2	
中铁第五勘察设计院集团公司	1103	95	362	280	426	1058	319	267	472				
中铁上海设计院集团公司	960		194	357	270	921	192	335	394				
中铁物资集团公司	688	117	59	117	313	125	18	49	58	5		3	2
昆明中铁大型养路机械集团公司	410		92	159	151	325	84	115	126	11		8	3
中铁轨道系统集团公司	975	73	73	255	476	549	55	146	348	22	1	10	11
北京铁城建设监理公司	67	6	35	20	16	55	29	14	12				
中铁建（北京）商务管理公司	90	25	17	32	36	15	2	5	8	27	4	12	11
中铁建中非建设公司	30	19	11	12	7	19	8	9	2				
北京培训中心	23	13	8	14	1					2		1	1
合　　计	117478	6071	14014	28138	62200	88171	10320	20876	56975	2015	192	637	1186

单位	教师（人）：小计	教授、高级讲师	讲师	助教、助讲、教员及未聘职务	经济人员（人）：小计	高级经济师	经济师	助经、经济员及未聘职务	统计人员（人）：小计	高级统计师	统计师	助统、统计员及未聘职务
总部机关					41	26	7	8	1	1		
中国土木工程集团公司	2			2	51	13	19	19				
中铁十一局集团公司	36	3	19	14	399	66	104	229	4		3	1
中铁十二局集团公司	32	4	13	15	655	74	134	447	19			19
中铁十三局集团公司	26	13	6	7	564	76	126	362	17		3	14
中铁十四局集团公司	26	3	17	6	474	69	105	300				
中铁十五局集团公司	9	6	2	1	495	45	161	289	2		2	
中铁十六局集团公司	8	1	5	2	587	75	76	436	31		2	29
中铁十七局集团公司	9		1	8	457	63	64	330	23	1	9	13
中铁十八局集团公司	47	17	23	7	371	40	71	260	5		2	3
中铁十九局集团公司	15	6	6	3	588	103	111	374	17		7	10
中铁二十局集团公司	61	16	20	25	865	30	295	540	56	1	28	27
中铁二十一局集团公司	5		4	1	214	14	65	135	4		1	3
中铁二十二局集团公司	9		5	4	349	21	51	277	10			10
中铁二十三局集团公司	7	1	3	3	395	25	83	287	14	1	4	9
中铁二十四局集团公司	2	1		1	317	28	82	207	5	1		4
中铁二十五局集团公司	2	1	1		315	21	98	196	2			2
中铁建设集团公司					113	20	19	74				
中铁建电气化局集团公司	6		5	1	175	32	30	113	4	1	3	
中铁房地产集团公司					4	1	1	2				
中铁第一勘察设计院集团公司	6		6		44	4	21	19	7	2	3	2
中铁第四勘察设计院集团公司	18	1	13	4	44	7	20	17	25	6	15	4
中铁第五勘察设计院集团公司					5	2		3				
中铁上海设计院集团公司					5		1	4	1		1	
中铁物资集团公司					374	18	33	323	2		1	1
昆明中铁大型养路机械集团公司					39	4	22	13	3		2	1
中铁轨道系统集团公司	13		7	6	175	2	40	133	9		5	4
北京铁城建设监理公司												
中铁建（北京）商务管理公司					7	2	5					
中铁建中非建设公司	1		1		4	1		3				
北京培训中心	10	6	4									
合　　计	350	79	161	110	8126	882	1844	5400	261	14	91	156

单位	政工人员（人）：小计	高级政工师	政工师	助理政工师、政工员	会计人员（人）：小计	高级工程师	会计师	助会、会计员及未聘职务	文案人员	翻译人员	新闻人员	文艺人员	农艺研究体育律师
总部机关	62	41	16	5	45	27	13	5	3	2	9	1	
中国土木工程集团公司	19	3	12	4	93	20	27	46	2	115			
中铁十一局集团公司	554	97	206	251	694	72	145	477	11				
中铁十二局集团公司	460	74	153	233	883	98	170	615	12	22	1		
中铁十三局集团公司	360	95	142	123	658	90	156	412	9	1		1	
中铁十四局集团公司	439	92	117	230	763	80	119	564	15	14			
中铁十五局集团公司	433	101	135	197	685	62	136	487	3				
中铁十六局集团公司	720	117	193	410	863	116	132	615	3		2	1	
中铁十七局集团公司	429	73	171	185	610	55	108	447	3			1	
中铁十八局集团公司	353	100	136	117	783	87	118	578	12	18	1	1	
中铁十九局集团公司	371	87	129	155	736	72	153	511	9				
中铁二十局集团公司	515	69	126	320	930	57	381	492	9	2		1	
中铁二十一局集团公司	259	62	108	89	517	29	106	382	5			3	8
中铁二十二局集团公司	308	51	97	160	476	33	79	364	7	5			
中铁二十三局集团公司	344	40	117	187	627	40	95	492	5	3			3
中铁二十四局集团公司	343	30	172	141	443	27	101	315	2				
中铁二十五局集团公司	242	39	84	119	396	22	93	281	5				
中铁建设集团公司	57	11	30	16	219	14	38	167	1	1			
中铁建电气化局集团公司	191	35	80	76	336	30	56	250	3				
中铁房地产集团公司	5	3	1	1	30	12	3	15					
中铁第一勘察设计院集团公司	47	20	19	8	130	16	47	67	5	5			
中铁第四勘察设计院集团公司	82	23	34	25	119	29	57	33	11	6			
中铁第五勘察设计院集团公司	10	7	2	1	27	7	8	12		3			
中铁上海设计院集团公司	4	2	2		25		16	9	4				
中铁物资集团公司	53	12	14	27	124	11	26	87	5				
昆明中铁大型养路机械集团公司	2		1	1	27	3	11	13		3			
中铁轨道系统集团公司	62	4	30	28	124	11	32	81	11	7	3		
北京铁城建设监理公司	4	1	3		8	1	3	4					
中铁建（北京）商务管理公司	23	8	6	9	18	1	4	13					
中铁建中非建设公司					6	2	2	2					
北京培训中心	6	2	4		5		5						
合　　计	6757	1299	2340	3118	11400	1124	2440	7836	155	207	16	9	11

制表：王　谐

中国铁建政工干部情况统计表

（2010年度）

单位	总数（人）									部门情况（人）					学历（人）							年龄（人）						
	合计	其中																										
		选聘	女	少数民族	共产党员	民主党派	已取得专业职务	局级	处级	党委政治部门	纪委	工会	共青团	其他	本科及以上	专科毕业	专科肄业	中专毕业	中专肄业	高中	初中	35岁以下	36岁~40岁	41岁~45岁	46岁~50岁	51岁~54岁	55岁~59岁	60岁以上
总部机关	72		25	2	21			12	12	17	8	11	3	33	59	11				1	1	5	5	11	23	20	7	1
中国土木工程集团公司	12	4	2		12		6	1	5	5	2	3		2	11	1						2	2	1	3	3	1	
中铁十一局集团公司	533	36	93	14	422		425	2	44	47	29	34	11	412	201	131		30		139	32	99	59	47	83	176	69	
中铁十二局集团公司	460	144	65	9	365		415	2	36	146	23	71	18	202	189	125	2	39		84	21	130	31	29	68	121	81	
中铁十三局集团公司	369	8	63	18	321	1	302	3	21	40	16	27	5	281	175	131		10		51	2	71	49	32	60	105	52	
中铁十四局集团公司	340	40	52	2	323		324	3	36	86	26	29	10	189	197	95		23		23	2	77	81	51	63	66	2	
中铁十五局集团公司	435	18	77	6	335		343		56	120	33	48	23	211	223	149		20		38	5	136	36	40	73	107	43	
中铁十六局集团公司	844	100	226	27	588		626	4	116	230	86	137	110	281	393	285		57		75	34	335	57	52	119	156	125	
中铁十七局集团公司	429		88	3	321		429	2	58	100	32	39	14	244	174	155		26		53	21	121	34	23	56	125	70	
中铁十八局集团公司	497	40	72	19	422		414	4	115	142	32	43	19	261	220	155		27		61	34	91	93	57	85	119	52	
中铁十九局集团公司	387	7	65	32	350		345	4	65	87	28	52	14	206	185	139		18		27	18	74	65	38	80	84	44	2
中铁二十局集团公司	500	143	97	5	300		345	1	45	66	30	42	12	350	211	165		65		52	7	91	128	79	88	97	17	
中铁二十一局集团公司	204	11	19	5	173		200	3	41	88	19	20	10	67	108	77	3	5		10	1	28	38	36	37	51	14	
中铁二十二局集团公司	268	86	55	9	236		148	2	29	41	14	20	10	183	124	78	6	13		35	12	57	31	17	58	80	25	
中铁二十三局集团公司	290	18	85	10	254		253	4	51	122	30	39	14	85	153	112		8		16	1	109	45	36	47	48	5	
中铁二十四局集团公司	352	22	58	1	307		342	3	52	121	16	44	15	156	134	157		23		22	16	65	38	39	70	59	77	4
中铁二十五局集团公司	204	4	44	10	195		201	4	14	66	18	26	10	84	115	70		5		14		53	32	26	43	21	29	
中铁建设集团公司	72		8	1	66		70	1	4	4	2	5	1	60	28	36		1		7		4	10	4	15	23	16	
中铁建电气化局集团公司	191	7	62	10	150	3	152	21	37	42	17	27	5	100	92	65		6		25	3	48	26	23	32	40	22	
中铁房地产集团公司	5		2		4		5	1	2	3				2	4	1						2		1		1	1	
中铁第一勘察设计院集团公司	47	16	6	3	46		47	1	26	27	6	6	2	6	34	10		3				5	5	9	10	11	7	
中铁第四勘察设计院集团公司	82	2	14		78		82	2	19	7	4	5		66	44	31		3		4		1	5	11	29	20	16	
中铁第五勘察设计院集团公司	14		3	1	11		11	3	5	6	2	2		4	11	3						3	4	1	1	2	3	
中铁上海设计院集团公司	4				4		4	2		3	1				4							1		2		1		
中铁物资集团公司	53	6	13		36		36	1	15	19	4	6	3	21	42	10		1				15	3	7	12	12	4	
昆明中铁大型养路机械集团公司	26	26	5	6	25		26	2	15	18	3	4	1		17	9						3	4	5	7	3	4	
中铁轨道系统集团公司	97	63	24	1	70	1	46	2	13	27	12	26	11	21	32	51		1		9	4	21	9	35	15	12	5	
北京铁城建设监理公司	4	4	2		3		4		1	3		1			3	1						1	2		1			
中铁建（北京）商务管理公司	7	7			7		5		3	2	1			4	4	1				1	1				2	2	3	
中铁建中非建设公司																												
北京培训中心	6		2		5		6	2	1	2				4	6							1	1	1	1	1	1	
合计	6804	812	1327	194	5450	5	5612	92	937	1687	494	767	321	3535	3193	2254	11	384		747	215	1649	893	713	1181	1566	795	7

制表：王　谐

【中国铁建人员状况】 截至2010年底，在岗职工229070人。其中，长期职工223981人；临时职工5089人。2010年增加在岗长期职工33804人。其中，新录用大学、中专、技校毕业生21114人；非在岗职工回归3267人；从农村、城镇招收1550人；录用退伍军人469人。2010年减少在岗长期职工13988人。其中，退休1501人；死亡346人；在岗长期职工减为非在岗职工2012人；终止解除劳动合同4131人；开除、除名、辞退422人。增减抵消后在岗长期职工年末人数比2009年增加19816人，增长9.71%。非在岗职工年末人数47529人，比2009年减少4020人。在岗职工和非在岗职工年末人数276599人，比2009年增加15950人。其他从业人员年末人数36067人，比2009年增加1761人，其主要成分是零散外部劳务人员。在岗职工中息工放假人员5944人，为在岗职工人数的2.59%，比2009年减少4297人。建制单位外部劳务人员年末人数715285人，比2009年增加174985人。离休、退休、退职人员年末人数72741人，比2009年增加4286人。（张建红　徐博华）

【中国铁建劳动报酬情况】 截至2010年底，在岗职工工资1086739万元，比2009年增加219631万元；年人均工资48848元，比2009年增加6460元。非在岗职工生活费74388万元，比2009年增加5774万元；年人均生活费15494元，比2009年增加2417元。其他从业人员劳动报酬114108万元，比2009年增加15959万元；年人均劳动报酬30847元，比2009年增加4181元。建制单位外部劳务人员劳动报酬1901924万元，比2009年增加448583万元。在岗职工中，息工放假人员生活费4944万元，年人均生活费7583元。（张建红　徐博华）

【劳动用工】 年内印发《关于严格控制职工总量的指导意见》《中国铁建股份有限公司内退人员及内退费用管理办法》。年底印发关于确保职工工资和农民工工资的紧急通知，转发铁道部《关于确保铁路建设农民工工资的通知》，要求所属单位做好“两节”期间工资支付保障工作，组织重点检查并限期解决拖欠职工和农民工工资问题，积极预防群体事件发生，确保职工队伍稳定。经北京市海淀区人力资源和社会保障局、海淀区总工会等6个部门和行业协会审议，中国铁建股份有限公司获2010年度海淀区和谐劳动关系单位称号。（张介鹏）

【股份公司高级管理人员薪酬管理】 根据2010年10月11日国资委对中国铁建高级管理人员2009年度薪酬兑现问题的复函和股份公司董事会10月28日审议通过的股份公司高级管理人员2009年度薪酬兑现方案，股份公司领导正职2009年度薪酬总额84万元。其中，基薪19.8835万元；绩效薪64.1165万元。此外，国资委批准给予股份公司主要负责人2009年度EVA奖励0.8万元。股份公司领导副职的薪酬按照正职的85%确定。股份公司领导年度绩效薪的40%延期兑现。根据国资委对总公司第二任期（2007～2009年）的考核结果（A级），全额兑现股份公司领导2007～2009年延期绩效薪金。同时，按照国资委要求，认真总结和调查2004～2009年总公司、股份公司领导人员薪酬管理和职务消费及福利保障情况，并将总结和调查结果上报国资委企业分配局。（张介鹏）

【所属单位负责人薪酬管理】 2010年7月15日，根据本级项目2009年度绩效考核得分，核定重庆铁发遂渝高速公路有限公司、北京通达京承高速公路有限公司、南京长江隧道工程指挥部、鱼洞长江大桥建设指挥部、昆明市二环改扩建工程指挥部5个本级项目部（项目公司）负责人2009年度薪酬，平均薪酬48.7491万元，最高薪酬58.308万元，最低薪酬37.0695万元。2010年8月13日，股份公司印发《关于子公司负责人2009年度薪酬结算兑现的通知》，根据所属企业2009年度绩效考核得分，结算各子公司主要负责人2009年度薪酬。实行考核年薪制的27家子公司，领导正职2009年度平均年薪64.6279万元，最高年薪100.784万元，最低年薪39.8944万元，其中平均绩效薪酬49.2946万元，子公司领导年度绩效薪酬的20%延期兑现。（张介鹏　邹　磊）

【股份公司本级人员薪酬管理】 2010年，股份公司总部机关发放工资及部门经费6904万元。根据北京市2010年职工平均工资标准，年内分别调整机关工作人员企业年金、养老保险、失业保险、医疗保险、住房公积金个人缴费标准。12月29日，《中国铁建股份有限公司总部员工薪酬管理办法》经总裁办公会审议通过并印发执行。该办法在制定过程中，进行了广泛深入的调研，借鉴和对比了同类中央企业总部员工的薪酬水平。（张介鹏　邹　磊）

【工效挂钩与工资计划】 2010年，根据国资委要求，总公司、股份公司、锦鲤资产管理中心及所属企业继续实行企业工资总额与利润总额单项指标挂钩的规定，年内，总公司上报工效挂钩方案和工资计划。根据国资委工效挂钩清算批复，总公司2010年度工效挂钩工资总额基数1235100万元，利润总额基数820332万元。（邹　磊）

【机关内退人员内退费调整】 截至2010年12月31日,机关内退人员72人,年内发放内退生活补贴360万元;1月,参照北京市有关文件调整内退人员基本生活费,并根据个人2009年工资总额基数调整内退人员企业年金、养老保险、失业保险、医疗保险、住房公积金个人缴费标准。 (邹 磊)

【机关离退休人员养老金及遗属抚恤金发放】 截至2010年12月31日,机关离退休人员521名,发放企业退休养老金1032万元;遗属发放抚恤金45780元。

(邹 磊)

【生活费用精算】 股份公司在2008年股改上市时,经国资委批准对三类人员生活费采取预留国有资产处理的方式。截至2010年12月31日,完成股份公司2010年度内退和长期离岗43583人精算,福利支出98829万元。 (邹 磊)

【教育培训】 2010年,股份公司系统培训职工78958人。干部培训36245人次。其中,管理干部岗位培训20160人次;专业技术人员新技术、新工艺、新知识培训14990人次;学历教育900人;出国培训195人。工人培训42713人次。其中,技能培训和岗位练兵19995人次;职业资格等级培训6668人次;其他培训16050人次。年内,股份公司本级开办各类培训班58期,培训5350人。其中,领导干部任职资格培训班11期,培训740人;项目管理人员培训班14期,培训1160人;专业知识岗位培训班21期,培训2560人;继续教育培训班9期,培训730人;高级技能人才培训班3期,培训180人。 (刘爱波)

【海外项目管理人才培训】 为加快海外国际工程人才的培养与储备,适应构建"大海外"经营格局的要求,3月10日~7月10日在清华大学举办为期4个月的国际工程专业英语培训班。中国铁建84名即将走向海外工作的优秀大学毕业生参加培训。 (刘爱波)

【班组建设和技工队伍建设获奖励】 年内,中国铁建23个班组获国资委中央企业红旗班组称号,其中2个班组获中央企业红旗标杆班组称号;23名职工被国资委评为中央企业先进职工,其中2名职工被评为中央企业先进职工标兵。6人获全国技术能手称号,其中4人获全国青年岗位能手称号;6人被国资委授予中央企业技术能手和中央企业青年岗位能手称号,2人获国资委技能竞赛优秀工作者;中国铁建获中央企业职工技能竞赛优秀组织奖。6人被评为中国铁建劳动模范。中国铁建授予中铁二十局集团技工学校先进职业培训基地称号,授予中铁二十三局集团公司大赛特殊贡献单位称号,授予中铁十二局集团公司大赛优秀组织单位称号。 (刘爱波)

【参加中央企业职工技能大赛】 经过4个月的强化培训和顽强拼搏,6月,中国铁建参赛选手在国资委和国家人力资源和社会保障部组织的中央企业职工技能大赛工程测量工决赛中取得4枚金牌、5枚银牌和1枚铜牌的优异成绩,包揽大赛前4名。 (刘爱波)

中国铁建参加2010年
中央企业职工技能竞赛
工程测量工决赛获奖名单

获奖名次	奖项	单 位	姓 名	分数
1	金奖	中铁十二局集团公司	田国锐	99.4
2	金奖	中铁十一局集团公司	游泽勤	98.8
3	金奖	中铁十三局集团公司	潘文忠	98.5
4	金奖	中铁十七局集团公司	智 慧	98.1
6	银奖	中铁二十局集团公司	朱建峰	97.4
7	银奖	中铁十二局集团公司	弓新亮	97.25
8	银奖	中铁十四局集团公司	张 斌	96.6
13	银奖	中铁十二局集团公司	彭 东	94.85
14	银奖	中铁十五局集团公司	赵金涛	94.2
20	铜奖	中铁建设集团公司	刘庆辉	87.3

制表:刘爱波

【职业技能鉴定】 根据国家人力资源和社会保障部授权,2010年,中国铁建下达职业技能鉴定计划10484人。其中,鉴定初级工1290人;中级工2320人;高级工4529人;技师1751人;高级技师594人。全年实际有6668人完成职业技能鉴定,完成年度计划的63.6%。其中,初级工511人;中级工2000人;高级工2796人;技师949人;高级技师412人。有6399人取得职业资格证书,通过率95.9%。其中,初级工491人;中级工1934人;高级工2706人;技师897人;高级技师371人。 (苗振林)

【高级技师与技师职业资格认定】 2010年,中国铁建组织2009年度和2010年度全系统高级技师职业资格认定。2009年有248人参加,235人成绩合格通过鉴定;依据中国铁建专业技师评审委员会推荐意见和高级技师评审委员会评审意见,223人获得高级技师资格,任职资格由2009年10月起。2010年有638人报考高级技师职业资格考核,实际参加考核413人,参考率64.7%,373人成绩合格通过鉴定;依据中国铁建高级技师评审委员会评审意见,341人获得高级技师任职资格。年内,组织2009年度技师职业资格认定,209人(含2008年未通过综合评审的4人)参加,188人成绩合格通过鉴定;依据中国铁建技师评审委员会综合评审意见,181人获得技师任职资格,任职资格由2009年10月起。 (苗振林)

【职业技能鉴定考核站年检】 根据国家人力资源和社会保障部职业技能鉴定中心规定,中国铁建所属20个职业技能鉴定考核站进行年检自检,自检成绩均超过75分,为良或优秀。中国铁建职业技能鉴定指导中心安排中铁十二、十五局集团公司和中铁建电气化局集团公司考核站互检,互检结果均合格。 (苗振林)

【聘任职业技能鉴定考评员】 中国铁建系统191人通过2010年国家人力资源和社会保障部职业技能鉴定考评员、高级考评员资格考核,取得国家人力资源和社会保障部职业技能鉴定中心资格认证。根据国家和中国铁建职业技能鉴定实施办法,聘任126人为中国铁建企业职工职业技能鉴定高级考评员,聘任65人为中国铁建企业职工职业技能鉴定考评员。聘期3年,2010年8月~2013年8月。 (苗振林)

【养老保险、工伤保险、企业年金及统筹外费用】 截至2010年12月31日,中国铁建系统基本养老保险参统人数272665人,离退休74117人,缴纳基本养老保险费253898万元。其中,企业缴纳181456万元;个人缴纳72442万元。全系统发生工伤职工4110人。其中,一级伤残职工47人;二级伤残职工97人;三级伤残职工117人;四级伤残职工313人;五级伤残职工247人;六级伤残职工334人;七级伤残职工342人;八级伤残职工406人;九级伤残职工565人;十级伤残职工750人;十级以下伤残职工892人。全系统168234人建立企业补充养老保险,归集资金19亿元,大部分以局为单位开立银行存款专户,专款专用。全年审核、统计离退休人员统筹外费用24737.2万元。 (李 倩)

【保险缴费基数核定及最低基本养老金调整】 2009年度北京市职工平均工资36097元,2010年4月~2011年3月北京市社会保险缴费基数上限为2009年职工平均工资的300%,即12111元;下限为2009年社会平均工资的40%,即1615元。农民工失业保险缴费基数仍按2009年北京市最低工资标准确定。自2010年1月1日起,北京市调整基本养老金最低标准,退休人员月最低1000元,退职人员月最低900元,退养人员月最低800元。 (李 倩)

【养老保险关系跨省转移】 2009年12月28日,国务院办公厅转发城镇企业职工基本养老保险关系转移接续暂行办法(国办发〔2009〕66号文),中国铁建所属单位根据文件精神,主动为跨省、自治区、直辖市流动就业职工办理基本养老保险关系转移接续,保障参保职工的合法权益,促进人力资源合理配置和有序流动。 (李 倩)

【发放社会保障卡】 北京市社会保障卡的发放工作于2010年4月正式启动,在京单位上万名职工领到社会保障卡。社会保障卡的启用是对医疗费用结算方式的改革,改变了过去门诊医疗费手工报销方式严重滞后、报销周期长、环节多、个人垫付款负担重、经办机构超负荷工作等诸多状况。医疗费持卡实时结算,方便参保人员就医。 (张雪琴)

【社会保险工作表彰】 4月,中国铁建在长沙召开社会保险工作会议,会上表彰中铁十二局集团公司等8家单位和芮士安等75人为社会保险工作先进单位和先进个人。

中国铁建社会保险先进单位

中铁十二局集团公司
中铁十四局集团公司
中铁十七局集团公司
中铁二十二局集团公司
中铁二十五局集团公司
中铁建设集团公司
中铁轨道系统集团公司
昆明中铁大型养路机械集团公司

中国铁建社会保险先进个人

芮士安　王培志　李晓莲　冯世新　王希利
戴显奇　郭在征　于道雨　宋秀杨　张雪峰
李祖亮　王会玲　何晓春　赵雨海　孙彩媛
张秀枫　冯卫国　杨其昌　王明银　索耀先
吴建顺　霍永明　龚洵贵　刘文霞　陈美琴
崔承兵　夏承艳　周分明　张洪臣　李　京
张延东　车春雳　衣守春　苟忠武　王忠平
何晓蓉　叶洪琳　陈海瑛　张　平　任艳秋
邹　文　严宵玲　肖自立　李阿根　傅选生

张巧珊　谢瑞玲　陈艳兵　陈　丹　陈巍巍
李雪梅　石　鑫　梁芙蓉　马继良　费科明
刘　瑜　邵　宏　黄　艳　秦　伟　钱小江
童财英　韩金霜　马淑珍　汪　军　陆　强
袁爱萍　刘　雯　王庆文　许　婕　蔡　菁
李　倩　张雪琴　梁秀丽　赵　鹰　陈登玉

（王玉平　李　倩　张雪琴　梁秀丽）

【健康体检】 认真做好体检是预防疾病，改善职工健康的重要工作。2010 年，总部机关与铁建医院联系协调，组织在职职工和离退休人员 753 名进行健康体检。其中，在职职工 234 人（男职工 162 人，女职工 72 人）；离退休及内退人员 519 人（男性 360 人，女性 159 人）。

（王玉平　张雪琴）

中国铁建工人构成情况统计表

（2010 年度）

项　目		人　数	其中技术工人	项　目		人　数	其中技术工人
2009 年末工人总数		136063	98478	年龄	41 岁 ~50 岁	46391	33269
2010 年末工人总数		136585	98618		51 岁 ~55 岁	23282	13360
其中	女工人	30954	15011		56 岁 ~60 岁	4747	2431
	中共党员	26174	20294	参加工作时间	1983 年以前	59861	40832
	共青团员	19030	14888		1984 ~2000 年	50439	38260
	少数民族	3156	2296		2001 年以后	26285	19526
文化程度	初中及以下	51496	33275	获得国家职业资格证书人数	初级工	—	7366
	高中	37672	27473		中级工	—	20904
	中专、技校、职高	28008	23536		高级工	—	39946
	大专、高技	16271	11871		技师	—	9393
	本科及以上	3138	2463		高级技师	—	1456
年龄	30 岁以下	30414	24086		合　计	—	79065
	31 岁 ~40 岁	31751	25472				

制表：徐博华

中国铁建工人情况统计表

（2010 年度）

项目		人数	项目		人数
2009 年末工人总数		136063	内部退养		26607
2010 年末工人总数		136585	外出劳务		601
合同期限	有固定期限	45595	行政奖励总人数		588
	无固定期限	90990	其中	局级劳动模范和先进个人	250
2010 年度新增工人		6440		省部级以上劳动模范	29
其中	新招收（招聘）工人	714		五一劳动奖章获得者	15
	接收复员退伍军人	436		省部级以上三八红旗手	2
	接收中专技校以上毕业生	3483		火车头奖章获得者	29
	总公司系统外调入	226	行政处分总人数		13
	其他	1581	其中	记大过	3
2010 年度减少工人		5918		撤职	—
其中	调出总公司系统	137		留用察看	2
	办理退休	2565		开除	7
	因工死亡	30	除名		51
	非因工死亡	247	劳动教养		—
	终止劳动合同	323	刑事处分		1
	用人单位解除劳动合同	795	外部劳务	城乡建筑企业	715155
	劳动者解除劳动合同	728			
	其他	1093		零散使用	79473

制表：徐博华

中国铁建铁道行业工种情况统计表

（2010年度）

工种名称	人数	工种名称	人数
铁路线路工	8087	电控组调工	—
铁路桥梁工	2090	通信工	1759
铁路桥梁装吊工	996	电源工	72
桥隧工	860	信号工	2047
铁路隧道工	1810	舟桥起重工	42
电力线路工	1088	舟桥组装工	—
接触网工	1301	轮渡组装工	—
道岔钳工	9	栈桥组装工	—
铺轨机司机	147	机动舟驾驶员	7
轨道车司机	562	蒸汽机车钳工	54
大型线路机械司机	363	蒸汽机车锅炉工	—
钢轨焊接工	97	蒸汽机车司机	29
钢轨探伤工	10	蒸汽机车副司机	4
浸注处理工	—	蒸汽机车司炉	7
木材防腐整备工	—	内燃机车司机	556
装载机司机	1975	信号员(长)	59
装卸工	134	扳道员(长)	100
通信组调工	—	调车长	120
通信钳工	—	运转车长	79
信号组调工	3	其他	529
信号钳工	4	合计	25000

制表：徐博华

中国铁建社会通用及其他工种情况统计表

（2010年度）

工种名称	人数	工种名称	人数
车工	484	筑路工	936
铣工	97	砌筑工	1327
磨工	39	混凝土工	5683
镗工	63	测量工	6898
组合机床操作工	8	钢筋工	3860
铸造工	77	架子工	1347
锻造工	85	防水工	90
焊工	4858	装饰装修工	88
金属热处理工	51	电工	3082
冷作钣金工	55	电气设备安装工	330
涂装工	127	管工	798
装配钳工	348	汽车驾驶员	13329
工具钳工	144	起重装卸机械操作工	1538
机修钳工	1942	天车司机	534
汽车修理工	2106	计算机操作员	963
锅炉设备安装工	30	计算机维修工	16
锅炉操作工	346	话务员	100
维修电工	1050	中式烹调师	947
手工木工	924	中式面点师	78
精细木工	30	钻探工	1136
土石方机械操作工	3694	合计	59638

制表：徐博华

信息化建设

【中国铁建信息化建设领导小组】 股份公司总裁赵广发任组长，副总裁范德任常务副组长，副总裁夏国斌和副总裁、总会计师、总法律顾问庄尚标任副组长。 （张一鸣）

【信息中心】 主要职责：组织制定股份公司整体信息化规划和年度计划；组织股份公司机关各业务部门和所属单位完成相关信息系统的建设、运行、技术支持和维修、维护任务；指导、监督所属单位的信息化工作；整体推进中国铁建信息化的运用与管理，并保持持续改进与完善，实现信息化对主营业务的支持；承担国家有关部委、股份公司下达的信息系统科技攻关任务；承担股份公司系统信息化专业人员的技术培训；完成股份公司领导和信息化领导小组交办的其他工作。定员7人，设主任、副主任各1人；下设规划需求处和建设运维处。 （张一鸣）

【信息化建设工作综述】 2010年，中国铁建信息化建设在《中国铁建信息化规划纲要（2009～2014）》及《中国铁建信息化项目建设行动指南》的指导下，把握企业特点，根植企业文化，树立"大信息化"建设理念，践行"高起点、高标准、高效率、低风险、低成本"的建设方针，积极探索具有中国铁建特色的信息化道路，从加强应用系统建设和应用、建立信息化治理体系、强化基础设施建设、创新信息化项目建管模式等方面全面推进信息化进程，相继启动中国铁建人力资源管理系统、电子商务平台、企业应用中心、资本运营管理系统、法律合规管理系统和股份公司总部协同办公系统建设，并开展中国铁建信息标准、信息化绩效评价、管理制度体系3个咨询项目建设，初步建立中国铁建信息标准体系和管理制度体系，形成包括信息化领导力与组织保障、信息化基础建设、信息化应用与效果、IT服务管理与IT治理、信息化人力资源5大领域58项评价项目及15项调查项目的信息化评价体系，发布《中国铁建用户界面与交互标准（UI标准）》。年内以会计核算、网络合并报表、资金集中管理三大系统建设为代表的财务信息化基础平台基本建成，持续推进并深化财务信息系统的应用。全面开展视频会议系统二期建设，视频会议系统覆盖到三级单位和部分项目部。股份公司中心机房改造工程完成，基本满足现阶段应用系统信息交换、信息处理与数据存储的要求，网络信息安全获得保障。积极落实国资委关于软件正版化工作的通知要求，加大软件正版化推广力度，全系统投资441万元集中采购MS－OFFICE3000套。年内，在《IT经理世界》与IDC联合主办的2010年度第九届中国优秀CIO评选中，肖新华获得2010年度中国杰出CIO奖。中铁第一勘察设计院集团公司获得全国工程勘察设计行业实施信息化建设先进单位奖。 （张一鸣）

法律事务

【法律合规部】 主要职能：负责公司法律事务工作；贯彻执行国家法律、法规，参与公司重大经济活动规划，提出减少、避免法律风险的措施和法律意见；审核、修改经济合同、协议和重要规章制度；代表公司处理诉讼、仲裁、行政复议案件；参与处理公司债权债务的清理和追收工作；参与企业的重组、分立、并购、兼并、注销、撤销、合并、破产、解散、投融资、担保、租赁、产权转让、投招标等重大经济活动，处理有关法律事务；负责选聘律师，并对其工作进行监督和评价；开展法律咨询；指导公司本级境外公司、项目部的法律工作；负责公司合规风险管理，组织拟订、制定公司合规政策，主动识别、评估、检测和报告公司合规风险，并提出有效的风险处置方案；负责组织提供上市公司规范运作的法律服务。承办总公司相关法律事务。定员5人，设部长1人。 （文荣周）

【法律合规事务管理】 为进一步规范中国铁建法律合规事务管理工作，2010年要求所属单位认真执行股份公司制定的《法律事务管理办法（试行）》《法律纠纷案件管理暂行办法》《规章制度、经济合同、重要决策法律审核办法（试行）》等8项规章制度，同时印发股份公司《合同示范文本》，规范股份公司各类合同签订事宜，有效地防范法律风险。所属单位除贯彻落实股份公司规章制度外，还结合企业实际，制定相关特色管理办法。年内，中铁十二局集团公司制定《集团公司经济纠纷过错责任追究办法》，中铁二十一局集团公司制定《集团公司工程项目法律风险防范管理办法（试行）》，中铁建电气化局集团公司制定《集团公司法律事务及合规管理考核暂行办法》，中铁建设集团公司制定《集团公司诉讼仲裁奖惩办法》。规章制度的建立与完善，为企业的法律事务工作提供了有力保障。 （文荣周）

【建立健全法律风险防范机制】 认真按照国资委和股份公司要求，大力推进以总法律顾问制度为核心的法律风险防范机制建设。通过督导检查、工作简报、通报和与各单位领导专题沟通等方式，全面推动中国铁建系统法制工作3年目标计划的落实。年内印发《中国铁建落实法制工作三年目标工作简报》多期，介绍所属单位落实法制工作三年目标的经验与做法。8月下发《关于落实法制工作三年目标计划督查情况的通报》，对先进单位提出表扬，对落后单位进行批评，要求所属单位对照目标，找出差距，采取措施，切实整改，确保法制工作三年目标计划的完成，有力地推动了法制工作三年目标计划的落实。截至2010年底，股份公司所属26家重要企业，有23家建立总法律顾问制度，其中设立独立法律事务部门的有16家。全系统法律事务工作人员（含兼职）397人，其中有专业资格的182人。 （文荣周）

【强化四项法律审核制度】 股份公司制定《规章制度、经济合同、重要决策法律审核办法》和《授权委托书法律审核办法》。四项法律审核制度是将法律风险防范和控制关口前移，把事后打官司为主的“消防队”转变为事前参与管理、防范经营风险的“防火墙”。股份公司全年审核经济合同151份、规章制度20项、重大决策15项、授权书32份。基本做到没有法律审核意见，领导不决策、不签字。所属单位认真落实股份公司四项法律审核制度，积极开展法律审核工作。中铁建电气化局集团公司将合同专用章的使用纳入法律审核范围，建立五项法律审核制度。年内有5家企业的规章制度、经济合同、重要决策审核率达到100%，12家企业审核率达到80%。 （文荣周）

【建立法律合规信息系统】 中国铁建以建立法律合规管理信息系统为抓手，实现法律合规管理信息化、网络化和无纸化，提高了法律合规管理的效率与管控能力，实现对全系统机构和人员的实时动态管理和在线监管，提高了办事效率，增强了对机构、人员的统计、考核、分析的科学性、准确性和完整性，并实时掌握全系统重大纠纷案件的处理情况，充分调配使用系统资源，解决重大历史遗留案件。通过在线合规风险监控和四项法律审核及项目跟踪管理，有效建立事前风险防范、事中风险控制、事后监督和救济指导的企业法律风险防范体系，及时化解违规风险。同时，法律合规信息系统为全系统法律工作人员提供了一个交流、工作和学习的平台，实现资源共享，极大地整合了全系统法律力量，提高了整体业务素质。 （文荣周）

【诉讼与内部纠纷处理】 年内积极应对股份公司本级诉讼与仲裁案件。截至年底，股份公司胜诉许国庆、曹兴茂、吕衍军、范晓非、玉泉中医院等18个诉讼、仲裁案件，正在办理欧阳新劳动争议案、松原工程欠款执行案、济南引黄欠款执行案。帮助处理所属单位重大法律纠纷案件，年内指导有关单位处置海南美兰机场、衡水百威、中国土木工程集团公司劳动争议案件。海南美兰机场工程欠款纠纷案历时8年，经过一审、二审、再审程序，困难重重，在股份公司的参与下，多次前往海南进行协商谈判，最终调解结案，中铁十二、十七、二十二局集团公司共收回工程款4000余万元，较好地维护了企业的合法权益。指导中国土木工程集团公司与郭文华的劳动争议案，案件在仲裁和一审败诉的情况下，在二审过程中，通过转换思维，积极努力，最终判决中国土木工程集团公司胜诉，维护了企业的权威和合法权益。根据股份公司领导批示，全过程督导成都联合中银诉中铁二十三局集团六公司确权纠纷案件，案件标的额1亿多元，对企业影响巨大。在股份公司的督导下，成都联合中银撤诉，案件结案。密切关注中铁十五局集团公司与西安海星公司1.7亿元执行案件，年内海星公司还款2660万元，支付代管费2000万元，收回资产折价1.08亿元（房产已全部过户到中铁十五局集团公司名下），共计1.546亿元。 （文荣周）

【处理内部经济纠纷】 根据股份公司《法律纠纷案件管理暂行办法》和股份公司领导指示精神，为解决系统内部单位相互打官司，既输钱，又失信，损害股份公司声誉和合法利益的行为，积极开展内部经济纠纷协调处理工作。年内协调处理完成中铁十五局集团公司与中铁二十三局集团三公司之间争议金额8300余万元的内部经济纠纷，化解了双方长达7年的矛盾。协调处理中铁十八局集团公司与中铁二十二局集团四公司之间长达11年的经济纠纷，该案争议金额1.5亿元，年内已下发协调处理决定，正在督促双方按决定执行。协调处理中铁物资集团公司与中铁二十二局集团公司欠款纠纷案，正在执行中。正在协调处理中铁物资集团公司与中铁十五局集团公司的欠款纠纷案和中铁二十二局集团哈尔滨铁路建设集团公司与中国土木工程集团公司尼日利亚铁路项目欠款纠纷案。

（文荣周）

【为重大项目提供法律服务】 年内派出专人为美国高速铁路项目、巴西高速铁路项目、再融资项目、与铜陵有色合作收购厄瓜多尔铜矿项目、港珠澳大桥项目、中期票据发行、南京长江隧道回购、成渝高速公路三通道、贵阳北二环路和太慈桥BT项目、遂渝高速公路大学城段提前移交11个重大项目提供法律咨询服务,并长期服务于尼日利亚铁矿项目、特立尼达多巴哥项目、财务公司收购等重大项目。通过为项目提供法律服务,将法律风险防范和控制关口前移,实现法律事务工作由事务性向管理性的转变。 (文荣周)

【合规管理】 年内进一步落实股份公司《合规管理办法》,严格审查总部机关部门提交的有关规章制度,并出具法律审核意见。总部机关各部门兼职合规员按照《合规管理办法》在本部门进行自查自纠,检查是否有健全的规章制度,是否严谨规范执行股份公司各项规章制度和是否存在合规风险。同时与法律合规信息化建设一起,同步深入开展合规工作。随着股份公司机关合规工作的开展,所属单位认真领会合规工作的重要性,逐步将合规工作纳入日程。中铁二十二、二十五局集团公司,中铁第一勘察设计院集团公司和部分三级公司相继成立法律合规部。中铁十二局集团二公司正在探讨开展合规工作,为企业依法经营、合规管理提供保障。 (文荣周)

【开展"五五"普法总结验收工作】 2010年是"五五"普法总结验收之年,股份公司根据国资委普法办公室《关于中央企业开展"五五"普法总结验收工作的通知》要求,下发《关于开展"五五"普法总结验收工作的通知》,布置全系统"五五"普法总结工作。要求所属单位紧紧围绕中国铁建做强做大和稳定发展大局基本思路,结合建立健全以总法律顾问制度为核心的法律风险防范机制工作情况,全面检查验收各单位"五五"普法工作,总结推广先进经验,查找问题和不足,进一步推动中国铁建增强法治理念,提高依法经营、合规管理水平和法律风险防范能力,为中国铁建科学发展创造良好的法治环境。各单位高度重视,按照通知要求开展自查验收总结工作,向股份公司报送自查报告和总结报告。股份公司按照国资委普法办公室的要求,按时上报中国铁建"五五"普法总结验收自查报告和总结报告。在"五五"普法期间,编发《政策研究》4期、《落实法制工作三年目标工作简报》3期,印发股份公司《合同示范文本》,举办新法讲座和法律实务工作培训班,有效地提高了"五五"普法教育的效果。 (文荣周)

【法律政策研究】 密切关注国家法律法规、政策准则和规则的最新发展,围绕股份公司拟开展或正在开展的主要业务提供政策法律支持,促进企业依法经营、依法决策、合规管理。为解决经营管理中重大法律疑难问题,指导业务实践,对与股份公司经营管理联系密切的法律理论课题进行攻关,完成"中国铁道建设集团法律地位和外部董事问题"、"上市和中期票据发行募集资金使用投入方向"、"股票增发有关的法律问题"、"工程变更与索赔的法律问题"、"国家建设项目审计中的法律问题"5项课题研究,正在进行"PPP/EPC建设管理等经营模式的有关法律政策"、"在海外以何种组织形式设立机构的指导意见"和"企业法律风险要点及管理分析"等课题研究。 (文荣周)

【股份公司《合同示范文本》】 规范地签订各类合同文书,是有效防范法律风险的重要措施之一。年内制定印发股份公司《合同示范文本》,该书包含常用合同范本、常用法律文书范本、合同格式指导等104个法律文件,涵盖股份公司六大业务板块,对各级单位和项目部具有很强的参考和指导作用。 (文荣周)

【股份公司表彰法律事务工作先进单位和先进个人】

2010年度股份公司法律事务先进单位

中铁十一局集团公司
中铁十三局集团公司
中铁十四局集团公司
中铁十五局集团公司
中铁十六局集团公司
中铁十七局集团公司
中铁十二局集团二公司
中铁二十一局集团电气化公司
中铁二十二局集团二公司
中铁建电气化局集团二公司

2010年度股份公司法律事务先进个人

张拉柱 魏龙飞 魏　玲 苟君熙 张林平
李　勇 李志民 闻　锋 周朝云 刘　赛
赵　鹏 张中校 张兴霖 姜玉珍 周全兵
林太友 陈水军 梁爱辉 郑素伟 刘国华
丁　薇 马登峰 李春波 张怀庄 张　宏
余　虎 邹长林 张念伟 凌光华 王财宝
王云波 唐际云 徐　光 秦振英 喻守军
赵福明 伍　珂 熊致伟 张晓凤 汤友富
曹　勇 于宝宏 李景光 邓重魁 范忠云
钱水兵 蔡梅群 李　馨 董化龙 郭合龙
欢　星 朱光耀 马　勇 王裕溪 文荣周
周怡君

(文荣周)

机关房地产管理

【总公司机关房地产管理中心】 代表总公司行使业主权利的职能部门和办事机构。主要职责：负责总公司机关房地产管理、建筑物维修、更新改造和新增项目的建设管理工作；负责制定总公司机关基本建设计划，提出基建方案，办理基建和房屋翻建、改造项目审批手续；负责机关基建项目的规划，参与论证、分析，及时向总公司领导提供有价值的情况和数据，并在工程立项后组织实施工作；负责总公司机关调整配售住房工作委员会及其办公室有关住房调整配售决议案的组织实施和房屋日常管理具体工作；负责机关院内地下车库管理和房产证办理及职工住宅变更过户手续；负责总公司机关与地方政府部门及周边单位相关事务的协调处理；负责总公司机关人防工程的日常管理和维护。定员8人，设主任、副主任各1人，下设房管处、基建处。现员10人。（吕殿义）

【固定资产投资计划实施】 1. 复兴路40号院安全监控系统建设。(1)监控系统改移工程。大院占地面积约11万平方米，原监控中心机房面积较小，无法满足对新建58、68、78号楼及后续新建楼集中监控的要求，在75号楼地下一层新建一个监视集中、设备先进、设计更加人性化的监控中心，将原位于58、68、78号楼地下车库的分监控中心信号转移到新建监控中心内，同时对院区监控设备进行更换。该工程项目于2010年6月30日竣工，2010年10月13日验收合格并交付使用。(2)复兴路40号院28、29号楼门禁工程。该工程于2010年8月21日竣工并验收合格，交付使用。(3)复兴路40号院58、68号楼地下车库智能化停车管理系统工程。该工程于2010年1月开工，2010年3月1日竣工，并交付使用。

2. 复兴路40号院篮球场塑胶地面工程。该工程进行4毫米硅PU面层650平方米铺装及篮球架和场地座椅的更换。经验收合格，投入使用。（童联合）

【大修计划实施】 2010年实施2009年批准的大修项目25项，合同投资约165万元。2010年机关大修工程批准16项，实施8项，合同投资约141万元；剩余8项受气候等因素影响，转到2011年实施。（童联合）

【中国铁建大厦A座决算】 2010年进行中国铁建大厦A座审计决算，最终核定成本3.57亿元。

（张家年）

【中国铁建大厦B座建设】 2010年1月25日，中国铁建大厦B座正式确定功能定位，破土动工。截至年底，完成军用电缆和通信路由改迁及护坡桩、土石方、防水、地基与基础结构等工程，开工累计完成工程投资约9000万元。中国铁道大厦B座建筑面积54002平方米，地上14层，地下3层。根据新的功能调整，大厦是集高档餐饮、银行、办公、档案馆、纪念馆及电器超市、车库于一体的综合性大厦。预计2011年5月20日结构封顶，年底全部亮相，达到规划验收条件。

（张家年）

【零星项目建设】 1. 配合股份公司审计监事局完成新建58、68号职工住宅楼和18号职工住宅楼改造及机关道路、花园项目工程竣工审计决算，审计项目235项，决算额1.98亿元；完成2003年机关大院电增容项目竣工决算，决算额1830万元。

2. 在总公司领导的监督指导下，积极开展公关沟通工作，历时6个月完成78号职工住宅楼的规划验收工作，并在年底完成竣工备案，圆满解决历史遗留问题。

3. 针对28号楼业主的改造要求，委托中铁第五勘察设计院集团公司进行改造的可行性分析，多次与业主进行对话，积极开展解释说服工作，并协调与国务院机关事务管理局的关系，防止事态扩大，影响和谐稳定。

4. 针对65号院业主的改造要求，委托中铁第五勘察设计院集团公司进行改造的可行性分析，并多次召开业主单位代表会议，传达咨询结果，积极开展解释说服工作。

5. 积极协调中铁建设集团公司与总政玉泉路干管局关于西院土地转让的协商工作，同时进行西院26号楼翻建规划设计，为启动拆除西1号、2号楼，新建26号楼规划手续工作进行准备。（童联合）

【总公司机关调整配售住房工作委员会及其办公室】 机关调整配售住房工作委员会。年内召开委员会全体会议1次，机关调整配售住房办公室向全体委员通报增加处级房排队人员、离婚人员住房分割、举报配偶有住房调查等情况；对要求参加处级房调整的特殊情况进行投票表决。

机关调整配售住房办公室。年内召开办公室会议9次，讨论增加处级房排队人员、举报参加处级房排队人员离婚和配偶有住房、处级房和科级房的配售、小三居房的调整、解决房屋配售历史遗留问题、股份公司职代会有关房屋配售提案等问题。向调整配售住房委员会和机关职代会汇报有关情况及对表决议案作出说明。 （杜学文）

【住房调整配售】 （1）局级房配售。1月21日，向2009年调入机关的5名局级干部配售18号楼顶层住房。（2）处级房配售。1月26日，组织机关46名处级干部挑选处级房，并办理购房相关手续。（3）处级干部调整小三居室。2月4日，向未分到处级房的15名处级干部调整29号楼、6号楼和10号楼的小三居室住房。（4）3月17、18日，对18号楼改造挡光住户、西二层拆迁户和10号楼补差房进行调整。调整挡光住户3户，调整西二层拆迁户3户，补差领导一居室住户12户。（5）机关科级房调整配售。5月26日，向机关2008年12月4日以前调入的9名无房职工配售住房。（6）中铁建（北京）商务管理公司、中铁物资集团印刷公司2008年12月4日前在册职工科级房调整配售。7月27日，分别向中铁建（北京）商务管理公司8名职工、中铁物资集团印刷公司2名职工调整配售住房。2010年收回售房款24425476.4元。 （杜学文）

【处置非法侵占公有住房】 2010年上半年调整配售处级和科级住房后，总公司直属机关有6人以种种借口迟迟不按本人与总公司签署的“腾退旧房协议”和“住户承诺书”中的约定，按时交回原有住房。为此，机关调整配售住房办公室会议研究决定，先由当事人所在单位和部门对其做工作，劝其尽快交回原有住房，如果仍然不交，就通过法律诉讼程序，用法律手段解决非法侵占公有住房问题。截至12月31日，仍无一人交回原有住房，机关调整配售住房办公室已将此情况报请总公司领导审批。 （杜学文）

【地下车位销售】 （1）清理统计已挑选的车位。年内对78、58号楼和68号楼一期已登记挑选的车位进行统计，电话通知未交款办理手续的住户，限期办理手续，对到期未办理手续的车位进行回收处理。（2）对68号楼（二期）车位进行登记销售，并根据住户的需要，对其他车库剩余车位进行销售。全年销售车位286个，收回车位款11051000元。 （杜学文）

【房产证办理及住房档案整理】 办理大、小产权证。经过多方努力，58、68号楼和中国铁建大厦完成大产权证办理，78号楼的房产证正在办理中。765个住户房产证办理准备工作已基本就绪。

整理住房档案。根据国务院机关事务管理局《关于开展北京市城镇职工住房普查，建立职工住房档案工作的实施意见》的精神，普查2001年以来的机关职工住房情况，在建立机关职工住房档案的基础上，对职工技术职称、职务变更和住房面积调整情况，及时补充修改，为重新整理58、68、78、18号楼600余户职工住房档案作准备。 （杜学文）

【物业管理】 认真核对公共水电费报表数据，全年审核支出水电费1936450.33元；严格审核公共、办公场所及住户取暖费和物业管理费，审核支出2010～2011年度取暖费731175.84元、2010年度物业管理费4393554.57元。 （杜学文）

【人防管理】 中国铁道建筑总公司机关人防工作在国家人防办公室的指导和国务院机关事务管理局的直接领导下，认真贯彻落实《人民防空法》和中共中央、国务院、中央军委《关于加强人民防空工作的决定》，坚持“长期准备、重点建设、平战结合”的方针，按照国管局人防办公室相关规定，加强对平时作为车库、仓库、招待所使用的70957.48平方米地下室的管理，建立工作台账，并及时上报人防基本情况。向具体负责人防设施管理的物业管理中心传达国管局人防办公室的有关指示精神，经常督促检查，保证人防设施安全运转。 （杜学文　卫洪海）

离退休职工管理

【总公司机关离退休职工管理部】 是负责总公司机关离退休、内部退养职工日常管理和服务的职能部门。定员15人，设部长、党总支书记、副部长各1人。下设事务管理处、生活服务处、健康服务处、组织宣传处。

截至2010年底，总公司机关有离退休和内部退养人员596人。其中，离休干部18人；退休干部454人；退休工人55人；内部退养69人。另有直属单位360人参与机关离退休人员文体活动。设党支部16个，党员490人。 （黄科山）

【离退休职工管理与服务】 政治待遇。拨款65560元，为596名离退休和内部退养人员订阅《中国老年报》。全年分发报纸47300份、刊物2900册。开放阅览室，提供报纸、杂志62种；定时开放阅文室，向老干部提供相关文件。定期出版黑板报，及时反映党和国家大事，并提供养生保健知识。年内向16个党支部发放学习资料 512 册。“七一”前夕表彰先进党支部 3 个、优秀共产党员 51 名。积极参加北京市海淀区开展的“百名孝星”推荐表彰活动，生活处处长曾初雄和退休干部王洪玲、李宝被评为孝星。积极参加北京市海淀区社区和谐家庭评先活动，184 户受到海淀区党委的表彰和奖励。

生活待遇。按月足额发放离退休职工养老金，认真落实基本医疗保障政策。全年为离退休人员发放慰问金 13.4 万元，看望住院病人 70 名；发放节日补助 399.3 万元、补贴 64.24 万元；为 26 名满 80、70 周岁的离退休老人祝贺生日；完成 11130 人次医疗费用报销单据（18680 余张）的初审报账工作；发放社保卡 500 余张，组织 500 多人次进行为期 13 天的体检；组织部分老干部到北京郊区疗养；组织近 400 名离退休人员到北京郊区采摘；组织 18 名退休人员参加北京市 4 天休养；组织党支部委员、组长、文体协会各分会会长等 124 人到怀柔进行为期两天的参观休养活动。全年看望走访困难离退休人员家庭 126 户。建立离退休人员电子健康档案，并对离退休人员的患病种类、重大疾病等进行统计，动态掌握健康情况；主动与 5 家三级甲医院建立协作关系，缓解离退休人员看病难的问题。年内为 9 名去世老职工办理后事，向直系亲属发放丧葬费补助 1.6 万元。春节期间，慰问总公司原领导、原领导遗霜 28 人，走访慰问困难和病重离退休人员 106 人。

健全文体组织，调整完善 14 个文体活动小组。组织开展登山、门球等 14 项室内外文体活动，组织比赛 11 场次。门球分会分别参加北京市丰台区、万寿路街道举办的门球比赛，均取得较好成绩。全年有 38500 人次参加各项活动。（黄科山）

公　安

【铁道建筑公安局移交善后工作组】 2010 年 1 月 1 日，铁道建筑公安局移交善后工作组（以下简称善后工作组）成立。善后工作组在铁道部公安局和总公司的领导下，坚持“队伍不散，思想不乱，工作不断，为铁路建设施工生产顺利进行保驾护航的思想不变”的工作思路，对尚未移交的 5 个集团公司的公安队伍实施相当于原铁道建筑公安局的管理职能，推动移交工作顺利进行，确保总公司系统公安业务有序衔接，努力克服分离移交带来的各种负面影响，保持公安队伍稳定。全年编印《公安简报》57 期，下发传真电报 42 份，呈报请示、报告 31 件，审核干部任免材料 12 份，组织申报民警晋升警衔材料 93 份，接待处理上访人员 19 人。年内查破刑事案件 176 起，协助地方查破刑事案件 38 起，抓获犯罪嫌疑人 121 人，协助抓获持枪抢劫犯 2 人，抓获网上逃犯 3 人；查处治安案件 397 起，处罚 295 人；缴获赃款赃物折合人民币 429 万元。调解处置因征地拆迁、施工纠纷等原因引发的群体性事件和各类矛盾纠纷 1765 起，化解阻挠施工问题 2735 件。

（常金光）

【铁道建筑公安局移交善后工作组职责权限】 按照国务院《关于第二批中央企业分离办社会职能工作有关问题的通知》（国办发〔2005〕4 号）要求，铁道部公安局、北京市公安局、中国铁路工程总公司和中国铁道建筑总公司 4 个单位，经公安部同意，联合印发《关于成立铁路工程、铁道建筑公安局移交善后工作组的通知》（公组教〔2009〕52 号），规定铁道建筑公安局移交善后工作组为铁道部公安局代管的临时机构，由中国铁道建筑总公司领导并提供办公场所和办公费用，定编朱德全、尚进、常金光 3 人。在总公司和铁道部公安局领导下，善后工作组在北京行政区划以外，对未移交的公安机构行使以下职责权限：（1）配合企业与地方政府协调沟通，推进移交工作；（2）负责下属公安机关日常管理、民警政治思想工作、队伍管理，确保队伍稳定；（3）负责枪支弹药、爆炸物品、警车管理，确保不发生问题；（4）负责处理申诉、信访案件；（5）负责呈报和指导干部任免工作；（6）负责呈报和指导警衔管理工作；（7）负责呈报立功受奖；（8）负责呈报特别抚恤；（9）负责呈报和指导民警违纪处理；（10）指导和协调各类刑事案件和治安案件的处置。善后工作组在下属公安机构全部完成属地移交、遗留问题妥善解决后撤销，北京市公安局借调的工作人员归建。（常金光）

【调整补充铁道建筑公安局移交善后工作组成员】 根据 8 月 10 日《北京市公安局关于王仲伸 4 人免职的通知》（京公任字〔2010〕134 号），朱德全退休。总公司依照上级要求和移交工作需要向铁道部公安局、北京市公安局上报《关于调整铁道建筑公安局移交善后工作组人员的请示》（铁建公善〔2010〕1 号）。善后工作组根据铁道部公安局公政治〔2010〕86 号文的批复和北京市公安局京公政发字〔2010〕40 号函的精神，将工作组成员增加到 4 人，尚进任组长，常金光任副组长，从北京市公安局铁道建筑公安局借调关开健、尚京良两名民警补充到善后工作组工作。（常金光）

【分离移交情况】 铁道建筑公安系统有公安处 10

个，民警1492人。根据上级和总公司领导指示精神，本着“稳步推进移交，提高移交质量，力争使移交不留遗憾，不留不稳定隐患，达到民警、企业、地方三满意”的工作思路，截至2010年底，铁道建筑公安局驻湖北省第十一公安处、驻吉林省第十三公安处、驻河南省第十五公安处、驻北京市第十六公安处、驻陕西省第二十公安处5个公安处803名民警正式移交地方管理。尚未移交的5个公安处有民警689人，分别是驻山西省第十二公安处（含代管的第十五公安处四分处）、第十七公安处，驻山东省第十四公安处，驻天津市第十八公安处（含代管的十六公安处二分处）及其驻河北省唐山市二分处和驻涿州市一、三分处（第十八公安处代管的驻石家庄市第十七公安处三分处、驻唐山市第十六公安处五分处），驻辽宁省第十九公安处。

（常金光）

【日常管理和稳定队伍】 在分离移交的特殊时期，不少单位日常管理松懈，不按时上下班，不假外出，工作得过且过，警察意识和服务意识淡化；移交工作的特殊性和复杂性，使一些领导和民警对移交时的走与留，移交后的职级待遇、工作环境、发展前景等感到迷茫，队伍不稳定因素增多。针对存在的问题，善后工作组主要从强化思想建设稳定队伍、强化制度管理约束队伍、强化警示教育提醒队伍三个方面开展工作，取得明显成效，队伍未出现大的问题。（常金光）

【公安人事和警衔管理】 在认真学习掌握公安干部管理和《警衔条例》等有关政策的同时，调查摸清干部队伍现状，切实解决未移交单位普遍存在的干部队伍老化、领导班子弱化、民警职级问题停滞化等问题。以上问题的存在，直接影响分离移交工作的顺利进行，影响队伍稳定，影响民警的工作积极性。因此，在铁道部公安局和总公司党委的指导下，分轻重缓急，按德才兼备原则，根据工作需要，经考察研究提出意见，协助企业党委成功调整公安处领导班子2个，提拔任免干部13名；成功呈报晋升人民警察警衔审批材料93份，196名民警晋升警衔，其中103名民警补发2008、2009年晋升警衔命令。同时，按照上级要求建立警衔档案管理工作制度。（常金光）

【公务用枪管理】 2010年底，根据铁道部公安局和总公司领导的指示精神，严防分离移交期间枪弹丢失、被盗或民警涉枪问题的发生，牢固树立“枪支管理无小事”意识，全面清查整治尚未移交公安机关的枪弹管理情况，确保枪弹管理万无一失。（常金光）

【爆炸物品管理】 年内，第十二公安处针对辖区施工线路点多线长，爆炸物品用量大、范围广、安全隐患多的问题，开展为期9个月的“治爆缉枪”专项行动，提前与项目驻地公检法机关协调沟通，在炸药供应、使用等方面积极为施工单位创造便利条件，先后派遣警力80余人次，协助新建爆炸物品库点49个，检查库点33个，发现隐患5处，当场整改5处，督促撤换不合格作业人员4人。同时积极协助企业加强爆破工程技术人员的培训考核和升级、换证工作，年内协办爆破工程技术人员作业证件18个，培训爆破作业人员350余人次。第十八公安处结合实际重新修订下发《雷管炸药管理监督检查办法》，与涉及危爆物品的12个工程指挥部领导签订“雷管炸药管理责任书”，并开展爆炸物品安全检查，先后组织安全检查5次，发现隐患12处，当场整改10处，限期整改2处，有力保障爆破作业顺利进行。（常金光）

【警车和涉案车辆违规问题专项治理】 3月～11月，根据公安部和铁道部公安局深入开展警车和涉案车辆违规问题专项治理活动的统一部署，善后工作组成立专项治理工作领导小组，研究制定整治方案，检查警车226辆，其中80%的警车服务于施工生产，有O牌警车31辆、制式警车195辆。经检查，封存警车8辆，收回警车5辆，报废警车2辆。组织279名警车驾驶员开展安全教育活动，做到人人皆知，不留盲区。要求各级公安机关加强监督检查，严防警车外借、非警务人员驾驶警车、警车乱停乱放、公车私用、违章驾驶、开“霸王车”、“特权车”、酒后驾车等违规违纪行为的发生。

（常金光）

【安全保卫任务】 2010年重点加强上海世界博览会和广州亚运会安全保卫工作。第十七公安处强化“护城河”意识，按照“严字当头，从严从紧，以面保点，重点管控”的工作要求，派员赴宁安、杭长、厦深、广深港、合福等26个工程项目进行检查督导，全年出动警力216人次，增加治保协勤人员84人，登记流动人口19000多人，保卫要害部位49处，排查治安隐患39起，未发生较大的治安事件和安全生产事故。年内，西藏、乌鲁木齐发生暴乱事件，各级公安机关认真做好情报信息搜集和研判工作，加强边疆地区、少数民族地区以及京津、上海、广州周边地区重点工程和人员密集场所的安全防范，完善应急预案，严防恐怖袭击和重大治安事件发生。配合地方公安机关处理一名已被除名职工故意制造政治影响事件，通过遣返、调查、管控和教育工作，避免了更大范围的负面影响。第十九公安处完成重要警卫任务。5月1日，辽阳市公安局通知第十九公安处协助执行一项警卫任务(即朝鲜国家领导人金正日访华),需要安排26名民警参加警卫工作。参加警卫任务的全体民警以高度的责任感、饱满的热情和良好的精神风貌圆满完成警卫任务。（常金光）

【打击各类违法犯罪】 全年查破刑事案件176起,协助地方查破刑事案件38起,抓获犯罪嫌疑人121人,协调抓获持枪抢劫犯2人,抓获网上逃犯3人;查处治安案件397起,处罚295人;缴获赃款赃物折合人民币429万元。（常金光）

【应对突发事件】 2010年,中铁十二、十八、十九局集团公司在施工生产中发生重特大死伤事件。各级公安机关充分发挥职能作用,积极应对,妥善处置。5月3日,中铁十九局集团四公司位于内蒙古自治区呼和浩特市榆林镇二道河村的在建铁路隧道工程民工工棚发生火灾,造成10人死亡、6人重伤、8人轻伤。接到通知后,第十九公安处立即组织人员赶赴事发现场进行处理,并与内蒙古自治区区政府、公安部、铁道部公安局、呼和浩特铁路公安局保持沟通联系,完成火灾原因认定、死者身份DNA认定、死者火化处理及赔偿等工作。企业领导给予较高评价。（常金光）

【专项治理活动】 2010年,根据中国铁建系统治安状况,有的放矢地开展各类专项治理活动,为企业施工生产顺利进行发挥积极作用。第十二公安处针对工程物资设备盗抢、敲诈勒索、群体阻工、围困冲击项目部等严重干扰施工生产的违法犯罪活动,先后在宁安城际铁路、大西高速铁路、东平铁路等重点工程开展打击整治行动,查破刑事案件36起,抓获犯罪嫌疑人30人,挽回经济损失110万元。第十七公安处结合"今冬明春"严打斗争和严打整治"冬季攻势"百日专项行动,成功侦破"10·31"特大盗窃案、"2·14"故意伤害案、"5·12"抢夺案,抓获网逃人员3人,捕判4人,有力地震慑了违法犯罪行为。第十八公安处坚持有警必出、有案必查的指导思想,积极侦破案件。3月30日驻京沪高速铁路民警根据举报截获3辆装有成品钢材的货车,一举破获一起内外勾结盗窃价值28万元钢材的特大案件,成功捣毁一个特大犯罪团伙,3名犯罪分子被判有期徒刑。第十九公安处整合现有警力,成立刑侦机动大队和处置突发事件治安机动大队,配备必要装备,形成上下联动,统一指挥,分工负责,闻警而动,能打硬仗的机动队伍。截至11月底,破获刑事案件126起,查处治安案件340起。（常金光）

【矛盾纠纷调解处理】 全年收集上报各类不稳定信息417条,排查不稳定因素219起,调解处理因征地拆迁、施工纠纷等原因引发群体性事件和各类矛盾纠纷1765起,化解阻工问题2735件,有力保障施工生产顺利进行。（常金光）

【移交后民警遗留问题处理】 2009年2月15日,分散移交到昆明市的原铁道建筑公安系统的驻昆明地区的26名民警,企业与地方政府未签署具体移交协议,涉及民警职级、任职时间等切身利益的问题地方政府有关部门不予认可,其中十几名民警被地方政府降级套改职务,任职时间从2009年起计算。移交民警情绪激动,强烈要求返回企业,声称解决不好集体进京上访。善后工作组向总公司领导和铁道部公安局汇报的同时,会同总公司有关部门组成工作组,前往云南省公安厅人事处、省劳动人力资源厅公务员管理局、昆明市公安局政治部、官渡分局政治处协调沟通,妥善解决民警职级问题,避免了民警集体进京上访事件的发生。（常金光）

【来信上访】 全年接到上访电话40余次,其中民警30余次;接收上访信件27件,其中民警6件;接待处理上访200余人,其中民警29人。第十二公安处及时介入协调,妥善处理辖区湘桂铁路工程120余名民工群体到当地县政府上访讨要工资事件。第十八公安处针对辖区内原金属结构公司因隶属关系划转职工上访事件突出的问题,认真开展排查摸底,及时掌握职工思想动态,制定详细处置预案,成功处理一场职工群众集体上访事件。（常金光）

铁道建筑公安系统完成移交单位一览表

（2005～2010年）

移交前单位名称	主要领导	移交后单位名称	主要领导	移交时间	移交人数	原服务单位	成建制或分散移交
铁道建筑公安局机关	朱德全	北京市公安局铁道建筑公安局	赵守存	2010.1.1	14	中国铁道建筑总公司	成建制
第十六公安处机关，一、四、六、七分处	宋佑玉	北京市公安局铁道建筑公安局	沈仲岳	2010.1.1	84	中铁十六局集团公司	成建制
直属二分处	马占青	北京市公安局铁道建筑公安局		2010.1.1	21	中铁建设集团公司	成建制
直属四分处	辛向东	北京市公安局铁道建筑公安局	辛向东	2010.1.1	6	中国铁道建筑总公司机关	成建制
直属六分处	甄广平	北京市公安局铁道建筑公安局	甄广平	2010.1.1	18	中铁十八局集团四公司等单位划归中铁二十二局集团公司	成建制
第十八公安处八分处大都警务室		北京市公安局铁道建筑公安局		2010.1.1	2	中铁十八局集团北京大都工程公司	成建制
第十二公安处七分处第二派出所	黄　亮	湖南省长沙市公安局	黄　亮	2005.12.30	5	中铁十二局集团七公司	分散
直属八分处	许光旭	甘肃省公安厅重点工程公安局	许光旭	2006.12.8	28	中铁第一勘察设计院集团公司	成建制
第十三公安处三分处	刘清河	辽宁省盘锦市公安局		2007	14	中铁十三局集团三公司	分散
第十三公安处一分处	李长海	辽宁省大连市公安局沙河口分局		2008	17	中铁十三局集团一公司	分散
第十九公安处五分处	张宝生	辽宁省大连市公安局	张宝生	2008.12.10	10	中铁十九局集团五公司	分散
第十九公安处东北办事处派出所	韩建伟	辽宁省沈阳市公安局	韩建伟	2008.4.19	4	中铁十九局集团东北办事处	分散
第十三公安处二分处	颜世龙	广东省深圳市公安局		2007	15	中铁十三局集团二公司	分散
第十九公安处直属第三派出所	李显鹏	广东省珠海市公安局	李显鹏	2008.4.28	3	中铁十九局集团华南公司	分散
第十七公安处六分处	冯盛明	福建省福州市公安局	冯盛明	2007.10.26	10	中铁十七局集团六公司	分散
第二十公安处一分处	刘　勇	江苏省苏州市公安局	杨永红	2007.9	20	中铁二十局集团一公司	分散
第十三公安处机关	于连英	吉林省长春市公安局建筑工程治安支队	于连英	2008.3	18	中铁十三局集团公司机关	成建制（2010.1撤销）
第十三公安处五分处	奚志刚	吉林省长春市公安局建筑工程治安支队四中队	奚志刚	2008.3	17	中铁十三局集团五公司	成建制（2010.1撤销）
第十三公安处六分处	董国华	吉林省长春市公安局建筑工程治安支队三中队	董国华	2008.3	11	中铁十三局集团六公司	成建制（2010.1撤销）
第十三公安四分处	许青志	黑龙江省哈尔滨市公安局		2008	17	中铁十三局集团四公司	分散
第十六公安处三分处	潘春林	浙江省湖州市公安局	程广存	2008.7.1	16	中铁十六局集团三公司	分散
第十一公安处机关，四、七分处	孙文亮	湖北省武汉市公安局重点工程分局	孙文亮	2008.9.19	61	中铁十一局集团公司	成建制
直属九分处	张新生	湖北省武汉市公安局重点工程分局		2008.9.19	23	中铁第四勘察设计院集团公司	成建制
第十一公安处一、八分处	张子元	湖北省襄阳市公安局重点工程公安分局	张子元	2009.6.1	23	中铁十一局集团一公司、建筑安装公司	成建制
第十一公安处二、三分处	张廷来	湖北省十堰市公安局重点工程分局（十堰市白浪开发区分局）	盖立军	2009.1.1	33	中铁十一局集团二、三公司	分散
第十一公安处五分处	张智彪	重庆市公安局沙坪坝区分局	张智彪	2009.1.1	16	中铁十一局集团五公司	分散
第二十公安处二分处	蒲光秋	云南省昆明市公安局	蒲光秋	2009.2	18	中铁二十局集团五公司	分散
第二十公安处四分处	王新亚	山东省青岛市公安局崂山分局	王新亚	2009.2	28	中铁二十局集团四公司	分散
第二十公安处七分处第二派出所	宋美勤	四川省乐山市公安局市中区分局人民西路派出所	宋美勤	2009.3	6	中铁二十局集团乐山基地	成建制
第十六公安处六分处	郇庆华	四川省成都市金牛区公安分局	郇庆华	2010.1.1	2	中铁十六局集团成都办事处	分散
直属三分处	曹建忠	四川省成都市公安局	曹建忠	2010.1.1	26	中铁十五局集团三公司等单位划归中铁二十三局集团公司	分散
第十五公安处八分处第二派出所	袁志光	四川省成都市金牛区公安分局	袁志光	2010.1.1	4	中铁十五局集团成都公司	分散
第十五公安处、二、六、七、八分处	黄德卿	河南省公安厅第二工程公安局	黄德卿	2011.9.15	83	中铁十五局集团公司	成建制
第十九公安处四分处	何中良	内蒙古自治区通辽市公安局铁建工程分局	何中良	2009.10	19	中铁十九局集团四公司	成建制
第十六公安处八分处	李井岗	内蒙古自治区包头市公安局包神铁路分局	言智辉	2010.1.5	28	中铁十六局集团铁运公司	成建制
移交到地方公安机关总人数					720		

制表人：常金光

2010年5月18日，中铁十六局集团公司京沪高速铁路项目部二分部先后攻克枣庄西站、滕州东站道岔板铺设精调、自密实混凝土施工等技术难关，率先完成全线第一组高速道岔板施工，在全线起到样板示范推广作用。（杨卧龙 摄）

科技 文化

本栏责任编辑 杨启燕

科　　技

【科技设计部】　是负责科技开发、新技术推广、科研管理、设计管理的职能部门。业务上接受国务院国有资产监督管理委员会和国家科学技术部、铁道部、住房和城乡建设部、交通运输部的指导，并对所属单位的科技和设计工作实施业务指导。主要职责是：贯彻国家有关科技方针、政策，执行国家规范和标准，组织制定科研、技术、勘察设计的有关规章制度和方法；负责科技创新体系的建设，承担技术中心办公室日常工作；负责科技立项、成果评审、技术方案审查；负责科学技术奖、工法、优秀论文、专利、标准、勘察设计“四优”成果、中国土木工程詹天佑奖等科技奖项的归口管理以及评审、奖励和推荐工作；指导集团公司科技工作的建设；确定科技发展布局和优先发展领域；负责年度科技发展项目计划、科研项目资助经费计划并组织实施；组织科技攻关和新技术的推广应用及成果转化，组织国内外技术合作、交流、研讨工作；负责勘察设计单位的咨询资质认定、升级的申报工作；协助科学学会和协会组织技术交流会、研讨会。技术中心办公室设在科技设计部，一个机构两块牌子。下设综合处、科研处、技术处、设计咨询管理处。定员 15 人，现员 10 人。其中，部长（兼技术中心办公室主任）1 人，副部长 1 人，技术中心办公室副主任 1 人，处长 1 人，职员 6 人；教授级高级工程师 3 人，高级工程师 5 人，工程师 1 人，研究馆员 1 人。　（王清明）

【科技工作综述】　2010 年，股份公司科技工作认真贯彻“科技兴企、科技强企”战略，以适应、服务和支撑企业发展为目标，狠抓科技创新平台建设，加强地下工程等技术重难点项目攻关，广泛开展技术交流活动，充分利用科技奖励平台，认真做实科技管理基础工作，取得显著成绩。

一、科技创新取得丰硕成果

全系统承担新立国家、省部级科研项目 17 项，股份公司新立科研项目 68 项。年内获国家科技进步奖 4 项，其中一等奖 3 项、二等奖 1 项；获省部级科技进步奖 50 项，其中特等奖 2 项、一等奖 19 项、二等奖 18 项、三等奖 11 项；获财政部中央级建筑施工科技研发项目奖 2 项；获中国勘察设计协会行业奖 6 项，其中一等奖 3 项、三等奖 3 项；获省部级勘察设计“四优”奖 49 项；获中国土木工程詹天佑奖 7 项；受理专利 453 项，授权专利 295 项；获第十二届中国专利奖优秀奖 1 项；获省部级工法 190 项；中国铁建股份公司技术中心通过北京市认定；中国铁建被科学技术部、国务院国资委、中华全国总工会三部委命名为“创新型企业”；在国资委中央企业业绩考核中，中国铁建被授予科技创新特别奖。显性科技指标屡创佳绩，提升了中国铁建的知名度和影响力。

二、科技创新能力不断加强

1. 科技研发投入稳步增加。2010 年，股份公司科技投入 88 亿多元，比 2009 年增加 71%。其中，外部资助 6331 万元；股份公司本部投入研发经费 2045 万元；中铁十二、十七局集团公司分别投入 27 亿元、11 亿元，两个集团公司投入占股份公司科技投入的 43.2%。初步形成以股份公司为引导，集团公司为主体，社会资金为补充的科技投入机制。

2. 研发机构平台建设不断拓实。一是工程实验室建设取得实效。2010 年组建的昆明中铁工程研究技术中心被云南省认定为省级研究技术中心；股份公司认定的 6 个工程实验室均发展良好，科研任务饱满。中铁十四局集团公司复杂地质隧道开发中心运转良好，中铁十七局集团公司无砟轨道工程实验室正在申报山西省技术研究中心，中铁十八局集团公司 TBM 工程实验室着力打造 TBM 品牌，中铁第一勘察设计院集团公司工程实验室正在申报陕西省隧道及地下工程重点实验室。二是高新技术企业不断增加。为整合科技力量，加强高新技术企业建设，2010 年，22 家集团公司被认定为高新技术企业，其中中铁昆明大型养路机械集团公司和中铁轨道系统集团公司被认定为国家级高新技术企业；18 家工程公司通过高新技术企业认定。其中，中铁十一局集团公司 3 家；中铁十二局集团公司 3 家；中铁十三局集团公司 1 家；中铁十四局集团公司 2 家；中铁十六局集团公司 1 家；中铁十七局集团公司 1 家；中铁二十局集团公司 2 家；中铁二十五局集团公司 1 家；中铁建电气化局集团公司 1 家；中铁轨道系统集团公司 3 家。享受国家税收优惠政策的单位有中铁十三、十五、十六、十七局集团公司和中铁第四、第五勘察设计院集团公司及中铁上海设计院集团公司、中铁轨道系统集团公司、中铁建电气化局集团公司，共享受高新技术企业减免税 8562 万元。

3. 科技管理力量进一步加强。一是建立健全科技管理机构。通过各级科技工作者的不懈努力，各级领导对科技工作更加重视，科技管理力量得到加强。中铁轨道系统集团公司建立科技管理部门，中铁十八、二十一局集团公司将科技管理职能从综合部门分出，成立独立的科技管理职能部门。股份公司已有 16 家二级单位设立科技管理部门。三级单位科技管理部门正在逐步建立，中铁十七局集团公司所属工程公司均设置专职科研管理机构，配备科技管理人员1～3名，提高了服务质量，提升了科技管理水平。

二是完善科技管理制度。依据股份公司有关科技管理办法，各集团公司制定适合自身实际的科技管理制度或办法。2010年，中国土木工程集团公司，中铁十五、十六、十八、十九、二十五局集团公司，中铁建电气化局集团公司结合技术中心及高新企业认定的需要，修订或重新出台科技管理办法，进一步规范科研活动、细化经费支出，通过制定切实可行的激励措施，调动科技人员的积极性。

4. 享受国家优惠政策。为引导企业创新，国家在税收、人才、融资等方面给予大量优惠政策。股份公司将相关政策上传到技术中心网站，广泛宣传，鼓励引导所属单位充分利用国家优惠政策，促进企业发展；同时根据有关单位的需要，批复研发项目和经费投入。中铁十二、十四、十七局集团公司，中铁第一勘察设计院集团公司规范研发资金统计，中铁十二、十四、十五、十六、十七、十八、十九、二十三局集团公司，中铁建设集团公司、中铁建电气化局集团公司，中铁第四、第五勘察设计院集团公司，中铁上海设计院集团公司、昆明中铁大型养路机械集团公司共享受科研项目税前加计扣除20132万元，为企业创造良好效益。

三、科技研发进展顺利

1. 基础及共性研究能力得到提升。2010年，中铁十三局集团公司进行大跨度、大吨位的缆索起重机安全性能研究；中铁十七局集团公司开发CRTSⅡ型板式无砟轨道施工布板软件，提升了企业综合施工水平和技术集成能力；中铁二十三局集团公司研发的CRTSⅢ型无砟轨道板获得国家专利30项，初步形成具有中国特色、可以走出国门的中国式无砟轨道体系；中铁第五勘察设计院集团公司总结形成《铁路桥梁施工机械配置指导意见》，将桥梁工程机械装备的选型配套技术从经验选型转向科学选型；中铁建电气化局集团公司研制成功具有自主知识产权的高性能铜镁接触线，形成成套生产技术，实现研究一个课题，拥有一个产品，发展一个工厂的目标。

2. 以工程为依托的科研项目进展顺利，为重难点工程提供了技术支撑。中铁十四局集团公司结合南京长江隧道工程，完成30多项子课题的研究任务，确保隧道顺利建成；中铁十六局集团公司依托天津铁路盾构隧道，完成"超深地下连续墙施工及富水砂层、大直径超长距离泥水平衡盾构机选型技术"研究任务；中铁十八、二十二局集团公司结合厦门翔安海底隧道海底风化深槽地层特性，对大断面海底隧道施工机械配套等进行综合研究，确保厦门翔安隧道顺利建成通车，展示了股份公司海底隧道施工的技术水平和实力；中铁第一勘察设计院集团公司完成"郑西铁路客运专线黄土地区工程地质问题及对策"等一系列课题研究，对郑西铁路客运专线建设发挥了重要保障作用；中铁第四勘察设计院集团公司开展"客运专线无砟无缝线路关键技术研究"等一系列课题研究，为武广高速铁路路基设计、施工、建设管理以及后期的运营提供了科学依据。股份公司先后对"广珠铁路西江特大桥施工技术研究"、"海河特大桥310米跨双索面钢混梁独塔斜拉桥施工技术"、"兰新铁路第二线双线防风技术研究"等课题开展研究，目前这些工程施工有序推进。

3. 新产品研制成效显著，为工业板块的快速发展奠定了基础。中铁二十局集团公司研制的YCP35型平衡冲击压路机、Ⅰ/Ⅱ－s－L－800线上砂浆作业车已形成生产能力并申请专利；中铁第五勘察设计院集团公司"动态变形模量Evd测试仪"和"变形模量Ev2测试仪"在武广等多条高速铁路的路基检测中应用，相关指标被《高速铁路设计规范》采纳；中铁轨道系统集团公司抓住高速铁路跨越式发展的机遇，与铁道部科学研究院共同进行高速铁路扣件系统研发，产品取得铁道部工程管理中心颁发的自主研发考核合格证和铁道部运输局颁发的高速铁路四套扣件（Ⅳ型、Ⅴ型、WJ－7型、WJ－8型）上道许可证，已应用于合宁、哈大、沪杭等铁路客运专线；中铁昆明大型养路机械集团公司研制的DWL－48连续走行捣固稳定车、YHG－1200移动式焊轨车于2010年5月通过铁道部技术审查，年产值实现过亿元。

四、设计施工技术不断突破，技术水平再上新台阶

1. 占据高速铁路建设技术的制高点。高速铁路是铁路技术的制高点，中国铁建承担60%以上的勘察设计任务及45%以上的施工任务。中国铁建开发大量高速铁路设计施工技术，掌握各种地质条件下的高速铁路路基、桥梁、隧道、无砟轨道、"四电"集成、大型站房等建设和养护技术。主持、编制大部分高速铁路设计、施工和验收标准、规范，配合铁道部形成高速铁路标准体系。参建的郑西、福厦、成灌、沪宁、昌九城际、沪杭高速铁路相继建成通车。5月在沪杭高速铁路试运行中创造时速416.6公里的世界铁路最高运营速度，10月在中国铁建承担建设的京沪高速铁路试验段上又创造时速486.1公里的新的世界运营最高速度，为中国高速铁路建设作出突出贡献。

2. 桥梁建设技术有突破。中铁十二局集团公司施工完成的沪杭高速铁路跨沪杭高速公路主跨160米自锚上承式转体拱桥，为目前高速铁路同类桥型中跨度最大、速度目标值最高（350公里/小时）、转体重量最大（16800吨）的无砟轨道桥梁，其建造技术达到国际领先水平；中铁十三局集团公司承建的沪蓉西高速

公路支井河大桥顺利通车，使中国铁建施工的桥梁跨度实现飞跃，是世界最大跨度的上承式拱桥；中铁十四局集团公司广深港铁路客运专线沙湾跨度168米的连续刚构桥梁成功合龙，是高速铁路最大跨径的连续刚构桥，技术水平世界领先；中铁二十三局集团公司承建的雅泸高速公路干海子特大桥是交通运输部科研示范项目，全长1811米，桥型为钢管混凝土格构墩桁架连续梁桥，桥型结构为国内首创，适合高地震烈度地域，其技术水平国际领先，目前工程进展顺利。

3. 隧道及地下工程建设技术继续保持行业领先。一是世界上修建难度最大、技术难题最多的盾构隧道——南京长江隧道建成通车。该隧道由股份公司管理、中铁第四勘察设计院集团公司设计、中铁十四局集团公司施工。施工中攻克盾构直径超大（14.93米）、水压最高（0.65兆帕/平方厘米）、地质复杂、透水性强、覆土超薄、掘进距离长（3公里）、水下高压盾构换刀等技术难题，平均月掘进250米，技术水平世界领先。二是国内首座海底隧道——厦门翔安海底隧道顺利建成通车。该隧道由中铁十八、二十二局集团公司承建，标志着中国首座海底隧道建设实现突破。三是世界上修建难度最大的铁路隧道——宜万铁路齐岳山隧道建成通车，标志着宜万铁路所有风险隧道均实现突破，技术水平世界领先。四是水下盾构施工取得宝贵经验。在广深港铁路客运专线狮子洋隧道施工中，攻克单机推进距离长、穿越地层复杂等技术难题，成功实现江中对接。五是穿越复合地层直径最大的盾构隧道——广深港铁路客运专线福田车站施工进展顺利。该工程是中国首座大型国铁与城轨连接并在周围高楼林立的环境中建设的地下车站，基坑最大跨度78米，平均深度32米，采用直径13.23米的泥水平衡盾构施工，目前各项工作有序可控。这些隧道工程的成功实施，标志着中国铁建在保持山岭隧道设计施工技术领先地位的同时，又实现越江跨海隧道和高岩溶地区隧道修建技术的突破，领先优势不断巩固。

4. 高速铁路电气化技术迅速提高。“四电”系统集成是修建高速铁路的关键技术之一。中国铁建针对新建时速350公里高速铁路“四电”系统集成技术研究，解决高速铁路“四电”系统集成的重点问题，在新型施工装备研制、额定恒张力放线工艺、接触网施工调整技术、330千伏牵引变电设备安装调试技术、GSM－R无线网络优化技术、列控系统接口及安全管理技术等方面，形成一整套协调匹配的子系统接口技术和系统设备综合联调联试技术，为时速350公里的郑西高速铁路“四电”系统集成提供技术支撑，相关技术填补国内空白，并实现高速铁路电气化接触网零部件国产化。

5. 工业制造技术达国际先进水平。中铁轨道系统集团公司在引进、消化、吸收的基础上，开展“引进道岔技术及工装设备的国产化研究”，系统掌握时速250、350公里道岔生产技术和生产工艺。时速250公里的铁路客运专线道岔已批量生产，并广泛应用于铁路建设中；时速350公里的高速铁路道岔已试制完成，经铁道部专家组鉴定，道岔研究、设计、制造技术达到国际先进水平。目前道岔已成为中铁轨道系统集团公司的核心产品，并形成品种齐全的轨道产业。铁路道岔、扣配件和岔枕生产技术已成功应用于沪杭高速铁路，为沪杭高速铁路试验速度达到416.6公里/小时提供了保障，受到铁道部的高度赞扬。中铁轨道系统集团公司独立设计制造7台适应不同地质条件下的土压平衡式盾构机，形成具有完全自主知识产权的盾构机制造技术。工业产品为中国铁建施工主业提供了设备支持，实现施工工艺和施工设备的互相促进。

6. 站房等公共建筑设计施工技术快速提升。中国铁建承担近百座高速铁路车站设计施工任务，其中承担了标志性大型客站——武汉、广州站的设计任务和上海、广州站的施工任务。新武汉站在国内首次采用站房、站场、广场、地铁叠合式立体布局的站桥合一车站形式，其站场以10座并列的大跨铁路桥的形式架空于城市广场之上，并与车站建筑融为一体，使土地利用率更高，旅客流线更短、更便捷。新广州站作为综合交通枢纽，集客运专线、城际铁路和普速铁路、城市公交、地铁、长途车、出租车、社会车等于一体，实现旅客零换乘，年旅客发送量11600万人，成为服务于整个珠三角的地区性车站。在外部造型上，新武汉站以“千年归鹤”的独特建筑造型，新广州站屋面以芭蕉叶作为造型元素，实现建筑造型与传统文化、自然环境的和谐统一。同时，客站设计施工积极运用节能环保新技术、新材料，建造高标准舒适节能的绿色客站。

五、科技管理基础工作不断拓实

1. 科研项目管理不断规范，成果水平不断提高。全系统承担国家及省部级的在研项目84项，获得政府资助6331万元；股份公司在研项目139项，投入研发经费2045万元；各单位在研项目983项，投入研发费用238456.5万元。研发投入比较大的单位有：中铁十一、十二、十四、十七局集团公司，中铁建电气化局集团公司，中铁第一、第四勘察设计院集团公司，中铁昆明大型养路机械集团公司、中铁轨道系统集团公司。所属单位采取有效措施加强科研项目管理，保证科研课题有序进行，课题研究质量不断提高。中国土木工程集团公司召开在研科研课题中期检查及科技开发座谈会，对股份公司下达的科技研发在研课题进行中期检查。各设计院对科研项目均进行结题审查，结题验收工作扎实。其中,中铁第五勘察设计院集团公司加强科研项目跟踪管理,建立健全科研项目监督检查制度,并纳入集团公司质量体系管理。2010年有170项科技成果通过省部级鉴定、验收和股份公司评审,其中鉴定47项,铁道部验收项目31项,股份公司评审89项;成果水平评价为国际领先水平的24项,国际先进水平的59项,国内领先水平的36项,国内先进的14项。成果数量及水平均比2009年有所提高。

2. 科技奖励获得丰收。2010年,中国铁建有4项科技成果获得国家科学技术奖励。“遂渝线无砟轨道关键技术研究与应用”、“秦岭终南山公路隧道建设与运营管理关键技术”、“西气东输工程技术及应用”3项技术成果获国家科学技术进步奖一等奖,“高速铁路900吨简支箱梁建造成套技术与装备”技术成果获国家科学技术进步奖二等奖。全年获省部级科技进步奖50项,其中特等奖2项、一等奖19项、二等奖18项、三等奖11项。所属单位科技管理部门在申报科技奖励工作中,组织到位,选题准确,总结及时,渠道畅通,申报质量提高,其中中铁十三局集团公司获得8项,中铁十七、二十一局集团公司和中铁第四勘察设计院集团公司均获得6项。年内,中国铁建申报财政部中央级建筑施工科技研发奖励项目5项,获奖2项,获得奖金70万元。开展中国铁道建筑总公司科学技术奖评选活动,项目申报数量创历史新高,申报奖励项目166项,130项获得奖励,其中特等奖2项、一等奖28项、二等奖46项、三等奖54项。所属二级单位全年评选科学技术奖376项。

3. 专利数量快速增长,质量明显提高。2010年受理专利453项,其中发明专利134项。授权专利295项,其中发明专利32项,实用新型专利252项。截至2010年底,累计拥有有效专利723项,其中有效发明专利77项,占总量的10.7%。股份公司本部获得有效专利5项、发明专利2项。在专利申请量快速增长的同时,专利申请质量也大幅提高,其中“一种中跨连续梁造桥机”发明专利获第十二届中国专利奖优秀奖。

4. 工法开发继续保持优势。所属单位积极申报省部级工法,全年获得省部级工法190项。其中,铁道部工法65项,占2010年度铁道部工法119项的54.62%;交通运输部工法30项;各省市工法95项。中铁十二局集团公司工法开发管理最好,获铁道部工法14项,交通运输部工法3项,省级工法33项。积极组织2010年度中国铁道建筑总公司优秀工法评审工作,全系统申报优秀工法137项,评审优秀工法98项,其中一等奖45项、二等奖53项。所属二级单位全年评选优秀工法218项。

5. 加大重大项目技术方案审查力度。2010年,各集团公司组织技术方案评审近200次。中铁十二局集团公司组织转体桥等3项工程的施工技术方案评审,中铁十三局集团公司进行重庆两江桥深水基础等22项工程的施工技术方案评审,中铁十五局集团公司开展天津集疏港海河大桥等11项工程的施工技术方案评审,中铁十七局集团公司对临吉高速公路松卜岭隧道等30个项目进行施工技术方案评审,中铁十八局集团公司对天津滨海新区中央大道海河隧道等10多项工程开展施工技术方案评审,中铁十九局集团公司进行云桂铁路等7项工程的施工技术方案评审,中铁二十局集团公司组织青烟威荣城际铁路桥梁等项目施工技术方案评审,中铁二十三局集团公司组织干海子大桥专项施工技术方案评审,中铁建电气化局集团公司分专业对石武、京石铁路客运专线等项目进行施工技术方案评审。

6. 积极开展技术交流和培训,加强技术推广,促进资源共享。为使系统内广大技术人员及时了解、掌握先进的工程设计和施工技术,股份公司主办高速铁路Ⅲ型板式无砟轨道创新技术观摩交流会,交流、学习Ⅲ型板式无砟轨道施工技术。各单位主办各种交流会22次。其中,中铁十三局集团公司主办盾构施工技术交流及技术培训会;中铁二十局集团公司主办无缝线路铺设技术交流会;中铁二十四局集团公司主办CRTSⅡ型板式无砟轨道铺设施工技术观摩会;中铁第五勘察设计院集团公司主办首届铁路加筋土技术研讨会。所属单位积极参加世界高速铁路大会等相关学会、协会技术交流活动,全年有1500余人次工程技术人员参加技术交流,达到相互学习,共同提高的目的。

7. 科技总结工作不断加强。2010来,全面梳理股份公司技术中心资料,包括三年来的科技投入、对外合作的技术项目,有效专利,认定的实验室或检测机构,科技奖励,主持和参加制定的标准,企业获奖情况等。为全面了解全系统的科技状况,下发科技调查问卷,整理2006年以来的科技资料,建立科技台账,并将相关材料上报国资委。年内,股份公司对4个设计院开展调研,形成设计调研报告等材料。编印《2009年工程建设优秀科技论文选编》、2007~2009年度《工法汇编》,分发各单位学习。召开第4次股份公司技术中心网站研讨会,提高各单位利用技术中心网站开展科技活动的能力,对工作成绩突出的信息员进行表彰。

六、设计管理

1. 超额完成年度计划。截至2010年底,股份公司4家设计院勘察设计咨询业务新签合同总额86.04亿元,完成年内控计划的115%,比2009年增长41.6%;完成总产值79.19亿元,完成年内控计划的125.7%,同比增长47.2%。其中,中铁第一勘察设计院集团公司新签合同额30.37亿元,完成年内控计划的127%,完成总产值33.95亿元,完成年内控计划的154.3%;中铁第四勘察设计院集团公司新签合同额31.54亿元,完成年内控计划的105%,完成总产值27.05亿元,完成年内控计划的104%;中铁第五勘察设计院集团公司新签合同额14.55亿元,完成年内控计划的132%,完成总产值10.35亿元,完成年内控计划的129.4%;中铁上海设计院集团公司新签合同额9.58亿元,完成年内控计划的95.8%,完成总产值7.84亿元,完成年内控计划的112%。

2. 设计能力进一步提升。随着中铁第五勘察设计院集团公司成功进入350公里/小时的高速铁路设计领域,标志着股份公司4家设计院均进入高速铁路勘察设计市场。轨道交通方面有新突破,中铁第四勘察设计院集团公司的城市轨道交通项目有44项,其中总体总包项目19项,线路总长550.5公里,业务总量和综合实力跃升国内第一;中铁第一勘察设计院集团公司中标西安地铁3号线总体总包,同时增添高等级公路业绩,实现成渝高速公路复线(重庆境内)项目的总体设计。（王清明）

【高速铁路Ⅲ型板式无砟轨道创新技术观摩交流会】 为交流、学习Ⅲ型板式无砟轨道施工技术,推进全系统技术资源共享,提高股份公司无砟轨道施工整体技术水平和市场竞争能力,8月11日~12日,在四川成都组织召开高速铁路Ⅲ型板式无砟轨道创新技术观摩交流会。此次观摩交流会由中铁二十三局集团公司承办,中铁十一至二十五局集团公司、中国土木工程集团公司、中铁轨道系统集团公司,中铁第一、第四、第五勘察设计院集团公司和中铁上海设计院集团公司近80名专家和学者参加会议。与会人员观摩投入营运的成(都)灌(县)城际高速铁路青城山、都江堰车站Ⅲ型无砟轨道纵连结构体系和支线无轨道板安装施工,以及中铁二十三局集团公司开发的“路基纵连板式无砟轨道不中断行车、快速维修关键技术及工艺、工法研究”的100米试验段。（许和平）

【7项工程获中国土木工程詹天佑奖】 2010年,中铁第四勘察设计院集团公司设计的武昌火车站改扩建工程;中铁第一勘察设计院集团公司设计,中铁十二局集团公司参建的武汉北编组站工程;中铁第四勘察设计院集团公司勘察设计,中铁十一、十二、十七、二十四、二十五局集团公司参建的合肥至武汉铁路工程;中铁第四勘察设计院集团公司勘察设计的武汉长江隧道工程;中铁十二局集团公司承建,中铁十一局集团公司参建的石太铁路客运专线南梁隧道工程;中铁十一、十二、十八局集团公司参建的云南思茅至小勐养高速公路工程;中铁十五、十八局集团公司参建的南京至淮安高速公路工程获第十届中国土木工程詹天佑奖。（李庆民）

【重大项目技术方案审查情况】 2010年,加大技术重难点工程的管控力度,根据工程项目采用的技术、材料、设备、工艺及安全风险等情况,确定“云桂铁路南盘江大桥”等27项工程为股份公司的技术重难点工程。年内组织专家对阿尔及利亚铁路甘塔斯隧道、广深港铁路客运专线深圳福田站、宁杭铁路客运专线跨京杭运河特大桥等项目的施工技术方案进行评审,为重难点项目搭建技术攻关平台,提供技术支撑。（李庆民）

【中国铁建优秀工法评审】 2010年,全系统申报中国铁道建筑总公司优秀工法137项,评审通过优秀工法98项。其中,一等奖45项;二等奖53项。各单位积极申报省部级工法,获省部级工法190项。其中,铁道部工法65项;交通运输部工法30项;省市级工法95项。（李庆民）

【工程建设标准化】 2010年,全系统承担52项标准的制定与修订,其中主持编写《城际铁路设计规范》《铁路工程设计技术手册》《高速铁路路基工程质量验收标准》等30项技术标准。积极参加标准的翻译工作,年内完成中国铁路技术标准英文版翻译15项。对国家、行业和地方没有统一规定的特殊建设工程,各集团公司积极编写企业标准,全年制定企业标准119项。（李庆民）

【申报创新型企业】 中国铁建积极响应国家科学技术部、国资委和中华全国总工会三部委开展的建设创新型企业的号召,不断完善科技创新体系,推动中国铁建在创新体制机制、加强创新基础和能力建设、加大研发投入力度、培养和吸引创新人才、培育创新文化等方面的工作。2010年12月,中国铁建全面总结3年来的科技创新工作,向三部委申报创新型企业,已通过三部委专家评审。（彭京渝）

【股份公司技术中心网站】 股份公司技术中心网站与清华万方继续合作,网站数据库在已有建筑科学等5个专题495种期刊的基础上,新增无线电电子学与电信技术、环境科学与安全科学两个专题,增加论文7万余篇。年内,数据库被查询检索76941次,下载论文41690篇。全年发布科技动态和最新成果500余篇,

在网站资料库中新增铁路标准规范83本、科技专家信息528条,专家信息按照专业领域、工作单位等提示进行查询。（彭京渝）

【股份公司技术中心网站研讨会】 5月26日~27日在上海召开第4次股份公司技术中心网站研讨会,股份公司系统26个单位参加会议。会议总结网站2010年的工作情况,公布各单位全年CNKI数据库和万方数据库的使用情况及信息报送情况,表彰信息报送工作成绩突出单位5个。其中,中铁十四、二十二局集团公司获一等奖;中铁十六、十九局集团公司和昆明中铁大型养路机械集团公司获二等奖。（彭京渝）

【股份公司技术中心网站会议】 5月26日~27日,股份公司在北京召开中央企业技术创新信息平台培训暨股份公司技术中心网站研讨会。股份公司本部及二级单位的科技信息管理人员30余人参加会议。会议传达国资委《关于中央企业技术创新信息平台建设有关工作的通知》和中央企业技术创新信息平台建设工作视频会议有关精神,部署股份公司信息平台建设和内容保障工作,表彰信息报送工作成绩突出的单位5个。其中,中铁十六、十四局集团公司获一等奖;中铁十八、二十二局集团公司和中铁第一勘察设计院集团公司获二等奖。（彭京渝）

【股份公司科技专家库】 为促进技术传递、专家资源在股份公司系统内共享,经审核,确定528名技术专家入选股份公司科技专家库,并下发《关于公布股份公司科技专家库专家名单的通知》。专家库分为线路与轨道、岩土工程与路基、混凝土与桥梁工程、隧道与地下工程、电力电气化、通信信号、工业与民用建筑、站场、机械、信息化、科技管理12个专业。专家库收录专家的专业业绩、工作经历、联系方式等基本信息,供各级管理人员和技术人员查询。（彭京渝）

【科技研究开发计划】 根据中国铁道建筑总公司《科技研发项目计划管理办法》,2010年,中国铁建新立科技研究开发计划项目68项,本级资助研发经费1925万元;资助工程实验室、技术中心网站等相关费用120万元。（黄 宁）

【科技成果鉴定评审】 2010年,股份公司有138项科研成果通过省部级鉴定及股份公司评审,成果数量及水平较往年有较大提高。（贾志武）

【获国家科学技术进步奖4项】 2010年,中国铁建获国家科学技术进步奖4项。其中,“遂渝线无砟轨道关键技术研究与应用”、“秦岭终南山公路隧道建设与运营管理关键技术”、“西气东输工程技术及应用”获国家科学技术进步奖一等奖,“高速铁路900吨简支箱梁建造成套技术与装备”获国家科学技术进步奖二等奖。（程博华）

【获省部级科学技术进步奖50项】 2010年,中国铁建获省部级科学技术进步奖50项。其中,特等奖2项;一等奖19项;二等奖18项;三等奖11项。（程博华）

【中国铁建科学技术奖评选】 2010年,全系统申报中国铁道建筑总公司科学技术奖励项目166项,评选奖励130项。其中,特等奖2项;一等奖28项;二等奖46项;三等奖54项。（程博华）

【获中国勘察设计协会行业奖6项】 2010年,中国铁建系统获中国勘察设计协会行业奖6项。其中,一等奖3项;三等奖3项。（程博华）

【获省部级勘察设计“四优”奖49项】 2010年,中国铁建系统获省部级勘察设计“四优”奖49项。其中,优秀工程勘察3项;优秀工程设计31项;优秀工程标准设计4项;优秀工程勘察设计软件11项。（程博华）

【中国铁建优秀工程勘察设计奖评选】 2010年,中国铁道建筑总公司评选勘察设计“四优”奖40项。其中,优秀工程勘察9项;优秀工程设计21项;优秀工程标准设计5项;优秀工程勘察设计软件5项。（程博华）

【咨询资质】 2010年完成中铁第四勘察设计院集团广州设计院有限公司咨询资质的资格变更和中铁第一勘察设计院集团公司、中铁上海设计院集团公司、中铁第一勘察设计院集团兰州铁道设计院有限公司、中铁第四勘察设计院集团南宁勘察设计院有限公司咨询资质非资格变更的初审与申报工作。（程博华）

【中国铁建优秀科技论文评选】 依据中国铁道建筑总公司《优秀科技论文评选办法》,组织2010年度中国铁建优秀科技论文评审,征集论文238篇,评选出优秀论文124篇。其中,一等奖37篇;二等奖87篇。（梁爱珍）

【中国铁建海外工程优秀论文评选】 为及时总结海外工程建设过程中取得的经验及教训，加强海外工程技术积累和人才培养，进一步提升中国铁建海外建筑市场的竞争能力，中国铁建举办首次海外工程优秀论文评选。11月，经专家评审，评选海外工程优秀论文一等奖33篇、二等奖83篇。（梁爱珍）

【授权专利】 2010年，中国铁建获得授权专利295项、发明专利32项。累计获得授权专利725项、发明专利77项、软件著作权20项。（张育红）

【中国铁建技术中心建设】 截至2010年底，中国铁建有省级技术中心22个。年内，股份公司本级和中铁第五勘察设计院集团公司技术中心被认定为北京市技术中心；各集团公司已认定的20个省级技术中心通过年度复审。（张育红）

【高新技术企业】 截至2010年底，股份公司有22家集团公司被认定为高新技术企业。其中，昆明中铁大型养路机械集团公司和中铁轨道系统集团公司被认定为国家级高新技术企业；18家工程公司通过认定。中铁十三、十五、十六、十七局集团公司，中铁第四、第五勘察设计院集团公司，中铁上海设计院集团公司、中铁轨道系统集团公司、中铁建电气化局集团公司9家企业享受国家高新技术企业税收优惠政策，全年减免税8562万元。（张育红）

2010年度中国铁建获第十届中国土木工程詹天佑奖情况表

序号	获奖工程名称	获　奖　单　位
1	武昌火车站改扩建工程	中铁第四勘察设计院集团公司
2	武汉北编组站工程	中铁第一勘察设计院集团公司，中铁十二局集团公司
3	合肥至武汉铁路工程	中铁第四勘察设计院集团公司，中铁十一、十二、二十五、十七、二十四局集团公司
4	武汉长江隧道工程	中铁第四勘察设计院集团公司
5	石太铁路客运专线南梁隧道工程	中铁十二、十一局集团公司
6	云南思茅至小勐养高速公路工程	中铁十二局集团二公司，中铁十八局集团公司，中铁十一局集团四公司
7	南京至淮安高速公路工程	中铁十八、十五局集团公司

制表：许和平

2010年度中国铁建获国家科学技术奖情况表

序号	获奖项目名称	获奖等级	颁奖机关	获奖单位
1	西气东输工程技术及应用	一等奖	国家科学技术奖励委员会	中铁十六局集团公司
2	秦岭终南山公路隧道建设与运营管理关键技术	一等奖	国家科学技术奖励委员会	中铁十二局集团公司
3	遂渝铁路无砟轨道关键技术研究与应用	一等奖	国家科学技术奖励委员会	中铁十八局集团公司
4	高速铁路900吨简支箱梁建造成套技术与装备	二等奖	国家科学技术奖励委员会	中铁第五勘察设计院集团公司，中国铁建股份公司，中铁十三、十七、十六、十二局集团公司

制表：程博华

2010年度中国铁建获省部级科学技术进步奖情况表

序号	获奖项目名称	获奖等级	颁奖机关	获奖单位
1	复杂地形地质条件下山区高速公路建设成套技术	特等奖	中国公路学会	中铁十三局集团公司
2	超高墩大跨连续刚构桥综合施工技术	特等奖	中国施工企业管理协会	中铁十七局集团公司
3	马鹿箐隧道岩溶溃水风险控制及处治技术	一等奖	中国施工企业管理协会	中铁十一局集团公司
4	250公里/小时客运专线无砟轨道大跨度斜腿刚构桥竖向转体综合施工技术	一等奖	中国施工企业管理协会	中铁十一局集团公司
5	客运专线大跨度下承式钢管混凝土提篮式系杆拱桥施工技术	一等奖	中国施工企业管理协会	中铁十二局集团公司
6	添加剂型高模量沥青混凝土施工技术	一等奖	中国施工企业管理协会	中铁十二局集团公司
7	峡谷条件下430米跨度上承式钢管混凝土拱桥综合施工技术	一等奖	吉林省	中铁十三局集团公司
8	小净距隧道爆破施工关键技术及工程应用	一等奖	湖北省	中铁十三局集团公司
9	富水砂卵石地层土压平衡盾构施工关键技术	一等奖	中国施工企业管理协会	中铁十三局集团公司
10	峡谷条件下430米跨度上承式钢管混凝土拱桥综合施工技术	一等奖	中国施工企业管理协会	中铁十三局集团公司
11	无砟轨道客运专线特殊地质条件下路基沉降变形规律及控制技术	一等奖	中国施工企业管理协会	中铁十四局集团公司
12	CRTSⅡ型板式无砟轨道施工关键技术及成套装备	一等奖	中国施工企业管理协会	中铁十七局集团公司
13	公轨两用特大跨连续刚构桥综合施工技术	一等奖	中国施工企业管理协会	中铁十七局集团公司
14	长江隧桥工程B1标段桥梁综合施工技术	一等奖	中国施工企业管理协会	中铁二十四局集团公司
15	超浅埋下穿铁路、公路长管幕隧道施工关键技术研究	一等奖	中国施工企业管理协会	中铁二十四局集团公司
16	黄土地区高速铁路修建关键技术——郑西铁路客运专线陕西段专题研究	一等奖	陕西省	中铁第一勘察设计院集团公司
17	客运专线无缝道岔群及桥上无缝道岔设计研究	一等奖	中国施工企业管理协会	中铁第四勘察设计院集团公司
18	盾构隧道计算方法及结构设计研究	一等奖	中国施工企业管理协会	中铁第四勘察设计院集团公司
19	快速公交系统(BRT)成套技术研究	一等奖	中国施工企业管理协会	中铁第四勘察设计院集团公司
20	岩盐地区耐腐蚀性混凝土施工技术研究	一等奖	青海省	中铁二十一局集团公司
21	铁路工程精密控制网测量数据处理系统	一等奖	湖北省	中铁第四勘察设计院集团公司
22	高填石路堤施工关键技术及质量控制研究	二等奖	中国施工企业管理协会	中铁十一局集团公司
23	铁路T型简支梁现场预制循环流水生产线设计与施工技术	二等奖	中国施工企业管理协会	中铁十二局集团公司
24	煤矸石多孔砖节能墙体抗震性能试验研究	二等奖	吉林省	中铁十三局集团公司
25	峡谷条件下430米跨度上承式钢管混凝土拱桥综合施工技术	二等奖	中国公路学会	中铁十三局集团公司
26	严寒地区浅埋土质隧道综合快速施工技术	二等奖	中国施工企业管理协会	中铁十三局集团公司

续表

序号	获奖项目名称	获奖等级	颁奖机关	获奖单位
27	客运专线路基压实参数相关性研究及压实质量快速检测评估技术	二等奖	中国施工企业管理协会	中铁十四局集团公司
28	岩溶隧道防突水突泥地质灾害综合施工技术	二等奖	中国岩石力学与工程学会	中铁十六局集团公司
29	CRTSⅡ型板式无砟轨道施工关键技术及成套装备	二等奖	财政部	中铁十七局集团公司
30	铁路客运专线双块式无砟轨道及整体道岔施工技术	二等奖	天津市	中铁十八局集团公司
31	180米自锚式桁吊组合全焊钢结构桥成套施工技术研究	二等奖	中国施工企业管理协会	中铁十八局集团公司
32	TB880E型隧道掘进机整机修复改进及在中天山特长隧道的应用	二等奖	中国施工企业管理协会	中铁十八局集团公司
33	紧邻运营线路高危山体危岩综合整治技术研究	二等奖	中国工程爆破协会	中铁二十局集团公司
34	汶川大地震龙溪隧道特长大瓦斯隧道恢复强抢建技术研究	二等奖	甘肃省	中铁二十一局集团公司
35	汶川大地震龙溪特长瓦斯隧道恢复抢建技术研究	二等奖	中国施工企业管理协会	中铁二十一局集团公司
36	宜万铁路高压富水岩溶隧道施工关键技术	二等奖	中国施工企业管理协会	中铁二十一局集团公司
37	DXZ32/900型下承自行式移动模架研制及现浇箱梁施工技术研究	二等奖	河北省	中铁二十二局集团公司
38	单元板式无砟轨道综合施工测量技术	二等奖	中国施工企业管理协会	中铁二十三局集团公司
39	客运专线信息系统总体架构的研究	二等奖	中国施工企业管理协会	中铁第四勘察设计院集团公司
40	SPJ900/32箱梁架桥机研制及应用	三等奖	山西省	中铁十七局集团公司
41	上跨地铁线路超浅埋暗挖双孔大断面隧道变形控制技术	三等奖	山西省	中铁十七局集团公司
42	(40+64+40)米大跨度铁路连续槽型梁成套施工技术研究	三等奖	天津市	中铁十八局集团公司
43	滨海新区现代有轨电车轨道浇注材料应用示范及产业化	三等奖	天津市	中铁十八局集团公司
44	青藏高原冻土区房屋建筑施工技术研究	三等奖	甘肃省	中铁二十一局集团公司
45	相邻既有线铁路隧道全断面爆破施工控制技术研究	三等奖	新疆维吾尔自治区	中铁二十一局集团公司
46	客运专线长大距离电缆线路供电技术研究	三等奖	陕西省	中铁第一勘察设计院集团公司
47	“桥—建”组合式高架车站结构研究	三等奖	陕西省	中铁第一勘察设计院集团公司
48	布袋注浆成桩方法	三等奖	湖北省	中铁第四勘察设计院集团公司
49	新建合肥至南京铁路关键技术研究	三等奖	财政部	中铁第四勘察设计院集团公司
50	上海市轨道交通6号线工程声屏障工程施工设计	三等奖	上海市	中铁上海设计院集团公司

制表:程博华

2010年度中国铁建科学技术奖汇总表

序号	获奖项目名称	获奖单位	获奖等级
1	宜万铁路齐岳山高压富水岩溶隧道施工技术研究	中铁十二局集团公司	特等奖
2	厦门翔安海底隧道综合施工技术	中铁十八、二十二局集团公司	特等奖
3	高速铁路自锚上承式拱梁组合体系超大吨位转体桥施工技术	中铁十二局集团公司、中铁第五勘察设计院集团公司	一等奖
4	直径11.2米泥水盾构穿越上软下硬地层施工技术研究	中铁十二局集团公司	一等奖
5	严寒地区软塑粘土地层大断面浅埋隧道施工技术	中铁十三局集团公司	一等奖
6	飞燕式钢管混凝土异型拱桥综合施工技术	中铁十三局集团公司	一等奖
7	高速铁路CRTSⅡ型轨道板预制、铺设创新技术	中铁十五局集团公司	一等奖
8	城市立交异形板桥梁综合补强加固施工技术	中铁十六局集团公司	一等奖
9	南水北调中线穿黄隧洞施工关键技术研究与应用	中铁十六局集团公司	一等奖
10	大跨径钢管混凝土系杆拱桥跨越密集铁路站场顶推施工技术	中铁十七局集团公司	一等奖
11	CRTSⅡ型板式无砟轨道施工布板软件	中铁十七局集团公司	一等奖
12	陆域段海底隧道穿越复杂建筑群的施工综合技术	中铁十九局集团公司	一等奖
13	YCP35型平衡冲击压路机	中铁二十局集团公司	一等奖
14	盾构先行条件下拓建地铁车站施工关键技术研究	中铁二十二局集团公司	一等奖
15	CRTSⅢ型无砟轨道板研制及路基纵连板施工维修技术的研究	中铁二十三局集团公司	一等奖
16	客运专线站场各种桩型软基加固综合施工技术研究	中铁二十四局集团公司	一等奖
17	既有城市轨道交通高架桥移梁接驳综合技术研究	中铁二十四局集团公司	一等奖
18	新建武汉北编组站CIPS综合集成自动化施工调试技术	中铁建电气化局集团公司	一等奖
19	高速铁路超细晶强化型铜镁合金接触线	中铁建电气化局集团公司	一等奖
20	黄土地区高速铁路修建关键技术——郑西铁路客运专线陕西段专题研究	中铁第一勘察设计院集团公司	一等奖
21	客运专线长大距离电缆线路供电技术研究	中铁第一勘察设计院集团公司	一等奖
22	武广高速铁路无砟轨道综合技术研究与应用	中铁第四勘察设计院集团公司	一等奖
23	复杂岩溶隧道施工地质超前探测成套技术研究	中铁第四勘察设计院集团公司	一等奖
24	高速铁路电气化及电力关键技术研究及其武广工程示范	中铁第四勘察设计院集团公司	一等奖
25	武广铁路客运专线噪声治理综合技术研究	中铁第四勘察设计院集团公司	一等奖

续表

序号	获 奖 项 目 名 称	获 奖 单 位	获奖等级
26	高速铁路动车组检修基地关键技术研究	中铁第四勘察设计院集团公司	一等奖
27	武广高速铁路精密控制测量技术研究	中铁第四勘察设计院集团公司	一等奖
28	铁路舟桥器材技术升级改造研究	中铁第五勘察设计院集团公司	一等奖
29	武广高速铁路路基填筑质量控制参数试验研究	中铁第五勘察设计院集团公司	一等奖
30	隧道及地下工程管棚法理论研究、关键技术及应用	中铁上海设计院集团公司	一等奖
31	复合式土压平衡盾构机过全断面浅埋富水砂层施工技术	中铁十一局集团公司	二等奖
32	大断面浅埋隧道下穿高速公路施工技术	中铁十二局集团公司	二等奖
33	青藏铁路35千伏输电线路故障检测系统技术研究	中铁十二局集团公司	二等奖
34	高速铁路长大桥梁地段CRTSII型板式无砟轨道施工技术研究	中铁十二局集团公司	二等奖
35	摩天岭公路隧道长陡坡斜井施工技术	中铁十三局集团公司	二等奖
36	客运专线路基压实参数相关性研究及压实质量快速检测评估技术	中铁十四局集团公司	二等奖
37	莱钢厂区复杂环境一千六百万石方深孔控制爆破安全快速施工综合技术	中铁十四局集团公司	二等奖
38	单线铁路大跨度系杆拱桥综合施工技术	中铁十五局集团公司	二等奖
39	等压等渗新型注浆工艺在高压富水松散围岩隧道中的应用	中铁十五局集团公司	二等奖
40	复杂地质下穿既有线及垂直渗流带隧道综合施工技术	中铁十六局集团公司	二等奖
41	京沪高速铁路CRTSⅡ型板式无砟轨道综合施工技术	中铁十六局集团公司	二等奖
42	穿越湿陷性黄土及水平砂泥岩互层富水地质特长隧道施工技术	中铁十六局集团公司	二等奖
43	高速铁路岔区板式轨道系统制造与施工技术	中铁十七局集团公司	二等奖
44	铁路客运专线128米钢箱系杆拱原位拼装施工技术	中铁十七局集团公司	二等奖
45	海工高耐久性混凝土的研制	中铁十九局集团公司	二等奖
46	富水流砂地层下穿立交桥隧道综合施工技术研究	中铁十九局集团公司	二等奖
47	高速铁路预应力混凝土单箱双室箱梁徐变上拱控制综合技术研究	中铁十九局集团公司	二等奖
48	紧邻运营线路高危山体危岩综合整治技术研究	中铁二十局集团公司	二等奖
49	Ⅰ/Ⅱ－s－L－800线上砂浆作业车	中铁二十局集团公司	二等奖
50	既有线施工中无尖轨道岔应用技术	中铁二十局集团公司	二等奖
51	跨既有电气化铁路全封闭高压绝缘挂篮设计施工技术	中铁二十局集团公司	二等奖

续表

序号	获 奖 项 目 名 称	获 奖 单 位	获奖等级
52	跨铁路既有线特大桥连续槽型梁施工关键技术研究	中铁二十一局集团公司	二等奖
53	敦煌火车站高架大截面预应力梁施工关键技术研究	中铁二十一局集团公司	二等奖
54	管幕(棚)支护盾构中继间法顶进箱形桥施工技术	中铁二十四局集团公司	二等奖
55	预拌混凝土环保节能技术研究	中铁建设集团公司	二等奖
56	电气化铁路接触网施工计算系统软件	中铁建电气化局集团公司	二等奖
57	严寒地区无砟轨道关键技术研究	中铁第一勘察设计院集团公司、中铁二十三局集团公司	二等奖
58	新渭南高架车站新型无砟轨道综合技术研究与应用	中铁第一勘察设计院集团公司	二等奖
59	城市轨道交通地裂缝带接触网技术研究	中铁第一勘察设计院集团公司	二等奖
60	“桥—建”组合式高架车站结构研究	中铁第一勘察设计院集团公司	二等奖
61	多源遥感技术在宝兰铁路客运专线工程地质勘察中的应用研究	中铁第一勘察设计院集团公司	二等奖
62	沿海铁路客运专线桥梁结构设计与耐久性技术的研究——沿海铁路客运专线主要桥梁结构技术研究(2006G010 - A)	中铁第四勘察设计院集团公司	二等奖
63	水下浅埋小间距暗挖软岩隧道综合修建技术研究	中铁第四勘察设计院集团公司	二等奖
64	武合铁路隧道单层衬砌结构的研究与试验	中铁第四勘察设计院集团公司	二等奖
65	沿海铁路地基处理技术研究	中铁第四勘察设计院集团公司	二等奖
66	铁路客运专线无砟无缝线路关键技术研究	中铁第四勘察设计院集团公司	二等奖
67	铁路客运专线信号工程设计集成系统	中铁第四勘察设计院集团公司	二等奖
68	武广高速铁路列控系统关键技术研究	中铁第四勘察设计院集团公司	二等奖
69	生产力布局调整后货车检修基地工艺布局的研究	中铁第四勘察设计院集团公司	二等奖
70	高速铁路车站售检票终端数量计算模型有关技术标准研究	中铁第四勘察设计院集团公司	二等奖
71	武广铁路客运专线运输组织关键技术研究	中铁第四勘察设计院集团公司	二等奖
72	铁路客运专线双块式无砟轨道制造、施工成套设备及工艺研究	中铁第五勘察设计院集团公司，中铁十一、十六、十八局集团公司	二等奖
73	焊轨基地生产线综合监控管理系统	南昌路通高新技术有限责任公司	二等奖
74	铁路客运专线道岔钢轨件热处理 S - Q 工艺与装备优化研究	中铁轨道系统集团公司	二等奖
75	武广铁路客运专线汀泗河特大桥综合施工技术	中铁十一局集团公司	三等奖
76	900 吨运架梁一体机架设箱梁施工技术研究	中铁十二局集团公司	三等奖
77	复杂地质地形条件下隧道进出洞施工技术研究	中铁十二局集团公司	三等奖
78	厦深铁路双鹰顶隧道污水处理施工技术	中铁十二局集团公司	三等奖

续表

序号	获 奖 项 目 名 称	获 奖 单 位	获奖等级
79	大型编组站组合道岔群铺设技术	中铁十二局集团公司	三等奖
80	喷锚衬砌在火山凝灰岩大断面隧道中的应用研究	中铁十二局集团公司	三等奖
81	CRTSII 型轨道板制板检测系统的研制	中铁十二局集团公司	三等奖
82	板式无砟轨道道岔板生产技术	中铁十四局集团公司	三等奖
83	时速 350 公里高速岔枕生产技术	中铁十四局集团公司	三等奖
84	大丽铁路松桂 1 号隧道炭质页岩大变形机理研究及综合防治技术	中铁十四局集团公司	三等奖
85	高原高寒草原地区公路铁路植被防护及恢复施工技术	中铁十六局集团公司	三等奖
86	潮汐大流速深水裸露基岩双薄壁墩刚构桥基础及梁部施工技术	中铁十六局集团公司	三等奖
87	狭小空间全套管静压拔桩技术	中铁十六局集团公司	三等奖
88	海南东环铁路美兰机场隧道施工关键技术	中铁十七局集团公司	三等奖
89	不良地质条件下大直径桩基施工技术	中铁十七局集团公司	三等奖
90	斜拉桥索塔承台大体积混凝土施工技术	中铁十七局集团公司	三等奖
91	高寒地区大直径钢波纹管涵施工技术	中铁十七局集团公司	三等奖
92	高速铁路活性粉末混凝土盖板工厂化施工技术	中铁十七局集团公司	三等奖
93	山岭水库区深水桥梁基础施工技术研究	中铁十八局集团公司	三等奖
94	穿越黄河隧道综合施工技术	中铁十八局集团公司	三等奖
95	富水砂层三拱两柱双层地铁车站暗挖施工技术	中铁十八局集团公司	三等奖
96	高架车站正线七箱梁架设施工技术	中铁十九局集团公司	三等奖
97	顶推边墩预加大跨度帽梁应力施工技术	中铁十九局集团公司	三等奖
98	双块式无砟轨道组合式轨道排架法施工技术	中铁十九局集团公司	三等奖
99	大断面隧道下锚段分离式模板衬砌台车成套设备及施工技术	中铁十九局集团公司	三等奖
100	108 米钢桁梁半悬臂法倒三角快速拼架技术	中铁十九局集团公司	三等奖
101	城际铁路系杆刚架拱桥综合施工技术	中铁二十局集团公司	三等奖
102	锡乌铁路 500 米长钢轨铺设和焊接施工技术	中铁二十局集团公司	三等奖
103	铁路客运专线 900 吨过隧箱梁制运架施工技术	中铁二十局集团公司	三等奖
104	相邻既有线铁路隧道全断面爆破施工控制技术研究	中铁二十局集团公司	三等奖
105	斜拉三角挂篮悬臂浇筑预应力混凝土连续梁施工技术	中铁二十二局集团公司	三等奖

续表

序号	获奖项目名称	获奖单位	获奖等级
106	薄壁空心高墩收分式滑模施工技术	中铁二十三局集团公司	三等奖
107	松散体高边坡稳定性分析与监测预警技术研究	中铁二十三局集团公司	三等奖
108	铁路客运专线轨枕埋入式大号码无砟道岔施工技术	中铁二十三局集团公司	三等奖
109	昌九城际铁路工程直接铺设500米长轨条成套施工技术	中铁二十四局集团公司	三等奖
110	分体多枕连续铺轨法施工工艺及设备研制	中铁二十五局集团公司	三等奖
111	厚覆砂层岩溶发育地区桥梁钻孔桩基础施工技术	中铁二十五局集团公司	三等奖
112	山区复杂地形条件下大跨度钢结构施工技术研究	中铁二十五局集团公司	三等奖
113	铁路防灾安全监控系统施工工艺及方法	中铁二十五局集团公司	三等奖
114	潮汐地区超长钢板桩围堰深水基础施工技术研究	中铁二十五局集团公司	三等奖
115	新型复合材料桩研究	中铁建设集团公司	三等奖
116	新建成都至都江堰铁路站后“四电”系统集成工程施工技术	中铁建电气化局集团公司	三等奖
117	滨洲既有线自闭改造工程信号施工技术	中铁建电气化局集团公司	三等奖
118	苏丹500千伏输电线路施工技术	中铁建电气化局集团公司	三等奖
119	CRTSⅡ型板式无砟轨道基准控制网数据采集与数据处理系统研究	中铁第一勘察设计院集团公司	三等奖
120	兰新铁路第二复线道岔融雪综合防治系统应用研究	中铁第一勘察设计院集团公司	三等奖
121	地铁配电变压器容量选择研究	中铁第一勘察设计院集团公司	三等奖
122	武广铁路客运专线全封闭防水技术	中铁第四勘察设计院集团公司	三等奖
123	沿海铁路隧道关键技术研究	中铁第四勘察设计院集团公司	三等奖
124	铁路贯通线融冰技术的研究	中铁第四勘察设计院集团公司，中铁十一局集团公司	三等奖
125	城市交通隧道洞口污染物排放影响分析	中铁第四勘察设计院集团公司	三等奖
126	铁路客运专线及城际铁路车站安全门系统设置研究	中铁第四勘察设计院集团公司	三等奖
127	CORS系统在铁路勘测中的应用研究	中铁第四勘察设计院集团公司	三等奖
128	武汉地铁线网材料配送系统	中铁第四勘察设计院集团公司	三等奖
129	YJZ－I型养路机械记录仪	南昌路通高新技术有限责任公司	三等奖
130	高速铁路客运专线扣件系统研制	中铁轨道系统集团公司	三等奖

制表：程博华

2010 年度中国铁建获省部级以上勘察设计“四优”奖情况表

序号	项目名称	完成单位	评选单位	奖励等级
一	**优秀工程勘察**			
1	郑西铁路客运专线(省界至咸阳西段)无砟轨道工程控制网测量	中铁第一勘察设计院集团公司	中国勘察设计协会	工程测量一等奖
2	温福铁路霞浦隧道工程地质勘察	中铁第四勘察设计院集团公司	湖北省住房和城乡建设厅	一等奖
3	合武铁路大别山隧道工程地质勘察	中铁第四勘察设计院集团公司	湖北省住房和城乡建设厅	二等奖
4	合肥至南京铁路控制测量	中铁第四勘察设计院集团公司	铁道部	三等奖
二	**优秀工程设计**			
1	北京地铁 5 号线工程	中铁第一勘察设计院集团公司	中国勘察设计协会	市政轨道交通一等奖
2	北京地铁 10 号线一期工程	中铁第四、第一勘察设计院集团公司	中国勘察设计协会	市政轨道交通一等奖
3	宝成铁路 109 号隧道震后抢险工程设计	中铁第一勘察设计院集团公司	铁道部	一等奖
4	新丰镇编组站改扩建工程设计	中铁第一勘察设计院集团公司	铁道部	一等奖
5	郑西高速铁路(陕西省境内)轨道工程设计	中铁第一勘察设计院集团公司	陕西省勘察设计协会	一等奖
6	西安铁路枢纽新建北环线工程	中铁第一勘察设计院集团公司	陕西省勘察设计协会	一等奖
7	郑西高速铁路(陕西省境内)电气化及电力工程设计	中铁第一勘察设计院集团公司	陕西省勘察设计协会	一等奖
8	广州市轨道交通 4 号线通信系统设计	中铁第一勘察设计院集团公司	陕西省勘察设计协会	一等奖
9	西安东货车车辆段工程设计	中铁第一勘察设计院集团公司	陕西省勘察设计协会	一等奖
10	北京地铁 10 号线一期工程两站一区间(万柳站至苏州街站)设计	中铁第一勘察设计院集团公司	陕西省勘察设计协会	一等奖
11	合肥至南京铁路总体设计	中铁第四勘察设计院集团公司	铁道部	一等奖
12	新建甬台温铁路深厚层海相软土路基工程	中铁第四勘察设计院集团公司	湖北省住房和城乡建设厅	一等奖
13	甬台温铁路客运专线铁路牵引供电、电力供电系统工程	中铁第四勘察设计院集团公司	湖北省住房和城乡建设厅	一等奖
14	敦煌客站站房设计	中铁第一勘察设计院集团公司	铁道部	二等奖
15	上海轨道交通 9 号线九亭站至七宝站区间设计	中铁第一勘察设计院集团公司	陕西省勘察设计协会	二等奖
16	新建铁路迁曹线滦南至曹妃甸段电气化电力工程	中铁第一勘察设计院集团公司	陕西省勘察设计协会	二等奖
17	神木北新建货车厂修基地工程	中铁第一勘察设计院集团公司	陕西省勘察设计协会	二等奖
18	南宁市桃园大桥工程设计	中铁第一勘察设计院集团公司	陕西省勘察设计协会	二等奖
19	溪洛渡水电站对外交通专用公路设计	中铁第一勘察设计院集团公司	陕西省勘察设计协会	二等奖

续表

序号	项目名称	完成单位	评选单位	奖励等级
20	武昌站站房设计	中铁第四勘察设计院集团公司	铁道部	二等奖
21	武昌南焊轨基地	中铁第四勘察设计院集团公司	铁道部	二等奖
22	新建合肥至武汉铁路路基工程	中铁第四勘察设计院集团公司	湖北省住房和城乡建设厅	二等奖
23	温福铁路昆阳特大桥	中铁第四勘察设计院集团公司	湖北省住房和城乡建设厅	二等奖
24	南京铁路旅客站房	中铁第四勘察设计院集团公司	中国建筑学会	二等奖
25	上海轨道交通6号线港城路车辆段	中铁第一勘察设计院集团公司	中国勘察设计协会	市政轨道交通三等奖
26	杭州市秋石快速路一期工程	中铁第一勘察设计院集团公司	中国勘察设计协会	市政道桥三等奖
27	西延铁路扩能工程无线列调通信设计	中铁第一勘察设计院集团公司	铁道部	三等奖
28	兰青铁路增建二线电气化工程设计	中铁第一勘察设计院集团公司	甘肃省勘察设计协会	三等奖
29	西安市引乾济石调水工程秦岭终南山输水隧洞设计	中铁第一勘察设计院集团公司	陕西省勘察设计协会	三等奖
30	昆明东连接线高速公路施工图设计	中铁第一勘察设计院集团公司	陕西省勘察设计协会	三等奖
31	山东惠青黄河公路大桥	中铁第一勘察设计院集团公司	陕西省勘察设计协会	三等奖
32	溪洛渡水电站渡口乡至新市镇辅助道路大岩洞大桥设计	中铁第一勘察设计院集团公司	陕西省勘察设计协会	三等奖
33	厦门市快速公交(BRT)一期工程1号线岛内线	中铁第四勘察设计院集团公司	中国勘察设计协会	市政道桥三等奖
34	武汉市内环线岳家嘴立交工程	中铁第四勘察设计院集团公司	湖北省住房和城乡建设厅	三等奖
35	新建铁路武汉至孝感城际铁路工程	中铁第四勘察设计院集团公司	湖北省环境保护厅	优秀环境影响报告
36	武昌站房改扩建工程	中铁第四勘察设计院集团公司	中国建筑学会	
三	**优秀工程标准设计**			
1	CRTS I型双块式无砟轨道时速200公里~250公里客运专线铁路(兼顾货运)隧道地段	中铁第四勘察设计院集团公司	铁道部	二等奖
2	时速250公里铁路客运专线(城际铁路)有砟轨道预制后张法预应力混凝土简支整孔箱梁(双线、单箱双室)	中铁第四勘察设计院集团公司	湖北省住房和城乡建设厅	二等奖
3	铁路车站站名牌图集	中铁第一勘察设计院集团公司	铁道部	三等奖
4	时速250公里铁路客运专线(城际铁路)有砟轨道预制后张法预应力混凝土简支整孔箱梁(双线、双箱单室)	中铁第四勘察设计院集团公司	湖北省住房和城乡建设厅	三等奖
四	**优秀工程勘察设计软件**			
1	铁路隧道工程辅助设计系统	中铁第一勘察设计院集团公司	陕西省住房和城乡建设厅	一等奖

续表

序号	项 目 名 称	完 成 单 位	评选单位	奖励等级
2	铁路电气化接触网工程智能设计软件集成系统	中铁第四勘察设计院集团公司	湖北省住房和城乡建设厅	一等奖
3	施工组织进度及平面布置示意图辅助设计系统	中铁第一勘察设计院集团公司	铁道部	二等奖
4	项目管理与设计流程控制系统	中铁第一勘察设计院集团公司	陕西省住房和城乡建设厅	二等奖
5	施工组织进度及平面布置示意图辅助设计系统	中铁第一勘察设计院集团公司	陕西省住房和城乡建设厅	二等奖
6	铁路电力电缆仿真设计软件	中铁第一勘察设计院集团公司	陕西省住房和城乡建设厅	二等奖
7	列车牵引计算、车站分布及运营费计算辅助设计系统	中铁第一勘察设计院集团公司	陕西省住房和城乡建设厅	二等奖
8	T&E 数据库总体设计及实现	中铁第四勘察设计院集团公司	铁道部	二等奖
9	铁路客运专线信号系统计算机辅助设计软件	中铁第四勘察设计院集团公司	湖北省住房和城乡建设厅	二等奖
10	列车牵引计算、车站分布及运营费计算辅助设计系统	中铁第一勘察设计院集团公司	铁道部	三等奖
11	铁路电力架空线路辅助设计软件	中铁第一勘察设计院集团公司	陕西省住房和城乡建设厅	三等奖

制表:程博华

2010 年度中国铁建勘察设计“四优”奖汇总表

序号	项 目 名 称	完 成 单 位	奖励等级
一	**优秀工程勘察**		
1	郑西铁路客运专线(陕西段)工程地质勘察	中铁第一勘察设计院集团公司	一等奖
2	政泉花园二期及一期北商业项目岩土工程勘察	中铁第五勘察设计院集团公司	一等奖
3	阿尔及利亚东西高速公路 M5 标段工程地质勘察	中铁第一勘察设计院集团公司	二等奖
4	新建铁路合肥至武汉段大别山隧道工程地质勘察	中铁第四勘察设计院集团公司	二等奖
5	改建铁路宁启线南京至南通段复线电气化改造工程精密控制测量	中铁上海设计院集团公司	二等奖
6	沈哈铁路客运专线 CPII 精密控制测量	中铁第一勘察设计院集团公司	三等奖
7	新建铁路兰渝线(兰州至广元段)精密工程控制测量	中铁第一勘察设计院集团公司	三等奖
8	安化南里危改小区工程	中铁第五勘察设计院集团公司	三等奖
9	3、4 号线上海火车站新建地下空间工程地质勘察	中铁上海设计院集团公司	三等奖
二	**优秀工程设计**		
1	新建武汉北编组站工程	中铁第一、第四勘察设计院集团公司	一等奖
2	阿尔及利亚东西高速公路 M5 标段施工图设计	中铁第一勘察设计院集团公司	一等奖
3	上海轨道交通 9 号线九亭站至七宝站区间设计	中铁第一勘察设计院集团公司	一等奖
4	新建武汉动车段工程	中铁第四勘察设计院集团公司	一等奖

续表

序号	项 目 名 称	完 成 单 位	奖励等级
5	沪汉蓉通道合肥至武汉段牵引、电力供电系统工程设计	中铁第四勘察设计院集团公司	一等奖
6	上海轨道交通7号线工程弱电系统设计	中铁上海设计院集团公司	一等奖
7	西安东车辆段迁建工程设计	中铁第一勘察设计院集团公司	二等奖
8	溪洛渡水电站渡口乡至新市镇辅助道路大岩洞特大桥设计	中铁第一勘察设计院集团公司	二等奖
9	新建铁路迁曹线滦南至曹妃甸段电气化电力工程设计	中铁第一勘察设计院集团公司	二等奖
10	新建合肥至南京铁路膨胀土路基工程设计	中铁第四勘察设计院集团公司	二等奖
11	新建合肥至武汉铁路路基工程设计	中铁第四勘察设计院集团公司	二等奖
12	苏州市人民路北延下穿沪宁铁路立交工程	中铁第四勘察设计院集团公司	二等奖
13	合武铁路大别山隧道	中铁第四勘察设计院集团公司	二等奖
14	溪洛渡水电站对外交通专用公路设计	中铁第一勘察设计院集团公司	三等奖
15	北京地铁10号线一期工程两站一区间(万柳站至苏州街站)设计	中铁第一勘察设计院集团公司	三等奖
16	襄渝铁路二线老河口汉江特大桥设计	中铁第一勘察设计院集团公司	三等奖
17	溪洛渡对外交通专用公路大路梁子隧道设计	中铁第一勘察设计院集团公司	三等奖
18	合武铁路竹根河特大桥	中铁第四勘察设计院集团公司	三等奖
19	武汉长江隧道工程电力系统	中铁第四勘察设计院集团公司	三等奖
20	北京市工商行政管理局通州分局企业综合楼	中铁第五勘察设计院集团公司	三等奖
21	上海市轨道交通11号线北段一期工程声屏障设计	中铁上海设计院集团公司	三等奖
三	**优秀工程标准设计**		
1	时速250公里铁路客运专线(城际铁路)有/无砟轨道预制后张法预应力混凝土简支整孔箱梁(双线、单箱双室)	中铁第四勘察设计院集团公司	一等奖
2	铁路车站站名牌图集	中铁第一勘察设计院集团公司	二等奖
3	桥上接触网钢柱安装图、桥上接触网钢柱及支架构造图	中铁第一勘察设计院集团公司	二等奖
4	CRTS Ⅰ型双块式无砟轨道时速200公里~250公里客运专线(兼顾货运)隧道地段通用参考图	中铁第四勘察设计院集团公司	二等奖
5	铁路箱梁预制场平面布置图	中铁第五勘察设计院集团公司	二等奖
四	**优秀工程勘察设计软件**		
1	列车牵引计算、车站分布及运营费计算辅助设计系统	中铁第一勘察设计院集团公司	一等奖
2	铁路隧道工程辅助设计系统	中铁第一勘察设计院集团公司	二等奖
3	铁路电力电缆仿真设计软件	中铁第一勘察设计院集团公司	二等奖
4	铁路工程精密控制网测量数据处理系统	中铁第四勘察设计院集团公司	二等奖
5	轨道桥梁辅助设计系统	中铁第四勘察设计院集团公司	二等奖

制表:程博华

2010年度中国铁建获省部级工法汇总表

序号	工　法　名　称	开　发　单　位	认定机构
1	CRTS Ⅰ型板式无砟轨道底座板及凸台施工工法	中铁十一局集团公司	铁道部
2	CRTS Ⅰ型板式无砟轨道水泥乳化沥青砂浆施工工法	中铁十七局集团公司	铁道部
3	CRTS Ⅰ型无砟轨道长轨静态调试工法	中铁十二局集团公司	铁道部
4	特长单线铁路隧道 CRTS Ⅰ型双块式无砟轨道道床施工工法	中铁十四局集团公司	铁道部
5	严寒地区高速铁路 CRTS Ⅰ型板式无砟轨道轨道板生产工法	中铁二十三局集团公司	铁道部
6	CRTS Ⅱ型双块式轨枕生产制造工法	中铁十六局集团公司	铁道部
7	无砟轨道无缝线路施工工法	中铁二十五局集团公司	铁道部
8	单元板式无砟轨道综合施工测量工法	中铁二十三局集团公司	铁道部
9	无砟轨道摩擦板、端刺、过渡板施工工法	中铁十二局集团公司	铁道部
10	高速铁路长枕埋入式大号码无砟道岔施工	中铁二十三局集团公司	铁道部
11	隧道内铺设客运专线有砟大号码道岔施工工法	中铁二十二局集团公司	铁道部
12	钻孔注浆整治岩溶路基施工工法	中铁十七局集团公司	铁道部
13	高压旋喷斜桩加固既有铁路路基工法	中铁十二局集团公司	铁道部
14	高原冻土区涵洞防冻胀融沉施工工法	中铁十一局集团公司	铁道部
15	复杂环境下露天石方控制爆破快速施工工法	中铁十二局集团公司	铁道部
16	时速350公里高速铁路深水大跨桥梁裸岩基础施工工法	中铁十四局集团公司	铁道部
17	桩基钢筋笼采用分体式直螺纹套筒连接快速施工工法	中铁十八局集团公司	铁道部
18	厚覆砂层岩溶发育地区桥梁钻孔桩基础施工工法	中铁二十五局集团公司	铁道部
19	铁路抢修高墩液压顶升施工工法	中铁第五勘察设计院集团公司	铁道部
20	支架法现浇客运专线简支箱梁钢外模滑移转运工法	中铁十二局集团公司	铁道部
21	曲线双向不对称变宽连续箱梁悬灌施工工法	中铁十九局集团公司	铁道部
22	250公里/小时高速铁路无砟轨道铁路大跨度刚构桥斜腿竖向转体施工工法	中铁十一局集团公司	铁道部
23	铁路V型墩连续刚构桥转体施工工法	中铁十六局集团公司	铁道部
24	背索平衡单边悬臂灌筑梁体施工工法	中铁十一局集团公司	铁道部
25	负温条件下铁路双线大跨连续钢桁梁快速悬拼施工工法	中铁十七局集团公司	铁道部
26	108米钢桁梁半悬臂法倒三角快速拼架工法	中铁十九局集团公司	铁道部
27	下承式钢管混凝土提篮拱桥拱肋原位拼装施工工法	中铁十二局集团公司	铁道部
28	高速铁路128米钢箱系杆拱施工工法	中国铁建股份公司、中铁二十一局集团公司	铁道部
29	高速铁路900吨双线简支梁移动模架施工工法	中铁十四局集团公司	铁道部
30	900吨运架梁一体机架设箱梁施工工法	中铁十二局集团公司	铁道部
31	HS900B变幅式架桥机架设32米整孔箱梁施工工法	中铁十五局集团公司	铁道部
32	高架车站正线七箱梁架设施工工法	中铁十九局集团公司	铁道部
33	高速铁路预应力混凝土连续箱梁多点顶推架设工法	中铁十三局集团公司	铁道部
34	顶推边墩预加大跨度帽梁应力施工工法	中铁十九局集团公司	铁道部
35	铁路T型简支梁现场预制循环流水生产线施工工法	中铁十二局集团公司	铁道部
36	城际轨道预制单箱双室箱梁后浇端隔墙施工工法	中铁二十五局集团公司	铁道部
37	高速铁路桥梁混凝土桥面喷涂聚脲防水层施工工法	中铁十七局集团公司	铁道部
38	高速铁路活性粉末混凝土盖板工厂化施工工法	中铁十七局集团公司	铁道部

续表

序号	工　法　名　称	开　发　单　位	认定机构
39	特大体量隐伏岩溶释能降压工法	中铁十一局集团公司	铁道部
40	软弱围岩地段大断面隧道下穿高速公路施工工法	中铁十二局集团公司	铁道部
41	反坡追排水、长距离管道抽淤施工工法	中铁十一局集团公司	铁道部
42	增建二线小间距高风险隧道爆破施工工法	中铁十一局集团公司	铁道部
43	复合式土压平衡盾构机穿越长距离浅埋全断面富水沙层施工工法	中铁十一局集团公司	铁道部
44	风积沙隧道碎石注浆桩加固基底地基施工工法	中铁十五局集团公司	铁道部
45	膨胀岩隧道预留胀缝、刚柔结合支护施工工法	中铁十九局集团公司	铁道部
46	长距离越江破碎带盾构隧道施工工法	中国铁建股份公司 中铁十二局集团公司	铁道部
47	高水压盾构始发洞门水平注浆与静态破除施工工法	中铁十二局集团公司	铁道部
48	分离式模板衬砌台车施工大断面隧道下锚段衬砌工法	中铁十九局集团公司	铁道部
49	大直径铁路隧道泥水盾构掘进与后序工序平行作业施工工法	中铁十二局集团公司	铁道部
50	大断面 TBM 洞内组装工法	中铁十八局集团公司	铁道部
51	隧道边沟电缆槽整浇注施工工法	中铁十二局集团公司	铁道部
52	TB880E 型隧道掘进机整机修复改进工法	中国铁建股份公司、中铁十八局集团公司	铁道部
53	钢管碎石桩压浆与降水联合纠倾施工工法	中铁十二局集团公司	铁道部
54	应用 3D 激光扫描仪监控隧道围岩施工工法	中铁十八局集团公司	铁道部
55	城市轨道交通先隧后站逆序施工工法	中铁二十二局集团公司	铁道部
56	地铁大型超深基坑坡道式开挖施工工法	中铁二十五局集团公司	铁道部
57	无站台柱雨棚大跨度钢桁架跨越接触网吊装施工工法	中铁十一局集团公司	铁道部
58	既有线大跨度钢桁架结构低温条件下安装施工工法	中铁二十一局集团公司	铁道部
59	高速铁路应答器安装调试施工工法	中铁建电气化局集团公司	铁道部
60	高速铁路层绞式光缆分歧头开“天窗”接续工法	中铁建电气化局集团公司	铁道部
61	350 公里/小时高速铁路接触网弹性悬挂安装调整施工工法	中铁建电气化局集团公司	铁道部
62	高速铁路无砟轨道区段接触网支柱安装施工工法	中铁建电气化局集团公司	铁道部
63	铁路大桥接触网门型梁施工工法	中铁建电气化局集团公司	铁道部
64	高速铁路棘轮补偿下锚安装施工工法	中铁建电气化局集团公司	铁道部
65	高速铁路综合接地贯通地线施工工法	中铁建电气化局集团公司	铁道部
66	大直径沉模薄壁管桩加固软土地基施工工法	中铁十七局集团公司	交通运输部
67	夯实水泥土桩台背地基处理施工工法	中铁十九局集团公司	交通运输部
68	高原高寒草原地区植被防护及恢复施工工法	中铁十六局集团公司	交通运输部
69	新型聚合物改性水泥混凝土路面铺装施工工法	中铁十九局集团公司	交通运输部
70	添加剂型高模量沥青混凝土施工工法	中铁十二局集团公司	交通运输部
71	EME 型高模量沥青混凝土路面施工工法	中铁十七局集团公司	交通运输部
72	桩基钢筋笼采用分体式直螺纹套筒连接快速施工工法	中铁十八局集团公司	交通运输部
73	湿陷性黄土地区旋挖钻干法成孔灌注桩施工工法	中铁二十一局集团公司	交通运输部
74	高速公路高墩大跨度盖梁托架改进施工工法	中铁十七局集团公司	交通运输部
75	桥墩提升式脚手架施工工法	中铁十二局集团公司	交通运输部
76	承台大体积混凝土现场温控施工工法	中铁十七局集团公司	交通运输部

续表

序号	工　法　名　称	开　发　单　位	认定机构
77	矩形薄壁空心高墩收分式液压滑模施工工法	中铁二十三局集团公司	交通运输部
78	复合型上承式钢筋混凝土箱型拱桥施工工法	中铁十六局集团公司	交通运输部
79	大吨位钢筋混凝土箱梁跨密集型铁路站场四滑道多支点顶推施工工法	中铁十七局集团公司	交通运输部
80	多跨连续无风撑斜靠式钢管混凝土拱桥缆索吊吊装施工工法	中铁十三局集团公司	交通运输部
81	多圆弧异型独柱塔悬臂模板施工工法	中铁十五局集团公司	交通运输部
82	宽幅整体特大吨位T型刚构转体施工工法	中铁十七局集团公司	交通运输部
83	全自动、脉冲式、全天候预制梁板喷淋养生系统施工工法	中铁十八局集团公司	交通运输部
84	大跨度桁架式钢筋混凝土预应力斜拉桥挂篮施工工法	中铁十八局集团公司	交通运输部
85	单塔无背索斜拉桥劲性混凝土整体提升模板体系施工工法	中铁二十局集团公司	交通运输部
86	预应力刚性混凝土系杆拱桥支架拼装施工工法	中铁二十局集团公司	交通运输部
87	斜拉三角挂篮悬臂浇注预应力混凝土连续梁施工工法	中铁二十二局集团公司	交通运输部
88	大跨径箱型拱桥无支架吊装施工工法	中铁二十三局集团公司	交通运输部
89	大节段三管结构钢管混凝土拱肋制作工法	中铁二十三局集团公司	交通运输部
90	大直径钢波纹管涵洞施工工法	中铁十七局集团公司	交通运输部
91	分次复式楔形掏槽减振爆破施工工法	中铁十九局集团公司	交通运输部
92	强震后隧道塌方段重建施工工法	中铁二十一局集团公司	交通运输部
93	小半径螺旋隧道施工通风工法	中铁二十三局集团公司	交通运输部
94	严寒地区隧道保温防火层施工工法	中铁十三局集团公司	交通运输部
95	高速公路混凝土防撞护栏滑膜施工工法	中铁十二局集团公司	交通运输部
96	900吨运架梁一体机架设箱梁施工工法	中铁十二局集团公司	山西省
97	铁路T型简支梁现场预制循环流水生产线施工工法	中铁十二局集团公司	山西省
98	添加剂型高模量沥青混凝土施工工法	中铁十二局集团公司	山西省
99	高速铁路无砟轨道倒T型端刺施工工法	中铁十二局集团公司	山西省
100	客运专线桥梁无机复合型(水泥基)栏杆施工工法	中铁十二局集团公司	山西省
101	隐伏岩溶钻孔桩施工工法	中铁十二局集团公司	山西省
102	站场岩溶路基基底CFG桩加固处理施工工法	中铁十二局集团公司	山西省
103	特殊地质条件下越江盾构隧道引道段施工工法	中铁十二局集团公司	山西省
104	隧道边沟电缆槽整体浇注施工工法	中铁十二局集团公司	山西省
105	钢管碎石压浆与降水联合纠倾施工工法	中铁十二局集团公司	山西省
106	高水压盾构始发洞门水平注浆与静态破除施工工法	中铁十二局集团公司	山西省
107	火山凝灰岩隧道快速施工工法	中铁十二局集团公司	山西省
108	长距离水下铁路隧道盾构掘进与底纵梁同步施工工法	中铁十二局集团公司	山西省
109	长距离越江破碎带盾构隧道施工工法	中铁十二局集团公司	山西省
110	化学注浆封堵隧道混凝土渗漏水施工工法	中铁十二局集团公司	山西省
111	跨既有铁路门式钢结构棚洞施工工法	中铁十二局集团公司	山西省
112	高边坡斜交隧道进洞施工工法	中铁十二局集团公司	山西省
113	大断面浅埋隧道下穿高速公路施工工法	中铁十二局集团公司	山西省
114	复杂环境下露天石方控制爆破快速施工工法	中铁十二局集团公司	山西省
115	膨胀性黄土隧道高边坡桩钉复合支护施工工法	中铁十二局集团公司	山西省

续表

序号	工　法　名　称	开　发　单　位	认定机构
116	无砟轨道无缝长轨静态调试施工工法	中铁十二局集团公司	山西省
117	下承式钢管混凝土提篮拱桥拱肋原位拼装施工工法	中铁十二局集团公司	山西省
118	风积粉、细砂隧道安全快速施工工法	中铁十二局集团公司	山西省
119	桥上 CRTSI 型双块式无砟轨道简易工装施工工法	中铁十二局集团公司	山西省
120	槽形连续梁分段现浇施工工法	中铁十二局集团公司	山西省
121	整体滑移式脚手架架设钢网架施工工法	中铁十二局集团公司	山西省
122	无机玻璃钢模壳免拆施工工法	中铁十二局集团公司	山西省
123	给水不锈钢衬塑管安装工法	中铁十二局集团公司	山西省
124	ZYJ7 + SH6 牵引分动外锁闭转辙机的安装及调试施工工法	中铁十二局集团公司	山西省
125	斜打高压旋喷桩加固既有铁路路基施工工法	中铁十二局集团公司	山西省
126	支架法现浇客运专线简支箱梁钢外模滑移转运工法	中铁十二局集团公司	山西省
127	无砟轨道无缝长轨静态调试施工工法	中铁十二局集团公司	山西省
128	大型泥水盾构常压换刀工法	中铁十四局集团公司	山东省
129	时速 350 公里铁路客运专线深水大跨桥梁裸岩基础施工工法	中铁十四局集团公司	山东省
130	斜拉桥热挤聚乙烯高强钢丝拉索制作与安装施工工法	中铁十四局集团公司	山东省
131	调压井天井钻机导孔施工工法	中铁十四局集团公司	山东省
132	客运专线有砟岔枕制造工法	中铁十四局集团公司	山东省
133	时速 350 公里高速岔枕制造工法	中铁十四局集团公司	山东省
134	板式无砟轨道道岔板制造工法	中铁十四局集团公司	山东省
135	风积沙隧道碎石注浆桩加固基底地基施工工法	中铁十五局集团公司	河南省
136	大跨度钢筋混凝土拱箱七段单肋缆索吊装施工工法	中铁十五局集团公司	河南省
137	板体固结 + 冲击压实法处理吹填砂软弱地基施工工法	中铁十五局集团公司	河南省
138	MSS1400T 级移动模架施工工法	中铁十五局集团公司	河南省
139	DPG500 型跨区间无缝线路铺轨机组施工工法	中铁十五局集团公司	河南省
140	客运专线 CRTS Ⅰ 型双块式无砟轨道施工工法	中铁十五局集团公司	河南省
141	HS900B 型变幅式架桥机架设 32 米整孔箱梁施工工法	中铁十五局集团公司	河南省
142	高速公路水稳基层大厚度大宽度单机一次成型摊铺创新型施工工法	中铁十五局集团公司	河南省
143	高速铁路现浇连续梁施工工法	中铁十五局集团公司	河南省
144	多圆弧异型独柱塔悬臂模板施工工法	中铁十五局集团公司	河南省
145	CRTS Ⅰ 型板式无砟轨道水泥乳化沥青砂浆施工工法	中铁十七局集团公司	山西省
146	CRTS Ⅰ 型双块式无砟轨道线路精调工法	中铁十七局集团公司	山西省
147	四滑道多支点顶推大吨位钢筋混凝土箱梁施工工法	中铁十七局集团公司	山西省
148	承台大体积混凝土现场温控施工工法	中铁十七局集团公司	山西省
149	双幅整体特大吨位 T 型刚构转体施工工法	中铁十七局集团公司	山西省
150	大跨度钢桁梁悬拼施工工法	中铁十七局集团公司	山西省
151	大跨度可调式无支墩钢拱架施工混凝土拱桥工法	中铁十七局集团公司	山西省
152	高速铁路桥梁聚脲防水层喷涂施工工法	中铁十七局集团公司	山西省
153	高寒地区大直径钢波纹管涵施工工法	中铁十七局集团公司	山西省
154	隧道衬砌混凝土渗漏水封堵处理施工工法	中铁十七局集团公司	山西省

续表

序号	工　法　名　称	开　发　单　位	认定机构
155	钢套箱对拉工艺施工管沟工法	中铁十七局集团公司	山西省
156	RT260H 型全回转钻机清除地下连续墙施工技术	中铁十七局集团公司	山西省
157	高速铁路活性粉末混凝土盖板工厂化施工工法	中铁十七局集团公司	山西省
158	劲性混凝土框架梁柱施工工法	中铁十七局集团公司	山西省
159	中空钢丝网内模轻质隔墙施工工法	中铁十七局集团公司	山西省
160	TB880E 型隧道掘进机整机修复改进工法	中铁十八局集团公司	天津市
161	敞开式 TBM 掘进与二次衬砌同步施工工法	中铁十八局集团公司	天津市
162	大断面 TBM 洞内组装工法	中铁十八局集团公司	天津市
163	自锚式桁吊组合全焊钢结构桥施工工法	中铁十八局集团公司	天津市
164	大坡度长坡身过河隧道施工工法	中铁十八局集团公司	天津市
165	门式钢构拖拉施工工法	中铁十九局集团公司	辽宁省
166	盾构法小曲率半径转弯施工工法	中铁十九局集团公司	辽宁省
167	异型结构机械搅拌澄清池池壁临时内模施工工法	中铁十九局集团公司	辽宁省
168	大跨度帽梁边墩预加力顶推施工工法	中铁十九局集团公司	辽宁省
169	高速铁路桥梁混凝土桥面喷涂聚脲防水层施工工法	中铁十九局集团公司	辽宁省
170	无砟轨道(单箱双室)铁路箱梁预制工法	中铁十九局集团公司	辽宁省
171	刚性混凝土系杆拱支架拼装施工工法	中铁二十局集团公司	陕西省
172	单壁钢板桩围堰法施工黄河水中钻孔桩及承台工法	中铁二十局集团公司	陕西省
173	跨越既有电气化铁路门式墩 D 便梁施工工法	中铁二十局集团公司	陕西省
174	电气化铁路电液转辙机外锁闭装置安装工法	中铁二十局集团公司	陕西省
175	免维护地下电缆盒接续工法	中铁二十局集团公司	陕西省
176	单塔无背索斜拉桥索塔施工工法	中铁二十局集团公司	陕西省
177	铁路运营线 1 米 ~7 米正交顶进涵施工工法	中铁二十局集团公司	陕西省
178	高架大截面预应力框架梁施工工法	中铁二十一局集团公司	甘肃省
179	输轨辊道精确快速施工工法	中铁二十一局集团公司	甘肃省
180	钢管混凝土系杆拱桥施工工法	中铁二十一局集团公司	甘肃省
181	薄壁空心高墩收分式滑模施工工法	中铁二十三局集团公司	四川省
182	CRTS I 型板式无砟轨道测量工法	中铁二十三局集团公司	四川省
183	严寒地区客运专线 CRTS I 型板式无砟轨道轨道板生产工法	中铁二十三局集团公司	四川省
184	客运专线轨枕埋入式 42 号无砟道岔施工工法	中铁二十三局集团公司	四川省
185	严寒地区 CRTS I 型板式无砟轨道综合施工工法	中铁二十三局集团公司	四川省
186	小半径螺旋隧道施工通风技术	中铁二十三局集团公司	四川省
187	过湿土换填施工工法	中铁二十四局集团公司	福建省
188	铁路大桥接触网门型梁施工工法	中铁建电气化局集团公司	北京市
189	无线光纤直放站设备安装工法	中铁建电气化局集团公司	北京市
190	石油、天然气管道不停输带压施工工法	中铁建电气化局集团公司	北京市

制表:李庆民

2010 年度中国铁建优秀工法汇总表

序号	工法名称	开发单位	获奖等级
1	大跨度钢箱系杆拱桥悬臂拼装施工工法	中铁十一、二十一局集团公司	一等奖
2	泵送顶升法灌注山区大跨上承式钢管混凝土拱桥拱肋工法	中铁十三局集团公司	一等奖
3	大跨度系杆拱桥系梁分段现浇施工工法	中铁十五局集团公司	一等奖
4	异形板桥梁“钢弹簧支顶”主动加固施工工法	中铁十六局集团公司	一等奖
5	大跨径钢管混凝土系杆拱桥跨越密集铁路站场顶推施工工法	中铁十七局集团公司	一等奖
6	双幅整体特大吨位 T 型刚构转体施工工法	中铁十七局集团公司	一等奖
7	大跨度桁架式钢筋混凝土预应力斜拉桥挂篮施工工法	中铁十八局集团公司	一等奖
8	跨既有电气化铁路全封闭高压绝缘挂篮施工工法	中铁二十局集团公司	一等奖
9	整体移动式梁柱支架现浇高铁箱梁施工工法	中铁二十二局集团公司	一等奖
10	钢管格构墩 A 型单元节段制造工法	中铁二十三局集团公司	一等奖
11	既有城市轨道交通高架桥移梁接驳施工工法	中铁二十四局集团公司	一等奖
12	增建二线小间距高风险隧道爆破施工工法	中铁十一、二十一局集团公司	一等奖
13	复合式土压平衡盾构机穿越长距离浅埋全断面富水沙层施工工法	中铁十一局集团公司	一等奖
14	高水压盾构始发洞门水平注浆与静态破除施工工法	中铁十二局集团公司	一等奖
15	大断面浅埋隧道下穿高速公路施工工法	中铁十二局集团公司	一等奖
16	软弱围岩四线超大断面铁路隧道施工工法	中铁十三局集团公司	一等奖
17	严寒地区隧道保温防火层施工工法	中铁十三局集团公司	一等奖
18	超大直径盾构浅覆土穿越长江施工工法	中铁十四局集团公司	一等奖
19	超大直径盾构隧道常压下盾构刀具更换工法	中铁十四局集团公司	一等奖
20	两台阶五步开挖施工工法	中铁十六局集团公司	一等奖
21	复杂环境双侧壁导坑九步施工工法	中铁十六局集团公司	一等奖
22	应用 3D 激光扫描仪监控隧道围岩施工工法	中铁十八局集团公司	一等奖
23	HPE 液压垂直插入机施作钢管柱工法	中铁十九局集团公司	一等奖
24	土压平衡式盾构机切削穿越建筑物桩群施工工法	中铁十九局集团公司	一等奖
25	双侧壁六部正台阶留核心土施工工法	中铁二十四局集团公司	一等奖
26	石油、天然气管道不停输带压施工工法	中铁建电气化局集团公司	一等奖
27	高速铁路无砟轨道倒 T 型端刺施工工法	中铁十二局集团公司	一等奖
28	时速 350 公里高速岔枕制造工法	中铁十四局集团公司	一等奖
29	CRTS Ⅱ型板式无砟轨道底座板高模低筑施工工法	中铁十六局集团公司	一等奖
30	CRTS Ⅰ型板式无砟轨道水泥乳化沥青砂浆施工工法	中铁十七局集团公司	一等奖
31	高速铁路岔区连续梁底座板施工工法	中铁十九局集团公司	一等奖
32	无尖轨道岔在既有线改造中的应用施工工法	中铁二十局集团公司	一等奖
33	复杂环境深孔控制爆破安全快速施工工法	中铁第五勘察设计院集团公司	一等奖
34	超大板式转换层分层施工工法	中国土木工程集团公司	一等奖

续表

序号	工　法　名　称	开　发　单　位	获奖等级
35	高地下水位区域既有地下结构中钻孔嵌岩 H 型钢桩加固基础施工工法	中国土木工程集团公司	一等奖
36	混凝土叠合箱网梁楼盖施工工法	中铁十四局集团公司	一等奖
37	山区复杂地形条件下大跨度钢结构施工工法	中铁二十五局集团公司	一等奖
38	132 米跨超长轻薄巨型钢管桁架安装技术	中铁建设集团公司	一等奖
39	双向不等高正交钢管桁架分块整体提升技术	中铁建设集团公司	一等奖
40	大跨度钢筋混凝土空腹桁架施工技术	中铁建设集团公司	一等奖
41	铁路大桥接触网门型梁施工工法	中铁建电气化局集团公司	一等奖
42	铁路高速 18 号道岔转辙设备安装工法	中铁建电气化局集团公司	一等奖
43	铁路客运专线棘轮补偿下锚安装施工工法	中铁建电气化局集团公司	一等奖
44	铁路客运专线应答器安装工法	中铁建电气化局集团公司	一等奖
45	高速接触网腕臂及悬挂精确安装一体化工艺	中铁第四勘察设计院集团公司	一等奖
46	山岭地区场地恶劣条件下的高墩骑墩式门架桥梁提升施工工法	中铁十一局集团公司	二等奖
47	下承式钢管混凝土提篮拱桥拱肋原位拼装施工工法	中铁十二局集团公司	二等奖
48	提升式桥墩脚手架施工工法	中铁十二局集团公司	二等奖
49	大管径空间渐变三角组合拱肋加工制作施工工法	中铁十三局集团公司	二等奖
50	腐蚀环境下环氧涂层钢筋施工工法	中铁十三局集团公司	二等奖
51	铁路客运专线大跨度连续梁拱施工工法	中铁十四局集团公司	二等奖
52	深水大跨桥梁裸岩基础施工工法	中铁十四局集团公司	二等奖
53	斜拉桥热挤聚乙烯高强钢丝拉索制作与安装施工工法	中铁十四局集团公司	二等奖
54	潮汐大流速深水裸露基岩基础施工工法	中铁十六局集团公司	二等奖
55	高速铁路活性粉末混凝土盖板工厂化施工工法	中铁十七局集团公司	二等奖
56	高寒地区大直径钢波纹管涵施工工法	中铁十七局集团公司	二等奖
57	高速铁路 TLJ900T 架桥机调头施工工法	中铁十八局集团公司	二等奖
58	块段支架置换挂篮施工连续梁工法	中铁十九局集团公司	二等奖
59	多层板施作防护墙断缝施工工法	中铁十九局集团公司	二等奖
60	孔外爆破处理深孔桩基硬岩斜向孤石施工工法	中铁十九局集团公司	二等奖
61	单塔无背索斜拉桥索塔施工工法	中铁二十局集团公司	二等奖
62	湿陷性黄土地区旋挖钻干法成孔灌注桩施工工法	中铁二十一局集团公司	二等奖
63	特殊地质条件下越江盾构隧道引道段施工工法	中铁十二局集团公司	二等奖
64	预制块镶面现浇混凝土洞门施工工法	中铁十二局集团公司	二等奖
65	长陡坡斜井钢纤维喷射混凝土单层衬砌工法	中铁十三局集团公司	二等奖
66	超大直径盾构始发井深基坑支护工法	中铁十四局集团公司	二等奖
67	复杂地质条件下超大直径盾构始发及接收施工工法	中铁十四局集团公司	二等奖
68	漂卵、冰碛层深大竖井施工工法	中铁十四局集团公司	二等奖
69	岩溶隧道高压富水充填溶腔溃口控域注浆施工工法	中铁十六局集团公司	二等奖

续表

序号	工　法　名　称	开　发　单　位	获奖等级
70	岩溶隧道迂回绕避高压富水溶腔施工工法	中铁十六局集团公司	二等奖
71	钢套箱对拉工艺施工管沟工法	中铁十七局集团公司	二等奖
72	富水砂层三拱两柱大跨度双层地铁车站暗挖施工工法	中铁十八局集团公司	二等奖
73	开敞式隧道掘进机(TBM)通过软弱破碎围岩及蚀变带围岩的施工工法	中铁十九局集团公司	二等奖
74	强震后瓦斯隧道塌方段重建施工工法	中铁二十一局集团公司	二等奖
75	地铁区间既有人防隧道扩挖施工工法	中铁二十二局集团公司	二等奖
76	特殊地质条件下地下连续墙成槽施工工法	中铁二十五局集团公司	二等奖
77	添加剂型高模量沥青混凝土施工工法	中铁十二局集团公司	二等奖
78	桥上 CRTS Ⅰ型双块式无砟轨道简易工装施工工法	中铁十二局集团公司	二等奖
79	铁路客运专线有砟岔枕制造工法	中铁十四局集团公司	二等奖
80	特长单线铁路隧道 CRTS Ⅰ型无砟轨道道床施工工法	中铁十四局集团公司	二等奖
81	CRTS Ⅰ型双块式无砟轨道线路快速精调工法	中铁十七局集团公司	二等奖
82	含砂地层钻孔灌注桩桩后复合压浆施工工法	中铁十八局集团公司	二等奖
83	CRTS Ⅰ型双块式无砟轨道工具轨法施工工法	中铁十九局集团公司	二等奖
84	高速铁路桥上道岔板施工工法	中铁十九局集团公司	二等奖
85	多渡多交道岔铺设施工工法	中铁二十二局集团公司	二等奖
86	C60 高强度大体积混凝土柱施工工法	中国土木工程集团公司	二等奖
87	无站台柱雨棚大跨度钢桁架跨越接触网吊装施工工法	中铁十一局集团公司	二等奖
88	无锚栓外墙粘贴 EPS 保温板施工工法	中铁十二局集团公司	二等奖
89	虹吸雨水排放技术	中铁十三局集团公司	二等奖
90	劲性混凝土框架梁柱施工工法	中铁十七局集团公司	二等奖
91	20 吨/小时散装蒸汽锅炉安装工法	中铁二十三局集团公司	二等奖
92	天棚采暖制冷系统施工技术	中铁建设集团公司	二等奖
93	多联机空调系统施工技术	中铁建设集团公司	二等奖
94	既有铁路电气化改造新旧硬横梁换装施工工法	中铁二十三局集团公司	二等奖
95	T. JK1 - D 型车辆减速器安装工法	中铁二十三局集团公司	二等奖
96	铁路防灾安全监控系统施工工法	中铁二十五局集团公司	二等奖
97	沙质土地带接触网支柱基坑施工工法	中铁建电气化局集团公司	二等奖
98	铁路客运专线综合接地贯通地线施工工法	中铁建电气化局集团公司	二等奖

制表：李庆民

2010年度中国铁建科技成果鉴定、评审项目汇总表

序号	项目名称	完成单位	鉴定、评审单位	成果评价
1	复合式土压平衡盾构机过复杂地质地段中间风井施工技术	中铁十一局集团公司	湖北省科技厅	国际先进
2	武广铁路客运专线汀泗河特大桥综合施工技术	中铁十一局集团公司	湖北省科技厅	国际领先
3	CRTS Ⅱ型板制板检测系统的研制	中铁十二局集团公司	山西省科技厅	国际先进
4	喷锚衬砌在火山凝灰岩大断面隧道中的应用研究	中铁十二局集团公司	山西省科技厅	国际先进
5	直径11.2米泥水盾构穿越上软下硬地层施工技术研究	中铁十二局集团公司	山西省科技厅	国际先进
6	大断面浅埋隧道下穿高速公路施工技术	中铁十二局集团公司	山西省科技厅	国际先进
7	青藏铁路35千伏输电线路故障检测系统	中铁十二局集团公司	山西省科技厅	国际先进
8	高速铁路自锚上承式拱梁组合体系超大吨位转体桥施工控制技术研究	中铁十二局集团公司	山西省科技厅	国际领先
9	宜万铁路齐岳山高压富水岩溶隧道施工技术研究	中铁十二局集团公司	山西省科技厅	国际领先
10	高速铁路（80．6+128+80．6）米预应力混凝土连续梁转体施工技术研究	中铁十二局集团公司	河北省科技厅	国际领先
11	摩天岭隧道长距离、大陡坡斜井施工技术	中铁十三局集团公司	吉林省科技厅	国际先进
12	飞燕式钢管混凝土异型拱桥综合施工技术	中铁十三局集团公司	吉林省科技厅	国际先进
13	山区软岩大跨大断面隧道施工技术研究	中铁十三局集团公司	吉林省科技厅	国际领先
14	钢管混凝土拱桥施工技术研究	中铁十三局集团公司	吉林省科技厅	国际先进
15	天津海河双叶立转开启桥关键施工技术	中铁十四局集团公司	山东省科技厅	国际领先
16	时速350公里客运专线铁路168米连续刚构桥深水裸岩基础和梁部关键施工技术	中铁十四局集团公司	山东省科技厅	国际先进
17	时速350公里客运专线铁路复杂环境下112米跨钢管混凝土提篮拱桥关键施工技术	中铁十四局集团公司	山东省科技厅	国内领先
18	超长连续溶蚀断层破碎带及软岩大变形隧道施工关键技术	中铁十四局集团公司	山东省科技厅	国际领先
19	等压等渗新型注浆工艺在高压富水松散围岩隧道中的应用	中铁十五局集团公司	河南省科技厅	国际领先
20	高速铁路岔区板式轨道系统制造与施工技术	中铁十七局集团公司	山西省科技厅	国际先进
21	大跨径钢管混凝土系杆拱桥跨越密集铁路站场顶推施工技术	中铁十七局集团公司	山西省科技厅	国际先进
22	海南东环铁路美兰机场隧道施工关键技术	中铁十七局集团公司	山西省科技厅	国际先进
23	CRTS Ⅱ型板式无砟轨道施工布板软件	中铁十七局集团公司	山西省科技厅	国际先进
24	山岭水库区深水桥梁基础施工技术研究	中铁十八局集团公司	天津市高新技术成果转化中心	国际先进

续表

序号	项　目　名　称	完 成 单 位	鉴定、评审单位	成果评价
25	厦门翔安海底隧道综合施工技术	中铁十八局集团公司	天津市高新技术成果转化中心	国际先进
26	紧邻运营线路高危山体危岩综合整治技术研究	中铁二十局集团公司	中国工程爆破协会	国际先进
27	跨宝中线铁路连续槽型梁施工技术研究	中铁二十一局集团公司	甘肃省科技厅	国内先进
28	高架大截面预应力框架梁施工技术研究	中铁二十一局集团公司	甘肃省科技厅	国内领先
29	新建隧道近距离平行既有隧道综合施工技术研究	中铁二十一局集团公司	新疆科技厅	国内领先
30	失陷性黄土地区旋挖钻干法成孔施工技术	中铁二十一局集团公司	甘肃省建设厅	国内领先
31	长大焊轨基地输轨辊道施工工法技术	中铁二十一局集团公司	甘肃省建设厅	国内领先
32	深基坑护壁桩支护施工技术	中铁二十一局集团公司	甘肃省建设厅	国内先进
33	软弱地层大断面海底隧道施工稳定性控制研究	中铁二十二局集团公司	北京市住房和城乡建设委员会	国际领先
34	厦门翔安海底隧道穿越富水砂层综合施工技术	中铁二十二局集团公司	北京市住房和城乡建设委员会	国际领先
35	盾构先行条件下拓建地铁车站施工关键技术研究	中铁二十二局集团公司	北京市住房和城乡建设委员会	国内领先 部分国际先进
36	铁路隧道工程辅助设计系统	中铁第一勘察设计院集团公司	陕西省住建厅	国内领先
37	铁路电力电缆仿真设计软件	中铁第一勘察设计院集团公司	陕西省住建厅	行业领先
38	CGGZ 轨道交通钢支座	中铁第四勘察设计院集团公司	湖北省科技厅	国际先进
39	铁路电气化接触网工程智能设计集成系统	中铁第四勘察设计院集团公司	湖北省科技厅	国际先进
40	复杂岩溶隧道施工地质超前探测成套技术研究	中铁第四勘察设计院集团公司	湖北省科技厅	国际领先
41	铁路客运专线信号工程设计集成系统（KZXH_ V1．0）	中铁第四勘察设计院集团公司	湖北省科技厅	国际先进
42	轨道桥梁计算机辅助设计系统 Railway Bridge Engineer 2．0	中铁第四勘察设计院集团公司	湖北省科技厅	国际先进
43	高速铁路动车组检修基地关键技术研究	中铁第四勘察设计院集团公司	湖北省科技厅	国际先进
44	ORS 系统在铁路勘测中的应用研究	中铁第四勘察设计院集团公司	湖北省科技厅	国际先进
45	武广高速铁路路基填筑质量控制参数试验研究	中铁第五勘察设计院集团公司	铁道部科技司	填补中国铁路路基压实质量 Ev2 检测仪空白
46	城市轨道交通用扣件研制	中铁轨道系统集团公司	内江市科学技术与知识产权局	国内先进
47	900 吨运架梁一体机架设箱梁施工技术研究	中铁十二局集团公司	中国铁建	国际先进

续表

序号	项　目　名　称	完成单位	鉴定、评审单位	成果评价
48	高速铁路长大桥梁CRTSII型板式无砟轨道施工技术研究	中铁十二局集团公司	中国铁建	国际领先
49	双鹰顶隧道污水处理施工技术研究	中铁十二局集团公司	中国铁建	国内领先
50	大型编组站组合道岔群铺设技术研究	中铁十二局集团公司	中国铁建	国际先进
51	复杂地质地形条件下隧道进出洞施工技术研究	中铁十二局集团公司	中国铁建	国内领先
52	时速350公里高速岔枕生产技术	中铁十四局集团公司	中国铁建	国际先进
53	板式无砟轨道道岔板生产技术	中铁十四局集团公司	中国铁建	国际先进
54	轨道交通可调式框架板制造技术	中铁十四局集团公司	中国铁建	国内领先
55	高速铁路CRTSⅡ型轨道板生产创新技术研究	中铁十五局集团公司	中国铁建	国际先进 部分国际领先
56	高速铁路板式无砟轨道精调系统研究	中铁十五局集团公司	中国铁建	国际先进 部分国际领先
57	单线铁路大跨度系杆拱桥综合施工技术研究	中铁十五局集团公司	中国铁建	国内领先
58	湿陷性黄土地质特长隧道施工技术	中铁十六局集团公司	中国铁建	国际先进
59	复杂地质下穿既有线及垂直渗流带隧道综合施工技术	中铁十六局集团公司	中国铁建	国际先进
60	潮汐大流速深水裸露基岩双薄壁墩连续刚构桥基础及梁部施工技术	中铁十六局集团公司	中国铁建	国内领先
61	城市立交异形板桥梁综合补强加固施工技术	中铁十六局集团公司	中国铁建	国际先进 部分国际领先
62	京沪高速铁路CRTSⅡ型板式无砟轨道综合施工技术	中铁十六局集团公司	中国铁建	国际先进
63	高压富水充填岩溶区隧道施工技术研究	中铁十六局集团公司	中国铁建	国际领先
64	狭小空间全套管静压拔桩技术	中铁十六局集团公司	中国铁建	国际领先
65	高速铁路TLJ900吨架桥机调头施工技术	中铁十八局集团公司	中国铁建	国际先进
66	富水砂层三拱两柱大跨度双层地铁车站暗挖施工技术	中铁十八局集团公司	中国铁建	国际先进
67	应用3D激光扫描仪监控隧道围岩施工技术	中铁十八局集团公司	中国铁建	国内领先
68	海底隧道陆域段穿越复建筑群的爆破施工及振动控制技术	中铁十九局集团公司	中国铁建	国际先进
69	海工高耐久性混凝土的研制	中铁十九局集团公司	中国铁建	国内领先
70	富水流砂地层下穿立交桥隧道综合施工技术研究	中铁十九局集团公司	中国铁建	国际先进
71	高速铁路预应力混凝土单箱双室箱梁徐变上拱控制综合技术	中铁十九局集团公司	中国铁建	国际先进
72	城际铁路系杆钢拱架施工技术	中铁二十局集团公司	中国铁建	国内先进
73	既有线改造中无尖轨道岔的应用	中铁二十局集团公司	中国铁建	国际先进
74	跨既有电气化铁路全封闭高压绝缘挂篮施工技术及设备研发	中铁二十局集团公司	中国铁建	国内领先

续表

序号	项　目　名　称	完 成 单 位	鉴定、评审单位	成果评价
75	锡乌铁路500米长钢轨铺设和焊接施工技术研究	中铁二十局集团公司	中国铁建	国内先进
76	YCP35型平衡冲击压路机研制	中铁二十局集团公司	中国铁建	国际先进
77	Ⅰ/Ⅱ-s-L-800线上砂浆作业车研制	中铁二十局集团公司	中国铁建	国际先进
78	昌九城际铁路工程直接铺设500米长轨条成套施工技术	中铁二十四局集团公司	中国铁建	国内先进
79	客运专线站场各种桩型软基加固综合施工技术研究	中铁二十四局集团公司	中国铁建	国际先进
80	管幕（棚）支护盾构中继间法顶进箱形桥施工技术	中铁二十四局集团公司	中国铁建	国际先进
81	既有城市轨道交通高架桥移梁接驳综合技术研究	中铁二十四局集团公司	中国铁建	国际先进
82	山区复杂地形条件下大跨度钢结构施工技术研究	中铁二十五局集团公司	中国铁建	国内领先
83	分体多枕连续铺轨法施工工艺及设备研制	中铁二十五局集团公司	中国铁建	国内领先
84	田德铁路隧道穿越岩溶施工技术研究与应用	中铁二十五局集团公司	中国铁建	国际先进
85	施工项目综合管理信息系统	中铁二十五局集团公司	中国铁建	国内领先
86	铁路防灾安全监控系统施工工艺及方法	中铁二十五局集团公司	中国铁建	国内先进
87	潮汐地区超长钢板桩围堰深水基础施工技术研究	中铁二十五局集团公司	中国铁建	国内领先
88	预拌混凝土环保节能技术研究	中铁建设集团公司	中国铁建	国内领先
89	新型复合材料桩研究	中铁建设集团公司	中国铁建	国内领先
90	电气化铁路接触网施工计算系统软件	中铁建电气化局集团公司	中国铁建	国内先进
91	苏丹500千伏输电线路施工技术	中铁建电气化局集团公司	中国铁建	国内先进
92	滨洲既有线自闭改造工程信号施工技术	中铁建电气化局集团公司	中国铁建	国内先进
93	承力索、接触线一次架设施工技术	中铁建电气化局集团公司	中国铁建	国内先进
94	武汉北编组站CIPS系统施工调试技术	中铁建电气化局集团公司	中国铁建	国内领先
95	新建成都至都江堰铁路站后“四电”系统集成工程施工技术	中铁建电气化局集团公司	中国铁建	国内先进
96	客运专线长大距离电缆线路供电技术研究	中铁第一勘察设计院集团公司	中国铁建	国内领先
97	城市轨道交通地裂缝带接触网技术研究	中铁第一勘察设计院集团公司	中国铁建	国内领先
98	新渭南高架车站无砟轨道综合技术研究	中铁第一勘察设计院集团公司	中国铁建	国际先进
99	CRTSⅡ型板式无砟轨道基准控制网数据采集与数据处理系统研究	中铁第一勘察设计院集团公司	中国铁建	国际先进
100	CRTSⅡ型无砟轨道板布板系统研究	中铁第一勘察设计院集团公司	中国铁建	国际先进
101	“桥—建”组合式高架车站结构研究	中铁第一勘察设计院集团公司	中国铁建	国内领先

续表

序号	项　目　名　称	完 成 单 位	鉴定、评审单位	成果评价
102	新型节能型屏蔽门系统研究	中铁第一勘察设计院集团公司	中国铁建	国内领先
103	无线闭塞中心（RBC）设置及容量计算方法研究	中铁第一勘察设计院集团公司	中国铁建	国内领先
104	CTCS2、CTCS3 级工程设计验证试验平台研究与应用	中铁第一勘察设计院集团公司	中国铁建	国内领先
105	多联大跨连续梁桥上无缝线路设计研究	中铁第一勘察设计院集团公司	中国铁建	国际先进
106	双向先张预应力混凝土轨道板研究	中铁第一勘察设计院集团公司	中国铁建	
107	城市轨道交通运营组织专题研究	中铁第一勘察设计院集团公司	中国铁建	行业领先
108	单层超高玻璃幕墙工程技术研究	中铁第一勘察设计院集团公司	中国铁建	国内先进
109	广州市轨道交通六号线东山口站左线站台“盾构隧道扩挖”施工关键技术研究	中铁第一勘察设计院集团公司	中国铁建	国内领先
110	客运专线列控系统集成关键技术研究	中铁第一勘察设计院集团公司	中国铁建	国内领先
111	铁路无线宽带综合数字通信网络技术研究	中铁第一勘察设计院集团公司	中国铁建	国内领先
112	各专业信息通道及接口研究	中铁第一勘察设计院集团公司	中国铁建	
113	精伊霍铁路雪灾防治技术研究	中铁第一勘察设计院集团公司	中国铁建	国际先进
114	哈大铁路客运专线大跨度钢箱叠拱桥关键技术研究	中铁第一勘察设计院集团公司	中国铁建	国内领先
115	开敞式 TBM 在城市地铁工程应用的关键技术研究	中铁第一勘察设计院集团公司	中国铁建	国际先进
116	客运专线跨越地质断层带桥梁抗震设计研究	中铁第一勘察设计院集团公司	中国铁建	国内先进
117	高烈度地震区桥梁采用减隔震技术的设计和应用研究	中铁第一勘察设计院集团公司	中国铁建	国际先进
118	武广高速铁路无砟轨道工程设计综合技术研究	中铁第四勘察设计院集团公司	中国铁建	国际先进
119	武广高速铁路列控系统关键技术研究	中铁第四勘察设计院集团公司	中国铁建	国际先进
120	武广高速铁路供电系统关键技术及其工程示范	中铁第四勘察设计院集团公司	中国铁建	国际领先
121	武广高速铁路噪声防治综合技术研究	中铁第四勘察设计院集团公司	中国铁建	国际先进
122	广州动车段均衡修关键技术研究	中铁第四勘察设计院集团公司	中国铁建	国际先进
123	武汉地铁线网材料配送系统研究	中铁第四勘察设计院集团公司	中国铁建	国内领先
124	生产力布局调整后货车检修基地工艺布局研究	中铁第四勘察设计院集团公司	中国铁建	国内领先
125	客运专线及城际铁路车站安全门系统设置研究	中铁第四勘察设计院集团公司	中国铁建	国内领先
126	武广高速铁路运输组织关键技术研究	中铁第四勘察设计院集团公司	中国铁建	国际领先

续表

序号	项　目　名　称	完 成 单 位	鉴定、评审单位	成果评价
127	武广高速铁路无砟轨道路基关键技术研究	中铁第四勘察设计院集团公司	中国铁建	国际领先
128	沿海铁路地基处理技术研究	中铁第四勘察设计院集团公司	中国铁建	国际先进
129	沿海铁路隧道关键技术研究	中铁第四勘察设计院集团公司	中国铁建	国际先进
130	水下浅埋小间距暗挖软岩隧道综合修建技术研究	中铁第四勘察设计院集团公司	中国铁建	国际领先
131	武汉站关键技术研究	中铁第四勘察设计院集团公司	中国铁建	国际领先
132	铁路房屋节能技术研究	中铁第四勘察设计院集团公司	中国铁建	国际先进
133	城市交通隧道洞口污染物排放影响研究	中铁第四勘察设计院集团公司	中国铁建	国际先进
134	武广高速铁路精密控制测量技术研究	中铁第四勘察设计院集团公司	中国铁建	国际领先
135	武广铁路客运专线西华海特大桥大跨度桥梁铺设板式轨道关键技术研究	中铁第四勘察设计院集团公司	中国铁建	国际先进
136	客运专线无砟无缝线路关键技术研究	中铁第四勘察设计院集团公司	中国铁建	国内领先
137	铁路贯通线熔冰技术的研究	中铁第四勘察设计院集团公司	中国铁建	国际先进
138	隧道及地下工程管棚法理论研究、关键技术及应用	中铁上海设计院集团公司	中国铁建	国际领先

制表：贾志武

2010 年度中国铁建优秀科技论文获奖情况表

序号	论　文　名　称	单　位	作　者
	一等奖		
1	汀泗河特大桥 1 米～140 米钢箱系杆拱桥无砟轨道施工技术	中铁十一局集团公司	邓文洪 胡小银
2	客运专线大跨度斜腿刚构桥竖向转体过程控制技术	中铁十一局集团公司	张秀娟
3	马鹿箐隧道长距离反坡追踪排水施工技术研究	中铁十一局集团公司	陈　冉
4	沪杭铁路客运专线跨沪杭高速公路特大桥转体球铰安装施工技术	中铁十二局集团公司	贾优秀
5	大跨度钢结构屋盖累积滑移方案设计与分析	中铁十二局集团公司	王中军
6	石太铁路客运专线石咀大桥连续箱梁顶推施工设计	中铁十三局集团公司	张　林 罗　磊 曲明远
7	南京长江隧道泥水盾构穿越江中超浅覆土段施工技术	中铁十四局集团公司	邢慧堂 葛照国
8	京沪高速铁路淮河特大桥沉降观测及数据分析	中铁十五局集团公司	张祥祥
9	隧道大椭圆截面中隔板式通风竖井衬砌翻模施工技术	中铁十六局集团公司	周　通
10	石武铁路客运专线膨胀土路基 CMA 改性剂应用研究	中铁十七局集团公司	李同海

续表

序号	论 文 名 称	单 位	作 者
11	湿陷性黄土地区客运专线无砟轨道桥梁沉降预测及铺设条件评估技术	中铁十七局集团公司	秦国兵
12	TBM 通过部分断面开挖段的测试验证	中铁十八局集团公司	曹海涛
13	岩溶隧道溶腔处理施工技术	中铁二十局集团公司	王作举
14	V 形刚构组合连续梁施工技术	中铁二十局集团公司	袁 毅 曹同来
15	瓦斯突出隧道揭煤施工技术	中铁二十二局集团公司	刘汉银
16	CRTSⅢ型路基纵连轨道板制造技术	中铁二十三局集团公司	刘延龙
17	清水河自锚式悬索桥的主缆监控计算技术	中铁二十三局集团公司	李胜臣
18	干海子大桥钢管格构墩现场安装技术	中铁二十三局集团公司	李治强 武旭升 杨 毅
19	CRTSⅠ型板式无砟轨道精调技术研究	中铁二十四局集团公司	杜 伟
20	钻（冲）孔灌注桩常见质量通病的成因及防治	中铁建设集团公司	吕科验
21	几种高速铁路铜合金接触线特性比较	中铁建电气化局集团公司	李学斌
22	中国高速铁路牵引供电 SCADA 系统的分析与探讨	中铁建电气化局集团公司	张 平
23	高速铁路接触网弹性链型悬挂精细化施工技术探讨	中铁建电气化局集团公司	李 凯
24	250 公里/小时铁路客运专线轨枕和道砟配套方案的探讨	中铁第一勘察设计院集团公司	魏周春
25	A20 互通式立交总体方案比选	中铁第一勘察设计院集团公司	赵文聘
26	节能型地铁通风空调系统的创新研究	中铁第一勘察设计院集团公司	郭永桢
27	城市轨道交通工程 TBM 选型分析	中铁第一勘察设计院集团公司	赵录学
28	高速铁路软土地基关键技术问题试验研究	中铁第四勘察设计院集团公司	孙宏林
29	盾构隧道管片上浮问题研究	中铁第四勘察设计院集团公司	肖明清
30	京沪高速铁路南翔牵引变电所有源无源混合补偿方案	中铁第四勘察设计院集团公司	黄足平 姜齐荣
31	武广高速铁路路基填筑质量控制参数试验研究	中铁第五勘察设计院集团公司	肖金凤 李庆民 东爱明
32	混凝土动态力学性能蒙特卡洛法模拟计算研究	中铁第五勘察设计院集团公司	孙智勇
33	微重力法在铁路山岭隧道溶洞勘察中的应用	中铁第五勘察设计院集团公司	唐 沛
34	天津地铁 4 号线总体选线中的相关结构问题探讨	中铁上海设计院集团公司	边晓春
35	沙特麦加城铁轨道系统的集成供应——轨道系统集成“走出去”战略的探索与实践	中铁物资局集团公司	熊卫东 刘虹云
36	车辆作用下板式轨道动力分析模型及验证	中铁轨道系统集团公司	罗 震 翟婉明 蔡成标
37	随机载荷下盾构推进系统液压缸布局优化	中铁轨道系统集团公司	邓孔书 唐晓强 王立平

续表

序号	论　文　名　称	单　位	作　者
	二等奖		
1	中欧（法）岩土工程标准规范体系差异浅析	中国土木工程集团公司	韩　信 史　丹
2	“营养麦草泥＋网锚植草”在黄土边坡剥落病害处治中的试验研究	中铁十一局集团公司	乔红彦
3	武汉轻轨跨既有铁路多箱室预应力槽形梁拱桥槽形梁施工技术	中铁十一局集团公司	芦云山 彭维清 高晓玲
4	非开挖定向钻技术在西朗车辆段改建工程中的应用	中铁十一局集团公司	罗文敏 祝　威
5	高性能混凝土应用遇到的几个问题与对策	中铁十二局集团公司	刘　郁
6	宜万铁路齐岳山隧道高压富水断层施工关键技术	中铁十二局集团公司	商崇伦
7	齐岳山隧道＋626溶腔综合施工技术研究	中铁十二局集团公司	骆文学 刘丽花
8	南平闽江大桥双壁钢套箱围堰设计与施工	中铁十三局集团公司	高　伟 李盛泽 张　晖
9	飞燕式异型钢管混凝土拱桥施工技术	中铁十三局集团公司	陈　锐
10	天恒山隧道无系统锚杆试验研究分析	中铁十三局集团公司	盖青山 丁宏亮 孔祥平
11	天津海河开启桥钢箱梁安装施工技术	中铁十四局集团公司	梁延千 张　勇
12	客运专线钢管混凝土提篮拱桥钢管拱肋施工技术	中铁十四局集团公司	王　剑 李树敬
13	娘拥电站引水隧洞高地温段施工技术总结	中铁十四局集团公司	刘怀勇 李占先
14	超大直径泥水平衡盾构泥水体系的选择、建立及维护	中铁十四局集团公司	路开道 陈　爽
15	CRTS－Ⅰ型无砟轨道板精调测量系统之无线通信组网设计与实现	中铁十四局集团公司	张　宇 贾生旭
16	DF900D架桥机通过隧道及隧道口架梁	中铁十五局集团公司	熊伟华
17	自锚式悬索桥主缆架设技术	中铁十五局集团公司	尹志清
18	盾构机尾盾密封刷在盾构施工中的更换技术	中铁十五局集团公司	陶云超
19	路基石方深孔松动控制爆破的设计与施工	中铁十六局集团公司	潘寿东 周苏林
20	海域铁路桥梁单壁钢吊箱围堰整体吊装施工技术	中铁十六局集团公司	唐玉荣
21	双薄壁墩连续刚构桥0号块施工技术	中铁十六局集团公司	王小飞 楼　敏
22	复杂地质条件下超深基坑中高风险地连墙接缝处冻结法的应用	中铁十六局集团公司	李　然
23	Ansys软件对高速铁路32米箱梁预应力施加效应分析	中铁十六局集团公司	龚循坤
24	CRTSⅡ型板式无砟轨道施工布板软件的研发	中铁十七局集团公司	汪梨园 许　非
25	抛物线形钢箱拱桥坐标推算及线形快速控制	中铁十七局集团公司	安小鹏 朱红伟
26	预应力自钻式锚杆在暗挖隧道中作为抗浮措施的应用	中铁十七局集团公司	王双龙
27	分体式钢筋等强度剥肋滚压直螺纹连接的应用分析	中铁十八局集团公司	李　先
28	浅谈应用3D激光扫描仪监控隧道围岩施工技术	中铁十八局集团公司	刘金德 李庆斌

续表

序号	论　文　名　称	单　位	作　者
29	中央大道海河隧道工程沉管段模板施工技术	中铁十八局集团公司	冯希民 代敬辉 王朝辉
30	引水洞圆弧形底拱施工技术	中铁十八局集团公司	王森昌
31	西秦岭铁路隧道 TBM 掘进同步衬砌施工技术探讨	中铁十八局集团公司	史振春 苏　睿 高文山
32	西安北站密集群桩后压浆施工技术研究	中铁十八局集团公司	贺宝志 王志伟
33	抗裂型水泥稳定碎石基层试验及施工控制	中铁十九局集团公司	刘海艳 王　勇 郭艳辉
34	京沪高速铁路长桥上无砟轨道底座板施工技术	中铁十九局集团公司	孙　亮 李凤敏
35	厦深铁路韩江双线特大桥水中施工关键技术	中铁十九局集团公司	牟俊杰 李　铁 郭海志
36	盾构法施工切磨地下桩基技术的探讨	中铁十九局集团公司	陈　静
37	液压劈裂机在隧道孤石处理中的应用研究	中铁十九局集团公司	祁世亮 章品阳 陈伟华
38	海洋铁路跨沿海高速 1 米～64 米钢桁梁拖拉施工技术	中铁二十局集团公司	罗万录 王祝军 刘王平
39	Ⅰ/Ⅱ－S－L－800 线上砂浆作业车研制	中铁二十局集团公司	贺显林
40	长大隧道施工空气环境质量分析及控制措施	中铁二十一局集团公司	高玉峰
41	GZ－2S 型灌注桩数字钻孔测井系统在深水大孔径桩基中的应用	中铁二十一局集团公司	余新朝
42	八级地震中心区在建瓦斯隧道灾后重建施工技术	中铁二十一局集团公司	卫永毅
43	铁路客运专线过隧箱梁翼缘板后浇模架施工技术研究	中铁二十一局集团公司	律百军
44	板式无砟道岔自密实混凝土灌注施工工艺研究	中铁二十二局集团公司	张庆广 秦　飞 庹　军
45	乌蒙山 1 号高瓦斯隧道施工通风技术	中铁二十二局集团公司	肖　辉
46	湘桂铁路客运专线斜岩岩溶地质钻孔桩施工技术	中铁二十二局集团公司	刘汉银
47	客运专线预制箱梁蒸汽养护	中铁二十二局集团公司	闫学永
48	昔格达地质土高填方综合施工技术研究	中铁二十三局集团公司	李治强 马中海
49	高速铁路桥梁钻孔桩在岩溶发育地区的成孔关键技术	中铁二十三局集团公司	陈幼林
50	钢管格构墩现场安装测量控制技术	中铁二十三局集团公司	李治强 武旭升 熊　飞
51	深孔预注浆在城市地铁浅埋暗挖中的应用技术	中铁二十三局集团公司	郭凤彦 董　岩
52	装配式移动挂篮在常州市青洋路上跨铁路工程中的应用	中铁二十四局集团公司	马振雷
53	深埋地段淤泥地质泥水平衡顶管施工	中铁二十四局集团公司	刘宗明
54	轨道排架法无砟轨道曲线测量施工技术	中铁二十五局集团公司	张伍星 龚华勇 张真梅

续表

序号	论文名称	单位	作者
55	桥梁深水基础“先堰后桩”法双壁钢围堰应用技术	中铁二十五局集团公司	李正元
56	鹅岭隧道浅埋软岩地质施工技术	中铁二十五局集团公司	姚利楠
57	大跨度网架累积提升施工技术	中铁建设集团公司	杨国强
58	基础偏位不稳定条件下大跨度钢桁架结构滑移支座纠偏吊装施工技术	中铁建设集团公司	陈月平
59	卫生间局部等电位施工的探讨	中铁建设集团公司	王维军
60	振动沉管碎石桩消除液化作用分析与设计	中铁建设集团公司	赵雅明
61	基于超大直径 HPC 管桩复杂地基下锤击法施工的技术研究	中铁建设集团公司	吴永胜 张学臣
62	郑西铁路客运专线 41 号道岔接触网平面布置分析	中铁建电气化局集团公司	刘　实
63	郑西铁路客运专线 GSM－R 低速网络优化中的经验	中铁建电气化局集团公司	阚绍忠
64	350 公里/小时客运专线双断口锚段关节式电分相施工技术探讨	中铁建电气化局集团公司	彭龙虎
65	横管表面自然对流传热特性的实验分析和数值模拟	中铁房地产集团公司	李远涛
66	从国际承包巨头探寻我国建筑企业的国际竞争力	中铁房地产集团公司	杜　超
67	价值工程在规划设计方案评标中的应用	中铁房地产集团公司	许　嘉
68	武汉和谐型大功率机车检修基地方案研究	中铁第四勘察设计院集团公司	周海凤
69	广珠城际西江特大桥主桥设计	中铁第四勘察设计院集团公司	刘振标
70	沿海铁路防灾（风雨）安全监控系统试点工程研究	中铁第四勘察设计院集团公司	张孟彬
71	客运专线 CRTSI 型无砟轨道板土建结构设计	中铁第五勘察设计院集团公司	李　闻
72	沙漠铁路周边生态环境恢复演化研究	中铁第五勘察设计院集团公司	李　嘉
73	影响铁路隧道衬砌结构内力的因素分析	中铁第五勘察设计院集团公司	路美丽
74	大跨地铁车站下穿既有地铁施工的沉降控制	中铁第五勘察设计院集团公司	于清浩
75	铁路 20 千伏长距离输电线路工频过电压的研究	中铁第五勘察设计院集团公司	张海山
76	六安景铁路引入安庆（池州）地区方案探讨	中铁上海设计院集团公司	马汉根
77	本格拉铁路大修工程改建方案研究	中铁上海设计院集团公司	龚　炼
78	铁路环保选线经济合理性方案的研究	中铁上海设计院集团公司	平志斌 王　晨 祝建农
79	城际快速轨道交通桥梁设计荷载图式标准研究	中铁上海设计院集团公司	苏竹松
80	西部山区西安至成都客运专线越岭隧道群合理长度布设研究	中铁上海设计院集团公司	薛新功

续表

序号	论　文　名　称	单　位	作　者
81	轨道交通视频监控系统组网技术的探讨	中铁上海设计院集团公司	张　洁
82	平稳性指标检测在大型养路机械制造中的运用	昆明中铁大型养路机械集团公司	牛　春
83	盾构隧道管片拼装技术的应用与发展	中铁轨道系统集团公司	梅勇兵 程永亮 王宇飞
84	潘得路快速弹条扣件预埋铁座定位装置的研制	中铁轨道系统集团公司	刘红桃
85	道岔设计及制造公差的尺寸链分析	中铁轨道系统集团公司	刘　皓
86	客运专线道岔尖轨矫直残余应力研究	中铁轨道系统集团公司	周　文 刘学毅 王　平
87	客运专线道岔尖轨热处理工艺技术研究	中铁轨道系统集团公司	蒋红亮 侯传基

制表：梁爱珍

2010年度中国铁建海外工程优秀科技论文获奖情况表

序号	论　文　名　称	单　位	作　者
	一等奖		
1	海外总承包项目勘察设计工作特点及策略	中国土木工程集团公司	胡社忠
2	关于境外施工企业外账编制的一些思考	中国土木工程集团公司	薛立智
3	中土公司在阿尔及利亚项目部铁路市场的发展战略浅析	中国土木工程集团公司	郑　军
4	境外国有资产监督管理的问题、原因与对策分析	中国土木工程集团公司	于洪晞 张　磊
5	薄层沥青混凝土 BBMa0/10 在工程实践中的应用	中国土木工程集团公司	严学斌
6	阿尔及利亚项目部东西高速公路 36 米 T 型梁预制存在问题及处理对策	中国土木工程集团公司	黄永彪
7	横移与转体施工技术在某桥梁中线偏差调整中的应用	中国土木工程集团公司	李方志
8	以色列卡迈尔（Carmel）隧道大跨度双侧壁导坑法施工技术	中铁十二局集团公司	怀平生 焦　刚
9	多边开发银行和谐版 FIDIC 合同条件及其应用	中铁十五局集团公司	陈现立
10	应用赢得值分析法和 P6 软件、做好国际工程项目管理	中铁十八局集团公司	杨云波
11	桩基轴向静载试验方法	中铁十九局集团公司	施明东
12	罗安达铁路 1067 毫米轨距轨排组装施工技术	中铁二十局集团公司	唐　辉 程凯书
13	利比亚沿海铁路钻探使用当地膨胀岩土护壁的实例及方法	中铁第四勘察设计院集团公司	陆炳壮
14	本格拉铁路大修工程改建方案研究	中铁上海设计院集团公司	龚　炼
15	描绘产业结构调整的蓝图	沙特麦加轻轨铁路项目公司	黄学呈

续表

序号	论　文　名　称	单　位	作　者
16	论境外 EPC + O&M 总价承包项目借款利息费用不应计入预计合同总成本	沙特麦加轻轨铁路项目公司	李军强
17	浅谈麦加轻轨工程基本设施	沙特麦加轻轨铁路项目公司	闫　华
18	沙特麦加轻轨铁路道岔区桥梁设计	沙特麦加轻轨铁路项目公司	李红兵
19	浅谈东西高速公路项目管理	阿尔及利亚项目部项目部	卓　磊
20	海外工程基桩施工质量控制的实践	阿尔及利亚项目部项目部	马建忠 洪　岩
21	欧洲桥梁抗震设计理论及计算分析方法	阿尔及利亚项目部项目部	原　军
22	阿尔及利亚项目部东西高速公路建设体会	阿尔及利亚项目部 中铁第一勘察设计院集团公司	官文龙
23	阿尔及利亚项目部东西高速公路 M5 标段 PK16 加筋路堤设计	阿尔及利亚项目部 中铁第一勘察设计院集团公司	张　伟 陈　璟
24	简支梁桥下部结构计算简介	阿尔及利亚项目部 中铁第一勘察设计院集团公司	郁金星
25	浅析基于法国规范锚杆的试验程序	阿尔及利亚项目部 中铁第一勘察设计院集团公司	龚成亮 魏文海 边昶晖
26	基于欧洲（法国）标准之路线方案对环境因素的考虑	阿尔及利亚项目部 中交第一公路勘察设计研究院	王　佐 齐　菲 单永体
27	泥灰岩地区斜坡填方技术研究	阿尔及利亚项目部 中交第一公路勘察设计研究院	李　刚 姜献民 丁小军
28	法国沥青路面设计体系的特点	阿尔及利亚项目部 中交第一公路勘察设计研究院	李　刚 赵永国 张留俊
29	公路隧道防排水设计探讨	阿尔及利亚项目部 中交第一公路勘察设计研究院	韩常领 张晓峰 师　伟
30	OA. 251 弯坡悬臂梁桥的设计和施工方案研究	阿尔及利亚项目部 中国中铁二院工程集团公司	陈玉刚
31	滑模施工技术在高速公路混凝土防撞护栏施工中应用一例	阿尔及利亚项目部 中铁十二局集团公司	靳德辉
32	Rn30 高强湿喷混凝土在隧道中的应用	阿尔及利亚项目部 中铁十二局集团公司	孙利军
33	谈海外项目员工属地化管理	阿尔及利亚项目部 中铁十九局集团公司	韩亚林
	二等奖		
1	应收账款周转率计算方法改进的探讨	中国土木工程集团公司	刘金昌
2	阿尔及利亚项目部 BOUGHZOUL 湖区改造项目投标财务标编制	中国土木工程集团公司	晏　勇
3	谈谈香港西铁 CC213 项目质量管理	中国土木工程集团公司	任有保
4	国际项目融资风险分析及分散措施的研究	中国土木工程集团公司	徐　阳
5	中阿高速公路施工质量控制程序与标准的对比分析	中国土木工程集团公司	李忠武 马天罡
6	Abuja 城铁 Lot1B 线 Gaiki 站至 Wuse 站区段选线技术方案探讨	中国土木工程集团公司	顾拥武
7	利用中国传统工艺改进生产欧标双块式轨枕的介绍与探讨	中国土木工程集团公司	王兴奎
8	垂直旋喷桩在浅埋暗挖隧道中的应用	中国土木工程集团公司	葛　猛

续表

序号	论　　文　　名　　称	单　　位	作　　者
9	先简支后连续桥梁结构受力浅析	中国土木工程集团公司	田小强
10	在阿尔及利亚项目部东西高速公路施工使用欧洲标准进行设计的体会	中铁十二局集团公司	刘二明
11	北非地中海沿岸不良地质段路基边坡综合防治措施初探	中铁十二局集团公司	聂树民
12	浅谈静态变形模量 EV2 检测在阿尔及利亚项目部东西高速公路中的应用	中铁十二局集团公司	赵　月
13	浅谈填方段榫和防滑铲的作用	中铁十二局集团公司	姚权元
14	加筋土工布路堤施工总结	中铁十二局集团公司	苟红明
15	阿尔及利亚项目部国家东西高速公路沥青路面 PAQ	中铁十二局集团公司	刘厚军 蒋　平
16	浅谈高模量沥青混凝土磨耗层施工技术	中铁十二局集团公司	那春峰
17	现浇箱梁大跨径钢管支架验算分析	中铁十二局集团公司	张长青
18	海外工程施工安全和文明施工控制经验体会	中铁十四局集团公司	郑茂旺
19	浅析国外工程质量管理	中铁十四局集团公司	李　强
20	门架式双排桩在阿尔及利亚项目部东西高速公路边坡整治工程中的应用	中铁十四局集团公司	田学运
21	PK276 滑坡成因分析及整治技术	中铁十四局集团公司	尤丁剑
22	预制块加筋土工布路基施工技术	中铁十四局集团公司	董付杰
23	高模量沥青混合料施工技术	中铁十四局集团公司	李宏高
24	大体积混凝土温度应力分析和裂缝控制	中铁十四局集团公司	王继元
25	OA251 桥桩基抗侵蚀砼的试验研究	中铁十四局集团公司	孙铭耀
26	架桥机双轨道架梁施工工艺	中铁十四局集团公司	董付杰
27	Faury 法在混凝土配合比设计中的应用	中铁十四局集团公司	郑灿伟
28	国际工程延期索赔管理与实施探讨	中铁十八局集团公司	刘成君 周文海
29	沙特南北铁路沙漠路基填筑实践	中铁十八局集团公司	李春玉
30	后张拉有粘结预应力板施工技术	中铁十八局集团公司	李　明
31	阿尔及利亚项目部高速公路项目验工计价存在问题与思考	中铁十九局集团公司	孟　宇 魏海港
32	阿尔及利亚项目部东西高速公路泥灰岩地质高填深挖路基施工技术	中铁十九局集团公司	何岩峰
33	C1B31 材料在 CDF 层的应用	中铁十九局集团公司	杨　涛
34	海外高速公路设计与施工结合浅谈	中铁十九局集团公司	杜金光
35	欧洲标准下锚杆拉拔试验程序	中铁十九局集团公司	杨永锋 尚尔海

续表

序号	论　文　名　称	单　位	作　者
36	毛勒伸缩缝在阿尔及利亚项目部高速公路的应用	中铁十九局集团公司	杨永锋
37	泥灰岩地质路基、桥梁施工监测技术	中铁十九局集团公司	何岩峰
38	混凝土防撞墙滑模施工与质量控制	中铁十九局集团公司	鲍久长
39	双导梁架桥机大纵坡架设预制 T 梁施工技术	中铁十九局集团公司	高寒松
40	安哥拉铁路通信传输系统调试技术	中铁十九局集团公司	南文雄
41	卡棱卡碎石场洞室爆破施工技术	中铁二十局集团公司	梁缄鑫
42	机组流水法预制 1067 毫米轨距预应力钢绞线轨枕技术	中铁二十局集团公司	唐　辉 程凯书
43	复杂环境下涵洞施工质量控制	中铁二十局集团公司	谷煔平
44	安哥拉铁路大型捣固车整道施工技术	中铁二十局集团公司	岳宗显 喻胜鹏
45	麦加轻轨 BMS 系统设计方案的探讨	中铁第一勘察设计院集团公司	闫　鹏
46	尼铁河流洪峰流量影响因素及参数分析	中铁第一勘察设计院集团公司	许云生
47	尼日利亚铁路发展规划及实施方案研究	中铁上海设计院集团公司	薛新功
48	沙特麦加轻轨铁路项目高架桥选型探讨	沙特麦加轻轨铁路项目公司	李红兵
49	沙特麦加轻轨铁路项目合同风险分析	沙特麦加轻轨铁路项目公司	李红兵
50	国际土建工程施工协同设计	阿尔及利亚项目部 中交第一公路勘察设计研究院	丁小军 陈　波 王　佐
51	法中公路设计标准、规范的差异比较（二）	阿尔及利亚项目部 中交第一公路勘察设计研究院	丁小军 李　刚 张江洪
52	法中公路设计标准、规范的差异比较（四）	阿尔及利亚项目部 中交第一公路勘察设计研究院	丁小军 韩常领 赵永国
53	泥灰岩挖方材料的再利用研究	阿尔及利亚项目部 中交第一公路勘察设计研究院	李　刚 丁小军 边昶晖
54	泥灰岩挖方边坡设计研究	阿尔及利亚项目部 中交第一公路勘察设计研究院	李　刚 丁小军
55	加筋路堤技术在东西高速公路项目中的运用	阿尔及利亚项目部 中交第一公路勘察设计研究院	张　博 孙忠宁
56	基于法国规范的土方、垫层和路面综合设计方法	阿尔及利亚项目部 中交第一公路勘察设计研究院	李　刚 王崇涛 丁小军
57	法国规范体系下全厚式沥青混凝土路面结构设计方法	阿尔及利亚项目部 中交第一公路勘察设计研究院	刘　锋 李　刚 丁小军
58	欧洲公路桥梁车辆荷载	阿尔及利亚项目部 中交第一公路勘察设计研究院	李　军 包绍伦
59	中法隧道设计理念对比	阿尔及利亚项目部 中交第一公路勘察设计研究院	韩常领 赵永国
60	页岩大断面隧道设计与施工难点及对策	阿尔及利亚项目部 中交第一公路勘察设计研究院	韩常领 赵永国
61	综合物探在阿尔及利亚项目部东西高速公路隧道勘察中的应用	阿尔及利亚项目部 中交第一公路勘察设计研究院	杨文锋 刘运平
62	阿尔及利亚项目部东西高速公路避险车道安全设施设计	阿尔及利亚项目部 中铁第一勘察设计院集团公司	吴　伟 魏文海

续表

序号	论文名称	单位	作者
63	阿尔及利亚项目部东西高速公路合同管理模式探讨	阿尔及利亚项目部 中铁第一勘察设计院集团公司	周明强
64	阿尔及利亚项目部泥灰岩地区高路堤设计	阿尔及利亚项目部 中铁第一勘察设计院集团公司	边昶晖 龚成亮
65	格宾挡土墙设计与计算	阿尔及利亚项目部 中铁第一勘察设计院集团公司	李洪锋
66	阿尔及利亚项目部东西高速公路 M5 标段高填深挖处理方案	阿尔及利亚项目部 中铁第一勘察设计院集团公司	官文龙
67	浅析泥灰岩的工程特性	阿尔及利亚项目部 中铁第一勘察设计院集团公司	陈彦清 边昶晖
68	阿尔及利亚项目部东西高速公路 1－7. 1x4. 5 米框架桥计算分析	阿尔及利亚项目部 中铁第一勘察设计院集团公司	宋伏祥
69	“马斯顿”效应在阿尔及利亚项目部高速公路框架涵洞设计中的分析及应用	阿尔及利亚项目部 中铁第一勘察设计院集团公司	周明强
70	基于欧洲规范的人行天桥结构分析	阿尔及利亚项目部 中铁第一勘察设计院集团公司	马　韬
71	充分发挥施工技术质量管理在海外工程中的龙头作用	阿尔及利亚项目部 中铁十二局集团公司	杜彦林
72	海外施工中的机械设备的管理	阿尔及利亚项目部 中铁十二局集团公司	薛永勤
73	桩基缺陷的成因及处理	阿尔及利亚项目部 中铁十二局集团公司	刘　斌
74	大跨度预应力 T 梁施工工艺及质量控制	阿尔及利亚项目部 中铁十二局集团公司	赵　礼
75	T1 隧道防排水施工的指导思想及过程控制	阿尔及利亚项目部 中铁十二局集团公司	张为民
76	海外隧道特点及施工组织	阿尔及利亚项目部 中铁十二局集团公司	高建平
77	以色列卡迈尔（Carmel）隧道控制爆破设计	阿尔及利亚项目部 中铁十二局集团公司	怀平生 焦　刚
78	以色列卡迈尔（Carmel）隧道凝灰岩段设计施工技术	阿尔及利亚项目部 中铁十二局集团公司	怀平生 焦　刚
79	方墩盖梁托架设计	阿尔及利亚项目部 中铁十四局集团公司	齐元新
80	自锁伸臂梁模板加固体系设计	阿尔及利亚项目部 中铁十四局集团公司	齐元新
81	欧洲标准建设管理模式下的公路施工技术文件管理	阿尔及利亚项目部 中铁十九局集团公司	何岩峰
82	欧洲标准下锚杆挡土墙施工技术	阿尔及利亚项目部 中铁十九局集团公司	杨永锋
83	论阿工招聘与管理	阿尔及利亚项目部 中国土木工程集团公司	柳　木

制表：梁爱珍

文　化

·史志鉴工作·

【编辑出版2010年卷《中国铁建年鉴》】 《中国铁建年鉴》2010年卷由中国铁道出版社出版，印发3500册。全书收集资料350余万字、图片650余幅，编辑成书145万字，刊用图片200余幅，全面系统地反映了中国铁建2009年度企业管理、经营生产、科技文化和党群工作等方面的成果、经验和重要活动信息，较好地反映了中国铁建的企业概貌和整体竞争实力。在彩页中增设“股份公司领导活动”、“企业文化”、“经典精品工程”栏目，力求多角度、全方位地展示中国铁建的风采，提升中国铁建的社会美誉度和市场辐射力。 （杨启燕）

【向国家相关部委提供年鉴资料】 2010年在编辑《中国铁建年鉴》的同时，还向国务院国资委、铁道部、国家住房和城乡建设部、《中国建筑业年鉴》提供年鉴资料4万余字，进一步扩大中国铁建的社会影响力和美誉度。 （杨启燕）

【参加全国年鉴学术交流会】 5月11日~12日，第四届全国年鉴编纂出版质量评比颁奖暨第十二届全国年鉴学术年会在山东省济南市召开，全国各地的300多名年鉴界代表参加会议。《中国铁建年鉴》作为企业年鉴获奖单位代表在会上作题为《坚持规范，不断创新，推动企业年鉴持续健康发展》的经验介绍，受到与会代表的一致好评。《中国铁建年鉴》2008年卷在第四届全国年鉴编纂出版质量评比中获得综合特等奖及框架设计、条目编写、装帧设计3个单项优秀奖。 （杨启燕）

【参加中美年鉴交流活动】 2010年3月23日~4月2日，中国出版协会组织全国出版社及年鉴编辑出版单位参加在美国费城、洛杉矶举行的美国亚洲图书馆年会和中美年鉴交流活动。代表团由中国铁建、中国妇女研究所、中国轻工业年鉴社、天津年鉴社及中华书局、齐鲁书社、中国社会科学文献出版社、中华活页文选杂志社7家单位11人组成。中国铁建为此次交流活动准备了2008、2009年卷年鉴和图文并茂的宣传材料，吸引了不少参观者，一些出版商及美国大学图书馆前来了解年鉴出版及企业情况，起到了一定的宣传作用。 （杨启燕）

【参与年鉴工委活动】 作为中国企业年鉴工作部主任单位，认真履行服务职能，积极参与中央级年鉴工作部及中国企业年鉴工作部活动。1月15日，承办中央级年鉴与中央企业年鉴新春联谊会筹备会议，中国年鉴工作委员会副会长，学术委、中央级及中国企业年鉴工作部主任、副主任16人参加会议。8月27日组织中央级部分年鉴、北京地区年鉴、中央企业在京年鉴单位在中国铁建大厦召开关于中国年鉴工作委员会与北大方正阿帕比技术有限公司合作协议重新启动有关问题座谈会，40名年鉴代表参加会议。 （杨启燕）

【《中国铁路志》资料提供完成情况】 根据《中国铁路志》编纂要求和部分集团公司上报的有特色桥梁隧道内容情况，补充有特色桥梁隧道资料94座9.4万字；整理编写修建100米以上主要铁路桥梁6807座、1000米以上主要铁路隧道1010座，约75万字。同时，全面修改、补充原上报资料中的相关数据和企业发展情况。 （吕连亭　杨启燕）

【《功彪青史》出版】 《功彪青史》记述了39位历任铁道兵领导的生平事迹。该书由中国铁道建筑总公司原副总经理吕连亭、中国铁建股份公司原档案馆馆长刘贤福和铁道兵史料办公室主任樊鸿锡及刘忠杰、唐飞等经过查阅大量历史资料，并反复核实、考证，按传记要求撰写的。资料翔实可靠，语言朴实准确，文字简洁流畅，生动真实地再现了老将军、老领导的历史原貌。《功彪青史》的出版，有助于读者系统地了解历任铁道兵领导在共和国创建及祖国建设历程中所创造的丰功伟绩，帮助读者了解铁道兵从硝烟弥漫的战场到和平建设时期以及改革开放大潮中走过的光辉历程和创造的辉煌业绩，是中国铁建继承中国人民解放军光荣传统、弘扬铁道兵艰苦奋斗精神的生动教材。 （吕连亭　杨启燕）

【中国铁建入《中国铁路志》资料长编汇编】 该汇编在上报《中国铁路志》资料的基础上，增加部分内容，可为中国铁建机关及所属单位今后续单位志时选用。汇编分上下两册，共十一章。第一章，工程施工单位；第二章，有特色的桥隧轮渡工程；第三章，对外援助承包工程；第四章，路基工程技术；第五章，土石方工程施工装备；第六章，电务工程；第七章，建筑工业；第八章，铁路建设管理；第九章，勘察设计；第十章，人物；第十一章，表格。 （吕连亭　杨启燕）

【国务院《汶川救灾志》编写情况】 截至2010年底，基本完成《汶川特大地震抗震救灾志》中《地震灾害志》《抢险救灾志》《灾区生活志》《社会赈灾志》《灾后重建志》《英模人物志》《抗震救灾图志》7部分志的资料编纂提供工作，提供文字资料25万字、图片360余幅，较好地反映了中国铁建继承和发扬铁道兵光荣传统，雷厉风行，敢打硬仗，不畏艰险，不辱使命，全力支援抗震救灾和灾后重建的英雄壮举，诠释了中国铁建这支兵改工队伍的企业文化精髓，彰显了中国铁建在关键时刻堪当大任的企业风范。（刘贤福　胡贵荣）

·企业文化·

【中国铁建企业文化建设座谈会】 1月12日在北京召开。股份公司党委副书记霍金贵出席会议并作重要讲话，党委宣传部部长钱桂林主持会议。16家单位分管企业文化的党委副书记或副总经理、宣传部门负责人等33人参加会议。座谈会上，霍金贵对中国铁建当前的企业文化建设进行基本评估，强调下一步要把重点放在抓企业文化的落地生根上。一是要统一显性文化，深化隐性文化；二是要融入企业管理，与企业管理共振共发展；三是要开展文化创新，形成创新文化；四是要看清"文化融合势在必行"的大局，搞好文化融合。（钱东锋）

【开展"践行企业价值观，提升发展软实力"专题教育活动】 6月11日，下发《股份公司党委、股份公司关于开展"践行企业价值观，提升发展软实力"专题教育活动的通知》，所属单位结合实际，自下而上广泛开展专题教育活动，普遍组织演讲活动，以身边事教育身边人。为推动活动的开展，8月下旬～10月中旬，股份公司党委组织5个检查组到所属29家公司100多个基层单位督促、推进活动的进展。专题教育的深入开展，使全体员工对"诚信、创新永恒，精品、人品同在"的企业价值观有了更进一步的了解和认识，为促进企业科学发展提供了坚实的文化支撑。（钱东锋）

【开展企业文化建设自查自评工作】 根据国资委宣传局下发的《关于开展企业文化建设评价工作的通知》，5月～6月，在全系统开展企业文化建设自查自评工作，通过查阅资料、发放调查问卷、设置网上投票、召开座谈会等形式，对中国铁建全系统的企业文化建设工作有了一个相对客观的认识，既看到取得的显著成绩，又看到面临的形势，发现存在的问题和不足，明确改进方向。7月，自查自评工作情况向国资委上报。（钱东锋）

【两个案例入选中央企业企业文化建设优秀案例】 根据中央企业党建思想政治工作研究会《关于征集并出版企业文化建设优秀案例的通知》要求，4月，报送《以工程项目为突破口，推进企业文化落地》和《优势互补，共存双赢，文化大融合带来企业大发展》两个案例。10月，经评审，中央企业报送的154个案例中，有88个案例入选中央企业企业文化建设优秀案例，中国铁建报送的两个案例均入选。（钱东锋）

【文化融合经验在中央企业文化融合工作交流会上交流】 10月9日～10日，国资委在北京召开中央企业文化融合工作交流会，有7家单位大会发言，18家单位书面交流，中国铁建《优势互补，共存双赢，文化大融合带来企业大发展》的经验材料在会上作书面交流，受到与会人员的好评。（钱东锋）

2010 年 4 月 15 日～16 日，中国铁建工程项目部党的建设工作座谈会在北京召开。图为会议会场。
（刘 文 摄）

党的工作

特载 | 大事记 | 概况 | 董事会工作 | 工程施工 | 海外经营 境外工程 | 经营管理 | 综合管理 | 科技文化 | 党的工作 | 工会 共青团 | 所属单位 | 人物 | 统计资料 | 文献辑要 | 附录

本栏责任编辑　**杨启燕**

综合工作

【总公司党委】 中国共产党中国铁道建筑总公司委员会(以下简称总公司党委)是国务院国有资产监督管理委员会党委领导下的对下属单位党组织实行统一领导的党组织。总公司党委在企业中处于政治核心地位,发挥政治核心作用。主要负责统一领导并组织实施股份公司党的建设和思想政治工作。根据国资委党委《关于孟凤朝、李国瑞同志职务任免的通知》(国资党任字〔2010〕40 号),2010 年 5 月 17 日起,孟凤朝任总公司党委副书记;免去李国瑞党委副书记、党委常委职务。总公司党委常委由赵广发、孟凤朝、霍金贵、彭树贵、扈振衣、夏国斌、范德、周志亮、庄尚标、张宗言、刘汝臣 11 人组成,赵广发任党委书记,孟凤朝、霍金贵、彭树贵任党委副书记。总公司党委职能机构设党委办公室、组织部、宣传部、干部(人事)部。总公司纪委是总公司党委和国务院国有资产监督管理委员会纪委领导下的纪检监察机关,履行党的纪律检查和行政监察两种职能。党委副书记彭树贵任纪委书记。总公司工会接受总公司党委和中华全国铁路总工会的领导,党委副书记、纪委书记彭书贵任工会主席。

(赵登善)

【股份公司党委】 中国共产党中国铁建股份有限公司委员会(以下简称股份公司党委)是中国铁道建筑总公司党委领导下的对下属单位党组织实行统一领导的党组织。股份公司党委在企业中处于政治核心地位,发挥政治核心作用。主要负责统一领导并组织实施全系统党的建设和思想政治工作。按照国资委党委《关于同意孟凤朝、李国瑞同志职务任免的函》(国资党委干二〔2010〕189 号)和《关于丁原臣不再担任中国铁建股份有限公司领导职务的函》(国资党委干二〔2010〕2 号),2010 年 11 月 2 日起,孟凤朝任中国铁建股份有限公司董事长、党委书记人选,李国瑞不再担任股份公司董事长、党委书记、党委常委、党委委员职务;2010 年 1 月 4 日起,丁原臣不再担任股份公司副董事长、党委常委、委员职务。股份公司党委常委由孟凤朝、赵广发、霍金贵、彭树贵、扈振衣、夏国斌、范德、周志亮、庄尚标、张宗言、刘汝臣 11 人组成。孟凤朝任党委书记,赵广发、霍金贵、彭树贵任党委副书记。纪委书记、工会主席由彭树贵担任。股份公司党委职能机构设党委办公室、组织部(直属机关党委)、宣传部(企业文化部)、干部(人力资源)部。根据《总公司、总公司党委关于中国铁建股份有限公司成立后需明确的有关问题的通知》(中铁建劳〔2007〕207 号)和总公司党委《关于成立中国铁建股份有限公司党委、纪委和工会、共青团组织的通知》(中铁建党组〔2007〕75 号)精神,总公司党委委员、纪委委员、工会委员、团委委员同为股份公司党委委员、纪委委员、工会委员、团委委员。根据中组部和原中央企业工委及国资委党委批复、指示精神,基于总公司主营业务整体上市和局集团公司均为股份公司全资控股子公司,股份公司分布在全国各地的下属单位,党的领导关系由股份公司党委和所在省、自治区、直辖市党委双重领导,以股份公司党委垂直领导为主。按照中共中央有关文件规定,所属单位的领导班子成员以股份公司党委管理为主,地方党委协助管理。

(赵登善)

【工作综述】 2010 年,中国铁建新签合同总额 7472 亿元,营业收入 4702 亿元,实现利润总额 99 亿元,缴纳各类税费 140 亿元,企业总资产 3502 亿元,世界 500 强排名第 133 位,全球 225 家最大承包商位居第 1,中国企业 500 强排名第 8 位。成为中国乃至全球最具实力、最具规模的特大型综合建筑集团之一。2010 年,股份公司党委围绕中心工作,坚持以科学发展观和党的十七届三中、四中、五中全会精神为指导,以“明路子、建班子、抓基层、带队伍”为主线,充分发挥党组织的政治优势、组织优势,积极推动经济发展方式转变,把各级领导干部和广大党员职工的思想和行动引导到坚定不移地走质量效益型发展道路上来,企业科学发展取得新成效,转变发展方式迈出新步伐,主要经济技术指标跃上新台阶,党的建设和思想政治工作有新加强,职工队伍保持和谐稳定,企业实现又好又快发展。

一是创先争优活动深入开展。5 月 24 日,国资委召开中央企业创先争优活动动员部署会议。会议结束后,股份公司党委立即召开常委扩大会议,对全系统深入开展创先争优活动进行动员部署。所属单位相继成立由党委书记或党政主管担任组长的领导小组,同步成立活动办公室等相应的工作机构。各级党组织结合企业科学发展和生产经营实际,周密制定方案,精心设计活动主题。充分利用报刊、网站、广播、墙报、板报、橱窗等媒介,大力宣传创先争优活动。年内,股份公司党委派出 5 个检查组,对全系统创先争优活动进行深入检查和督导,全面掌握创先争优活动的情况,发现问题,指出不足。各级党组织坚持围绕中心、服务大局、探索创新,不断拓展和深化活动内涵,有力推动了企业又好又快发展。国资委党委书记、主任王勇在中央企业创先争优活动经验交流会上对中国铁建提出表扬。

二是领导班子建设不断加强。各级党委坚持中心组学习制度，自觉把思想和行动凝聚到坚持科学发展观，走质量效益型发展道路上来。加强领导干部培训，进一步提高领导干部的综合素质和工作能力。股份公司党委结合全系统多年来创建“四好领导班子”活动实际，结合企业改革发展和生产经营目标，制定创建计划，强化创建措施，推动创建活动的深入开展，领导班子的整体功能进一步增强。落实《中央企业领导人员管理暂行规定》《中央企业领导班子和领导人员考核办法(试行)》要求，以法人治理结构的完善和领导班子的建设为重点，切实加强企业领导人员队伍的全面建设管理工作。2010年考察7个单位的领导班子，任免领导班子成员76人次。

三是基层党组织建设扎实推进。股份公司党委派出调研组，对所属20多个国内外工程项目部党建工作现状进行调研，在掌握项目党建第一手资料的基础上，召开专题经验交流会和颁布加强项目党建工作的决定。随后，股份公司党委又召开全系统工程项目部党的建设工作座谈会。会议全面总结股份公司近年来加强工程项目部党的建设的成功经验，分析新形势下项目部党的建设所面临的机遇和挑战，对以改革创新精神加强和改进工程项目部党的建设提出新的任务和要求。制定颁布《关于加强和改进工程项目部党的建设的决定》，为今后一个时期加强和改进工程项目部党的建设提供了明确的政策依据和制度保证。

四是宣传思想工作深入人心。各级党组织深入贯彻落实科学发展观，扎实推进学习型党组织建设，认真开展十七届五中全会精神的学习贯彻，紧紧围绕企业科学发展这一主题进行深入研讨，破解企业改革发展难题。开展“践行企业价值观，提升发展软实力”专题教育活动，使全体员工对企业价值观有了进一步的了解和认知，“建优质工程，树企业形象”的理念和抓质量、抓安全、树品牌、树形象的意识更加深入人心。各级党组织围绕生产经营、改革发展等中心工作，深入开展宣传思想教育，巩固加快企业科学发展的共同思想基础。大力开展主题教育、形势任务教育，大力选树先进典型，积极营造弘扬先进、比学赶超的良好氛围。各级党委结合企业实际，围绕调结构转方式中的新成绩、企业管理中的新经验、科技创新中的新成果，以及重点工程建设取得的新进展等热点和亮点，提前谋划，适时组织集中宣传报道，营造了中国铁建良好的品牌形象和外部舆论环境。2010年，股份公司党委宣传部组织在中央主流媒体发稿253篇。其中，新华社刊发通稿45篇；中央电视台《新闻联播》发稿25篇。

五是反腐倡廉建设成效显著。认真开展党纪法规学习教育活动和案例警示教育活动，积极推进廉洁从业文化建设。紧紧围绕腐败问题易发多发的重点领域和关键环节，健全完善相关制度，促进内控制度建设、管理流程优化和权力的合理配置。继续开展工程建设领域专项治理工作，派出检查组重点抽查承担中央投资特别是扩大内需的工程项目，提高专项治理工作的实效。所属单位认真落实办案责任，突出办案重点，提高办案质量，发挥查办案件治本功能，有效地打击了违纪违法行为。同时，坚持“党委统一领导，党政齐抓共管，纪委组织协调，部门各负其责，依靠群众支持和参与”的领导体制和工作机制，把党风廉政建设作为重点工作，纳入各单位党组织领导班子和领导干部目标管理，明确谁主管、谁负责，谁负责、谁承担责任的党风廉政建设责任制，并将党风廉政建设责任制执行情况与年度经营业绩考核和评先评优相结合。

六是工会、共青团工作成绩喜人。各级工会把平等协商集体合同作为工会维权机制建设的核心内容，全系统集体合同签订率100%。深化“三不让”承诺，积极开展送温暖活动，着力解决职工群众的现实困难。完善矛盾调处预警机制，热难点问题得到有效化解。全年有25个单位被评为全国“安康杯”竞赛优胜单位，21个单位被评为省部级“安康杯”竞赛优胜单位。在中央企业职工技能竞赛工程测量工决赛中，由10名选手组成的中国铁建代表队获得4枚金牌、5枚银牌和1枚铜牌，包揽大赛前四名。全系统有5人被授予全国劳动模范称号，2人获得全国五一劳动奖章。各单位以“职工住房公寓化，职工食堂餐厅化，营区建设园林化，文体设施小区化，工地文化标准化”为目标，深入开展建家建线达标竞赛活动，一线职工的生产生活质量明显提高，职工的凝聚力、向心力、战斗力不断增强。团委通过创办《中国铁建青年简讯》、升级中国铁建青年网、开展青年原创短信大赛、启动第九届“活力杯”征文活动等形式，积极营造浓厚的共青团工作氛围。深入开展共青团创先争优活动，有力促进基层团组织建设。各级团组织和广大团员青年以捐水、捐款、成立青年送水突击队等形式，积极参加西南抗旱救灾。全年全系统有74名先进青年和135个先进青年集体受到团中央、中央企业团工委及省部级团组织的表彰。

（耿仁胜）

【党委办公室】 总公司和股份公司党委的综合职能部门，协助党委领导处理日常工作的机构。2010年6月22日，股份公司党委印发《关于增设保密办公室的通知》(中国铁建党组〔2010〕34号)，明确在党委办公室增设保密办公室，增配1名副主任，为保密办公室专职主任，同时兼负党委办公室有关工作。党委办公室定员7人，设主任1人，副主任1名，下设秘书处、调研处和保密办公室。主要职责：负责党委会和党委召开的全局性会议的筹备工作和会务工作，协助领导组织会议决定事项的实施；协助党委领导组织制定和起草工作计划、总结、报告和有关会议文件、材料等；审核以党委或党委办公室名义发布的公文；督促检查党委各部门和下属单位党委对中央和上级重要指示、决议和重要会议精神以及党委领导有关指示的执行落实情况，并跟踪调研，及时反馈信息；协调党群各部门之间的工作关系；协助党委领导组织处理需由党委直接处理的突发事件和重大政治事故；组织政治工作专题调查研究；了解掌握下属单位党委的工作情况和政治工作动态，做好政工信息的收集、整理、上报、通报，编发《政工情况》。负责股份公司维护稳定领导小组、党委保密委员会、扶贫开发的日常工作，负责党委和党委领导的文电收发运转、党委印鉴和信件管理等工作；办理党委领导交办的其他事项。

2010年，党委办公室深入贯彻落实党的十七届四中、五中全会和国有企业党建工作会议精神，按照股份公司党委的统一部署和安排，紧紧围绕"服务协调上质量，参谋助手上台阶，自身建设上水平"的工作中心，以"加强一个建设，用好一个载体，提升三个水平，做好六项工作"为重点开展工作，即加强参谋助手能力建设，充分利用好《政工情况》这个载体，提升文字水平、协调水平和服务水平，做好信息、调研、维稳、保密和文件管理工作。一是认真学习，提高参谋助手能力和水平。认真学习《中共中央关于加强和改进新形势下党的建设若干重大问题的决定》和股份公司党委全会精神，参加党委中心组组织的各种报告会和学习会，增强把握大局的能力和水平。对照工作中存在的问题和薄弱环节，认真学习企业管理知识、科学文化知识和法律法规知识，找准加强和改进参谋助手能力建设的着力点，有针对性地研究提出新形势下加强和改进参谋助手能力建设的具体措施。二是融入中心，在服务大局上展示作为。按照党委统一部署，参与党委中心工作和重点工作。参加全系统安全大检查，对京沪高速铁路和城市轨道交通建设项目进行检查指导，消除安全隐患，促进项目安全生产。带队开展创先争优、主题实践活动检查，督促指导基层把活动向纵深发展。三是深入调研，提高履职能力和水平。2010年底，为筹备股份公司工作会议、谋划"十二五"规划，陪同党委书记和机关有关部门分别到中铁十一、二十、二十三局集团公司和中铁第一、第四勘察设计院集团公司及昆明中铁大型养路机械集团公司、中铁轨道系统集团公司、中铁物资集团公司、中铁房地产集团公司进行考察，了解所属单位的生产经营等基本情况，对取得的成绩和经验进行总结，对发现的问题提供领导班子和机关部门研究。四是不断创新，提高《政工情况》的思想性和指导性。按照指导性、思想性和内参性的原则，围绕中心工作，突出刊登各集团公司党委在贯彻落实股份公司党委全会和领导指示精神上的思路与举措，反映各单位创新党建工作的新经验。五是促进稳定，进一步保持企业内和外顺。坚持稳定为先，严格落实稳定工作责任制。建立和完善维稳工作长效机制，落实维护稳定工作任务，细化、分解责任和目标，形成统一协调的稳定工作体制和机制。关心离退休、内退人员和职员工生活，发挥群团组织作用，努力构建和谐企业，为股份公司科学发展、和谐发展营造良好的环境。六是加强管理，维护国家秘密和企业商业秘密安全。加强保密日常教育，对机关各部门领导、保密工作人员和所属单位的保密委员会主任、保密委员会办公室主任进行保密法规教育，签订保密承诺书。2010年，总公司被评为国资委保密先进单位，赵登善被评为国资委优秀保密工作者。七是搞好统筹，做好文件管理和会务等日常工作。全年办理收文1529件，发文30件，处理公文核稿69件；承办党委全会、常委会和工作会议11次。（赵登善）

【保密工作】 2010年，股份公司深入贯彻《中共中央关于加强新形势下保密工作的决定》和上级保密工作会议精神。一是加强领导、健全机构。党委书记孟凤朝、总裁赵广发亲自过问保密工作，党委副书记、保密委员会主任霍金贵多次召集公司保密工作领导小组成员会议，分析企业保密工作形势，部署工作。各单位选拔政治可靠、有责任心的党员干部充实到保密工作队伍。二是加强教育、完善制度。11月26日，在北京组织机关各部门领导、保密工作人员和所属单位的保密委员会主任、保密委员会办公室主任近200人，进行保密法规教育。通过典型案例分析，增强领导人员和要害部门、要害部位和涉密人员的保密意识和守密的自觉性。注重保密工作制度建设，在及时转发国资委有关保密工作规定的同时，结合企业实际，不断修订完善相关的保密工作制度，制定下发《股份公司保密管理办法》等6项保密工作规章制度，进一步规范保密工作流程，保证保密工作处于有序、可控状态。股份公司保密委员会主任与机关全体干部职工签署保密承诺书，与所属单位保密委员会主任签订责任书。三是完善措施、强化执行。加强网络信息管理和有效监控，做好上市后信息披露工作，严格文件收发、阅办和回收，加强对外交往、经营承揽、施工生产等重点环节的保密工作。（耿仁胜）

【信息工作】 2010年，股份公司党委信息工作围绕党的十七届四中、五中全会及股份公司"四会"精神，认真学习张德江副总理视察中国铁建时的重要讲话，在加强领导班子建设和项目部党组织建设，开展创先争优、“我在企业有责任”等主题活动中，加大信息采集、编发力度，不断提高信息质量，增强信息工作的内参性与指导性。全年收集信息 228 篇，编辑《政工情况》61 期，刊稿 122 篇。 （韩秀珍）

【扶贫工作】 按照国务院扶贫办公室和国资委的统一部署和要求，中国铁建积极选派干部到河北省尚义县、万全县挂职扶贫。2010 年，中国铁建采取的主要扶贫措施：一是鼓励植树种草，改善生态环境。大力宣传植树种草对于改善生态环境的作用和意义，提高当地百姓植树种草的积极性和主动性。2010 年，尚义县植被覆盖率超过 50%，其中草场面积 145 万亩，占植被面积的 36%。二是助推开发风能，发展新型能源。利用中国铁建自身技术优势，支持尚义县充分利用坝上特有的风能资源，大力发展风力发电。目前装机容量 100 万千瓦，年内风电建设实现经济效益 4000 万元。三是支持新型农业发展，提高人民生活水平。年内投入资金 13 万元，帮助尚义县在 15 万亩坝上蔬菜田里实施膜下滴灌种植技术，已在全县推广；出资 4 万元分别为尚义县田家村、朝力盖村购买马铃薯种子 1 万斤，扶持农户 40 余户。四是资金落实到位，兴建基础设施。股份公司出资 1.5 万元为尚义县田家村修建乡村公路，出资 13 万元为尚义县朝力盖村打机井一口；出资 10 万元为万全县兵民村修建一条长 1200 米、宽 4 米的水泥路，彻底解决村民出行难问题；出资 10 万元为万全县膳南山村养殖小区垒设院墙 300 米，打小机井一口，完成该村养殖小区的规划任务；出资 10 万元为万全县新羊屯村打机井一口，此井可扩大水浇地 400 亩，改变贫困农民靠天吃饭的现状。 （耿仁杰）

【文印管理】 按照股份公司党委有关文件、公章管理规定，全年收发上级、本级、下级文件 1529 件。其中，上级文件 237 件；机密文件 108 件；秘密文件 64 件；党委领导传阅文件 436 件；党办传阅文件 856 件。归档文件 7 卷 108 件。其中，永久卷 1 卷 9 件；30 年卷 3 卷 19 件；10 年卷 3 卷 80 件。全年使用股份公司党委、党委办公室、保密委员会印章 7521 枚次。 （韩秀珍）

组　织

【党委组织部】 股份公司党委主管党的建设工作的职能部门。主要职责：认真贯彻执行党中央、国资委党委和股份公司党委关于加强党的建设的指示精神，研究制定本系统党建工作规划、制度、规定和措施；负责领导班子思想政治建设、民主集中制建设，指导所属单位召开党员领导干部民主生活会和“四好领导班子”创建活动；负责党的委员会建设，指导所属单位按期召开党员代表大会（党员大会），进行党委换届选举；指导所属单位加强工程项目部党组织建设、党支部建设、党员教育管理和发展党员工作，开展创建“五好党支部”、争当“六好共产党员”等党内创先争优活动；负责全系统党内表彰奖励和先进典型选树工作；负责党内统计、党费收缴与管理、党员组织关系接转、党内教育培训、党群系统组织机构设置和编制定员等工作。下设组织处、党员教育管理处（机关党委工作处），设部长 1 人、副部长 1 人、组织员 1 人；定员 7 人，现员 6 人。

2010 年，按照股份公司党委的统一安排，一是深入开展创先争优活动。根据中央和国务院国资委党委的统一部署，在全系统组织开展以创建先进基层党组织和争当优秀共产党员为主要内容的创先争优活动。二是进一步加强和改进基层党组织建设。在对国内外 10 多个工程项目部党建工作现状进行广泛调研的基础上，组织召开全系统工程项目部党的建设工作座谈会，起草《关于加强和改进工程项目部党的建设的决定》，为切实加强和改进所属单位生产一线工程项目部党的建设提供政策依据和制度基础。三是认真抓好所属单位领导班子思想政治建设和组织建设。根据上级有关规定和股份公司党委工作部署，指导所属单位领导班子开好党员领导干部民主生活会。按照党章规定和股份公司党委要求，指导部分所属单位进行党委换届工作及做好部分单位届中党委成员的增补工作，为企业持续、健康、稳定发展提供强有力的政治和组织保障。四是加强组工干部培训。充分利用股份公司党校的教学培训资源，分两批组织所属局、处两级 310 名组工干部培训，学习研讨新形势下加强和改进企业党的建设的新思路、新举措，提高广大组工干部的政治理论素养和党务工作能力。 （张良才　高学存）

【党组织和党员状况】 截至 2010 年 12 月 31 日，中国铁建系统有党委 841 个，党总支部 228 个，党支部 6372

个，党组9个。党员114765名。其中，在岗职工党员87402名；占在岗职工总数的37.1%；离退休党员27257名。预备党员4865名，女党员14703名。党员队伍专业结构：在岗职工党员87402名。其中，企业管理、专业技术人员65555名；工人党员21847名。党员队伍年龄结构：35岁以下党员33075名，占党员总数的28.8%；36岁～45岁党员21882名，占党员总数的19.1%；46岁～54岁党员32059名，占党员总数的27.9%；55岁～59岁党员11210名，占党员总数的9.8%；60岁以上党员16539名，占党员总数的14.4%。党员队伍文化程度结构：研究生以上学历2155名，大学本科学历32789名，大专学历26098名，中专学历9979名，高中学历20155名，初中以下学历23589名。大专以上学历党员占党员总数的53.2%。在岗职工党员中，研究生以上学历2148名，大学本科学历30511名，大专学历22397名，中专学历6716名，高中学历15211名，初中以下学历10419名。大专以上学历党员占在岗职工党员总数的63%。 （刘立新）

【开展创先争优活动】 根据中央关于在党的基层组织和党员中深入开展创建先进基层党组织、争当优秀共产党员活动的决定要求，股份公司党委按照国资委党委的统一部署，紧密结合企业实际，在全系统组织开展创先争优活动。(1)迅速行动，深入动员。5月24日，国资委召开中央企业创先争优活动动员部署会议。会后，股份公司党委立即召开常委扩大会议，认真学习上级文件和会议精神，把思想认识统一到中央和国资委党委的总体部署上来。6月2日，股份公司党委召开视频会议，对全系统深入开展创先争优活动进行动员部署。在纪念建党89周年大会上，公司党委进行再动员，为创先争优活动全面启动奠定坚实的思想基础。(2)健全机构，落实责任。股份公司、所属单位普遍成立由党委书记或党政主管担任组长的创先争优活动领导小组，同步成立活动办公室等相应的工作机构。各级基层党组织特别是生产一线工程项目部党组织，紧密结合企业改革发展和生产经营中心工作实际，或是成立专门的工作机构，或是指定有关部门和专门人员，具体负责创先争优活动日常工作。(3)制定方案，确定主题。股份公司党委在指定专门机构、组织专门人员认真制定创先争优活动实施方案的基础上，结合股份公司总体发展战略，确定“抢抓机遇保发展，调整优化促转型”的活动主题。各级党组织结合企业科学发展和生产经营实际，周密制定工作方案，精心设计活动主题和载体。股份公司总部机关确定“创先争优强素质，恪尽职守树形象”的活动主题。各单位党委确定“我在企业有责任，创先争优当先锋”、“带头学标准，带头用标准，促进管理上水平”等活动载体，赋予创先争优活动强大的生机与活力。(4)注重宣传，营造氛围。充分利用股份公司自办报纸、网站等媒介，分别开设“创先争优，为党旗增光辉”、“深入开展创先争优活动”专栏，并组织人员编印活动简报，切实加大对全系统创先争优活动的宣传工作力度。各级党组织因地制宜，充分利用报刊、广播、局域网、墙报、板报、橱窗等媒介，大力宣传创先争优活动。股份公司党委从2010年11月开始，利用一个多月时间，在《中国铁道建筑报》上对24个创先争优活动典型事迹进行集中宣传，为创先争优活动营造良好的舆论氛围。(5)加强督导，有序推进。股份公司党委派出5个检查组，从2010年8月下旬开始到10月中旬，历时一个多月，对全系统创先争优活动进行全面、深入的检查和督导。通过听取集团公司、子公司和工程项目部三级党组织的情况汇报，召开有三级领导班子成员、中层干部、基层党员和一线职工等各层面代表参加的座谈会，利用查阅相关台账和资料等方式，全面掌握创先争优活动情况，发现问题，指出不足，给予具体指导。(6)结合实际，务求实效。各级党组织坚持围绕中心、服务大局，做到“五个注重”，即注重在谋发展促转型中创先争优，注重在抓基层打基础中创先争优，注重在提素质强能力中创先争优，注重在保稳定促和谐中创先争优，注重在担责任展作为中创先争优。将企业改革发展稳定和党的建设等各项工作作为创先争优活动的实践和检验平台，把创先争优活动与企业中心工作相结合，与落实学习实践科学发展观活动整改工作相结合，与党内其他经常性创先争优活动和日常工作相结合，积极探索创新，不断拓展和深化活动内涵，努力实现“单位创先进、党员争优秀、职工提素质、企业上水平”的目标要求，有力推动企业又好又快发展。股份公司创先争优活动受到上级的充分肯定。国资委党委书记、主任王勇在中央企业创先争优活动经验交流会上对中国铁建提出表扬。

（张良才　杨赳）

【召开工程项目部党的建设工作座谈会】 4月15日～16日，股份公司党委召开全系统工程项目部党的建设工作座谈会，全面总结股份公司近年来加强工程项目部党的建设的成功经验，分析新形势下项目部党的建设所面临的机遇与挑战，对以改革创新精神加强和改进工程项目部党的建设提出新的任务和要求。会后，股份公司党委、股份公司联合颁发《关于加强和改进工程项目部党的建设的决定》，为今后一个时期加强和改进工程项目部党的建设提供明确的政策依据和制度保证。股份公司领导，机关部门以上领导，所属单位党委书记、组织部长以及各单位工程项目部党组织

书记代表参加会议。 (杨 赳)

【召开党员领导干部民主生活会】 根据上级有关规定和股份公司党委工作部署，所属单位认真召开2010年党员领导干部民主生活会。生活会的主题是：以科学发展观和股份公司工作会议精神，审视企业的经济发展方式和经济运行的质量和效益，进一步把各级干部的思想统一到股份公司对中国铁建面临的新形势、新任务的判断上来，统一到加快经济发展方式转变、坚持走质量效益型发展道路的战略决策上来，统一到2010年的奋斗目标和主要工作任务上来。各单位领导班子和班子成员紧紧围绕这一主题，认真学习党的十七届四中全会精神、胡锦涛总书记在全党深入学习实践科学发展观活动总结大会上的讲话精神和中央经济工作会议、中央企业负责人会议精神，深刻理解转变经济发展方式、提高经济运行质量、坚持走质量效益型发展道路的重大意义，认真查找在企业发展规划、工作思路、工作姿态等方面存在的突出问题。各单位还对2009年学习实践科学发展观活动中制定的整改措施落实情况进行回顾检查。 (杨 赳)

【部分单位召开党代会】 根据党章规定和股份公司党委要求，中铁十一局集团有限公司、中铁十二局集团有限公司、中铁十四局集团有限公司、中铁建设集团有限公司、中国铁建股份有限公司党校(中国铁建股份有限公司北京培训中心)分别召开党代表大会或党员大会，选举产生新一届党委会和纪委会，王桂林、史道泉、杨有诗、汪文忠、陈继柏分别当选中铁十一局集团有限公司、中铁十二局集团有限公司、中铁十四局集团有限公司、中铁建设集团有限公司、中国铁建股份有限公司党校(中国铁建股份有限公司北京培训中心)党委书记。 (杨 赳)

【部分单位增补党委成员】 股份公司党委研究决定，增补陈志杰、曹保刚、孙勇、严学斌、薛立智为中共中国土木工程集团有限公司委员会委员；同意补选赵彦旭为中共中铁二十一局集团有限公司委员会委员；增补周生文、柴纹为中共中铁二十二局集团有限公司委员会常务委员会委员；增补刘明杰、王建民、江如辉、沈济业为中共中铁二十四局集团有限公司委员会委员；增补梅洪亮、申伟、赵福明为中共中铁房地产集团有限公司委员会委员；增补李志群为中共中铁物资集团有限公司委员会委员；增补孙国庆、张忠、陈永祥为中共昆明中铁大型养路机械集团有限公司委员会委员；增补刘为民、寇宗乾为中国共产党中国铁建股份有限公司沙特麦加轻轨项目公司工作委员会委员。 (杨 赳)

【成立中铁建中非建设有限公司党委】 4月1日，股份公司党委发出通知，决定成立中国共产党中铁建中非建设有限公司委员会，陈晓星、张国峰、张文锦、丁永华、曹锡锐为党委委员，陈晓星任党委书记。(杨 赳)

【调整阿尔及利亚项目经理部党工委组成人员】 12月29日，股份公司党委发出通知，决定由卓磊担任中国共产党中国铁建股份有限公司阿尔及利亚项目经理部工作委员会书记，袁立不再担任书记。 (杨 赳)

【成立总公司南京长江隧道工程指挥部党工委】 7月22日，总公司党委发出通知，决定成立中国共产党中国铁道建筑总公司南京长江隧道工程指挥部工作委员会，李振刚、郭信君、周继望、卜景华、卢望森为党工委委员，李振刚任党工委书记。指挥部党工委是总公司党委派出机构，受总公司党委领导。党工委日常工作由总公司直属机关党委管理。 (杨 赳)

【表彰“四好领导班子”】 2月3日，股份公司党委、股份公司作出决定，批准中铁十一局集团有限公司、中铁十九局集团有限公司、中铁二十局集团有限公司、中铁二十四局集团有限公司、中铁建设集团有限公司、中铁建电气化局集团有限公司、中铁第五勘察设计院集团有限公司、中铁昆明大型养路机械集团有限公司9个单位领导班子为股份公司2009年度“四好领导班子”。 (杨 赳)

【李金城出席中央深入开展创建先进基层党组织争当优秀共产党员活动座谈会】 6月30日，在中国共产党成立89周年之际，中国铁建第一勘察设计院副院长李金城参加中共中央在北京召开的深入开展创建先进基层党组织、争当优秀共产党员活动座谈会，受到胡锦涛、习近平、贺国强等党和国家领导人的亲切接见。座谈会上，作为中央企业系统的唯一代表，李金城与其他7名来自全国各条战线的先进基层党组织和优秀共产党员代表发言。 (杨 赳)

【增设保密办公室】 根据国资委保密委员会要求和股份公司保密工作需要，6月22日，股份公司党委发出通知，决定党委办公室同时为股份公司保密委员会工作机构，在党委办公室增设保密办公室，具体负责股份公司保密工作。 (杨 赳)

【股份公司党校(北京培训中心)组织机构微调】 11月25日，股份公司党委、股份公司批复，同意股份公司党校(北京培训中心)组织机构微调。同意股份公司党校(北京培训中心)领导职数从现有 3 人增加到 4 人,即增设 1 名副校长(副主任)分管教学工作兼任工会主席。同意整合职能部门,将现有职能部门压减为 5 个。 (杨 赳)

【国资委表彰先进基层党组织、优秀共产党员和优秀党务工作者】 为表彰先进,弘扬正气,激励各级党组织和广大共产党员、党务工作者在企业改革发展中创先争优、建功立业,使中央企业在中国经济社会发展中更好地履行责任、担当大任,国资委党委决定表彰 149 个先进基层党组织、155 名优秀共产党员、95 名优秀党务工作者。中国铁建有 2 个基层党组织、2 名党员、3 名党务工作者受到表彰。

中央企业先进基层党组织

中铁十一局集团公司党委

中铁十六局集团五公司党委

中央企业优秀共产党员

吴秀成 中铁二十一局集团公司包西铁路第五项目部总工程师

曹保安 中铁第五勘察设计院集团东北勘察设计院副院长

中央企业优秀党务工作者

梁 君 中铁十三局集团公司党委书记

罗素声 中铁十二局集团公司党委秘书长

万铁堂 中铁十八局集团公司纪委副书记兼麦加轻轨项目部党工委书记 (王子利)

【股份公司党委表彰先进工程项目部党组织和优秀工程项目部党组织书记】 近年来,股份公司系统各级工程项目部党组织和广大工程项目部党组织书记坚持以邓小平理论和“三个代表”重要思想为指导,深入贯彻落实科学发展观,在贯彻落实股份公司关于加强项目管理、推进企业科学发展和“抢抓机遇保增长,调整优化上水平,加强管控增效益,深化改革转机制”的重大决定中,充分发挥党组织的政治核心作用、战斗堡垒作用和共产党员的先锋模范作用,取得优异成绩,涌现出一大批先进工程项目部党组织和优秀工程项目部党组织书记。4 月 13 日,股份公司党委作出决定,对 53 个先进工程项目部党组织和 43 名优秀工程项目部党组织书记进行表彰。

股份公司先进工程项目部党组织

中国土木工程集团东非公司坦桑尼亚维多利亚湖供水项目部党支部

中铁十一局集团公司京石铁路客运专线项目部党工委

中铁十一局集团二公司厦蓉高速公路项目部党工委

中铁十一局集团城市轨道交通公司西安地铁 1 号线 TJSG－12 标段项目部党工委

中铁十二局集团包西铁路工程指挥部党工委

中铁十二局集团一公司京沪高速铁路第三项目部党委

中铁十二局集团四公司武广铁路客运专线项目部党工委

中铁十三局集团公司京石铁路客运专线工程指挥部党工委

中铁十三局集团公司兰渝铁路工程指挥部党工委

中铁十三局集团四公司新乐龙桥制梁场项目部党工委

中铁十四局集团公司京沪高速铁路指挥部党工委

中铁十四局集团二公司沿海项目部党委

中铁十四局集团四公司京沪高速铁路项目部党委

中铁十五局集团公司京沪高速铁路工程指挥部党委

中铁十五局集团四公司洛张铁路项目部党委

中铁十五局集团五公司太佳高速公路东段项目部党支部

中铁十六局集团公司兰渝铁路项目部党工委

中铁十六局集团公司贵广铁路第四项目部党工委

中铁十六局集团路桥公司京沪项目部党工委

中铁十七局集团公司郑西铁路客运专线项目部党工委

中铁十七局集团一公司成绵乐项目部党工委

中铁十七局集团二公司宁杭项目部党工委

中铁十八局集团石武铁路客运专线河南段项目部党工委

中铁十八局集团五公司海河隧道项目部党工委

中铁十八局集团隧道公司锦屏项目部党工委

中铁十九局集团公司沪宁城际铁路Ⅴ标段项目部党工委

中铁十九局集团三公司厦深铁路 3 标段指挥部党工委

中铁十九局集团四公司京沪高速铁路铺架项目部党工委

中铁二十局集团公司海洋铁路项目部党委

中铁二十局集团四公司安哥拉项目部党工委

中铁二十局集团六公司天津西站项目部党支部

中铁二十一局集团公司天平铁路工程第二项目部党工委

中铁二十一局集团公司包西铁路三分部党工委

中铁二十二局集团六公司津秦铁路客运专线项目部党工委

中铁二十二局集团哈尔滨铁路建设集团公司广珠铁路项目部党工委

中铁二十三局集团公司郑西铁路客运专线工程指挥部党委

中铁二十三局集团四公司内蒙古工程指挥部党工委

中铁二十四局集团公司杭甬铁路客运专线工程指挥部党工委

中铁二十四局集团安徽公司合肥南北高架1号线Ⅱ标段项目部党工委

中铁二十五局集团建筑安装公司洛阳龙门站项目部党支部

中铁二十五局集团柳州公司田德铁路项目部党支部

中铁建设集团北京分公司第十六项目部党支部

中铁建设集团铁路分公司漳州南站项目部党支部

中铁建电气化局集团一公司奎北项目部党工委

中铁建电气化局集团二公司郑西铁路客运专线项目部党工委

中铁房地产集团(广西)有限公司党支部

中铁第一勘察设计院集团公司哈大铁路客运专线总指挥部党支部

中铁第四勘察设计院集团公司宜万铁路指挥部党工委

中铁第五勘察设计院集团公司利比亚项目部党支部

中铁上海设计院集团公司安哥拉设计项目部党支部

中铁轨道系统集团株洲桥梁公司武广铁路客运专线咸宁制枕项目部党支部

南京长江隧道有限公司党工委

重庆铁发遂渝高速公路有限责任公司党支部

股份公司优秀工程项目部党组织书记

张运道　中铁十一局集团公司湖北城际铁路项目部党工委书记

姚向阳　中铁十一局集团一公司沪宁城际铁路项目部党工委书记

李家聪　中铁十一局集团三公司新疆喀和铁路指挥部党工委书记

张仲理　中铁十二局集团公司京沪高速铁路4标段项目部党工委书记

白国峰　中铁十二局集团公司太古高速公路项目部党工委书记

王建忠　中铁十二局集团三公司贵广铁路三项目部党工委书记

迟　军　中铁十三局集团公司锦屏工程指挥部党工委书记

扈顺吉　中铁十三局集团一公司兰渝铁路工程指挥部党工委书记

杜景军　中铁十三局集团三公司兰新铁路二线项目部党工委书记

周先民　中铁十四局集团南京长江隧道工程指挥部党工委常务副书记、宁启铁路复线电化工程项目部党工委书记

田友成　中铁十四局集团公司石武铁路工程指挥部党工委书记

苏庆亮　中铁十四局集团三公司阿尔及利亚项目部党委书记

李清方　中铁十四局集团四公司京沪高速铁路项目部党委书记

苏　举　中铁十五局集团公司天津集疏港项目部党委书记

张德才　中铁十五局集团一公司京沪高速铁路项目部党总支书记

吴绪来　中铁十五局集团二公司佛陈3标段项目部党支部书记

李怀亮　中铁十六局集团北京工程指挥部党工委书记

滕树元　中铁十六局集团五公司甸头立交桥项目部党工委书记

孙汉令　中铁十六局集团北京轨道交通公司于家堡站交通枢纽项目部党工委书记

史全喜　中铁十七局集团公司安哥拉项目部党工委书记

苏志强　中铁十七局集团三公司郑西铁路客运专线项目部党工委书记

吴万勤　中铁十七局集团四公司汉宜一工区项目部党工委书记

万铁堂　中铁十八局集团公司沙特麦加轻轨项目部党工委书记

唐海涛　中铁十八局集团公司神朔铁路工程指挥部党工委书记

张爱春　中铁十八局集团一公司青岛胶州湾海底隧道项目部党工委书记

陆铁斌　中铁十九局集团一公司海螺华润水泥项目部党工委书记

滕剑平　中铁十九局集团二公司京沪高速铁路项目部党工委书记

张宝武　中铁十九局集团轨道公司北京地铁9号线8标段项目部党工委书记

马振东　中铁二十局集团安哥拉工程指挥部党工委书记

尹家国　中铁二十局集团锦赤铁路项目部党工委书记

黄成国　中铁二十局集团三公司引洮15号隧洞项目部党工委书记

刘保华　中铁二十一局集团公司兰新铁路第二双线项目部(新疆段)党工委书记

余少鲁　中铁二十一局集团公司太中银铁路工程指挥部党工委书记

杨勤化　中铁二十二局集团一公司津秦铁路客运专线项目部党工委书记

宁卫东　中铁二十二局集团公司保定京南一品项目部党工委书记

党培林　中铁二十三局集团厦深铁路工程指挥部党委书记

霍晓明　中铁二十三局集团二公司阿扎项目部党委书记

高宗富　中铁二十四局集团公司杭甬铁路客运专线Ⅲ标段一分部项目党工委书记

唐剑波　中铁二十四局集团公司宁杭铁路客运专线第三分项目部党工委书记

周永辉　中铁二十五局集团电务公司广深信号大修项目部党支部书记

朱润良　中铁二十五局集团三公司基础分公司怀通高速公路项目部党支部书记

张光庆　中铁建设集团铁路分公司长春西站项目部党支部书记

周家祥　中铁建电气化局集团一公司新荷兖日项目部党工委书　　（杨　赳）

【股份公司表彰先进基层党委、五好党支部标兵、六好共产党员标兵和优秀党务工作者】　为进一步加强和推进股份公司党的建设,激励各级基层党组织和广大共产党员爱岗敬业,无私奉献,股份公司党委决定,对中铁十一局集团桥梁公司党委等21个先进基层党委、中国土木工程集团尼日利亚拉格斯经理部党支部等51个“五好党支部标兵”、74名“六好共产党员标兵”和55名优秀党务工作者进行表彰。

股份公司先进基层党委

中铁十一局集团桥梁公司党委

中铁十二局集团二公司党委

中铁十三局集团二公司党委

中铁十四局集团北京中铁房山桥梁公司党委

中铁十五局集团一公司党委

中铁十六局集团北京工程公司党委

中铁十七局集团二公司党委

中铁十八局集团一公司党委

中铁十九局集团五公司党委

中铁二十局集团六公司党委

中铁二十一局集团电务电化工程公司党委

中铁二十二局集团哈尔滨铁路建设集团公司党委

中铁二十三局集团四公司党委

中铁二十四局集团南昌建设公司党委

中铁二十五局集团广州铁路工程公司党委

中铁建设集团装饰分公司党委

中铁建电气化局集团三公司党委

中铁第一勘察设计院集团兰州铁道设计院有限公司党委

中铁第四勘察设计院集团地路处党委

中铁物资集团东北公司党委

中铁轨道系统集团株洲桥梁股份有限公司党委

股份公司“五好党支部标兵”

中国土木工程集团尼日利亚拉格斯经理部党支部

中铁十一局集团一公司沪宁城际铁路项目部党支部

中铁十一局集团四公司桥梁工程一队党支部

中铁十二局集团三公司忻阜项目部党支部

中铁十二局集团建筑安装公司泉州站项目部党支部

中铁十二局集团电气化公司海外项目支持保障部党支部

中铁十三局集团电务公司临策铁路7标段党支部

中铁十三局集团六公司汪延项目部党支部

中铁十四局集团一公司张石项目部党支部

中铁十四局集团五公司京沪高速铁路五工区架梁队党支部

中铁十四局集团隧道公司沈阳地铁项目部党支部

中铁十五局集团四公司二分公司综合施工三队党支部

中铁十五局集团五公司西铜高速公路XTK-4标段项目部党支部

中铁十五局集团六公司闻垣高速公路LA4标段项目部党支部

中铁十六局集团铁运工程公司沙蔚铁路运营指挥部车务段党支部

中铁十六局集团北京站至北京西站地下直径线工程1标段项目党支部

中铁十六局集团云南指挥部禄劝水电站项目部党支部

中铁十七局集团一公司第三路桥公司党支部

中铁十七局集团三公司桥梁运架工程公司党支部

中铁十七局集团四公司惠深高速公路项目部隧道队党支部

中铁十八局集团北京地铁工程指挥部大兴线党支部

中铁十八局集团三公司西安北站机械队党支部

中铁十八局集团路桥公司武昆高速公路第3合同段党支部

中铁十九局集团一公司那邦水电工程项目部党支部

中铁十九局集团二公司京沪高速铁路项目部三分工区党支部

中铁十九局集团三公司公路路桥第九项管部机械六队党支部

中铁二十局集团二公司兰渝铁路兰州枢纽项目部党支部

中铁二十局集团三公司西长凤高速公路3标段项目部党支部

中铁二十局集团五公司西安地铁1号线15标段项目部党支部

中铁二十一局集团一公司阿拉山口项目部党支部

中铁二十一局集团北京公司津秦铁路客运专线项目三分部党支部

中铁二十二局集团三公司连江可门港铁路支线工程项目部党支部

中铁二十二局集团六公司哈尔滨地铁项目部第二党支部

中铁二十三局集团一公司青临高速公路项目部党支部

中铁二十三局集团西昌攀钢钒钛基地项目部党支部

中铁二十四局集团都江堰灾后重建指挥部党支部

中铁二十四局集团南昌工程公司包西项目党支部

中铁二十五局集团二公司湘桂铁路扩改工程GTXG－1标段项目党支部

中铁二十五局集团南方实业公司广州物资贸易事业部党支部

中铁建设集团西安分公司第九项目部党支部

中铁建电气化局集团四公司福厦四电系统集成项目党支部

中铁地产集团(成都)开发有限公司党支部

中铁第一勘察设计院集团线路运输处党支部

中铁第四勘察设计院集团工勘院第七勘测队党支部

中铁第五勘察设计院集团地路院党支部

中铁上海设计院集团杭州设计院第一党支部

中铁物资集团中南公司第三党支部

昆明中铁大型养路机械集团铸造公司党支部

中铁轨道系统集团株洲中铁电气物资公司混凝土支柱分厂党支部

中铁建(北京)商务管理有限公司物业管理公司大厦物业服务中心党支部

北京铁城建设监理有限责任公司机关党支部

股份公司“六好共产党员标兵”

陈思昌　中国土木工程集团东非公司总经理

王劲松　中国土木工程集团公司援外部总经理

王　刚　中铁十一局集团三公司沪杭铁路客运专线6标段二分部项目经理

张光武　中铁十一局集团五公司沪昆高速公路贵清段项目部项目总工程师

戚　钢　中铁十一局集团襄樊管理部襄阳管理分部主任、总支书记

刘　刚　中铁十二局集团一公司工会主席

王寿田　中铁十二局集团物资公司京沪高速铁路项目部项目经理

李吉根　中铁十二局集团海外公司副总经理

迟荣益　中铁十三局集团一公司副总经理兼江南公司经理

崔永军　中铁十三局集团三公司副总经理兼贵广铁路第二项目部经理

宋　屹　中铁十三局集团五公司安毛高速公路AME17合同段项目部经理

王炳鸿　中铁十四局集团电气化公司工会主席

马建平　中铁十四局集团凯华置业公司董事长、总经理

李荣新　中铁十四局集团建筑安装工程分公司安哥拉石料厂常务副厂长

李红卫　中铁十五局集团二公司第五指挥部副总工程师

杨丽君　中铁十五局集团三公司金属结构公司支部书记

吴建松　中铁十五局集团西北公司副总经理

向大强　中铁十六局集团四公司总经理

潘登华　中铁十六局集团公司副总工程师、五公司董事长

罗生宏　中铁十六局集团公司宁夏工程指挥部指挥长

李忠信　中铁十七局集团公司党委常委、总会计师、总法律顾问

姜四胖　中铁十七局集团物资公司安哥拉门窗厂经理

廖日才　中铁十七局集团上海轨道交通工程公司副总经理

焦生明　中铁十八局集团国际公司迪拜公司设备物资部部长

孙伟鹏　中铁十八局集团二公司苏州项目部项目经理

宋鹤庆　中铁十八局集团华南公司总经理

梁爱国　中铁十九局集团公司安全质量监察部部长

崔吉林　中铁十九局集团电务公司董事长、总经理

李登华　中铁十九局集团华南公司副总经理

刘军权　中铁二十局集团公司莞惠城际项目经理部总工程师

孙厚民　中铁二十局集团公司兰渝铁路兰州枢纽项目部党工委副书记

蔡建岐　中铁二十局集团公司哈齐铁路客运专线项目部副经理

刘　江　中铁二十一局集团二公司西安曲江新坐标工程项目部经理

钮振林　中铁二十一局集团五公司津秦铁路客运专线项目四分部项目副经理

吴秀成　中铁二十一局集团公司包西铁路第五项目部总工程师

杨树民　中铁二十二局集团一公司总经济师、津秦铁路客运专线项目部经理

李　红　中铁二十二局集团二公司总会计师

杨士印　中铁二十二局集团电气化公司副总经理

黄明贵　中铁二十三局集团三公司副总经理兼项目经理

袁明贵　中铁二十三局集团四公司副总经理兼湘桂铁路工程指挥部指挥长

喻丕金　中铁二十三局集团五公司董事长、总经理

郑建余　中铁二十四局集团福建公司向莆铁路JX－4A标段党工委书记

徐建平　中铁二十四局集团上海电务电化公司上海分公司经理兼项目经理

龚志辉　中铁二十四局集团贵溪桥梁厂有限公司副总经理

唐荣辉　中铁二十五局集团柳州铁路工程公司副总经理兼南广铁路项目部经理

车昆林　中铁二十五局集团公司湘桂铁路扩改工程VII标段指挥部迁改第二项目部党支部书记

颜建科　中铁二十五局集团电务公司项目经理

谭文勇　中铁建设集团北京分公司第16项目部经理兼党支部书记

李太胜　中铁建设集团华东分公司京沪高速铁路一工区项目经理

王　莉　中铁建电气化局集团五公司纪委副书记兼党委工作部部长

史维森　中铁建电气化局集团南方公司项目监管中心福厦三电迁改项目部党支部书记

徐元成　中铁建电气化局集团北方公司副总经理、项目经理

宫良国　中铁房地产集团北京第六大洲房地产开发有限公司总经理、党支部书记

刘为民　中铁第一勘察设计院集团公司副院长、中国铁建股份公司沙特麦加轻轨项目公司副总经理

刘　赪　中铁第一勘察设计院集团公司副总工程师

李团社　中铁第一勘察设计院集团公司西安地铁总体总包设计处副处长、总工程师

沙振海　中铁第一勘察设计院集团甘肃铁道综合工程勘察院有限公司物探所所长、党支部书记

肖明清　中铁第四勘察设计院集团公司副总工程师

孙　立　中铁第四勘察设计院集团线站处副总工程师、轨道所所长

黄　波　中铁第四勘察设计院集团城建院建筑所所长

曹保安　中铁第五勘察设计院集团东北勘察设计院副院长

黄　群　中铁第五勘察设计院集团线路运输设计院线路专业副总工程师

叶　涛　中铁上海设计院集团电气化处供变电所所长

谢兴沛　中铁物资集团中南公司党委副书记、总经理

刘振兴　中铁物资集团东北公司常务副总经理

王　敏　昆明中铁大型养路机械集团公司副总工程师

张林根　昆明中铁大型养路机械集团总装公司高级钳工

张元忠　中铁轨道系统集团道岔分公司副总经理

张　静　中铁轨道系统集团重型装备分公司技术中心工艺所所长

张秀君　中铁建(北京)商务管理有限公司北京铁建医院护士长

聂英华　中国铁建股份公司北京培训中心(党校)教育培训处处长

刘三友　北京铁城建设监理有限责任公司厦深铁路监理联合体项目经理兼总监

张永宝　中国铁建股份公司副总经济师、沙特麦加轻轨项目公司党工委书记

高晓东　中国铁建股份公司工程管理部副部长

股份公司优秀党务工作者

吴　江　中国土木工程集团公司党委副书记、纪委书记

万子兵　中铁十一局集团二公司盘锦疏港铁路项目部党工委副书记

余振东　中铁十一局集团六公司党委书记

郑平良　中铁十一局集团公司京石铁路客运专线项目部党工委书记

戴运生　中铁十二局集团四公司库库高速公路项目部党工委书记

聂　力　中铁十二局集团七公司石长铁路增建第二线一项目部党支部书记

刘金柱　中铁十二局集团铁路养护工程公司党委工作部部长

李少亮　中铁十三局集团公司党委宣传部(企业文化部)部长、党支部书记

刘　敏　中铁十三局集团四公司党委书记

王兴亚　中铁十三局集团贵广铁路工程指挥部党工委书记兼纪委书记

梁世山　中铁十四局集团公司京沪高速铁路项目部党工委常务副书记

徐宝廷　中铁十四局集团二公司党委书记

刘庆才　中铁十四局集团水利水电分公司阿海项目部项目书记

姜永保　中铁十五局集团包西铁路工程指挥部党委书记

孙　彬　中铁十五局集团七公司党委书记

王　辉　中铁十五局集团成都工程公司党委副书记、纪委书记

高进忠　中铁十六局集团公司兰新铁路项目部副书记

付笔耕　中铁十六局集团三公司麻竹高速公路项目部常务副经理、副书记,一路桥分公司党委书记

刘绳明　中铁十六局集团南水北调穿黄工程、杭州地铁项目党工委书记

唐广胜　中铁十七局集团五公司党委书记

曾平东　中铁十七局集团六公司混凝土公司党工委书记

王　亮　中铁十七局集团建筑公司石武铁路客运专线郑州东站第二项目部党工委书记

刘保良　中铁十八局集团公司向莆铁路 FJ－1A 标段工程指挥部党工委书记

李继业　中铁十八局集团四公司党委书记

刘勇霖　中铁十八局集团五公司党委书记

薛在桃　中铁十九局集团四公司二分公司党委书记

朱　斌　中铁十九局集团轨道交通公司党委书记

欧文生　中铁十九局集团矿业公司轨道板分公司党委副书记

赵　斌　中铁二十局集团一公司党委书记

王树文　中铁二十局集团四公司党委书记

张　西　中铁二十局集团电气化公司党委书记

吴兰青　中铁二十一局集团四公司党委副书记、纪委书记

张建兵　中铁二十一局集团公司党委办公室(组织部)政工师

蒋明清　中铁二十二局集团四公司党委副书记

王炳杰　中铁二十二局集团广州新客站项目经理部党委副书记

林礼明　中铁二十三局集团公司党委组织部副部长

陈哲华　中铁二十三局集团公司郑西铁路客运专线工程指挥部党委副书记

章国庆　中铁二十四局集团浙江公司董事长、党委书记

吴国强　中铁二十四局集团宁启铁路复线项目部党工委书记

陈　鸣　中铁二十五局集团三公司董事长、党委书记

曾向东　中铁二十五局集团建筑安装公司广珠城际铁路 FJ2 标段党工委副书记

王曰亮　中铁建设集团设备安装分公司党委书记

何明海　中铁建电气化局集团公司党委工作部部长

王　彪　中铁房地产集团公司纪委副书记、党群工作部部长

韩金河　中铁第一勘察设计院集团公司党委办公室秘书兼团委副书记

高金山　中铁第一勘察设计院集团陕西铁道工程勘察公司勘测部支部书记

蔡云标　中铁第四勘察设计院集团桥梁处党委书记

梁国堂　中铁第四勘察设计院集团南宁勘察设计院有限公司党委书记

宋宏祥　中铁第五勘察设计院集团东北勘察设计院党委书记

陈震华　中铁上海设计院集团工程勘察院党总支书记

董佃俭　中铁物资集团东北公司党委书记

王尊贤　昆明中铁大型养路机械集团公司高级顾问

李宇才　中铁轨道系统集团隆昌铁路器材有限公

司党群工作部部长

何永超　中铁建(北京)商务管理有限公司商贸中心党委书记

杨　赳　中国铁建股份公司党委组织部组织处处长　（王子利）

【开展争创“四强四优”活动】 根据中共中央组织部、国务院国资委党委联合下发的《关于在国有企业开展争创“四强”党组织、争做“四优”共产党员活动的通知》精神,股份公司党委下发通知,要求所属单位各级党组织认真学习领会文件精神实质,准确把握创建“四强四优”的活动内容和目标要求,深入贯彻落实党的十七届四中全会和全国国有企业党建工作会议精神,结合长期以来在股份公司系统开展的“四、五、六”活动,制定开展争创“四强”党组织、争做“四优”共产党员活动的评比表彰办法,进一步规范和推动争创“四强四优”活动的深入开展。　（王子利）

【转发国资委党委关于学习贯彻党的十七届五中全会精神的通知】 年内,股份公司党委转发国资委党委《关于认真学习贯彻党的十七届五中全会精神的通知》,要求各级基层党组织认真按照国资委和股份公司的通知精神,充分认识学习贯彻党的十七届五中全会精神的重要意义,准确把握五中全会精神实质,紧密联系企业改革发展实际,加强和改进党建工作,为全面贯彻落实五中全会精神提供坚强保证。　（王子利）

【制定2010年党员培训工作计划】 根据中共中央办公厅《2009～2013年全国党员教育培训工作规划》精神及国资委党委的相关培训要求,股份公司党委制定2010年党员学习、教育和培训工作计划。一是抓好中心组学习培训;二是继续选送所属单位主管领导及其后备人员到中央党校培训;三是利用股份公司党校(培训中心)进行干部专题培训;四是按照分层、分级的原则,由所属单位组织对党员、职工进行日常教育培训。　（王子利）

【上报国资委中国铁建2007年以来党员党性分析和民主评议党员工作情况】 按照国资委党委组织部9月20日的通知要求,中国铁建及时汇总全系统党的十七大以来开展党员党性分析和民主评议党员工作情况。2007年以来开展评议的党支部6639个,有98753名党员参加评议,被评为“不合格党员”19名。其中,2007年开展评议的党支部5117个,有75217名党员参加评议,被评为“不合格党员”17名;2008年开展评议的党支部334个,有4720名党员参加评议,没有“不合格党员”;2009年开展评议的党支部1087个,有17276名党员参加评议,被评为“不合格党员”2名;2010年开展评议的党支部101个,有1540名党员参加评议,没有“不合格党员”。　（王子利）

【慰问生活困难党员和老党员】 认真贯彻落实党的十七大关于建立健全党内激励、关怀、帮扶机制的精神,充分体现党组织对生活困难党员和老党员的关怀,以实际行动为党员群众办实事,按照国资委党委部署,股份公司党委筹集慰问金56万元。其中,国资委下拨党费28万元;本级划拨党费28万元。春节前慰问全系统生活困难党员和老党员682名。同时,下发《关于做好春节前慰问生活困难党员和老党员有关工作的通知》,要求所属单位党委从留存的党费中再拨出部分资金用于慰问生活困难党员和老党员,以适当增加慰问款和扩大慰问面。　（王子利）

【举办组织部长培训班】 6月9日～22日,股份公司党委在党校举办两期全系统党委组织部长及组织工作干部培训班,310人参加培训。培训班以深入学习贯彻十七届四中全会精神和全国国有企业党的建设工作会议精神为契机,以认真落实股份公司党委工程项目部党建工作座谈会精神为抓手,以进一步加强和改进企业党的建设、推动全系统党建工作再上新水平为目标,认真学习党建工作新理论,深入研讨企业改革发展中面临的新情况新问题,进一步提高广大组织干部的综合素质和能力,切实增强做好新形势下企业党的建设工作的信心和决心。培训期间,邀请中央党校、国资委党委组织部、有关高等院校教授、专家和领导讲授十七届四中全会精神、党建工作新理论、国际国内经济形势和相关知识,邀请具有丰富实践经验的组织部长传授做好组织工作的好经验好品德,观看全国优秀组织部长王彦生事迹报告录像,专题辅导组织工作有关业务知识。　（高学存）

【召开党内统计会议暨党内统计培训班】 12月16日～18日在四川成都召开股份公司系统党内统计会议暨党内统计培训班,学习中组部及国资委党委党内统计工作会议精神,全面总结股份公司2009年党内统计工作,表彰党内统计报表先进单位和先进个人,布置2010年党内统计工作。　（王子利）

【发展党员工作】 2010年,全系统各级党组织认真贯彻中央发展新党员“坚持标准、保证质量、改善结构、慎重发展”的工作方针,坚持把发展党员工作重点放在优秀年轻高知识群体人才、高技能人才和生产、工作一线员工上。全年发展新党员3462名。其中,女党员518名;少数民族党员81名。新党员年龄结构:35岁以下2672名,占发展总数的78%;36岁~59岁754名,占发展总数的22%。学历结构:大学本科以上学历1647名,占发展总数的48.1%,比2009年增长1.6个百分点;大专学历1183名,占发展总数的34.5%;中专、高中及以下学历596名,占发展总数的17.4%,比2009年降低2.2个百分点。发展生产一线党员2973名,占发展总数的86.8%,比2009年增长8.7个百分点。专业技术人员2299名,占发展总数的67.1%,比2009年增长10.5个百分点。 (高学存)

【入党积极分子队伍建设】 培养一支数量充足的入党积极分子队伍是保证发展新党员质量的重要基础。各级党组织按照中央发展新党员工作要求,积极做好在企业生产经营和生产一线担当重任的优秀高知识群体人才和高技能人才培养教育工作,对列为入党积极分子的采取各种形式进行重点培养,并指定两名党员具体负责。截至2010年底,全系统基层党支部在16095名申请入党人员中,经上级党组织批准,将9113名列为入党积极分子进行重点培养,不断增强基层党组织的生机与活力。 (高学存)

【举办入党积极分子培训班】 5月23日,股份公司在重庆举办入党积极分子培训班。股份公司机关、中铁物资集团公司和重庆遂渝铁发高速公路公司等单位的16名入党积极分子参加培训。培训班严格按照中央关于发展党员的工作要求,集中40个小时,系统学习党的基本知识、基本理论和相关知识。 (高学存)

·机关党务·

【直属机关党委】 主管股份公司直属机关及总公司直管项目部党的建设和党员干部思想政治教育工作。主要职责:负责机关和直管项目部党员干部职工的思想政治教育,指导所属党组织加强自身建设,发挥政治核心和保证监督作用;组织开展党员教育、培训、考评和处置不合格党员;培养入党积极分子和发展新党员;组织开展党内创先争优活动,表彰党内先进;指导所属党总支、党支部的换届选举;负责党费的收缴、管理和使用;负责党内统计和党员组织关系的接转;负责直属机关计划生育、社会救助和募捐工作。直属机关党委由5名委员组成,股份公司副总经济师廖大球兼任党委书记,股份公司党委组织部部长张良才兼任党委常务副书记,陈大洋、赵登善、冯中海为党委委员。

(王子利)

【机关党组织和党员队伍状况】 截至年底,机关党委下设1个党总支、46个党支部。其中,机关党支部24个、项目部党支部6个、离退休支部16个。党员831名。其中,在岗职工党员334人;离退休人员(含内退)493人;其他人员4名。在岗职工党员中,管理、专业技术人员307人,工人27人。党员年龄结构:35岁以下64人,36岁~45岁116人,46岁~54岁141人,55岁~59岁69人,60岁以上441人。党员文化程度:研究生53人,大学本科325人,大学专科165人,中专110人,高中63人,初中及以下115人。 (刘立新)

【开展创先争优活动】 根据中央统一部署,股份公司直属机关党委认真按照股份公司党委制定的创先争优活动实施方案的工作安排,在总部机关所属各级党组织和全体共产党员中组织开展创先争优活动。直属机关党委组织机关全体党员统一参加股份公司党委6月2日召开的全系统深入开展创先争优活动视频会议,会后召开机关各部门及直属项目部的党(总)支部书记会议,组织大家认真学习中央有关文件精神和《中国铁建股份有限公司党委深入开展创先争优活动实施方案》,深刻领会创先争优活动的有关文件精神,统一思想认识,明确目标、任务和具体工作要求,并要求所属各级党组织召开全体党员大会进行动员部署。为了使总部机关的创先争优活动更加具有现实性和针对性,直属机关党委根据股份公司党委确定的"抢抓机遇保发展,调整优化促转型"的活动主题,结合总部机关工作实际,确定"创先争优强素质,恪尽职守树形象"的活动主题,为总部机关的创先争优活动明确方向,丰富内容。 (张良才)

【开展共产党员公开承诺活动】 根据中央和上级党委关于在创先争优活动中优秀共产党员"五带头"的基本要求,为了在股份公司总部机关全体共产党员中形成人人立足岗位多作贡献,个个恪尽职守争当模范的良好风气,树立中央企业总部机关共产党员的应有形象,制定《中国铁建股份有限公司机关争当优秀共产党员公开承诺书》,机关全体党员结合本职工作岗位实际,认真作出公开承诺,自觉接受广大职工群众的监督。

(王子利)

【制定直属机关党委学习型党组织建设实施意见】 认真贯彻落实《中国铁建股份有限公司党委关于推进学习型党组织建设的实施意见》精神,为切实推进股份公司总部机关学习型党组织建设,提升机关各部门和广大党员的政治理论水平和业务能力素养,制定直属机关党委学习型党组织建设实施意见。 (王子利)

【表彰五好党支部和六好共产党员】 为进一步加强和推进股份公司机关党的建设，激励广大共产党员立足本职，爱岗敬业，无私奉献，机关党委决定，表彰9个“五好党支部”、41名“六好共产党员”。

股份公司直属机关“五好党支部”

办公室党支部
发展规划部党支部
人力资源部党支部
经营计划部党支部
工程管理部党支部
财务部党支部
组织部党支部
宣传部党支部
重庆铁发遂渝高速公路有限公司党支部

股份公司直属机关“六好共产党员”

于凤丽	靖　菁	汤海洋	邵长亮	汪枞华
李学红	靖广华	邹　磊	梁爱珍	吴文钊
户苏予	陈洪波	彭　锋	白云飞	张沛然
王　磊	李　鲲	边元双	文荣周	武宪功
韩秀珍	王子利	刘　渝	王兆刚	宋卫国
翟国堂	朱南海	李忠林	曾初雄	谭李平
井忠联	王　维	赵玲莉	陈佩昌	刘海涛
马传涛	沈中兵	董立魏	王京连	刘清文
王晨曦				

（王子利）

【开展向玉树地震灾区捐款活动】 4月14日7时49分，青海省玉树藏族自治州玉树县发生7.1级地震。股份公司机关党委于4月16日发出《关于开展向玉树地震灾区捐款的通知》，在机关全体员工中开展向灾区“送温暖、献爱心”捐款活动。机关329人捐款172885元。其中，机关离退休总支捐款44235元，机关全体员工捐款128650元。 （王子利）

【工会党支部补选支部书记】 4月29日，经股份公司直属机关党委研究，同意工会党支部补选孙启业为党支部书记。 （王子利）

【成立团委党支部】 按照党章规定，党员人数在3人以上应成立党支部。4月20日，经股份公司直属机关党委研究决定，同意成立团委党支部。赵佃龙为团委党支部书记。 （王子利）

【组建加勒比公司斯卡伯罗总医院项目部临时党支部】 11月10日，经股份公司直属机关党委研究决定，同意成立加勒比公司斯卡伯罗总医院项目部临时党支部。韩文华为临时党支部书记。 （王子利）

【财务部党支部补选党支部书记】 根据财务部人员变动情况，12月22日，股份公司直属机关党委批准财务部党支部增补曹锡锐为党支部书记。 （王子利）

宣　　传

【党委宣传部】 又称企业文化部，既属公司党委工作部门，又属行政工作部门。主要职责：负责股份公司党委和所属各级党委的思想理论建设和职工的政治理论教育；负责总部本级党委中心组学习，指导检查所属单位党委中心组学习；负责施工生产中的思想政治工作和对职工经常性的思想教育；负责企业改革的宣传教育和时事政策教育；组织指导股份公司系统精神文明建设；负责党建思想政治工作研究；负责企业文化建设、品牌文化建设工作；负责中国铁建书法家协会日常管理工作；负责本级重大活动的宣传报道和对全国性报刊、电台、电视台和网络媒体的新闻报道；负责企业电视专题片的摄制；负责突发事件中的新闻处置；协同有关部门进行普法教育和综合治理方面的宣传教育。定员10人，现员8人。设部长兼党建政研会秘书长1人，副部长1人，副秘书长1人。下设宣传教育处、企业文化处、新闻处。

2010年，党委宣传部坚持以邓小平理论和“三个代表”重要思想为指导，深入贯彻落实科学发展观，认真学习贯彻党的十七大和十七届四中、五中全会精神，不断强化理论武装，深入开展学习型党组织建设活动，协助开展创先争优活动，积极开展以企业核心价值观教育为主要内容的企业文化建设，扎实推进思想政治工作，大力加强新闻宣传和企业形象建设，为企业科学发展提供强有力的思想保证、精神动力和智力支持。

（钱桂林）

【传达党的十七届五中全会精神】 10月21日，股份公司党委发出通知，号召全系统各级党组织，把传达学习党的十七届五中全会精神作为一项重要政治任务，切实抓紧抓好。要求充分认识学习的重要意义，迅速掀起学习热潮，准确把握学习重点，深刻领会精神实质，紧密联系企业实际。通知强调要认真研究企业“十二五”发展规划，明确发展思路，转变增长方式，促进科学发展。10月25日，中国铁建党委中心组在总部机关举行学习党的十七届五中全会精神扩大会，特邀中共中央政策研究室副主任、“十二五”规划建议起草组成员潘盛洲作辅导报告，介绍《中共中央关于制定国民经济和社会发展第十二个五年规划的建议》(以下简称《建议》)的出台背景,以及《建议》中涉及的相关问题。股份公司党委中心组成员以及驻京二级单位领导班子成员、机关全体党员240余人参加报告会。 (李昌明)

【下发推进学习型党组织建设实施意见】 4月28日,股份公司党委印发《中国铁建股份有限公司党委关于推进学习型党组织建设的实施意见》,要求全系统各级党组织结合实际,大力推进学习型党组织建设。这是股份公司党委贯彻落实党的十七届四中全会精神、中央办公厅《关于推进学习型党组织建设的意见》和《国资委党委关于推进中央企业学习型党组织建设的实施意见》(以下简称《意见》)的重要举措。《意见》除强调加强组织领导,创新方式方法,强化制度建设外,还要求从考核内容、考核标准、考核方法与组织领导等方面强化和完善考核机制,特别强调要把创建学习型党组织的考核结果作为评议、使用领导干部及评选"四好领导班子"、优秀个人等方面的重要依据。

(李昌明)

【中国铁建成立建设学习型党组织工作协调小组】 为认真贯彻落实党的十七届四中全会精神,进一步推进中国铁建学习型党组织建设,股份公司党委于4月22日下发《关于成立中国铁建建设学习型党组织工作协调小组的通知》。通知明确协调小组的主要职责、人员组成、工作机构等。协调小组办公室设在党委宣传部,主要职责是研究讨论推进中国铁建学习型党组织建设工作的重大事项;组织协调和指导检查推进学习型党组织建设工作;开展调查研究和培训交流,选树和宣传先进典型。 (李昌明)

【召开学习贯彻《国有企业领导人员廉洁从业若干规定》视频报告会】 为全面贯彻落实《国有企业领导人员廉洁从业若干规定》(以下简称《若干规定》),加强反腐倡廉建设,规范企业领导人员廉洁从业行为,促进企业健康发展,1月6日,中国铁建党委召开学习贯彻《若干规定》视频报告会(中心组学习扩大会),邀请中央纪委政策法规室主任耿文清作专题辅导报告。耿文清主任介绍《若干规定》的起草背景、主要原则和重要意义;解读《若干规定》的基本内容、基本要求和主要精髓;介绍违反规定行为的处理措施等;阐述落实规定的具体措施。中国铁建党委书记、董事长李国瑞在视频报告会上作重要讲话,要求各级党委、纪委特别是各级主管领导,要采取切实措施,加大推进领导人员廉洁从业的力度,使规定真正落到实处。 (李昌明)

【召开宣传思想工作会】 9月27日~29日,在江西井冈山召开中国铁建宣传思想工作会,系统总结2006年以来的全系统宣传思想工作情况,深刻分析新形势下宣传思想工作面临的挑战和机遇,对当前和今后一个时期的宣传思想工作进行部署。国务院国资委宣传工作局副局长韩天到会指导,并作重要讲话。中国铁建党委副书记霍金贵代表党委作题为《深入贯彻落实科学发展观,开创宣传思想工作新局面》的工作报告。会议由中国铁建党委宣传部部长、党建思想政治工作研究会秘书长钱桂林主持。报告从思想政治工作不断加强、企业文化建设不断深化、精神文明建设广泛开展、新闻宣传工作成果丰硕四个方面总结2006年以来的主要成绩。在分析形势的基础上,提出当前和今后一个时期的主要任务:一是突出理论武装,推进学习型党组织建设;二是突出企业实际,推进精神文明建设;三是突出发展软实力,深化企业文化建设;四是突出舆论引导,营造有利于企业健康发展的良好环境;五是突出加强组织领导,进一步提高宣传思想工作科学化水平。会上,8家单位和个人围绕开展宣传思想工作取得的成绩从不同角度作介绍,对73名优秀思想政治工作者和74篇优秀党建政研成果进行表彰奖励。全系统29个单位的党委副书记、宣传部长出席会议。

(钱东锋)

【全国道德模范故事汇在中国铁建巡演】 由中央精神文明建设指导委员会办公室(以下简称中央文明办)、中国文学艺术界联合会(以下简称中国文联)、国务院国资委主办,中国曲艺家协会、中国铁建股份公司承办的全国道德模范故事汇巡演活动,于12月18日晚在北京蓝天剧院隆重举行。中央文明办协调组副组长涂更新,国务院国资委宣传局副局长韩天,中国铁建总裁赵广发等领导与中国铁建近600名员工倾听、观看巡演。此次巡演邀请曲艺界名家新秀,运用讲故事这一群众喜闻乐见的艺术形式,从第二届全国道德模范中选取6个道德模范先进事迹,向与会观众讲述感人故事,颂扬高尚情操,传播善行义举。中国文联副主席、中国曲协主席、著名评书表演艺术家刘兰芳,辽宁省曲艺家协会主席、著名评书表演艺术家田连元等深情讲述,著名相声表演艺术家常贵田、著名喜剧表演艺术家巩汉林等发表真情感言,全国道德模范陈美丽、裴春亮登台亮相。感人的故事,精彩的讲演,使不少观众留下感动的泪水。党委宣传部承担此次活动的方案策划、会场租赁、人员组织协调、节目单制作等全部工作。

(钱东锋)

【表彰中国铁建优秀思想政治工作者】 5月25日,股份公司党委作出《关于表彰中国铁建优秀思想政治工作者的决定》,对2006年以来在理论武装、思想道德建设、企业文化建设、精神文明建设、新闻舆论引导、党建思想政治工作研究等方面作出卓有成效工作,为企业改革发展稳定提供强大的思想保证、舆论支持和文化支撑的先进个人予以表彰,授予中国土木工程集团公司党委副书记吴江等73人中国铁建优秀思想政治工作者称号。（李昌明）

【牵头组织中央企业第六课题组政研成果交流与评选】 由中国铁建党建思想政治工作研究会牵头的中央企业第六课题组先后召开3次会议,并于11月9日~10日组织召开有14家中央企业党建政研会负责人参加的优秀政研成果评选会。（李昌明）

【4篇优秀研究成果获国资委表彰】 4月18日,中央企业党建思想政治工作研究会作出《关于表彰2009~2010年度优秀研究成果和课题研究优秀组织单位的决定》,中国铁建4篇优秀研究成果受到表彰。中国铁建党建思想政治工作研究会撰写的《关于中国铁建转变发展方式的实践与思考》及《现代建筑企业形象宣传问题研究》分获一等奖和三等奖;中铁十六局集团公司党建思想政治工作研究会及昆明中铁大型养路机械集团公司党建思想政治工作研究会撰写的《完善发展思路,构筑发展高地,努力推动企业又好又快发展》分获三等奖和成果奖。同时,中国铁建党建思想政治工作研究会被评为中央企业2009~2010年度课题研究优秀组织单位。（李昌明）

【中国铁建党建政研会评选2006~2009年度优秀研究成果】 4月10日,中国铁建党建思想政治工作研究会组织评审委员会,对全系统申报的182篇研究成果进行评审,评出一等奖11个、二等奖17个、三等奖46个、成果奖46个,并作出《关于表彰思想政治工作优秀研究成果的决定》,对优秀研究成果给予表彰。（汪元章）

【中国铁建9家单位获首都精神文明建设委员会表彰】 年底,首都精神文明建设委员会作出表彰2009年度首都精神文明创建工作先进单位的决定,中国铁建9家单位榜上有名。其中,中铁建设集团公司、中铁十六局集团五公司获2009年度首都精神文明单位标兵称号;中铁第五勘察设计院集团公司、中铁十六局集团北京轨道交通工程建设公司、中铁十六局集团路桥工程公司、中铁十六局集团北京工程公司、中铁十六局集团北京工程指挥部、中铁二十二局集团公司获2009年度首都文明单位称号。中国铁建总部机关所在的万寿路街道复兴路40号社区被评为2009年度首都文明社区称号。（汪元章）

【编辑出版《铁建政工》】 全年出版《铁建政工》6期,约70万字。刊物及时反映股份公司党委重大活动和全系统政工动态,交流先进经验,推广典型做法。（李昌明）

【组织参加全球建筑峰会】 4月7日~8日,全球建筑峰会在美国纽约麦克劳·希尔公司总部大厦举行,大会的主题是"在世界市场赢得商机"。来自欧洲、亚洲、美洲、中东和澳大利亚等主要建筑市场的20多个国家的350多名代表出席大会。中国铁建于大会第一天作主旨发言,介绍中国的基础设施建设,特别是铁路建设及中国铁建的发展情况。党委宣传部于3月下旬~4月初,撰写大会发言稿,并制作PPT。（钱东锋）

【参加铁道部波兰高速铁路推介会】 11月,铁道部在波兰举办高速铁路推介会。党委宣传部撰写会议发言稿,制作PPT,并设计、制作波文展板15块,英、波文宣传折页1套,中、英、波文电视专题片《穿越梦想——高铁时代的中国铁建》1套,该片成为洽谈会上唯一一部有波兰语配音的电视宣传片,在连续三天的展会上反复循环播放,使"CRCC"的品牌成为参展国家和嘉宾持续关注的焦点。推介会期间,在中土集团(波兰)有限公司协助下,还完成媒体接待、展览布置、推介宣传品分发、人员外事接待、问题整理等工作。（赵其红　尤家民）

【孟凤朝出席全国援外工作会议并发言】 8月13日~14日,全国援外工作会议在北京人民大会堂举行,胡锦涛、温家宝等中央领导亲切会见与会代表。党委宣传部撰写的《建精品工程,树友谊丰碑》由党委书记、董事长孟凤朝在大会上作介绍,中国铁建是唯一一家介绍经验的中央企业。（钱东锋）

【设计制作2010年工作会议展板】 1月,制作2010年工作会议展板。展板以"回眸2009,新征程、新突破;展望2010,新起点、新发展"为题,分前言、领导亲切关怀、生产经营取得历史性突破、科技创新取得新成果、安全质量形势稳定、人才队伍日益强化、职工收入稳步增加、党的建设不断加强8个板块,展出图片、图表100余幅,较全面地反映了2009年中国铁建工作业绩。（赵其红）

【参加第四届中国国际隧道与地下工程技术展览会】 5月19日~21日，中国铁建组织参加第四届(2010年)中国国际隧道与地下工程技术展览会。由党委宣传部牵头，经营计划部、科技设计部、工程管理部、设备物资部等部门和中铁轨道系统集团公司，中铁第一、第四、第五勘察设计院集团公司等单位参与。展览设置图片区、模型区、对外媒体宣传展示区和业务洽谈接待区，以图片展览、文字说明、模型陈列、灯箱展示和电视宣传片《万水千山一脉相连》、发放宣传资料等形式展出，展示了中国铁建在山岭隧道、水下隧道、市政地下工程等方面取得的突出业绩和勘察设计、施工等方面的实力，突出了中国铁建在施工装备制造和保障方面的能力，同时宣传了中国铁建的历史和企业文化。副总裁张宗言作为主席台嘉宾出席展览会开幕式。在近3天的展览中，共有上万人次的参观者光临中国铁建展区。中央电视台、东方卫视、浙江电视台在中国铁建展区进行录像，新华网、人民网、《上海证券报》等10多家报纸和网络媒体对中国铁建参展的盛况进行了报道。 (汪元章)

【设计制作《建优质工程，树企业形象》展板】 8月19日，为配合张德江副总理到中国铁建调研安全生产工作，制作《建优质工程，树企业形象》展板，展示中国铁建辉煌发展史。展板分历史沿革、亲切关怀、精品工程、辉煌业绩4个部分，图片、图表约40幅。

(赵其红)

【制作2010年中国铁建中英文画册及宣传折页】 2010年，中国铁建中文画册精选图片137幅，10月设计完成70页3000册画册的制作。中国铁建英文画册精选图片100幅，于12月设计完成，印刷3000册。同时，制作一季度(中文、英文)、二季度(配合股票增发)、接待美国高速铁路访问团(英文)、张德江视察中国铁建(中文)、波兰中国高速铁路推介会(波文、英文)、四季度(中文)6个版本画册折页。因用途不同，内容各有侧重，涉及图片近百幅。其中，二、四季度画册折页各印刷3000册，其余印刷1000册。 (赵其红)

【筹建铁道兵纪念馆】 2010年召开12次关于铁道兵纪念馆筹备会议，经股份公司主管、分管领导6次审定，完成展览内容与方案的初步策划，并进行初步设计。2月，筹备工作办公室向国务院国资委上报《中国铁道建筑总公司关于建立铁道兵纪念馆的请示》。3月分别与国家文物局博物馆处、北京市文物局博物馆处进行联系，并向北京市文物局博物馆处递交中国铁建筹备意见。4月1日，总公司党委、总公司正式下发《关于筹建“铁道兵纪念馆”的通知》；党委宣传部下发《关于征集“铁道兵纪念馆”相关资料的通知》。10月21日，股份公司第7次总裁办公会讨论决定，正式确立“铁道兵纪念馆”筹建地址在中国铁建大厦B座。

(赵其红)

【回眸2009专题报道】 1月，党委宣传部积极总结并上报股份公司2009年来“抢抓机遇保增长，科学发展促转型”，企业生产经营取得历史性突破的经验与做法，并组织新闻通稿，中宣部新闻局要求中央主流媒体在“回眸2009”专栏进行报道。从1月24日到2月下旬，《人民日报》、新华社、《光明日报》、《经济日报》、中央人民广播电台、中央电视台等中央主流媒体，通过现场采访李国瑞董事长、赵广发总裁，分别以“危机中挺起的中国脊梁”、“中国铁建的领先秘诀”、“抢抓机遇，逆势而上”等为题，相继在重点版面和重要时段刊播中国铁建做强国内国际两个市场，努力提升企业核心竞争力，有效应对国际金融危机的典型事例，影响面广，极大地提升了企业的美誉度和影响力。 (刘 渝)

【重点工程、重大事件宣传】 围绕企业调结构转方式中的新成绩、企业管理中的新经验、科技创新中的新成果，以及重难点工程取得的新进展等，党委宣传部以突出品牌建设为重点，提前谋划，适时组织集中宣传报道，营造了中国铁建良好的品牌形象和外部舆论环境。全年在中央主流媒体发稿250余篇。其中，新华社通稿44篇；中央电视台《新闻联播》发稿22篇。特别是在京沪高速铁路建设、厦门翔安隧道通车、南京长江隧道通车、郑西高速铁路和沪宁高速铁路通车、兰渝铁路西秦岭隧道盾构开工、天津海河开启桥通车等重大新闻事件中，党委宣传部均提前策划、部署，提前拍摄准备资料，提前准备活动现场，确保新闻宣传达到最佳效果。 (刘 渝 尤家民)

【重要会议和重大活动报道】 年内完成股份公司首届一次职工代表大会、党风建设和反腐倡廉工作会、年度董事会评价会和年度业绩推介分析师大会、大规模铁路经营总结表彰视频会、房地产工作会、深入开展创先争优活动动员部署会议、责任成本管理及经营创效工作会、第十三届全国人才大会、全国钢筋工技术能手大赛等重要会议，以及股份公司领导会见国内、国外嘉宾，出席全国性大型会议、重点资本经营项目签约仪式等重大活动的宣传报道。协助中铁房地产集团公司、重庆铁发遂渝高速公路有限公司、中铁建中非建设有限公司等举办各类展览。全年参加各类会议、活动约120次。

(刘 渝)

【春节期间重点工程宣传】 春节之前，党委宣传部主动与中央主流媒体沟通春节期间重点工程坚持施工的宣传方案，提前协调中铁十四、十五、十八局集团公司等单位，组织4个采访组赶赴贵广铁路、广深港铁路客运专线、石武高速铁路等重点工程工地进行采访拍摄。并在春节期间与中央电视台记者一起深入施工一线，现场采访、挖掘新闻素材和典型事例。从大年初一到初五，新华社、中央电视台、人民网等中央主流媒体先后发稿19篇，其中，新华社通稿5篇；中央电视台连续5天在《新闻联播》《朝闻天下》《东方时空》《新闻直播间》等栏目，滚动播发反映中国铁建重点工程节日坚持施工的报道16条，《新闻联播》在初三就播发了5条。充满生活气息和极具震撼力的电视画面，向全国电视观众真实而生动的展示了中国铁建数万建设者舍小家、为国家，拼搏奉献、攻坚克难，造福百姓的感人事迹和精神风貌，在全社会引起较强反响。 （尤家民）

【两会期间新闻宣传】 全国人大和政协"两会"之前，党委宣传部在了解"两会"报道主题的前提下，针对股份公司采取切实措施，加快企业转型升级方面的特点和做法，主动联系并邀请部分中央主流媒体记者到股份公司现场采访。从3月4日到3月14日，《人民日报》（含海外版）、新华社、《光明日报》、《经济日报》，以及人民网、新华网、中国政协网等，先后以"在后危机时代早做布局：李国瑞谈央企加快转变经济方式"、"加快转变才能赢得机遇"、"掌握经济发展的主动权"等为题，相继在重要版面刊发中国铁建不断加大科技投入，推进创效板块发展，有效促进企业转型升级的好经验、好做法，不仅在参加"两会"的代表委员中受到好评，也在全社会引起强烈反响。 （刘 渝）

【世博会石油馆项目宣传】 上海世界博览会是世界了解中国的窗口，股份公司所属中铁建设集团公司承建世博会石油馆项目。党委宣传部抓住石油馆在17个中央企业馆中率先实现主体封顶的重要节点，以及该工程获上海市优质工程"金钢奖"和"世博文明工地"两项殊荣的阶段性成果，及时协调中铁建设集团公司宣传部和现场项目部，适时组织采访拍摄，先后在新华社、人民网、中央电视台等中央主流媒体进行集中宣传。凭借世界博览会契机，向国内外参观者充分展示中国铁建在房建领域的竞争优势和广大职工争分夺秒、忘我拼搏的良好精神风貌。 （刘 渝 付玉忠）

【胡锦涛总书记视察厦门翔安海底隧道宣传】 2月15日，虎年春节初二，中共中央总书记、国家主席、中央军委主席胡锦涛专程到中国大陆地区第一条海底隧道——翔安海底隧道建设工地，亲切接见中国铁建总裁赵广发，看望节日期间坚守岗位的中铁十八、二十二局集团公司等单位的广大干部职工，与大家共度新春佳节。党委宣传部提前与中铁十八、二十二局集团公司翔安海底隧道项目部进行周密策划，布置现场，统一企业标识，同时，积极与现场采访拍摄的中央媒体记者沟通，介绍情况。当晚，中央电视台《新闻联播》节目在播发此消息时，重点突出了中国铁建总裁赵广发和铁建员工与胡锦涛总书记一起共度佳节的情景，极大地鼓舞了员工士气，给全国观众留下极其深刻的印象。

（尤家民）

【温家宝总理视察北京地铁6号线宣传】 端午节来临之际，中共中央政治局常委、国务院总理温家宝6月14日到北京地铁6号线平安里站施工工地，看望慰问节日期间仍坚守岗位的中铁十四局集团公司建设者，并在项目部会议室召开新一代农民工座谈会，与在北京建筑、制造、安保、餐饮服务等行业工作的50多名年轻农民工代表进行交流。党委宣传部与中铁十四局集团公司宣传部、6号线地铁项目部共同进行周密准备和策划。一方面迅速准备汇报材料、布置现场，一方面主动与现场记者沟通介绍企业的背景、特点等情况，确保整个视察活动既简洁、热烈，又在宣传上重点突出中国铁建的内容。新华社在当晚播发的新闻通稿中，参加座谈会的十多家企业的代表中唯独提到了中国铁建的农民工代表，《人民日报》《光明日报》等中央主流媒体进行了转载，中央电视台在第二天的《新闻联播》节目中亮出了中国铁建的品牌，使全系统广大员工受到极大的鼓舞。 （刘 渝）

【贺国强视察南京长江隧道宣传】 5月19日，中共中央政治局常委、中央纪委书记贺国强，中央书记处书记、中央纪委副书记何勇一行，在江苏省有关领导人陪同下，视察由中国铁建投资、设计和施工建设的南京长江隧道，亲切看望并慰问在场的党委宣传部部长钱桂林、南京长江隧道工程指挥部负责人李振刚等中国铁建干部职工，并对这一世界级的工程给予高度评价。为搞好此次宣传，党委宣传部提前派人，会同南京长江隧道公司进行周密策划。5月20日晚，中央电视台《新闻联播》节目在播发此消息时，不仅全方位表现了中国铁建相关人员向贺国强介绍情况的内容，而且现场所有背景中都明显突出了企业标识，展示了中国铁建依靠科技、自主创新攻克世界级难题取得的可喜成绩，为即将通车运营的南京长江隧道在舆论宣传上进行了预热。 （尤家民）

【南京长江隧道通车宣传】 攻克六大世界级难题的南京长江隧道，是股份公司第一条采用BOT形式修建的大型隧道工程。在隧道正式通车运营之际，党委宣传部与南京长江隧道公司、中铁十四局集团公司宣传部一起，组织带领《人民日报》、新华社、中央人民广播电台、中央电视台及《经济日报》《科技日报》《工人日报》、人民网等中央主流媒体的记者，提前赶往现场进行集中采访拍摄。5月28日，中央电视台的卫星直播车在第一时间将隆重热烈的通车庆典场面实时传输给北京，通车新闻在中午《新闻30分》中播出，并在《新闻直播间》栏目多次滚动播放。据不完全统计，中央主流媒体刊发隧道通车消息17篇，多角度、全方面地对中国铁建成功破解世界级隧道修建难题、改善长江两岸交通现状作了详尽报道，有力地彰显了中国铁建资本运营领域取得的可喜成绩，以及在国际隧道与地下工程建设中所处的领军地位。 （刘 渝）

【中铁建铜冠成功收购海外企业宣传】 5月31日，中铁建铜冠投资（加拿大）有限公司成功收购加拿大科里安特资源有限公司96.9%的股权，这对加快企业经济增长方式的转变，促进产业升级和企业转型具有十分重要的意义。党委宣传部抓住这一重要新闻线索，与新华社、中央电视台等中央主流媒体沟通，联系企业改革发展的实际，阐明此次收购的重大意义。当天，新华社刊发新闻通稿，人民网和新浪、搜狐、网易、腾讯等众多的门户网站刊发和转发新华社消息；中央电视台当天下午多次滚动播发消息，引起广大股民的关注，对提升企业的外部形象起到积极作用。 （刘 渝）

【京沪高速铁路全线铺轨宣传】 举世瞩目的京沪高速铁路全线铺轨时间确定后，党委宣传部迅速与中央主流媒体沟通情况，同时，协调中铁十四、十五、十八局集团公司等单位，组成两个采访组提前赶赴铺轨现场和重点工程现场进行布置和采访拍摄。7月19日铺轨当天，从上午8点到中午12点，中央电视台通过卫星转播车进行3次现场直播报道，并从早上7点的《朝闻天下》开始，《中国新闻》《新闻直播间》《新闻联播》《东方时空》《晚间新闻》和《经济信息联播》等栏目对京沪高速铁路建设进行全方位的报道，所有的报道都对中国铁建进行了突出反映。《人民日报》、新华社、中央人民广播电台、《工人日报》等媒体，以及人民网、新华网等网络媒体相继在新闻报道中重点突出中国铁建的内容。有关消息被新浪、搜狐、网易、腾讯等门户网站转载。 （刘 渝 付玉忠）

【京沪高速铁路退耕还田宣传】 京沪高速铁路建设过程中的环保问题一直受到外界和海内外的广泛关注。党委宣传部了解到京沪高速铁路北段临时建设用地等土地的退耕还田工作已进展到关键时刻，立即与中央电视台进行沟通，并带领记者赶赴现场结合保护耕地的具体措施进行采访，以《京沪高铁退耕还田工作全面启动》为题，先后在中央电视台的《新闻联播》《东方时空》《中国新闻》《新闻直播间》等重点栏目进行滚动宣传报道。有力地展现了中国铁建人勇于承担社会责任的良好形象。 （刘 渝）

【沙特麦加轻轨通车宣传】 沙特麦加轻轨项目是迄今世界上设计运能最大、运营模式最复杂的轻轨铁路项目。通车之前，党委宣传部安排专人带领由《人民日报》、新华社、中央电视台、《经济日报》4家中央媒体和中国铁道建筑报社记者组成的采访组，赶赴沙特项目现场采访。采访组一行深入轻轨线路、车站、中心调度室等工地一线，采访一线员工，挖掘人物故事，组织整理素材，并克服重重困难抢拍朝觐期间影像资料，同时策划分三次展开递进式宣传的整体报道方案。11月13日通车运营当天，新华社刊发通稿，中央人民广播电台在《中国之声》栏目中播发消息，中央电视台在早上的《中国新闻》、中午的《新闻30分》和晚上的《东方时空》栏目中多次播出通车消息。从11月14日开始，《人民日报》（含海外版）、《经济日报》相继刊发专稿，中央电视台《新闻联播》《新闻30分》《朝闻天下》等栏目先后展开报道，人民网、新华网、中国政府网和新浪、搜狐、腾讯、网易等门户网站相继进行转载，第一阶段的宣传报道计划圆满完成。从11月18日开始，围绕安全运送朝觐旅客120万这一重要新闻事实，又在《人民日报》、新华社、人民网等主流媒体展开第二轮新闻宣传。从11月20日开始，围绕海外媒体对中国铁建按期建成这一前所未有的难点工程给予的评价，展开第三轮宣传，前后发稿30余篇。大量真实、感人的新闻通讯、专题报道和生动的视频、图片，真实再现了中国铁建恪守承诺、敢于担当、攻坚克难的“铁军”精神和大无畏气魄，在全社会特别是全球穆斯林世界引发强烈反响，为中国铁建在中东地区和整个海外市场经营工作创造了良好的舆论氛围。 （尤家民）

【制作电视专题片《大江穿越》】 为了向党的第三代领导核心，原中共中央总书记、国家主席、中央军委主席江泽民5月视察南京长江隧道时，以电视片形式汇报南京长江隧道工程的建设情况，党委宣传部在时间紧、任务重的情况下，协调中央电视台以及所属相关单位千方百计查找有关的历史资料视频、图片，精心制作三维特效动画，并在南京长江隧道公司的配合下，运用特殊摄影器材，提前组织已完工隧道的拍摄。9分半长度的电视汇报片《大江穿越》，简要介绍了中国铁建的发展历史以及60多年来在祖国现代化建设中作出的突出贡献。展现了中国铁建建设者在南京长江隧道修建过程中，吃苦奉献，科学拼搏，攻克六大世界级技术难题中取得的可喜成绩和精神风貌。5月2日上午，江泽民在视察即将全线通车的南京长江隧道后，饶有兴致地观看了这部影片，其间多次鼓掌称赞，并对昔日铁道兵，今天的中国铁建给予高度评价。 （尤家民）

【制作高速铁路广告片】 为在12月7日~9日在北京召开的第七届世界高速铁路大会展示中国铁建作为中国高速铁路建设龙头企业的良好形象，党委宣传部制作了反映中国铁建参建高速铁路的广告片。该片除在会议期间的播放受到中外人士的一致好评之外，还在相当长的一段时间内，同时在北京、天津、武汉、郑州等大型高速铁路车站大厅的电子屏幕上反复持续播放。宏大的建设场景，人性化的关怀，极大地提升了中国铁建良好的外部形象。 （尤家民）

【重新摄制企业宣传片】 结合2010年年度报告，党委宣传部对2009年制作的企业宣传片进行重大修改调整。在修改宣传片解说词的同时，制作有关新签合同额与营业收入变化的三维动画，并补拍重点项目镜头。全新的中英文双语版企业宣传片不仅加重了工业制造、房地产板块的分量，还增加了特殊结构桥梁等重难点工程内容，充分表现企业在科技创新、结构调整方面取得的新成绩、新突破。宣传片在外事接待、大型会议展览、经营活动中播放，获得众多好评。 （尤家民）

【妥善处置突发事件】 党委宣传部从联系好高层、协调好媒体、保护好企业、掌控好局面的角度出发，在突发事件面前不回避、不退缩，积极开展危机公关和舆论引导工作，并进一步规范新闻发言人制度。全年及时有效地处理30多起突发事件，最大限度地降低负面消息的杀伤力，有效维护了企业的品牌形象。 （刘 渝）

【参与2009年业绩公布及股票增发工作】 年内承担中国铁建2009年业绩公布、2010年中期业绩报告及A股非公开发行的公共关系和合同谈判工作；起草对外宣传通稿，监测负面信息并及时处理；撰写路演材料，制作相关PPT，并承担国内外路演团队的行程安排、后勤保障等工作；与多家中介机构就合同签订进行谈判，顺利完成合同签订任务；协助完成2009年业绩发布及2010年中期业绩发布会场布置及秩序维护工作。

（赵其红）

纪检监察

【股份公司纪律检查委员会与监察局】 为合署办公机构，是股份公司执纪、监督组织，履行党的纪律检查和行政监察两项职能，对股份公司党委和行政领导全面负责。股份公司纪委在党委和上级纪委的双重领导下开展工作，纪检业务以上级纪委领导为主。主要职责和任务：维护党的章程和党内其他法规，检查党的路线、方针、政策、决议和国家法律法规以及企业规章制度的执行情况，协助党委和行政领导加强党风建设和组织协调反腐败工作；对党员进行党风党纪教育，对党员领导人员行使权力进行监督，检查和处理管理权限内的领导人员违纪案件；受理党员的控告申诉，保障党员的权利；组织开展效能监察和专项执法检查工作，为企业的改革发展和稳定提供纪律保证。中国共产党中国铁建股份有限公司第二届纪律检查委员会于2008年4月21日经中国共产党中国铁建股份有限公司第二届委员会选举产生，王兆刚、王国平、白晶、李河川、林立人、黄少军、彭树贵（按姓氏笔画为序）7人任委员。在纪委会一次全会上，彭树贵当选纪委书记（兼），王国平、李河川（12月退休）当选纪委副书记。股份公司纪律监察委员会定编12人，现员11人；设纪委办公室和纪检监察室两个部门，分别下设综合处、案件审理处和案件检查处、执法监察处。

2010年，股份公司各级纪检监察组织在国务院国资委纪委和股份公司党委、纪委的正确领导下，围绕中心，服务大局，以惩防体系建设为主线，以创先争优活动为契机，以党风廉政建设责任制为抓手，全面贯彻《国有企业领导人员廉洁从业若干规定》，各项工作取得新的进展，为企业发展提供了有力保障。 （王 强）

【组织机构与队伍建设】 股份公司本级及所属各单位党委、纪委认真贯彻落实中央纪委、中央组织部、监察部、国务院国资委党委联合下发的《关于加强和改进中央企业和中央金融机构纪检监察组织建设的若干意见》，高度重视纪检监察组织的机构建设和人员的配备与培养。全系统各级纪委由251个增加到273个，监察机构由175个增加到181个，人员编制由687人增加到735人，交流任职65人。6月，股份公司纪委组织查办案件经验交流暨案件审理业务培训班，97名纪检监察干部参加培训，业务素质得到提高；编发《中国铁建反腐倡廉简讯》14期，刊发稿件58篇，工作经验得到推广。 （王 强）

【党风廉政建设责任制】 全系统各级党委、纪委认真贯彻落实党风廉政建设责任制，建立行之有效的制度规定，明确各负其责的领导体制，形成有效运行的工作机制，强化责任追究制度，并在实践中丰富党风廉政建设责任制内容。2010年，全系统签订党风廉政建设责任书4601份，考核单位2925个，考核个人4665人次，奖励1081人次。追究责任243人。其中，纪律处分98人；减扣薪酬处理32人。（王 强）

【惩防体系建设】 各级纪检监察组织坚持融入企业中心工作，稳步推进惩防体系建设。全系统按照整体性、系统性、协调性、实效性的原则，把惩防体系建设同依法经营、规范管理紧密结合，与健全企业内控机制有机结合，将反腐倡廉的要求纳入管理流程和制度规范中，初步形成与企业发展同步推进的廉洁从业教育长效机制、科学系统的反腐倡廉制度体系和制约有效的权力运行监控体系。2010年，股份公司制定出台《贯彻落实〈国有企业领导人员廉洁从业若干规定〉实施办法》，修订完善《2010年重大/重要风险管控措施落实方案》《设备物资集中招标采购管理暂行办法》等31项内控制度。各单位落实上级精神，紧贴管理实际，不断完善反腐倡廉建设配套制度。全系统建立《若干规定》配套措施129项，建立完善"三重一大"决策制度282项。股份公司纪委《加强廉洁从业风险防控，促进惩防体系全面建设》的经验材料被国务院国资委纪委、监察部驻国资委监察局收录入《中央企业惩防体系建设促进活动经验选编》。（王 强）

【党风党纪教育】 全系统各级党委、纪委通过中心组学习、"三会一课"、业务培训、专题讲座等多种形式，组织学习《国有企业领导人员廉洁从业若干规定》《党员领导干部廉洁从政若干准则》《关于领导干部报告个人有关事项的规定》和《关于进一步推进国有企业贯彻落实"三重一大"决策制度的意见》等法规制度，组织学习活动2151场次，参加学习96102人次。股份公司纪委以知识竞赛的形式，督促学习《若干规定》，全系统有64069人上网参加竞赛。通过教育，提高了各级领导人员和广大党员学习法规、掌握制度、遵纪守法的自觉性。在加强对相关法规制度学习教育的同时，股份公司纪委采取切实措施，开展形式多样的廉洁从业宣传教育活动，下发国务院国资委纪委编写的警示教育读本《镜鉴》11000多册，要求广大干部职工学习读本、明辨是非；组织总部机关和部分驻京单位干部职工代表参观全国检察机关渎职侵权犯罪展览，教育大家珍惜美好人生，远离违法犯罪；号召全系统纪检监察干部和广大党员干部观看电视剧《远山的红叶》，引导大家立足本职，爱岗敬业。各单位普遍组织收看了股份公司纪委制作的警示教育片《一个"能人"的毁灭——杨池林贪污案纪实》，引起强烈反响，警戒效果显著。全系统组织廉洁从业宣传教育活动1134场次，接受教育75446人次，提高了教育的覆盖面，增强了教育的有效性。（王 强）

【领导人员廉洁从业】 根据中央纪委、中央组织部联合下发的《关于以"贯彻落实〈党员领导干部廉洁从政若干准则〉，切实加强领导干部作风建设"为主题，开好县以上党和国家机关党员领导干部民主生活会的通知》，全系统通过召开专题民主生活会，组织述廉议廉，深刻剖析存在的问题，提出和落实整改措施，各级领导人员党性意识明显增强，领导班子的凝聚力、创造力和战斗力显著提升。全系统各级领导人员实行廉洁承诺10482人次，述廉议廉6354人次。（王 强）

【查办案件】 各级纪检监察组织全年受理群众来信来访举报363件次，初核267件，立案237件，结案239件，其中大案要案131件。党纪政纪处分455人，刑事处理25人。避免和挽回经济损失4696万元。在严肃查处违纪违法案件的同时，注重认真调查核实，及时为受到错告、诬告的管理人员澄清是非，保护广大干部职工的积极性，消除负面影响，促进企业和谐稳定。与此同时，面对复杂多变的市场环境，各级纪检监察组织和广大纪检监察干部从维护企业正当利益和干部职工合法权益的大局出发，主动协调各方关系，努力排除各种干扰，全年妥善处置各类经营风险事件87起，竭力保护勤勉敬业的相关人员，为生产经营起到保驾护航的作用。（王 强）

【工程建设领域突出问题专项治理】 全系统根据中央统一部署，组织全面排查，发现并纠正安全质量管理、设备物资招标采购、劳务分包队伍管理、合同管理、责任成本管理等环节存在的各类问题9083个，发出监察建议书3552份，作出监察决定507项。监督设备物资集中招标采购3617场次，通过货比三家和竞争性谈判，直接降低采购成本26亿元。发现并处理领导人员违规插手招标、规避招标、虚假招标、围标串标等违纪行为144起。协助修订和完善各类规章制度1239项，促进专项治理工作长效机制不断健全，工程项目运行更加高效、安全、廉洁、规范。（王 强）

【开展"小金库"专项治理工作】 全系统各单位根据上级要求，广泛宣传发动，认真自查自纠，对"小金库"容易滋生的重点领域、重点部门和重点单位进行集中治理。股份公司按照“小金库”专项治理领导小组的统一部署，派出由财务、审计、监察、纪检等人员组成的4个督导组对9个集团公司43个单位进行检查督导，发现问题及时整改，“小金库”治理工作取得初步成效。全系统全年查明存在“小金库”问题的各级企业151户，“小金库”303个，累计金额6873.05万元。各级纪检监察组织结合此次专项治理工作，严肃查办“小金库”案件。初核19件，立案11件，处分15人，遏制了“小金库”的滋生蔓延。（王 强）

【开展整治亏损项目效能监察】 2010年，各单位严格按照股份公司年初关于对大额潜亏项目进行督察的要求，深入排查，剖析原因，制定整改措施，严格责任追究，促进全系统项目管理水平的提高。全年集中整治亏损及潜亏项目397个，扭亏金额5.2亿元，减亏3.19亿元；清收一年期以上应收工程款2139笔，涉及金额38.4亿元；查处重复计价、超计价拨款124件，涉及金额3326万元；清退资质不符、能力低下、信誉不好的劳务队伍266个；调整管理混乱、失职渎职的项目领导班子32个，撤换项目经理51人，处分79人，经济处罚421人，罚款521万元。（王 强）

【巡视调研】 为贯彻落实股份公司党风建设和反腐倡廉工作会议精神，了解和掌握全系统纪检监察工作的基本情况和最新动向，推进惩防体系建设，增强党风建设和反腐倡廉工作的针对性、预见性和创造性，根据《中国共产党巡视工作条例》和国务院国资委的相关要求，股份公司纪委组成巡视调研组，对部分单位进行第一阶段的巡视调研，掌握了大量的第一手资料，积累了巡视工作经验，取得了初步成效，为后续巡视调研工作奠定了良好基础。（王 强）

【党风建设和反腐倡廉工作会议】 1月31日，中国铁建2010年党风建设和反腐倡廉工作会议在北京召开。会议主要任务是深入贯彻党的十七届四中全会精神，认真落实十七届中央纪委五次全会和2010年中央企业纪检监察工作会议要求，总结2009年的工作，部署2010年的任务。参加会议的有所属集团公司、公司、党校、直管项目部等单位的党委书记、董事长、总经理、院（校）长、纪委书记、监察部长和股份公司纪委委员及总部机关部门正职以上（含）领导近200人。国务院国资委纪委副书记、监察局局长邵春保和股份公司领导李国瑞、赵广发、霍金贵、彭树贵、丁原臣、扈振衣、夏国斌、范德、周志亮、庄尚标、张宗言、刘汝臣出席会议。（王 强）

【2010年纪委书记座谈会】 8月17日~18日，股份公司纪委书记座谈会在广州番禺召开。来自全系统26个集团公司、公司的纪委书记，以及股份公司纪委部门以上领导参加会议。各单位纪委书记汇报1月~7月的工作，针对年初工作总体部署和当前存在的主要问题，座谈讨论2010年后5个月的工作打算。股份公司党委副书记、纪委书记、工会主席、监事会主席彭树贵出席会议并作重要讲话。（王 强）

【股份公司获全国纪检监察调研工作先进单位称号】 3月6日~7日，中央纪委在重庆召开2010年全国纪检监察调研工作会议。股份公司党委副书记、纪委书记、工会主席、监事会主席彭树贵参加会议。会上，有20家单位被授予2009年度全国纪检监察调研工作先进单位称号，其中19家为各省、市、自治区纪委。中国铁建成为获此殊荣的唯一一家中央企业。这也是中央纪委在授予中国铁建纪委2008年度全国纪检监察优秀调研信息直报点称号之后，又一次对中国铁建纪检监察调研工作予以全面而充分的肯定。（王 强）

报 纸

【中国铁道建筑报社】 《中国铁道建筑报》是中国铁道建筑总公司主管、中国铁道建筑报社主办的行业性报纸。报社定员23人，现员17人；设社长、总编辑、副社长、副总编辑、总编助理各1人，下设办公室、新闻部、政文部、美术摄影部、广告部。社长兼总编辑朱海燕因工作需要于2010年5月1日调铁道部工作，报社工作由副社长韩传荣、副总编王洋临时负责。同年11月12日，中国铁建党委宣传部（企业文化部）部长兼政研会秘书长钱桂林兼任社长、总编辑。2010年出版报纸156期，每期对开4版，月中、月末出8版。

2010年，报社牢记报纸角色定位，坚持正确舆论导向，按照“贴近实际，贴近生活，贴近群众”的原则，围绕企业中心工作，服务企业发展大局，大力弘扬主旋律，积极打好主动仗，达到内鼓士气、外树形象的目的，受到各级领导的肯定和广大职工的喜爱。

（井忠联 何大成）

【先进典型宣传】 为发挥先进典型的鼓动作用，给企业发展提供精神动力，年内在第一版开辟“祖国建设功臣，中国铁建楷模”栏目，宣传报道60名为国家建设作出突出贡献的先进典型人物。刊发消息《十一局集团跨越发展逆势而上》,宣传报道股份公司“四好领导班子”中铁十一局集团公司和谐班子的事迹。发表长篇通讯《人生的价值在奉献》,对全国火车头奖章获得者、中铁十四局集团公司京沪高速铁路工程指挥部指挥长夏吉军进行重大典型报道。刊发消息《好人赵海生感动中国》,宣传报道2009年度“中国好人榜”好人——中铁十七局集团五公司职工赵海生。（何大成）

【重要工作宣传】 围绕施工安全,不断提升“安全为天”栏目质量,加强对企业安全生产的舆论引导,先后推出两组“安全生产系列评论”。一是刊发《树立人本意识,构建安全文化》《加强预防控制,建设本质安全型企业》《健全完善安全生产责任制》等5篇贯彻落实安全生产紧急会议精神的评论;二是刊发《稳定安全生产形势刻不容缓》《加强工程队建设,筑牢安全发展基石》《构建长效机制,确保长治久安》等5篇贯彻落实安全生产大检查的评论,在全系统引起强烈反响。编发《尊重农民工,全面加强“五同”建设》《关心农民工,培养归属感》《爱护农民工,共建和谐企业》3篇贯彻落实温家宝总理指示精神系列的评论,受到各级领导的充分肯定。围绕科技兴企,在股份公司获得国资委科技创新表彰后,浓墨重彩推出《创新之路》系列报道,大力弘扬股份公司科技创新工作和科学发展成果,并开设“科技创新经典案例”栏目。围绕企业管理,精心打造“精益化管理之路”等重要栏目,采写出一大批鲜活生动的报道。（何大成）

【党和国家领导人以及省部领导视察中国铁建宣传】 组织采写报道胡锦涛总书记视察厦门翔安海底隧道、原国家主席江泽民视察南京长江隧道建设工地、温家宝总理视察中铁十四局集团北京地铁项目并与农民工座谈和视察映秀特大山洪泥石流灾情、习近平副主席视察安哥拉社会住房项目、贺国强书记视察南京长江隧道、张德江副总理到中国铁建调研安全生产工作和考察京沪高速铁路并慰问劳动模范代表、回良玉副总理冒雨视察中国铁建玉树地震灾后重建指挥部营地、全国人大常委会副委员长路甬祥和北京市市委书记刘淇视察中国铁建工程项目以及原国资委主任李荣融、国资委新任主任王勇、国务院国资委监事会主席李克、中华全国总工会副主席王炯、北京市市长郭金龙、山西省省长王君、西藏自治区党委书记张庆黎、云南省省委书记白恩培、铁道部副部长卢春房和陆东福、青海省副省长骆慧琳视察中国铁建项目工地等消息20余篇,受到企业领导和广大职工的好评。（何大成）

【外国领导人、代表团访问中国铁建宣传】 年内先后刊发尼泊尔总理、阿联酋铁路代表团、巴西政府代表团、南非国民议会交通委员会主席、库克群岛代表团、美国加州众议院代表团访问中国铁建和美国著名电视栏目《探索发现》采访中国铁建京沪高速铁路的新闻报道，以及沙特城乡事务部部长会见中国铁建领导，安哥拉城市规划与建设部部长、安格拉总统、坦桑尼亚总统视察中国铁建海外工程项目的消息10多篇，有力地提高了中国铁建的社会形象。（何大成）

【海外重要工程宣传】 2010年成功组织策划沙特麦加轻轨铁路如期通车运营的宣传报道，以消息、通讯、评论、图片、深度报道、文艺作品等多种形式进行立体交叉报道，先后刊发《麦加轻轨铁路接受沙特政府和最高朝觐委员会检阅》《中国铁建总承包的沙特轻轨开始运营》《麦加轻轨铁路安全运送百万朝觐者》《赢得世界尊重的非凡壮举》等消息，发表评论《决战决胜建功海外，报效企业为国争光》《传承铁道兵优良传统，弘扬麦加奉献精神》，连续刊载来自中国铁建沙特麦加轻轨铁路项目部的报道50余篇，并积极向中央主流媒体提供新闻背景材料，努力降低麦加轻轨铁路预亏公告发布后的负面影响。（何大成）

【国内重点工程宣传】 年内先后组织南京长江隧道通车、厦门翔安海底隧道贯通和通车等强势报道;对玉树灾后重建进行系列报道,先后刊发《挺起共和国“长子”的脊梁》《中国铁建向玉树灾区捐款捐物六百万元》《中国铁建“当代”模式给力中国铁建》等消息,大力弘扬中国铁建承担社会责任的中央企业形象;围绕京沪高速铁路建设,先后刊发《京沪纪事》《486.1公里:京沪高铁试运行刷新世界最高时速》《京沪高铁全线开通》等重要新闻;刊发消息《南水北调打开胜利之门》,报道南水北调中线穿越黄河隧道工程建设情况。（何大成）

【广告经营】 2010年新签合同177份,广告经营额比2009年增长了4.5%,上缴税金连年递增。全年广告经营合法,广告审查严格,得到北京市工商局、海淀工商分局的表扬,中国铁道建筑报社被特邀为北京市万寿路地区经济发展促进会理事。年内积极配合北京市委宣传部、首都精神文明建设委员会办公室、北京市工商局、北京市广告协会开展的争创首都广告行业精神文明评比活动,多次受到表彰。（杨晓志）

【新闻作品获奖】 朱海燕采写的《事故，自己打自己的战争》获第六届全国安全生产新闻奖评论类一等奖。在2010年度中国产业经济新闻奖评比中，赵玲莉、刘德联、张勇采写的通讯《新时代的壮美和声》，罗光明编写的评论《要安全的效益，不要带血的利润》，武羽拍摄的照片《重山因我开峻岭成大道》，张荣文撰写的论文《企业报道社会化探究》获二等奖；何大成、刘德联、刘新红采写的消息《潜龙穿越大江 金陵两岸共舞》，王莹、孔祥文采写的消息《厦门翔安海底隧道蛟龙出海》，王维编发的通讯《与中国高铁一起腾飞》，赵玲莉编辑的新闻版面6月5日二版，王莹编辑的新闻版面7月17日一版，在副刊发表的杨虎生《待人少些心机好》、蔡庆荣《人品，是精品的前提》文章，蒋小军撰写的论文《如何培养新闻敏感》，杨春杰照片作品《新年礼物》获三等奖。在2010年度中国铁路报纸好作品评选中，蒋小军撰写的论文《如何培养新闻敏感》获一等奖；曾正贤、税昌梅刊发的消息《一百五十口爱心水窖滋润焦渴山村》，何大成采写的通讯《正是登高顺阳时》，孔祥文写的评论《你能同职工"对话"吗》，王忠霞的散文《坚强的蒲公英》，连永章撰写的论文《用"心"品味寻常事》获二等奖。 （王海青）

【2010年中国铁建新闻报道优秀记者】

张荣文　陈树青　李良苏　孔祥文　李佩山
张兰忠　吴炳森　李仕兵　成海忠　杨秀权
尹登明　罗朝政　方　玲　石宝进　王昌尧
王立武　富建强　赵守民　边均安　刘民主
刘德联　桑胜文　蔡崇金　（王海青）

【2010年中国铁建新闻报道先进单位和优秀通讯员】 年内，《中国铁道建筑报》评出中国铁建新闻报道先进单位84家、优秀通讯员189名。 （王海青）

9月28日，中铁建设集团公司组织职工参观中华人民共和国成就展。 （赵大鹏 提供）

中铁十九局集团公司“青年先锋队”启动。　　（张振宇 摄）

工会 共青团

本栏责任编辑　**杨启燕**

工　会

【股份公司工会】　股份公司工会同时履行公司总部机关工会职能，在股份公司党委领导下，依据《工会法》《中国工会章程》和《中国铁建股份有限公司章程》独立自主地开展工作。动员和组织职工参加企业的改革和生产经营管理活动，代表和组织职工参与企业民主管理；民主监督企业领导人员和经营管理人员履行职责情况；教育职工不断提高道德修养和科学文化素质，建设“四有”职工队伍；维护职工合法权益；负责全国和省（部、市）劳动模范和各类先进的评选、推荐、审核和公司劳动模范的评比、表彰等工作；负责公司总部机关工会日常工作。下辖中国土木工程集团公司，中铁十一至二十五局集团公司，中铁建设集团公司，中铁建电气化局集团公司，中铁房地产集团公司，中铁第一、第四、第五勘察设计院集团公司，中铁上海设计院集团公司，中铁物资集团公司，昆明中铁大型养路机械集团公司，中铁轨道系统集团公司，北京铁城建设监理公司，中铁建（北京）商务管理公司，北京培训中心及直属机关工会。股份公司党委副书记、纪委书记彭树贵兼任股份公司工会主席，股份公司工会副主席柴顺林；下设生产综合部和组织权益部。股份公司工会另设体协理事会、工会经费审查委员会、女职工委员会。

（程　玉）

【中国铁建一届一次职工代表大会】　2010年1月28日～30日在北京总部召开，职工代表266名。其中，企业领导人员代表72名，占代表总数的27.07%；技术管理人员代表152名，占代表总数的57.14%；一线生产人员代表34名，占代表总数的12.78%；女职工代表43名，占代表总数的16.17%；青年职工代表8名，占代表总数的3.01%；少数民数代表7名，占代表总数的2.63%；党员代表254名，占代表总数的95.49%；团员代表2名，占代表总数的0.75%；群众代表9名，占代表总数的3.38%；民主党派代表1名，占代表总数的0.38%。代表平均年龄45.63岁，大专以上学历占94.7%。职工代表组成18个代表团。职代会设置5个专门委员会，即安全生产委员会、生活福利委员会、评议监督领导干部委员会、提案工作委员会、劳动法律监督委员会。大会主要议题有：听取和审议赵广发总裁所作的公司年度《行政工作报告》，副总裁、总会计师作的《财务工作报告，业务招待费使用情况的报告》，审议通过《提案工作报告》，选举产生职代会5个专门委员会，通过《股份公司首届职代会实施办法》《联席会议制度》《安全生产委员会工作制度》《生活福利委员会工作制度》《评议监督领导干部委员会工作制度》《提案工作委员会工作制度》《劳动法律监督委员会工作制度》6项制度。国务院监事会主席李克及监事会第16办事处领导应邀出席会议。职代会的召开，标志着中国铁建职工代表大会制度的建立和完善，对加强企业民主管理将起到一定的推动作用。职代会召开后，股份公司党政工联合下发《中国铁建股份有限公司职工（代表）大会实施办法》。

（孙秀伟　翟国棠）

【中国铁建工会一届二次全委（扩大）会议】　2010年12月20日～22日在北京召开，37人出席会议。铁道部党组成员、中华全国铁路总工会主席何玉华，中国铁建党委书记、董事长孟凤朝出席会议并讲话。中国铁建党委副书记、纪委书记、工会主席、监事会主席彭树贵作题为《融入中心，构建和谐，在推进企业与职工队伍的发展中建立新功业》的工作报告，全面总结2010年工会工作，安排部署2011年工作。会议免去李如东工会委员会常委，雷佳民、李如东、张小林工会委员会委员，朱煜峰经费审查委员会委员职务；增补彭新文、徐彦军、赵心昭、富德春、叶建国、刘家美为工会委员会委员，增补冯先超为经费审查委员会委员。会议研究修改中国铁建工会2011年工作要点，传达中华全国铁路总工会“三不让”工作会议精神。

（孙秀伟　翟国棠）

·生产综合·

【生产综合部】　负责股份公司工会的综合、协调和文秘工作；负责工会系统的宣传教育、劳动竞赛、“创争”活动、合理化建议和技术革新评审、评先树模、工地文化建设工作；负责统战和侨联工作；负责股份公司总部机关工会日常工作。定员5人，下设综合处、生产宣教处。

（程　玉）

【股份公司工会特色工作评审】　5月5日，股份公司工会在北京召开2009年度特色工作评审会，评选出17个单位的27项特色工作成果。其中，一等奖7项；二等奖10项；三等奖10项。

（刘永胜）

2010年中国铁建股份公司工会特色工作获奖成果表

序号	成果名称	完成单位	获奖等级
1	“共同约定行动”引起反响	中铁十一局集团公司工会	一等奖
2	“十个坚持” 创新发展职代会制度	中铁十三局集团公司工会	一等奖
3	以建家建线为载体 着力抓好架子队工会建设	中铁十四局集团公司工会	一等奖
4	建立工会经费收缴机制 提高货币资金兑现率	中铁十五局集团公司工会	一等奖
5	搭建利益诉求平台 畅通民主管理渠道	中铁十六局集团公司工会	一等奖
6	“六比六创新”劳动竞赛结硕果	中铁十九局集团公司工会	一等奖
7	重拳出击解决一线职工工资拖欠 切实维护职工劳动经济权益	中铁二十局集团公司工会	一等奖
8	发挥网络优势 规范帮扶工作	中铁十五局集团公司工会	二等奖
9	发挥典型引路作用 全面推动基层工会工作上水平	中铁十五局集团公司工会	二等奖
10	积极推进职工自主创新 努力打造蓝领人才队伍	中铁十八局集团公司工会	二等奖
11	“献爱心,做红娘”工作再结新硕果	中铁十九局集团公司工会	二等奖
12	工会经费管理取得显著成效	中铁二十局集团公司工会	二等奖
13	深入开展“安康杯”竞赛活动 为企业安全生产保驾护航	中铁二十一局集团公司工会	二等奖
14	建立有效机制 做好农民工入会工作	中铁二十一局集团公司工会	二等奖
15	拓宽就业脱贫渠道 举办特困职工家属就业培训班	中铁二十二局集团公司工会	二等奖
16	把更多资源赋予工会工作部门更好地发挥工会组织的作用	中铁建设集团公司工会	二等奖
17	开展项目服务年活动 营造扎根项目光荣的文化氛围	中铁轨道系统集团公司工会	二等奖
18	构建长效机制 深化“创争”活动	中铁十一局集团公司工会	三等奖
19	实施“八统一” 关爱农民工	中铁十二局集团公司工会	三等奖
20	加强劳模管理 落实劳模待遇	中铁十二局集团公司工会	三等奖
21	开展十大“工人先锋号(标兵)”评比表彰活动成效显著	中铁十四局集团公司工会	三等奖
22	积极探索项目工会工作新机制	中铁十六局集团公司工会	三等奖
23	大力表彰海外项目职工和外籍劳务工	中铁十七局集团公司工会	三等奖
24	编纂《中铁十七局集团公司工会工作制度手册》	中铁十七局集团公司工会	三等奖
25	切实发挥工会劳动保护检查员作用	中铁二十四局集团公司工会	三等奖
26	规范财务管理 为工会工作提供财力保障	中铁二十五局集团公司工会	三等奖
27	实用软件申报展评活动	中铁上海设计院集团公司工会	三等奖

制表:刘永胜

【职代会提案工作】 工会生产综合部综合处作为职工代表大会提案工作委员会办公室，负责提案的征集、立案、处理、落实、反馈、归档工作，发挥监督、协调和服务作用。1月30日，在中国铁建首届一次职工代表大会上立案146条提案。年内，每件提案都得到落实，提案答复率100%，职工代表满意率100%。为进一步激励职工代表关心企业发展、建言献策的热情，提高业务部门处理提案的自觉性、主动性，提案工作委员会根据《中国铁建首届职工代表大会提案工作委员会工作制度》的有关规定，评出10条优秀提案、10条优秀处理落实提案。

（刘永胜）

中国铁建股份公司首届一次职工代表大会优秀提案表

序号	提案案由	提案单位	提案人
1	加强企业成本管理，加大变更索赔力度	中铁十二局集团公司	李健康
2	关于中国铁建现代物流基地的建设问题	中铁物资集团公司	申兆军
3	如何解决工程队技术人才队伍断层问题	中铁十三局集团公司	薛亚峰
4	关于明晰股份公司系统内勘察设计业务定位的提案	中铁第一勘察设计院集团公司	王争鸣 李长海
5	打击黑包工头	中铁十六局集团公司	贾亚宣
6	进一步加强联合技术开发	中铁第五勘察设计院集团公司	王从贵
7	提高职工生活质量	中铁建电气化局集团公司	张志才
8	努力打造具有企业特色的团队精神	中铁十八局集团公司	翁丽蓉
9	关于加强海外工程项目全面风险控制的建设性意见	中国土木工程集团公司	林荣新 刘志明
10	建立科技人才发展的长效机制	中铁二十局集团公司	何瑞林

制表：刘永胜

中国铁建股份公司首届一次职工代表大会优秀处理落实提案表

序号	提案案由	提案单位	处理落实单位（股份公司）
1	关于尽可能缩短设备采购审批和招标时间的提案	中铁十九局集团公司	设备物资部
2	关于股改时欠职工20%回购职工股款的提案	中铁十九局集团公司	财务部
3	开展海外工程专业技术人员培训	中铁十三局集团公司	人力资源部
4	“后危机”时期股份公司要强化快半拍式的风险管控	中铁十四局集团公司	发展规划部
5	在股份公司范围内通报恶意结算、诉讼的分供单位	中铁建设集团公司	工程管理部
6	重视财务管理，防范财务风险	中铁建电气化局集团公司	财务部
7	发挥专业优势，争取更大海外“四电”市场份额	中铁建电气化局集团公司	国际部
8	加强对专职工会干部的脱产系统培训	中铁二十五局集团公司	工会
9	关于企业架子队建设的建议	中铁十八局集团公司	发展规划部
10	关于应加强物资采购及现场管理的提案	中铁十五局集团公司	设备物资部

制表：刘永胜

【劳动竞赛】 2010年,股份公司工会紧紧围绕集团公司生产经营目标,以保增长、促发展为重点,以创建"工人先锋号"为载体,按照铁道部、中华全国铁路总工会和股份公司,关于在京沪高速铁路和铁路客运专线建设中开展"六比六创"和"五比五创"劳动竞赛的通知要求,继续深入开展"五比五创"、"六比六创"等多种形式的劳动竞赛,积极发动和引导广大职工坚持以科学发展观为指导,加快推进公司由外延式扩张向内涵式发展转变。坚持以人为本,把开展劳动竞赛活动同提高职工队伍整体素质、培养造就一大批知识型、技术型、创新型高素质职工有机结合;坚持科学组织,提高劳动竞赛的实效性。在攻克技术难关,保证安全质量,改善经营管理,创建优质工程,提升经济效益,打造市场信誉中取得显著成绩,有力地促进了施工生产任务的完成。为表彰先进,促进降本增效,深化劳动竞赛,股份公司认真评审所属单位申报的2010年京沪高速铁路和铁路客运专线劳动竞赛资料,评出客运专线和京沪高速铁路建设劳动竞赛综合优胜单位各10个,同时授予中国铁建"工人先锋号"称号;评出单项优胜单位各5个及京沪高速铁路劳动竞赛先进单位10个、客运专线劳动竞赛先进单位17个、劳动竞赛"工人先锋号标兵"40名、劳动竞赛优秀组织者84名。

中国铁建京沪高速铁路劳动竞赛综合优胜单位(中国铁建"工人先锋号")

中铁十二局集团三公司京沪高速铁路定远制板场

中铁十二局集团公司京沪高速铁路4标段项目经理部

中铁十二局集团公司京沪高速铁路4标段十六项目部

中铁十二局集团公司京沪高速铁路4标段十五项目部

中铁十四局集团公司京沪高速铁路项目部

中铁十五局集团公司京沪高速铁路4标段项目部

中铁十六局集团公司京沪高速铁路项目经理部

中铁十七局集团公司京沪高速铁路项目部二工区

中铁十八局集团公司京沪高速铁路项目经理部

中铁十九局集团公司京沪高速铁路项目经理部

中国铁建京沪高速铁路劳动竞赛单项优胜单位

工程质量优胜单位

中铁十七局集团公司京沪高速铁路项目部十三工区

安全生产优胜单位

中铁十六局集团公司京沪高速铁路项目部三分部

工程进度优胜单位

中铁十八局集团五公司无砟轨道工程公司

科技创新优胜单位

中铁十二局集团公司京沪高速铁路4标段八项目部

文明施工和节支降耗优胜单位

中铁十七局集团公司京沪高速铁路项目部四工区

中国铁建京沪高速铁路劳动竞赛先进单位

中铁十二局集团公司京沪高速铁路济南西客站ZF标段项目部

中铁十二局集团公司京沪高速铁路4标段十二项目部

中铁十二局集团公司京沪高速铁路4标段二十一项目部

中铁十二局集团电气化公司京沪高速铁路4标段项目部

中铁十二局集团公司京沪高速铁路4标段五项目部

中铁十七局集团公司京沪高速铁路项目部十二工区

中铁十七局集团公司京沪高速铁路项目部六工区

中铁十七局集团公司京沪高速铁路项目部七工区

中铁十七局集团公司京沪高速铁路项目部九工区

中铁十八局集团公司京沪高速铁路土建1标段十五工区项目部

中国铁建铁路客运专线劳动竞赛综合优胜单位(中国铁建"工人先锋号")

中铁十一局集团公司京石铁路客运专线JS－3标段项目经理部

中铁十二局集团公司贵广铁路第三项目部

中铁十三局集团公司京石铁路客运专线工程指挥部

中铁十四局集团公司石武铁路客运专线项目经理部

中铁十六局集团公司贵广铁路工程指挥部

中铁十八局集团公司石武铁路客运专线河南段项目部

中铁十九局集团公司厦深铁路(广东段)4标段工程指挥部

中铁十九局集团公司石武铁路客运专线河南段项目部

中铁二十局集团公司石武铁路客运专线河南段项目部

中铁二十四局集团公司沪杭铁路客运专线1标段项目经理部

中国铁建铁路客运专线劳动竞赛单项优胜单位

工程质量优胜单位

中铁二十五局集团公司南广铁路NGZQ－3标段项目部

安全生产优胜单位

中铁二十三局集团公司向莆铁路 FJ－10 标段工程指挥部

工程进度、环境保护优胜单位

中铁十二局集团公司湘桂铁路扩改工程柳南段和南黎铁路Ⅴ标段工程指挥部

科技创新优胜单位

中铁二十二局集团公司津秦铁路客运专线项目经理部

文明施工和节支降耗优胜单位

中铁十五局集团公司哈齐铁路客运专线项目部

中国铁建铁路客运专线劳动竞赛先进单位

中铁十一局集团公司兰新铁路甘青段项目部

中铁十二局集团二公司京石铁路客运专线项目部

中铁十二局集团公司沪杭铁路客运专线 4 标段一工区项目部

中铁十二局集团公司沪杭铁路客运专线 4 标段项目经理部

中铁十二局集团公司宁安城际铁路 1 标段第四分项目部

中铁十二局集团公司湘桂铁路扩改工程柳南段和南黎铁路Ⅴ标段第一项目部

中铁十二局集团一公司兰新铁路第二双线项目部第二工区

中铁十三局集团公司贵广铁路工程指挥部

中铁十三局集团公司厦深铁路客运专线工程指挥部

中铁十三局集团公司哈齐铁路客运专线项目部

中铁十三局集团公司哈大铁路客运专线项目经理部

中铁十五局集团公司广深港铁路客运专线项目部

中铁十七局集团公司厦深铁路广东段工程指挥部

中铁十八局集团公司武黄城际铁路 3 标段项目经理部

中铁十九局集团公司兰渝铁路工程项目部

中铁二十局集团公司哈齐铁路客运专线项目部

中铁二十三局集团公司石武铁路客运专线湖北段 TJⅠ标段项目部

中国铁建劳动竞赛“工人先锋号标兵”

刘金一　裴军生　王寿田　孙峰伟　张玉民
范廉明　黄实勇　武　峰　黄　军　范亮华
郭仲尤　李华煜　姚懿德　李守鹏　周可艾
梁雁鸣　曹化奎　杜以苓　熊卫华　王　乔
陈　涛　刘成兰　林平明　孙宝柱　李宏伟
李友贵　刘跃伟　刘克亮　刘　军　何克林
王立军　彭亚娟　董宝云　王保林　曾灵振
高禄巍　马庆祝　郭　力　洪德松　唐颂云

中国铁建京沪高速铁路、铁路客运专线劳动竞赛优秀组织者

郑平良　周纯生　张仲理　张瑞森　焦建利
杨来华　李文伟　刘国旗　毕宏涛　陈学诚
王发明　王建忠　何惠伶　蔡维栋　马天明
郑修利　刘全清　王建利　刁仲伟　熊冠勋
郭品云　李志荣　赵国旗　张国辉　张凤鸣
杨宗臻　吴忠良　杜万英　祁　林　杨保富
李华伟　李　锐　王树生　张久宽　孙吉东
王佳贵　周海军　孙九玉　赵　义　张云轩

中国铁建 2010 年度劳动竞赛优秀组织者

石红兵　丁兆军　张树海　杨明亮　史道泉
王晋雄　尹希慧　李鹏年　刘永成　李　旭
张国军　张启亮　孔令箭　潘登华　郝建彬
范晓玲　郝趁义　冯英华　李　程　信长才
张文峰　李社宁　乔贺青　朱昌岳　张国华
陈延军　周雪梅　徐大军　韩文忠　陈新民
鲁智安　陈外联　易正平　刘国胜　马希利
王永红　梅红亮　王　玉　方　东　党海军
李广益　李光焯　刘亚平　樊金奎

（李青颖　宋卫国）

【沙特麦加轻轨铁路项目劳动竞赛】　5 月，为确保中国铁建承建的沙特麦加轻轨铁路如期通车，股份公司工会与沙特麦加项目部联合组织开展沙特麦加轻轨铁路劳动竞赛。11 月，为表彰在劳动竞赛中作出突出贡献的先进集体和先进个人，中华全国铁路总工会和股份公司工会分别对麦加轻轨铁路项目给予专项单独表彰，中华全国铁路总工会授予中铁十二局集团公司沙特麦加轻轨铁路项目部等 5 个单位火车头奖杯、吕晶等 10 人火车头奖章；股份公司工会授予中国土木工程集团公司沙特麦加轻轨铁路项目部等 6 个单位中国铁建“工人先锋号”、皮宇等 21 人中国铁建“工人先锋号标兵”称号。

火车头奖杯获得集体

中铁十二局集团公司沙特麦加轻轨铁路项目部

中铁十六局集团公司沙特麦加轻轨铁路项目部

中铁十九局集团公司沙特麦加轻轨铁路项目部

中铁建设集团公司沙特麦加轻轨铁路项目部

中铁建电气化局集团公司沙特麦加轻轨铁路项目部

火车头奖章获得者

吕　晶　中国土木工程集团公司沙特麦加轻轨铁路项目部总指挥

李春晖　中铁十一局集团公司沙特麦加轻轨铁路

项目部六公司副总经理

石栋昌　中铁十二局集团公司沙特麦加轻轨铁路项目部桥梁队队长

王　利　中铁十三局集团公司沙特麦加轻轨铁路项目部项目调度

张海涛　中铁十六局集团公司沙特麦加轻轨铁路项目部阿拉法特1车站工程师

卫建胜　中铁十七局集团公司沙特麦加轻轨铁路项目部总工程师

仲志武　中铁十八局集团公司沙特麦加轻轨铁路项目部高级工程师

刘本党　中铁十九局集团公司沙特麦加轻轨铁路项目部阿拉法特2车站工程师

王艳立　中国铁建沙特麦加轻轨铁路项目部精装修副总指挥

何明海　中国建电气化局集团公司沙特麦加轻轨铁路项目部党工委书记

中国铁建“工人先锋号”

中国土木工程集团公司沙特麦加轻轨铁路项目部

中铁十一局集团六公司沙特麦加轻轨铁路项目部

中铁十四局集团四公司沙特麦加轻轨铁路项目部

中铁十七局集团公司沙特麦加轻轨铁路项目部

中铁十八局集团公司沙特麦加轻轨铁路项目部土建项目部运架队

中国铁建沙特麦加轻轨铁路轨道突击队

中国铁建“工人先锋号标兵”

蒲凌辉　皮　宇　周　磊　朱玉山　杨战勇
杨小晋　王合春　赵　刚　夏春光　李保华
毛　健　田殿军　王洪增　陈　华　张　冰
杨晓明　王石平　张会民　覃为刚　高晓东
董立巍

（李青颖　宋卫国）

【劳动竞赛现场推进会】　9月，股份公司工会在浙江省湖州市组织召开股份公司劳动竞赛现场推进会，所属单位副总经理、工会主席、工会生产部长及机关有关部门负责人91人参加会议。会上，中华全国铁路总工会副巡视员徐忠实受铁道部党组成员、中华全国铁路总工会主席何玉华委托到会作重要讲话，股份公司董事长、党委书记孟凤朝发表书面讲话；党委副书记、纪委书记、工会主席、监事会主席彭树贵作主旨讲话；12个单位作经验交流发言。会议期间，组织与会人员观摩中铁十七、二十四局集团公司的现场管理情况，收到良好效果。中铁十七局集团公司宁杭高速铁路开展劳动竞赛的经验在中华全国铁路总工会情况通报中转发。（李青颖　宋卫国）

【群众生产工作】　2010年，股份公司工会群众生产工作紧紧围绕中国铁建保持经济平稳较快发展的目标，大力组织劳动竞赛，不断加强劳动保护，认真普及推广“一法三卡”工作，积极开展技术创新和合理化建议活动。集团公司和子（分）公司全年派出961个工作组组织劳动竞赛检查、蹲点3119次，用于劳动竞赛奖励基金16676万元。举办职工技能竞赛210次，参与工种28项，11048名职工参与竞赛，同时参加省市以上技能大赛17次，有25人获得不同名次的奖励。全年职工提出合理化建议和技术改进项目6434项，采纳3727项，实施2631项，创造经济价值49093万元，有219项成果获得省部级以上表彰奖励。建立职工业校1005所，开展业余技能培训5311次。全系统已建立各级劳动保护监督检查委员会3220个，现有专职劳动保护监督检查员578人，兼职劳动保护监督检查员4073人，工会小组劳动保护检查员9407人。全年组织安全生产检查1013次，发现安全隐患并提出整改意见3441项，采纳3208项，参与处理工伤事故65起。年内，12个单位获全国“安康杯”竞赛优胜企业称号，8个单位获全国“安康杯”竞赛优胜班组称号，1个单位被评为全国“安康杯”竞赛优秀组织集体，16个单位获省部级“安康杯”竞赛优胜企业称号，3个单位被评为省部级“安康杯”竞赛优胜班组，3个单位被评为省部级“安康杯”竞赛优秀组织集体。（李青颖　宋卫国）

【群众生产工作研讨会】　3月，股份公司工会召开群众生产工作论文、经验评审会和生产部长会议，会议评选出群众生产工作先进单位8个，获奖论文、经验各14篇。

中国铁建群众生产工作先进单位

中铁十二局集团公司工会生产保护部

中铁十四局集团公司工会生产综合部

中铁十五局集团公司工会生产保护女工部

中铁十六局集团公司工会生产保护部

中铁十七局集团公司工会权益部

中铁十八局集团公司工会权益部

中铁二十局集团公司工会权益维护部

中铁二十三局集团公司工会生产保护部

（李青颖　宋卫国）

【合理化建议和技术改进】　1月，股份公司合理化建议和技术创新评审委员会组织专家组对2010年所属单位上报的参评成果进行评审，从136项成果中评出一等奖10项、二等奖25项、三等奖49项。

（李青颖　宋卫国）

中国铁建群众生产工作获奖论文情况表

序号	论文题目	单位	作者	获奖等级
1	铁路运输企业如何围绕安全生产开展劳动竞赛	中铁十六局集团铁运公司工会	陈海良	一等奖
2	关于“一法三卡”工作落实情况的调研报告	中铁十八局集团公司工会	姚尚文	一等奖
3	工会参与企业安全管理的思考	中铁十二局集团二公司工会	李德智	二等奖
4	浅谈当前工程项目部开展劳动竞赛活动的几点思考	中铁十八局集团五公司	赵月芬	二等奖
5	浅论群众生产工作需把握的几个问题	中铁二十五局集团广州公司地铁如意坊项目部	张纯东	二等奖
6	推行“一法三卡”须做到“五个到位”	中铁十一局集团四公司工会	陈 琦	三等奖
7	浅谈工会如何开展好劳动保护工作	中铁十二局集团二公司工会	刘洪文	三等奖
8	浅谈劳动竞赛在高速铁路建设中的实践与创新	中铁十四局集团京沪高速铁路项目部	刘小果	三等奖
9	浅谈建筑企业劳动保护工作存在的问题及对策	中铁十七局集团建筑公司工会	侯丽光	三等奖
10	关于如何加强班组建设的思考	中铁十九局集团公司工会	王 岩	三等奖
11	如何使劳动竞赛工作紧跟时代步伐	中铁二十局集团四公司	魏蜀秦	三等奖
12	对工程项目中开展劳动竞赛活动的几点认识	中铁二十三局集团公司武广铁路客运专线无砟道岔项目部	孙晓辉	三等奖
13	浅析劳动竞赛的创新与发展	中铁二十五局集团广州公司怀化分公司	苏宏贵	三等奖
14	劳动竞赛如何做到在继承的基础上创新 在创新的基础上深化	中铁物资集团东北公司	戢 苹	三等奖

制表：李青颖　宋卫国

中国铁建群众生产工作获奖经验情况表

序号	经验题目	单位	作者	获奖等级
1	掀起劳动竞赛新高潮 打胜高铁客专攻坚战	中铁十二局集团四公司工会	陈家顺	一等奖
2	主动融入中心开展劳动竞赛 动员职工为“保增长”建功立业	中铁十四局集团公司工会		一等奖
3	深入开展劳动竞赛活动 为企业科学发展再立新功	中铁十八局集团隧道公司	杨三柱	一等奖
4	京沪高铁创一流 劳动竞赛显神威	中铁十五局集团公司京沪高速铁路工程指挥部		二等奖
5	建典型先进文化 促企业科学发展	中铁十七局集团公司工会	郝建彬 李建斌	二等奖
6	开展“百日大干”劳动竞赛活动 打造京沪高铁世界精品	中铁十九局集团京沪高速铁路项目部		二等奖
7	弹好“四部曲” 唱响“主题歌” 推进“工人先锋号”创建活动的开展	中铁二十三局集团贵广铁路工程指挥部工委		二等奖
8	发挥工会职能 开展好劳动竞赛活动	中铁第一勘察设计院集团陕西铁道工程勘察公司工会	俞彪基	二等奖
9	突出特色 创新形式 以劳动竞赛为载体 推进重点工程建设	中铁十四局集团公司广深港铁路客运专线 ZH－1 标段项目部		三等奖
10	深入开展劳动竞赛活动 全面提升项目管理水平	中铁十五局集团四公司包西铁路项目部		三等奖
11	发挥劳动竞赛现场管理促进作用 创建筑劲旅新辉煌	中铁二十局集团四公司麻武高速公路项目部	魏蜀秦	三等奖
12	积极开展“一法三卡”活动 推动劳动保护工作迈上新台阶	中铁二十一局集团一公司晋江制梁场	李芙蓉	三等奖
13	“一法三卡” 为安全生产筑牢防线	中铁二十二局集团五公司工会	马慧瑾	三等奖
14	紧扣施工主题 注重实际效果 开展全方位多层次系列劳动竞赛	中铁二十三局集团成昆铁路外绕线项目经理部工委		三等奖

制表：李青颖　宋卫国

2010年度中国铁建合理化建议和技术改进获奖项目表

序号	项目名称	单位	主要作者	获奖等级
1	五一村大桥0号台、1号墩施工便道方案	中铁十一局集团四公司	张超	一等奖
2	隧道防水板台架技术改进	中铁十二局集团一公司	保国斌	一等奖
3	带副拱的中承式菱形变截面钢管混凝土拱桥综合施工技术	中铁十六局集团三公司	龚奇丰	一等奖
4	京石铁路客运专线LXGL-130型挂篮技术	中铁十八局集团路桥公司	周举龙 潘孝峰	一等奖
5	钢管桩与钢板桩深基坑围护方案	中铁十九局集团二公司	李忠诚 潘立钢	一等奖
6	潮汕车站CFG桩基改为预应力钢筋混凝土管桩	中铁十九局集团厦深项目	于进江 张久宽	一等奖
7	跨越既有线大跨度钢桁架结构安装技术	中铁二十一局集团二公司	申智栋 马国俊	一等奖
8	采用深孔预注浆新工艺保证暗挖结构安全和施工进度	中铁二十三局集团二公司	郭凤彦 董岩	一等奖
9	南昌市洛阳路下穿铁路立交工程改进型盾构	中铁二十四局集团上海公司	黄瑞堂 张洪	一等奖
10	铁路防灾安全监控系统CAD辅助设计系统	中铁第四勘察设计院集团公司	杜广宇	一等奖
11	缩短斜井进正洞导坑爬坡长度,加快施工进度	中铁十一局集团四公司	何磊 杨永平	二等奖
12	地铁车站施工决策与组织	中铁十一局集团四公司	李藉友 周刚	二等奖
13	隧道边沟电缆槽整体浇注施工技术	中铁十二局集团二公司	王利民 徐铁卫	二等奖
14	大直径泥水盾构泥浆泵站电气单元国产化改进	中铁十二局集团公司广深港铁路项目部	刘小波 高超	二等奖
15	CRTSⅡ板底座板后浇带用钢筋搭接代替钢板连接器施工	中铁十二局集团二公司	潘晓刚	二等奖
16	箱梁腹板通风孔及顶板吊装孔预埋钢套筒在施工中的应用	中铁十三局集团四公司	张会忠 孙喜来	二等奖
17	高寒地区隧道深埋排水系统	中铁十五局集团三公司	何朝华	二等奖
18	客运专线路基填料改良施工	中铁十七局集团公司石武铁路客运专线项目部	张宝明	二等奖
19	跨电气化铁路空间刚架综合施工及防护技术	中铁十七局集团公司京沪高速铁路项目部	贾建平 廖文彬	二等奖
20	高速铁路活性粉末混凝土盖板工厂化施工工法	中铁十七局集团三公司	王玉池	二等奖
21	深基坑拉森桩支护方案	中铁十九局集团二公司	李忠诚	二等奖
22	磨浮工艺流程技术改造	中铁十九局集团矿业公司	郭继辞 肖玉强	二等奖
23	桥墩一模到顶施工工法	中铁十九局集团公司兰渝铁路项目部	邵少林	二等奖
24	南坪隧道不良地质段地表加固施工技术	中铁十九局集团公司兰渝铁路项目部	周烨 向明清	二等奖
25	南钦铁路良庆制梁场山地预制梁场建设方案	中铁十九局集团五公司	李进	二等奖
26	连续梁跨路安全防护施工	中铁十九局集团二公司	孙常富 燕海斌	二等奖
27	石武铁路客运专线卫辉卫共特大桥987号~1318号基坑防护	中铁十九局集团公司石武铁路客运专线项目部	卢明熙 杨志强	二等奖
28	关于如何提高隧道掘进机(TBM)掘进作业工时利用率的建议	中铁十九局集团一公司	于铁正	二等奖

续表

序号	项 目 名 称	单 位	主要作者	获奖等级
29	挂篮施工跨公路连续梁改进优化方案	中铁二十一局集团公司津秦铁路客运专线项目部	徐 镭 曹利臣	二等奖
30	废加气混凝土再利用	中铁二十一局集团二公司	吕亚军 席鹏飞	二等奖
31	用机组流水法生产工艺代替固定模位法生产管片工艺	中铁二十三局集团成都公司	汪永进 唐晓华	二等奖
32	TJ165 架桥机调头的实现(调头设备研制)	中铁二十五局集团广州公司	张建慈 姚晓虹	二等奖
33	利用双壁钢围堰实施先堰后桩法解决桥梁深水基础施工	中铁二十五局集团二公司	李正元	二等奖
34	地层扫描及桩基计算程序(PCSE)	中铁第四勘察设计院集团公司	耿 杰	二等奖
35	GoogleEarth 地形模型与卫星图片下载软件	中铁第四勘察设计院集团公司	韩元利	二等奖
36	沉湖汉江特大桥 95 号、96 号承台基坑开挖防护	中铁十一局集团一公司	陈家勇 罗仕强	三等奖
37	大坪山隧道右洞中导洞开挖施工	中铁十一局集团四公司	李盛春	三等奖
38	隧道进洞段浅埋偏压施工技术	中铁十二局集团一公司	保国斌	三等奖
39	创新钢架锁脚工艺,CD 法改三台阶七步开挖法施工	中铁十二局集团公司北同蒲铁路工程指挥部	邓伯科	三等奖
40	移动式喷射混凝土车操作平台	中铁十二局集团二公司	史振宇 王学军	三等奖
41	CRTSⅡ型轨道板打磨污水处理系统改进技术	中铁十二局集团三公司	张志安 黄 军	三等奖
42	标准承轨台制作及精调框标定技术	中铁十二局集团三公司	常海明 刘 孟	三等奖
43	花岗岩不取芯水平钻孔工程地质判释方法	中铁十二局集团四公司	林福地	三等奖
44	空心墩预制盖板封顶及挂墩内模板施工腔内检查平台施工方法	中铁十二局集团四公司	周大为 刘泽军	三等奖
45	宜万铁路隧道照明工程施工辅助工具施工方案	中铁十二局集团电化公司	张建强	三等奖
46	岔枕旋转式出枕运输车	中铁十四局集团北京中铁房山桥梁公司	姜忠仁 汪建兵	三等奖
47	大粒径水稳基层	中铁十四局集团四公司	涂俊柱	三等奖
48	成绵乐铁路客运专线 CRTS 型板式无砟轨道铺设施工技术研究	中铁十四局集团公司成绵乐铁路客运专线项目部	宋德果	三等奖
49	关于悬灌梁 0 号块支架预压技术的改进	中铁十四局集团四公司	王 剑 李树敬	三等奖
50	柴油锤打桩基在柱锤冲扩桩施工中的应用	中铁十五局集团三公司	王建军	三等奖
51	关于路基基础施工方案优化	中铁十六局集团一公司	彭尊辉	三等奖
52	客运专线铁路的护坡骨架采用模筑法现浇施工	中铁十六局集团路桥公司	吴 维	三等奖
53	震雷山 1 号隧道采用三台阶九步流水法施工	中铁十六局集团路桥公司	赵 杰	三等奖
54	CFG 桩施工参数自动控制施工技术	中铁十七局集团三公司	刘红峰	三等奖
55	CMA 改性剂在膨胀土路基中的应用	中铁十七局集团三公司	李 君 徐 亮	三等奖
56	SPJ900 架桥机调头施工技术优化	中铁十七局集团三公司	乐 锋 魏文柱	三等奖
57	不完整缓和曲线的计算方法与应用	中铁十七局集团三公司	李志强	三等奖

续表

序号	项　目　名　称	单　　位	主要作者	获奖等级
58	挂篮施工挂篮加固实践	中铁十七局集团二公司	赵　斌	三等奖
59	CRTS Ⅱ型轨道板灌浆封边工艺	中铁十七局集团二公司	黄财旺 王永彪	三等奖
60	无砟轨道沥青砂浆线间运输车	中铁十七局集团公司石武铁路客运专线项目部	朱云飞 胡开宝	三等奖
61	轨道板沥青砂浆灌注封边工艺改进	中铁十七局集团公司京沪高速铁路项目部	梁　毅 许　非	三等奖
62	跨南五环路连续梁施工索道棚架防护	中铁十七局集团公司京沪高速铁路项目部	贾建平 廖文彬	三等奖
63	CRTS Ⅱ型板式无砟轨道轨道板灌浆封边施工工艺	中铁十七局集团公司京沪高速铁路项目部	张　庆	三等奖
64	客运专线 CRTS－Ⅰ型轨道板张拉关键技术	中铁十七局集团三公司	杨寿成	三等奖
65	高桥墩身模板 PJ－200 悬臂模板的组装拆卸工艺	中铁十八局集团二公司	白福庆	三等奖
66	范家坪隧道多截面大跨段面衬砌台车设计与制造	中铁十八局集团三公司	李春奎	三等奖
67	改进隧道照明设施节能降耗	中铁十八局集团三公司	曹跃飞	三等奖
68	混凝土中加入高钙粉煤灰可降低施工成本	中铁十八局集团三公司	齐亚楠	三等奖
69	一号皮带架伸缩装置改造	中铁十九局集团一公司	蔡　龙	三等奖
70	钻孔桩钢筋笼活动吊具	中铁十九局集团二公司	杨　旭	三等奖
71	引水隧洞支洞与主洞交接段施工技术	中铁十九局集团二公司	宫洪亮 秦国立	三等奖
72	旋挖钻施工大桩径长径施工	中铁十九局集团公司合蚌铁路项目部	姜爱忠 潘　念	三等奖
73	福明路站取消倒撑施工	中铁十九局集团轨道公司	李洪文 杨宗亮	三等奖
74	盾构区间施工流向调整	中铁十九局集团轨道公司	胡　雷	三等奖
75	贝雷梁支架整体运架	中铁十九局集团华南公司	刘芳仁	三等奖
76	悬灌连续梁改支架法施工	中铁十九局集团华南公司	陈宜伟 王晓森	三等奖
77	隧道二次衬砌工艺的改进	中铁十九局集团公司西康铁路二线项目部	王全忠	三等奖
78	柴油油箱加热，冬季使用零号柴油	中铁十九局集团矿业公司	徐　春 郝金旺	三等奖
79	桥梁下部结构及路基采用机制砂	中铁十九局集团公司石武铁路客运专线项目部	李华伟 孙建新	三等奖
80	跨越既有电气化铁路门式墩 D 便梁施工技术	中铁二十局集团四公司	朱雷敏 杨福国	三等奖
81	KSC900 运梁车 1 号控制室悬臂斜支撑	中铁二十三局集团四公司	张显军 曹反修	三等奖
82	箱梁抹面工装创新	中铁二十三局集团六公司	文　超	三等奖
83	南通市城北大桥工程主桥采用挂蓝法施工	中铁二十四局集团上海公司	孙二照 肖　亮	三等奖
84	厚覆砂层岩溶地区桥梁钻孔桩基础施工技术改进	中铁二十五局集团广州公司	杨广生 肖守强	三等奖

制表：李青颖　宋卫国

【评先树模】 2010年,中国铁建系统5人被评为全国劳动模范,1个单位获得全国五一劳动奖状,10人获得全国五一劳动奖章;5个单位获得火车头奖杯,27名个人获得火车头奖章。京沪高速铁路和铁路客运专线建设火车头奖杯获得集体93个、火车头奖章获得者398名。沙特麦加轻轨铁路建设火车头奖杯获得集体5个、火车头奖章获得者10名;7个单位被评为省部级先进集体,9个单位获得省部级五一劳动奖状,9个集体获省部级"工人先锋号"称号;1人被评为省部级特级劳动模范,19人被评为省部级劳动模范,31人获得省部级五一劳动奖章,19人被评为省部级先进个人。

（李青颖　宋卫国）

【中国铁建先进集体、劳动模范】 1月,股份公司在2010年工作会议上,表彰中国铁建先进集体42个、中国铁建劳动模范77名。

中国铁建先进集体

中国土木工程集团尼日利亚公司
中铁十一局集团六公司龙佑机械厂
中铁十一局集团公司利比亚项目部
中铁十二局集团二公司
中铁十二局集团公司包西铁路工程指挥部
中铁十三局集团一公司江南公司
中铁十三局集团四公司
中铁十四局集团北京中铁房山桥梁公司
中铁十四局集团水利水电分公司江边项目部
中铁十五局集团公司京沪高速铁路工程指挥部
中铁十五局集团三公司京沪高速铁路项目部
中铁十六局集团五公司
中铁十六局集团北京公司
中铁十七局集团一公司
中铁十七局集团三公司
中铁十八局集团国际工程公司
中铁十八局集团石武铁路客运专线工程指挥部
中铁十九局集团一公司
中铁十九局集团二公司
中铁二十局集团电气化公司
中铁二十局集团房地产开发公司
中铁二十一局集团电务电化公司
中铁二十一局集团三公司包西铁路第三项目部
中铁二十二局集团二公司
中铁二十二局集团六公司
中铁二十三局集团五公司
中铁二十三局集团电务工程公司通让项目部
中铁二十四局集团安徽公司
中铁二十四局集团鹰潭设备安装公司
中铁二十五局集团广州公司
中铁二十五局集团二公司武广铁路客运专线项目部
中铁建设集团设备安装分公司
中铁建电气化局集团三公司
中铁房地产集团合肥置业有限公司
中铁第一勘察设计院集团公司兰新第二双线项目部
中铁第四勘察设计院集团线路站场设计研究处
中铁第五勘察设计院集团线路运输设计院线路设计所
中铁上海设计院集团公司电气化设计处
中铁物资集团东北公司
昆明中铁大型养路机械集团机加工公司
中铁轨道系统集团道岔分公司
中国铁建北京培训中心教育培训处

中国铁建劳动模范

吕　晶	谭秋文	严　韧	卢　杰	陈海学
尹衍成	赵常煜	杨立存	喻　飞	庞继高
马正文	张子清	王明波	刘红旗	郭兰芳
胡仁俊	王　华	薛学勇	陈永祥	张明刚
焦冬梅	张有生	向大强	高宪民	汤世明
李兴旺	翟秋柱	杨永宏	卢贤存	付仕保
刘勇霖	朱鹤鸣	杨利全	崔连友	侯大洲
金学锋	张中明	马南飞	魏良行	肖红武
张文峰	刘庭联	刘俊斌	王万利	吴　松
李启成	李永华	韩克才	王新丰	汤兆国
任　平	荀国利	寻明义	陈招团	韩文忠
洪淮斌	杜蛟湖	陈树登	李进荣	李　璧
王忠良	王付安	郑义军	吴宏晋	李　响
魏州泉	肖明清	曾小林	李　岩	龚　炼
谢兴沛	季树龙	谢江生	马晓磊	周步科
李克贤	尚清喜			

（李青颖　宋卫国）

【中国铁建表彰"工人先锋号"和"工人先锋号标兵"】 4月23日,股份公司工会行文表彰在深入开展"工人先锋号"活动中涌现出的先进集体和先进个人。决定授予中国土木工程集团尼日利亚公司拉各斯阿构—奥克塔项目群等47个集体"工人先锋号"称号,授予文武等23人"工人先锋号标兵"称号。

中国铁建"工人先锋号"

中国土木工程集团尼日利亚公司拉各斯阿构—奥克塔项目群
中国土木工程集团珠海分公司深圳地铁龙岗线横岗3105标段项目部
中铁十一局集团石武铁路客运专线TJⅡ标段项

目经理部

中铁十一局集团一公司西铜高速公路项目部

中铁十二局集团公司达陕高速公路 D10 合同段项目部

中铁十二局集团四公司沪杭铁路项目部

中铁十三局集团公司贵广铁路隧道施工五队

中铁十三局集团四公司一分公司

中铁十四局集团环胶州湾高速拓宽改造工程立交桥工程 2 标段项目部

中铁十四局集团电气化公司

中铁十五局集团六公司京沪高速铁路铺架项目部架梁一队

中铁十五局集团七公司经营部

中铁十六局集团五公司西长凤公路项目部

中铁十六局集团铁运工程公司神朔铁路运营指挥部

中铁十七局集团一公司成绵乐铁路客运专线项目部

中铁十七局集团四公司第一桥梁架运队

中铁十八局集团公司兰渝铁路工程指挥部

中铁十八局集团国际工程公司沙特麦加铁路项目部

中铁十九局集团一公司京沪高速铁路项目部

中铁十九局集团二公司沪宁铁路客运专线项目部四工区

中铁二十局集团四公司杭瑞高速公路项目部

中铁二十局集团六公司德昌高速公路项目部

中铁二十一局集团四公司包西铁路项目部

中铁二十一局集团五公司兰渝铁路项目部三分部

中铁二十二局集团公司京石铁路客运专线项目部

中铁二十二局集团二公司津秦铁路客运专线项目部

中铁二十三局集团公司成昆铁路货车外绕线工程第一项目部

中铁二十三局集团公司大连集装箱项目部轨道队

中铁二十四局集团公司杭州站客运能力补强工程项目部

中铁二十四局集团贵溪桥梁厂公司宁杭铁路客运专线德清梁场

中铁二十五局集团南方实业公司广州物资贸易事业部

中铁二十五局集团柳州公司南广高速铁路项目部

中铁建设集团公司房产膳食管理服务中心

中铁建设集团西安分公司

中铁建电气化局集团公司新菏兖日电气化改造工程指挥部

中铁建电气化局集团五公司新菏兖日铁路第四项目部

中铁房地产集团合肥置业有限公司营销部

中铁第一勘察设计院集团甘肃铁道综合工程勘察院有限公司

中铁第四勘察设计院集团公司保障中心动力部

中铁第五勘察设计院集团公司长沙轨道交通项目部

中铁上海设计院集团公司天津地铁 4 号线设计总体总包组

中铁物资集团华北公司天津分公司

昆明中铁大型养路机械集团修理公司制造车间

中铁轨道系统集团隆昌公司弹条压型班

中铁建(北京)商务管理有限公司物业管理公司大厦服务中心

北京铁城建设监理有限责任公司成绵乐铁路客运专线监理项目部

中国铁建北京培训中心物业管理中心

中国铁建“工人先锋号标兵”

文　武　张　楠　王羽生　宗言海　历朋林
李雁鸣　朱国松　李兴旺　陈敬亚　熊占彪
左京博　杜三仁　宋艳玲　林国庄　陈　勇
肖玉良　赵向东　王　剑　倪志宇　付玉林
毛庆湘　方健康　艾国民　（李青颖　宋卫国）

【组织劳模赴欧洲考察休养】 为在全系统形成尊重劳模、学习劳模、关心劳模、争当劳模的良好风气，体现股份公司党委和领导对广大劳动模范的关爱，开阔劳动模范视野，弘扬劳动模范先进事迹，5 月第三次组织股份公司以上劳动模范及省（市）部级、全国五一劳动奖章获得者赴欧洲 11 国为期 15 天的考察休养。

（李青颖　宋卫国）

【组织职工参加主题教育活动】 为让广大职工感受上海世界博览会盛况，见识世界各国发展成果和新中国成立 60 年，特别是改革开放后的辉煌成就，在中国铁路馆直接感受中国铁路现代化建设的巨大成就和宏伟蓝图，激发爱党爱国爱企的饱满激情和奉献铁路的崇高使命和责任，8 月组织 70 名职工代表参加铁道部、中华全国铁路总工会组织的“感受世博、奉献铁路”主题教育活动。（李青颖　宋卫国）

【文化宣教活动】 结合“两节”、“五一”、“十一”等庆典活动，各级工会积极组织职工举办文艺会演、演讲比赛、诗歌朗诵会、歌咏比赛等形式多样、内容丰富的文化教育活动。据不完全统计，全年举办各种活动 398 场（次），职工参与人数 33110 人。10 月组织有关单位参与第九届火车头文艺群星奖全路职工（舞蹈）大赛。

（李青颖　宋卫国）

【第三届“中国铁建杯”职工体育单项(羽毛球)比赛】 8月17日~22日在新疆乌鲁木齐举行,22个代表队参赛,比赛设男女混合团体项目。经过激烈角逐,中铁建电气化局集团公司,中铁十七、二十四、二十一局集团公司,中铁上海设计院集团公司、中铁二十局集团公司、中铁物资集团公司、中国土木工程集团公司代表队分获团体前8名,中铁十八局集团公司代表队获体育道德风尚奖,中铁二十一局集团公司等13个代表队获优秀组织奖。股份公司党委副书记、纪委书记、工会主席、监事会主席彭树贵,工会副主席柴顺林,中铁二十一局集团公司党委书记孟广顺等出席开(闭)幕式。

(李青颖　宋卫国)

【职工体育工作】 2010年,各级工会和体协组织认真贯彻落实“两法一纲”(《体育法》《老年人权益保障法》《全民健身发展纲要》)要求,采取大型活动与小型多样活动相结合,以小型多样为主和集中活动与分散活动相结合,以分散为主的方式进行,注重突出群众体育化特点,最大限度地吸引和组织职工广泛参加各类体育健身活动。5月,中铁十二局集团公司代表火车头体育协会组队参加第四届全国体育大会门球比赛;6月,股份公司机关、中铁二十局集团公司组成男子乙组和女子甲组队参加全路职工乒乓球比赛,取得男子团体冠军、女子团体亚军和男子单打第二、第六、第七名的好成绩。9月,中铁第四勘察设计院职工桥牌队参加全路职工桥牌比赛,在全部15轮比赛中,6名牌手发挥出色,以12胜3负的成绩获得团体第四名。10月,中铁第四勘察设计院集团公司和中铁十一局集团公司组队参加四年一度的湖北省第十三届运动会,分获群体类企业组团体总分第5名和第8名的好成绩。同月,股份公司联手中铁十二局集团公司组队参加在山西太原举办的全路职工男子篮球比赛,中国铁建代表队取得第二名的好成绩,实现历史性的突破。

(李青颖　宋卫国)

【全民健身活动受表彰】 为全面贯彻落实《全民健身计划纲要》,更好地执行《全民健身条例》,广泛开展全民健身运动,股份公司各级体协十分重视职工身体素质的培养,在集团公司直至基层积极开展全民健身活动,收到一定成效。8月,中铁第四勘察设计院集团公司被国家体育总局授予全国亿万职工全民健身活动先进单位称号;12月,中铁十二局集团公司体协被国家体育总局授予全国全民健身活动先进单位称号。

(李青颖　宋卫国)

【股份公司机关工会】 (1)健全组织,充实队伍。2010年随着机关部分部(处)室的调整,及时增补工会小组长和职代会代表人数,并对机关工会委员成员及小组长进行分工和培训。(2)完善制度,规范管理。健全机关职工互助补助费、职工疗养费、探视病员费、困难补助费等相关管理办法,建立各项费用的登记制度,以“管理程序化、工作人性化、经费透明化”推进和谐机关建设。(3)关心职工生活,提高职工福利。年内提高特困职工和重病职工的补助与慰问金额,全年看望住院职工30余人次,职工互助补偿人员110余人次。机关职工福利待遇在股份公司领导和行政的支持下逐年提高,全年每人发放福利费6700元。(4)维护女工权益,提高女工素质。机关女职工占机关职工总数的1/3,随着机关女职工人数的不断增加,机关工会开展女职工素质提升活动,“三八”期间,组织机关女职工到江西婺源参观考察,丰富机关女职工的节日生活,增强女职工的凝聚力和向心力。

(何庆安　刘永胜)

·组织权益·

【组织权益和女工部】 负责股份公司工会组织建设和职工之家建设;负责研究制定工会的民主制度、集体合同制度和保护女职工合法权益的政策规定;负责职工保障机制的建立和完善,实施职工帮扶救助工作的开展;负责工会劳动争议和劳动法律监督工作;负责工会经费和资产管理。定员5人,下设组织女工处和保障财务处。

(孙秀伟)

【组织建设状况】 截至2010年底,全系统建有工会组织4456个。其中,股份公司工会1个;集团公司工会26个;公司工会2个;党校工会1个;子公司工会232个;分公司、分院(处存在级)工会236个;项目部工会(工委)2267个;工程队工会1691个。工会小组10322个。会员438338人。其中,职工会员274672人;女会员57747人;劳务工会员105919人。全系统专职工会干部819人,其中女干部282人。工会兼职主席4044人。其中,集团公司和子(分)公司387人;项目部和工程队3657人。

(孙秀伟　翟国棠)

【工会干部培训】 9月13日,选送25名工会干部参加中华全国铁路总工会在铁道部党校举办的铁路基层工会主席培训班。其中,集团公司工会副主席1人;工程公司工会主席、副主席24人。10月、11月选送股份公司工会副主席和中铁十六、十九局集团公司工会副主席3人分别参加中华全国总工会在井冈山和劳动关系学院举办的全国大型企业工会主席轮训班学习。

（孙秀伟　翟国棠）

【指导所属单位召开工代会】 根据《工会法》《企业工会工作条例》和股份公司工会要求，分别指导中铁十八、二十二、二十三局集团公司和中铁上海设计院集团公司工会按时召开工会会员代表大会，换届选举产生新一届工会委员会和经费审查委员会，赵心昭、王怀尧、高峰、辛建成分别当选工会主席。

（孙秀伟　翟国棠）

【制定指导性规定】 为加强工会组织建设，指导基层，11月下发《中国铁建工会（会员）代表大会工作程序及规定》；同时，为不断改善职工的生活、学习、工作环境，提升建家建线档次和质量，12月，行政、党委和工会联合下发《中国铁建股份有限公司建家建线管理办法》。进一步规范中国铁建系统建家建线和工会会员代表大会工作，受到基层普遍欢迎。

（孙秀伟　翟国棠）

【职代会制度建设】 集团公司、子公司应建职工（代表）大会制度的单位446家，2010年有436家单位召开职代会，414家单位评议领导干部，评议集团公司领导干部207名，优良率90%以上的191人，占评议总数的92%。418家单位的职代会实行投票表决制，职代会提案征集4142条，落实提案3839条，培训职工代表5258名。436家单位签订集体合同。

（孙秀伟　翟国棠）

【厂务公开民主管理工作受表彰】 10月28日，中国铁建，中铁十二、十三局集团公司，中铁第一勘察设计院集团公司获全国厂务公开民主管理工作先进单位称号。（孙秀伟　翟国棠）

【建家建线工作经验交流】 为学习先进单位建家建线工作经验，提高新形势下建家建线工作整体水平，7月29日，股份公司工会组织驻京13个单位的工会干部44人，在北京地铁6号线中铁十四局集团公司项目部召开建家建线现场观摩会。股份公司党委副书记、纪委书记、工会主席、监事会主席彭树贵到会讲话，会议由股份公司工会副主席柴顺林主持。与会人员重点观摩驻地院落、办公区、生活区、青年书屋、施工现场电子监控室，项目部处处体现人文关怀和人本理念。6月14日，温家宝总理视察该项目部，并在项目部与农民工代表座谈。（孙秀伟　翟国棠）

【职工之家建设】 截至2010年底，全系统建工会组织4456个，建职工之家3968个。其中，模范职工之家416个；先进职工之家1105个；合格职工之家874个。全系统获全国模范职工之家44个，全国模范职工小家32个；省部级模范职工之家74个，职工小家74个；股份公司模范职工之家323个。年内有11个（含总部本级）集团公司、子公司工会和7个施工一线基层单位获全国模范职工之家和全国模范职工小家称号；4个单位获全路模范职工之家、5个单位获全路模范职工小家称号，3人被评为全路优秀工会工作者、5人被评为全路优秀工会积极分子；中国铁建表彰模范职工之家49个、模范职工小家25个，36人被评为优秀工会工作者，45人被评为优秀工会积极分子。

全国模范职工之家

中国铁道建筑总公司工会

中铁十一局集团二公司工会

中铁十二局集团铁路养护工程公司工会

中铁十四局集团四公司工会

中铁十六局集团公司工会

中铁十七局集团二公司工会

中铁二十局集团二公司工会

中铁二十一局集团公司工会

中铁二十一局集团四公司工会

中铁二十四局集团福建铁路建设公司工会

中铁第四勘察设计院集团城市轨道交通建筑设计研究院工会

全国模范职工小家

中铁十六局集团二公司滨海指挥部工会

中铁十五局集团二公司第二指挥部分会

中铁二十局集团公司西安基地管理处分会

中铁二十一局集团铺架工程公司津秦铁路客运专线滦县制梁场工会

中铁二十三局集团三公司雅泸项目部分工会

中铁第一勘察设计院集团公司工会电气化设计处分会

中铁第四勘察设计院集团公司线路站场设计研究处运经所工会分会

全路模范职工之家

中国铁道建筑总公司工会

中铁二十二局集团三公司工会

中铁二十三局集团一公司工会

中铁二十四局集团江苏工程公司工会

全路模范职工小家

中铁十九局集团矿业公司滩涧山金矿项目部工会

中铁二十五局集团广州工程公司湘桂铁路VII标段项目部工会

中铁建设集团公司漳州南站项目部工会

中铁物资集团北京五棵松饭店有限公司工会

中铁轨道系统集团道岔分公司样板钳工班工会小组

全路优秀工会工作者

王庆忠　刘永年　李如东

全路优秀工会积极分子

郑道斌　贺永超　吴　晶　于　皎　陈　捷

中国铁建模范职工之家

中国土木工程集团阿尔及利亚公司工会

中铁十一局集团一公司机械运输三队工会

中铁十一局集团桥梁公司工会

中铁十一局集团城市轨道公司工会

中铁十二局集团二公司物业管理公司工会

中铁十二局集团三公司工会

中铁十二局集团四公司宁安铁路 1 标段二分项目部工会

中铁十三局集团一公司大连公司工会

中铁十三局集团二公司苏州地铁项目部工会

中铁十三局集团三公司新疆公司工会

中铁十四局集团山东铁正工程试验检测中心公司工会

中铁十四局集团公司石武铁路客运专线项目部工会

中铁十四局集团公司贵广铁路工程指挥部工会

中铁十五局集团七公司工会

中铁十五局集团西北工程公司工会

中铁十五局集团公司机关工会

中铁十六局集团一公司路桥二分公司工会

中铁十六局集团二公司天津开发区分公司工会

中铁十六局集团铁运公司布尔台车站工会

中铁十七局集团二公司工会

中铁十七局集团上海轨道公司工会

中铁十七局集团铺架公司工会

中铁十八局集团国际公司沙特麦加铁路项目部工会

中铁十八局集团二公司武黄项目部工会

中铁十八局集团中原公司石武铁路客运专线项目部工会

中铁十九局集团一公司工会

中铁十九局集团二公司工会

中铁十九局集团轨道交通工程公司工会

中铁二十局集团一公司海洋铁路项目部工会

中铁二十局集团房地产开发公司工会

中铁二十局集团公司咸阳基地管理处工会

中铁二十一局集团一公司采石爆破公司工会

中铁二十一局集团三公司十天高速公路 3 标段项目部工会

中铁二十二局集团三公司工会

中铁二十二局集团北京电气化公司哈尔滨分公司工会

中铁二十三局集团一公司工会

中铁二十三局集团公司向莆铁路 FJ－10 标段指挥部工委

中铁二十四局集团江苏工程公司工会

中铁二十四局集团贵溪桥梁厂公司工会

中铁二十五局集团三公司工会

中铁二十五局集团建筑安装公司工会

中铁建设集团公司工会

中铁建电气化局集团公司工会

中铁第一勘察设计院集团兰州铁道设计院公司工会

中铁第四勘察设计院集团广州设计院公司工会

中铁第五勘察设计院集团公司工会

中铁上海设计院集团公司桥梁隧道处工会

中铁物资集团东北公司工会

中铁轨道系统集团隆昌铁路器材公司工会

中国铁建模范职工小家

中铁十一局集团六公司机械产品事业部龙佑机械厂女子工班工会小组

中铁十二局集团建筑安装公司济南西客站项目部工会

中铁十三局集团四公司路面公司工会

中铁十四局集团隧道公司北京地铁 6 号线项目部工会

中铁十五局集团一公司机械一队工会

中铁十六局集团公司南水北调 PCCP 管道工程 4 标段项目部工会

中铁十七局集团一公司仙桃制梁场工会

中铁十八局集团三公司西安北站项目部工会

中铁十九局集团矿业公司滩涧山金矿项目部工会

中铁二十局集团五公司渭南材料厂工会

中铁二十一局集团铺架公司兰渝铁路 LYS－7 标段榆中制梁场工会

中铁二十二局集团一公司津秦铁路客运专线项目部工会

中铁二十三局集团三公司雅泸高速公路项目部工委

中铁二十四局集团浙江工程公司沪宁城际铁路站前Ⅳ标段三工区分工会

中铁二十五局集团广州工程公司湘桂铁路Ⅶ标段项目部工会

中铁建设集团公司漳州南站项目部工会

中铁建电气化局集团四公司西南分公司机电安装作业队工会

中铁第一勘察设计院集团甘肃铁一院工程监理公司工会

中铁第四勘察设计院集团公司工程勘察院第四地质勘探队工会

中铁第五勘察设计院集团公司东北设计院工会

中铁上海设计院集团南昌铁路勘察设计院公司铁道所支会

中铁物资集团北京五棵松饭店有限公司工会

昆明中铁大型养路机械集团物业管理公司工会

中铁轨道系统集团道岔分公司样板钳工班工会小组

中铁建(北京)商务管理公司北京铁建医院护理科工会小组

中国铁建优秀工会工作者

吴　江　王际文　俞仁华　刘永年　刘　刚
李鹏年　何得江　苏文龙　王金凤　于世欣
史瑜青　卓顺贵　渠晓峰　陈礼军　刘盛均
李云光　杨三柱　安绪才　陈　广　康冬梅
匡龙华　詹自成　张长城　刘景正　王柄杰
王洪喜　佟　欣　裴生林　杨建熙　王冬梅
曾松柏　何燕军　李如东　胡永刚　高　剑
宋卫国

中国铁建优秀工会积极分子

许云彪　曹远峰　郑道斌　王　睿　陈明祥
王宝明　郭冬雪　刘永成　沈中祥　郭瑞民
吴国胜　徐元华　黄家明　罗玉华　郭荣顺
陈玉荣　刘保良　万久平　刘贵乐　贺永超
肖　飞　杨　明　白树江　钟奇杰　侯黎庆
李强元　李守非　陈学恩　张济民　历成其
李红燕　付结实　张春娥　王　彪　吴　晶
于　皎　苏绪兴　陈　捷　刘梓听　李月娜
屈知识　聂桂荣　刘一达　王洛芹　郭美孝

(孙秀伟　翟国棠)

【工会综合工作调研】 10月14日~11月19日，股份公司工会副主席柴顺林带领调研组一行4人，对股份公司所属24个单位进行调研。其中，调研集团公司24个；三级公司9个；集团公司工程指挥部及子公司项目部10个。股份公司工会调研组到所属单位采取听汇报、查台账、看现场、征求职工意见、召开座谈会、现场问卷调查、与党政领导交流等形式，重点调研基层工会组织建设、民主管理、企务公开、集体合同、权益保障、群众生产、女工工作等方面的工作开展情况，基本上掌握和摸清了股份公司系统当前工会工作的基本状况，为股份公司工会今后进一步加强组织建设、民主管理、权益维护等方面收集整理了大量翔实的第一手资料，形成的调研报告以股份公司党委名义印发各单位。

(孙秀伟　翟国棠)

【党工共建创先争优活动启动】 为贯彻落实中华全国总工会、中华全国铁路总工会关于开展党工共建创先争优活动的通知精神，10月25日，股份公司工会召开党工共建创先争优活动动员大会，成立领导小组，下发活动实施意见，提出总体要求和具体推进计划。

(孙秀伟　翟国棠)

【女职工组织建设】 截至2010年底，全系统建有女职工委员会750个。其中，集团公司25个；子公司305个；分公司及以下466个。全系统单独设编配备专职女工委主任3人，其他专兼职女工委主任、副主任747人，女工委主任按照规定基本进入工会委员会(常委会)。子(分)公司工会有女主席、副主席37人。全系统集团公司有5名女工委主任享受同级工会副主席待遇，5名女工委主任享受部门正职(正处级)待遇，2名女工委主任享受部门副职(副处级)待遇，13名女工委主任、副主任享受科级待遇。中铁二十五局集团公司、中铁建电气化局集团公司、中铁房地产集团公司、北京铁城建设监理公司未建立女职工委员会。

(孙秀伟　翟国棠)

【女职工队伍状况】 全系统有女职工58263人，占职工总数的21.1%，其中工会女会员57747人。女职工年龄结构：35岁以下26747人，36岁~45岁19461人，46岁以上11703人。文化结构：高中(含职高)21235人，大专8544人，大学18528人，研究生337人。专业技术职务：高级职务2139人，中级职务7538人，高级技师94人，技师2213人。女干部22555人。其中，局级干部7人；正处级干部82人；副处级干部643人；4人进入局集团公司领导班子，18人进入子公司领导班子。

(孙秀伟　翟国棠)

【评选十佳女职工标兵】 为纪念"三八"国际劳动妇女节100周年，在全系统大力选树为企业作出突出贡献的女职工。2月，股份公司开展评选"十佳女职工标兵"活动。经过层层推选，网上公示，投票打分，综合评议，评选出李红等10名"十佳女职工标兵"。3月8日，《中国铁道建筑报》用整版篇幅宣传了先进人物，股份公司网站也同步进行了宣传。

中国铁建"十佳女职工标兵"

李　红　中铁十一局集团三公司无砟轨道一队党支部书记

安锦春　中铁十三局集团公司培训中心主任

戴慧明　中铁十四局集团电气化公司副总经济师

张凤玲　中铁十五局集团五公司副总经济师

王　峥　中铁十七局集团建筑工程公司第八工程项目部党工委副书记兼成本管理部部长

郑卫红　中铁十八局集团五公司市政公司副总工程师、项目经理

马红叶　中铁二十一局集团三公司兰新铁路第三项目部总工程师

沈天丽　中铁建设集团公司总经理助理

齐晓景　中铁建电气化局集团一公司党委副书记、工会主席

李　嘉　中铁第五勘察设计院集团公司给排水与环境工程设计分院院长兼总工程师

（孙秀伟　翟国棠）

【中国铁建“十佳女职工标兵”座谈会】　6月1日在总部机关召开。股份公司党委副书记、纪委书记、工会主席、监事会主席彭树贵代表中国铁建党委、工会和机关到会讲话并亲切接见“十佳女职工标兵”，对她们的感人事迹和发言给予高度评价。股份公司拨专款奖励先进人物。　（孙秀伟　翟国棠）

【女工干部培训】　6月2日～5日，股份公司工会在全国妇联下属的中华女子学院举办全系统女职工干部培训班。所属集团公司、子公司工会女工委主任、副主任、女工工作负责人，股份公司机关女工干部及2010年“十佳女职工标兵”110余人参加培训。这是股份公司改制后首次对女工干部进行的集体培训。

（孙秀伟　翟国棠）

【落实“三不让”承诺】　2010年，全系统各级工会组织继续深化“三不让”承诺工作，不断完善救助办法，专项资金筹集、管理、使用和困难救助日益规范化、制度化。截至年底，全系统筹集专项资金9200万元，救助困难职工家庭12590户次，发放困难补助金2728万元；资助困难职工子女入学1717人次，发放资助资金560万元；救助患病职工3447人次，发放救助资金2417万元。　（吕向东）

【送温暖工程】　2010年元旦、春节期间，全系统筹集资金4565万元，慰问困难职工19219户，其中特困职工2229户、重困职工4004户；慰问劳模、离退休人员、一线职工和农民工43435人。有1655名局处级以上领导参加送温暖活动，做到“主动帮、全覆盖、不遗漏、求实效”，把各级领导和企业的关怀与温暖送到每一户困难职工家中。　（吕向东）

【“金秋助学”活动】　年内，全系统“金秋助学”活动资助困难职工子女2746人，发放助学金549.42万元；资助困难农民工子女122人，发放助学金23.42万元；救助受灾职工子女274人，发放助学金56.39万元。

（吕向东）

【集体合同】　2010年按照中华全国总工会普遍建立工会组织、普遍建立平等协商集体合同制度“两个普遍”的要求，股份公司各级工会在“集体合同推进年”的基础上，重点加强集体合同平等协商程序和规范化建设，落实工资集体协商制度。多数单位在修订集体合同时，把控制职工息工待岗、职工工资增长与支付、社保金缴纳、送温暖和“三不让”承诺资金、工会经费拨付等作为集体合同的主要内容指标，纳入各级领导的生产经营责任目标的年度绩效考核。部分集团公司实行拖欠工资、社保金领导班子年终兑现一票否决，有效增强集体合同履约执行力。全系统集体合同签订率100%，兑现率97%，职工满意度93%以上。

（吕向东）

【工会财务工作竞赛评比】　8月13日～14日，股份公司在武汉召开全系统工会财务工作竞赛评比会议，对2009年度工会财务工作进行考评，评比一等奖6个、二等奖10个、三等奖6个。　（吕向东）

【工会财务先进单位】　年内，中铁十五局集团公司工会财务部获中华全国总工会市级工会财务工作先进单位称号。股份公司工会在中华全国铁路总工会财务工作竞赛评比中获得一等奖。中铁十二、二十三、二十四局集团公司和中铁建电气化局集团公司工会获得全国铁路总工会财务工作先进单位称号。　（吕向东）

团 委

【股份公司团委】 中国铁建股份有限公司2007年11月成立后,组建共青团中国铁建股份有限公司委员会(简称股份公司团委),同时行使中国铁道建筑总公司团委职能。2009年12月召开共青团中国铁建股份有限公司第一次代表大会,选举产生共青团中国铁建股份有限公司第一届委员会。股份公司团委在股份公司党委和中央企业团工委的领导下开展共青团和青年工作,对下实施垂直管理,主要负责全系统团组织建设、干部队伍建设、团的生产活动及团员青年的思想政治工作。公司团委下辖27个集团公司、公司团(工)委。全系统有836个基层团委,221个团总支,2892个团支部;专职(专兼职)团干部500人,兼职团干部3982人;团员48901人,35岁以下青年职工96954人。股份公司团委定员3人,设团委书记1人,团委副书记1人。

2010年,股份公司团委在股份公司党委和中央企业团工委的正确领导下,认真贯彻上级指示精神,全面落实股份公司首次团代会的工作部署,按照年初"坚定一个信念,强化两种意识,锻炼三项能力,推进四项重点工作"的总体要求,立足服务生产经营、服务企业发展、服务青年成才,大力加强青工思想教育,积极开展主题活动,扎实推进创新创效行动,大力夯实团的自身建设,圆满完成各项工作目标和任务,为企业改革发展作出应有贡献。全年有74名先进青年和135个先进青年集体受到团中央、中央企业团工委及省部级团组织的表彰。其中,2名先进青年和1个集体获团中央表彰;17名先进青年和28个集体获中央企业团工委表彰。

(赵佃龙)

【换届选举、组建团委】 2010年,股份公司团委先后指导中铁重庆铁发遂渝高速公路公司、中铁建中非建设公司、中铁十四局集团公司、中铁建电气化局集团公司团委换届改选,充实调整中铁十二、十三、十八、二十三、二十五局集团公司和中铁第四勘察设计院集团公司、中铁物资集团公司团委负责人,指导中铁重庆铁发遂渝高速公路公司成立团工委。 (赵佃龙)

【共青团中国铁建一届二次全委(扩大)会议】 2月3日~4日在北京京燕饭店召开,股份公司团委委员和所属单位团(工)委书记31人参加会议。会议总结2009年工作,研究和部署2010年中国铁建共青团工作。 (赵佃龙)

【共青团中国铁建常委扩大会议】 5月12日在中国铁建大厦召开,股份公司团委常委和在京单位团委负责人参加会议。会议通报中国铁建青年爱心金的收支情况,讨论通过关爱农民工子女活动方案,传达5月9日领导干部大会会议精神,就关于各单位团组织围绕安全生产开展活动提出具体要求。 (沈玉泉)

【推优入党】 2010年,全系统有817名团员在团组织推荐下光荣地加入中国共产党。 (赵佃龙)

【基层调研】 为了解基层团组织的工作开展情况、团干部配备及组织建设情况,更好地指导全系统团建工作,年内先后到中铁十四、十五局集团公司和中铁物资集团公司等单位调研。 (赵佃龙)

【中国铁建基层团干部培训班】 9月13日~9月19日在股份公司培训中心举办,133名团干部参加培训。培训班邀请专家分别讲授《企业共青团基层工作与团干部素质》《新闻写作及新闻报道》《团干部的形象塑造与施展》《国学智慧与大领导能力》《领导干部语言表达艺术》等课程。 (沈玉泉)

【组织调研】 2010年,根据中央企业团工委的安排,股份公司团委承担中央企业共青团组织状况调研工作,回收各中央企业调查问卷111份,经过系统的汇总与分析,最终形成调研报告并按时上交中央企业团工委。根据中央企业团工委的部署,股份公司团委在全系统开展青年思想状况调研工作,回收调查问卷4000余份,通过调研全面了解青年的思想状况,准确把握青年的思想动向,更好地找准服务中心和服务青年的结合点,为进一步做好新时期共青团和青年工作提供现实依据和智力支持。 (沈玉泉)

【共青团创先争优活动】 印发《关于在中国铁建各级团组织和团员中深入开展创先争优活动的实施意见》,坚持以"比学赶超争先进,强基固本展作为"为活动主线,以"积极创建五四红旗团组织,争当优秀共青团员"为活动内容,12月在山西太原召开中国铁建共青团创先争优活动推进会,指导创先争优活动全面深入推进。 (沈玉泉)

【《中国铁建青年简讯》创办】 为更好地传递信息、交流经验、指导工作、服务青年,股份公司团委创办《中国铁建青年简讯》,每季度出版一期,主要刊载上级指示精神、股份公司团委及所属集团公司团委开展工作情况及先进榜样事迹等内容。简讯的出版为团组织和团员青年搭建了互相学习、交流的平台，成为展示铁建团员青年青春风采的重要窗口和推进铁建共青团事业发展的有效载体。（沈玉泉）

【“中国铁建青年网”改版】 为增加“中国铁建青年网”的信息量，扩大网站的影响力，提高网站的吸引力，股份公司团委对“中国铁建青年网”实施大幅度的改版革新。改版后的网站页面新颖、操作简单、管理便捷、内容丰富。（沈玉泉）

【青年原创短信大赛】 4月在全系统开展“传承五四火炬、弘扬铁建精神”原创短信大赛。活动期间收到短信2000余条，经评选，评出特别贡献奖1个、一等奖5个、二等奖10个、三等奖30个、优秀奖12个，3个单位被评为优秀组织奖。优秀作品在《中国铁道建筑报》专栏登载。（沈玉泉）

【第九届“活力杯”征文活动】 2010年，股份公司团委在广大团员青年中启动以“我与祖国共奋进，我与铁建同发展”——“中国铁建·我的家”为主题的第九届中国铁建“活力杯”有奖征文活动。活动旨在动员团员青年了解铁建发展的历程，展望铁建发展的美好前景，增强团员青年对铁建的认同感、归属感，激发团员青年把中国铁建建设成为“中国建筑业领军者，全球最具竞争力的的特大型综合企业集团”的信心和动力。（沈玉泉）

【信息上报和对外报道】 全系统各级团组织十分重视信息上报和对外报道工作，年内在中央企业青年网、《中国铁道建筑报》和中国铁建股份公司网站发布共青团工作报道200余条，中铁二十四局集团公司团委干事李晓巍被评为中央企业青年网信息报送先进个人，股份公司团委闫国良被评为中国铁建股份公司网站优秀信息员，股份公司团委被评为中国铁建股份公司网站信息报送先进部门。（沈玉泉）

【“团组织就在我身边”关爱行动】 为促进和谐铁建建设，充分发挥团组织服务青年、关爱青年的职责，不断推进中国铁建团组织“助困、助学、助才、助业”工作的深入，年内开展“团组织就在我身边”关爱行动，划拨20余万元关爱全系统工作表现突出、生活确实存在困难的200名团员青年。（沈玉泉）

【“保安全、求质量、促进度、增效益—中国铁建青年在行动”主题活动】 为全面贯彻落实2010年股份公司党政的总体要求，紧紧围绕提高企业发展质量和效益的中心任务，充分发挥铁建青年在勘察、设计、施工、生产一线的生力军和突击队作用，年内，股份公司团委在全系统集中开展“保安全、求质量、促进度、增效益—中国铁建青年在行动”的主题活动。各级团组织结合单位实际，精心组织主题突出、形式多样、丰富多彩的活动，取得良好效果。各单位积极上报在活动中表现突出的先进青年事迹，5月4日，股份公司团委在《中国铁道建筑报》上对先进事迹进行了集中报道。（沈玉泉）

【参与中央企业测量工技能大赛】 在由国资委主办、历时半年的中央企业测量工技能大赛中，股份公司团委积极配合人力资源部做好选手选拔、培训和参赛工作。来自18家中央企业和7个省、自治区的25支参赛队142名选手参加决赛，共产生5枚金牌，10枚银牌，15枚铜牌。由10名选手组成的中国铁建代表队取得突出成绩，荣获4枚金牌、5枚银牌和1枚铜牌。（沈玉泉）

【开展青年志愿者工作】 2010年，中国铁建系统各级团组织大力弘扬“团结、友爱、互助、奉献”的志愿服务精神，广泛开展社会公益和志愿服务活动，特别是中国铁建团委在全系统开展的“心手相牵——情系家乡孩童”、“抗旱救灾—中国铁建青年在行动”、“爱心资助、梦圆大学”、“团组织就在我身边”等活动，已经成为中国铁建青年志愿者活动品牌，在社会上产生广泛影响，并得到上级团组织的高度认可。中国铁道建筑总公司团委被评为2010年度中央企业青年志愿者工作先进单位，股份公司团委副书记沈玉泉被选为中国青年志愿者协会第三届理事会个人会员，股份公司团委闫国良获团中央第八届中国青年志愿者优秀个人奖。（沈玉泉）

【关爱农民工子女活动】 年内，股份公司团委在广大团员青年中开展以“心手相牵——情系家乡孩童”为主题的关爱农民工子女志愿服务行动。活动主要有三个方面的内容，一是开展“百元奖励、万分牵挂”活动，从中国铁建青年爱心金中划拨40万元，专款奖励4000名业绩突出的农民工在家表现优异的子女，每人分发100元，勉励农民工子女安心读书，奋发成才。二是开展“我给远方的爸爸妈妈写封信”活动，有近千名收到百元奖励的农民工子女给远方的爸爸妈妈写了信，汇报自己的生活、学习情况，宽慰农民工对子女的牵挂之情，激励农民工安心工作。三是在有条件的工地开通120余个网络爱心视频，免费向农民工开放，搭建起工地农民工与农民工子女交流的渠道。（沈玉泉）

【“爱心资助、梦圆大学”活动】 为帮助2010年考上重点大学而因家庭困难不能顺利入学的职工子女，7月启动“爱心资助、梦圆大学”活动。活动启动后，各单位调集所属各级团组织力量，深入摸底调查，详细掌握情况。综合考虑被资助学生的家庭情况，股份公司团委确定84名爱心资助对象，从中国铁建青年爱心金中划拨27万余元，按照每人3000元～5000元的标准帮助困难职工子女入学。 （沈玉泉）

【组织团员青年参与抗旱救灾】 西南旱灾发生后，股份公司团委号召所属各级团组织和广大团员青年，充分发扬中华民族“一方有难，八方支援”的优良传统，积极投入到抗旱救灾工作中。全系统各级团组织和广大团员青年采用捐水、捐款、成立青年送水突击队等形式，踊跃投身抗旱救灾，共捐款300余万元，并向重庆干旱灾区送去500余箱矿泉水和4万余斤大米。

（闫国良）

【接收香港大学生实习】 2010年，中央企业青年联合会安排3名香港大学生到中国铁建实习，经股份公司团委研究并报请股份公司党委领导同意，由中铁十六局集团公司接收实习。3名香港大学生在中国铁建度过了1个月的暑期实习生活，完成的《我的中国铁建行》实习报告，充满着对中国铁建浓厚的感激之情和不舍之意。 （闫国良）

【承接团中央交办的活动】 5月4日获得第十四届中国青年五四奖章的7名代表在团中央组织部张华处长的带领下，到中铁十六局集团公司北京地下直径线项目部参观，并与项目部团员及务工青年代表座谈。11月26日，团中央机关第23次年轻干部学习交流会在中铁十四局集团公司北京地铁6号线项目部举行，团中央机关40余名年轻干部在团中央领导的带领下参观地铁施工现场，并召开学习交流会。中国铁建特色鲜明的项目文化、紧张有序的施工现场、扎实且充满活力的基层团建工作给团中央机关干部留下了深刻印象。 （沈玉泉）

【参加中央企业视频短片大赛】 3月～9月，中央企业团工委在中央企业各级团组织中广泛开展中央企业共青团和青年工作视频短片作品大赛。股份公司团委响应中央企业团工委号召，组织指导中铁十六局集团公司和中铁第一勘察设计院集团公司团委制作两部视频参赛。经评审，中铁十六局集团公司团委制作的《绩效考核强基础，全面覆盖创佳绩》视频作品获得一等奖，中铁第一勘察设计院集团公司团委制作的《青春加速度——“培养一代青年专家”活动纪实》视频作品获得三等奖，股份公司团委获得优秀组织奖。

（闫国良）

【参与企业共青团和青年工作培训教程视频制作】 年内，中央企业团工委编辑制作60分钟的企业共青团和青年工作培训教程视频，股份公司以《积极探索团建新模式，扎实推进基层团组织建设》为题完成典型案例视频制作，得到中央企业团工委好评。（闫国良）

【全国“两优两红”获得单位】

2010年度全国五四红旗团委(团支部)

中铁十八局集团公司团委

中铁十五局集团二公司桥梁三队团支部

（闫国良）

【中央企业团工委表彰2010年度“两优两红”】

中央企业五四红旗团委

中铁十五局集团公司团委

中铁二十四局集团公司团委

中铁第四勘察设计院集团城市轨道交通建筑设计研究院团委

中央企业五四红旗团支部

中铁十八局集团五公司天津滨海新区西中环路二期第1标段工程项目部团支部

中铁第五勘察设计院集团建筑设计院团支部

中央企业优秀共青团干部

曹晓东　中铁十三局集团公司团委书记

刘　留　中铁建设集团公司团委书记

谈德瑞　中铁第一勘察设计院集团公司团委书记

闫国良　中国铁建股份公司团委工程师

中央企业优秀共青团员

王万仁　中铁二十二局集团六公司团委副总工程师兼工程部长

柏　锋　中铁上海设计院集团公司通号处团支部助理工程师

第十一批中央企业五四红旗团委创建单位

中国土木工程集团公司团委

中铁二十三局集团三公司团委

中铁二十五局集团公司团委 （闫国良）

【中国铁建团委表彰“两优两红”】 5月4日，股份公司团委表彰优秀共青团员79名、优秀团干部62名、五四红旗团委38个、五四红旗团支部41个。

中国铁建优秀共青团员

温茂彩　虞笑天　章　俊　杨建强　刘　健

魏东喜 徐 彬 孙立伟 陆 滔 王伟亮
谢本强 赵 丹 邓立钊 窦泽潭 罗 妮
陈莉莉 王书磊 刘志强 闫 肃 王小伟
高兆雄 廉 友 李 颖 赵亚波 汪二武
彭黄杏 王 辉 张玉琨 张洋坡 李 鸣
谭德庆 张爱青 扈鲁敏 杨 飞 高亚平
张 磊 出云莺 王少华 刘立强 袁 佳
王 磊 古 艳 谈东亚 赵兴鹏 胡志强
罗自强 陈永贵 何 川 赵理涛 郭俊辉
张 巍 申耀伟 杨玉伟 陈 杰 曲佳阳
徐建国 周华俊 杨 雪 陈 凤 程琳琳
丁建志 宋兆义 赵文建 王登广 侯朝均
马建立 杨 杰 王元兵 刘志猛 刘振华
崔金富 滕 龙 邓赛红 常 海 刘丙鹏
李宏程 任小凤 马云吕 朱晓华

中国铁建优秀共青团干部

颜 猛 聂志娥 邵建锋 朱 君 全峰涛
王 伟 杜 冲 赵晓莉 李红星 宁纪娅
贠相民 高欢庆 徐伟东 樊治甬 马 琳
徐晓荣 张晓霆 刘丽娟 姜大兵 张 毅
李小香 赵健民 田静静 申 敏 赵卓峰
吴 昊 吴晓莉 王庆波 赵 飞 刘茗郁
张 竞 徐 娜 杜婉婷 石莺歌 沈小璐
王江为 何 凯 成宝红 李晓晖 王智海
韦照君 邓 军 陶晓晋 李晓巍 朱奕春
朱清源 郭倩青 何明亮 车 清 李筱娟
王晓霞 丁晓毅 唐俊毅 王 俊 屈文杰
包 戈 杨敏捷 王 培 林 峰 谢卫国
王文斌 张 俊

中国铁建五四红旗团委

中铁十一局集团二公司团委
中铁十一局集团四公司团委
中铁十二局集团二公司广深港铁路客运专线狮子洋隧道项目部团委
中铁十二局集团铁路养护公司团委
中铁十三局集团公司团委
中铁十三局集团一公司团委
中铁十四局集团凯华置业公司团委
中铁十四局集团公司阿尔及利亚项目部团工委
中铁十五局集团六公司铁路运输处团委
中铁十五局集团七公司团委
中铁十六局集团五公司团委
中铁十六局集团北京轨道公司团委
中铁十七局集团一公司团委
中铁十七局集团四公司团委
中铁十八局集团二公司团委
中铁十八局集团四公司团委
中铁十九局集团三公司团委
中铁十九局集团五公司团委
中铁二十局集团五公司团委
中铁二十局集团六公司团委
中铁二十一局集团一公司团委
中铁二十一局集团四公司团委
中铁二十二局集团五公司团委
中铁二十二局集团六公司团委
中铁二十三局集团三公司团委
中铁二十四局集团新余公司团委
中铁二十四局集团上海铁建公司团委
中铁二十五局集团三公司团委
中铁二十五局集团电务公司团委
中铁建设集团公司团委
中铁建电气化局集团二公司团委
中铁第一勘察设计院集团兰州铁道院团工委
中铁第四勘察设计院集团城建院团委
中铁第五勘察设计院集团公司团委
中铁物资集团公司团委
昆明中铁大型养路机械集团公司团委
中铁轨道系统集团道岔分公司团委
中铁建(北京)商务管理公司团委

中国铁建五四红旗团支部(总支)

中国土木工程集团尼日利亚公司拉各斯地区团支部

中铁十一局集团三公司武广铁路铺架铺轨运输一队团支部

中铁十一局集团五公司广陕高速公路 LJ10 合同段项目部团支部

中铁十二局集团一公司京沪高速铁路 4 标段一项目部第一团支部

中铁十二局集团四公司京沪高速铁路十二项目部团支部

中铁十三局集团三公司哈大铁路客运专线项目部团支部

中铁十三局集团四公司一分公司团总支

中铁十四局集团电气化公司深圳地铁 3 号线项目部团支部

中铁十四局集团水利水电分公司云南阿海水电站进场公路工程项目部团支部

中铁十五局集团一公司闻合高速公路项目部团支部

中铁十五局集团二公司第三指挥部广南高速公路项目部团支部

中铁十六局集团电务公司四分公司团支部

中铁十六局集团路桥公司广昆铁路指挥部第二项目部团支部

中铁十六局集团北京公司四分公司团支部

中铁十七局集团三公司津秦铁路客运专线项目部团支部

中铁十七局集团铺架公司海南东环铁路项目部团支部

中铁十八局集团六公司襄渝铁路二线第二项目部团支部

中铁十八局集团上海公司武黄城际铁路项目部团支部

中铁十九局集团二公司石武铁路客运专线项目部六工区团支部

中铁十九局集团轨道公司七分公司第一团支部

中铁二十局集团一公司海洋铁路项目部第三团支部

中铁二十局集团三公司成都地铁项目部团支部

中铁二十一局集团铺架公司晋江制梁场团总支

中铁二十一局集团电务电化公司乌阿铁路电气化S2标段项目部接触网二队团支部

中铁二十二局集团四公司广州指挥部团支部

中铁二十二局集团电气化公司哈尔滨分公司信号一项目部团支部

中铁二十三局集团三公司向莆铁路FJ－10标段项目部团支部

中铁二十四局集团浙江公司杭甬铁路客运专线Ⅲ标段项目部团支部

中铁二十四局集团新余公司沪宁城际铁路工程项目部团支部

中铁二十五局集团柳州公司仁丽铁路项目部团支部

中铁二十五局集团建筑安装公司海南东环万宁制梁项目部团支部

中铁建设集团北京分公司第55项目部团支部

中铁建电气化局集团五公司成都地铁接触网项目部团支部

中铁第一勘察设计院集团公司线路运输处团总支

中铁第四勘察设计院集团公司线站处线路室团支部

中铁第五勘察设计院集团建筑院团支部

中铁上海设计院集团公司电气环工团支部

中铁物资集团华南公司第一团支部

昆明中铁大型养路机械集团铸造公司团支部

中铁轨道系统集团株洲桥梁公司襄渝团总支

中铁建(北京)商务管理公司北京铁建宾馆团支部 (闫国良)

【争创"青年文明号"、争当"青年岗位能手"活动】 2010年,1个集体获全国"青年文明号"称号;6个集体被评为2010年度中央企业"青年文明号",10名青年被评为2010年度中央企业"青年岗位能手";股份公司团委评选"青年文明号"40个、"青年岗位能手"105名。

全国"青年文明号"

中铁十七局集团京沪高速铁路青年班组

中央企业"青年文明号"

中铁十一局集团武广铁路客运专线SDIV标段项目部三分部

中铁十二局集团铁路养护工程公司那曲车间

中铁十四局集团北京地铁6号线项目部

中铁十七局集团一公司邯黄铁路项目部

中铁十九局集团一公司那邦水电站引水隧洞工程

中铁二十局集团六公司天津西站项目部

中央企业"青年岗位能手"

邵成猛　中铁十六局集团北京轨道交通工程建设公司副总工程师兼项目经理

胡泽新　中铁建电气化局集团南方工程公司城轨事业部经理

任　刚　中铁物资集团西南公司无锡分公司经理

徐建国　昆明中铁大型养路机械集团公司专业技术人员

中央企业测量工技能大赛中央企业"青年岗位能手"

弓新亮　中铁十二局集团公司

彭　东　中铁十二局集团公司

张　斌　中铁十四局集团公司

赵金涛　中铁十五局集团公司

朱建锋　中铁二十局集团公司

刘庆辉　中铁建设集团公司

中国铁建"青年文明号"

中国土木工程集团阿尔及利亚公司94公里铁路更新项目

中铁十一局集团五公司郑州地铁项目部

中铁十一局集团建筑安装公司武广铁路客运专线新赤壁站

中铁十二局集团二公司京石铁路客运专线石太直通线工程

中铁十二局集团四公司渝利铁路五项目部

中铁十三局集团六公司兰渝铁路项目部

中铁十三局集团电务公司锡鸽铁路项目部

中铁十四局集团向莆铁路FJ－3A标段工程

中铁十四局集团三公司哈罗铁路S2标段项目部

中铁十五局集团五公司十天高速公路H－C27标段项目部

中铁十五局集团广深港铁路客运专线 ZH－4 标段项目部

中铁十六局集团四公司西开项目部

中铁十六局集团北京工程公司三分公司

中铁十七局集团三公司宁安项目部

中铁十七局集团上海轨道公司苏州地铁项目部

中铁十八局集团兰新铁路二线项目经理部

中铁十九局集团一公司第八项目管理部华电国际莱州电厂工程

中铁十九局集团三公司泉三高速公路 QB2 合同段工程

中铁二十局集团沪昆铁路客运专线云南段 TJ－2 标段工程

中铁二十局集团沪昆铁路客运专线贵州段 9 标段工程

中铁二十一局集团三公司大西铁路临潼制梁场

中铁二十一局集团四公司玉树灾后重建第二项目部

中铁二十二局集团一公司邯黄铁路项目经理部

中铁二十二局集团电气公司平山至林口段自动闭塞改造 2 标段工程

中铁二十三局集团大连铁路集装箱中心站工程项目经理部

中铁二十四局集团轨道交通 12 号线 29 标段项目部

中铁二十四局集团新建上海综合维修基地房建项目部

中铁二十五局集团广州公司赣韶铁路工程 ZQ－1 标段项目部

中铁二十五局集团柳州公司南广铁路 3 标段项目部

中铁建设集团铁路工程总指挥部漳州南站项目部

中铁建电气化局集团北方公司福厦线“四电”系统集成工程

中铁第一勘察设计院集团公司通信信号处广州地铁 6 号线通信项目部

中铁第四勘察设计院集团公司长沙轨道交通设计项目部

中铁第五勘察设计院集团公司西平铁路项目部

中铁上海设计院集团淮扬镇铁路勘测设计一体化总体组

中铁物资集团华北公司天津分公司

昆明中铁大型养路机械集团公司 ERP 系统建设项目

中铁轨道系统集团隧道装备公司盾构部

中铁建（北京）商务管理公司北京铁建宾馆机关餐厅

重庆铁发遂渝高速公路公司 G93 沙坪坝收费站

中国铁建“青年岗位能手”

李　敏	葛　猛	夏　峰	朱德开	温家礼
米子朋	汪洪加	孙良倩	骆文学	汪晓臻
张鹏翔	闫小伟	王　洋	李铁成	唐小军
周　文	刘　巍	尤　骐	苏　磊	周俊成
卢子平	杨青原	高玉腾	鲁科学	李庆辉
张永生	乔树伟	刘丽军	田　伟	杨公正
傅一栋	孙国著	王　雷	林志焰	孙常锋
闫　超	宁晓峰	黄　欣	刘忠辉	付方艳
张荣超	赵文林	丁永铭	于　娜	李　宇
陈守昭	邓继杰	丁国斌	高峰立	颜立宏
张科锋	程凯书	徐　镭	蒋健均	吕　剑
杨新平	朱飞鸿	赖　迪	梁　萌	刘继鹏
马洪建	张凤华	王利忠	姚　魁	王常安
许可锋	狄　科	肖　亮	王　凯	方文春
葛　珊	林高山	刘祖军	段　剑	周可雨
张伍星	李小波	贵洪刚	孙连波	陈　勇
杨轶轩	黄　委	张　平	李　凯	王　俊
吴　伟	赵　新	常　祥	腾　飞	耿　杰
刘争国	杨永睿	罗　杰	陈曦林	郭　际
严　亮	马庆瑞	蔡昌胜	叶伯清	李军国
赵　志	崔忠军	池福波	王翠华	张　斌

（闫国良）

【张作宏获第 14 届中国青年五四奖章提名奖】 5 月，经股份公司团委推荐，中铁十四局集团二公司天津 112 高速公路 28 标段项目部经理张作宏获第 14 届中国青年五四奖章提名奖。（闫国良）

2010 年 7 月 28 日，中铁十九局集团公司在合蚌铁路客运专线官沟上行特大桥架梁作业中，使用国内首台 SXJ550 型架桥机施工。该架桥机和 DCY550 型运梁车专为单线高速铁路线路设计。

（蒋小军 摄）

所属单位

本栏责任编辑 **杨启燕**

中国土木工程集团有限公司

【简况】 中国土木工程集团有限公司是铁路工程施工总承包特级，房屋建筑、市政工程施工总承包一级，土石方、城市轨道交通和建筑装修装饰工程专业承包一级资质企业；同时拥有香港地区房建、道路及渠道、地盘平整、海港和桩基础工程最高级别资质，尼日利亚土建（公路）、房建、电力安装工程D级（最高级别）资质，坦桑尼亚建筑一级资质，博茨瓦纳建筑E级（最高级别）资质，阿拉伯联合酋长国桥梁、隧道工程特级及房建、钢结构一级资质，赞比亚土木工程一级施工资质以及津巴布韦房建和土木工程总承包A级资质等。机关驻北京市海淀区北蜂窝4号。前身为铁道部援外办公室。1979年6月1日经国务院批准成立中国土木工程公司，1996年12月更名为中国土木工程集团公司；2000年9月与铁道部脱钩，先后划归中央企业工委、国务院国资委管理。2003年9月并入中国铁道建筑总公司。2007年12月企业改制改称中国土木工程集团有限公司。下辖北京中土大厦、中土凯明工程咨询有限公司、中土国际贸易有限公司、北京中铁建总国际经贸有限公司、中土集团公司轨道工程公司、广州中土实业发展有限公司、上海中土实业有限公司、中国土木工程集团有限公司珠海分公司、中土集团福州勘察设计研究院有限公司、海南基冠房地产开发（香港）有限公司、中国土木工程集团（香港）有限公司、中国土木工程（澳门）有限公司、中铁（澳门）有限公司、中土尼日利亚有限公司、中国土木阿尔及利亚有限公司、中土东非有限公司、中土集团公司利比亚分公司、中国土木工程博茨瓦纳有限公司、中土集团公司沙特阿拉伯分公司、中国铁建土耳其安卡拉分公司、中土巴西国际商业有限公司、中土集团公司（波兰）有限公司、中土集团公司阿联酋代表处、土铁项目欧洲代表处、中土集团公司日本代表处和中土集团俄罗斯有限公司。职工1011人，其中专业技术干部877人。资产总额141.69亿元。其中，固定资产原值28.43亿元、净值14.68亿元；流动资产118.84亿元。

2010年新签合同额16.5亿美元，折合111.3亿元人民币；完成营业额11亿美元，折合74.6亿元人民币；实现利润3.3亿元人民币。期末在外人数3140人。职工年人均收入10.1万元人民币。国有资产保值增值率112.56%，净资产收益率12.56%，资产负债率84.01%。集团公司再次入选225家最大国际承包商和最大225家全球承包商行列，分别排名第86位和第162位。

集团公司多次获得全国最大500家服务企业、国有企业500强、中国行业百强、中国建筑业功勋企业等称号，在世界最大225家国际承包商评选中，连续13年居世界百强之内；是中国对外承包工程商会理事单位，中国国际贸易促进委员会、中国招标投标协会会员，中国铁道学会理事，中国国际工程咨询协会、中国土木工程学会、中国铁道工程建设协会和中国国际经济合作学会常务理事成员；对外承包工程和对外劳务合作AAA级信用等级企业。 （吕　力）

【领导人员】

董事会

董事长	刘志明（12月任）
	林荣新（12月免）
副董事长	刘志明（12月免）
董事	袁　立
	彭　娜
职工董事	吴　江

监事会

主席	房光辉
监事	李忠心
职工监事	王庆忠

经理层

总经理	袁　立
副总经理	郝毅忠
	初厚才
	赵仲宁
	周天想
	崔　杰（12月任）
	陈志杰
	曹保刚
	孙　勇
	严学斌
总工程师	胡社忠
总会计师	薛立智
总经济师	崔　杰（12月免）

党群系统

党委书记	刘志明
党委副书记	袁　立（兼）
	吴　江
纪委书记	吴　江（兼）
工会主席	吴　江（兼）

（韩维大）

【职工队伍】 职工1011人。其中,干部958人;工人53人。专业技术干部877人,占职工总数的86.7%。其中,高级职务270人;中级职务251人;初级职务287人。大学本科以上学历801人,占职工总数的79.2%;大专学历82人,占职工总数的8.1%。干部中,30岁以下384人,31岁~40岁224人,41岁~50岁185人,51岁~59岁165人。 (韩维大)

【境外工程】 阿尔及利亚55公里铁路新线工程 阿福龙(El Affroun)至黑密斯(Khemis Miliana)55公里铁路新线项目,是阿尔及利亚北方铁路干线的组成部分,跨阿尔及利亚布利达和艾因迪夫拉两省,工程采用欧洲设计标准,轨距1435毫米,设计时速客车160公里、货车100公里。2009年6月8日签约,合同投资4.3亿欧元(税后),合同工期30个月,7月18日开工。主要工程量:线路总长56.7公里;车站6座;路肩挡墙3处,路堤挡墙4处,路堑挡墙1处,冲刷防护9处,改河3处;挖方190万立方米,填方417万立方米;桥梁44座,涵洞68座,双洞单线隧道1座7342+7331延长米,单洞双线隧道1座2750延长米;铺轨192公里;道岔152组。项目由CCECC—OZGUN组成项目联合体,中国铁建占89.76%的份额。工程由中国土木阿尔及利亚有限公司牵头组织实施,施工单位为中铁十二局集团公司和中国土木阿尔及利亚有限公司,施工设计由中铁第一勘察设计院集团公司负责。截至2010年底,工程累计收到预付款5777万欧元,累计完成投资2074万欧元。

阿尔及利亚175公里铁路电气化新线工程 布拉里季堡(B.B.A)至特尼亚(Thenia)175公里电气化铁路新线项目,是阿尔及利亚北方铁路干线的组成部分,跨越布迈戴斯、布依哈和BBA三省。工程采用欧洲设计标准,轨距1435毫米,设计时速客车160公里、货车100公里。主要工程量:土石方3280万立方米,铁路高架桥76座22.81公里,单洞双线隧道22座16540延长米,车站改建和新建9座2.2万平方米,电气化轨道339.32公里。2009年4月15日签署框架合同,合同投资17.28亿欧元,合同工期48个月,以6个应用合同(设计+临建、隧道、土建、轨道、电气化、通信信号)分期实施。5月27日,一期应用合同签约,合同投资1.24亿欧元,7月18日开工。CCECC—OZGUN组成项目联合体,中国铁建占84%的份额。工程由中国土木阿尔及利亚有限公司负责牵头组织实施,施工单位为中铁十二、十四、十九局集团公司及中国土木阿尔及利亚有限公司,施工设计由中国铁建中铁第四勘察设计院集团公司和中国中铁二院集团公司负责。截至2010年底,工程收到预付款、验工计价款5336万欧元,累计完成投资2088.83万欧元。

土耳其安卡拉至伊斯坦布尔高速铁路项目二期工程 为买方信贷项目,是中国铁路行业首次获得的海外高速铁路电气化工程。合同总投资12.7亿美元,资金来源为中国进出口银行提供的7.2亿美元贷款和欧洲投资银行(EIB)提供的5.5亿美元贷款。项目由中国铁建土耳其安卡拉分公司牵头和中国机械进出口集团公司、土耳其两家当地公司组成的合包集团中标。工程线路长158公里,变更后147公里。工程内容包括路基、桥涵、隧道、轨道、通信、信号、电力电气化以及两端向外延长段约130公里的通信工程,工程设计和施工全部采用欧洲设计标准。中国铁建股份有限公司全权委托集团公司负责实施,中国铁建土耳其安卡拉分公司承担整个项目的牵头管理与协调,并具体负责轨道工程施工及通信、信号、电力电气化工程的设计、施工。工程由两个标段组成,工期均为730天。1标段2008年10月21日开工,2012年6月13日竣工,延期604天;2标段2008年9月22日开工,2012年5月26日竣工,延期612天。截至2010年底,线下工程完成隧道21743延长米,桥梁11423延长米,土建施工产值65679万美元,土建材料款计价622万美元;线上工程计价全部为材料款,累计538万美元。

尼日利亚铁路现代化项目——尼日利亚阿布贾至卡杜纳段工程 尼日利亚铁路现代化项目业主为尼日利亚联邦政府,工程咨询为意大利TEAM咨询公司。2006年10月30日签约,合同投资83亿美元,合同工期4年,由集团公司设计、施工总承包。该项目为新建一条从尼日利亚南部城市拉各斯至北部城市卡诺的双线标准轨铁路,长1315公里,设计时速150公里。全部采用中华人民共和国铁路技术标准,是中国首次全面向外输出中国铁路技术标准的铁路工程项目,也是截至目前国际工程承包单体合同额最大的项目。因尼方原因,2008年10月3日收到业主暂时停工令。经过双方近一年的反复磋商和谈判,同意保留尼铁现代化项目原合同,项目采取分段实施,先期启动阿布贾至卡杜纳和拉各斯至伊巴丹段。2009年10月签订阿布贾至卡杜纳分段实施补充协议。阿布贾至卡杜纳段单线铁路长186.5公里,合同投资8.49亿美元。主要工程量:9座车站,18座桥梁。2010年12月20日,尼日利亚铁路现代化项目阿布贾至卡杜纳段5亿美元优惠贷款协议在中国北京签署。该协议的签署,标志着尼铁阿卡段施工正式启动,同时也标志着暂停3年多的尼铁现代化项目重新启动。

尼日利亚阿布贾城市铁路工程 业主为阿布贾首都地区部。2007年5月签约,合同投资8.4亿美元,合同工期4年。全长60.67公里,以设计、施工总承包方式实施,采用中国技术标准。2009年5月28日开工,中标里程增加到77.782公里,计划2013年5月竣工。截至2010年底,累积完成投资11727万美元。由中土尼日利亚有限公司承建。

尼日利亚非行公路工程　位于尼日利亚埃奴古州和十字河州,尼日利亚联邦政府工程部为建设单位,Yaroson Partnership LTD. 为设计、监理单位,分别对85公里和25公里的既有公路实施沥青混凝土路面改造。合同投资8960.41万美元,2010年1月8日开工,合同工期39个月。主要工程为旧路面拆除、路基土方、路面、新增涵洞和既有桥涵维修。由中土尼日利亚有限公司承建。

尼日利亚拉各斯至杰巴488公里既有铁路修复改造工程　2009年11月3日签约,合同投资8195.59万美元,2009年11月20日开工,合同工期10个月。工程主要包括更换钢轨、轨枕,补充道砟、修复信号系统及桥梁、附属工程。2010年1月15日追加拉各斯APAPA港铁路修复工程,合同投资8.62万美元,2010年2月20日开工,合同工期1个月。由中土尼日利亚有限公司承建。

尼日利亚阿夸伊博至阿比亚州50公里公路工程　位于尼日利亚阿夸依博、阿比亚州。业主为尼日利亚尼日尔三角洲事务部。分为一期和二期两个项目。阿夸伊博至阿比亚州50公里公路一期工程,合同投资8838.37万美元,2010年3月31日签约,2010年4月15日开工,合同工期12个月。对该工程前20公里既有公路进行升级改造,扩建成双向4车道的州际公路。主要工程量:土方52万立方米,U型水沟5750延长米,路缘石12500延长米,碎石基层78630立方米,沥青路面756800平方米。阿夸伊博至阿比亚州50公里公路二期工程,合同投资13981.84万美元,2010年11月9日签约,2010年12月31日开工,合同工期24个月。对该工程后30公里既有公路进行升级改造,扩建成双向4车道的州际公路。主要工程量:土方47万立方米,U型水沟8625延长米,路缘石18750延长米,碎石基层110445立方米,沥青路面1135200平方米,1座75米4跨桥。由中土尼日利亚有限公司承建。

尼日利亚阿夸伊博姆州AKA14公里公路扩建工程　起点位于阿夸依博州(Akwa Ibom State)州府乌尤(Uyo)市中心的IBOM PLAZA,是地方政府EKET进入UYO市区的重要交通要道,横跨6个地方政府,新建公路14公里双向6车道。2010年4月7日签约,合同投资8020.19万美元,2010年4月30日开工,合同工期24个月。由中土尼日利亚有限公司承建。

尼日利亚拉各斯蓝线轻轨工程　由拉各斯的OKOKOMAIKO至MARINA,线路长28公里,合同总投资11.25亿美元,合同工期36个月。主要工程量:12座车站,8公里高架桥。一期工程于2009年8月25日开工,合同投资7666.67万美元,合同工期36个月,主要进行蓝线轻轨的勘测设计。2A期工程于2010年5月1日开工,合同投资2628.64万美元,合同工期8个月,主要为IGAMU至MILE2间5.7公里路基和1公里道砟铺轨、铺枕试验段及IGAMU车站工程。由中土尼日利亚有限公司承建。

尼日利亚拉各斯红线轻轨一期工程　合同投资8101.76万美元,2010年5月1日开工,合同工期8个月。主要工程为26公里红线勘测设计和既有线改造。由中土尼日利亚有限公司承建。

沙特阿拉伯北南线铁路工程　业主为沙特阿拉伯财政部下属的沙特铁路公司。线路总长2400公里,分4个标段。2009年9月12日,集团公司与当地两家公司组成联合体中标第4标段,合同投资7.36亿美元,合同工期3年。其中集团公司占20%的份额。第4标段从沙特首都利雅得国际机场出发,向西北至Al Makhram附近与第1标段相交,线路长509公里,设计时速250公里,采用1435标准轨距。沿线多为戈壁滩。

坦桑尼亚塔博拉51.98公里公路工程　位于坦桑尼亚西部TABORA省,起点NDONO镇,离TABORA市中心42公里,离坦桑尼亚首都约1100公里。2010年7月31日正式签约,合同投资5213万美元,2011年1月开工,合同工期24个月。主要工程量:清除表土23万立方米,开挖土石方17.5万立方米,回填102.2万立方米,路面56.2万平方米。由中土东非有限公司承建。

塞拉利昂铁矿铁路专用线铺轨工程　业主为非洲铁路港口设施有限公司。2010年11月签订合同,合同投资2650万美元,合同工期10个月(收到预付款后开始计算工期)。主要工程量:126公里的正线和3个调车线的线路铺轨及附属设施。由集团公司承建。

(吴　蔚　曹少峰　娄书元　黄　洁　聂玉强　吕　力)

【优惠贷款工程】　蒙古国图拉松根水源工程　位于乌兰巴托市以西25公里处。2010年11月签订项目设计施工总承包合同,拟使用中国进出口银行优惠贷款,总承包合同与贷款协议互为生效,目前正积极推进商签贷款协议的各项工作,合同投资10亿元人民币(1.53亿美元),合同工期30个月。工程分两期实施,一期工程包括1座日处理能力20万立方米的污水处理厂及1座100兆瓦的水电站,后期还将向南铺设540公里的输水管线。

(傅燕凝)

【港澳工程】　澳门熊猫馆建造工程　澳门熊猫馆是

澳门特区政府为迎接中央政府赠送澳门特别行政区政府的一对大熊猫而兴建的,位于澳门路环石排湾郊野公园内,占地面积约2000平方米,总建筑面积1757.6平方米。其中内设两个面积约330平方米室内活动区以及一个面积约600平方米室外活动场。2010年4月19日、29日,中国土木工程(澳门)有限公司分别中标澳门熊猫馆的冷气系统工程、土木建筑及供电系统工程,合同投资1207.6万美元。2010年5月8日开工,10月31日竣工,11月1日正式移交业主。中央人民政府向澳门特别行政区政府赠送的一对大熊猫开开、心心于12月18日抵澳入住熊猫馆。（尚书仁）

【境内工程】 深圳市轨道交通二期3号线横岗双层车辆段3105标段工程　业主为深圳市地铁3号线投资有限公司。该车辆段承担3号线车辆的运行、检修及深圳地铁线网B型车的大修和架修任务,为国内第一座双层车辆段。工程用地18.34万平方米。2008年1月25日签约,合同投资9.16亿元,由中土集团公司珠海分公司承建。2008年初开工,2010年9月完成交付使用。

深圳横岗车辆段上盖保障性住房一期工程　业主为深圳市地铁3号线投资有限公司,建设资金来自政府投资。工程占地8.55万平方米,总建筑面积约17万平方米,保障性住房15栋、商品房3栋,为18栋联体12层小高层,是深圳横岗双层车辆段3105标段的楼面施工工程,合同投资6.31亿元,2010年10月12日开工。由中土集团公司珠海分公司承建。

北京通州新城临河里路道路改造工程　位于北京市通州区。道路北起梨园南街,南至九颗树东路。主要工程量:新建城市道路1475.14米,铺设给、雨、污管线各1600延长米。合同投资3964.5万元,2010年8月20日开工。年内完成投资2700万元。由中土集团公司国内工程部承建。

北京电影资料馆库房工程　2010年5月签订合同,合同投资1875万元,与2009年底中标的中国电影资料馆北京电影资料库改建业务技术用房及武警营房工程共计合同投资3125万元。主要工程为1栋3层的库房和1栋3层的办公及武警宿舍楼,总建筑面积7960平方米。由中土集团公司国内工程部承建。2010年完成投资2900万元,外装修已竣工,正进行室内装修。（吴敏　齐杰夫）

【工程经营】 2010年,集团公司新签合同额16.5亿美元,折合人民币111.3亿元。其中,非洲事业部新签合同额72.6亿元人民币;中东事业部新签合同额12.7亿元人民币;亚太事业部新签合同额6.7亿元人民币;援外部新签合同额7亿元人民币;境内各单位新签合同额合计12.3亿元人民币。年内完成营业额11亿美元,折合人民币74.6亿元,完成营业收入60.27亿元人民币。其中,非洲事业部完成营业收入33.9亿元人民币;中东事业部13.1亿元人民币;亚太事业部4.3亿元人民币;援外部2.6亿元人民币;境内各单位完成营业收入合计6.4亿元人民币。实现利润3.3亿元人民币。各主要海外市场总体呈良性发展势头,尼日利亚市场圆满完成"双五亿美元"的奋斗目标,2010年新签合同额9.1亿美元,完成营业额5.05亿美元。全年新签合同32份,其中合同额超过1000万美元的21份。东非市场签订塔博拉公路等11个项目,合同总额1.32亿美元,创历史最高纪录。年内在建项目31个,合同总额2.7亿美元,实现公路、市政供水、房建等多领域的生产经营格局。博茨瓦纳市场全年完成营业额1.13亿美元,精细化管理水平进一步提升。周边市场开拓力度不断加大,在赞比亚成功注册土木工程一级施工资质,在津巴布韦注册房建和土木工程总承包A级资质。阿尔及利亚市场在认真做好55公里和175公里铁路项目的同时,努力推进其他在建工程,94公里铁路更新项目于2010年9月完成全线铺轨。沙特阿拉伯市场全年新签合同额1.74亿美元,生产规模实现突破。阿联酋市场马夫瑞克立交桥项目2010年6月顺利竣工,完成营业额1800万美元。土耳其市场在做好安伊高速铁路项目实施的同时,积极展开新项目追踪工作。澳门市场两家单位面对不利的市场环境,精心组织在建工程,不断加大承揽力度,超额完成年度计划。澳门熊猫馆项目如期保质完工。香港东涌公路改造项目全年回收工程款733万港币。日本市场积极应对研修生业务持续低迷的不利局面,新签合同额405万美元,完成营业额871万美元。巴西市场成功催收小门德斯公司欠款80万美元。以色列、俄罗斯、波兰等市场均保持平稳发展状态。援外市场相继签约坦赞铁路第14期等一系列技术合作和对外优惠贷款项目,圆满完成集团公司下达的年度计划。在做好既有市场各项工作的同时,海外新市场开发取得突破。塞拉利昂125公里铁路铺轨项目启动,合同额2750万美元,成功进入塞拉利昂市场。通过签约图拉松根水源项目,敲开了蒙古国市场大门。根据股份公司总体部署,积极配合股份公司推进沙特麦加轻轨铁路项目,为确保2010年11月顺利通车,选派3支队伍68名管理人员、组织中外员工1156人参加会战,并为项目公司和兄弟单位招募外籍劳务4416人,为各有关单位办理公务普通护照6886本,办理赴沙特人员各类签证7084份,圆满完成各项任务,获得铁道部和股份公司的高度认可。中土集团福州勘察设计研究院有限公司积极围绕提升海外设计能力开展工作，顺利实现"融合期"工作目标，积极承担尼日利亚、利比亚、阿尔及利亚等重点市场设计工作，其中顺利完成尼日利亚拉各斯至杰巴488公里既有铁路大修改造设计任务，充分发挥了在既有线改造方面的设计优势。轨道工程公司海外铺轨截至2010年底，共为尼日利亚铁路既有线修复项目生产轨枕8.2万根，铺轨53.7公里，完成产值6387万元人民币。先后在尼日利亚、利比亚、土耳其、沙特、塞拉利昂等市场签订内部铺轨合同4份，道砟生产合同1份，焊轨合同1份，累计约8亿元人民币。在尼日利亚和土耳其市场累计投入机械设备1.3亿元人民币，各市场工程陆续启动后，施工设备及材料总值达到4亿元人民币。国内工程部尼日利亚阿布贾城铁项目工区创下人均年产值341万元人民币的好成绩。由中土集团公司珠海分公司承建的国内第一座双层车辆段工程被评为深圳市优质结构工程，已进入试运营阶段，莞惠城际等重点工程进展顺利。 （吕　力）

【其他经营】 2010年，北京中土大厦不断优化经营环境，精益化服务水平显著提升，全年完成营业额5589万元人民币。中土国际贸易有限公司积极应对市场变化，进出口业务和代理投标业务保持稳定发展。凯明公司积极推进主业资质建设，顺利完成建筑设计甲级资质换证工作。中铁建总国际贸易有限公司在做好既有业务的同时，成功进入海外施工市场，较好地完成了各项任务指标。中土上海公司以服务世博为己任，在世博会期间成功接待中外宾客5.5万人次，全年客房出租率和营业收入双双创下5年新高。中土广州公司以喜迎亚运为契机，着力提升资产商业价值，装修一新的万通市场成为广州"站西商业圈"的地标性建筑，全年实现利润1207万元人民币。经过不懈努力，中诚广场已收回房屋面积4400平方米，市场价值超过1亿元，一半以上物业顺利出租。海南公司紧抓市场机遇，华发大厦楼面出租工作取得新进展。2010年，集团公司办理因公出国（境）批件1711份。其中，长期出国（境）批件1020份10128人次；临时出国（境）691份1579人次。邀请128个团组访华，共355人次。全年采购设备物资7.6亿元人民币；发运各类货物259批次，累计15万立方米，货值超过2亿美元；以集团公司名义申报出口退税1.64亿元人民币，已收到退税款1.33亿元人民币，三项指标均创下历史新高。

（吕　力）

【企业改革】 2010年，集团公司加大管控力度，责任成本管理范围涵盖21家国内外经营单位，覆盖各类项目181个，实施合同金额累计834亿元人民币。建立健全变更索赔工作管理制度，明确各级组织分工，形成集团公司变更索赔领导小组和督导组、各事业部、国内外各单位、项目部五级工作管理体系。全年完成变更索赔额7.09亿元人民币，为股份公司下达指标的117%。财务集中管理不断加强，通过浪潮GS系统上线，大力强化会计集中核算工作，境内15家、境外8家独立核算单位已经上线；在二级单位积极推广尼日利亚公司扁平化财务集中管理经验，努力实现"一套账"管理目标；依托银行服务体系，推行"资金池"管理模式，积极推动境内资金实现集中管理；全程监督预算指标执行情况，严格执行预算政策，全面预算管理的控制力和约束力显著增强。制定集团公司设备物资集中招标采购管理办法，规范工作流程。内控机制不断完善，全年开展离任、任中和以财务收支为重点的审计7次；根据领导班子调整情况，修订董事会议事规则和总经理工作规则，进一步完善公司法人治理结构；根据公司经营和发展需要，重新梳理总部管理职能，加强投融资管理、设备管理、成本管理及法律合规工作；进一步理顺科技创新体系、工程管理体系和社会保障体系；新成立欧美事业部，负责欧洲和美洲地区的市场开发和经营管理；集团公司总部管理架构清晰合理，部门职能更加明确。科技创新与信息化水平稳步提升，集团公司承担股份公司科研课题10项，获得科研经费累计253万元人民币；拥有专利7项，另有两项专利正在申请当中；自行组织编写的3项企业级工法，顺利通过股份公司工法关键技术评审，两项达到国内领先水平；技术中心顺利通过北京市年度考核评价；在股份公司2010年海外工程优秀论文评选活动中，有16篇论文获奖，其中一等奖7篇、二等奖9篇。集团公司协同办公平台进入试运行阶段，综合项目管理系统各模块即将完成开发工作。质量安全生产形势稳定，集团公司以"预防为主、加强监管、落实责任"为重点，逐级分解落实安全生产责任，实现年初提出的安全目标，被评为股份公司2010年度安全生产先进单位。积极参加优秀QC小组和安全质量标准工地评选活动，福州设计院武汉市江夏公交停保场项目房建QC小组被评为铁道部优秀质量管理小组和2010年度中国铁建优秀质量管理小组一等奖，博茨瓦纳国际科技大学项目一期工程项目部被评为中国铁建安全质量标准工地。综合管理取得新的成效，集团公司档案馆藏和利用效率明显提升，2010年向商务部"中国对外援助60周年纪念展"提供坦赞铁路珍贵资料，受到上级好评。及时向商务部申报各类支持企业"走出去"补贴资金，取得积极成效。综合治理工作再次被评为北京市海淀区安全先进单位。

（吕　力）

【党群工作】 党的工作。集团公司党委下辖党委5个、党总支3个、党支部52个，党员895人。2010年，集团公司党委以党的十七届四中全会精神为指导，巩固和扩大学习实践科学发展观活动成果，以“围绕中心服务大局，强基固本推动发展”的工作思路推进党的建设，活动多，内容实，形式新，效果好，为集团公司科学发展、和谐发展提供了坚强的政治、思想和组织保证。(1)理论学习。集团公司党委制定全年学习计划，明确学习内容、学习方法和学习要求，年内先后组织6次党委中心组或中心组扩大学习，举办《国有企业领导人员廉洁从业若干规定》学习辅导、党风廉政建设、保密知识等专题讲座。党的十七届五中全会闭幕后，集团公司党委及时下发学习通知，制定学习计划。结合集团公司“十二五”规划的研究，邀请专家举办学习报告会。各基层党组织集中时间、集中精力，通过作专题宣讲、召开学习交流、举行学习知识答题、外出参观等活动形式，组织广大党员认真学习和领会会议精神，产生良好效果。集团公司党委通过调研，进一步完善境外职工之家建设，促进“导师带徒”活动，推动海外项目党建工作深入开展。(2)领导班子建设。把民主生活会作为自我教育、自我提高的主要载体，严肃认真地抓好落实。深化创建“四好领导班子”活动，按照“四好”标准加强集团公司党委自身建设，贯彻落实民主集中制，严格执行“三重一大”决策原则，全年召开董事会21次、党委会9次、党政联席会议4次、总经理办公会19次。按“一岗双责”要求，采取听取班子汇报和领导干部述职、民主测评、个别谈话等方式，加强二级经营单位领导班子和领导干部的考核。(3)基层党组织建设。为加强集团公司党组织建设，根据集团公司经营工作需要或人员变化情况，及时调整基层党组织，先后成立6个基层党组织，5个基层党组织换届改选，15个基层党组织增补委员。同时，以生产经营一线和青年骨干为重点，加强组织发展工作，年内培训入党积极分子57名，发展新党员15名，预备党员转正21名。(4)宣传思想教育工作。集团公司党委开展“践行企业价值观，提升发展软实力”专题教育活动。年内下发《关于加强宣传报道工作的通知》和《关于对宣传报道工作的奖励办法》，充分利用内部局域网、内部刊物等媒介，大力宣传报道重点工程和先进人物。努力打造具有集团公司特色的企业文化，开展以“工程风采”为主题的摄影比赛，举办“庆司庆、迎七一”党建及集团公司发展、保密工作等知识竞赛活动，3000多人次参加比赛答题。在股份公司与中国美术家协会联合举办的第十五届“大路画展”中，有7幅作品入选，并获金奖2项、银奖2项，被评为美术创作先进单位。(5)抓好创先争优活动。广泛开展创先争优活动，成立创先争优活动领导小组，制定具体的工作计划，明确活动主题。年内，集团公司党委表彰先进基层党组织10个、优秀共产党员55名、优秀党务工作者5名；在商务部开展的杰出援外工作者评选活动中，集团公司有12人获得金奖、25人获得银奖。(6)党风廉政建设。组织召开党风廉政建设和反腐倡廉报告会，集团公司领导班子成员及集团公司境内外中层干部参加会议。组织集团公司境内外全体员工参加股份公司举办的国有企业领导人员廉洁从业知识竞赛，3人获奖。向集团公司领导班子成员及所属单位发放国资委纪委监察局编写的《镜鉴》一书，向国外主要区域市场发放股份公司纪委制作的《杨池林贪污案件纪实》警示教育片。推行特派监察员制度，强化海外市场的监督管理，向土耳其分公司和尼日利亚有限公司派驻监察专员。年内制定出台《中土集团公司设备物资集中招标采购管理办法(暂行)》和《中土集团公司工程项目全面责任成本考核实施办法》，下发《中土集团公司“小金库”专项治理实施办法》，对“小金库”专项治理工作分阶段进行部署。按照股份公司《中国铁建2010年效能监察工作指导意见》的要求，重点开展工程建设领域突出问题专项治理及整治亏损项目效能监察工作。

工会工作。集团公司工会下辖基层工会组织11个、境外职工之家10个，工会会员2000多人。2010年组织工会干部学习党的十七届五中全会精神，贯彻落实科学发展观，举办工会综合知识问答和“创先争优”答题活动。组织召开公司一届三次职工代表大会，听取审议行政工作报告，对领导干部进行民主测评。进一步立足自身，从“健康工程”、“幸福工程”着手，加强境外职工之家建设。结合集团公司境内外项目实施情况，制定《关于在公司境内外施工项目实施“一法三卡”的指导意见》，先后两次组织开展“一法三卡”知识问答活动，普及安全生产知识。制定“三不让”承诺基金实施办法，努力为职工办实事办好事。广泛开展评先表彰活动。尼日利亚有限公司被评为中国铁建先进集体，拉各斯阿构—奥克塔项目群、珠海分公司深圳地铁龙岗线横岗3105标段项目部获股份公司“工人先锋号”称号，阿尔及利亚有限公司94公里铁路更新项目部项目经理文武获股份公司“工人先锋号标兵”称号；集团公司副总经理陈志杰获得火车头奖章，集团公司党委副书记、纪委书记、工会主席吴江获股份公司优秀工会工作者称号，集团公司工会副主席王庆忠获全路优秀工会工作者称号，尼日利亚有限公司总会计师兼工会主席许云彪被评为股份公司优秀工会积极分子，阿尔及利亚有限公司工会被评为股份公司模范职工之家；在沙特麦加轻轨铁路项目大会战中，中土集团项目部获股份公司“工人先锋号”称号，项目部总指挥吕晶获得火车头奖章，项目部工程师蒲凌辉获“工人先锋号标兵”称号。

共青团工作。集团公司团委下辖团委2个、团总支4个、团支部45个，有团员292人。2010年进一步加强基层团组织建设，着力消除团建空白点。年内在符合条件的单位新成立基层团支部8个。积极推进“学习型团组织”建设，通过集中培训、导师带徒、现场观摩、经验交流等方式，引导广大团员青年特别是海外一线职工向书本学习、向实践学习、向群众学习，提高能力素质，实现岗位成才。结合公司海外业务特点，深入开展“保安全、求质量、促进度、增效益——中国铁建青年在行动”的主题活动。积极整合资源，在春节期间联合工会举办海外职工家属团拜及文艺汇演活动，增强职工的归属感和职工家属对企业发展的认同感。以农民工子女和困难职工子女为关爱对象，分别开展“心手相牵——情系家乡孩童”和“爱心资助、梦圆大学”活动，以“百元奖励、万分牵挂”为主题，向100名优秀农民工子女邮寄慰问信和慰问金；以定向帮扶方式，向1名符合要求的职工子女提供了3000元的大学入学爱心帮扶金。以创建五四红旗团委为自觉要求，高度重视加强各级团组织自身建设，注重各级班子的政治理论和业务学习，提高“议大事、懂全局、管本行”的能力。坚持配优配强团干部队伍，各级团组织主要负责人均为本科以上学历，其中硕士以上学历3人。注重优化团委班子结构，推进干部交流任职，各级班子发挥团结协作精神，增加团组织的凝聚力和战斗力。中土尼日利亚有限公司团委和中土集团福州勘察设计研究院有限公司团委被评为中国铁建五四红旗团委创建单位，中土尼日利亚有限公司拉各斯地区团支部被评为中国铁建五四红旗团支部，中土东非公司卢旺达地区经理部团支部、公司非洲事业部团支部、公司中东事业部团支部被评为中国铁建五四红旗团支部创建单位，中土尼日利亚有限公司周俊志被评为中央企业优秀共青团员，中土沙特阿拉伯分公司温茂彩被评为中国铁建优秀共青团员，中土东非有限公司颜猛被评为中国铁建优秀共青团干部，上海中土实业有限公司程琳琳被评为中国铁建优秀务工团员，中国土木阿尔及利亚有限公司王兴奎、中土澳门有限公司王科军、中土集团公司非洲事业部林凯被评为中国铁建青年岗位能手。

（沈 湘 王筱洁 张云龙 韩维大 吕 力）

【北京中土大厦】 驻北京市海淀区北蜂窝6号。是集餐饮、住宿、娱乐、写字间、会议、健身于一体的三星级旅游饭店，建筑面积4万平方米，拥有客房260间、写字间112间。总经理刘晓平。职工289人。资产总额14585.28万元。其中，固定资产原值17564.8万元、净值10622.56万元；流动资产2641.96万元；其他资产1321.55万元。

2010年完成营业收入2374.17万元，职工年人均收入36116元。国有资产保值增值率267.53%，资产负债率103.91%，应上缴款完成率248.72%。

（齐成韧）

【中土凯明工程咨询有限公司】 驻北京市海淀区北蜂窝8号中雅大厦B座10层。1993年2月14日经北京市工商行政管理局核准成立凯明工程咨询公司，2007年更名为中土凯明工程咨询有限公司，为集团公司直属工程咨询公司，承担工程咨询和设计任务，注册资本金600万元。拥有工程设计甲级、铁道工程设计乙级、工程造价和工程咨询甲级资质。主要经营工程建设项目的可行性研究、评估、咨询服务，技术开发、技术服务、人员培训，工业与民用建筑勘测设计、铁路桥梁设计。总经理李海生。职工40人。其中，一级注册建筑师3人；一级注册结构工程师3人；注册造价工程师13人；注册咨询工程师9人；高级工程师2人。资产总额1042万元。其中，固定资产原值73万元、净值24万元；流动资产1018万元。

2010年完成合同额467.9万元，实现营业收入659.4万元，实现利润约20万元。职工年人均收入5.38万元。产值利润率1.93%，资产负债率40.84%，国有资产保值率98.4%，应上缴款完成率100%。

（李海生）

【中土国际贸易有限公司】 驻北京市宣武门西大街28号大成广场7门1101～1108室。前身是中国土木工程集团公司贸易部，于1998年5月14日注册成立具有独立法人资格的有限责任公司，注册资本金2100万元。总经理宋大为。职工16人。资产总额15540.38万元。其中，固定资产原值183.46万元、净值43.70万元；流动资产15336.67万元；长期投资160万元。

2010年新签合同额32078万元，完成营业收入24038万元，实现利润68.26万元。人均创利4.27万元，人均资产1110.03万元，职工年人均收入10.42万元。净资产收益率1.54%，总资产报酬率3.11%，资产负债率81.91%，国有资产保值增值率100.18%，应上缴款完成率100%。

（贾京平）

【北京中铁建总国际经贸有限公司】 驻北京市海淀区北蜂窝6号中土大厦19层。2004年10月成立，注册资本金1000万元。经营业务涉及国际贸易、产品代理销售、海外施工、境外大型工程项目设备服务、招标代理、国际劳务合作与培训等。总经理房炳杰。现有员工38人。其中,正式员工9人;境外员工21人。资产总额3702万元。其中,净资产1137万元;固定资产原值124万元、净值42万元;流动资产3644万元;其他资产58万元。

2010年新签合同额3800万元,完成营业收入2211万元,实现利润259万元、净利润186万元。职工年人均收入11.87万元。国有资产保值增值率117.61%,净资产收益率16.36%,产值利润率8.41%,资产负债率69.3%,应上缴款完成率169.35%。(孙慧娟)

【广州中土实业发展有限公司】 驻广东省广州市环市西路135号。前身是铁道部广州援外人员接待站、中国土木工程公司广州分公司。总经理丁子牛。下辖广州市万通大厦有限公司、广州市万凯市场发展有限公司。职工142人,其中正式职工43人。资产总额23311万元。其中,固定资产原值3962万元、净值2087万元;流动资产6019万元;其他资产17292万元。

2010年完成营业收入4207万元,实现利润1207万元,上缴资金流量714.83万元。职工年人均收入6.2万元。净资产收益率5.5%,资产负债率29.3%,国有资产保值增值率105%。(黄超英)

【上海中土实业有限公司】 驻上海市共和新路666号中土大厦27层。前身为上海中土实业发展公司,1992年9月成立,注册资本金6000万元;2007年更名为上海中土实业有限公司。经营范围涉及酒店管理、房产开发、物业管理、进出口贸易等。下辖上海华美达中土酒店有限责任公司和上海中土进出口贸易有限公司两家全资子公司。总经理李银辉。职工226名。资产总额34054万元。其中,固定资产原值38159万元、净值32352万元;流动资产1409万元;其他资产293万元。

2010年,在上海世界博览会期间,华美达中土酒店用“五心”服务接待中外宾客5.5万人次,获“八月团队之星”、“闸北区世博会十佳城市志愿服务站”等称号。公司是上海市闸北区“特卡企业”,被上海市市政府授予“市外在沪大企业(集团)”称号。(尹怡)

【中国土木工程集团有限公司珠海分公司】 驻广东省珠海市吉大石花东路58号华景西苑28栋6座。前身为中国铁道建筑总公司珠海分公司,2004年8月改制划归中国土木工程集团公司管理,2006年9月20日经集团公司批准成立中国土木工程集团公司珠海分公司。总经理黄兴富。职工56人,其中工程技术人员27人。资产总额19400万元。其中,固定资产原值1770万元、净值1251万元;流动资产18149万元。

2010年承揽工程任务64425.3万元,完成营业收入28897万元;实现利润406万元,上缴集团公司利润280万元,缴纳税金1200万元。职工年人均收入11.91万元。净资产收益率45.91%,资产负债率94.49%,国有资产保值增值率161.39%。(吴敏)

【中土集团福州勘察设计研究院有限公司】 驻福建省福州市晋安区火车站沁园支路41号。原为上海铁路局福州勘测设计院,1958年8月成立;2004年2月划归铁道第四勘察设计院管理,更名为铁道第四勘察设计院福州勘察设计院;2007年10月改制为福建铁四院勘察设计研究院有限公司,2009年10月12日划归中国土木工程集团公司管理,2010年6月22日更名为中土集团福州勘察设计研究院有限公司。系铁道综合甲级(Ⅱ)勘测设计单位,拥有铁道工程设计、市政行业(轨道交通工程)专业、建筑行业(建筑工程)、工程岩土勘察、工程测量、工程咨询、建设工程监理、工程总承包甲级资质。董事长兼总经理刘敬。职工179人,其中干部132人。下辖线路站场设计所(信号设计室)、桥梁隧道设计所、建筑设计所(含房建设计室、电气设计室、给排水设备设计室、通信设计室)、工程经济设计所、岩土工程公司、监理公司、工程总承包部、测量队。资产总额6997万元。其中,流动资产5319万元;固定资产原值1052万元、净值535万元。设备仪器328台(套)。

2010年新签合同金额2948万元,完成营业收入4869万元,实现利润125万元。职工年人均收入12万元。生产计划完成率100%,设计项目质量优良率95%、合格率100%,监理项目工程合格率100%。全年无安全事故。年内通过质量、环境、职业健康安全管理体系监督审核。(郑礼福)

【中国土木工程(澳门)有限公司】 驻澳门宋玉生广场263号中土大厦22楼C-H座。为集团公司全资子公司,1989年6月以中土香港公司名义在澳门登记注册,2001年11月26日正式成立。主要经营建筑工程、设计咨询、房地产开发等业务。总经理李法胜。职工29人。其中,集团公司派澳人员9人;内地聘用12人;当地雇用8人。资产总额12484万元。其中,固定资产原值14145万元、净值2984万元;流动资产9500万元。

2010年新签合同额7465万元,完成营业收入13216万元。人均创利203万元,职工年人均收入10

万元。国有资产保值增值率 73%，应上缴款完成率 100%。（尚书仁）

【中铁(澳门)有限公司】 驻澳门友谊大马路南方大厦1楼BCDJLMNO座。1989年6月在澳门注册设立一次性项目公司，1993年4月19日转为永久性公司。总经理付强。下辖中铁(澳门)职业介绍所有限公司、珠海中铁实业发展公司。职工41人。资产总额25717万元。其中，固定资产原值2078万元；流动资产23737万元；其他资产690万元。

2010年承揽任务5700万元，完成总产值15604万元，实现利润345万元。人均创利8.8万元，全员劳动生产率28.5万元/人年，职工年人均收入17.7万元。净资产收益率7.92%，产值利润率2.2%，资产负债率85.27%，应上缴款完成率100%。（李洪星）

【中土尼日利亚有限公司】 驻尼日利亚联邦共和国首都阿布贾市机场路。拥有尼日利亚土建(公路)、房建、桥梁、电力安装工程D级最高资质。总经理曹保刚。下辖拉各斯轻轨、阿布贾城市铁路、阿—卡铁路3个项目经理部和阿布贾首都区、拉各斯经济区、东南区、北区4个区域经理部以及阿久巴物流贸易公司。职工中方员工913人。其中，干部54人；技术干部229人；工人55人；技术工人214人。当地雇员7831人。其中，技术工人1489人；工人6342人。资产总额35.53亿元人民币。其中，固定资产原值11.59亿元、净值5.88亿元；流动资产26.7亿元。拥有大型机械设备3878台(套)，机械运输设备净值5.77亿元人民币，机械运输设备总功率149923.9千瓦；设备完好率90.88%，使用率84.56%。年施工能力30亿元人民币。（曹少峰）

【中国土木阿尔及利亚有限公司】 驻阿尔及利亚首都阿尔及尔。前身为中土阿尔及利亚办事处，2003年设立；2007年9月改制为中国土木阿尔及利亚有限公司。总经理严学斌。下辖67公里铁路复线项目部、94公里铁路更新项目部、55公里铁路新线项目部、175公里铁路电气化新线项目部、阿尔及利亚东西高速公路项目中标段M6标段项目部。职工1230人。其中，中方489人；阿方741人。资产总额102686.78万元。其中，固定资产原值22277.1万元、净值8236.25万元；流动资产94450.53万元；其他资产8236.25万元。机械运输设备总量19872.77万元，净值6111.26万元，总功率59293千瓦，动力装备率48.2千瓦/人，技术装备率4.97万元/人。设备完好率90%，利用率70%。

2010年完成营业收入18906万元，完成产值69874万元，实现利润1683.85万元。人均创利1.57万元，全员劳动生产率42.71万元/人年，职工年人均收入8.64万元。净资产收益率110.45%，产值利润率3.68%，投资回报率5.97%，资产负债率98.73%，国有资产保值增值率40%，应上缴款完成率142.94%。（吴 蔚）

【中土东非有限公司】 驻坦桑尼亚首都达累斯萨拉姆市。2007年1月1日成立。总经理王向东。下辖坦桑尼亚达市地区经理部、多多马地区经理部、摩洛哥罗公路项目经理部、乌干达经理部、卢旺达地区经理部。拥有坦桑尼亚房建及土木工程一级承包资质。职工281人，其中管理干部84人。资产总额29272万元。其中，固定资产原值8938万元、净值6632万元；流动资产11503万元。机械运输设备287台(套)，现值9342万元，总功率48000千瓦，动力装备率171千瓦/人。设备完好率90%，利用率94%。机械化施工程度70%。年施工能力2亿元。

2010年新签合同额88543万元，完成营业收入26779万元，实现利润855万元。人均创利11万元，全员劳动生产率331万元/人年，职工年人均收入9万元。净资产收益率276%，产值利润率3%，资产负债率99.04%，国有资产保值增值率78%，应上缴款完成率77.5%。完成主要实物工程量21207万元。（黄 洁 王春宇）

【中国土木工程博茨瓦纳有限公司】 驻博茨瓦纳哈伯罗内市特鲁昆。1991年10月在当地注册成立，拥有博茨瓦纳房建、公路、小区发展、乡村供水和给排水E级资质。总经理王晓明。职工188人。资产总额32339万元。其中，固定资产原值13605万元、净值5119万元；流动资产26634万元。机械运输设备总量原值13095万元、净值4740万元。机械化施工程度45.92%。年施工能力7285万元。

2010年完成总产值7285万元，实现利润2052万元。人均创利11万元，全员劳动生产率11万元/人年，职工年人均收入20万元。净资产收益率48.05%，产值利润率3.62%，投资回报率10.73%，资产负债率85.22%，国有资产保值增值率127.04%，应上缴款完成率100%。（葛海超）

【中国铁建土耳其安卡拉分公司】 驻土耳其安卡拉市。2006年6月注册成立。总经理郑建兵。下辖土耳其铁路中土项目部、合包集团项目部(中方人员)、安卡拉办事处。职工26人。资产总额43645万元。

其中,固定资产原值1511万元、净值1253万元;流动资产42392万元。机械设备原值1338万元、净值1184万元,运输设备原值172万元、净值68万元。

2010年完成营业收入10805万元,实现利润100万元。人均创利4万元,全员劳动生产率360万元/人年,职工年人均收入52万元。产值利润率0.95%,资产负债率107.71%,国有资产保值增值率92.24%。（杨裕元）

【中土巴西国际商业有限公司】 驻巴西圣保罗市。1994年设立巴西代表处,1997年7月在当地注册成立中土(巴西)国际商业有限公司,是集团公司在巴西联邦共和国的全权代表机构,主要负责集团公司在巴西及南美地区工程、贸易项目的追踪和承揽,并代表集团公司向巴西小门德斯工程公司催收欠款。法人代表李宪翔。

2010年收回欠款597万元,上缴集团公司460万元,实现利润368万元。人均创利368万元,职工年人均收入24万元。（李宪翔）

【中土集团(波兰)有限公司】 驻波兰首都华沙。1993年注册成立波兰办事处,1995年8月成立中土波兰有限公司,1997年1月更名为波兰华锐发展有限公司,2007年9月更名为中土集团(波兰)有限公司。法人代表王松群。职工9人。拥有30套别墅,建筑面积8316平方米,土地面积9565平方米。资产总额2373.43万元。其中,固定资产原值2381.44万元、净值917.61万元;流动资产651.91万元。

2010年新签出租、续租别墅合同26份,合同额573.23万元,完成营业收入672.52万元。国有资产保值增值率86%。职工年人均收入14.98万元。（陈　欣）

【中土集团公司沙特阿拉伯分公司】 驻沙特阿拉伯首都利雅得市。1999年2月设立沙特代表处,2008年8月成立中土集团公司沙特阿拉伯分公司。法人代表王文举。职工508人。其中,干部21人;技术干部52人;工人435人。资产总额7780万元,机械运输设备1565万元。

2010年新签合同额110932.4万元,完成营业收入9855万元,实现利润317万元。人均创收4.5万元,职工年人均收入9.4万元。净资产收益率231%,资产负债率97.42%,国有资产保值增值率227%。（娄书元）

【中土集团公司阿拉伯联合酋长国代表处】 驻阿拉伯联合酋长国阿布扎比市。1985年设立。拥有桥梁、隧道和地下道等混凝土结构工程特级及房建、钢结构工程一级资质。代表余春茂。职工16人。资产总额13306.25万元。其中,固定资产原值7925.18万元、净值607.99万元;流动资产12698.26万元。机械设备原值397.04万元、净值380.33万元,设备总功率846千瓦,动力装备率10.5千瓦/人。设备完好率90%,利用率90%。

2010年新签合同额4009万元,完成营业收入7022.24万元,实现利润1673.58万元。人均创利1.87万元,全员劳动生产率13.41万元/人年,职工年人均收入9.31万元。净资产收益率30.73%,产值利润率9.08%,资产负债率84.08%,国有资产保值增值率59.96%,应上缴款完成率100%。（全开华）

【重要记载】

▲1月12日　经集团公司研究决定,中土集团培训中心划归轨道铺架事业部(轨道工程公司)管理。

▲1月13日　应伊拉克驻华大使穆罕默德萨比尔伊斯梅尔阁下邀请,集团公司总经理袁立与大使阁下及二秘拉赫曼穆哈森先生在伊拉克驻华大使馆举行会谈。

▲1月19日　集团公司党委书记兼副董事长刘志明在集团公司总部会见波兰银行家代表团,双方就波兰高速铁路建设以及波兰基础设施改造项目上出现的融资和资金问题进行探讨。

▲2月9日　应阿拉伯联合酋长国铁路委员会邀请,集团公司总经理袁立在阿布扎比拜访阿联酋铁路委员会主席Hussain Nowais先生、执行经理Richard先生和工程部经理Paul Goryl先生。双方就中国沙漠铁路施工技术、阿联酋铁路最新进展情况及下一步工作安排进行交流与沟通。

▲2月26日　集团公司董事长林荣新在北京钓鱼台国宾馆会见来华访问的赞比亚总统R.B.班达阁下。

▲3月7日　集团公司援马里妇女儿童活动中心项目举行竣工仪式。马里总统及夫人、政府官员及外国使节,中国驻马里大使、经参处参赞出席竣工仪式。

▲4月1日　尼日利亚拉各斯州政府正式将轻轨红线1阶段和蓝线2A阶段工程授予中土尼日利亚有限公司建设,合同金额分别为8101.76万美元和2628.64万美元,总计1.073亿美元。

▲4月7日　尼日利亚阿夸伊博州AKA14公里公路扩建项目签约,合同额8020万美元。

▲4月28日　集团公司海内外员工向青海玉树地震灾区捐款694993元,委托中国红十字总会捐予玉

树灾区人民抗震救灾。

▲4月30日 坦桑尼亚联合共和国总理宾达阁下出席集团公司新吉达医院项目开工揭牌仪式。

▲6月22日 福建铁四院勘察设计研究院有限公司更名为中土集团福州勘察设计研究院有限公司。

▲7月13日 中铁(澳门)有限公司向澳门政府递交的注册“中国铁道(澳门)建筑工程有限公司”的申请获澳门政府批准。

▲8月15日 集团公司中国援外奉献奖金奖获得者代表陆大同、杜坚参加中国商务部组织的颁奖表彰大会。集团公司有12人获得金奖、25人获得银奖,获奖人数占全国受表彰总人数的3%。

▲8月27日 美国麦克劳·希尔建筑信息公司在其官方网站发布2010年度《工程新闻记录》(简称ENR)全球最大225家国际承包商排名榜,集团公司再次入选,排名第86位,名列中国入选公司第16位。与此同时,ENR公布2010年度最大225家全球承包商,集团公司排名第162位,名列中国入选公司第31位。

▲9月6日 尼日利亚前总统奥巴桑乔在访华期间专程到集团公司总部访问,受到股份公司董事长孟凤朝、总裁助理陈晓星,集团公司董事长林荣新、副董事长刘志明及集团公司总部全体员工的热烈欢迎。

▲10月24日 集团公司总经理袁立会见应邀来访的乍得基础设施和交通部大型项目局局长率领的乍得政府代表团一行两人及乍得驻中国大使和经济参赞。

▲11月17日~19日 中华人民共和国铁道部和波兰基础设施部在波兰首都华沙联合举办中国高速铁路技术暨相关企业推介会。集团公司总经理袁立代表中国铁建作大会演讲,并和与会的波兰同行进行广泛交流。

▲12月8日 集团公司董事长兼党委书记刘志明会见并宴请来京参加世界高速铁路大会的波兰基础设施部副部长尤留士恩格尔哈特、波兰铁路股份公司董事长兼总经理安德烈瓦赫等一行,双方就波兰铁路现状、波兰市场准入、中波双方合作前景等问题坦诚地进行交谈。

▲12月10日 根据集团公司经营发展和管理需要,经研究决定:成本管理中心、法律事务中心分别独立运行,归口负责集团公司成本管理和法律事务的相关业务,不再挂靠部门管理。成本与投资管理部更名为投融资管理部;技术安全质量部更名为工程安全质量部;设计咨询部更名为科技与设计咨询部;亚太事业部更名为亚大事业部;社会保障部更名为行政管理部。成立欧美事业部。撤销大型项目国内经理部。

▲12月18日 集团公司总经理袁立在总部机关会见尼日利亚财政部部长一行,双方就尼铁项目实施和中土集团公司今后在尼发展问题广泛交换意见,并签署会议纪要。

▲12月20日 尼日利亚铁路现代化项目阿布贾至卡杜纳段5亿美元优惠贷款协议在北京签署。该协议的签署,标志着尼铁阿卡段施工正式启动,同时也标志着暂停3年多的尼铁现代化项目重新启动。

▲12月22日~23日 集团公司总经理袁立代表公司出席在北京举行的中国对外承包工程商会第六次会员代表大会。大会投票选举产生包括中土集团公司在内的161家第六届理事会成员,选举产生31位会长、副会长,并同时举行2010年ENR225强中国企业授牌仪式,袁立总经理代表公司领取奖牌。 (吕 力)

中铁十一局集团有限公司

【简况】 中铁十一局集团有限公司是铁路工程施工总承包特级,房屋建筑、公路、市政公用、水利水电工程施工总承包一级,公路路面、桥梁、隧道、机场场道工程专业承包一级,城市轨道交通工程专业承包和地质灾害工程防治施工甲级资质企业。机关驻湖北省武汉市武昌区中山路347号。前身系中国人民解放军铁道兵第一师,1984年1月1日集体转业并入铁道部,改编为铁道部第十一工程局;2001年8月1日企业改制改称现名。下辖第一至第六工程有限公司、电务工程有限公司、建筑安装工程有限公司、桥梁有限公司、城市轨道工程有限公司、房地产开发有限公司及襄阳管理部、北京办事处和东南、西南、中南、西北、华南、北方、华东、东北8个区域经营部。职工16067人。资产总额1767964万元。其中,固定资产原值494441万元、净值335172万元;流动资产1363728万元。机械运输设备2463台(辆)。其中,主要施工机械1563台(套);国外进口复合式土压平衡盾构机19台(套);机车车辆134台(辆)。机械运输设备现值222675万元,总功率39884千瓦,动力装备率28.8千瓦/人,技术装备率11.56万元/人,新度系数0.68。年施工能力400亿元以上。

2010年承揽工程任务5353700万元,完成企业总产值3486682万元。其中,施工产值3453369万元;附营产值33313万元。实现利润59293万元,缴纳税金108572万元。完成主要实物工程量:土石方11157万立方米,隧道123670延长米,桥梁177221延长米,涵渠39985横延米,铁路正线铺轨1320公里,站线铺轨

185 公里，铺道岔 623 组，铁路架梁 7118 孔，通信线路 1595 条公里，供电线路 1136 公里，接触网 633 正线公里；公路 175.66 公里（其中高速公路 122.46 公里），公路路面 12553770 平方米，公路架梁 6013 片；房屋建筑 554141 平方米，地铁 48895 米，轻轨 25538 米。综合单位工程合格率 100%。在岗职工年人均收入 42815 元。国有资产保值增值率 106%，净资产收益率 27.9%，产值利润率 1.71%，应上缴款完成率 100%，资产负债率 89.37%。

兵改工以来，集团公司先后获得全国文明单位、湖北省最佳文明单位、中国优秀诚信企业、全国质量安全管理先进单位、湖北省守合同重信用企业、全国"安康杯"竞赛优胜企业、全国优秀施工企业、全国工程建设 QC 小组活动优秀组织企业、湖北省安全生产红旗单位、全国五一劳动奖状等荣誉。2010 年，集团公司获中国建设工程鲁班奖 1 项、中国市政工程金杯奖 1 项、省部级优质工程 9 项、股份公司优质工程 23 项，国家级优秀 QC 成果 7 项、省部级优秀 QC 成果 24 项；3 个项目部被评为股份公司安全质量标准工地；集团公司党委获国务院国资委先进基层党组织称号，集团公司被评为湖北省守合同重信用企业、湖北省最佳劳动保障诚信单位、湖北省首届十大优秀企业文化品牌，获湖北省百强企业第 8 名。（郭　琳）

【领导人员】

董事会

董事长	王桂林
副董事长	赵晋华
董事	雷佳民
	李玉棋
职工代表董事	陈文举
秘书	王文涛

监事会

主席	李德琛
监事	潘延凯
	彭长林
职工代表监事	陈建荣
	袁麦辰

经理层

总经理	赵晋华
副总经理	谢敬平
	荆　山
	宫建岗
	张树海
	龙信桥
	吕　岗
	雷位冰（1 月任）
	李小红（1 月任）
	张　成（1 月任）
总工程师	张丕界
总会计师	付　裕
顾问	陈文举（8 月免）
	李玉棋（11 月免）
	潘延凯

党群领导

党委书记	王桂林
党委副书记	赵晋华
	雷佳民
纪委书记	雷佳民（兼，1 月任）
工会主席	雷佳民（1 月免）
	彭新文（1 月任）

（高　鹏　陆　蒂）

【工程项目指挥机构】　包西铁路工程指挥部　驻陕西省蒲城县红旗路。指挥长高潮府，党工委书记秦立光。

武汉动车段工程项目部　驻湖北省武汉市青山区。项目经理李庆堂，党工委书记钦醒。

汉宜铁路工程项目部　驻湖北省仙桃市。项目经理赵天元，党工委书记洪其栋。

石武铁路客运专线工程项目经理部　驻湖北省武汉市黄陂区。项目经理荆山，党工委书记束道法。

湖北城际铁路工程指挥部　驻湖北省武汉市东湖高新区。指挥长杨明亮，党工委书记张运道。

兰新铁路甘青段工程项目部　驻甘肃省瓜州县。项目经理余霖，党工委书记陈建荣。

山西中南部铁路通道工程项目部　驻山西省洪洞县。项目经理兼党工委书记李小红，常务副经理封明君。

杭长铁路客运专线工程项目部　驻浙江省义乌市。项目经理雷位冰，党工委书记段邦顺，常务副经理甘胜银。

京福铁路客运专线闽赣 I 标段工程项目部　驻江西省婺源县。项目经理李玉棋，常务副经理郝生德，党工委书记朱明春。

合福铁路安徽段站前 7 标段工程项目部　驻安徽省绩溪县。项目经理李文俊，党工委书记赵良奎。

京石铁路客运专线工程指挥部　驻河北省保定市望都县。指挥长王金柱，党工委书记郑平良。

津保铁路工程项目部　驻河北省容城县。项目经理王金柱，党工委书记郑平良。

宿淮铁路工程指挥部　驻江苏省宿迁市。指挥长许云跃，党工委书记李传祥。

沪昆铁路客运专线湖南段工程项目部　驻湖南省娄底市。项目经理宫建岗，常务副经理兼党工委书记李明。

成渝铁路客运专线工程项目部　驻重庆市荣昌县。项目经理荆山，党工委书记方克文。

昆明枢纽工程指挥部　驻云南省昆明市国家经济技术开发区。指挥长包晓东，党工委书记周和平。

利比亚铁路工程项目部　驻利比亚的黎波里。项目经理龙信桥，党工委书记方楚晶。

湘桂铁路工程指挥部　驻广西壮族自治区柳州市鹿寨县。指挥长江淑春，党工委书记郑天真。

大西铁路客运专线工程指挥部　驻陕西省合阳县。指挥长李小红，党工委书记谭发刚。

厦深铁路工程指挥部　驻广东省潮州市饶平县。指挥长赵高启，常务副指挥长刘国建，党工委书记管登习。

兰渝铁路工程指挥部　驻甘肃省宕昌县。指挥长陈仕猛，党工委书记李延芹。

渝利铁路工程指挥部　驻重庆市长寿区。指挥长余斌，党工委副书记陈贵全。（陈晓军）

【职工队伍】　年末职工16067人。干部8768人，其中专业技术干部6919人，占干部总数的78.87%。本科以上学历5001人，占干部总数的57.03%；大专学历2132人，占干部总数的24.31%；中专以下1635人，占干部总数的18.64%。25岁及以下2479人，占干部总数的28.27%；26岁～30岁2191人，占干部总数的24.98%；31岁～35岁1100人，占干部总数的12.54%；36岁～45岁1184人，占干部总数的13.5%；46岁～55岁1522人，占干部总数的17.35%，56岁及以上292人，占干部总数的3.33%。专业技术干部中高级技术职务740人、中级技术职务1694人、初级技术职务4485人，分别占专业技术干部的10.7%、24.48%、64.82%。全年接收高校毕业生1088人。其中，研究生20人；大学本科生1025人；大学专科生43人。

工人7299人，其中技术工人6423人，占工人总数的88%。大专以上学历372人，占工人总数的5%；中专、技校学历1789人，占工人总数的24.51%；高中以下学历5138人，占工人总数的70.39%。30岁以下1187人，占工人总数的16.26%；31岁～35岁975人，占工人总数的13.35%；36岁～40岁722人，占工人总数的9.89%；41岁～50岁2217人，占工人总数的30.37%，51岁及以上2198人，占工人总数的30.11%。技术工人中初级工129人、中级工1400人、高级工4537人、技师297人、高级技师60人，分别占技术工人的2%、21.8%、70.64%、4.63%、0.93%。

（张红月）

【铁路工程施工】　2010年，在建铁路工程39项，合同投资5804628万元，完成施工产值2239821万元。年内，太中银、包西铁路开通运营，哈大铁路客运专线正线铺通，石武铁路客运专线长轨铺设至鄂豫省界；沪杭、石武、京石铁路客运专线完成无砟轨道施工；湖北城际、湘桂、宿淮、盘锦、乌锡等铁路项目提前筹备，有序展开；汉宜铁路沉湖汉江特大桥顺利合龙。重点工程进展情况：

包西铁路通道陕西段BXS－2标段工程　全长84.53公里，合同投资251657万元，2007年12月开工。2010年完成投资132747万元；完成土石方64.4万立方米，桥梁329.42延长米，隧道320延长米，涵洞134横延米，预制箱梁1086孔，箱梁架设4908孔，铺轨426.61公里，铺道岔125组，房屋建筑面积6182平方米。

汉宜铁路HSZQ－3标段工程　全长24.8公里，合同投资234100万元，2008年9月开工。2010年完成投资20778万元；完成土石方47.5万立方米，桥梁724.15延长米，涵洞5850.92横延米。

石武铁路湖北段TJⅡ标段工程　全长71.707公里，合同投资508100万元，2008年10月1日开工。2010年完成投资214588万元；完成桥梁17220延长米，隧道4356.79延长米，涵洞48横延米，简支箱梁预制312孔，箱梁架设432孔，铺设道岔32组，铺轨266.79公里。

厦深铁路XSGZQ－4标段工程　全长20.406公里，合同投资160700万元，2008年10月1日开工。2010年完成投资24528万元；完成土石方119.9万立方米，桥梁2805延长米。

渝利铁路土建2标段工程　全长49.911公里，合同投资163700万元，2009年1月10日开工。2010年完成投资58456万元；完成土石方211.9万立方米，桥梁2788延长米，隧道8319延长米，涵洞571横延米。

兰渝铁路LYS－4标段工程　全长26.306公里，合同投资135000万元，2009年2月18日开工。2010年完成投资39008万元；完成隧道7180延长米，桥梁52.7延长米。

湘桂铁路永州至柳州段扩能改造站前工程XG－6标段工程　全长69.556公里，合同投资229100万元，2009年3月10日开工。2010年完成投资113549万元；完成土石方467.16万立方米，桥梁5076延长米，涵洞1571横延米，隧道6017延长米。

湖北城际铁路　承建武咸城际铁路2标段、武黄城际铁路1标段、汉孝城际铁路HXSG－3标段工程，全长87.6公里，合同投资514900万元（含武咸项目中沙试验段），2009年3月25日开工。2010年完成投资163900万元；完成土石方269.23万立方米，桥梁17663延长米，涵洞1432横延米，架梁261孔，制梁275孔。

宿淮铁路SHZH－2标段工程　全长97.79公里，合同投资187500万元，2009年7月开工。2010年完成投资83159万元；完成土石方485.6万立方米，桥梁16007延长米，涵洞7136横延米，铺轨3.5公里，架梁10孔，制梁324孔，铺道岔3组。

大西铁路　承建大同至西安铁路客运专线站前工程12标段。全长12.47公里，合同投资124000万元，2010年3月开工。年内完成投资36739万元；完成土石方2.9万立方米，桥梁174延长米，涵洞9横延米，隧道3185延长米。

兰新铁路第二双线张掖至红柳河段LXS－16标段工程　全长84.67公里，合同投资354475万元，2010年4月开工。年内完成投资97489万元；完成土石方841万立方米，桥梁3808延长米，涵洞5703横延米。

山西中南部通道ZNTJ－7标段工程　全长98.2公路，合同投资370375万元，2010年4月开工。年内完成投资91827万元；完成土石方182万立方米，桥梁6657延长米，涵洞1193横延米，隧道707延长米。

杭长铁路客运专线HCZJ－3标段工程　全长43.636公里，合同投资300401万元，2010年4月开工。年内完成投资89037万元；完成土石方116.19万立方米，桥梁9190延长米，涵洞196横延米，隧道1912延长米。

京福铁路闽赣段HFMG－1标段工程　全长95.7公里，合同投资708016万元，2010年4月开工。年内完成投资87796万元；完成土石方83.62万立方米，桥梁1110延长米，涵洞196横延米，隧道6207延长米。

合福铁路安徽段7标段工程　全长39.2公里，合同投资359916万元，2010年4月开工。年内完成投资42150万元；完成土石方454.2万立方米，桥梁1936延长米，隧道2173延长米。

津保铁路5标段工程　全长33.62公里，合同投资177550万元，2010年9月开工。

沪昆铁路长昆段CKTJ－3标段工程　全长38.4公里，合同投资353635万元，2010年9月开工。

成渝铁路客运专线CYSG－4标段工程　全长54.25公里，合同投资490347万元，2010年9月开工。

（闫晋锁）

【铁路外工程施工】　2010年在建铁路外工程146项，合同总额211亿元。其中，公路112亿元；城市轨道85亿元；房屋建筑9亿元；市政、电力、水利等其他工程约5亿元。重点工程进展情况：

汝郴高速公路3标段工程　全长4.18公里，合同投资37180万元，2008年9月开工。2010年完成投资14538万元；完成土石方8万立方米，桥梁698延长米，隧道1039延长米。

岳常高速公路TJ－16标段工程　全长2.54公里，合同投资18000万元，2009年7月开工。2010年完成投资8418万元，完成桥梁1430延长米。

巴达高速公路　位于四川省巴中市平昌县境内。主要工程量：桥梁8座2572延长米，涵洞11座413.66延长米，隧道1.5座7678.5延长米。2010年9月15日开工。年内完成路基土石方20万立方米，桥梁296延长米，隧道839延长米，涵洞270横延米；完成投资7705万元。

遵毕高速公路　位于贵州省毕节地区大方县境内。主要工程量：大桥3座958延长米，涵洞811横延米。2010年5月21日开工。年内完成路基土石方131万立方米，涵洞131横延米；完成投资5835万元。

大丽高速公路　位于云南省大理州洱源县境内。主要工程量：隧道1座2774延长米，中桥2座97延长米，涵洞7座379.79横延米。2010年5月16日开工。年内完成路基土石方7万立方米，隧道883延长米，涵洞380横延米；完成投资8792万元。

十白高速公路　位于湖北省十堰市境内。主要工程量：隧道1.5座2082延长米，桥梁11座3280延长米，涵洞118座3236.11横延米。2010年6月20日开工。年内完成路基土石方79万立方米，桥梁40延长米，隧道393延长米，涵洞674横延米；完成投资8824万元。

周六高速公路　承建安徽周集至六安高速公路复工项目路基工程ZLFG－07（a）合同段。全长10.662公里，合同投资4764万元，2010年4月开工。年内完成投资2908万元；完成土石方40.2万立方米，桥梁203延长米，涵洞24横延米。

湖北宜巴高速公路土建第31合同段工程　全长5.539公里，合同投资32815万元，2009年8月31日开工。2010年完成投资13060万元；完成土石方27万立方米，桥梁517延长米，隧道3622延长米。

郴宁高速公路第1合同段工程　全长2.01公里，合同投资48197.86万元，2008年9月开工。2010年完成投资24387万元；完成土石方34万立方米，桥梁2047延长米，涵洞192横延米，公路制梁466片，架梁430片。

湖北黄石谈山隧道　承建隧道主体工程及北接线工程。全长1.697公里,合同投资9635万元,2009年7月开工。2010年完成投资8610万元,完成隧道1407延长米。

长湘高速公路第5合同段工程　全长2.872公里,合同投资36203万元,2009年8月开工。2010年完成投资13635万元;土石方22.4万立方米,桥梁833延长米,涵洞141.3横延米,制梁218片,架梁155片。

炎汝高速公路第39合同段工程　全长4.49公里,合同投资8160万元,2010年2月开工。年内完成投资3222.8万元;完成路基土石方30万立方米,隧道365延长米。（闫晋锁）

【海外工程施工】　利比亚沿海铁路工程　全长451.2公里(含铺轨),合同投资1375000万元,2008年6月开工。（闫晋锁）

【经营管理】　2010年,集团公司新签合同109项,合同总额535.27亿元,完成股份公司年度计划300亿元的178.43%。其中,铁路28项377.83亿元(含地方铁路),占合同总额的70.59%;公路23项71.38亿元,占合同总额的13.34%;城市轨道28项67.24亿元,占合同总额的12.56%;房屋建筑13项9.25亿元,占合同总额的1.73%;水利2项1.36亿元,占合同总额的0.25%;工业制造5项2.49亿元,占合同总额的0.47%;市政工程5项3.24亿元,占合同总额的0.61%;其他工程5项2.48亿元,占合同总额的0.46%。

企业管理。年内,襄阳管理部主体划转六公司管理,集团公司房地产开发有限公司成立。强化全面预控管理理念,按照质量、安全、环保、投资、技术创新"六位一体"要求,大力推行工程公司、项目部、工程队"三项建设"和集约化、专业化、工程化、机械化、信息化"五化"管理,基层管理水平稳步提升。法律事务工作服务于企业改革发展的作用日益凸显,2010年,集团公司法律事务部处理诉讼案件28件,涉及标的额10792万元,避免经济损失1163万元;全集团处理诉讼案件76件,涉及标的额27997万元,避免经济损失4230万元。信息化建设稳步推进,综合信息管理系统的功能性、适用性、稳定性不断增强。企业信誉和品牌形象不断提升,集团公司获湖北省100强企业第8名、武汉市百强企业第5名,一、二、三、四公司被评为股份公司2009年度工程公司20强,四公司被评为全国优秀施工企业;3人被评为全国工程建设优秀项目经理,2人被评为全国建筑业企业优秀项目经理。集团公司顺利通过长城质量保证中心质量、环境、职业健康安全管理体系"三标一体"监督审核。

经济管理。4月,集团公司对经济政策、成本管理、合同管理、劳务单价管理、变更索赔等管理制度进行整理,废止制度8项,重新修订完善制度7项,修订印发《关于建立责任成本管理定期分析报告制度的通知》《中铁十一局集团有限公司"创效管理优胜单位"评选办法》,制定印发《关于明确铁路项目任务分配及费用分劈原则的通知》《中铁十一局集团有限公司工程项目变更索赔管理办法》《中铁十一局集团有限公司收尾项目经济管理暂行办法》《全面推行施工方案技术经济论证(比选)制度》等经济管理制度。年内,集团公司针对新上场的中南部通道、京福高速公路1标段、大西铁路等项目制定相应的经济政策;工程公司对262项在建项目进行成本督察,督察覆盖率88.5%。集团公司2010年产值收益率8.02%,比2009年的8.2%降低了0.18个百分点。其中,铁路项目产值收益率8.12%;公路项目产值收益率6.18%;其他项目产值收益率10.87%。集团公司年度实现变更索赔额34亿元,位列股份公司第三名,年度变更索赔额占年度施工产值的9.84%。

安全质量。认真落实安全质量责任制,推行现场规范化作业、标准化管理,全年开展6次安全质量循环检查及专项整治活动,及时消除安全质量隐患和存在的问题。举办脱产安全培训班7期,2000余人参训,1700余人获得湖北省和交通部"三类人员"安全生产合格证书。9月,集团公司开展工程质量年活动,制定、实施宣传教育、过程控制、绩效考核等专项措施,提高了项目现场的质量管控水平,涌现一大批质量好、信用佳的工程项目,工程合格率100%。年内,1个项目部被湖北省评为安全标准化工地,2个项目部被湖北省授予建筑工程安全文明施工现场称号,3个项目部被股份公司评为安全质量标准工地,4人被股份公司授予安全生产先进个人称号;7个QC小组被评为全国工程建设优秀质量管理小组,24个QC小组被评为省部级工程建设优秀质量管理小组。在2010年铁道部铁路施工企业信用评价中,集团公司上半年、下半年分别名列第5位、第1位,连续进入A类施工企业行列;在水利水电行业信誉评价中,集团公司获AAA级称号。

财务审计。强化监控力度,加强监督检查。年内印发《关于进一步严肃纪律,加强资金结算管理的通知》《关于加强依法理财,规范核算管理的通知》,进一步统一政策,明确工作程序和标准。按照《集团公司财务监察办法》,制定《财务监察工作计划》,并结合部分工程项目暴露出的问题,对集团公司所属核算单位进行财务大检查,检查内容涵盖财务基础工作、内控制度执行、重大违法违规问题、会计核算合规性、会计信息真实性、财务核算及控制策划7个方面。通过检查，推行了好的经验做法，揭示了部分财务管理与核算中存在的问题和隐患，夯实了会计基础工作，提高了财务管理水平。年内启动资金集中管理系统建设，集团公司所属核算单位全部上线。策划高新企业税收缴纳方案，积极参与高新技术企业的申报，六公司、桥梁公司通过高新技术企业评定，可享受15%的所得税优惠政策。严格按照《关于规范研发支出会计核算的通知》要求，对新上研发项目的支出从列项、核算等方面予以规范和专项检查督导。积极创新资金集中方式，资金池建设取得新突破，集团公司资金集中度56%，进入“资金池”的资金保持在7.8亿元左右，年度资金结算量434亿元。在资金极为紧张的情况下，保证了沪杭、盘锦、京福等项目的生产资金，保障了邢汾高速、思遵高速、岷合公路等多项工程投标资金的需求。在不增加贷款的基础上，加强资金调控，顺利完成工程公司5亿多元的增资工作。加强债权管理，降低债权风险，制定《集团公司应收账款管理办法》，将在建项目的工程预付款、工程进度款等纳入管控范围。认真分析业主单位长期拖欠债权情况，合理制定年度清欠计划，拟订工作措施，明确责任人，全年清收长期拖欠债权10917万元。年内完成审计项目219项。其中，财务收支审计15项；经济责任审计5项；工程项目审计145项；经济效益审计19项；内控制度审计2项；专项审计调查25项；其他审计8项。出具审计报告211份，提出审计建议850条，发现问题金额1021万元。审计工作在维护职工权益和企业利益、规范工程项目内部管理、防范企业经营风险等方面起到了积极作用。　（郭　琳）

【科技创新】　2010年，集团公司参建的合肥至武汉铁路、石太铁路客运专线南梁隧道、云南思茅至小勐养高速公路获第十届中国土木工程詹天佑奖。开发的“马鹿箐隧道岩溶溃水风险控制及处治技术”、“250公里/小时客运专线无砟轨道大跨度斜腿刚构桥竖向转体综合施工技术”成果获中国施工企业管理协会一等奖，“高填石路堤施工关键技术及质量控制研究”成果获二等奖。全年10项工法被评为铁道部工法，2项工法被评为湖北省优秀工法。年内与股份公司新签科技合同4项，获资助经费100万元；5项科研课题在股份公司立项，其中“重庆轻轨跨城市运营轨道的小半径连续刚构梁桥施工综合技术研究”、“42号大号码高速无砟道岔铺设技术”、“武汉轨道交通工程跨江岸货场槽形梁拱组合桥施工技术”、“RL500长轨铺轨机组研制”4项课题完成关键技术研发，进入资料和影像整理阶段，“利比亚沙漠、盐碱地区高速铁路综合施工技术”处于实施阶段。开发的“武广铁路客运专线汀泗河特大桥综合施工技术”和“复合式土压平衡盾构机过复杂地质地段中间风井施工技术”两项科技成果通过湖北省科技厅组织的专家鉴定，分别达到国际领先水平和国际先进水平。全年申报专利15项，获得专利授权20项。集团公司制定科技发展项目142项，评选集团公司科技进步奖16项。　（汪　靖）

【内部保卫与综合治理】　根据国务院《企事业单位内部治安保卫工作条例》规定和集团公司要求，所属10个工程公司成立治安综合治理领导小组，明确职责，建立保卫机构和网络平台。年内，集团公司董事长王桂林与湖北省治安综合治理委员会签订目标责任书，并与工程公司主管签订治安综合治理目标管理责任书。全年培训保卫干部11名，协助施工项目处理纠纷4起，为189户369名职工办理武汉户口迁入手续；协助消防管理部门搞好消防设施检查，杜绝火灾隐患和事故，集团公司被评为湖北省治安综合治理优胜单位。（万　峰）

【党群工作】　党的工作。集团公司党委下辖二级党委15个、党总支4个、项目党工委186个、党支部260个，管理党员6764人，年内发展新党员227人。（1）党组织建设。2月，集团公司召开党代会进行换届选举，选举产生集团公司第二届党的委员会。6月，根据上级党委的统一部署和要求，集团公司党委确立“单位创先进，党员争优秀，职工提素质，企业上水平”的创先争优活动目标，并按照公开承诺、领导点评、群众评议和评比表彰的步骤扎实推进活动深入开展。各基层党组织结合实际，紧紧围绕“五个基本”、“七个体系”建设，创新活动载体，丰富活动内容，广泛开展“创岗建区”、“四强四优”等创先争优主题活动，有力推动企业全面建设和科学发展。集团公司领导班子连续3年被股份公司党委评为“四好领导班子”，集团公司党委被国资委授予全国国有企业先进基层党组织称号。（2）宣传思想工作。年内先后开展“治理隐患、防范事故”、“加强成本控制，提高经济效益”、“干好新项目，创造新业绩、作出新贡献”、“企业科学发展、优质发展、和谐发展”等宣传教育活动，通过下发通知、组织宣讲组、制作PPT课件、编写宣传教育提纲、撰写评论员文章、编发简报、开辟专栏等方式，推出典型，激励职工，激发劳动热情。2010年，集团公司继续保持湖北省思想政治工作最佳企业称号。集团公司本级组织党委中心组学习12次，编写中心组学习简报12期，集团公司党委中心组被湖北省国资委评为2008～2009年度先进党委中心组。全年在股份公司以上媒体刊稿

2992 篇(幅),集团公司 1 个单位、3 个项目部、5 名个人分别被股份公司表彰为企业文化建设先进单位、优秀项目部和先进个人。全年编辑、发行集团公司报 36 期 90 余万字。集团公司对外网站浏览量不断上升,内容更新及时,贴近实际,联系生产经营紧密,每日在线浏览 9000 余人,成为企业又一个重要宣传平台。集团公司继续保持全国文明单位荣誉称号,一公司、二公司、四公司、电务公司获湖北省最佳文明单位称号,六公司、建筑安装公司获湖北省文明单位称号,三公司、城市轨道公司获湖北省国资委文明单位称号。7 月 ~ 12 月,集团公司开展"践行企业价值观,提升企业发展软实力"专题教育活动,要求全体员工对照企业价值观开展自查,并提出整改措施。年内,集团公司被评为湖北省十大优秀企业文化品牌。(3)党风廉政建设。2 月,集团公司纪委完成换届工作,产生新一届纪律检查委员会,明确 9 名纪委委员各自工作领域的惩防体系建设责任目标。3 月召开集团公司党风建设与反腐倡廉工作会议,对企业党风建设和反腐倡廉工作提出明确要求。7 月 ~8 月,在集团公司各级领导人员中开展"依法合规、廉洁从业、规范管理意识"警示教育活动。年内编印《领导干部法律法规知识读本》5000 册,发至集团公司 271 个项目部的中层以上管理人员和管人、管钱、管物等关键岗位人员。组织 5400 多名职工参加股份公司组织的《国有企业领导人员廉洁从业若干规定》网络测试活动,集团公司获股份公司优秀组织奖,4 人获得个人奖励。每月坚持向全集团副科以上党员干部发送"廉政短信",全年发送短信 18000 余条;结合"夏季送清凉"活动,将印有"领导干部廉洁自律三字经"和"家庭助廉三字经"的扇子发放给企业广大职工。加强企业廉洁文化建设,制定《关于加强企业廉洁文化建设的实施意见》《中铁十一局集团公司推进廉洁文化"六进"工作实施方案》和《中铁十一局集团公司廉洁文化示范点创建工作办法(试行)》;完善企业党风廉政建设机制,修订《中铁十一局集团公司关于落实党风廉政建设责任制实施办法》和《中铁十一局集团公司党风廉政建设责任制检查考核实施细则》,出台《中铁十一局集团公司效能监察实施办法(暂行)》和《关于设立境外项目监察员的通知》,下发《中铁十一局集团公司创建"好班子"活动项目实施方案》,开展评选"纪委好班子"活动。深入推进企检共建工作,在集团公司 271 个项目部中,有 196 个项目部与驻地检察院进行了联系沟通;9 个工程公司本级和 92 个项目部与驻地检察院签订了开展共同预防职务犯罪工作意见书。全年派出检查组 23 个,抽调人员 64 人,对 97 个项目部实施效能监察,发现问题 177 个,提出处理或整改意见 205 条,受理违纪案件 1 件,行政处分 1 人。年内,集团公司新立案 20 件,结案 20 件,结案率 100%,处分 55 人。其中受党纪处分 10 人,受政纪处分 47 人,受党纪、政纪双重处分 2 人。集团公司纪委被评为湖北省国资委 2010 年度纪检监察工作改革创新年活动先进单位、2010 年度信息报送工作先进单位。

工会工作。集团公司工会下辖工程公司工会 12 个,工会会员 15867 人。年内,各级工会组织开展以"保增长、促发展、强管理、增效益"为主要内容的立功竞赛活动,以"五比四创"为主题,以创建"工人先锋号"为载体,以安全优质、工期信誉、降耗创效为重点开展劳动竞赛,一公司、二公司、三公司和桥梁公司分别获集团公司"五比四创"劳动竞赛优胜单位前三名。开展"为百日大干鼓劲、为参战员工加油"和"送清凉、鼓士气、保安全、促发展"的慰问活动,集团公司投入近百万元慰问一线职工。建家建线工作成效显著,一公司机运三队、桥梁公司、城市轨道公司、六公司龙佑机械厂女子工班分别被股份公司授予模范职工之家、模范职工小家称号。集团公司各级工会相继建成 15 个功能齐全的职工书屋,其中 9 个达到中华全国总工会示范点标准。在施工现场大力开展"安康杯"竞赛活动,一公司、三公司、六公司分别获全国和省级"安康杯"竞赛优胜单位称号;总结推广"一法三卡"成功经验,全面落实职工安全监督员制度,实行人卡结合,消除事故隐患,防范安全事故的发生。年内,集团公司筹集送温暖活动资金 211.48 万元,其中集团公司下拨慰问金 45.5 万元,慰问困难职工家庭 990 户、职工遗属 118 户、先进模范人物 104 名、离退休职工 1248 人。开展"金秋助学"活动,筹集资金 34 万元,其中集团公司下拨资金 12 万元,救助 381 名困难职工子女上学。各级工会在报刊、杂志刊登稿件 54 篇。其中,1 篇文章获湖北省五一新闻奖;1 份调研报告获湖北省总工会理论创新成果二等奖。年内,集团公司有 51 人次分别获得火车头奖章、湖北省五一劳动奖章、中国铁建"工人先锋号标兵"、中国铁建劳动模范、铁路客运专线劳动竞赛优秀组织者等荣誉,19 个集体分别获得火车头奖杯、湖北省五一劳动奖状、中国铁建"工人先锋号"集体、铁路客运专线劳动竞赛优胜单位等荣誉,四公司农民工尹衍成在湖北省总工会开展的"建功湖北农民工"评选活动中获"十佳农民工"称号,集团公司工会被评为全国"五五普法"先进单位和湖北省工会生活保障工作先进单位。

共青团工作。集团公司团委下辖二级团委 11 个、团总支 2 个、基层团工委 109 个、项目团支部 112 个;35 岁及以下青年职工 7711 人,团员 2625 人。年内,在 35 岁以下青年职工中开展青年员工问卷调查,7100 人接受问卷调查；调研组先后到兰新、大西、杭长、合福等项目开展青年职工座谈，及时了解团员青年思想动态，积累了大量第一手资料，形成《团员青年思想调研报告》，为集团公司党委开展青年工作提供了参考。9月16日～10月20日，集团公司团委开展"践行企业价值观，提升企业发展软实力"演讲比赛，从诚信、创新、安全、质量等不同侧面，讲述企业和个人践行企业价值观的感人事迹，用身边的故事阐释"诚信"、"创新"、"精品"、"人品"的理念，评出18名优秀选手到工程项目部进行巡回演讲，激励广大青年职工在劳动竞赛中建功立业。开展"青年突击队"活动，广大团员青年主动承担"急、难、险、重"任务，为企业施工生产作出应有贡献。湖北地铁汉口站项目总工程师陈冠琪被授予湖北省"青年岗位能手"称号，城市轨道公司青年团员郑东升被评为湖北省优秀团员；五公司沪杭铁路客运专线项目部获湖北省企业团工委"青年文明号"称号，武广铁路客运专线乌龙泉至花都段项目部获中央企业团工委"青年文明号"称号。 （宋大勇）

【第一工程有限公司】 公路、市政公用工程施工总承包一级，铁路工程施工总承包二级，地基与基础、桥梁、隧道、公路路面、公路路基工程专业承包一级资质企业。驻湖北省襄樊市航空路73号。前身为中国人民解放军铁道兵第一师第一团，1984年1月1日集体转业并入铁道部，改编为铁道部第十一工程局第一工程处；2001年9月26日企业改制改称现名。执行董事、总经理卞圣洲，党委书记包晓东。下辖13个工程队、4个机运队、2个移动模架专业队、2个无砟轨道专业队及机械设备经租站、物资租赁站、荣铁劳务公司，派出工程项目部48个。职工2385人。其中，干部1340人；工人1045人。专业技术干部1013人，占干部总数的75.6%；技术工人901人，占工人总数的86.2%。资产总额219620.69万元。其中，固定资产原值70340.71万元、净值44214.56万元；流动资产174592.77万元。机械运输设备347台（套），总功率44528千瓦，动力装备率18.7千瓦/人，技术装备率5.2万元/人。年施工能力50亿元以上。

2010年新签合同额40.27亿元，完成企业总产值595153万元，实现利润6000.32万元。国有资产保值增值率139.86%，净资产收益率30.97%，产值利润率1.05%，资产负债率90.37%，应上缴款完成率100%。全员劳动生产率265944元/人年，人均创利34644元，职工年人均收入31773元。完成主要实物工程量：土石方2003万立方米，隧道20257延长米，桥梁36407延长米，涵渠7104横延米，铁路架梁92孔，圬工5.4万立方米，公路61.6公里。实现安全生产27年，工程质量合格率100%。 （周明进　陈小刚）

【第二工程有限公司】 公路、市政公用工程施工总承包一级，铁路工程施工总承包二级，房屋建筑工程施工总承包三级，公路路基、公路路面、桥梁、隧道、水工隧洞工程专业承包一级资质企业。驻湖北省十堰市白浪中路99号。前身为中国人民解放军铁道兵第一师第二团，1984年1月1日集体转业并入铁道部，改编为铁道部第十一工程局第二工程处；2001年9月18日企业改制改称现名。执行董事兼总经理王胜祖，党委书记陈志明。公司下辖5个工程队、2个专业施工队、2个机械化专业施工队、2个分公司及设备物资管理中心、铁源公司、铁建医院、生活服务中心，派出工程项目部39个。职工2112人。其中，干部1067人；工人1045人。专业技术干部868人，占干部总数的81%；技术工人813人，占工人总数的78%。资产总额240591万元。其中，固定资产原值50218万元、净值31507万元；流动资产206534万元。机械运输设备313台（辆），总功率57703千瓦，动力装备率27.3千瓦/人，技术装备率10.7万元/人。年施工能力59.16亿元。

2010年承揽工程任务70300万元，完成企业总产值59.16亿元，其中施工产值59.16亿元；实现利润7500万元。全员劳动生产率354479元/人年，人均创利28125元，职工年人均收入32329元。国有资产保值增值率182.92%，净资产收益率33.36%，产值利润率1.3%，资产负债率91.31%，应上缴款完成率100%。完成主要实物工程量：土石方2036.08万立方米，桥梁39579.21延长米，隧道10218.92延长米，涵渠12585.89横延米，铁路正线铺轨97.9公里，站线铺轨48.91公里，铺道岔56组，公路路面1186.98万平方米。实现连续安全生产1856天。年内，公司获得全国质量安全信誉AAA级优秀施工企业、湖北省守合同重信用企业、湖北省劳动竞赛先进单位等荣誉，参建的上海轻轨工程获中国市政工程金杯奖。 （邵　玉）

【第三工程有限公司】 铁路、市政公用、公路工程施工总承包一级，房屋建筑工程施工总承包二级，铁路铺轨架梁、公路路基、桥梁、隧道工程专业承包一级，混凝土预制构件工程专业承包二级及爆破施工资质企业。驻湖北省十堰市武当路15号。前身为中国人民解放军铁道兵第一师第三团，1984年1月1日集体转业并入铁道部，改编为铁道部第十一工程局第三工程处；2001年9月26日企业改制改称现名。董事长张树海（3月免），执行董事兼总经理崔幼飞（3月任）；党委书记吴启新（3月免），王荃荃（3月任）。下辖16个工程队、8 个专业化分公司和黄石中投公司、黄石区域经营事业部、老河口设备物资基地及鹰潭、十堰房产管理部,派出工程项目部 43 个。职工 2913 人。其中,干部 1257 人;工人 1656 人。专业技术干部 1002 人,占干部总数的 79.71%;技术工人 1476 人,占工人总数的 89.13%。资产总额 330631 万元。其中,固定资产原值 91637 万元、净值 55252 万元;流动资产 264885 万元。机械运输设备 653 台(辆),总功率 130171.8 千瓦,动力装备率 44.9 千瓦/人,技术装备率 18.1 万元/人。年施工能力 60 亿元以上。

2010 年承揽工程任务 17.34 亿元,完成企业总产值 632022 万元。其中,施工产值 630077 万元;附营收入 1945 万元。实现利润 5827.55 万元。全员劳动生产率 31 万元/人年,职工年人均收入 32232 元。国有资产保值增值率 193.43%,净资产收益率 38.51%,产值利润率 0.947%,资产负债率 93.97%,应上缴款完成率 100%。完成主要实物工程量:土石方 1394 万立方米,桥梁 23909 延长米,涵渠 6680.9 横延米,隧道 4604 延长米,房屋建筑 1.32 万平方米,铁路铺轨 1206.3 公里,地铁铺轨 77.7 公里,铁路制梁 727 孔,铁路架 T 梁 4104 孔,铁路架 900 吨箱梁 340 孔,铺设道岔 384 组、道砟 35.8 万立方米,无砟轨道安装 4.9 公里,公路制梁 2327 片,公路架梁 1839 片。安全生产处于可控状态,安全工作持续稳定。无因工重伤及以上责任事故;杜绝因施工造成铁路行车一般及以上事故。

(徐新斌)

【第四工程有限公司】 公路、市政公用工程施工总承包一级,铁路工程施工总承包二级,土石方、桥梁、隧道、公路路基工程专业承包一级资质企业。驻湖北省武汉市东湖开发区华光大道 21 号。前身为中国人民解放军铁道兵第一师第四团,1984 年 1 月 1 日集体转业并入铁道部,改编为铁道部第十一工程局第四工程处;2001 年 9 月 28 日企业改制改称现名。执行董事兼总经理余先江,党委书记李成伟。下辖 18 个工程队,5 个基地,派出工程项目部 60 个。职工 2829 人。其中,干部 1253 人;工人 1576 人。专业技术干部 1067 人,占干部总数的 85%;技术工人 1497 人,占工人总数的 95%。资产总额 261971 万元。其中,固定资产原值 54644 万元、净值 31379 万元;流动资产 227457 万元。机械运输设备 426 台(辆),总功率 57373 千瓦,动力装备率 20.3 千瓦/人,技术装备率 3.7 万元/人。年施工能力 50 亿元。

2010 年承揽工程任务 25.11 亿元,完成企业总产值 49.28 亿元,实现利润 2415 万元。国有资产保值增值率 119.81%,净资产收益率 19.81%,产值收益率 7.44%,资产负债率 93.72%,应上缴款完成率 100%。完成主要实物工程量:土石方 2756 万立方米,桥梁 35297 延长米,涵渠 8291 横延米,隧道 28131 延长米。连续安全生产 2360 天。年内,公司获全国优秀施工企业、全国“安康杯”优胜企业、湖北省建筑业统计先进单位、武汉市守合同重信用企业称号,获中国土木工程詹天佑奖和中国市政工程金杯奖各 1 项。 (杨钟明)

【第五工程有限公司】 公路、市政公用工程施工总承包一级,房屋建筑、铁路、水利水电工程施工总承包二级,公路路基、桥梁、隧道、水工隧洞、土石方工程专业承包一级资质企业。驻重庆市沙坪坝区新桥新村 71 号。前身为中国人民解放军铁道兵第二十九团,1984 年 1 月 1 日集体转业并入铁道部,改编为铁道部第十一工程局第五工程处;2001 年 9 月 28 日企业改制改称现名。总经理王建红,党委书记蒋国云。下辖 16 个专业工程队、5 个子(分)公司,派出工程项目部 43 个。职工 2315 人。其中干部 1330 人;工人 985 人。专业技术干部 1031 人,占干部总数的 77%;技术工人 823 人,占工人总数的 83.5%。资产总额 221814.1 万元。其中,固定资产原值 60461.8 万元、净值 42821.1 万元;流动资产 177744.8 万元。机械运输设备 541 台(套),总功率 86492 千瓦,动力装备率 38.8 千瓦/人,技术装备率 8.65 万元/人。年施工能力 50 亿元以上。

2010 年承揽工程任务 251900 万元,完成企业总产值 559941.3 万元。其中,施工产值 559124 万元;附营产值 817.3 万元。实现利润 5004.2 万元。全员劳动生产率 2418753 元/人年,人均创利 21616 元,职工年人均收入 32435 元。国有资产保值增值率 157.27%,净资产收益率 33.76%,产值利润率 0.89%,资产负债率 92%。完成主要实物工程量:土石方 2093.8 万立方米,桥梁 22464 延长米,隧道 42036 延长米,涵洞 8291 横延米,制架梁 2026 片。年内,公司获得 2009 年度重庆市建筑业先进企业、2009 ~ 2010 年度重庆市守合同重信用企业、重庆市 AAA 诚信建筑企业、重庆市第七届职业道德建设十佳先进单位、重庆市五一劳动奖状、重庆市安全工作先进单位、全国 QC 小组活动优秀企业等荣誉;承建的渝湘高速公路沙坝隧道被评为重庆市巴渝杯优质工程,武广赤壁特大桥被评为湖北省楚天杯优质工程。 (朱 君)

【第六工程有限公司】 机电安装工程施工总承包一级,铁路、市政公用工程施工总承包三级,钢结构、环保、管道工程专业承包三级资质企业,具有 A 级起重机械制造安装及改造维修、SPJ 型 900T 架桥机制造、MGTL 型 450 吨通用门式起重机制造、三级锅炉安装改造维修、CA砂浆搅拌车生产许可证。驻湖北省襄樊市七里河路2号。前身为中国人民解放军铁道兵第一师修理营,1984年1月1日集体转业并入铁道部,改编为铁道部第十一工程局修理厂;1999年10月更名为基建安装工程处,2001年8月1日更名为基建安装工程分公司,2007年2月8日改制改称现名。执行董事兼总经理韩阁,党委书记余振东。下辖机械产品事业部、海外事业部,派出工程项目部16个。职工735人。其中,干部378人;工人357人。专业技术干部324人,占干部总数的85.7%;高级技师9人,技师24人。资产总额65390万元。其中,固定资产原值29546万元、净值23631万元;流动资产33629万元。机械运输设备247台(套),总功率14066.3千瓦,动力装备率19.16千瓦/人,技术装备率25.85万元/人。年施工能力10亿元。

2010年承揽工程任务60133万元,完成企业总产值81257万元,其中,施工产值61203万元;工业产值20054万元。实现利润2494万元。全员劳动生产率1105537元/人年,人均创利33932元,职工年人均收入33766元。国有资产保值增值率138.28%,净资产收益率27.06%,产值利润率8.19%,资产负债率81.77%,应上缴款完成率100%。完成主要实物工程量:铁路箱梁1389孔、PC梁架设1636榀,双线无砟轨道铺设61.84公里。实现安全生产7652天。

(邹　莉)

【电务工程有限公司】 通信工程施工总承包一级,房屋建筑工程施工总承包三级,机电设备安装、建筑智能化、铁路电务、铁路电气化、送变电工程专业承包一级,通信信息网络系统集成甲级资质企业。驻湖北省武汉市东湖新技术开发区佳园路19号。前身为中国人民解放军铁道兵直属通信信号第三工程营,1984年1月1日集体转业并入铁道部,改编为铁道部第十一工程局电务工程段;1986年4月改为电务工程处,2001年9月26日企业改制改称现名。执行董事、总经理吴刚,党委书记严新金。下辖项目管理中心、通信信号事业部、电力电化事业部、上海项目部、广州区域项目部、成都区域项目部、上海区域项目部、武汉区域项目部、重庆区域项目部和沈阳区域项目部,派出工程项目部26个。职工340人。其中,干部257人;工人83人。专业技术干部147人,占干部总数的57.2%;技术工人63人,占工人总数的75.9%。资产总额65765万元。其中,固定资产原值6674万元、净值5482万元;流动资产57857万元。机械运输设备72台(辆),仪器、仪表118台(套),总功率8995千瓦,动力装备率26.46千瓦/人,技术装备率10.88万元/人。年施工能力20亿元以上。

2010年新签合同额12.5亿元,实现营业收入8.5亿元,实现净利润907万元。全员劳动生产率207.5万元/人年,人均创利32200元,职工年人均收入42235元。国有资产保值增值率120.61%,净资产收益率6%,产值利润率1.1%,资产负债率83.89%,应上缴款完成率100%。完成主要实物工程量:通信光缆1936.5条公里,设备安装1372站;信号联锁道岔372组,自动闭塞146.78公里;电力输变电线路1024.29公里,变电所4座;电气化接触网702.7条公里,牵引变电所21座;"三电"拆迁2018处;房屋建筑3400平方米。实现连续安全生产9043天。 (李　毅)

【建筑安装工程有限公司】 房屋建筑工程施工总承包一级,市政公用工程施工总承包一级,铁路工程施工总承包二级,地基与基础、钢结构工程专业承包一级,建筑装修装饰、环保工程专业承包二级资质企业。驻湖北省襄樊市长虹北路3号。前身为中国人民解放军铁道兵第一师设计科,1984年1月1日集体转业并入铁道部,改编为铁道部第十一工程局勘测设计研究院;1996年6月改称建筑安装工程处,2001年9月20日企业改制改称现名。执行董事兼总经理王发明,党委书记黄仕典。下辖勘测设计所、机械化施工部、武汉分部及若干个工程项目部。职工885人。其中,干部615人;工人270人。专业技术干部398人,占干部总数的64%;技术工人217人,占工人总数的80%。资产总额61054万元。其中,固定资产原值10132万元、净值6829万元;流动资产52220万元。机械运输设备124台(辆),总功率9151.5千瓦,动力装备率10.96千瓦/人;技术装备率2.52万元/人。年施工能力15亿元。

2010年承揽工程任务206841万元,完成企业总产值100576万元。其中,施工产值100275万元;附营收入301万元。实现利润1701万元。全员劳动生产率17.52万元/人年,人均创利18124元,职工年人均收入30812元。国有资产保值增值率100%,净资产收益率23.99%,产值利润率1.69%,资产负债率82.75%,应上缴款完成率100%。完成主要实物工程量:土石方309.9万立方米,桥梁5140延长米,隧道320延长米,涵渠1206横延米,房屋建筑151559平方米。分项工程合格率100%。实现安全生产9233天。公司被湖北省评为文明单位,连续3年获湖北省守合同重信用企业称号。

(王晓颖)

【桥梁有限公司】 桥梁工程、混凝土预制构件专业承包二级,钢结构工程专业承包三级资质企业。集高速铁路箱梁和高速铁路大板、博格板及城市轻轨PC梁、U型梁制造、铁路轨下产品生产,工业、贸易、物流、房地产开发、战备器材桥梁租赁于一体。驻江西省鹰潭市南站路24号。前身为中国人民解放军铁道兵鹰潭仓库,组建于1954年6月;1984年1月1日集体转业并入铁道部,改编为铁道部工程指挥部鹰潭材料总厂;1989年更名为中国铁道建筑总公司鹰潭战备材料总厂,2001年11月28日划转中铁十一局集团有限公司,2003年7月1日企业改制改称为鹰潭战备材料总厂有限公司,2007年8月10日更名为中铁十一局集团桥梁有限公司。执行董事、总经理严韧,党委书记胡士华。下辖铁路制品公司、物业管理公司、器材租赁公司、多种经营公司、重庆城市轻轨PC制梁场、重庆U型梁场、武汉城际铁路项目经理部、向莆铁路抚州制枕基地、津保项目经理部、长昆项目经理部、成渝项目部、诸暨制梁场、绩溪制梁场、合福铁路I标段项目部、德兴轨枕场。职工416人。其中,干部270人;工人146人。专业技术干部224人,占干部总数的83%;技术工人119人,占工人总数的81.5%。资产总额75572万元。其中,固定资产原值28610万元、净值24703万元;流动资产45318万元,机械运输设备459台,铁路专用线5条3.747公里,料场、库房10万余平方米,年吞吐能力40万吨。公司是铁道部重要的战备物资储备单位,华东地区最大的物流储备基地之一。

2010年自揽任务2.33亿元,完成企业总产值17.2亿元,实现利润2949万元。全员劳动生产率413.46万元/人年,人均创利79697元,职工年人均收入29676元。资产负债率82.34%,产值收益率7.6%。全年生产轨枕43.8万根,销售轨枕45.43万根。实现安全生产9834天。年内,公司获湖北省"安康杯"竞赛活动优胜企业和江西省文明单位、高新技术企业、优秀企业称号,被江西省评为2010年度劳动保障诚信等级AAA级单位。 (杨汉思)

【城市轨道工程有限公司】 隧道、市政公用、地基与基础工程施工总承包一级,房屋建筑工程施工总承包二级,混凝土预制构件专业承包二级,城市轨道交通工程专业承包资质企业。驻湖北省武汉市东湖开发区华光大道23号。前身为中铁十一局集团公司广州地铁工程指挥部、广州分公司、城市轨道工程公司,2007年8月企业改制改称现名。执行董事兼总经理徐加兵,党委书记张平。机关设11个职能部门,派出工程项目部24个。职工581人。其中,干部528人;工人53人。工程技术人员297人,占干部总数的56%。资产总额137551万元。其中,固定资产原值53795万元、净值42359万元;流动资产76106万元。机械设备190台(套),总功率33906千瓦,动力装备功率58千瓦/人,技术装备率60万元/人。年施工能力20亿元。

2010年承揽工程任务39.28亿元,完成企业总产值121745万元,实现利润1738万元。全员劳动生产率239万元/人年,人均创利2.8万元,职工年人均收入39073元。国有资产保值增值率114.12%,净资产收益率13.7%,产值利润率1.43%,资产负债率92.03%,应上缴款完成率100%。完成主要实物工程量:土石方179.56立方米,地铁14392米,管片钢筋混凝土12477立方米。实现连续安全生产1235天。年内,公司被评为全国"安康杯"竞赛优胜单位、湖北省先进建筑业企业。 (余忠娥 杨红梅)

【房地产开发有限公司】 主要从事房地产开发、销售、出租和自建商品房管理,具有房地产开发暂定资质。驻湖北省武汉市武昌区中山路347号。2010年3月成立。执行董事赵晋华(兼),总经理、党委书记代峪。下设市场开发部、计划财务部、综合办公室。职工7人。资产总额5025万元。其中,固定资产原值39万元、净值10万元;流动资产5015万元。

2010年,公司对湖北省和重庆市房地产行业进行市场调查,形成可行性报告5份,为公司起步奠定基础。 (郭 雪)

【襄樊管理部】 驻湖北省襄樊市七里河路2号。2006年9月,由襄樊基地资产管理开发中心与原襄樊管理部合并组建;2009年12月30日主体划转并入六公司,继续保留和使用襄樊管理部名称。党委书记王红彦。下辖襄阳管理分部。代表集团公司协调处理与当地政府的关系,负责退休、内退、待岗职工管理和襄樊基地全面管理。职工212人。资产总额411万元。其中,固定资产原值98万元、净值37万元;流动资产374万元。职工年人均收入17147元。 (陈 莉)

【重要记载】

▲1月10日 中铁十一局集团公司董事长、党委书记王桂林被评为湖北经济十大风云人物。

▲2月2日 一公司、四公司参建的浙赣铁路温厚特大桥工程获2009年度国家优质工程银质奖。

▲2月2日~3日 中国共产党中铁十一局集团公司第二次代表会议召开。

▲2月3日~4日 集团公司2010年度工作会、党委全会、职代会在武汉召开。

▲2月22日 集团公司铁路隧道工程质量安全专项整治活动动员会在武汉召开。

▲2月28日 电务公司铜九铁路信号工程、京石

铁路客运专线“三电”迁改工程获火车头奖杯，新建的合肥至南京铁路客运专线“四电”系统集成工程获2009年度股份公司优秀设计一等奖。

▲3月4日　集团公司2010年经济管理工作专题会在武汉召开。

▲3月5日~6日　集团公司2010年党风建设和反腐倡廉工作会议在武汉召开。

▲3月10日~11日　集团公司2010年工程调度暨物资设备管理工作会议在武汉召开。

▲4月10日　电务公司承建的上海轨道交通10号线接触网系统供电工程全线一次性送电成功。

▲4月21日　集团公司及所属单位开展向玉树灾区“送温暖、献爱心”捐款活动，当天捐款403066元。

▲5月4日　集团公司团委积极响应团中央号召，在城市轨道公司武汉地铁2号线16标段项目部开展主题为“百元奖励，万分牵挂”的关爱农民工子女心手相牵活动，集中拨款5000元，奖励项目工地中50名各自在家表现优异的农民工子女，勉励他们安心读书、奋发成才。

▲6月22日　集团公司建桥史上的第一座高桥——厦蓉高速公路排调河1号特大桥(高135米)胜利合龙。

▲7月6日　集团公司与常林股份有限公司签定战略合作协议，双方在工程机械产品上建立战略合作关系。

▲7月　二公司被评为全国质量安全信誉AAA级优秀施工企业。

▲8月10日　集团公司承建的新疆维吾尔自治区克孜河流域首座山区控制性水利枢纽工程——卡拉贝利水利枢纽工程举行奠基仪式。

▲9月4日　集团公司2010年生产经营工作会、党委二届三次全委(扩大)会、“质量管理年”活动暨新上铁路项目建设动员会在武汉召开。

▲9月28日　集团公司承建的武汉轨道交通2号线汉口站土建工程和武汉市轨道交通2号线一期工程24标段工程、建筑安装公司参建的武广铁路客运专线赤壁北站工程获2010年度湖北省楚天杯优质工程奖。

▲10月26日　二公司、五公司承建的石武铁路客运专线木兰隧道贯通。

▲11月6日　集团公司承建的中国首座高速铁路主跨140米钢箱系杆拱桥——武广高速铁路汀泗河特大桥综合施工技术在武汉通过鉴定。该桥主跨140米下承式钢箱系杆拱拼装新工艺、高速铁路大跨度钢桥铺设无砟轨道等总体施工技术达到国际领先水平，开创大跨度钢桥铺设无砟轨道的先例。

▲12月4日　集团公司获湖北省十大优秀企业文化品牌称号。

▲12月22日　集团公司在广东珠三角城际轨道交通2010年下半年施工企业信用评价大检查中排名第一。

▲12月　建筑安装公司被评为湖北省守合同重信用企业。

(郭　琳)

中铁十二局集团有限公司

【简况】　中铁十二局集团有限公司具有铁路工程施工总承包特级，房屋建筑、公路、水利水电、市政公用工程施工总承包一级，桥梁、隧道、公路路面、公路路基工程专业承包一级，城市轨道交通工程专业承包和地质灾害防治工程甲级资质，并享有对外承包工程资格和对外合作经营权。公司机关驻山西省太原市西矿街130号。下辖第一、第二、第三、第四工程有限公司，建筑安装工程有限公司、电气化工程有限公司、第七工程有限公司、市政工程有限公司、海南振海工程有限公司、铁路养护工程有限公司、海外工程有限公司，广州、华东、西北、川渝、云贵工程指挥部，物资公司、铁道大厦、中心医院、兴城疗养院、湘潭铁路工程学校、北京办事处、物业管理中心、资金调度中心等单位。职工17231人。其中，干部9203人；工人8028人。专业技术干部8475人，占干部总数的92.08%；技术工人5113人，占工人总数的63.7%。资产总额290.14亿元。其中，固定资产净值29.63亿元；流动资产255.54万元；货币资金59.92亿元。机械运输设备5510台(辆)，原值342349.2万元、净值245749.7万元，总功率569249千瓦，动力装备率34.6千瓦/人，技术装备率14.9万元/人。年内新购设备694台，价值72296.3万元。主要设备完好率96.8%，利用率81.4%，新度系数0.72，综合机械化施工水平89.9%。年施工能力450亿元以上。

2010年承揽工程任务118项，合同总额543.73亿元。完成企业总产值436.8亿元，其中施工产值435.8亿元；实现利润80887万元。职工年人均收入58092元。资本金收益率75.76%，净资产收益率30.06%，产值利润率1.65%，资产负债率90.89%。完成主要实物工程量：土石方10287万立方米，隧道232000延长米，桥梁233000延长米，铁路架梁4602孔，公路架梁5804片，地铁5150米，公路96公里，公路路面459

万平方米,房屋建筑120.8万平方米,通信线路830公里,供电线路675公里,电气化接触网443公里。工程质量合格率100%。年内发生隧道地质灾害重大塌方事故1起。集团公司获中国建设工程鲁班奖1项、国家优质工程银质奖1项、省部级优质工程奖17项;获全国工程建设优秀质量管理小组4个、省部级优秀质量管理小组3个;8项科技成果通过省级成果鉴定,其中3项成果达到国际领先水平;获得国家授权专利38项,其中发明专利2项;获国家级科技进步奖2项,中国土木工程詹天佑奖4项,省部级科技进步奖14项。

(张林祥)

【领导人员】

董事会

董事长	史道泉
副董事长	宋津喜
董事	史道泉
	宋津喜
	霍玉华
	刘永年

监事会

监事	王爱民
	庄学海
	窦光武

经理层

总经理	宋津喜
副总经理	霍玉华
	和万春
	张喜胜
	薛如明
	乔志东
	祁玺剑
	向远华
	原　军
总工程师	高治双
总会计师	王锦友
顾问	陈汉彪(2月退休)

党群领导

党委书记	史道泉
党委副书记	宋津喜
	王爱民
	刘永年(2月任)
纪委书记	王爱民(兼)
工会主席	刘永年(兼)

(唐运尚)

【工程项目指挥机构】 京沪高速铁路4标段项目经理部　驻安徽省蚌埠市环湖西路345号市委党校。项目经理宋津喜,常务副经理高治双,党工委书记张仲理。

柳南铁路工程指挥部　驻广西壮族自治区南宁市中华支一路3号华夏大酒店。指挥长兼党工委书记向远华。

京石铁路客运专线项目经理部　驻河北省石家庄市联盟路639号。项目经理兼党工委书记胡建国。

武汉铁路枢纽工程指挥部　驻湖北省武汉市江汉区复兴二村常宏里23号力兴花园A座。指挥长贾康田。

甘泉铁路工程指挥部　驻内蒙古自治区包头市甲尔坝新村B区99号。指挥长赵晓文,党工委书记厉建宗。

集包(张集)铁路增建二线工程指挥部　驻内蒙古自治区卓资县迎宾西路粮贸宾馆。指挥长赵西民,党工委书记房文重。

贵广铁路工程指挥部　驻广西壮族自治区桂林市北辰路438号。指挥长李天胜,党工委书记黄明义。

渝利铁路工程指挥部　驻重庆市渝北区龙塔街道兴盛大道281号。指挥长兼党工委书记赵树林。

广珠铁路工程指挥部　驻广东省佛山市三水区西南镇沙头街30座。指挥长宋新录,党工委书记洪杰。

西康铁路二线工程指挥部　驻陕西省镇安县岭南路29号。指挥长兼党工委书记易继武。

兰新铁路二线(新疆段)项目经理部　驻新疆维吾尔自治区乌鲁木齐市达坂城区新冠酒店。指挥长兼党工委书记祁玺剑,常务副指挥长邸建玄。

兰新铁路二线(甘青段)项目经理部　驻甘肃省玉门市玉门镇玉关路17号。指挥长范军,党工委书记夏跃进。

宁安铁路1标段工程指挥部　驻安徽省铜陵市长江西路1729号天井湖宾馆1号楼。指挥长窦光武,党工委书记牛守信。

宁安铁路6标段工程指挥部　驻安徽省池州市贵池区秋浦西路20号。指挥长欧邦云,党工委书记朱双成。

大西铁路客运专线工程指挥部　驻山西省临汾市育红路9号。指挥长霍玉华,党工委书记王桂元。

山西中南部铁路通道项目经理部　驻山西省临县218省道郝家坡收费站院内。项目经理兼党工委书记祁玺剑。

张唐铁路项目经理部　河北省承德市鹰手营子矿区鹰城大街12号。项目经理史聪慧。

沪昆铁路客运专线云南段项目经理部　驻云南省马龙县环城西路延长线乐熙酒店。项目经理和万春,常务副经理兼党工委书记刘建佳。

沪昆铁路客运专线长昆湖南段项目经理部　驻湖南省邵阳市隆回县金石桥镇双鑫大道。项目经理兼党工委书记董裕国。（张林祥）

【职工队伍】　职工17231人。干部9203人，其中各类专业技术干部8475人，占干部总数的92.08%。学历结构：大学本科以上6693人，大学专科1565人，中专558人，高中以下387人。年龄结构：25岁以下2668人，26岁~30岁2385人，31岁~35岁1220人，36岁~40岁1177人，41岁~45岁505人，46岁~50岁465人，51岁~54岁451人，55岁以上332人。年内接收大学本科毕业生1241人。

工人8028人，其中技术工人5113人，占工人总数的63.7%。4627人获得国家职业技能鉴定资格。其中，初级工197人；中级工676人；高级工2751人；技师882人；高级技师121人。学历结构：初中及以下3583人，高中2650人，中专、技校、职高1230人，大专、高职509人，本科56人。年龄结构：30岁以下709人，31岁~40岁1746人，41岁~50岁2955人，51岁~60岁2618人。（蒲晋东）

【工程施工】　京沪高速铁路土建4标段工程　位于江苏省、安徽省境内，经徐州、宿州、蚌埠、滁州4个地级市，正线全长285.7公里，合同投资170.4亿元，合同工期2008年1月~2011年12月。主要工程量：路基62.9公里，桥梁54座222310延长米，隧道2座460延长米，涵洞178座。由集团公司与中铁十四、十五局集团公司联合承建，集团公司承担96.2亿元施工任务。2010年完成投资22.05亿万元。

贵广铁路GGTJ-6标段工程　位于广西壮族自治区桂林市临桂县、灵川县境内，全长66.2公里，合同投资57.28亿元，合同工期2008年12月19日~2013年6月18日。主要工程量：隧道14座30100延长米，桥梁45座23500延长米。2010年完成投资15.66亿元。

沪杭铁路HHZQ-4标段工程　位于浙江省嘉善县境内，正线全长19.202公里，合同投资16.53亿元，合同工期2009年4月~2010年9月。主要工程量：路基1.28公里，特大桥2座17920延长米，单线无砟轨道道床38.404公里，车站1座。2010年完成投资32915万元。

广昆铁路扩能改造工程　全长25.5公里，合同投资10.76亿元，合同工期2007年10月~2010年9月30日。主要工程量：桥梁4座2391.7延长米，隧道4.5座20398延长米。2010年完成投资23535万元。

京石铁路客运专线JS-4标段工程　位于河北省石家庄市境内，分为京石正线和石太直通线两部分，京石正线全长28公里，石太直通线全长24.2公里。集团公司管段合同投资10.04亿元，合同工期2008年10月~2011年10月。2010年完成投资34211万元。

广珠铁路SG-2标段工程　位于珠江三角洲的佛山、江门、珠海三市境内，全长44.399公里，合同投资14.76亿元，合同工期2008年3月31日~2011年11月30日。主要工程量：改移道路49处，区间正线路基长14.459公里，桥梁13座25811双线延长米，涵洞93座2579.16横延米，新建车站2座。2010年完成投资40543万元。

湘桂铁路扩能改造XG-3标段工程　全长59.06公里，合同投资17.5亿元，合同工期2009年3月~2012年3月。主要工程量：区间路基土石方426万立方米，站场土石方79.3万立方米，桥梁24座13440.4延长米，隧道5座5640延长米，涵洞158座3740.25横延米。2010年完成投资48768万元。

向莆铁路XPFJ-3标段工程　位于赣东和闽中地区，全长235.41公里，合同投资9.2亿元，合同工期2008年10月~2012年5月。主要工程量：隧道21.5座73537延长米，桥梁33座8693.09延长米，涵洞18座，新建车站3座。2010年完成施工产值40847万元。

渝利铁路土建1标段工程　位于重庆市境内，全长36.118公里，合同投资36.4亿元，合同工期2008年12月~2013年12月。主要工程量：路基土石方1132.6万立方米，桥梁49座28650延长米，隧道21座32426延长米，涵洞3237.37横延米，无砟道床铺轨18.71公里。2010年完成投资13.19亿元。

济南西客站ZH标段工程　合同工期2008年6月~2011年4月。主要工程量：框架桥6座，旅客地道1座；特大桥10座，其中单线桥10511.9延长米、双线桥52921延长米；涵洞23座。2010年完成施工产值65091万元。

西安北站房工程　位于陕西省西安市城区中轴未央路、城市三环路及绕城高速公路交通枢纽衔接处，与西安市地铁2号线相连。地下1层、地上2层，建筑面积115233平方米，站台雨棚53708平方米，高架站房8770平方米。合同投资25亿元。2010年完成施工产值14.43亿元。

柳州至南宁铁路Ⅴ标段工程　全长54.032公里，合同投资32.96亿元，合同工期2009年10月1日~2011年12月31日。主要工程量：双线特大桥18座21161.318延长米，双线大桥29座6929.98延长米，双线中桥18座1613.732延长米；隧道8座6704延长米；涵洞41座1119.23横延米；新建五塘车站。2010

年完成施工产值18亿元。

大西铁路客运专线8标段工程　位于山西省临汾市辖内的洪洞县、尧都区、襄汾县、侯马市、运城市新绛县境内，全长99.295公里，合同投资78.01亿元，合同工期2010年3月10日~2012年7月20日。主要工程量：路基土石方387万立方米，特大桥5座72995.17延长米，隧道6座13254延长米，涵洞1119.75横延米，站场4处，CRTSI型双块式无砟轨道道床194.93公里。2010年完成施工产值24.79亿元。

兰新铁路第二双线LXTJ8标段工程　位于新疆维吾尔自治区乌鲁木齐市达坂城区境内，全长42.382公里，合同投资21.7亿元，合同工期2010年1月1日~2013年12月31日。主要工程量：路基27.707公里，桥梁20座10083延长米，隧道1座4590延长米，涵洞84座2703.5横延米，无砟轨道道床84.337公里。2010年完成施工产值66730万元。

哈罗铁路哈密南至罗布泊工程　位于新疆维吾尔自治区哈密地区、吐鲁番地区和巴音郭楞蒙古自治州内，合同投资12.84亿元。主要工程量：S1标段路基71.403公里，桥梁24座6413.94延长米，涵洞92座2073.96横延米；全线S1、S2标段T梁架设279孔，正线铺轨374.83公里。合同工期2010年3月1日~2011年12月30日。2010年完成施工产值3.5亿元。

宁安铁路1标段工程　位于安徽省铜陵市境内，全长60.081公里，合同投资35.03亿元，合同工期2009年3月20日~2012年12月31日。主要工程量：桥梁31座32400延长米，隧道5座1606延长米，路基26.1公里，区间路基土石方482.9万立方米，站场路基土石方119.8万立方米，涵洞112座3553横延米，制、架箱梁956孔，无砟轨道125.98公里。2010年完成施工产值8.99亿元。

宁安铁路6标段工程　位于安徽省池州市、安庆市境内，全长42.7公里，合同投资28亿元，合同工期2009年12月~2012年12月31日。主要工程量：路基12.42公里，桥梁22座27420延长米，涵洞61座1660横延米，无砟道床23.12公里，有砟道床19.58公里，正线铺轨250.24公里，站线铺轨42.07公里。2010年完成施工产值7.6亿元。

山西中南部铁路通道ZNTJ-1标段工程　位于山西省兴县、临县境内，正线全长70.147公里，合同投资60.42亿元，合同工期2010年4月9日~2013年9月30日。主要工程量：路基28.8公里，土石方1720万立方米，桥梁63座19600延长米，隧道19座31300延长米，铺架正线单线623.7公里、站线50.51公里。2010年完成施工产值8.1亿元。

太原至古交高速公路S2合同段工程　全长6.65公里，合同投资6.2亿元，合同工期2008年12月30日~2011年10月30日。主要工程量：西山隧道左线6544延长米、右线6540延长米。2010年完成施工产值12062万元。

长(治)安(阳)高速公路长治至平顺段LJ5标段工程　位于山西省长治市平顺县，全长7.22公里，合同投资6.886亿元，合同工期2009年8月31日~2012年8月31日。主要工程量：虹梯关隧道进口段左线7212延长米、右线7227延长米，虹梯关隧道1号斜井745.69米、2号斜井745.91米。2010年完成施工产值21000万元。

长(治)安(阳)高速公路长治至平顺段LJ6标段工程　位于山西省长治市平顺县，全长5.96公里，合同投资4.8亿元，合同工期2009年8月31日~2012年8月31日。主要工程量：路基土石方3.32万立方米，虹梯关隧道出口段左线5910延长米、右线5871延长米，3号斜井708.56米、4号斜井679.93米。2010年完成施工产值16953万元。

北京地铁10号线二期8标段工程　位于北京市丰台区，标段长3.8公里，合同投资66541万元，合同工期2008年12月28日~2012年7月31日。主要工程量：樊家村站，草桥站至樊家村站区间、樊家村站至孟家村站区间。樊家村车站主体长490.8米，草桥站至樊家村站区间、樊家村站至孟家村站区间分别为2520米、808.32米的双线盾构隧道。2010年完成施工产值16134万元。

长沙市轨道交通2号线一期6标段工程　标段长640.2米，合同投资39776万元，合同工期2009年9月16日~2012年8月31日。主要工程量：1号线五一广场站358.5米及171.2米的联络线，2号线五一广场站145.8米，均为明挖工程。五一广场站位于长沙市五一大道与黄兴中路交叉口下，为1号线与2号线换乘车站。2010年完成施工产值5786万元。　（张林祥）

【经营管理】　任务承揽。2010年承揽工程任务118项，合同总额543.7亿元。其中，铁路工程16项，合同额366.6亿元，占合同总额的67.4%；公路工程28项，合同额84.2亿元，占合同总额的15.5%；地方铁路及专用线6项，合同额9.1亿元，占合同总额的1.7%；水利水电工程2项，合同额1.85亿元，占合同总额的0.3%；房屋建筑工程27项，合同额51.39亿元，占合同总额的9.5%；轨道交通工程7项，合同额17.52亿元，占合同总额的3.2%；市政工程2项，合同额2.59亿元，占合同总额的0.5%；其他工程28项，合同额10.35亿元，占合同总额的1.9%。年内，铁路市场经营规模保持稳定，路外市场经营成效显著；承揽任务质量进一步提高，项目预期收益看好；海外经营取得新成绩，安哥拉项目实现滚动发展，新市场的跟踪和开拓稳步推进。

项目管理。全年完成施工产值435.8亿元，其中一、二、三、四公司完成产值均达到70亿元以上，名列中国铁建工程公司排名榜前四位。一是重难点工程施工取得重大突破。沪杭、宜万、包西、太中银、喀和铁路及忻阜高速公路等重点项目按期通车运营，苏州火车站北站房、西安北站南半部工程如期交付使用，京沪高速铁路提前20天开始联调联试，兰新铁路二线甘青段工期风险成功化解。二是专项施工能力继续提升。以沪杭、京石、集包铁路3座转体桥成功转体和北江大桥顺利合龙为标志，桥梁施工能力取得长足进步；以狮子洋隧道左线盾构机成功对接、旧堡隧道安全贯通和虹梯关隧道创出人工钻爆法施工新纪录为标志，隧道施工能力进一步显著提升；此外，企业在高速铁路、公路路面、高层建筑、城市轨道、"四电"等方面的施工能力均有一定提升。

安全质量。严格遵守国家及地方政府有关法规、标准要求，广泛开展"安全月"、"质量月"及"安全生产年"活动，把干部队伍作风大整顿活动与深入开展质量安全"大反思、大排查、大整治"活动相结合，不断加强不良地质隧道及地铁工程、深水高桥及制架现浇梁、高层建筑、铁路既有线、大型设备与易燃易爆物品的安全管理，深入开展质量安全隐患排查治理工作，注重预控，着力强化安全生产管理机制建设，促进企业安全生产主体责任落实，遏制安全生产责任事故发生，保持安全生产形势相对稳定。年内获国家优质工程银质奖1项、省部级优质工程奖17项，4个QC小组被评为全国建设系统优秀QC小组。

财务管理。围绕增收节支，加大责任成本管理和资金集中管理力度，加强变更索赔工作，强化内部审计，财务审计工作取得显著成效。一是进一步完善变更索赔管理体制和工作机制，加强重点项目索赔工作的指导，严密监控投资梳理、概算清理及Ⅰ类变更批复的进程，确保索赔创效环节有序受控。全年完成变更索赔补差额比2009年大幅增长，促进了企业效益水平的提升。二是全面实施预控管理，对贵广、兰新、大西、中南通道等大型铁路项目进行工程成本、工程审计风险、合同管理的预控；不断深化责任成本管理，促进责任成本管理操作模式定型，提高管理制度、业务流程、报表台账的规范化和程序化水平；开发完善责任成本管理信息系统，实现管理软件的不断升级；认真开展"五比"活动，促进成本管控水平的整体提升。三是强化资金集中管理，严格执行现金预算管理，实现对现金流的有效控制；加强银行账户的集中管理，提高资金使用效率，保证大规模生产经营的资金需求。四是以连续审计为基础，对集团公司5个区域性指挥部和33个局管在建一次性指挥部实施综合审计检查，对新上项目开展审计预控，有效加强工程项目的过程监控和效益管理，真实反映集团公司指挥部财务现状和存在的财务风险。

（刘　高）

【科技工作】 全年审定集团公司本级科技开发项目76项，投入科技开发经费15亿元；各子公司科技开发项目127项，投入开发经费15.4亿元。年内有8项科技成果通过省级成果鉴定，其中"高速铁路自锚上承式拱梁组合体系超大吨位转体桥施工控制技术研究"、"宜万铁路齐岳山高压富水岩溶隧道施工技术研究"等3项成果达到国际领先水平。全年获国家专利38项，其中发明专利2项；获国家科技进步奖2项，中国土木工程詹天佑奖4项，省部级科技进步奖14项。

（刘　高）

【党群工作】 党的工作。一是加强领导班子建设。开展创建"四好领导班子"活动，通过召开集团公司领导班子民主生活会，督促带动集团公司所属单位落实民主生活会制度，广泛开展批评与自我批评，促进领导班子建设。年内10个单位被评为集团公司"四好领导班子"，集团公司领导班子被股份公司评为"四好领导班子"。二是开展干部队伍作风大整顿和创先争优活动。通过集中教育、对照检查、召开反思会、民主测评、制定整改措施等形式，深入开展干部作风大整顿活动，对表现突出的453名党员干部进行表彰，对29名测评分数较低的干部进行诫勉谈话，对8名考核不称职的干部进行免职或降职处理。在创先争优活动中，有7个先进单位和10名先进个人受到国资委、股份公司党委的表彰，其中二公司党委作为唯一一家先进基层党委代表在股份公司召开的创先争优座谈会上介绍经验，集团公司党委开展创先争优活动的基本做法被《中国铁建报》刊登发表。三是加大基层党建工作的指导与督促力度。集团公司转发股份公司《关于加强和改进工程项目部党的建设的决定》，并制定实施意见，对加强项目党组织建设，实现党建工作制度化和规范化起到积极作用。年内及时组建12个新上项目党工委，增补3个单位的党委委员，保持了项目党组织的健全。督促指导各单位加强基层党组织考评工作，6个工程公司共考评基层党组织258个。其中，先进党组织165个；达标党组织93个。四是开展"践行企业价值观，提升发展软实力"专题教育活动，在集团公司范围掀起了"实干兴企、实干增值"的企业核心价值观的学习实践高潮。五是党风廉政建设。以惩防体系建设为统领,以抓好企业领导人员廉洁从业、查办案件、效能监察和源头治理工作为重点,加大形势教育力度,加强警示教育,开展党性党风党纪教育和《党员领导干部廉洁从政若干准则》《企业领导人员廉洁从业若干规定》的贯彻落实活动;认真履行惩处职能,开展工程建设领域突出问题专项治理、物资集中管理和项目机械设备租赁专项检查等效能监察活动,不断完善源头治理的相关措施和制度,为促进企业的改革发展发挥应有的职能作用。

工会工作。各级工会按照"融入中心、服务大局"的工作思路,发挥自身优势,积极履行职责,在促进企业和谐稳健发展中展现作为。一是开展"工人先锋号"及"安康杯"竞赛活动。全年有22个工区项目和集团公司指挥部获得股份公司优胜单位和先进单位称号,4个集体获省级"工人先锋号"称号,18人被评为劳动竞赛优秀组织者和"工人先锋号标兵",11个项目获得火车头奖杯,1人获得全国五一劳动奖章,83人分别获得山西省劳动模范、省五一劳动奖章、火车头奖章等省部级表彰。二是积极开展群众性经济技术创新活动。年内征集评审合理化建议和技术项目52项,创造经济价值3200余万元,45项技术创新成果和29篇群众性生产工作论文获得表彰奖励。三是继续深入开展送温暖、"金秋助学"活动,年内走访慰问困难职工870户,慰问一线员工和其他人员1502人,筹集发放慰问金98万元;为65户困难职工子女发放助学金10.25万元;为266户遭遇重大旱灾职工家庭发放救济金53.2万元;为160户遭受重大洪涝灾害的职工发放救济金35.9万元。四是积极维护职工权益。以解决拖欠职工工资、息工待岗、劳动安全卫生、缴纳"五险二金"等涉及职工利益的问题为重点,进行集体合同履行情况检查;全年各级工会受理答复有关职工待遇和工资方面的来电来信87件。五是维护职工民主管理权益。按期召开职代会,听取和审议行政、财务和工会工作报告;组织集团公司领导述职和职工代表民主测评,全年评议领导干部605名;征集职工代表提案26件,整理归纳立案8件;上报股份公司职代会提案10件。

共青团工作。各级团组织以服务企业、服务青年为宗旨,积极推进共青团品牌特色工作,扎实加强团组织基层和基础工作建设,不断增加团组织的内在活力。一是开展"百元奖励"、"爱心资助,圆梦大学"、青年"创优争先"、"导师带徒"、"青年突击队"竞赛等活动,强化团员青年的主人翁意识,增强企业的凝聚力。二是扎实推进基层团组织建设。全年新组建团组织106个、青工委1个,确保团组织全面覆盖。全年有14个青年集体和24名青年获省部级表彰。(刘 高)

【第一工程有限公司】 铁路、公路、市政公用工程施工总承包一级,桥梁、隧道、公路路基、水工隧洞、公路路面工程专业承包一级资质企业。驻山西省临汾市育红路9号。董事长、总经理孙圣杰,党委书记宋凯。下辖45个项目部和机械设备公司、混凝土公司、混凝土预制品公司、架桥一公司、架桥二公司、架桥三公司6个专业化公司及泰丰公司、临汾基地管理中心、职工医院、北海基地、南充基地、广州基地、宜昌基地等附属单位。职工3035人。其中,干部1447人;工人1588人。专业技术干部1296人,占干部总数的89.56%;技术工人910人,占工人总数的57.3%。资产总额54.22亿元。其中,固定资产净值3.6亿元;流动资产50.3亿元。主要施工机械设备705台(套),总功率83629千瓦,资产原值54650万元、净值33608万元,完好率96.4%,技术装备率9.8万元/人,动力装备率24.41千瓦/人。年施工能力75亿元以上。

2010年承揽任务90.49亿元,完成施工产值74.76亿元,实现利润1.51亿元。职工年人均收入53721元。完成主要实物工程量:土石方2081万立方米,桥梁60121延长米,隧道20817延长米,铁路制梁2830孔,公路架梁896片,公路路面376万平方米。工程质量合格率100%。公司参建的湖南常德至张家界高速公路获中国公路交通优质工程一等奖,云南保山至龙陵高速公路获云南省优质工程奖;获中国铁建优质工程奖2项,集团公司优质工程奖6项。(邓东英)

【第二工程有限公司】 铁路、公路、市政公用、房屋建筑工程施工总承包一级,矿山工程施工总承包二级,隧道、桥梁、公路路基、水工隧洞、铁路铺轨架梁工程专业承包一级资质企业。驻山西省太原市小店区人民南路19号。董事长、总经理雷军,党委书记何雪光。下辖物业管理公司、建筑安装工程公司、机械化工程公司、物资工程公司、桥梁施工分公司、混凝土施工公司、地质钻探分公司7个专业化分公司和76个工程项目部。职工3081人。其中,干部1563人;工人1518人。专业技术干部951人,占干部总数的60.8%;技术工人873人,占工人总数的57.5%。资产总额65.34亿元。其中,固定资产原值61543万元、净值236463万元;流动资产61.51亿元;货币资金4.5亿元。主要施工机械设备1191台(套),总功率99810千瓦,动力装备率31千瓦/人,技术装备率28万元/人,机械化施工程度87%以上。年施工能力70亿元以上。

2010年承揽工程任务94.53亿元,完成施工产值70.35亿元,实现利润13040万元。职工年人均收入51595元。完成主要实物工程量:土石方930万立方米,隧道56385延长米,桥梁25556延长米,制梁802

片,架梁718片。年内获国家优质工程银质奖1项、火车头优质工程奖3项、北京市2010年度市政基础设施竣工长城杯金质奖2项;1个QC小组获全国工程建设优秀质量管理小组二等奖和山西省工程建设施工企业优秀QC小组一等奖,1个QC小组获山西省工程建设施工企业优秀QC小组二等奖,1个QC小组被评为铁道部优秀QC小组;1项科技成果获国家科技进步一等奖和交通部科技进步特等奖。公司获全国“安康杯”竞赛优胜企业和山西省模范单位、安全生产先进单位称号。(沈学义)

【第三工程有限公司】 公路、市政公用工程施工总承包一级,铁路工程施工总承包二级,公路路基、桥梁、隧道、水工隧洞工程专业承包一级,城市轨道交通工程专业承包资质企业。驻山西省太原市万柏林区西线街39号。董事长、总经理张凤华,党委副书记梁彬彬。下设机械化工程公司、混凝土工程公司、铺架工程公司、设备租赁公司、修理制造厂、物业管理中心、劳动力管理配置中心、招待所、机关门诊部9个专业公司及直属单位,派出工程项目部68个。职工2954人。其中,干部1445人;工人1509人。专业技术干部1421人,占干部总数的98.34%;具有职业技能鉴定资格的工人1004人,占工人总数的66.53%。资产总额59.3亿元。其中,固定资产净值4亿元;流动资产52.9亿元。机械设备1006台(套),动力装备率56.3千瓦/人,技术装备率11.6万元/人。年施工能力75亿元以上。

2010年承揽工程任务114亿元,完成施工产值76亿元,实现利润1.35亿元。职工年人均收入50751元。完成主要实物工程量:土石方1487万立方米,桥梁42610延长米,隧道61911延长米,地铁1069延长米,公路架梁283片,铁路架梁832孔,铁路正线铺轨101公里,站线铺轨39公里,铺设道岔60岔组。工程质量合格率100%。年内获中国土木工程詹天佑奖1项、交通部优质工程奖1项、火车头优质工程奖1项、铁路优质工程奖3项,山西省工程建设施工企业优秀QC小组3个、山西省优秀质量管理小组1个。公司获2010年度山西省优秀建筑企业称号。(刘玮钰)

【第四工程有限公司】 公路、市政公用工程施工总承包一级,铁路工程施工总承包二级,房屋建筑工程施工总承包三级,隧道、桥梁、土石方、公路路基、机场场道工程专业承包一级资质企业。驻陕西省西安市未央区徐家湾红旗东路3号。董事长、总经理谭雷平,党委书记梁健。下设机械化公司、架桥公司、预应力公司、混凝土公司、盾构公司、建筑安装公司、山西介休基地物业公司、劳务中心8个建制单位及直属单位,派出工程项目部53个。职工2911人。其中,干部1434人;工人1477人。专业技术干部1419人,占干部总数的98.95%;技术工人903人,占工人总数的61%。资产总额53.78亿元。其中,固定资产原值96768万元、净值58776万元;流动资产477190万元。主要机械运输设备762台(套),总功率82420千瓦,技术装备率16.75万元/人,动力装备率28.4千瓦/人。年施工能力75亿元以上。

2010年承揽工程任务77.48亿元,完成施工产值75.4亿元,实现利润1.5亿元。职工年人均收入50191元。完成实物工程量:路基土石方1446万立方米,圬工91万立方米,桥梁69006延长米,隧道41044延长米,涵洞4588横延米,给排水管路9.24公里,铁路架梁354孔,公路架梁1865片,建成高速公路40.08公里,公路路面72.08万平方米,地铁3497延长米,房屋竣工面积2895平方米。工程质量合格率100%。年内,公司京沪高速铁路梁场项目部被授予国家工程建设优秀质量管理小组成果奖,公司参建的甬台温铁路鄞县大道特大桥、甬台温铁路奉化江大桥、合武铁路金寨隧道工程获铁路优质工程奖,开发的“客运专线大跨度下承式钢管混凝土提篮式系杆拱桥施工技术”成果获中国施工企业管理协会科学技术创新成果一等奖;公司被西安市评为综合治理示范单位。(孟彩红)

【建筑安装工程有限公司】 房屋建筑、市政公用、机电安装工程施工总承包一级,铁路工程施工总承包二级,地基与基础、建筑装修装饰、钢结构、机电设备安装工程专业承包一级,建筑幕墙、建筑装饰装修工程设计与施工一级和房地产开发四级资质企业。驻山西省太原市迎泽西大街169号。董事长、党委书记罗海滨,总经理何国民。下辖工程指挥部、项目经理部、专业分公司及后勤服务单位63个。职工1701人。其中,干部929人;工人772人。专业技术干部845人,占干部总数的91%;具有职业技能鉴定资格的工人270人,占工人总数的35%。资产总额38.73亿元。其中,固定资产净值5761万元;流动资产37.96亿元。机械运输设备656台(套),总功率23399千瓦,技术装备率1.5万元/人,动力装备率13.6千瓦/人。年施工能力30亿元以上。

2010年承揽工程任务60.09亿元,完成施工产值56.8亿元,实现利润13928万元。职工年人均收入51685元。完成主要实物工程量:土石方495万立方米,桥梁4525延长米,房屋建筑114万平方米。年内获山西省第六届太行杯土木工程大奖2项、火车头优质工程二等奖1项,获全国优秀QC小组成果奖1项、省部级优秀QC小组3个。公司被评为2010年度全国优秀施工企业、山西省优秀建筑企业。

（赵云臻　涂　洋）

【电气化工程有限公司】 通信、房屋建筑工程施工总承包一级，铁路电务、电气化、送变电、机电设备安装工程专业承包一级，公路交通工程通信、监控和收费系统专业承包资质企业。驻山西省太原市窊流路西线街19号。董事长、总经理程庆海，党委书记李保国。下辖35个工程项目部、1个办事处。职工486人。其中，干部337人；工人149人。资产总额25.6亿元。其中，固定资产净值6346万元；流动资产24.8亿元。主要机械设备36台（套），设备原值5022万元、净值3788万元，总功率11305千瓦，设备利用率95%。年施工能力25亿元以上。

2010年承揽工程任务16.46亿元，完成施工总产值20.3亿元，实现利润2099万元。职工年人均收入61246元。完成主要实物工程量：电气化接触网876条公里，牵引变电所6座，分区亭5座，开闭所1座；电力导线466公里，电缆928公里；通信光电缆1069公里，设备安装19站；信号电缆1709公里，道岔415组，设备安装18站；14座隧道机电安装，风电风机安装33台。工程合格率100%。年内，公司获火车头优质工程奖1项，参建的武汉北编组站工程获中国土木工程詹天佑奖；公司被评为山西省企业环境行为绿色等级企业。

（李　楠）

【第七工程有限公司】 铁路、市政公用工程施工总承包一级，公路、房屋建筑工程施工总承包二级，桥梁、隧道工程专业承包一级，公路路基工程专业承包三级，爆破工程C级和境外工程承包建筑施工资质企业。驻湖南省长沙市天心区友谊路202号。董事长、总经理何常胜，党委书记邱卫。下辖机械公司、设备租赁公司、湖南省华铁工程质量检测有限公司、长沙市华铁房地产开发有限公司、长沙华铁物业公司、华铁工程材料设备公司6个分公司及28个工程项目部。职工1181人。其中，具有专业技术职务的574人，具有职业技能等级的274人。资产总额23.75亿元。其中，固定资产原值2.2亿元、净值1.6亿元；流动资产22.12亿元。主要施工机械设备305台（套），总功率3479千瓦，资产原值13342.3万元、净值7785.9万元，技术装备率12.2万元/人，动力装备率54.5千瓦/人。年施工能力30亿元以上。

2010年承揽工程任务44.3亿元，完成施工产值30.03亿元，实现利润5006万元。职工年人均收入53605元。完成主要实物工程量：土石方1289.5万立方米，桥梁15972延长米，隧道12153延长米，涵渠4321横延米，铁路正线铺轨30.4公里，铁路站线铺轨8.3公里，制梁3104片，架梁2806片，接触网38.4公里，房屋建筑2000平方米。公司连续9年被评为湖南省重合同守信用企业，3次被评为湖南省信用等级AAA企业，获全国AAA级诚信单位和政府放心用户满意先进单位称号。

（王兴堂）

【市政工程有限公司】 市政公用工程施工总承包一级，桥梁工程专业承包二级，房屋建筑、土石方、公路、路面、路基工程施工总承包三级资质企业。驻广东省珠海市香洲区情侣南路158号。董事长兼总经理宋新录，党委书记洪杰。下辖6个工程项目部。职工578人，其中工程技术和经济管理人员286人。资产总额25589万元。其中，固定资产2298万元；流动资产23950万元。机械设备492台（套），完好率87%，新度系数0.69。年施工能力5亿元以上。

2010年承揽施工任务11263.9万元，完成施工产值32700万元，实现利润565万元。职工年人均收入80310元。完成主要实物工程量：土石方179万立方米，桥梁2426延长米，隧道1075延长米。工程质量合格率100%。

（尹晓敏）

【海南振海工程有限公司】 主营工程施工，兼营房地产开发。驻海南省海口市面前坡东村1号。董事长、总经理王孝君，党委书记傅新良。下辖11个工程项目部。职工176人。其中，干部141人；工人35人。资产总额53188万元。其中，固定资产原值3202万元、净值2430万元；流动资产50655万元。年施工能力6亿元以上。

2010年承揽工程任务10.57亿元，完成企业总产值5.83亿元，实现利润100万元。职工年人均收入60398元。完成主要实物工程量：路基土石方437.3万立方米，桥梁5872延长米，隧洞761延长米。工程质量合格率100%。

（王　薇）

【铁路养护工程有限公司】 市政公用、房屋建筑工程施工总承包三级，公路路基工程专业承包三级资质企业。驻西藏自治区拉萨市经济技术开发区林琼岗路13－1号。前身为中铁十二局集团青藏铁路唐南段养护项目部，2007年1月注册成立中铁天路养护工程有限公司，2008年3月更名为中铁十二局集团铁路养护工程有限公司。董事长、总经理刘青林，党委书记张乐卿。下辖4个车间、1个检测车间和机械化、集包铁路、3803工程和水红铁路养护4个项目部。职工582人。资产总额1.8亿元，主要机械设备300台（套）。年施工能力3亿元以上。

2010年完成施工产值23956万元，其中完成合同内铁路维修任务13489万元。职工年人均收入97425万元。（左景龙　刘盼东）

【重要记载】

▲1月8日　集团公司取得中华人民共和国对外承包工程资格证书。

▲1月15日　集团公司总会计师王锦友获2009年度全国先进会计工作者称号，同时被授予全国五一劳动奖章。

▲2月4日~5日　集团公司2010年工作会议、二届十次党委（扩大）会议、三届三次职工代表大会、党风建设和反腐倡廉工作会议在山西太原铁道大厦召开。

▲2月19日　中铁十二局集团海外工程公司在阿尔及利亚正式成立。

▲3月2日　集团公司中标新建铁路大同至西安客运专线工程8标段，合同投资78.01亿元。

▲3月18日　集团公司获2009年度全国优秀施工企业称号。

▲3月19日14时30分　集团公司承建的集包铁路增建二线新旗下营隧道，因地质灾害和人为扰动原因发生重大塌方事故，造成10人死亡。

▲3月24日　集团公司中标新建兰新铁路第二双线张掖至红柳河段站前工程LXS－14标段，合同投资38.62亿元。

▲4月2日　集团公司中标新建山西中南部铁路通道瓦塘至汤阴东段站前工程ZNTJ－1标段，合同投资60.42亿元。

▲5月16日　铁道部副部长卢春房在集团公司董事长、党委书记史道泉陪同下，先后视察集团公司承建的兰新铁路第二双线重点工程——白杨河大桥和达坂城隧道施工现场。

▲5月17日　四公司承建的重16800吨的沪杭铁路客运专线跨沪杭高速公路160米特大自锚上承式转体拱桥成功转体。

▲5月22日　北京市市长郭金龙在集团公司董事长、党委书记史道泉陪同下，视察二公司承建的北京地铁10号线工程。

▲6月12日~14日　铁道部副部长卢春房在集团公司董事长、党委书记史道泉等陪同下，先后视察集团公司承建的京沪高速铁路4标段、济南西客站等6个施工工地。

▲7月19日　京沪高速铁路铺轨仪式在集团公司承建的徐州东站举行。

▲7月23日　重庆市市长黄奇帆视察集团公司承建的渝利铁路重庆北站。

▲8月10日　集团公司中标新建沪昆铁路客运专线长沙至昆明段（云南段）站前工程3标段，合同投资34.52亿元。

▲8月16日　集团公司中标新建沪昆铁路客运专线（湖南段）站前工程5标段，合同投资30.66亿元。

▲8月19日　三公司承建的京石铁路客运专线最大跨度铁路转体连续梁——京石铁路客运专线滹沱河特大桥跨京广铁路连续梁成功转体。

▲8月24日　集团公司中标张家口至唐山铁路5标段，合同投资30.04亿元。

▲9月3日　股份公司董事长孟凤朝到集团公司考察指导工作。

▲9月14日　集团公司中标珠江三角洲外环高速公路肇庆（黄岗）至花都（花山）段土建工程10标段，合同投资9.57亿元。

▲10月16日　集团公司中标长沙地铁1号线4、8、9、10标段工程，合同投资11.58亿元。

▲10月22日　铁道部副部长卢春房在集团公司董事长、党委书记史道泉陪同下，视察集团公司承建的大西铁路客运专线襄汾制梁场、上白隧道等施工工地。

▲10月27日　集团公司党委宣传部部长江耀明获得全国第十一届范长江新闻奖。

▲11月15日　京沪高速铁路全线铺通仪式在集团公司管段举行。

▲11月20日　中共中央政治局常委、国家副主席习近平视察集团公司参建的安哥拉社会住房项目凯兰巴凯亚西一期工程。

▲12月8日　集团公司承建的广深港铁路客运专线狮子洋隧道左线两台盾构机成功实现江中对接，标志着狮子洋隧道左线胜利贯通。

▲12月15日　集团公司中标山西省阳泉至左权高速公路工程5标段，合同投资9.98亿元。

（张林祥）

中铁十三局集团有限公司

【简况】　中铁十三局集团有限公司是铁路工程施工总承包特级，公路、市政、房建、水利水电工程施工总承包一级，桥梁、隧道、公路路基、公路路面工程专业承包一级，地质灾害防治工程甲级及城市轨道交通工程专业承包、对外工程行业管理资质企业，同时拥有援外工程A级资质。机关驻吉林省长春市岭东路2138号。

前身系中国人民解放军铁道兵第三师,1984年1月1日集体转业并入铁道部,改编为铁道部第十三工程局;1999年12月1日更名为中铁第十三工程局,2001年6月企业改制改称现名。下辖第一、二、三、四、五、电务工程有限公司及天津工程科技、吉林省现代城建轨道交通勘察设计院、天津市春江房地产开发有限公司,赣州市铁龙工程实业、深圳中铁达实业有限公司及第六工程公司、技师学院、物业管理分公司,西北、华东工程指挥部和北京、赣州、呼和浩特办事处。职工13476人,其中在职职工10542人。在职职工中,干部6149人、工人4393人;专业技术干部5832人,占干部总数的94.8%;技术工人3070人,占工人总数的69.9%。资产总额1714429万元。其中,固定资产原值279960万元、净值165728万元;流动资产1530130万元;其他资产18571万元。机械施工设备2330台(套),原值194995万元、净值123290万元,总功率34.3万千瓦,动力装备率31.4千瓦/人,技术装备率11.28万元/人,综合机械化施工程度85%以上。

2010年新签合同额413.3亿元,其中工程板块新增工程任务125项390.1亿元。完成企业总产值2495332万元。其中,施工产值2490179万元;附营产值5153万元。实现利润35468万元,人均创利32276元。全员劳动生产率553057元/人年,职工年人均收入35768元。国有资产保值增值率120.4%,净资产收益率19.97%,产值利润率1.44%,资产负债率91.54%,应上缴款完成率100%。完成主要实物工程量:土石方6111万立方米,隧道70049延长米,桥梁126925延长米,涵渠15744横延米,铁路铺轨170公里,通信线路218公里,供电线路147公里,地铁11867延长米,竣工地铁车站4座,公路293公里,铁路架梁1361孔,公路架梁8873片,房屋建筑197485平方米。工程质量合格率100%,安全生产实现目标。

兵改工以来,企业获得中国建设工程鲁班奖10项、中国土木工程詹天佑奖3项、国家优质工程奖11项、省部级优质工程奖85项、股份公司优质工程奖74项及国家级科技成果奖5项、省部级科技成果奖29项、股份公司科技成果奖62项,并获得全国优秀施工企业、全国建筑业先进企业、全国守合同重信用企业、全国和谐劳动关系优秀企业、全国模范职工之家、全国首届工程管理现代化成果奖企业、全国建筑业科技进步与技术创新先进企业、全国工程建设质量管理优秀企业等多项国家级荣誉。先后有多人获得全国劳动模范、全国五一劳动奖章、全国优秀施工企业家、詹天佑铁道科学技术奖和茅以升铁道工程师奖等荣誉。

2010年获得国家级优质工程奖3项、省级优质工程奖3项、火车头优质工程奖5项、股份公司优质工程奖4项及国家级优秀QC小组4个、部级优秀QC小组2个、国家科技进步奖1项、省级科技进步奖2项、中国施工企业管理协会科技进步奖2项、中国公路学会科技进步奖2项、股份公司科技进步奖3项、省部级工法9项、股份公司工法6项,并获得全国厂务公开民主管理先进单位、吉林省创建和谐劳动关系模范企业等多项荣誉。
(李升旺)

【领导人员】

董事会

董事长	雷升祥
副董事长	梁　君
董事	张景生(9月免)
	翁行焱
	井耀明
	赵文祥

监事会

主席	李左军
监事	李忠心
	赵　华
	何惠伶
	孙　伟

经理层

总经理	雷升祥(兼)
副总经理	张景生(9月免)
	翁行焱
	吴焕通
	臧守杰
	任汉波
	李素清
总工程师	纪尊众
总经济师	翁行焱(兼)
总会计师	赵文祥

党群领导

党委书记	梁　君
党委副书记	雷升祥(兼)
	赵　华
	井耀明
纪委书记	赵　华(兼)
工会主席	井耀明(兼)

(李升旺)

【工程项目指挥机构】 西北工程指挥部　驻甘肃省兰州市城关区张掖路1号保利大厦B座5楼。指挥长张子清,党工委书记王振江。

华东工程指挥部　驻上海市浦东新区云台路1000弄14号。指挥长李长学,党工委书记侯玉伟。

宜万铁路38合同段项目经理部　驻重庆市万州区新田镇油沙乡。项目经理邹玉发。

甬台温铁路客运专线项目经理部　驻浙江省奉化市舒家开发区奉白路梁家墩路口。项目经理张洪利。

锦屏项目部　驻四川省西昌市凉山州邮政局物流分局。项目经理吴焕通，常务副经理谷金富，党工委副书记迟军。

哈大铁路客运专线长春联络线工程指挥部　驻吉林省长春市青年路3788号。指挥长马卫东(5月免)、翁行焱(5月任)，党工委书记谭学河。

京石铁路客运专线工程指挥部　驻河北省新乐市66296部队农副业基地。指挥长吴焕通，党工委书记何惠伶。

上海嘉闵高架JM－4标段项目经理部　驻上海市闵行区华翔路1888号。项目经理兼党工委书记李长学，常务副经理侯玉伟。

贵广铁路工程指挥部　驻广西壮族自治区贺州市钟山县北门桥小区。指挥长臧守杰，党工委书记王兴亚。

兰渝铁路工程指挥部　驻甘肃省陇南市宕昌县民生广场1号楼。指挥长李素清，党工委书记周脉权。

哈齐铁路客运专线项目经理部　驻黑龙江省大庆市杜尔伯特蒙古族自治县塔拉斯街地税局院内。项目经理兼党工委书记翁行焱，常务副经理戴文革，党工委副书记罗俊。

兰新铁路甘青段项目经理部　驻甘肃省门源县浩门镇北大街。项目经理李海峰(11月免)、王保国(11月任)，党工委书记袁兰荣。

合福铁路项目经理部　驻安徽省巢湖市居巢区碧桂园。项目经理兼党工委书记张景生，常务副经理张洪利，常务副书记曹菊泉。

沪昆铁路客运专线工程指挥部　驻贵州省黔西南州晴隆县莲城镇东街。指挥长兼党工委书记臧守杰，常务副指挥程建铝，常务副书记苏如成。

金温铁路扩能改造工程指挥部　驻浙江省温州市瞿溪镇三溪路16号。指挥长兼党工委书记吴焕通，常务副指挥张德伟，常务副书记修德军。

（李升旺　孙立伟）

【职工队伍】　职工13476人，其中在职职工10542人。在职职工中，干部6149人、工人4393人。在职干部中，专业技术干部5832人，占干部总数的94.8%。其中，高级职务803人、中级职务1753人、初级职务2464人；工程系列4157人、会计系列648人、经济系列560人、政工系列348人、卫生系列72人、教育系列25人、统计系列11人、其他系列11人。专业技术干部学历构成：本科以上3334人，大专1911人，中专344人，高中及以下243人。

在职技术工人3070人、普通工人1323人，技术工人占在职工人总数的69.9%。其中，高级技师111人；技师466人；高级工1353人；中级工976人；初级工164人。工人年龄结构：35岁以下1761人，36岁～40岁564人，41岁～45岁339人，46岁～50岁1169人，51岁～54岁552人。（李升旺　荣　斌）

【铁路工程施工】　2010年，在建铁路工程48项，竣工12项，完成施工产值1243168万元，占施工总产值的49.9%。完成路基土石方2499万立方米，隧道34257延长米，桥梁85938延长米，涵渠5741横延米，铁路铺轨159公里，通信线路216公里，供电线路67公里，变配电所2站，架梁1354孔。重点工程进展情况：

京石铁路客运专线JS3、4标段工程　沿线经过河北省定州市、新乐市、藁城市和正定县。线路长74公里，合同投资32亿元。合同工期2008年8月1日～2011年5月8日。2010年，箱梁预制、架设及底座板、支承层全部完成，无砟轨道成品板完成设计的97.2%，轨道板精调完成设计的73%。年内完成投资121887万元；开工累计完成投资305620万元，占合同投资的95.5%。

贵广铁路站前工程GGTJ－8标段工程　位于广西壮族自治区贺州市钟山县。线路长67.4公里，合同投资293220万元。合同工期2009年2月28日～2014年7月18日，2009年4月18日开工。开工累计完成土石方307.9万立方米，占设计量的49.7%；桥梁8438.9延长米，占设计量的36.5%；隧道12068.3延长米，占设计量的50.6%。2010年完成投资121937万元；开工累计完成投资179140万元，占合同投资的61.1%。

哈大铁路客运专线长春联络线工程　位于吉林省长春市境内。线路长10.53公里，合同投资88311万元。合同工期2008年6月1日～2011年10月1日。截至2010年底，剩余桩基48根、承台19个、墩台身53个，T梁预制670片、T梁架设840片、现浇梁11联。2010年完成投资23034万元；开工累计完成投资61302万元，占合同投资的69.4%。

厦深铁路客运专线XSGZQ－5标段工程　位于广东省汕头市潮安县及普宁市境内。线路长35.917公里，合同投资184139万元。合同工期2008年10月1日～2010年11月30日。重点工程为榕江特大桥7373.92延长米。开工累计完成桥梁14602.9延长米，占设计量的79.6%；完成隧道8644.7延长米，占设计计量的97.1%。2010年完成投资63020万元；开工累计完成投资159766万元,占合同投资的86.8%。

新建天水至平凉铁路TP-TJ2标段工程　位于甘肃省平凉市华亭县西华镇。线路长18.152公里,合同投资58013万元。合同工期42个月,2009年4月开工。重点工程为六盘山特长隧道16690延长米,设斜井4座5800米。开工累计完成隧道4015延长米,占设计量的24.01%;斜井完成5245米,占设计量的91.68%。2010年完成投资11027万元;开工累计完成投资15528万元,占合同投资的26.8%。

兰渝铁路土建工程LYS-4标段工程　位于甘肃省陇南市宕昌县。线路长93.6公里,总投资44亿元。集团公司管区66.948公里,合同投资31亿元,合同工期2009年2月28日~2014年7月18日。开工累计完成桥梁15132延长米,占设计量的71.2%;隧道15018延长米,占设计量的37.7%。2010年完成投资104653万元;开工累计完成投资157970.8万元,占合同投资的51%。

哈齐铁路客运专线5标段工程　位于黑龙江省泰康县境内。线路长64.737公里,总投资446713万元。集团公司管段合同投资254235万元,2009年11月开工。重点工程为扎龙特大桥31500延长米。开工累计完成桥梁14875.68延长米,占设计量的28.8%。开工累计完成投资104844万元,占合同投资的41.2%。

兰新铁路二线新疆段4标段工程　位于新疆维吾尔自治区哈密市境内。线路长30公里,合同投资12亿元。合同工期2010年1月1日~2012年12月31日,2010年3月1日开工。开工累计完成土石方192.5万立方米,占设计量的86%;桥梁10104.35延长米,占设计量的80%。2010年完成投资89708万元;开工累计完成投资94069万元,占合同投资的78.4%。

兰新铁路二线甘青段站前工程LXS-6标段工程　位于青海省门源县。线路长52.48公里,合同投资219800万元。合同工期2010年3月1日~2013年11月30日。主要实物工程量:路基34公里,特大桥8座15400延长米,铺轨104公里。2010年,路基土石方、涵洞全部完成;桥梁完成5212延长米,占设计量的34%。开工累计完成投资70748万元,占合同投资的32.2%。

沪昆铁路客运专线江西段站前工程HKJX-4标段工程　位于江西省南昌市境内。线路长37.134公里,合同投资239660万元。合同工期2010年4月~2013年6月,2010年8月29日开工。主要工程为赣江特大桥37134延长米。2010年,大桥基础成桩3709根,占设计量的40%;承台45个,占设计量的4%。开工累计完成投资62069万元,占合同投资的25.9%。

合福铁路HFZQ-2标段工程　位于安徽省巢湖市境内。线路长90.031公里,合同投资593294万元。合同工期2010年4月18日~2014年3月31日。主要实物工程量:土石方227.3万立方米,桥梁9.5座81456.52延长米,涵洞41座1159.3横延米,隧道4座2631延长米。2010年完成土石方20.9万立方米,占设计量的9.2%;桥梁10111延长米,占设计量的12.4%;隧道327.5延长米,占设计量的12.4%。开工累计完成投资84609万元,占合同投资的14.3%。

沈丹铁路客运专线TJ-2标段工程　位于辽宁省本溪市境内。线路长42.82公里,合同投资379275万元。合同工期2010年5月1日~2013年12月31日,2010年8月1日开工。主要实物工程量:隧道9座29814延长米,桥梁12座10162延长米。年内完成桥梁366.8延长米,占设计量的3.6%;隧道1900延长米,占设计量的6.37%。开工累计完成投资49096万元,占合同投资的12.9%。

沪昆铁路客运专线贵州段11标段工程　位于贵州省黔西南布依族苗族自治州晴隆县。线路长41.89公里,合同投资307000万元。合同工期2010年10月1日~2015年4月15日。主要实物工程量:隧道6座40706延长米。2010年完成隧道1021延长米,占设计量的2.5%;开工累计完成投资1050万元,占合同投资的0.3%。

金华至温州铁路扩能改造工程JWSG-V标段工程　位于浙江省丽水市山口镇及温州市境内。正线长32.756公里,疏解线长8.1公里,合同投资207233万元。合同工期2010年10月1日~2013年1月16日。主要实物工程量:隧道10座27241延长米,桥梁27座8920延长米。开工累计完成投资5890万元,占合同投资的2.8%。　（李升旺　张永锋　张春玉）

【铁路外工程施工】　2010年,在建铁路外工程235项,竣工71项,完成施工产值1247011万元,占施工总产值的50.1%。完成土石方3612万立方米,隧道35792延长米,桥梁40986延长米,涵渠10003横延米,通信线路2公里,供电线路80公里,地铁11867延长米,公路293公里,架梁8873孔(片),给排水管路43公里,设备安装3286台(件),房屋建筑148089平方米。重点工程进展情况:

锦屏二级水电站C5标段　位于四川省凉山彝族自治州木里、盐源、冕宁三县交界处的雅砻江干流锦屏大河湾上。由集团公司和北京振冲公司联合承建。总投资279800万元,合同工期2007年8月18日~2014年12月31日。集团公司承担4号引水隧洞施工任务,合同投资153932万元。2010年,4号洞完成2312

延长米；开工累计完成7403延长米，占设计量的62.5%。辅引3号施工支洞全部完成。年内完成投资24375万元；开工累计完成投资54006万元，占合同投资的35.1%。

郴宁高速公路8合同段羊角脑隧道工程　位于湖南省郴州市桂阳县黄沙坪镇境内。线路长2.996公里，合同投资24997万元。合同工期2008年10月31日～2010年10月30日。2010年，隧道左、右线贯通，衬砌累计完成5564米，占设计量的95.9%。年内完成投资15075万元；开工累计完成投资23012万元，占合同投资的92.1%。

汝郴州公路第13合同段工程　位于湖南省郴州市良田镇境内。线路长2.01公里，合同投资28924万元。合同工期2008年12月18日～2012年12月31日。开工累计完成隧道558.29延长米，占设计量的57%；桥梁719.34延长米，占设计量的52.8%。2010年完成投资7982万元；开工累计完成投资15749万元，占合同投资的54%。

博牙高速公路土建工程博克图隧道1、3标段工程　位于内蒙古自治区牙克石市境内。正线长3.266公里，合同投资21416万元。合同工期2008年8月1日～2012年4月30日。开工累计完成土石方21.83万立方米，占设计量的88.1%；隧道1992.8延长米，占设计量的50.1%。2010年完成投资4993万元；开工累计完成投资10003万元，占合同投资的47%。

大连地铁一期工程202标段工程　位于辽宁省大连市。线路长3.36公里，合同投资51000万元。合同工期2009年9月～2011年11月，2009年11月8日开工。主要实物工程量：两站三区间，区间暗挖段732米，盾构2256米；车站形式为地下双层分离岛式，两座车站总建筑面积28519平方米。开工累计完成投资5777万元，占合同投资的11.3%。

深圳地铁2号线东延线土建2223标段工程　位于广东省深圳市福田区。线路长3.54公里，合同投资54498万元。合同工期2008年3月～2010年4月，2008年6月18日开工。主要工程量：两站三区间。其中，盾构法区间长4465米；矿山法区间长1504米。2010年工程全部完工。年内完成投资10785万元；开工累计完成投资46256万元，占合同投资的100%。

莞惠城际GZH－4标段工程　位于广东省东莞市境内。线路长5.3公里，合同投资88409万元。合同工期2009年9月18日～2012年1月31日。主要工程量：暗挖隧道5300延长米，竖井7座。2010年完成隧道正洞1122.54延长米；开工累计完成1643.19延长米，占设计量的31%。年内完成投资19225万元；开工累计完成投资27910万元，占合同投资的31.6%。

宁波市轨道交通1号线一期工程TJ－Ⅲ标段工程　位于浙江省宁波市海曙区。合同投资88203万元。合同工期2009年6月1日～2013年6月30日，2009年6月26日开工。工程包括三站一明挖区间，明挖区间473米。开工累计车站完成7133.2平方米，占设计量的26.2%。2010年完成投资17947万元；开工累计完成投资23146万元，占合同投资的26.2%。

天津地铁3号线第1合同段工程　位于天津市西青区。合同投资31032万元。合同工期2009年10月1日～2010年8月31日，2009年11月10日开工。主要实物工程量：路基填方16万立方米，桥梁382.8延长米，铺轨44公里，库房建筑面积49084.14平方米。开工累计完成投资20827万元，占合同投资的67.1%。

长春市轻轨三期火车站北广场地下换乘中心主体工程　位于吉林省长春市。合同投资18639万元。合同工期2009年11月8日～2010年9月20日。主要实物工程量：北广场火车换乘站建筑面积20597平方米，轻轨车站1座，地铁车站1座。2010年完成投资11783万元；开工累计完成投资17783万元，占合同投资的95.4%。

福建省南平市闽江斜拉大桥新建工程　位于福建省南平市延平区。闽江大桥长607延长米，桥跨45米＋160米＋272米＋130米，主塔自桥面以上高88米。合同投资16845万元，合同工期2008年9月4日～2010年12月31日。2010年完成主塔4座，现浇梁2座。开工累计完成悬臂梁73个节段，占设计量的86%。年内完成投资6450万元；开工累计完成投资12500万元，占合同投资的74%。

重庆两江桥主塔基础工程　位于重庆市。合同投资10996万元。合同工期2009年12月～2010年12月，2010年1月1日开工。主要工程为跨长江的东水门长江大桥和跨嘉陵江的千厮门嘉陵江大桥两座大桥主塔基础工程。年内完成桩基础54根，占设计量的100%；承台1个，占设计量的33%。千厮门嘉陵江大桥主塔基础于10月全部完工。开工累计完成投资9282万元，占合同投资的84.4%。

（李升旺　张永锋　张春玉）

【国外工程施工】　利比亚西线铁路的黎波里至加迪尔角段工程　位于利比亚西北部北濒地中海地区。管段从的黎波里（不含的黎波里站）至祖瓦拉1号站（含祖瓦拉1号站），全长105公里，合同投资18.5亿元人民币。2010年10月开工。年内，K954＋000～K985＋000段完成清表12.75公里，路基填方5.4万立方米，既有路基开挖8.4万立方米，房屋拆迁10处，围墙拆迁23处，电力服务涵洞15道；祖瓦拉K880＋000～

K895+000段完成清表15公里，挖除既有路基4.7万立方米，修建施工便道10公里。（李升旺　张永锋）

【经营管理】 市场开发。全年新签合同额413.3亿元。其中，工程板块新增工程任务125项390.1亿元，变更索赔和补充合同新增任务23.2亿元。新增工程板块任务中，铁路工程215亿元，占总额的55.2%；公路工程51.9亿元，占总额的13.3%；城市轨道工程50.1亿元，占总额的12.8%；水利水电工程13.6亿元，占总额的3.5%；市政工程38.7亿元，占总额的9.9%；房屋建筑工程14.8亿元，占总额的3.8%。经营工作坚持精揽、优揽原则，注重专业优势和资源创效，区域、专业优势进一步显现，承揽质量得到保证。

企业管理。围绕"管理提升年"主题，继续深入推进工程公司、工程队、架子队建设，制定《加强工程队建设管理办法》，对提升企业施工生产能力具有重要的战略意义；协同三公司、天津工程科技公司和设计院成功取得相关资质，拓宽了市场，提升了企业经营、竞争能力；加强企业证照及个人证照管理，确保企业对外经营资格和企业生产、市场经营需要；深入开展推先评优活动，集团公司被评为全国水利建设市场AA级信用企业、吉林省AAA级信用企业和重合同守信用企业；组织调研，超前谋划，制定集团公司"十二五"发展规划，为企业在"十二五"期间的发展指明方向，明确目标。

经济管理。编制企业生产经营计划，印发《建设工程劳务施工合同书》示范文本和《工程项目承包合同资料上报制度》，进一步强化合同和验工计价管理；出台《工程项目变更索赔管理办法》，加强组织协调与管理考核，提升集团公司在项目变更、索赔方面的整体创效质量与工作效率；加大资本运营、房地产开发、固定资产等方面的投资管理力度，规范企业投资行为，认真调查、审势而为、量力而行；组织开展责任成本管理"达标"、"八比六看"活动，调动各单位开展责任成本管理的积极性和主动性，将责任成本管理工作向标准化、规范化全方位推进；加强项目评估和企业定额管理工作，年内评估项目115项，评估新揽项目83项，综合评估率87%。

物资设备管理。设备固定资产实行统一领导、分级归口管理制度，建立健全固定资产核算与登记制度，进一步加强新建、改建、扩建固定资产的专项工程管理。根据股份公司《物资、设备集中招标采购管理暂行办法》和《加强物资、设备管理工作的意见》，认真做好物资设备集中招标采购工作。2010年组织大宗物资采购招标392次，合同总价298998万元，节约资金12186万元；组织设备招标采购86次，采购设备280台（套），合同总价21344万元，节约资金988万元。严格执行周转材料管理规定，严格履行周转材料购置、调剂、报废逐级报批程序，年内，集团公司周转材料原值54626.9万元、净值28511.7万元，成新率52.19%。规范租赁设备管理，全年租赁设备762台（套），租赁费用21323万元。截至年底集团公司有盾构机16台（套），900吨大型提运架设备14台（套）。年内新增设备451台（套），原值49960万元。

安全质量管理。贯彻落实股份公司安全管理工作要求，积极推进安全生产"三项活动"和"三项建设"，推动安全管理工作向系统化、制度化、精细化管理转变，促使安全管理工作适应建设规模的新形势、新要求。通过加强安全风险管理，建立健全安全生产预警机制；通过严把重大安全专项方案专家论证关，保证施工结构和主体结构的安全。年内组织开展安全生产大检查活动，对重要时段及重点区域的重点项目进行专项检查，并持续推进安全标准化建设工作，实现安全生产目标。开展工程公司建设达标和项目管理达标活动，规范质量管理行为，强化现场质量管理和监控，工程质量受控，工程创优成绩较好。年内，集团公司获国家优质工程奖3项，火车头优质工程奖5项、中国公路交通优质工程奖1项，黑龙江省优质工程奖2项，股份公司优质工程4项；7项QC成果获得上级奖励。工程质量指标完成情况较好，制作混凝土试件361827组、砂浆试件34506组，合格率100%；分项工程评定224390项，合格率100%；单位工程评定1614项，合格率100%。

财务和审计。加强资金集中管理，多渠道降低财务费用，年内账户归集比例和资金归集比例均达到62%，归集资金12.9亿元，节约财务费用2000万元；加大税收筹划力度，继续开展财务大检查，强化财经纪律；推行全面预算管理，完善内部控制，印发《财务会计工作手册》，规范会计基础工作；加强财务信息化集中管理，开发运用NC系统出纳账务处理新模块。以"立足整改、规范提高、防范风险、促进管理"为工作方针，继续开展所属单位"大审计"活动，深化工程项目经济效益审计，完善审计体系，提高审计工作质量。全年完成经济责任、项目终结、财务收支、经济效益等审计60项，累计投入审计工作1829工天，提交审计报告57份，提出审计建议300条。

板块经营。设计院业务发展迅速，地质勘察、建筑设计、轨道交通、市政、技术咨询、检测、设备租赁7项主营业务全面开展，全年承揽任务3512万元，完成产值2688万元；实现锦屏电站辅引3号支洞设计施工总承包，开创集团公司设计施工一体化的先河。春原检测公司坚持走质量效益和科技型发展道路，工程试验检测和工程测量两大支撑主业资质在集团公司内外创出了品牌和信誉,年内完成营业收入1350万元。房地产板块增幅明显,取得历史性突破,年内完成房地产建设投资23700万元,开发建筑面积49905平方米,实现房屋销售448套,销售面积41276.41平方米,完成销售收入32941万元。赣州铁龙大酒店以市场为导向,积极挖掘市场潜力,开辟新的效益增长点。中铁达实业公司物流仓储业务积极拓展,营业收入保持稳定增长。培训中心坚持走内涵发展道路,办学特色鲜明,全年创收1318万元。

(潘馥 卢宏志 张春玉 王馨 马建政 张立学)

【科技教育】 科技工作。坚持科技"面向现场、面向市场、面向创效"的工作原则,加强施工组织设计管理,加大对重难点方案的评审力度,认真开展技术指导、帮扶及检查工作,强化科技立项、科技成果鉴定、申报及工法编写、开发等工作,科技工作取得明显成效。年内,四公司被认定为黑龙江省高新技术企业;组织专家会审重难点工程的施工组织设计、施工方案22项,召开重点工程方案论证会7次;组织锦屏隧道3号辅引施工支洞设计工作;3项科研课题被列入股份公司科技研究开发计划项目,获得技术开发基金90万元;获得吉林省省级工法6项,铁道协会工法1项,公路学会工法2项,股份公司优秀工法6项;获国家科技进步奖1项,吉林省科技进步奖2项,中国施工企业管理协会科技进步奖2项,中国公路学会科技进步奖2项;4项科技成果通过吉林省科技厅鉴定达到国际领先水平,2项科技成果通过股份公司鉴定达到国内领先水平;申报专利27项,获得发明专利5项,实用新型专利11项。

教育培训。制定《2010年集团公司教育培训工作计划》,以施工现场培训作为重点,采取送培和自培的方式,全年举办培训班372期,8924人次参加培训。其中,自行举办各类培训223期7420人次;外送培训149期1504人次。为加强农民工培训,收集整理钢筋、混凝土、机械、电焊、试验等10个专业的培训教材;收集"十一大员"培训取证需求,为294人办理施工员、预算员、技术员证书;205人通过职业技能鉴定,其中高级技师28人、技师45人;为新入站的2名博士申报吉林省博士后科研资助经费,获得资助20万元。

(李升旺 刘宏宇 张海英)

【党群工作】 党的工作。以科学发展观和党的十七届四中、五中全会精神为指导,紧紧围绕集团公司"管理提升年"各项目标,大力加强领导班子建设、基层党组织建设和党员队伍建设,推进"创先争优"活动,扎实开展宣传、文化、纪检监察等工作,强化基础,务求实效,为提高企业运行质量提供坚强的思想和组织保证。(1)领导班子建设。建立并完善学习实践科学发展观的长效机制,巩固和扩大学习实践科学发展观活动的成果。开好领导班子民主生活会,对企业重大发展规划、思路,集团公司党委超前分析研究,提出具体意见。深化"四好领导班子"创建活动,使之成为加强领导班子建设的有效载体。全年筹备召开6次党委常委(扩大)会议。(2)党组织及党员队伍建设。以书记队伍建设为重点,监督落实《关于工程项目部、三级公司党政主管领导分设的通知》精神,不断加强基层党建工作。通过班子考核和参加各单位党代会的方式,全面了解和检查基层党组织及党员队伍建设情况,结合"创先争优"活动,深入推进党建基础工作。2010年,集团公司有党组织258个,其中子分公司党委、工程项目部等党委29个,党支部228个,党员4623人。(3)思想宣传教育工作。开展学习型党组织建设活动,制定中心组学习计划,充分发挥"围绕中心、服务大局、内聚动力、外树形象"的思想宣传教育作用,全年组织中心组学习4次。媒体刊稿数量取得新突破,全国性媒体51篇、省部级70篇、《人民铁道报》56篇、《中国铁道建筑报》202篇;《铁道前锋》编印50期。(4)企业文化建设。开展"十大新闻"、"十大中标工程"、"十大科技创新工程"评选活动。以铁路为重点,坚持项目文化建设"抓早求快"原则,对项目文化建设对接帮扶;按照标准化建设要求,出台《项目文化建设通用实施方案》,实行项目文化模块化建设。(5)纪检监察工作。编制《党员领导干部廉洁从业学习手册》,以股份公司"争优创先"活动为指导,认真开展党风、党纪、政纪教育及廉政建设工作;深入开展工程建设领域突出问题专项治理、亏损项目整治和"小金库"专项治理三项效能监察工作。全年初查核实案件线索10件,初核了结2件、立案8件、结案处理8件;处分11人,其中党纪处分3人、政纪处分10人、党纪政纪双重处分2人、刑事处理1人。

工会工作。集团公司工会下辖处级工会14个,有专职工会干部42人、兼职工会干部252人、工会会员13110人,职工入会率100%。各级工会组织紧紧围绕企业生产经营主题,广泛开展劳动竞赛,有效地服务企业生产经营活动。出台《关于发挥工会保安全促生产作用的指导意见》,推行"一法三卡"安全工作法,把劳动保护作为保障职工权益的重点。积极开展争先创模活动,参与组织股份公司劳动模范出国观光和上海世界博览会参观活动。进一步拓展职代会制度,落实职代会各项职权,提高职代会质量,增强民主评议的实效。向物资采购、外部劳务使用、人事任免、重大投资项目运作等关键领域拓展企务公开制度，提高企业管理的透明度。认真履行集体合同，关注职工权益，与时俱进地提高建家建线水平。扎实推进“三不让”承诺，努力构建职工生活保障体系，筹集“三不让”专项资金220余万元，走访、慰问困难职工、伤病残职工2500多户。

共青团工作。集团公司团委下辖基层团委11个、团总支10个、团支部223个，35岁以下青年6068人，团员2859人。团委依托党建带团建，围绕企业党政工作重心，坚持“立足新起点，展示新作为”的工作理念，加强团组织建设，发挥团组织优势，以“创新创效”活动为载体，积极拓展青年活动平台，为企业发展改革助力。延伸青年组织工作，扩大企业团组织的组织覆盖，团组织设置率100%。深入展开五小成果申报评比活动，大兴科技创新之风，大力推进青工五小成果工作，征集五小成果140项，42项获奖。年内有32个团组织和个人获得上级团组织奖励，26个集体和个人受到股份公司团委表彰。

（郭冬雪　尹希慧　包　涵　白宏业　孟长江）

【第一工程有限公司】　公路、房屋建筑、市政公用工程施工总承包一级，水利水电工程施工总承包三级，钢结构、桥梁、隧道、公路路面、公路路基工程专业承包一级资质企业。公司机关驻辽宁省大连市沙河口区沙跃街9号。董事长兼总经理王涛，党委书记张幸六。下辖9个分公司、16个项目部及物业公司、铁建宾馆、设备租赁中心。职工2443人。其中，干部1158人；工人1285人。技术干部1095人，占干部总数的94.6%；技术工人995人，占工人总数的77.4%。资产总额252925万元。其中，固定资产原值41223万元、净值25914万元；流动资产223160万元；其他资产3851万元。机械运输设备241台（套），原值3.36亿元、净值2.4亿元，总功率36359千瓦，动力装备率14.88千瓦/人，技术装备率9.83万元/人，完好率90%，利用率68%，综合机械化施工程度85%。

2010年承揽工程任务30项，合同总额46.6亿元。完成企业总产值501249万元，实现利润618万元。人均创利4638元，全员劳动生产率349976元/人年，职工年人均收入31963元。国有资产保值增值率105.57%，净资产收益率2.63%，产值利润率0.16%，资产负债率90.12%，应上缴款完成率100%。完成主要实物工程量：土石1362万立方米，隧道18700延长米，桥梁11580延长米，涵渠6104横延米，铁路架梁738孔，公路101公里。安全生产实现目标，工程质量合格率100%。年内获火车头优质工程奖1项，股份公司优质工程1项；2个QC小组被评为全国优秀QC小组，1个QC小组被评为铁道部优秀QC小组；1项科技成果分别获得吉林省科技进步一等奖、2009年度中国施工企业管理协会科学技术奖技术创新成果一等奖和中国公路学会科学技术二等奖；1项工法被评为吉林省省级工法，1项工法被评为股份公司优秀工法。公司被评为中国AAA级信用企业和中国建筑500强企业，1人被评为全国建筑业企业优秀项目经理。

（李升旺　董占宝）

【第二工程有限公司】　公路、市政公用工程施工总承包一级，桥梁、隧道、公路路基工程专业承包一级，城市轨道交通工程专业承包资质企业。公司机关驻广东省深圳市盐田区东海大道盐田港9号小区中铁大厦。董事长兼总经理韩再明，党委书记胡发林。下辖8个分公司、1个办事处、19个项目部、25个劳务队及周转材料租赁公司、钢构公司、爆破公司。职工2127人。其中，干部1038人；工人1089人。技术干部1011人，占干部总数的97.4%；技术工人780人，占工人总数的71.6%。资产总额203967万元。其中，固定资产原值81862万元、净值43541万元；流动资产158915万元；其他资产1511万元。机械运输设备334台（套），原值7.02亿元、净值4.08亿元，总功率53887千瓦，动力装备率25.23千瓦/人，技术装备率19.11万元/人，完好率89%，利用率76%，综合机械化施工程度90%。

2010年承揽工程任务13项，合同总额33.3亿元。完成企业总产值303551万元，实现利润3550万元。人均创利23855元，全员劳动生产率288766元/人年，职工年人均收入34012元。国有资产保值增值率113.12%，净资产收益率13.05%，产值利润率1.3%，资产负债率95.27%，应上缴款完成率100%。完成主要实物工程量：土石方479万立方米，隧道13222延长米，桥梁17085延长米，涵渠2596横延米，铁路架梁8孔，公路架梁1603片，地铁10062延长米，地铁车站2座，公路13公里，给排水管路2公里。实现安全生产目标，工程质量合格率100%。年内获火车头优质工程奖1项，股份公司优质工程奖1项；1项科技成果获湖北省科技进步二等奖，1项科技成果获中国施工企业管理协会科学技术创新成果一等奖；1项工法被评为公路工程工法。1人被评为中央企业先进职工，3人获得火车头奖章，1个项目部获得火车头奖杯。

（李升旺　张欣欣）

【第三工程有限公司】　铁路、公路、市政公用工程施工总承包一级，房屋建筑、矿山工程施工总承包二级，桥梁、隧道、公路路基、土石方、铁路铺轨架梁工程专业承包一级资质企业。公司机关驻辽宁省沈阳市东陵区方家栏路60号。董事长兼总经理周长斌,党委书记王家福。下辖6个分公司、7个项目部。职工2231人。其中,干部983人;工人1328人。技术干部930人,占干部总数的94.6%;技术工人899人,占工人总数的65%。资产总额280586万元。其中,固定资产原值43922万元、净值21452万元;流动资产258390万元;其他资产744万元。机械运输设备594台(套),原值2.46亿元、净值1.39万元,总功率70707千瓦,动力装备率31.03千瓦/人,技术装备率6.01万元/人,完好率93.8%,利用率63%,综合机械化施工程度85%。

2010年承揽工程任务14项,合同总额64.9亿元。完成企业总产值550322万元,实现利润5502万元。人均创利23747元,全员劳动生产率525798元/人年,职工年人均收入34949元。国有资产保值增值率132.49%,净资产收益率31.59%,产值利润率1.03%,资产负债率93%,应上缴款完成率100%。完成主要实物工程量:土石方1254万立方米,隧道17907延长米,桥梁44512延长米,涵渠1672横延米,正线铺轨13公里,铁路架梁301孔,公路架梁334片,地铁670延长米。实现安全生产目标,工程质量合格率100%。年内,1项工程获中国公路交通优质工程奖,1项工程获火车头优质工程奖。公司被评为全国“安康杯”竞赛优胜单位、辽宁省AAA级信用企业及辽宁省守合同重信用企业;1人获得辽宁省五一劳动奖章,1人被评为吉林省“青年岗位能手”。

(李升旺　李德英)

【第四工程有限公司】　公路、水利水电、市政公用工程施工总承包一级,桥梁、隧道、公路路面、公路路基、机场场道工程专业承包一级资质企业。公司机关驻黑龙江省哈尔滨市道外区先锋路459号。董事长兼总经理苏宝伶,党委书记刘敏。下辖5个工程分公司、1个区域指挥部、14个直属项目部、16个工程队、4个经营性单位。职工2184人。其中,干部1059人;工人1125人。技术干部1029人,占干部总数的97.2%;技术工人690人,占工人总数的61.3%。资产总额303020万元。其中,固定资产原值36964万元、净值24231万元;流动资产276576万元;其他资产2213万元。机械运输设备237台(套),原值1.78亿元,净值1.04亿元,总功率34960千瓦,动力装备率15.88千瓦/人,技术装备率4.72万元/人,完好率80%,利用率62%。综合机械化施工程度90%。

2010年承揽工程任务13项,合同总额29.4亿元。完成企业总产值500106万元,实现利润3684万元。人均创利17143元,全员劳动生产率854023元/人年,职工年人均收入32465元。国有资产保值增值率112.71%,净资产收益率12.08%,产值利润率0.7%,资产负债率92.91%,应上缴款完成率100%。完成主要实物工程量:土石方1779万立方米,隧道6605延长米,桥梁30533延长米,涵渠4200横延米,正线铺轨123公里,站线铺轨2公里,铁路架梁314孔,公路架梁5015片,地铁1075延长米,公路171公里。实现安全生产目标,工程质量合格率100%。年内,2项工程获国家优质工程银质奖,1项工程获黑龙江省龙江杯优质工程奖,2项工程获火车头优质工程奖,2项工程获股份公司优质工程奖;1项工法被评为公路学会优秀工法。公司被中国施工企业管理协会评为2010年度技术进步先进单位。

(李升旺　赵　楠)

【第五工程有限公司】　公路、市政公用、房屋建筑工程施工总承包一级,铁路、水利水电、园林绿化工程施工总承包二级,桥梁、隧道、公路路基、钢结构、机电安装工程专业承包一级资质企业。公司机关驻四川省成都市新都区学院路东段289号。董事长兼党委书记刘树山,总经理王占宇。下辖8个分公司、47个项目部及物业公司。职工1774人。其中,干部1027人;工人747人。技术干部739人,占干部总数的77.22%;技术工人415人,占工人总数的51.56%。资产总额197927万元。其中,固定资产原值34137万元、净值24910万元;流动资产170544万元;其他资产2473万元。机械施工设备425台(套),原值2.08亿元、净值1.46亿元,总功率82832千瓦,动力装备率42.33千瓦/人,技术装备率7.06万元/人,完好率93%,利用率69%,综合机械化施工程度85%。

2010年承揽工程任务19项,合同总额20.4亿元。完成企业总产值265563万元,实现利润210万元。人均创利1174元,全员劳动生产率367389元/人年,职工年人均收入37183元。国有资产保值增值率100.77%,净资产收益率0.77%,产值利润率0.08%,资产负债率87.4%,应上缴款完成率100%。完成主要实物工程量:土石方176万立方米,隧道4885延长米,桥梁8982延长米,涵渠73横延米,正线铺轨2公里,站线铺轨20公里,道岔38组,公路架梁1761片,给排水管路55公里,地铁56延长米,地铁车站2座,公路6公里,房屋建筑53674平方米。实现安全生产目标,工程质量合格率100%。年内,1个项目部被评为省级安全生产文明施工标准化工地,2项工程分别获得上海市浦东新区市政工程金奖和四川省天府杯金奖。

(李升旺　田艳霞)

【第六工程公司】　为集团公司综合分公司,具有铁路、公路、桥梁、隧道、水利、机械土石方、工业与民用建筑等工程施工能力。公司机关驻吉林省长春市二道区岭东路2216号。总经理刘俊民,党委书记王耀。下辖2个分公司、22个直属项目部及周转材料管理中心。职工844人。其中,干部486人;工人238人。技术干部447人,占干部总数的92%;技术工人146人,占工人总数的61.3%。资产总额123125万元。其中,固定资产原值17366万元、净值9265万元;流动资产113662万元;其他资产198万元。机械施工设备288台(套),原值1.78亿元、净值1.48亿元,总功率39539千瓦,动力装备率41.63千瓦/人,技术装备率15.55万元/人,完好率91%,利用率75%,机械化施工程度88%。

2010年承揽工程任务13项,合同总额18.8亿元。完成企业总产值201883万元,实现利润6224万元。人均创利65928元,全员劳动生产率476441元/人年,职工年人均收入47644元。国有资产保值增值率100%,净资产收益率139.17%,产值利润率3.1%,资产负债率96.41%,应上缴款完成率100%。完成主要实物工程量:土石方796万立方米,隧道7904延长米,桥梁9142延长米,涵渠885横延米,站线铺轨11公里,公路1公里,房屋建筑128756平方米。实现安全生产目标,工程质量合格率100%。年内,3项工程获得长春市君子兰杯优质工程奖,2项QC成果获全国优秀QC成果奖,1项科技成果获吉林省科技成果二等奖;1个项目被中国建筑业协会评为AAA级安全文明标准化诚信工地,南水北调8标段项目部被国务院南水北调建设委员会办公室评为安全生产管理优秀单位。　　(李升旺　宁纪雅)

【电务工程有限公司】 国家通信、机电安装、市政公用工程施工总承包一级,房屋建筑工程施工总承包三级,铁路电务、铁路电气化、送变电、建筑装饰工程专业承包一级,公路通信、监控、收费工程专业承包资质企业。公司机关驻天津市河东区新开路46号冠福大厦12层。董事长兼党委书记康仕恒,总经理王长军。下辖网络信息公司、租赁公司、长春基地和32个工程项目部。职工619人。其中,干部301人;工人186人。技术干部171人,占干部总数的56.81%;技术工人171人,占工人总数的91.9%。资产总额48697万元。其中,固定资产原值2862万元、净值1982万元;流动资产44007万元;其他资产2708万元。机械运输设备59台(套),原值1474万元、净值962万元,总功率5147千瓦,动力装备率10.29千瓦/人,技术装备率1.92万元/人,完好率83.3%,利用率65%,综合机械化施工程度85%。

2010年承揽工程任务11项,合同总额7.4亿元。完成企业总产值96477万元。其中,施工产值50880万元;其他产值3837万元。实现利润809万元。人均创利16212元,全员劳动生产率595537元/人年,职工年人均收入38871元。国有资产保值增值率106.39%,净资产收益率6.42%,产值利润率1.09%,资产负债率93.5%,应上缴款完成率100%。完成主要实物工程量:土石方264万立方米,隧道825延长米,桥梁5091延长米,涵渠217横延米,通信线路218公里,供电线路147公里,变配电所2站,接触网正线18公里,给排水管路7公里,设备安装3286台(件),房屋建筑15055平方米。实现安全生产目标,工程质量合格率100%。年内,1项工程获国家优质工程银质奖;公司被评为天津市AAA级劳动关系和谐企业,公司工会被评为天津市模范职工之家;1人获得天津市五一劳动奖章。　　(李升旺　郭春会)

【天津工程科技有限公司】 为集团公司独资子公司。具有市政公用、房屋建筑、机电安装工程总承包二级,桥梁、隧道、钢结构、土石方工程专业承包二级资质企业。公司机关驻天津市西青区侯台碧岭园小区C区22栋。执行董事兼党工委书记李素清,总经理冯涛,党委副书记庞博。职工14人。资产总额7679万元。其中,固定资产原值47万元、净值39万元;流动资产7639万元;其他资产1万元。

2010年,公司以开拓天津、华北市场和监管集团公司天津在建工程项目为主,确定天津地铁、滨海新区为市场经营重点,积极培育市场,经营工作开始起步。年内兼管天津地铁3号线华苑车辆段、天津西站交通枢纽配套市政公用桥梁3标段、天津地铁3号线供电系统安装、中新生态城科技园道路与排水工程等项目,总投资约8亿元。年内实现利润396万元,人均创利233186元。国有资产保值增值率105.74%,净资产收益率5.73%,产值利润率2.02%,资产负债率34.5%,应上缴款完成率100%。　　(李升旺　曾长礼)

【吉林省现代城建轨道交通勘察设计研究院有限公司】 为集团公司独资公司,具有岩土、水文地质勘察专业甲级,工程测量专业乙级,建筑行业建筑工程设计专业甲级,市政行业设计乙级,风景园林设计专项乙级,地籍测绘、房产测绘专业丙级资质。前身为始建于1992年的长春建设勘察设计研究院有限责任公司,是国家"八五"期间创建的新型勘察设计企业;2005年由长春市建设勘察设计研究院改制为有限责任公司,2007年通过ISO9001:2000质量体系认证,是国家建设主管部门审定的甲级工程勘察设计单位;2009年4

月17日整体并入中铁十三局集团有限公司。公司机关驻吉林省长春市二道区公平路2299号。董事长纪尊众,院长孙德良(11月免)、王学哲(11月任),党委书记陈明荣(11月免)、梁越(11月任)。下辖天津分院、北京分院。职工115人。资产总额2314万元。其中,固定资产原值345万元、净值208万元;流动资产2086万元;其他资产20万元。

2010年承揽勘察设计任务3512万元,完成产值2695万元,实现利润280万元。国有资产保值增值率100.05%,净资产收益率0.05%,产值利润率0.09%,资产负债率57.13%,应上缴款完成率100%。年内完成锦屏电站辅引3号支洞设计,开创集团公司设计施工一体化的先河。 (李升旺 刘志刚)

【天津春江房地产公司】 房地产开发二级资质企业。公司机关驻天津市河北区望海楼北里30号。董事长兼党工委书记翁行焱,总经理尹传金。职工22人。其中,干部15人;工人7人。资产总额48405万元。其中,固定资产原值141万元、净值15万元;流动资产48350万元;其他资产40万元。

2010年,公司顺利通过天津市建设管理委员会及有关部门的审查与评审,将房地产四级资质升级为二级开发资质,并顺利通过ISO9001: 2008质量管理体系认证。年内完成房地产建设投资23700万元,完成开发建筑面积49905平方米,房屋销售448套,销售面积41276.41平方米,实现销售收入32941.27万元。国有资产保值增值率100%,净资产收益率0.03%,产值利润率0.01%,资产负债率94.3%,应上缴款完成率100%。 (李升旺 唐振忠)

【深圳中铁达实业公司】 为集团公司物流仓储企业。驻广东省深圳市盐田区盐田港后方陆域6号区中铁物流大厦。总经理董建平。职工10人。资产总额4403万元。其中,固定资产原值1594万元、净值1048万元;流动资产323万元;其他资产3032万元。

2010年实现利润340万元,人均创利108095元。国有资产保值增值率100%,净资产收益率23.3%,产值利润率47.81%,资产负债率68.01%,应上缴款完成率100%。 (李升旺 董建平)

【重要记载】

▲1月14日 集团公司被认定为吉林省高新技术企业。

▲1月22日 股份公司副总裁刘汝臣到二公司北京地铁项目部检查指导工作,要求项目部“保工期、保安全、保质量、保基层管理、保效益水平”,保持地铁专业优势。

▲1月27日 集团公司京石铁路客运专线东白庄跨京石高速公路特大桥上跨京石高速公路60米、100米、60米悬灌连续梁成功合龙。

▲2月1日 一公司承建的福建南平市闽江斜拉桥126.7米主塔封顶。该桥为股份公司系统内同类型桥梁中跨度最大的一座斜拉桥,桥长622米,主跨272米,科技含量高,工艺复杂。

▲2月3日~5日 集团公司二届五次职代会、党委扩大会暨2010年工作会在长春国际会展中心召开。会议回顾总结2009年取得的成绩,明确2010年工作思路和任务目标。

▲2月5日 集团公司中标新建兰新铁路第二双线西宁至张掖段站前工程LXS-6标段,合同投资21.99亿元。

▲4月7日 三公司厦深铁路榕江特大桥主桥施工方案暨钢桁梁拼装抗风设计通过专家评审。

▲4月13日 集团公司中标新建合肥至福州铁路安徽段站前工程HFZQ-2标段,合同投资59.3亿元,管段全长90.03公里。

▲4月15日 集团公司中标新建杭州至长沙铁路客运专线江西段站前工程HKJX-4标段,合同投资23.97亿元。

▲4月29日 中铁十三局集团园林环境工程有限公司正式成立,标志着集团公司在股份公司系统率先跨入园林环保工程专业领域。

▲7月8日 黑龙江省省长栗战书、铁道部副部长卢春房、股份公司副总裁张宗言等出席集团公司参建的牡绥铁路工程开工典礼。

▲8月6日 四公司被认定为黑龙江省高新技术企业。

▲8月22日 二公司承担施工的世界最大单跨铁路隧道乌蒙山2号隧道四线车站大跨度段贯通。

▲同日 集团公司中标新建沪昆铁路客运专线长沙至昆明段(贵州)站前工程CKGZTJ-11标段,合同投资30.78亿元。

▲9月6日 集团公司中标金华至温州铁路扩能改造站前工程V标段,合同投资20.7亿元。

▲9月27日 吉林省省委书记孙政才在长春市市委书记高广斌、长春市市长崔杰等陪同下,视察六公司长春站综合交通换乘中心施工工地,对工程进展情况表示满意。

▲10月23日 集团公司承建的全长31.5公里的哈齐铁路客运专线扎龙特大桥第一榀箱梁成功架设。

▲11月4日 集团公司被评为全国厂务公开民主管理先进单位。

▲12 月 3 日　集团公司顺利完成中国铁建 HR 项目二期试点薪酬、社保、人事、考勤四大模块的全部实施工作，成为中国铁建 HR 项目组试点单位中进展最快、效率最高、质量最好的二级单位。　（李升旺）

中铁十四局集团有限公司

【简况】　中铁十四局集团有限公司是铁路工程施工总承包特级，公路、市政公用、房屋建筑、水利水电工程施工总承包一级，机电安装工程总承包二级，矿山专业施工总承包三级，公路路基、公路路面、隧道、桥梁工程专业承包一级及城市轨道交通工程专业承包和地质灾害防治工程甲级资质企业，并享有对外经营权。公司机关驻山东省济南市和平路 1 号。下辖 10 个全资子公司、2 个专业性分公司、海外分公司和北京、杭州、广州、成都、青岛、西安 6 个区域性工程指挥部及 16 个在建直属工程指挥部。职工 16190 人，其中技术人员 6763 人，占职工总数的 41.7%。资产总额 176.51 亿元。其中，固定资产原值 442652 万元、净值 250804 万元；流动资产 1440250 万元。工程机械设备 3155 台（套），设备原值 266894.7 万元、净值 146872.69 万元，新增设备 31886 万元。设备总功率 459798 千瓦，动力装备率 28 千瓦/人，技术装备率 9 万元/人，设备新度系数 0.55，主要施工机械设备完好率 93%、利用率 85%。年施工能力 280 亿元以上。

2010 年承揽任务 443 亿元，其中铁路 285 亿元。完成企业总产值 255.83 亿元，占年度计划的 111.23%，比 2009 年增加 46.11 亿元，增长 21.99%。实现利润 32798 万元。完成主要实物工程量：土石方 4887.5 万立方米，桥梁 159919 延长米，涵渠 15195 横延米，隧道 121215 延长米，正线铺轨 518.27 公里，站线铺轨 43.014 公里，生产桥梁 1671 孔 7969 片，架梁 2596 孔 9863 片，房屋建筑 445151 平方米。年内获国家优质工程银质奖 3 项，省部级优质工程奖 13 项。

（李蓉　刘宁）

【领导人员】

董事会

董事长	杨有诗
副董事长	张挺军

经理层

总经理	张挺军
副总经理	张海舟
	李景元
	徐明新
	曹希彬
	郑修杰
	许兰民
	蒋汉祥
	王红卫
	周长进
总工程师	刘运平
总会计师	于立中

党群领导

党委书记	杨有诗
党委副书记	张挺军
	陈保京
纪委书记	张建国
顾问	顾忠久

（陈　静）

【职工队伍】　截至 2010 年底，职工 16190 人。其中，男职工 12301 人；女职工 3889 人。按学历结构分：研究生及以上学历 63 人，本科学历 4681 人，大专（高职）3685 人，中专 1247 人，中专以下学历 6514 人。按专业技术职务分：高级职务 939 人，中级职务 1678 人，初级职务 4146 人。高级职务中教授级高级工程师 41 人、高级工程师 617 人、高级政工师 109 人、高级经济师 72 人、高级会计师 80 人、其他系列 20 人；中级职务中工程师 1208 人、政工师 162 人、经济师 129 人、会计师 119 人、其他系列 60 人；初级职务中工程系列 3068 人、政工系列 252 人、经济系列 249 人、会计系列 496 人、其他系列 81 人。按技能人才队伍结构分：高级技师 100 人，技师 477 人，高级工 2585 人。　（陈　静）

【工程项目指挥机构】　南京长江隧道工程指挥部　驻江苏省南京市。指挥长兼党工委书记韩风险，常务副指挥长王守慧。

武广铁路客运专线项目经理部　驻湖南省衡阳市。经理兼党工委书记徐明新。

宜万铁路工程指挥部　驻湖北省长阳县。指挥长兼党工委书记张俊厚。

达成铁路扩能改造工程指挥部　驻四川省营山县。指挥长孟凡亚，党工委书记孙来民。

京广铁路改造工程指挥部　驻河南省信阳市。指挥长刘新来。

广深港铁路客运专线 ZH－1 标段项目经理部　驻广东省广州市。项目经理周长进，党工委书记韩复启，常务副经理金鑫。

阿尔及利亚公路项目指挥部　驻阿尔及利亚布阿

拉里季堡省。指挥长严学斌,党工委书记朱士良。

（李占先）

【铁路工程施工】 京沪高速铁路 JHTJ－4 标段工程　位于安徽省宿州市,线路长 47.886 公里,合同工期 2008 年 1 月 8 日～2012 年 12 月,合同投资 36.7 亿元。2010 年完成投资 9.33 亿元。

成绵乐铁路客运专线 CMLZQ－4 标段工程　位于四川省成都市,线路长 35.8 公里,合同工期 2009 年 7 月 1 日～2011 年 12 月 31 日,合同投资 50.18 亿元。2010 年完成投资 10.87 亿元。

广深港铁路客运专线 ZH－1 标段工程　位于广东省广州市番禺区,线路长 32 公里,合同工期 2006 年 10 月 15 日～2009 年 5 月 31 日,合同投资 22.66 亿元。2010 年完成投资 11.2 亿元。

向莆铁路 FJ－3A 标段工程　位于福建省尤溪县,线路长 86.78 公里,合同工期 2008 年 10 月 1 日～2012 年 5 月 31 日,合同投资 44.61 亿元。戴云山隧道为全线控制工程。2010 年完成投资 14.86 亿元。

石武铁路客运专线 SZ－2 标段工程　位于河北省邢台市,线路长 68.63 公里,合同工期 2008 年 10 月 15 日～2011 年 12 月 31 日,合同投资 45.05 亿元。2010 年完成投资 21.4 亿元。

贵广铁路 GGTJ－9 标段工程　位于广西壮族自治区贺州市,线路长 60.9 公里,合同工期 2008 年 12 月 19 日～2013 年 3 月 3 日,合同投资 35.4 亿元。2010 年完成投资 14.96 亿元。

包西铁路通道 BXS－2 标段工程　位于陕西省白水县,线路长 38.4 公里,合同工期 2007 年 12 月～2010 年 12 月,合同投资 11.58 亿元。2010 年 12 月 25 日开通运营。

宁启铁路复线电化工程 I 标段工程　位于江苏省南京市,线路长 99.56 公里,合同工期 2010 年 1 月 1 日～2012 年 12 月 31 日,合同投资 33.6 亿元。2010 年完成投资 13.72 亿元。

新建太中银铁路站前 ZQ－Ⅱ铺架标段工程　位于山西省晋中地区,铺轨 378.124 公里,桥梁架设 2436 孔,合同工期 2008 年 1 月 1 日～2009 年 6 月 30 日,合同投资 7.88 亿元。开工累计完成投资 5720 万元。

锦赤铁路 3 标段工程　位于内蒙古自治区赤峰市,线路长 5925 米,合同工期 2008 年 12 月～2010 年 12 月,合同投资 1.51 亿元。开工累计完成投资 60294 万元。

新建哈罗铁路（哈密南—罗中段）S2 标段工程　位于新疆维吾尔自治区哈密市,线路长 295 公里,合同工期 2010 年 3 月 1 日～2012 年 2 月 29 日,合同投资 10.9 亿元。开工累计完成投资 75013 万元。

新建云桂铁路广西段 YGZQ3 标段工程　位于广西壮族自治区白色地区,线路长 36.8 公里,合同工期 2010 年 5 月～2013 年 12 月,合同投资 18.24 亿元。开工累计完成投资 13010 万元。

宁安城际铁路工程　位于安徽省铜陵市,全长 8.09 公里,合同工期 2009 年 3 月 20 日～2012 年 12 月 31 日,合同投资 9.27 亿元。开工累计完成投资 33190 万元。

中南部铁路通道 ZNTJ21 标段工程　位于山东省日照市,线路长 82.9 公里,合同工期 2010 年 9 月 10 日～2013 年 12 月 31 日,合同投资 19.24 亿元。2010 年完成投资 18050 万元。

长株潭城际铁路 CZTZH2 标段工程　位于湖南省长沙市,线路长 23.31 公里,合同工期 2010 年 9 月 12 日～2014 年 3 月 31 日,合同投资 39.9 亿元。2010 年完成投资 10000 万元。

沪昆铁路客运专线长昆湖南段 CKTJ9 标段工程　位于湖南省芷江县,线路长 44.3 公里,合同工期 2010 年 9 月 1 日～2014 年 2 月 28 日,合同投资 32.13 亿元。2010 年完成投资 16080 万元。

沪昆铁路客运专线长昆贵州段 CKGZTJ7 标段工程　位于贵州省平坝县,线路长 50.945 公里,合同工期 2010 年 10 月 1 日～2013 年 10 月 30 日,合同投资 29.59 亿元。2010 年完成投资 5160 万元。

青荣城际铁路 QRZH－Ⅰ标段工程　位于山东省青岛市,线路长 41.449 公里,合同工期 2010 年 10 月 1 日～2013 年 9 月 30 日,合同投资 23.55 亿元。2010 年完成投资 5462 万元。

张唐铁路 ZTSG7 标段工程　位于河北省唐山市,线路长 57.088 公里,合同工期 2010 年 9 月 1 日～2014 年 8 月 31 日,合同投资 26.9 亿元。2010 年进行临时工程施工。

津保铁路 JBSG2 标段工程　位于天津市,线路长 36.987 公里,合同工期 2010 年 9 月 1 日～2013 年 2 月 1 日,合同投资 22.91 亿元。2010 年进行临时工程施工。

邯黄铁路 2 标段工程　位于河北省邢台市,线路长 112 公里,合同工期 2010 年 9 月 1 日～2013 年 2 月 28 日,合同投资 14.61 亿元。2010 年完成投资 8402.58 万元。

（李占先）

【地铁工程施工】 北京地铁 9 号线土建 5 合同段工程　位于北京市丰台区,合同工期 2007 年 4 月 1 日～2010 年 12 月 15 日,合同投资 6.01 亿元。主要工程：六里桥站、军事博物馆站,六里桥站至北京西客站南侧预留区间，北京西客站北侧预留至军事博物馆站区间，军事博物馆站至盾构始发接收井区间。开工累计完成投资9682万元。 （李占先）

【经营管理】 2010年承揽工程任务442.93亿元，占年度计划280亿元的158.19%。其中，铁路工程284.69亿元，占64.3%；公路工程71.94亿元，占16.2%；市政工程18.09亿元，占4.1%；城市轨道工程26.01亿元，占5.9%；水利水电工程18.13亿元，占4.1%；房屋建筑工程14.62亿元，占3.3%；其他工程9.45亿元，占2.1%。

企业管理。年内，集团公司深入开展项目管理效益年活动，解决项目管理中存在的管理粗放、效率低下、效益低迷、跑冒滴漏严重、非生产性开支居高不下等问题，多创效、创高效。进一步明确工程公司在推进标准化管理和架子队建设中的主体责任，突出现场管理标准化和制度建设标准化两个核心，纵深推进标准化建设，尽快形成行之有效的项目管理标准，大力营造“让标准成为习惯，习惯符合标准，结果达到标准”的良好氛围。下发《关于加强铁路项目前期管控的通知》，明确铁路项目的劳务队伍管理按有效管理的原则设置组织架构。集团公司与20家二级单位签订2010年度经营效绩目标责任状。截至年底，集团公司一级注册建造师（含临时建造师）628名，注册专业涉及铁路、公路、市政、建筑、水电、民航、通信、机电等门类。年内，3项成果获山东省企业管理现代化创新成果一等奖；集团公司入选山东企业100强，被评为水利行业信用AAA级企业；三公司被评为全国优秀施工企业；1人被评为全国工程建设优秀（高级）职业经理人，4人被评为全国工程建设优秀项目经理，2人被评为全国建筑业企业优秀项目经理。

物资管理。截至2010年底，集团公司拥有机械动力设备3155台（套），设备原值266894.7万元、净值146872.69万元。新增设备原值31886万元，设备新度系数0.55，总功率459798千瓦，动力装备率28千瓦/人，技术装备率9万元/人，主要施工机械完好率93%，设备利用率85%。全年消耗钢材846531吨，价值600963.8万元；水泥3827439吨，价值210610.9万元；木材23244立方米，价值9140.7万元；油料149340吨，价值136247.6万元；一次转值机电产品及其他材料消耗64533.7万元。年内招标采购设备802台（套），采购合同金额119657.9万元；主要材料招标采购114批次，采购合同金额212531万元。其中，招标采购盾构机7台，采购合同金额64752.83万元；招标采购160吨轮胎提梁机5台，采购合同金额1700万元。

安全质量。进一步完善安全管理制度和程序，认真落实安全生产责任制，大力推动《职业健康安全管理体系》的运行，依法强化安全管理，落实安全检查制度，严格现场控制，强化安全生产责任追究。年内组织304人参加企业负责人、项目经理、安全管理人员“三类人员”延期换证安全培训班，组织349人参加2010年度安全生产“三类人员”培训班并取得安全生产考核合格证书；99人经培训取得水利部“三类人员”安全生产考核合格证书。年内获中国建设工程鲁班奖1项、国家优质工程银质奖3项、山东省优质工程泰山杯奖5项、山东省建筑装饰装修工程泰山杯奖1项、北京市竣工长城杯金质奖1项、上海市优质工程白玉兰奖1项、火车头优质工程奖4项、电力部优质工程奖2项、全国市政金杯示范工程1项、辽宁省市政金杯示范工程1项、中国铁建优质工程奖4项，获全国优秀QC小组4个、省部级优秀QC小组7个、中国铁建优秀QC小组6个；集团公司被山东省人民政府评为安全生产先进单位。

财务审计。2010年，集团公司各级财务部门紧紧围绕集团公司战略目标，认真组织会计核算，规范会计基础工作，强化财务集中管理，进一步完善财务管理内控制度，先后制定集团公司《会计基础工作规范指导手册》《直属项目财务管理办法》《会计委派暂行办法》《上缴款奖励办法》《会计队伍管理办法》《竣工项目资产管理办法》。年内参与集团公司房地产项目管理，帮助办理集团公司海南省海口市、广西壮族自治区北海市房产名称变更及房产证补办工作，协助杭州工程指挥部办理厦门房地产拆迁安置补偿手续。2010年，母子公司两级通过技术开发费抵免企业所得税额近1000万元，税务筹划对企业财务增值的贡献率不断加大。全年完成审计项目168项目。其中，经济责任审计13项；工程项目审计88项；财务收支审计17项；经济效益审计20项；专项审计调查5项；其他审计25项。提出审计报告160份，投入审计工天3378天；提出审计建议502条，采纳502条。集团公司资金管理中心全年完成资金结算236亿元。其中，现金2亿元；票据234亿元。办理各类银行保证业务656笔，金额162.28亿元。其中，投标、履约、预付款保函442笔，业务金额66.83亿元；信贷证明214笔，业务金额95.45亿元。内部调剂使用资金22.2亿元。其中，生产经营17.8亿元；房地产项目开发3亿元；资本项目运作1.4亿元。吸收内部单位存款14.4亿元，内部单位开设账户160个。资金池集中资金0.72亿元。其中，中国农业银行资金池3月上线运行，截至12月31日集中资金0.5亿元；中国建设银行资金池8月上线运行，截至12月31日集中资金0.2亿元；中国工商银行资金池11月上线运行，截至12月31日集中资金0.02亿元。对外融资余额23.12亿元。其中，资金中心本级融资12.95亿元；母公司所属青岛工程指挥部融资0.17亿元，集团公司从股份公司调剂资金4亿元及欧元转贷融资6亿元。全年累计实现收入11660万元，净收益约2500万元。集团公司取得12家合作银行授信294亿元，比2009年的195亿元增加99亿元，确保了集团公司生产经营需要。（刘 宁）

【科技教育】 科技应用。集团公司承建的广深港铁路客运专线ZH1标段综合工程、南京长江隧道工程列入第6批全国建筑业科技示范工程，9月，两项工程通过由中国建筑业协会组织的专家评审，整体水平达到国内领先水平，部分达到国际先进水平。1月16日，股份公司在北京主持召开由集团公司完成的“时速350公里高速岔枕生产技术”、“板式无砟轨道道岔板生产技术”和“轨道交通可调式框架板制造技术”科技成果评审会。其中，“时速350公里高速岔枕生产技术”、“板式无砟轨道道岔板生产技术”两项成果达到国际先进水平；“轨道交通可调式框架板制造技术”达到国内领先水平。12月4日，山东省科技厅在济南主持召开集团公司完成的“天津海河双叶立转开启桥关键施工技术”、“时速350公里客运专线铁路168米连续刚构桥深水裸岩基础和梁部关键施工技术”、“时速350公里客运专线铁路复杂环境下112米跨钢管混凝土提篮拱桥关键施工技术”科技成果鉴定会。其中，“天津海河双叶立转开启桥关键施工技术”达到国际领先水平；“时速350公里客运专线铁路168米连续刚构桥深水裸岩基础和梁部关键施工技术”达到国际先进水平；“时速350公里客运专线铁路复杂环境下112米跨钢管混凝土提篮拱桥关键施工技术”达到国内领先水平。12月18日，山东省科技厅在济南主持召开由集团公司开发的“超长连续溶蚀断层破碎带及软岩大变形隧道施工关键技术”科技成果鉴定会，经鉴定总体水平达到国际先进水平。年内，申请专利10项。其中，发明专利4项；实用新型专利6项。获授权专利20项。其中，发明专利1项；实用新型专利19项。获软件著作权24项。截至年底，集团公司拥有专利34项。其中，发明专利3项；实用新型专利31项。全年获中国公路学会科学技术特等奖1项、中国工程爆破协会科学技术特等奖1项、中国电机学会科学技术一等奖1项，中国岩石力学与工程学会科学技术一、二、三等奖各1项，中国施工企业管理协会科学技术一、二等奖各1项；获山东省经济和信息化委员会技术创新优秀成果奖8项、优秀论文18篇，3人被评为技术创新带头人。获省部级优秀工法13项。其中，铁道部优秀工法3项，山东省优秀工法10项。集团公司被评为全国技术创新先进企业、“十一五”全国建筑业科技进步与技术创新先进企业；1人被评为“十一五”全国建筑业企业优秀总工程师，1人被评为全国科技进步与技术创新先进个人，1人被评为全国技术创新先进个人。年内，集团公司新设科技创新项目46项。其中，山东省技术创新项目3项；股份公司资助项目2项；集团公司资助项目7项；各子(分)公司自筹资金项目34项。

职工培训。年内举办各类培训班8期，培训1216人次；与石家庄铁道大学合作办学，招收本、专科函授生169人。（刘 宁）

【党群工作】 党的工作。2010年底，集团公司有基层党组织625个，其中党委106个、党总支部30个、党支部489个；党组2个；集团公司项目部党工委19个。有党员7469人，年内发展新党员284名。（1）集团公司党委认真分析把握企业发展面临的形势任务，明确抓信用评价、抓任务承揽、抓成本效益、抓干部队伍建设的主要工作思路。根据未来五年经济形势和市场环境的判断，结合自身定位和现有基础的审视，提出“强企富工”的发展目标，明确“十二五”期间支撑企业发展的“三分格局”战略目标和六大战略举措。年内，集团公司上下按照总体思路和既定部署，奋发进取、扎实工作，企业改革发展再次实现新突破。集团公司在重大工程建设中的突出贡献和骄人业绩，引起党和国家领导人的关注。温家宝总理端午节到北京地铁6号线施工现场视察，看望慰问集团公司干部职工，并在现场召开新一代农民工座谈会；江泽民、贺国强视察南京长江隧道工程；国庆节，国资委主任王勇专程到北京地铁9号线亲切看望和慰问节日期间坚守在工作岗位的集团公司一线职工。（2）坚持把思想理论建设作为重中之重，用科学发展观统揽全局、指导工作，用正确的企业价值观统一思想、凝聚人心，为抢抓发展机遇提供思想保证。全面提出加快企业发展的六种理念，在各级领导干部中大力倡导有胆识才能快发展、懂大局才能干成事、大团结才能大发展、有作为才会有地位、讲诚信才会有市场、有发展才能有和谐，全员机遇意识有所增强。开展“践行企业价值观，提升发展软实力”主题教育活动、“安全在我心中，质量在我手中”安全质量教育活动和向“爱岗敬业标兵”——夏吉军学习活动，举办增援沙特麦加轻轨项目先进事迹报告会，系列主题教育活动深入人心。企业文化建设持续推进，以建设本质安全型企业为目标的安全文化体系在集团公司推广，成为中国铁建系统率先推广的企业。（3）根据各单位发展实际和班子运转情况，按照干部“四化”方针和德才兼备标准，部分单位领导调整，12名优秀干部被选拔到领导岗位。根据集团公司机关建设需要，择优选拔34名干部充实到机关部门及以上领导岗位，调整交流干部30名。积极开展创建“学习型党组织”活动，促进学习型、责任型、服务型、创新型领导班子建设，年内先后有50余人次参加股份公司组织的领导干部培训。继续贯彻落实《关于加强集团公司领导班子自身建设的规定》，完善铁路承揽、区域经营和信用评价责任制。坚持定期沟通制度，两级班子普遍重视民主生活会的质量。（4）加强基层党的建设，特别是项目党建工作，扎实开展创先争优活动，增强基层党组织的凝聚力、创造力和战斗力。按照股份公司党委《关于加强和改进工程项目部党的建设的决定》，实行“大事集体决策，党政共同负责”的项目领导体制，积极推进“交叉任职”、职能定位、“三重一大”和党政会签等制度的落实。按照中央和股份公司党委统一部署，集团公司党委深入开展以争创先进基层党组织、争当优秀共产党员为主要内容的创先争优活动，按照“重在解决问题、重在取得实效”的原则，确定“抢抓机遇扩规模，精细管理谋发展”的活动主题，在石武铁路客运专线召开较大规模的活动推进会，有效推动活动扎实开展。集团公司所属单位党组织，把创先争优活动同本单位生产经营实际结合起来，党委书记亲自抓，分管领导靠上抓，精心设计载体，丰富活动内容，以鲜明的特色和创新的精神把创先争优活动推向深入，充分发挥各级党组织和党员干部的战斗堡垒和先锋模范作用。年内，集团公司表彰先进基层党委5个、“五好党支部”13个、“四好领导班子”13个、“三个文明”先进单位49个和优秀共产党员65名、优秀党务工作者22名、“三个文明”建设先进工作者80名，1个先进党委、3个“五好党支部标兵”、3名“六好党员标兵”和3名优秀党务工作者受到股份公司表彰。（5）纪检监察工作。年内接受群众来信来访和电话举报18件，初核13件，其中失实的4件，适当处理的6件。立案8件，查结8件。涉案人员8人，给予政纪处分3人、党纪处分6人，其中受到双重处分1人；受到刑事处理2人、组织处理4人。在查处的8起案件中，因失职渎职造成企业经济损失和信誉受损案件3起，违反财经纪律案件2起，违反廉洁自律规定案件1起，违反社会主义道德案件1起，侵犯他人权利案件1起。开展工程建设领域突出问题专项治理、亏损项目专项整治、“小金库”专项治理等工作，对2008年以来总投资额5000万元以上的172个在建和收尾项目进行全面排查。全年提出监察建议18类286条，直接增加经济效益2070万元，避免和挽回经济损失304万元，督促项目部修订完善规章制度27项。各单位上报亏损及潜亏项目17个，对亏损原因进行深入剖析，并采取有效的整顿和减亏措施，实现扭亏增盈3000多万元。集团公司组成10个“小金库”专项治理检查组，通过自查自纠、督导检查，发现用资产处置、出租收入设立“小金库”4个，滚存余额212万元，均立即封存并纳入法定账簿核算。年内，7个纪检监察组织和38名纪检工作人员受到集团公司纪委和上级表彰，四公司纪委获山东省省直机关纪工委纪检监察工作先进单位称号。

工会工作。集团公司工会下辖10个子公司工会、3个专业分公司工会、8个区域工程指挥部工会、5个直属单位工会，有专职工会干部78人，兼职工会干部736人，工会会员14216人。2010年，集团公司第6次被评为全国“安康杯”竞赛优胜企业，7个单位分别被评为全国“安康杯”竞赛优胜班组、山东省“安康杯”竞赛优胜企业，1个单位获全国模范职工之家称号，1个单位获得火车头奖杯，1个单位获得山东省“富民兴鲁”劳动奖状，1个单位被授予山东省“工人先锋号”称号；1名个人获得全国五一劳动奖章，4名个人分别获得火车头奖章和山东省“富民兴鲁”劳动奖章，1个单位和1名个人分别被评为山东省职业道德建设先进单位和先进个人；集团公司工会被山东省总工会评为“五五”普法先进单位。集团公司各级工会把抓好重难点工程劳动竞赛活动作为提高职工素质、促进企业发展的重要途径，作为融入中心、服务大局、彰显作为的主要载体，以安全优质、工期信誉、降耗创效为目标，组织动员全体职工深入开展以比安全，创安全文明工地；比质量，创优质工程；比进度，创施工新纪录；比收益，创最佳经济效益；比创新，创新工艺、先进工法“五比五创”为主要内容的劳动竞赛。全年有62个项目部在业主劳动竞赛评比中，夺得综合或单项名次158次，综合评比夺得前三名102次，累计获业主奖金2410万元；66个项目部在安全、质量、进度、科技创新等方面由于业绩突出，受到业主通报表彰。职工围绕生产经营提合理化建议538项，采纳485项，实施387项，创造经济价值4200万元；技术创新36项，创新价值2360万元。全年筹集“三不让”专项资金327万元，救助困难职工家庭656户，发放困补资金101万元。资助困难职工子女入学63人次，资助资金5.2万元；救助患大病困难职工66人次，救助资金31万元。全年筹集送温暖资金120万元，走访慰问特困职工家庭80户，重困职工家庭189户，一般困难职工家庭456

户；慰问先进模范人物156人，离退休职工368人；看望伤病残人员79人，死亡职工遗属53人。继续扩大职工互助合作保险救助工作规模，提升标准。企业职工互保会员人数达到15759人，收缴会费132万元，为425名会员职工办理出险补偿，支付补偿金60万元。在援建沙特麦加轻轨铁路工程建设中，及时开展对157名参战员工家属和子女的慰问活动，发放慰问信157封，慰问金15. 8万元。年内，1人被评为中国铁建“十佳巾帼标兵”，1人被评为山东省先进女职工工作者，1个女工班组被授予山东省“巾帼建功立业标兵岗”称号。

共青团工作。集团公司团委下辖二级团委19个、团总支1个、团支部3个、团工委15个。35岁以下青年6553人，共青团员3043人。年内，集团公司召开第三次团代会，选举产生第三届团委会。坚持党建带团建，18个二级单位团委顺利完成换届选举。强化自身建设，建立月汇报制度、季度例会制度、专项工作汇报制度。坚持以融入中心、服务大局、服务青年为目标，广泛开展创新创效、节能攻坚、“保安全、求质量——团员青年在行动”主题活动和“双争”竞赛等活动，在企业又好又快发展中，充分发挥生力军和突击队作用。面对中国西南地区遭遇历史罕见的特大旱灾，4月，集团公司团委组织开展“一人一瓶水，爱心送旱区”捐款活动，全集团9554名员工和领导干部捐款292089元。围绕建设资源节约型、环境友好型社会要求，6月21日~7月20日，集团公司开展“节能攻坚，全员行动”节能宣传月活动。年内，有6个团组织和5名团员、5名团干部分别受到共青团山东省省委、股份公司团委表彰。（刘　宁）

【第一工程发展有限公司】 市政公用工程施工总承包一级，公路工程施工总承包二级，公路路面、桥梁工程专业承包二级，公路路基工程专业承包三级资质企业。机关驻山东省日照市海曲东路66号。2005年7月28日成立，注册资本金6513.93万元，公司由集团公司及其二、三、四公司4个法人股东和王明波、刘德顺、王焕等13名自然人股东发起成立，集团公司为公司中的国有法人资产投资主体；2007年4月，公司股东变更为集团公司和二、三、四公司4个法人股东；2009年6月，公司股东变更为集团公司，公司成为法人独资企业。执行董事、总经理王明波，党委书记吴昭。下辖19个项目部及专业路面公司、房建办公室。职工623人。其中，专业技术人员388人；技术工人166人。一级注册建造师31人。资产总额89271万元。其中，固定资产14703万元、净值7022万元；流动资产81895万元；其他资产354万元。资产负债率92.47%。机械设备72台(套)，设备原值9030万元、净值4622万元。新购设备25台(套)，原值538.52万元。设备总功率27428千瓦，技术装备率7万元/人，动力装备率44.43千瓦/人，设备成新率51.18%、完好率81%、利用率85%。

2010年承揽工程任务10项，总投资15.69亿元，完成企业总产值12.83亿元，实现利润1760万元。完成主要实物工程量：路基填方1704.56万立方米，混凝土试件17177组，水泥砂浆试件2726组。工程质量合格率100%，工程优良率100%，未发生质量等级事故。年内获全国建筑优秀质量管理小组二等奖1个、山东省优秀QC成果奖1个，集团公司优质工程奖2项，QC成果奖5个。公司继续保持日照市和山东省守合同重信用企业称号。（公司企协）

【第二工程有限公司】 公路、市政公用工程施工总承包一级，铁路、房屋建筑工程施工总承包二级，公路路基、公路路面、桥梁、机场场道、隧道工程专业承包一级资质企业。公司驻山东省泰安市东岳大道西首。执行董事兼总经理刘红旗，党委书记徐宝庭。职工2772人。其中，专业技术人员679人；技术工人1069人。下辖19个项目部、34个专业化施工队。资产总额208101.2万元，其中固定资产原值25482.4万元。机械运输设备163台(套)，总功率20865.1千瓦，技术装备率2.02万元/人，动力装备率11.7千瓦/人。

2010年承揽工程任务21.5亿元，完成企业总产值34亿元。单位工程质量合格率100%。年内，公司继续保持山东省守合同重信用企业、山东省文明单位和全国守合同重信用企业荣誉，连续5年保持省级AAA信誉企业称号。（黄兴伟）

【第三工程有限公司】 铁路、公路、市政公用工程施工总承包一级，水利水电、房屋建筑工程施工总承包二级，公路路基、公路路面、桥梁、机场场道、隧道工程专业承包一级资质企业。前身系中国人民解放军铁道兵第四师第十八团，组建于1951年3月；1984年1月1日集体转业并入铁道部，改称铁道部第十四工程局第三工程处；1999年12月企业更名为中铁第十四工程局第三工程处，2001年11月企业改制改称现名。公司机关驻山东省兖州市北环城路16号。执行董事、党委书记田执祥，总经理岳耀群。职工2250人，其中专业技术人员695人；一级注册建造师91人。资产总额184300万元，其中固定资产原值29633万元。机械运输设备403台(套)。年施工能力40亿元以上。

2010年承揽工程任务20.55亿元，完成企业总产值41.45亿元，实现利润3147万元。公司继续保持山

东省守合同重信用企业、文明单位、AAA特级信用企业荣誉。（公司办公室）

【第四工程有限公司】 公路、市政公用工程施工总承包一级，铁路工程施工总承包二级，矿山工程施工总承包三级，桥梁、隧道、公路路基、公路路面、机场场道工程专业承包一级资质企业。前身系中国人民解放军铁道兵第四师第十九团，组建于1965年3月；1984年1月集体转业并入铁道部，改称铁道部第十四工程局第四工程处；2000年1月更名为中铁第十四工程局第四工程处，2001年9月企业改制改称现名。公司机关驻山东省济南市英雄山路267号。执行董事兼党委书记庄纪栋，总经理李旭。职工2525人。其中，管理和专业技术人员1112人；技能人员1234人。资产总额15亿元。机械运输设备342台（套），设备完好率98%。年施工能力40亿元以上。

2010年承揽工程任务70.5亿元，完成施工产值41亿元，实现利润4028万元，人均创利15952元。全员劳动生产率158万元/人年，职工年人均收入24866元。国有资产保值增值率99%，净资产收益率18.9%。完成主要实物工程量：路基土石方1503万立方米，圬工2.6万立方米，桥梁32307延长米，隧道16102延长米，涵洞3152横延米，站线铺轨8.6公里，铺道岔12组，铁路架梁204孔，公路架梁671片，建成高速公路54.6公里。（廉守峰）

【第五工程有限公司】 公路、市政公用工程施工总承包一级，铁路、水利水电工程施工总承包二级，桥梁、隧道、铁路铺轨架梁、公路路基、公路路面工程专业承包一级资质企业。前身系铁道部第十四工程局第五工程处，1991年6月组建，1999年12月更名为中铁第十四工程局第五工程处，2001年9月企业改制改称现名。公司机关驻山东省兖州市北站路口。执行董事兼党委书记薛峰，总经理赵方刚。公司下辖太原修造厂、设备物资管理中心、物业管理中心、北京铺架基地筹建中心及36个项目经理部。职工1680人。其中，干部624人；工人1056人。资产总额180704万元，其中净资产13256万元。机械设备559台（套），设备原值56608.3万元、净值38102.47万元，总功率81936千瓦，动力装备率48.6千瓦/人，技术装备率22.12万元/人。

2010年承揽工程任务59.44亿元，完成企业总产值28.65亿元，实现利润3006万元。职工年人均收入2.73万元。国有资产保值增值率102%，应上缴款完成率100%。工程质量合格率100%。承建的安徽沿江公路YJ8标段工程被评为山东省泰山杯优质工程，在莞深高速公路东江大桥施工中总结的“双层公路钢桁施工力学行为与东江大桥钢结构安装技术研究”成果获中国钢结构协会科学技术二等奖。公司继续保持全国守合同重信用企业荣誉，获山东省用户满意企业称号。（李冬梅）

【电气化工程有限公司】 机电安装工程施工总承包一级，铁路电气化、铁路电务、消防设施工程专业承包一级，电信、送变电工程专业承包二级资质企业。公司机关驻山东省济南市和平路16号。总经理袁清波，党委书记刘正航。下辖3个劳务管理中心及通信中心、物业管理中心、电气化分公司。职工753人。其中，干部392人；工人361人。资产总额40098.51万元。其中，固定资产原值6230.26万元、净值2822.9万元；流动资产35749.13万元。机械设备27台（套），设备原值2748.81万元、净值889.27万元，总功率2443千瓦，动力装备率3.24千瓦/人，技术装备率1.18万元/人。

2010年完成企业总产值74308.61万元。其中，完成施工产值73341.08万元；其他产值967.53万元。实现利润2024.5万元。职工年人均收入37154元。国有资产保值增值率116.32%，应上缴款完成率100%。公司被评为国家高新技术企业，获山东省“安康杯”竞赛优秀组织奖，继续保持山东省守合同重信用企业、省级文明单位、省级优秀政工企业荣誉。（刘红梅）

【隧道工程有限公司】 市政公用工程施工总承包一级，隧道、机场场道工程专业承包一级资质企业。以隧道和地下工程为主营业务，同时具备桥梁、土石方等综合施工能力。公司机关驻山东省济南市兴隆街道办事处兴隆山庄。执行董事、总经理马军，党委书记刘庆民。下辖26个项目部。职工1481人。其中，干部791人；工人573人。资产总额196371万元。其中，固定资产原值104712万元、净值64976万元；流动资产120557万元；其他资产75814万元。机械设备457台（套），设备原值9.1亿元、净值5.7亿元，总功率68000千瓦，动力装备率46千瓦/人，技术装备率39万元/人，设备完好率80%、利用率65%，设备新度系数0.75。

2010年新签合同额23.08亿元，完成企业施工产值20.28亿元，实现利润3538万元，人均创利2.3万元。产值利润率1.12%，成本降低率0.64%。（樊国栋）

【北京中铁房山桥梁有限公司】 是铁道部定点生产预应力钢筋混凝土铁路桥梁、轨枕的主要厂家之一，首批取得铁道部桥梁和轨枕生产许可证，被选定为铁道部铁道器材开发中心研究发展基地；混凝土预制构件、预应力、桥梁工程专业承包二级，建筑装修装饰、钢结构、金属门窗工程专业承包三级资质企业。公司机关驻北京市房山区阎村镇房山科技工业园区燕房园8号。原系中国人民解放军第6012工厂，1954年成立于广西黎塘；1984年随铁道兵并入铁道部，2002年8月28日企业改制改称现名。执行董事、总经理鄂宝生，党委书记赵誉。下辖4个车间、4个分公司、10个项目部。职工876人。固定资产原值32631万元、净值20760万元，流动资产60777万元。机械设备1620台(套)，总功率15951.6千瓦，技术装备率12.43万元/人，动力装备率16.31千瓦/人，设备完好率94%、利用率87%。

2010年承揽任务14.57亿元，完成工业总产值10.64亿元，实现利润2063万元。职工年人均收入54770元。国有资产保值增值率101.9%，净资产收益率3.6%，产值利润率1.93%，资产负债率53.5%，投资回报率4%，应上缴款完成率109%。年内完成新产品开发5项，采用新技术12项；申报专利技术20项，完善工法3项。年内，公司继续保持首都文明单位标兵、质量信得过单位荣誉，参建的京津城际轨道交通工程获第九届中国土木工程詹天佑奖。 (黄梅英)

【山东凯华置业有限公司】 为集团公司全资子公司，主要从事房地产开发和经营，组建于2001年3月27日。公司机关驻山东省济南市和平路16号。执行董事、总经理马建平，党委书记李斌。下辖南京昌和房地产开发有限公司、青岛中铁凯华房地产公司、济南中铁凯华房地产公司及胶南、兖州、济南3个分公司。职工94人。资产总额92403.38万元。其中，固定资产原值448.17万元、净值232.71万元；流动资产92170.67万元。

2010年，公司在建工程23.9万平方米，完成销售面积8.1万平方米，实现营业收入12057万元，实现利润608万元。销售利润率5%。公司是山东省AAA级信誉企业、青岛市守合同重信用企业、A级诚信房地产开发企业、中国建设系统企业信用·信誉AAA级单位、中国企业文化建设先进单位、建国60周年·中国企业文化示范单位。开发的盈泰嘉园小区被评为中国新区建筑经典和环境经典，获青岛市名盘金房奖；中国铁建·岸芷汀兰被列为中国人居环境与新城镇发展推进工程，人居环境金牌建设试点项目。年内，公司获山东省履行社会责任示范企业、中国房地产诚信品牌企业称号。 (顾亚楠)

【山东铁正工程试验检测中心有限公司】 前身系铁道兵第四师试验室，1998年更名为山东铁正工程试验检测中心，2007年11月28日企业改制改称现名。公司通过国家计量认证，是公路工程综合甲级、公路、桥梁隧道工程专项试验检测机构，具有建设工程质量检测资质。公司机关驻山东省济南市和平路16号。执行董事刘宏文，总经理鲁爱民，党委书记吴新萍。职工146人。

2010年完成产值5786万元，实现利润303万元。

(鲁素芳)

【水利水电工程分公司】 前身系铁道部第十四工程局第一建筑安装工程公司，1992年11月组建；2002年9月企业改制改称中铁十四局集团有限公司建筑工程分公司，2003年9月更名为中铁十四局集团工程发展有限公司建筑工程分公司，2005年3月改称现名。公司机关驻山东省济南市历下区中润世纪广场A3座18号楼10层。总经理贾开民，党委书记孙绍法。下辖27个综合工程项目经理部。职工642人。其中，专业技术人员384人；工人187人。设备资产总额2990万元，其中机械动力设备(含测试设备55台)136台(套)，原值1457万元、净值812万元。设备新度系数0.57，总功率12761千瓦，动力装备率19.7千瓦/人，技术装备率1.2万元/人，主要施工机械完好率82%、利用率78%。

2010年新签合同17.2亿元，完成施工产值8.58亿元，实现利润1673万元。职工年人均收入36756元。公司自组建以来，连续18年未出现任何质量安全等级事故。截至2010年底，实现安全生产6630天。公司继续保持山东省文明单位称号，年内获山东省企务公开民主管理先进单位称号。承建的枣庄市公安局交警指挥中心工程、黄土湾水电站土建Ⅱ标段工程、双江口水电站右岸上游上坝公路工程被评为山东省优质工程泰山杯奖，江边水电站对外交通工程获山东省用户满意工程称号。 (于谋君)

【建筑安装工程分公司】 2002年7月5日成立，集团公司所属专业分公司，以工业与民用建筑工程为主，兼营公路、管网等市政工程。公司机关驻山东省济南市二环东路3966号东环国际广场B座3层。总经理王建伦，党委书记岳焕鹏。职工315人。其中，专业技术干部183人；技术工人25人。资产总额6.74亿元。其中，固定资产原值10959万元、净值4764万元；流动资产6.27亿元。

2010年承揽工程任务9.5亿万元，完成施工产值9.93亿元，实现利润2371万元。职工年人均收入3.6

万元。投资收益上缴率100%，应上缴款完成率100%，施工产值利润率2.38%，工程成本降低率6.45%。全年未发生施工安全和车辆交通事故。工程质量合格率100%。（韩　辉）

【重要记载】

▲1月1日　贝宁共和国总统亚伊在贝方相关部长及中国驻贝宁大使馆参赞李晶的陪同下，视察集团公司承建的科托努立交桥建设工地，与中国铁建员工共庆新年。

▲1月　集团公司被评为山东省对外经济技术合作先进企业。

▲2月5日~6日　集团公司党委（扩大）会、党风建设和反腐倡廉工作会议、集团公司三届三次职代会在山东济南召开。

▲3月24日　中国－阿富汗经贸投资研讨会在北京钓鱼台国宾馆18号楼隆重举行。此次研讨会是卡尔扎伊总统访华期间的重要活动之一，集团公司副总经理张海舟作为参会的中国企业唯一代表受邀在主席台就坐，并代表中国铁建在会上作主题演讲。

▲3月26日　股份公司董事长、党委书记李国瑞，副总裁夏国斌一行到中国铁建目前投资最大的高速公路BT项目——山东京沪高速公路济乐段调研。

▲4月15日　铁道部副部长卢春房、西安铁路局副局长王西平、西安铁路局包西铁路工程指挥部指挥长张跃新一行，在集团公司董事长杨有诗、副总经理郑修杰、包西铁路工程指挥部指挥长张新朝等陪同下，到集团公司管区检查指导工作。

▲4月30日　集团公司向青海玉树地震灾区爱心捐款128万元。

▲4月　中国施工企业管理协会表彰2009年度企业优秀职业经理人、优秀企业、优秀项目经理，集团公司董事长、党委书记杨有诗被评为全国工程建设优秀（高级）职业经理人，三公司被评为全国优秀施工企业，四公司林存友和五公司任索勤、王方兵及隧道公司徐磊被评为全国工程建设优秀项目经理。

▲5月2日　党的第三代领导核心，原中共中央总书记、国家主席、中央军委主席江泽民视察集团公司承建的南京长江隧道建设工地。

▲5月19日　中共中央政治局常委、中央纪委书记贺国强在江苏省省委书记梁保华陪同下视察南京长江隧道建设工地。

▲5月28日　南京长江隧道举行开通试运营通车典礼，江苏省省委书记梁保华、省长罗志军，南京市市委书记朱善璐参加通车典礼。

▲6月13日　铁道部副部长卢春房在集团公司董事长、党委书记杨有诗，总经理张挺军陪同下视察集团公司京沪高速铁路安徽宿州建设工地。

▲6月14日　中共中央政治局常委、国务院总理温家宝在中共中央政治局委员、北京市市委书记刘淇，北京市市委副书记吉林和股份公司董事长、党委书记李国瑞，集团公司总经理张挺军陪同下，视察集团公司北京地铁6号线建设工地。

▲6月23日　四公司执行董事庄纪栋获第十八届山东省优秀企业家称号。

▲7月9日　集团公司承建的中国高速铁路最大跨度悬灌梁桥——石武高速铁路中平跨京珠高速公路特大桥合龙。

▲8月6日　铁道部副部长卢春房在集团公司董事长杨有诗、总经理张挺军、副总经理兼成绵乐铁路客运专线工程指挥部指挥长许兰民陪同下，视察集团公司成绵乐铁路客运专线新都制梁场。

▲8月27日　集团公司2010年工作会议暨表彰大会在山东济南召开，集团公司领导、所属单位主管领导、集团公司机关各部室以上领导168人参加会议。会议的主要任务是：全面对照股份公司、集团公司下达、确定的2010年企业发展与改革目标，认真检查年初工作部署的落实情况，深刻分析企业改革与当前面临的形势任务，盯住目标，优化措施，落实责任，科学统筹，把各项工作落到实处，以更加坚定的决心、更加扎实的举措、更加强有力的推进，确保集团公司“三个全面”发展目标的实现。

▲9月15日　2010年中国企业文化年会暨全国企业文化建设成果展在浙江杭州举行。集团公司获2010年中国文化管理百强企业称号。

▲10月1日　国资委主任王勇在股份公司董事长、党委书记孟凤朝，股份公司副总裁张宗言，集团公司总经理张挺军陪同下，视察隧道公司承建的北京地铁9号线建设工地，亲切慰问在节日期间坚持施工的全体员工。

▲10月　集团公司获中国施工企业管理协会技术创新先进企业称号。

▲11月4日　中共中央政治局委员，北京市市委书记刘淇在股份公司董事长、党委书记孟凤朝，集团公司总经理张挺军陪同下，视察隧道公司承建的北京地铁6号线平安里车站建设工地。

▲11月25日　集团公司获“十一五”全国建筑业科技进步与技术创新先进企业称号，集团公司总工程师刘运平获“十一五”全国建筑业企业优秀总工程师称号，集团公司技术开发部部长李学乾被评为“十一五”全国建筑业企业先进个人。（刘　宁）

中铁十五局集团有限公司

【简况】 中铁十五局集团有限公司是铁路工程施工总承包特级，公路、市政公用、水利水电、房屋建筑工程施工总承包一级，公路路基、公路路面、桥梁、隧道、铁路铺轨工程专业承包一级，城市轨道交通工程专业承包及地质灾害防治工程甲级资质企业。机关驻河南省洛阳市四通路2号院。前身系中国人民解放军铁道兵第五师，1984年1月1日集体转业并入铁道部，改编为铁道部第十五工程局；1999年12月更名为中铁第十五工程局，2001年10月12日企业改制改称现名。下辖第一至第七工程有限公司、贵州路桥公司、成都公司、西北工程公司10个子公司和华南、华东、华北、西南、中南、新疆、南京公司，天津工程公司、城市交通公司、国际工程公司10个分公司；包西、大西、郑开、京沪高速铁路工程指挥部及龙浦、广深港、天津集疏港、阳翼、阜六、沪昆、哈齐、太原西南环、永蓝项目部等直管项目部，以及济阳黄河大桥有限公司、置业公司、职工培训中心等单位。职工21657人。其中，在职干部6809人；工人13048人。专业技术干部6601人，占在职干部的96.9%；技术工人8564人，占工人总数的65.6%。资产总额1705340万元，其中固定资产净值249120万元。主要施工机械设备836台(套)，技术装备率11.6万元/人，动力装备率16.7千瓦/人，设备新度系数0.83，设备完好率93%，利用率91.3%。年施工能力300亿元以上。

2010年承揽工程任务439亿元，完成企业总产值271.49亿元，其中施工产值260.67亿元。实现利润2.82亿元。全员劳动生产率162724元/人年，职工年人均收入31368元。产值利润率0.73%，投资回报率12.52%，资产负债率92.36%，国有资产保值增值率111.18%，净资产收益率11.54%。完成主要实物工程量：土石方11447.7万立方米，隧道(含引水隧洞)99座104900延长米，桥梁448座168413延长米，涵渠57181.9横延米，铁路铺轨1299.11公里，公路292.33公里；房屋建筑196917平方米。

企业改制以来，先后获中国建设工程鲁班奖5项，中国土木工程詹天佑奖3项，国家优质工程奖18项，省部级优质工程奖101项，股份公司优质工程奖92项。相继创造铁路日铺轨10.688公里和公路隧道掘进318.33米等7项全国纪录。先后获得国家AAA级信用企业、全国重合同守信用企业、全国优秀施工企业、全国质量效益型先进企业、全国精神文明建设先进单位、全国五一劳动奖状等荣誉，连续9年蝉联全国“安康杯”竞赛优胜企业，并获首批全国“安康杯”竞赛示范企业称号。　(郑凤华)

【领导人员】

董事会

董事长	许东坤
副董事长	张汉云
外部董事	左春文
	胡莫愁
	王尊贤
	柳京京
职工董事	陈　戈

董事会战略与投资委员会

主席	许东坤
委员	张汉云
	左春文
	胡莫愁
	柳京京

董事会提名委员会

主席	张汉云
委员	许东坤
	左春文
	胡莫愁
	王尊贤

董事会薪酬与考核委员会

主席	胡莫愁
委员	王尊贤
	柳京京

董事会审计与风险管理委员会

主席	左春文
委员	王尊贤
	柳京京

经理层

总经理	许东坤
副总经理	张海亮
	谭振武
	东光宝
	刁仲伟
	王令振
	陈文秀
	全国海
总工程师	许建付
总经济师	张海庆
总会计师	裴璐辉

党群领导

党委书记	张汉云

党委副书记　史保魁
　　　　　　李国欣
纪委书记　李国欣(兼)
工会主席　陈　戈　　（周　全　邢宝柱）

【工程项目指挥机构】　华南公司　驻广东省深圳市宝安区阳光海花园3C222室。经理黄艳阳,党委书记张志刚。职工150人。全年承揽工程任务16.09亿元,完成施工产值9.68亿元。

华北公司　驻北京市石景山区重型机械厂西路聚兴园小区1-3-1401。经理周建富,党委书记田兴柏。在岗职工255人。全年承揽工程任务48.37亿元,完成施工产值9.1亿元。

西南公司　驻云南省昆明市西山区福景路38号。经理胡海清,党委书记锁社状。职工212人。全年承揽工程任务15.88亿元,完成施工产值5.06亿元。

中南公司　驻湖北省武汉市武昌区友谊大道特1号友谊国际小区6栋1单元。经理胡良贵,党委书记刘佑胜。职工204人。全年承揽工程任务30.89亿元,完成施工产值5.06亿元。

新疆公司　驻新疆维吾尔自治区乌鲁木齐市青海路123号。经理陈生军,党委书记王占军。职工161人。全年承揽工程任务8.02亿元,完成施工产值4.4亿元。

华东公司　驻上海市闵行区莘沥路232号。经理王小川,党委书记田璐郅。职工253人。全年承揽工程任务23.4亿元,完成施工产值5062亿元。

南京公司　驻江苏省南京市江陵开发区将军大道129号2幢108室。经理贾贯乾,党委书记乌汝领。职工234人。全年承揽工程任务16.59亿元,完成施工产值8.13亿元。

天津工程公司　驻天津经济技术开发区洞庭路122号。经理马中卫,党委书记徐向真。全年承揽工程任务8.53亿元,完成施工产值8.26亿元。

城市交通工程公司　驻广东省深圳市宝安区民治街道梅龙路皇嘉梅陇公馆。在岗职工663人。经理朱伟,党委书记贺修军。全年承揽工程任务1.8亿元,完成施工产值7.8亿元。

国际工程公司　驻北京市朝阳区百子湾西里金海商富中心A座20层。下辖沙特工程公司、尼泊尔工程公司。经理兼党委书记陈文秀。职工11人。全年承揽工程任务24.92亿元,完成施工产值7亿元。

济阳迎宾黄河大桥有限公司　驻山东省济阳县经二路73号。董事长、党委书记张富强。职工81人。全年完成施工产值5161.2万元。

置业公司　2010年成立。驻河南省郑州市航海路197号索克世纪大厦9层。经理李文兵,党委书记李书君。职工27人。

龙蒲高速公路项目经理部　驻福建省浦城县万安乡万新路18号。项目经理张廷占,党委书记裴西伟。职工36人。全年完成施工产值68700万元。

广深港铁路客运专线项目经理部　驻广东省深圳市福田区上梅林中康路北73号。项目经理、党委书记张海亮。职工40人。全年完成施工产值12.38亿元。

天津集疏港项目经理部　驻天津市塘沽区2号路19号文体中心院内。项目经理马明玉,党委书记苏举。职工42人。全年完成施工产值8.4亿元。

阳翼高速公路项目经理部　驻山西省阳城县下芹村锦华小区内。项目经理李文越。职工18人。全年完成施工产值2200万元。

阜六铁路项目经理部　驻安徽省阜阳市颍上县南照镇。项目经理张国军,党委书记淮行舟。职工20人。全年完成施工产值8.36亿元。

沪昆高速铁路项目经理部　2010年4月18日成立。驻江西省上饶市上饶县工业园区一舟大道西人武部民兵基地。项目经理、党委书记王令振。职工48人。年内完成施工产值46599万元。

哈齐铁路客运专线项目经理部　驻黑龙江省大庆市让胡路红骥牧场鲍斯生态园区。总经理谭振武,常务副经理张启亮,党委书记宋清泉。职工35人。全年完成施工产值12.66亿元。

太原西南环铁路项目经理部　驻山西省太原市晋源新区龙山大街。经理王红升,党委书记李炎群。职工48人。全年完成施工产值12115万元。

永蓝高速公路项目经理部　驻湖南省永州市双牌县境内。常务副经理王建辉。职工12人。全年完成施工产值1.5亿元。

包西铁路工程指挥部　驻陕西省绥德县龙湾开发区。指挥长赵中华,党委书记姜永保。职工21人。全年完成施工产值50676万元。

京沪高速铁路工程指挥部　驻安徽省固镇县谷阳路222号。指挥长、党委书记习仲伟。职工45人。全年完成施工产值10.09亿元。

大西铁路客运专线工程指挥部　2010年4月成立。驻山西省晋中市介休市定阳路。指挥长金国海,常务副指挥长武金刚,党委书记谢金康。职工38人。年内完成施工产值104324万元。

郑开城际铁路工程指挥部　驻河南省开封市杏花营农场汴河堤村北。指挥长彭跃立,党委书记曾井琴。职工40人。全年完成施工产值56226万元。

（郑凤华）

【职工队伍】 年末职工21657人，其中在职干部6809人。干部中，专业技术干部6601人。其中，工程专业4859人；经济专业477人；会计专业694人；政工专业435人；其他专业13人。具有高级专业技术职务616人，占专业技术干部的9.3%；中级专业技术职务1549人，占专业技术干部的23.5%；初级专业技术职务3341人，占专业技术干部的50.6%。

工人13048人，其中技术工人8564人，占工人总数的65.63%。取得国家职业资格证书的7726人。其中，初级工1107人；中级工2212人；高级工3510人；技师787人；高级技师110人。（王银生　李　爽）

【工程施工】 2010年在建项目302项，合同总额921.29亿元，涉及铁路、公路、房屋建筑、市政工程。海外工程8项，分布在尼泊尔、沙特阿拉伯、坦桑尼亚境内。完成主要实物工程量：土石方11447.7万立方米；隧道（含引水隧洞）99座104900延长米，其中铁路隧道30座8093.8延长米；桥梁448座168413延长米，其中铁路桥梁151座73400延长米；大中桥282座113007延长米；立交、高架桥27座15653延长米；涵渠57181.9横延米；铁路正线铺轨1135.92公里，站线铺轨163.19公里，铺设道岔392组；铁路架梁909孔，公路架梁15288片；地铁8564延长米；公路241.73公里，其中高速公路173.62公里；公路路面4490837平方米；房屋建筑98415平方米。重点工程进展情况：

广深港铁路客运专线福田站及相关工程ZH－4标段工程　线路长11.429公里，合同投资479042万元，合同工期2008年10月10日～2012年8月31日。重点工程：福田车站1023米，益田路隧道6236延长米，皇岗隧道3942延长米。年内完成投资113799万元；开工累计完成投资261004万元，占合同投资的54.5%。

京沪高速铁路淮河特大桥工程　标段长50.465公里（全长85.526公里），合同投资361000万元，合同工期2008年2月～2012年12月。主要工程内容包括制架梁、现浇梁、无砟轨道、改移道路等，铺设无砟轨道157.52公里。年内完成投资100000万元；开工累计完成投资335000万元，占合同投资的93%。

包西铁路通道省界（陕西）至张桥段工程　线路长119.8公里，合同投资146033万元，合同工期2007年11月～2010年12月。主要工程量：隧道13座21482延长米，特大桥14座14824.83延长米，桥梁49座7579延长米，涵洞378道，路基土石方523.7万立方米，预制梁635孔。年内完成投资75993万元；开工累计完成投资144002万元，占合同投资的98.6%。

新建阜阳至六安铁路Ⅰ标段工程　线路长80.549公里，合同投资128843.56万元，合同工期2009年9月～2011年5月。主要工程量：土石方975万立方米，桥梁32座22197延长米，涵洞267座3797.81横延米，房屋建筑9973平方米。年内完成投资84227万元；开工累计完成投资97607万元，占合同投资的75.8%。

南同蒲铁路榆次西至侯马北段电气化扩能改造NTDG－1标段工程　正线长53.13公里，合同投资33866万元，合同工期2008年10月20日～2010年6月20日。年内完成投资13175万元；开工累计完成投资33175万元，占合同投资的98%。

新建大同至西安铁路客运专线站前5标段工程　线路长49.582公里，合同投资351602万元，合同工期2010年3月10日～2013年12月31日。年内完成投资104324万元；开工累计完成投资104324万元，占合同投资的61.4%。

新建杭州至长沙铁路客运专线江西段站前HKJX－1标段工程　线路长65.79公里，合同投资570415万元，合同工期2010年4月～2013年6月。主要工程量：路基14.012公里，土石方486.9万立方米，桥梁54座41991延长米，隧道15座9787延长米。年内完成投资32330.9万元；开工累计完成投资32330.9万元，占合同投资的5.67%。

新建哈尔滨至齐齐哈尔铁路客运专线土建站前4标段工程　位于黑龙江省大庆市境内。线路长44.4公里，合同投资218420万元，合同工期2009年10月～2012年10月。主要工程量：路基24.73公里，土石方320万立方米，桥梁7座19670延长米，涵洞39座971横延米，站线铺轨4.19公里，铺设道岔5组。年内完成投资126592万元；开工累计完成投资136062万元，占合同投资的62.3%。

石长铁路增建二线站前2标段工程　线路长262.842公里，合同投资235000万元，合同工期2010年4月～2013年3月。主要工程量：路基73.6公里，土石方843万立方米，特大桥6座8996延长米，涵洞403座6614延长米，隧道18座5184延长米，铺轨144.5公里。年内完成投资33482万元；开工累计完成投资33482万元，占合同投资的14.2%。

太原铁路枢纽新建西南环铁路XNHS－2标段工程　线路长33.57公里，合同投资265000万元，合同工期2009年10月1日～2012年9月30日。主要工程量：土方392万立方米，隧道8840延长米，桥梁5503延长米，T梁架设1088片，涵洞1690.7横延米，正线铺轨84.16公里，站线铺轨14.35公里。年内完成投资22101.5万元；开工累计完成投资33482万元，占合同投资的8.3%。

香港高速铁路826标段皇岗至米铺隧道工程　隧

道长2950延长米,合同投资145701港元,合同工期2010年3月15日~2015年5月10日。2010年未开工。

福建省浦城至建宁联络线浦城段高速公路工程　线路长34.872公里,合同投资167550万元,合同工期2009年6月26日~2011年12月26日。主要工程量:路基挖方424万立方米,填方545万立方米;桥梁23座4417延长米;涵洞131座;隧道6.5座5715延长米。年内完成投资66608万元;开工累计完成投资91300万元,占合同投资的54.5%。

贵州省思南至剑河高速公路土建第15合同段工程　路线长5.318公里,合同投资32830.4万元,合同工期2010年8月18日~2012年10月18日。主要工程量:路基土石方64.73万立方米,圬工2.42万立方米,桥梁3座1888延长米,隧道1座830.5延长米,预制T梁56孔560片。年内完成投资7006.57万元;开工累计完成投资7006.57万元,占合同投资的21.3%。

郧县汉江公路二桥工程　桥长2098.3延长米,主桥为跨径65米+200米+65米中承式钢管混凝土拱桥。合同投资21317.7万元,合同工期2008年11月12日~2012年4月12日。年内完成投资8118.85万元;开工累计完成投资14235.2万元,占合同投资的66.8%。

集疏港公路二期中段津沽一线立交至疏港二线立交工程　线路长5.886公里,合同投资121978万元,合同工期2008年9月29日~2011年9月29日。年内完成投资49969.6万元;开工累计完成投资74900.22万元,占合同投资的61.4%。

深圳市地铁2号线东延线土建2224标段工程　线路长150米,合同投资44453.24万元,合同工期2008年5月28日~2010年4月30日。年内完成投资22346万元;开工累计完成投资44008万元,占合同投资的99%。

北京地铁8号线二期工程土建03合同段工程　合同投资21373万元,合同工期2008年12月1日~2013年2月3日。主要工程:回龙观东大街站和回龙观东大街站至霍营站明挖区间。车站为明挖双层双柱三跨岛式站台地下车站,总长274.7米,站台宽度12米;区间隧道长69.36延长米。年内完成投资7139万元;开工累计完成投资13263元,占合同投资的62.1%。

成都地铁2号线一期土建9标段工程　合同投资18531.6万元,合同工期2008年8月~2011年3月。主要工程:白果林站至中医学院站盾构区间,隧道右线1186延长米、左线1168.81延长米;中医学院站至通惠门站盾构区间,隧道右线557.21延长米、左线556.81延长米;通惠门站至将军衙门站盾构区间,隧道右线651.06延长米、左线334.97延长米。年内完成投资7802.46万元;开工累计完成投资13136万元,占合同投资的70.9%。

天津地铁2号线19标段工程　线路长21.65公里,设车站10座。合同投资13088.9万元,合同工期2009年2月10日~2010年12月31日。年内完成投资6159.23万元;开工累计完成投资9933.21元,占合同投资的75.9%。

昆明市轨道交通首期工程土建13标段工程　合同投资41730万元,合同工期2010年2月10日~2012年5月31日。主要工程量:两个车站为现浇钢筋混凝土结构,建筑面积分别为9897.8平方米、13381.86平方米,车站长度分别为173.1米、262.8米;三个区间为盾构法双线隧道,区间长度分别为1140、2088、1729单线延长米。年内完成投资6980万元;开工累计完成投资6980万元,占合同投资的16.7%。

大连地铁一期206标段工程　合同投资24928.7万元,合同工期2009年11月1日~2012年2月18日。主要工程量:千山路站170.7米,千山路站至松江路站区间右线长958.39延长米、左线长956.88延长米。松江路站长182.6米。年内完成投资2336万元;开工累计完成投资2336万元,占合同投资的9.4%。

尼泊尔马兰奇引水隧道工程　合同投资47130万元,合同工期2009年4月~2013年9月。主要工程量:土石方62050立方米,桥梁2座80延长米,引水隧道26284延长米。年内完成投资3080万元;开工累计完成投资4230万元,占合同投资的9%。

沙特阿拉伯教育部200所学校工程　分部在139个地块,遍布利雅得、达曼、吉达等7个城市。合同投资353000万元,合同工期2009年9月~2012年3月。工程主要包括中小学校舍、体育馆和附属设施。校舍为三层天井式框架结构,利雅得174所,达曼、吉达等城市26所。单所学校建筑面积约6000平方米,总建筑面积120余万平方米。单所学校合同工期14个月,分8组分期签订施工合同。年内完成投资22009.47万元;开工累计完成投资22089.47万元,占合同投资的6.3%。

沙特阿拉伯南北铁路CTW200标段工程　合同投资98384万元,合同工期2007年9月1日~2010年7月30日。主要工程量:正线铺轨457.7公里,站线铺轨52.5公里。年内完成投资42168.66万元;开工累计完成投资82969.1万元,占合同投资的84.3%。

（杨建国　刘永辉）

【经营管理】　工程经营。2010年承揽任务439亿元,占股份公司下达计划的159.6%，集团公司年度计划的130.27%。其中，铁路工程178.84亿元，占承揽总额的40.74%；公路工程154.15亿元，占承揽总额的35.11%；水利水电工程5.07亿元，占承揽总额的1.16%；房屋建筑工程25.67亿元，占承揽总额的5.85%；市政工程44.8亿元，占承揽总额的10.21%；物流11.34亿元，占承揽总额的2.58%。

企业管理。(1)工程队建设。制定下发《工程队建设实施意见(暂行)》，集团公司所属单位相继成立工程队建设领导小组并出台推进计划，取得初步成效。(2)信息化建设。先后按期完成集团公司档案管理系统、协同办公系统、工程项目管理系统的软件开发，项目管理系统在哈齐铁路客运专线项目试点成功，为全面推广应用奠定了基础。(3)董事会工作。年内召开集团公司董事会规范运作试点工作会议，全年召开董事会会议7次，做出决策8项。组织董事到四、五、六公司及西南公司、广深港铁路客运专线项目部等单位调研，为企业科学决策奠定基础。精简子公司法人治理结构，撤销董事会和监事会，设立执行董事、总经理1名，监事1名。

安全质量。集团公司被评为全国交通企业信用建设先进单位、计量诚信单位、全国首批"安康杯"竞赛示范企业，连续9年蝉联全国"安康杯"竞赛优胜企业；同时，二、三、五、六、七公司被评为全国"安康杯"竞赛优胜企业。获国家优质工程1项、省部级优质工程7项、股份公司优质工程9项；获全国工程建设优秀QC小组1个、省部级优秀QC小组6个、股份公司优秀QC小组5个。

财务管理。全年实现利润2.82亿元，产值利润率0.73%，投资回报率12.52%，资产负债率92.36%，国有资产保值增值率111.183%，净资产收益率11.54%。全员劳动生产率162724元/人年，职工年人均收入31368元。年末资产总额1705340万元，其中流动资产1350773万元。向国家、地方政府缴纳税金91962万元。

人才队伍建设。接收院校毕业生1275名，其中本科生747名。面向社会招聘、选聘经营管理和专业技术人才20余名。技校新招学生713人，占招生计划的178.3%；2010年届毕业生一次性就业率超过90%，为集团公司输送合格毕业生218名。

审计工作。全年完成审计项目197项。其中，经济责任审计19项；工程项目审计90项；经济效益审计50项；财务收支审计24项；内控制度审计1项；后续审计1项；经济合同审计1项；各类资金、基金审计3项；专项审计调查3项；其他审计5项。投入审计工作日2615天。发现问题金额18167万元。其中，违规违纪金额9523万元；不良资产762万元；损失浪费1002万元；其他6880万元。已纠正违规金额9472万元，提出审计建议724条。（郑凤华）

【科技教育】 科技成果。全年投入科研经费5.8亿元，科研项目立项58个；申请专利10项，其中4项发明专利、4项实用新型专利取得专利证书，实现集团公司发明专利零的重大突破。独立研发的"等压等渗新型注浆工艺"、"高速铁路板式无砟轨道精调系统研究"等4项科技成果，分别通过河南省和股份公司的科技成果鉴定或评审，其中"等压等渗新型注浆工艺"获河南省职工优秀技术创新成果二等奖。全年10项工法被评为河南省省级工法。集团公司被洛阳市授予首批自主知识产权创新重点保护单位。

教育培训。选送21人次到中央党校、股份公司培训，3名优秀大学生到清华大学国际工程管理专业英语培训，24名测量、实验技师参加股份公司继续教育培训。集团公司举办各类培训班108期，培训12923人次。143人参加集团公司举办的后备干部素质培训班。136人取得高级职称任职资格，311人取得中级职称任职资格；42人通过高级技师技能鉴定，48人通过技师技能鉴定。（郑凤华）

【党群工作】 党的工作。集团公司有基层党组织525个、基层党委94个、总支部24个、支部407个，有党员7151人。(1)党委政治核心作用。集团公司党委积极参与企业带有根本性、方向性、长远性、全局性的重大问题决策，保证党和国家的方针政策在企业得到正确贯彻执行。在"双向进入、交叉任职"的领导框架下，集团公司党委对重大问题提出意见和建议，以书面形式反馈董事会、经理层或由进入董事会、监事会、经理层的党委成员，通过不同方式分别反映党组织的意见，使党组织的主张在企业决策中得到重视与体现。全年召开党委常委(扩大)会6次，会议研究讨论干部人事调整、生产经营等重要事项；召开党委全委(扩大)会2次，会议分别对企业发展、党建思想政治工作等重要问题进行安排部署。(2)思想政治工作。在集团公司开展"创先争优"活动。通过策划开展形式多样的主题活动，引导和督促各级党组织和广大党员积极发挥政治核心作用和先锋模范作用，把党组织的战斗力转化为现实生产力和改革发展的推动力，把党的先进性贯穿于企业管理的各个方面、各个环节，促进和强化生产经营等各项奋斗目标的实现。集团公司有525个党组织7151名党员参加"创先争优"活动。(3)领导班子和领导干部队伍建设。配齐配强各单位领导班子，进一步优化领导班子结构。加强领导人员和干部的教育培训，年内培训后备干部143名。集团公司党委把“四好领导班子”创建活动作为班子建设的重要抓手，树立典型，精心组织，深入推进，考核所属单位领导班子28个、领导班子成员235名，评选2010年度集团公司“四好领导班子”15个。(4)党委换届。年内，经集团公司党委批准，所属10个单位完成党委换届，形成坚强有力的“两委”领导集体。(5)人才队伍建设。全年接收毕业生1275名，其中本科生747名。本科生中，土木工程专业449名，造价、财会专业107名，英语、阿语等专业人才3名。面向社会招聘经营管理和专业技术人才20余名，进一步充实人才队伍。(6)企业文化建设。企业文化建设持续推进，项目文化建设进一步规范，工程公司文化建设进一步加强，子文化建设进一步推进，企业文化理念在施工一线和广大员工中落地有效，1个子公司、3个项目部、5名个人分别被股份公司评为企业文化建设先进单位、优秀项目部和先进个人。全年在各级主流媒体刊稿3000余篇，集团公司连续4年被《中国铁道建筑报》评为新闻报道先进单位，集团公司网站连续两年被股份公司评为全系统第一名。(7)思想政治工作。举办第二届“感动企业十佳人物”评选活动，激发广大员工争先进、学先进和爱岗敬业、无私奉献的积极性。(8)党风建设和反腐倡廉工作。集团公司全年受理信访举报20件(股份公司纪委转办1件)，初查核实17件，了结12件，转立案8件；立案18件，结案15件(含2009年遗留案件6件)，处分17人。其中，5人受到党纪处分；6人受到政纪处分；6人受到党纪政纪双重处分；5人受到刑事处理。

工会工作。集团公司工会下辖49个子公司、公司和直属单位工会，173个项目工会(工委)，86个段(队)工会，725个工会小组；有工会会员19313人，专职工会干部67人。(1)“安康杯”竞赛和“一法三卡”工作。针对集团公司在建项目多、“四新”技术广泛应用、工程技术难度大、施工环境复杂、从业人员素质不一、安全风险大的特点，注重竞赛的针对性和时效性，增强竞赛效果。集团公司连续9年获全国“安康杯”竞赛优胜企业称号，被评为首批全国“安康杯”示范企业；二、三、五、六、七公司获全国“安康杯”竞赛优胜企业称号，五公司被评为河南省“安康杯”竞赛示范企业，四公司被评为河南省“安康杯”竞赛优胜企业。有6个先进集体和21名个人分别受到中华全国总工会、中国铁路总工会、股份公司工会及河南省、洛阳市总工会的表彰。一公司项目经理张九林当选全国劳动模范，受到党和国家领导人的亲切接见。加强劳动保护工作，注重职业健康安全教育培训，全面推进企业安全生产管理水平。年内先后组织10人参加全国和省级劳动保护培训，组织500余名集团公司、子分公司和重点工程项目部三级单位负责人和安全管理人员，参加河南省万名厂长、经理安全职业健康法律法规知识竞赛，7人分别获得一、二、三等奖。(2)“四保四创”劳动竞赛。广泛开展“保安全、保质量、保工期、保成本，创高产、创精品、创信誉、创效益”的“四保四创”劳动竞赛活动，以经营工作、信息化建设为竞赛专题，努力把竞赛活动融入生产经营全过程。集团公司各级工会全年支出劳动竞赛奖励经费2300余万元，获得业主或建设单位奖励约4000万元。(3)民主管理。年内完成集团公司第三届职代会换届选举工作，推选集团公司第三届职代会代表185名。(4)集体合同。集团公司组成3个检查组，检查部分建制单位、工程项目部落实集体合同情况，全集团集体合同或保证措施签订率达到100%。(5)评先树模。集团公司有10人分别获得全国劳动模范、全国及省部级五一劳动奖章荣誉，4个集体受到省部级表彰。集团公司召开庆五一暨劳模事迹报告会，加大劳动模范和先进典型的宣传力度，5名劳动模范代表作先进事迹报告。11月，组织第四批劳动模范赴广西休养，体现对劳动模范的尊重与关爱。(6)送温暖工程。元旦、春节期间，集团公司筹集慰问金181.5万元，慰问19个单位的1109名困难职工。落实“三不让”承诺，发放“三不让”困难救助金93.599万元。其中，为187户特重困职工发放生活补助金36.7万元；为123名大病困难职工发放大病补助金29.25万元；为431名困难职工子女发放助学金21.249万元；为42人实施临时困难救助6万元。继续开展“一帮一”活动，135名处以上领导干部及集团公司机关部门与135户困难职工家庭结成“一帮一”帮扶对象，引导、帮助困难职工家庭脱贫。(7)职工之家建设。集团公司工会下拨建线建家费用33.8万元，帮助基层重点项目加强建家建线工作。1个单位被评为全国模范职工小家，2个单位被评为河南省模范职工之家，28个单位被评为集团公司模范职工之家。(8)女工工作。开展女职工示范岗竞赛、女职工素质提升建功立业工程和庆祝第100个国际劳动妇女节系列活动。集团公司女工委和五公司女工委被评为河南省总工会女职工工作示范单位，六公司柴木项目龙门吊女子工班获河南省五一巾帼奖；在河南省职工技能竞赛测量工决赛中夺得第一名的三公司职工董娟获得河南省五一劳动奖章和集团公司“十佳杰出青年”称号；4名女职工分别获股份公司劳动模范、河南省“女职工标兵”、股份公司“十佳女职工标兵”、洛阳市三八红旗手称号；10名女职工、17个女职工先进集体分别被授予集团公司“十佳女职工标兵”、“女职工标兵岗”称号，30名优秀女职工被评为“女职工标兵”，28户家庭被评为“和谐家庭”，4个单位被评为女职工建功立业示范岗先进单位,5 个基层女工委被评为女职工工作先进单位。

共青团工作。集团公司团委下辖 62 个基层团委、16 个团总支部、215 个团支部;团员 3712 名,35 岁以下青工 7468 名,专职团干部 11 名。各级团组织围绕企业生产经营中心,以开展“青年文明号”、组建“青年突击队”、建立“青年安全示范岗”等活动为主线,积极开展青年志愿者活动,认真组织“十大杰出青年”评选,深入推进青工技能振兴计划和“导师带徒”等工作,不断凝聚青年力量,服务企业发展,为促进企业年度生产经营任务的完成作出应有贡献。集团公司团委获得河南省五四红旗团委称号,成为中央企业五四红旗团委创建单位,京沪高速铁路工程指挥部轨道板场青年工班获 2010 年全国质量信得过班组称号,6 个集体获得省部级以上“青年文明号”称号,7 个团组织分别被评为河南省和股份公司五四红旗团委,14 名团员青年受到省市级以上表彰。

(张军权　包明明　卫培荣　张长春　孙艳芳　孙利民)

【第一工程有限公司】　公路、市政公用、水利水电工程施工总承包一级,铁路工程施工总承包二级,土石方、桥梁、公路路基、公路路面、隧道工程专业承包一级资质企业。公司机关驻陕西省西安市经济技术开发区凤城二路 13 号。前身为中国人民解放军铁道兵第五师第二十一团,1984 年 1 月集体转业并入铁道部,改编为铁道部第十五工程局第一工程处;2001 年企业改制改称现名。执行董事兼总经理杨运堂,党委书记廖由联。下辖 29 个项目部、7 个分公司、5 个直管单位。职工 1976 人。其中,干部 921 人;工人 1055 人。专业技术干部 566 人,专业技术工人 963 人,高级技师 4 人。资产总额 110772 万元。其中固定资产原值 24744 万元、净值 19952 万元。机械和运输设备 734 台(套),设备总功率 18782.7 千瓦,动力装备率 9.52 千瓦/人,技术装备率 17493.16 元/人,设备完好率 90%,设备利用率 75%,综合施工机械化程度 80%,设备新度系数 0.5。

2010 年承揽工程任务 26.4 亿元,完成施工产值 20.5 亿元,实现利润 542 万元。全员劳动生产率 80412 元/人年,在岗职工年人均收入 2.21 万元。国有资产保值增值率 108.45%,净资产收益率 3.23%,产值利润率 0.33%,投资回报率 2.43%,资产负债率 75.49%。完成主要实物工程量:公路 42.2 公里,路基土石方 987.04 万立方米,桥梁 13078.7 横延米,架梁 650 片,隧道 8361 延长米,涵洞 4682 横延米,路面 57 万平方米。

公司先后参与成昆、贵昆、南疆、兰新、宝成、达成、渝怀、青藏、襄渝二线、太中银、包西、京沪、广深港等 30 余条铁路干线、客运专线和山西太旧、湖北沪蓉西等 50 余条高速公路建设,以及以“引大入秦”为代表的水利水电工程和以中央电视台焦作影视城、焦作万方立交桥为代表的市政工程建设。承建的沪蓉西高速公路马水河特大桥有 6 个连续百米高墩,最高墩 142 米,在同类桥梁中被排在亚洲第一;承建的国际招标项目“引大入秦”水利工程先门峡“倒虹吸”以高落差、大流量、大跨度,在同类工程中排在亚洲之首。公司先后获得以原太高速公路、勉宁高速公路为代表的国家优质工程奖和以祁临高速公路为代表的中国土木工程詹天佑奖等工程大奖 30 余项。1996 年 7 月,在铁路基建系统率先通过 ISO9002 质量体系认证和 UKSA 国际标准体系认证。2004 年 1 月,通过环境管理和职业健康安全体系三标一体认证。　(李　刚)

【第二工程有限公司】　公路、市政公用、房屋建筑工程施工总承包一级,铁路、水利水电工程施工总承包二级,桥梁、隧道、公路路基、公路路面、建筑幕墙工程专业承包一级,公路工程试验综合检测、水利工程试验检测乙级资质企业。公司机关驻河南省焦作市工业路 518 号。前身为中国人民解放军铁道兵第五师二十二团,1984 年 1 月集体转业并入铁道部,改编为铁道部第十五工程局第二工程处;2001 年 7 月,企业改制改称现名。执行董事兼总经理李红星,党委书记白天贵。下辖 7 个指挥(项目)部,3 个分公司,5 个直管项目部和 24 个建制工程队。职工 2674 人。其中,干部 832 人;工人 1842 人。专业技术干部 607 人,高级技师 22 人。资产总额 12.1 亿元,其中固定资产原值 19943 万元、净值 8568 万元。设备原值 10727.85 万元、净值 5440.75 万元,动力装备率 11.6 千瓦/人,技术装备率 34354 元/人,设备完好率 93%,设备利用率 76%,设备新度系数 0.37。

2010 年承揽工程任务 23.33 亿元,完成施工产值 21.21 亿元,实现利润 1501 万元。全员劳动生产率 84.5 万元/人年,在岗职工年人均收入 27353 元。国有资产保值增值率 109.75%,净资产收益率 9.21%,产值利润率 0.71%,投资回报率 9.65%,资产负债率 90.03%。完成主要实物工程量:路基土石方 944.7 万立方米,桥梁 18521 延长米,隧道 14288 延长米,涵洞 3944.8 横延米,房屋建筑 9888.9 平方米,挡墙及圬工 23.64 万立方米,预制梁 3214 片。

公司两次被评为全国优秀施工企业,连续 4 年被评为全国“安康杯”竞赛优胜企业,连续 15 年被评为河南省施工企业 50 强,连续 16 年保持中国建设银行河南分行 AAA 级信誉,连续 5 年被评为河南省守合同重信用企业;公司领导班子连续9年被股份公司评为“四好领导班子”。1996年率先在全系统通过ISO9002质量体系和英国皇家皇冠UKAS质量体系认证,1998年率先在中国铁建系统导入CIS现代经营技法,2003年11月通过质量、环境、职业健康安全管理体系认证,2005年3月取得河南省首批“安全生产许可证”。公司先后获得全国守合同重信用企业、国家计量合格单位、河南省文明单位、河南省百强企业、河南省创建和谐劳动关系模范企业等荣誉。（孙平静）

【第三工程有限公司】 地基与基础、钢结构、基电设备安装专业承包二级,压力管道安装、锅炉安装五级资质企业。公司机关驻河南省洛阳市火车西站。前身为中国人民解放军铁道兵第五师后勤部修理营,1984年1月1日集体转业并入铁道部,改编为铁道部第十五工程局机械厂;2001年12月改称机械设备有限公司,2005年6月企业改制改称现名;2008年2月与集团公司物资有限公司合并重组。执行董事兼总经理李广军,党委书记茹念文。下辖7个分公司,9个项目部,4个物资供应站。职工1020人,其中在岗职工737人。在岗职工中干部251人、工人486人。专业技术干部182人。资产总额55154万元,其中固定资产原值9567万元、净值5668万元。机械运输设备400台(套),动力装备率5.61千瓦/人,技术装备率7.4万元/人。设备完好率92%,利用率93%。

2010年承揽工程任务7.1亿元,完成企业总产值6.32亿元,实现利润375.77万元。全员劳动生产率72292元/人年,在岗职工年人均收入27702元。国有资产保值增值率104%,净资产收益率4.97%,产值利润率0.45%,投资回报率0.68%,资产负债率86.03%。完成主要实物工程量:土石方841万立方米,桥梁5035.6延长米,隧道318延长米,涵渠13226横延米。

公司自组建以来,逐步发展为集科研、制造、安装、施工为一体的综合型工程企业。先后获国家科技进步二等奖1项,铁道部科技进步二等奖2项,中国铁建科技进步一等奖6项,河南省科技进步一、二等奖各1项,国家及省部级优秀工法各1项,集团公司科技进步成果奖14项;创优质工程9项,免检工程3项。公司先后获得洛阳市文明单位、综合治理先进单位等荣誉。（李宏伟）

【第四工程有限公司】 公路、市政公用工程施工总承包一级,铁路、房屋建筑工程施工总承包二级,土石方、桥梁、隧道、公路路基、水土隧洞工程专业承包一级资质企业。公司机关驻河南省郑州市二七区新圃东街117号。前身系中国人民解放军铁道兵第五师二十四团,1984年1月1日集体转业并入铁道部,改编为铁道部第十五工程局第四工程处;2001年7月企业改制改称现名;2007年1月28日与科技工贸公司合并重组。执行董事兼总经理程金泉,党委书记王福增。下辖9个分公司、3个项目部、侯马办事处等。职工2683人。其中,干部730人;工人1953人。专业技术干部650人,占干部总数的89%;技术工人1879人,占工人总数的96%。资产总额127105万元。其中,固定资产原值21194万元、净值9559万元;流动资产106241万元;其他资产11305万元。主要施工设备177台(套),设备原值7034.82万元、净值4330.02万元,总功率19773.7千瓦,动力装备率7.37千瓦/人,技术装备率1.58万元/人,设备完好率87%、利用率85%。机械化施工程度90%。

2010年承揽工程任务21.9亿元,完成企业总产值20.1亿元,实现利润2068万元。全员劳动生产率845959元/人年,职工年人均收入58909元。国有资产保值增值率110.6%,净资产收益率12.45%,产值利润率1.03%,投资回报率13.35%,资产负债率90.05%。完成主要实物工程量:路基土石方893万立方米,涵渠3148横延米,桥梁13547延长米,隧道3106延长米。

公司连续11年被中国建设银行山西省分行评为AAA级信用等级企业,先后获山西省先进单位、山西省优秀企业、山西省精神文明先进单位和铁道部铁路安全先进单位等称号。（蔡艳艳）

【第五工程有限公司】 公路、市政公用工程施工总承包一级,铁路工程施工总承包二级资质企业。公司机关驻河南省洛阳市瀍河区买家街123号院。前身为中国人民解放军铁道兵第五师第二十五团,1984年1月集体转业并入铁道部,改编为铁道部第十五工程局第五工程处;2001年11月企业改制改称现名。执行董事兼总经理宫元生,党委书记岳昌茂。下辖13个分公司、1个直属项目部。职工3365人。其中,干部937人;工人2428人。专业技术干部769人,专业技术工人859人,高级技师15人。资产总额168408万元,其中固定资产原值269623万元、净值15339万元。机械运输设备525台(套),技术装备率3.36万元/人,动力装备率8.68千瓦/人,主要设备完好率93%、利用率90%。

2010年承揽工程任务44.02亿元,完成施工产值43.34亿元,实现利润3721万元。全员劳动生产率328000元/人年,职工年人均收入22252元。国有资产保值增值率127.19%,净资产收益率24.64%,产值利润率 0.84%，资产负债率 92.4%，应上缴款完成率 70.76%。完成主要实物工程量：土石方 1489.07 万立方米，隧道 22406.49 延长米，桥梁 29903.11 延长米，涵渠 4003.18 横延米，架梁 3168 片，正线铺轨 9.29 公里，站线铺轨 3.76 公里；公路 83.63 公里，其中高速公路 75.88 公里；高速公路路面 326.39 万平方米。

兵改工后，公司创省部级优质工程 10 余项，承建的临侯高速公路赵康枢纽工程获山西省优质工程汾水杯奖和中国建设工程鲁班奖；先后创造高速公路高架桥预制顶推施工 4.5 天/节和高速公路隧道钻爆法单口全断面月掘进和初衬 318.33 米等多项全国纪录。公司先后获得全国优秀施工企业、火车头奖杯、河南省“安康杯”竞赛示范企业、河南省 AAA 级信用企业、河南省五一劳动奖状、洛阳市重合同守信用企业等荣誉。

（赵文艳）

【第六工程有限公司】 铁路、公路、市政公用工程施工总承包一级，房屋建筑、水利水电工程施工总承包二级，公路路基、公路路面、隧道、桥梁工程专业承包一级，铁路铺轨架梁工程专业承包二级，铁路电务、电气化工程专业承包三级，公路水运工程实验检测乙级资质企业；兼营新建铁路临管运输、房屋租赁等业务。公司机关驻河南省洛阳市邙山路 4 号院。前身是中国人民解放军铁道兵南疆线新建铁路管理处，1984 年 1 月集体转业并入铁道部，改编为铁道部第十五工程局新线铁路运输处；2001 年 12 月企业改制改称现名。执行董事兼总经理薛学勇，党委书记党宏学。下辖 40 个指挥（项目）部，7 个分公司及铁路运输处、综合队和人才、设备两个中心。职工 2677 人。其中，干部 563 人；工人 1114 人。专业技术干部 569 人，高级技师 32 人。资产总额 13.28 亿元，固定资产原值 31397 万元、净值 13837 万元。机械运输设备 437 台（套），技术装备率 5016 万元/人，动力装备率 52.3 千瓦/人，设备完好率 95%、利用率 81.1%。

2010 年承揽工程任务 12.25 亿元，完成企业总产值 30.96 亿元，实现利润 2275.58 万元。全员劳动生产率 1796748 元/人年，在岗职工年人均收入 34042 元。产值利润率 0.74%，资产负债率 89.38%，国有资产保值增值率 115.12%，净资产收益率 14.46%，投资回报率 17.91%。完成主要实物工程量：路基土石方 886 万立方米，桥梁 6658 延长米，隧道 5773 延长米，涵洞 3699 横延米，正线铺轨 746 公里，站线铺轨 79 公里，架梁 724 孔，铺设道岔 230 组，铺道砟 106 万立方米。运输周转量 57.18 亿吨公里。

公司先后获中央企业先进集体、全国“安康杯”竞赛优胜单位、全国优秀模范职工之家、全国用户满意施工企业、中国铁建企业文化建设先进单位和工程公司建设先进单位等称号，是河南省建筑施工企业 50 强、AAA 信用单位、模范劳动关系和谐企业，2001 年获河南省文明单位称号。公司参建的遂渝铁路工程获中国建设工程鲁班奖，承建的黄骅港特大桥工程获国家优质工程银质奖，遂渝铁路铺架工程被评为火车头优质工程。2006 年 12 月，公司创造日架 32 米梁 14 孔全国纪录。

（贾鹏飞）

【第七工程有限公司】 公路、房屋建筑、市政公用工程施工总承包一级，铁路工程施工总承包二级，桥梁、隧道、公路路面、公路路基、水工隧洞工程专业承包一级资质企业。公司机关驻河南省洛阳市洛常路 6 号院。2001 年 8 月 16 日，由原中铁第十五工程局实业总公司、机械化工程公司、建筑工程公司改制重组而成。执行董事兼总经理黄笑，党委书记孙彬。下辖 5 个分公司、11 个直属项目部。职工 1640 人，其中干部 687 人。专业技术干部 544 人，专业技术工人 953 人。资产总额 107945 万元，其中固定资产原值 13777 万元、净值 7315 万元。机械运输设备 253 台（套），技术装备率 2.32 万元/人，动力装备率 8.13 千瓦/人，设备完好率 96%、利用率 87.7%。

2010 年承揽工程任务 28.05 万元，完成企业总产值 18.84 亿元，实现利润 1778 万元。全员劳动生产率 100418 元/人年，在岗职工年人均收入 35064 元。国有资产保值增值率 114.98%，净资产收益率 14.18%，产值利润率 0.89%，投资回报率 14.07%，资产负债率 89.24%。完成主要实物工程量：路基土石方 686.79 万立方米，公路 8.04 公里，公路路面 21.43 万平方米，桥梁 8039 延长米，架梁 1435 片，房屋建筑 2.89 万平方米，隧道 6638 延长米，涵渠 2340 横延米，污工 27.1 万立方米。

近年来，公司被评为河南省重合同守信用企业、房地产开发与建筑施工企业综合实力 50 强、AAA 信用等级企业，通过质量、职业健康安全、环境综合管理体系认证。参建的南京城市快速通道九华山隧道工程获中国建设工程鲁班奖。

（常万陶）

【贵州中铁路桥工程有限公司】 市政公用工程施工总承包二级、混凝土预制构件专业二级、预应力工程专业二级资质企业；通过国家 MA 计量认证和混凝土一级试验室认定。公司机关驻贵州省都匀市北工区。前身为铁道部第二工程局都匀混凝土预制厂，始建于 1958 年 3 月；2001 年 12 月资产重组划归中铁十五局集团公司管理，2003 年 3 月企业改制改称现名。执行董事兼总经理杨俊，党委书记韦建平。下辖 5 个直属单位,11 个派出机构。职工 1067 人。其中,干部 359 人;工人 708 人。专业技术干部 271 人,专业技术工人 107 人。资产总额 79025 万元,其中固定资产原值 14967 万元、净值 9188 万元。机械和运输设备 465 台(套),设备总功率 17585 千瓦,动力装备率 15.35 千瓦/人,技术装备率 1.88 万元/人,设备完好率 90%、利用率 75%。

2010 年完成施工产值 9.05 万元,实现利润 617 万元。在岗职工年人均收入 32513 元。国有资产保值增值率 112.54%,净资产收益率 12.28%,产值利润率 0.37%,资产负债率 92.64%,投资回报率 25.4%。

自 1958 年建厂以来,公司先后为川黔、湘黔、黔桂、南昆、广梅汕、外福、京九、石长、水柏、株六复线等多条铁路供应桥梁、轨枕、扣件。公司被贵州省评为百强企业、文明单位、地方纳税先进单位和铁道部物资仓储先进单位,连续 17 年获贵州省重合同守信用单位称号,通过国际 ISO9000 质量体系标准认证。（王敬中）

【成都公司】 驻四川省成都市郫县犀浦镇珠江东街 16 号。前身为中铁十五局集团公司泸州工程指挥部、达成铁路工程指挥部、西南工程处、四川工程指挥部,2004 年 7 月与集团公司四公司成都分公司合并,2008 年 4 月改称现名。执行董事兼总经理古尊勇,党委书记王辉。下辖 9 个项目部,1 个机械设备管理中心。职工 462 人。其中,干部 127 人;工人 335 人。专业技术干部 145 人,专业技术工人 167 人。资产总额 23266 万元,其中固定资产原值 5623 万元、净值 3436 万元。大型机械运输设备及检测仪器 92 台(套),设备总功率 19750 千瓦,动力装备率 47 千瓦/人,技术装备率 4.7 万元/人,设备完好率 95%、利用率 100%。

2010 年承揽工程任务总额 1.94 亿元,完成施工总产值 6.01 亿元,实现利润 425 万元。全员劳动生产率 127.9 万元/人年,在岗职工年人均收入 45965 元。国有资产保值增值率 114.1%,净资产收益率 13.17%,产值利润率 1%,投资回报率 1.97%,资产负债率 90.15%。完成主要实物工程量:土石方 429.55 万立方米,隧道 14064 延长米,桥梁 4165 延长米,公路 18.74 公里。企业先后被四川省评为铁路重点建设先进单位和质量无投诉示范单位。（王秋莲）

【西北工程公司】 公路、市政公用、矿山、房屋建筑施工总承包二级,铁路、水利水电工程施工总承包三级,公路路基、公路路面、桥梁、隧道、钢结构工程专业承包二级资质企业。驻陕西省西安市柿园路 1 号。2008 年 2 月,由集团公司西北工程公司和新疆分公司整合组建。执行董事兼总经理石险峰,党委书记吴建松。下辖 16 个工程项目部。职工 564 人。在岗职工中,干部 324 人、工人 140 人。专业技术干部 236 人,专业技术工人 140 人,高级技师 1 人。资产总额 53787 万元,其中,固定资产原值 5025 万元、净值 3596 万元;流动资产 49844.37 万元;其他资产 346.68 万元。机械运输设备 126 台(套),设备原值 3315.6 万元、净值 2426.7 万元,设备总功率 13973 千瓦,动力装备率 30 千瓦/人,技术装备率 5.2 万元/人,设备完好率 73.18%、利用率 83%,综合机械化程度 78%。

2010 年承揽工程任务 10.46 亿元,完成施工产值 8.31 亿元,实现利润 572 万元。在岗职工年人均收入 46770 元。国有资产保值增值率 108.15%,净资产收益率 7.74%,产值利润率 4.32%,资产负债率 88.74%,应上缴款完成率 100%。完成主要实物工程量:土石方 498.28 万立方米,隧道 3930.67 延长米,桥梁 3549.13 延长米,涵渠 2991.14 横延米,正线铺轨 41.6 公里,站线铺轨 22.13 公里,供电线路 7.5 公里,圬工 2.1 万立方米,房屋建筑 6037.9 平方米,铺设道岔 88 组,铁路架梁 81 孔,公路架梁 123 片。

公司先后参加京沪高速铁路、天津集疏港、宁东地方铁路、金阿地方铁路、引红济石输水隧洞、新疆别迭里水电站引水隧洞、华能寿光风电工程建设,先后获国家优质工程奖 2 项。（公司办公室）

【重要记载】

▲1 月 19 日　南京公司参建的南京长江隧道工程获江苏省建筑施工文明工地称号。

▲1 月 26 日　中央电视台春节晚会系列之一的首届全国农民工专题晚会节目摄制组到集团公司京沪高速铁路磨盘张梁场摄制节目,在农民工之间进行了一场和谐欢乐的互动节目。

▲1 月　集团公司京沪高速铁路工程指挥部被股份公司评为京沪高速铁路“六比六创”劳动竞赛综合优胜单位,并被授予股份公司“工人先锋号”称号;固镇轨道板厂被评为单项优胜单位。集团公司副总经理兼京沪高速铁路工程指挥部指挥长、党委书记习仲伟被评为劳动竞赛优秀组织者,张玉军、高明星被评为京沪高速铁路和铁路客运专线劳动竞赛优秀组织者,付雷锋、赵建宁被授予股份公司“工人先锋号标兵”称号。

▲2 月 28 日　集团公司被评为 2009 年度洛阳市外经工作先进企业。

▲2 月　六公司参建的遂渝铁路工程被评为中国建设工程鲁班奖。

▲3 月 16 日　集团公司青年志愿者协会成立大会暨青年志愿者活动启动仪式在七公司郑(州)民

(权)高速公路工地隆重举行。

▲3月30日　中国铁路建设发展成就集体采访团采访集团公司京沪高速铁路工程指挥部。

▲3月　七公司石家庄槐安路项目部获河北省文明单位称号。

▲4月8日　集团公司京沪高速铁路工程指挥部被评为安徽省重质量守信誉诚信施工单位。

▲4月16日　华北公司承建的京承高速公路三期第15标段工程获北京市政工程行业协会2009年度市政公用结构长城杯工程银奖，被评为北京市住房城乡建设系统文明安全工地。

▲4月25日　南京公司承建的苏州北环快速路隧道1标段工程被评为2009年度中国市政金杯示范工程。

▲4月29日　集团公司南京长江隧道工程项目经理部获得南京市五一劳动奖状。

▲4月　京沪高速铁路科技创新课题组独立研发的具有自主知识产权的高速铁路"CRTS－Ⅱ型板式无砟轨道精调系统"和"多功能精密强制对中装置"两项科技成果经国家测绘学会专家组鉴定，填补国内CRTS－Ⅱ型板式无砟轨道精调技术空白。

▲5月19日　中共中央政治局常委、中央纪委书记贺国强在中共中央书记处书记、中央纪委副书记何勇和江苏省省委书记梁保华陪同下，到南京公司承建的江心洲右汊桥施工现场视察。

▲5月　五公司获得河南省五一劳动奖状。

▲6月12日　全国政协副主席廖晖率港澳代表团视察集团公司映卧公路施工现场。

▲6月25日　五公司、六公司、一公司、七公司、华北公司、华东公司、西南公司、华南公司，集团公司广深港铁路客运专线项目部、京沪高速铁路工程指挥部被评为2009年度集团公司"四好领导班子"。

▲6月26日　集团公司计量测试中心顺利通过国家铁道评审组的资质认定计量认证监督(扩项)评审。

▲6月27日　华东公司上海A15公路项目部获全国AAA级安全文明标准化诚信工地称号。

▲同日　七公司QC成果"确保冬季聚脲防水层施工质量"获铁道部优秀QC成果奖和全国工程建设优秀质量管理小组奖。

▲6月28日　集团公司党委表彰先进基层党委6个、"五好党支部"19个、"六好共产党员标兵"54名、优秀党务工作者20名。

▲6月　五公司连续5年获全国"安康杯"竞赛优胜企业称号。

▲7月27日　香港特别行政区行政长官曾荫权率特区政府代表团到集团公司映卧公路项目部施工现场检查工作。

▲7月　新疆公司独山子项目经理部参建的中国石油独山子石化公司140万立方米原油商业储备库工程获中国石油优质工程金质奖。

▲8月19日　国务院京沪高速铁路建设领导小组协同中央电视台《大京沪》大型文献专题片摄制组到集团公司京沪高速铁路工程指挥部拍摄。

▲8月27日　四公司承建的包西铁路全长7655米的新寺则河隧道顺利贯通。

▲11月8日　由新华社、人民日报社、经济日报社、中央电视台和中国铁道建筑报社等媒体记者组成的新闻采访组飞赴沙特阿拉伯首都利雅得，对集团公司沙特200所学校和利达铁路复线等工程项目进行录制采访。

▲11月19日　贵州路桥公司沪昆铁路客运专线玉山制梁场通过集团公司产品投产鉴定。

▲12月18日　中国驻尼泊尔大使邱国洪率大使馆考察团，考察尼泊尔公司马兰奇引水工程项目。

▲12月29日　集团公司"等压等渗新型注浆工艺在高压富水松散围岩隧道中的应用"成果获河南省职工优秀技术创新成果二等奖。

▲12月　西北公司承建的华能寿光风电一期变电站土建工程获国家优质工程银质奖。　(郑凤华)

中铁十六局集团有限公司

【简况】　中铁十六局集团有限公司系铁路工程施工总承包特级，公路、市政公用、房屋建筑、水利水电工程施工总承包一级，公路路面、建筑装修装饰、隧道工程施工专业承包一级，城市轨道交通工程专业承包和地质灾害防治工程施工甲级资质企业；同时拥有对外承包工程、劳务合作经营资质。机关驻北京市朝阳区红松园北里2号。前身系中国人民解放军铁道兵第十一、十三师合编后的铁道兵第十一师，1984年1月集体转业并入铁道部，改编为铁道部第十六工程局；2000年1月更名为中铁第十六工程局，2002年5月10日企业改制改称现名。下辖10个子公司、16个专业公司与分支机构。职工19669人。其中，干部10394人；工人9275人。专业技术干部9890人，占干部总数的95.15%；技术工人8633人，占工人总数的93.08%。资产总额1857983万元。其中，流动资产1574815万元；长期投资313万元；固定资产225624万元；无形及递延资产20292万元;其他资产36939万元。机械设备3128台(套),原值324605万元、净值247724万元,总功率569557千瓦,技术装备率13.62万元/人,动力装备率31.33千瓦/人。

2010年承揽工程175项,合同总额4627812万元。全年完成企业总产值2719316万元,其中施工产值2676172万元;实现利润45185万元。全员劳动生产率436494元/人年,职工年人均收入44192元。净资产收益率25.62%,产值利润率1.78%,资产负债率92.31%,成本费用占主营业务收入比重98.23%,应上缴款完成率100%。完成主要实物工程量:土石方8066.5万立方米,隧道100593延长米,桥梁137012延长米,铺轨327.4公里,铺设通信线路5.4公里、供电线路333.7公里,建成公路105.5公里,房屋建筑69.7万平方米。年内获国家科学技术一、二等奖各1项,全国建设工程优秀项目管理成果一等奖5项,3项工程创中国施工企业新纪录。集团公司获全国重质量守信用企业、中国自主创新100强企业、2010年北京名优企业称号。

集团公司秉承“同心创业、永做更好”的企业精神,以“建设管理科学、技术精湛、信誉最佳、行业领先的工程总承包企业”为目标,坚持“适度规模,合理结构,精耕细作,最佳效益”的发展理念,在国家铁路、公路、市政及城市轨道交通、房屋建筑、水利、电力、机场码头等大批重点工程建设中屡创佳绩,先后获中国建设工程鲁班奖13项,国家优质工程银质奖9项,省部级优质工程奖121项,中国土木工程詹天佑奖12项;有8项施工技术获国家科技进步奖,12项工法被评为国家级工法,12项工程创中国企业新纪录。集团公司先后获得全国先进施工企业、全国施工技术进步先进企业、全国思想政治工作优秀企业、全国优秀施工企业、全国“安康杯”竞赛优胜企业、全国工程建设质量管理优秀企业、全国行业质量示范企业、全国质量服务诚信示范企业、全国重质量守信用企业、中国优秀诚信企业、全国企业文化建设工作先进单位、全国施工企业管理优胜奖等荣誉。（刘承宝）

【领导人员】

董事会

董事长　覃正标
副董事长　侯向东
董事　覃正标
　侯向东
　赵瑞亮
　刘安全
　程红彬
　江拔其
　郭品云
职工董事　薛瑞林

监事会

主席　房光辉
监事　李忠心
　徐成才
职工监事　李禄宁
　周京波

经理层

总经理　赵瑞亮
副总经理　刘安全
　程红彬
　江拔其
　赵国旗
　孔令健(1月任)
　杨哲峰(1月任)
　黄昌富(1月任)
总工程师　马　栋
总会计师　张夕和(1月任)

党群领导

党委书记　侯向东
党委副书记　覃正标
　赵瑞亮
　郭品云
　吴秀义
纪委书记　吴秀义
工会主席　薛瑞林　（刘承宝）

【工程项目指挥机构】 沪昆铁路客运专线江西段站前工程HKJX－5标段项目部　项目经理兼党工委书记程红彬,常务副经理董梁,常务副书记蒲仕洲。驻江西省新建县320国道西侧省公安厅交警总队培训中心。

沪昆铁路客运专线湖南段项目部　项目经理兼党工委书记郎建平,常务副经理田大鹏。驻湖南省娄底市乐坪西街关家脑华光山庄。

兰新铁路第二双线项目部　项目经理兼党工委书记程红彬,常务副经理焦敬青。驻新疆维吾尔自治区吐鲁番市高昌中路330号高昌大酒店。

京沪高速铁路3标段项目部　项目经理兼党工委书记江拔其。驻山东省枣庄市薛城高新区光明西路惠众大厦。

贵广铁路工程指挥部　指挥长兼党工委书记赵国旗,常务副指挥长兼党工委副书记苏庆国。驻广东省广宁县南街镇东乡银湖山庄。

兰渝铁路 LYS－2 标段项目部　项目经理兼党工委书记薛瑞林，常务副经理陈炳祥。驻甘肃省渭源县新源街 30 号。

成渝铁路客运专线项目部　项目经理卢永堂，常务副经理吴红波，党工委书记徐泽林。驻四川省资阳市大千路鑫阳商务酒店。

哈齐铁路客运专线项目部　项目经理马栋，党工委书记兼常务副经理任灿伟。驻黑龙江省大庆市开发区双聚街 5 号。

赣龙铁路工程指挥部　指挥长王义水，党工委书记张明革。驻福建省连城县朋口镇工业集中区（官厅背）。

武冈城际铁路项目部　项目经理兼党工委书记戴保民。驻湖北省鄂州市华容区丁桥街 3 号。

广昆铁路工程指挥部　指挥长常志军。党工委书记兼常务副指挥长朱卫东。驻云南省安宁市禄裱镇大哨农场。

石武铁路客运专线河南段项目部　项目经理兼党工委书记张鸿鹏。驻河南省信阳市东双河镇大石门村银杏花园。

朔黄铁路扩能改造工程指挥部　指挥长兼党工委书记刘安金，常务副指挥长张纯清，常务副书记曹天义。驻河北省黄骅市渤海路黄骅宾馆。

山西中南部铁路通道 ZNTJ－18 标段项目部　项目经理李平，党工委书记朱发。驻山东省泰安市高新区长城路世纪温泉大酒店。

钦防铁路工程指挥部　指挥长王红伟，党工委书记卜锡权。驻广西壮族自治区防城港市港口区鱼峰路鱼峰大厦。

青岛胶州湾隧道项目部　项目经理刘安金，常务副经理兼党工委书记凌树云。驻山东省青岛市市南区巫峡路 23 号。（刘承宝）

【职工队伍】　年末职工 19669 人。管理与专业技术人员 10394 人。其中，女性 2358 人，占 22.68%；少数民族 422 人，占 4.06%。学历结构：大学本科及以上 5821 人，大专 3371 人，中专 535 人，高中及以下 667 人，分别占 56%、32.4%、5.2%、6.4%。年龄结构：35 岁以下 7120 人，36 岁～40 岁 1010 人，41 岁～45 岁 500 人，46 岁～50 岁 713 人，51 岁～54 岁 608 人，55 岁以上 443 人，分别占 68.5%、9.7%、4.8%、6.9%、5.8%、4.3%。有技术职称的专业技术人员 9890 人，占 95.15%。其中高级职务 993 人，占 10.04%；中级职务 1896 人，占 19.17%；初级职务 7001 人（含待聘），占 70.79%。专业结构：工程系列 7497 人，经济系列 592 人，会计系列 876 人，卫生系列 157 人，统计系列 31 人，政工系列 723 人，其他系列 14 人。

工人 9275 人。其中，固定期合同工 4353 人，占 46.93%；无固定期合同工 4922 人，占 53.07%；女工 1177 人，占 12.69%；少数民族 490 人，占 5.28%。学历构成：本科及以上 39 人，占 0.42%；大专、高职 453 人，占 4.88%；中专、技校、职高 1995 人，占 21.51%；高中 4261 人，占 45.94%；初中及以下 2527 人，占 27.25%。年龄构成：30 岁以下 2445 人，占 26.36%；31 岁～40 岁 2003 人，占 21.6%；41 岁～50 岁 2895 人，占 31.21%；51 岁～55 岁 1617 人，占 17.43%；56 岁以上 315 人，占 3.4%。技术工人 8633 人，占 93.08%。技术工人中获得国家职业资格证书的 6552 人。其中，高级技师 98 人；技师 830 人；高级工 4213 人；中级工 906 人；初级工 505 人。

（阎晓萍　危跃荣）

【机械设备及管理人员】　年末拥有机械动力设备 3128 台（套），原值 324605 万元、净值 247724 万元，总功率 569558 千瓦，技术装备率 13.62 万元/人，动力装备率 31.33 千瓦/人。年内新购机械设备 529 台，原值 41450 万元；报废机械设备 154 台，原值 5250 万元；设备大修 84 台，支出大修费 319 万元。拥有主要施工设备 1756 台（套）。其中，铁路机车 21 台；盾构机 11 台；架桥机 6 台；运梁车 4 台；提梁机 6 台；混凝土拌和站（楼）73 套。设备成新率 74.42%，完好率 95.08%，利用率 87.88%。

设备专业人员 3367 人。其中，高级工程师 75 人；工程师 195 人；助理工程师 352 人；技术员及其他管理人员 649 人；技术工人 2096 人。年内举办专业培训 23 期，培训各类人员 735 人。（魏铁山）

【工程施工】　2010 年承建工程 275 项，完成施工总产值 2676172 万元，比 2009 年增长 25.9%。其中，铁路工程 56 项，产值 1264534 万元，占施工总产值的 46.5%；公路工程 68 项，产值 5374741 万元，占施工总产值的 19.8%；房屋建筑工程 28 项，产值 138389 万元，占施工总产值的 5.1%；市政工程 57 项，产值 335262 万元，占施工总产值的 12.3%；水利工程 20 项，产值 53027 万元，占施工总产值的 2%；电力工程 8 项，产值 13334 万元，占施工总产值的 1.1%；机场工程 1 项，产值 9235 万元，占施工总产值的 0.3%；地铁工程 29 项，产值 319408 万元，占施工总产值的 11.7%；其他工程 8 项，产值 48653 万元，占施工总产值的 1.8%。主要工程进展情况：

贵广铁路贺州至广州段 GGTJ－11 标段工程　位于广东省肇庆市境内，线路长 59.25 公里（含中国中铁七局集团公司 3.45 公里），合同投资 432102 万元，合同工期 2008 年 12 月 ~2013 年 2 月。主要实物工程量：土石方 778.8 万立方米，桥梁 23 座 6967 延长米，涵洞 75 座 3424.28 横延米，隧道 27 座 36741 延长米，铺架 150.87 公里。开工累计完成投资 200652 万元，占合同投资的 77%。

兰新铁路第二双线（新疆段）LXTJ－6 标段工程　位于新疆维吾尔自治区吐鲁番市境内，线路长 34.45 公里，合同投资 242959 万元，合同工期 2010 年 1 月 ~2013 年 6 月。主要实物工程量：土石方 358 万立方米，桥梁 11 座 12722 延长米，箱型小桥、涵洞 52 座 1394 横延米，无砟道床 68.89 公里，正线铺轨 663.4 公里，预制、运架箱梁 444 孔。年内完成投资 56298 万元，占合同投资的 23.17%。

兰渝铁路 LYS－2 标段工程　位于甘肃省渭源县、漳县境内，线路长 69.96 公里（含中国中铁十局集团公司 15.9 公里），合同投资 354706 万元。合同工期 2009 年 2 月 ~2014 年 7 月，主要实物工程量：路基土石方 158.85 万立方米，站场土石方 276.09 万立方米，桥梁 15 座 10300 延长米，隧道 13 座 49200 延长米。年内完成投资 66382 万元，开工累计完成投资 127273 万元，占合同投资的 45.7%。

青藏铁路西格段增建二线关角隧道 XGZHQ5－1 标段工程　隧道位于青海省天峻县境内，总长 32645 延长米。集团公司承建的 XGZHQ5－1 标段正洞长 17372 延长米，合同投资 135792 万元，合同工期 2007 年 11 月 ~2012 年 4 月。主要实物工程量：隧道开挖 270.24 万立方米，混凝土 72.13 万立方米。年内完成投资 28096 万元，开工累计完成投资 73748 万元，占合同投资的 54.3%。

京沪高速铁路土建 3 标段工程　位于山东省枣庄市至江苏省徐州市贾汪区境内，线路长 86.8 公里，合同投资 505777 万元。主要实物工程量：土石方 727 万立方米；桥梁 35 座 48885 延长米，预制箱梁 1580 孔，现浇连续梁 48 孔 2363 米，刚构连续梁 30 孔 524 米；滕州隧道 1504 延长米。2008 年 1 月开工，计划 2012 年 1 月竣工。年内完成投资 157783 万元，开工累计完成投资 519967 万元，占合同投资的 96%。

哈齐铁路客运专线 3 标段工程　位于黑龙江省大庆市境内，线路长 64.6 公里，合同投资 432000 万元，合同工期 2009 年 10 月 ~2013 年 10 月。主要实物工程量：桥梁 6 座 42227 延长米，涵洞 42 座 902.76 横延米，路基 22.372 公里，无砟道床 123.84 公里，铺长轨 308.67 公里，车站 2 座（安达站、龙凤站）。开工累计完成投资 135848 万元，占合同投资的 31.4%。

沪昆铁路客运专线（江西段）站前工程 HKJX－5 标段工程　位于江西省新建县与高安市境内，线路长 68.63 公里，合同投资 465994.8 万元，合同工期 2010 年 1 月 ~2013 年 6 月。主要实物工程量：土石方 622.3 万立方米，桥梁 30 座 45090 延长米，新建车站 2 座，预制运架箱梁 1364 孔。年内完成投资 123165 万元，占合同投资的 26.43%。

福厦铁路客运专线站前工程 1 标段工程　位于福建省福州市、莆田市境内，线路长 53.6 公里，合同投资 239672 万元，合同工期 2006 年 5 月 ~2009 年 10 月。主要实物工程量：土石方 1547 万立方米，隧道 15 座 13738 延长米，桥梁 29 座 9753.3 延长米，涵洞 155 座 4737 横延米，新建车站 2 座。2010 年 4 月工程竣工。

石武铁路客运专线河南段 SWZQ－9 标段工程　位于河南省信阳市，线路长 21.33 公里，合同投资 121067 万元，合同工期 2008 年 10 月 ~2011 年 12 月。主要实物工程量：路基土石方 172 万立方米，桥梁 17 座 6033 延长米，涵洞 43 座 954.54 横延米，隧道 7 座 5709 延长米，铺设轨道 42.65 公里。年内完成投资 25582 万元，开工累计完成投资 109897 万元，占合同投资的 97%。主体工程已完工。

成昆铁路广通至昆明段扩能改造工程 3 标段工程　位于云南省禄丰县、安宁市温泉镇境内，线路长 30.82 公里，合同投资 85959 万元，合同工期 2007 年 10 月 18 日 ~2011 年 6 月 15 日。主要实物工程量：路基土石方 161.8 万立方米，隧道 6 座 20120 延长米，桥梁 18 座 5180 延长米，涵洞 13 座 364.97 横延米，无砟道床 26.41 公里。年内完成投资 19556 万元，开工累计完成投资 72966 万元，占合同投资的 84.9%。

北京站至北京西站地下直径线 ZJX1 标段工程　承担崇外大街至宣武门隧道与轨道工程施工任务，线路长 4136 米。其中，明挖段 230 米；盖挖段 110 米；浅埋暗挖段 775 米；盾构掘进段 3131 米。轨道工程采用弹性支承块式整体道床。合同投资 23771 万元，合同工期 2005 年 12 月 ~2012 年 12 月。年内完成投资 5000 万元，开工累计完成投资 20476 万元，占合同投资的 86.14%。

天津西站至天津站地下直径线工程　线路长 5 公里。其中，隧道 3312 延长米（盾构隧道长 2146 延长米）；明挖及路堑段 1167 米。合同投资 78652 万元。2008 年 9 月开工，计划 2011 年 12 月竣工。年内完成投资 39730 万元，开工累计完成投资 50027 万元，占合同投资的 63.6%。

北京地铁工程　承担 6 号线一期 8 标段、10 号线二期 11 标段、8 号线二期 8 标段、7 号线 4 标段施工任务。（1）6 号线一期 8 标段工程合同投资 87800 万元，合同工期 2009 年 4 月 ~2012 年 9 月。线路长 3.75 公里，包括两站（车公庄西站、车公庄站）三区间（白石桥南站至车公庄西站、车公庄西站至车公庄站、车公庄站至平安里站）。年内完成投资30021万元，开工累计完成投资36121万元，占合同投资的41%。（2）10号线二期11标段工程合同投资65227万元。2009年3月5日开工，计划2012年11月竣工。工程位于北京市海淀区、丰台区，包括一个车站（莲花桥车站）三个区间（西局至六里桥、六里桥至莲花桥、莲花桥至公主坟）。年内完成投资30324万元，开工累计完成投资39710万元，占合同投资的60.8%。（3）8号线二期8标段工程合同投资48370万元，合同工期2009年10月～2012年12月。工程包括两站（安华桥、美术馆站）三区间（北土城站至安华桥站、南锣鼓巷站至美术馆站和美术馆站站后折返线）。开工累计完成投资7194万元，占合同投资的14.87%。（4）7号线4标段工程合同投资67355万元，合同工期2010年5月～2014年12月。工程包括两站（三里河、瓷器口站）三区间（珠市口站至三里河站、三里河站至瓷器口站、瓷器口站至广渠门内站）。年内完成投资7996万元，占合同投资的11.87%。

深圳地铁工程　承担4号线二期工程402标段和3号线3152标段施工任务。（1）4号线二期402标段工程包括莲花北站、上梅林站及区间隧道工程。车站采用半明挖或明挖法施工，区间隧道采用盾构法施工。合同投资27900万元，合同工期2006年11月～2010年8月。年内完成投资2574万元，开工累计完成投资27319万元，占合同投资的97.92%。（2）3号线3152标段工程位于深圳市福田中心区，包括福田、少年宫、莲花村3座车站及福田站至少年宫站、少年宫站至莲花村站两个区间。合同投资161735万元，合同工期2008年4月～2011年5月。年内完成投资29242万元，开工累计完成投资118335万元，占合同投资的73.2%。

杭州地铁工程　承担1号线九堡站和7、8号盾构标段与建华站及12、13号盾构标段施工任务。工程位于浙江省杭州市江干区。（1）九堡站及7、8号盾构标段工程包括九堡站和红普路站至九堡站、九堡站至九堡东站、城站站至湖滨站区间，线路长6.6公里。合同投资26378万元。2008年5月3日开工，计划2011年7月20日竣工。年内完成投资8058万元，开工累计完成投资19904万元，占合同投资的75.5%。（2）建华站及12、13号盾构标段工程包括建华站和建华站至彭埠站、湖滨站至龙翔桥站、龙翔桥站至凤起路站区间及七堡车辆段西出入线。合同投资25178万元，合同工期2007年8月～2009年11月。年内完成投资7384万元，开工累计完成投资22372万元，占合同投资的88.9%。

南水北调穿黄工程Ⅱ－B标段工程　位于河南省郑州市黄河上游约30公里处，长19.3公里，合同投资30748万元，合同工期2008年8月～2011年1月。年内完成投资6479万元。（刘承宝）

【经营管理】　工程经营。2010年承揽工程175项，新签合同额462亿元，占股份公司下达计划300亿元的154%。工程经营工作中，积极发展新的创效板块，逐步实施经营结构、资产结构、产业结构的调整。一是优势行业领域得到发展，依靠在地铁行业的技术、人才、设备和份额优势，提出巩固发展城市轨道交通施工项目的战略思路，加强市场跟踪，增大投入，新购盾构设备4台，全年承揽地铁工程38.8亿元，完成产值31.9亿元。二是房地产项目整体推进，在建的琼海京博雅居、定安怡陶园、顺昌天天花园、呼和浩特东方君座、北京朱雀门等项目进展顺利，全年完成房地产销售收入21843万元，实现毛利润4335万元；内部房地产开发全面启动，机关老基地和唐山职工住宅建设接近尾声。三是铁路运营管理业务稳步扩大，除神朔、包神、沙蔚线和布尔台站运营项目外，还新进入宁夏宁东铁路运输市场，并与陕铁集团合作榆横铁路的运营管理，现有铁路机车30台，全年实现运营收入17943万元。四是铁路承揽份额持续稳固，年内承揽铁路项目42项，投资274.8亿元，占新签合同额的59.4%。

项目管控。集团公司加大施工项目的协调保障力度，强化项目部资源配置，适时提供技术及资金支持。全年为工程项目调剂资金3.5亿元，购置设备5亿元，充分保证施工项目有序推进。重难点工程进展顺利，年内28项重难点工程除关角隧道外均实现业主工期进度要求。其中，京沪高速铁路提前完成无砟轨道板施工和长钢轨铺设，12月3日顺利完成先导段联调联试，并在当日创下时速486.1公里的试运行世界纪录；贵广铁路27座隧道贯通25座，5000米以下隧道全部贯通，2010年总体进度以6个第一继续在全线保持领先；石武铁路客运专线于12月20日完成无砟轨道铺设，实现工期目标；宜万铁路16标段于7月13日完成野三关隧道Ⅰ线整体道床施工，提前7天完成业主确定的工期目标，为全线年内开通赢得了时间；贵昆铁路六沾2标段全部完工，11月20日铺轨顺利通过管区，12月15日实现客运、货运同步开通；南水北调穿黄盾构施工于4月8日成功穿越黄河过河段，9月27日顺利贯通邙山段，提前实现全线贯通；青岛胶州湾海底隧道于12月28日完成主隧道衬砌施工，为2011年5月1日通车打下坚实的基础；沙特麦加轻轨铁路增援工程通过决战苦战，确保了11月13日的全线顺利开通运营，参建的两座车站被沙特城乡事务部、BRA 国际认证机构评为样板工程，并在铁道部信誉评价综合检查评比中多次获得第一名，被铁道部授予火车头奖章。集团公司全年完成企业总产值 272 亿元，占股份公司下达计划 220 亿元的 123.6%；占集团公司年初计划 259 亿元的 104.8%，比 2009 年增长了 25.3%。

安全质量。集团公司认真落实安全终端责任制、逐级交底签字负责制和问题整改落实责任制，坚持危险源动态管理制度，并加大安全教育培训力度，夯实安全生产基础。积极开展安全工作“大检查、大排查、大整改”活动，排查和整改施工安全隐患 22576 项。进一步加强危爆物品管理，强化关键环节和重要工序的卡控措施。按照“四不放过”原则，严格责任追究，对有关问题、事故的责任人及时进行严肃处理，确保在建项目的施工安全，年内未发生较大以上责任事故。集团公司被股份公司评为安全生产达标单位。质量管理工作坚持高起点、高标准、严要求，在各项目部扎实开展技术创新和工艺革新活动，针对工程项目实际开展工法研究，全面推行标准化作业、规范化施工。严格旁站监控和过程控制，认真落实创优规划，坚持内在质量与外观质量同重视、主体工程和附属工程同标准以及隐蔽工程实名制管理，工程质量总体水平明显提升，培育和创出了一批精品工程。集团公司参建的海满铁路被评为国家优质工程，青藏铁路被中国建筑业协会评为新中国成立 60 周年百项经典暨精品工程，承建的海南三亚半山半岛房建项目通过海南省绿岛杯优质结构工程评审，内蒙古东方君座项目通过呼和浩特市青山杯优质结构工程评审，银川建发现代城工程获国家 AAA 级安全质量标准化诚信工地称号。年内有 3 个 QC 小组获全国工程建设优秀 QC 小组奖，2 个 QC 小组获北京市优秀质量管理小组奖，2 个 QC 小组获铁道部优秀质量管理小组奖。

管理创新。工程施工管理以推行标准化管理为主线，深入开展标准化管理年活动。5 月在兰渝铁路项目部召开现场推进会，推动施工项目全面实施标准化管理。集团公司制定下发《工程项目标准化管理手册》，各项目部根据工程施工情况编制符合实际的标准化管理手册或体系，并得到很好实施。各地铁项目部的标准化管理效果尤其明显，从项目部建设、制度建设、现场管理、施工组织等做到流程复制，“标准成为习惯、习惯符合标准、结果达到标准”正在成为现实。经济管理以落实责任成本管理为主线，在强力落实《责任成本管理办法》的基础上，从“三次经营”的流程上进行投标风险控制、项目经理选聘、施组编制、上场评审、方案优化、合同管理、验工计价拨款、设备物资管理、劳务队伍管理、变更索赔、非生产性开支控制、经济活动分析、考核验收、竣工清算决算 14 个环节的细化控制，成本控制责任落实到每一个人。积极开发责任成本管理软件，实施网络管理，整体责任成本管理水平有较大提高，集团公司被股份公司评为变更索赔和责任成本管理先进单位。施工队伍建设以狠抓专业工程队建设为主线，集团公司已建立各类专业工程队、架子队 283 个，并建立专业队、架子队资源信息库，实行动态管理。

经济财务。集团公司坚持走内涵式发展道路，以“增收节支”为方向，以抓好“三次经营”、联合创效为手段，抓好责任成本管理工作。坚持定期召开经济活动分析会，查找问题，制定措施，确保过程受控扎实有效。通过加强内部审计、成本归集和“小金库”清理活动，进一步规范内部管理。全年利用政策优惠减免所得税 1568 万元，实施研发费用管理归集制度，减轻企业负担。强化变更索赔工作，年内实现变更索赔批复计价额 36.8 亿元。全年清理外欠款 5 亿元以上，通过法律手段确认债权 9220 万元、收回债权 3500 余万元。

队伍建设。集团公司各级领导班子整体状态良好，职工队伍更加稳定，路外信用评价硕果累累。集团公司年内获得全国重质量守信用企业、中国自主创新 100 强企业、全国企业自主创新组织管理奖、全国交通企业信用建设先进单位、2010 年北京名优企业和股份公司大规模铁路经营先进单位、责任成本暨经营创效工作先进单位等荣誉，被评为重庆市“二环八射”高速公路建设先进集体。

（刘承宝）

【科技工作】 2010 年，集团公司建立健全科技研发管理机构，形成子公司、分支机构、局属项目部 70 余家科技研发管理队伍，以客运专线、高速公路、城市地铁、长大铁路隧道和深水大跨新型结构桥梁等施工技术为重点，开展自主创新和自主研发，推广“四新”技术研究。全年开发新技术 26 项、工法 28 项、专利 25 项，推广应用新技术 45 项。铁道部资助科研项目“客运专线箱梁制造、架设综合施工技术研究”通过结题验收，集团公司技术中心通过年度审核。

科技资助。集团公司资助“跨江特大桥综合施工技术研究”、“跨电气化铁路框架桥分段拆除施工技术”、“高瓦斯、含油气段隧道施工技术”、“高温风沙地区客运专线路基施工技术”等 16 项新技术开发项目，资助金额 350 万元；“大断面小净距扩建公路隧道综合施工技术”和“复杂环境下超长距离大口径三维曲线顶管施工技术研究”项目各获股份公司资助 25 万元。

科技成果。2010 年，集团公司开发的“西气东输工程技术及应用”成果获国家科技进步一等奖，“高速铁路 900 吨简支箱梁建造成套技术与装备”成果获国家科学技术二等奖;“岩溶隧道防突水突泥地质灾害综合施工技术”成果获中国岩石力学与工程学会科学技术二等奖;“铁路隧道病害整治工程综合技术研究”成果获甘肃省科学技术进步三等奖;兰武二线乌鞘岭特长隧道工程被中国土木工程学会评为百年百项杰出工程。8项科技成果获股份公司科学技术奖。其中,一等奖2项;二等奖3;三等奖3项。7项科技成果通过股份公司评审。其中,国际领先水平1项;国际先进水平3项;国内领先1项。开发的“高原高寒草原地区公路铁路植被防护及恢复施工工法”、“吹沙填筑深层软土路基施工工法”被评为中国公路工程工法。北京工程公司研发的“炮孔封孔塞”、四公司研发的“挖掘机钢刀”、集团公司京沪高速铁路项目部研发的“密贴加筋钢板”3项专利获得国家知识产权局实用新型专利授权。（胡珂珲）

【党群工作】 党的工作。2010年,集团公司各级党组织坚持以科学发展观为指导,发挥政治优势,紧密服务中心,建班子、带队伍、强管理、练内功,深入开展“标准化管理年”活动,大力加强以项目管理为中心的企业全面管理工作,求真务实,真抓实干,为企业实现安全发展、稳健发展、和谐发展提供了坚强保证。一是“四好领导班子”建设进一步深化。坚持把班子建设作为企业发展的龙头工程,深化“四好领导班子”创建活动,注重班子成员思想理论素质的提升,坚持中心组学习制度,打造学习型领导班子,治企能力和水平不断提升;注重班子整体功能的发挥,把维护团结作为班子建设的关键,通过集体谈话、个别交心、召开民主生活会等方式,不断营造“互相补台,好戏连台;互相拆台,一起垮台”的氛围,强化各级班子团结共事意识;注重激发班子成员干事创业激情,在各级班子中广泛开展“争第一,做表率,创佳绩”竞赛活动,使各级班子对企业核心理念的认同更加坚定,坚持科学发展的主题更加突出,以标准化建设为抓手的工作主线更加清晰,以信誉、效益论英雄的发展导向和评判标准更加明确;注重班子结构优化,适时考核选拔11名德才兼备的干部进班子。五公司、北京工程公司党委分别被股份公司党委和国资委党委评为先进基层党委,有12个单位被集团公司评为2010年度“四好领导班子”。二是“创先争优”活动卓有成效。集团公司党委认真组织开展“创先争优”活动,及时成立活动领导小组,研究制定活动实施方案,建立领导干部联系点制度,加强对活动过程的督促检查,并拍摄《高举党旗争先锋》专题片巡回播放。各单位严格按“五好”、“五带头”标准和“公开承诺、领导点评、群众评议、评选表彰”程序开展创争活动,并结合实际创新活动载体,丰富活动内容,不断将创争活动引向深入。京沪高速铁路项目部和北京工程指挥部在代表集团公司接受检查中受到股份公司党委的高度评价,郭品云副书记作为高速铁路建设代表获评“感动山东十大新闻人物”。北京工程公司沙特援建项目部以实际行动诠释了“勇争第一”的精神,为集团公司争得了荣誉。4人被北京市国资委党委评为群众心目中的好党员。三是项目党组织建设进一步加强。以贯彻股份公司项目党建会议精神为契机,认真筹备召开集团公司党的建设工作会议。出台《集团公司项目党组织工作实施细则》和《项目党建工作考核评价暂行办法》,为推进企业法人管项目提供组织和制度保障。四是专题教育更加扎实有效。围绕年度生产经营目标和重点工作,集团公司党委组织开展“学习践行核心价值观,开拓创新奋勇争第一”主题专题教育活动,选树12个“争第一”优秀项目制作专题片,组织职工观看学习,收到良好反响。制作精细管理、科技攻关、项目文化和兰渝隧道标准化管理系列专题片,增强企业思想政治工作的吸引力和感染力,该做法获北京市思想政治工作创新奖,并在股份公司宣传思想工作会议上作典型交流。五是项目文化建设成果丰硕。路桥工程公司被评为股份公司企业文化建设先进单位,沪昆铁路客运专线江西段、五公司曹妃甸跨海大桥、轨道工程公司郑州地铁3个项目部被评为股份公司企业文化建设优秀项目部。

纪检监察工作。2010年,各级纪检监察组织坚持改革创新,服务发展大局,以惩防体系建设为主线,突出教育、制度、监督、惩处四个重点,党风建设和反腐倡廉工作取得新成效。一是突出制度强化根本,源头反腐防腐进一步深化。年内修订出台《中铁十六局集团公司管理人员违纪违规行为处分规定》《中铁十六局集团公司党风廉政建设责任制实施办法》《工程项目部纪检监察工作规定》《工程项目部开展企检共建工作的规定》,下发《效能监察工作标准》和《关于2010年深入推进廉政风险防范管理工作的意见》;认真落实党风廉政建设责任制,42个单位层层签订2010年党风廉政建设责任书;广泛开展领导和管理人员述职述廉及群众评绩评廉活动,有1701名领导及管理人员公开述职述廉,3556名职工代表参加对述职述廉人员的无记名测评,实施廉政谈话63人、建议免职2人,邀请地方检察院领导作预防职务犯罪讲座54场次。二是强化指标管理,办案工作力度进一步加大。持续增强查办案件的威慑效应,着力解决面对腐败“不敢为”的问题,在年初下达各单位查办案件指标的基础上,整合办案力量,加大线索排查和初核力度,加强督导会审,集中力量快查快结,警示效果明显。全年受理案件线索43件,立案30件,结案30件;处分63人,其中处级干部12人;直接挽回经济损失49.87万元,避免经济损失78万元。三是统筹兼顾整体推进,效能监察效果进一步提升。把效能监察作为融入生产经营的关键渠道,尽力解决面对腐败"不便为"的问题。严格效能监察标准,健全效能监察立项、检查、总结、报告的具体制度,保证效能监察工作的规范有序;开展工程建设突出问题专项治理、亏损项目整治效能监察、"小金库"治理等工作,统筹安排,严密组织,协调推进;全力推进"三项招标"制度落实,两级纪委直接参与"三项招标"现场监督106场次。集团公司检查149个在建项目,严肃纠正少数工程项目后期忽视"三项招标"工作的做法。四是持续强化履职能力,纪检监察队伍建设进一步加强。在所有建立党工委的项目部同步组建纪工委,二级单位全部设立纪检监察组织,现有专职纪检监察人员63名,兼职人员31名。集团公司坚持对二级单位纪检监察组织实行半年工作指标落实检查和年度绩效考评,促进纪检监察工作效率与水平的持续提高。

工会工作。2010年,集团公司各级工会组织紧紧围绕生产经营中心,扎实开展工作,为促进企业稳健持续发展发挥积极作用。一是广泛开展"五比五创"、"安康杯"、"创高产、保平安、效益好"劳动竞赛和铁路客运专线专项竞赛等活动,集团公司京沪高速铁路、贵广铁路项目部被股份公司评为竞赛优胜单位。年内,1人获全国劳动模范称号,5人获北京市劳动模范称号,5人被评为股份公司劳动模范;1个单位被评为北京市模范集体,2个单位被评为股份公司模范集体;65人被评为集团公司劳动模范,67人被评为集团公司先进工作者,100名农民工被评为优秀务工人员。铁运公司获全国"安康杯"竞赛优胜企业称号,电务公司连续10年未发生等级事故、连续4年被北京市授予"安康杯"竞赛活动优胜单位,北京工程公司在股份公司组织的"五比五创"劳动竞赛中连续7次赢得第一。二是积极发挥维护职能,员工待遇得到改善。所属单位集体合同主要指标纳入各级领导经营责任范围,集体合同落实取得新进展,集团公司被北京市评为和谐劳动关系先进企业。送温暖和"三不让"承诺工作取得新成果,全年筹集送温暖、"三不让"资金1269万元,慰问救助生活困难职工3235户(次),发放送温暖、"三不让"资金752万元;"金秋助学"活动救助职工子女上学395人,发放资金139万元。推行在职职工住院医疗互助保险,实施企业年金计划。三是强化项目文化建设,建家建线工作再上新台阶。集团公司以"经济保障好、民主参与好、劳动保护好、吃住条件好、文化氛围好、卫生保健好"为目标,在加强内部职工之家建设的同时,积极开展"民工之家"建设,改善民工生活条件。在施工现场实行"项目住宿公寓化、职工食堂餐馆化、营区建设园林化、文体设施小区化、工地文化广场化"管理,一线职工的生产生活质量明显提高。年内创建省部级模范职工之家1个,集团公司模范职工之家26个,子公司模范职工之家87个。二公司开发区分公司工会获全国模范职工小家称号,集团公司工会获全国模范职工之家、北京市规范化建设先进单位称号。四是开展特色活动,充分发挥女职工作用。集团公司组织开展支援一线、"送安全、保安全、安全工作你我他"竞赛和安全到一线、为一线职工"寄心语"、"庆百年三八,展巾帼风采"报告会等活动。年内表彰三八红旗集体、先进女职工组织18个,三八红旗手、先进女职工工作者35名,"五好"文明家庭标兵、女职工之友29名;1名女职工获得北京市三八红旗奖章、1个单位被评为北京市三八红旗集体。五是加强工会自身建设,工作效能不断提升。集团公司所属11个子公司、13个分支机构、120余个项目部均建立工会组织,专兼职工会干部160余名,工会会员18183人,建会率、入会率100%。各单位认真落实职代会职权,职代会建制率98%、召开率100%;持续推进企务公开深入发展,企务公开建制率98%,2个单位被评为股份公司民主管理先进单位。

共青团工作。集团公司全面实行青工委与团工委一个机构两块牌子的工作机制,加大团组织班子建设和团干部作风建设力度,不断提升基层专兼职团干部的工作能力,年内评选表彰集团公司第二届优秀基层团干部17名。认真开展北京市青年人才数据库系统信息采集工作,集团公司404名优秀青年人才入库。制作的《绩效考核强基础,全面覆盖创佳绩》专题片获中央企业共青团工作短片大赛一等奖。组织开展"弘扬争第一精神、勇创一流工作业绩"专题教育和"学雷锋,做文明有礼好员工"活动,有效地激发了青年员工的工作热情。组织"百元奖励、万元牵挂"关爱农民工子女活动,220名农民工子女获得学习奖励。集团公司启动青年安全生产活动倡议书签名、宣誓活动,170余个项目4000多名团员青年参加。组织200多支"青年突击队"参加北京市竞赛活动,集团公司13支"青年突击队"被评为北京市优秀"青年突击队"。

(刘承宝　陈晓林　曹　春)

【第一工程有限公司】 公路、市政公用工程施工总承包一级,房屋建筑、铁路工程施工总承包二级,土石方、桥梁、隧道、公路路基、水工隧洞工程专业承包一级资质企业。公司机关驻北京市顺义区府前东街15号。董事长周灿华,党委书记王恒平,总经理孙胜臣。下辖12个分公司。职工2098人。其中,干部1043人;工人1055人。技术干部1010人,占干部总数的96.8%;获得国家职业资格证书的技术工人750人，占工人总数的71.1%。资产总额282468.17万元。其中，固定资产原值80515.19万元、净值49801.56万元；流动资产229829.41万元。机械运输设备767台（套），原值56115.59万元、净值49598.46万元，总功率233291千瓦，动力装备率111.2千瓦/人。

2010年承揽工程任务200700万元，完成企业总产值285151万元，实现利润1555.39万元。完成主要实物工程量：土石方1606万立方米，桥梁18835.71延长米，隧道4582延长米。公司先后获得北京市优秀管理企业、北京市资信一级企业、首都精神文明单位、北京市及全国"安康杯"竞赛优胜单位、首都劳动奖章等荣誉。32项工程被评为国家或省部级优质工程。其中，中国土木工程詹天佑奖1项；中国建设工程鲁班奖4项；国家优质工程银质奖2项；长城杯工程银质奖1项；火车头优质工程奖3项。53项科技成果获集团公司、股份公司及省部级科技进步奖，获国家工法2项、公路工程部级工法3项、股份公司工法5项。公司通过质量、环境、职业健康安全管理体系认证。（郭　芹）

【第二工程有限公司】 市政公用、房屋建筑、公路、铁路工程施工总承包一级，桥梁、隧道、土石方、公路路基、钢结构工程专业承包一级资质企业。公司机关驻天津市河东区万新村三区。董事长任海顺，党委书记马金彪，总经理郭瑞。公司下辖9个分公司、6个直属单位和秦皇岛办事处、沧州办事处。职工2896人。其中，干部1420人；工人1476人。技术干部1358人，占干部总数的95%；技术工人1293人，占工人总数的88%。资产总额257849万元。其中，固定资产原值22233万元；流动资产231472万元；其他资产49万元。机械运输设备391台（套），原值17378万元、净值12160万元，总功率39236.4千瓦，技术装备率6千瓦/人，动力装备率13.55千瓦/人。

2010年承揽工程任务618600万元，完成企业施工总产值351649万元，实现利润3931万元。净资产收益率21.91%，产值利润率2%，资产负债率92%，国有资产保值增值率125%。职工年人均收入43985元。完成主要实物工程量：土石方949万立方米，桥梁13537延长米，隧道10449延长米，涵洞3906横延米，房屋建筑89740平方米。年内获天津市优质工程海河杯奖2项，国家科学技术进步二等奖1项。公司被评为天津市用户满意企业。

公司先后有43项工程获国家、省部级优质工程和科技进步奖。其中，中国建设工程鲁班奖4项；国家优质工程银质奖3项；中国土木工程詹天佑奖3项；国家科技进步二等奖1项；全国十大建设科技成就奖1项。1项工程创中国企业新纪录。公司先后获全国优秀施工企业、全国设备管理优秀单位、全国守合同重信用企业、天津市先进施工企业、天津市守合同重信用企业等称号，多次被股份公司评为先进党组织标兵、"四好领导班子"。（李清芳）

【第三工程有限公司】 公路、市政公用工程施工总承包一级资质企业。公司机关驻浙江省湖州市湖东路288号。董事长郝孟广，党委书记古春生，总经理王勤荣。下辖7个工程分公司和1个物业分公司。职工1918人。其中，干部918人；工人1000人。专业技术干部892人，占干部总数的97.2%；技术工人918人，占工人总数的91.8%。资产总额161200万元。其中，固定资产21700万元；流动资产137100万元。机械运输设备576台（套），原值12093万元、净值8965万元，总功率39236千瓦，动力装备率20.45千瓦/人，技术装备率6.3万元/人。

2010年承揽工程任务181400万元，完成企业施工总产值301017万元，实现利润1308万元。国有资产保值增值率134.8%，净资产收益率9.95%，资产负债率86.22%。单位工程合格率100%，优良率100%。年内，公司台缙公路项目部被评为浙江省高速公路建设工程标准化工地建设优秀项目部。公司获浙江省劳动关系和谐企业、湖州市"安康杯"竞赛优胜企业称号。（邢咏萍）

【第四工程有限公司】 房屋建筑、公路、市政公用工程施工总承包一级，铁路工程施工总承包二级，桥梁、隧道、建筑装饰装修、公路路基、刚结构工程专业承包一级资质企业。公司机关驻北京市怀柔区迎宾中路2号。董事长胡振潮，党委书记刁常海，总经理向大强。下辖物资租赁中心、机械设备运输管理中心、物业管理中心、铁鑫水泥制品厂。职工2551人。其中，干部1352人；工人1199人。专业技术干部1103人，占干部总数的93.55%；技术工人1199人，占工人总数的100%。资产总额188900万元。其中，固定资产20400万元；流动资产164800万元；长期股权投资214.6万元。机械运输设备280台（套），净值9870万元，总功率44804千瓦，动力装备率17.5千瓦/人，技术装备率3.87万元/人。

2010年承揽工程任务274800万元，完成企业施工总产值338900万元，实现利润2875万元。完成主要实物工程量：土石方756万立方米，桥梁21194延长米，隧道18921延长米，涵洞3303横延米，高速公路13.6公里，房屋建筑33404平方米。公司承建的昆明市主城二环路快速系统金星立交桥、菊华立交桥改扩建工程获全国建设工程优秀项目管理成果一等奖。公司被评为北京市怀柔区经济贡献百佳企业。

（蔡友兰）

【**第五工程有限公司**】 铁路、公路、市政公用、水利水电工程施工总承包一级，房屋建筑工程施工总承包二级，桥梁、隧道、公路路基、铁路铺轨架梁工程专业承包一级资质企业。公司机关驻河北省唐山市丰润区光华道2号。董事长潘登华，党委书记樊志高，总经理李成杰。下辖通信信号公司、物业管理中心、医院及10个工程队。职工2672人。其中，干部1674人；工人998人。技术干部1627人，占干部总数的97.2%；技术工人724人，占工人总数的72.5%。资产总额211538万元。其中，固定资产原值45065万元、净值24822万元；流动资产186414万元；其他资产301万元。机械动力设备345台（套），原值35012万元、净值21663万元，总功率55389千瓦，动力装备率20千瓦/人，技术装备率7.8万元/人。综合机械化施工程度97%以上。

2010年承揽工程任务663241万元，完成企业施工总产值330836万元，实现利润5268万元。人均创利1.9万元，职工年人均收入48600元。国有资产增值保值率121.69%，净资产收益率19.58%，产值利润率1.88%，资产负债率89.62%，应上缴款完成率100%。完成主要实物工程量：土石方722.8万立方米，桥梁18779延长米，隧道29150延长米，涵洞2743横延米，铺轨19.4公里。单位工程合格率100%。年内，公司参建的海满铁路获国家优质工程银质奖。公司获全国安全生产优秀施工企业、全国重质量守信誉诚信单位、唐山市守合同重信用企业称号，公司党委被评为股份公司先进集体、国务院国资委先进基层党组织。

（冯　爽）

【**北京轨道交通工程建设有限公司**】 市政公用工程施工总承包一级，房屋建筑工程施工总承包二级，隧道、地基与基础工程、起重设备安装工程专业承包一级，建筑防水工程专业承包二级，城市轨道交通工程专业承包资质企业。公司机关驻北京市通州区新华西街26号。董事长张化海，党委书记黄建光，总经理赵巨川。下辖机械厂。职工1263人。其中，干部1003人；工人260人。资产总额161100万元，其中固定资产原值37500万元、净值17700万元。机械设备295台（套），总功率49541千瓦，技术装备率68.57万元/人，动力装备率39.95千瓦/人。

2010年承揽工程任务278500万元，完成企业总产值260946万元。其中，施工产值255238万元；机加工产值5708万元。实现利润3326万元，人均创利26334元。国有资产保值增值率146.82%，净资产收益率37.94%，产值利润率1.89%，资产负债率93.53%，投资收益上缴率100%，应上缴款完成率100%。完成主要实物工程量：土石方145.87万立方米，隧道444延长米，地铁隧洞16268延长米，房屋建筑19934平方米。年内，4项工程获省部级优质工程奖，9项QC成果分别获得全国或省部级优秀质量管理小组成果奖。公司获首都文明单位、北京市优秀建筑企业、北京市企业文化建设标杆单位、全国"安康杯"竞赛优胜单位、"鸟巢杯"2010中国建筑业优秀百强单位称号。公司先后获中国建设工程鲁班奖2项、国家科技进步奖2项，创6项中国企业新纪录。（王艳文）

【**铁运工程有限公司**】 集铁路运输、工程施工、铺架为一体的铁路工程施工总承包二级资质企业。公司机关驻河北省高碑店市兴华北路75号。董事长葛传国，党委书记赵雨章，总经理李照中。下辖5个专业段、2个铁路运营指挥部、3个工程分公司、3个基地物业管理公司。职工1922人。其中，干部554人；工人1368人。专业技术干部366人，技术工人343人。资产总额50893万元。其中，固定资产9471万元；流动资产39924万元。主要机械运输设备140台（套），其中铁路机车24台。总功率107400千瓦，技术装备率9.68万元/人，动力装备率55.88千瓦/人。

2010年承揽任务62323万元，完成企业总产值133593万元。其中，施工产值117162万元；运输产值16431万元。实现利润1818万元。神朔铁路电力机车全年完成重车牵引3898列，运送货物量1610万吨，完成货物周转量238847.91万吨公里，总走行1440077公里，机车运用率93.74%，实现连续安全生产3622天；包神铁路内燃机车全年完成货物总重76252.2万吨公里，总走行356694公里，机车运用率65.4%，实现连续安全生产3228天；沙蔚铁路完成货物周转量62654.7万吨公里，总走行1039395公里，实现连续安全生产2913天。截至2010年5月8日，公司实现连续安全生产26周年。

（康庆双）

【**路桥工程有限公司**】 市政公用工程总承包一级，公路路面工程专业承包一级，桥梁、隧道工程施工专业承包二级资质企业。公司机关驻北京市密云县新北路29号。董事长焦森华，党委书记成和鹏，总经理付常新。职工1011人。其中，干部659人；工人425人。技术干部489人，占干部总数的74.2%；技术工人318人，占工人总数的74.8%。资产总额89129万元。其中，固定资产原值17119万元、净值9558万元；流动资产79080万元。主要机械运输设备65台(套),原值9812万元、净值3589万元,总功率10399千瓦,动力装备率9.45千瓦/人,技术装备率3.26万元/人。

2010年承揽工程任务444900万元,完成企业总产值168080万元,实现利润2047万元。产值利润率1.65%,国有资产保值增值率132.94%,资产负债率91%。完成主要实物工程量:土石方478.9万立方米,隧道2818延长米,桥梁14976延长米,涵洞980横延米。年内,公司获集团公司创建和谐劳动关系模范企业、"四好领导班子"和股份公司企业文化建设先进单位称号,连续3年被评为首都文明单位、北京市"安康杯"竞赛优胜单位。(崔凤英　康国芳)

【电务工程有限公司】 铁路电务、建筑智能化、机电设备安装、铁路电气化工程专业承包一级资质企业。公司机关驻北京市朝阳区金盏乡皮村北巷甲2号。董事长王志林,党委书记周瑾,总经理陈义明。下辖4个分公司和通信服务中心。职工475人。其中,干部262人;工人213人。专业技术干部212人,占干部总数的80.9%;技术工人及技师135人,占工人总数的63.3%。资产总额36260万元。其中,固定资产原值1043万元、净值340万元;流动资产35406万元。

2010年承揽工程任务60969万元,完成企业总产值50440万元,其中施工产值50220万元。实现利润918万元。单位工程合格率100%。国有资产保值增值率131.28%,净资产收益率13.96%,产值利润率2.41%,资产负债率82.55%,成本费用占主营业务收入比重97.59%。年内,公司获得全国优秀施工企业、北京市首都劳动奖状荣誉,公司领导班子被集团公司评为"四好领导班子"。公司先后获中国建设工程鲁班奖2项、省部级优质工程奖6项、股份公司优质工程奖9项。(冯　璐)

【北京工程有限公司】 房屋建筑、市政公用工程施工总承包一级,机电安装工程施工总承包二级,钢结构、建筑装修装饰工程专业承包一级,机场场道、桥梁工程专业承包二级,土石方工程专业承包三级资质企业。公司机关驻北京市朝阳区红松园北里2号。董事长孔令键,党委书记王振喜,总经理张晓峰。下辖7个专业分公司及地产投资开发工程有限公司、建筑工程设计有限公司、北建精业建筑工程有限公司。职工728人。其中,干部650人;工人78人。专业技术干部402人,占干部总数的62%;技术工人46人,占工人总数的59%。资产总额74720万元。其中,固定资产原值3025.9万元、净值1657.16万元;流动资产73063万元。机械运输设备110台(套),原值2625.7万元、净值1964.5万元,总功率2736千瓦,动力装备率3.76千瓦/人,技术装备率2.7万元/人,综合机械化施工程度86.8%。

2010年承揽工程任务201383万元,完成企业总产值163399万元,施工产值155282万元,实现利润2499万元。完成主要实物工程量:土石方251万立方米,隧道3246延长米,涵洞335横延米,房屋建筑570308平方米。国有资产保值增值率137.19%,净资产收益率16.28%,资产负债率83%,应上缴款完成率100%。年内,4个项目部被评为全国优秀项目经理部,1项QC成果获北京市优秀QC成果奖,公司承建的银川建发现代城工程被评为全国AAA级安全文明标准化诚信工地,海南三亚半山半岛工程被评为海南三亚市建筑施工安全文明工地和海南三亚市文明卫生施工工地,公司连续两年获全国重质量守信用企业称号,公司领导班子连续4年被集团公司评为"四好领导班子"。(贾鸣慧)

【重要记载】

▲1月14日　福建省省委书记孙春兰在南平市市委书记雷春美、市长龚清概等陪同下,慰问集团公司宁武高速公路南平段武夷山机场快速通道WA1合同段项目部员工,勉励现场员工保质保量完成工程任务,为完善闽北的交通设施作出贡献。

▲1月18日　股份公司决定:任命孔令键、杨哲峰、黄昌富为中铁十六局集团有限公司副总经理,张夕和为中铁十六局集团有限公司总会计师人选。

▲2月13日　中共中央政治局委员、天津市市委书记张高丽在集团公司党委书记侯向东陪同下,视察天津站交通枢纽工程第2标段建设工地,并代表市委、市人大、市政府、市政协慰问节日期间坚守一线施工的职工,并在现场与大家合影留念。

▲3月10日　福建省副省长、福州市市长苏增添在福州市副市长徐铁骏、福清市市长陈伙金陪同下,检查集团公司参建的福泉高速公路福州段扩建工程F16标段施工情况,并在渔溪互通立交桥拌合站召开专题协调会,解决施工中存在的问题。

▲3月28日　太原至阳泉高速公路举行开工仪式,山西省省长王君宣布工程开工。四公司承建平定至阳曲段LJ22标段工程,标段长306公里,合同投资4.64亿元。

▲4月18日　集团公司董事长覃正标参加南昌铁路局组织的沪昆铁路客运专线江西段授标签字仪式。19日,覃正标组织召开集团公司沪昆铁路客运专线江西段施工动员会,要求项目部时刻把"争第一"作为奋斗目标,高标准搞好项目建设与管理。

▲4月26日　福厦铁路正式开通运营。东南沿海铁路福建公司致信集团公司，对所承建的工程项目顺利实现建设目标、确保开通运营表示感谢。集团公司福厦铁路项目于2006年4月开工，2009年10月18日铺通，2009年12月31日开通货车试运营，2010年4月26日开行动车组，比设计工期提前了6个月。

▲4月28日　青岛胶州湾交通有限公司举行青岛胶州湾海底隧道贯通庆祝仪式。集团公司董事长覃正标、副总经理刘安金受邀参加庆典活动。

▲5月13日　铁道部副部长卢春房在集团公司董事长覃正标陪同下，视察关角隧道建设情况，深入到4号斜井掌子面了解水文地质情况，察看应急设备，观看逃生警报系统演示。

▲5月16日　股份公司党委副书记霍金贵率安全生产检查组到集团公司石武铁路客运专线项目部检查指导工作。

▲5月21日　集团公司团委组织170多个项目的4000余名团员青年开展青年安全生产倡议书签名、宣誓仪式，全面启动2010年青年安全生产活动。

▲5月23日2时10分　由上海开往桂林的K859次列车在沪昆铁路江西省境内余江至东乡间K699+700米处因山体滑坡掩埋线路发生脱线事故。集团公司沪昆铁路客运专线江西段项目部4时45分接到抢险救援命令后，迅速组织起300余人、15台挖掘机、装载机组成的救援队伍，于7时12分前全部到达150公里之外的事故现场，并立即投入移除脱轨机车及车厢、清理被掩埋线路、搬运铺设枕木等抢险救援工作，受到铁道部、南昌铁路局等领导的表扬。

▲5月25日　由集团公司副总经理兼北京工程公司董事长孔令健带队、北京工程公司首批125名员工组成的攻坚队伍飞赴沙特，驰援麦加轻轨铁路建设项目。

▲5月　集团公司工会获全国模范职工之家称号。

▲6月13日　铁道部副部长卢春房、京沪高速铁路公司董事长蔡庆华等在集团公司党委副书记、京沪高速铁路项目部经理郭品云陪同下，到集团公司承建的枣庄西站道岔铺设工地检查工作。

▲6月27日~29日　轨道公司承建的深圳地铁4号线上梅林站、深圳地铁龙岗线西延段3152标段少年宫站被授予2009年度全国AAA级安全文明标准化诚信工地称号。

▲7月7日　集团公司举办《国有企业领导人员廉洁从业若干规定》《集团公司管理人员违纪违规行为处分规定》《集团公司党风廉政建设责任制实施办法》知识竞赛，6支代表队参加决赛。

▲7月9日　铁道部副部长卢春房到集团公司哈齐铁路客运专线项目部检查工作，哈尔滨铁路局局长宋修德、党委书记韩江平，股份公司副总裁张宗言，集团公司党委书记侯向东等陪同检查。

▲8月18日　轨道公司承建的上海轨道交通2号线西延工程获上海市建设工程白玉兰杯奖（市优质工程）。

▲8月19日　国务院南水北调办公室主任鄂竟平到轨道公司承建的南水北调中线穿黄工地检查工作，集团公司总经理赵瑞亮、副总工程师兼穿黄项目部经理陈建军陪同检查。

▲8月20日　云南省省委书记白恩培、云南省省委秘书长杨应楠、昆明市市委书记仇和在集团公司云南工程指挥部指挥长汤世明陪同下，视察集团公司承建的昆明地铁广电大学站。

▲8月23日　中国目前铁路隧道直径最大的（12米）盾构机在天津西站至天津站地下直径线始发。集团公司总经理赵瑞亮出席始发仪式。

▲9月10日　在重庆市组织的“二环八射”重点公路建设先进集体、先进个人综合性评比中，集团公司获重庆高速公路建设先进集体称号。

▲10月　天津市人民政府下发〔2010〕106号文件，表彰2009年度为天津市经济社会发展作出重要贡献的优秀企业家，二公司董事长任海顺受到表彰。

▲11月9日　京沪高速铁路轨道检测车以160公里时速首次对枣（庄）蚌（埠）先导段进行线路检测，集团公司承建的42.67公里区段顺利通过检测，受到京沪高速铁路公司奖励。12月3日，国产“和谐号”CRH380A高速动车组在枣蚌先导段联调联试和综合试验成功进行，最高运行时速486.1公里。

▲12月17日　由全国总工会副主席、书记处书记张鸣起任组长的国务院安全生产委员会第10督察组到集团公司北京地铁6号线8标段车公庄站进行安全生产检查，对现场管理和安全生产情况表示满意。

（刘承宝）

中铁十七局集团有限公司

【简况】　中铁十七局集团有限公司系铁路工程施工总承包特级，公路、市政公用、水利水电、房屋建筑工程施工总承包一级，桥梁、隧道、机场场道、公路路基工程专业承包一级，城市轨道交通工程专业承包、地质灾害治理工程施工甲级资质企业。公司机关驻山西省太原市平阳路84号。前身系中国人民解放军铁道兵第七师,1984年1月1日集体转业并入铁道部,改编为铁道部第十七工程局;1999年12月改称中铁第十七工程局,2001年9月企业改制改称现名。下辖第一、二、三、四、五、六工程有限公司和建筑工程有限公司、电气化工程有限公司、上海轨道交通工程有限公司、铺架公司、物资有限公司、山西铧兴工程检测有限公司、物业管理中心、中心医院。在岗职工17766人(含临时职工3226人),非在岗职工3242人。资产总额1956210万元。其中,流动资产1635761万元;固定资产原值552830万元、净值276794万元。机械动力设备5552台(套),原值281603.93万元、净值179753.69万元,总功率494231千瓦,动力装备率28千瓦/人,技术装备率10万元/人,设备成新率64%。年施工能力300亿元以上。

2010年承揽工程88项,新签合同总额5155056万元。其中,铁路工程3817814万元;公路工程1064414万元;市政轨道工程154677万元;房屋建筑工程11446万元;水利水电工程8771万元;海外工程36119万元;其他工程61815万元。完成企业总产值3484462万元。其中,施工产值3372169万元;附营产值11293万元。实现利润53862万元。全员劳动生产率400739元/人年,在岗职工年人均收入46366元。国有资产保值增值率127.23%,产值利润率1.55%,净资产收益率26.94%,资产负债率90.53%,投资收益上缴率100%,应上缴款完成率100%。完成主要实物工程量:土石方11127万立方米,桥梁211664延长米,隧道95495延长米,涵洞38884横延米,公路118.64公里,房屋建筑49017平方米,通信线路751.32公里,供电线路839.95公里。工程合格率100%。年内获中国土木工程詹天佑奖1项,省部级优质工程奖11项;获中国铁建以上科技进步奖14项。其中,获国家级科技进步二等奖、中国施工企业管理协会科学技术创新成果一等奖、湖南省科技进步二等奖各1项;山西省科技进步三等奖2项;中国铁建科技成果7项。获省部级工法33项、股份公司优秀工法8项、企业级工法25项。顺利通过华厦中心质量、环境和职业健康安全管理体系认证年度审核。集团公司获中国施工企业技术创新先进企业、全国模范劳动关系和谐企业和太原市模范企业称号。

兵改工以来获中国建设工程鲁班奖12项、国家优质工程奖9项、省部级优质工程奖101项,中国土木工程詹天佑奖4项,国家科技进步(科技创新成果)奖7项,省部级科技进步(科技成果)奖26项,中国铁建科学技术奖121项。公司先后获全国先进建筑施工企业、全国工程建设质量管理先进企业、全国工程质量管理优秀企业、全国建筑安全生产先进单位、全国安全生产工作先进单位、全国质量效益型先进施工企业、全国五一劳动奖状、中国优秀企业形象单位、全国模范职工之家、全国企业文化建设工作先进单位、全国企业文化建设优秀单位、全国企业文化建设工作创新奖、“十五”全国建筑业技术创新企业、全国建筑业科技进步与技术创新先进企业、中国和谐社会建设最具责任感企业和创鲁班奖工程特别荣誉企业等荣誉,连续23年保持全国思想政治工作优秀企业称号,继续保持全国优秀施工企业、全国精神文明建设工作先进单位、全国守合同重信用企业和AAA级信用单位及山西省思想政治工作优秀企业、企业文化建设优秀企业、文明和谐单位标兵、A级纳税人、百家信用示范企业、优秀高新技术企业和自主创新示范企业称号。(孟庆财)

【领导人员】

董事会

董事长	瞿观鄞(8月免)
	段东明(8月任)
副董事长	段东明(8月免)
董事	瞿观鄞(8月免)
	段东明
	卢　朋(8月任)
	李忠信(8月免)
	孙中林
职工代表董事	宋占波

监事会

主席	李德琛
监事	李德琛
	王关平
	彭长林
职工代表监事	徐炳信
	张文田

经理层

总经理	段东明(8月免)
	卢　朋(8月任)
常务副总经理	梁　毅(8月任)
副总经理	孙中林
	吴万良
	韩贤文
	梁　毅(8月免)
	卢　朋(8月免)
	文　珂
	王月幸
	成志宏(12月任)
	杜水波(12月任)

	罗玉华(12 月任)
总工程师	杜嘉俊
总会计师	李忠信(8 月免)
	宋志宏(12 月任)
总法律顾问	李忠信
安全总监	王月幸

党群领导

党委书记	瞿观鄞(8 月免)
	段东明(8 月任)
党委副书记	段东明(8 月免)
	卢　朋(8 月任)
	宋占波
纪委书记	张学安
工会主席	宋占波

（李素敏　芦安全　孟庆财）

【工程项目指挥机构】 郑西铁路客运专线工程指挥部　驻陕西省西安市未央区阳光大道 2 号邮政大酒店。指挥长孙中林(集团公司副总经理兼),党工委书记王树国。

广深港铁路客运专线项目经理部　驻广东省东莞市虎门大宁社区西坊居民小组南园住宅区。项目经理蔚东绪,党工委书记杜树铭。

太中银铁路工程指挥部　驻陕西省子洲县兴庆路。指挥长兼党工委书记眭爱宏,党工委副书记蒋克荣。

海南东环铁路工程项目经理部　驻海南省海口市新大洲大道 519 号。项目经理郑余近,常务副经理王宏敏,党工委书记邵光堂。

包西铁路通道陕西段工程指挥部　驻陕西省子长县刘家沟粮库。指挥长阎文生,党工委书记张水平。

京沪高速铁路土建工程 1 标段项目经理部　驻河北省廊坊市广阳道西段 300 号。项目经理段东明(集团公司总经理兼),常务副经理梁毅(集团公司副总经理兼),党工委书记张凤鸣。

汉宜铁路项目经理部　驻湖北省荆州市荆堤路 85 号。项目经理伍丛佳,党工委书记王孟钧。

石武铁路客运专线河南段项目经理部　驻河南省信阳市羊山新区龙飞山办事处。项目经理卢朋(集团公司副总经理兼),常务副经理郝占胜,党工委书记刘晋太。

厦深铁路广东段工程指挥部　驻广东省陆丰市东海镇东环大道。指挥长李春道,党工委书记李德禄。

津秦铁路客运专线项目经理部　驻河北省唐山市路北区西山道 270 号。项目经理吴建荣,党工委书记周化斌。

准朔铁路 ZSXS－1 标段工程指挥部　驻山西省朔州市地税局福园小区 17 号楼。指挥长、党工委书记鲁建生,常务副指挥长李晋魁。

南广铁路 NGZQ－3 标段项目经理部　驻广西壮族自治区贵港市覃塘区覃塘镇中山大道 580 号。项目经理王应权,党工委书记吴玉忠。

杭甬铁路客运专线工程指挥部　驻浙江省上虞市百官街道林光村。指挥长兼党工委书记韩贤文(集团公司副总经理兼),党工委副书记杨学仁。

宁杭铁路客运专线工程指挥部　驻浙江省湖州市杨家埠。指挥长兼党工委书记卢朋(集团公司总经理兼),党工委副书记单联香。

成绵乐铁路工程指挥部　驻四川省江油市国税局青莲培训中心。指挥长王月幸(集团公司副总经理兼),常务副指挥长李永珑,党工委书记徐海清。

石武铁路客运专线郑州东站工程指挥部　驻河南省郑州市管城区永平路。指挥长李新国,党工委书记王国柱。

宁安铁路工程指挥部　驻江苏省南京市江宁镇宁桥北路。指挥长卢朋(集团公司总经理兼),党工委书记单联香。

宁波铁路枢纽工程项目经理部　驻浙江省宁波市恒春街 75 号。项目经理赵俊武,党工委书记程海田。

兰新铁路甘青段项目经理部　驻甘肃省酒泉市瓜州县柳园镇。项目经理郝军,党工委书记芮世鹏。

杭长铁路客运专线浙江段项目经理部　驻浙江省诸暨市望云西路 17 号。项目经理韩贤文(集团公司副总经理兼),党工委副书记杨学仁。

山西中南部铁路通道 ZNTJ－5 标段项目经理部　驻山西省石楼县灵泉镇后故乡。项目经理刘友平,党工委书记张文田。

京福铁路客运专线闽赣 VII 标段项目经理部　驻福建省南平市延平区水东街道塔下村洋丹路 283 号。项目经理兼党工委书记卢朋(集团公司总经理兼),常务副经理赵子林。

云桂铁路云南段项目经理部　驻云南省砚山县平远镇。项目常务副经理张耀军,党工委副书记倪仕国。

沪昆铁路客运专线长昆湖南段项目经理部　驻湖南省怀化市迎丰东路 177 号。项目常务副经理李兴旺,党工委副书记喻永杰。

沪昆铁路客运专线贵州段工程指挥部　驻贵州省黔东南州麻江县下司镇。指挥长聂武丁,党工委书记孙民培。

成渝铁路客运专线项目经理部　驻重庆市沙坪坝区天陈路 12 号。项目经理文珂(集团公司副总经理兼),党工委书记徐海清。

邯黄铁路工程1标段项目经理部　驻河北省邢台市桥东区新兴东大街223号。项目经理孙旺，党工委书记陈春财。

张唐铁路项目经理部　驻河北省丰宁县新丰北路140号。项目经理梁毅(集团公司常务副总经理兼)，常务副经理赵奎银，党工委副书记刘福海。

山西中南部铁路通道ZNTJ－20标段项目经理部　驻山东省临沂市沂水县党校宾馆。项目经理王月幸(集团公司副总经理兼)，常务副经理毛承祖，党工委书记雷志全。

青荣城际铁路工程指挥部　驻山东省威海市经济技术开发区。指挥长马春凤，副指挥长兼总工程师魏广源，党工委副书记贾慧琴。

安哥拉项目经理部　驻安拉哥共和国罗安达市。项目经理王学斌，党工委书记史全喜，常务副经理郭森。（孟庆财）

【职工队伍】　截至2010年底，在册职工17782人。其中，在岗职工14540人；非在岗职工3242人。干部7546人。其中，女干部1383人；少数民族干部99人。技术干部结构：技术干部7258名，其中高级职务589人、中级职务1481人、初级职务3970人。干部中工程技术人员5441人，其中高级工程师349人、工程师1059人；经济管理人员457人，其中高级经济师63人、经济师64人；卫生技术人员285人，其中正副主任医师48人、主治医师67人；会计人员610人，其中高级会计师55人、会计师108人；统计人员23人，其中高级统计师1人、统计师9人；政工人员429人，其中高级政工师73人、政工师171人；教师9人，其中讲师1人。干部学历结构：高等院校学历6909名，其中研究生学历53人、大学本科学历5261人、专科学历1595人。干部年龄结构：25岁以下1126人；26岁～30岁3311人；31岁～35岁979人；36岁～40岁694人；41岁～45岁400人；46岁～50岁356人；51岁～54岁433人；55岁～59岁247人。

工人9406人。其中，女工1786人；少数民族35人。工人中技术工人7469人。其中，获得“职业资格证书”的初级工385人、中级工1604人、高级工2766人；技师946人；高级技师91人。主要工种：铁道行业1466人。其中，铁路线路工441人；铁路桥梁工303人；铁路桥梁装吊工60人；桥隧工81人；铁路隧道工295人；电力线路工8人；接触网工8人；轨道车司机14人；大型线路机械司机10人；钢轨探伤工4人；装载机司机212人；通信工22人；信号工8人。社会通用工种4424人。学历结构：初中以下2854人，高中2464人，中专(含中技)2163人，大专(含高职)以上1726人，本科及以上199人。年龄结构：30岁以下3206人，31岁～40岁1184人，41岁～50岁2989人，51岁～55岁1830人，56岁～60岁197人。年内接收安置高职毕业生246名，调出2人，调入技术工12人，退休106人；安置复员退伍军人24人，其中驾驶员9人、其他技术专业15人。（徐沛江　尚宗国）

【铁路工程施工】　2010年在建铁路工程62项，完成投资2037527万元。完成主要实物工程量：土石方4758万立方米，桥梁162702延长米，隧道34559延长米，涵洞21556横延米，正线铺轨774.48公里，站线铺轨52.34公里。重点工程进展情况：

广深港铁路客运专线工程ZH－2标段　位于广东省境内，跨东莞与深圳两市。施工里程53.372公里，合同投资297793万元，合同工期2006年8月～2008年8月。主要实物工程量：路基及附属土石方608万立方米，特大桥14座29513.48延长米，涵洞358横延米，隧道14391延长米。2006年底正式开始施工，征地拆迁问题一直困扰施工进度。2009年合同外增加车站1座。截至2010年底，路基、桥涵、隧道全部完工，轨道精调完成80.7%，车站站房主体工程已完成。开工累计完成投资372067万元，占合同投资的124.94%。

郑西铁路客运专线工程KHZQ11标段　位于陕西省西安市。施工里程50.25公里，合同投资297793万元，合同工期2006年11月～2008年9月。主要实物工程量：路基及附属土石方188.3万立方米，桥梁46063.1延长米(其中特大桥2座45947.6延长米)，涵洞12座612.52横延米，整体道床54.3公里，铺轨20.81公里。2010年新增西安北站，累计合同投资366930万元。截至2010年底，合同内主体工程除渭河特大桥不能架梁外其余已全部完工，灞河特大桥和西安北站郑西场开通运营；西安北站西成、西银场和渭河特大桥地基处理基本完成，路基土石方填筑60%，桥涵结构物和站台墙全部完成，无砟轨道工程在紧张施工中。年内完成投资45340万元，开工累计完成投资366930万元，占合同投资的100%。

太中银铁路工程SJS－II标段　位于山西省子州县、横山县境内。施工里程45.34公里，合同投资137905万元，合同工期2007年4月～2010年12月。主要实物工程量：路基土石方318.72万立方米，隧道9座7923延长米，桥梁24座24697.8延长米(其中特大桥9座21945.9延长米)，涵洞45座，车站2座，铺道床26.88万立方米。截至2010年底，合同内工程施工完成，新增子洲站采空区处理完成74%，全线单侧防护栏完工。年内完成投资31707万元，开工累计完成投资 160508 万元,占合同投资的 116.39%。

海南东环铁路站前工程 DHZQ－1 标段　位于海南省海口市,施工里程 65.233 公里,其中无砟轨道 35.024 公里。合同投资 429165 万元,后修订合同投资为 478500 万元。合同工期 2007 年 9 月～2009 年 6 月。主要实物工程量:路基土石方 386 万立方米,桥梁 23 座 32131.8 延长米(其中特大桥 6 座 28302.6 延长米),隧道 1 座 3600 延长米,正线铺道砟 15.5 万立方米、铺轨 130.5 公里,站场 5 座,车站 5 座。截至 2010 年底,工程施工完成,进入联调联试阶段。年内完成投资 108800 万元,开工累计完成投资 488322 万元,占合同投资的 102.05%。

包西铁路工程 BXS－1 标段　北起蒙陕交界,南止延安北站。施工里程 371.5 公里,合同总投资 459000 万元。由中铁十七局集团公司牵头与中铁十九局集团公司联合中标。中铁十七局集团公司承担 96.4 公里的线下工程及全标段的“三电”迁改工程施工。合同投资 117713 万元,合同工期 2007 年 11 月～2010 年 5 月。主要实物工程量:站场及路基土石方 352.16 万立方米,桥梁 58 座 22750 延长米,隧道 9 座 21172 延长米(其中冒天山隧道 14915 延长米),涵洞 207 座 2946 横延米,改造车站 4 座。截至 2010 年底,主体工程基本完成。年内完成投资 34500 万元,开工累计完成投资 143509 万元,占合同投资的 121.91%。

北同蒲应县至原平取直线工程 BTQZ－2 标段　位于山西省代县。施工里程 21.1 公里,合同投资 45367 万元,合同工期 2007 年 12 月～2010 年 12 月。主要实物工程量:路基挖填 250 万立方米,雁门关隧道出口段 5940 延长米,3 号斜井 1 座 1384 延长米,大桥 18 座 3466.31 延长米,涵洞 46 座,车站 1 座,整体道床 5.994 公里,站场轨道 1.949 公里,上道砟 9.1 万立方米。由于围岩级别变更设计,工期预计延至 2012 年。截至 2010 年底,开工累计完成投资 43413 万元,占合同投资的 95.69%。

京沪高速铁路工程 JHTJ－1 标段　位于北京南枢纽(不含)至沧德特大桥跨 104 国道连续梁(不含)。施工里程 233.19 公里,合同投资 1669859 万元。2008 年 1 月开工,计划 2011 年年底前完成建筑安装工程。主要实物工程量:路基土石方 296.73 万立方米;特大桥 5 座 218110.58 延长米,其中北京特大桥 48165.9 延长米、天津特大桥 117799 延长米、青沧特大桥 27885 延长米、沧德特大桥 18159 延长米;涵洞 39 座 1061.33 横延米;站场 3 座;正线铺轨 545.047 公里,铺道砟 8.8 万立方米。截至 2010 年底,路基土石方、特大桥、涵洞等主体工程基本结束。年内完成投资 402609 万元,开工累计完成投资 1699488 万元,占合同投资的 102.7%。

厦深铁路工程 XSFJ－I 标段　位于福建省漳州市。施工里程 5.98 公里,合同投资 29707 万元,合同工期 2008 年 8 月～2010 年 10 月。主要实物工程量:路基土石方 13.6 万立方米;九龙江特大桥 4572.657 延长米,东美大桥 431 延长米。截至 2010 年底,开工累计完成投资 27794 万元,占合同投资的 93.57%。

厦深铁路工程 XSGZQ－6 标段　位于广东省揭阳市。施工里程 31.1 公里,合同投资 96178 万元,合同工期 2008 年 10 月～2010 年 12 月。主要实物工程量:路基土石方 449.56 万立方米,桥梁 13 座 8326.96 延长米,隧道 7 座 2896 延长米,涵洞 77 座 2431.5 横延米,站场 1 座。2010 年完成投资 32000 万元,开工累计完成投资 93331 万元,占合同投资的 97.04%。

厦深铁路工程 XSGZQ－11 标段　位于广东省深圳市境内。施工里程 33.43 公里,合同投资 157609 万元,合同工期 2009 年 9 月～2012 年 9 月。主要实物工程量:桥梁 8 座 22475 延长米,隧道 4 座 5072 延长米,路基 5.883 公里,区间及站场土石方 241 万立方米,车站 2 座,现浇箱梁 189 孔,道岔连续梁 2 联,悬灌连续梁 23 联。2010 年完成投资 31748 万元,开工累计完成投资 84053 万元,占合同投资的 53.33%。

汉宜铁路工程 HYZQ－5 标段　位于湖北省中西部的江汉平原,东起武汉,西至宜昌。施工里程 28.35 公里,合同投资 254257 万元,合同工期 2008 年 9 月～2012 年 1 月。主要实物工程量:路基 16.99 公里,桥梁 6 座 11359.24 延长米,正线铺轨 193.3 公里,预制梁 6784 片,架设 T 梁 1696 孔。截至 2010 年底,开工累计完成投资 218601 万元,占合同投资的 85.98%。

石武铁路客运专线河南段工程 SWZQ－9 标段　位于河南省信阳市至豫鄂省界之间。施工里程 60.624 公里,合同投资 382096 万元,合同工期 2008 年 10 月～2011 年 12 月。主要实物工程量:路基 26.961 公里,区间路基土方 573.435 万立方米,站场土方 91.81 万立方米;桥梁 48.5 座 28106.36 延长米,涵洞 93 座 2148.74 横延米;铺设双块板式无砟轨枕 120.45 公里。2010 年完成投资 79036 万元,开工累计完成投资 234609 万元,占合同投资的 61.4%。

石武铁路客运专线郑州东站工程 SSZD－NO2 标段　位于河南省郑州市。合同投资 228450 万元,合同工期 2009 年 9 月～2011 年 12 月。主要实物工程量:路基填方 372.4 万立方米,钢筋混凝土管桩 15 万米,站台桥 5140 延长米,框架桥 6 座,刚构中桥 1 座,涵洞 2 座 145.2 横延米,正线铺轨 6.16 公里,站线铺轨 25.4 公里,铺设道岔 70 组,无柱雨棚 80238 平方米,天棚吊顶 46914 平方米,综合接地信号工程 3.5 公里,给排水3.5公里。2010年完成投资151650万元，开工累计完成投资167725万元，占合同投资的73.42%。

天津至秦皇岛铁路客运专线工程3标段　位于河北省唐山市。施工里程45.765公里，合同总投资489380万元，由中铁十七局集团公司和中铁建电气化局集团公司共同承建。其中中铁十七局集团公司承担施工里程32.78公里，合同投资296000万元，调整后为326270万元。合同工期2008年11月~2012年10月。现业主已将工期提前，计划于2011年12月1日开通试运营。主要实物工程量：特大桥4座24835延长米，其中夏屋庄特大桥3871延长米、崔马庄特大桥3071延长米、北营陡河1号特大桥7878延长米、榛子镇陡河2号特大桥10015延长米；大桥1座463延长米，路基6.192公里，无砟轨道板预制24517块，无砟轨道板铺设88.13公里，铺轨535.93公里。2010年完成投资103981万元，开工累计完成投资199364万元，占合同投资的61.1%。

朔州至准格尔铁路工程ZSXS－1标段　位于山西省朔州市。施工里程83.04公里，合同投资73535万元，合同工期2008年12月~2012年5月。主要实物工程量：区间及站场路基土石方1102万立方米，桥梁31座8995.33延长米，隧道6座2759延长米，涵洞114座5312.04横延米，车站6座，房屋建筑9396平方米。2010年完成投资30264万元，开工累计完成投资57561万元，占合同投资的78.28%。

杭州至宁波铁路客运专线工程HYZQ－2标段　施工里程53.733公里，合同投资409218万元，合同工期2009年3月~2011年12月。主要实物工程量：桥梁9座41870.05延长米，涵洞9座195.3横延米，隧道7座9466延长米（其中大山脑隧道6209延长米），路基2.55公里，轨道板预制161.36公里，轨道板铺设107.47公里。2010年完成投资207600万元，开工累计完成投资352199万元，占合同投资的86.1%。

南京至杭州铁路客运专线工程NHZQ－3标段　施工里程48.462公里，合同投资438078万元，合同工期2009年3月~2011年12月。主要实物工程量：特大桥4座34829延长米，涵洞27座842.4横延米，预制架设箱梁812孔，隧道5座9999延长米，路基土石方199.7万立方米，无砟道床制铺92.01公里，正线铺轨507公里，站线铺轨27.59公里，铺道岔117组，改建湖州南站专用线643米，车站2座。2010年完成投资185619万元，开工累计完成投资304274万元，占合同投资的69.46%。

南宁至广州铁路工程NGZQ－3标段　正线施工里程62.99公里，联络线14.148公里，合同投资377302万元。其中，中铁十七局集团公司198448万元；中铁二十五局集团公司178854万元。合同工期2009年3月~2012年3月。主要实物工程量：区间及站场土石方543.43万立方米，桥梁22座24937.15延长米，涵洞153座3366.78横延米，隧道1座800双线延长米。2010年完成投资93540万元，开工累计完成投资162297万元，占集团公司合同投资的81.78%。

成都至绵阳至乐山铁路客运专线CMLZQ－1标段　位于四川省江油市。施工里程35.332公里，合同投资217139万元，合同工期2009年7月~2011年12月。主要实物工程量：路基土石方432.09万立方米，桥梁14座19877延长米，隧道2座1016延长米，无砟轨道35.33公里，制梁546片，改建江油站1座。2010年完成投资85970万元，开工累计完成投资117764万元，占合同投资的54.23%。

南京至安庆铁路工程NASZ－3标段　位于江苏省南京市境内。施工里程39.569公里，合同投资229134万元，合同工期2009年12月~2012年12月。主要实物工程量：路基土石方212.6万立方米，桥梁27座20762.7延长米，王府山隧道375延长米，涵洞77座1941.1横延米，站场1座，轨道板32200块，正线铺轨156.55公里，站线铺轨9.69公里，“三电”迁改10千伏~500千伏96处、220伏及380伏240处，变压器、配电房14座，通讯线路488处，移动基站1座。2010年完成投资61053万元，占合同投资的26.6%。

杭州至长沙铁路客运专线浙江段工程HCZJ－2标段　施工里程52.019公里，合同投资410434万元，合同工期2010年4月~2013年6月。主要实物工程量：桥梁36座35980延长米，隧道19座14090延长米，路基8.19公里，预制CRTSⅠ型减振轨道板0.96单线公里，预制CRTSⅡ型轨道板190.461单线公里，铺设CRTSⅡ型轨道板104.941单线公里，既有沪昆铁路改线3.2公里。2010年完成投资74002万元，占合同投资的18.03%。

合肥至福州铁路客运专线闽赣段工程HFMG－7标段　位于福建省南平市、古田县境内。施工里程59.322公里，合同投资429241万元，合同工期2010年4月~2013年7月。主要实物工程量：路基土石方416.5万立方米，圬工17.3万立方米，桥梁34座11121.77延长米，隧道17座44576延长米，涵洞9座260.62横延米，站场2座，预制CRTSⅠ型双块式轨枕46万根，铺设CRTSⅠ型轨道板117.678单线公里，制梁136孔，现浇简支箱梁122孔，道岔连续梁5联16孔，悬灌连续梁10联36孔。2010年完成投资46241万元，占合同投资的10.77%。

兰新铁路第二双线张掖至红柳河工程LXS－17标段　位于甘肃省酒泉地区。施工里程104.679公里，合同投资302100万元，合同工期2010年4月～2013年12月。主要实物工程量：区间及站场土石方1158万立方米，圬工113.1万立方米，桥梁32座5229延长米，预制16米T梁492孔，涵洞266座6521.13横延米，双块式无砟轨道208.81单线公里，站场1座，房屋建筑5710平方米，雨棚6000平方米。2010年完成投资103459万元，占合同投资的34.25%。

山西中南部铁路通道瓦塘至汤阴东（含）工程ZNTJ－5标段　位于山西省吕梁和临汾境内。施工里程57.7公里，合同投资292461万元，合同工期2010年4月～2014年9月。主要实物工程量：路基土石方1169.7万立方米，桥梁29座12900延长米，隧道18座25200延长米，涵洞116座8536.84横延米，无砟轨道25.5公里。2010年完成投资100017万元，占合同投资的34.19%。

山西中南部铁路通道汤阴东至日照南工程ZNTJ－20标段　位于山东省临沂市沂水县境内。施工里程32.49公里。其中，中铁十七局集团公司20.921公里；中铁二十四局集团公司11.57公里。合同投资240348万元，合同工期2010年9月～2013年12月。主要实物工程量：路基20.54公里，桥梁6座8570延长米，隧道3座3840延长米，制架T梁3423孔，铺轨460.44单线公里。2010年完成投资8631万元，占合同投资的3.59%。

云桂铁路云南段站前工程5标段　位于云南省文山州、红河州境内。施工里程59.219公里，合同投资314832万元，合同工期2010年5月～2014年11月。主要实物工程量：区间及站场土石方415.3万立方米，圬工29.6万立方米，桥梁13座4352.5延长米，隧道9座36813延长米，涵洞52座1469.27横延米，无砟道床49.12公里，变电站2座，电力线路105.1公里，给水管路71公里。2010年，六郎隧道出口因山体滑坡出现裂缝，暂停施工。受施工图纸滞后、电力困难等因素影响，工程进度缓慢。年内完成投资29367万元，占合同投资的9.33%。

宁波站改建铁路工程　位于浙江省宁波市。施工里程3.6公里，合同投资68421万元，合同工期2010年6月～2012年6月。主要实物工程量：土石方22万立方米，桥梁5座101.4延长米，涵洞3座182.67横延米，铺轨19.9公里，铺设道岔40组，铺道砟5.4万立方米，“四电”施工22.85公里，房屋建筑79242平方米。2010年完成投资29233万元，占合同投资的42.73%。

邯郸至黄骅港铁路工程1标段　位于河北省邯郸市与邢台市境内。施工里程正线50.633公里，邯济联接线52.411公里，疏解线6.675公里。合同投资247458万元，合同工期2010年9月～2013年2月。主要实物工程量：路基土石方1049.27万立方米，桥梁58座36214延长米，T梁制运架1463孔，涵洞267座5696.63横延米，铺轨279.81公里，车站8座，房屋建筑10079平方米。2010年完成投资18780万元，占合同投资的7.59%。

沪昆铁路客运专线长沙至昆明湖南段工程CKTJ－7标段　位于湖南省娄底市新化县、邵阳市隆回县和怀化市溆浦县境内。施工里程34.54公里，合同投资253698万元，合同工期2010年9月～2014年2月。主要实物工程量：路基土石方84.3万立方米，桥梁19座5670.9延长米，隧道12座27363延长米，双块式无砟轨道69.09公里。2010年完成投资11698万元，占合同投资的4.61%。

沪昆铁路客运专线长沙至昆明贵州段工程CKGZ-TJ－5标段　施工里程43.089公里。其中，中铁十七局集团公司承担30.448公里的施工任务，合同投资231870万元；中铁二十四局集团公司承担12.641公里的施工任务。合同工期2010年10月～2013年10月。主要实物工程量：改移线路4.29公里，区间路基土石方151.33万立方米，桥梁26座6081.16延长米，隧道11座16750延长米，涵洞6座156.76横延米，铺无砟道床51.87公里，预制无砟道床172.09公里。2010年完成投资9690万元，占合同投资的4.18%。

青岛至荣成城际铁路工程6标段　位于山东省威海市境内。施工里程55.2公里，合同投资386920万元，合同工期2010年10月～2013年9月。主要实物工程量：车站4座，桥梁26座21402延长米，隧道13座15370延长米，路基18.42公里，“三电”及迁改工程。2010年完成投资17458万元，占合同投资的4.51%。

（付建军　孟庆财）

【铁路外工程施工】　在建铁路外工程147项，完成投资1152690万元。完成主要实物工程量：土石方6369万立方米，隧道60936延长米，桥梁48962延长米，涵洞17317横延米。重点工程进展情况：

娄底至新化高速公路工程第8合同段　位于湖南省冷水江市境内。施工里程5.1公里，合同投资27322万元，合同工期2008年12月～2010年12月。主要实物工程量：桥梁6座2260.18延长米，路基土石方254万立方米，路面工程12万平方米，圬工2.3万立方米，涵洞及通道23座773横延米。截至2010年底，开工累计完成投资20647万元，占合同投资的75.57%。

连霍国道主干线永登至古浪高速公路工程YG9合同段　位于甘肃省古浪县。施工里程4.95公里，合同投资44247万元，合同工期2009年4月～2010年6

月。主要实物工程量:路基土石方21万立方米,桥梁2座720.18延长米,涵洞3座167横延米,隧道2座3794延长米。截至2010年底,开工累计完成投资28677万元,占合同投资的64.81%。

连霍国道主干线永登(徐家磨)至古浪高速公路工程YG6合同段 位于甘肃省永登县境内。施工里程7.1公里,合同投资38178万元,合同工期2009年6月~2012年11月。主要实物工程量:路基挖方84.2万立方米,填方162.2万立方米;中桥1座65.54延长米,公路铁路分离式立交桥1座113.2延长米;涵洞8座487.8横延米,通道涵9座423延长米;隧道1座4522.6延长米。截至2009年底,开工累计完成投资19528万元,占合同投资的51.15%。

厦漳高速公路扩建工程漳州段工程ZA2标段 位于福建省漳州龙海市境内,施工里程2.532公里,合同投资32983万元,合同工期2009年5月~2010年11月。主要实物工程量:路基填土34.6万立方米,碎石桩13724米,路基防护2.3万立方米,特大桥1座1350延长米,互通主线桥1座1182延长米,互通匝道桥4座803延长米,涵洞12座322.67横延米。截至2010年底,开工累计完成投资28853万元,占合同投资的87.48%。

永宁高速公路工程A8合同段 位于福建省三明市境内。施工里程8.8公里,合同投资32510万元,合同工期2009年6月~2011年6月。主要实物工程量:路基挖方124.7万立方米、填方136.9万立方米,桥梁3座493.5延长米,隧道2座3781延长米,通道涵、盖板涵19座967.09横延米。截至2010年底,开工累计完成投资26422万元,占合同投资的81.27%。

大广高速公路工程LQ7合同段 位于湖南省衡水市境内。主要工程为跨京九铁路转体特大桥,全长1088延长米。合同投资14698万元,合同工期2009年7月~2010年9月。截至2010年底,开工累计完成投资13580万元,占合同投资的92.39%。

湖北宜巴高速公路(鄂渝界)第12合同段 位于湖北省宜昌市境内。施工里程7.065公里,合同投资49482万元,合同工期2009年8月~2012年8月。主要实物工程量:路基挖方338851立方米、填方77013立方米,浆砌片石6414.1立方米,圬工1703.6立方米,特大桥6614延长米,大桥1014延长米,中桥66.08米,高架桥1034延长米,隧道4553延长米。截至2010年底,开工累计完成投资14555万元,占合同投资的29.41%。

长沙轨道交通2号线一期土建工程SG-2标段 位于湖南省长沙市。合同投资29107万元,合同工期2009年9月~2011年10月。主要实物工程量:望城坡车站围护桩9536.66米,土石方100867.6立方米;金星路车站围护桩6511.92米,土石方33106.32立方米;西湖公园站至荣湾镇站区间809延长米,其中明挖399米、暗挖410米。截至2010年底,开工累计完成投资9667万元,占合同投资的33.21%。

临吉高速公路路基工程第S11合同段 位于山西省临汾市境内。施工里程3.8公里,合同投资41290万元,合同工期2009年9月~2012年7月。主要实物工程量:路基土石方24.88万立方米,桥梁2座3082延长米,涵洞3座217.24横延米,通道1座54.03横延米,隧道1座4800延长米。截至2010年底,开工累计完成投资30161万元,占合同投资的73.05%。

宁武高速公路工程宁德段A3标段 位于福建省宁德市境内。施工里程7.035公里,合同投资33511万元,合同工期2009年10月~2011年10月。主要实物工程量:路基挖方119.78万立方米、填方90万立方米,圬工45830.16立方米,桥梁8座3057.79延长米,涵洞、通道13座641.9延长米,分离式隧道1座588.5延长米。截至2010年底,开工累计完成投资17671万元,占合同投资的52.73%。

武汉市轨道交通4号线一期工程区间及车站土建工程第4标段 位于湖北省武汉市。合同投资36369万元,合同工期2009年10月~2011年12月。主要实物工程量:铁机村站189.8米,建筑面积12251.9平方米;罗家港站213.4米,建筑面积10122平方米;岳家嘴站至铁机村站左线区间860.63米;铁机村站至罗家港站左线区间930.97米。截至2010年底,开工累计完成投资3637万元。

张涿高速公路工程LJ-S7标段 位于河北省涿州境内。施工里程3.75公里,合同投资38095万元,合同工期2009年11月~2011年7月。主要实物工程量:填方39万立方米,挖方14万立方米,大桥2座602延长米,隧道2座2206延长米。截至2010年底,开工累计完成投资16202万元,占合同投资的42.53%。

苏州轨道交通2号线Ⅱ-TS-10标段土建工程 位于江苏省苏州市。合同投资46190万元,合同工期2009年12月~2012年6月。主要实物工程量:宝带西路站土方开挖194270立方米,地下连续墙27632立方米,结构混凝土44425.9立方米;附属结构土方开挖59727立方米,结构混凝土12847立方米,深层搅拌桩成墙22845立方米。旺吴路站土方开挖62714立方米,地下连续墙8640立方米,结构混凝土13987立方米;附属结构土方开挖11904立方米,结构混凝土3679立方米,深层搅拌桩成墙5839立方米。宝带西路站至旺吴路站区间隧道1343.69延长米,旺吴路站至石湖路站区间隧道2963.82延长米。截至2010年底,开工累计完成投资 13934 万元，占合同投资的 30.17%。

太阳高速公路路基工程第 17 合同段　位于山西省阳泉市境内，合同投资 52785 万元，合同工期 2009 年 12 月～2012 年 7 月。主要实物工程量：路基土石方 33.5 万立方米，大南山隧道出口 5245 延长米。截至 2010 年底，开工累计完成投资 22780 万元，占合同投资的 43.16%。

十堰至房县高速公路工程 SFTJ－10 标段　位于湖北省房县境内。施工里程 4.06 公里，合同投资 21905 万元，合同工期 2010 年 1 月～2012 年 6 月。主要实物工程量：挖方 2.32 万立方米，填方 14.61 万立方米，分离式隧道 2 座 6888 延长米。截至 2010 年底，开工累计完成投资 4743 万元，占合同投资的 21.65%。

重庆沿江高速公路工程主城涪陵段 W4 合同段　位于重庆市涪陵区境内。施工里程 6.97 公里，合同投资 50000 万元，合同工期 2010 年 5 月～2013 年 6 月。主要实物工程量：路基土石方 5 万立方米，涵洞 4 座 184 横延米，隧道 2 座 12612 延长米。2010 年主要做施工准备及临时建设，完成投资 3000 万元。

西安地铁 2 号线会展中心至韦曲南段工程 TJSG－23 标段　位于陕西省西安市长安南路与北长安街。施工里程 2.817 公里，合同投资 14279 万元，合同工期 2010 年 6 月～2012 年 6 月。主要实物工程量：2 座施工竖井。其中，1 号井深 31.802 米，横通道 24.3 米；2 号井深 34.282 米，横通道 38.7 米。截至 2010 年底，开工累计完成投资 107 万元。

十堰至白河高速公路工程 SFTJ－9 标段　位于湖北省郧县境内。施工里程 6.75 公里，合同投资 40562 万元，合同工期 2010 年 7 月～2012 年 7 月。主要实物工程量：路基土石方 273 万立方米，桥梁 13 座 5462 延长米，架梁 946 片，隧道 2 座 980 延长米，涵洞、通道 18 座 539.49 横延米，圬工 13.7 万立方米。截至 2010 年底，开工累计完成投资 3403 万元，占合同投资的 8.39%。

（付建军　孟庆财）

【经营管理】　工程经营。2010 年，承揽工程 88 项，新签合同总额 5155056 万元，占年度计划的 161.1%，比 2009 年同期增长 43.02%。其中，铁路工程 25 项 3817814 万元，占合同总额的 74.06%；公路工程 38 项 1064414 万元，占合同总额的 20.65%；市政轻轨工程 8 项 154677 万元，占合同总额的 3%；水利电力工程 4 项 8771 万元，占合同总额的 0.17%；房屋建筑工程 4 项 11446 万元，占合同总额的 0.22%；海外工程 6 项 36119 万元，占合同总额的 0.7%；其他工程 3 项 61815 万元，占合同总额的 1.2%。中标 15 亿元以上的工程有杭州至长沙铁路客运专线浙江段工程 HCZJ－2 标段，合同投资 410434 万元；合肥至福州铁路客运专线闽赣段工程 HFMG－7 标段，合同投资 429241 万元；兰新铁路第二双线张掖至红柳河工程 LXS－17 标段，合同投资 302100 万元；山西中南部铁路通道瓦塘至汤阴东（含）工程 ZNTJ－5 标段，合同投资 292461 万元；云桂铁路云南段站前工程 5 标段，合同投资 314832 万元；邯郸至黄骅港铁路工程 1 标段，合同投资 247458 万元；山西中南部铁路通道汤阴东至日照南工程 ZNTJ－20 标段，合同投资 240348 万元；沪昆铁路客运专线湖南段工程 CKTJ－7 标段，合同投资 253698 万元；青岛至荣成城际铁路工程 6 标段，合同投资 386920 万元；沪昆铁路客运专线贵州段工程 CKGZTJ－5 标段，合同投资 231870 万元。

安全质量。2010 年，集团公司层层签订安全包保责任状，组织综合或专项安全生产大检查 9 次。年内未发生较大及以上责任死亡事故。全年组织 4 期公路、水利、建筑工程施工安全管理人员培训班，培训 478 人。通过考核，155 人取得山西省建设厅颁发的考核合格证书，303 人取得交通运输部颁发的考核合格证书，20 人取得水利部颁发的考核合格证书。集团公司参建的厦深铁路广东段 6 标段工程、太中银铁路 SJS－Ⅱ标段工程、大广高速公路衡大段 LQ7 标段工程、苏州轨道交通Ⅰ－TS－11 标段工程被评为 2010 年度股份公司安全质量标准工地（车间），集团公司被评为山西省 2010 年度安全生产专项整治先进单位。全年完成桥梁 211700 延长米，隧道 95500 延长米，铁路铺轨 827 公里，城市地铁 3.5 公里，房屋建筑 20.04 万平方米。集团公司承建的京津城际铁路工程获第九届中国土木工程詹天佑奖；集团公司承建的合武铁路大别山隧道、二公司承建的湖北沪蓉西高速公路龙潭河特大桥和石家庄市环城公路 307 国道东互通立交工程、三公司承建的湖北沪蓉西高速公路齐岳山隧道、四公司承建的湖北沪蓉西高速公路乌池坝隧道、建筑公司承建的中铁轨道系统集团公司长沙重型装备制造项目 6 项工程获火车头优质工程奖，二公司承建的西安市浐灞河生态区 2 号桥工程获陕西省建设工程长安杯奖，四公司承建的贵州清水河大花水电站工程隧道引水工程获中国电力优质工程奖，四公司承建的合武铁路大别山隧道和国道 213 号线小勐养至磨憨高速公路藤蔑山隧道 2 项工程获重庆市巴渝杯优质工程奖，六公司承建的厦门市五石路 C 合同段工程获福建省闽江杯优质工程奖；获中国铁建优质工程奖 7 项。二公司鱼洞长江大桥二期项目、四公司京沪高速铁路安次梁厂项目和四川两河口水电站 4 号公路项目、电气化公司襄渝铁路项目 QC 小组、建筑公司山西省图书馆第一 QC 小组被评为全国工程建设优秀 QC 小组，一公司广深港铁路客运专线一分部轨道板厂第一 QC 小组、五公司京沪高速铁路项目第一 QC 小组被评为铁道部优秀 QC 小组,一公司广深港铁路客运专线项目轨道板厂 QC 小组、二公司鱼洞长江大桥二期工程 QC 小组、三公司引红济石项目 QC 小组、四公司京沪高速铁路安次梁厂项目 QC 小组、五公司京沪高速铁路项目第一 QC 小组、电气化公司襄渝铁路项目 QC 小组被评为中国铁建优秀 QC 小组。年内顺利通过华夏认证中心质量、环境和职业健康安全管理体系年度监督审核。

财务管理。2010 年,集团公司资产总额从 2009 年的 164.8 亿元增加到 195.7 亿元,同比增长 18.75%。其中,货币资金 31.8 亿元,同比增长 10.57%;应收账款 44.5 亿元,同比增长 113.9%。固定资产原值 55.2 亿元、净值 27.5 亿元,同比增长 23.35%;负债总额 174.6 亿元,同比增长 18.96%;应付账款 96.9 亿元,同比增长 11.85%;所有者权益 21.1 亿元,同比增长 16.5%;资产负债率 86.3%,同比上升 2.9 个百分点。全年现金流入 352.9 亿元,同比增长 24%;现金流出 349.9 亿元,同比增长 26.4%。经营性现金净流入 3.2 亿元,投资性现金净流出 7.6 亿元。在岗职工年人均收入 46019 元,同比增长 19.5%;交纳“五险两金”2.7 亿元,同比增长 23.7%。企业社会贡献总额 32.8 亿元,同比增长 32%,社会贡献率 18.2%。实现净利润 4.9 亿元,缴纳税费 13.7 亿元,支付职工薪酬 12.8 亿元。年内制定印发集团公司《财务报告编制流程》《财务决算评分管理办法》《机关经费预算表格模板》和《工程队财务管理与会计核算办法》;撤并收尾项目 40 个,69 个账户纳入集中管理系统,集中资金 2.6 亿元;纳入集中结算单位、项目账户 149 个,全年结算资金 80 亿元,外汇结汇 3861 万美元;实现清欠收款 24 亿元,其中现金保证金 2.59 亿元;调剂资金余缺 24 亿元,减息让费 2131 万元,节约财务费用 1 亿余元;新增银行授信 20 亿元,办理银行信贷证明、保函业务 536 笔,授信金额 253 亿元。

审计监督。2010 年,集团公司完成审计项目 171 项,查处有问题金额 3459 万元,提出审计建议 315 条,促进企业增收节支 1192 万元。年内,国家审计署审计集团公司承建的京沪高速铁路、太中银铁路、南广铁路、宜万铁路、成绵乐铁路客运专线、石武铁路客运专线郑州东站 6 项工程,铁道部审计中心审计集团公司承建的郑西铁路客运专线、杭甬铁路客运专线、武广铁路客运专线武汉站 3 项工程,地方审计厅(局)审计集团公司承建的海南东环铁路、太佳高速公路等 4 项工程。11 月 15 日 ~12 月 17 日,配合国资委和股份公司审计组审计集团公司原董事长、党委书记瞿观鄞任期经济责任履行情况。全年经济责任审计 19 项。其中,子公司董事长任中经济责任审计 9 项;工程公司项目经理任期经济责任审计 10 项。查出有问题金额 2761 万元。年内审计工程项目 87 项。其中,中期审计 61 项;终结审计 26 项。查出有问题金额 414 万元。集团公司和建筑公司被评为山西省内部审计工作先进单位,五公司、六公司被评为中国铁建审计工作先进单位;6 人分别被评为山西省、中国铁建内部审计先进工作者。

(芦安全　孟庆财)

【科技开发】 2010 年,下达 3 批科技研究开发计划,新立项目 102 项,延续 74 项,合计 176 项,创历史新高。涉及线路及路基工程 48 项,桥梁工程 43 项,隧道及地下工程 58 项,建筑工程 10 项,“四电”、信息工程 7 项,试验检测 6 项,机械设备 2 项,管理 1 项,成果、专利技术推广 1 项。承担股份公司、省部级科研项目 16 项,获得资助资金 135 万元。13 项工法通过山西省建设厅关键技术鉴定。其中,1 项达到国际先进水平;6 项达到国内领先水平;6 项达到国内先进水平。“大跨径钢管混凝土系杆拱桥跨越密集铁路站场顶推施工技术”、“高速铁路岔区板式轨道系统制造与施工技术”、“海南东环铁路美兰机场隧道施工关键技术”、“CRTS Ⅱ型板式无砟轨道施工布板软件技术”通过山西省科技厅技术鉴定,达到国际先进水平;“地下工程承压地下水的控制与防治技术研究”成果通过湖南省科技厅技术鉴定,达到国际先进水平。14 项科技成果获中国铁建及以上科技进步奖。其中,“高速铁路 900 吨级简支箱梁建造技术及成套装备”成果获国家科技进步二等奖;“特殊土地层的地下水处治技术研究”成果获湖南省科技进步二等奖;“超高墩大跨连续刚构桥综合施工技术”、“公轨两用特大跨连续刚构桥综合施工技术”成果获山西省科技进步三等奖;“CRTS Ⅱ型板式无砟轨道施工关键技术及成套装备”成果获中国施工企业管理协会科学技术奖技术创新成果一等奖;“大跨径钢管混凝土系杆拱桥跨越密集铁路站场顶推施工技术”和“CRTS Ⅱ型板式无砟轨道施工布板软件”成果获中国铁建科技进步一等奖,“高速铁路岔区板式轨道系统制造与施工技术”和“铁路客运专线 128 米钢箱系杆拱原位拼装施工技术”成果获中国铁建科技进步二等奖,“不良地质条件下大直径桩基施工技术”、“海南东环铁路美兰机场隧道施工关键技术”、“斜拉桥索塔承台大体积混凝土施工技术”、“高寒地区大直径钢波纹管涵施工技术”和“高速铁路活性粉末混凝土盖板工厂化施工技术”获中国铁建科技进步三等奖。年内获省部级工法 33 项、股份公司优秀工法 8 项、企业级工法 25 项。集团公司被授予中国施工企业技术创新先进企业、太原市模范企业称号，继续保持山西省优秀高新技术企业、太原市自主创新示范企业荣誉称号。 （王青蕊　孟庆财）

【公安与综合治理】 2010年立刑事案件23起，破获18起。其中，重特大案件11起；带破地方案件4起。抓获犯罪嫌疑人24名，打掉犯罪团伙3个，抓获网上在逃人员4人，捕判4人。查处行政案件96起，查处违法人员123人，为企业挽回经济损失600余万元。在太中银铁路、津秦铁路客运专线等施工生产受干扰严重的项目开展治安专项治理，出动警力448人次、警车128台次，破获刑事案件10起，抓获犯罪嫌疑人11人，处置群体性阻工事件75起，调处矛盾纠纷1157起。协助做好上海世界博览会、广州亚运会的安全保卫工作，出动警力1216人次，增加治安保卫人员84人，登记流动人口1484人，保卫要害部位49处，排查治安隐患39起。组建巡逻队、联防队等治安保卫力量51支，检查重点要害部位47次；开展防渗透、防破坏安全教育22场次，管控重点人员19名。走访施工项目153个，开展座谈84次，搜集各类治安信息478条；建特情耳目47人，获取重要信息17条；排查不稳定因素219起、群体性事件苗头63起，调解处理矛盾纠纷1765起、阻工事件2735起、较大规模群体性上访25起。检查涉爆工点179个，下发隐患整改通知书41份，发现和整改安全隐患173处。建立"两会一队"等基层组织231个，开展法制宣传131场次，清查并整改用电、用火等安全隐患96处；清查出租房屋2105间，登记审核流动人口29000余人，清退不合格人员133人，帮教重点人员26名。开展消防安全检查27次，发现和整改火险隐患334起，组织消防安全教育12场次；签订消防安全责任书178份，为16家消防重点单位建立防火档案；组建义务消防队115支，开展业务培训与消防演练34场；配备和更新消防器材2396件。办理户籍迁移1500余人次，协助申（换、补）领第二代居民身份证2400余人次、临时身份证740余人次，办理户籍证明910余人次，协助办理护照、港澳通行证145人次。配合地方政府逐户登记、核对常住人员，为做好全国第6次人口普查出动警力360人次。机动车检验合格469台，机动车延缓报废10台，警车上户9台；驾驶员审验合格2979人，换证762人，外地转入上户126人；补办各种证件163次，协助处理交通违法行为134人次。 （李锦峰）

【党的工作】 集团公司党委下辖处级党委14个。其中，子公司党委10个；分公司党委1个；其他单位党委2个；集团公司机关党委1个。集团公司辖项目党工委17个，子公司辖党委4个、党总支7个、项目党工委187个。集团公司有党支部385个，中共党员7239人。其中，正式党员6733人；预备党员506人。在岗党员6388人，离退休职工党员851人；女党员834人。2010年，集团公司认真开展深入学习实践科学发展观活动，部署推进"创优争先"、"创建学习型党组织"、"践行企业价值观，提升发展软实力"等活动，创新完善企业党建工作，开创企业和谐稳定的良好局面。按照《中国铁建股份公司党委关于推进学习型党组织建设的实施意见》精神，成立工作领导小组和办公室，组织参加中共山西省委举办的建设学习型党组织培训班，利用观看辅导录像、请专家授课、集中学习与自学相结合等方式，学习《中国共产党党员领导干部廉洁从政若干准则》《国有企业领导人员廉洁从业若干规定》《关于进一步推进国有企业贯彻落实"三重一大"决策制度的意见》、十七届五中全会精神、《党政主要领导干部和国有企业领导人员经济责任审计规定》和中央经济工作会议精神等内容；重点学习胡锦涛、吴邦国、温家宝、习近平等中常委在各时期的重要讲话和指示精神，以及有关中国共产党关于推进学习型党组织建设问题和深入开展创先争优活动的指示精神。购买《学习十一届全国人大三次会议文件问答》《七个怎么看》和《划清"四个重大界限"学习读本》等资料，组织观看《2010中国经济社会发展热点问题解析》辅导讲座，编印党委中心组学习参考资料16期。集团公司两级党委中心组成员在地市级以上报刊发表学习成果60多篇。"七一"期间，受股份公司党委表彰奖励先进党委1个、"五好党支部标兵"3个、"六好共产党员"3名、优秀党务工作者3名；集团公司党委表彰10个先进基层党组织、20个"五好党支部标兵"、56名"六好共产党员标兵"和28名优秀党务工作者。年度考评，集团公司党委授予一、二、三、四、五公司和中心医院6个党委中心组优秀党委中心组称号，授予六公司和建筑、电气化、上海轨道、物资、铺架公司及物业管理中心7个党委中心组先进党委中心组称号，授予8个党工委中心组优秀党工委中心组称号，授予6个党工委中心组先进党工委中心组称号。经考核后备干部，调整子分公司领导班子成员22人；选拔特级项目经理20人，副处级项目党工委书记5人。考核集团公司项目（指挥）部18个、区域工程指挥部（北京办事处）8个、机关职能及党群部门26个；考核处级人员97名、高级技术职务及科以下人员84名。公开竞聘、择优选拔6名政治素质高、业务能力强、群众公认的干部充实到部门领导岗位；新配工程项目部领导班子成员72人、调整17人；选送22人参加中央党校国资委分校、国家行政学院、股份公司党校青年干部培训班学习。7月分配安置应届高校毕业生916名;9月组织3个小组分赴58所高等院校进行招聘工作,引进专科及以上高校毕业生928人。8月,评审通过中级职称197人,通过率92%;评审通过高级工程师54人,通过率90%;推荐上报股份公司其他类高级职称评审28人。集团公司在省部级以上媒体发表新闻作品503篇,在地市级以上各类新闻媒体发表新闻作品2000余篇(幅),在《中国铁道建筑报》发表新闻作品736篇(幅),3月在人民网发表《中铁十七局集团公司在陕西子洲县山体滑坡抢险中奋勇争先》的文章,被数十家网站转发,6月在新华网、人民网刊发《中铁十七局集团公司鹰厦铁路抢险施工纪实》,全国数十家网站转发,新华社刊发通稿《为了灾区早一天通车——铁路职工抗洪抢险纪实》。8月,集团公司印发《网站新闻管理暂行办法》,集团公司网站全年刊发稿件2317条、图片1200余幅,文字108万字。组织学习《国有企业领导人员廉洁从业若干规定》165场,1.8万人次参加学习。组织收看电视剧《远山的红叶》553场,1.5万人次观看;召开座谈讨论会32次,撰写观后感和向王瑛学习的文章60余篇。编发《廉洁从业专题教育提纲》,对新参加工作的1500多名大学毕业生进行"入企先烙廉洁印"的专题教育。组织观看《一个能人的毁灭》警示教育片245场,1.6万人次观看,撰写心得体会7881篇。各级领导人员作反腐倡廉报告62场次,5650人参加股份公司纪委举办的《国有企业领导人员廉洁从业若干规定》知识竞赛。局域网创建"反腐倡廉专题网站",开设11个栏目。建立廉洁短信制度,将集团公司两级领导(项目)班子成员、关键岗位人员1500多人纳入短信平台,年内发送廉洁短信2.6万条,《中国铁道建筑报》以《创新载体,时刻警示,中铁十七局集团公司纪委建立廉洁短信制度》为题在头版进行宣传,股份公司纪委对集团公司的做法给予充分肯定。组织5870名科以上领导人员到警示教育基地接受廉洁警示教育;利用年度领导班子民主生活会组织520余人对119名领导班子成员党风建设和反腐倡廉情况进行民主测评,评议意见"好"与"较好"占98%以上。受理群众来信来访及电话举报26件次,其中收到手机短信和电子邮箱举报6件;初核44件,立案28件,结案28件,其中大案要案6件,为企业挽回直接经济损失87万元。处分72人,其中处级人员9人;党纪处分1人,政纪处分71人,刑事处理2人,组织处理5人,45人并处经济赔偿37.1万元。诫勉谈话22人,为17人澄清问题。检查工程项目132个,发现各类问题83个,发出监察建议书146份,提出整改意见和建议398条,建立完善制度21项,纠正违规合同177份,停止违规招标4次,清理不合格劳务队16个,对75名因失职渎职、管理混乱给企业造成损失和影响的责任人进行处理,为企业挽回和避免经济损失635万元。化解经营风险36起,避免经济损失2250万元。年内开展向生活困难党员送温暖活动,慰问生活困难党员80名,发放慰问金18.02万元。 (高晓洪 李炜强 孟庆财)

【工会共青团】 工会工作。截至2010年底,集团公司工会下辖11个子分公司、中心医院、物业管理中心及集团公司机关14个处级单位工会,450个基层工会,1963个工会小组。有工会会员24548人,其中女会员2661人;专职工会干部65人,其中女专职工会干部25人。组织开展年度劳动竞赛,集团公司全年获业主奖励8012万元。在年度劳动竞赛考核评比中,6个单位获得前三名,17个单位被评为优胜单位,25个单位获得单项优胜杯。9月,中国铁建在集团公司宁杭铁路客运专线项目部召开劳动竞赛现场推进会,《建竞赛力文化,促标准化管理》的经验被《铁总情况通报》第17期转发。局处两级征集职代会提案516条,立案502条,提案落实率98.5%。全力推进集体合同的履行和落实,职工工资兑现率100%,增长率19.5%。坚持和完善民主评议领导干部制度,局处两级评议领导干部145人,职工满意率98.9%。开展"三不让"承诺和送温暖活动,集团公司筹集"三不让"专项资金1978万元,向困难职工发放送温暖资金480余万元,走访慰问困难职工820户次。各级领导与特困职工结对子180户,累计办理"低保"512户次,实施"金秋助学"427人次,救助患病和特大疾病职工526人次。收集合理化建议和技术改进项目2600项,其中30项获国家、省部级和股份公司奖励,创造经济价值5127万元。年内,1人入选"中国好人榜"。

共青团工作。集团公司团委下辖10个子公司、1个分公司、中心医院、物业管理中心13个团委,建立基层团支部261个,有专兼职团干部372人,其中专职团干部7人;注册团员3302人,35岁以下青工8196人。2010年,各级团组织坚持围绕集团公司发展目标,动员带领青年扎实开展团的主题活动,在企业改革发展中发挥生力军和突击队作用。4月组织参加股份公司组织的"传承五四火炬、弘扬铁建精神"原创短信大赛活动,上报原创短信150余条,其中2条短信获二等奖、8条短信获三等奖、1条短信获优秀奖;1人获大赛唯一的特别贡献奖。261个基层团组织8200余名团员青年开展"抗旱灾,献爱心"活动,捐爱心款510902.9元。5月开展"弘扬五四精神,增强团员意识"教育活动,组织团员青年参观革命圣地,在英雄烈士纪念碑前,重温入团誓词。9月开展"爱心资助,梦圆大学"活动,发放救助资金17000元;在"心手相牵

——情系家乡孩童”活动中，为农民工子女上学购置学习用品，发放救助金10000元。11月开展爱心捐书活动，为中小学生捐赠彩色图书300余册。年内广泛开展“导师带徒”活动，举行各类签约仪式32次，1553对师徒签约；先后组织开展青年突击队授旗仪式5次、青年生产突击竞赛21次。5个山西省“青年文明号”争创集体通过山西省“青年文明号”考核组考评验收。全年有6个集体获得省部级“青年文明号”称号，8人获得省部级“青年岗位能手”称号；2个子公司团委被集团公司评为五四红旗团委，19个团支部被评为五四红旗团支部；42人被评为集团公司优秀共青团员，40人被评为优秀共青团干部。（赵卓峰　孟庆财）

【第一工程有限公司】 铁路、公路、市政公用工程施工总承包一级，房屋建筑工程施工总承包三级，桥梁、隧道、公路路基、铁路铺轨架梁工程专业承包一级资质企业。公司机关驻山西省太原市小店区人民北路18号。董事长、总经理赵朴，党委书记严勇智。下辖37个项目经理部、10个路桥公司、2个隧桥公司、2个机械运输公司、3个桥梁运架公司、2个轨道板公司和青岛公司、大同公司、商品混凝土公司、桥梁悬灌公司、非标加工公司、仓储公司、物业服务公司。职工2979人。其中，干部1416人（含聘用人员140人）；工人1563人。技术干部1110人，技术工人1344人。资产总额321111万元。其中，固定资产原值75071万元、净值41557万元；流动资产277323万元。机械运输设备1394台（套），价值50865万元，其中年内新购238台，价值4044万元。设备总功率66478千瓦，成新率60%，动力装备率25千瓦/人，技术装备率8.6万元/人。综合机械化施工程度82%。

2010年承揽工程任务18项944981万元。其中，铁路工程5项692529万元；铁路外工程13项252452万元。完成企业总产值604083万元。其中，施工产值602891万元；附营产值1192万元。实现利润8412万元。全员劳动生产率395571元/人年，职工年人均收入34845元。国有资产保值增值率138.57%，产值利润率1.39%，净资产收益率45.7%，资产负债率98.69%，投资收益上缴率100%，应上缴款完成率101%。完成主要实物工程量：土石方1542.51万立方米，桥梁29695.21延长米，隧道16745.75延长米，涵洞4884.56横延米，建成公路39.9公里，房屋建筑1303平方米。工程质量合格率100%。截至12月31日，公司连续安全生产5740天。年内，公司顺利通过质量、环境、职业健康安全管理体系年度监督审核。公司参建的京津城际铁路获第九届中国土木工程詹天佑奖，福厦铁路客运专线木兰溪特大桥获火车头优质工程奖。“CRTS－Ⅰ型板式无砟轨道水泥乳化沥青砂浆施工技术”成果通过山西省科技厅鉴定，达到国内领先水平；3项科技成果获中国铁建科学技术奖；获山西省省级工法1项、中国铁建优秀工法3项；获国家发明专利1项、实用新型专利5项，公司累计专利14项。公司被评为山西省企务公开先进单位、太原市文明单位标兵、中国铁建先进集体。（胡巧芬　孟庆财）

【第二工程有限公司】 铁路、公路、房屋建筑、市政公用工程施工总承包一级，水利水电、矿山工程施工总承包二级，土石方、桥梁、隧道、公路路基、公路路面工程专业承包一级，地质灾害治理工程丙级资质企业。公司机关驻陕西省西安市咸宁中路55号。董事长、总经理成志宏，党委书记朱守平。下辖7个路桥工程公司、10个机运工程公司、1个隧道工程公司、1个桥梁运架工程公司、5个制梁厂及西宁铁建宾馆、忻州物业管理中心、西安物业管理中心。职工3681人。其中，干部1496人（含聘用人员1047人）；工人2185人。技术干部938人，技术工人1923人。资产总额357906万元。其中，固定资产原值109586万元、净值51852万元；流动资产302165万元。机械运输设备656台（套），价值34196万元，其中年内新购108台，价值5666万元。设备总功率90495千瓦，成新率62%，动力装备率25千瓦/人，技术装备率9万元/人。综合机械化施工程度85%。

2010年，公司承揽工程任务15项799279万元。其中，铁路工程3项550362万元；铁路外工程12项248917万元。完成企业总产值624558万元。其中，施工产值623999万元；附营产值559万元。实现利润11253万元。全员劳动生产率376580元/人年，职工年人均收入42808元。国有资产保值增值率129.2%，产值利润率1.8%，净资产收益率74.8%，资产负债率95.4%，投资收益上缴率100%，应上缴款完成率100%。完成主要实物工程量：土石方3103万立方米，桥梁51096延长米，隧道14848延长米，涵洞13940横延米，铺轨50.6公里，建成公路25.41公里，房屋建筑26377平方米。工程质量合格率100%。截至12月31日，公司连续安全生产6002天。年内，公司通过质量、环境、职业健康安全管理体系认证年度审核。公司参建的京津城际铁路获第九届中国土木工程詹天佑奖，承建的沪蓉西龙潭河特大桥、石环高速公路互通立交桥工程分别获中国铁建优质工程奖和火车头优质工程奖，承建的西安市浐灞河生态区2号桥工程获陕西省建设工程长安杯奖；重庆鱼洞长江大桥项目QC小组获全国工程质量建设管理优秀小组称号。获国家发明专利1项、实用新型专利4项；2项技术成果通过山西省建设厅鉴定分别达到国内领先和国内先进技术水平,1 项技术成果通过山西省科技厅鉴定达到国际先进水平;2 项科技成果获山西省科学技术奖,1 项科技成果获中国铁建科学技术奖;1 项工法被认定为山西省省级工法,1 项工法被评为中国公路工程优秀工法。公司被评为全国模范职工之家,继续保持全国守合同重信用企业、全国优秀施工企业、全国文明单位、陕西省高新技术企业、陕西省一级(优良)信用等级单位等荣誉。 (王世平　孟庆财)

【第三工程有限公司】 铁路、公路、市政公用工程施工总承包一级,房屋建筑工程施工总承包三级,土石方、桥梁、隧道、公路路基、公路路面工程专业承包一级资质企业。公司机关驻河北省石家庄市中山西路。董事长、总经理罗玉华(11 月免),董事长、党委书记杨金成(11 月任董事长),总经理刘新福(11 月任)。下辖40 个项目经理部、6 个机运队、4 个制梁队、6 个混凝土拌合厂、2 个隧道队、1 个隧道机械队、1 个预制构件厂及道路公司、物资设备租赁公司、桥梁运架工程公司、无砟轨道工程公司、石家庄物业公司、平遥物业公司、太原基地。职工 2806 人。其中,干部 1105 人;工人1687 人。技术干部 1066 人,技术工人 827 人。资产总额 312748 万元。其中,固定资产原值 82756 万元、净值 38336 万元;流动资产 272213 万元。机械运输设备572 台(套),价值 43662.3 万元,其中年内新购 130 台(套),价值 8051 万元。设备总功率 70260 千瓦,成新率 66%,动力装备率 25 千瓦/人,技术装备率 10 万元/人。综合机械化施工程度 80%。

2010 年,公司承揽工程任务 11 项 927000 万元。其中,铁路工程 4 项 714000 万元;铁路外工程 7 项213500 万元。完成企业总产值 511990 万元。其中,施工产值 511972 万元;附营产值 15 万元。实现利润10156 万元。全员劳动生产率 341327 元/人年,职工年人均收入 50122 元。国有资产保值增值率 163.36%,产值利润率 2%,净资产收益率 67.28%,资产负债率94.85%,投资收益上缴率 134%,应上缴款完成率100%。完成主要实物工程量:土石方 1643.6 万立方米,桥梁 45573 延长米,隧道 13815 延长米,涵洞 3976横延米,建成公路 23.5 公里,铺轨 37.9 公里。工程质量合格率 100%。截至 12 月 31 日,公司连续安全生产6539 天。年内,公司通过质量、环境和职业健康安全管理体系认证年度监督审核。公司参建的京津城际铁路工程获第九届中国土木工程詹天佑奖,承建的湖北沪蓉西高速公路齐岳山隧道工程获火车头优质工程奖和中国铁建优质工程奖,石武铁路客运专线浉河特大桥墩身工程、京沪高速铁路六工区路基工程被业主评为优质样板工程;获国家专利 6 项;2 项科技成果获中国铁建科学技术奖,其关键技术工法分别被认定为铁道部部级工法和山西省省级工法。公司获集团公司2010 年度五比劳动竞赛综合评比第一名,继续保持河北省文明单位称号。 (谢　静　孟庆财)

【第四工程有限公司】 公路、市政公用工程施工总承包一级,水利水电、房屋建筑工程施工总承包二级,桥梁、隧道、公路路基工程专业承包一级资质企业。公司机关驻重庆市北部高新区洪湖西路 18 号上丁企业公园 24～25 栋。董事长、总经理王业好,党委书记明思义。下辖 3 个机械运输公司、2 个隧道工程公司、4 个桥梁公司、1 个桥梁运架工程公司及晋中分公司、战备仓库、达州基地。职工 3260 人。其中,干部 1705 人;工人 1555 人。技术干部 960 人,技术工人 1125 人。资产总额 331085 万元。其中,固定资产原值 10378 万元、净值 45419 万元;流动资产 278940 万元。机械运输设备 725 台(套),价值 39019.7 万元,其中年内新购93 台,价值 5821.5 万元。设备总功率 89591 千瓦,成新率 69.2%,动力装备率 29.7 千瓦/人,技术装备率8.97 万元/人。综合机械化施工程度 85%。

2010 年,公司承揽工程任务 9 项 833053 万元。其中,铁路工程 4 项 631300 万元;铁路外工程 5 项201753 万元。完成企业总产值 508328 万元。其中,施工产值 505957 万元;附营产值 2371 万元。实现利润3808 万元。全员劳动生产率 69571 元/人年,职工年人均收入 37760 元。国有资产保值增值率 139.22%,产值利润率 0.75%,净资产收益率 30.2%,资产负债率 95.6%,投资收益上缴率 100%,应上缴款完成率100%。完成主要实物工程量:土石方 1362.04 万立方米,桥梁 26496.68 延长米,隧道 19137.39 延长米,涵洞 3077.17 横延米。工程质量合格率 100%。年内,公司通过质量、环境、职业健康安全管理体系认证年度监督审核。公司参建的合武铁路客运专线大别山隧道工程、承建的小磨藤蔑山隧道工程获重庆市巴渝杯优质工程奖,承建的贵州清水河大花水电站隧道引水工程获中国电力优质工程奖,承建的湖北沪蓉西高速公路乌池坝隧道工程、参建的合武铁路客运专线大别山隧道工程获火车头优质工程奖,2 项工程被中国铁建评为优质工程。5 个 QC 小组被评为重庆市工程建设优秀质量管理小组,2 个 QC 小组获全国优秀质量管理小组称号;3 项技术成果通过山西省建设厅科技鉴定,1 项达到国内领先水平,2 项达到国内先进水平;2 项技术成果获中国铁建科学技术奖;获省部级工法 9 项、国家专利 6 项。公司被评为重庆市 AAA 诚信建筑企业、重庆市建筑行业先进企业、重庆企业 100 强、重庆市

2009～2010年度守合同重信用单位。

（常红丽　孟庆财）

【第五工程有限公司】 公路、市政公用工程施工总承包一级，铁路工程施工总承包二级，土石方、隧道、桥梁、公路路基工程专业承包一级资质企业。公司机关驻山西省太原市小店区人民北路20号。董事长、总经理杨永宏，党委书记唐广胜。下辖4个机运工程公司、2个桥梁工程公司、5个隧道工程公司、2个物业公司。职工2369人。其中，干部1066人（含聘用人员180人）；工人1303人。技术干部685人，技术工人1125人。资产总额203864万元。其中，固定资产原值33052万元、净值15386万元；流动资产184875万元。机械运输设备800台（套），价值21519.2万元，其中年内新购107台，价值2743万元。设备总功率70233千瓦，成新率48%，动力装备率31千瓦/人，技术装备率5.1万元/人。综合机械化施工程度93%。

2010年，公司承揽工程任务13项488022万元。其中，铁路工程4项321554万元；铁路外工程9项166468万元。完成企业总产值326893万元，实现利润7827万元。全员劳动生产率359658元/人年，职工年人均收入30788元。国有资产保值增值率90.54%，产值利润率2.39%，净资产收益率132.09%，资产负债率96.02%，投资收益上缴率100%，应上缴款完成率100%。完成主要实物工程量：土石方1876.87万立方米，桥梁15840延长米，隧道20100延长米，涵洞4560横延米。工程质量合格率100%。截至12月31日，公司连续安全生产9460天。年内，公司顺利通过质量、环境、职业健康安全管理体系认证年度监督审核。京沪高速铁路项目QC小组被评为中国铁建优秀质量管理小组；4项科技成果获中国铁建科学技术奖；3项工法被认定为山西省省级工法，2项工法被认定为中国公路工程工法。公司获得全国建设施工安全生产先进单位、山西省优秀建筑企业、山西省精神文明和谐单位等荣誉。

（赵毅敏　孟庆财）

【第六工程有限公司】 公路、市政公用工程施工总承包一级，铁路工程施工总承包二级，房屋建筑工程施工总承包三级，土石方、桥梁、隧道、公路路基工程专业承包一级资质企业。公司机关驻福建省福州市连江中路181号中铁大厦。董事长陈治波，党委书记邓光明，总经理卢贤存。下辖路桥公司、混凝土公司、唐城大厦、南方饭店等单位。职工1246人。其中，干部443人；工人803人。技术干部667人；技术工人160人。资产总额228487.18万元。其中，固定资产原值31016.44万元、净值16750.51万元；流动资产205821.53万元。机械运输设备325台（套），价值20378.03万元，其中年内新购11台，价值261.47万元。设备总功率28921.9千瓦，成新率70%，动力装备率23千瓦/人，技术装备率11万元/人。综合机械化施工程度85%。

2010年，公司承揽工程任务12项601721万元。其中，铁路工程3项350292万元；铁路外工程9项251429万元。完成企业总产值335520.6万元。其中，施工产值334009.43万元；附营产值1511.17万元。实现利润4037.22万元。全员劳动生产率3232376元/人年，职工年人均收入56083元。国有资产保值增值率139%，产值利润率1.2%，净资产收益率36.09%，资产负债率95.03%，投资收益上缴率100%，应上缴款完成率181.59%。完成主要实物工程量：土石方1581万立方米，桥梁36563延长米，隧道8283延长米，涵洞4210横延米，建成公路42.43公里。工程质量合格率100%。年内，公司顺利通过质量、环境、职业健康安全管理体系认证年度监督审核。公司参建的京津城际轨道交通工程获第九届中国土木工程詹天佑奖，承建的厦门市五石路C合同段工程获福建省闽江杯优质工程奖，承建的厦门市BRT项目获厦门市优质工程奖，承建的广深港铁路客运专线综合2标段工程和杭甬铁路客运专线上虞制梁厂获火车头优质工程奖。公司获得全国优秀施工企业、全国企业文化先进单位、全国企业文化示范单位和福建省建筑业优秀企业、建筑业总承包30强、百强企业、建筑业先进企业等荣誉。

（康　燕　孟庆财）

【建筑工程有限公司】 房屋建筑、市政公用工程施工总承包一级，建筑装修装饰、钢结构、地基与基础工程专业承包一级，土石方工程专业承包三级资质企业。公司机关驻山西省太原市学府街121号。董事长、总经理杨琼东（4月任），党委书记吴海涛。下辖17个工程项目部、土建公司、机运公司、租赁公司、房地产公司、物业管理中心、试验室。职工865人。其中，干部422人；工人443人。技术干部316人，技术工人225人。资产总额108997万元。其中，固定资产原值16317万元、净值9150万元；流动资产97513万元。主要机械运输设备185台（套），价值6189.94万元，其中年内新购22台，价值603.74万元。设备总功率12536千瓦，成新率57%，动力装备率18千瓦/人，技术装备率5万元/人。综合机械化施工程度64.8%。

2010年，公司承揽工程任务8项154426万元。其中，铁路工程45项143709万元；铁路外工程3项10717万元。完成企业总产值172057万元。其中，施工产值172010万元；附营产值47万元。实现利润

2295万元。全员劳动生产率518571元/人年，职工年人均收入35792元。国有资产保值增值率115.2%，产值利润率1.33%，净资产收益率45.8%，资产负债率95.2%，投资收益上缴率100%，应上缴款完成率100%。完成主要实物工程量：土石方20.56万立方米，桥梁2844延长米，隧道9延长米，房屋建筑173441平方米。工程质量合格率100%。截至12月31日，公司连续安全生产8334天。年内，公司顺利通过质量、环境、职业健康安全管理体系认证年度监督审核。公司承建的中铁轨道系统集团公司长沙重型装备制造项目工程获中国铁建优质工程奖和火车头优质工程奖，承建的水岸雅居商务住宅楼（A、B、C）工程获山西省优质工程奖和山西省土木工程奖；2项技术成果获山西省优秀QC成果二等奖，1项技术成果获中国施工企业管理优秀QC成果三等奖；2项工法被认定为省级工法。公司被评为山西省企业环境行为绿色等级（优秀）单位，继续保持全国用户满意企业和太原市文明和谐单位标兵荣誉。（韩风云　孟庆财）

【电气化工程有限公司】　铁路电气化、铁路电务、机电设备安装、送变电、电信工程专业承包一级，城市及道路照明工程专业承包二级，公路交通工程分项资质企业。2005年12月29日在太原市工商行政管理局开发区分局登记注册，2006年1月18日正式挂牌运行。公司机关驻山西省太原市高新区高新街32号。总经理乔根柱，党委书记王家玉。下辖36个项目经理部。职工188人。其中，干部162人（含聘用人员22人）；工人26人。技术干部128人，技术工人263人。资产总额65900万元。其中，固定资产原值7635万元、净值5622万元；流动资产60279万元。主要机械运输设备821台（套），价值6381.33万元，其中年内新购211台，价值3137万元。设备总功率29000千瓦，成新率70.58%，动力装备率152千瓦/人，技术装备率22.4万元/人。综合机械化施工程度62%。

2010年，公司承揽工程任务22项90924万元。其中，铁路工程14项48948万元；铁路外工程8项41976万元。完成企业总产值69477万元，实现利润2522万元。全员劳动生产率216.22万元/人年，职工年人均收入56416元。国有资产保值增值率127.34%，产值利润率8%，净资产收益率41.55%，资产负债率89.45%，投资收益上缴率30%，应上缴款完成率106%。完成主要实物工程量：通信线路578公里，接触网15.8公里，电力线路254公里，综合接地178公里，隧道照明18公里，电机安装58公里，电力线路迁改900处，通信线路迁改1040处，新建变电所5座。工程质量合格率100%。截至12月31日，公司连续安全生产1830天。年内，公司顺利通过质量、环境、职业健康安全管理体系年度监督审核。公司参建的京津城际轨道工程获第九届中国土木工程詹天佑奖；3项技术成果被授予实用新型专利，1项工法被评为中国铁建优秀工法。公司被评为山西省高新技术企业、环境行为绿色等级企业称号，获得山西省科技奉献集体二等奖。（田晓敏　孟庆财）

【重要记载】

▲1月22日～23日　集团公司党委一届十次全会暨2010年工作会、二届三次职工代表大会在山西太原召开。会议总结2009年工作，部署2010年任务；签订2010年党委工作目标、经营管理、工程经营、安全生产、变更调差责任书和2010～2011年集体合同；表彰2009年劳动竞赛先进单位，民主评议集团公司领导班子成员。近300名代表出席会议。

▲3月15日　集团公司召开2009年度科技评审会，17项科技成果分别获得一、二、三等奖，18项工法被认定为企业级工法，评出优秀论文及技术总结77篇。

▲3月28日　集团公司参建的京津城际轨道交通工程获中国土木工程詹天佑奖。

▲3月29日　集团公司中标新建兰新铁路第二双线张掖至红柳河段工程LXS－17标段。该标段位于甘肃省酒泉地区，全长104.679公里，其中路基99.64公里，合同投资302126万元。计划工期2010年4月1日～2013年12月31日。

▲4月7日　集团公司中标新建山西中南部铁路通道瓦塘至汤阴东（含）站前工程ZNTJ－5标段。该标段位于山西省吕梁、临汾市境内，全长57.7公里，其中重点工程屈产河特大桥1292延长米、一级风险隧道石楼隧道12810延长米，合同投资292461万元，计划工期2010年4月10日～2014年9月30日。

▲4月12日　集团公司中标新建杭州至长沙铁路客运专线浙江段站前工程HCZJ－2标段，标段长52.019公里，合同投资410434万元，计划工期2010年4月10日～2013年6月30日。

▲4月15日　集团公司中标合肥至福州铁路客运专线闽赣段土建工程HFMG－7标段。该标段位于福建省南平市、古田县境内，线路长59.32公里，其中桥梁11120延长米、隧道44570延长米，桥隧占线路总长的93.9%，合同投资429241万元，计划2013年7月完工。

▲4月16日　铁道部原副部长郭林率领全国高速铁路建设及维修养护技术交流会代表团到集团公司北京房山制板厂参观访问。作为国内首家建成投产的

Ⅱ型无砟轨道板厂，于2006年6月26日生产出国内第一块CRTSII型无砟轨道板，先后承揽和圆满完成京津高速铁路、武广铁路客运专线、武汉试验段等国家重点工程的轨道板（道岔板）生产任务。2009年承担京沪高速铁路1标段轨道板、京沪高速铁路京徐段18号道岔板及全线42号道岔板的生产任务。2009年10月，板厂被铁道部选定为全路“一线、一桥、一隧、一厂”四个标准化管理试点单位之一。

▲5月10日　集团公司中标新建云桂铁路云南段站前工程第5标段。该标段位于云南省文山州丘北县境内，线路长59.219公里，其中重点工程六郎隧道14113延长米、对门山隧道9584延长米，合同投资314832万元，计划工期2010年6月1日～2014年11月30日。

▲5月13日　由集团公司承建的京沪高速铁路跨京开高速公路中承式钢箱拱转体桥成功转体。该桥位于北京市大兴区，跨度32米+108米+32米，是京沪高速铁路全线唯一一座钢箱拱转体桥，被列为铁道部科技创新项目。

▲6月10日～11日　集团公司Ⅱ型板铺设现场观摩及技术交流会在京沪高速铁路项目部召开，100余人参加会议。会议的主要目的是加强技术交流，提高无砟轨道板铺设作业技术水平，安全优质高效完成京沪高速铁路和京秦、宁杭、杭甬、石武铁路客运专线等工程Ⅱ型板式无砟轨道铺设任务。

▲6月14日　集团公司京福铁路客运专线闽赣段Ⅶ标段项目经理部一分部奉南昌铁路局命令，调集106人前往70公里外的鹰厦铁路三明段执行抗洪抢险任务。

▲6月18日　五公司职工赵海生荣登2009年度“中国好人榜”。

▲同日　六公司位于福建省清流县的永宁高速公路A7合同段项目部的29名员工突遇山洪被困，200余名武警官兵全力营救，受困人员9小时后终于成功脱险。

▲7月1日　集团公司担负抗洪抢险施工的鹰厦铁路资溪至铁关站段高填方路基提前两天完成，为全线提前抢通赢得了时间。铁道部和南昌铁路局组成联合慰问团，慰问集团公司参加鹰厦铁路抢险的职工。7月6日，铁道部致电集团公司，感谢十七局在鹰厦铁路、外南铁路抗洪抢险恢复通车攻坚战中作出的贡献。

▲8月3日　中铁十七局集团建筑公司山西省图书馆工程项目第一QC小组获2010年度全国工程建设优秀质量管理小组三等奖。

▲8月14日　国务院副总理张德江在铁道部副部长卢春房和河南省省委书记卢展工、省长郭庚茂等陪同下视察中铁十七局集团公司承建的石武铁路客运专线郑州东站施工现场。

▲8月21日　集团公司中标新建长沙至昆明铁路客运专线湖南段CKTJ－7标段工程。该工程位于湖南省娄底市新化县、邵阳市隆回县和怀化市溆浦县境内，全长34.538公里，其中蒿吉坪隧道和杨家隧道被列为Ⅱ级风险隧道，合同投资253698万元。

▲8月22日　首届铁道工程关键技术国际学术会议考察团包括外方专家一行80余人，到集团公司京沪高速铁路项目无砟轨道铺设现场，参观无砟轨道铺板、精调、灌浆作业等施工工序，称赞中国高速铁路技术走在了世界的前面，中铁十七局集团公司的无砟轨道技术走在了中国的前面。

▲8月31日　集团公司中标新建张家口至唐山铁路ZTSG－3标段工程。该工程位于河北省丰宁地区，正线长55.901公里，合同投资305306万元。

▲9月2日　集团公司中标新建邯郸（邢台）至黄骅港铁路Ⅰ标段工程。该工程位于河北省邯郸市与邢台市境内，线路长109.72公里，合同投资247458万元，合同工期2010年9月1日～2013年2月28日。

▲同日　中国驻阿尔及利亚大使刘玉和、阿国公共工程部长古勒和特雷姆森省长一行，到集团公司担负施工的阿国东西高速公路视察工作，称赞集团公司在东西高速公路建设中进场晚、进度快、质量优、信誉好。

▲9月10日　集团公司与中铁二十四局集团南昌公司联合中标新建山西中南部铁路通道汤阴东（不含）至日照南（含）段ZNTJ－20标段工程，正线长32.49公里，合同总投资300652万元，合同工期40个月。其中集团公司承担20.941公里、合同投资240348万元的施工任务。

▲9月24日　集团公司增援沙特轻轨铁路加马拉工程取得最后决战胜利，全线站台混凝土铺装工程完工，股份公司总裁赵广发到场祝贺。集团公司9月12日接到增援任务，承担加马拉车站北站台、南站台铺装任务。主要实物工程量有混凝土5287立方米、钢筋1236吨。在增援麦加轻轨铁路施工会战中，中铁十七局集团公司是完成实物工程量最多的单位之一。

▲9月28日～29日　铁道部在上海召开铁路建设质量暨标准化管理现场会。期间观摩集团公司承建的宁杭铁路客运专线项目施工管理现场，对宁杭项目标准化管理和现场安全质量控制给予高度评价。集团公司在会上作题为《推进标准化项目部建设，提升质量安全管控水平》的经验介绍，受到与会代表的广泛认同和一致好评，被铁道部副部长卢春房誉为“铁路

客运专线施工标准化管理的标兵”。

▲10月2日　集团公司中标新建青岛至荣成城际铁路站前及相关工程QRZH－Ⅵ标段，线路长55.2公里，合同投资386920万元，计划工期2010年10月1日～2013年9月30日。

▲11月13日～15日　集团公司和六公司获全国企业文化建设优秀单位称号。

▲11月20日　国家副主席习近平在安哥拉访问期间，视察中资企业联合承建的安哥拉社会住房项目K.K.一期工程，并亲切接见集团公司董事长段东明等中资企业负责人和参建员工代表。

▲12月1日　中共中央政治局委员、北京市市委书记刘淇，市长郭金龙一行，考察京沪高速铁路第1标段北京段跨南四环马家楼桥西线路施工工地。刘淇称赞：“十七局不仅是一支敢打硬仗的队伍，而且是一个智慧型企业团队，感谢你们为首都建设奉献的精品工程、艺术作品。”

▲12月7日～9日　集团公司总经理卢朋率海外事业部、科技开发部负责人参加在北京国家会议中心召开的第七届世界高速铁路大会（HIGHSPEED 2010）。世界高速铁路大会由国际铁路联盟（UIC）于1992年发起并组织举办，是展示和交流世界高速铁路发展水平与成就的全球盛会。（孟庆财）

中铁十八局集团有限公司

【简况】　中铁十八局集团有限公司系铁路工程施工总承包特级，公路、水利水电、市政公用、房屋建筑工程施工总承包一级，隧道、桥梁、城市轨道交通、机场场道、公路路面工程专业承包一级和地质灾害防治工程施工甲级资质企业，同时拥有对外承包工程资质和对外经营权。公司机关驻天津市河西区柳林。前身系中国人民解放军铁道兵第八师，1984年1月1日集体转业并入铁道部，改编为铁道部第十八工程局；2001年4月18日企业改制改称现名。下辖10个子公司、8个分公司及26个指挥（项目）部。职工17995人。资产总额2125525万元。其中，固定资产原值432193万元、净值267311万元；流动资产1782784万元。机械运输设备6081台（辆），总功率634565.59千瓦，动力装备率36.04千瓦/人，技术装备率11.99万元/人，新度系数0.67，机械化施工程度90%。

2010年承揽工程任务3509022万元，完成企业总产值3604104万元，其中施工产值3585996万元，实现利润34198万元。全员劳动生产率66.22万元/人年，人均创利1.92万元，职工年人均收人3.69万元。国有资产保值增值率101.38%，净资产收益率21.89%，应上缴款完成率100%，资产负债率93.91%。完成主要实物工程量：土石方4651万立方米，隧道198578延长米，桥梁129922延长米，涵渠73914横延米，铁路正线铺轨363公里，站线铺轨42.7公里，铺道岔107组，铁路架梁6821孔，公路架梁2346片，圬工429万立方米，地铁19555延长米，地铁车站4.88座，轻轨7391米，公路263公里，房屋建筑93万平方米。单位工程合格率100%，分项工程合格率100%。年内，集团公司参建的遂渝铁路无砟轨道综合试验段、云南思茅至小勐养高速公路、南京至淮安高速公路3项工程获中国土木工程詹天佑奖；华能海门电厂一期1、2号机组新建工程获国家优质工程金质奖，华能通辽宝龙山风电场工程、天津开发区净水厂三期工程、北京通惠河北路道路工程、国家高速公路网沪陕线陕西境蓝田至商州高速公路蓝田至林岔河段秦岭隧道4项工程获国家优质工程银质奖；天津滨海新区中央大道新港4号路地道工程获中国市政金杯示范工程奖；获部市级优质工程奖9项、中国铁建优质工程奖14项；获国家优秀QC小组3个、部市级优秀QC小组8个，中国铁建优秀QC小组5个；获国家科技进步奖1项，省部级科技进步奖3项，中国铁建科学技术奖5项。集团公司被授予中国科学技术奖技术创新先进企业称号；8人被评为全国优秀项目经理，2人被评为天津市优秀项目经理。（阎世杰　海战忠）

【领导人员】

董事会

董事长	刘金林（5月免）
	刘汝臣（5月任）
副董事长	郝趁义（8月主持工作）
董事	彭仕国（8月任）
	刘树洪（8月免）
	彭道富
	赵心昭（2月任）

监事会

主席	房光辉
监事	李忠心
	李会生
	翟玉奎（3月免）

经理层

总经理	刘金林（5月免）
	刘汝臣（5月兼）
	彭仕国（8月任）

常务副总经理	邓中才(5月任,享受正职待遇)
副总经理	彭道富
	董广田(12月任)
	范成国
	刘洪德
	刘家文
	陆晓辉
	韩利民(8月任)
	李铁翔
	邓　勇(1月任)
	彭仕国(1~8月任)
总工程师	韩利民
总经济师	董广田(12月免)
总会计师	马秀之(1月任)

党群领导

党委书记	郝趁义
党委副书记	刘金林(5月免)
	刘树洪(8月免)
	彭仕国(8月任)
纪委书记	刘树洪(8月免)
工会主席	赵心昭(1月任)

（刘琳琳　秦跃新　伍吉勇）

【工程项目指挥机构】 神朔铁路复线工程指挥部　驻天津市河西区柳林中铁十八局集团公司办公大楼10楼。指挥长郎珉,党工委书记唐海涛。

宜万铁路工程指挥部　驻湖北省建始县北环路46号。指挥长关伟(12月任)。

北京地铁工程指挥部　驻北京市海淀区西翠路17号院。指挥长、党工委书记童顺军。

襄渝铁路二线安康至梁家坝段工程指挥部　驻陕西省紫阳县电信局。指挥长杨继明,党工委书记郭志强(5月免)。

南疆吐库铁路二线工程指挥部　驻新疆维吾尔自治区乌鲁木齐市南山矿区鱼儿沟。指挥长李宏亮,党工委书记陈华东。

京沪高速铁路项目经理部　驻河北省沧州市公安局警官培训中心。项目经理赵明传(8月免)、吴忠良(8月任),党工委书记吴忠良。

渝利铁路项目经理部　驻重庆市石柱县工业园区。常务副经理张海龙,党工委书记孙开华。

厦深铁路广东段工程指挥部　驻广东省汕尾市马宫镇金町工业区。常务副指挥长宋庚银,党工委书记矣成辉。

兰渝铁路工程指挥部　驻甘肃省陇南市武都区汉王镇。常务副指挥长史振春,党工委书记江顺。

向莆铁路FJ－1A标段工程指挥部　驻福建省泰宁县环城路78号。指挥长崔连友,党工委书记刘保良。

石武铁路客运专线河南段项目经理部　驻河南省驻马店市确山县武装部。常务副经理杨国良,党工委书记宋玉毛(4月免)、祁林(5月任)。

津秦铁路客运专线项目经理部　驻天津市东丽区东埥村金达大酒店。项目经理王志杰,党工委书记刘从勇。

贵广铁路工程指挥部　驻贵州省凯里市从江县。常务副指挥长贾振功,党工委书记隋建丛。

京津城际延伸线工程项目经理部　驻天津市东丽区京塘公路396号天管宾馆。项目经理钟兴兵,党工委书记李瑞显。

武黄城际铁路3标段项目经理部　驻湖北省黄石市团成山开发区大泉路。项目经理史长兴,党工委书记范业昌。

武咸城际铁路1标段项目经理部　驻湖北省武汉市江夏区纸坊街江夏大道。项目经理苗福启,党工委书记刘永清。

湘桂铁路扩改工程柳南段Ⅳ标段工程指挥部　驻广西壮族自治区南宁市兴宁区五塘镇。指挥长杨春明(7月免)、苏在林(10月任),党工委书记余顺友(10月免)、张馨(10月任)。

兰新铁路甘青段(西宁)项目经理部　驻青海省民和县新区。项目经理刘东(12月任),党工委书记刘学庆(12月任)。

核电工程指挥部　驻广东省深圳市罗湖区北斗路30号。指挥长雷福添。

大西铁路工程指挥部　驻山西省晋中市灵石县静升镇文昌东路。常务副指挥长武守恩,党工委书记黄成恒。

山西中南部铁路通道ZNTJ－12标段项目经理部　驻山西省长治市平顺县迎宾大道。常务副经理张晓华,党工委副书记黄振歧。

云桂铁路云南段项目经理部　驻云南省弥勒县温泉路中段。常务副经理陈野(5月任),党工委书记郑艳(12月任)。

华北区域指挥部　驻天津市塘沽区临港1396号。指挥长范成国。

华东区域指挥部　驻上海市闸北区止园路417号。指挥长彭仕国(8月免)、孟文林(9月任)。

中南区域指挥部　驻湖北省武汉市洪山区民主路。指挥长李铁翔。

西南区域指挥部　驻四川省成都市双流机场路土

桥段14号。指挥长邓勇。（刘琳琳　阎世杰）

【职工队伍】　截至2010年底，集团公司有职工17995人，其中干部8073人。干部中，专业技术干部7185人，占干部总数的89%；女干部1601人，占干部总数的19.8%。文化结构：研究生以上学历58人，本科4028人，大专2069人，中专349人，高中以下学历669人。年龄结构：30岁以下3979人，31岁～40岁2454人，41岁～50岁903人，51岁～59岁737人。专业技术干部中，初级职务4775人，中级职务1543人，高级职务867人。

工人9922人。其中，女工2568人，占工人总数的25.9%；技术工人9033人，占工人总数的91%。学历结构：高中及以下学历6046人，中专、技校、职高1816人，大专、高技1593人，本科467人。年龄结构：30岁以下2371人，31岁～40岁2159人，41岁～50岁3997人，51岁～59岁1395人。技术工人中，初级工831人，中级工1503人，高级工3762人，技师978人，高级技师128人。（代京军　李红燕）

【铁路工程施工】　2010年在建铁路工程49项。其中，新开工11项；竣工6项。合同总投资5914567万元。年内完成施工产值1623397万元，占施工总产值的45.3%。重点工程进展情况：

新建京沪高速铁路土建JHTJ－1标段工程　位于河北省沧州市境内，合同投资360218万元，合同工期2008年1月1日～2011年6月30日。主要实物工程量：特大桥2座46043.14延长米，站场1座，梁场3座，制架箱梁1746孔。年内完成投资54368万元，开工累计完成投资339267万元，占合同投资的94.2%。

新建石家庄至武汉铁路客运专线河南段站前SWZQ－8标段工程　位于河南省驻马店市，合同投资328732万元，合同工期2008年10月1日～2011年12月31日。主要实物工程量：桥梁8座42590延长米，路基9段12.3公里，隧道2座1184延长米，涵洞38座725.83横延米，框架桥1座，公路跨铁路桥梁9座。驿城制梁厂1座，制架梁640孔，原位现浇梁250孔；CRTSII型轨道板厂1座，轨道板铺设17257块。年内完成投资142588万元，开工累计完成投资310372万元，占合同投资的94.4%。

新建向塘莆田铁路FJ－1A标段工程　位于福建省三明市泰宁县，合同投资358138万元，合同工期2008年10月1日～2012年5月31日。主要实物工程量：宝台山隧道出口、雪峰山隧道进口、泰宁隧道进口、建宁隧道等隧道32.5座43560延长米；金溪特大桥等桥梁38座12754.34延长米；框架涵27座1650.8横延米；区间路基土石方209.25万立方米，站场路基土石方444.98万立方米；粒料道床24.5万立方米，无砟道床7.4万立方米。年内完成投资168798万元，开工累计完成投资305202万元，占合同投资的85.2%。

津秦铁路客运专线1标段工程　位于天津市东丽区、塘沽区，合同投资235701万元，合同工期2008年11月8日～2012年12月31日。主要实物工程量：路基5.6公里，张贵庄跨外环线特大桥27450延长米，东大制梁场1座。年内完成投资131766万元，开工累计完成投资189057万元，占合同投资的80.4%。

厦深铁路广东段站前XSGZQ－8标段工程　位于广东省汕尾、海丰两市县，合同投资161999万元，合同工期2008年9月1日～2011年3月15日。主要实物工程量：隧道7座11657延长米，特大桥3座16865.74延长米，大桥1座251.16延长米，长沙湾制梁场制梁420片。年内完成投资70814万元，开工累计完成投资158435万元，占合同投资的97.8%。

南疆吐库铁路二线SK1标段工程　位于新疆维吾尔自治区吐鲁番地区托克逊县，合同投资118103万元，合同工期2007年5月1日～2011年6月30日。主要实物工程量：路基及站场土石方35.34万立方米，桥梁207.4延长米，涵洞177横延米，伯信特隧道出口端右线303延长米，中天山隧道左线22452延长米。年内完成投资20419万元，开工累计完成投资93326万元，占合同投资的71.7%。

新建兰州至重庆铁路西秦岭特长隧道XQLS1标段工程　位于甘肃省陇南市武都区，合同投资163996万元，合同工期2008年8月10日～2013年9月25日。主要实物工程量：西秦岭右线隧道28236.9延长米，范家坪隧道3152延长米，潘家沟大桥165延长米。年内完成投资36200万元，开工累计完成投资67964万元，占合同投资的41.4%。

贵广铁路GGTJ－4标段工程位于贵州省从江县，合同投资329659万元，合同工期2008年12月1日～2012年12月31日。主要实物工程量：路基土石方183万立方米，隧道3.5座29309延长米，桥梁3座，涵洞15座348.49横延米，车站1座。年内完成投资60098万元，开工累计完成投资90598万元，占合同投资的45.7%。

渝利铁路第V标段工程　位于重庆市石柱县，合同投资145287万元，合同工期2008年12月28日～2013年12月28日。主要实物工程量：路基240米，隧道7座32804延长米，桥梁5座1299延长米。年内完成投资66790万元，开工累计完成投资93710万元，占合同投资的64.5%。

新建京津城际延伸线天津至于家堡JYSG－1标

段工程　位于天津市河东、津南、东丽、塘沽区，合同投资302373万元，合同工期2009年10月1日~2012年8月31日。主要实物工程量：区间路基9.1公里，特大桥25655延长米，涵洞313.99横延米，无砟道床66.22公里，站场1座。年内完成投资65593万元，开工累计完成投资78626万元，占合同投资的26%。

新建兰州至重庆铁路广元至重庆段土建LYS-9标段工程　位于四川省广元市元坝区，合同投资53653万元，合同工期2009年10月1日~2012年2月1日。主要实物工程量：路基土石方7.96万立方米，级配碎石0.66万立方米，挡土墙片石混凝土0.7万立方米，桥梁397延长米，隧道8271延长米，涵洞23.48横延米。年内完成投资14134万元，开工累计完成投资14966万元，占合同投资的27.9%。

新建武汉至咸宁城际铁路WXSG-1标段工程　位于湖北省武汉市江夏区，合同投资262387万元，合同工期2009年10月1日~2011年10月31日。主要实物工程量：桥梁15座，隧道2座，路基19.01公里，联络线3.56公里，车站7座，箱梁预制场1座，涵洞25座。年内完成投资112642万元，开工累计完成投资137516万元，占合同投资的52.4%。

新建武汉至黄石城际铁路WHSG-3标段工程　位于湖北省黄石市，合同投资341601万元，合同工期2009年9月1日~2012年3月1日。主要实物工程量：路基土石方652.8万立方米，桥梁26座26924延长米，隧道12座5075延长米，路基38段14.13公里，无砟道床93.85公里，制梁场2座，预架箱梁760孔，现浇箱梁13孔，车站4座。年内完成投资149099万元，开工累计完成投资160061万元，占合同投资的46.9%。

湘桂铁路扩能改造工程柳州至南宁段站前及部分站后工程LN-4标段　位于广西壮族自治区南宁市，合同投资248099万元，合同工期2009年10月1日~2012年7月31日。主要实物工程量：桥梁20座5960延长米，隧道17座，涵洞13座，路基土石方80.4万立方米。年内完成投资126571万元，开工累计完成投资131805万元，占合同投资的53.1%。

新建铁路兰新第二双线兰州至西宁段站前LXS-2标段工程　位于甘肃省兰州市、临夏州及青海海东州境内，合同投资391414万元，合同工期2009年12月18日~2014年5月17日。主要实物工程量：路基土石方178.8万立方米，站场土石方59.87万立方米，桥梁28座25174延长米，隧道9座25532延长米，铺无砟道床106.8公里，站场1座。年内完成投资101572万元，开工累计完成投资102108万元，占合同投资的25.2%。

新建兰新铁路第二双线西宁至张掖段站前LXS-5标段工程　位于青海省西宁市大通县、门源县境内，合同投资140966万元，合同工期2010年3月1日~2012年11月30日。主要实物工程量：大坂山隧道15918延长米。年内完成投资20714万元，开工累计完成投资20714万元，占合同投资的14.7%。

京九铁路向塘西至东莞东段电气化改造JJNS标段工程　线路长821.5公里。全线分别由南昌铁路局和广州铁路集团公司管辖。南昌铁路局管辖工程范围：正线长517.9公里，合同投资43688万元，合同工期2009年12月1日~2010年10月31日。年内完成投资20752万元，开工累计完成投资20752万元，占合同投资的47.5%。广州铁路集团公司管辖工程范围：正线长303.5公里，合同投资12000万元，合同工期2009年12月1日~2010年10月31日。年内完成投资8950万元，开工累计完成投资8950万元，占合同投资的74.6%。

莞惠城际轨道交通GZH-2标段工程　位于广东省惠州市，合同投资84547万元，合同工期2009年10月1日~2012年12月31日。主要实物工程量：U型槽长0.28公里，隧道4880延长米，人防工程土建部分、无砟轨道道床、道路改移、沟渠改移、“三电”迁改及管线改移。年内完成投资13290万元，开工累计完成投资14390万元，占合同投资的17%。

（齐立宾　阎世杰）

【铁路外工程施工】　2010年在建铁路外工程427项，合同总投资6531009万元。其中，公路工程109项，合同投资2069068万元，完成施工产值589160万元；其他工程318项，合同投资4461941万元，完成施工产值1373439万元。重点工程进展情况：

西安快速轨道交通2号线地铁北客站TJSG-1标段工程　位于陕西省西安市，合同投资118000万元，合同工期2008年1月~2010年12月31日。主要实物工程量：西安北站地下出站层54657平方米，站房基础、地下通道基坑范围内南北558米、东西201米，基坑开挖深度18.9米；西安地铁2号线北客站及南北站房建筑面积29201平方米。年内完成投资19250万元，开工累计完成投资118850万元，占合同投资的100.72%。

沈阳地铁2号线第1合同段工程　位于辽宁省沈阳市，合同投资23903万元，合同工期2007年12月1日~2009年9月30日。主要实物工程量：起点至松山路站区间右线长403米、左线长403米；松山路站长203米，车站主体结构为二层三跨岛式站台车站；松山路站至陵西站区间长1268米。年内完成投资13811

万元,开工累计完成投资 20352 万元,占合同投资的 93.2%。

深圳地铁 2 号线东延线土建 2225 标段工程　位于广东省深圳市,合同投资 33001 万元,合同工期 2008 年 6 月 1 日 ~2010 年 8 月 31 日。主要实物工程量:华强路站长 207 米,燕南路站长 315 米;华强路站至燕南路站盾构区间左线隧道长 356 延长米、右线隧道长 404 延长米,单线隧道长 761 延长米。年内完成投资 8086 万元,开工累计完成投资 23497 万元,占合同投资的 71.2%。

北京地铁 8 号线 5 标段工程　位于北京市海淀区,合同投资 20404 万元,合同工期 2008 年 12 月 1 日 ~2013 年 5 月 31 日。主要实物工程量:永泰庄站长 223 米,为地下两层岛式车站,车站设置 4 个通道、4 个出入口。年内完成投资 9630 万元,开工累计完成投资 13617 万元,占合同投资的 70.7%。

北京地铁 8 号线 9 标段工程　位于北京市东城区,合同投资 48801 万元,合同工期 2009 年 10 月 1 日 ~2013 年 12 月 31 日。主要实物工程量:黄寺站长 242 米,总建筑面积 13265 平方米;鼓楼大街站长 164 米,总建筑面积 17769 平方米;安华桥站至黄寺站区间左线长 1022 米、右线长 1041 米;黄寺站至鼓楼大街站区间左线长 901 米、右线长 901 米。年内完成投资 2002 万元,开工累计完成投资 2002 万元,占合同投资的 5.2%。

天津地铁 3 号线 12 合同段工程　位于天津市河北区,合同投资 16714 万元,合同工期 2007 年 7 月 1 日 ~2011 年 3 月 31 日。主要实物工程量:中山路站长 291 米,中山路站至小树林站区间单线长 1012 米,中山路站至北站区间单线长 475 米。年内完成投资 3154 万元,开工累计完成投资 9464 万元,占合同投资的 56.9%。

西安地铁 1 号线工程　位于陕西省西安市,合同投资 22960 万元,合同工期 2010 年 3 月 1 日 ~2012 年 5 月 31 日。主要实物工程量:后围寨站长 281.5 米,为地下两层岛式站;后围寨站至三桥站区间长 1798.6 米,三桥站至皂河站区间长 1810 米。年内完成投资 4500 万元,开工累计完成投资 4500 万元,占合同投资的 19.6%。

天津滨海新区中央大道海河隧道 1 标段工程　位于天津市滨海新区于家堡中心商务区和东西沽地区,合同投资 95792 万元,合同工期 2008 年 11 月 1 日 ~2011 年 4 月 30 日。主要实物工程量:隧道南段敞开段 235 延长米、封闭端 378 延长米,C、D 匝道修筑长度各 100 米。年内完成投资 35645 万元,开工累计完成投资 69756 万元,占合同投资的 72.8%。

天津滨海新区中央大道海河隧道 2 标段工程　位于天津市滨海新区于家堡中心商务区和东西沽地区,合同投资 123088 万元,合同工期 2009 年 6 月 1 日 ~2010 年 12 月 31 日。主要实物工程量:主体隧道结构 2480 延长米。年内完成投资 43555 万元,开工累计完成投资 78630 万元,占合同投资的 63.9%。

锦屏二级水电站东端 1、2 号引水隧洞工程　位于四川省凉山彝族自治州,合同投资 176593 万元,合同工期 2007 年 5 月 1 日 ~2013 年 9 月 30 日。主要实物工程量:1、2 号引水隧洞东端及检修排水系统施工,总长 14087 延长米,其中 2 号隧洞长 11872 延长米。年内完成投资 35848 万元,开工累计完成投资 77734 万元,占合同投资的 48.4%。

青岛胶州湾隧道土建 3 合同段工程　位于山东省青岛市,合同投资 38897 万元,合同工期 2007 年 7 月 1 日 ~ 2010 年 6 月 30 日。主要实物工程量:主隧道 3293 延长米,路基 950 米。年内完成投资 18059 万元,开工累计完成投资 38897 万元,占合同投资的 100%。

天津海滨大道子牙新河特大桥工程　位于天津市滨海新区,合同投资 68470 万元,合同工期 2009 年 1 月 1 日 ~2010 年 12 月 31 日。大桥长 5890 延长米,双向 6 车道。年内完成投资 32160 万元,开工累计完成投资 68470 万元,占合同投资的 100%。

西铜高速公路赵氏河特大桥工程　位于陕西省西安市西北岳县境内,合同投资 55762 万元,合同工期 2008 年 12 月 1 日 ~2011 年 4 月 30 日。主要实物工程量:路基、桥梁 4 座,互通式引桥 1 座。年内完成投资 30083 万元,开工累计完成投资 54033 万元,占合同投资的 96.9%。

京秦高速公路迁西支线路基 LJ－2 标段工程　位于河北省唐山市迁西县南,合同投资 17526 万元,合同工期 2009 年 11 月 1 日 ~2010 年 12 月 31 日。主要实物工程量:路基土石方填方 27.1 万立方米,挖方 41 万立方米;大桥 1 座 187 延长米,中桥 3 座 238 延长米,分离立交桥 1 座 582.08 延长米;涵洞 3 座。年内完成投资 4066 万元,开工累计完成投资 4066 万元,占合同投资的 23.2%。

武西高速公路桃花峪黄河大桥工程　位于河南省焦作市,合同投资 15876 万元,合同工期 2009 年 11 月 1 日 ~2012 年 5 月 31 日。主要实物工程量:特大桥 1 座 1250 延长米,预制箱梁 384 片 12781 立方米,现浇波形钢腹板箱梁 8485.6 立方米,钢箱梁 683.8 吨,体外预应力钢绞线 141.2 吨。年内完成投资 5382 万元,开工累计完成投资 5382 万元,占合同投资的 33.9%。

钦州子材大桥工程　位于广西壮族自治区钦州市,合同投资 16959 万元,合同工期 2009 年 8 月 1 日

~2011 年 8 月 31 日。主要实物工程量:桥梁 488.44 延长米,两侧引道 431.56 米,总长 920 米。年内完成投资 7526 万元,开工累计完成投资 9446 万元,占合同投资的 55.7%。(齐立宾　阎世杰)

【境外工程施工】 2010 年,境外工程主要分布在沙特阿拉伯、尼日利亚、马达加斯加、迪拜、苏丹等国家。年内承揽境外工程 18 项,新开工 12 项,续建 18 项,完成合同投资 101241 万美元,占集团公司施工总产值的 18.6%。重点工程进展情况:

沙特麦加轻轨铁路工程　位于沙特麦加城珈玛拉特市,线路长 18.05 公里。项目因后期施工项目增加,合同总投资变更为 134900 万美元。合同工期 2009 年 2 月~2011 年 5 月。主要实物工程量:路基 4.71 公里,路基土石方 682 万立方米;桥梁 13360 延长米,承台墩身 1331 个,盖梁 749 个,预制梁 4466 片;正线铺轨 38 公里,其中无砟轨道 28 公里;车辆段铺轨 18.7 公里,铺设道岔 86 组;房屋建筑 13 万平方米。年内完成投资 68557 万美元,开工累计完成投资 122141 万美元,占合同投资的 90.5%。

沙特南北铁路 CTW200 标段工程　位于沙特阿拉伯北部,线路长 453 公里,合同投资 52406 万美元,合同工期 2007 年 3 月~2010 年 11 月。主要实物工程量:桥梁 16 座,骆驼通道 12 座,圆管涵 148 座,箱涵 336 座,路基挖方 1362 万立方米,路基填方 1545 万立方米,铺设道砟 80 万立方米,站场 1 座,轨枕生产厂 1 座;生产轨枕 85 万根,生产道砟 100 万立方米;通讯信号 460 公里,浆砌圬工 12 万立方米。年内完成投资 16067 万美元,开工累计完成投资 48979 万美元,占合同投资的 93.4%。

麦加麦地那高速铁路第 1 标段工程　位于沙特阿拉伯吉达市,全长 450.25 公里,合同投资 38449 万美元,合同工期 2009 年 4 月 1 日~2012 年 4 月 30 日。主要实物工程量:铁路桥梁 24 座,箱梁 144 孔;公路桥 22 座(含 2 座骆驼通道和 2 座现浇箱梁公路桥),预制梁 1440 片;涵洞(通道)67 座;机场地下通道 2450 米,地上挡墙 1080 米。年内完成投资 250 万美元,开工累计完成投资 250 万美元,占合同投资的 0.7%。

(齐立宾　马剑平)

【经营管理】 工程承揽。2010 年,承揽工程 205 项,新签合同额 3509022 万元,完成年度计划的 109.66%。其中,海外工程 17 项,合同额 550031 万元;铁路工程 11 项,合同额 1231283 万元;公路工程 22 项,合同额 465546 万元;水利电力工程 21 项,合同额 164272 万元;房屋建筑工程 51 项,合同额 739233 万元;市政工程 83 项,合同额 570140 万元;城市轨道交通工程 9 项,合同额 326380 万元;国内其他工程 8 项,合同额 12168 万元。以集团公司资质承揽工程 93 项,合同额 2779741 万元,占承揽总额的 79.2%。承揽项目中亿元以上工程 68 项,合同额 3044758 万元,占承揽总额的 86.8%。

企业管理。年内,二公司获铁路铺轨架梁一级资质,房地产公司取得房地产开发二级资质;顺利完成金属结构公司划转中铁轨道系统集团公司的重组整合工作;江夏纸坊梁场、新立梁场,鄂州梁场通过铁道部质检中心专家组实地核查和产品检验。组织集团公司相关业务部门和各子公司进行公路信息和业绩网上录入,为集团公司参与公路工程资格审查和投标创造条件。为 20 余名建造师办理注册、变更手续,截至年底,集团公司累计注册建造师 510 余人;全年协调聘用建造师 300 余次,保证了集团公司经营生产的需要。年内,8 人被评为全国优秀项目经理,2 人被评为天津市优秀项目经理;五公司首次获天津市优秀施工诚信企业称号,促进了五公司在天津滨海新区的经营发展。

安全质量管理。年内,集团公司承建的北京地铁 8 号线二期 5 标段、向莆铁路泰宁隧道进口、渝利铁路万寿山隧道获中国铁建 2010 年度安全质量标准工地称号,15 个项目被评为集团公司安全质量标准工地;二公司等 35 个单位实现年度安全生产目标,被评为集团公司安全生产先进单位。集团公司参建的云南思茅至小勐养高速公路、南京至淮安高速公路获 2010 年度中国土木工程詹天佑奖,参建的华能海门电厂一期 1、2 号机组新建工程获国家优质工程金质奖,参建的华能通辽宝龙山风电场工程、天津开发区净水厂三期工程、北京通惠河北路道路工程、国家高速公路网沪陕线陕西境蓝田至商州高速公路蓝田至林岔河段秦岭隧道工程获国家优质工程银质奖,五公司承建的天津滨海新区中央大道新港 4 号路地道工程获中国市政金杯示范工程奖,8 项工程获火车头优质工程奖,14 工程被评为中国铁建优质工程;获国家优秀 QC 小组 3 个、部市级优秀 QC 小组 8 个、中国铁建优秀 QC 小组 5 个,32 个 QC 小组被评为集团公司优秀 QC 小组。六公司被评为天津市推进质量管理小组活动先进企业,刘金良、刘齐山分别被评为全国工程建设 QC 小组活动优秀推进工作者和全国工程建设质量管理先进个人。

财务资产管理。集团公司坚持以资金管理为主线,加大资金集中管理力度,积极税务筹划,防范财务风险,强化会计信息化建设,努力提高会计信息质量,切实改变企业财务状况,促使企业又好又快发展。年内,集团公司对所属单位进行财经专项核查两次,检查各单位潜亏处理、资金状况、债权清收、债务控制等情况，促进企业管理水平的提高。针对企业所得税负担不断加重的状况，在充分调研和论证的基础上，及时向领导提出“将集团公司注册成立为高新技术企业”的建议。经过集团公司财务部和有关部门的共同努力，9月30日通过国家科技部火炬高技术产业开发中心的备案审查，成为天津市第一家高新技术建筑企业。高新企业的注册成功，集团公司今后三年所得税率将从25%降至15%，争取到了最大的政策支持，促进了企业的健康发展。积极开展资金池业务，截至年底，资金池上线账户120余个，集中资金1亿多元，促进企业资金进入良性循环，实现集团公司效益最大化。制定《中铁十八局集团有限公司“小金库”专项治理实施方案》，组成4个工作小组进行督导检查，严令相关单位限期整改，并对整改情况进行重点抽查与核实，维护企业的合法利益。年内，集团公司武广铁路客运专线工程指挥部通过国家税务总局的税务检查，京沪、宜万、贵广、渝利等铁路项目通过集团公司审计检查。

成本管理。年内变更索赔和概算清理工作取得较好成绩。武广铁路客运专线等16个项目累计实现变更索赔39.6亿元，占合同总额的43.8%。加强项目过程监控，由总工程师或分管工程的副总经理带队，组成集团公司实施性施工组织评审组，指导编制和评审项目实施性施工组织设计和专项施工方案，为控制项目成本奠定坚实基础。加强施工劳务用工价格管理，制定下发每道工序的劳务指导价格，要求每个项目部严格在指导价格内招标使用劳务队伍，超过指导价格的劳务队伍，一律不准上场。

审计监督。全年完成审计项目153项，提出审计报告141份，发现问题金额25419万元，提出审计意见和建议487条，被采纳445条。年内3个单位被评为中国铁建审计工作先进单位，2人被评为审计工作先进工作者；1个单位被集团公司评为内部审计先进单位，3个单位被评为配合外部审计工作先进单位，11人被评为内部审计工作先进工作者。

（海战忠　李燕生　段志国　畅里爱　刘振武）

【科技教育】 科技工作。2010年科技经费投入59036万元，完成科技计划项目12项；推广应用“四新”成果21项。全年获国家科学技术进步奖1项，省部级科技进步奖3项，获中国铁建科学技术奖5项，评审集团公司科技进步奖13项；4项工法被认定为铁道部工法，7项工法被认定为天津市工法，3项工法被认定为中国公路工程工法；获得实用新型专利授权8项，完成专利受理20项；2项科技成果通过天津市高新技术成果转化中心鉴定，达到国际先进水平。年内先后编辑出版6期《科技与管理》，组织技术交流和培训6次。

教育培训。年内，114人参加各类领导干部及青年干部培训，115人参加预算员、施工员、质检员、财会员、安全员等“十一大员”培训，2331人参加国际工程管理专业英语、客运专线技术、责任成本、内审员、财务人员等专业技术人员继续教育培训，136人参加高级试验工、测量工、技师等技能培训，2979人次参加各类规范化岗位培训；组织64人参加石家庄铁道大学建筑与土木工程专业在职工程硕士考试。（王建秋　隋丽春）

【公安与综合治理】 全年侦办刑事案件55起，查处治安案件207起，处理违法犯罪分子424人，调解各类纠纷1850余起；处置上访、阻工事件870余起，涉及人数7500余名；接处警786起，出动警力1200余人次，出动警车970余辆次。通过侦查办案或调解纠纷，为企业避免经济损失280万元。加强节日期间的安全保卫工作，保证企业的安全和稳定。开展消防检查，对发现的隐患及时下达隐患整改通知，明确整改的内容和时限。综合治理工作通过各项指标验收，集团公司被天津市委规划建设工委评为综合治理先进单位。

（马国武　刘刚）

【党群工作】 党的工作。集团公司有各级党组织520个。其中，党委21个；党总支13个；党支部486个。党员7168人。年内发展党员220名，(1)党建工作。年内下发《关于召开2010年党员领导干部民主生活会的通知》，确定生活会主题，提出具体要求。组织开展“四好领导班子”、“五好党支部”、“六好共产党员”争创活动，一公司、五公司、隧道公司、沙特麦加轻轨项目部、石武铁路客运专线项目部5个单位被评为集团公司“四好领导班子”。“七一”期间，集团公司表彰先进党工委10个、“五好党支部”39个、优秀党务工作者33名、“六好共产党员”72名。组织召开集团公司工程项目党建工作座谈会，出台《中铁十八局集团有限公司加强和改进工程项目部党的建设工作实施细则（试行）》，为工程项目党建工作科学化、规范化和制度化提供制度保障。新成立的房地产公司和兰新、大西、云桂、中南部通道项目部及时建立党组织，保证工程项目党建工作的同步开展。党校举办第一期工程队长培训班，培训工程队长90名。深入开展调查研究，为党委领导决策提供重要的参考，集团公司党委书记郝趁义撰写的调研报告被评为天津市第十二届社会科学优秀成果三等奖。汇集整理《集团公司所属单位不稳定因素摸底排查情况》，下发《关于不稳定因素摸底排查情况的通报》等文件，要求各单位认真分析稳定工作形势，做好不稳定因素排查，努力化解各种矛盾，确保企业上下稳定。扎实做好政治信息采集、上报、编发工作，编辑印发《政工信息》41 期，上报股份公司和天津市综合、专刊信息 21 条，被采纳 15 条。下发《关于开展涉密载体专项检查和完善保密责任书签订的通知》《关于认真落实国资委保密办公室〈关于进一步做好保密重点工作的通知〉的通知》，进一步加强保密工作的规范化、制度化建设。加强党委中心组学习，编发《中心组学习》资料，针对一线施工特点，组织班子成员、部门副职领导进行两次集中学习，董事长、党委书记郝趁义亲自进行十七届五中全会精神的专题辅导。组织开展"践行企业价值观，提升企业管理水平"大反思专题教育活动，收集问题 125 条，梳理归纳共性问题 13 条、个性问题 6 条，对企业存在的突出问题要求认真排查，严肃整改。（2）宣传思想工作。年内加大对外新闻报道力度，围绕胡锦涛总书记视察厦门海底隧道、沙特麦加轻轨建设等重大事件，集中宣传报道。年内，全集团公司在各媒体刊稿 1815 篇。其中，在中央级和主要行业报纸刊稿 167 篇；省部级、地方报刊稿 107 篇；《中国铁道建筑报》刊稿 500 余篇；各类网站刊稿 932 篇。112 条新闻被中央电视台、省市电视台采用，其中中央电视台编发新闻 34 条、《新闻联播》播发 12 条。全年编辑发行《中铁工人》24 期、《企业政工》3 期、《中心组学习》3 期。起草《基层思想政治工作调研报告》，为领导决策提供依据。年内，万铁堂等 3 人获中国铁建优秀思想政治工作者称号。深入推进企业文化建设，年内，3 个单位、3 个项目部、5 名个人被中国铁建分别评为企业文化建设先进单位、先进项目部及先进个人。开展精神文明创建活动，面对玉树地震等自然灾难，组织广大员工开展救援。三公司青海项目部在玉树地震发生后，第一时间派出救援小组，奔赴地震灾区组织救援，赢得社会各界好评；向莆铁路工程指挥部积极投入南昌铁路局铁路抗洪抢险，赢得铁道部及地方政府的高度评价。（3）党风廉政建设。年内，集团公司 651 名副处以上领导干部签订"领导干部廉洁从业承诺书"，通过制度上墙，进一步做好干部的监督考核工作。全年集团公司两级领导班子述职述廉 254 人次，层层签订"党风廉政建设责任书"327 份，领导人员任前廉政谈话 180 多人次，对 4 名领导人员进行问责，年内受理群众来信、来访举报 25 件，初核案件线索 23 件，涉及党员 18 人，立案 17 件，结案 17 件，处分 17 人。通过查办案件，挽回直接经济损失 235 万元，为企业避免经济损失 306 万元。化解企业经营风险 7 起，挽回经济损失 700 多万元。派出专项治理检查组 49 个 182 人次，重点抽查项目 144 个，发现问题 386 个，提出整改建议 673 条，下发整改通知书 92 份；经济处罚 17 人，罚款 47.6 万元。集团单位废除不适应制度 42 项，修改、完善规章制度 137 项，建立工程项目建设制度、规定和办法 46 项。

工会工作。集团公司有工会组织 39 个。其中，子公司工会 10 个；分公司工会 8 个；工程指挥部工会（工委）21 个。会员 18152 人。年内，集团公司《提案征集情况的报告》经提案征集处理委员会审议，立案 52 项，表彰奖励优秀提案 10 项。集团公司企务公开民主管理经验在天津市城建系统民主管理工作座谈会上作经验介绍，并被评为工会工作创新发展二等奖；调研成果被《天津工人报》头版头条刊发。集团公司被天津市评为厂务公开民主管理工作先进单位。在创建劳动关系和谐企业活动中，集团公司被天津市市政府命名为 AAA 级劳动关系和谐企业。集团公司全年筹集送温暖资金 226.69 万元。其中，各级行政拨款 146.4 万元，各级工会出资 69.05 万元。年内走访慰问困难职工家庭 961 户，慰问其他人员 891 人。开展以"五小"、QC 攻关、合理化建议和技术改进为主题的职工自主创新创效活动，在中国铁建合理化建议和技术改进项目评审中，8 人获奖。积极开展"一法三卡"安全生产管理活动，兰渝铁路工程指挥部获天津市班组安全建设优秀成果奖，集团公司"一法三卡"工作法被评为天津市工会工作创新成果二等奖、首批天津市班组安全建设成果奖、天津市"两个普遍"践行活动创新成果一等奖，并被选送参加中华全国总工会劳动保护工作成果展示。认真落实"三不让"承诺，全年办理退款及补偿 154811 元。其中，大病互助个人补偿 2 人 8000 元；13 人获补充养老退款，共计 72229 元。资助困难职工及农民工子女 349 人，发放助学（奖学）金 53.06 万元。

共青团工作。年内组织开展"保安全、求质量、促进度、增效益——中国铁建青年在行动"主题活动，深入开展"青年文明号"、"青年突击队"、"青年文明示范岗"等争创活动，充分发挥团员青年生力军和突击队作用。积极开展"我为灾区献爱心"、"爱心资助，梦圆大学"、"心手相牵——情系家乡孩童"等关爱活动，进一步增强团组织的凝聚力和号召力。开展集团公司第三届"十大杰出青年"、"十佳优秀青年"评选活动，继续深化青年"创新创效"活动，为青年成长成才搭建平台。深化团内推优评先工作，全年有 11 个集体、3 名个人受到省部级以上表彰；36 个集体、11 个红旗团委、17 个红旗团支部、68 名个人分别受到股份公司团委和集团公司团委表彰。

（阎世杰）

【国际工程有限公司】 前身为集团公司海外工程公司，2004 年 7 月改称国际工程公司；2005 年 3 月解散，各境外单位归集团公司直接管理；2006 年 11 月重组国际工程公司，按分公司模式进行管理；2008 年 11 月，企业改制改称现名，成为具有独立法人资格的子公司。公司机关驻天津市河西区柳林。总经理薛新广,党委书记刘程彦。职工444人。其中,干部383人;工人61人。下辖尼日利亚公司、沙特公司、马斯喀特公司、迪拜公司、泰国公司及沙特麦加轻轨项目部、沙特南北铁路项目部、沙特麦麦高铁项目部、马达加斯加项目部、苏丹项目部、印度办事处、越南项目部12个境外单位,经营涉及房屋建筑、普通铁路、城市轻轨、市政工程、高速公路、高速铁路、石油管道、水利水电等领域。境外资产总额6000万美元。机械设备956台(套),总功率110630.55千瓦,动力装备率248.05千瓦/人,技术装备率85.97万元/人。年施工能力20000万美元以上。

2010年承揽工程任务83300万美元(不含越南水电站项目2896万美元)。在建海外工程34项,合同总额305700万美元。全年完成施工产值97800万美元。完成主要实物工程量:土石方1032.86万立方米,轻轨354公里,桥梁1499延长米,涵洞52747横延米,房屋建筑156323平方米。年内,1人被评为天津市劳动模范,1人被评为天津市新长征突击手,1个集体、1名个人分别获中国铁建"工人先锋号"和"工人先锋号标兵"称号。 (马剑平)

【第一工程有限公司】 公路、市政公用工程施工总承包一级,铁路工程施工总承包二级,土石方、桥梁、隧道、水工隧洞、公路路基工程专业承包一级资质企业。公司机关驻河北省涿州市冠云路128号。前身系中国人民解放军铁道兵第八师第三十六团,1984年1月1日集体转业并入铁道部,改编为铁道部第十八工程局第一工程处;2001年8月28日企业改制改称现名。执行董事、总经理付仕保,党委书记卫海宏,常务副总经理付彦生。下辖22个项目(指挥)部及机械化工程公司、铁建社区医院、物业管理中心。职工2556人。其中,干部1210人;工人1346人。专业技术干部870人,技术工人1225人。资产总额173621万元。其中,固定资产原值50913万元、净值17438万元;无形资产1736万元。机械设备854台(套),净值28000万元,设备总功率101582千瓦,动力装备率39.7千瓦/人,技术装备率10.6万元/人,设备成新率66%、完好率95%、利用率70%。年施工能力30亿元以上。

2010年承揽工程任务185000万元,其中自揽工程2项47000万元。完成企业总产值320000万元,其中施工产值318000万元。实现利润2007万元。全员劳动生产率125.2万元/人年,职工年人均收入3.1万元。国有资产保值增值率107%,净资产收益率7.56%,资产负债率93.81%,应收账款周转率11次,总资产周转率2次,应上缴款完成率100%。完成主要实物工程量:路基土石方148.9万立方米,隧道19271延长米,桥梁16120延长米,涵洞961横延米。年内获火车头优质工程奖2项,中国铁建优质工程奖1项。 (王大章)

【第二工程有限公司】 铁路、公路、市政公用、房屋建筑工程施工总承包一级,电力工程施工总承包二级,地基与基础、土石方、桥梁、隧道、铁路铺轨架梁工程专业承包一级资质企业。公司机关驻河北省唐山市丰润区光华道8号。前身系中国人民解放军铁道兵第八师第三十七团,1984年1月1日集体转业并入铁道部,改编为铁道部第十八工程局第二工程处;2001年10月企业改制改称现名。执行董事、总经理张文卷,党委书记陈善富。下辖50多个项目部。职工2270人。其中,干部887人;工人1383人。资产总额178771万元。其中,固定资产原值24743万元、净值14034万元;流动资产160744万元。机械运输设备194台(套),原值10367万元、净值4570万元,设备总功率26625千瓦,动力装备率11.6千瓦/人,技术装备率4.52万元/人。年施工能力35亿元以上。

2010年承揽工程任务162795万元,完成企业总产值354500万元,其中施工产值351714万元。实现利润356万元,人均创利1570元。全员劳动生产率13.53万元/人年,职工年人均收入3.1万元。国有资产保值增值率99.68%,净资产收益率-0.32%,产值利润率0.12%,资产负债率92.76%,应上缴款完成率100%。完成主要实物工程量:路基土石方810万立方米,隧道14601延长米,桥梁29961延长米,涵洞1987横延米,房屋建筑15614平方米。年内,参建的华能海门电厂一期1、2号机组新建工程获国家优质工程金质奖,参建的华能海门电厂一期工程及华能通辽宝龙山风电场工程获国家优质工程银质奖和中国电力优质工程奖。 (王秀杰)

【第三工程有限公司】 公路、市政公用、房屋建筑工程施工总承包一级,铁路工程施工总承包二级,隧道、桥梁、公路路基、水工隧洞工程专业承包一级,送变电工程专业承包二级资质企业。公司机关驻河北省涿州市冠云路。前身系中国人民解放军铁道兵第八师第三十八团,1984年1月1日集体转业并入铁道部,改编为铁道部第十八工程局第三工程处;2001年10月企业改制改称现名。执行董事、总经理温法玺,党委书记马伟峰,常务副总经理高永亮。下辖2个分公司、24个项目部及物业管理中心、医院、机修厂。职工2615人。其中,干部1273人;工人1342人。资产总额221512万元。其中,固定资产原值43878万元、净值

24647 万元;流动资产 190264 万元;无形资产 1475 万元;其他资产 5126 万元。机械运输设备 554 台(套),净值 10935 万元,总功率 72212 千瓦,动力装备率 27.16 千瓦/人,技术装备率 4.11 万元/人,机械化施工程度 75%。年施工能力 20 亿元以上。

2010 年承揽工程任务 183742 万元,完成企业总产值 359620 万元。其中,多种经营产值 1020 万元;施工产值 358600 万元。实现利润 1360 万元。全员劳动生产率 146.4 万元/人年,职工年人均收入 2.7 万元。国有资产保值增值率 95.3%,净资产收益率 10.92%,产值利润率 0.38%,资产负债率 94.38%,投资收益上缴率 100%,上缴款完成率 100%。完成主要实物工程量:土石方 373.4 万立方米,隧道 22926 延长米,桥梁 17935 延长米,涵渠 2131 横延米。在建工程一次检验合格率 100%。年内,参建的天津开发区净水厂三期工程获国家优质工程银质奖,小康高速公路包家山隧道工程获火车头优质工程奖。 (梁淑芳)

【第四工程有限公司】 市政公用工程施工总承包一级、房屋建筑工程施工总承包二级资质企业。公司于 2005 年 3 月 4 日由集团公司原津滨轻轨工程指挥部、技工学校、子弟学校和原建筑工程公司的部分单位合并重组而成。执行董事、总经理闫广天,党委书记李继业。下辖 23 个单位。职工 1050 人。其中,干部 702 人;工人 348 人。资产总额 151221 万元。其中,固定资产原值 27102 万元、净值 18867 万元;流动资产 122127 万元;非流动资产 29094 万元。机械运输设备 263 台(套),原值 11617 万元、净值 7258 万元,总功率 36030 千瓦,动力装备率 32.87 千瓦/人,技术装备率 6.62 万元/人,设备完好率 88%、利用率 82%。年施工能力 30 亿元。

2010 年承揽工程任务 100950 万元,完成企业总产值 256000 万元,其中施工产值 251000 万元。实现利润 3386 万元,人均创利 3.18 万元。全员劳动生产率 25.1 万元/人年,职工年人均收入 4.37 万元。国有资产保值增值率 138.12%,净资产收益率 32.01%,产值利润率 1.32%,资产负债率 93.97%,应上缴款完成率 100%。主要实物工程量:路基土石方 80 万立方米,隧道 1325.5 延长米,桥梁 4500 延长米,房屋建筑 10 万平方米,市政道路 3.6 公里,地铁 900 延长米。年内,轨道板厂 QC 小组“提高高速铁路Ⅱ型轨道板打磨合格率”被评为全国工程建设质量管理优秀成果;技工学校获得天津市五一劳动奖状,1 人获得火车头奖章,1 人被评为全国优秀项目经理,2 人被评为天津市优秀项目经理。 (肖 明)

【第五工程有限公司】 市政公用、公路、房屋建筑工程施工总承包一级,铁路工程施工总承包二级,桥梁、隧道、公路路基、水工隧洞工程专业承包一级,预拌商品混凝土专业承包二级资质企业。公司机关驻天津市塘沽区新北路 3199 号。前身系中国人民解放军铁道兵第十四师第六十八团、七十团及机械营合编组建的铁道兵第八师第四十团,1984 年 1 月 1 日集体转业并入铁道部,改编为铁道部第十八工程局第五工程处;2001 年 6 月企业改制改称现名。执行董事、总经理冯希民,党委书记刘勇霖,常务副总经理程志强。下辖 8 个专业公司、4 个指挥部、13 个项目部及材料厂、基地管理中心等 25 个单位。职工 3646 人。其中,干部 1507 人;工人 2139 人。资产总额 409600 万元。其中,固定资产原值 86955 万元、净值 52778 万元;流动资产 344685 万元;无形资产 8574 万元。机械运输设备 584 台(套),原值 41005 万元、净值 23413 万元,设备总功率 65426 千瓦,动力装备率 18.49 千瓦/人,技术装备率 6.62 万元/人。年施工能力 50 亿元以上。

2010 年承揽工程任务 501800 万元,完成企业总产值 551900 万元,其中施工产值 531800 万元。实现利润 7004 万元,人均创利 1.92 万元。全员劳动生产率 153 万元/人年,职工年人均收入 3.2 万元。国有资产保值增值率 149.91%,净资产收益率 29.31%,资产负债率 95.07%,投资回报率 2.66%,产值利润率 1.32%,应上缴款完成率 100%。完成主要实物工程量:土石方 520 万立方米,桥梁 24520 延长米,涵渠 7420 横延米,隧道 10760 延长米,房屋建筑 10.66 万平方米,沥青路面 140 万平方米。年内获中国市政金杯示范工程奖 1 项,中国土木工程詹天佑奖 2 项,国家优质工程银质奖 1 项,省部级优质工程 3 项,集团公司优质工程 6 项;获中国施工企业管理协会科学技术奖技术创新成果二等奖 1 项,中国铁建科学技术三等奖 1 项、优秀论文 1 篇。公司被评为天津市优秀诚信施工企业;海河隧道项目部、沈阳地铁 1 号线 8 标段工程获国家 AAA 级安全文明标准化诚信工地称号;1 人被评为茅以升优秀建造师,2 人被评为第二届全国优秀建造师,5 人被评为全国优秀项目经理,1 人被评为天津市优秀项目经理,1 人获得火车头奖章,1 人获得天津市五一劳动奖章。 (金植云)

【第六工程有限公司】 房屋建筑工程施工总承包一级,市政公用工程施工总承包二级,土石方工程专业承包二级资质企业。公司机关驻天津市河西区柳林。公司于 2005 年 4 月由原建筑工程公司、土木工程公司重组而成。执行董事、党委书记周会军,党委书记祁林(5 月免),总经理彭亚飞。下辖 11 个分公司、14 个工程项目经理部、1个制梁场,5个工程项目部,3个铁路客运专线项目部和物资公司、电务公司、华北经贸公司、车管办公室4个多种经营单位。职工1022人。其中,干部753人;工人269人。资产总额121217万元。其中,固定资产原值19529万元、净值10259万元;流动资产110622万元;其他资产10595万元。机械运输设备303台(辆),总功率51657千瓦,动力装备率51千瓦/人,技术装备率3.98万元/人。

2010年承揽工程任务158423万元,完成企业总产值173912万元。其中,施工产值173395万元;多种经营产值517万元。实现利润370万元,其中净利润263万元。人均创利2573元。全员劳动生产率170.17万元/人年,职工年人均收入3.2万元。国有资产保值增值率102%,净资产收益率2.8%,产值利润率0.21%,资产负债率92%,应上缴款完成率100%。完成实物工程量:隧道9519延长米,桥梁15394延长米,涵渠763横延米,土石方220万立方米,房屋建筑10.61万平方米。截至12月31日,公司连续安全生产365天。检查分项工程10144项,质量合格率100%;检查评定单位工程727项,合格率100%。年内,公司获天津市QC优秀企业称号。

(张小彦　葛淑香　曹　晖)

【建筑安装工程有限公司】 市政公用、房屋建筑、机电安装工程施工总承包一级,钢结构、火电设备安装、管道、化工石油设备管道安装工程专业承包一级,锅炉安装维修、压力管道安装、压力容器安装、起重机械安装一级,电梯安装三级资质企业。公司机关驻河北省高碑店市迎宾路8号。执行董事、党委书记傅建军,总经理任金岭。公司下辖4个综合施工分公司、5个专业施工分公司、天津办事处、中安商贸大厦。职工794人。其中,干部276人;工人518人。资产总额49215万元。其中,固定资产原值7856万元、净值5332万元;流动资产41474万元;其他资产2408万元。机械运输设备215台(套),净值987万元,设备总功率5733千瓦,动力装备率7.22千瓦/人,技术装备率1.24万元/人,设备完好率90%、利用率100%。年施工能力10亿元以上。

2010年承揽工程任务120700万元,完成企业总产值70100万元,其中施工产值69100万元。实现利润505.85万元,人均创利1.01万元。全员劳动生产率140.80万元/人年,职工年人均收入4.22万元。国有资产保值增值率102.13%,净资产收益率3.37%,产值利润率0.73%,投资回报率5.06%,资产负债率77.42%,应上缴款完成率100%。年内,参建的沈西工业走廊质量技术检验检测基地1号楼工程被评为沈阳市优质工程,参建的石家庄建华大街与体育大街交汇跨滹沱河第3标段工程获石家庄市兴石杯优质工程奖;江西项目部QC小组获全国工程建设优秀质量管理小组二等奖;"大坡度长坡身过河隧道施工工法"被认定为天津市工法。　(李　沱　刘　云　白爱新)

【北京中铁大都工程有限公司】 房屋建筑工程施工总承包一级,市政公用工程施工总承包二级,建筑装修装饰、机电设备安装工程专业承包一级,公路路基工程专业承包二级资质企业。公司机关驻北京市大兴区西红门镇欣荣北大街31号。2001年10月由原北京中铁大都工程公司和原四处大都公司合并重组而成。执行董事、党委书记兰伯超,总经理李文哲。下辖13个项目部。职工1069人。其中,干部489人;工人580人。资本总额5000万元,其中固定资产原值3259万元、净值1542万元。机械设备46台(套),原值2604万元、净值1496.6万元,总功率12721.1千瓦,动力装备率11.9千瓦/人,技术装备率1.4万元/人。年施工能力10亿元以上。

2010年承揽工程任务60019.4万元,完成企业总产值47500万元,实现利润610万元。职工年人均收入3.96万元。国有资产保值增值率100.31%,净资产收益率3.78%,产值利润率5.2%,资产负债率87.2%,投资收益上缴率100%,应上缴款完成率100%。完成主要实物工程量:路基土石方117.4万立方米,桥梁1309延长米,隧道1304延长米,涵渠638横延米,房屋建筑32049平方米。年内,承建的泸州中心港区铁路专用线B标段工程、汶川县漩口至三江公路SD标段工程被评为集团公司优质工程。(贾　靖)

【房地产开发有限公司】 房地产开发二级资质企业。2010年3月成立。公司机关驻天津市河西区柳林。总经理、党委书记刘家文。下辖4个单位。职工28人。资产总额29064.1万元。其中,固定资产原值38.5万元、净值5.7万元;流动资产20556.5万元。

2010年承揽工程任务4项。其中,资本经营项目3项;基地经济适用房项目1项。项目总投资286000万元。年内完成投资36600万元。　(阴　峰)

【重要记载】

▲1月12日　集团公司工会召开一届七次全委会,赵心昭当选集团公司工会主席。

▲1月22日~23日　集团公司二届四次职代会暨2010年工作会在天津召开。会议总结集团公司2009年工作,部署2010年任务,是一次抢抓机遇,为实现集团公司经济状况根本好转的动员会。

▲1 月 25 日　集团公司中标新建兰新铁路第二双线西宁至张掖段站前 LXS－5 标段工程，合同投资 14.09 亿元。

▲2 月 15 日　农历大年初二，中共中央总书记、国家主席、中央军委主席胡锦涛到集团公司承建的厦门海底隧道工地视察，给坚持施工的职工拜年，并鼓励大家再接再厉，安全优质完成施工重任。股份公司总裁赵广发、集团公司党委书记郝趁义等陪同视察。

▲3 月 2 日　在天津市纪念三八国际劳动妇女节 100 周年大会上，隧道公司职工赵彦春入选天津市“十行百杰”。

▲3 月 5 日　天津市副市长李文喜在集团公司会见股份公司总裁赵广发、副总裁范德一行，双方就加强合作、实现共赢深入交换意见，并达成广泛共识。

▲3 月 7 日　金属结构工程有限公司划转中铁轨道系统集团有限公司管理。

▲3 月 23 日　房地产开发有限公司成立，为集团公司全资子公司。

▲同日　集团公司中标新建大同至西安铁路客运专线站前 6 标段工程，标段长 14.835 公里，合同投资 13.8 亿元。

▲4 月 7 日　集团公司中标新建山西中南部铁路通道瓦塘至汤阴东（含）段站前 ZNTJ－12 标段工程，合同投资 25.1 亿元。

▲4 月 26 日　集团公司承建的中国大陆第一条海底隧道厦门翔安海底隧道正式通车。

▲5 月 10 日　集团公司中标新建铁路云桂线云南段站前 YGT－6 标段工程，合同投资 35.79 亿元。

▲5 月 15 日　股份公司总裁赵广发到集团公司津秦铁路客运专线工地进行安全生产专项检查。集团公司党委书记郝趁义、副总经理范成国陪同检查。

▲7 月 11 日 15 时 56 分　在广西壮族自治区南宁市宾阳县境内，一公司施工的新建南（宁）黎（塘）铁路 LN－4 标段那适 2 号隧道 NGDK698＋382 处仰拱前方发生坍塌，造成掌子面 NGDK698＋430 处 10 人被困。事故发生后集团公司立即启动应急救援预案，成立事故救援指挥部，于当日 19 时展开救援方案。17 日凌晨 4 时许，救援人员打通从 1 号隧道至 2 号隧道的横向救援通道，发现坍塌地段基本被坍塌体填满。救援人员利用生命探测仪多点反复探测，发现坍塌体内已无生命迹象，救援工作从搜救阶段转入搜寻阶段。

▲8 月 13 日　一公司武咸项目部江夏纸坊制梁场顺利通过国家认证。

▲8 月 27 日　一公司京津城际延伸线新立制梁场顺利通过国家认证。

▲8 月 30 日　股份公司研究决定：任命彭仕国为集团公司董事、总经理、党委副书记。

▲8 月　二公司铁路铺架资质由二级升为一级。

▲9 月 1 日　集团公司召开领导干部大会。股份公司董事长、党委书记孟凤朝在集团公司调研期间出席大会。孟凤朝表示对集团公司领导班子给予厚望，希望新的领导班子团结带领广大职工，开创企业发展新局面。

▲9 月 19 日　集团公司视频会议系统正式开通。

▲9 月 30 日　集团公司被认定为国家高新技术企业，今后三年集团公司的所得税率将从 25% 降至 15%。

▲10 月 8 日　尼日利亚公司承建的尼日利亚北部第一高桥——吉巴姆大桥竣工。尼日利亚总统古德勒克·乔纳森出席竣工剪彩仪式。

▲10 月 26 日　集团公司中标南昌市轨道交通 1 号线一期土建第 6 标段工程，合同投资 5.65 亿元。

▲11 月 13 日　集团公司参建的沙特麦加轻轨铁路全线开通运营。

▲12 月 6 日　股份公司召开沙特麦加轻轨铁路建设表彰大会。集团公司麦加轻轨铁路项目部仲志武获得火车头奖章，土建项目部运架队获中国铁建“工人先锋号”称号，李保华获“工人先锋号标兵”称号。

▲12 月 22 日　集团公司参建的宜万铁路全线开通运营。

（阎世杰）

中铁十九局集团有限公司

【简况】　中铁十九局集团有限公司是铁路工程施工总承包特级，公路、矿山、市政公用、水利水电、机电安装、房屋建筑工程施工总承包一级，港口与航道工程总承包二级，公路路基、公路路面、机场场道、桥梁、隧道、水工隧洞、铁路铺轨架梁、钢结构、地基与基础工程专业承包一级，铁路电气化、送变电、电信工程专业承包二级，预应力工程专业承包三级和城市轨道交通工程专业承包资质企业，同时拥有境外工程承包资质和对外经营权。前身系中国人民解放军铁道兵第九师，1984 年 1 月 1 日集体转业并入铁道部，改编为铁道部第十九工程局；1999 年 12 月改称中铁第十九工程局，2001 年 12 月企业改制改称现名。机关驻北京市经济技术开发区荣华南路 19 号。下辖第一、第二、第三、第五、第六、第七工程有限公司，电务工程有限公司、轨道交通工程有限公司、矿业投资有限公司、房地产有限公司、物资总公司、计量测试中心、职工中心医院、辽阳基地，东北、西北、西南、华南、华东、华北、东南、北京指挥部和海外工程指挥部。职工 18407 人。其中，干部 8007 人；工人 10400 人。技术干部 7465 人，占干部总数的 93.23%；技术工人 8210 人，占工人总数的 78.94%。资产总额 1556348.96 万元。固定资产原值 420478.18 万元、净值 263883.7 万元；流动资产 1225201.02 万元。机械运输设备 5213 台(套)，原值 318557.5 万元、净值 204436.5 万元，成新率 64%，动力装备率 30.4 千瓦/人，技术装备率 11.4 万元/人。其中主要施工机械设备 1664 台，完好率 90.8%，利用率 79.5%。年内新购设备价值 57801.8 万元，其中主要施工设备 189 台，价值 34669 万元。

2010 年新签国内合同 126 项 486.8 亿元，新签海外合同额 3.07 亿美元。完成施工产值 309 亿元，实现利润 4 亿元。全员劳动生产率 44.252 万元/人年，职工年人均收入 39803 元。净资产收益率 22.41%，产值利润率 1.28%，资产负债率 90.55%。完成主要实物工程量：隧道 164300 延长米，桥梁 358700 延长米，正线铺轨 1337.1 公里，土石方 2.02 亿立方米，房屋建筑 16.12 万平方米，制梁 11433 片，架梁 12591 孔，公路路面 490 万平方米。工程质量分项工程一次检查合格率 100%，单位工程合格率 100%。年内，集团公司获国家优质工程奖 4 项、省部级优质工程奖 17 项，获 2009 年度全国优秀 QC 小组 4 个、铁道部优秀 QC 小组 2 个、省级优秀 QC 小组 29 个、中国铁建优秀 QC 小组 5 个，获中国铁建、辽宁省、河北省 2010 年度先进安全质量标准工地 6 个。集团公司被评为全国质量管理先进单位，被认定为国家高新技术企业，集团公司领导班子连续 4 次进入中国铁建“四好领导班子”行列。企业先后被授予全国优秀施工企业、全国先进建筑企业、全国工程建设管理先进单位、全国守合同重信用企业、全国建设施工企业设备管理优秀单位、全国思想政治工作优秀企业、全国精神文明建设工作先进单位、全国企业文化建设优秀单位、全国文明单位等称号。

（张　莹）

【领导人员】

董事会

董事长	葛永利
副董事长	孙公新
董事	葛永利
	孙公新
	施化祥
	栾显国
	富德春
职工代表董事	富德春(1 月 13 日任)

监事会

监事	夏志炳
职工代表监事	安绪才
	刘正昶

经理层

总经理	孙公新
副总经理	王跃进
	栾显国
	王学忠
	侯希承
	柏林成
	解方亮
	魏万征
	吴言坤
	尚尔海
	王景华(12 月 3 日任)
总经济师	王景华(12 月 3 日免)
总工程师	丰兴桥
总会计师	施化祥
领导班子副职待遇	信长才
顾问	史俊奉(9 月 26 日退休)
	江志明(12 月 22 日退休)

党群领导

党委书记	葛永利
党委副书记	孙公新(兼)
	富德春
	夏志炳
纪委书记	夏志炳(兼)
工会主席	富德春(1 月 13 日任)

（张　莹　陈培贵　耿庆宇）

【工程项目指挥机构】　东北指挥部　驻辽宁省沈阳市和平区五里河城 A 座 14 楼。指挥王学忠。

华东指挥部　驻上海市浦东新区成山路 2008 弄锦秀华城 192 号。指挥柏林成。

东南指挥部　驻江西省萍乡市经济开发区郑和路 9 号。指挥王跃进。

华南指挥部　驻广西壮族自治区南宁市五象广场东方曼哈顿 2403 号。指挥吴言坤。

西北指挥部　驻陕西省西安市交大科技园区华尔兹花园 1 号楼 2 单元 2003 室。指挥丰兴桥。

西南指挥部　驻重庆市渝中区菜袁路 209 号新东福花园紫烟阁 10－1。指挥曲桂有。

华北指挥部　驻天津市南开区阳光壹佰新城东南侧浅水湾花园 33－2。指挥侯希承。

北京指挥部　驻北京市石景山区鲁谷大道聚兴园

3 号楼 2 单元 102 室。指挥史俊奉。

海外工程指挥部　驻北京市经济技术开发区荣华南路 19 号。指挥魏万征。

阿尔及利亚项目经理部　驻阿尔及利亚阿艾茵·迪夫拉省豪赛尼亚县。项目经理魏万征。

兰渝铁路项目经理部　驻甘肃省定西市安定区内官营镇。项目经理解方亮。

京沪高速铁路项目经理部　驻天津市静海县北环工业园 A 区 -1 号恒兴钢兴宿舍楼 4 -2 号。项目经理孙吉东。

石武铁路客运专线项目经理部　驻河南省新乡市牧野工业园环宇大道 16 号。项目经理李华伟。

盘营铁路客运专线项目经理部　驻辽宁省海城市浪潮金东方高科技发展有限公司。项目经理于涛。

合蚌铁路客运专线项目经理部　驻安徽省南市大通区经济开发区建兴路。项目经理王跃进。

沪宁城际铁路项目经理部　驻江苏省无锡市钱桥镇北 312 国道钱蓉高架桥东引桥 100 米。项目经理隋忠庆。

长吉城际铁路项目经理部　驻吉林市船营区长吉北线。项目经理解佳飞。

厦深铁路广东段项目经理部　驻广东省潮州市潮安县浮阳镇广城路 3 号。项目经理于进江。

海南东环铁路项目经理部　驻海南省万宁市人民西路。项目经理姜明友。

向莆铁路项目经理部　驻福建省闽候县上街镇美岐村。项目经理王成宏。

包西(北)铁路项目指挥部　驻内蒙古自治区达拉特旗电厂。指挥崔玉彬。

广昆、昆枢铁路项目指挥部　驻云南省昆明市安宁市温泉路北桥村。指挥李庆双。

天平铁路项目指挥部　驻甘肃省清水县政府。指挥安文杰。

西康二线铁路项目经理部　驻陕西省旬阳县甘溪镇显神庙山庄。项目经理宋延波。

温福铁路项目经理部　驻福建省霞浦县福宁新城东南路口。项目经理王跃进。

武襄铁路项目经理部　驻湖北省安陆市楚跃小区碧云北路国安制盖厂二单元 202 室。项目经理杜日鹏。

武广铁路客运专线项目经理部　驻广东省昭关市新华南路艺苑大酒店。项目经理栾显国。

宜万铁路 W16 标段项目经理部　驻湖北省恩施市白果乡。项目经理王书彬。

宜万铁路 W22 标段项目经理部　驻重庆市万州区罗田镇。项目经理陈广佰。

大丽铁路项目经理部　驻云南省大理市经济开发区龙山市场东门宾川海稍鱼对面 6 楼。项目经理张振忠。

玉蒙铁路项目指挥部　驻云南省玉溪市通海县礼乐路 43 号。指挥曲桂有。

云桂铁路广西段项目经理部　驻广西壮族自治区百色市城东路中段扶贫办。项目经理杜日鹏。

云桂铁路云南段项目经理部　驻云南省昆明市宜良县匡远镇土桥村村委会。项目经理赵永军。

沪昆铁路客运专线江西段项目经理部　驻江西省萍乡市经济开发区郑和路 9 号。项目经理王跃进。

杭长铁路客运专线浙江段项目经理部　浙江省江山市中山路 122 号人民武装部。项目经理柏林成。

大西铁路客运专线项目经理部　驻山西省运城市临猗县南环西路王村。项目经理刘智。

兰新铁路项目指挥部　驻甘肃省玉门市农垦局裕盛山庄 3 号楼。项目经理陈金荣。

京福铁路客运专线闽赣Ⅲ标段项目经理部　江西省上饶市福海老年公寓。项目经理马南飞。

辽溪铁路项目经理部　驻辽宁省辽阳市白塔区徐往子。项目经理潘庆军。

前庄铁路项目经理部　驻辽宁省大连市庄河吴炉镇。项目经理苗博宇。

南钦铁路项目经理部　广西壮族自治区南宁市良庆区那马镇。项目经理姜长清。　（张　莹）

【职工队伍】　职工 18407 人。干部 8007 人,其中技术干部 7465 人,占干部总数的 93.23%。技术干部中硕士研究生 32 人,本科 3647 人,大专 3300 人,中专 375 人,高中及以下学历 111 人;35 岁以下 5238 人,36 岁 ~40 岁 1162 人,41 岁 ~45 岁 300 人。专业技术干部中高级职务 670 人,中级职务 1620 人,初级职务 3937 人。

工人 10400 人,其中技术工人 8210 人,占工人总数的 78.94%。本科以上学历 478 人,大专以上学历 1626 人,中专、技校 2309 人,高中学历 2739 人,初中及以下学历 3248 人。30 岁以下 1836 人,31 岁 ~40 岁 3194 人,41 岁 ~50 岁 3538 人。技术工人中高级技师 81 人,技师 683 人,高级工 3103 人,中级工 2427 人。

（王玉青　刘培领）

【工程施工】　2010 年在建工程 243 项,其中年内竣工交付 68 项。完成施工产值 309.1 亿元。重难点工程进展情况:

北京至上海高速铁路 1 标段工程　位于天津市静海县境内,正线长 35.96 公里。合同工期 2008 年 3 月

1 日～2011 年 3 月 31 日，合同投资 335000 万元。主要实物工程量：天津特大桥 36070 延长米，津沪联络线 6.09 公里，钻孔桩 65.22 万延长米，双线连续梁 14 联，预制标准箱梁 1113 孔、非标准箱梁 9 孔，框构 4 座，铺轨 154.5 米。2010 年完成投资 94796 万元，开工累计完成投资 352368 万元，占合同投资的 105.18%。

石家庄至武汉铁路客运专线河南段 SWZQ－2 标段工程　位于河南省新乡市境内，正线长 50.104 公里。合同工期 2008 年 10 月 15 日～2012 年 6 月 30 日，合同投资 325000 万元。主要实物工程量：特大桥 3 座，路基 6.04 公里，新乡东站 1 座。2010 年完成投资 124700 万元，开工累计完成投资 357712 万元，占合同投资的 110.07%。

玉溪至蒙自铁路工程　位于云南省通海市境内，全长 19.45 公里。合同工期 2005 年 10 月 18 日～2008 年 12 月 31 日，合同投资 32624.66 万元。主要实物工程量：土石方 151979 立方米，涵洞 18 座 548.08 横延米，桥梁 8 座 3228.8 延长米，隧道 2 座 10404 延长米。2010 年完成投资 2250 万元，开工累计完成投资 40259.57 万元，占合同投资的 123.4%。

哈尔滨至大连铁路客运专线工程　位于吉林省四平市境内，全长 23.267 公里。合同投资 68274 万元，合同工期 2007 年 8 月 1 日～2009 年 12 月 31 日。主要实物工程量：桥梁 15 座 13800.5 延长米，涵洞 14 座 352.1 横延米。2010 年完成投资 7884 万元，开工累计完成投资 67850 万元，占合同投资的 99.38%。

长春至吉林城际铁路 CJCJ－2 标段工程　位于吉林省的长春市和吉林市境内，正线长 40.005 公里。合同工期 2008 年 4 月 1 日～2010 年 9 月 3 日，合同投资 158934 万元。主要实物工程量：铺轨 194.68 公里。2010 年完成投资 64516 万元，开工累计完成投资 166525.4 万元，占合同投资的 104.78%。

包西铁路包大段 3 标段工程　位于内蒙古自治区包头、鄂尔多斯市境内，线路长 109 公里。合同工期 2007 年 7 月 10 日～2009 年 07 月 31 日，合同投资 250423.8 万元。主要实物工程量：铺架 88.08 公里。2010 年完成投资 108087 万元，开工累计完成投资 289421 万元，占合同投资的 115.57%。

包西铁路陕西段 1 标段工程　位于陕西省榆林市境内，线路长 159.78 公里。合同工期 2007 年 11 月 26 日～2010 年 9 月 30 日，合同投资 207062 万元。主要实物工程量：路基土石方 1277 万立方米，桥梁 340 座 12176 延长米，涵洞 4159 横延米，架梁 1756 孔（含中铁十五局集团公司），房屋建筑 21264 平方米，铺轨 470.221 公里。2010 年完成投资 110149 万元，开工累计完成投资 240481 万元，占合同投资的 116.14%。

青岛胶州湾湾口海底隧道青岛端连接线云南路隧道工程　为海底隧道接线工程，隧道长 1659.02 延长米。合同工期 2008 年 4 月 29 日～2010 年 12 月 31 日，合同投资 22726 万元。2010 年完成投资 11758 万元，开工累计完成投资 22726 万元，占合同投资的 100%。

向塘至莆田铁路道德山隧道、大尖山隧道工程　位于福建省莆田市境内，全长 12.812 公里。其中，道德山隧道 6043 延长米；大尖山隧道 6169 延长米。合同工期 2007 年 11 月 23 日～2010 年 11 月 22 日，合同投资 42969 万元。2010 年完成投资 9946 万元，开工累计完成投资 41643 万元，占合同投资的 96.9%。

兰渝铁路 LYS－1 标段工程　位于甘肃省定西市内官营镇境内，由集团公司承建，与中国中铁十局集团公司联合施工。集团公司施工管段线路长 39.276 公里，以隧道为主，5 座隧道长 35347 延长米。合同工期 2009 年 4 月 18 日～2014 年 7 月 16 日，合同投资 302495 万元，其中自行完成投资 228495 万元。2010 年集团公司完成投资 42210 万元，开工累计完成投资 85130 万元，占自行完成投资的 43.82%。

厦门至深圳铁路广东段站前 4 标段工程　位于广东省潮州市潮安县境内，承担莲花山隧道出口至桑浦山隧道进口工程，线路长 29.44 公里。合同工期 2008 年 10 月 1 日～2010 年 9 月 30 日，合同投资 216955 万元。主要实物工程量：特大桥 3 座 23200 延长米，大桥 2 座 385 延长米，涵洞 14 座 369 横延米，预制架设箱梁 638 榀，大型站场 1 座 2.9 公里，区间路基 2.8 公里。2010 年完成投资 97918 万元，开工累计完成投资 224805 万元，占合同投资的 104%。

厦门至深圳铁路广东段站前 1 标段工程　位于广东省潮州市潮安县铁铺镇境内。合同工期 2007 年 11 月 28 日～2010 年 10 月 22 日，合同投资 34415 万元。主要实物工程量：莲花山隧道 7648 延长米。2010 年完成投资 7792 万元，开工累计完成投资 30634 万元，占合同投资的 89%。

厦门至深圳铁路福建段 3 标段工程　位于福建省漳州市诏安县境内，标段长 28.119 公里。合同工期 2008 年 9 月 5 日～2011 年 3 月 5 日，合同投资 79319 万元。主要实物工程量：桥梁 11 座，隧道 2 座，涵洞 80 座，预制箱梁 262 片（3 标段 159 片，广东 4 标段 103 片），移动模架 67 孔。2010 年完成投资 20054 万元，开工累计完成投资 78105 万元，占合同投资的 93.16%。

新建盘锦至营口铁路客运专线 2 标段工程　位于辽宁省海城市境内，线路正线长 89.422 公里，海城上下联络线 17.8 公里。合同工期 2009 年 5 月 31 日～

2011 年 11 月 30 日,合同投资 388609 万元。2010 年完成投资 171830 万元,开工累计完成投资 250000 万元,占合同投资的 64%。

合肥至蚌埠铁路客运专线 1 标段工程 位于安徽省淮南市境内,正线长 58.829 公里,蚌埠至蚌埠南联络线 8.253 公里。合同工期 2009 年 5 月 19 日 ~2011 年 12 月 10 日,合同投资 353285 万元。2010 年完成投资 200568 万元,开工累计完成投资 301612 万元,占合同投资的 85.37%。

新建铁路天水至平凉新建铁路 TJ-2 标段工程 位于甘肃省东部天水和平凉两市境内,正线长 69.045 公里。合同投资 194383 万元,集团公司承担 136469 万元投资。合同工期 2009 年 3 月 15 日 ~2012 年 9 月 15 日。2010 年完成投资 45543 万元,开工累计完成投资 76448 万元,占集团公司合同投资的 55.6%。

昆明枢纽铁路扩能改造工程站前 1 标段工程 位于云南省安宁市温泉路北桥村境内,正线长 12.773 公里。合同投资额 46970 万元,2010 年 4 月开工,合同工期 36 个月。主要实物工程量:隧道 2 座 1761 延长米,桥梁 1 座 246.6 延长米,路基 11.11 公里,新建车站 2 座。2010 年完成投资 6900 万元,占合同投资的 14.7%。

改建铁路西安至安康增建二线 3 标段工程 位于陕西省安康市旬阳县境内,正线长 61.59 公里。合同工期 2009 年 11 月 1 日 ~2012 年 9 月 30 日,合同投资 264182 万元。主要实物工程量:路基土石方 113.8 万立方米,桥梁 25 座 7970 延长米,隧道 23 座 47040 延长米,正线铺轨 99.85 公里,车站 4 座。2010 年完成投资 57104.6 万元,占合同投资的 23.8%。

新建大同至西安铁路客运专线站前 10 标段工程 位于山西省运城市盐湖区、临猗县和永济市境内,标段长 47.683 公里。合同工期 2010 年 3 月 10 日 ~2012 年 12 月 31 日,合同投资 339734 万元。主要实物工程量:特大桥 5 座 35001 延长米,占线路全长的 73%;路基 12.682 公里,占线路全长的 27%。2010 年完成投资 104299 万元,占合同投资的 50.8%。

新建杭州至长沙铁路客运专线浙江段站前 HCZJ-7 标段工程 位于浙江省江山市境内,标段长 46.422 公里。合同工期 2010 年 6 月 25 日 ~2013 年 6 月 30 日,合同投资 317226 万元。主要实物工程量:站场及区间路基土石方 403 万立方米,桥梁 38 座,隧道 4 座,预制箱梁 1112 榀、连续梁 9 联。2010 年完成投资 97505.5 万元,占合同投资的 30.7%。

新建杭州至长沙铁路客运专线江西段站前 HKJX-8 标段工程 位于江西省萍乡市境内,标段长 68.116 公里。合同工期 2010 年 4 月 18 日 ~2012 年 4 月 30 日,合同投资 475234.7 万元。主要实物工程量:路基土石方 516.2 万立方米,桥梁 51 座 45734 延长米,隧道 7 座 7395 延长米,预制架设箱梁 1325 孔,现浇箱梁 49 孔,萍乡北站 1 座,预制铺设道板 98.335 公里。2010 年完成投资 77226 万元,占合同投资的 16.3%。

京福铁路客运专线合肥至福州段 HFMG-3 标段工程 位于江西省上饶市信州区朝阳乡境内,标段长 54.387 公里。合同工期 2010 年 6 月 1 日 ~2013 年 7 月 31 日,合同投资 458484.5 万元。主要实物工程量:路基 8.13 公里,区间及站场土石方 305.7 万立方米,桥梁 47 座 25075.96 延长米,隧道 13.5 座 22120 延长米。2010 年完成投资 48111 万元,占合同投资的 10.5%。

云桂铁路广西段 YGZQ-4 标段工程 位于广西壮族自治区百色市境内,正线长 103.34 公里。合同工期 2010 年 5 月 15 日 ~2014 年 3 月 31 日,合同投资 718189.8 万元。主要实物工程量:隧道 51 座,桥梁 55 座,涵洞 118 座,路基土石方 343.4 万立方米,站场土石方 356.9 万立方米。2010 年完成投资 60546 万元,占合同投资的 8.43%。

云桂铁路云南段 YNZQ-8 标段工程 位于云南省昆明市宜良县匡远镇境内,正线长 46.295 公里。合同工期 2010 年 9 月 2 日 ~2014 年 12 月 31 日,合同投资 314300 万元。主要实物工程量:路基 5.42 公里,桥梁 16 座 5861 延长米,隧道 8 座 35015 延长米,正线铺无砟道床 63.936 公里。2010 年完成投资 13600 万元,占合同投资的 4.33%。

南宁至钦州铁路 NQ1 标段工程 位于广西壮族自治区南宁市境内,标段长 63.693 公里。合同工期 2009 年 8 月 1 日 ~2012 年 7 月 31 日,合同投资 340700 万元。其中,分包给中国中铁大桥局集团公司 16 公里;集团公司承担 47.693 公里 229000 万元的施工任务。主要实物工程量:隧道 8 座 10014 延长米,桥梁 31 座 11082 延长米,涵洞 123 座,路基土石方 884.1 万立方米,车站五象南站和大塘站。2010 年完成投资 154080 万元,占集团公司合同投资的 67.28%。

东北东部铁路通道前阳至庄河段 DT1 标段工程 位于辽宁省庄河市境内,标段长 68.8 公里。合同工期 2009 年 11 月 1 日 ~2013 年 9 月 30 日,铺架工期 2011 年 4 月 1 日 ~2012 年 9 月 30 日。合同投资 300000 万元。主要实物工程量:特大桥 12 座,大桥 14 座,中桥 2 座,公路立交桥 6 座;涵洞 99 座;框构小桥 6 座。2010 年完成投资 68009 万元,占合同投资的 23.6%。

集宁至包头增建第二双线工程 位于内蒙古自治

区呼和浩特市境内，土建工程 25.07 公里。合同投资 200693 万元，合同工期 2009 年 4 月 1 日～2011 年 11 月 30 日。主要实物工程量：路基土石方 215.1 立方米，桥梁 11 座 3718.88 延长米，涵洞 40 座 980.14 横延米，隧道 2 座 1548 延长米，制架 T 梁 1805 单线孔，正线铺轨 365.4 公里，站线铺轨 28.52 公里。2010 年完成投资 89326 万元，占合同投资的 44.5%。

（张 莹 郭立志）

【经营管理】 工程承揽。全年新签国内合同 126 项，合同总额 486.8 亿元，占集团公司计划的 139.1%，占股份公司计划的 162.3%；海外项目新签合同额 3.07 亿美元，占集团公司计划的 153.5%。年内先后成立东北、华东、华南、西北、北京区域指挥部以及中原经营小组，逐步完善经营链条。加大施工现场和经营市场管理力度，提升企业信誉，控制经营风险。紧紧抓住铁路跨越式发展的机遇，利用信誉评价促进施工现场管理，形成抓好现场就是抓好市场的理念，先后中标大西、兰新、合福、杭长、牡绥、云桂、拉日等铁路项目。做强专业化市场，以轨道交通公司为主体，充分释放各工程公司的资源优势，加大盾构投入抢占轨道交通市场，全年承揽合同额 33 亿元；矿山市场继续保持优势，承揽合同额 66 亿元，效益可观；水利水电市场长盛不衰，承揽合同额 18.8 亿元，一、二、三公司在西南水利水电市场实现滚动发展。调整公路市场经营思路，加强既有市场培育，突出品牌优势，强化联合经营，公路市场承揽任务突破 30 亿元；此外，三公司承揽总公司遂渝高速公路全部路面工程及停车场施工任务，合同额近 10 亿元。核心客户战略有效实施，以一公司为代表的核心客户市场越做越好。

工程管理。面对工期履约、安全、质量、资源紧张的压力，集团公司各级领导重心下移，精心组织，突出现场，科学调度，实施月考核、红黄绿牌通报制度，开展铁路项目安全质量、进度、责任成本管理考核，确保在建工程有序可控，重难点工程相继突破。加强安全质量管理，严格履约合同工期，2010 年下半年集团公司被评为铁路施工企业信用评价 A 级企业。施工能力明显提升，全年完成施工产值突破 300 亿元，比 2009 年增加 34 亿元。完成主要实物工程量分别为：隧道 164300 延长米，桥梁 358700 延长米，正线铺轨 1337.1 公里，土石方 2.02 亿立方米，房屋建筑 16.12 万平方米，制梁 11433 片，架梁 12591 孔，公路路面 490 万平方米。学习贯彻国务院《关于进一步加强企业安全生产工作的通知》精神，开展铺架、隧道、连续梁、既有线和大型设备作业施工五个方面的安全隐患专项整治，实行隧道安全距离卡死制度，对集团公司所有工程项目进行循环长效检查，保证安全质量形势总体稳定。2010 年，集团公司获省部级以上优质工程奖 15 项，其中国家级优质工程奖 4 项；集团公司被评为全国质量管理先进单位。集团公司在股份公司沙特麦加轻轨项目增援会战中，9 次信誉评价、13 次劳动竞赛均获得第一名，被股份公司评为会战先进集体。

项目管理。继续深入开展"项目管理落实年"活动。集团公司成立项目管理办公室，编写"项目管理落实年"活动手册，规范项目规划、监管、评价、责任追溯流程，项目管控能力稳步提升。指挥部、工程公司通力合作，按照集团公司"跑步进场、快速开工、管理规范、永争第一"的总体要求开展工程施工，得到业主单位的充分肯定。加大亏损项目的整治力度，全年清理整治大额亏损项目 13 个。项目二次经营创效工作取得较好成绩，年内集团公司实现变更索赔 290057 万元，占施工产值的 9.7%；完成变更索赔创效 35281 万元，占施工产值的 1.18%。开展标准化项目（工区）考核达标活动，落实架子队管理模式，推进过程控制标准化和施工作业标准化，项目标准化水平稳步提升。重视外部审计工作，审计部门提早介入，认真规范、查找问题并整改，海南东环铁路等项目实现"零损失"。

财务管理。强化内部管控，资金调剂能力不断增强。2010 年，集团公司内部调剂资金 42803 万元，向下注入资金 49229 万元。积极推进资金集中管理，"资金池"工作有序推进。加大清收欠款力度，全年清收欠款 67337 万元，南京 BT 项目回收资金 17879 万元。整合保险资源，实现集中管理，节约保险费 520 万元。开展"小金库"专项整治和管理费开支专项检查，查出"小金库"43 个，全部完成整改。加大物资设备和周转材料管理力度，出台周转材料管理办法和设备管理办法，全年调剂周转材料 11398 万元，设备 300 多台（套）。开展周转材料、节余料变卖入账情况专项整治，回收资金 2570 万元。加强责任成本管理，理顺集团公司、局指挥部、工程公司、工区责任及利益关系，责任成本管理构架和机制进一步完善；成立项目考核、责任追究机构，完善评估、考核、追究管理链条；制定《责任成本分析报告制度》，开发使用验工计价和成本分析软件；下发 2010 年工程项目责任成本管理台账，实现动态监管。

企业管理。进一步深化工程公司建设，在明确定位和发展方向的基础上，调整工程公司法人治理结构。优化布局，拓展工程公司发展空间，增强发展后劲。年内，矿业投资有限公司从辽宁省辽阳市搬迁到北京，第六工程有限公司从内蒙古自治区通辽市搬迁至江苏省无锡市。整合资源，突出专业化，调整重组第七工程有限公司。科技工作成效显著，年内获股份公司以上级科技进步奖5项、工法28项、专利15项、优秀论文56篇,其中省部级工法18项。信息化建设集中推进,出台《集团公司进一步加强信息化建设的规定》,建成高清终端覆盖工程公司、软件终端覆盖集团铁路项目的远程视频会议系统;建设完成集团公司协同办公系统、人力资源管理系统、项目综合管理系统。制度建设逐步规范,对标股份公司管理制度汇编,对现行管理制度进行梳理,重新修订完善制度101项。 (张 莹)

【党群工作】 党的工作。集团公司下辖党委81个、党工委137个、党总支2个、党支部452个,有党员7190名。年内发展新党员277名。(1)党建工作。考核调整工程公司和集团公司直管项目部领导班子,组建沙特麦加轻轨指挥部,任命7名处级领导干部。认真落实股份公司《关于加强和改进工程项目部党的建设的决定》,加强项目书记培训和党员教育管理,建立完善工程项目部"大事集体决策、党政共同负责"的领导体制,"三重一大"集体决策制度得到落实,集团公司石武、长吉铁路项目部和三公司、五公司、矿业公司、电务公司被评为集团公司2010年度"四好领导班子",集团公司领导班子连续4年被评为股份公司"四好领导班子"。推进支部标准化建设,制定集团公司党支部标准化建设实施纲要。深入开展争优创先活动,结合集团公司开展的"我在企业有责任"主题活动,按照中央提出的"五个好"、"五带头"要求,以"我在企业有责任、创先争优当先锋"为活动载体,引导广大群众确立创先争优意识,形成创先争优的浓厚氛围。(2)党风廉政建设。围绕企业发展稳定大局和党政中心工作,狠抓案件查办和预防职务犯罪工作,取得惩处和预防双重功效,全年立案23件,处分45人。加大安全生产事故和亏损项目等责任追究力度,对包集铁路"5·3"火灾事故、西康铁路交通事故等21名责任人和13个大额亏损项目31名责任人进行责任追究,有效地震慑了违规违纪和失职渎职行为。采取自查自纠、重点抽查等方式,认真梳理和全面排查集团公司2008年以来完成政府投资和使用国有资金、投资额5000万元以上的116个项目,推进工程建设领域突出问题专项治理。开展"三项招标"专项效能监察,两次组织督察组分别对18个重点项目的设备购置、自购物资材料和外部劳务使用"三项招标"情况进行检查和抽查,总结项目好的做法和工作特点,发现问题提出整改建议78条,并在集团公司办公平台上对18个项目存在的问题进行点名通报。协同开展"小金库"专项治理,通过自查和检查,全集团发现并纠正处理"小金库"43个。(3)宣传思想工作。坚持每季度印发一次形势任务动员提纲,围绕不同时期企业中心工作,明确任务,统一思想,为完成全年工作任务奠定思想基础。不断加强企业文化建设,印发《机关企业文化建设暂行标准》,推进工程公司机关企业文化建设。注重外部媒体宣传,及时报道企业两个文明建设成果,全年在《中国铁道建筑报》刊稿561篇、省部级媒体刊稿67篇、中央级媒体刊稿25篇。集团公司石武项目部、五公司和矿业公司长山壕项目部、轨道交通公司北京地铁项目部被评为股份公司企业文化建设先进单位,集团公司杭长江西段项目部和一公司被评为股份公司推进学习型党组织建设先进单位。

工会工作。集团公司工会下辖12个处级单位工会、22个直管项目部工会、253个基层工会,工会会员18407人。各级工会广泛开展"六比六创新"劳动竞赛活动,抓住安全、质量、工期、信誉和效益5个重点,实现劳动竞赛与业主评比标准相统一、与项目创誉增效相促进、与年度评先选优相结合的目标。全年总结推广劳动竞赛典型经验14份,其中8份被铁道部、辽宁省、股份公司、辽阳市采用;4个直管铁路项目部被股份公司评为劳动竞赛综合优胜单位。创先争优工作有序开展,4个集体和8名个人分别被评为省部级先进集体和省部级以上先进个人。合理化建议作为劳动竞赛优胜单位评比的重要条件,集团公司征集上报及时到位,成果推广应用覆盖面广,2010年获股份公司合理化建议奖励21项。抓好内部建家的同时,注重"民工之家"建设,矿业公司滩间山金矿项目部工会被评为全路模范职工小家。"两节"期间组成45个慰问小组,走访困难职工家庭924户,发放慰问金142.28万元。落实"三不让"承诺,年内救助会员314人,发放救助金额37.5万元。集团公司《"献爱心,做红娘"工作再结新硕果》被股份公司评为工会特色工作二等奖。强化工会自身建设,建立健全工会制度,制发《关于加强各级工会领导班子自身建设的规定》,重新修订工会"五好班子"评比办法。全年举办工会干部培训班9期,325人次参加培训。

共青团工作。集团公司团委下辖基层团委151个、团总支23个、团支部129个,团员2876人。各级团委坚持融入生产经营中心,创誉创效,建设组织,服务青年的工作思路,重点加强基层团组织凝聚力、团的活动创新和青年典型的培养。集团公司团组织覆盖经验材料在中央企业团工委盘锦经验交流会上推广。2010年,集团公司团委获省部级荣誉11项、市局级荣誉39项。开展"我在企业有责任·青年先锋队示范点"工作,149个青年先锋队示范点注重发挥"六个带头"作用(带头做安质卫队,带头做创效团队,带头做进度领队,带头做科技强队,带头做现场样板队,带头做困难突击队)。开展争做"两创"(创信誉先锋团队,创效益先锋团队）先锋团队活动，增强团组织对生产经营工作的影响力和参与度，活动经验被股份公司团刊、北京团市委网站和《团讯》刊发。开展“企业发展，青年担当——我在企业有责任”主题教育活动，在基层巡回宣讲15场。年内完成“五小”科技成果308项，建立团委网站。（张　莹）

【全面建设】 解决职工群众实际问题。集团公司投资1700多万元整体改造辽阳徐往子大院，拆除130户危旧平房，新建4栋174户经济适用房，修建大院道路和健身场，美化绿化空地，将大院变成园林式小区，更名为“铁兵新苑”。集团公司经过不懈努力，解决全集团股改上市20%股金返还问题；职工收入年平均增长13%。接待来信来访30多起90余人次，所反映问题均得到妥善处理。青海玉树地震发生后，广大职工表现出强烈的社会责任感，积极主动捐款150余万元。参加永吉铁路抗洪抢险，提前完成抢险任务，受到铁道部和沈阳铁路局领导好评。（张　莹）

【第一工程有限公司】 公路、房屋建筑、市政公用、机电安装工程施工总承包一级，铁路工程施工总承包二级，地基与基础、钢结构、隧道、公路路基、水工隧道工程专业承包一级，压力管道工程专业承包GC2级，电力设施承装五级资质企业。前身系中国人民解放军铁道兵第九师第四十一团，1984年1月集体转业并入铁道部，改编为铁道部第十九工程局第一工程处；1999年12月改称为中铁第十九工程局第一工程处，2001年12月企业改制改称现名。公司机关驻辽宁省辽阳市白塔区卫国路138号。董事长李程，党委书记曲久彬。下辖10个项目管理部、64个项目部及职工医院、物业公司、日照基地等单位。职工3402人。其中，工人2197人；干部1205人。固定资产原值39039.09万元、净值23782.99万元，流动资产109566.37万元。机械运输设备903台（套），总功率89067千瓦，技术装备率3.3万元/人，动力装备率10.38千瓦/人。

2010年承揽任务30项，合同投资16.3亿元。完成施工产值446397.85万元，实现利润6294.6万元。完成主要实物工程量：土石方3179万立方米，隧道28452延长米，桥梁43852延长米，铺设无砟轨道41.6公里。年内获辽宁省工法3项、中国铁建工法1项；获火车头优质工程奖4项、中国铁建优质工程奖4项，池州海螺三期工程获建材行业优质工程奖，内蒙古大唐国际胜利东2号露天煤矿一期工程获煤炭行业优质工程奖；获国家优秀QC成果奖1项、辽宁省优秀QC成果奖5项。公司获全国优秀施工企业称号，连续8年被评为辽宁省用户满意企业。（张继艳）

【第二工程有限公司】 公路、房屋建筑、市政公用、水利水电工程施工总承包一级，铁路工程施工总承包二级，桥梁、隧道、机场场道、公路路基、公路路面工程专业承包一级资质企业。前身系中国人民解放军铁道兵第九师第四十二团，1984年1月集体转业并入铁道部，改编为铁道部第十九工程局第二工程处；1999年12月改称中铁第十九工程局第二工程处，2001年12月企业改制改称现名。公司机关驻辽宁省辽阳市白塔区和平路17号。董事长、总经理张洪杰，党委书记廖爱生。下辖32个项目部及物业管理公司、职工医院、北京办事处。职工3021人。其中，干部1162人；工人1859人。资产总额176391万元。其中，固定资产原值42940万元、净值24564万元；流动资产148540万元。机械运输设备834台（套），总功率73121.6千瓦，动力装备率24.3千瓦/人，技术装备率6.7万元/人。

2010年承揽任务11项，合同投资172704万元。完成施工产值466547万元，实现利润2039万元。全员劳动生产率303035元/人年，职工年人均收入28070元。完成主要实物工程量：土石方764万立方米，桥梁49562.6延长米，隧道29581.6延长米，涵渠3217.3横延米，公路梁预制32孔246片、架设19孔175片，铁路现浇梁27.5孔1444米。年内获国家优质工程奖2项、第九届中国土木工程詹天佑奖1项、江苏省扬子杯优质工程奖2项，获辽宁省优秀QC成果奖2项、中国铁建优秀QC成果奖1项、集团公司优秀QC成果奖3项。（刘英华）

【第三工程有限公司】 公路、市政公用工程施工总承包一级，铁路、水利水电工程施工总承包二级，房屋建筑、矿山工程施工总承包三级，隧道、桥梁、公路路面、公路路基工程专业承包一级资质企业。前身系中国人民解放军铁道兵第九师第四十三团，1984年1月集体转业并入铁道部，改编为铁道部第十九工程局第三工程处；2001年12月企业改制改称现名。公司机关驻辽宁省辽阳市太子河区南郊街137号。董事长陈宝军，党委书记刘志军，总经理刘智。公司下辖9个项目管理部、3个直属项目经理部、12个铁路工区、3个代局指项目（经理）指挥部及辽阳基地管委会、四川金堂基地。职工2915人。其中，干部1044人；工人1871人。资产总额155635万元。其中，固定资产原值45846万元、净值23975万元；流动资产127891万元。机械运输设备843台（套），原值42800万元、净值21800万元，总功率89021千瓦，技术装备率7.5万元/人，动力装备率30.5千瓦/人，设备成新率51%、完好率91.6%、利用率73.2%。

2010年承揽任务12项，合同投资188685万元。

完成企业总产值 403865 万元，实现利润 6079 万元。全员劳动生产率 463394 元/人年，职工年人均收入 33021 元。完成主要实物工程量：路基土石方 1479 万立方米，隧道 21907 延长米，桥梁 30248 延长米，涵洞 4420 横延米，公路路面 672.1 万平方米。年内获国家优质工程奖 1 项、省部级优质工程奖 3 项，获辽宁省优秀 QC 成果奖 5 项，获中国公路建设行业协会工法 1 项。
（刘永华）

【第五工程有限公司】 房屋建筑、公路、市政公用工程施工总承包一级，铁路工程施工总承包二级，桥梁、公路路基、隧道工程专业承包一级，机场场道工程专业承包二级，预应力工程专业承包三级资质企业。前身系中国人民解放军铁道兵第九师给水营与修理营，1984 年 1 月集体转业并入铁道部，改编为铁道部第十九工程局建筑工程公司和机械修造厂；1993 年 3 月两单位合并组建建筑安装工程处，1997 年改称第五工程处；2000 年 8 月，集团公司资产重组，直属工程处、大连技工学校并入五处；2001 年 12 月企业改制改称现名。公司机关驻辽宁省大连市金州区拥政街道 586 号。董事长兼总经理王必军，党委书记张怀平。下辖 12 个专业分公司、5 个项目管理部、1 个机械厂及职工培训中心、机关服务中心。职工 1790 人。其中，专业技术人员 1034 人；技术工人 339 人。资产总额 16.4 亿元。其中，固定资产原值 39900 万元、净值 29104 万元；流动资产 13.2 亿元。机械运输设备 774 台（套），总功率 62560 千瓦，动力装备率 46 千瓦/人，技术装备率 20.43 万元/人，设备完好率 87%，利用率 86%，成新率 75%。综合机械化施工程度 92%。

2010 年承揽任务 20 项，合同投资 17.41 亿元。完成企业总产值 491345 万元，其中施工产值 491345 万元；实现利润 2257 万元。全员劳动生产率 24 万元/人年，职工年人均收入 36762 元。完成主要实物工程量：土石方 1306 万立方米，桥梁 9388 延长米，隧道 15307 延长米，涵渠 4049 横延米，架设梁 38 孔 38 片，预制铁路梁 4056 片，房屋建筑 5 万平方米，公路 6.4 公里。年内获辽宁省优秀工法 4 项、火车头优质工程奖 2 项，公司被评为辽宁省优秀建筑业企业。
（张　强）

【第六工程有限公司】 铁路、公路、市政公用工程施工总承包一级，房屋建筑工程施工总承包二级，桥梁、隧道、公路路基、水工隧洞工程专业承包一级资质企业。前身系中国人民解放军铁道兵第九师第四十四团，1984 年 1 月集体转业并入铁道部，改编为铁道部第十九工程局第四工程处；1999 年 12 月改称中铁第十九工程局第四工程处，2001 年 12 月企业改制改称中铁十九局集团第四工程有限公司；2010 年 9 月 25 日，公司机关由内蒙古自治区通辽市和平路 807 号迁址江苏省无锡市凤翔路 987 号，更名为中铁十九局集团第六工程有限公司。董事长兼总经理隋忠庆，党委书记王纯玉。职工 3060 人。其中，干部 1088 人；工人 1972 人。资产总额 228926.87 万元。其中，固定资产 77701.79 万元、净值 58645.02 万元；流动资产 164508.09 万元。机械运输设备 677 台（套），原值 75208.83 万元、净值 57067.36 万元，总功率 107946 千瓦，动力装备率 52.05 千瓦/人，技术装备率 27.52 万元/人，机械化施工水平 74.84%。

2010 年承揽任务 69052 万元，完成施工产值 552800 万元，实现利润 1524 万元。全员劳动生产率 32.88 万元/人年，职工年人均收入 26056 元。年内获国家级工法 2 项、中国公路建设工法 1 项、部级工法 1 项，获中国铁建科学技术奖 1 项。
（王林丽）

【第七工程有限公司】 房屋建筑、铁路、水利水电、公路、港口与航道工程施工总承包二级，公路路基工程专业承包二级企业资质。公司成立于 1985 年 6 月，先后称珠海办事处、珠海工程公司、珠海工程总公司，2002 年 12 月企业改制改称为中铁十九局集团华南工程有限公司；2010 年 11 月 21 日整合重组改为现名。公司机关驻广东省珠海市拱北港昌路 111 号中铁大厦。执行董事、总经理、党委书记顾建朋。职工 799 人。其中，干部 501 人；工人 298 人。资产总额 44296.82 万元。其中，固定资产原值 9173.35 万元、净值 6038.62 万元；流动资产 36524.13 万元。机械运输设备 200 台（套），总功率 17661 千瓦，动力装备率 22.82 千瓦/人，技术装备率 4.93 万元/人，设备完好率 85%，利用率 76%，成新率 75.17%。

2010 年承揽任务 5.95 亿元，完成企业总产值 69175 万元，其中施工产值 69175 万元。实现利润 773 万元。全员劳动生产率 29.52 万元/人年，职工年人均收入 44030 元。完成主要实物工程量：土石方 513 万立方米，桥梁 11004 延长米，隧道 8090 延长米，涵渠 1598 横延米，房屋建筑 59430 平方米，电力线路 17.6 公里。公司先后获得全国守合同重信用企业、全国企业文化建设先进单位、辽宁省 AAA 级信誉企业荣誉。年内，南钦铁路工程指挥部被铁道部授予火车头奖杯。
（钟妮蓉）

【轨道交通工程有限公司】 2008 年 2 月成立，12 月 8 日在辽宁省沈阳市浑南经济技术开发区注册；2010 年 12 月按照集团公司战略部署在北京市顺义区林河经济技术开发区注册。公司机关驻辽宁省辽阳市。董事长、总经理朱元生,党委书记朱斌。下辖8个专业化工程公司。职工926人。其中,干部674人;工人252人。机械运输设备177台(套),其中盾构机6台,原值19918.66万元、净值15146万元,总功率13005千瓦,技术装备率16.75万元/人,动力装备率14.4千瓦/人。

2010年承揽任务28.81亿元,完成企业总产值11.3亿元,实现利润4180万元。完成主要实物工程量:盾构区间6163延长米,车站主体结构69130平方米;区间2565延长米。年内,公司获得全国企业文化建设优秀单位、辽宁省思想政治工作先进单位、辽阳市总工会五一劳动奖状、辽阳市“安康杯”优胜单位等荣誉。（韩　燕）

【矿业投资有限公司】 2005年3月15日由原机械化工程公司与原建筑工程公司整合重组而成;2010年5月12日公司机关由辽宁省辽阳市徐往子大街3号迁址北京市丰台区莲怡园东路风荷曲苑3号楼,企业改称现名。总经理信长才,党委书记金学锋。下辖3个分公司、20个项目部、3个轨道板厂。职工1241人。其中,干部563人;工人678人。资产总额145978万元,其中固定资产原值66392万元、净值41524万元。机械运输设备662台(套),原值64528万元、净值34796万元。其中2010年新增主要设备85台(套),价值4991万元。设备总功率88194千瓦,动力装备率84.3千瓦/人,技术装备率33.4万元/人,设备完好率85.1%、利用率75.6%、成新率54%。

2010年新签合同额67.17亿元,完成企业总产值29.1亿元,实现利润1.32亿元。矿山项目完成产值11.79亿元,实现利润1.38亿元。全员劳动生产率795794元/人年,职工年人均收入4.49万元。完成主要实物工程量:土石方5236万立方米,隧道5274延长米,桥梁7059延长米,涵渠4873横延米,架梁870片,生产轨道板19419块。年内,河北省石家庄市环城公路307国道东互通立交工程获火车头优质工程奖。（许秀英）

【电务工程有限公司】 铁路电务、机电设备安装工程专业承包一级,电信、铁路电气化、送变电工程专业承包二级企业资质。前身系中国人民解放军铁道兵第九师通信科,1984年1月集体专业并入铁道部,改编为铁道部第十九工程局通信处;1995年改称电务工程公司,2002年2月企业改制改称现名。公司机关驻辽宁省辽阳市白塔区和平路6号。董事长、总经理崔吉林,党委书记杨静。下辖通信、信号、电力、电气化、设备安装5个工程公司和1个通信中心。职工825人。其中,专业技术干部326人;技术工人499人。资产总额44628.8万元。其中,固定资产原值3266.7万元、净值6492.5万元;流动资产41362.2万元。机械设备、仪器仪表615台(套),设备完好率90%。

2010年承揽任务51231万元,完成企业总产值66010万元,实现利润787万元。职工年人均收入34149元。公司先后获辽宁省建筑业优秀施工企业、信用AAA级企业、政治思想工作先进单位等称号。（刘长勇）

【房地产开发有限公司】 2008年5月19日成立,8月7日获得房地产开发资质,注册资本金2000万元。公司机关驻辽宁省辽阳市白塔区和平路17号。董事长富德春,总经理李联营。

2010年,哈大铁路回迁住宅楼完成销售收入5847万元,实现利润2129万元;完成经济适用房项目建筑面积16883.39平方米。（杨国华　杨慧敏）

【物资总公司】 物资流通企业,主要经营销售用于构造建筑产品的生产资料。1999年6月由集团物资公司与机关物资处合并组建,2001年改制为集团公司直属分公司。公司机关驻辽宁省辽阳市和平路17号。总经理侯忠。职工11人。

2010年完成销售额3424.6万元,实现销售收入184万元。（张景伟）

【辽阳基地】 2009年7月成立。下辖招待所、维修队、生产基地、职工餐厅。主任李联营,党委书记张和伟。职工932人。其中,在岗职工402人;离退休职工530人。在岗职工中干部136人,工人271人。

2010年,招待所完成营业收入223万元,实现利润0.5万元;盘锦农场完成产值35万元。（杨慧敏）

【重要记载】

▲1月6日　集团公司党委二届七次全委(扩大)会、2010年工作会暨二届五次职工代表大会、反腐倡廉建设工作会在北京召开。

▲1月19日　南宁铁路局标准化建设现场观摩会在集团公司南钦铁路NQ1标段项目部召开。

▲3月4日　集团公司成立东北指挥部、西北指挥部、西南指挥部、华南指挥部、华东指挥部。

▲3月18日　轨道交通工程公司中标苏州轨道交通2号线Ⅱ-TS-标段,合同投资2.65亿元,合同工期940天。

▲3月　集团公司中标大同至西安铁路客运专线

站前工程 10 标段，合同投资 33.97 亿元，合同工期 1392 天，标段长 47.683 公里。

▲4 月 6 日　集团公司中标新建杭州至长沙铁路客运专线浙江段站前工程 HCZJ－标段，合同投资 31.72 亿元，合同工期 1177 天。

▲同日　集团公司中标新建杭州至长沙铁路客运专线江西段站前工程 HKJX－8 标段，合同投资 47.52 亿元，合同工期至 2013 年 6 月 30 日。

▲4 月 14 日　轨道交通工程公司副总经理陈友建获得上海市五一劳动奖章、上海市轨道交通建设杰出人物、上海市建设功臣荣誉。

▲4 月 19 日　上海铁路局京福公司在集团公司合蚌铁路客运专线站前工程 1 标段项目部召开路基标准化现场会。

▲4 月 26 日　集团公司承建的向莆铁路大尖山隧道贯通。该隧道为向莆铁路 18 座 6000 米以上长大隧道之一。

▲4 月　集团公司中标新建兰新铁路第二双线张掖至红柳段 LXSA－15 标段，合同投资 31.8 亿元，合同工期 45 个月，标段长 46.1 公里。

▲5 月 12 日　集团公司在原矿业公司基础上成立中铁十九局集团矿业投资有限公司。

▲5 月　矿业投资公司滩涧山金矿团委获青海省五四红旗团支部称号。

▲7 月 8 日　集团公司参建的滨绥铁路牡丹江至绥芬河段扩能改造工程举行开工典礼。

▲7 月 28 日　吉林市永吉县遭受特大暴雨，造成山洪爆发，集团公司奋勇为先参加永吉抗洪抢险，承担沈吉铁路整修任务，为沈吉铁路早日恢复通车运营作出贡献。

▲8 月　集团公司包西铁路陕西段工程指挥部完成的“提高改良土一次验收合格率”成果获辽宁省优秀质量管理小组一等奖。

▲9 月 6 日　第四工程有限公司机关由内蒙古自治区通辽市迁址江苏省无锡市，更名为第六工程有限公司。

▲9 月 9 日　华南公司中标深圳华星光电技术有限公司 8.5 代液晶显示器件项目 C 标段施工总承包任务，工程造价 5.3 亿元，合同工期 345 天。

▲9 月 16 日　集团公司视频会议系统建成使用。

▲10 月 29 日　西安铁路局在集团公司管区鱼河车站召开包西铁路大(保当)至鱼(河)区段开通暨现场观摩会。

▲10 月　五公司承建的洛湛铁路 YH5 标段尖山隧道泄水洞施工 QC 小组获全国优秀质量管理小组称号。

▲11 月 13 日　轨道交通工程公司获全国企业文化建设 2010 年度优秀单位称号，公司董事长、总经理朱元生获全国企业文化建设 2010 年度先进工作者称号。

▲11 月　五公司广灵至浑源高速公路项目部获山西省“创先争优”活动先进基层党组织称号。

▲12 月 6 日　新华社、广西人民广播电台、《广西日报》、百色电视台、百色电台、《右江日报》、《广西法治快报》7 家媒体到五公司承建的、被评为样板工程的云桂铁路广西段 YGZQ－4 标段二工区拌合站进行系列采访。

▲12 月 8 日　铁兵新苑(原徐往子后勤大院)举行揭牌仪式。

▲12 月 9 日　华南工程有限公司更名为第七工程有限公司。该公司在原华南工程公司的基础上，将集团公司南钦铁路工程指挥部下属的二公司、五公司及矿业投资公司、轨道交通工程公司部分资产整合重组而成。

▲12 月 13 日　国务院副总理张德江乘坐火车专列对京沪高速铁路全线进行实地检查，并慰问集团公司参建员工代表。

▲12 月 26 日～27 日　集团公司党委二届八次全委(扩大)会、二届六次职工代表大会、2011 年工作会暨反腐倡廉建设工作会在北京机关召开。

▲2010 年　集团公司副总工程师兼大西铁路工程指挥部指挥长刘智获被铁道部授予 2010 年度火车头奖章。三公司庄盖高速公路路基第 4 合同段项目部被评为 2010 年度辽宁省、辽阳市“青年安全生产示范岗”创建单位。昆明地铁工程获 2010 年度昆明市地铁建设工程先进单位称号。三公司摊铺机司机赵一道获辽宁省第二届“有突出贡献高技能人才”称号。一公司被评为全国优秀施工企业。二公司参建的润扬长江公路大桥工程、京杭运河常州市区段改线工程分别获国家优质工程金、银质奖，三公司参建的广州至昆明高速公路云南罗村口至富宁高速公路工程、矿业投资公司参建的中国黄金集团乌努格吐山铜钼矿项目获国家优质工程银质奖；获部省级优质工程奖 17 项。年内获 2009 年度全国优秀 QC 小组 4 个、铁道部优秀 QC 小组 2 个、省级优秀 QC 小组 29 个、中国铁建优秀 QC 小组 5 个，获辽宁省、河北省 2010 年度先进安全质量标准工地 6 个。集团公司被评为全国质量管理先进单位。

(张　莹)

中铁二十局集团有限公司

【简况】 中铁二十局集团有限公司为铁路工程施工总承包特级，公路、市政公用、水利水电工程施工总承包一级，公路路基、地基与基础、隧道、桥梁工程专业承包一级资质企业，同时具有城市轨道交通工程专业承包和境外工程承包资质。机关驻陕西省西安市太华路89号。前身系中国人民解放军铁道兵第十师，1984年1月1日集体转业并入铁道部，改编为铁道部第二十工程局；1999年12月1日改称中铁第二十工程局，2002年6月28日企业改制改称现名。下辖第一、二、三、四、五、六工程有限公司和电气化工程有限公司、房地产开发有限公司、西安工程机械有限公司、陕西物资有限公司、兰州商贸有限公司、路桥公司、技工学校，西安、咸阳基地管理处，西南、东南、华北、西北工程指挥部，海外工程指挥部、海外工程保障中心。职工17696人。资产总额176.2亿元。其中，固定资产原值34.8亿元、净值19亿元；流动资产154.3亿元；长期投资0.7亿元；无形资产1.2亿元。货币资金31.6亿元，应收账款45.6亿元，负债总额161.4亿元，股东权益14.8亿元。机械运输设备2742台(套)，原值14.79亿元、净值8.57亿元，总功率418700千瓦，技术装备率4.77万元/人，动力装备率23.3千瓦/人，主要设备综合成新率57.97%、完好率91.23%、利用率75.6%、闲置率5.45%。年施工能力150亿元以上。

2010年承揽工程81项，合同总额417.13亿元，完成企业总产值207亿元。其中，施工产值197亿元；附营产值10.84亿元。实现净利润3.81亿元，上缴税金5.76亿元。全员劳动生产率41.47万元/人年，职工年人均收入4.1万元。国有资产保值增值率121.17%，净资产收益率21.32%，营业收入利润率1.97%，资产负债率91.58%。完成主要实物工程量：土石方8700万立方米，隧道61708延长米，桥梁106436延长米，正线铺轨370公里、站线铺轨73公里，铺道岔510组，架梁532孔，通信线路1014公里，供电线路358公里，给排水管路7公里，公路179公里，其中高速公路177公里。单位工程合格率100%。

兵改工以来，集团公司获中国铁建优质工程奖91项，国家和省部级优质工程奖101项。其中，中国建设工程鲁班奖7项；中国土木工程詹天佑大奖5项；国家优质工程奖16项；环境保护工程奖1项；全国用户满意工程奖3项；中国市政工程金杯奖2项。获国家和省部级科技进步奖40项，中国铁建科学技术奖87.5项；集团公司“一级管理”模式获国家管理创新成果奖；47项工法被评为国家和省部级优秀工法，49项工法被评为中国铁建优秀工法；获国家和省部级QC小组131项，中国铁建优秀QC小组63项。集团公司先后被评为全国优秀施工企业、全国精神文明建设工作先进单位、全国模范职工之家、全国守合同重信用企业、全国对外承包工程30强企业、全国公路建设行业优秀企业、全国施工企业设备管理优秀单位、全国工程建设质量管理小组活动优秀企业、中国工程建设协会质量安全管理先进单位、陕西省守合同重信用企业、四川省工程信得过单位。

2010年，集团公司参建的京杭运河常州市区段改线工程获国家优质工程银质奖，参建的南京至淮安高速公路工程被评为中国公路交通优质工程，3项工程获中国铁建优质工程奖，中铁·山水天下项目获重庆优秀住宅小区金奖；9个班组被评为全国质量信得过班组，19个QC小组被评为省部级优秀QC小组，3个QC小组被评为中国铁建优秀QC小组；7项工法被评定为陕西省省级工法，2项工法被评定为中国公路工程工法，3项工法被评为中国铁建优秀工法；“紧邻运营线路高危山体危岩综合整治技术研究”成果获中国爆破协会科学技术进步二等奖，7项科技成果获中国铁建科学技术奖。集团公司获陕西省先进建筑业企业称号。

(孟繁荣　麻　炜)

【领导人员】

董事会

董事长	余文忠
副董事长	周　富
董事	余文忠
	周　富
	姜永军
	马登峰

监事会

监事	于凤丽
	杜经红
	康义初
	危　江
	辛平安
	朱宝林

经理层

总经理	姜永军
副总经理	马登峰
	陈文珍
	郭祥君
	赵崇科

王选尚
王玉松(12 月任)
李令选(12 月任)
王广建(12 月任)
总工程师　任少强
总经济师　王玉松(12 月免)
总会计师　尤敦同

党群领导

党委书记　周　富
党委副书记　余文忠
姜永军
康义初(10 月免)
黄锦波(12 月任)
纪委书记　康义初(10 月免)
黄锦波(12 月任)
工会主席　张志军
顾问　王冠峰
王景柱(3 月退休)
李克林
康义初(10 月任)

(孟繁荣　麻　炜)

【工程项目指挥机构】 安哥拉工程指挥部　指挥长王选尚,党工委书记马振东。驻安哥拉首都罗安达。

蒙古国铁路工程指挥部　指挥长李令选,党工委书记杨玉国。驻蒙古国色楞格省叶罗县。

石武铁路客运专线工程指挥部　指挥长周海军,党工委书记邓仁平。驻河南省新乡市新乡县。

莞惠城际铁路项目经理部　项目经理孙长江,党工委书记高忠杰。驻广东省东莞市大朗镇银朗南路399号东正商务大厦。

哈齐铁路客运专线项目经理部　项目经理赵崇科、王广建,党工委书记郭学平。驻黑龙江省肇东市正阳一道街。

兰新铁路二线甘青段 LXS－7 标段项目经理部　项目经理石鸿江、郭育红、任少强,党工委书记安维杰、郭育红。驻青海省门源县浩门镇育林路104号。

沪昆铁路客运专线贵州段 CKGZTJ－9 标段项目经理部　项目经理张志军。驻贵州省安顺市黄果树风景区。

沪昆铁路客运专线杭长湖南段 HCT－1 标段项目经理部　项目经理郭祥君、李令选。驻湖南省醴陵市。

(工程部　孟繁荣　麻　炜)

【职工队伍】 职工 17696 人。干部 8578 人,其中女干部 1744 人。干部中,专业技术干部 7588 人,占干部总数的 88.46%。干部学历结构:本科以上 3995 人,占干部总数的 46.57%;大专 2753 人,占干部总数的 32.09%。专业技术干部中,高级职务 546 人,中级职务 1884 人,初级职务 3345 人,分别占专业技术干部的 10.78%、37.21%、44.34%;工程技术干部 5063 人,占专业技术干部的 66.72%。2010 年,集团公司接收大学毕业生 1306 名。其中,研究生 3 名;本科毕业生 1070 名;大专毕业生 233 名。接收土木、机械、“四电”专业毕业生 1090 名,占接收毕业生总数的 83.6%。

工人 9118 人,其中女工 2489 人。技术工人 7344 人,占工人总数的 80.54%。学历结构:大专以上 1287 人,占工人总数的 14.11%;中专 2638 人,占工人总数的 28.93%;初、高中毕业 5193 人,占工人总数的 56.95%。技术工人中获得国家职业资格证书的初级工 611 人、中级工 2948 人、高级工 2008 人、技师 500 人、高级技师 86 人。年内新增工人 702 人,工人减少 626 人。接收安置中专、高职毕业生 514 人,复转军人 51 人。

(人力资源部　麻　炜)

【铁路工程】 在建铁路工程 53 项。重点工程进展情况:

宜万铁路 W15 标段　位于湖北省恩施土家族苗族自治州境内,线路长 11.439 公里,合同投资 31000 万元。合同工期 2004 年 12 月 1 日～2010 年 10 月。主要实物工程量:土石方 151.8 万立方米,桥梁 9 座 2867.69 双线延长米,隧道 2 座 5005 双线延长米,铺粒料道床 3.7 万立方米。2010 年完成投资 3689 万元,开工累计完成投资 38635 万元,占合同投资的 124.63%。

莞惠城际铁路工程　位于广东省东莞市大朗镇,线路长 5855.7 米,合同投资 96125 万元。合同工期 2009 年 9 月 18 日～2011 年 12 月 31 日。主要实物工程量:隧道 5107.7 双线延长米。2010 年完成投资 10536 万元,开工累计完成投资 13581 万元,占合同投资的 14.13%。

兰新铁路二线甘青段 LXS－7 标段工程　位于青海省门源回族自治县硫磺沟至甘肃省民乐县小平羌沟间,线路长 16.336 公里,合同投资 150900 万元。合同工期 2010 年 2 月～2013 年 11 月。主要实物工程量:大梁隧道 6550 延长米,祁连山隧道 9490 延长米,硫磺沟大桥 274 延长米。2010 年完成投资 28169 万元,开工累计完成投资 28169 万元,占合同投资的 18.67%。

海安至洋口港铁路工程　途经江苏省南通市海安、如皋、如东 3 个县,全长 74.325 公里,合同投资 126000 万元,合同工期 2009 年 3 月～2011 年 4 月。主要实物工程量:路基土石方 720 万立方米,桥梁 61 座 8078.07 延长米,涵洞 390 座 4565 横延米,正线铺轨56.8公里、站线铺轨11.2公里。年内完成投资63328万元,开工累计完成投资116256万元,占合同投资的92.27%。

石武铁路客运专线SWQZ－2标段工程　位于河南省新乡市新乡县,线路长22.58公里,合同投资180000万元,合同工期2008年10月15日～2012年6月30日。主要实物工程量:路基土石方141.23万立方米,桥梁4座13848延长米,涵洞33座842.56横延米。2010年完成投资53296万元,开工累计完成投资165094万元,占合同投资的91.72%。

锡乌铁路工程　位于内蒙古自治区锡林浩特市,线路长233.47公里,合同投资147034万元。合同工期2009年4月～2011年4月。主要实物工程量:路基土石方1908万立方米,桥梁12座2092延长米,涵洞305座6896.59横延米,铺轨239公里。2010年完成投资24807万元,开工累计完成投资94954万元,占合同投资的64.58%。

哈齐铁路客运专线HQTJ－2标段工程　位于黑龙江省肇东市,线路长14.95公里,合同投资315395万元。合同工期2009年11月30日～2013年5月30日。主要实物工程量:路基土石方462万立方米,桥梁11座19700.24延长米,涵洞79座1545.07横延米,制架箱梁625孔,铺设无砟道床119公里,铺轨16.43公里,铺道岔37组。2010年完成投资100794万元,开工累计完成投资103992万元,占合同投资的32.97%。

杭长铁路客运专线工程　位于湖南省醴陵市、浏阳市,线路长50.263公里,合同投资437293万元。合同工期2010年4月15日～2012年7月31日。主要实物工程量:路基土石方278.8万立方米,桥梁45座28819延长米,隧道14座14261延长米,涵洞7座402横延米,制梁1099孔,架梁811孔,无砟轨道道床101826公里。2010年完成投资102054万元,开工累计完成投资102054万元,占合同投资的23.34%。

沪昆铁路客运专线贵州段工程　位于贵州省安顺市黄果树风景区,线路长63.745双线公里,合同投资497298万元。合同工期2010年10月1日～2015年2月26日。主要实物工程量:隧道19座43587延长米,桥梁22座11769延长米,正线铺轨53.04公里,站线铺轨1.51公里。2010年完成投资11500万元,开工累计完成投资11500万元,占合同投资的2.31%。

沪昆铁路客运专线云南段工程　位于云南省曲靖市麒麟区,线路长54.6公里,合同投资305720万元。合同工期2010年10月1日～2015年9月20日。主要实物工程量:路基土石方663.7万立方米,桥梁41座22696.4延长米,隧道8座15353延长米,涵洞44座1151.34横延米。2010年完成投资12447万元,占合同投资的4.07%。

金山铁路工程　位于上海市松江区,线路长31.44公里,合同投资97971万元。合同工期2009年10月～2011年11月。主要实物工程量:路基土石方67万立方米,桥梁24座8215.01延长米,涵洞14座109.92横延米,T梁架设325孔,车站改造3座。2010年完成投资60045万元,开工累计完成投资60045万元,占合同投资的61.29%。

西康铁路二线工程　位于陕西省安康市,线路长39.74公里,合同投资142116万元。合同工期2010年3月～2011年12月。主要实物工程量:路基土石方440万立方米,隧道12座4117延长米,桥梁31座8033.02延长米,涵洞45座1149.24横延米,正线铺轨39.74公里,站场铺轨19.46公里,铺设道岔96组,房屋建筑11490平方米,通信电缆10公里,高压线路24.5公里,低压线路59.2公里,接触网39.75公里。2010年完成投资40814万元,开工累计完成投资42314万元,占合同投资的29.77%。

兰州铁路枢纽工程　位于甘肃省兰州市城关区北龙口,线路长29.1公里,合同投资247868万元。合同工期2009年8月1日～2013年12月31日。主要实物工程量:区间及站场路基土石方260万立方米,桥梁26座11087延长米,隧道17座23910延长米,涵洞15座622横延米,预制及架设T梁1344片,正线铺轨109公里。2010年完成投资129656万元,开工累计完成投资170955万元,占合同投资的68.97%。

玉铁铁路工程　位于广西壮族自治区博白县,线路长131.46公里,合同投资257119万元。合同工期2010年8月26日～2013年2月26日。主要实物工程量:区间及站场路基土石方1365.4万立方米,隧道19座10787延长米,桥梁62座29550.59延长米,涵洞422座9882.84横延米,车站7座。2010年完成投资15418万元,开工累计完成投资15418万元,占合同投资的6%。

青荣城际铁路工程　位于山东省烟台市栖霞区,线路长22.2公里,合同投资233761万元。合同工期2010年10月1日～2013年9月30日。主要实物工程量:区间及站场路基土石方579.14万立方米,桥梁44座35282.96延长米,隧道10座11040延长米,涵洞55座1661.26横延米。2010年完成投资3514万元,占合同投资的1.5%。

中南通道铁路工程　位于山东省淄博市沂源县,线路长80.981公里,合同投资233761万元。合同工期2010年9月1～2013年12月。主要实物工程量:土石方696.89万立方米,隧道15座28090延长米,桥梁32座21886.14延长米,涵洞59座943.37横延米,正线铺轨 15.778 公里。2010 年完成投资 12447 万元，开工累计完成投资 12447 万元，占合同投资的 5.32%。
（陈剑　麻炜）

【铁路运输】 神朔铁路运输　驻陕西省府谷县。主要承担大柳塔至阴塔间内燃机车调车及小运转作业任务。2010 年完成运营收入 3140 万元，累计完成产值 17261 万元，连续安全行车 4924 天。

西延铁路运输　驻陕西省蒲城县西头乡。2010 年完成运营收入 5131 万元，累计完成产值 29434 万元，连续安全生产 3340 天。

电力运输分公司　驻陕西省神木县神木北站。主营铁路运输。2010 年完成运输产值 5362 万元，累计完成产值 29445 万元。（贺春奎　麻炜）

【铁路外工程】 在建铁路外工程 133 项。重点工程进展情况：

北京地铁 8 号线 2 标段工程　位于北京市昌平区，线路长 1.26 公里，合同投资 18690 万元，合同工期 2008 年 12 月 1 日～2012 年 3 月 31 日。主要实物工程量：土方 34.6 万立方米，混凝土 5.7 万立方米，钢筋 8240 吨。截至 2010 年底，开工累计完成投资 13676 万元，占合同投资的 73.17%。

厦门至漳州高速公路 ZA6 合同段工程　位于福建省龙海市东园镇，线路长 6.15 公里，合同投资 49921.67 万元，合同工期 2009 年 2 月 12 日～2010 年 8 月 11 日。主要实物工程量：土石方 37.6 万立方米，路基 2177.4 米，桥梁 10 座 4820.95 延长米，涵洞 7 座 535.98 横延米。2010 年完成投资 17181 万元，开工累计完成投资 37918 万元，占合同投资的 75.95%。

十天高速公路 42 标段工程　位于陕西省略阳县，线路长 4 公里，合同投资 32502 万元，合同工期 2009 年 8 月 15 日～2011 年 2 月 15 日。主要实物工程量：土石方 100 万立方米，桥梁 16 座 4977 延长米，隧道 5 座 3399.64 延长米。2010 年完成投资 17613 万元，开工累计完成投资 25256 万元，占合同投资的 77.71%。

江六高速公路 2 标段工程　位于江苏省仪征市，线路长 5.89 公里，合同投资 116658 万元，合同工期 2009 年 4 月 1 日～2011 年 7 月 31 日。主要实物工程量：土石方 70.8 万立方米，桥梁 4 座 1886 延长米。2010 年完成投资 4158 万元，开工累计完成投资 6238 万元，占合同投资的 5.35%。

庄河至盖州高速公路工程　位于辽宁省盖州市小石棚乡小锅峪村，线路长 11.8 公里，合同投资 27924 万元，合同工期 2009 年 9 月～2011 年 4 月。主要实物工程量：土石方 4424.5 万立方米，桥梁 10 座 1917.6 延长米，隧道 1 座 421 延长米，涵洞 18 座 743 横延米。2010 年完成投资 10546 万元，开工累计完成投资 12239 万元，占合同投资的 43.83%。

纳黔公路 C8 合同段工程　位于四川省泸州市叙永县境内，线路长 5.872 公里，合同投资 35284 万元，合同工期 2008 年 12 月 30 日～2012 年 3 月 31 日。主要实物工程量：路基土石方 573203 立方米，桥梁 8 座 1950.21 延长米，隧道 2 座 4514 延长米，涵洞 2 座 64 横延米。2010 年完成投资 10082 万元，开工累计完成投资 24009 万元，占合同投资的 68.05%。

达陕高速公路 D9 合同段工程　位于四川省万源市石塘乡高家坝，线路长 13.255 公里，合同投资 35851 万元，合同工期 2008 年 8 月～2011 年 1 月。主要实物工程量：土石方 276 万立方米，隧道 1 座 999 延长米，桥梁 34 座 4251 延长米。2010 年完成投资 7647 万元，开工累计完成投资 15696 万元，占合同投资的 43.78%。

广东省江门至肇庆公路 G14 标段工程　广东省四会镇，线路长 4.54 公里，合同投资 28696 万元，合同工期 2008 年 8 月 28 日～2010 年 4 月 28 日。主要实物工程量：路基土石方 101 万立方米，桥梁 3 座 1597 延长米，立交桥 1 座 1282.16 延长米。2010 年完成投资 5161 万元，开工累计完成投资 21661 万元，占合同投资的 75.48%。

杭瑞高速公路阳通段 HRTJ－13 标段工程　湖北省通山县大路乡山口村，线路长 10.099 公里，合同投资 19518 万元，合同工期 2009 年 1 月～2010 年 5 月。主要实物工程量：路基土石方 350 万立方米，桥梁 6 座 1169.98 延长米，涵洞 36 座 1363.35 横延米。2010 年完成投资 7921 万元，开工累计完成投资 19931 万元，占合同投资的 102.12%。

衡桂高速公路第 9 合同段工程　湖南省常宁市罗桥镇，线路长 8.3 公里，合同投资 21589 万元，合同工期 2009 年 7 月～2011 年 6 月。主要实物工程量：路基土石方 450.54 万立方米，桥梁 2 座 402 延长米，涵洞 63 座 2859.35 横延米，路面 4470 平方米，水泥混凝土面板 15356 平方米。2010 年完成投资 9961 万元，开工累计完成投资 19102 万元，占合同投资的 88.48%。

衡阳至南岳高速公路第 4 合同段工程　位于湖南省衡阳市石鼓区境内，线路长 9.194 公里，合同投资 13150.8 万元，合同工期 2008 年 12 月 1 日～2010 年 11 月 24 日。主要实物工程量：路基土石方 329.15 万立方米，路面 25.95 万平方米，桥梁 9 座 622.32 延长米，涵洞 23 座 965.48 横延米，通道 24 座 962.68 横延米。2010 年完成投资 6823 万元，开工累计完成投资 13765 万元，占合同投资的 104.67%。

宜巴高速公路17标段工程　位于湖北省兴山县，线路长6.125公里，合同投资41542万元，合同工期2010年7月~2012年6月。主要实物工程量：峡口隧道3177延长米，涵洞1836横延米。2010年完成投资18895万元，占合同投资的45.48%。

内邓高速公路工程　位于河南省南阳市，线路长22.873公里，合同投资72233万元，合同工期2010年6月~2012年5月。主要实物工程量：路基土石方479.6万立方米，桥梁27座2957延长米，隧道1座3785延长米，涵洞及通道46座1574.5横延米，沥青混凝土路面63.31万平方米。2010年完成投资6514万元，占合同投资的9.02%。

运灵高速公路工程　位于山西省芮城县，线路长5.24公里，合同投资43105万元，合同工期2009年10月~2012年10月。主要实物工程量：隧道5016延长米。2010年完成投资13184万元，开工累计完成投资17284万元，占合同投资的40.1%。

宝汉高速公路BP11标段工程　位于陕西省宝鸡市千阳县，线路长5公里，合同投资32017万元，合同工期2009年4月~2011年3月。主要实物工程量：路基土石方125万立方米，桥梁4座1411延长米。2010年完成投资18094万元，开工累计完成投资27868万元，占合同投资的87.04%。

哈尔滨西客站工程　线路长0.522公里，合同投资56574万元，合同工期2010年1月~2011年10月。主要实物工程量：站场土方61万立方米，土工格栅21.65万平方米，地下连续墙8183立方米，桥梁4座。2010年完成投资26886万元，占合同投资的47.52%。

南水北调中线一期工程总干渠安阳段第4标段工程　位于河南省洛阳市，长3.322公里，合同投资9850万元，合同工期2006年10月~2010年6月。主要实物工程量：土方244.1万立方米，混凝土6.1万立方米，砌石5.4万立方米，金属结构设备安装140吨。2010年完成投资2706万元，开工累计完成投资8572万元，占合同投资的87.03%。

江西德昌高速D5合同段工程　位于江西省进贤县三里乡，线路长3.6公里，合同投资10785.5万元，合同工期2009年7月15日~2010年10月15日。主要实物工程量：路基土石方802400立方米，桥梁4座1230.81延长米，涵洞8座269.25横延米。2010年完成投资5280万元，开工累计完成投资10405万元，占合同投资的96.47%。　（陈　剑　麻　炜）

【国外工程】　安哥拉罗安达铁路大修工程　西起罗安达巴亚车站，途经仁热、卢卡拉，东至马兰热车站，是安哥拉三条铁路主干线之一。线路长450公里，合同投资50662万美元，合同工期2005年2月26日~2009年8月。工程主要包括450公里的路基、桥涵、轨道、通信信号、电力、站后房建及其养护设施等设计施工，其中大修段235公里、中修段215公里。主要实物工程量：路基土方754万立方米，桥涵125座，上道砟45万立方米，车站16座，工务、机务段4座。2010年完成投资6057万美元，工程全部完成。

本格拉铁路大修工程　位于安哥拉中部，西起大西洋沿岸的洛比托港，东至安哥拉与刚果边境，是安哥拉三条铁路主干线之一。线路长1344公里，合同投资156776万美元，合同工期2006年1月~2011年1月。主要实物工程量：路基土方174万立方米，工务、机务段4座。2010年完成投资3313万美元。

蒙古国叶罗河铁矿专用铁路工程　位于蒙古国色楞格省叶罗河县境内，西起杜兰汗镇，东至叶罗城矿山。线路长83公里，合同投资4957.26万美元，合同工期2008年9月1日~2009年7月1日。主要实物工程量：土石方400万立方米，车站5座。2010年完成投资1.5亿元，实现利润1380万元，完成上缴款1000万元。　（海外事业部　赵彦彬　麻　炜）

【经营管理】　工程承揽。2010年承揽工程78项，新签合同额410.1亿元，占股份公司下达年度计划240亿元的170.9%。其中，铁路工程32项318.7亿元；公路工程19项49.9亿元；城市轨道工程6项15.2亿元；房屋建筑工程6项7.9亿元；市政工程10项12.7亿元；水利水电及其他工程5项5.7亿元。集团公司认真贯彻股份公司“适度规模、精耕细作、最佳效益”的经营方针，始终坚持工程、资本“两种经营”并重，国内国外“两个市场”同抓的原则，遵循诚信经营，强化合同管理，发展高、精、尖、难工程。国内工程经营实行区域管理，集团公司在全国设立5个区域工程指挥部，负责所属区域内的项目管理。继续加大海外工程承揽力度，明确海外经营方向，确保海外工程在承揽数量和项目利润率上有新的提高。

项目管理。(1)小型项目建设。全年审核西安、咸阳基地小型项目预算18项，竣工验收14项，完成投资4028万元。(2)定额管理。不断完善集团公司施工成本定额测定体系，及时收集施工成本定额及劳务分包价格信息，确保施工成本定额的完整性、先进性和适用性。(3)合同管理。实行全员岗位责任目标合同管理，根据职责分工，按照分级管理，责、权、利相结合的原则，逐级签订岗位责任目标合同。集团公司所属各单位党政主管与集团公司党政主管签订年度生产经营目标合同，作为年度考核依据；各工程指挥部根据项目评估结果，指挥长、书记与集团公司党政主管签订工程项目承包经营责任目标合同,作为项目竣工的考核依据。(4)工程指挥部管理。集团公司工程项目实行“一级管理、两层分离、分级核算”的管理模式,指挥长、书记、总工程师实行竞争上岗,物资、设备、劳务实行公开招标;对项目进行综合评估,签订年度生产经营责任目标合同和工程项目承包经营责任目标合同。调整2000年以来实行一级管理的工程项目承包经营责任合同中的奖罚标准,激励工程项目指挥部创誉争效。(5)物资管理。认真执行集团公司物资管理办法,全年供应钢材86.6万吨、水泥207.44万吨、油料31.84万吨、木材3.51万立方米、炸药4343.46吨,总价值1138529.89万元。招标采购物资1091353.81万元,累计节约采购资金38148.07万元,采购成本降低率3.5%。(6)设备管理。全面推行大型设备操作(驾驶)目标责任制,提高设备资产的使用效果;规范设备购置行为,有计划地进行设备更新;积极调剂使用闲置设备,发挥特种设备作用;强化设备基础管理,提高设备“三率”指标。2010年购置机械运输设备539台(套),价值36945.19万元,10万元及以上设备购置招标率100%,节约资金1395万元。

企业管理。推进工程公司建设,下发集团公司《关于进一步深化工程公司建设的实施意见》。企业资质等级不断提升,年内二公司取得市政公用、矿山工程施工总承包三级资质;三公司取得市政公用工程施工总承包二级,公路工程施工总承包三级,地基与基础、土石方工程专业承包三级资质;五公司取得公路工程施工总承包二级,隧道、桥梁工程专业承包二级资质;工程机械公司取得钢结构工程专业承包二级资质。维护企业合法权益,全年处理和指导子公司应诉各类案件近百起,避免或挽回经济损失1800余万元。2010年,集团公司获陕西省先进建筑业企业称号,被评为全国水利建设市场主体信用评价AAA级单位;二公司获陕西省优秀施工企业、六公司获全国优秀施工企业称号;4人被评为陕西省优秀项目经理,1人被评为中国工程建设优秀(高级)职业经理人,4人被评为全国工程建设优秀项目经理。

安全质量。2010年,集团公司以“安全生产月”、“隐患治理年”等活动为载体,深入开展安全专项大检查,强化安全管理,加大过程管控力度,集团公司施工生产稳步推进。年内,集团公司被评为陕西省安全生产先进单位、全国质量管理小组活动优秀企业,获陕西省质量管理活动30周年优秀企业特别奖;苏州北环东延1标段、海洋铁路岔洋河特大桥、西安地铁1号线铲河站、石武铁路客运专线轨道板厂4个工地分别被评为江苏省、中国铁建安全质量标准工地;获全国优秀质量管理小组5个、省部级优秀质量管理小组16个、中国铁建优秀质量管理小组5个,全国质量信得过班组4个、省级质量信得过班组3个;三、四、六公司和电气化公司分别获陕西省优秀质量管理小组活动优秀企业称号;获国家优质工程银质奖1项,省部级优质工程奖6项。产品质量合格率100%,全年未发生等级质量事故。集团公司和子公司、分公司分别通过质量、环境、职业健康安全管理体系认证。

财务审计。坚持以资金管理为中心,以项目责任成本管理和项目标准化管理为重点,完善财务管理规章制度,下发集团公司《直(托)管项目财务管理暂行办法》《收尾项目账务管理办法》《对外捐赠管理规定》《财务风险预警制度》《会计人员工作交接办法》等管理办法,基本形成一套切合实际、覆盖面广、内容完整、操作性强的财务制度体系。根据企业发展需要,不断扩大授信额度,保证集团公司施工生产正常运行。认真贯彻中国铁建责任成本管理指导意见,修订完善责任成本管理制度,建立集团公司责任成本管理体系,将成本责任落实到相关责任人,作业队按单项或分部工程以内部定额成本核算,并按定额采购材料,实行批量采购,减少库存积压,严把材料消耗关;工费实行基本工资与效益工资挂钩考核计发;机械设备使用按工作量计算台班,油材料消耗按单机单车核算,充分发挥机械设备的使用效率;间接费用按投资总额和工程项目实际情况测算核定,并按工程进度分期考核,防止间接费超支影响预期利润。年内,集团公司向国家缴纳税金5.76亿元。加强工程项目竣工、经济责任、期中效益审计,全年完成审计项目218项。其中,经济责任审计28项;工程项目审计148项;财务收支审计8项;经济效益审计5项;后续审计6项;内控制度审计13项;专项审计调查2项;其他审计8项。提出审计报告202份,发现问题金额9310万元。其中,发现违规违纪金额6779万元;损失浪费1981万元;不良资产550万元。纠正问题金额6745万元,促进增收节支166万元;提出审计建议789条,被采纳651条。 (麻 炜)

【科技教育】 科技工作。年内,集团公司3项科技开发项目列入股份公司科技计划,集团公司新立科技开发项目23项,资助科研经费305万元。“刚性混凝土系杆拱桥支架拼装施工工法”等7项工法被评定为陕西省省级工法,“单塔无背索斜拉桥劲性混凝土整体提升模板体系施工工法”和“预应力刚性混凝土整体提升模板体系施工工法”被评定为中国公路工程工法,3项工法获中国铁建优秀工法奖;“紧邻运营线路高危山体危岩综合整治技术研究”科研成果获中国爆破协会科学技术进步二等奖。7项科技成果获中国铁建科学技术奖,《岩溶隧道溶腔处理施工技术》等3篇论文获中国铁建优秀论文奖。

教育培训。年内举办各类培训班 42 期，培训 4953 人次。为适应企业发展和技术进步的需要，加快技术型人才的成长，全面检验技工的技术水平，指导和协调集团公司职业技能鉴定站开展技工职业技能鉴定前的培训与鉴定工作，507 人接受技能培训和鉴定。其中，培训鉴定技师 65 人；高级技师 15 人；高级工 60 人；中级工 357 人；初级工 10 人。　（孟繁荣）

【党群工作】　党的工作。集团公司下辖党委 31 个、党工委 1 个、党支部 438 个，有党员 6417 名。其中，女党员 904 名；预备党员 255 名；少数民族党员 64 名。(1)创先争优活动。集团公司党委以"抢抓机遇争一流，全面实现三步走"活动为平台，通过公开承诺的形式，向全集团公布实现"三步走"第三步目标的时间表。各级党组织、全体共产党员积极响应，纷纷向党组织递交创先争优活动承诺书，表达立足岗位作奉献，努力实现"三步走"战略的坚强决心。集团公司 165 个在建项目通过建立党员责任区、党员攻关项目，创党员品牌工程，开展"五比五赛"和"五比五看"活动，形成人人争先进，事事争上游的良好氛围。(2)领导班子建设。集团公司修订《"四好领导班子"创建活动实施办法》，开展"四忠诚、五敬畏"教育活动，认真落实"三重一大"集体决策制度，努力建设学习型党组织，注重党员领导干部民主生活会质量，集团公司各级领导班子党性观念、责任意识不断增强。(3)党建工作。集团公司党委下发《关于加强和改进工程项目部党的建设的实施意见》，建立和完善"大事集体决策、党政共同负责"的工程项目部领导体制。树立先进典型，集团公司作出向李令选学习的决定，有 7 个基层党组织和 9 名党员受到中国铁建党委的表彰。(4)宣传思想工作。2010 年继续在全体职工中开展"加强责任心，提高执行力"主题教育活动。下发《集团公司党委、集团公司关于开展"践行企业价值观，提升发展软实力"专题教育活动的通知》。《企业建设》杂志开辟"践行企业价值观，提升发展软实力"征文专栏，并将优秀征文推荐到股份公司《铁建政工》《中国铁道建筑管理》等刊物发表。举办"文化铸企魂，携手创辉煌"巡回演讲活动，在 8 个项目开展 10 场主题演讲活动，观众超过 3000 人。集团公司 23 幅作品在第十五届大路画展中展出，其中 15 幅作品获奖，集团公司连续 10 次被中国美术家协会和股份公司评为美术创作先进单位。年内对外报道 300 余篇，发表政研论文 36 篇，其中 8 篇论文被评为股份公司优秀政研成果，3 人被股份公司评为中国铁建优秀思想政治工作者。集团公司网站上传各类稿件 7788 篇，网站点击 108 万人次。全年出版集团公司《开路先锋》52 期、《企业建设》6 期。(5)党风廉政。坚持"标本兼治、综合治理、惩防并举、注重预防"的方针，着力抓好廉洁自律、查办案件、效能监察、源头预防四项工作。全年受理来信来访、电话举报等案件线索 45 件，初步核实案件线索 39 件，转立案 28 件，结案 28 件，其中大要案 14 件，占立案总数的 50%。处理违纪人员 61 人，其中政纪处分 61 人、移送司法 1 人。通过办案挽回直接经济损失 99 万元。参与防范或化解企业经营管理风险 9 起，避免经济损失 168.92 万元。开展亏损工程项目效能监察，全年派出工作组 31 个 156 人次，先后对 9 个子公司、5 个分公司、3 个直属单位、139 个在建项目进行排查和重点抽查，查出问题 209 条，发现案件线索 7 件，立案 7 件，结案 7 件。通过检查，清退外部劳务队 15 个、清退领导人员亲属包工队 3 个、清退私人设备 15 台；调整项目经理 9 人，处理违规人员 21 人，赔偿经济损失 51.89 万元，减少亏损 9085 万元。开展"小金库"专项治理，年内发现"小金库"5 个，涉及金额 119.7 万元，处理违规人员 4 人，移交检察院立案 1 人；提出检查建议 209 条，制作监察建议书 5 份，协助建章立制 18 个。20 个潜亏工程项目部中已有 10 个实现扭亏为盈，减亏金额 9085 万元。

工会工作。集团公司工会下辖工会委员会 19 个、工会小组 526 个，有会员 16181 人，专职干部 39 人，兼职干部 379 人。(1)组织建设。切实贯彻落实"组织起来，切实维权"的工作方针，19 个单位建立职代会，全集团建立职工之家 140 个、职工小家 526 个。(2)民主管理。2 月 4 日～5 日，集团公司三届二次职工代表大会召开，参加会议代表 141 名；3 月 25 日，集团公司工会二届三次全委（扩大）会议召开，38 人参加会议。(3)劳动竞赛。深入开展"安康杯"劳动竞赛和"一法三卡"推进活动，激励广大职工为完成年度生产经营目标建功立业。集团公司副总经济师李令选被评为全国劳动模范，2 人被评为陕西省经济技术创新标兵，2 人被评为陕西省立功竞赛先进个人；一公司被评为陕西省经济技术创新优胜单位，四公司蒲城运输公司获陕西省"工人先锋号"称号，五公司西宝高速公路项目部获陕西省立功竞赛先进集体称号；1 项成果获陕西省经济技术创新优秀成果奖；3 篇劳动竞赛、劳动保护论文和经验材料获股份公司 2010 年度群众生产论文三等奖，2 项群众性技术改进项目获股份公司 2010 年度合理化建议和技术改进项目二等奖；2 个项目部获中国铁建"工人先锋号"称号；4 人被评为中国铁建劳动模范，2 个子公司被评为中国铁建先进集体。(4)建家建线。年内，三公司工会获陕西省模范职工之家称号，五公司大四高关支线项目部工会获陕西省模范职工小家称号;3个单位获中国铁建模范职工之家称号,五公司渭南材料厂工会获中国铁建模范职工小家称号,2人被评为中国铁建优秀工会工作者(5)女工工作。3月4日,集团公司工会女职工委员会二届二次全委(扩大)会议召开。四公司经营部获陕西省五一巾帼标兵岗称号,一公司女工委被评为陕西省先进女职工委员会。(6)送温暖活动。2010年筹集"三不让"承诺专项资金1011.03万元,救助困难职工家庭1764户次110.34万元,资助困难家庭子女入学143人次31.47万元,医疗救助419人次142.19万元。筹集送温暖资金262.16万元,走访慰问困难职工家庭2067户。筹集"金秋助学"资金24.46万元,资助困难职工子女入学176名。

共青团工作。集团公司下辖团委11个、团工委10个、团支部148个,有团员2517名,35岁以下青年5498名。专兼职团干部385名,其中专职团干部9名。集团公司团委号召各级团组织和广大团员青年,通过电视、广播、报纸、网络、书籍、会议、培训等多种形式,认真学习贯彻党的方针和政策。以提高团干部的学习能力、服务能力、凝聚能力和合作能力为重点,安排多名团干部参加团中央、团陕西省委、陕西省国资委团工委、中国铁建团委组织的学习培训活动及集团公司党委组织的学习培训班。集团公司号召各级团组织积极开展纪念五四运动91周年系列活动,各单位通过开展文体比赛、参观革命圣地、举办主题团日、开展五四表彰等形式,拓展思想政治工作载体,满足青年文化需求,增强团组织的吸引力和凝聚力。

(孟繁荣　麻　炜)

【第一工程有限公司】　公路、市政公用工程施工总承包一级,铁路工程施工总承包二级,房屋建筑工程施工总承包三级,桥梁、隧道、公路路基、公路路面工程专业承包一级,预拌商品混凝土专业承包二级和城市轨道交通工程专业承包资质企业。公司机关驻江苏省苏州市大同路10号。执行董事兼总经理白建伟(2月任),党委书记赵斌(2月任)。前身系中国人民解放军铁道兵第十师第四十六团,1984年1月1日集体转业并入铁道部,改编为铁道部第二十工程局第一工程处;1999年12月1日改称为中铁第二十工程局第一工程处,2002年7月22日企业改制改称现名。下辖29个专业工程队、11个混凝土站、6个办事处、2个基地及材料厂、工程公司、物资公司。职工3497人。其中,干部1301人;工人2196人。专业技术干部942人,占干部总数的72.41%;技术工人1334人,占工人总数的62%。资产总额25.13亿元。其中,固定资产原值5.35亿元、净值2.51亿元;流动资产22.06亿元;无形资产3201万元;其他资产2440万元。机械设备764台(套),原值3.34亿元、净值1.72亿元,总功率53771千瓦,动力装备率17千瓦/人,技术装备率7万元/人,主要设备成新率61%、完好率91%、利用率71%。年施工生产能力20亿元以上。

2010年承揽工程任务19.11亿元,完成企业总产值32.23亿元。全员劳动生产率55.79万元/人年,职工年人均收入36281元。完成主要实物工程量:土石方1048万立方米,隧道9203延长米,桥梁40962延长米,正线铺轨66米,铺道岔20组,公路架梁4849孔(片)。单位工程合格率100%。年内,公司参建的京杭运河常州市区段改线工程获国家优质工程银质奖,参建的南京至淮安高速公路工程获中国公路交通优质工程一等奖,参建的苏州绕城高速公路西南段、京杭运河常州市区段改线工程获中国土木工程詹天佑奖;公司被评为江苏省建筑业百强企业基础设施类10强、陕西省"五五普法"先进单位、陕西省经济技术创新优胜单位。

(黄峻梅　孟繁荣　麻　炜)

【第二工程有限公司】　公路、铁路工程施工总承包一级,公路路基、公路路面、隧道、桥梁、混凝土预制构件专业承包一级,地基与基础工程专业承包二级资质企业。公司机关驻北京市海淀区西四环北路158号慧科大厦12层。董事长苗文怀,党委书记邵怀全,总经理刘庭联。前身系中国人民解放军铁道兵第十师第四十七团,1984年1月1日集体转业并入铁道部,改编为铁道部第二十工程局第二工程处;1999年12月1日改称中铁第二十工程局第二工程处,2002年7月21日改称为中铁二十局集团第二工程有限公司。2007年5月通过增资扩股形式变更为中铁交通国际工程技术有限公司;2008年6月,公司重组恢复为中铁二十局集团第二工程有限公司。下辖18个专业公司(工程队)。职工2432人。其中,专业技术干部912人;技术工人1212人。资产总额188248万元。其中,固定资产原值51822万元、净值25543万元;流动资产161636万元。机械运输设备387台(套),原值23785万元、净值14280万元,总功率53074千瓦,动力装备率21.74千瓦/人,技术装备率5.85万元/人。主要设备完好率91.5%、利用率71.5%。年施工生产能力45亿元以上。

2010年承揽工程任务14.7亿元,完成企业总产值339580万元,实现利润6563.57万元。全员劳动生产率141.12万元/人年,职工年人均收入34888元。国有资产保值增值率184.51%,资产负债率90.17%,产值利润率1.92%,净资产收益率37.78%。完成主要实物工程量:土方石939万立方米,桥梁9539延长米,隧道15881延长米,铁路架梁400孔,公路架梁908片,公路35公里。单位工程合格率100%、优良率80%。年内,公司获省部级优质工程奖3项,其中保龙高速公路工程获云南省优质工程二等奖;1项工程获中央企业团工委"青年文明号"称号;1人被评为全国优秀项目经理,3人获得火车头奖章;公司工会被评为全国模范职工之家,公司获得湖南省用户满意企业、全国先进施工企业称号,连续6年被评为全国"安康杯"示范企业。　　(杨 倩　孟繁荣　麻 炜)

【第三工程有限公司】 主营公路、铁路、市政、水利水电、工业与民用建筑、城市轻轨、地铁、机场、码头工程。公司机关驻重庆市渝北区黄山大道中段5号水星科技发展中心。执行董事、总经理刘虎军,党委书记陈益发。2006年2月由集团公司下辖的房地产开发公司、上海兴甬建筑市政工程公司、北京工程公司、西安工程公司合并组成;2007年5月,将川渝工程公司并入第三工程有限公司;房地产开发公司从第三工程有限公司划出;2008年12月,上海兴甬市政工程公司划归一公司管理。下辖2个直属单位、1个基地和35个工程队。职工1447人。其中,干部956人;工人491人。资产总额149712万元。其中,固定资产原值19246万元、净值14228万元;流动资产135080万元。机械运输设备363台(套),原值12838万元、净值9095万元,总功率48994.2千瓦,技术装备率6.3万元/人,动力装备率33.8千瓦/人,设备成新率70.8%、闲置率3.5%、利用率95.6%、完好率97.5%。年内新购设备113台(套),价值3924.6万元;报废设备15台,原值494万元。年施工生产能力15亿元以上。

2010年承揽工程任务13.8亿元,完成施工产值18.96亿元。年内"黄土地区深基坑施工降水研究与实践"科技成果获中国铁建科学技术二等奖,"黄土地区深基坑施工降水研究与实践"工法获中国铁建优秀工法二等奖;2项QC成果获全国优秀QC成果奖,3项QC成果获陕西省优秀QC成果奖。公司被评为全国"安康杯"优胜单位。(公司办公室　孟繁荣　麻 炜)

【第四工程有限公司】 铁路、公路、市政公用工程施工总承包一级,隧道、桥梁、公路路基、铁路铺轨架梁专业承包一级资质企业,拥有对外承包国际工程资质。公司机关驻山东省青岛市东海东路89号。董事长兼党委书记王树文,总经理肖红武。前身系中国人民解放军铁道兵第十师第四十九团,1984年1月1日集体转业并入铁道部,改编为铁道部第二十工程局第四工程处;1999年12月1日改称中铁第二十工程局第四工程处,2002年7月18日企业改制改称现名。下辖综合队18个、专业化工程队25个、管理型架子队30个。职工4727人,其中在岗职工4091人。在岗职工中干部1405人,工人2686人。资产总额26.95亿元。其中,固定资产原值63294万元、净值31939万元;流动资产235811。机械设备465台(套),原值37235.7万元、净值18910.7万元,总功率156512千瓦,技术装备率4.6万元/人,动力装备率38.2千瓦/人。主要设备完好率93.2%、成新率50.8%、利用率72.3%、闲置率3.4%。年施工生产能力40亿元以上。

2010年承揽工程任务84.3亿元,完成企业总产值405997万元。其中,施工产值392364万元;附营运输产值13633万元。实现利润9663万元。职工年人均收入36212元。完成主要实物工程量:土石方2493万立方米,隧道9800延长米,桥梁24441延长米,涵渠9930横延米,正线铺轨134米,铺道岔97组,铁路架梁389孔,公路架梁2268片。年内,"既有线改造中无尖轨道岔应用施工技术"、"哈大高压全封闭绝缘挂篮施工技术"成果获中国铁建科学技术二等奖,"锡乌铁路500米长钢轨铺设和焊接施工技术"成果获中国铁建科学技术三等奖;2项工法获中国铁建优秀工法一等奖,1项工法被评为陕西省省级工法。3人分别被评为全国建筑业企业优秀项目经理、全国工程建设优秀项目经理、陕西省建筑业优秀项目经理,第二铁运分公司检修班被授予中央企业红旗班组、陕西省"工人先锋号"称号,公司被评为陕西省厂务公开民主管理工作先进单位。　　(公司办公室　孟繁荣　麻 炜)

【第五工程有限公司】 前身为中铁二十局第二工程有限公司,2007年5月10日,集团公司撤销第二工程有限公司编制,5月15日将西北工程公司人员、资产与原第二工程有限公司改制重组存续人员、资产合并成立第二工程有限公司;2008年7月25日,第二工程有限公司更名为第五工程有限公司。董事长康玮,党委书记邓建涛。下辖2个公司、1个酒店、1个宾馆、20个工程队(架子队)。职工1206人。其中,干部678人;工人528人。专业技术干部672人,技术工人434人。资产总额127321万元。其中,固定资产原值24501万元、净值16505万元;流动资产110354万元。机械运输设备121台(套),原值8798.55万元、净值5633.77万元。总功率17.23千瓦,技术装备率5.8万元/人,动力装备率13.8千瓦/人,主要设备成新率64%、完好率92%、利用率87%。年施工生产能力12.9亿元以上。

2010年承揽工程任务125191万元,完成企业总产值15.8亿元。其中,施工产值156200万元;附营产值1800万元。实现利润2242.07万元。全员劳动生产率 105.57 万元/人年,职工年人均收入 37584 元。国有资产保值增值率 164.74%,资产负债率 95.85%,产值利润率 1.73%,净资产收益率 48.91%。完成主要实物工程量:土石方 714 万立方米,桥梁 5076 延长米,隧道 5063 延长米,涵洞 2778 横延米,正线铺轨 95.63 公里,公路架梁 356 片,铁路架梁 233 片,房屋建筑 7319 平方米。单位工程合格率 100%。年内,1 个工地被中国铁建评为安全质量标准文明工地,1 个项目部获陕西省重点工程建设立功竞赛先进集体称号,西安地铁 1 号线项目被评为全国优秀 QC 小组。

(公司办公室　孟繁荣　麻　炜)

【第六工程有限公司】 房屋建筑、公路、市政公用工程施工总承包一级,铁路工程施工总承包二级,土石方、建筑装修装饰、桥梁、公路路基、隧道工程专业承包一级资质企业。公司机关驻陕西省西安市辛家庙康新路。总经理张文峰,党委书记黄锦波。前身系中国人民解放军铁道兵第十师新建铁路管理处,1984 年 1 月 1 日集体转业并入铁道部,改编为铁道部第二十工程局新建铁路运输处、建筑公司、建筑工程处;1999 年 12 月 1 日改称中铁第二十工程局建筑工程处,2001 年 1 月改称中铁第二十工程局第六工程处,2002 年 7 月 18 日企业改制改称现名。下辖 35 个项目部、1 个协调组、1 个办事处、3 个专业队和机械化作业租赁中心、医疗保健中心、咸阳基地管理委员会等单位。职工 2491 人。其中,干部 1209 人;工人 1282 人。专业技术干部 885 人,技术工人 1223 人。资产总额 230310 万元。其中,固定资产原值 49228 万元、净值 25531 万元;流动资产 200644 万元。机械动力设备 460 台(套),原值 20232 万元、净值 10913 万元,总功率 52750.9 千瓦,技术装备率 4.77 元/人,动力装备率 23.06 千瓦/人,主要设备成新率 53.94%、完好率 94.6%、利用率 74%。年施工生产能力 50 亿元以上。

2010 年承揽工程任务 24.55 亿元,完成企业总产值 35.45 亿元,其中施工产值 35.45 亿元。实现利润 15280 万元。全员劳动生产率 54.4 万元/人年,职工年人均收入 31889 元。国有资产保值增值率 170.29%,资产负债率 88.76%,产值利润率 4.4%,净资产收益率 58.56%。完成主要实物工程量:土石方 1821 万立方米,桥梁 11658 延长米,隧道 2576 延长米,涵洞 2733 延长米,正线铺轨 64.5 公里,架梁铁路梁 105 孔、公路梁 720 片,房屋建筑 170768 平方米,公路 33.8 公里。单位工程合格率 100%、优良率 100%。年内获全国优秀 QC 小组 1 个、陕西省质量信得过班组 1 个,陕西省优秀 QC 小组 5 个;获铁道部优质工程 1 项。公司被授予中央企业先进集体、全国质量安全管理先进单位、中国文化管理示范单位称号,被评为陕西省质量管理小组活动优秀企业、中国铁建项目管理先进单位。

(温素华　孟繁荣　麻　炜)

【电气化工程有限公司】 铁路电务、电气化、建筑智能化、送变电工程专业承包一级,电信、机电设备安装工程专业承包二级资质企业。公司机关驻陕西省西安市高新区新型工业园企业壹号公园 6 号。总经理王志义,党委书记张西。前身系中国人民解放军铁道兵第十师司令部通信科,1984 年 1 月 1 日集体转业并入铁道部,改编为铁道部第二十工程局电务处;2002 年 6 月 29 日企业改制为中铁二十局集团电务工程有限公司,2006 年 2 月 18 日与中铁二十局集团路桥工程公司合并重组改称中铁二十局集团第五工程有限公司,同时保留电务工程有限公司机构;2007 年 10 月 18 日,由第五工程有限公司和电务工程有限公司重组整合改称现名。下辖 5 个专业公司(工程队)。职工 617 人。其中,干部 362 人;工人 255 人。专业技术干部 338 人,技术工人 255 人。资产总额 51672 万元。其中,固定资产原值 7774 万元、净值 5136 万元;流动资产 46254 万元;其他资产 5418 万元。机械运输设备 60 台(套),原值 3782 万元、净值 2582 万元,总功率 5266 千瓦,技术装备率 6.2 万元/人,动力装备率 8.5 千瓦/人,设备成新率 65.7%、利用率 76.8%。年施工生产能力 10 亿元以上。

2010 年承揽工程任务 7.9 亿元,完成企业总产值 6 亿元,其中施工产值 6 亿元。实现利润 2415 万元。全员劳动生产率 15.73 万元/人年,职工年人均收入 45000 元。国有资产保值增值率 121.11%,资产负债率 79.96%,产值利润率 4.16%,净资产收益率 20.39%。完成主要实物工程量:桥梁 349.6 延长米,涵洞 6.66 延长米,正线铺轨 0.536 公里。单位工程合格率 100%。年内,公司被评为中国铁建先进集体,1 人获中国铁建劳动模范称号。

(田　华　孟繁荣　麻　炜)

【房地产开发有限公司】 房地产开发二级资质企业。公司机关驻重庆市南岸区江南大道 19 号城市之光 30 层。董事长周玉山,党委书记简军。公司成立于 2002 年 1 月,2006 年 2 月由房地产开发公司、上海兴甬建筑市政工程公司、北京工程公司、西安工程公司合并组建第三工程有限公司;2007 年 5 月,房地产开发公司从第三工程有限公司划出。下辖 12 个职能部门。职工 60 人。其中,干部 53 人;工人 7 人。

2010 年完成企业总产值 27500 万元,职工年人均收入 79120 元。年内,公司开发的中铁·山水天下项目获2010年度中国土木工程詹天佑奖·重庆住宅小区优秀工程质量奖和重庆优秀住宅小区金奖;中铁·山水一舍项目被评为2010年度十大优秀建筑师推荐最值得购买户型项目,获得中国地产年度传媒大奖、秋交会宜居竞争力楼盘、功勋60年重庆建筑力量奖等荣誉。公司被评为重庆茶园新区优秀企业。

(李亚玲　麻　炜)

【西安工程机械有限公司】　具有大吨位振动压路机生产许可证,桥式起重机(电动单梁悬挂起重机DPK32)制造、安装改造维修B级资质。公司机关驻陕西省西安市辛家庙新灞路。总经理王必强,党委书记李俊。1984年1月1日成立,前身为铁道部第二十工程局修造厂,1987年12月10日更名为铁道部第二十工程局机械厂,1999年12月1日更名为中铁第二十工程局工程机械厂,2007年12月企业改制改称现名。下辖9个部室、3个生产车间、16个下属单位。职工494人。其中,干部175人;工人319人。专业技术干部139人,技术工人232人。资产总额37433万元。其中,固定资产原值17984万元、净值6127万元;流动资产29393万元。主要生产设备原值14314万元、净值4079万元。年生产能力1.2亿元。

2010年完成工业总产值22288万元。其中,压路机产品和铁路施工设备产值7753万元;钢结构及非标加工产值4105万元;轨枕施工产值4411万元;安哥拉项目产值6019万元。年内,公司开发的YCP35平衡式冲击压路机、I/II－S－L－800线上砂浆作业车分别获得中国铁建科学技术一、二等奖。

(公司办公室　麻　炜)

【陕西物资有限公司】　于2002年7月成立,先后划归西北工程公司、第二工程有限公司、第五工程有限公司管理;2009年11月成立中铁二十局集团陕西物资有限公司,由集团公司直接管理。公司机关驻陕西省西安市华清东路125号。总经理吴雪松,党委书记马军峰。职工222人。其中,干部146人;工人75人。下辖5个专业公司。资产总额67139万元。其中,固定资产原值3679万元、净值1381万元;流动资产63352万元。机械运输设备4台(套),原值206.1万元、净值94.2万元。

2010年完成企业总产值8.3亿元,实现利润512万元。　(公司办公室　麻　炜)

【兰州商贸有限公司】　前身为中铁二十局集团公司兰州办事处,组建于1985年;2009年10月13日成立中铁二十局集团兰州商贸有限公司,由集团公司直接管理。公司机关驻甘肃省兰州市张掖路250号时代广场9楼。总经理陈向鸿,党委书记柳小昌。职工98人。其中,干部86人;工人12人。资产总额14710万元。其中,固定资产原值925万元、净值771万元;流动资产13939万元。年施工能力3亿元以上。

2010年承揽工程任务5.16亿元,完成企业总产值2.21亿元。其中,施工产值1.74亿元;附营产值0.47亿元。实现利润383万元。全员劳动生产率4.5万元/人年,职工年人均收入45000元。国有资产保值增值率374.48%,资产负债率86.37%,产值利润率1.74%,净资产收益率34.59%。完成主要实物工程量:土石方192.86万立方米,桥梁510.99延长米,涵洞130.2横延米,房屋建筑33313平方米,给排水管路9.48公里。单位工程合格率100%、优良率100%。

(公司办公室　麻　炜)

【路桥分公司】　2006年2月成立,为集团公司分公司。公司机关驻陕西省西安市太华北路89号。总经理刘克锋。职工140人,其中工程技术人员67人。年施工能力2亿元以上。

2010年完成施工产值2.53亿元,实现利润100万元。职工年人均收入3.5万元。完成主要实物工程量:土石方68万立方米,涵渠120横延米。单位工程合格率100%。　(公司办公室　麻　炜)

【技工学校】　为集团公司直属单位。前身是中国人民解放军铁道兵第十师教导队,1984年1月1日集体转业改称铁道部第二十工程局技工学校,2002年更名为中铁二十局集团公司技工学校。驻陕西省渭南市向阳北街245号。校长徐寅忠,党工委书记赵小健。在岗教职工66人。学校占地面积3.3万平方米。固定资产1180万元,职工年人均收入4.8万元。学校常设专业19个,技工教育专业15个,函授教育专业2个,是陕西省劳动和社会保障厅、教育厅、经贸委、团省委等部门命名的首批青工岗位技能培训基地、省劳动预备定点培训学校、农民工培训基地和股份公司高级技师及高级工培训基地。

2010年招生1208人,毕业学生1067人;职工培训1195人次,职业技能鉴定1375人,其中1163人次取得职业资格证书。学校先后获陕西省重点技工学校、文明单位、职业教育先进单位和股份公司先进培训基地称号。　(技校办公室　麻　炜)

【重要记载】

▲1月5日　四公司中标哈尔滨客运站工程,合同投资5.65亿元。

▲1月19日　三公司中标铜川至黄陵高速公路TH－C08标段工程，合同投资2.9亿元。

▲2月4日～5日　集团公司三届二次职工代表大会暨2010年工作会议、党委二届二次全委（扩大）会议、纪检监察工作会议在陕西西安召开。会议确定2010年工作总体思路：以科学发展观为指导，坚持“一个中心，两个基本点”，即以经济效益为中心，以经营承揽和项目管理为基本点，围绕发展主题，抢抓历史机遇，国内、国外两个市场同抓，夯实企业基础，加快发展速度，明确目标，硬化指标，板块创效，传承并创新企业文化，为实现集团公司“三步走”战略第三步发展目标打下坚实的基础。

▲1月　集团公司中标新建兰新铁路第二双线西宁至张掖站前工程（甘青段），合同投资15.1亿元。

▲1月　集团公司中标大连地铁一期214标段工程，合同投资2.5亿元。

▲2月　集团公司石武铁路客运专线项目部获中国铁建铁路客运专线劳动竞赛先进单位称号。

▲3月10日　安哥拉交通部副部长古温夸乘坐专列视察集团公司承建的安哥拉罗安达铁路巴亚至巴哈卡70公里管区线路和下特特、巴哈卡两座车站。

▲同日　四公司中标丽江至攀枝花高速公路攀枝花段4标段工程，合同投资3.5亿元。

▲同日　由世界银行组织和铁道部外资中心组成的专家考察团考察集团公司石武铁路客运专线项目施工生产、环境保护、生活条件、征地拆迁、移民安置等情况。

▲3月　集团公司中标新建兰新铁路第二双线红柳河至哈密站前2XJ1标段工程，合同投资19.7亿元。

▲4月1日　二公司被评为2010年度全国“安康杯”示范企业。

▲4月16日　集团公司中标杭州至长沙铁路客运专线湖南段HCTJ1标段工程，合同投资43.72亿元。

▲同日　集团公司副总经济师李令选获全国劳动模范称号，并在北京人民大会堂参加全国劳动模范和先进工作者表彰大会。

▲4月20日　集团公司中标梅大高速公路梅县三白至大埔三海段土建工程，合同投资6.2亿元。

▲4月　集团公司中标南宁枢纽站前及部分站后工程SN－2标段，合同投资23.2亿元。

▲4月　集团公司中标北京地铁14号线9标段工程，合同投资2.36亿元。

▲5月14日　铁道部副部长卢春房到集团公司承建的兰新铁路祁连山隧道施工现场视察工程进展情况，并亲切慰问参建员工。

▲5月21日　国家安全监管总局副局长杨元元率国务院党委会督查组，到集团公司承建的北京地铁8号线2标段工程进行安全生产专项检查。股份公司副总裁夏国斌、集团公司董事长余文忠陪同检查。

▲5月31日　四、六公司获陕西省思想政治工作先进集体称号。

▲5月　集团公司中标青岛地铁一期3号线土建24标段工程，合同投资4.6亿元。

▲6月8日　京广铁路客运专线公司路基防护工程标准化施工现场会在集团公司石武铁路客运专线项目部召开，并观摩集团公司石武铁路客运专线项目部二分部施工的路基防护工程。

▲6月25日　集团公司承建的兰州枢纽工程兰州北制梁场通过铁道部产品质检中心认证，取得生产资格。

▲同日　六公司中标天津静海团泊体育场工程，合同投资3.2亿元。

▲6月　二公司中标广灵至深源高速公路第9标段工程，合同投资2.3亿元。

▲7月12日　三公司中标贵州省仁怀至赤水高速公路RCTJ－17标段工程，合同投资3.3亿元。

▲7月20日　安哥拉罗安达铁路公司在卡特特车站举行由集团公司设计、施工总承包的罗安达铁路巴亚至东渡段150公里区间5个车站的移交签字仪式。

▲8月11日　二公司中标贵州仁怀至赤水高速公路RCTT－2标段工程，合同投资3.1亿元。

▲8月18日　集团公司中标昆明地铁6号线工程，合同投资3亿元。

▲8月28日　二公司被评为湖南最受尊敬企业。

▲8月　集团公司中标沪昆铁路客运专线长沙至昆明段（云南段）站段2标段工程，合同投资36.1亿元。

▲8月　集团公司中标沪昆铁路客运专线长沙至昆明段（贵州段）站前9标段工程，合同投资49.8亿元。

▲8月　集团公司中标玉林铁山港铁路站前及站后工程，合同投资28.61亿元。

▲8月　集团公司中标黄陵至韩城至侯马铁路1标段工程，合同投资16.92亿元。

▲9月26日　集团公司中标兰州市南山路西柳沟立交桥工程，合同投资2.4亿元，由兰州商贸公司承担施工任务。

▲9月　集团公司获中国文化管理百强贡献单位称号。

▲9月　集团公司中标新建青岛至荣城城际铁路4标段工程，合同投资36.8亿元。

▲9 月　集团公司中标新建郑州至焦作城际铁路工程,合同投资 2.5 亿元。

▲10 月 28 日　集团公司“文化铸企魂,携手创辉煌”企业文化主题演讲比赛在陕西西安举行。

▲10 月　一公司中标贵州省大兴至思南高速公路 DSTL－6 标段工程,合同投资 24.2 亿元。

▲11 月 18 日　集团公司获陕西企业之歌和陕西企业文化宣传短片一等奖。

▲12 月 7 日　股份公司董事长、党委书记孟凤朝到集团公司调研,召开集团公司领导和机关部室负责人以上领导出席的调研会议,并作重要讲话。

（孟繁荣）

中铁二十一局集团有限公司

【简况】 中铁二十一局集团有限公司是铁路工程施工总承包特级,房屋建筑、公路、水利水电、矿山、市政公用、通信工程施工总承包一级,环保、桥梁、隧道、公路路基、铁路铺轨架梁工程专业承包一级资质企业。公司机关驻甘肃省兰州市城关区和平路 63 号。2004 年 3 月 16 日由兰州铁路建设集团有限公司、乌鲁木齐铁路工程(集团)有限责任公司、中铁二十局集团第三工程有限公司整合重组而成。下辖第一至第五工程有限公司及电务电化工程有限公司、西安德盛和置业有限公司、铺架工程公司、北京公司、中铁建投有限公司。职工 12804 人。其中,干部 5072 人;工人 7732 人。资产总额 146.1 亿元。其中,固定资产原值 16.49 亿元、净值 9.74 亿元;流动资产 12.51 亿元。机械动力设备 3497 台(套),原值 88614 万元、净值 52738 万元,总功率 184971 千瓦,技术装备率 4.12 万元/人,动力装备率 14.45 千瓦/人,设备完好率 93.13%。

2010 年新签合同额 303.16 亿元,完成企业总产值 181.65 亿元,实现利润 2.14 亿元、净利润 1.82 亿元。职工年人均收入比 2009 年增长 27.58%。国有资产保值增值率 113.46%。完成主要实物工程量:土石方 6643 万立方米,隧道 74560 延长米,桥梁 113170 延长米,涵渠 25859 横延米,铺轨 541.9 公里,铺道岔 1348 组,铁路架梁 82 孔,公路架梁 1083 片,通信线路 328.21 公里,电力供电 550.89 公里,接触网 373.64 正线公里,给排水管路 280 公里,房屋建筑 29.56 万平方米,公路 48 公里。

集团公司先后完成青藏铁路等 60 余条国家铁路干线、5300 余公里电气化铁路和都汶高速公路等 40 余条公路工程建设,获中国建设工程鲁班奖、中国土木工程詹天佑奖、国家优质工程奖、全国百项精品工程奖 30 余项,省部级优质工程奖 60 余项,国家、省部级科技进步奖 20 余项,创中国建筑施工企业新纪录 6 项。企业先后获全国五一劳动奖状、全国优秀施工企业、全国设备管理优秀企业、全国守合同重信用企业、全国“安康杯”竞赛优胜企业、全国 AAA 级信用等级企业及省级文明单位、思想政治工作先进企业等荣誉,通过质量、环境、职业健康安全管理体系认证。　（高秋凤）

【领导人员】

董事会

董事长	李　宁
副董事长	孟广顺
外部董事	左春文
	胡莫愁
	王长留(4 月离任)
	柳京京
职工董事	张克勤

监事会

主席	赵胜平
监事	孔德库
职工监事	周生贵

经理层

总经理	李　宁
副总经理	王继红
	邹兰明
	郑群棣
	黄庆华
	渠巨华
	张超民
	吴建顺
总会计师	王耀华
总工程师	赵彦旭
高级顾问	陈尚贵

党群领导

党委书记	孟广顺
党委副书记	李　宁
	张克勤
	赵胜平
纪委书记	赵胜平(兼)
工会主席	张克勤(兼)

（于梅芝　华国栋）

【工程项目指挥机构】 京石铁路客运专线工程指挥部 驻河北省鹿泉市铜冶镇。指挥长宋建忠。

津秦铁路客运专线工程指挥部 驻河北省卢龙县迎宾路中段路桥公司院内。指挥长张增科。

天平铁路工程指挥部 驻甘肃省天水市麦积区渭滨北路东1号。指挥长兼党工委书记张培众。

银川车站改造、惠银铁路二线项目(指挥)部 驻宁夏回族自治区银川火车站兴洲北街。项目经理、党工委书记彭海涛。

兰渝铁路项目经理部 驻甘肃省兰州市榆中县定远镇亨通宾馆。项目经理杨安怀(1月免)、黄庆华(1月任),党委书记杨安怀(1月任)。

兰新铁路第二双线兰州枢纽引入工程项目经理部 驻甘肃省兰州市西固区西固东路276号西亚快捷宾馆6楼。项目经理赵彦旭,党工委书记马养真。

兰新铁路第二双线平安至西宁段工程指挥部 驻青海省西宁市城东区八一东路34号军交大厦。指挥长赵进忠(11月免)、范登乾(11月任),党工委书记窦利军(9月免)。

兰新铁路第二双线哈密至乌鲁木齐段工程指挥部 新疆维吾尔自治区乌鲁木齐市达坂城区539号金辉宾馆。项目经理朱昌岳,党工委书记刘保华。

大西铁路客运专线工程指挥部 驻陕西省西安市临潼区芷阳湖景区。指挥长兼党工委书记高玉峰。

山西中南部铁路通道ZNTJ－13标段项目经理部 驻河南省安阳市文昌大道中段。项目经理兼党工委书记冯建军。

邯济铁路扩能改造工程指挥部 驻山东省聊城市建设东路东首路北。指挥长刘长春。

邯长铁路扩能改造工程指挥部 驻河北省邯郸市涉县龙山大街崇洲大酒店。指挥长、党工委书记伍顺成。

中国铁建玉树地震灾后重建指挥部 驻青海省玉树州结古镇西杭路。指挥长李宁。

集通复线工程指挥部 驻内蒙古自治区乌兰察布市商都县商都宾馆。指挥长张同猛。

津保铁路第1标段项目经理部 驻河北省霸州市霸州镇鼓楼街2号。指挥长李龙,党工委书记窦利军。

(高秋凤　李　玲)

【职工队伍】 职工12804人。干部5072人,其中专业技术干部4794人,占干部总数的94.52%。干部年龄结构:30岁以下2455人,31岁～40岁1068人,41岁～50岁778人,50岁以上771人。干部文化结构:大学本科及以上2254人,大专2077人,中专、高中636人,初中及以下105人。

工人7732人,其中女工1995人,占工人总数的25.8%。工人文化结构:大专及以上学历943人,中专563人,技校658人,高中2504人,初中及以下3064人。

(刘　昊　王尚义)

【工程施工】 截至2010年底,在建项目120项,集团公司直管项目22项,各公司代管、自揽项目98项。其中,铁路项目64项;公路项目28项;地铁项目3项;房屋建筑及其他工程25项,项目类型分布较均衡。重点工程进展情况:

津秦铁路客运专线4标段工程 位于河北省秦皇岛市,正线长69.232公里,合同投资365136.82万元,合同工期2008年12月23日～2011年8月30日。主要实物工程量:桥梁34座279190延长米,隧道14座110770延长米,站场及区间路基土石方671.31万立方米,软土路基4段5.515公里,软土路基加固的碎石桩126.57万延长米,CFG桩32.39万延长米,新建滦河车站1座。2010年完成投资137693万元,开工累计完成投资303834万元,占合同投资的83.21%。

京石铁路客运专线JS－4标段工程 位于河北省鹿泉市境内,线路长283.672公里,合同投资138713万元,合同工期2008年8月1日～2011年6月30日。主要实物工程量:土石方24.04万立方米,涵洞5座164横延米,桥梁钻孔桩134269米,承台墩身混凝土187608立方米,预应力混凝土悬浇连续梁35248立方米,制架双线整孔预应力简支箱梁234孔,价购架设预应力简支T梁250孔,铺设无砟轨道240.079公里,铺设有砟轨道59.718公里。2010年完成投资49309万元,开工累计完成投资84176万元,占合同投资的60.68%。

兰渝铁路土建工程LYS－7标段工程 位于甘肃省兰州市夏官营,正线长29.989公里,合同投资181500万元,合同工期2009年7月20日～2010年10月20日。主要实物工程量:路基土石方4055945立方米,隧道3座6968延长米,桥梁20座14718.89延长米,预制架设桥梁714孔,涵洞74座,正线铺轨83.66公里。2010年完成投资70029万元,开工累计完成投资113361万元,占合同投资的62.46%。

贵广铁路工程 位于贵州省黔东南黎平县双江乡已约村境内,正线长31.628公里,合同投资186000万元,合同工期2009年1月1日～2012年12月31日。主要实物工程量:隧道6座28233延长米,桥梁13座2309.88延长米,路基18段1085.12米。2010年完成投资62942万元,开工累计完成投资84002万元,占合同投资的45.16%。

新建铁路天水至平凉线TP－TJ1标段工程 位于

甘肃省天水市，线下工程正线长43.38公里，铺架工程正线长112.8公里，合同投资145700万元，合同工期2009年3月26日～2012年9月25日。主要实物工程量：区间及站场路基土石方501.23万立方米，路基附属工程43.38正线公里，桥梁20座8453.33延长米，涵洞70座1692.76横延米，隧道10座19110延长米。2010年完成投资50859万元，开工累计完成投资85861万元，占合同投资的58.93%。

大同至西安铁路客运专线站前15标段工程　位于陕西省西安市临潼区境内，正线长31.617公里，合同投资269895万元，合同工期2010年3月10日～2013年12月31日。主要实物工程量：桥梁4座36147.45延长米，预制箱梁921孔，正线路基506米，涵洞42.2横延米，站场1处，铺设无砟轨道道床62.95公里。2010年完成投资70615万元，开工累计完成投资70615万元，占合同投资的26.16%。

兰新铁路第二双线兰州枢纽引入工程LX－LZSN－1标段工程　位于甘肃省兰州市境内，线路长15.39公里，合同投资139250万元，合同工期2010年1月1日～2013年10月30日。主要实物工程量：桥梁7座6889延长米，隧道4座6748延长米。2010年完成投资9000万元，开工累计完成投资9000万元，占合同投资的6.46%。

兰新铁路第二双线平安至西宁段LXSQZ－1标段工程　位于青海省海东州，线路长23.004公里，合同投资187500万元，合同工期2010年1月1日～2013年12月31日。主要实物工程量：区间路基土石方92.7万立方米，路基附属工程土石方17.14万立方米，附属工程圬工6.27万立方米，铺轨46.008公里，“两电”迁改23.004公里，隧道5座6131延长米，桥梁14座13560.11延长米，涵洞11座232.6横延米。2010年完成投资51407万元，占合同投资的27.42%。

兰新铁路第二双线哈密至乌鲁木齐段LXTJ7标段工程　位于新疆维吾尔自治区吐鲁番市和乌鲁木齐市达坂城区境内，正线长34.38公里，合同投资197100万元，合同工期2010年3月1日～2013年3月31日。主要实物工程量：路基24.256公里，断面432.73万立方米，桥梁16座4909.08延长米，涵洞49座1305.89横延米；隧道5座5989延长米，铺轨68.766公里，防风明洞23.683公里，预制箱梁215孔。2010年完成投资55000万元，开工累计完成投资55000万元，占合同投资的27.9%。

山西中南部铁路通道ZNTJ－13标段工程　位于河南省安阳市瓦塘至汤阴东（含），线路长77.298公里，合同投资375000万元，合同工期2010年4月10日～2014年9月30日。主要实物工程量：桥梁30座23131延长米，隧道8座6471延长米，跨线公路桥20座3338.6延长米，新建、改建涵洞235座，站场及区间路基土石方976.7万立方米，预制架T梁1346单线孔，正线铺轨226.16公里，站线铺轨34.34公里，通讯线路迁改324处，电力线路迁改309处。2010年完成投资115416万元，占合同投资的30.78%。

改建铁路集宁至通辽线扩能改造工程贲红至兴和段JTZH－1标段工程　位于内蒙古自治区乌兰察布市境内，正线长174.079公里，合同投资192100万元，合同工期2010年4月15日～2012年4月15日。主要实物工程量：土石方1097.37万立方米，改建站场6座，线路所1座，关闭站场8座。桥梁20座3654.62延长米，公路跨铁路桥梁6座662.38延长米，涵洞230座2455.94横延米。2010年完成投资47860万元，占合同投资的24.91%。

银川车站改造工程　位于宁夏回族自治区银川市境内，正线长18.5公里，合同投资78000万元，合同工期2009年5月18日～2011年4月30日。主要实物工程量：路基土石方171.7万立方米，涵洞226.8横延米，铺轨62公里，铺道岔142组，敷设通信光缆76公里，信息信号自动闭塞区间9公里，计算机联机道岔129组，电缆59.2公里，室内动力配电4940平方米，牵引供电导线架126.7公里，房屋建筑30010平方米，给排水管道45.5公里。2010年完成投资32702万元，开工累计完成投资63022万元，占合同投资的80.8%。

包兰铁路惠农至银川段增建二线工程　位于宁夏回族自治区境内，全长97.863公里，合同投资165533万元，合同工期2010年3月15日～2012年2月28日。主要实物工程量：站场及区间路基土石方413.6万立方米，路基圬工348700立方米，桥梁31座，涵洞103座，正线铺轨100.88公里，站线铺轨28.98公里，铺道砟38.25万立方米，铺道岔190组，车站改造7座；既有接触网改造97.863公里，新建接触网97.863公里，改造既有牵引变电所3座、既有配电所3座，新建10千伏配电所1座，敷设通信光缆125公里、通信电缆32.7公里；房屋建筑6300平方米。2010年完成投资81705万元，占合同投资的49.36%。

新建天津至保定铁路JBSG－1标段工程　位于天津市西部和河北省中部，合同投资196800万元，合同工期2010年9月1日～2013年1月31日。主要实物工程量：站场及区间路基土石方138.9万立方米，桥梁22座，涵洞914.28横延米，预制架箱梁282孔，购架预应力混凝土T梁92孔，正线铺轨37.941公里，站线铺轨24.865公里，铺设道岔109组。2010年完成投资33928万元，占合同投资的17.24%。

邯长铁路工程　位于河北省涉县境内，线路长

110.196公里,合同投资113784万元,合同工期2010年9月28日~2012年8月31日。主要实物工程量:站场及区间土石方211.12万立方米,桥梁20座,隧道6座8073延长米,正线铺轨116.64公里,站线铺轨30.34公里,铺设道岔142组,铺道砟8万立方米,房屋建筑15296平方米。2010年完成投资18243万元,占合同投资的16.03%。

邯济铁路扩能改造ZH-2标段工程　位于山东省聊城市,正线长79.814公里,合同投资191200万元,合同工期2010年12月~2012年12月。主要实物工程量:站场及区间路基土石方545.39万立方米,路基附属工程79.814正线公里,桥梁8座6001.82延长米,涵洞5079.4横延米;正线铺轨86.76公里,改造既有正线80.62公里,站线铺轨27.78公里,改建站线14.65公里,架设T梁225孔;电力高压架空线路65.5公里,高压电缆34.1公里,低压电缆27.6公里,新建、改建配电所各1座;架设接触网线路250.12公里,新建牵引变电所2座;房屋建筑10584平方米。2010年完成投资12886万元,占合同投资的6.74%。

玉树抗震救灾工程　位于青海省玉树州,合同投资400000万元,合同工期2010年7月~2012年10月。主要实物工程量:玉树州结古镇东城片区和仲达乡的全部4个村33个社的灾后重建,包括城乡住房、交通、能源、农牧区、教育、医疗卫生、社会管理、广播电视、人文关怀、文化遗产等建设项目。涉及工程件名173个,房屋建筑128.9万平方米。2010年完成投资14451万元,占合同投资的3.61%。　(刘世卿)

【经营管理】　经营承揽。2010年,集团公司新签合同额303.16亿元,比2009年增长37%,完成股份公司年度计划的152%。其中,铁路工程250.3亿元,占新签合同额的82.56%;公路工程22.81亿元,占新签合同额的7.52%;房屋建筑18.05亿元,占新签合同额的5.95%;市政工程4.53亿元,占新签合同额的1.49%;其他工程7.47亿元,占新签合同额的2.47%。全年完成企业总产值181.65亿元,完成股份公司年度计划的130%。其中,2009年底结转项目118.9亿元;2010年承揽项目62.74亿元。

企业管理。大力调整产业结构,合理进行经营布局,进一步推进企业相关多元化发展。2010年2月,为开拓新疆铁路代维市场,成立一公司奎北铁路克拉玛依维管段;3月成立中铁建投有限公司,为集团公司进入资产运营市场提供支撑;年内,集团五公司物资公司与中铁物资集团公司正式签订划转移交协议;8月,集团公司成立甘肃大唐盛合地产有限公司、西安中铁建投地产投资有限公司;10月获股份公司批准设立集团公司沙特利雅得分公司、阿联酋阿比扎布有限公司。企业资质结构不断优化,经营领域进一步拓宽。年内,集团公司完成对外援助成套项目施工任务实施企业申报和地质灾害甲级施工资质换证;二公司、四公司完成铁道部铁路客站装修装饰工程施工企业名录申报;四公司完成桥梁工程专业承包一级资质申报;集团公司完成水利建设市场主体信用档案和评价申请;完成集团公司本级和一公司、二公司、三公司全国公路建设市场信用信息系统基础资料的上报。根据集团公司《企业证照管理办法》,对营业执照、资质证书、企业代码证、法人证书、建造师证书进行严格管理,全年办理借用于经营、生产的有效证件142次,其中原件120次、复印件22次。2010年,集团公司有388人参加一级建造师考试,截至年底,集团公司有一级建造师184名,其中一级注册建造师161人;二级建造师87名。年内,3人被评为2009年度全国工程建设优秀项目经理,6人被评为甘肃省优秀项目经理(一级建造师);集团公司和二公司、五公司、电务电化公司获甘肃省建筑业诚信企业称号,集团公司被中国水利协会评为AA级信用等级企业。

安全质量管理。截至2010年12月底,集团公司实现安全生产2743天,未发生各类重大安全责任事故和等级以上质量责任事故,工程验交一次合格率100%,安全质量基本处于有序可控状态。年内,一公司连续第3次获新疆维吾尔自治区安全生产目标管理先进单位称号;6项工程分别获国家优质工程银质奖、省部级优质工程奖和中国铁建优质工程奖;6项QC成果分别被国家、甘肃省、铁道部、中国铁建评为优秀QC成果;13个工地分别获国家、省级、中国铁建安全质量文明(标准)工地称号。集团公司在铁道部2010年上半年企业信用评价78家施工企业中排名第53名,在B类69家企业中排名第47名;在下半年企业信用评价80家施工企业中排名第18名。

财务管理。截至年底,集团公司资产总额1461020.16万元,比2009年增长35.18%;主营业务收入1796801.14万元,比2009年增长71.94%;实现利润21350.28万元,比2009年增加7469.72万元,增长53.81%。年内,集团公司继续向税务主管机关申请享受西部大开发税收优惠政策,执行15%的企业所得税优惠税率。同时,集团公司积极申办高新技术企业,认证后可以享受15%的企业所得税优惠税率。

审计工作。全年两级审计机构完成审计项目130项,占年度工作计划121项的107.44%。其中,经济责任审计37项;工程项目审计62项;财务收支审计4项;经济效益审计6项;后续审计4项;审计调查及其他专项审计17项。出具审计报告130份,提出审计建议860条,其中采纳853条,采纳率99%。年内顺利通过甘肃省内审协会检查,集团公司两次被邀请参加甘肃省内审协会组织的风险管理审计培训会并作经验交流,被甘肃省审计厅推荐为2010年全国内审工作先进单位参加全国评选。

(陈丽杰　张万鋆　张雷年　王春丽　贾红科)

【科技教育】 2010年,集团公司新立科研项目18项,获资助经费166万元。全年获省级科技进步奖4项、甘肃省建设科技进步奖6项;获铁道部工法、中国公路工程工法各2项,5项工法被甘肃省、青海省认定为省级工法;授权专利8项,申报专利5项。

教育培训。年内举办项目责任成本管理、物资管理、施工管理、"三标一体"管理等培训班,培训1202人次;举办党群干部培训班4期,培训160人次;选送619名各级管理人员参加任职资格培训,15名领导干部和中青年干部参加股份公司组织的政治理论和岗位任职资格培训。7月投入经费78.9万元,组织新招收的710名毕业生进行为期11天的军训和入职教育。390名职工参加33个工种的职业技能鉴定,317人通过鉴定取得职业资格证书,通过率81.3%。其中,技师60名;高级工179名;中级工57名;初级工21名。13人通过股份公司鉴定取得高级技师职业资格。

(李文波　唐瑛民)

【党群工作】 党的工作。集团公司有党的基层组织267个。其中,党委18个;总支部32个;支部217个。党员5350名,其中在岗职工党员3839名,占在岗职工9753名的39.36%。(1)党的组织建设。2010年,集团公司党委认真贯彻落实党的十七届四中全会精神及国资委、股份公司的重要指示、决定,紧密围绕企业中心工作,按照党委工作要点和党委一届三次全委(扩大)会议精神,深入开展主题教育活动,不断加强自身建设,着力提升凝聚力、战斗力、创造力,充分发挥党员的先锋模范作用,为全面完成生产经营任务,推进企业又好又快发展提供了强有力的政治保证和组织保证。主要发挥了六个方面的作用:一是政治核心作用明显提升;二是惩防监督作用不断加强;三是服务保证作用全面展示;四是凝心聚力作用有效发挥;五是桥梁纽带作用充分体现;六是促进和谐作用成效显著。(2)宣传思想工作。全年在各种媒体刊登新闻稿件1334篇(条),其中中央级报刊刊稿201篇(幅)。年内,中央电视台《新闻联播》等栏目先后14次刊播集团公司12项工程建设新闻,《新华每日电讯》《中国政协》《国际商报》《今日青海》《甘肃日报》《青海日报》、新华网、人民网、铁道网等主流媒体刊发反映集团公司改革发展、经营管理、工程建设情况的大型通讯报道稿件30余篇。两篇新闻作品分别获中国铁路对外报道好新闻二、三等奖。为反映集团公司青海省玉树地震灾后援建情况,组织中央及省市主流媒体深入西宁北货运中心应急工程、玉树地震灾后重建施工现场进行集中采访报道,先后在中央电视台《新闻联播》、新华社、《经济日报》《工人日报》《人民铁道报》、青海电视台、《青海日报》等中央、省市媒体刊发稿件120余篇。同时,人民网、新华网、腾讯网等各大网络媒体也进行转载报道,引起社会较大反响。5月1日,集团公司召开《新里程》创刊4周年暨增期座谈会,《新里程》报由原每月2期增加为每月3期,并调整版面,办报质量不断提高,企业特色更加鲜明,在甘肃省报刊评选活动中被评为全省唯一一家企业优秀报刊。《新里程》全年编发32期,刊发稿件1500余篇(条)。(3)纪检监察工作。年内建立纪检监察机构10个,配备专职纪检监察干部27人。全年收到各种信访举报22件,了结18件;立案9件,结案8件,处理违纪人员21人,党纪处分1人,政纪处分19人,其中党纪政纪处分1人;通报批评2人。查出违纪金额248.8万元,避免和挽回经济损失1360万元。

工会工作。集团公司所属各单位建立工会委员会10个,工会工作委员会190个,工会小组247个;有工会会员12795人。2010年,集团公司各级工会紧密围绕企业生产经营中心,切实履行维护职能,充分发挥主力军作用,为集团公司持续健康快速发展营造良好氛围。(1)为生产经营服务,推进企业发展。一是劳动竞赛扎实开展。各级工会把开展劳动竞赛作为融入中心、服务大局、提高职工素质、促进企业发展的主要载体,以安全优质、工期信誉、创效降耗为目标,以重、难点工程为主战场,深入开展"五比四创"、"五比五创"劳动竞赛活动。各公司、指挥部、项目部成立竞赛组织机构,制定竞赛方案,召开动员大会,营造竞赛氛围,掀起会战高潮,有力地推进了重点工程建设。三公司为促进全年施工生产任务的完成,开展"春雷杯"劳动竞赛;集团公司在兰新铁路第二双线项目部开展"兰新杯"劳动竞赛,促进施工生产形成稳产、高产、优产的局面。二是合理化建议取得成果。全年征集合理化建议17条,采纳实施9条,创造直接或间接经济效益500余万元。年内,集团公司获股份公司合理化建议成果一等奖1项、二等奖2项。三是争先创模成绩突出。开展集团公司第二届劳动模范、先进集体和首届优秀农民工评选活动,表彰劳动模范31名,其中农民工劳动模范2名;先进集体18个,优秀农民工6名。"五一"前夕,集团公司工会与甘肃省总工会联合举办"兰渝放歌"慰问重点工程建设职工大型文艺演出活动,慰问演出期间，向集团公司10名劳动模范代表颁奖。年内，集团公司有2人获甘肃省劳动模范称号，4人获得火车头奖章，4人被评为股份公司劳动模范，2个单位被评为股份公司先进集体。四是劳动保护得到加强。各级工会在工程项目、作业队和工班全面推行“一法三卡”安全管理体系，不断完善劳动保护措施，规范职工安全行为，大大消除了施工安全事故隐患。集团公司连续3年被评为全国“安康杯”竞赛优胜企业，2个单位分别被评为全国“安康杯”竞赛优胜班组和省级“安康杯”竞赛优胜企业。五是建家建线水平不断提升。各级工会坚持把建家建线作为工会工作重要内容，纳入项目管理，不断提升项目建家建线的档次与水平，施工一线职工的物质文化生活得到较大的改善和提高，充分调动了广大职工的积极性和创造性。集团公司工会投入经费80万元，及时购置1000余件（套）文化生活设施，大大提升了玉树重建项目职工建家的品味和水准。集团公司、四公司和栾县梁场分别获全国模范职工之家、职工小家称号。六是文体活动丰富多彩。集团公司举办第二届职工体育运动会（羽毛球）比赛，承办第三届“中国铁建杯”羽毛球比赛，受到股份公司的高度赞扬和参赛人员的一致好评。五公司工会举办分站式职工运动会，三公司工会开展“职工书画展”和“迎国庆，唱红歌”歌咏比赛，丰富了职工的文化生活，增强了企业的凝聚力和向心力。（2）切实履职维权，创建和谐企业展示作为。一是平等协商和集体合同有效履行。各级工会坚持和完善平等协商、集体合同制度，强化监督检查机制，不断提高集体合同质量和落实兑现率，全集团签订集体合同覆盖率100%。年内，集团公司召开首次平等协商会议，企业与工会签订集体合同和女职工权益保护专项集体合同。二是职工帮扶救助得以落实。各级工会积极落实“三不让”承诺，多渠道筹措资金，推进网络化管理，建立领导联系包保制度，实施多形式有效救助。全年发放救助金238万元，救助困难职工789人次，困难职工子女入学154人，职工医疗救助466人次。加大送温暖力度，“两节”期间，筹集送温暖资金40余万元，慰问特困职工85户、重困职工142户、劳动模范52名、困难遗属68名、困难离退休职工120名、一般困难职工189名。各级工会积极开展现场慰问活动，坚持冬送温暖，夏送清凉，鼓舞职工士气，促进施工生产任务的完成，年内筹集现场慰问金130余万元，深入施工现场100余次，慰问职工10000余人次、农民工20000余人次。三是积极承担社会责任。8月，甘肃舟曲发生特大洪灾后，集团公司迅速行动，集团公司工会派专人将价值50万元救灾物资救援灾区。同时，集团公司干部职工捐款409380.8元，向灾区群众奉献爱心。（3）健全完善制度，企业民主管理有序推进。一是职代会制度得到落实。集团公司召开首届职工代表大会，建立健全15项制度，审议通过职工住房等事项。各单位认真落实职代会各项职权，做到不打折扣、不减程序、不走过场，坚持按规定程序民主评议领导干部，全年评议工程公司、项目部领导干部270人次。二是企务公开不断深化。集团公司重新制定下发《企务公开实施意见》，进一步加强企务公开制度化、规范化建设。集团公司所属单位普遍建立和完善企务公开工作机制，公开的重点向物资采购、外部劳务使用、重大投资项目运作等拓展，公开的内容向职工普遍关注的热点、难点和敏感问题延伸，公开的形式由职代会、公开栏、工作例会等向电子网络转变，扩大和保障职工的知情权、参与权和监督权。年内，2个单位分别获全国和省级厂务公开先进单位称号。

共青团工作。集团公司下辖基层团委7个，团总支16个，团支部121个，基层团工委24个。有专兼职团干部261名，团员2710名。2010年组织开展“风采”英语比赛和重点工程项目青年突击队授旗仪式及“我为国家重点工程作贡献”，争创“青年文明号”、“青年环保工程”，争当“青年岗位能手”、“青年安全生产示范岗”等活动，使广大团员青年认识到肩负的责任和使命，以实际行动投身企业改革发展，促进企业整体优化上水平。加大青年典型的选树和对外宣传工作。年内，集团公司2个青年集体被团甘肃省委命名为甘肃省“青年文明号”，1个青年集体被授予甘肃省“青年创新创效先进集体”称号，2名青年被授予甘肃省“青年岗位能手”称号。“五四”期间，各级团组织开展“缅怀革命先烈”、“新团员入团宣誓、老团员重温誓词”等纪念“五四”运动90周年的主题活动和“两红两优”表彰活动，集团公司4名团干部、3名共青团员、1个团委、1个团支部被股份公司团委分别授予优秀团干部、优秀共青团员、红旗团支部、五四红旗团委称号，2个团委、2个团支部被确定为股份公司红旗团委、团支部创建单位；1名团干部、1名共青团员、1个团委、1个团支部被团甘肃省委分别授予优秀团干部、优秀共青团员、五四红旗团委、红旗团支部称号。集团公司团委被团甘肃省委评为2009年度团员发展工作先进单位、团费收缴工作先进单位和团内统计工作先进单位。

（张建兵　吴鹏　郝礼　乔贺青　余霞　何凯）

【第一工程有限公司】 铁路、房屋建筑、市政公用工程施工总承包一级，通信工程施工总承包二级，公路工程施工总承包三级，建筑装修装饰、土石方工程专业承包一级，铁路电务工程专业承包二级，建筑幕墙、铁路电气化工程专业承包三级资质企业。公司机关驻新疆维吾尔自治区乌鲁木齐市经济技术开发区河南西路275号。董事长、总经理石龙海，党委书记罗宗良。公司前身为乌鲁木齐铁路工程（集团）有限责任公司，2004年3月16日划归中铁二十一局集团有限公司，重组改制改称现名。下辖采石爆破有限责任公司、乌鲁木齐诚而信工程检测有限公司、克拉玛依维管段、房地产物业管理中心、物资设备管理中心及华中工程指挥部、西南工程指挥部。职工1858人。其中，干部850人；工人1008人。资产总额164710.81万元。其中，固定资产17400.29万元；流动资产90860.2万元；长期投资279万元；无形资产及其他资产64208.74万元。机械运输设备587台（套），原值7356万元、净值2588.7万元。年施工能力20亿元。

2010年新签合同额35565万元，完成企业总产值218429万元，实现利润4524.79万元。职工年人均收入35832元。上缴税金8059万元。国有资产保值增值率103%，净资产收益率6.1%，产值利润率5.61%，资产负债率61.19%，应上缴款完成率65.66%。完成主要实物工程量：土石方2120.2万立方米，桥梁14442延长米，涵洞9878横延米，隧道2162延长米，铺轨184.13公里，房屋建筑29562平方米。工程验交合格率100%。年内，公司获乌鲁木齐市级文明单位称号，连续两年被评为新疆维吾尔自治区安全生产目标管理先进单位。（王春晖　蔡小疆　李凤群　翟晓凤）

【第二工程有限公司】 房屋建筑、市政公用、机电安装工程施工总承包一级，公路工程施工总承包三级，钢结构、地基与基础、消防设施、建筑装修装饰工程专业承包一级资质企业，同时具有锅炉、起重机械、压力管道3个特种设备安装、改造、维修许可证。公司机关驻甘肃省兰州市和平路63号。2004年3月成立，由原兰州铁路建设集团第一工程公司、实业有限公司、金轮建材公司、金诚混凝土搅拌站重组而成。董事长、总经理高志明，党委书记高称义。下辖金诚混凝土公司、水电安装公司、金轮建材公司、工程机械基础公司。职工2080人。其中，干部781人；工人1299人。资产总额127000万元。其中，固定资产原值12945万元、净值6084万元；流动资产11400万元。机械运输设备589台（套），原值7183万元、净值3393万元，总功率1.5万千瓦，动力装备率14千瓦/人，技术装备率7.06万元/人，设备完好率92.6%，利用率79%。年施工能力20亿元以上。

2010年承揽任务13.67亿元，新签合同额13.67亿元，完成施工总产值20.7亿元，实现利润3445万元。国有资产保值增值率162.31%，净资产收益率52.89%，产值利润率1.78%，资产负债率95.24%，应上缴款完成率100%。完成主要实物工程量：路基土石方1540万立方米，桥梁3602延长米，隧道2443延长米，正线铺轨27.3公里，站线铺轨10公里，铺设道岔145组，铁路架梁29孔，公路架梁226片，高速公路18.5公里，房屋建筑8.4万平方米。截至年底，公司实现安全生产2475天。年内获全国工程建设系统QC成果二等奖1项、甘肃省优秀成果奖2项、省部级工法2项，授权专利3项。（孙勇　张倩）

【第三工程有限公司】 公路、市政公用工程施工总承包一级，铁路工程施工总承包二级，土石方、桥梁、隧道、机场场道工程专业承包一级和城市轨道交通工程专业承包资质企业。公司机关驻陕西省咸阳市迎宾大道。前身系中国人民解放军铁道兵第十师第四十八团，1984年1月1日集体转业并入铁道部，改编为铁道部第二十工程局第三工程处；2002年7月18日，企业改制改称中铁二十局集团第三工程有限公司；2004年3月29日，整合重组为中铁二十一局集团第三工程有限公司。董事长、总经理赵春锋，党委书记曾继光。下辖物业公司、医疗保健中心、第二至第五综合队、第一至第二十、二十二工程队，派出项目部37个。职工3073人。其中，干部1119人；工人1954人。专业技术干部1027人，占干部总数的91.8%。资产总额321758万元。其中，固定资产原值42058.2万元、净值21676.9万元；流动资产297117.7万元；长期投资517.1万元；无形资产及其他资产2446.4万元。机械运输设备552台（套），原值20260.8万元、净值8423.8万元，总功率59633千瓦，技术装备率2.9万元/人，动力装备率19.84千瓦/人，设备完好率93%、利用率68%、成新率44%。年施工能力45亿元以上。

2010年新签合同额252000万元，完成施工产值451000万元，实现利润3774万元。全员劳动生产率6.4万元/人年，职工年人均收入26460元。国有资产保值增值率112%，净资产收益率28%，产值利润率0.928%，资产负债率96.53%，应上缴款完成率100%。完成主要实物工程量：路基土石方1481.62万立方米，隧道26638延长米，桥梁19318.9延长米，涵渠2343横延米，架梁17孔。单位工程合格率100%。未发生责任等级重伤和死亡事故。年内，公司被评为股份公司工程项目管理先进单位。

（贾晓宇　王春燕）

【第四工程有限公司】 房屋建筑，市政公用工程施工总承包一级，铁路工程施工总承包二级，土石方、钢结构工程专业承包一级，桥梁、钢结构工程专业承包一级，起重设备安装工程专业承包二级，园林古建筑工程专业承包三级，建筑施工企业试验室一级资质企业。公司机关驻青海省西宁市火车站后384号。前身系兰州铁路局第四工程公司，2002年4月企业改制更名为兰州铁路建设集团第四工程有限责任公司，2004年3月企业整合重组改称现名。董事长兼总经理李寿福（4月任），党委书记石永仕。下辖机械设备租赁站。职工1490人。其中，干部564人；工人926人。专业技术干部533人，占干部总数的94.5%。资产总额108395万元。其中，固定资产原值10449万元、净值6784万元；流动资产96969万元；非流动资产11426万元；无形资产4060万元。机械运输设备194台(套)，原值6192.6万元、净值3925.5万元，总功率14849千瓦，动力装备率9.96千瓦/人，技术装备率2.63万元/人，设备完好率70%，利用率94%。

2010年承揽任务69008万元，完成施工总产值207861万元，实现利润2639万元。全员劳动生产率11.58万元/人，职工年人均收入3.63万元/人。国有资产保值增值率123.63%，产值利润率13.9%，净资产收益率23.82%，主营业务利润率2.3%，资产负债率91.24%，投资收益上缴率100%，应上缴款完成率100%。完成主要实物工程量：路基土石方2700万立方米，桥梁177472延长米，涵洞2294延长米，房屋建筑181545平方米，隧道140延长米。年内，1个QC小组被评为全国工程建设优秀质量管理小组，2项工法被认定为国家级工法，1项工法被认定为省级工法。公司连续5年获青海省AAA级信用等级企业称号。

（付　鹏）

【第五工程有限公司】 铁路工程施工总承包一级，房屋建筑、市政公用工程施工总承包二级，桥梁、隧道工程专业承包一级资质企业。公司机关驻甘肃省兰州市火车站南路189号。公司前身为兰州铁路局第三工程段，1992年更名为兰州铁路局第三工程公司；2001年与兰州铁路机械运输工程公司合并，2001年11月更名为兰州铁路建设集团第三工程公司；2004年3月与兰州铁路建设集团工程材料厂整合重组为中铁二十一局集团第五工程有限公司；2010年5月，物资公司划转中铁物资集团公司管理。董事长、总经理马涛，党委书记薛守常。下辖20个工程项目部。职工1963人。其中，干部595人；工人1006人。专业技术干部573人，占干部总数的96.3%。资产总额165268万元。其中，固定资产净值9941万元；流动资产148525万元。机械运输设备445台(套)，原值7496.88万元、净值4516.14万元，总功率25600.33千瓦，动力装备率13千瓦/人，技术装备率2.29万元/人。

2010年承揽任务3.24亿元，完成企业总产值30.98亿元，实现利润2960万元。职工年人均收入35811元。产值利润率1%，净资产收益率41.62%，资产负债率96.26%。完成主要实物工程量：路基土石方1727.51万立方米，铁路隧道32座29410.65延长米，公路隧道9座7848延长米；铁路桥96座18516.72延长米，公路桥7座1076延长米；涵洞7441.75横延米，铺轨15.465公里，房屋建筑8782.8平方米。单位工程合格率100%。年内，公司承建的兰渝铁路王家崖宛川河特大桥工程获甘肃省建设工程文明工地称号。

（马小英）

【电务电化工程有限公司】 通信工程总承包一级，铁路电务、电气化工程专业承包一级资质企业。机关驻甘肃省兰州市城关区红山西路148号。公司前身系兰州铁路局兰州铁路建设集团有限公司所属电务工程公司和电气化工程公司，2004年3月整合重组为中铁二十一局集团电务电化工程公司，2008年3月6日企业改制改称现名。董事长兼总经理张天舒，党委书记程永和。下辖新疆、广州分公司，通信、信号、接触网、送变电4个工程队，配件加工厂及物业管理中心。职工1446人。其中，干部523人；工人923人。资产总额9.96万元。其中，固定资产原值7692.45万元、净值4036.97万元；流动资产9.06万元。机械运输设备124台(套)，仪器仪表97台。机械动力设备原值4509.06万元、净值2627.61万元，总功率2656.6千瓦，技术装备率3.12万元/人，动力装备率1.84千瓦/人，设备成新率58.27%、完好率89.51%、利用率97.23%。年施工能力20亿元。

2010年承揽任务23071万元，完成施工总产值162100万元，实现利润2122万元。职工年人均收入50808元。国有资产保值增值率109.85%，净资产收益率29%，资产负债率88.74%。完成主要实物工程量：通信线路1237.93公里，通信设备19站，信号自动闭塞6332.08区间公里，电气连锁道岔955组，供电线路1216.48条公里，变配电所26座，接触网1030公里，牵引变电所13座，站线铺轨56.83公里，正线铺轨11公里，涵渠1807横延米，给排水管路79.2公里，土石方165.71万立方米，房屋建筑33125平方米。年内，2项工程获火车头优质工程奖，公司获甘肃省建筑业诚信企业称号。

（周登伟）

【北京公司】 2005年1月成立，是集铁路、公路、房屋建筑、市政公用、水利水电、隧道、桥梁等工程施工的综合性企业。机关驻北京市海淀区万丰路18号院5号楼3层。总经理王庆安，党委书记夏吉涛。职工47人。其中，干部43人；工人4人。资产总额31802万元。其中,固定资产原值1867万元、净值1623万元;流动资产30178万元。

2010年新签合同额17179万元,完成企业总产值72938万元。（王　燕）

【德盛和置业有限公司】 房地产开发三级资质企业。2008年9月成立,2010年4月15日由西安德盛和置业有限公司变更为中铁二十一局集团德盛和置业有限公司,注册资本金1亿元人民币。公司机关驻陕西省西安市雁南五路商通大道曲江综合服务中心6楼。董事长、总经理李让平,党委副书记曹生慧。职工27人。

2010年1月,中国铁建·梧桐苑项目开工建设,10月开盘销售,项目获得西安市低碳环保楼盘、陕西省建筑质量金奖、最佳户型奖等9项荣誉。（赵利强）

【铺架工程公司】 2009年8月26日成立,是铁路、公路、桥梁和铁路铺轨、轨道工程施工专业公司,具有预应力混凝土铁路桥简支梁生产许可证。公司机关驻陕西省西安市南二环东段236号金桂苑大厦6楼。总经理凌洪涛,党委书记麻玉江。职工553人。其中,干部257人;工人296人。资产总额82641万元。其中,固定资产原值36959万元、净值26443万元;流动资产54542万元。机械设备829台(套),原值30334.04万元、净值23126.42万元,总功率25478千瓦,技术装备率42.3万元/人,动力装备率46.58千瓦/人,设备成新率76%、完好率95%、利用率90%。

2010年新签合同额5407万元,完成企业总产值155763万元,实现利润551万元。完成主要实物工程量:预制箱梁581孔、T梁1646片,架设箱梁465孔、T梁1030片,铺轨187.415公里。年内5个制梁场通过铁道部桥梁认证。（行政工作部）

【中铁建投有限公司】 2010年3月4日成立,注册资本金1亿元人民币,是集团公司为落实企业发展战略,加快产业结构调整,规范项目资本运作,规避资产经营风险,推进集团公司土地、矿产资源开发及股权投资等经营领域发展的重要创收板块。公司机关驻北京市宣武区宣外大街28号2幢9层B0908室。总经理陆凯。职工21人。资产总额29059万元。其中,固定资产原值197万元、净值179万元;流动资产20856万元。

2010年,“银滩雅苑”项目进入规划建设阶段,民乐路39号土地项目进入土地熟化阶段,西安曲江1.6万平方米土地项目进入规划设计阶段;完成西北五省矿产资源调查,圈定重点开发区域;完成甘肃省水利厅“水土保持局梯田管理系统”研发,已交付使用,合同金额61万元。（徐秋艳）

【重要记载】

▲1月　兰州至西宁铁路增建第二线站后工程获青海省建筑工程江河源杯优质工程奖。

▲1月　一公司开发的“防风吹雪走廊在精伊霍铁路中的研究与应用”和“堆石(卵石)混凝土技术在乌精二线铁路工程中的研究及应用”两项科技成果获新疆维吾尔自治区2008～2009年度科技进步三等奖。

▲2月2日　集团公司党委一届三次全委(扩大)会暨党风廉政建设会议、一届一次职工代表大会暨2010年工作会议在甘肃兰州召开。

▲3月　三公司承建的申嘉湖高速公路观音桥枢纽互通工程获2009年度火车头优质工程一等奖。

▲3月　集团公司马红叶等10人获中国铁建“十佳女职工标兵”称号。

▲4月16日　中国铁建委托集团公司向青海玉树灾区捐款500万元。

▲4月28日　集团公司董事长、总经理李宁,二公司银川站改项目部作业队队长李平顺被评为甘肃省劳动模范。

▲6月19日　股份公司副总裁夏国斌代表中国铁建与青海省洽谈青海玉树地震灾后恢复援建协议。

▲同日　中共中央政治局委员、国务院副总理、国务院抗震救灾总指挥部总指挥回良玉在青海省玉树州考察期间,在青海省省委书记强卫、省长骆惠宁,国务院国资委副主任黄丹华等陪同下,冒雨视察中国铁建玉树地震灾后重建工程。

▲7月12日　集团公司与西安曲江管理委员会签订西安临潼国家旅游休闲度假区城市基础设施及公用事业设施项目投资建设战略合作协议。

▲9月7日　国务院国资委监事会主席李克在中国铁建副总裁庄尚标陪同下到四公司调研。

▲10月8日　德盛和置业有限公司开发的中国铁建·梧桐苑项目获2010年度西安楼市最佳低碳环保楼盘和最佳户型设计楼盘两项大奖。

▲12月12日　国务院国资委副主任邵宁、国家自然科学基金委员会副主任沈文庆院士等出席集团公司参建的四川雅砻江锦屏水电站锦屏山隧道A洞口揭牌仪式,标志着锦屏地下实验室正式投入使用。该实验室由集团公司等5家单位参建,垂直岩石覆盖2400米,是目前世界岩石覆盖最深的实验室,也是中国首座极深地下实验室。实验室的建成标志着中国已经拥有世界一流的低辐射研究平台,能够自主开展暗物质探测等国际最前沿的基础课题研究。

（高秋凤　李　玲）

中铁二十二局集团有限公司

【简况】 中铁二十二局集团有限公司是铁路工程施工总承包特级,公路、水利水电、市政公用、房屋建筑工程施工总承包一级,公路路基、桥梁、隧道、钢结构工程专业承包一级,地质灾害防治工程甲级,城市轨道交通工程专业承包资质企业,同时拥有对外工程和境内国际招标工程资质,具有对外派遣境外工程所需劳务特许经营权。2004年3月16日成立,公司机关驻北京市石景山区石景山路35号。下辖第一、二、三、四、五、六工程有限公司及哈尔滨铁路建设集团有限责任公司、电气化工程有限公司、北京天瑞机械设备有限公司、天瑞泰投资有限公司,深圳分公司、铁路运营指挥部和北方、南方、华东、西部区域指挥部等10个子公司、1个分公司、5个指挥部。职工10686名。其中,干部5671人;工人5015人。资产总额1251000万元。其中,固定资产原值171000万元、净值99958.09万元;流动资产1095000万元。机械动力设备4405台(套),设备原值114222万元、净值58873万元,总功率218298千瓦,技术装备率5.85万元/人,动力装备率21.68千瓦/人。主要设备完好率93.95%、利用率88.09%,机械设备成新率52.94%。年内,更新设备1769台,价值34324万元;报废设备37台(套),原值809万元。

2010年承揽工程98项,新签合同额2914700万元,完成企业总产值1871000万元,其中施工产值1774000万元。实现利润27730万元,净利润21335万元。人均创利2.56万元,全员劳动生产率824909元/人年,在岗职工年人均收入42801元。净资产收益率16.51%,产值利润率16.15%,国有资产保值增值率104.75%,投资回报率23.04%,应上缴款完成率95%,资产负债率89.44%。完成主要实物工程量:路基土石方4200万立方米,桥梁88公里,隧道41公里,房屋建筑46万平方米,制梁9800片,架梁5400孔,铺轨136公里,机械化整道1100公里。年内,集团公司参建的滨洲线海拉尔至满洲里增建第二线及博克图至兴安岭段改造工程II标段获国家优质工程银质奖,哈尔滨群力新区齿轮路、康安路、安阳路道路工程获中国市政金杯示范工程奖,哈尔滨市教化广场站铁路局站西大桥站至铁路局站区间工程获全国AAA级安全文明标准化诚信工地称号;集团公司被评为2010年度全国工程建设质量管理优秀企业。全年获国家级优质工程奖4项、省级优质工程奖6项、部级优质工程奖9项、省级文明工地奖5项,中国铁建优质工程奖9项、安全质量标准工地(车间)奖3项。 (万红梅)

【领导人员】

董事会

董事长	刘国志
董事	刘国志
	司家海
	王参军
	王庆国
	王怀尧
	柴　纹

经理层

总经理	司家海
副总经理	王参军
	王庆国
	周生文
	李晓莹
	王在仁
	李国华
	陈宏伟
	秦培文
总工程师	王爱国
总会计师	柴　纹

党群领导

党委书记	刘国志
党委副书记	司家海
	郭衍敬
	程文才
纪委书记	程文才(兼)
工会主席	王怀尧

(于福生)

【工程项目指挥机构】 津秦铁路客运专线项目经理部　驻天津市塘沽开发区厦门路。项目经理郭建东。

太兴铁路工程指挥部　驻山西省岚县王狮乡庄上村。指挥长文路林,党工委书记谭云伍。

黄韩侯铁路工程指挥部　驻陕西省渭南市合阳县西环路盛和园。指挥长窦刚。

沪昆铁路客运专线贵州段工程指挥部　驻贵州省盘县红果经济开发区干沟桥。指挥长司尚荣,党工委书记王炳杰。

六沾铁路复线工程指挥部　驻贵州省六盘水市进出口公司三楼。指挥长尹久清。

广珠铁路3标段工程指挥部　驻广东省鹤山市古劳镇麦水南安村。指挥长兼党工委书记张前军。

哈齐铁路客运专线项目经理部　驻黑龙江省哈尔滨市松北区松北大道。项目经理张国华。

邯黄铁路工程指挥部　驻河北省盐山县南环路工业区宏润重工业集团有限公司院内。指挥长郭建东，党工委书记屈立军。

茂湛铁路工程指挥部　驻广东省茂名市茂南区高水路鲤鱼岭。指挥长李海峰。

松陶铁路工程指挥部　驻吉林省松原市宁江区善友林场。指挥长汪益斌。

牡绥铁路工程指挥部　驻黑龙江省牡丹江市阳明区光华街。指挥长周凤龙。

湘桂铁路扩改工程指挥部　驻广西壮族自治区宾阳县黎塘镇金龙大道。指挥长李国华，党工委书记刘保华。

金温铁路扩能改造工程指挥部　驻浙江省丽水市莲都区环城路。指挥长邹德松，党工委书记孙锡寿。

赣龙铁路工程指挥部　驻福建省龙岩市长汀县策武乡麻陂新村。指挥长胡文涛。

长株潭城际铁路综合工程指挥部　驻湖南省湘潭市岳塘区易家湾镇。指挥长陈耀华。

昆玉铁路工程指挥部　驻云南省晋宁县宝峰镇工业园。指挥长柴春明，项目经理张俊平，党工委书记秦士全。

北京地铁14号线4标段项目经理部　驻北京市丰台区。项目经理刘治宝。　（王　生）

【职工队伍】　全民职工10686名。其中，干部5671人，工人5015人；男职工8458人，女职工2228人。大学本科及以上学历2519人，大学专科学历2916人。专业技术人员4536人。其中，高级职务470人；中级职务1027人。高技能人才1902人。其中，高级技师18人；技师247人。　（于福生）

【铁路工程施工】　2010年，在建铁路工程60项，合同投资5308208万元，完成施工产值1181336万元。重点工程进展情况：

六沾铁路复线2标段工程　位于贵州省威宁县境内，合同投资57000万元，合同工期2007年2月～2010年2月。主要实物工程量：站场及区间路基土石方76.7万立方米，双线桥梁2座594.6延长米，隧道10635.06延长米，车站1座。2010年完成投资22148万元，开工累计完成投资57241.48万元，占合同投资的105.95%。

湘桂铁路LN－3标段工程　位于广西壮族自治区宾阳县，线路长64.36公里，合同投资447354万元，合同工期2009年10月～2012年6月。主要实物工程量：路基土石方345.6万立方米，桩基钻孔16.4万米，混凝土130万立方米，道砟126.6万立方米，水泥搅拌桩44.6万米，水泥粉煤灰碎石桩6.4万米，抗滑桩混凝土1.7万立方米，桩板挡土墙混凝土1742立方米。2010年完成投资221179万元，开工累计完成投资228629万元，占合同投资的51.15%。

茂湛铁路工程　位于广东省茂名市。线下工程28.4公里，线上工程正线长77.05公里。合同投资149016万元，合同工期2009年7月～2010年12月。主要实物工程量：土石方267.2万立方米，路基混凝土8728立方米，特大桥6114.95延长米，涵洞1615.9横延米，正线铺轨168.83公里，站线铺轨14.8公里，铺设道岔88组，站场房屋建筑2918平方米，预制架T梁992孔。2010年完成投资40000万元，开工累计完成投资50000万元，占合同投资的33.55%。

哈齐铁路工程　位于黑龙江省哈尔滨市松北区松北大道，正线长47.7公里，合同投资476274万元，合同工期2009年10月～2013年10月。主要实物工程量：路基土石方568.6万立方米，桥梁13.5万延长米，涵洞63座，铺轨289.5公里。2010年完成投资168603万元，占合同投资的35.4%。

邯黄铁路IV标段工程　位于河北省沧州市境内，线路长130.05公里，合同投资289453万元，合同工期2010年9月～2011年12月。主要实物工程量：路基土石方1596万立方米，桥梁25190延长米，涵洞6793横延米。2010年完成投资11976万元，占合同投资的4.14%。

沪昆铁路长昆段12标段工程　位于贵州省西南州普安县、六盘水市盘县境内，线路长48.32公里，合同投资394183万元，合同工期2010年10月～2015年4月。2010年完成主要实物工程量：征地196.88万平方米，临时用地60.3万平方米，拆迁4537.9平方米，修建临时道路58.1公里，拌合站8座，其中5座通过验收。年内完成投资13360万元，占合同投资的3.39%。

赣龙铁路GL－3标段工程　位于福建省龙岩市长汀县，线路长40.12公里，合同投资311879万元，合同工期2010年10月～2014年3月。主要实物工程量：路基土石方270万立方米，桥梁11207.47延长米，隧道18635延长米，房屋建筑4421平方米，“三电”迁改24公里，铺轨323.18公里。2010年完成投资15019万元，占合同投资的4.82%。

松陶铁路工程　位于吉林省松原市宁江区，全长110.695公里，团山疏解线长5.44公里，陶赖昭联络线长7.13公里。合同投资191300万元，合同工期2010年8月～2013年2月。主要实物工程量：路基土石方

992.44 万立方米，桥涵 15857 米，预制 T 梁 472.5 孔，正线铺轨 122.37 公里，站线铺轨 27.03 公里，房屋建筑 14850 平方米。2010 年完成投资 10038 万元，占合同投资的 5.25%。

昆玉铁路站前 1 标段工程　位于云南省晋宁县宝峰镇，线路长 24.876 公里，合同投资 186179 万元，合同工期 2010 年 8 月 ~2013 年 10 月。主要实物工程量：路基土石方 79.14 万立方米，桥涵 6638.7 米，隧道 9280 延长米，预制 T 梁 855 孔，正线铺轨 102.75 公里，站线铺轨 10.31 公里。2010 年完成投资 3171 万元，占合同投资的 0.83%。

新建巴彦乌拉至新邱铁路 15 标段工程　位于内蒙古自治区锡林郭勒盟、赤峰市、通辽市和辽宁省阜新市境内，线路长 24 公里，合同投资 18519 万元，合同工期 2009 年 2 月 ~2010 年 10 月。主要实物工程量：桥梁 8 座，涵洞 45 座，隧道 2 座 760 延长米，路基土石方 176.53 万立方米。2010 年完成投资 1000 万元，开工累计完成投资 11010 万元，占合同投资的 59.45%。

新建铁路岫岩至庄河线工程　位于辽宁省东南部，线路长 35.3 公里，合同投资 42223 万元，合同工期 2008 年 4 月 ~2010 年 9 月。主要实物工程量：土石方 404.03 万立方米，桥梁 36 座，涵洞 60 座，隧道 3 座，正线铺轨 68.968 公里，站线铺轨 6.6 公里，铺道岔 21 组，房屋建筑 2830 平方米。2010 年完成投资 3296 万元，开工累计完成投资 41300 万元，占合同投资的 97.81%。

锡乌铁路“三电”工程　锡乌铁路西起锡林郭勒盟首府锡林浩特市，东至兴安盟首府乌兰浩特市，线路长 283.486 公里，合同投资 24646.5 万元，合同工期 2009 年 4 月 ~2011 年 9 月。主要实物工程量：架空线 257.025 公里，高压电缆 24.6 公里，新建架空电缆 44.6 公里，高压电缆 42.6 公里，站内高压电缆 3.5 公里，低压电缆 113.93 公里，控制电缆 12.3 公里，杆式变电台 60 座，箱式变电台 15 座，投光灯塔 47 座。2010 年电力导线架设 235.93 公里，拉线组装 1747 组；通信挖填电缆沟 129.32 公里，敷设光电缆 129 公里，埋设标桩杆 91 公里。年内完成投资 6773 万元，开工累计完成投资 8400 万元，占合同投资的 34.08%。

（林　毅）

【铁路外工程施工】　2010 年在建铁路外工程 136 项，合同投资 1454556 万元，完成施工产值 583060 万元。其中，公路工程 40 项，合同投资 629495 万元，完成施工产值 256107 万元；市政工程 45 项，合同投资 508195 万元，完成施工产值 166555 万元；其他工程 51 项，合同投资 316866 万元，完成施工产值 160398 万元。重点工程进展情况：

吉首至怀化高速公路第 20 合同段工程　位于湖南省怀化市，线路长 5.17 公里，合同投资 29351.2 万元，合同工期 2009 年 6 月 ~2011 年 6 月。主要工程：舞水大桥 537.2 延长米，南山寨隧道 1240 延长米，岩腊坡高架桥 124.88 延长米。2010 年完成投资 14271 万元，开工累计完成投资 24502 万元，占合同投资的 83.48%。

福建永宁高速公路路基土建工程　位于福建省宁化县，线路长 7.95 公里，合同投资 21301.17 万元，合同工期 2009 年 6 月 ~2011 年 6 月。主要实物工程量：土石方 359 万立方米，桥梁 11 座 1670 延长米，涵洞 24 座。2010 年完成投资 11691 万元，开工累计完成投资 20741 万元，占合同投资的 97.37%。

北京地铁 14 号线工程　位于北京市丰台区，线路长 2511.4 米，合同投资 34159 万元，合同工期 2010 年 5 月 ~2012 年 4 月。主要包括土建、装修、安装、降水、站前广场等工程。2010 年完成投资 311 万元，占合同投资的 0.91%。

万源至达州高速公路 D17 标段工程　位于四川省万源市，线路长 12 公里，合同投资 27788 万元，合同工期 2008 年 12 月 ~2011 年 3 月。主要实物工程量：路基土石方 275 万立方米，大桥 11 座 2375 延长米，渡槽、人行天桥 7 座 434 延长米，隧道 2 座 1983 延长米，通道涵 23 座 1260 横延米。2010 年完成投资 10282 万元，开工累计完成投资 19496 万元，占合同投资的 76.3%。

大庆至广州高速公路深州至大名（冀豫界）段 24 标段工程　位于河北省大名县，线路长 13.3 公里，合同投资 23295 万元，合同工期 2009 年 4 月 ~2010 年 9 月。主要实物工程量：土石方 205.11 万立方米，桥梁 20 座 1414.96 延长米，涵渠 24 座 807.24 横延米。2010 年完成投资 14741 万元，开工累计完成投资 24055 万元，占合同投资的 96.2%。

桓仁至丹东高速公路路基 7 标段工程　位于辽宁省丹东市，线路长 5.16 公里，合同投资 26281 万元，合同工期 2008 年 12 月 ~2010 年 9 月。主要实物工程量：路基土石方 70 万立方米，桥梁 6 座 1809.71 延长米，隧道 4 座 2702.7 延长米，涵洞 15 座 175.94 横延米。2010 年完成投资 11199 万元，开工累计完成投资 26800 万元，占合同投资的 96.5%。

四川省雅泸高速公路 C10 合同段工程　位于四川省汉源县市荣乡、青富乡境内，线路长 6.88 公里，合同投资 40874 万元，合同工期 2008 年 2 月 ~2010 年 12 月。主要实物工程量：路基土石方 85 万立方米，桥梁 14 座 2533 延长米，隧道 1 座 6097 延长米，涵洞 10 座

368 横延米。2010 年完成投资 10118 万元,开工累计完成投资 46253 万元,占合同投资的 113.16%。

广南高速公路 GN13 合同段工程　位于四川省苍溪县,线路长 8.85 公里,合同投资 32854 万元,合同工期 2009 年 4 月 ~2011 年 10 月,主要实物工程量:土石方 155.9 万立方米,桥梁 7 座 2581.83 延长米,隧道 2 座 3087 延长米,涵洞 18 座 692.48 横延米。2010 年完成投资 12256 万元,开工累计完成投资 23894 万元,占合同投资的 72.73%。

汕昆高速公路贵州段板坝至底江 T21 标段工程　位于贵州省兴义市,线路长 4.87 公里,合同投资 26085 万元,合同工期 2009 年 5 月 ~2012 年 1 月。主要实物工程量:土石方 124.3 万立方米,桥梁 7 座 2093.8 延长米。2010 年完成投资 16127 万元,开工累计完成投资 26307 万元,占合同投资的 100.85%。

哈尔滨市松花江大桥 I 标段工程　位于黑龙江省哈尔滨市道外二十道街,线路长 1027 米,合同投资 18549 万元,合同工期 2008 年 4 月 ~2010 年 10 月。主要实物工程量:匝桥钻孔桩 145 根 6480 米,承台 28 座,墩台 43 个,现浇预应力混凝土连续箱梁 19 孔、混凝土连续箱梁 12 孔;主引桥钻孔桩 275 根,承台 69 座,墩台 69 个,现浇预应力混凝土连续箱梁 29 孔;沥青混凝土铺装层 2732 立方米。2010 年完成投资 9430 万元,开工累计完成投资 20159 万元,占合同投资的 108.68%。工程已交付开通。　(林　毅)

【经营管理】　工程承揽。全年承揽工程 98 项,新签合同总额 2914700 万元,占股份公司下达年度计划的 145.73%,占集团公司下达年度计划的 112.1%。其中,铁路项目 32 项,新签合同额 2393500 万元,占合同总额的 82.1%。

企业管理。年内,集团公司召开董事会 2 次,出具董事会决议 6 份。制定《企业创新成果评选办法》《中铁二十二局集团有限公司标准化项目部设置方案》《中铁二十二局集团公司工程队建设指导意见》,起草并通过《中铁二十二局集团有限公司"十二五"规划》。办理一级建造师注册 4 人次,调入、变更、增项 10 人次。完成集团公司本级营业执照、组织机构代码证等证照的年检工作,办理企业代码证、资质证书变更;开展集团公司房地产资质的申报准备工作,协助一公司地铁、市政工程资质申报和电气化公司电气化专业一级资质申报,完成五公司公路工程总承包三级资质增项。组织所属单位申报全国优秀项目经理,经评选,集团公司余家顺、汤贵海和孙桐林 3 人获全国优秀项目经理称号。集团公司参加各类协会 8 个,年内在中国工程水利协会水利资质企业信誉评价中获得 93 分,继续保持水利水电市场的投标资格。

工程管理。年内在建项目 196 项,剩余投资 3872000 万元,完成施工产值 1802600 万元。其中,在建铁路项目 60 项,完成施工产值 1181336 万元。根据铁道部、股份公司对标准化建设推广的要求,4 月,编制完成内容涵盖驻地建设、生产区、辅助生产区以及各专业工种的《施工现场标准化管理手册》,并下发执行。先后在大郑铁路、北京地铁 14 号线、松陶铁路、昆玉铁路等项目召开上场预备会议,对广州地铁 6 号线东山口站主体基坑开挖支护方案、茂湛铁路桥梁墩身施工方案、六沾铁路无砟轨道施工方案进行专项技术方案评审,为项目顺利施工奠定基础。集团公司开展所属工程项目环境评测工作,建立 2010 年环境因素评测相关文档资料,顺利通过外审。工程检测中心检测内容增加到 18 个大项 300 个参数;组织铁路试验检测人员培训班,经考核,76 人取得铁路试验工程师资格证书,266 人取得检测员证书。

安全质量。2010 年,集团公司注重安全生产环境的改善,认真开展"全国安全月"和"全国质量月"活动;召开专题视频会议,部署安全质量工作,遏制安全质量事故的发生。年内,工程质量取得优异成绩,承建的滨洲线海拉尔至满洲里增建第二线及博克图至兴安岭段改造Ⅱ标段工程获国家优质工程银质奖,承建的哈尔滨群力新区齿轮路、康安路、安阳路道路工程获中国市政金杯示范工程奖;集团公司被评为 2010 年度全国工程建设质量管理优秀企业,哈尔滨市教化广场站铁路局站西大桥站至铁路局站区间工程被评为全国安全文明标准化诚信工地。"严格关键工序控制提高隧道二衬防水混凝土施工质量"、"提高滨海滩涂深厚淤泥钻孔灌注桩施工质量"、"深水裸岩钻孔桩质量控制"获国家优秀质量管理小组奖。全年获省级优质工程奖 16 项、部级优质工程奖 9 项、省级文明工地奖 5 项、中国铁建优质工程奖 9 项,3 个项目被评为中国铁建安全质量标准工地(车间);获省部级优秀质量管理小组奖 3 个、中国铁建优秀质量管理小组奖 5 个。年内多次举办质检员培训班,151 人取得质量检查证书。

成本管理。制定《责任成本管理工作达标考核管理办法》,建立集团公司责任成本及变更索赔专家制度,加大对项目的监督、考核、指导力度,年内实现成本费用比重降低 1% 的目标。加强中标项目的成本控制,先后对牡绥、太兴、松陶、邯黄、黄韩侯、金温、昆玉、长株潭城际、沪昆铁路进行工程成本及目标利润测算,保证工程项目顺利进行。

财务审计。针对集团公司有效银行账户分布全国的情况,利用网络资源,成立资金管理中心,强化资金集中管理模式,加大资金监管力度,有效降低财务费用,同时将部分闲散、沉淀资金充分利用起来,为集团公司的经营生产提供有力支持。完善清欠偿债管理机制,加大清欠力度,提高对债权、债务给企业发展带来负面影响和潜在风险的认识。全年完成审计项目69项。其中,经济责任审计9项;工程项目审计13项;财务收支审计17项;内部控制审计1项;专项审计调查18项;其他审计11项。年内按照"小金库"专项治理工作领导小组办公室的要求,制定《重点检查工作方案》,参与47个单位的检查,撰写《关于"小金库"专项治理的自查自纠工作报告》。

劳动人事管理。年内通过民主推荐、公开竞聘等方式选拔调整领导干部104人。其中,提拔75人;调整29人。42名长期在项目部工作、没有定位的人员被归到项目人才管理中心管理;接收高校毕业生617人,其中本科及以上学历390人。拟订集团公司《人力资源管理标准化手册》,推行人事管理标准化。依据《中铁二十二局集团公司进京落户管理暂行办法》,全年为5人办理进京落户手续,为108名符合进京落户条件的毕业生办理落户事宜。组织262人申报专业技术职称评审,214人参加职业技能鉴定。规范劳动合同管理,减少劳资纠纷,年内新签劳动合同42份,解除劳动合同7份。全面实行薪酬总额预算制度,结合工资总额与利润的工效挂钩办法,控制企业人工成本;完善薪酬福利激励机制,提高薪酬分配的内部公平性和市场竞争力。年内,集团公司所属在京单位的五险全部移交地方,纳入社会统筹。(万红梅)

【科技成果】 2010年,集团公司开发的"软弱地层大断面海底隧道施工稳定性控制研究"和"厦门翔安海底隧道穿越富水砂层综合施工技术"成果经北京市住房和城乡建设委员会鉴定,达到国际领先水平;开发的"盾构先行条件下拓建地铁车站施工关键技术研究"成果经鉴定,达到国内领先、国际先进水平。开发的"铁路客运专线900吨架桥机及13.4米宽箱梁过隧道施工工法"获2008~2009年度国家级工法,开发的"城市轨道交通先隧后站逆序施工工法"、"隧道内铺设客运专线有砟大号码道岔"被认定为铁道部部级工法,开发的"斜拉三角挂篮悬臂浇注预应力混凝土连续梁施工工法"被认定为交通运输部部级工法。湘桂铁路"四线特大桥运架一体机施工技术研究"课题获中国铁建科研立项,获开发经费25万元。集团公司研发的"复杂地质条件下大断面海底隧道施工关键技术研究"成果获中国铁建科学技术特等奖,研发的"盾构先行条件下拓建地铁车站施工关键技术研究"成果获中国铁建科学技术一等奖;开发的"整体移动式梁柱支架现浇高铁箱梁施工工法"被评为中国铁建优秀工法一等奖,开发的"多渡多交道岔铺设施工工法"、"地铁区间既有人防隧道扩挖施工工法"被评为中国铁建优秀工法二等奖。年内获授权专利16项,受理专利13项,其中著作权1项。集团公司评出科学技术奖5项、企业三级工法5项、优秀论文46篇。5项工法关键技术通过中国铁建评审。其中,"紧邻铁路既有隧道的二线隧道开挖施工技术"、"地铁区间既有人防隧道扩挖施工技术"、"梁柱式支架纵横移施工技术"3项工法关键技术经鉴定,达到国际领先水平;另外两项经鉴定,达到国内先进水平。(应爱武 于福生)

【维稳工作】 年内召开首次信访维稳工作会议,传达北京市国资委信访维稳工作会议精神。全年受理职工来信、来人、来电访105起,重复访32起;各级领导接待集体上访8次87人次。信访问题大多数得到妥善解决,未得到解决的问题正在积极协调处理,尽量缓解矛盾,防止矛盾扩大。年内,集团公司没有发生职工到市国资委、市委市政府集体上访和到重点地区非正常上访的情况,未出现重大信访维稳事件的发生。(臧伟忠)

【党群工作】 党的工作。年内,集团公司党委加强各级领导班子建设,结合企业施工生产实际,制定《关于加强和改进工程项目部党的建设实施细则》。各级党组织关心企业员工,全年为员工做好事、办实事434件,其中慰问困难党员61名,发放困难补助金5.6万元。开展技术革新87项,获得经济效益1800余万元。6月,集团公司所属驻京单位响应北京市委号召,开展共产党员献爱心活动,497人捐款46980元,汇入北京市慈善协会。在纪念建党89周年之际,编写集团公司组织史;表彰26个先进基层党组织和54名先进个人,其中任玉增等3人被北京市国资委评为群众心目中的好党员。采取多种形式,加强重、难点工程的宣传工作,其中对胡锦涛总书记在大年初二视察集团公司厦门翔安海底隧道工程情况进行及时报道,企业员工倍受鼓舞,增强了企业的凝聚力。10月举办"践行企业价值观,唱响发展主旋律"主题演讲暨文艺汇演活动,所属单位100余名演职人员参加演出,对推进企业文化建设发挥积极作用。集团公司政治思想研究会重点研究课题取得新突破,完成调查、政研论文50余篇,研究成果获得上级奖励。局刊《铁建纵横》出刊7期,起到交流信息、促进管理的作用。全年对外刊发稿件762篇(幅)。其中,全国性报刊89篇(幅);《人民铁道报》39篇;其他省部级报刊310篇(幅);《中国铁道建筑报》324篇(幅),有两篇分别参加全国铁路优秀评论和中国产经新闻奖评比,有12篇被中国铁道建筑报社评为优秀稿件,集团公司和哈尔滨铁路建设集团公司、四公司被评为新闻报道先进单位。4 幅作品人选第十五届大路画展,集团公司获美术创作组织奖。

工会工作。集团公司劳动竞赛委员会先后深入哈齐铁路客运专线等重点工程进行专项指导，组织开展各种劳动竞赛活动，采取灵活多样的小竞赛活动，促进“工程管理升级杯”、“五比五创”等大竞赛活动的顺利开展，提高施工管理水平。年内在集团公司“五比五创”劳动竞赛评比中，津秦铁路客运专线项目部获优胜单位称号，郭建东、王铭被评为优秀组织者。开展“安康杯”、“一法三卡”工作法竞赛活动，为企业筑牢安全防线，广珠铁路项目部被评为全国“安康杯”竞赛优胜班组。年内，集团公司有 27 个先进集体、34 名先进个人分别获得中国铁建及省部级以上荣誉。其中，广州新客站项目部、津秦铁路客运专线指挥部、哈齐铁路客运专线指挥部二分部获得火车头奖杯；吴延江等 12 人获得火车头奖章；杨兴国获得全国五一劳动奖章；吕思州、董启军被评为北京市劳动模范；六公司第三项目部被评为中央企业红旗班组；任玉增获中央企业先进职工称号。坚持“八化”建家标准，开办职工（农民工）夜校，为职工和农民工的学习创造条件。集团公司创建职工之家、小家合格率 97%，优良率 78%。全年发放困难补助 268.4 万元、应急救助 7.8 万元、金秋助学 14.2 万元，为 547 户困难职工、17 名遭遇大病和灾难的职工及 67 名困难职工子女就学提供帮扶与救助，“三不让”承诺有效落实。“4·14”青海玉树地震发生后，集团公司邀请灾区 42 名藏族儿童到厦门做客，并与当地慈善组织共同举办慈善晚会。年内，76 名农民工先后获得集团公司、公司、项目部各类荣誉，21 名农民工担任工班长等重要职务。按照股份公司工会对口设立基层工会工作机构的要求，设立生产综合部和组织权益部（内设女工委），突出工会生产保护和权益维护职能，工会组织建设进一步健全。集团公司建立女工委 40 个、女工小组 56 个。各级女工委开展女职工健康知识讲座、先进女职工事迹报告会等活动，年内广泛宣传“六公司经营部八朵金花”、“高铁建设的铿锵玫瑰李庆芝”等女职工先进事迹。

共青团工作。集团公司团委先后在湘桂铁路横寨梁场、可门港铁路特大桥、广南高速公路等项目部举行青年突击队竞赛授旗仪式、“青年文明号”创建、“青年突击队”竞赛誓师大会和“创新创效”等活动，促进施工生产安全、优质进行。策划公益募捐活动，为灾区捐款 20 余万元；先后筹集 3 万多元，开展以“百元奖励，万分牵挂”为主题的关爱农民工子女行动；筹集 2 万多元，开展“爱心资助，梦圆大学”活动，帮助 6 名考上重点大学的贫困职工子女入学；为 4 名困难职工子女申报中南海爱心基金，获得助学金 2400 元。年内有 2 名团员获国资委和北京市优秀共青团员称号，2 名青年获北京市优秀“青年岗位能手”称号，1 个集体被评为北京市“青年文明号”，3 支突击队被评为北京市优秀“青年突击队”。

（万红梅）

【社会责任】 3 月 25 日,集团公司团委为帮助西南旱灾地区人民抗旱救灾,组织团员青年捐款 132824 元。4 月 14 日,青海玉树藏族自治州玉树县发生 7.1 级地震,三公司向玉树大爱基金捐赠 10 万元,同时组织员工捐款 10.2 万元,并于 7 月 18 日邀请玉树地震灾区 42 名藏族儿童,到厦门参加为期一周的“感受特区城市建设”专题活动,与 5 名玉树孩子结成对子进行帮扶。10 月 12 日,三公司为厦门翔安马巷陈新社区厦门市见义勇为道德模范陈明嘉无偿援建的“袖珍工程”、“爱心工程”——90 多平方米的房屋建成使用。陈明嘉曾不顾个人生命危险跳进化粪池救出 4 名沼气中毒者,因此多次获得荣誉。陈明嘉与母亲居住的房屋因年久失修,受暴雨浸渍突然倒塌,近年来,陈明嘉又身患癌症丧失劳动力,无钱翻盖房屋。三公司得知后,决定尽自己所能,并号召社会各界爱心人士为英雄旧房翻新,让英雄及其老母亲有一个稳妥的居所。五公司向西南旱灾灾区人民捐款 3 万余元,向玉树灾区捐款 4 万余元。以深圳分公司为主体组成的中铁二十二局集团公司四川省抗震救灾对口支援项目部受到湖北省省委、省政府的表彰,集团公司被授予湖北省抗震救灾对口支援先进集体称号,深圳分公司总经理杨兴国被授予湖北省劳动模范称号。（万红梅）

【第一工程有限公司】 桥梁、隧道、土石方工程专业承包一级资质企业。公司机关驻北京市石景山区鲁谷路 86 号。董事长兼党委书记徐冬青,总经理杨金有。下辖设备经租分公司和 9 个工程项目部。职工 514 人。其中,干部 436 人;工人 78 人。专业技术干部 436 人,技术工人 59 人。资产总额 105365 万元。其中,固定资产原值 17891 万元、净值 9501 万元;流动资产 983902 万元。机械运输设备 134 台(套),原值 16420 万元、净值 4649 万元,总功率 22624 千瓦,动力装备率 37 千瓦/人,技术装备率 8.79 万元/人,设备完好率 82%、利用率 83%,机械化施工程度 85%。年施工能力 18 亿元以上。

2010 年承揽工程任务 397750 万元,完成企业总产值 140087 万元,实现净利润 804 万元。全员劳动生产率 23.37 万元/人年,职工年人均收入 6.02 万元。

应上缴款完成率102%。完成主要实物工程量：土石方746万立方米，桥梁2811延长米，涵渠1795横延米，隧道5928延长米，制架梁355片。工程质量合格率100%。年内，公司承建的京承高速公路清水河2号桥工程获火车头优质工程奖，自主研发的“冲击碾压处理风积沙路基基底施工工法”获得国家发明专利，制梁台座、存梁台座、箱梁钢筋骨架整体吊装用吊架3项技术被授予国家实用新型专利；“斜拉三角挂篮悬臂浇筑预应力连续箱施工工法”被认定为中国公路工程工法。（庞 然）

【第二工程有限公司】 铁路铺轨架梁工程专业承包一级、土石方工程专业承包二级资质企业。公司机关驻北京市石景山区石景山路35号。2004年3月，由中铁工程集团公司线路工程处、机械化工程处呼准铁路工程指挥部和原中铁十八局集团四公司铺架分公司整合重组而成。董事长、总经理杜以军，党委书记吴延江。下辖整道分公司和16个项目部。职工693人。其中，干部433人；工人260人。技术干部308人，技术工人194人。资产总额117440万元。其中，固定资产原值23681万元、净值8684万元；流动资产102709万元；其他资产1755万元。机械运输设备205台（套），原值23484.28万元、净值14603.35万元。其中，2010年新购设备26（台）套，价值5326.78万元。设备总功率43288千瓦，动力装备率62千瓦/人，技术装备率34万元/人。年施工能力15亿元以上。

2010年承揽工程任务286000万元，完成企业总产值151485万元，实现利润1308万元。人均创利1.89万元，全员劳动生产率384382元/人年，职工年人均收入5万元。应上缴款完成率100%。完成主要实物工程量：路基土石方147.7万立方米，桥梁1868延长米，涵洞397横延米，隧道4930延长米，T梁预制372孔、架设464孔，箱梁架设491孔，铺轨54.69公里，铺设无砟道岔8组。工程质量合格率100%。年内，“隧道内铺设客运专线有砟大号码道岔施工工法”被认定为铁道部部级工法，“紧邻铁路既有隧道的二线隧道开挖施工方法”被评定为企业工法。（李 冰）

【第三工程有限公司】 市政公用、房屋建筑工程施工总承包一级，铁路、公路、水利水电工程施工总承包二级，桥梁、钢结构、隧道工程专业承包一级，地基与基础工程专业承包二级，房地产开发三级资质企业。1993年成立，前身为总公司厦门办事处，2004年4月并入集团公司，2005年7月公司改制改称厦门中铁建设有限公司，2008年7月更为现名。公司机关驻福建省厦门市观音山国际商务运营中心11号楼22层。董事长兼党委书记孙桐林，总经理邹德松。下辖4个区域指挥部、3个事业部和1个直属项目部。职工741人，其中专业技术人员328人。资产总额155607.45万元。其中，固定资产原值8742万元、净值7476万元；流动资产149605.59万元；其他资产92.46万元。机械运输设备510台（套），原值5341.4万元、净值3194.21万元，其中2010年新购设备28台，价值1044.865万元。设备总功率7203千瓦，动力装备率10.75千瓦/人，技术装备率3.75万元/人，利用率78%，机械化施工程度78%。年施工能力13.5亿元以上。

2010年承揽工程任务135800万元，完成企业总产值222819万元，实现利润2813.38万元、净利润2156.13万元。人均创利290万元，全员劳动生产率290.26万元/人年，职工年人均收入4.6万元。产值利润率1.26%，净资产收益率28.84%，资产负债率95.2%，应上缴款完成率100%。年内，公司开发的中铁预算费用和报销控制系统获国家专利，承建的莆田·三信金鼎广场、厦门市BRT第一码头枢纽站、南昌青山湖工程获火车头优质工程奖。（汪爱凤）

【第四工程有限公司】 公路、房屋建筑、水利水电、市政公用工程施工总承包一级，铁路工程施工总承包二级，隧道、公路路基、铁路铺轨架梁、桥梁工程专业承包一级，预应力工程专业承包二级资质企业。前身是中国人民解放军铁道兵第八师第三十九团，1984年1月集体转业并入铁道部，2001年10月企业改制改称中铁十八局集团第四工程有限公司，2004年3月企业重组改称现名。公司机关驻河北省高碑店市和平路41号。董事长兼党委书记赵兴存，总经理王志才。下辖6个指挥部、11个项目部及茂湛吴川梁场、生活服务中心、医院。职工3126人。其中，干部1628人；工人1498人。资产总额199994万元。其中，固定资产原值49183.9万元；所有者权益20507万元；流动资产163462.47万元。机械运输设备1001台（套），原值30521万元、净值15780万元。其中，2010年新购设备236台（套），价值7389万元。设备总功率80726千瓦，动力装备率26千瓦/人，技术装备率5.04万元/人，设备完好率75.16%、利用率72%、成新率49.71%。

2010年承揽工程任务186300万元，完成施工产值320952万元，实现利润1301万元。人均创利5982元，全员劳动生产率336040元/人年，职工年人均收入34586元。国有资产保值增值率105.87%，净资产收益率5.17%，产值利润率0.41%，资产负债率89.75%。完成主要实物工程量：土石方564.34万立方米，桥梁19377.19延长米，隧道12566.61延长米，涵渠1697.55横延米,房屋建筑13984.6平方米,公路制梁4555片、架梁2151片,铁路制梁1519孔、架梁355孔,铺轨9.5公里,铺道岔4组,上道砟15599立方米。年内,公司承建的张石高速公路黑石岭隧道工程获火车头优质工程奖,公司被评为2009年度全国“安康杯”竞赛优胜企业。（陈汉民）

【第五工程有限公司】 市政公用工程施工总承包一级,公路工程施工总承包二级,隧道、路基土石方工程专业承包一级资质企业。公司机关驻重庆市渝中区大坪正街140号。2006年3月2日注册成立,由四公司、三分公司和重庆分公司重组而成。董事长兼总经理张双智,党委书记熊昌刚。下辖15个直属项目经理部,兼营北碚商场。职工498人。其中,干部410人;工人88人。专业技术干部307人,占干部总数的74.9%。资产总额83858.04万元。其中,固定资产原值6049万元、净值5829万元;流动资产79578.71万元。机械运输设备191台(套),原值3638.88万元、净值2161.96万元,总功率16131.7千瓦,动力装备率34.47千瓦/人,技术装备率4.6万元/人,完好率89.15%,利用率79.06%,机械化施工程度85%。年施工能力16亿元以上。

2010年承揽工程任务60217万元,完成企业总产值140398万元,实现利润1124万元、净利润941万元。人均创利2.26万元,全员劳动生产率282万元/人年。职工年人均收入62091元。应上缴款完成率103.1%。完成主要实物工程量:隧道4908.7延长米,桥梁8075.3延长米,土石方147.4万立方米,涵洞540横延米。工程合格率100%。年内,公司承建的遂渝高速公路LM1段工程获中国公路交通优质工程二等奖,沙湾电站“一种滑动模板系统”获得国家实用新型专利;公司获得重庆市AAA诚信企业、重庆市重合同守信用单位、贵州省建筑市场A级信誉企业等荣誉。（陈灵玲）

【第六工程有限公司】 房屋建筑、市政公用工程施工总承包一级,建筑装修装饰、钢结构、消防设施、机电设备安装工程专业承包一级资质企业。公司机关驻黑龙江省哈尔滨市南岗区下夹树街128号。2004年4月,由原哈尔滨铁路建设集团一、二、四分公司及装饰公司、锅炉安装公司重组成立。董事长、党委书记张家安,总经理杨刚。下设安装公司、电力公司、装饰公司、轨道板安装公司、设备经租中心、多集经管理中心、劳务中心和北京、天津办事处及12个直管项目部。职工2695人。其中,全民职工1395人;集体职工1264人。资产总额135781万元。其中,固定资产原值8407万元、净值4103万元;流动资产128155万元;非流动资产7627万元。机械运输设备640台(套),原值6270万元、净值3654万元,总功率1059千瓦,动力装备率7.2千瓦/人,技术装备率2.6万元/人,设备完好率78.6%、利用率92.8%。年施工能力25亿元以上。

2010年承揽工程任务128614万元,完成企业总产值240246万元,实现利润1679万元。全员劳动生产率55.9万元/人年,职工年人均收入24054元。完成主要实物工程量:土石方323万立方米,墩身520个,钻孔桩5153根,房屋建筑25万平方米。工程验交合格率100%,实现第7个安全年。年内,公司承建的沈阳地铁1号线站后区间及出入段工程获火车头优质工程奖;公司第4次被评为全国优秀施工企业,1人被评为全国优秀项目经理;公司经营部获全国三八红旗集体称号,第3项目部被评为中央企业红旗班组。（张连涛）

【哈尔滨铁路建设集团有限责任公司】 铁路、房屋建筑、市政公用、公路工程施工总承包一级,桥梁工程专业承包一级,机电设备安装、铁路铺轨架梁工程专业承包二级资质企业。公司机关驻黑龙江省哈尔滨市南岗区西大直街。2004年3月脱离哈尔滨铁路局,划归中铁二十二局集团公司管辖。董事长、党委书记周凤龙,总经理周振兴。下辖绥化第三工程公司、佳木斯第五工程公司、机械化工程公司、郑州分公司、物资设备租赁中心、国外公司、混凝土分公司。职工4186人。其中,全民职工2642人;集体职工1544人。专业技术干部996人。资产总额196602万元。其中,固定资产原值18551万元、净值6260万元;流动资产181270万元。机械运输设备1151台(套),原值14888.93万元、净值9188.03万元,总功率43164千瓦,动力装备率6.4千瓦/人,技术装备率1.3万元/人。

2010年承揽工程任务14项110000万元,完成企业总产值292645万元,实现利润1973万元。全员劳动生产率102433元/人年。应上缴款完成率102%。完成主要实物工程量:土石方979万立方米,正线铺轨51公里,桥梁11434延长米,架梁288片。工程一次验交合格率100%。年内,公司承建的海拉尔至满洲里增建第二线及博克图至兴安岭段改造工程获国家优质工程银质奖,哈尔滨群力新区齿轮路、康安路、安阳路道路工程获中国市政金杯示范工程奖,广珠铁路3标段“深水裸岩钻孔桩质量控制”QC小组获全国建设优秀质量管理小组三等奖。（高 成）

【电气化工程有限公司】 通信工程施工总承包三级,铁路电务、建筑智能化、机电设备安装工程专业承包一级,铁路电气化、送变电工程专业承包三级资质企业。公司机关驻北京市丰台区太平桥路15号。董事长兼总经理曲宝臻,党委书记王峰。前身为中铁工程集团有限公司电务工程处,2004年4月与哈尔滨铁路局电务工程段合并重组,2005年11月企业改为现名。下辖哈尔滨电务分公司、北京工程指挥部、上海工程指挥部、重庆工程指挥部、通信中心。职工640人。其中,干部363人;工人277人。资产总额54640万元。其中,固定资产原值6170万元、净值5947万元;流动资产49710万元;其他资产4930万元。机械设备244台(套),原值3143.34万元、净值1747.46万元,总功率6853千瓦,动力装备率10.71千瓦/人,技术装备率4.91万元/人,设备完好率95%、利用率87.7%。

2010年承揽工程任务85465万元,完成企业总产值60040.13万元,实现净利润827.52万元。全员劳动生产率1203076元/人年,职工年人均收入49427元。国有资产保值增值率102.29%,净资产收益率13.16%,产值利润率1.84%,资产负债率89.11%。应上缴款完成率100%。完成主要实物工程量:通信线路2011.51公里,光缆敷设904.28公里,电缆敷设191.97公里,漏缆敷设259.05公里,通信电杆组立1136根,设备安装361台,综合布线147.8公里,电力线路265.17公里,联锁道岔120组。工程合格率100%。年内,公司承建的滨洲铁路海满段增建二线工程获国家优质工程银质奖。 (郑敏学)

【北京天瑞机械设备有限公司】 公司拥有自主进出口权。主要经营包括:国际贸易,国际物流,进口机械设备整机、配件销售及设备维修,研发制造,国际招标。公司机关驻北京市复兴路40号。董事长、党委书记徐政志,总经理吴烨。职工76人。其中,干部69人;工人7人。

2010年,研发制造板块新签合同额4232万元;6月18日注册国际物流公司,年内新签合同额308万元,实现利润82万元。公司全年完成产值19178万元,实现利润723万元。研发制造的箱梁内模和衬砌台车两项技术获得国家专利,其中衬砌台车得到推广应用。 (张 艳)

【天瑞泰投资有限公司】 为集团公司控股的有限责任公司,成立于2003年1月。公司机关驻北京市石景山区石景山路35号。董事长徐才宝,总经理兼党委书记赵成堂。2007年4月12日完成集团公司职工股收购,成为集团公司的法人独资子公司。主要从事房地产开发、信息咨询和投资、物业、资产管理。下设黄石天方房地产项目、中铁房地产开发(保定)房地产项目、良乡基地职工住宅建设项目和天瑞泰良乡物业管理分公司。职工35人。资产总额1349.55万元。其中,流动资产1300万元;所有者权益285.9万元。

2010年完成产值273.38万元,实现利润28.09万元。净产值收益率6.71%,国有资产保值增值率105.04%,应上缴款完成率100%,投资收益上缴率90%。 (苏合领)

【深圳分公司】 为集团公司直属分公司。前身为总公司深圳工程部,2001年划归原总公司国内工程公司;2004年3月更名为集团公司深圳分公司,6月成立深圳(海南)分公司;2009年,公司海南的人员和资产划归集团公司管理,更名为深圳分公司。公司机关驻广东省深圳市罗湖区新安路森威大厦雍景园12层。总经理杨兴国,党工委书记王炳杰。下辖5个项目部。职工15人。资产总额24507.6万元。其中,固定资产原值1296.7万元、净值922.4万元;流动资产23585.2万元。

2010年承揽工程任务16692万元,完成企业总产值5864万元。全员劳动生产率689万元/人年。完成主要实物工程量:土石方182.5万立方米,桥梁497延长米,隧道827延长米,涵渠44座1003.2横延米,公路制架梁122片。年内,公司获湖北省抗震救灾恢复重建先进集体、三峡地质治理先进单位称号,总经理杨兴国获得全国五一劳动奖章。 (章文元)

【重要记载】

▲2月15日 中共中央总书记、国家主席、中央军委主席胡锦涛在中国铁建总裁赵广发,集团公司董事长刘国志、总经理司家海、党委副书记兼翔安隧道指挥长郭衍敬等陪同下,到集团公司承建的福建厦门翔安海底隧道视察,向春节期间仍在施工一线奋战的干部职工致以新春祝贺。

▲3月30日 五公司承建的遂渝高速公路LM1段工程获中国公路交通工程优质工程二等奖。

▲同日 集团公司编制的标准化管理手册正式印发。该手册一套十本,涵盖路基、桥梁、隧道、钢结构、四电等多项专业,手册对施工流程、工艺标准等进行规范,为集团公司推进标准化建设奠定基础。

▲4月22日 集团公司以"海西"命名的投资公司在福建泉州晋江市挂牌成立。

▲4月26日 集团公司承建的世界上断面最大的海底隧道——厦门翔安海底隧道建成通车。

▲5月14日 中国铁建总裁赵广发在集团公司总经理司家海等陪同下,到集团公司津秦铁路客运专线项目进行安全质量大检查。

▲5月24日　中国铁建副总裁范德在集团公司董事长刘国志等陪同下,对集团公司意向开发的黄石磁湖北岸项目进行调研。

▲5月26日　四公司承建的全国最长小断面隧洞——神木供水工程输水隧洞通水。该工程彻底解决了神木县20多万居民生活用水困难和饮水安全的问题。

▲5月28日　五公司注册重庆铁建劳务派遣有限公司,并取得道路运输经营许可证。

▲5月29日　六公司轨道板安装公司正式挂牌。

▲6月12日　厦门翔安海底隧道两项科技成果通过北京市住房和城乡建设委员会组织的科技成果鉴定,达到国际领先水平,标志着中国海底隧道施工水平进入世界领先行列。

▲6月13日　天瑞机械设备公司成立北京铁建国际物流有限公司。

▲6月25日　集团公司援建的四川汉源至环湖路2标段工程,克服地质复杂、施工难度大等困难,经过300多天昼夜奋战,提前完工。

▲7月17日　三公司工会被授予全国模范职工之家称号。

▲7月27日　湘桂铁路横寨梁场通过国家桥梁生产许可证认证审查。

▲9月18日　中国铁建董事长、党委书记孟凤朝到集团公司调研,并与集团公司领导班子成员进行座谈,对集团公司成立6年来的发展情况给予高度评价。

▲10月25日　哈齐铁路客运专线松北制梁场通过国家桥梁生产许可证认证审查。

▲11月5日　电气化公司承建的大唐长清风电工程举行开工仪式。

▲11月9日　电气化公司承建的福建连江县可门港疏港铁路“四电”工程开工。

▲11月16日　中国铁建党委副书记霍金贵在集团公司董事长、党委书记刘国志等陪同下,视察哈齐铁路客运专线松花江铁路特大桥施工现场。

▲11月19日　铁道部副部长卢春房在集团公司董事长、党委书记刘国志等人陪同下,到二公司京石铁路客运专线铺轨项目部检查铺轨工作进展情况。

▲11月23日　茂湛铁路吴川制梁场通过国家生产许可证认证审查。

▲12月1日　一公司承建的京承高速公路清水河2号桥工程获火车头优质工程奖。　(万红梅)

中铁二十三局集团有限公司

【简况】　中铁二十三局集团有限公司2004年3月由原中铁路桥集团有限公司、齐齐哈尔铁路建设集团有限公司、中铁十四局集团第一工程有限公司、中铁十五局集团第三工程有限公司整合重组而成。具有铁路工程施工总承包特级,公路、市政公用、水利水电、房屋建筑、机电安装、矿山工程施工总承包一级,爆破与拆除、桥梁、隧道、公路路面、公路路基、城市轨道交通工程专业承包等资质。公司机关驻四川省成都市二环路西二段10号。下辖10个子公司、2个经营公司、1个办事处。职工13835人。其中,干部6925人;工人6910人。资产总额117.01亿元。其中,固定资产原值23.06亿元、净值13.179亿元;流动资产93.52亿元。机械运输设备7584台(套),原值121930万元、净值74037万元,总功率27.2万千瓦,动力装备率19.67千瓦/人,设备完好率91.6%、利用率78.16%。年施工能力200亿元以上。

2010年,集团公司获中国施工企业管理协会技术创新先进单位称号,被评为水利部AAA级信用企业;进入四川百强企业,排名第15位。　(沈北林)

【领导人员】

董事会

董事长　李洪奇

副董事长　千天成

董事　李洪奇

陈　涛

千天成

田宝华

高　峰

张庆军

经理层

总经理　李洪奇

副总经理　田宝华

袁全祥

张庆军

丁维利

陈　涛

杨　鑫

钱振地(2007年5月任)

	师文有
	刘衍堂
总工程师	田宝华(兼)
总会计师	汤建国(2010年7月免)

党群领导

党委书记	陈　涛
党委副书记	干天成
纪委书记	干天成(兼)
工会主席	高　峰

（沈北林）

【工程项目指挥机构】 向莆铁路工程指挥部　驻福建省永泰县塔山路32号农业局院内。指挥长袁全祥，党委书记孙国臣。

贵广铁路工程指挥部　驻广西壮族自治区桂林市阳朔县田园路1号。指挥长杨鑫，党委书记钟勇。

成昆铁路货车外绕工程项目经理部　驻四川省成都市龙泉驿区鲸龙路351号。项目经理张庆军，党委书记王恒峰。

石武铁路客运专线项目经理部　驻湖北省大悟县泉水路财政局农税干部培训中心。项目经理白毅平(8月任)，党委书记陈哲华(8月任)。

南广铁路工程指挥部　驻广东省德兴县龙母大街县委党校。常务副指挥长任平，党委书记徐守新。

郑西铁路客运专线工程指挥部　驻陕西省西安市。指挥长邢兆伟。

大瑞铁路工程指挥部　驻云南省大理州永平县博南东路43号。指挥长郭正伟。

厦深铁路工程指挥部　驻广东省惠东县太阳坳工业园A栋14号。指挥长碗国建，党委书记党培林。

大连铁路工程指挥部　驻辽宁省大连经济开发区泊石湾20号1－4－2。指挥长王武，党委书记张忠阁。

兰渝铁路工程指挥部　驻重庆市北碚新区碚南大道88号军都酒店6楼。指挥长李建军，党委书记李胜宝。

六沾铁路增线工程指挥部　驻云南省宣威市乐半乡新村。指挥长刘顾集。

沪昆铁路客运专线工程指挥部　驻贵州省贵阳市乌当区新添大道南方汇通公司生活园区。指挥长杨鑫，常务副指挥长赵永明(主持工作)，党委书记王恩和。

利比亚南北铁路工程指挥部　指挥长杨鑫，副指挥长翟朝晖。（熊　伟）

【职工队伍】 职工13835人。其中，干部6925人；工人6910人。文化结构：研究生及以上学历35人，大学本科2594人，大学专科3802人，中专1129人，高中及以下6275人。专业技术干部6474人，占干部总数的93.5%。其中，高级职务454人；中级职务1111人。技术工人4500人，占工人总数的65.1%。其中，高级技师82人；技师620人；高级工1514人。（熊　伟）

【铁路工程施工】 2010年，重点铁路工程建设情况：

新建向塘至莆田铁路XPFJ－10标段工程　位于福建省莆田市境内，标段长26.5公里，合同投资151695万元，合同工期2008年8月～2011年12月。主要实物工程量：隧道5座46504.82延长米，斜井4座7792.67米，大桥4座947.68延长米，涵洞6座332.33横延米，路基土石方45万立方米，永临电力26.051公里，轨道44公里。年内完成投资55020万元，开工累计完成投资115393万元，占合同投资的76.1%。

新建铁路成都枢纽成昆货车外绕线及相关站前工程　位于四川省成都市境内，标段长53公里，合同投资234690万元，合同工期2008年12月～2010年5月。主要实物工程量：桥梁35座19470延长米，隧道1座1075延长米，路基土石方1401万立方米，涵洞6451横延米，房屋建筑4万平方米，轨道铺轨151公里。年内完成投资38450万元，开工累计完成投资229690万元，占合同投资的97.9%。成昆货车外绕线正线于2010年6月1日开通运营。

新建贵州至广州铁路站前GGTJ－7标段工程　位于广西壮族自治区桂林市境内，标段长94.05公里，合同投资526640万元，合同工期2008年12月～2012年11月。主要实物工程量：路基土石方884万立方米，桥梁58座29785.79延长米，预制架设箱梁679孔，涵洞108座2972.5横延米，隧道23座43652延长米。年内完成投资134143万元，开工累计完成投资185502万元，占合同投资的35.2%。

新建南宁至广州铁路站前NGZQ－7标段工程　位于广东省德庆县境内，标段长71.49公里，合同投资377940万元，合同工期2009年3月～2011年11月。主要实物工程量：路基土石方911万立方米，桥梁43座10364延长米，现浇箱梁292片，涵洞78座，隧道45座43815延长米。年内完成投资174471万元，开工累计完成投资266668万元，占合同投资的70.6%。

石武铁路客运专线TJ1标段工程　位于湖北省孝感市大悟县境内，标段长62.3公里，合同投资403371万元，合同工期2008年11月～2011年3月。主要实物工程量：路基土石方984.5万立方米，桥梁54座19235延长米，隧道13座19795延长米，无砟轨道双线长62.3公里。年内完成投资202127万元，开工累计完成投资399552万元，占合同投资的99.1%。主体工程全部完工。

厦深铁路XSGZQ－9标段工程　位于广东省汕尾市、惠州市境内，标段长51.56公里，合同投资215257万元，合同工期2008年9月～2011年2月。主要实物工程量：桥梁22座15711延长米，隧道12座21081延长米。年内完成投资91243万元，开工累计完成投资197885万元，占合同投资的91.9%。

新建铁路大瑞线大理至保山段站前2标段工程　位于云南省大理州境内，标段长32公里，合同投资90129万元，合同工期2008年6月～2013年5月。主要实物工程量：路基土石方303万立方米，桥梁12座2890延长米，涵洞6座103横延米，隧道6座25232延长米。年内完成投资7510万元，开工累计完成投资41216万元，占合同投资的45.7%。

新建兰渝铁路引入重庆枢纽工程　位于重庆市北碚区，标段长48.52公里，合同投资217369万元，合同工期2009年7月～2013年1月。主要实物工程量：区间路基土石方263万立方米，站场土石方2265万立方米，桥梁12座4520延长米，涵洞124座8984横延米，改建既有隧道3座2312延长米，新建隧道4座6209延长米，正线铺轨51.66公里，站线铺轨178.49公里，房屋建筑96068平方米。年内完成投资81206万元，开工累计完成投资82237万元，占合同投资的37.8%。

贵昆六沾铁路增建二线W5标段工程　位于云南省宣威市境内，标段长23.76公里，合同投资83022万元，合同工期2008年1月～2010年9月。主要实物工程量：路基土石方255万立方米，桥梁23座5377延长米，隧道12座9695延长米，涵洞26座582横延米。年内完成投资33106万元，开工累计完成投资83022万元，主体工程已完工。

新建大连长兴岛铁路港站工程　位于辽宁省大连市境内，标段长25.03公里，合同投资67228万元，合同工期2009年8月～2011年1月。主要实物工程量：路基土石方440万立方米，桥梁15座1911延长米，涵洞67座2294横延米，正线铺轨25.03公里，站线铺轨20.45公里，铺道岔41组，架梁70孔，房屋建筑16500平方米。年内完成投资47365万元，开工累计完成投资58000万元，占合同投资的86.3%。

湘桂铁路XG－5标段工程　位于广西壮族自治区桂林市境内，标段长54.75公里，合同投资206546万元，合同工期2009年3月～2012年3月。主要实物工程量：区间路基土石方582万立方米，站场土石方99万立方米，涵洞167座3859横延米，桥梁27座9861延长米，隧道8座11140延长米，无砟轨道12.484公里。年内完成投资71068万元，开工累计完成投资114373万元，占合同投资的55.4%。

哈齐铁路客运专线HQTJ5标段工程　位于黑龙江省齐齐哈尔市境内，标段长26.5公里，合同投资190734万元，合同工期2009年10月～2013年10月。主要实物工程量：特大桥2座19673延长米，CFG桩754064.05延长米，站场土石方69.76万立方米，路基土石方223.79万立方米，框架涵9座，公路桥2座，轨道板4.5万块，轨道板单线铺设136公里。开工累计完成投资45678万元，占合同投资的23.9%。

新建渝利铁路铺架工程　位于重庆市北碚区，标段长296公里，合同投资259594万元，合同工期2010年8月～2013年1月。主要实物工程量：铁路梁预制、铺架2606孔。开工累计完成投资32947万元，占合同投资的12.7%。

新建沪昆铁路客运专线长沙至昆明段贵州站前CKGZTJ－6标段工程　位于贵州省贵定县境内，标段长56.55公里，合同投资435800万元，合同工期2010年10月～2013年11月。主要实物工程量：隧道23座34.275公里，桥梁33座16.728公里，路基5.546公里，涵洞17座421.72横延米，制架梁424孔，无砟轨道114.016公里。年内完成投资11292万元，占合同投资的2.6%。

新建哈尔滨西客站Ⅱ标段工程　位于黑龙江省哈尔滨市境内，标段长10.2公里，合同投资202360万元，合同工期2009年12月～2011年11月。主要实物工程量：路基土石方466万立方米，特大桥5座3696延长米，大桥6座1605延长米，中桥9座588延长米，小桥4座342延长米，涵洞63座3033横延米，正线铺轨36公里，站线铺轨32公里，铺道岔97组，铺道床10.8万立方米。开工累计完成投资84060万元，占合同投资的41.5%。

改建铁路贵昆线六盘水至沾益段增建第二线铺轨架梁工程　位于贵州省六盘水境内，标段长124.9公里，合同投资65327万元，合同工期2010年1月～2012年3月。主要实物工程量：架梁848孔，正线铺轨199公里，站线铺轨74公里，铺道床56万立方米，铺新道岔273组，改建拆除线路45公里，重铺线路8.7公里，拆除道岔183组，重铺道岔34组。开工累计完成投资20441万元，占合同投资的31.3%。　（徐定汝）

【铁路外工程施工】　雅泸高速公路C20合同段　位于四川省石棉县境内，标段长3.5公里，合同投资45265万元，合同工期2007年10月～2010年10月。主要实物工程量：路基土石方44万立方米，桥梁3座3123延长米，隧道1座3511延长米。年内完成投资8469万元，开工累计完成投资43191万元，占合同投资的95.4%。干海子特大桥属科研项目未完工，其他工程已全部竣工。

成都地铁2号线一期土建18、20标段工程　位于四川省成都市境内，标段长2.8公里，合同投资18994万元，合同工期2008年9月～2011年11月。主要实物工程量：盾构隧道右线1385延长米，左线1397延长米。年内完成投资8714万元，开工累计完成投资13854万元，占合同投资的73%。（徐定汝）

【海外工程施工】　利比亚南北铁路　全长820公里，合同投资214132万元，合同工期2008年11月～2013年11月。主要实物工程量：路基土石方2084万立方米，级配碎石320万立方米，桥梁26座3687延长米，通道及涵洞842座11739横延米，道砟202万立方米。年内完成投资21444万元，开工累计完成投资24228万元，占合同投资的11.3%。（徐定汝）

【经营管理】　2010年，集团公司提出"发展中促转变，转变中谋发展，坚定不移地走质量效益型发展道路"的企业战略，确立"追求卓越，打造品牌，强企富工"的发展目标，着力推进四个转变：一是从追求数量增长型向塑造企业品牌型转变，二是从粗放经验型管理向集约精益型管理转变，三是从依赖中介经营向自主经营转变，四是从短期急功近利型向质量效益型转变。在经营承揽方面，注重承揽质量，全年承揽工程97项，新签合同总额208.79亿元，占股份公司年度计划165亿元的126.5%，占集团公司年度计划230亿元的90.77%。其中，铁路项目16项(含地方铁路)103.49亿元；公路工程11项32.6亿元；市政工程23项21.6亿元；制品销售27项19.4亿元。坚持自主经营，独立中标沪昆铁路客运专线贵州段6标段，合同投资43亿元；三公司中标18亿元的湖南安邵高速公路工程，创集团公司高速公路单项之最；七公司中标10.5亿元的珠三角城际轨道佛肇项目，创集团公司城际轨道工程之最。积极实施"走出去"战略，第一次以EPC方式承揽21.5亿元的格鲁吉亚绕城铁路工程，实现海外经营的新突破。该工程是目前中国在格鲁吉亚乃至高加索地区最大的项目。

工程管理。坚持以攻克急难险重工程为主攻方向，完成产值创历史新高。5月31日，成昆铁路外绕线开通运营；11月30日，大连长兴岛项目按期实现拉通目标；12月30日，石武铁路客运专线按期实现铺轨出管区；12月25日，"铁龙一号"顺利完成成都地铁4号线掘进任务，分别创造月掘进457米和459米的高产纪录。集团公司全年完成企业总产值190.28亿元，占股份公司年度计划150亿元的126.8%，占集团公司年度计划160亿元的118.9%，比2009年增长24.7%，营业收入位列四川省百强企业第15位。加大隧道、桥梁、地铁、无砟轨道等工程技术攻关力度，专项施工技术集成能力得到较大提升。集团公司独立承建的22公里长的向莆铁路青云山隧道，为中国第四长大隧道，具有地质情况复杂、地下水丰富、施工通风、排水难度大以及环境和水土资源保护困难等特点；承建的雅泸高速公路干海子特大桥为钢管混凝土格构墩与钢管混凝土桁架连续梁组合的新型桥梁，钢管格构墩最高107米；承建的兰渝铁路嘉陵江铁路大桥最大跨度176米，为中国单线铁路跨度最大的连续钢构桥；承建的兰渝铁路兴隆场编组站，为中国最大的编组站；参建的哈尔滨铁路枢纽，为中国东北地区最大的高速铁路枢纽；承建的石武铁路客运专线8715米的黄龙寺隧道，是目前世界上最长的CRTSⅡ型板式高速铁路隧道；成昆货车外绕线施工创造5000吨桥梁异位横移之最。2010年，在建铁路项目69项，铁路外项目62项。完成主要实物工程量：土石方5517万立方米，隧道110364延长米，桥梁77027延长米，涵渠15266横延米，正线铺轨212公里，站线铺轨101公里，铺道岔303组，铁路梁预制2448孔，高速铁路梁预制187孔，铁路架梁2053孔，铁路轨枕预制75万根，公路21公里，公路梁预制3368片，公路架梁3966片。

财务成本管理。创新管理模式，获取最大经济效益。一是坚持以效益论英雄，全面推行责任成本管理，深化二次经营，强化三次经营，全年工程变更索赔9.16亿元；二是在铁路新开工项目推行法人管项目和"两级管理，两级核算，两级负责，利益共享，风险共担"的管理模式，明确集团公司与工程公司两级责权利，有效调动子公司的积极性；三是实行资金集中管理，多渠道融集资金，合理调度，妥善安排，减少财务费用，保证生产经营正常进行；四是积极开展内部审计和配合国家审计，搞好专项治理整顿，规避经营风险，堵塞效益漏洞。集团公司全年实现利润3.56亿元、净利润2.73亿元，分别比2009年增长54.2%、112.7%。

安全质量管理。年内，集团公司深入开展"大检查、大反思、大整改"活动，专项治理100多个施工项目。针对项目管理中的薄弱环节，以实施"五二四"(五个合同，即经济、劳动、工序工费承包协议，设备租赁合同、物资采购协议；两个文书，即施工承包承诺、质量安全承诺；四个制度，即岗位质量责任卡、旁站巡查监控、值班及交接卡、验工计价责任卡)项目管理法为切入点，落实责任制，闭合责任链，提高项目现场管理水平。集团公司安全质量平稳可控，年内未发生一起因工死亡事故。集团公司被评为中国铁建2010年安全生产先进单位、四川省2010年度安全生产工作达标单位；三公司、四公司获四川省安全文化示范企业称号。集团公司承建的大连铁路集装箱中心站工程获铁道部2010年度铁路优质工程一等奖，承建的云南省水富至麻柳高速公路第3合同段工程获2010年度云南省优质工程奖一等奖；四公司承建的国道109线大（饭铺）东（胜）段高速公路第4合同段工程获火车头优质工程奖。

人力资源管理。突出制度抓手，夯实管理基础。制定下发8项管理规定，规范人力资源管理；突出程序重点，推进规范管理。干部考核、公示及任前谈话工作严格按规定执行；人才调配、学生接收、档案审核等工作严格按程序办理，并对毕业生实行派遣制度；制定下发集团公司机关薪酬管理办法，明文规范集团公司工程指挥部绩效工资发放办法；采取"先预收，后调整，再结算"的社保费预、结算制度，截至2010年12月，已足额向地方社保部门缴纳养老保险费，维护了集团公司社保A级信用单位的信誉；积极做好职工资格认证工作，全年有83名高级、193名中级专业（技术）人员通过职称评审，有220名技术工人通过职业技能鉴定，人才队伍结构进一步改善。

（向东　沈北林　徐定汝　唐佳　乔宏　熊伟）

【科技开发】 2010年，加大高速铁路、特长隧道、特殊环境桥梁、城市轨道交通等施工领域关键技术研究力度，重点开展"钢管混凝土格构墩曲线桁架梁桥综合施工技术研究"、"客运专线无砟轨道维修技术研究"、"滇西红层填料高填路基施工成套技术研究"、"邻近既有线高瓦斯涌水隧道施工技术研究"、"客运专线无砟轨道用热塑性树脂绝缘钢筋生产技术及设备研制"、"CRTSIII型轨道板研制及路基纵连板施工维修技术"等课题的研究，取得一批拥有自主知识产权的科技成果。9项科技成果通过四川省科技厅、中国铁建等组织的成果鉴定，2项达到国际领先水平，3项达到国内领先水平，1项达到国内先进水平，3项达到行业先进水平。年内完成中国铁建科研计划、四川省科技创新技术专项工作，获铁道学会科学技术奖1项、中国施工企业管理协会科学技术奖1项、中国铁建科学技术奖4项，3项工法被认定为部级工法。截至2010年底，集团公司拥有省部级工法26项、国家级工法4项，获得国家专利56项；主编行业标准1个，参编铁路技术条件3个。年内，集团公司被中国施工企业管理协会授予科技创新先进企业称号。（霍丽）

【工程公司建设】 坚持以做专做实做优工程公司为目的，进一步打造差异化、专业化竞争优势。一是优化领导班子结构，提高领导班子素质，增强驾驭复杂局面的能力；二是积极培育提升各子公司铁路、公路、桥梁、城市地铁、城市轻轨、"四电"等专项施工能力；三是帮助提升资质等级及范围，构建经营平台。所属10个子公司在激烈的市场竞争中充分展示了良好的自我发展能力、市场竞争能力和深厚的发展潜力。（沈北林）

【党群工作】 党的工作。集团公司下辖基层党委97个、党总支3个、党支部240个，在岗党员4079名，党员总数5460名。2010年，党委以科学发展观为统领，紧紧围绕企业发展大局，以加强领导班子和干部队伍建设为重要抓手，以"四个提升"（提升班子形象、提升员工信心、提升企业品牌、提升综合实力）为政治工作主线，以强化"八大保证"（思想、领导、人才、组织、精神、纪律、根基、服务保证）为基本任务，通过明思路、强班子、抓党建、建队伍、扬正气、聚力量，为集团公司坚定不移地走质量效益型道路提供坚强的政治保证。领导班子建设方面。以子公司"三驾马车"改"两驾马车"为契机，对10个子公司的领导班子进行调整充实；制定下发《关于加强领导班子建设若干规定》，对领导班子的全面建设提出纲领性要求。集团公司董事长、总经理李洪奇被全国企业家联合会评为"有特殊贡献的高级职业经理人"，集团公司副总经理兼向莆铁路工程指挥部指挥长袁全祥、二公司执行董事兼总经理曹鹏程被评为全国优秀项目经理，集团公司副总工程师袁松、一公司执行董事兼总经理王忠谋被评为四川省劳动模范。年底，局处两级领导班子召开民主生活会，促进班子团结。党的建设方面。9月在上海召开2010年集团公司政治工作现场推进会，总结政治工作的经验与不足，客观分析企业面临的发展问题和政治工作面临的新形势，坚定走质量效益型道路的决心，不断提升企业政治工作水平。组织20人参加股份公司举办的组织干部轮训，10名项目书记参加股份公司举办的项目党组织书记培训班，进一步提升党务干部的业务素质。"七一"期间在全体党员中开展知识竞赛活动，紧密结合企业实际，深入开展创先争优活动，涌现出以中央企业先进职工标兵——袁松为代表的一批先进典型，形成组织创先进、党员争优秀的生动局面。全年编辑发行《创先争优活动简报》19期，刊登争创活动信息33篇。南广、贵广、湘桂铁路工程指挥部等单位的广大党员奋勇当先，积极参加地方政府、铁路局和业主组织的公路、铁路塌方突击抢险，充分展示集团公司的良好形象。全年有5个党组织、7名个人受到股份公司党委表彰，有2个党组织、2名党员、2名党务工作者被推荐为四川省国资委创先争优典型培养对象。局处两级建立先进典型数据库，开展"七一"表彰和纪念建党89周年系列庆祝活动。宣传思想方面。有针对性地开展宣传思想政治工作,增强职工对企业的自豪感。以"四个提升"为主线,深入开展"忠诚企业"专题教育、"践行企业价值观,提升发展软实力"演讲和征文比赛、品牌员工建塑、向袁松学习等活动。年内在各类媒体刊稿3490余篇(幅)。党风廉政方面,坚持民主集中制原则,认真贯彻"三重一大"制度,积极开展廉政警示教育,扎实开展岗位廉洁风险点排查活动,有1671名领导人员和关键岗位人员作出廉洁承诺。以专项治理活动为切入点,加强工程项目的监督检查,积极参与工程建设领域突出问题和"小金库"专项治理活动,同时加大处治违法违纪案件的力度,集团公司全年立案11件,结案9件,受到党纪政纪处分16人,经济处罚33.34万元。

工会工作。集团公司工会下辖工程公司工会10个,局属指挥(项目)部工会工作委员会10个。年内组织召开工会第二次会员代表大会,完成集团公司及所属各子公司工会委员会的换届选举工作,产生新一届工会领导班子。集团公司工会本级实现部门分设,成立工会组织权益部和工会生产保护部,所属单位有4个子公司将工会从党群部门分离出来,成立工会工作部。落实项目兼职工会干部津贴。年内有6个单位被股份公司工会、四川省总工会评为模范职工之家和模范职工小家,其中一公司工会被评为全路模范职工之家,三公司雅泸高速公路项目部工会被评为全国模范职工小家。8月在股份公司信访工作会议上,集团公司被授予维护稳定工作先进集体称号。

共青团工作。年内顺利完成9个工程公司的换届选举工作,以"转型促发展,青年当先锋"为主题,以施工生产为主战场,以保安全、求质量、促进度、增效益为目标,深入开展"双争"竞赛、青年突击队竞赛、青年"五小"科技攻关、青年创新创效等活动,12名团干部和团员青年受到股份公司表彰,6个团组织获股份公司五四红旗团委(团支部)称号,1个团总支获中央企业五四红旗团支部称号。 (周裕君　刘　莉)

【第一工程有限公司】 公路、市政公用工程施工总承包一级,铁路、房屋建筑、水利水电工程施工总承包二级,公路路基、公路路面、桥梁、隧道工程专业承包一级,机场场道、堤防工程专业承包二级资质企业。公司机关驻山东省日照市黄海二路65号。前身系中国人民解放军铁道兵第四师第十六团,1984年1月1日集体转业并入铁道部,改编为铁道部第十四工程局第一工程处;1999年12月1日改称中铁第十四工程局第一工程处,2001年11月16日改称中铁十四局集团第一工程有限公司,2004年2月3日企业整合重组更名为中铁二十三局集团第一工程有限公司。执行董事兼总经理王忠谋,党委书记孙谊波。下辖27个项目部。职工2689人,其中在岗职工2125人。资产总额185413.9万元。其中,固定资产原值32644.4万元、净值19786.4万元;流动资产158134.4万元;其他资产27279.5万元。机械运输设备363台(套),原值1.87亿元、净值1.04亿元,总功率51303千瓦,技术装备率3.9万元/人,动力装备率19.2千瓦/人,机械设备成新率55.5%、完好率86.07%、利用率80%。年施工能力20亿元以上。

2010年承揽任务10.9亿元,完成企业总产值350300万元,实现利润2045万元。全员劳动生产率130.16万元/人年,人均创利0.77万元。职工年人均收入17614元。国有资产保值增值率215.3%,产值利润率0.55%,净资产收益率29.5%,应上缴款完成率94%。年内,公司承建的国道104济南零点立交至燕山立交高架桥工程获国家优质工程奖,郑西铁路南场特大桥与渭河特大桥工程获股份公司优质工程奖;宁道项目部"提高L=20米后张法预应力空心板张拉起拱的达标率"QC成果获国家优秀QC成果奖。9月,公司通过华夏认证中心组织的新版质量、职业健康安全与环境整合管理体系认证。 (李桢刚)

【第二工程有限公司】 铁路、房屋建筑工程施工总承包一级,市政公用工程施工总承包二级,桥梁、钢结构、铁路铺轨架梁工程专业承包一级,公路路基、铁路电务工程专业承包二级资质企业。公司机关驻黑龙江省齐齐哈尔市铁锋区站前大街256号。前身系齐齐哈尔铁路局工程大队,1986年更名为哈尔滨铁路局齐齐哈尔第一工程处,1995年更名为哈尔滨铁路局齐齐哈尔铁路工程总公司,2002年更名为齐齐哈尔铁路建设集团有限责任公司;2003年10月29日划归中国铁道建筑总公司,2004年8月26日企业整合重组更名为中铁二十三局集团第二工程有限公司。执行董事兼总经理曹鹏程,党委书记丁维民。下辖2个分公司、3个子公司、19个工程队。职工3381人。资产总额186111万元,其中固定资产原值35731万元、净值21566万元。机械运输设备1129台(套),原值17976.32万元、净值12384.64万元,总功率31615千瓦,动力装备率9.4千瓦/人,技术装备率3.7万元/人,设备成新率68.9%、完好率97%、利用率65%,机械化施工程度75%。年施工能力30亿元以上。

2010年承揽任务330280万元,完成企业总产值356836万元。其中,施工产值346511.82万元;工业产值10324万元。实现利润2083.11万元。全员劳动生产率1055415元/人年,人均创利6161元。职工年人均收入23708元。国有资产保值增值率101.64%,净

资产收益率6.03%,产值利润率2.95%,资产负债率88.44%,应上缴款完成率100%。 (李汉东)

【第三工程有限公司】 市政公用、房屋建筑工程施工总承包一级,水利水电、铁路工程施工总承包二级,桥梁、隧道工程专业承包一级资质企业。前身为铁道兵第五师第二十三团,1984年1月集体转业并入铁道部,改编为铁道部第十五工程局第三工程处;2001年5月企业改制为有限公司;2004年2月整合重组为中铁二十三局集团第三工程有限公司。公司机关驻四川省成都市温江区天府街中段336号。执行董事兼总经理刘牛生,党委书记李治强。下辖17个项目部及机械化公司、租赁站、混凝土公司、房建公司、基地管理委员会等单位。职工2868人。其中,干部1270人;工人1471人。专业技术干部1270人,技术工人487人。资产总额150468.97万元。其中,固定资产净值11727.91万元;流动资产135083.43万元;无形资产1288.92万元;其他资产2368.71万元。机械动力设备303台,原值13065.03万元、净值6445.08万元,总功率31558.1千瓦,动力装备率11.5千瓦/人,设备完好率91.7%、利用率75.4%,机械化施工程度91%。年施工能力40亿元。

2010年承揽任务66.33亿元,完成企业总产值365157.51万元,其中施工产值365157.51万元。实现利润1556.12万元。人均创利5664.79元,全员劳动生产率132.93万元/人年。职工年人均收入15693元。国有资产保值增值率109.99%,净资产收益率40.86%,产值利润率0.43%,投资回报率22.16%,资产负债率97.46%,应上缴款完成率100%。年内获火车头优质工程奖1项、云南省优质工程奖1项、股份公司优质工程奖4项、集团公司优质工程3项。

(裴广锋)

【第四工程有限公司】 市政公用、房屋建筑、水利水电工程施工总承包一级,公路工程施工总承包二级,桥梁、隧道、土石方、建筑装修装饰工程专业承包一级,公路路基、预拌商品混凝土、混凝土预制构件工程专业承包二级资质企业。公司机关驻四川省成都市青羊区东门街84号。公司组建于2002年7月,原名中铁路桥集团建设工程有限公司;2004年3月19日改制重组为中铁二十三局集团第四工程有限公司。执行董事兼总经理苟国利,党委书记禹富初。职工695名。其中,干部618人,技术干部占干部总数的91.42%;工人77人,技术工人占工人总数的16.88%。资产总额109444万元。其中,固定资产净值15601万元;流动资产91949万元。机械运输设备原值14172.42万元、净值9347.95万元,总功率43332千瓦,动力装备率64.97千瓦/人,设备成新率65.96%、完好率100%、利用率100%。年施工能力10亿元以上。

2010年承揽任务18.14亿元,完成施工产值25.26亿元,实现利润1962万元。人均创利3万元,全员劳动生产率260842元/人年。职工年人均收入32246元。国有资产保值增值率102.63%,净资产收益率11.97%,产值利润率8.26%,资产负债率88.11%,应上缴款完成率100%。年内,公司承建的都江堰大观九年制中学项目被评为四川省用户满意工程、“天府杯”优质工程,襄渝铁路二线安康至重庆段ZH-3标段新铁山隧道工程获火车头优质工程一等奖。 (李 姗)

【轨道交通工程有限公司】 市政公用、房屋建筑工程施工总承包一级,公路工程施工总承包二级,建筑装修装饰、钢结构、环保、桥梁工程专业承包一级,混凝土预制构件工程专业承包二级资质企业。公司机关驻上海市南汇区惠南镇城南路335号。2010年9月,公司由第五工程有限公司更名为轨道交通工程有限公司。执行董事兼总经理喻丕金,党委书记高炳荣。下辖结构件分公司和成都、苏州、无锡、昆明4个工程有限公司及6个项目部。职工365人。其中,干部263人;工人102人。资产总额8.31亿元。其中,固定资产净值13291.37万元;流动资产66696.33万元;其他资产2494.06万元。机械运输设备1005台(套),净值12163万元,总功率18957千瓦,动力装备率52.1千瓦/人,技术装备率42.8万元/人,设备完好率93%、利用率85%、成新率78%,机械化施工程度93%。年施工能力18亿元以上。

2010年新签合同额100730万元,实现利润3206.36万元。人均创利87367元。国有资产保值增值率174.3%,净资产收益率22.63%,产值利润率4.85%,资产负债率82.57%,应上缴款完成率105%。年内,公司被评为股份公司企业文化建设先进单位,喻丕金获四川省优秀企业家称号。 (张蜀秦)

【第六工程有限公司】 市政公用工程施工总承包一级,公路、房屋建筑工程施工总承包三级,桥梁、隧道、混凝土预制构件工程专业承包二级,地质灾害治理工程勘察、设计、施工甲级资质企业,同时在轨道制品、铁路精测、高速道岔方面拥有21项国家专利。公司机关驻重庆市渝中区嘉滨路118号附2号。前身为中铁路桥集团重庆工程分公司,2004年3月整合重组为中铁二十三局集团第六工程有限公司,2009年7月与轨道分公司合并。执行董事兼总经理王彬,党委书记张玉萍。下辖 15 个项目部。职工 681 人。其中,干部 548 人;工人 113 人。资产总额 76286 万元。其中,固定资产原值 14933 万元、净值 11807 万元;流动资产 63107 万元;其他资产 1372 万元。机械运输设备 704 台(套),现值 11807 万元,总功率 17520 千瓦,动力装备率 20.9 千瓦/人,技术装备率 18.19 万元/人,设备使用率 76%、完好率 95%,机械化施工程度 94%。年施工能力 15 亿元以上。

2010 年承揽任务 61582 万元,完成企业总产值 111808 万元,实现利润 241 万元。人均创利 3540 元,全员劳动生产率 35.23 万元/人年。职工年人均收入 32409 元。国有资产保值增值率 104.7%,净资产收益率 12.29%,产值利润率 1%,资产负债率 91.5%,应上缴款完成率 100%。（程 宁）

【第七工程有限公司】 市政公用、房屋建筑工程施工总承包一级,桥梁、隧道工程专业承包一级,混凝土预制构件、预应力、土石方工程专业承包二级资质企业。公司机关驻广东省深圳市龙岗区中心城龙城北路 3 号。公司成立于 2004 年 7 月,前身系中铁路桥集团珠海工程分公司。执行董事兼总经理何秀春,党委书记党培林。下辖 10 个项目经理部。职工 369 人。资产总额 38272 万元。其中,固定资产原值 8557 万元、净值 5722 万元;流动资产 30774 万元;其他资产 1776 万元。机械运输设备 602 台(套),现值 3876 万元,总功率 7129 千瓦,动力装备率 18.7 千瓦/人,技术装备率 10.2 万元/人,设备利用率 45%。年施工能力 13 亿元以上。

2010 年承揽任务 12.13 亿元,完成企业总产值 14.4 亿元,实现利润 66 万元。国有资产保值增值率 100.34%,净资产收益率 12.91%,产值利润率 0.05%,资产负债率 87.09%。（胡晓岚）

【第八工程有限公司】 市政公用、房屋建筑工程施工总承包一级,公路工程施工总承包二级,钢结构、桥梁工程专业承包一级,混凝土预制构件、预应力工程专业承包二级资质企业。公司机关驻四川省成都市青羊区工业园区 G 区 8 栋 A/B 座。前身系中铁路桥集团养马河工程分公司,2004 年 3 月整合重组为中铁二十三局集团养马河工程有限公司,2009 年 7 月更名为第八工程有限公司。执行董事兼总经理沈德华,党委书记周宏。下辖 1 个分公司、8 个项目部。职工 1021 人。资产总额 7.4 亿元。其中,固定资产 0.9 亿元;流动资产 5.5 亿元;其他资产 1 亿元。机械运输设备 1721 台(套),原值 12136 万元、净值 6857 万元,总功率 11745 千瓦,动力装备率 11.5 千瓦/人,技术装备率 11.89 万元/人,设备完好率 99.3%。年施工能力 15 亿元。

2010 年承揽任务 60040 万元,完成工业总产值 123666 万元,实现利润 822 万元。年内生产的新 II 型轨枕和新 III 型桥枕通过铁道部认证,公司通过四川三峡认证公司质量、环境、职业健康安全管理体系年度审核。（赵 建）

【川东水泥有限公司】 前身为中国人民解放军 6015 工厂,1984 年 1 月集体转业并入铁道部,1990 年 11 月更名为中国铁道建筑总公司川东水泥厂,2001 年并入中铁路桥集团有限公司,2002 年 7 月企业改制更名为中铁路桥集团川东水泥有限公司,2004 年 3 月整合重组为中铁二十三局集团川东水泥有限公司。公司机关驻四川省达州市渠县三汇镇。执行董事兼总经理吕保华,党委书记辛一平。下辖 3 个分厂及四川铁建川东工程有限公司、技术质检中心、市场部、包装运输公司、物业管理公司、职工医院等单位。职工 751 人。公司占地面积 68 万平方米,厂房建筑面积 12.58 万平方米。资产总额 55061 万元。其中,固定资产 4627 万元;流动资产 9372 万元;其他资产 41062 万元。生产设备 1039 台(辆),原值 5279 万元、净值 1135 万元,总功率 25086 千瓦,动力装备率 32 千瓦/人,技术装备率 1.5 万元/人,设备完好率 75%、利用率 80%。公司新建的 2500T/D 熟料新型干法水泥生产线全线达产达标,年生产能力 160 万吨。

2010 年生产水泥 78.66 万吨,销售水泥 76.95 万吨,完成工业总产值 21000 万元,实现利润 -1505 万元,上缴税金 789 万元。国有资产保值增值率 88.74%,净资产收益率 -2.75%,资产负债率 77.85%。主要产品有“华蓥山牌”复合硅酸盐 32.5 等级、42.5 等级和普通硅酸盐 32.5R 等级、42.5R 等级水泥四大类 10 个品种及水电站大坝专用的中热水泥。（徐小军）

【电务工程有限公司】 机电安装工程施工总承包一级,房屋建筑工程施工总承包二级,铁路电务工程专业承包一级,建筑智能化工程专业承包二级,送变电工程专业承包三级资质企业。2009 年取得压力管道 GC 安装、压力容器安装 I 级许可证书。公司机关驻天津市南开区密云一支路燕宇小区 45 号。执行董事兼总经理杨佩宏,党委书记池洪旗。下辖 15 个项目部。职工 612 人,其中专业技术干部 188 人。固定资产净值 6135 万元。机械设备净值 966 万元,动力装备率 7.3 千瓦/人,设备完好率 92%、利用率 98%。

2010 年承揽任务 32113.86 万元,完成企业总产值

3.07 亿元,实现利润 804.9 万元。年内,公司获天津市高新企业称号。 (公司办公室)

【重要记载】

▲3 月 10 日 世界银行亚太代表处代表 46 人考察集团公司承建的贵广铁路第 7 标段工程。

▲3 月 17 日 ~20 日 集团公司二届一次职工代表大会暨 2010 年工作会、首届六次党委全委(扩大)会暨党风廉政建设会、工会第二次代表大会在集团公司机关召开。

▲5 月 31 日 集团公司第二届董事会第一次会议在成都召开,集团公司 7 位董事全部出席。会议通过《关于集团公司 2009 年度总经理工作的议案》《关于建立工程公司新领导体制的议案》等 12 个议案。

▲6 月 1 日 集团公司参建的成都枢纽成昆铁路货车外绕线正式投入运营。

▲6 月 15 日 集团公司中标格鲁吉亚第比利斯绕城铁路工程,成为格鲁吉亚有史以来的最大的设计施工总承包商。

▲7 月 16 日 集团公司川东水泥公司遭遇特大洪灾,20 余栋住宅楼以及机关、汽车队单身宿舍全部被淹,损失惨重,全集团公司掀起为川东水泥公司捐款的活动。

▲7 月 19 日 集团公司第二届董事会召开第二次会议,会议审议通过《关于格鲁吉亚绕城铁路项目问题的议案》。

▲7 月 30 日 集团公司召开"小金库"专项治理工作视频会,"小金库"专项治理工作启动。

▲8 月 21 日 集团公司第二届董事会召开第三次会议,会议审议通过《关于集团公司机关及所属各单位组织机构、编制定员指导(试行)的议案》等 5 个议案。

▲8 月 集团公司中标沪昆铁路客运专线长昆段第 6 标段工程,合同投资 43 亿元。

▲9 月 16 日 股份公司董事长孟凤朝在董事长、总经理李洪奇陪同下视察集团公司承建的哈西铁路客运专线施工现场。

▲9 月 29 日 集团公司第五工程有限公司更名为轨道交通工程有限公司。

▲10 月 20 日 集团公司研发的 III 型无砟轨道板与维修施工技术通过专家鉴定。

▲10 月 26 日 格鲁吉亚总理尼卡·吉拉乌利会见集团公司董事长、总经理李洪奇,党委书记陈涛。

▲11 月 17 日 集团公司第二届董事会召开第五次会议,会议审议通过《关于重庆奎星楼资金回收和解协议的议案》等 4 个议案。 (沈北林)

中铁二十四局集团有限公司

【简况】 中铁二十四局集团有限公司是铁路工程施工总承包特级,公路、房屋建筑、市政公用工程施工总承包一级,水利水电工程施工总承包三级,桥梁、公路路基、隧道、铁路铺轨架梁工程专业承包一级和城市轨道交通工程专业承包资质企业,同时拥有对外经营权。公司机关驻上海市会文路 2 号。2004 年 3 月 16 日,由原上海铁路局上海铁路建设(集团)有限公司、福建铁路建设(集团)有限公司和南昌铁路局南昌铁路工程集团有限责任公司整合重组而成。下辖安徽工程有限公司、江苏工程有限公司、上海铁建工程有限公司、浙江工程有限公司、福建铁路建设有限公司、南昌铁路工程有限公司、新余工程有限公司、南昌建设工程有限公司、上海电务电化有限公司、贵溪桥梁厂有限公司、鹰潭设备安装工程有限公司、上海房地产开发有限公司及路桥分公司、轨道交通分公司、北京办事处、华北指挥部、华中指挥部、西南指挥部、西北指挥部。职工 12954 人。资产总额 1409603 万元。其中,固定资产原值 171261 万元、净值 106562 万元;流动资产 1272560 万元。机械运输设备 3995 台(套),总功率 137911.34 千瓦,动力装备率 11.23 千瓦/人,技术装备率 5.83 万元/人。年内新购设备 506 台(套),价值 9790 万元。

2010 年承揽任务 2763513 万元,完成企业总产值 2201997 万元。其中,施工产值 2109619 万元;附营产值 92378 万元。实现利润 27751 万元。全员劳动生产率 170 万元/人年,职工年人均收入 43998 元。完成主要实物工程量:土石方 4603 万立方米,隧道 36953 延长米,桥梁 134883 延长米,涵渠 29337 横延米,正线铺轨 459 公里,站线铺轨 191 公里,铺道岔 494 组,铁路架梁 1863 孔,公路架梁 4871 片,给排水管路 160 公里,圬工 539 万立方米,通信线路 173 条公里,供电线路 265 正线公里,变配电所 12 座,自动闭塞 3 公里,电气集中 306 联锁道岔,公路 37 公里,房屋建筑 89 万平方米。工程质量合格率 100%。国有资产保值增值率 114.12%,净资产收益率 4.29%,产值利润率 1.29%,资产负债率 89.79%,投资收益上缴率 100%,应上缴款完成率 100%。

企业重组前后,获中国建设工程鲁班奖、国家优质工程奖、中国土木工程詹天佑奖、中国市政金杯示范工程奖等 24 项,省部级优质工程奖 100 余项;获得全国优秀施工企业、全国质量管理先进企业、全国用户满意建筑工程、全国守合同重信用单位、中国行业100家最佳经济效益建筑企业及省(市)文明单位等50余项荣誉。2010年,集团公司获国家优质工程银质奖2项,中国土木工程詹天佑大奖1项,省部级优质工程奖9项,股份公司优质工程奖2项;获全国优秀质量管理小组奖2项,省部级优秀质量管理小组奖21项,股份公司优秀质量管理小组奖5项;获省部级科技进步一等奖2项,中国铁建科学技术奖1项;国家级工法3项,省部级工法8项,股份公司优秀工法2项。(姚小平)

【领导人员】

董事会

董事长	王北京
副董事长	韩家英(8月退休)
董事	王北京
	韩家英(8月退休)
	朱　赤(8月任)
	陈招团(8月免)
	叶建国(8月任)

经理层

总经理	韩家英(8月退休)
	朱　赤(8月任)
副总经理	林校纯
	陈招团
	朱　赤(8月免)
	郭富君
	韩文忠
	周光民
	刘明杰
	王建民
	江如辉
总工程师	许伟书
总会计师	沈济业

党群领导

党委书记	王北京
党委副书记	韩家英(8月退休)
	朱　赤(8月任)
	李　生(8月任)
纪委书记	李　生
工会主席	叶建国
顾问	虞良珍(3月退休)

(陈　勇　赵婉红)

【工程项目指挥机构】 沪宁城际铁路工程站前IV标段项目部　驻江苏省常州市武进区奔牛镇。项目经理吴为爱。

宁杭铁路客运专线工程指挥部　驻浙江省杭州市余杭经济开发区兴起路1号。指挥长江如辉。

杭甬铁路客运专线工程指挥部　驻浙江省宁波市江北区庄桥街道康桥南路599号。指挥长郭富君。

合福铁路安徽段站前4标段项目经理部　驻安徽省芜湖市南陵县藉山镇其林村。项目经理郭富君。

京福铁路HFMG－Ⅳ标段项目经理部　驻福建省武夷山市站前路88号。项目经理江如辉。

上饶车站改扩建工程项目部　驻江西省上饶市紫阳大道王家坝村委会大院内。指挥长朱赤。

白云至龙里北铁路工程指挥部　驻贵州省贵阳市龙洞堡小碧乡政府旁。指挥长刘明杰。

金温铁路扩能改造工程指挥部　驻浙江省永康市下园朱193号京华大酒店。指挥长郭富君。

厦深铁路福建段Ⅰ标段工程指挥部　驻福建省龙海市角关镇苍坂农场。指挥长林校纯。

沪杭铁路客运专线Ⅰ标段项目经理部　驻上海市闵行区化林路211号。项目经理许伟书。

漯阜铁路工程指挥部　驻安徽省阜阳市太和县成关镇工业园区。指挥长张春德。

宁启铁路复线电化工程指挥部　驻江苏省泰州市南通路4号旁边。指挥长周光民。(赵婉红)

【职工队伍】 职工12954人。干部5585人,其中女干部822人,少数民族干部71人。干部中专业技术干部5302人,占干部总数的94.93%。其中,高级职务344人;中级职务1507人;初级职务3388人。学历结构:大学本科以上2668人,大专2025人,中专531人,高中及以下361人。年龄结构:35岁以下3199人,36岁～45岁1030人,46岁以上1350人。专业结构:工程系列4154人,经济系列325人,会计系列458人,统计系列5人,教育系列2人,档案、新闻、艺术、体育、翻译系列4人,政工系列354人。全年接收高校毕业生691人。其中,研究生3人;大学本科463人;大专225人。

工人7369人,其中技术工人5173人,占工人总数的70.20%。技术工人中,初级工408人,中级工1818人,高级工1167人,技师195人,高级技师66人。学历结构:大专以上235人,中专356人,高中2312人,初中及以下4466人。年龄结构:30岁以下357人,31岁～40岁2077人,41岁～50岁3237人,50岁以上1698人。(赵婉红)

【铁路工程施工】 2010年在建铁路工程76项,完成施工产值1384996万元。重点工程进展情况:

新建南京至杭州铁路客运专线NHZQ－4标段工

程　位于浙江省杭州、湖州市境内,标段长53.64公里,合同投资433000万元,合同工期2009年3月~2011年12月。主要实物工程量:路基土石方153万立方米,隧道5座9871延长米,桥梁10座40505延长米,涵渠6座169横延米,轨道(预制、铺设轨道板)107公里,房屋建筑6634平方米。年内完成投资235830万元,开工累计完成投资374385万元,占合同投资的86.46%。

新建杭州至宁波铁路客运专线站前工程HYZQ-3标段工程　位于浙江省宁波市境内,标段长27.05公里,合同投资215000万元,合同工期2009年3月~2011年12月。主要实物工程量:路基土石方24万立方米,桥梁6座26811延长米,正线铺轨1.98公里,站线铺轨11.91公里,无砟道床53.89公里,铺道岔45组。年内完成投资115628万元,开工累计完成投资200679万元,占合同投资的93.34%。

新建上海至杭州铁路客运专线站前工程HHZQ-1标段工程　位于上海市境内,合同投资241240万元,合同工期2009年4月~2010年9月。主要实物工程量:路基土石方238万立方米,桥梁5座13769延长米,涵渠1141横延米,路基4.8公里,存车场1座,检修库1座。年内完成投资99748万元,开工累计完成投资231748万元,占合同投资的96.07%。10月26日建成通车。

新建铁路上海至南京城际轨道交通站前HNCJZ4标段工程　位于江苏省常州、镇江市境内,标段长44.09公里,合同投资185307万元,合同工期2008年7月~2010年2月。主要实物工程量:路基土石方252万立方米,预应力管桩36万米,CFG桩98万米,水泥搅拌桩24万米,桥梁25座24650延长米,铺轨44.08公里,制作轨道板18100块。年内完成投资18517万元,开工累计完成投资254188万元,占合同投资的137.17%。7月1日建成通车。

新建京沪高速铁路上海虹桥站及相关工程　位于上海市境内,合同投资127435万元,合同工期2008年6月~2013年4月。主要实物工程量:路基土石方237万立方米,桥梁19座21583延长米,涵渠21座236横延米,预应力管桩103万米,搅拌桩186万米,旋喷桩2.8万米,CFG桩7.6万米,铺轨42.4公里。年内完成投资21330万元,开工累计完成投资107298万元,占合同投资的84.2%。7月1日建成通车。

新建向塘至莆田铁路三江镇至福建段施工总承包XXPJX-4A标段工程　位于江西省抚州市和福建省建宁县境内,标段长71.17公里,合同投资165000万元,合同工期2008年10月~2011年9月。主要实物工程量:桥梁49座10263延长米,隧道7座10766延长米。年内完成投资61398万元,开工累计完成投资145175万元,占合同投资的87.98%。

新建合肥至福州铁路客运专线闽赣段土建HFMG-4标段工程　位于福建省武夷山市境内,标段长49.58公里,合同投资302676万元,合同工期2010年4月18日~2013年7月31日。主要实物工程量:路基土石方256.6万立方米,桥梁15座6768延长米,隧道13.5座39895延长米。年内完成投资43666万元,占合同投资的14.43%。

新建合肥至福州铁路安徽段站前及相关工程HFZQ-4标段工程　位于安徽省铜陵和芜湖市境内,标段长37.59公里,合同投资326389万元,合同工期2010年4月~2014年3月。主要实物工程量:桥梁20座26064延长米,隧道4座7347延长米,现浇箱梁7孔,制架简支箱梁1006孔、T梁159孔,框架涵32座808横延米。年内完成投资42439万元,占合同投资的13%。

宁启铁路林场至扬州东、扬州东至海安县、海安县至南通复线电气化第2标段工程　位于江苏省扬州、南通市境内,标段长95.35公里,合同投资384107万元,合同工期2009年12月~2011年11月。主要实物工程量:路基土石方600万立方米,桥梁68座20957延长米,正线铺新轨195.84公里,站线铺旧轨37.63公里,制架梁1448孔。年内完成投资158600万元,占合同投资的41.3%。

新建厦深铁路福建段Ⅰ标段工程　位于福建省厦门市境内,合同投资167666万元,合同工期2008年8月~2010年12月。主要实物工程量:路基土石方1089万立方米,桥梁18座17447延长米,正线铺轨33.27公里,站线铺轨14.06公里,铺道岔64组。年内完成投资43843万元,开工累计完成投资124500万元,占合同投资的74.25%。

改建铁路漯阜线增建第二线工程　位于河南省周口市和安徽省阜阳市境内,标段长219.97公里,合同投资212938万元,合同工期2009年9月~2011年7月。主要实物工程量:路基土石方425万立方米,桥梁69座18989延长米,涵洞210座3300横延米,平改立113座2233横延米,正线铺轨207公里,站线铺轨34公里,铺道岔153组。年内完成投资134610万元,开工累计完成投资170200万元,占合同投资的79.93%。

新建阜阳至六安铁路Ⅱ标段工程　位于安徽省六安市境内,合同投资151829万元,合同工期2009年7月~2011年7月。主要实物工程量:路基土石方688万立方米,桥梁22座9498延长米,正线铺轨162公里,站线铺轨36公里,房屋建筑8081平方米。年内完成投资90092万元,开工累计完成投资115550万元,占合同投资的76.11%。

上饶车站改扩建工程　位于江西省上饶市境内，合同投资232709万元，合同工期2010年9月~2012年7月。主要实物工程量：路基土石方266万立方米，桥梁14座19974延长米，正线铺轨2.9公里，站线铺轨7.4公里。年内完成投资26336万元，占合同投资的11.32%。

金温铁路扩能改造Ⅱ标段工程　位于浙江省金华、丽水市境内，标段长40.14公里，合同投资234483万元，合同工期2010年9月~2012年10月。主要实物工程量：路基土石方409万立方米，桥梁19座19994延长米，隧道10座12278延长米。年内完成投资4043万元，占合同投资的1.72%。

新建铁路贵阳枢纽白云至龙里北联络线站前Ⅱ标段工程　位于贵州省贵阳市境内，标段长21.68公里，合同投资226332万元，合同工期2010年10月~2012年5月。主要实物工程量：路基土石方510万立方米，隧道10座15189延长米，桥梁20座4207延长米，正线铺轨126.2公里，站线铺轨12.4公里，铺道岔70组。年内完成投资9910万元，占合同投资的4.38%。

新建上海和谐型大功率机车检修基地工程　位于上海市嘉定区境内，合同投资114965万元，合同工期2010年9月~2011年8月。主要实物工程量：路基土石方27.1万立方米，铺轨10.64公里，铺道岔32组，铺道砟7041立方米，接触网19.38条公里，房屋建筑101835平方米。年内完成投资15165万元，占合同投资的13.19%。（瞿罗生）

【铁路外工程施工】　2010年在建铁路外工程210项，完成施工产值692821万元。主要工程进展情况：

重庆市轨道交通6号线一期上新街至礼嘉段礼嘉车站及区间隧道工程　位于重庆市境内，合同投资23579万元，合同工期2009年12月~2011年6月。主要实物工程量：车站上、下层双线隧道198.72延长米，区间隧道878.17延长米。年内完成投资14681万元，占合同投资的62.26%。

淮安市通甫路大运河桥工程　位于江苏省淮安市境内，全长1446米，合同投资11800万元，合同工期2008年1月~2010年5月。主要实物工程量：双塔双索面预应力矮塔斜拉桥1座872延长米。年内完成投资3049万元，开工累计完成投资11129万元，占合同投资的94.31%。

达陕高速公路D3合同段工程　位于四川省万源市境内，标段长4.42公里，合同投资20890万元，合同工期2008年10月~2011年11月。主要实物工程量：隧道2座6118延长米。年内完成投资6772万元，开工累计完成投资16026万元，占合同投资的76.72%。

达陕高速公路D5合同段工程　位于四川省万源市境内，标段长6.79公里，合同投资34336万元，合同工期2008年10月~2011年3月。主要实物工程量：路基土石方33.5万立方米，桥梁7座2834延长米，架梁30片，隧道6座8167延长米。年内完成投资12320万元，开工累计完成投资28390万元，占合同投资的82.68%。

合肥市南北高架1号线2标段工程　位于安徽省合肥市境内，标段长4.74公里，合同投资76663万元，合同工期2009年10月~2011年1月。主要实物工程量：道路4.74公里。年内完成投资57026万元，开工累计完成投资69229万元，占合同投资的90.3%。

上海轨道交通12号线土建工程29标段申江路站、金海路站、中间风井土建工程　位于上海市浦东新区境内，合同投资16269万元，合同工期2009年8月~2011年6月。主要实物工程量：车站2座27000平方米。年内完成投资6856万元，开工累计完成投资7805万元，占合同投资的47.97%。

昆明新机场综合配套工程　位于云南省昆明市境内，标段长3.76公里，合同投资45707万元，合同工期2010年3月~2011年4月。主要实物工程量：高架桥422.2延长米，区间隧道2761.8延长米。年内完成投资25500万元，占合同投资的55.79%。

陕西十天高速公路A-CD22标段工程　位于陕西省安康市境内，标段长14.38公里，合同投资23405万元，合同工期2009年3月~2010年3月。主要实物工程量：路基土石方96万立方米，桥梁14座2164延长米，涵洞36座546横延米，隧道4座841延长米。年内完成投资4889万元，开工累计完成投资21472万元，占合同投资的91.74%。

广西钦州至崇左高速公路第5合同段工程　位于广西壮族自治区上思县境内，标段长6.5公里，合同投资27905万元，合同工期2009年9月~2011年8月。主要实物工程量：路基土石方160万立方米，桥梁3座1404延长米，隧道1座2016延长米，涵洞12座717横延米。年内完成投资13400万元，开工累计完成投资17554万元，占合同投资的62.91%。

黄山至祁门高速公路路基工程第12合同段工程　位于安徽省祁门县境内，标段长5公里，合同投资14753万元，合同工期2009年9月~2011年6月。主要实物工程量：路基土石方141.9万立方米，隧道1座123延长米，桥梁7座4008延长米，涵渠22座1026横延米。年内完成投资8600万元，开工累计完成投资12523万元，占合同投资的84.88%。

西安至宝鸡高速公路扩建路基、桥涵B-C08标

段工程　位于陕西省杨凌示范区境内，标段长17.98公里，合同投资34079万元，合同工期2009年5月～2011年6月。年内完成投资11467万元，开工累计完成投资29314万元，占合同投资的86.02%。

（瞿罗生）

【海外工程施工】 2010年在建海外工程3项，完成施工产值31802万元。主要工程进展情况：

阿尔及利亚铁路更新工程　全长94公里，合同投资52221万元，合同工期2007年5月13日～2009年10月12日。主要实物工程量：换轨94公里，更换道岔16组，铺道砟18.8万立方米。年内完成投资19802万元，开工累计完成投资53708万元，占合同投资的102.85%。（瞿罗生）

【经营管理】 工程承揽。全年承揽工程任务204项，新签合同额2763513万元。其中，铁路工程1949644万元，占承揽总额的70.5%；公路工程220050万元，占承揽总额的8%；市政工程419415万元，占承揽总额的15.2%；房屋建筑工程53065万元，占承揽总额的1.9%；城市轨道工程53088万元，占承揽总额的1.9%；其他工程68251万元，占承揽总额的2.5%。

企业管理。加强企业制度建设，修订完善经营开发、安全质量、技术施组、成本管控、薪酬制度等管理体系。完善生产经营责任激励约束机制，修订企业负责人年度经营业绩责任书，集团公司与二级单位签订生产经营责任书。制定《工程公司章程指引》和《加强工程队建设的推进方案》，工程公司和工程队建设进一步深化。完善工程公司法人治理结构，实行执行董事兼总经理、党委书记的“两驾马车”模式。优化组织机构设置，实行总法律顾问制度，设立法律事务处；提升区域经营层次，将京津指挥部更名为华北指挥部，武汉办事处更名为华中指挥部；以上海开发办公室为基础组建轨道交通分公司。

安全质量。坚持以人为本、安全发展、和谐发展理念，以“安全第一，预防为主，综合治理”和“百年大计、质量第一”方针为指导，以创建“质量安全型企业”为目标，全面落实安全生产责任制，加强技术保障和安全基础建设，深入开展安全质量培训、安全大检查、“安全生产月”、“质量月”等活动，安全生产形势总体保持平稳，工程质量稳定可控。建立企业内部安全质量激励和约束机制，集团公司与所属单位签订安全质量包保责任书。质量、环境和职业健康安全管理体系通过换证复评审核。年内有3项工程被评为股份公司安全质量标准工地，5项工程被评为省级文明工地；获国家优质工程银质奖2项、中国土木工程詹天佑奖1项、省部级优质工程奖9项；获全国优秀质量管理小组奖2项，省部级优秀质量管理小组奖21项，股份公司优秀质量管理小组奖5项。

财务管理。完善财务内控制度，制定集团公司会计基础工作规范指南。开展会计基础工作大检查，为提升集团公司会计信息质量、规范财务信息披露奠定基础。完善集中式财务管理系统，系统的稳定性、安全性、合理性进一步提升。开展“小金库”专项治理工作，进行自查自纠，落实逐级承诺。加强资金管理，狠抓清欠工作，全年收回应收账款25.62亿元，内部调剂资金5.76亿元，满足经营生产需求。还清历年银行贷款1.16亿元，集团公司首次跨入中国铁建无银行贷款单位行列。年内，集团公司被评为股份公司财务决算先进单位。

审计监督。以风险管理为导向，以强化内控，优化治理为目标，加强和改进审计工作，全年完成审计项目84项，发现问题金额1859万元，提交审计报告84份，提出审计建议639条，被采纳605条。

（梁锦涛　陈　勇　张　奇　王吉莉　张　玮）

【科技教育】 科技开发。全年投入科研经费289.5万元，资助科技项目26项。以长大复杂隧道、大跨深水桥梁、高速铁路综合技术为科技主攻方向，推进科研攻关和技术创新，年内获省部级科技进步一等奖2项、二等奖1项、三等奖1项，中国铁建科学技术一等奖1项、三等奖3项；获省部级工法8项，股份公司优秀工法2项；获股份公司优秀论文一等奖1篇、二等奖2篇；国家授权发明专利1项、实用新型专利2项，受理发明专利6项、实用新型专利9项。年内主编《铁路隧道辅助坑道技术规范》，参与编辑《铁路支架现浇混凝土梁施工技术规程》。全年编辑出版《工程科技》两期。

教育培训。全年培训干部4503人次。其中，政治理论培训264人次；岗位任职资格培训167人次；中青年干部培训10人次；适应性培训1353人次；继续教育1139人次；“十一大员”培训496人次；短期培训842人次；学历教育232人次。工人培训2167人次。其中，规范化岗位培训415人次；适应性培训1719人次；学历教育33人次。组织技师考前强化培训，26人取得高级技师任职资格，6人取得技师任职资格。

（乐　伟　赵婉红）

【党群工作】 党的工作。集团公司党委下辖基层党委21个、党总支7个、党支部303个，有党员5598人。2010年，集团公司各级党组织坚持科学发展，紧密围绕中心，把方向、建班子、带队伍、打基础、抓监督、塑形象,充分发挥政治核心作用,促进生产经营目标的完成和企业全面建设。(1)领导班子和干部队伍建设。深化学习型党组织建设,全年组织集团公司党委中心组学习12次,撰写学习体会和理论文章84篇。加大领导班子能力建设和先进性建设力度,年内,集团公司出台《工程公司章程指引》,10家工程公司调整法人治理结构;5个单位调整领导班子,任免班子成员14人,其中1人被免职;建立健全工程公司班子成员年度述职述廉制度、机关副处职以上干部年度述职考核制度及部门工作人员年度工作考核鉴定制度,促进各级管理人员履职能力的提高。集团公司领导班子被评为股份公司"四好领导班子"。(2)基层党组织建设。深入开展创先争优活动,全面动员,大力宣传,集团公司在抗洪抢险、都江堰灾后重建、重点工程建设及平安世博建设中以多种形式推进创先争优活动。深入调研项目党建现状,扎实开展"五个一"活动,1个基层党组织、5个党支部、6名党员和5名党务工作者受到股份公司党委表彰。加强党员教育培训,提高综合素质和履职能力,优化基层党组织书记的年龄和知识结构,选拔5名大学毕业生担任专兼职党组织书记。年内发展新党员114名。(3)宣传思想政治工作。大力开展形势任务教育,深入学习党的十七届五中全会精神。弘扬先进,选树和宣传一批先进典型。上海公司吴鹤敏获上海世博会先进个人称号,都江堰灾后重建指挥部获中央企业红旗班组(科室)称号,福建公司洪淮斌获中央企业先进职工称号。推进企业文化建设,广泛开展"践行企业价值观,提升发展软实力"专题教育活动,加强工地宣传鼓动和企业形象展示,1个单位、3个项目部、5名职工被评为股份公司企业文化建设先进单位、优秀项目部和先进个人。年内参加以"中国铁建与大路生活"为主题的第十五届大路画展,浙江公司王承武创作的版画《生命高于一切》获得金奖,选送的版画《春日融融》、国画《雪域踏歌》获得银奖,有3幅作品获得铜奖,集团公司和浙江公司被评为中国铁建美术创作先进单位。加大宣传报道和舆论引导力度,全年在各类新闻媒体刊稿1700余篇(件);参与沪宁、沪杭高速铁路出书组稿工作,发表作品15篇约8万字;出版《集团报》34期,刊发文字65万余字、图片400余幅;网站刊发文字4万余字、图片700余幅。(4)党风建设和反腐倡廉工作。开展廉洁从业教育,组织党风党纪、反腐倡廉宣讲14场(次),播放警示教育片17场(次),举办辅导讲座7场(次),召开反腐倡廉形势报告会13场(次),受众4100人(次);分片组织7场(次)230人参加的项目管理人员座谈会,开展廉洁从业知识测试。注重源头治理,在局管项目部试行廉政风险点管理机制,深化工程领域突出问题专项治理。加强案件查办力度,年内受理信访举报7件,其中4件属于失实举报予以澄清,1件属于够不上违纪处理给予诫勉谈话,1件转立案给予党纪处分,1件正在进一步核实。查办违纪违法案件6件,给予开除党籍处分2人,给予留党察看处分1人。

工会工作。集团公司工会下辖基层工会21个、工会小组458个,有工会专职干部46人,工会会员12898人。服务企业生产经营,在重点工程建设、工程投标、清欠等工作中广泛开展劳动竞赛。集团公司沪杭铁路客运专线项目部被评为股份公司劳动竞赛先进集体,上海公司连续14年被评为上海市重点工程立功竞赛优秀公司。落实《劳动保护安全监督检查实施细则》,深入推行"一法三卡"工作,实行岗位安全检查表制度,建立工会一线安全监督检查员队伍,规范三级安全网络管理。年内提出合理化建议和技术改进项目32项,创造经济价值1500余万元。启动项目部"职工书屋"建设,建立"职工书屋"80多个,新增各类书籍24000多册。组织实施送温暖活动,筹集送温暖资金280余万元。年内,上海公司王云恺被授予全国五一劳动奖章,1人被评为省部级劳动模范,3人获得火车头奖章。

共青团工作。集团公司团委下辖二级团委11个、团总支3个、团工委7个、团支部133个,有35周岁以下青年3318人,团员2032人。2010年,集团公司团委坚持服务大局有新发展、服务企业有新贡献、服务青年有新作为的总体思路,构建"重点突出"、"特色明显"、"基础扎实"三位一体的共青团工作新格局。积极开展志愿者小分队、"青年突击队"、青春关爱行动等活动,扎实创建"工地团校",实施团支部"一团一品"建设和网格化管理考评工作。年内,集团公司团委被评为上海市先进团组织标兵,3个集体被授予上海市共青团号称号,3支突击队被授予上海市标杆"青年突击队"称号,2支突击队被授予上海市优秀"青年突击队"称号;1人被授予上海市标杆青年突击队员称号,4人被授予上海市优秀青年突击队员,1人被评为上海市"青年突击队"、青年工程立功竞赛优秀组织者,2人获得上海市重点工程立功竞赛记功个人荣誉,7人被评为上海市重大工程立功竞赛优胜个人,1人获得上海市青春世博奖章,2人被评为上海市"青年岗位能手",1人被评为中央企业"青年岗位能手"。

(华彩红　马峻岭　白　雪)

【安徽工程有限公司】 市政公用、房屋建筑工程施工总承包一级,铁路工程施工总承包二级,桥梁、钢结构、隧道工程专业承包一级,轨市轨道交通工程专业承包资质企业。公司机关驻安徽省合肥市瑶海工业园区新海大道15号。前身是上海铁路局工程总公司第一工程公司,2002年6月企业改制改称上海铁路建设集团安徽第一工程有限公司,2005年1月更名为中铁二十四局集团安徽工程有限公司。执行董事、总经理李金亭(5月任),党委书记张百芹(1月任)。下辖3个子公司、5个分公司。职工1148人。其中,干部483人;工人665人。技术干部407人,占干部总数的84.27%;技术工人458人,占工人总数的68.87%。资产总额165002万元。其中,固定资产原值19396万元、净值13982万元;流动资产148294万元;货币资金12634万元。机械运输设备724台(套),总功率12200千瓦,动力装备率11.28千瓦/人,技术装备率7.73万元/人。

2010年承揽工程任务140568万元,完成企业总产值242041万元,其中施工产值241422万元;实现利润2692万元。全员劳动生产率210万元/人年,职工年人均收入40342元。完成主要实物工程量:土石方1004万立方米,桥梁11215延长米,隧道843延长米,涵渠3482横延米,铺轨30公里。国有资产保值增值率111.73%,净资产收益率12.04%,产值利润率1.11%,资产负债率89.68%,投资收益上缴率100%,应上缴款完成率100%。实现连续安全生产2484天,工程质量合格率100%。年内,公司参建的合武铁路工程获中国土木工程詹天佑奖,承建的合肥四里河立交桥、南陵漳河大桥工程分别获安徽省优质工程黄山杯奖和芜湖市建设工程鸠兹杯奖。 (陈 芳)

【江苏工程有限公司】 市政公用工程施工总承包一级,铁路、公路工程施工总承包二级,房屋建筑工程施工总承包三级,桥梁工程专业承包一级,钢结构、预应力工程专业承包二级、港口与海岸、堤防工程专业承包三级资质企业。公司机关驻江苏省南京市板仓街9号世界之窗C1楼。前身是上海铁路局工程总公司第二工程公司,2003年8月企业改制改称上海铁路建设集团江苏工程有限公司,2005年1月更名为中铁二十四局集团江苏工程有限公司。董事长、党委书记李小林,总经理陶有祥(1月任)。下辖4个分公司。职工837人。其中,干部360人;工人477人。技术干部293人,占干部总数的81.39%;技术工人373人,占工人总数的78.2%。资产总额105940万元。其中,固定资产原值5891万元、净值3479万元;流动资产99606万元;其他资产2855万元。机械运输设备308台(套),总功率7997千瓦,动力装备率9.55千瓦/人,技术装备率3.96万元/人。

2010年承揽工程任务79081万元,完成企业总产值150258万元,其中施工产值149556万元;实现利润2379万元。全员劳动生产率182万元/人年,职工年人均收入40072元。完成主要实物工程量:土石方426万立方米,桥梁17134延长米,涵渠4824横延米,隧道450延长米,正线铺轨8公里,站线铺轨2公里,铺道岔9组,铁路架梁31孔,公路架梁600片,房屋建筑5523平方米。国有资产保值增值率120.18%,净资产收益率20.37%,产值利润率1.58%,资产负债率91.77%,投资收益上缴率100%,应上缴款完成100%。年内,公司承建的常州快速公交2号线道路4标段工程被评为常州市建设工程市政文明工地,公司获得江苏省"建筑业百强、企业基础设施类10强"、南京市市政行业优秀企业、南京市文明单位等荣誉。

(胡 琦)

【上海铁建工程有限公司】 市政公用、房屋建筑工程施工总承包一级,公路、铁路工程施工总承包三级,铁路铺轨架梁、桥梁、地基与基础、预应力工程专业承包二级,钢结构工程专业承包三级资质企业。公司机关驻上海市闸北区共和新路911号。前身是上海铁路局工程总公司第三工程公司,2005年10月26日企业改制改称中铁二十四局集团上海铁建工程有限公司。董事长、党委书记吴鹤敏,总经理陈克望。下辖3个子公司、4个分公司。职工941人。其中,干部415人;工人526人。技术干部391人,占干部总数的94.22%;技术工人446人,占工人总数的84.79%。资产总额115682万元。其中,固定资产原值16149万元、净值9873万元;流动资产103709万元;其他资产2100万元。机械运输设备266台(套),总功率14081千瓦,动力装备率14.96千瓦/人,技术装备率9.24万元/人。

2010年承揽工程任务124192万元,完成企业总产值210907万元,其中施工产值209833万元;实现利润2477万元。全员劳动生产率35万元/人年,职工年人均收入55111元。完成主要实物工程量:土石方289万立方米,隧道888延长米,桥梁10909延长米,涵渠994横延米,公路10.2公里,正线铺轨13.8公里,站线铺轨69.7公里,铺道岔158组,铁路架梁59孔,公路架梁76片,给排水管路39.7公里,圬工13万立方米,房屋建筑54291平方米。工程质量合格率100%。国有资产保值增值率115.29%,净资产收益率15.56%,产值利润率1.17%,资产负债率89.68%,投资收益上缴率100%,应上缴款完成率100%。年内,公司被评为全国优秀施工企业、全国工程建设质量管理优秀企业、四川省建筑业优秀企业、上海市建设行业质量管理优秀企业(卓越绩效模式)、上海市重点工程实事立功竞赛优秀公司、上海市平安单位、上海市守合同重信用企业、AAA级信用企业,获省部级优质工程奖7项、上海市用户满意工程(援建工程)2 项、火车头优质工程奖1项,2个集体被评为中央企业红旗班组(科室)。

(周顺芬)

【浙江工程有限公司】 市政公用、房屋建筑工程施工总承包一级,铁路工程施工总承包二级,公路工程施工总承包三级,桥梁工程专业承包一级,隧道、建筑装修装饰、预应力、钢结构工程专业承包二级资质企业。公司机关驻浙江省杭州市江城路692号。前身是上海铁路局工程总公司第四工程公司,2003年7月企业改制改称上海铁路建设集团浙江工程有限公司,2005年1月更名为中铁二十四局集团浙江工程有限公司。执行董事、总经理沈志明(4月任),党委书记章国庆。下辖2个子公司、5个分公司(站、中心)。职工861人。其中,干部414人;工人447人。技术干部399人,占干部总数的96.38%;技术工人379人,占工人总数的84.79%。资产总额114475万元。其中,固定资产原值6306万元、净值3298万元;流动资产109006万元;其他资产2171万元。机械运输设备364台(套),总功率10390千瓦,动力装备率12.07千瓦/人,技术装备率3.1万元/人。

2010年承揽工程任务85221万元,完成企业总产值130893万元,实现利润2676万元。全员劳动生产率24万元/人年,职工年人均收入40810元。完成主要实物工程量:土石方222万立方米,桥梁16293延长米,涵渠436横延米,铺轨46.7公里,圬工37.8万立方米,给排水管路20公里,房屋建筑8577平方米,各类桩基209万米,铁路架梁61孔,公路架梁22片。国有资产保值增值率120.37%,净资产收益率20.17%,产值利润率2.04%,资产负债率91.47%,投资收益上缴率100%,应上缴款完成率100%。年内,公司被评为浙江省建筑业诚信企业,2项工程分别被评为浙江省市政安全文明施工标准化工地、杭州市建设工程安全生产文明施工标准化样板工地,1项工程被评为浙江省建设工程钱江杯优质工程奖。 (高建华)

【福建铁路建设有限公司】 铁路、市政公用、房屋建筑工程施工总承包一级,公路工程施工总承包二级,桥梁、隧道、地基与基础工程专业承包一级,铁路铺轨架梁工程专业承包二级及城市轨道交通工程专业承包资质企业。公司机关驻福建省福州市晋安区沁园路77号。前身为上海铁路局福州工程总公司,2001年1月企业改制改称福建铁路建设(集团)有限公司,2005年2月更名为中铁二十四局集团福建铁路建设有限公司。执行董事、总经理林志勇(4月任),党委书记刘钦曙。下辖4个分公司、6个子公司。职工1951人。其中,干部853人;工人1098人。技术干部757人,占干部总数的88.75%;技术工人722人,占工人总数的65.76%。资产总额165474万元。其中,固定资产原值24255万元、净值14807万元;流动资产146082万元。机械运输设备462台(套),总功率11978千瓦,动力装备率6.14千瓦/人,技术装备率5.16万元/人。

2010年承揽工程任务134274万元,完成企业总产值327785万元,其中施工产值325572万元;实现利润2213万元。全员劳动生产率168万元/人年,职工年人均收入43060元。完成主要实物工程量:路基土石方505万立方米,隧道14112延长米,桥梁11681延长米,涵渠1874横延米,正线铺轨251公里,站线铺轨25公里,铺道岔73组,铁路架梁295孔,公路架梁74片,公路5.8公里,房屋建筑285032平方米。国有资产保值增值率116.51%,净资产收益率17.25%,产值利润率1.23%,资产负债率89.91%,投资收益上缴率100%,应上缴款完成率100%。年内,公司被评为福建省经济社会突出贡献企业、福建省建筑业先进企业、福建省建筑业总承包30强企业、福建省建筑业企业信用评价AAA级信用企业,承建的温福铁路青岙隧道工程获国家优质工程银质奖,3项工程获福建省闽江杯优质工程奖。

(李本光)

【南昌铁路工程有限公司】 铁路、市政公用、公路工程施工总承包一级,桥梁、隧道工程专业承包一级,铁路铺轨架梁、混凝土预制构件专业承包二级资质企业。公司机关驻江西省南昌市二七南路109号。前身是南昌铁路局工程总公司,2002年1月企业改制改称南昌铁路工程(集团)有限责任公司,2005年2月更名为中铁二十四局集团南昌铁路工程有限公司。执行董事、总经理黄任平,党委书记周南昌。下辖4个子公司。职工2070人。其中,干部807人;工人1263人。技术干部726人,占干部总数的89.96%,技术工人622人,占工人总数的49.25%。资产总额165447万元。其中,固定资产原值10336万元、净值4225万元;流动资产158449万元;其他资产2723万元。机械运输设备446台(套),总功率14030千瓦,动力装备率6.79千瓦/人,技术装备率1.05万元/人。年内新购设备17台(套),价值443万元。

2010年承揽工程任务141113万元,完成企业总产值256942万元,其中施工产值246908万元;实现利润2990万元。全员劳动生产率124万元/人年,职工年人均收入34813元。完成主要实物工程量:路基土石方1521万立方米,隧道2610延长米,桥梁21291延长米,涵渠10200横延米,正线铺轨152公里,站线铺轨21公里,铺道岔77组,钢筋混凝土16.6万立方米,圬工 11.5 万立方米,上道砟 24.4 万立方米,给排水管路 3.6 公里。国有资产保值增值率 139%,净资产收益率 38.3%,产值利润率 1.25%,资产负债率 95.19%,投资收益上缴率 100%,应上缴款完成率 100%。实现连续安全生产 1280 天,工程质量合格率 100%。年内,公司获江西省 100 强企业、江西省优秀企业、江西省企业景气调查省级先进单位等称号;1 项 QC 成果获江西省优秀质量管理 QC 成果三等奖,宜春明月大桥项目部 QC 小组被评为全国工程建设优秀质量管理小组;公司参建的洪都大桥工程获火车头优质工程一等奖。（程绍玢）

【新余工程有限公司】 市政公用工程施工总承包一级,铁路、房屋建筑工程施工总承包二级,公路工程施工总承包三级,隧道、桥梁、土石方、建筑装修装饰工程专业承包一级资质企业。公司机关驻江西省新余市铁兴路 216 号。前身是南昌铁路工程(集团)有限责任公司第一、第三工程公司,2005 年 2 月整合重组为南昌铁路新余工程有限责任公司,2007 年 1 月更名为中铁二十四局集团新余工程有限公司。执行董事、总经理吴义良,党委书记吴明华。下辖 6 个分公司、1 个管理中心和 1 个指挥部。职工 1775 人。其中,干部 603 人;工人 1172 人。技术干部 513 人,占干部总数的 85.07%;技术工人 943 人,占工人总数的 80.46%。资产总额 127627 万元。其中,固定资产原值 7346 万元、净值 3737 万元;流动资产 122081 万元;其他资产 1809 万元。机械运输设备 204 台(套),总功率 10280 千瓦,动力装备率 5.76 千瓦/人,技术装备率 1.29 万元/人。

2010 年承揽工程任务 105000 万元,完成企业总产值 173810 万元,其中施工产值 173663 万元;实现利润 2873 万元。全员劳动生产率 99 万元/人年,职工年人均收入 30276 元。完成主要实物工程量:土石方 283 万立方米,隧道 7653 延长米,桥梁 14886 延长米,涵渠 652 横延米,正线铺轨 4.6 公里,站线铺轨 3.2 公里,公路架梁 76 片,圬工 5.5 万立方米。国有资产保值增值率 127.16%,净资产收益率 27.43%,产值利润率 1.65%,资产负债率 93.81%,应上缴款完成率 48.97%。实现连续安全生产 5841 天,工程质量合格率 100%。（李国华）

【南昌建设有限公司】 房屋建筑、市政公用工程施工总承包一级,铁路、公路工程施工总承包二级,钢结构、机电设备安装、建筑装饰装修工程专业承包一级,桥梁、隧道工程专业承包二级资质企业。公司机关驻江西省南昌市二七南路 116 号。前身是南昌铁路工程总公司建筑工程公司,1999 年 12 月企业改制改称南昌铁路建筑工程有限责任公司,2007 年 5 月更名为中铁二十四局集团南昌建设有限公司。执行董事、总经理易曙青,党委书记陈仁光。下辖 2 个子公司、1 个分公司。职工 1071 人。其中,干部 484 人;工人 587 人。技术干部 399 人,占干部总数的 82.44%;技术工人 325 人,占工人总数的 55.37%。资产总额 100068 万元。其中,固定资产原值 3869 万元、净值 2326 万元,流动资产 93874 万元。机械运输设备 59 台(套),总功率 4987 千瓦,动力装备率 4.69 千瓦/人,技术装备率 0.69 万元/人。

2010 年承揽工程任务 91700 万元,完成企业总产值 137400 万元,其中施工产值 131300 万元;实现利润 2067 万元。全员劳动生产率 123 万元/人年,职工年人均收入 35867 元。完成主要实物工程量:隧道 1940 延长米,桥梁 51400 延长米,铁路 77.5 公里,公路 13.1 公里,房屋建筑 21.6 万平方米。国有资产保值增值率 121.19%,净资产收益率 20.98%,产值利润率 1.57%,资产负债率 92.36%,投资收益上缴率 100%,应上缴款完成率 100%。实现安全生产 2609 天,工程质量合格率 100%。年内,公司获省部级优质工程奖 2 项、成都市优质工程奖 2 项,江西省省级工法 2 项,开发的"提高塑胶地板施工质量"、"缩短门式墩钢牛腿支架安装时间"QC 成果分别获全国 QC 成果二等奖、江西省 QC 成果一等奖。（杨 佳）

【上海电务电化有限公司】 铁路电务、铁路电气化工程专业承包一级,铁路电信工程专业承包二级,城市及道路照明、建筑智能化工程专业承包三级资质企业。公司机关驻上海市闸北区天目中路 585 号 18 楼。2005 年 6 月 15 日,由原上海铁路局工程总公司电务工程公司、福建铁路建设(集团)有限公司福州电务工程分公司、南昌铁路工程(集团)有限责任公司电务工程公司整合重组而成。执行董事、总经理吴耘(4 月任),党委书记云柏。下辖 4 个分公司。职工 1004 人。其中,干部 420 人;工人 584 人。技术干部 410 人,占干部总数的 97.62%;技术工人 339 人,占工人总数的 58.05%。资产总额 91442 万元。其中,固定资产原值 3711 万元、净值 1635 万元;流动资产 87528 万元。机械运输设备 187 台(套),总功率 6392 千瓦,动力装备率 6.37 千瓦/人,技术装备率 1 万元/人。

2010 年承揽工程任务 81237 万元,完成企业总产值 87199 万元,实现利润 1688 万元。全员劳动生产率 48 万元/人年,职工年人均收入 51449 元。完成主要实物工程量:通信线路 173 条公里,通信站 4 座,自动闭塞区间 3 公里,电气集中联锁道岔 306 组,供电线路 261 条公里,变配电所 11 座,接触网 33 公里。国有资产保值增值率 110.76%，净资产收益率 10.84%，产值利润率 2.54%，资产负债率 87.74%，投资收益上缴率 100%，应上缴款完成率 100%。年内，公司获省部级优秀 QC 成果、火车头优质工程奖各 1 项。（张笑松）

【贵溪桥梁厂有限公司】 混凝土桥梁、轨枕，铁路、公路等工业与民用建筑混凝土构件生产许可企业。公司机关驻江西省贵溪市柏里路 7 号。前身是南昌铁路局贵溪桥梁厂，2006 年 1 月企业改制改称中铁二十四局集团贵溪桥梁厂有限公司。执行董事、党委书记杨坡（10 月任），总经理龚志辉（10 月任）。下辖轨枕、路桥分公司及 15 个现场制梁场。职工 386 人。其中，干部 132 人；工人 254 人。技术干部 103 人，占干部总数的 78.03%；技术工人 205 人，占工人总数的 80.71%。资产总额 79126 万元。其中，固定资产原值 33452 万元、净值 20400 万元；流动资产 55691 万元。机械运输设备 896 台（套），总功率 33521 千瓦，动力装备率 86.84 千瓦/人，技术装备率 44.23 万元/人。

2010 年承揽生产任务 31500 万元，完成企业总产值 135000 万元，实现利润 1364 万元。全员劳动生产率 390 万元/人年，职工年人均收入 51200 元。完成主要生产量：桥梁 2580 孔，轨枕 11 万根。国有资产保值增值率 122.02%，净资产收益率 21.97%，产值利润率 1.38%，资产负债率 92.06%，投资收益上缴率 100%，应上缴款完成率 100%。实现连续安全生产 7410 天。年内，公司获火车头优质工程奖 1 项。（李小丽）

【鹰潭设备安装工程有限公司】 机电设备安装、钢结构工程专业承包一级，起重设备安装工程专业承包二级资质企业。公司机关驻江西省鹰潭市环城东路 105 号。前身是南昌铁路工程总公司设备安装工程公司，2001 年 12 月企业改制改称南昌铁路设备安装工程有限责任公司，2006 年 1 月更名为中铁二十四局集团鹰潭设备安装工程有限公司。执行董事、总经理丁力（4 月任），党委书记叶光灿（4 月任）。下辖 13 个项目部。职工 296 人。其中，干部 140 人；工人 156 人。技术干部 130 人，占干部总数的 92.86%；技术工人 119 人，占工人总数的 76.28%。资产总额 46500 万元。其中，固定资产原值 20600 万元、净值 15600 万元；流动资产 29000 万元。机械运输设备 90 台（套），总功率 10889 千瓦，动力装备率 36.54 千瓦/人，技术装备率 49.74 万元/人。

2010 年承揽工程任务 25319 万元，完成企业总产值 55180 万元，实现利润 659 万元。全员劳动生产率 186 万元/人年，职工年人均收入 51453 元。完成主要实物工程量：运架箱梁 1289 孔，架设 T 梁 79 孔，铺轨 15.1 公里，钢结构 1183 吨。国有资产保值增值率 101.54%，净资产收益率 11.34%，产值利润率 0.76%，资产负债率 88.41%，投资收益上缴率 100%，应上缴款完成率 100%。年内，公司获股份公司先进集体、项目管理先进单位等称号。（李明芬）

【上海房地产开发有限公司】 房地产开发三级资质企业，上海市房地产协会理事单位。公司机关驻上海市民德路 20 号。前身是上海铁路局房地产开发经营公司，2001 年 7 月企业改制改称上海铁路建设集团房地产有限公司，2005 年 9 月更名为中铁二十四局集团上海房地产开发有限公司。执行董事、总经理倪杰，党委书记纪超。下辖 3 个子公司。职工 117 人。其中，干部 67 人；工人 50 人。技术干部 59 人，占干部总数的 88.06%；技术工人 50 人，占工人总数的 100%。资产总额 7526 万元。其中，固定资产原值 862 万元、净值 563 万元；流动资产 6819 万元。

2010 年承揽工程任务 6100 万元，完成企业总产值 12112 万元，其中施工产值 8382 万元；实现利润 204 万元。全员劳动生产率 103 万元/人年，职工年人均收入 56700 元。国有资产保值增值率 100%，净资产收益率 5.78%，产值利润率 1.46%，资产负债率 66.41%，投资收益上缴率 100%，应上缴款完成率 100%。

（王旻敏）

【路桥分公司】 驻上海市秣陵路 80 号华象大楼 15F。2006 年 1 月，由原集团公司路桥分公司与道桥分公司合并成立。总经理刘宝剑，党委书记奚跃忠。下辖 17 个工程项目部。职工 107 人。其中，干部 80 人；工人 30 人。技术干部 69 人，占干部总数的 86.25%；技术工人 27 人，占工人总数的 90%。资产总额 50482 万元。其中，固定资产原值 1184 万元、净值 795 万元；流动资产 49687 万元。

2010 年承揽工程任务 69766 万元，完成企业总产值 65778 万元，实现利润 1600 万元。全员劳动生产率 626 万元/人年，职工年人均收入 82000 元。完成主要实物工程量：土石方 58 万立方米，桥梁 4105 延长米，圬工 50 万立方米，给排水管路 30 公里，立交桥 12 座。工程质量合格率 100%。年内，公司承建的常州市青洋大桥工程获国家优质工程银质奖，获火车头优质工程奖 1 项、江苏省文明工地 2 项。（朱桂芳）

【轨道交通分公司】 驻上海市闸北区虬江路 1000 号 10 楼。2010 年 5 月，以原集团公司上海开发办公室为基础成立。总经理钱大怀，党委书记刘年碗。下辖 11 个工程项目部。职工 77 人。其中，干部 74 人；工人 3

人。技术干部65人,占干部总数的87.84%;技术工人3人,占工人总数的100%。资产总额44409万元。其中,固定资产原值951万元、净值609万元;流动资产43788万元。

2010年承揽工程任务50000万元,完成施工产值55003万元,实现利润43万元。全员劳动生产率731万元/人年,职工年人均收入91400元。完成主要实物工程量:土方40万立方米,隧道228延长米,涵渠48横延米,站线铺轨10.5公里。 (赵 妍)

【重要记载】

▲1月10日 集团公司中标无锡市新锡路Q1标段工程,合同投资18843万元。

▲1月26日 集团公司2010年工作会议暨党委(扩大)会议在上海召开。

▲2月6日 集团公司中标昆明市新机场综合交通配套工程土建施工项目,合同投资45707万元。

▲2月16日 阿尔及利亚交通部长AMAR TOU视察集团公司与中国土木工程集团公司联合承建的阿尔及利亚比斯克拉至图格尔特94公里铁路更新项目。

▲3月19日 集团公司承建的G2(原A11沪宁上海段)高速公路拓宽改建工程2标段被授予上海市市政工程金奖。

▲3月22日~26日 国务院监事会主席李克、国资委监事会第十六办事处主任金丹阳到集团公司监督检查。

▲4月18日 集团公司中标新建合肥至福州铁路客运专线闽赣段土建HFMG-4标段工程,合同投资302675万元。

▲同日 集团公司中标新建合肥至福州铁路安徽段站前及相关工程HFZQ-4标段工程,合同投资326390万元。

▲4月21日 铁道部副部长卢春房在集团公司董事长、党委书记王北京和副总经理朱赤陪同下,添乘机车检查集团公司承建的昌九城际铁路乐化东至庐山段工程建设情况。

▲5月1日 集团公司中标嘉闵高架路及地面道路新建工程(南翔编组站段),合同投资28785万元。

▲5月3日 上海市副市长胡延照在上海市对口支援都江堰市灾后重建指挥部总指挥薛潮、都江堰市领导陪同下,全线检查集团公司承建的蒲虹公路工程。

▲同日 股份公司副总裁夏国斌在集团公司副总经理林校纯陪同下,到集团公司承建的厦深铁路Ⅰ标段工地进行安全大检查。

▲5月6日 集团公司中标萧甬铁路绍兴东站及货场迁建工程,合同投资40827万元。

▲5月15日 股份公司董事长、党委书记李国瑞率股份公司第一安全检查组在集团公司总经理韩家英陪同下,到集团公司承建的苏州站改项目进行安全大检查。

▲6月1日 集团公司中标新建甘其毛都至万水泉南铁路站前GQSG-4标段工程,合同投资39075万元。

▲6月6日 集团公司在沪杭铁路客运专线Ⅰ标段召开CRTSⅡ型板式无砟轨道施工技术观摩会。

▲7月6日 铁道部发来感谢信,对集团公司在南昌铁路局管内的抗洪抢险行动给予表扬。

▲7月26日 集团公司中标杭州北货场一期工程,合同投资13798万元。

▲同日 集团公司中标新建沪昆铁路客运专线杭州至长沙段上饶车站改扩建工程,合同投资232709万元。

▲8月11日 集团公司中标铁路合肥南站配套城市轨道交通土建Ⅰ标段工程,合同投资17133万元。

▲8月26日 集团公司在上海召开干部大会,股份公司董事长、党委书记孟凤朝出席会议并作重要讲话,股份公司总裁助理陈大洋宣读股份公司、股份公司党委任免决定,任命朱赤为中铁二十四局集团有限公司董事,提名为中铁二十四局集团有限公司总经理人选;任命朱赤为中铁二十四局集团有限公司党委副书记,李生任中铁二十四局集团有限公司党委副书记。

▲8月28日 集团公司中标杭申线上海段航道整治工程沪昆线圆泄泾特大桥改造工程,合同投资31121万元。

▲9月5日 集团公司中标新建铁路巴准线巴图塔至点岱沟段6标段工程,合同投资47329万元。

▲9月12日 集团公司中标杭州北货场一期工程,合同投资13798万元。

▲同日 集团公司中标金华至温州铁路扩能改造工程站前JWSG-Ⅱ标段工程,合同投资234482万元。

▲9月30日 集团公司中标新建上海(南翔)和谐型大功率机车检修基地工程,合同投资114966万元。

▲10月8日 集团公司中标丹阳站货场搬迁工程DYHC标段工程,合同投资18930万元。

▲同日 集团公司中标宁波市福明路长寿路至兴宁路二期Ⅲ标段工程,合同投资22229万元。

▲10月10日 集团公司中标连霍高速公路兰考至刘江段改扩建工程土建DZ-11标段工程,合同投资11096万元。

▲11月8日 集团公司中标浙江省长兴县环城西路公铁立交桥上跨建设工程,合同投资10800万元。

▲11 月 16 日　中共江西省委常委，常务副省长凌成兴带领省人大常委会副主任蒋如铭、陈安众和省人大代表团 80 余人到南昌公司承建的南昌县渡改桥工程视察。

▲12 月 1 日　集团公司中标新建贵阳枢纽白云至龙里北联络线工程项目站前 2 标段工程，合同投资 226332 万元。

▲12 月 25 日　集团公司与中国中铁电气化局集团一公司联合中标宁启铁路林场至扬州东、扬州东至海安县、海安县至南通复线电气化工程第 2 标段，合同投资 384107 万元。　（姚小平　华彩红　梁锦涛）

中铁二十五局集团有限公司

【简况】　中铁二十五局集团有限公司是铁路工程施工总承包特级，房屋建筑、市政公用、公路工程施工总承包一级，水利工程施工总承包二级，桥梁、隧道、公路路基、铁路铺轨架梁工程专业承包一级及城市轨道交通工程专业承包资质企业。公司机关驻广东省广州市越秀区中山一路 55 号。下辖广州、柳州铁路工程有限公司，第二、第三工程有限公司，电务工程有限公司、建筑安装工程有限公司、恒元建筑工程有限公司、南方实业开发有限公司、广州铁诚工程质量检测有限公司、房地产开发有限公司、轨道交通工程有限公司、北方分公司、西北分公司、北京办事处。职工 9341 人。资产总额 774600 万元。其中，固定资产原值 119959 万元、净值 68968 万元；流动资产 630258 万元；其他资产 62540 万元。机械运输设备 5016 台（套），净值 53100 万元，设备总功率 124457 千瓦，动力装备率 16.9 千瓦/人，技术装备率 7.2 万元/人，设备完好率 68.9%。

2010 年承揽任务 2898100 万元，完成营业收入 1515207 万元。其中，企业总产值 1469700 万元；附营产值 45500 万元。实现利润 16133 万元，净利润 11924 万元。全员劳动生产率 110 万元/人年，职工年人均收入 45983 元。完成主要实物工程量：土石方 5080.9 万立方米，隧道 53161 延长米，桥梁 98500 延长米，通信线路 739.3 公里，供电线路 164.7 公里，房屋建筑 488422 万平方米，铺轨 303.7 公里，公路 78.6 公里。

（雷　罡　韩　旭）

【领导人员】

董事会

董事长	王汉林
副董事长	王精华
董事	安　康
	黄卫民
	王小青

监事会

监事	贺爱民

经理层

总经理	安　康
副总经理	卫建峰（9 月免）
	臧　丹
	况成明
	李茂松
	葛　斌
	任国华
总经济师	任国华（兼）
总工程师	王小青
总会计师	郑丽华（12 月退休）

党群领导

党委书记	王精华
党委副书记	王汉林
	黄卫民
	贺爱民
纪委书记	贺爱民
工会主席	王志国

（李超华）

【职工队伍】　职工 9341 人。干部 4613 人。其中，女干部 793 人，占干部总数的 17.2%；少数民族干部 424 人，占干部总数的 9.2%；专业技术干部 4546 人，占干部总数的 98.6%。本科以上学历 2530 人，占干部总数的 54.9%；大专学历 1622 人，占干部总数的 35.2%；中专学历 394 人，占干部总数的 8.5%；高中以下 67 人，占干部总数的 1.4%。30 岁以下 2530 人，31 岁～35 岁 658 人，36 岁～40 岁 557 人，41 岁～45 岁 319 人，46 岁～50 岁 298 人，51 岁～54 岁 138 人，55 岁以上 113 人。专业技术干部中，高级职务 288 人，中级职务 984 人，初级职务 2133 人；工程系列 3575 人，经济系列 315 人，会计系列 396 人，卫生系列 9 人，统计系列 2 人，教育系列 2 人，图书档案系列 5 人，政工系列 242 人。年内接收大学毕业生 1120 人。

工人 4728 人，其中技术工人 2727 人，占工人总数的 57.7%。技术工人中，高级技师 7 人，技师 59 人，高级工 1497 人，中级工 172 人。文化程度：初中以下 2350 人，高中 1811 人，技校和中专 331 人，大专以上 236 人。

年龄结构:30 岁以下 167 人,31 岁 ~40 岁 1242 人,41 岁 ~50 岁 1619 人,50 岁以上 1700 人。（李超华）

【工程项目指挥机构】 湘桂铁路 7 标段工程指挥部 驻广西壮族自治区柳州市鹅山路菜市区 23 号。集团公司副总经济师曾水长任指挥长、党工委书记。

娄邵铁路扩能改造工程指挥部 驻湖南省娄底市乐平西街 35 号。集团公司总经理助理潘建明任指挥长、党工委书记。

云桂铁路站前 2 标段工程指挥部 驻云南省富宁县迎宾路交警大队路口富宁县人民银行宾馆。集团公司副总经理、总经济师任国华任指挥长、党工委书记。

厦深铁路站后工程指挥部 驻广东省普宁市流沙镇马栅经济开发区怡昌学校旁。集团公司副总经济师刘育勤任指挥长、党工委书记。

南宁枢纽工程指挥部 驻广西壮族自治区南宁市民族大道 163 号新天地 B 区 08 栋。集团公司总经理助理陈树登任指挥长、党工委书记。（雷 罡）

【铁路工程施工】 在建铁路工程 40 项,完成施工产值 1123146 万元。重点工程进展情况:

云桂铁路云南段站前 2 标段工程 标段长 54.455 公里,合同投资 405629 万元。2010 年 9 月 17 日开工,合同工期 54 个月。主要实物工程量:区间及站场路基土石方 430 万立方米,桥梁 14 座 5194 延长米,涵洞 9 座 888 横延米,隧道 13 座 46304 延长米,预制轨枕铺设 240.48 公里,无砟道床铺设 10.2 公里。年内完成投资 11843 万元,占合同投资的 2.92%。

大西铁路客运专线站前 1 标段工程 标段长 44.343 公里,合同投资 370885 万元。2010 年 3 月 10 日开工,合同工期 45 个月。主要实物工程量:区间及站场路基土石方 394.3 万立方米,桥梁 16 座 29000 延长米,预制架设简支箱梁 733 孔,移动模架现浇箱梁 70 孔,吊篮悬灌法现浇箱梁 12 跨 4 联,隧道 4 座 8796 延长米,无砟道床铺设 89.37 公里,铺轨 194.32 公里,铺道岔 41 组,站场 2 座。年内完成投资 108407 万元,占合同投资的 29.23%。

湘桂铁路永州至柳州段扩能改造站前 XG－7 标段工程 标段长 113.6 公里,合同投资 324454 万元。2009 年 5 月 8 日开工,合同工期 36 个月。主要实物工程量:区间及站场路基土石方 1156 万立方米,桥梁 28 座 12574 延长米,涵洞 262 座 10325 横延米,隧道 1 座 310 延长米,正线铺轨 251 公里,站线铺轨 119 公里,铺道岔 311 组,铺设道砟 114 万立方米。开工累计完成投资 45674 万元,占合同投资的 14.08%。

赣州至龙岩铁路扩能改造 GL－1 标段工程 标段长 54.948 公里,合同投资 304800 万元。2010 年 9 月 1 日开工,合同工期 42 个月。主要工程有改移道路、砍伐挖根、管线路防护、“三电”迁改及赣县、罗坳、于都 3 座车站。年内完成投资 16421 万元,占合同投资的 5.39%。

湘桂铁路柳州至南宁段扩能改造工程和新建南宁至黎塘铁路引入南宁枢纽站前及部分站后工程 SN－3 标段工程 标段长 32.8 公里,5 座车站 2 个区间,合同投资 272350 万元。2010 年 6 月 1 日开工,合同工期 30 个月。主要实物工程量:区间及站场路基土石方 967.1 万立方米,桥梁 30 座 18782 延长米,隧道 2 座 635 延长米,涵洞 102 座 4020 横延米,正线铺轨 78 公里,站线铺轨 10 公里,铺道砟 71 万立方米,铺道岔 227 组,房屋建筑 8.5 万平方米,给水管道 51 公里。年内完成投资 18891 万元,占合同投资的 6.94%。

广州至珠海铁路 SG－1 标段工程 标段长 16.869 公里,合同投资 197621 万元。2008 年 4 月开工,合同工期 45 个月。主要实物工程量:区间及站场路基土石方 160 万立方米,特大桥 3 座 14070 延长米,正线铺轨 169.59 公里,站线铺轨 35 公里,江村及丹灶梁场制、架梁 6614 片,房屋建筑 5021 平方米。开工累计完成投资 97212 万元,占合同投资的 49.19%。

娄邵铁路扩能改造站前综合 LSZQZH－I 标段工程 标段长 46.91 公里,合同投资 196000 万元。2010 年 10 月 1 日开工,合同工期 21 个月。主要实物工程量:区间及站场路基土石方 763 万立方米,桥梁 20 座 16068 延长米,涵洞 54 座 2588 横延米,隧道 16 座 18816 延长米。年内完成投资 20437 万元,占合同投资的 10.42%。

改建遂宁至重庆增建二线站前 2 标段工程 标段长 93.59 公里,3 座车站 4 个区间,合同投资 177013 万元。2009 年 2 月 15 日开工,合同工期 24 个月。主要实物工程量:区间及站场土石方 691 万立方米,桥梁 62 座 23443 延长米,隧道 35 座 22301.97 延长米,涵渠 107 座 1764 横延米。开工累计完成投资 95058 万元,占合同投资的 53.7%。

南广铁路站前 NGZQ－3 标段工程 标段长 19.11 公里,合同投资 177000 万元。2009 年 5 月 1 日开工,合同工期 36 个月。主要实物工程量:路基土石方 526 万立方米,桥梁 11 座 9396 延长米,涵洞 64 座 1602 横延米,正线铺轨 418.5 公里,站线铺轨 37.13 公里,铺道砟 125 万立方米,铺道岔 128 组。开工累计完成投资 45864 万元,占合同投资的 25.91%。

新建长沙至昆明铁路客运专线湖南段站前 CKTJ－1 标段二单元工程 标段长 25.09 公里,合同投资 152776.88 万元。2010 年 9 月 1 日开工,合同工期 39

个月。主要实物工程量:路基土石方208.6万立方米,桥梁26座16649延长米,隧道3座1122延长米,涵洞13座397.48横延米,预制箱梁659孔,轨道50.138公里。年内完成投资13360万元,占合同投资的8.74%。

新建铁路衡茶吉线HCJ-1标段工程 标段长129.161公里,合同投资100745万元。2009年4月25日开工,合同工期33个月。主要实物工程量:站场、路基土石方857.1万立方米,桥梁22座4699延长米,隧道5座11666延长米,涵洞150座3832横延米,无砟轨道10445米。开工累计完成投资41715万元,占合同投资的41.41%。

新建赣州至韶关铁路站前ZQ-1标段工程 标段长61.35公里,合同投资98000万元。2009年8月开工,合同工期30个月。主要实物工程量:路基土石方928万立方米,桥梁34座9010延长米,隧道9座8660延长米,涵洞284座6894横延米,赣州、南康站站场改造,南康疏解线6.1公里。开工累计完成投资48871万元,占合同投资的49.87%。

厦深铁路惠深段站前XSGZQ-12标段工程 标段长14.46公里,合同投资92053万元。2009年12月1日开工,合同工期20个月。主要实物工程量:土石方222万立方米,桥梁17座11217延长米,隧道4座3156延长米,无砟轨道19公里,有砟轨道99公里,整孔箱梁预制、架设464榀,平湖南站站场改造。开工累计完成投资65015万元,占合同投资的70.63%。

新建赣州至韶关铁路站后ZH-4标段工程 标段长179.07公里,合同投资84760.5万元。2010年5月开工,合同工期27个月。主要承担赣韶铁路站后工程及赣州京九电化相关工程。年内完成投资1551万元,占合同投资的18.3%。

新建德保至靖西铁路工程 标段长39.8公里,2座车站2个区间,合同投资64463万元。2009年10月1日开工,合同工期25个月。主要实物工程量:区间及站场路基土石方294万立方米,桥梁30座7304延长米,隧道14座11923延长米,涵洞118座2781横延米。开工累计完成投资38499万元,占合同投资的59.72%。

厦深铁路站后XSGZH-2标段工程 标段长220.27公里,合同投资63523万元。2010年12月开工,合同工期12个月。年内完成投资465万元,占合同投资的0.73%。 (朱必礼)

【铁路外工程施工】 在建铁路工程48项,完成施工产值346538万元。重点工程进展情况:

衡州大道光明街至蒸阳南路段工程 标段长2.62公里,合同投资44478万元。2009年7月开工,合同工期24个月。主要实物工程量:跨湘江桥长900米、宽27.5米。开工累计完成投资19377万元,占合同投资的43.57%。

青岛市地铁一期3号线10标段工程 标段长2.28公里,合同投资26729万元。2010年9月1日开工,合同工期28个月。主要工程为河西站至河东站、河东站及河东站至万年泉路站。年内完成投资506万元,占合同投资的1.89%。

长沙市轨道交通2号线一期工程SG-9标段工程 标段长1.99公里,合同投资7500万元。2010年10月开工,合同工期16个月。主要工程量:迎宾路站至袁家岭站区间651.6米,袁家岭站至长沙火车站区间887.05米,长沙火车站至锦泰广场站448.585米。年内完成投资477万元,占合同投资的6.36%。

(朱必礼)

【经营管理】 工程承揽。2010年,集团公司新签合同总额2900000万元。其中,工程新签合同2640000万元;变更索赔166000万元;物资贸易90000万元。铁路工程2270000万元,占合同总额的78%;公路工程140000万元,占合同总额的4.9%;市政工程54000万元,占合同总额的2%;房屋建筑工程134000万元,占合同总额的4.7%;其他工程302000万元,占合同总额的10.4%。

企业管理。年内调整各子公司的法人治理结构,撤销董事会和监事会,指派执行董事和监事。落实项目管理权责,加大集团公司对大项目的监管力度。推进标准化建设,着力加强项目基础管理建设。推进工程队、架子队建设,项目管控能力不断提升。启动企业内控与风险管理工作,企业综合管理水平进一步提高。加强领导班子建设,全年调整班子成员和部门负责人77人。注重人才队伍建设,全年引进高校毕业生1106人、技术管理人员近800人。编制下发《员工手册》,强化企业管理工作和劳动纪律。公司新晋升一级资质4项,二级资质5项,三级资质7项。

安全质量管理。年内进行集团公司质量、环境、职业健康安全管理体系文件改版,集团公司及各子公司继续保持质量、环境、职业健康安全管理体系有效运行,顺利通过三标体系的复评审核。安全管理工作按照国家和股份公司安全生产的总体要求,坚持安全发展的科学理念,继续深入开展"安全生产年"活动,通过强化责任、落实制度等一系列工作,全年安全生产保持稳定,被股份公司考核评定为安全达标单位。集团公司南广铁路NGZQ-3标段工程、长沙南北站迁建捞刀河站改建工程、深圳市南坪快速路二期第4合同段工程被股份公司评为安全质量标准工地。安全应急管理工作成效显著,成为广东省安全生产监督管理局应急管理试点单位,并在广东省安全生产应急管理视频会上作经验介绍。强化质量意识,集团公司交验单位工程381件,合格381件,合格率100%。其中,房屋建筑工程交验68件;其他工程313件。年内获第十届中国土木工程詹天佑奖1项,铁道部铁路优质工程一等奖1项,中国铁建优质工程3项,广州铁路集团公司优质工程奖1项。

财务管理。年内,集团公司修订完善《财务管理内部控制制度》,编写《会计基础工作标准实施细则》《会计核算操作指南》和《浪潮系统操作手册》,制定《收尾项目财务管理办法》,编制《财务工作操作手册》,进一步完善财务制度建设,规范财务业务流程。集团公司全年调剂资金34350万元,集团融资信贷规模得到合理调控,管控效果初显。以"小金库"专项检查为契机,积极配合各项专项检查,净化经营环境,规范管理行为。出台《保险资源集中管理暂行办法》,加大保险资源集中管理力度,节约保险费用支出,降低项目经营风险。 (雷罡 罗贵业 翟湘萍 周永才)

【科技教育】 科技开发。2010年,集团公司通过国家高新技术企业认定和广州市越秀区知识产权优势企业认定。16项科技成果通过中国铁建评审。其中,2项成果达到国际先进水平;7项成果达到国内领先水平;7项成果达到国内先进水平。5项科技成果获中国铁建科技进步三等奖;5项工法被认定为中国铁建工法,4项工法被认定为铁道部工法;5项专利获受理。获全国优秀质量管理小组奖2项,铁道部优秀质量管理小组奖2项,中国铁建优秀质量管理小组奖5项。

教育培训。全年举办各类培训班23期,培训1800余人次。其中,培训管理人员600人次;培训"十一大员"及技能操作人员1200人次。培养技师人选82人,高级技师人选1人。通过培训办理国家住房和城市建设部等三部委认可使用的各类证书245本,取得国家劳动与社会保障部颁发的技能上岗证书78本。

(李超华 符望春)

【综合管理】 2010年,集团公司内部政治安定、治安稳定,职工队伍稳定,两级公司及工地的内部保卫工作有效,未发生各类刑事和重大治安案件。高度重视消防工作,集团公司和所属单位均制定消防应急预案、消防安全制度等管理办法,每年组织职工进行消防知识培训教育和现场灭火操作演练,定期组织防火安全检查。组织相关单位对管内广东、湖南、广西的经营点进行防火、防爆安全检查。集团公司机关全年处理来信34件(次),来访12件(次),立案7件(次),结案6件(次),结案率97%。档案管理取得成效。年内,柳州公司通过国家二级企业档案管理目标认定,恒元公司、建筑安装公司和实业公司通过铁道部档案管理目标认定。截至年底,集团公司所属9个子公司全部通过认定。其中,国家二级单位5个;部级单位4个。

(罗广香 徐燕琦)

【党群工作】 党的工作。集团公司党委下辖二级党委12个、党工委10个,党支部(党总支)254个;党员4979人。2010年,集团公司各级党组织按照股份公司党委和股份公司工作部署,将党组织的思想、政治、组织优势转化为企业科学发展的优势,促进集团公司持续健康快速发展。(1)深入开展创先争优活动。集团公司党委把创先争优活动的重心落到项目部,基点立足党支部,着力点放在生产经营,制定下发《开展争创"四强"党支部,争做"四优"共产党员活动实施意见》,全面开展创先争优活动。(2)党的建设。集团公司党委提出"围绕中心,强身健体,奋发有为"的总体要求,牢固确立党组织的政治核心地位,充分发挥党组织的政治核心作用。进一步完善企业领导体制,妥善处理党组织与董事会、经理层、监事会的关系,沟通与工作机制运转更加协调。强化"三重一大"集体决策制度的贯彻执行,深入开展党建工作调研,专题召开党建工作推进会,举办基层党组织书记培训班,编发《加强和改进项目党组织建设学习读本》,对加强和改进项目部党的建设进行全面部署。扎实开展"四五六"活动,年内集团公司评选"四好领导班子"2个、先进基层党组织22个、"六好共产党员"50名、优秀党务工作者20名。全年发展新党员57名。(3)领导班子和人才队伍建设。按照建设学习型党组织的要求,认真组织党委中心组学习,注重学习成果的转化运用。坚持德才兼备的原则,以真才实学、良好业绩、优良品德选拔领导干部,调整基层领导班子6个,配备领导班子成员和部门负责人77人。根据企业发展要求,制定《集团公司人才引进暂行办法》等相关制度,全年接收高校毕业生1106人。(4)企业文化建设和宣传思想工作。深化企业文化理念的宣传教育,举办以"践行企业价值观,提升发展软实力"为主题的演讲比赛和征文活动,制作《文化的力量》集团公司企业文化建设专题片,编印践行企业价值观的先进典型事迹《脊梁》一书,引导广大员工深入理解和积极践行企业的价值理念。进一步完善《工程项目文化建设标准化模块》,召开项目文化建设现场推进会。加强企业品牌形象的宣传推广,全年在省部级以上媒体发表新闻稿件5152篇。运用公司"华南铁道建筑"网站等内部宣传载体,助推集团品牌形象的宣传。在集团公司厦深铁路建设工地举办集团公司新闻危机管理现场会，完善新闻危机管理预案，组织专题培训和演练，有效地预防和化解新闻危机。(5)党风廉政建设。认真贯彻落实《国有企业领导人员廉洁从业若干规定》，坚持一手抓源头治理和教育惩处，一手抓风险防范和监督保护，营造干事创业的良好环境。加强党性党风党纪教育，坚持廉洁谈话制度，开展述廉评廉，落实党风廉政建设责任制。围绕"三治理"和"四监察'开展效能监察，堵塞管理漏洞，防范经营风险，为企业创效增收。加大查办案件力度，重点查处滥用职权中饱私囊、违规违纪造成企业利益严重受损、失职渎职致使企业资产和效益严重流失的案件。集团公司党政联合下发《关于进一步加强和改进纪检监察组织建设的通知》，进一步规范推进纪检监察组织建设。

工会工作。集团公司工会下设生产综合和组织权益两个部门，有子分公司工会12个，直管区域指挥部(项目部)工会工委7个，项目部工会132个，工会小组246个。专职工会干部34人，其中女工会干部13人；项目部(指挥部)兼职工会主席139人。召开集团公司一届一次职代会，制定《集团公司职工(代表)大会实施细则》，建立职代会运行机制；召开平等协商会议，审议通过集体合同，并对集体合同履行情况进行检查和调研，推动集体合同兑现。针对施工生产开展劳动竞赛，促进现场生产经营。年内，3个集体获得火车头奖杯，11名个人获得火车头奖章；集团公司对在重点工程建设中表现突出的22个先进集体和47名先进个人进行表彰奖励。集团公司劳动竞赛奖励62.85万元，获业主奖励955.14万元。制定集团公司《项目部建家建线基本规范》，为工程项目部提供建家建线操作标准，年内授予18个工程集团公司建家建线示范点称号。开展送温暖活动，慰问困难职工家庭1120户，发放慰问金162.4万元，资助困难职工子女248人21.424万元，资助患大病职工55人次70余万元。积极推进扶贫"双到"工作，制定扶贫工作方案、工作制度和检查督促制度，细化年度工作规划，每季有重点，每月有主题，稳步推进扶贫开发工作。通过帮扶，90户贫困户在遭受洪灾的情况下仍实现同比增收12%，其中40户贫困户实现脱贫。

共青团工作。集团公司团工委下辖11个子分公司团委、1个直属指挥部团工委、1个项目部团工委、3个团总支、124个团支部；有专职团干部11人，兼职团干部133人，团员2344名，35岁以下青年4299人。2010年按照"围绕中心唱响主旋律，服务青年提高凝聚力"的工作思路，各级团组织围绕企业中心工作扎实开展一系列活动。(1)以形势任务教育为引导，激发青年建功立业积极性。在大西铁路客运专线等重点工程项目部召开11次形势与任务宣讲会，将团员青年的思想统一到抓紧岗位成才、体现作为上来。(2)以青年创建活动为载体，在企业生产经营中唱响主旋律。一是广泛开展青年生产突击活动。年内成立青年突击队30支。2支青年突击队获湖南省、中央企业"青年文明号"称号。二是认真组织青工安全生产活动。以青年安全监督岗、青年安全包保等形式，扎实推进青年安全生产工作。三是扎实开展青年创新创效活动。全年开展青年QC攻关项目56项，其中2项获国家优秀QC小组奖，3项获省部级优秀QC小组奖。(3)以组织建设为基础，强化团组织的战斗力。一是深入开展青年的思想动态和团组织的作用情况网上调研，掌握集团基层组织建设的情况和主要矛盾。二是强化基层团干部队伍建设，明确基层团委定员和待遇问题；三是推动基层团组织规范化建设，集团公司制定《关于进一步深化党建带团建加强基层团组织建设的意见》，将团的工作考核纳入思想政治工作考核体系。(4)开展培训比武活动，帮助青年成长。通过封闭式军训、集中培训等形式开展"迎新"教育活动；深入推进"导师带徒"活动，并加强"导师带徒"活动考核工作；扎实开展"青年岗位能手"评选、青年技术比武等活动，促进青年员工队伍的业务学习和练兵。(5)以担负社会义务为己任，认真组织各项关爱行动。开展"我为灾区献爱心"活动，组织团员青年参加抗旱救灾，募集捐款10万余元。开展"团组织就在我身边"关爱行动，给予困难青年一次性补助1.4万元。开展"心手相牵——情系家乡孩童"爱心资助活动，为工地周边地区青少年捐赠学习用品和书籍，营造和谐的施工环境，捐赠助学金2.2万元，购置书籍文具1.5万元。开展"爱心资助，梦圆大学"活动，为5名考入重点大学的困难职工子弟争取1.5万元资助。2010年，12个先进青年集体、12名先进青年获中国铁建团委表彰，3个先进青年集体、3名先进青年获湖南团省委表彰，1人获中央企业优秀共青团干部称号、1个项目部获中央企业"青年文明号"称号。　　（郭小林　陈外联　李谞异）

【**北方分公司**】　2010年4月12日成立。主要负责公路、市政、房屋建筑、水利水电和地铁、轻轨等路外工程承揽。公司机关驻山东省青岛市苗岭路29号山东高速大厦。总经理平国友，党委书记田慧生。下辖6个分公司。职工520人。其中，临时工和返聘人员112人，占职工总数的21.5%；技术人员145人，占职工总数的28%。固定资产2200万元，机械设备182台(套)。

2010年承揽并参建青岛跨海大桥青岛端连接线工程、大同至西安铁路客运专线站前1标段工程和青

岛地铁一期工程、青临高速公司工程，总投资 450000 万元。（王文旭）

【西北分公司】 2010 年 8 月 21 日成立。主要负责西北地区陕甘宁，新疆、青海、西藏的经营承揽。公司机关驻陕西省西安市火炬路 1 号企图时代大厦 12 层 B 区。总经理李文涛，党委书记张天科。职工 40 人。

2010 年承揽的华能鄂温克旗风电场一期辉河升压站土建工程，是集团公司参与建设的第一个新型能源项目。（罗贵业　高治国）

【广州铁路工程有限公司】 市政公用工程施工总承包一级，铁路工程施工总承包二级，房屋建筑、公路工程施工总承包三级，桥梁、隧道工程专业承包一级，地基与基础、公路路基工程专业承包三级资质企业。公司机关驻广东省广州市越秀区桂花岗东 2 号。董事长、党委书记何功玲，总经理张建慈。下辖 3 个专业项目部、7 个分支机构、25 个直属项目部。职工 1137 人。其中，干部 647 人；工人 490 人。专业技术干部 635 人，占干部总数的 98%；技术工人 215 名，占工人总数的 44%。资产总额 206509 万元。其中，固定资产净值 20185 万元；流动资产 177752 万元；其他资产 8572 万元。机械动力设备 1056 台(套)，原值 26181.66 万元、净值 18664.09 万元，总功率 14709 千瓦，动力装备率 10.82 千瓦/人，技术装备率 33.46 万元/人，设备完好率 90%、利用率 95%。

2010 年承揽工程任务 342300 万元，完成企业总产值 307940 万元，实现利润 3119.3 万元。单位工程合格率 100%，优良率 92%。完成主要实物工程量：土石方 1491 万立方米，桥梁 23142 延长米，隧道 9899 延长米，涵渠 9998 横延米，正线铺轨 76.7 公里，站线铺轨 57.4 公里，铁路架梁 1266 孔，铁路制梁 445 孔，公路架梁 252 片，公路制梁 278 片。年内，公司获铁道部工法 2 项、国家知识产权 1 项、中国铁建科学技术奖 2 项，1 个集体获中央企业“青年文明号”称号，1 人获得火车头奖章，公司被评为中国铁建先进集体。

（丁武英）

【柳州铁路工程有限公司】 铁路、市政公用工程施工总承包一级，房屋建筑、公路工程施工总承包二级，土石方、桥梁、铁路电务工程专业承包一级，混凝土预制构件、爆破与拆除工程专业承包二级资质企业。公司机关驻广西壮族自治区柳州市和平路 138 号。董事长、党委书记乔国强，总经理陈树登。职工 1740 人。其中，干部 1070 人；工人 670 人。专业技术干部 1042 人，占干部总数的 97.4%；技术工人 391 人，占工人总数的 58.4%。资产总额 178163 万元。其中，固定资产原值 25393 万元、净值 13308 万元；流动资产 155586 万元；其他资产 789 万元；无形资产 8786 万元。机械运输设备 626 台(套)，原值 13527.78 万元、净值 8203.32 万元，总功率 30547.6 千瓦，动力装备率 21.05 千瓦/人，技术装备率 5.65 万元/人。年施工能力 40 亿元以上。

2010 年承揽工程任务 286500 万元，完成企业总产值 287436 万元，其中施工产值 284552 万元。实现利润 454 万元。国有资产保值增值率 101.75%，净资产收益率 1.77%，产值利润率 0.16%，资产负债率 90.25%。完成主要实物工程量：路基土石方 1007.7 万立方米，隧道 29089 延长米，桥梁 24920 延长米，涵洞 6039 横延米，铺轨 6 公里，铺道岔 9 组，制梁 224 片，公路 31.3 公里。工程交验合格率 100%。年内，南广铁路项目部获得铁路客运专线建设火车头奖杯，3 人获得铁路客运专线建设火车头奖章。（贾晋红）

【第二工程有限公司】 市政公用工程施工总承包一级，铁路工程施工总承包二级，房屋建筑工程施工总承包三级，桥梁、隧道工程专业承包二级，土石方、预应力、送变电工程专业承包三级资质企业。公司机关驻湖南省衡阳市珠晖区乐群里 166 号。执行董事、总经理冯正，党委书记范波。下辖物业管理部、劳务管理中心、离退休管理中心、任务开发中心、物资设备租赁中心、土石方机械工程综合项目部、水电工程综合项目部及若干工程项目部。职工 1297 人。其中，干部 563 人；工人 734 人。专业技术干部 561 人，占干部总数的 99.64%；技术工人 492 人，占工人总数的 67.02%。资产总额 121066 万元。其中，固定资产原值 12326 万元、净值 8193 万元；流动资产 111615 万元。机械动力设备 1162 台(套)，现值 7317 万元，总功率 12050 千瓦，动力装备率 9.24 千瓦/人，技术装备率 5.61 万元/人。年施工能力 20 亿元以上。

2010 年承揽工程任务 55900 万元，完成企业总产值 221400 万元，其中施工产值 221400 万元；实现净利润 1075.85 万元。人均创利 8295 元，全员劳动生产率 170.7 万元/人年。职工年人均收入 38782 元。国有资产保值增值率 113.47%，净资产收益率 13.71%，产值利润率 5.18%，资产负债率 93.63%。工程质量合格率 100%，优良率 90% 以上。年内，海南东环铁路项目部被授予湖南省“青年文明号”称号。（钟艳萍）

【第三工程有限公司】 铁路工程施工总承包一级，市政公用工程施工总承包二级，公路、房屋建筑工程施工总承包三级，桥梁、隧道工程专业承包一级，预应力、土石方工程专业承包二级资质企业。公司机关驻湖南省长沙市人民中路职院街129号。执行董事、总经理范伟,党委书记陈鸣。下辖3个分公司、劳动服务中心、物资设备公司和若干项目部。职工1145人。其中,干部630人;工人515人。专业技术干部607人,占干部总数的96.35%;技术工人275人,占工人总数的53.4%。资产总额109941.3万元。其中,固定资产原值10234.4万元、净值5751.6万元;流动资产98959万元。机械运输设备755台(套),现值5128万元,总功率26743千瓦,动力装备率17.5千瓦/人,技术装备率3.4万元/人,机械化施工程度85%。年施工能力30亿元以上。

2010年新签合同额72980万元,完成企业总产值220000万元,实现利润2314万元。全员劳动生产率152.14万元/人年,职工年人均收入35217元。完成主要实物工程量:土石方1084万立方米,桥梁12223延长米,隧道6108延长米,涵洞6520横延米,公路8公里,正线铺轨90.6公里,站线铺轨36.8公里,公路架梁769片,铁路架梁23孔。工程质量合格率100%。年内,1项工程获火车头优质工程奖,3项工程获中国铁建优质工程奖,1项QC成果获国家优秀QC成果奖,1项科技成果被评为中国铁建科学技术奖。（王 斌）

【电务工程有限公司】 铁路电务、电气化工程专业承包一级,电信、建筑智能化、送变电工程专业承包二级,机电设备安装工程专业承包三级资质企业。公司机关驻广东省广州市共和西路8号。执行董事、总经理万宝华,党委书记李建云。职工428人,其中专业技术干部225人。资产总额28254万元。其中,固定资产原值1230万元、净值488万元;流动资产26819万元。机械设备及仪器仪表129台(套)。年施工能力5亿元以上。

2010年承揽工程任务122200万元,完成企业总产值40127万元,实现利润783万元。人均创利18294元,全员劳动生产率93.75万元/人年。职工年人均收入62892万元。产值利润率1.95%,资产负债率83.57%,应上缴款完成率100%。完成主要实物工程量:桥梁488延长米,涵渠277横延米,站线铺轨8公里,铺道岔381组;房屋建筑1906平方米;敷设通信光缆153条公里、电缆399条公里,管道7783米,新装通信设备13站;敷设信号电缆745条公里,联锁道岔89组,自动闭塞69区段,开通信号站15站;电力线路231条公里,变配电所16站。工程质量合格率100%。年内1项科技成果获中国铁建科学技术三等奖。（何华能）

【建筑安装工程有限公司】 房屋建筑工程施工总承包一级,市政公用工程施工总承包二级,铁路工程施工总承包三级,建筑装修装饰、消防设施、环保、钢结构、机电设备安装工程专业承包一级资质企业。公司机关驻广东省广州市共和西路8号。董事长兼党委书记李飞前,总经理周晓兵。职工884人,其中专业技术干部385人。资产总额79684万元。其中,固定资产净值8176.6万元;流动资产69903万元。机械设备741台(套)。年施工能力25亿元以上。

2010年承揽工程任务74300万元,完成企业总产值231000万元。其中,施工产值230600万元;附营收入400万元。全员劳动生产率260万元/人年。净资产收益率35.98%,产值利润率1.32%,资产债权率73.8%,资产负债率94%,应上缴完成率100%。完成主要实物工程量:房屋建筑29466平方米,桥梁7699延长米,涵渠2993横延米,正线铺轨2.3公里,站线铺轨13.5公里,制梁290榀。年内,1项QC成果被评为全国工程建设优秀QC小组活动成果。（李 卓）

【恒元建筑工程有限公司】 房屋建筑、市政公用工程施工总承包一级,铁路工程施工总承包三级,建筑装修装饰、钢结构、机电设备安装、消防设施工程专业承包一级,建筑幕墙工程专业承包二级,爆破与拆除专业承包(不含爆破)三级,环保工程专业承包三级资质企业。公司机关驻广西壮族自治区柳州市红岩路二区75号。董事长兼党委书记曾小勇,总经理谢朝阳。职工859人,其中专业技术人员415人。资产总额38064万元。其中,固定资产1566万元;流动资产28830万元。机械设备210台(套),原值1116万元、净值531.27万元,总功率5374.81千瓦,动力装备率6.26千瓦/人,技术装备率1.3万元/人。年施工能力20亿元以上。

2010年承揽工程任务40600万元,完成企业总产值72000万元,实现净利润656.86万元。全员劳动生产率127216万元/人年。职工年人均收入48793万元。国有资产保值增值率105.6%,净资产收益率5.54%,产值利润率0.91%,投资回报率8.21%,资产负债率68.47%,应上缴款完成率100%。全年完成房屋面积26.2万平方米,铁路工程完成产值26818.51万元,竣工交验30件。实现连续安全生产3351天。年内,3项QC成果获集团公司优秀QC小组奖,其中南宁铁路局凤岭职工住宅小区QC小组被评为中国铁建优秀质量管理小组一等奖和铁道部优秀质量管理小组;3项QC成果获南宁铁路局优秀QC成果奖,3项QC成果获广西壮族自治区优秀QC小组奖;1项科技成果获中国铁建科学技术三等奖;1项工法被评为中国铁建优秀工法一等奖。（谢雪芬）

【南方实业开发有限公司】 为集团公司多元经营企业。公司机关驻广东省广州市越秀区共和西路8号。董事长、党委书记冼海燕,总经理李新黎。主要从事房屋场地租赁、物业管理、房地产开发,铁路专用线运输、装卸搬运、运输代理、仓储,物资贸易业务。下辖14个事业部和3个分支机构。职工584人。其中,干部232人;工人352人。资产总额43600万元。

2010年新签合同额100000万元,完成经营收入40200万元,实现利润1121.18万元。 (李 宏)

【广州铁诚工程质量检测有限公司】 为国家技术监督局计量认证检测单位。具有公路工程施工综合丙级、见证材料检测机构资质。公司机关驻广东省广州市越秀区共和西路8号。公司执行董事兼总经理李杰。职工83人。主要为国家铁路、地方铁路建设提供检测服务。资产总额1762万元,其中固定资产原值876.7万元、净值446万元。机械运输设备原值48万元、净值29.6万元。

2010年完成企业总产值1692.3万元,实现利润385.6万元。人均创利4.64万元,全员劳动生产率20.4万元/人年。国有资产保值增值率164.63%,净资产收益率62.42%,产值利润率23.37%,资产负债率72.91%,应上缴款完成率100%。 (雷 娟)

【房地产开发有限公司】 主要从事房地产开发、房屋工程建筑、建筑安装、水电安装、设备安装、机电安装、物业管理业务。公司机关驻广东省广州市中山一路55号。董事长安康,党委书记彭广华,总经理周捷。下辖2个项目筹备组。职工14人,其中专业技术干部13人。 (薛学成)

【轨道交通工程有限公司】 2010年7月29日成立。主要从事铁路、道路、隧道和桥梁工程建筑施工。执行董事、总经理徐波,党委书记田慧生。职工106人。

2010年承揽工程任务143900万元,完成企业总产值5516万元。 (王海波)

【重要记载】

▲3月5日~7日 集团公司召开党委扩大会、首届一次职工代表大会暨2010年工作会议、党风建设和反腐倡廉工作会议。

▲4月12日 中铁二十五局集团公司北方分公司正式成立。

▲4月 衡茶吉铁路项目部参加京九、吉井铁路抗洪抢险。

▲6月18日 集团公司承建的黄织铁路重点控制工程6662米长的凤凰山隧道成功贯通。

▲6月~7月 集团公司开展"旱季攻势,创先争优,工人先锋号先进事迹演讲会"活动。

▲7月5日 铁道部副部长卢春房在集团公司董事长王汉林陪同下视察集团公司承建的太中银铁路ZQ-I-1标段工程。

▲7月29日 轨道交通工程有限公司在广州注册成立。

▲9月8日 铁道部副部长卢春房在集团公司党委书记王精华陪同下到集团公司云桂铁路项目部检查指导。

▲9月9日 集团公司党委举行"践行企业价值观,提升发展软实力"主题演讲比赛。

▲9月15日 股份公司董事长孟凤朝到集团公司调研指导。

▲12月28日 集团公司被认定为广东省2010年第二批高新技术企业。

▲2010年 集团公司先后组建轨道交通工程有限公司、房地产开发有限公司、北方分公司、西北分公司。 (雷 罡)

中铁建设集团有限公司

【简况】 中铁建设集团有限公司是房屋建筑工程施工总承包特级,市政公用、机电安装工程施工总承包一级,钢结构专业施工承包一级资质企业。机关驻北京市石景山区石景山路20号。前身为中国人民解放军铁道兵独立建筑团,1984年1月集体转业并入铁道部,先后称铁道部工程指挥部建筑工程处、中国铁道建筑总公司北京工程公司、北京中铁建筑工程公司;2001年8月改制为北京中铁建设有限公司,2003年12月更名为现名。经营范围包括建筑、铁路、装饰装修、市政、机电设备安装、土石方工程施工及商品混凝土生产和输送、机械化吊装和运输、电梯安装和改造、建材供销、模板架构件租赁和加工、工程机械车辆设备租赁和修理、房地产开发等业务。下辖房地产分公司、铁路工程总指挥部、海外工程分公司、建筑设计院、市政工程分公司、设备安装分公司、设备租赁分公司、模板架构件租赁和加工中心分公司、物资分公司、装饰分公司、电梯分公司、商品混凝土分公司、物业分公司及北京、天津、西安、山西、郑州、武汉、长沙、广东、海南、济南、华东、南宁12个区域分公司。职工3621人,其中专业技术干部2560人。资产总额1432401万元。其中,固定资产29770万元;流动资产1368148万元。机械设备704台(套),原值16130.93万元、净值8585.8万元,总功率4.4万千瓦,技术装备率2.7万元/人,动力装备率12.8千瓦/人,综合机械化施工程度76.37%,机械设备成新率53.2%,主要设备完好率93.8%、利用率75.3%。年内新增设备130台(套),价值4698.78万元。

2010年承揽工程任务246亿元,完成营业收入175.74亿元,实现利润52746.15万元。净资产收益率16.77%,总资产报酬率4.74%。兵改工以来,集团公司获优质工程奖400余项。其中,市部级以上优质工程奖251项;中国建设工程鲁班奖9项;国家优质工程奖5项;中国建筑钢结构金奖5项。21项科技成果获科技进步奖,11项专利获得国家授权。集团公司先后获得全国最佳施工企业、全国优秀施工企业、全国用户满意施工企业、全国质量效益型先进单位、全国用户满意服务单位、火车头奖杯和全国五一劳动奖状、全国质量管理奖、全国实施卓越绩效模式先进企业、北京百强企业等荣誉。集团公司连续17年被北京市评为守信企业,连续21年保持资信等级AAA级。 (赵大鹏)

【领导人员】

董事会

董事长　　汪文忠
董事　　赵　伟
　　郭剑平
　　陈有忠

监事会

　　张军柱
　　张建强
　　赵文泉

经理层

总经理　　赵　伟
副总经理　　庄初最
　　孙金城
　　郭剑平
　　吴成木
　　贾　洪
　　倪　真
　　于久龙
　　吴永红
　　沈天丽
总工程师　　贾　洪(兼)
总会计师　　田军光(主持工作)
总经济师　　于久龙

党群领导

党委书记　　汪文忠
党委副书记　　赵　伟
　　张军柱
纪委书记　　张军柱(兼)
工会主席　　陈有忠　　(赵大鹏)

【职工队伍】 干部2560人,其中女干部354人。专业技术干部2314人,占干部总数的90.39%。其中,高级职务201人;中级职务565人;初级职务943人。学历结构:本科以上学历1923人,占干部总数的75.12%;大专490人,占干部总数的19.14%。年龄结构:30岁以下1623人,占干部总数的63.40%;31岁~45岁616人,占干部总数的24.07%;46岁~59岁321人,占干部总数的12.54%。全年解聘、离职、调出人员70人,接收应届大学本科毕业生560人,社会招聘引进大专以上学历人员394人。

工人1061人,其中女工76人。技术工人107人,占工人总数的10.08%。其中,技师60人;高级技师28人。学历结构:大专以上71人,中专24人。年龄结构:30岁以下14人,占工人总数的1.32%;31岁~40岁56人,占工人总数的5.28%;41岁~50岁418人,占工人总数的39.4%。 (赵大鹏)

【工程施工】 2010年在建工程173项。其中,新开工项目95项;竣工34项。全年完成企业总产值1746969万元,其中施工产值1560591万元,折合建筑面积7035727平方米。重点工程进展情况:

东直门交通枢纽工程　由集团公司第55项目经理部承建。工程位于北京市东城区东直门立交桥东北角,由商务写字楼等多栋建筑组成,总建筑面积339677平方米,合同投资75000万元。年内主体封顶,南商屋面施工完毕。

石家庄勒泰中心工程　由集团公司第5项目经理部承建。工程位于湖北省石家庄市中山路以北,总建筑面积623642平方米,合同投资18亿元。工程集购物、餐饮、娱乐、休闲、办公、资讯为一体,为一座多功能复合型商业中心。

长春西站改造工程　位于吉林省长春市,总建筑面积113417平方米,合同投资87216万元。2010年结构收尾,做装修前的准备工作,预计2011年11月竣工。

哈尔滨西站工程　位于黑龙江省哈尔滨市,总建筑面积152973平方米,合同投资123987万元。2010年进行站房钢结构拼装及高架层结构施工,预计2011年11月竣工。

海南洋浦 EPC 工程　位于海南省洋浦经济开发区，总建筑面积 380469 平方米，合同投资 79779 万元。2010 年主体结构大部分完成，处于装修施工阶段。

海南东环铁路海口地区站房及相关工程和三亚、博鳌站站房及相关工程　合同总投资 6.3 亿元。主要工程量：海口东站建筑面积 9903 平方米，三亚站建筑面积 14991 平方米，博鳌站建筑面积 10172 平方米。

中铁·凤岭山语城项目　位于广西壮族自治区南宁市民族大道东段琅东客运站北面，百花岭路以北、枫林路以东。总建筑面积 431000 平方米，主要功能为商品房住宅楼。2009 年 12 月 15 日开工，计划 2011 年 6 月 15 日竣工。

长沙恒大名都工程　位于湖南省长沙市望城县金星路与普瑞路交汇处，南接城市二环线及长株潭城市一体化先导核心区，北面紧邻规划中的长沙铁路西客站，地理位置及小区环境优越，由广州恒大地产集团投资建设。中铁建设集团长沙分公司承担第一至三期主体工程，总建筑面积 57 万平方米。2008 年 8 月 20 日开工，计划 2011 年 3 月竣工。

中国人寿科研中心 AB 座工程　位于北京市海淀区温泉镇环保科技园，总建筑面积 116432 平方米，2010 年 11 月 1 日开工。

西安世融嘉城工程　位于陕西省西安市凤城四路，总建筑面积 56 万平方米，合同投资 75000 万元。

南京城北护城河、外金川河河道综合整治工程　全长 2.9 公里，合同投资 4000 万元。　（赵大鹏）

【经营管理】　2010 年，集团公司新签合同总额 246 亿元，完成股份公司下达指标的 149%，比 2009 年增长 133.9%；实现营业收入 175.74 亿元，完成股份公司下达指标 140 亿元的 125.5%，同比增长 133.9%。工程施工完成 1575920 万元，占营业收入的 89.67%。其中，铁路工程 411200 万元，占营业收入的 23.4%；房地产 12588 万元，占营业收入的 0.72%；物流贸易 163607 万元，占营业收入的 9.31%；勘察设计 910 万元，占营业收入的 0.05%；其他工程 4415 万元，占营业收入的 0.25%。

工程质量。以法人治理结构调整为契机，不断完善施工现场质量保证体系，加大过程监督力度，强化质量责任意识，营造“绩效优先”的文化氛围，提高集团公司质量保证能力，打造过程精品，创造质量效益。全年集团公司获工程质量奖 39 项。其中，国家级优质工程奖 3 项；北京市结构长城杯奖 8 项；天津市结构海河杯奖 1 项；四川省结构优质工程奖 1 项；海南省建筑施工优质结构工程奖 2 项；上海市钢结构金奖 1 项；省部级以下结构优质工程奖 8 项；省部级竣工优质工程奖 5 项；股份公司优质工程奖 10 项。获全国工程建设质量管理优秀小组二等奖 1 项，铁道部优秀质量管理小组 2 项，股份公司优秀质量管理小组一等奖 2 项、二等奖 3 项。集团公司被北京市住房和城乡建设委员会评为 2009 年度北京市工程建设质量管理先进单位，被中国建筑业协会授予 2010 年度全国工程建设质量管理优秀企业称号，集团公司获全国工程建设质量管理小组优秀企业称号。

安全施工。集团公司严格执行《中华人民共和国安全生产法》《建设工程安全生产管理条例》和国务院《关于进一步加强安全生产工作的决定》及《北京市安全生产条例》，继续坚持“安全第一，预防为主，综合治理”的方针，进一步完善安全生产规章制度，落实安全生产责任制，大力推进施工现场标准化建设，积极开展文明安全工地及安全质量标准化工地创建活动，安全生产形势平稳，全年施工现场无职工因工死亡、职工非因工死亡事故，无较大及以上级别事故，无集团公司承担主要责任的一般事故。19 项工程获得省（直辖市）文明安全施工荣誉，3 项工程获得股份公司文明安全施工荣誉。集团公司被股份公司评为安全生产先进单位，被全国安全生产月活动领导小组授予全国安全生产月活动优秀单位称号。

企业管理。2010 年，集团公司机构调整，经营规模扩大，管理体系发生变化。为适应新的机构机制，编制《中铁建设集团有限公司组织管理手册》，全面、系统地规范集团公司总部及所属二级单位的岗位职责；编制《中铁建设集团有限公司流程管理文件汇编》，进一步规范业务运营与管理流程。4 月，集团公司根据股份公司实施大海外战略需要，在巴布亚新几内亚首都莫尔兹比港成立中铁建设集团巴新公司，注册资本金 115 万美元。按照集团公司发展战略规划，不断拓展房地产开发业务，2 月成立中铁建设集团房地产有限公司，注册资本金 3 亿元，并将 4 个房地产公司的业务统一划归房地产分公司管理。6 月，中铁建设集团有限公司铁路工程分公司更名为中铁建设集团有限公司铁路工程总指挥部；9 月，中铁建设集团设计中心更名为中铁建设集团建筑设计院。5 月，集团公司取得建筑智能化工程设计与施工一级资质，原建筑智能化工程专业承包一级资质被取代。

法律风险管理。建立健全风险管理与法律事务管理体系，建章建制，规范管理流程，明确管理职责，落实岗位责任。加强总承包管理，通过总承包合同文件评审，从源头上识别、控制风险，减少和避免风险事项的发生。加强劳务分包、专业分包、材料采购、设备租赁等分供合同管理，减少合同风险，提高合同质量。积极启动司法程序，以仲裁、诉讼、抵押、财产保全等方式维护企业合法权益,避免或减少国有资产流失。

信息和知识管理。根据集团公司发展战略,修订信息化发展规划,按照“制度化、标准化、程序化、信息化”要求,强化业务“归口管理,系统管理”服务,提升快速收集、整理、分析及运用信息的能力。加大业务系统的整合力度,年内完成分供商与造价系统及物资系统,施工方案、施工组织管理信息与工程基础信息,经营管理系统与工程基础信息模块的整合,大大提高了信息系统的使用率。为适应集团公司规模的跨越式发展,将原有的二级信息系统管理体系改为集团公司—二级单位—用户三级管理体系,将子门户系统在内的12个子系统进行升级;完善公共服务接口,进一步建设编码体系。

财务管理。集团公司转变财务管理观念,将直属管理模式转变为“管理+业务”的管理模式,同时将管理权限下放,业务由直接管辖转换为“指导+监督”管理。按照集团公司《会计核算操作手册》,梳理业务管理标准和业务流程,完善财务管理制度。加强财务业务培训,建立财务人员日常工作考核制度。加强关联业务部门之间的横向沟通,保证业务处理渠道畅通。全年实现利润52746万元,比2009年增长99.16%。

审计管理。2010年完成审计任务25项。其中,年度绩效指标完成情况审计13项;所属单位负责人离任经济责任审计6项;竣工工程审计5项;房地产审计调查1项。全年提交审计报告30份,下发审计决定16份,提出审计建议164条,全部被采纳。

物资管理。物资管理信息系统根据集团公司物资管理的相关制度,将信息化手段作为落实制度的主要载体,固化管理流程,统一物资资源编码标准和物资供应商编码标准,提高物资管理工作效率。加强工程物资全过程管理和集团公司总部对工程物资的远程管控能力,产生明显的社会经济效益。3月,集团公司物资管理信息系统被中国铁道建筑总公司作为“物流信息化典型发现和试点示范项目”上报国家工业和信息化部。

(赵大鹏)

【科技教育】 科技攻关。年内批准“建筑结构工程颗粒阻尼减震技术研究与应用”、“天棚采暖管道安装”、“钢筋混凝土空腹网架在工程应用中的关键技术研究”、“新建哈尔滨西客站基坑工程严寒气候条件下基坑围护与支护结构施工工艺与监测技术研究”、“中央空调检测清洗施工技术研究”、“钢结构大空间吊顶用电动升降施工平台研发”、“巴布亚新几内亚建筑物抗震设计研究”和“施工物资管理信息化研究”8项课题为集团公司科研开发重点项目。其中颗粒阻尼研究、新建哈尔滨西客站基坑工程相关技术研究2项课题被列为股份公司科研项目。

科技创新。集团公司开发的“大跨度网架累积提升施工工法”、“132米跨超长轻薄巨型钢管桁架安装工法”、“双向不等高正交钢管桁架分块整体提升工法”和“大跨度钢筋混凝土空腹桁架施工工法”被评为股份公司优秀工法;“海航维修机库屋盖网架智能化累积提升关键技术研究”成果获2009年度中国铁建科学技术奖;“钢筋绑扎机”、“可拆卸复合材料面板土钉支护体系”获得国家发明专利授权,“室内温度调节系统”、“分体二用高压电器清洗器”获得实用新型专利授权;“新型手推车”、“大跨度钢结构吊装滑移支座及其施工工艺”、“一种钢筋混凝土凸缘扩孔型灌注桩的施工方法”、“电磁式移动平台”和“一种悬浮质量调谐减震器”5项成果申请国家专利。

教育培训。年内,集团公司开通在线培训系统,为职工建起不受时间和空间限制的远程网络学院。网络在线培训,是集中面授等常规培训方式的有利补充,有助于培训工作的常态化开展。

(赵大鹏)

【党群工作】 党的工作。(1)加强领导班子建设,加强基层党组织建设,推动二级单位快速成长。6月29日,集团公司召开第二次党代表大会,选举产生集团公司第二届党委会、常委会和纪律检查委员会,明确上规模、上效益、上水平的总体发展目标,年内召开党委全会7次,组织党委中心组学习6次。(2)创先争优活动。集团公司党委按照“推动科学发展,促进社会和谐,服务人民群众,加强基层组织”的工作目标,开展争创“四强”党组织、争做“四优”共产党员活动,2个项目部被股份公司评为先进工程项目部党组织,2个项目部被评为先进基层党委及“五好党支部”标兵,1人被评为“六好共产党员”标兵,1人被评为优秀党务工作者。(3)学习型党组织建设。年内为全体党员购买《员工突击》读本,向党委中心组成员发放《中共中央关于制定国民经济和社会发展第十二个五年规划的建议》辅导读本,向所属党委和党支部配发《党务公文写作技巧与范例》,切实保障建设学习型党组织工作的整体质量。(4)宣传思想政治工作。集团公司全年刊发新闻稿件183篇,其中29篇在《中国铁道建筑报》一版刊登。内部网站发布新闻350篇,编印《中铁建设》12期。建立突发事件应急预案和处理机制,舆情处理工作取得较好效果。面对工程任务艰巨,铁路站房项目工期紧张的情况,集团公司党委先后撰写下发《关于支持组织架构调整的教育提纲》《提高认识,整合资源,坚决打赢施工生产攻坚战》等10份宣传教育提纲,动员广大职工不讲条件,不讲代价,打响施工生产攻坚战,全面完成各项施工任务。(5)企业文化建设。集团公司党委编印《管理文化教程》,修订视觉识别手册,规范办公场所企业宣传工作。进一步开展践行"诚信创新永恒,精品人品同在"核心价值观活动,通过演讲比赛等活动方式,提升企业的凝聚力。年内,集团公司被股份公司评为企业文化建设先进单位,4个项目部被评为企业文化建设优秀项目部,5人被评为企业文化建设先进个人;2人被股份公司党委评为优秀思想政治工作者。(6)党风廉政建设。全年开展警示、案例教育62场次,2323人次接受教育。各级领导人员廉洁承诺333人,述职述廉345人次,领导人员任职谈话138人。全年受理举报案件2件,初核2件,组织处理1件,查否1件。其中1件为假冒他人之名进行重复不实举报案件。开展工程建设效能监察专项治理活动,发出监察建议书7份,提出整改建议78条,推进建章立制8项。

工会工作。集团公司工会下设基层工会24个。6月组织召开集团公司第二届三次职工代表大会,268名职工代表参加会议。会议民主评议集团公司领导班子成员11名,签订2010年"中铁建设集团有限公司集体合同"。加快推行基层企务公开工作,集团公司设立企务公开意见箱和监督电话,接受职工群众的监督,并及时与职工沟通,回答和解决职工提出的问题,消除职工疑虑,化解矛盾。积极开展创先争优和劳动竞赛活动,集团公司表彰先进生产者27名;2个单位获得火车头奖杯,3人获得火车头奖章;2人被评为股份公司劳动模范,2个集体获股份公司"工人先锋号"称号,1人获股份公司"工人先锋号标兵"称号。帮扶济困工作常抓不懈,全年走访、慰问职工371名,发放慰问金412913元。

共青团工作。年内下发《关于基层团组织组建和换届选举工作的通知》和《中铁建设集团有限公司基层团建工作实施管理办法(暂行)》,进一步完善集团公司共青团工作机制。指导集团公司所属15个分(子)公司团委的组建与换届选举工作,并启用《基层团委工作手册》和《基层团支部工作手册》,促进团组织工作制度化、规范化。积极组织开展"保安全、求质量、促进度、增效益"青年突击队竞赛活动,提高青年团员的质量安全意识;广泛开展"导师带徒"活动,全面提高青年职工的整体素质,进一步稳定青年人才队伍,加快青年人才培养;举办"高唱红歌展职工风采,振奋精神促企业发展"等比赛活动,不断提高团员队伍的凝聚力和创造力。在西南地区特大旱灾中,组织集团公司团员青年开展"我为灾区献爱心"活动,募集捐款128643.1元;开展"心手相牵——情系家乡孩童"活动,通过召开座谈会、现场慰问等形式,将22000元爱心金全部送至220名农民工手中。继续以创建五四红旗团委(团支部)、评选"两优两红"活动为载体,推动团的基层组织建设再上新台阶。年内,集团公司团委创北京市优秀"青年突击队标杆"1支、北京市优秀"青年突击队"3支,保持北京市优秀"青年突击队标杆"3支;获中国铁建"青年文明号"1个、中国铁建"青年文明号"创建示范点2个,3人获中国铁建"青年岗位能手"称号;获中国铁建优秀团员和优秀团干部各1名,中国铁建五四红旗团委、五四红旗团支部各1个,中国铁建五四红旗团支部创建单位2个;1名务工团员被评为中国铁建优秀务工团员。　　(赵大鹏)

【铁路工程总指挥部】　2010年2月2日成立。机关驻北京市石景山区石景山路20号。总指挥长兼党委书记吴永红。总指挥部下辖宁德站房项目部(已竣工)、温岭站房项目部(已竣工)、漳州站房项目部、哈大铁路客运专线项目部、哈尔滨西站项目部、长春西站项目部、长春站改项目部、宁波站房项目部、南昌站改项目部9个项目部及15个工点。职工559人。其中,干部487人;工人72人。专业技术干部296人,占干部总数的60.78%;技术工人10人,占工人总数的13.89%。资产总额179864万元。其中,固定资产净值196万元;流动资产179664万元。机械运输设备23台,总功率1160千瓦,动力装备率2.08千瓦/人,设备完好率98%、利用率80%。

2010年完成施工产值301050万元,实现利润8138万元。人均创利1.45万元,全员劳动生产率538万元/人年。职工年人均收入8.7万元。完成建筑面积1084722平方米。年内获得火车头奖杯1项,总指挥部被评为中国铁建先进企业文化建设优秀项目部、先进工程项目部党组织、"青年文明号"创建示范点,获集团公司项目管理规范单位称号。　　(赵大鹏)

【海外工程分公司】　2010年2月12日成立。机关驻北京市石景山区石景山路20号。总经理于久龙。公司下设1个子公司,2个驻勤项目部。职工67人,其中技术干部32人。资产总额3682万元。其中,固定资产净值965万;流动资产2717万元。机械设备原值773万元、净值662万元。

2010年承揽工程任务56400万元,完成营业收入8000万元,实现利润195万元。人均创利3万元,职工年人均收入62500元。　　(赵大鹏)

【设备安装分公司】　机电设备安装工程施工总承包一级,建筑智能化工程设计与施工承包一级和空调清洗专业承包资质企业。1990年1月成立。机关驻北京市丰台区张仪村16号。经理贾学斌,党委书记王曰亮。下设市场部等7个部门、16个施工项目部和1个加工制作中心。职工185人。其中,干部149人;工人36人。资产总额37608万元。其中,固定资产净值232万元;流动资产37378万元。机械运输设备171台(套),净值80万元,总功率4176千瓦,动力装备率23千瓦/人,设备完好率70%、利用率92%。

2010年完成施工产值4.6亿元,实现利润3500万元。职工年人均收入141000元。分项工程验收合格率100%。公司参建的中铁建设大厦获国家优质工程银质奖,温州站房机电安装工程获浙江省建设工程钱江杯优质工程奖,上海保利机电安装工程获上海市安装行业申安杯奖和上海市优质结构安装工程白玉兰奖,北京师范大学体育馆工程获中国安装工程优质奖。公司被评为中国铁建企业文化建设先进单位。（赵大鹏）

【北京中铁电梯工程有限公司】 特种设备安装改造维修A级资质企业,1992年9月成立。机关驻北京市丰台区张仪村16号。总经理惠文生。职工102人。其中,技术干部6人;技术工人40人。资产总额710万元。其中,固定资产净值10万元;流动资产690万元;其他资产10万元。

2010年承揽工程任务3550万元,完成企业总产值2929万元,实现利润55万元。职工年人均收入6.95万元。公司先后获得中非合作论坛北京峰会电梯维保贡献奖、中国共产党第十七次全国代表大会特种设备安全服务保障工作先进单位、北京奥运会安保服务工作先进单位、北京市电梯维保示范企业等荣誉。2010年被北京电梯商会评为电梯AAA诚信单位。

（赵大鹏）

【设备租赁分公司】 起重设备安装一级资质企业。前身系中国人民解放军铁道兵独立建筑团机修连,1994年成立机械设备租赁中心,2002年企业改制更名为设备租赁分公司。机关驻北京市丰台区张仪村16号。总经理刘延泰,党委书记刘德元。职工33人。其中,技术干部17人,技术工人8人。资产总额1475万元。其中,固定资产净值3490万元;流动资产1297万元。机械运输设备42台(套),总功率5800千瓦,动力装备率181.25千瓦/人,设备完好率98.2%、利用率88%。年施工生产能力1800万元。（赵大鹏）

【商品混凝土分公司】 商品混凝土生产二级,建筑工程质量检测和建筑钢结构检测资质企业。1986年成立。机关驻北京市丰台区张仪村16号。经理刘加文,党委书记李清堂。职工213人。下设北京西商品混凝土搅拌站、北京东搅拌站、信阳搅拌站。其中,北京西搅拌站有3条自动化生产线,每小时生产能力150立方米;北京东搅拌站有两条混凝土生产线,每小时生产能力150立方米。

2010年生产商品混凝土65万立方米。（赵大鹏）

【市政工程分公司】 市政公用工程施工总承包一级,地基与基础、土石方工程专业承包一级资质企业。1984年7月成立,先后称机械运输段、机械运输分公司,2004年7月改称现名。机关驻北京市丰台区张仪村16号。总经理付建中,党委书记方红旗。职工174人。资产总额33090万元。其中,固定资产净值136万元;流动资产329.55万元。机械运输设备总功率2472千瓦,动力装备率14.21千瓦/人,设备完好率100%、利用率100%。机械化施工程度100%。

2010年承揽工程任务50000万元,完成企业总产值39000万元,实现利润1220万元。人均创利7.01万元,职工年人均收入62390元。年内,公司获全国工程建设优秀管理质量一等奖1项、全国优秀质量管理小组1个;QC成果"提高井盖周边沥青混凝土路面观感质量"获全国优秀QC成果二等奖。（赵大鹏）

【模板架构件加工和租赁中心】 1997年4月组建。机关驻北京市丰台区张仪村29号院南侧。总经理田正章,党委书记黄应生。职工50人。其中,干部11人;工人39人。技术干部7人,技术工人20人。资产总额8177万元。其中,固定资产净值25万元;流动资产8152万元。具有钢木龙骨,大模板平模、角模、井筒模、梁柱模、门窗模等20多个品种大模板及快拆体系的设计加工生产能力,日生产量近300平方米,模板年吞吐量10万平方米,是集团内部周转料保障的主体。机械运输设备111台(套),总功率719.6千瓦,动力装备率14.3千瓦/人,技术装备率1.13万元/人,设备完好率98%、利用率98%。年施工生产能力2000万元。

2010年承揽任务2050万元,完成企业总产值2050万元。职工年人均收入60000元。年内中心进行快拆体系改造,研制的3件套产品,在工程项目上推广使用,取得较好的经济和社会效益。（赵大鹏）

【装饰分公司】 1999年9月成立。建筑装饰装修工程设计与施工一级资质企业。机关驻北京市丰台区张仪村16号。总经理赵向东,党委书记陶信山。职工251人。资产总额19787万元。其中,固定资产原值303万元、净值146万元;流动资产19641万元。

2010年承揽任务5亿元,完成施工产值3.7亿元,实现利润1860万元。年内,分公司承建的北京石景山万达广场万千百货精装修工程获北京市建筑装饰优质工程奖，承建的中铁建设大厦设计、装修工程获北京市装饰工程优秀设计奖和北京市建筑装饰优质工程奖。1人获得火车头奖章，1人被股份公司授予“工人先锋号标兵”称号。（赵大鹏）

【北京中铁建工物资有限公司】 1993年成立。北京市建筑材料供应B级资质企业。主要从事工业与民用建筑、商业设施及铁路线路、铁路站房建设工程物资系统集成供应，主要经营品种有螺纹钢、线材、盘螺、钢结构用钢、水泥、直螺纹套筒、电线电缆、桥架母线、JDG管、铸铁管、五金工具、竹木胶合板、安全网、瓷砖洁具等各种工程配套物资。机关驻北京市丰台区张仪村路16号。总经理魏广铭，党委书记王春林。职工100人。其中，高级职务20人；铁道部评标专家2人；CIPS采购与供应经理2人。资产总额87303万元。其中，固定资产53.18万元；流动资产87250万元。

2010年，公司以集团公司巴布亚新几内亚项目物资出口业务为依托，取得进出口业务资质，年内出口物资设备17批次12.02万元。公司全年经销钢材100余万吨、水泥20万吨，五金交电、周转材料等其他材料逾3亿元。年内，公司通过ISO9002：2000国际标准质量体系认证，获全国满意服务企业称号。（赵大鹏）

【中铁建设集团物业管理有限公司】 2009年1月成立。前身为中铁建设集团房产膳食管理服务中心。机关驻北京市石景山区石景山路20号。总经理赖艳阳，党委书记张建强。职工270人。其中，管理人员20人；技术人员10人；维修人员50人。公司主要负责集团公司所属住宅区、办公区房屋、大学生公寓、临时房、外租商铺、职工食堂和中铁建设大厦的物业服务管理工作。

2011年，公司被评为北京市首都绿化美化花园式单位，中铁建设大厦餐厅被评为北京市食品卫生A级单位，中铁建设大厦停车场被评为北京市达标示范停车场。（赵大鹏）

【北京分公司】 2010年1月成立。公司机关驻北京市石景山区石景山路20号。总经理倪真，党委书记陈金和。下辖40多个工程项目部。职工865人。资产总额201247万元。其中，固定资产净值603万元；流动资产200643万元。年施工生产能力50亿元。

2010年承揽工程任务598500万元，完成施工产值311291万元，实现利润11668万元。职工年人均收入62920元。年内，公司承建的6项工程被评为北京市文明安全工地，2项工程被评为全国AAA级安全文明标准化诚信工地，1项工程被评为股份公司安全质量标准化工地。（赵大鹏）

【天津分公司】 2004年4月成立。机关驻天津市河东区华兴道6号。总经理张永春，党委书记施显余。下辖6个项目部。职工167人。资产总额74051万元。其中，固定资产净值66万元；流动资产73985万元。

2010年承揽工程任务200000万元，总建筑面积133万平方米，完成施工产值81500万元，实现利润3250万元。职工年人均收入56000元。公司承建的天津中华文化会馆工程被评为2010年度天津市样板文明优秀工地。（赵大鹏）

【西安分公司】 前身为中铁二十局集团城建总公司，2001年12月划归北京中铁建设有限公司，更名为北京中铁建设有限公司西北分公司，2004年7月21日改称现名。机关驻陕西省西安市高新区高新四路17号。总经理郝长江，党委书记辛宁海。职工298人，其中国家一级建造师16人。资产总额81990万元。其中，固定资产原值380万元、净值170万元；流动资产80775万元；其他资产1045万元。机械运输设备11台（套）。年施工生产能力15亿元。

2010年承揽工程10项，总建筑面积146万平方米。全年完成企业总产值115876万元，实现利润3908万元，上缴税金3286万元。职工年人均收入87000元。资产负债率100%。分公司成立以来，获省级安全文明工地7个、市级安全文明工地19个，省级建筑结构示范杯工程1项、市级建筑结构示范杯工程20项，全国AAA级安全文明标准化诚信工地1个。（赵大鹏）

【山西分公司】 2004年3月成立。机关驻山西省太原市南肖墙88号。总经理李擘，党委书记魏宏才。职工286人。

2010年在建工程9项，总建筑面积189万平方米；新承揽工程8项，合同投资200000万元。全年完成施工产值86000万元，上缴利润3461万元。分公司被评为2010年度集团公司文明单位。（赵大鹏）

【海南分公司】 2011年1月成立。机关驻海南省海口市国贸大道北京大厦。总经理李瑞法，党委书记易政平。职工220人，其中专业技术干部70人。资产总额44230万元。其中，固定资产净值29.3万元；流动资产44200万元。

2010年在建工程8项，主要分布于海南省海口、三亚、洋浦、儋州等城市；新承揽工程60万平方米。全年完成施工产值95000万元,实现利润1958万元。职工年人均收入55000元。年内,分公司领导班子被集团公司评为“四好领导班子”。（赵大鹏）

【济南分公司】 2011年1月成立。机关驻山东省济南市槐荫区经十路段店立交桥27180号。总经理李金生,党委书记李昌盛。下辖8个项目经理部。职工378人。资产总额91248万元。

2010年在建工程总面积128.16万平方米。全年完成营业收入98667万元,实现利润1533万元。分公司获集团公司2010年度安全生产先进单位称号。

（赵大鹏）

【郑州分公司】 2009年12月成立。机关驻河南省郑州市郑东新区商务内环29号新蒲大厦。总经理孙洪军,党委书记陈跃海。职工267人。

2010年在建工程8项,新承揽工程124000万元,实现利润1150万元。分公司成立以来先后获得郑州市城市管理先进单位、信阳市安全文明工地等荣誉。2010年被集团公司评为安全生产先进单位、廉政建设先进单位;1人被集团公司评为2010年度中铁建设十大楷模人物,1人被股份公司评为2010年度企业文化建设先进个人。（赵大鹏）

【华东分公司】 2009年12月成立。机关驻上海市闵行区莲花路1978号。总经理赵先忠,党委书记刘国胜。职工288人。资产总额12.78亿元。

2010年完成施工产值13.5亿元,实现净利润2050万元,人均创利23.4万元。职工年人均收入93727元。年内,分公司先后被评为京沪高速铁路建设百日大干优胜单位、京沪高速铁路建设先进集体,参建的上海石油馆工程获得上海市文明工地、上海世博园文明工地、上海市金钢奖等荣誉。（赵大鹏）

【中铁建设集团房地产公司】 2010年2月成立。主要从事房地产开发及销售。机关驻北京市石景山区石景山路20号。董事长兼党委书记庄初最,总经理吕金华。下辖4个项目公司。职工38人,其中专业技术人员32人。

2010年土地储备52.2万平方米,其中新增土地储备19067平方米。全年实现销售收入88000万元。

（赵大鹏）

【重要记载】

▲1月10日　西安分公司承建的风景御园5、6、7、8号楼工程被评为西安市结构示范杯工程。

▲1月15日　集团公司开发的“钢筋绑扎机”、“分体二用高压电器清洗器”技术成果分别获发明专利和实用新型专利授权。

▲2月25日　集团公司成立中铁建设集团房地产有限公司,注册资本金3亿元。

▲4月5日　福建省省委书记孙春兰到集团公司厦门西站建设工地检查指导工作。

▲4月9日　集团公司在巴布亚新几内亚首都莫尔兹比港成立中铁建设集团巴新公司,注册资本金115万美元。

▲5月10日　中国驻巴布亚新几内亚大使仇伯华到集团公司参观考察。

▲5月25日　巴布亚新几内亚贸工部部长Hon Gabriel L. Kapris先生到集团公司考察,受到股份公司副总裁扈振衣,集团公司董事长汪文忠、总经理赵伟和总经济师于久龙的热烈欢迎。

▲5月26日　黑龙江省省长栗战书到集团公司哈尔滨西客站建设工地检查指导工作。

▲6月17日　中铁建设集团有限公司铁路工程分公司变更为中铁建设集团有限公司铁路工程总指挥部。

▲6月　《中铁建设集团有限公司十年发展规划报告》提交第二届三次职工代表大会审议通过。

▲7月　市政分公司开发的“提高热力管道接头焊缝一次施工合格率”QC成果获全国优秀QC成果二等奖。

▲9月10日　黑龙江省省长王宪魁到集团公司哈尔滨西站项目部视察。

▲9月20日　中铁建设集团设计中心更名为中铁建设集团建筑设计院。

▲10月5日　铁道部副部长卢春房在集团公司总经理赵伟等陪同下视察集团公司承建的三亚站、博鳌站站房工程。

▲11月19日　铁道部副部长卢春房到北京分公司承建的京广铁路保定站改造工程施工现场检查指导工作。

▲11月　集团公司被中国企业文化研究会评为新中国60年全国企业精神60佳。

▲12月23日　集团公司承建的中铁建设大厦工程获国家优质工程银质奖。

▲12月26日　装饰分公司参建的中铁建设大厦工程获全国建筑工程装饰奖。

▲12月　集团公司获2010年度全国工程建设质量管理优秀企业称号。

▲12月　汪诗超、徐振生、王洪伟被评为2010年度全国安装行业优秀项目经理。（赵大鹏）

中铁建电气化局集团有限公司

【简况】 中铁建电气化局集团有限公司是通信、房屋建筑工程施工总承包一级,机电安装工程总承包一级,电气化、电务、电信、送变电、机电设备安装工程专业承包一级资质企业。机关驻北京市石景山区石景山路29号。前身系中铁建电气化局有限公司,由中铁十五、十七、十八局集团电务工程有限公司和中铁二十五局集团电务工程有限公司电气化分公司及柳州铁路工程有限公司电务分公司重组而成,2005年7月19日挂牌成立;2005年12月12日改为现名;2009年8月,中铁十一局集团电务工程有限公司、中铁十二局集团电气化工程有限公司主体划归集团公司管理。主要从事铁路电气化、电务、通信信号、电力和城市轨道交通、公路交通、机电设备安装、地方电信、送变电工程施工,以及高速铁路"四电"集成、接触网支柱、H型钢柱、接触线承力索、接触网零部件、钢结构的研发、生产、销售和工程设计、酒店管理、铁路新线"四电"运营维护。下辖14个控股子公司。职工9487人。其中,干部3324人;工人6163人。专业技术干部3087人,占干部总数的92.87%;技术工人2881人,占工人总数的46.75%。资产总额119.76亿元。其中,固定资产净值18.87亿元;流动资产108.45亿元;其他资产11.31亿元。机械运输设备596台(套),成新率65.4%,完好率96.36%,利用率96.68%,总功率69552千瓦,技术装备率3.93万元/人,动力装备率9.21千瓦/人。

2010年承揽工程任务174项,合同总额169.58亿元。完成企业总产值162.15亿元,其中施工产值155.3亿元。实现利润4.09亿元。人均创利43169元,职工年人均收入48653元。净资产收益率28.33%,产值利润率2.53%,国有资产保值增值率133.6%,资产负债率88.83%,成本费用占营业收入比重的97.51%,投资回报率49.8%,应上缴款完成率100%。年内完成主要实物工程量:通信线路5057公里,自动闭塞6279区间公里,电气集中联锁道岔2982组,电力线路3965公里,变配电所102座,接触网7643条公里,牵引变电所113座,房屋建筑141021平方米。

集团公司先后参加50多条铁路工程建设,包惠、武襄、徐连、襄渝、洛张等铁路工程建成通车,郑西、胶济铁路客运专线及福厦、新菏兖日、兰新、太中银、包西等铁路工程进展顺利,京九铁路南段电化、宁杭铁路客运专线、成灌铁路、长吉城际铁路等项目相继开工。2009年12月,集团公司参建的郑西铁路客运专线在铁道部组织的动检试验中创造下行393公里、上行394公里的最高时速。有100余项工程被评为国家和省部级优质工程,其中获中国建设工程鲁班奖和国家优质工程奖9项;4项科技成果获省部级科技进步奖。集团公司先后获得全国重合同守信用企业、全国用户满意施工企业、全国十佳道德建设先进单位、全国五一劳动奖状、全国模范职工之家及铁道部火车头奖杯等60多项荣誉。2010年获国家优秀QC成果3项、省部级优秀QC小组成果2项,获火车头优质工程7项、广西壮族自治区优质工程1项,承建的新建遂宁至重庆铁路获中国建设工程鲁班奖。全年受到各级建设单位通报嘉奖30余次,获奖金200余万元;收到各级各类业主表彰通报50件次。集团公司被评为北京市地税局、北京市国税局纳税信用A级企业和工商银行AAA级信用企业,被认定为北京市高新技术企业。

(邹国华)

【领导人员】

董事会

董事长	薛之桂
副董事长	张志才
	郑　斌
董事	薛之桂
	张志才
	郑　斌
	冯学彬
	田恒升
	张国俊

经理层

总经理	郑　斌
副总经理	冯学彬
	李章锁
	李汝军
	郭志光
	孟宪浩
	姜晋南
	寇宗乾(8月任)
	万传军(12月任)
总工程师	寇宗乾
总经济师	万传军(12月免)
总会计师	张国俊

党群领导

党委书记	张志才
党委副书记	薛之桂(兼)

	郑　斌(兼)
	李如东(9月免)
	田恒开
纪委书记	田恒开(兼)
工会主席	李如东(兼,9月免)
顾问	李如东(9月任)

(王壹平)

【工程项目指挥机构】 郑西铁路客运专线"四电"系统集成工程指挥部　驻陕西省西安市。指挥长兼党工委书记郭志光,副指挥长兼总工程师张汉波。

福厦铁路"四电"系统集成联合体项目经理部　驻福建省福州市。指挥长兼党工委书记李汝军,总工程师黄虎。

京石、石武(河北段)铁路客运专线"四电"系统集成项目经理部　驻河北省石家庄市。项目经理郭志光,党工委书记张庆彬,常务副经理潘功书,总工程师邵嘉声。

石武铁路客运专线(河南段)"四电"系统集成SDJC－1标段项目经理部　驻河南省郑州市。项目经理郭志光,常务副经理刘兴晨,党工委书记林京闽,总工程师冯大立。

石武铁路客运专线(湖北段)"四电"系统集成项目经理部　驻湖北省孝感市。项目经理兼党工委书记郭志光,常务副经理谢文艺,总工程师张汉波。

京九铁路向塘西至东莞段电气化改造JJNS标段工程南昌段工程指挥部　驻江西省赣州市。指挥长兼党工委书记李章锁,常务副指挥长岳小川,总工程师宁德俭。

京九铁路向塘西至东莞段电气化改造JJNS标段工程广东段工程指挥部　驻广东省惠州市。指挥长兼党工委书记李章锁,副指挥长兼总工程师何景华。

新菏兖日电气化改造工程指挥部　驻山东省济宁市,在河南长垣设分指挥部,分管郑州铁路局相关事务。指挥长兼党工委书记李章锁,常务副指挥长卫明博,副指挥兼总工程师岳小川。

兰新铁路红柳河至乌西段电气化改造工程指挥部　驻新疆维吾尔自治区乌鲁木齐市。指挥长兼党工委书记冯学彬,常务副指挥长王清波,总工程师徐开文。

兰新铁路嘉峪关至红柳河段电气化改造项目经理部　驻甘肃省酒泉市瓜州县柳园镇。项目经理冯学彬,常务副指挥长西穷,党工委书记何国民,总工程师兼副经理刘春雨。

包西铁路通道省界(陕西)至张桥段站后"四电"系统集成BXZH－1、BXZH－2标段工程指挥部　驻陕西省榆林市(后驻陕西省西安市碑林区)。指挥长谢晖,副指挥长兼总工程师姜成师。

包西铁路通道包头至大保当段第5合同段项目经理部　驻内蒙古自治区鄂尔多斯市。项目经理吕彦伟,党委书记姬龙飞,总工程师吕兵。

太中卫(银川)铁路站后"四电"系统集成及给排水工程SDS－Ⅱ、Ⅲ标段工程指挥部　SDS－Ⅱ标段驻陕西省靖边县,SDS－Ⅲ标段驻宁夏回族自治区中卫市。指挥长冯学彬,常务副指挥长寇震,党工委书记贾丽国,总工程师郝加强。

成都至都江堰铁路站后系统集成工程项目经理部　驻四川省成都市。项目经理兼党工委书记罗世昌,项目副经理兼总工程师王杰。

宁杭铁路客运专线工程指挥部　驻浙江省湖州市。指挥长郭志光,常务副指挥长陈宝军,总工程师张学哲。

武宜铁路项目经理部　驻湖北省仙桃市。项目经理兼党工委书记李汝军,常务副经理万靖,总工程师夏谦云。

新长吉城际铁路工程指挥部　驻吉林省九台市东湖镇。指挥长周建文,党工委书记田子亮,总工程师林本权。

青藏铁路西宁至格尔木段增建二线工程XGZHH2标段工程指挥部　驻青海省德令哈市。指挥长闫国印,党工委书记曹学仁,总工程师郭家祥。

改建铁路遂渝增建第二线站后工程指挥部　驻重庆市江北区。指挥长兼党工委书记陈家良,常务副指挥长李弢,总工程师罗建军。

湘桂铁路永州至柳州段扩能改造工程站后XGZH－1标段工程指挥部　驻广西壮族自治区桂林市。指挥长吴克坚,党工委书记韦仁敏,总工程师侯旭光。

南疆铁路吐鲁番至库尔勒段增建第二线DS1标段工程指挥部　驻新疆维吾尔自治区吐鲁番市。指挥长侯绪永,党工委书记朱群峰,总工程师袁海林。

南同蒲电气化改造NTDG－4标段工程项目经理部　驻山西省孝义市。项目经理王充希,党工委书记汤小渭,总工程师梁强。

南同蒲铁路榆次至侯马北段电气化扩能改造工程站后"四电"系统集成NTDG－6标段工程指挥部　驻山西省临汾市。指挥长穆建军,党工委书记杨传勤,总工程师张相利。

改建铁路漯河至阜阳增建二线工程指挥部　驻河南省漯河市。指挥长任灵旺,党工委书记陈朝东,总工程师王庆勇。

新建铁路新街至恩格阿娄至陶利庙XTSG－2段"四电"系统集成工程指挥部　驻内蒙古自治区鄂尔多斯市伊金霍洛旗伊金霍洛镇成陵新区。指挥长陈克忠,党工委书记李怀斌,总工程师梁智。

京包铁路集宁至包头段增建第二双线 JBSD－8 标段工程指挥部　驻内蒙古自治区包头市。指挥长马金生，党工委书记赵春才，总工程师张宪。

洛湛铁路岑溪至茂名 M6 标段“三电”工程项目经理部　驻广东省茂名市。项目经理秦震，党工委书记王戈辉，总工程师周卫方。

南昌枢纽新建西环线电气化工程项目经理部　驻江西省南昌市。项目经理兼党工委书记李卫华，总工程师谢海堂。

新建田德铁路 TD2 标段站后“四电”系统集成工程项目经理部　驻广西壮族自治区田东县。项目经理兼总工程师周治华，党工委书记解玉彬。

北京轨道交通大兴线通信及 AFC 工程项目经理部　驻北京市大兴区富强西路清城南区。项目经理侯晓俊，常务副经理王永刚，党工委书记董尚凯，总工程师刘威。

成都地铁 1 号线一期接触网工程项目经理部　驻四川省成都市。项目经理兼党工委书记陈杰，副书记刘成刚，总工程师李祥。　（袁　莉）

【职工队伍】　职工 9487 人。干部 3324 人。其中，女干部 721 人，占干部总数的 21.7%；少数民族干部 90 人，占干部总数的 2.7%；专业技术干部 3087 人，占干部总数的 92.9%。干部文化结构：本科以上学历 2100 人，大专学历 849 人，中专及以下学历 184 人。年龄结构：30 岁以下 1709 人，31 岁～40 岁 915 人，41 岁～50 岁 443 人，51 岁以上 257 人。专业技术干部中高级职务 301 人，中级职务 666 人，初级职务 2120 人。专业结构：工程系列 2355 人，经济系列 175 人，会计系列 336 人，政工系列 191 人，其他系列 30 人。

工人 6163 人，其中女工 1355 人。文化结构：初中以下 1377 人，高中 987 人，中专、技校、职高 2203 人，大专 925 人，本科及以上 188 人。年龄结构：30 岁以下 2845 人，31 岁～40 岁 976 人，41 岁～50 岁 1286 人，51 岁～55 岁 509 人，56 岁～60 岁 64 人。1983 年以前参加工作的 1473 人，1984～2000 年参加工作的 1340 人，2001 年以后参加工作的 2867 人。2881 人获得国家职业资格证书。其中，初级工 499 人；中级工 956 人；高级工 1097 人；技师 285 人；高级技师 44 人。

（周丽慧　魏雪琴）

【工程施工】　2010 年在建工程 95 项，合同总投资 441 亿元，完成投资 158 亿元。其中，铁路客运专线工程 23 项，累计投资 201.5 亿元，铁路里程 3551 公里；新建铁路“四电”工程 38 项，累计投资 230.7 亿元，铁路里程 5984 公里；营业线“四电”工程 35 项，累计投资 199.9 亿元，铁路里程 6919 公里；海外工程 2 项；城市轨道工程 3 项；市政公用工程 4 项；高速公路工程 3 项；水利水电工程 1 项；房屋建筑工程 1 项；其他工程 10 项。完成主要实物工程量：通信线路 5057 公里；自动闭塞 6279 区间公里，电气集中联锁道岔 2982 组；电力线路 3965 公里，变配电所 102 座；接触网 7643 条公里，牵引变电所 113 座；房屋建筑 141021 平方米。工程质量优良，一次验收合格率 100%。主要工程进展情况：

郑西铁路客运专线“四电”系统集成工程　全长 474 公里，合同投资 313220.36 万元，合同工期 2008 年 8 月 1 日～2009 年 12 月 31 日。主要实物工程量：通信线路 1868 公里；自动闭塞 2251 区间公里，联锁道岔 289 组；电力线路 3223 公里，变配电所 13 座；接触网 1345 条公里，牵引变电所 11 座；房屋建筑 850 平方米。2010 年 2 月 6 日开通运营。

福厦铁路“四电”系统集成工程　全长 262.428 公里，合同投资 148781.6 万元。2008 年 10 月 9 日开工，计划 2010 年 3 月 30 日竣工。主要实物工程量：接触网 791.51 条公里，牵引变电所 5 座，AT 所、分区所、开闭所 14 座；通信光电缆 1065.8 公里，漏泄同轴电缆 51 公里；信号专业电缆 2162.249 公里，转辙机 464 组；10 千伏高压电缆 1813.1 公里，低压电缆 229.1 公里，配电所 8 座；房屋建筑 8585 平方米。2010 年 4 月 26 日开通运营。

京石、石武（河北段）铁路客运专线“四电”系统集成工程　全长 283.672 公里，合同投资 254860 万元，合同工期 2010 年 1 月 1 日～2011 年 6 月 30 日，2011 年 12 月 15 日联调联试及试运行。主要实物工程量：接触网支柱组立 20634 根，附加导线架设 515.687 公里，接触网导线架设 515.687 公里；变电所 10 座，AT 所、分区所 30 座；区间自动闭塞 515.687 公里，联锁道岔 117 组，中继站 26 座；通信无线基站 159 座，新征土地 202 块，房屋建筑 27240 平方米。2010 年完成投资 68738 万元，占合同投资的 27%。

石武铁路客运专线（河南段）“四电”系统集成 SDJC－1 标段工程　线路长 542 公里，合同投资 325446.9 万元。2010 年 1 月 1 日开工，2011 年 5 月 1 日“四电”联调联试，2011 年 12 月 31 日开通运营。主要实物工程量：接触线 1380 条公里，牵引变电所 11 座，AT 所 22 座，分区所 12 座，开闭所 1 座，开闭兼分区所 1 座；电力 10 千伏电缆 3600 公里，10 千伏变配电所 4 座；通信光、电缆 1415 公里，漏缆 20 公里，铁塔 202 座；信号电缆 4429 条公里，信号中继站 33 座；房屋建筑 12513.77 平方米。2010 年完成投资 19460 万元，占合同投资的 6%。

石武铁路客运专线(湖北段)“四电”系统集成SWJLII标段工程　线路长146.491公里,合同投资111478万元。合同工期2010年2月1日~2011年3月31日,2011年12月30日开通。主要实物工程量:牵引变电所3座,AT分区所3座,AT所6座,承导线架设及悬挂调整356.624条公里;10千伏电力贯通线路365.81条公里,新建变配电所5座,改造10千伏配电所1座;通信干线光缆600公里,漏缆40.2公里,区间GSM-R基站56座,光纤直放站117个,通信铁塔83座;信号行车指挥、自动闭塞、列控系统134.033公里,联锁装置18联岔,微机车站分机10站,防灾系统134.033公里;房屋建筑5142平方米。2010年完成投资51800万元,占合同投资的46.47%。

京九铁路向塘西至东莞段电气化工程　全线分别由南昌铁路局和广州铁路集团股份有限公司管辖。正线全长821.525公里,合同总投资402063万元,合同工期2009年11月18日~2011年10月24日。实际开工日期2009年12月1日。南昌铁路局管段合同投资256466万元,线路长517.984公里。主要实物工程量:接触网1481.01条公里,变电所11座,分区所12座;电力电缆307.26公里,10千伏架空线路2.7公里,低压变电所3座,10千伏配电所7座,杆架式变台118座,箱变232座;通信长途干线光缆517.98公里,地区及站场光、电缆线路82.9公里;信号新建计算机联锁34站场,联锁道岔690组,新(改)建自动闭塞517.984公里,新建调度集中系统(CTC)517.984公里。2010年完成投资149559万元,开工累计完成投资170148万元,占合同投资的66.34%。广州铁路集团股份有限公司管段合同投资149900.43万元,线路长303.541公里。主要实物工程量:通信长途光缆460.74条公里,地区及站场光、电缆57条公里,集群移动通信天线铁塔120座;信号联锁道岔573组,信号电缆2030.319公里;电力线路240.23公里,变配电所9座;接触网921.45条公里,牵引变电所7座。2010年完成投资113086万元,开工累计完成投资125340万元,占合同投资的83.62%。

新菏兖日铁路电气化改造工程　隶属郑州、济南铁路局。全长614.31公里,合同总投资280827万元,合同工期2008年8月1日~2010年3月31日。实际开工日期2008年8月1日,计划2010年6月30日完工。主要实物工程量:通信线路614公里;自动闭塞614区间公里,联锁道岔1312组;电力线路614公里,变配电所60座;接触网1607条公里,牵引变电所15座;房屋建筑26968平方米。郑州铁路局管段合同投资80825.35万元,2010年4月26日全线一次送电成功,27日~29日进行热滑实验和动态验收,已正式运营。济南铁路局管段合同投资200002万元。2010年6月26日开通运营。

兰新铁路红柳河至乌西电气化改造DS2标段工程　线路长203.567公里,合同投资190042万元,合同工期2009年3月1日~2010年8月31日。实际开工日期2009年5月,计划2012年12月31日竣工。主要实物工程量:站场土石方2127595立方米,涵洞20座458.98横延米,房屋建筑40493.72平方米,接触网964.22条公里,通信长途光缆376公里,敷设地区光、电缆203条公里,信号自动闭塞211.4区间公里,电力线路111公里。2010年完成投资61283万元,开工累计完成投资88880万元,占合同投资的46.77%。

兰新铁路嘉峪关至红柳河段电化改造工程　线路长158.8公里,合同投资60592万元,合同工期2009年7月20日~2010年12月31日。主要实物工程量:通信光电缆338公里,信号电缆133.1公里,变配电所2座,改造既有配电所及车站供电系统8站,接触网导线架设431.18条公里,牵引变电所3座。2010年完成投资38698.81万元,开工累计完成投资42514.91万元,占合同投资的70.17%。

包西铁路通道省界(陕西)至张桥段站后“四电”工程BXZH-1和BXZH-2标段工程　线路长376.68公里,合同投资82676万元,合同工期2008年8月1日~2010年10月31日。实际开工日期2008年9月10日。主要实物工程量:接触网1037.105条公里,牵引变电所8座,分区所8座;10千伏电力线路627.212公里,配电所6座;光缆线路197.9公里,长途干线光缆564.15公里;自动闭塞367.41公里,微机联锁车站16座。2010年12月28日开通运营。

包西铁路通道包头至大保当段BSSG-5标段工程　线路长177.08公里,合同投资34894万元,合同工期2007年5月28日~2009年11月28日。实际开工日期2009年4月。主要实物工程量:敷设通信光、电缆1956.94条公里,联锁道岔218组。2010年10月31日开通运营。

新建铁路太原至中卫(银川)线站后“四电”及给排水工程SDS-Ⅱ标段工程　线路长296公里,合同投资116245万元,合同工期2008年9月1日~2010年8月31日。实际开工日期2008年10月10日。主要实物工程量:接触网承、导线架设798.56条公里,附加导线架设884.74条公里,牵引变电所7座,分区所8座;电力高压架空线路62.9公里,高压电缆428公里;通信光电缆敷设683.9公里;信号自动闭塞292.45公里,联锁道岔226组;给排水管道54公里,水源工程14座,水塔4座。2010年12月工程全部完工,计划2011年1月开通运营。

新建铁路太原至中卫(银川)线站后“四电”及给排水工程Ⅲ标段工程　线路长237.272公里,合同投资55107万元。2008年10月开工,计划2011年完工。主要实物工程量:敷设通信光电缆586公里,无线基塔60座;信号安装道岔287组,敷设电缆601.9公里;电力投光灯塔562座,变电所4座;电气化混凝土(钢)支柱组立3896根,承导线架设调整379条公里,牵引变电(分区)所7座。2010年12月工程全部完工,计划2011年1月开通。

新建成都至都江堰铁路站后系统集成工程　全长72.184公里,合同投资7.3亿元,合同工期2009年7月~2010年5月。实际开工日期2009年9月。主要实物工程量:通信线路72.184公里,变配电所17座;接触网229.9条公里,牵引变电所2座。正线已于2010年5月12日开通。截至2010年底完成整体工程的83.2%,支线因不具备施工条件,未施工。

南京至杭州铁路客运专线通信、信号、牵引供电及电力供电系统集成施工总承包工程　全长248.96公里,合同投资188555万元。合同工期2009年7月18日~2011年12月31日,实际开工日期2009年8月1日。主要实物工程量:通信光电缆785公里,站场通信13座;信号自闭光电缆线路1484公里,车站信号11座,轨道电路498区段,道岔101组;10千伏电力贯通线1840条公里,35千伏电力变电所1座,10千伏电力配电所4座;牵引变电所5座,接触网700.75条公里;房屋建筑5821平方米。2010年完成投资75420万元,截至年底完成整体工程的40%。

新建武汉至宜昌铁路“四电”系统集成及相关工程　线路长293.1公里,合同投资194019万元,合同工期2009年11月~2011年7月。主要实物工程量:通信光缆线路650公里,通信基站68座;信号联锁道岔260组,区间1462条公里;接触网825条公里,牵引变电所15座;电力高压线路1898公里,变配电所16座;房屋建筑49644平方米。2010年12月28日开通汉口动车运用所,截至年底完成整体工程的55.2%。

长春至吉林城际铁路“四电”系统集成及相关工程　线路长109.394公里,合同投资额62394万元。合同工期2009年9月~2010年12月,实际开工日期2010年4月1日,计划2010年12月31日完工。主要实物工程量:通信站4座,通信光、电缆线路309条公里;信号中继站4座,信号电缆线路904.59条公里;电力10千伏配电所3座,变电所2座,箱式变电站37座,电力电缆线路920公里;接触网承导线架设281.63条公里,牵引变电所、分区所、AT所6座;房屋建筑3720平方米。2010年12月6日运行第一辆铁道部动检列车,12月25日接触网送电,12月29日通过安全评估,12月30日开通试运行。

青藏铁路西宁至格尔木段增建二线XGZHH2标段工程　线路长410.17公里,合同投资83697万元,合同工期2007年9月~2012年9月。主要实物工程量:通信光电缆410公里,自动闭塞68公里,行车指挥设备410正线公里,电力线路623.86公里,接触导线1048条公里,供电线136.5公里,回流线819.4公里,保护线58公里,牵引变电所、分区所各11座。2010年完成投资33452万元,开工累计完成投资61848万元,占合同投资的73.9%。

遂渝铁路增建第二线站后工程　线路长130.832公里,合同投资46502万元,合同工期2010年4月1日~2011年12月31日。主要实物工程量:通信光、电缆414.38公里,无线漏缆38.7公里;信息光缆4公里,信号电缆928.4公里;电力高压架空线路17.6公里,高压干线电缆210.85公里,低压电缆24.2公里,配电所改造4座;接触导线204.722公里处;房屋建筑1248平方米。2010年完成投资9121万元,开工累计完成投资10640万元,占合同投资的22.88%。

湘桂铁路永州至柳州段扩能改造站后XGZH-1标段工程　线路长234.657公里,合同投资81673.87万元。合同工期2010年8月1日~2012年3月31日,实际开工日期2010年12月23日,计划2012年9月30日开通运行。主要实物工程量:通信光电缆791.9公里,信息光缆6公里;自动闭塞区间235公里,联锁道岔279组,敷设信号电缆1378.8公里;高压架空线路244.36公里,高压电缆线路291.72公里,变电所19座,新建、改建10千伏配电所4座;接触导线671.66公里,新建牵引变电所6座,新建分区亭6座,新建开闭所2座。2010年完成投资1486万元,占合同投资的1.82%。

南疆铁路吐鲁番至库尔勒段增建第二线DS1标段工程　线路长146.8公里,合同投资42962万元。合同工期2008年4月~2009年9月,实际开工日期2009年5月,计划2011年12月完工。主要实物工程量:新建牵引变电所4座,分区所4座,电力牵引调度所1座(乌鲁木齐),新建接触网393.33公里,接触网工区3座;新建电力变配电所2座,改造电力变配电所2座,新建电力线路251.08公里。2010年完成投资22931万元,开工累计完成投资24465万元,占合同投资的56.95%。

南同蒲铁路榆次至侯马北段电气化扩能改造站后“四电”工程NTDG-6标段工程　线路长103.2公里,合同投资43620万元。合同工期2008年11月20日~2010年6月20日,实际开工日期2009年2月23日。主要实物工程量:通信光缆57.6公里,长途电缆

15.4 公里,对称电缆 33.5 公里,地区电缆 17.3 公里;信号电缆 103.2 公里,铺设道岔 437 组;电力高压架空线路 26.84 公里,高压电缆线路 56.18 公里,低压电缆线路 38.6 公里,配电所改造 1 座;接触网承导线架设 302.3 公里,牵引变电所 2 座;分区所 3 座;AT 所 3 座;房屋建筑 1511 平方米。2010 年 12 月完成主体工程。

南同蒲铁路电气化改造 NTDG－4 标段工程　线路长 82.23 公里,合同投资 33366.85 万元。合同工期 2008 年 10 月～2010 年 6 月,实际开工日期 2009 年 3 月 1 日,计划 2010 年 12 月 30 日完工。主要实物工程量:接触网 243.1 公里,新建牵引变电所、分区所、AT 所各 1 座;通信光、电缆 138.6 公里,铺设道岔 337 组;电力高压电缆 23.5 公里,低压电缆 78.6 公里;房屋建筑 2034 平方米。2010 年 12 月 30 日完成主体工程。

漯河至阜阳铁路增建二线 LFSG－3 标段工程　线路长 93.5 公里,合同投资 40910 万元,合同工期 2009 年 7 月～2011 年 7 月。主要实物工程量:接触网 337.98 公里;通信辐射光缆 258.97 公里,电缆 130.96 公里,通信铁塔 10 座;信号电缆 824.95 公里,地线 138.27 公里,联锁道岔 229 组;电力高压架空线 111 公里,箱式变电站安装 3 座,配电所 2 座,杆架式变电台 50 座;房屋建筑 3800 平方米。2010 年完成投资 19062.36 万元,开工累计完成投资 21063.74 万元,占合同投资的 51.49%。

新建新街至恩格阿娄至陶利庙铁路 XTSG－2 标段工程　线路长 179.8 公里,合同投资 35014 万元,合同工期 2009 年 7 月～2011 年 9 月。主要实物工程量:通信长途干线光缆敷设 220 公里,地区及站场光电缆 25.7 公里,联锁道岔 61 组;电力高压架空线路、干线及站场电缆 202.53 公里,低压电缆、控制电缆 67.1 公里,电源架空、电缆 35.06 公里,杆架式变电台 74 座,箱式变电站 26 座;接触网承导线 260 公里,牵引变电所 4 座;房屋建筑 3700 平方米;正线铺轨 175.59 公里,站线铺轨 50.07 公里。2010 年完成投资 22868.4 万元,开工累计完成投资 25168.4 万元,占合同投资的 71.88%。

京包铁路集宁至包头段增建第二双线 JBSD－8 标段工程　线路长 307.955 公里,合同投资 55061.52 万元,合同工期 2009 年 4 月 1 日～2011 年 11 月 30 日。主要实物工程量:信号自闭线路 1174 公里,联锁道岔 300 组;通信长途光电缆 252 公里,架空导线 145 公里,电缆 68 公里,变配电所 2 座;接触线 393 公里,牵引变电所 6 座;电力线路迁改 314 处,通信光电缆迁改 66 处。2010 年完成投资 9850.2 万元,开工累计完成投资 9850.2 万元,占合同投资的 17.89%。

洛湛铁路岑溪至茂名 M6 标段"三电"工程　线路长 152 公里,合同投资 14635 万元。合同工期 2006 年 6 月～2008 年 12 月,实际开工日期 2007 年 12 月,计划 2010 年 12 月完工。主要实物工程量:通信光电缆 384.16 公里,长途通信站 10 座,地区通信 10 座;信号 152.306 公里,联锁道岔 188 组;电力高压架空线路 193.6 公里,低压架空线路 17 公里,高压电缆 80.049 公里,低压电缆 39.2 公里。2010 年 12 月 31 日开通运营。

南昌枢纽新建西环线电气化工程　线路长 61.659 公里,合同投资 12956 万元。合同工期 2007 年 7 月～2010 年 7 月,实际开工日期 2007 年 7 月,计划 2010 年 1 月完工。主要实物工程量:接触网 159.837 公里,供电线 18 公里,新建牵引变电所 1 座、分区所 2 座、电力调度所 1 座,改建变电所 1 座。2010 年 1 月 20 日开通运营。

田德铁路 TD2 标段站后"四电"工程　线路长 72.6 公里,合同投资 10186 万元。主要实物工程量:接触网 106.08 公里,新建牵引变电所 2 座;电力高压架空线路 16.10 公里,高压电缆 2.96 公里,箱式变电站 4 座,杆架式变电台 7 座,升降式投光灯塔 13 座。2010 年 7 月 23 日开通运营。

北京轨道交通大兴线工程通信系统及 AFC 设备安装工程　线路长 21.757 公里。其中,地下线路长 17.427 公里;过渡段线路长 0.704 公里;高架段线路长 3.626 公里。新建车站 11 座。其中,高架车站 1 座;地下车站 10 座。合同投资 7556.13 万元,合同工期 2009 年 7 月 1 日～2010 年 12 月 28 日。2010 年 12 月 30 日开通运营。

成都地铁 1 号线一期接触网工程　全长 51.94 公里,合同投资 5892.09 万元。2010 年 9 月 27 日开通试运营。

(袁　莉)

【经营管理】　工程承揽。全年新签合同额 162.43 亿元,为股份公司年度计划的 101.51%。其中,铁路客运专线"四电"系统集成项目新签合同 91 亿元,占合同总额的 56.02%;普速铁路"四电"系统集成项目管理新签合同 36.5 亿元,占合同总额的 22.47%;地铁、城市轻轨新签合同 5.4 亿元,占合同总额的 3.32%;工程设计新签合同 1150 万元,占合同总额的 0.07%;产品制造新签合同 8.6 亿元,占合同总额的 5.29%。

施工生产。全年在建工程 95 项,其中铁路项目 73 项,总里程 12903 公里。参建的沙特麦加轻轨,郑西、福厦铁路客运专线,成都至都江堰铁路、长吉城际铁路,新菏兖日、太中银、包西铁路,以及成都、沈阳、北京地铁等 43 项工程建成通车,其中铁路工程 28 项,总里程 4213 公里。全年建成开通通信线路 5057 公里、信号自动闭塞区间6279公里、电气集中联锁道岔2982组、电力线路3965公里、变配电所102座、接触网7643条公里、牵引变电所113座,房屋建筑14.1万平方米。年内新开工铁路项目29项,总里程3086公里。

安全质量。2010年深入开展“隐患排查治理”、“百日安全督察”、“安全大检查大反思”等活动,工程质量全面创优,安全生产形势基本稳定。全年未发生重大责任事故,杜绝因工死亡、重伤事故和重大设备事故的发生,被评为股份公司安全生产先进单位。单位工程一次检验合格率100%。7项工程通过省部级优质工程现场复验,获国家优秀QC成果3项、省部级优秀QC成果2项、股份公司优秀QC成果5项,3项工程被评为股份公司安全标准工地。全年受建设单位通报嘉奖30余次,获奖金200余万元;收到业主表彰通报50件次。

科技兴企。参与铁道部高速铁路技术标准编制,极大地提高了集团公司在高速铁路领域的地位和企业技术水平。集团公司开发的具有自主知识产权的铜镁接触线通过铁道部技术鉴定,成为国内唯一一家生产时速350公里高速铁路接触线的企业。铜镁接触线产品主要性能比国外同类产品提升10%以上,打破了长期以来铜镁接触线被国外企业垄断的局面。完成与德国力倍公司技术转让工作,获得接触网零部件、H型钢支柱、铜及铜合金铰线和铜及铜合金接触线等系列产品生产行政许可。康远新材料公司的接触线系列产品获得CE国际认证,取得国际市场通行证。

经济管理。通过强化内控机制建设,狠抓责任成本和资金集中管理关键环节,优化资源配置,强化过程控制,加大清欠力度,加强审计监督和效能监察工作,实施风险管理和税务筹划,经济管理工作规范有序,经济效益明显增强。全年实现营业收入150.88亿元,比2009年增长45.72%;实现利润4.09亿元;货币资金存量33.84亿元,比2009年增长9.98%。

人力资源管理。全年接收大学毕业生500人。100人参加中级专业技术职务评审,49人取得高级专业技术职务任职资格,8人取得教授级高级工程师任职资格。18个工种269名技术工人通过职业技能鉴定,评审通过技师22名、高级技师19名。加强注册执业资格人员管理,出台集团公司注册执业证书管理办法。

综合管理。集团公司结合企业铁路“四电”系统集成专业特点,制定出台项目标准化管理实施意见。通过强化领导班子建设、调整经营布局、支持任务承揽、定向培养人才、强化主体责任、调整资源配置等工作,加大对工程公司的支持力度。集团公司组建专业工程队119个,2010年新开工项目工程队上场率超过90%。

(邹国华)

【科技教育】 科技工作。2010年确立集团公司科技研究开发项目83项,股份公司科技研发课题立项3项,申请铁道部接触网系统及变电专业课题4项。6项科技成果通过专家评审,10项工法被认定为省部级工法。获中国铁建科学技术奖6项,7项工法被评为优秀工法,6篇科技论文被评为优秀论文。参与国际电工标准委员会电能质量IEC标准制定及中国电能质量标准委员会与电能质量相关的两项标准制定。年内,22项专利获得实用新型专利授权,1项专利获得发明专利授权,新申请发明专利1项。截至2010年底,集团公司累计拥有有效专利25项。

教育培训。全年举办培训班121期,培训职工5989人次。其中,培训干部2332人次,占干部总数的70.2%;培训工人3657人次,占工人总数的59.3%。

(王振文　周丽慧)

【党群工作】 党的工作。集团公司下辖基层党委20个、党(总)支部126个,有党员2565人。集团公司党委充分发挥企业党建的政治优势,始终坚持“围绕发展抓党建,抓好党建促发展”的工作思路,开创企业经济建设、政治建设、文化建设和谐并进的良好局面。(1)深入开展创先争优活动。成立集团公司创先争优活动领导小组及工作机构,广泛发动,不断创新载体,丰富内容,扎实推进。(2)加强基层党建工作。以深入开展创先争优活动为契机,以“四强”党组织、“四优”党员活动为抓手,充分发挥基层党组织的战斗堡垒作用和党员先锋模范作用,在合资控股企业西安电气化制品有限公司、轨道交通器材有限公司、康远新材料有限公司成立党总支,隶属集团公司党委领导。进一步建立健全基层党组织,加强基层党建工作,为推动企业科学发展提供政治动力和组织保证。(3)领导班子和党员干部队伍建设。以“四好领导班子”创建活动为载体,认真抓好党委中心组学习。认真执行“三重一大”集体决策要求,提高决策的科学性。组织开好专题民主生活会,增强领导班子的团结力和凝聚力。(4)宣传思想工作和企业文化建设。定期印发《党委中心组学习文选》《政工信息》刊物,并在集团公司网站开辟学习型党组织建设专栏,集中反映党建信息,提高管理效率;组织编发5期形势任务宣传教育提纲,通过施工动员会、总结表彰会、先进人物事迹巡回报告会、党员先锋岗和“青年突击队”授旗仪式等活动,广泛进行思想教育发动;年内,齐晓景、唐忠国、修德富获股份公司优秀思想政治工作者称号。先后集中宣传报道郑西、福厦、石武铁路客运专线等国家重点工程进展情况;在集团公司成立5周年之际,制作《挟风驭电闯天下》和《软实力铸就企业魂》两部大型宣传片,有效地提升了企业的社会地位和企业形象。全年在省部级以上媒体发表稿件220篇,在中央电视台《新闻联播》播报新闻10条,在新华社播发新闻通稿5篇,集团公司连续5年被股份公司评为新闻报道先进单位,赵守民被评为《中国铁道建筑报》优秀记者,孙秀芬、杜卓波、韦选毅、朱志华被评为《中国铁道建筑报》优秀通讯员。编制集团《企业文化建设手册》《企业文化实施纲要》,逐步完善集团企业文化理念识别系统、行为识别系统、视觉识别系统。集团公司京九铁路电气化改造项目部等4个项目部被评为股份公司企业文化建设优秀项目部,赵守民等5人被评为股份公司企业文化建设先进个人。

工会工作。集团公司工会下辖12个子、分公司工会、66个基层工会,有工会会员9487人,专兼职工会干部67人。(1)坚持职代会制度,履行民主评议领导干部职责。集团公司所属单位全年民主评议领导干部93人,信任率95%以上;完善平等协商和集体合同制度,企务公开率98%,民主监督作用有效发挥。(2)以重难点工程为主战场,广泛开展"五比创五杯"劳动竞赛和评先创模活动,促进企业生产经营跨上新台阶。年内,集团公司表彰先进集体12个、先进个人52人;1个单位获得火车头奖杯,13人获得火车头奖章;1个单位获股份公司"工人先锋号"称号,3人被股份公司评为"工人先锋号标兵";一公司获得河南省总工会五一劳动奖状。(3)展大爱踊跃捐助,送温暖积极帮扶。"4·14"青海玉树大地震后,集团公司组织职工为灾区捐款80余万元;积极创新帮扶机制,落实"三不让"救助工作,加大送温暖力度。年内筹集送温暖资金580余万元,慰问重困特困职工108人次、一般困难职工292人次、受灾职工62人次,慰问困难劳模先进、离退休及生产一线职工1080余人;救助重大疾病职工60余人,"金秋助学"帮扶117人次。

共青团工作。集团公司团委下辖基层团委10个、团支部69个,有团员1580人。年内组织开展"安全生产,青年争先"演讲比赛和"保安全、求质量、促进度、增效益——铁建电化青年在行动"系列主题青年实践活动及"超越自我,放飞梦想"为主题的青年拓展训练、青工"五小"竞赛活动,不断提高青年职工的创新素质。开展"我为抗旱救灾献爱心"捐款活动,募集捐款237531元。集团公司获北京市青年安全生产示范岗4个、北京市优秀"青年突击队"2个;1项工程被评为中国铁建"青年文明号",3人被评为"青年岗位能手",1人被评为优秀共青团员,1人被评为优秀务工共青团员。"五小"成果"现代导轨电车机电安装工程施工技术及工艺研究"被中央企业团工委授予"神华杯"第二届中央企业青年创新项目优秀奖。

(王玥　孙秀芬　丁艺　丁晓毅)

【第一工程有限公司】 铁路电务、电气化和公路交通(通信、监控、收费综合系统)、城市及道路照明、电信工程专业承包一级,送变电工程专业承包三级资质企业。公司机关驻河南省洛阳市白马寺镇18号。前身为中铁十五局集团电务工程有限公司,2005年7月整体划归中铁建电气化局集团有限公司,改称现名。董事长兼党委书记张立华,总经理李长波。下辖通号分公司、电化分公司、机械设备中心、员工培训中心、非标准件加工中心、通信分公司、北京分公司、上海分公司、济南分公司、广州分公司、乌鲁木齐分公司、北京办事处。职工1702人。其中,干部402人;工人1300人。资产总额157488万元。其中,固定资产原值9164万元、净值5767万元;流动资产151040万元。机械设备121台,仪器仪表106台,自轮运转设备49台,汽车72台。总功率16156千瓦,动力装备率10.9千瓦/人,技术装备率3.4万元/人,设备完好率96%、利用率92%。年施工生产能力24亿元以上。

2010年承揽任务9.83亿元,完成企业总产值19.1亿元,实现利润2080万元。职工年人均收入36696元。产值利润率1.09%,净资产收益率51.37%,成本费用利润率1.1%,资产负债率97.42%。全年完成分项工程987项,混凝土试件528组,单位工程106项,分项和单位工程一次检验合格率均为100%;未发生任何质量等级事故和用户质量投诉事件。1项工程获股份公司优质工程奖,1项QC成果获铁道部优秀QC成果奖,与天津大学合作开发的"两相TA配电网单相接地故障选线的方法"获发明专利授权,填补公司知识产权的空白。公司先后获中国建设工程鲁班奖1项、国家优质工程银质奖3项、铁道部优质工程奖16项、省优质工程奖1项,集团公司优质工程奖38项,企业信誉等级被中国建设银行河南省分行评为AAA级。

(马舟丽)

【第二工程有限公司】 铁路电务、建筑智能化、铁路电气化工程专业承包一级,机电设备安装、送变电工程专业承包三级资质企业。公司机关驻山西省太原市尖草坪区昌盛西街18号。董事长兼党委书记唐忠国,总经理钟永。下辖物业公司、北京办事处、电气化工程分公司、通号工程分公司、网上作业队和3个区域经营开发部、21个工程项目部。职工1703人。其中,干部603人;工人1100人。资产总额105698万元。其中,固定资产原值10813万元、净值7157万元;流动资产

97978万元。机械设备123台(套),原值8877万元、净值5226万元,总功率17533.7千瓦,动力装备率113.12千瓦/人,技术装备率57.2万元/人,设备完好率98%、利用率96.2%。

2010年新签合同额8.5亿元,完成企业总产值236443万元,实现利润3061万元。人均创利23440元,全员劳动生产率129397元/人年。职工年人均收入40018元。国有资产保值增值率110.34%,净资产收益率49.39%,产值利润率1.31%,投资回报率48.67%,资产负债率94.13%,应上缴款完成率100%。公司曾荣记山西省劳动竞赛集体一等功,连续6年获山西省文明和谐单位称号,连续11年获太原市文明单位标兵称号,被授予山西省纳税信用等级AAA级企业、山西省优秀建筑企业称号。2010年,公司获得山西省绿色社区和太原市园林化标兵单位、爱国卫生百佳单位、千佳居民院落荣誉,通过山西省高新技术企业认定;获中国铁建科学技术二等奖1项,5项工法被认定为省部级工法,发明专利受理1项,实用新型专利授权3项、受理3项,获软件著作权3项;2项QC成果分别获铁道部、股份公司优秀QC成果奖。 (赵 娜)

【第三工程有限公司】 铁路电务、电气化工程专业承包一级,铁路送变电、电信工程专业承包二级资质企业。公司机关驻河北省高碑店市兴华北路57号。前身为中铁十八局集团电务工程有限公司,2005年7月整体划归中铁建电气化局集团有限公司,改称现名。董事长、总经理刘永进,党委书记修德富。下辖通信信号、电力、电气化、铁路客运专线、海外5个专业分公司和22个项目部。职工817人。其中,干部387人;工人347人。技术干部116人,技术工人200人。资产总额89949万元。其中,固定资产原值10013万元、净值6939万元;流动资产82524万元;无形资产374万元。机械运输设备171台(套),净值5806.41万元,总功率13453千瓦,动力装备率16.47千瓦/人,技术装备率7.11万元/人。年施工生产能力20亿元以上。

2010年承揽工程任务113260万元,完成施工产值310000万元,实现营业收入235200万元,实现利润3294万元、净利润2851万元。人均创利4.03万元,全员劳动生产率379.44万元/人年。职工年人均收入56819元。国有资产保值增值率111.5%,净资产收益率32.09%,产值利润率1.4%,资产负债率89.59%,应上缴款完成率100%。年内公司长吉城际项目部获得火车头奖杯,公司党委被股份公司评为先进基层党委。 (焦红旗 王 旭)

【第四工程有限公司】 铁路电务、电气化工程专业承包一级,机电设备安装、建筑智能化工程专业承包二级,送变电工程专业承包三级资质企业。公司机关驻湖南省长沙市雨花区中意一路728号。2005年3月由原中铁二十五局集团电务工程有限公司电气化分公司整体划入中铁建电气化局集团公司,11月与第一工程有限公司所属第三分公司、第五分公司、攀枝花分公司整合重组,改称现名。董事长、总经理肖勇,党委书记项昌华。下辖通信信号、电气化和交通机电安装3个分公司。职工910人。其中,干部328人;工人582人。专业技术干部314人,技术工人414人。资产总额66056万元。其中,固定资产10258万元;流动资产58541万元。机械设备及仪器仪表120余台(套),总功率10703千瓦,动力装备率12千瓦/人,技术装备率3.2万元/人。年施工生产能力10亿元以上。

2010年承揽工程任务52860万元,完成企业总产值107105万元,实现利润1076万元。全员劳动生产率12万元/人年。职工年人均收入37258元。净资产收益率15.71%,产值利润率1%,资产负债率89.85%。单位工程合格率100%。年内获铁道部优质工程奖1项、火车头优质工程奖1项,获集团公司科技进步奖3项、优秀QC成果奖5项、优秀工法1项;公司被评为湖南省重合同守信用单位。 (罗 昆)

【第五工程有限公司】 铁路电务、电信工程专业承包一级,铁路电气化、送变电工程专业承包二级,机电设备安装工程专业承包三级资质企业。公司机关驻广西壮族自治区柳州市红岩二区6号。2005年12月15日,由原中铁二十五局集团柳州电务工程公司与中铁十五局集团电务工程公司六分公司重组而成。总经理郑光荣,党委书记吴克坚。下辖通号一分公司、通号二分公司、电气化分公司、城市轨道分公司。职工982人(含内退人员)。其中,干部382人;工人600人。专业技术干部366人,技术工人548人。资产总额42857万元。其中,固定资产原值4987万元、净值3417万元;流动资产37693万元;其他资产1748万元。机械运输设备69台(套),原值3939.3万元、净值2820.3万元,总功率8010千瓦,动力装备率8.15千瓦/人,技术装备率4.01万元/人。年施工生产能力20亿元以上。

2010年承揽工程任务129156万元,完成企业总产值81998万元,其中建筑业总产值81942万元。实现利润1275万元。人均创利1.48万元,全员劳动生产率77万元/人年。职工年人均收入37700元。国有资产保值增值率118.05%,净资产收益率17.28%,产值利润率1.56%,资产负债率85%,投资收益上缴率

100%，应上缴款完成率100%。工程质量合格率100%。年内，公司获广西工程建设安全生产先进企业、广西工程建设质量管理优秀企业、广西建筑业先进施工企业称号。（卢　霞）

【南方工程有限公司】 电信工程专业承包二级，铁路电务、电气化工程专业承包二级资质企业，湖北省高新技术企业。公司机关驻湖北省武汉市东湖开发区佳园路17号。前身系中铁十一局集团电务工程有限公司，2009年7月划归中铁建电气化局集团公司管理，8月18日挂牌成立，更名为中铁建电气化局集团南方工程有限公司。董事长、党委书记邵汉军，总经理徐金平。下辖9个事业部、4个建制项目部。职工1335人。其中，干部595人；工人740人。专业技术干部460人，技术工人493人。资产总额141935.49万元。其中，固定资产原值10314.23万元、净值6842.93万元；流动资产133102.39万元。机械运输设备131辆（台），总功率14126千瓦，动力装备率10.6千瓦/人，技术装备率3.36万元/人。年施工生产能力30亿元以上。

2010年承揽工程任务62287万元，完成企业总产值293436.92万元，实现利润6595.02万元。人均创利69421.25万元，全员劳动生产率66.78万元/人年。职工年人均收入41016元。国有资产保值增值率187.73%，净资产收益率82.08%，总资产报酬率1.24%，产值利润率2.25%，资产负债率94.47%，投资收益上缴率100%，应上缴款完成率100%。公司先后获得全国五一劳动奖状、全国优秀施工企业、全国用户满意施工企业、全国质量效益型先进施工企业、模范职工之家、全国职工职业道德建设十佳单位、全国精神文明建设工作先进单位、全国守合同重信用企业等荣誉。（汪　洋　方丽丽）

【北方工程有限公司】 铁路电气化、铁路电务、送变电及机电安装工程施工专业承包二级资质企业。公司机关驻山西省太原市万柏林区迎泽西大街369号。前身系中铁十二局集团电气化工程有限公司，2009年7月划归中铁建电气化局集团公司管理，8月18日挂牌成立，更名为中铁建电气化局集团北方工程有限公司。董事长兼总经理高斌文，党委书记马功民。下辖电气化、通信信号、建筑安装、送变电、城市轻轨和机电安装5个施工分公司和18个工程项目部及广州、西安、成都、昆明4个办事处。职工1189人。其中，正式职工775人；合同工414人。干部458人，干部中技术干部358人；工人317人，工人中技术工人268人。资产总额107758万元。其中，固定资产净值7935万元；流动资产98046万元；其他资产1777万元。主要施工设备30台，原值5950.6万元、净值2559.7万元，总功率4472千瓦，动力装备率6.28千瓦/人，技术装备率3.5万元/人，设备完好率95.4%、利用率72.5%，机械化施工程度73.9%。年施工生产能力20亿元以上。

2010年承揽工程任务168763万元，完成企业总产值172739万元，实现利润1961万元。人均创利1.65万元，全员劳动生产率24.88万元/人年。职工年人均收入50432元。国有资产保值增值率109.41%，净资产收益率26.75%，产值利润率1.07%，资产负债率93.44%，应上缴款完成率100%。实现年度安全生产目标，工程质量合格率100%。年内，1人被评为山西省建筑企业优秀经理，3人被评为山西省建筑施工企业优秀项目经理，1人获股份公司优秀共产党员称号。（温　暖）

【北京京燕饭店有限公司】 驻北京市石景山区石景山路29号。系三星级涉外酒店，占地面积11706.31平方米，建筑面积36000余平方米，拥有客房269套，大小会议室8个，设有首层会议餐厅、商务餐厅和顶层阳光餐厅。总经理高砚明，党委书记隋立华。职工372人。其中，在岗职工236人；内退职工136人。

2010年，饭店完成经营收入4267万元，实现利润95万元。在岗职工年人均收入30090元。国有资产保值增值率99.78%，净资产收益率-0.22%，主营业务利润率72.44%，资产负债率60.73%。年内，饭店被定为中央国家机关在北京的招待和会议定点饭店，被北京市石景山区旅游局推荐为年度拉动石景山区经济发展经营业绩突出单位，被评定为石景山区2010年重点企业。（梅籽偲）

【西安电气化制品有限公司】 铁道部定点生产预应力混凝土支柱的主要生产厂家之一。由中铁建电气化局集团有限公司和陕西省西安市灞桥电气化电杆厂共同出资组建，于2007年4月10日在陕西西安注册成立；2010年与陕西省物资产业集团总公司资产重组，集团公司出资74.375%。公司机关驻陕西省西安市灞桥区纺南路。董事长、总经理兼党总支书记张海军。公司占地面积174667.54平方米，厂房建筑面积50000平方米，厂区拥有铁路专用线2公里。下辖5个分公司、5个项目部。职工225人。其中，干部45人；工人180人。技术干部38人，技术工人133人。资产总额14406万元。其中，固定资产原值7000万元、净值4500万元；流动资产9906万元。机械设备241台（套），净值2040万元，总功率3900千瓦，动力装备率17.6千瓦/人，技术装备率3.26万元/人，设备完好率100%、利用率94%。

2010年承揽任务20000万元,完成企业总产值13687万元,实现利润605万元。人均创利2.7万元,全员劳动生产率19.8万元/人年。职工年人均收入45000元。国有资产保值增值率141.2%,净资产收益率4.64%,产值利润率28%,投资回报率37%,资产负债率79.77%,应上缴款完成率100%。公司拥有环形混凝土电杆生产线5条和电气化铁路横腹杆式预应力混凝土支柱生产线5条;可年产环形混凝土电杆10万根,环形等径预应力混凝土接触网支柱3万根,铁路横腹杆式预应力混凝土支柱15万根。公司先后获得西安市守合同重信用企业、产品质量信得过企业等荣誉。

(周　伟)

【中铁建电气化局集团科技有限公司】 公司机关驻河北省高碑店市西大街建国胡同9号。前身为中铁十八局集团高碑店材料总厂,2007年11月整体划入中铁建电气化局集团公司管理,12月改制改称现名。董事长兼总经理孙传福,党委书记宫业海。下设H型钢柱事业部、物资分公司、战备材料事业部、唐山工程项目部、兰新工程项目部、京石房建项目部。职工237人。其中,干部80人;工人157人。技术干部55人,技术工人25人。资产总额27967万元。其中,固定资产净值2009万元;流动资产25043万元;其他资产915万元。机械设备102台,净值200.13万元,总功率1983.69千瓦,动力装备率80千瓦/人,设备完好率80%、利用率95%。

2010年完成营业收入21428万元。其中,工业产品制造15427万元;工程施工2543万元;物资物流3458万元。实现利润161万元。职工年人均收入24596元。国有资产保值增值率113.19%,净资产收益率7.23%,产值利润率1.15%,资产负债率88.45%,应上缴款完成率100%。年内,公司生产的钢管柱及H型钢柱通过铁道部检测中心检测试验,获得铁路运输安全设备生产企业认定证书,准予生产和销售25种H型钢支柱。

(黄婷婷)

【北京中铁建电气化设计研究院】 铁道行业工程设计乙级,铁路电气化、通信信号专业工程设计甲级资质企业。2006年6月注册成立。机关驻北京市石景山区石景山路29号京燕饭店8层。下设电化分院、通号分院。院长、党委书记寇宗乾。职工51人。其中,专业技术人员39人;管理人员12人。资产总额2020万元。其中,固定资产净值27万元;流动资产1974万元。具备年完成150公里既有复线施工图、400公里新线施工图、250公里既有复线前期设计、500公里新线前期设计等"四电"设计咨询能力。

2010年新签合同额1149.84万元,完成企业总产值1948万元,实现利润95万元。人均创利2.07万元,全员劳动生产率1.73万元/人年。职工年人均收入10.99万元。国有资产保值增值率109.66%,净资产收益率8.81%,产值利润率4.9%,投资回报率9.54%,资产负债率47.72%。年内获实用新型专利授权7项、发明专利授权1项,申请发明专利1项;院黎钦线扩能改造工程可行性研究报告获广西优秀工程咨询成果一等奖,院主持研究的接触线项目获股份公司科技成果一等奖。

(高　森)

【城市轨道交通分公司】 为集团公司所属分公司,独立经济实体。公司机关驻北京市石景山区石景山路29号。总经理李汝军,党委书记王广恩。主要负责城市轨道交通工程承揽和建设项目施工管理。

2010年承揽工程任务7500万元。　(王广恩)

【中铁建电气化局集团轨道交通器材有限公司】 2008年7月由中铁建电气化局集团有限公司和江苏省铭隆轨道交通设备有限公司共同投资组建,拥有铁道部颁发的接触网零部件乙级资质行政许可证,钢支柱乙级资质行政许可证,所有接触网零部件产品通过CE认证。公司引进德国力倍公司高速铁路接触网零部件生产技术,年产能力3000条公里。公司机关驻江苏省常州市武进区高速铁路电气化产业园。董事长董维锋,总经理马友芳。职工394人。其中,干部152人;工人242人。资产总额41075万元。其中,固定资产原值17417万元、净值16637万元;流动资产22878万元。生产设备522台(套),原值6866万元、净值6512万元,总功率7244.5千瓦,动力装备率18千瓦/人,技术装备率17万元/人,设备利用率26%、完好率99%。

2010年承揽任务19580万元,完成企业总产值5600万元。全员劳动生产率142132元/人年,职工年人均收入27844元。国有资产保值增值率32.32%,资产负债率95.62%。公司测试中心是国家轨道交通电气化与自动化工程技术研究中心常州分中心;公司是清华大学电机系、自动化系科研实验基地,同济大学铁道与城市轨道交通研究院科研生产基地。年内,公司被常州市武进区评为创新投入先进企业,被常州市政府设立为"中国高速铁路电气化科技产业园"。

(马盛宝)

【中铁建电气化局集团康远新材料有限公司】 2010年1月1日由中铁建电气化局集团公司和江阴市电工合金有限公司共同出资成立,集团公司占51%股份。

主要从事时速350公里及以上电气化铁路接触线、承力索高端产品的研发、生产和销售。公司机关驻江苏省江阴靖江工业园区。董事长邱正晓，总经理刘铁伦。下辖企业产品质量检测中心、电气工程新材料研究所、企业技术中心。职工152人。其中，管理人员35人；生产人员91人。技术人员20人，技术工人80人。资产总额23898万元。其中，固定资产净值10964万元；流动资产12284万元；其他资产650万元。机械运输设备原值7193万元、净值6474万元，总功率5700千瓦，其中机器设备5470千瓦；动力装备率40.7千瓦/人，技术装备率51.4万元/人。年生产能力15000吨。

2010年承揽生产任务4492吨，完成企业总产值2.3亿元，实现销售产值2.1亿元，实现利润207万元。全员劳动生产率165万元/人年，职工年人均收入4.6万元。资产负债率67%，应上缴款完成率100%。年内，公司生产的电气化铁道用铜及铜合金接触线被评为江苏省高新技术产品，研究开发完成时速350公里及以上超细晶强化型铜镁合金接触线；公司通过质量、环境、职业健康体系认证和欧盟CE认证，被铁道部认定为高铁接触线、承力索产品定点生产企业，取得接触线、承力索生产行政许可。公司获实用新型专利授权11项，实用新型专利和发现专利各受理1项。公司获江苏省高成长型重点培育企业称号。 （鲁衍任）

【重要记载】

▲1月26日～27日　集团公司一届四次职工代表大会2010年工作会暨党委全体（扩大）会在北京召开。

▲1月28日　集团公司中标新建铁路石家庄至武汉（河南段）客运专线通信、信号、电力及牵引供电系统集成施工总承包工程，合同投资351682万元。

▲2月8日　集团公司召开董事会临时会议，会议决定集团公司出资600万元人民币与河北辛集腾跃实业有限公司合资组建河北盛跃铁路电气化器材有限公司。

▲2月26日　集团公司中标新建铁路石家庄至武汉客运专线（湖北段）通信、信号、牵引供电和电力供电系统集成施工总承包工程，合同投资111478万元。

▲5月14日　轨道交通器材有限公司取得铁道部电气化铁路接触网零部件生产行政许可证书。

▲5月22日　全国人大常委会委员长吴邦国在铁道部副部长王志国陪同下视察集团公司成都至都江堰铁路建设工地。吴邦国深刻阐述该条铁路建设的重要意义，对建设者高效率、高质量地完成建设任务给予充分肯定。

▲6月15日　沙特城乡事务部部长曼苏尔亲王、副部长哈比卜，中国铁建总裁赵广发，中国驻沙特吉达总领事馆总领事王勇、驻沙特使馆经参处参赞俞子荣、铁道部专家组副组长马思朴及中国铁建工作组、沙特项目公司、各参建单位负责人、项目监理、设计方代表300余人在沙特麦加轻轨施工现场举行首列列车落地揭幕仪式。沙特曼苏尔亲王亲切接见集团公司总经理郑斌和副总经理、总工程师寇宗乾。

▲7月20日　集团公司在京燕饭店举行中铁建电气化局集团有限公司成立5周年庆典活动。铁道部、中国铁建等上级单位领导及兄弟单位、集团公司所属单位代表300余人参加庆典。

▲7月　南方工程有限公司太中银“四电”项目部接触网QC小组被评为2010年度全国工程建设优质质量管理小组；北方工程有限公司永武项目部QC小组、郑西铁路客运专线项目部董建林QC小组分别被评为2010年度全国工程建设优秀质量管理小组二、三等奖。

▲8月6日　科技有限公司、轨道交通器材有限公司分别取得铁道部电气化铁路接触网H型钢支柱生产行政许可证书，康远新材料有限公司取得铁道部电气化铁路接触网用铜及铜合金绞线生产行政许可证书。

▲8月27日　集团公司中标湘桂铁路永州至柳州段扩能改造站后工程施工总承包XGZH－1标段工程，合同投资121674万元；新建西安至宝鸡铁路客运专线“四电”系统集成XBZH－1标段工程，合同投资111572万元；新建盘锦至营口铁路客运专线“四电”系统集成（含防灾系统）PYSD－1标段工程，合同投资74173万元。

▲9月25日　集团公司中标新建武汉至孝感城际铁路“四电”系统集成施工总承包工程，合同投资40857万元；新建武汉至咸宁城际铁路“四电”系统集成施工总承包工程，合同投资56397万元；邯济铁路扩能改造（邯长部分）施工总承包工程，合同投资118136万元。

▲同日　康远新材料有限公司取得铁道部电气化铁路接触网用铜及铜合金接触性生产行政许可证书。

▲9月29日　康远新材料有限公司开发的电气化铁路接触网用镀锡铜镁合金接触线、镀锡银铜合金接触线、镀锡纯铜接触线、镀锡铜镁合金绞线、镀锡纯铜绞线、铜包殷钢接触线、铜及铜合金绞线生产预变性器、上引超冷连续杆坯结晶器、接触线镀锡处理装置、在线坯料自动清洗装置10项技术成果被国家知识产权局授予使用新型专利。

▲10月21日　铁道部副部长卢春房在集团公司

董事长薛之桂陪同下,到集团公司承建的太中银铁路定边车站检查指导工作。卢春房对定边车站及"四电"工程施工进展情况非常满意,给予高度评价。

▲11 月 30 日　集团公司召开董事会临时会议,会议同意中铁建电气化局集团西安电气化制品有限公司与陕西省物资产业集团总公司所属陕西省木材莲花寺公司进行资源重组。重组后中铁建电气化局集团西安电气化制品公司注册资本金增加到 3500 万元,其中集团公司出资 2603. 125 万元。

▲12 月 26 日　集团公司中标广西沿海铁路南宁至钦州北段钦州北至北海段和钦州北至防城港段扩能改造站后"四电"工程,合同投资 164618 万元。

▲2010 年　集团公司所属二公司、四公司、五公司获省(自治区)高新技术企业称号。　(邹国华)

中铁房地产集团有限公司

【简况】　中铁房地产集团有限公司专门从事房地产投资与开发业务,具有房地产开发企业一级资质。主要经营房地产开发建设、商品房销售、物业管理,兼营房地产项目策划、信息咨询、技术开发以及相关建筑材料、机械电器设备等业务。机关驻北京市石景山区阜石路 166 号泽洋大厦。2007 年 4 月 20 日,由中国铁建股份有限公司、中铁十二局集团有限公司、中铁建设集团有限公司和中铁第四勘察设计院集团有限公司共同出资组建中铁房地产开发有限公司,11 月 12 日更为现名。2008 年 7 月,股份公司出资受让中铁十二局集团有限公司、中铁第四勘察设计院集团有限公司和中铁建设集团有限公司所持 60% 的股权,将中铁房地产集团有限公司变为股份公司的全资子公司;8 月 18 日,股份公司以自有资金向集团公司增资,将其注册资本金由人民币 5 亿元增至 20 亿元。下辖北京天太金海置业有限公司、中铁房地产集团长沙置业有限公司、中铁房地产开发(保定)有限公司、徐州中铁房地产开发有限公司、贵州中泓房地产开发有限公司、长春中铁房地产开发有限公司、中铁地产(成都)开发有限公司、中铁房地产集团(广西)有限公司、中铁嘉业(北京)投资有限公司、湖南中盛嘉业房地产开发有限公司、中铁房地产集团(惠州)有限公司、中铁房地产集团合肥置业有限公司、北京中盛广源房地产开发有限公司、北京第六大洲房地产开发有限公司、中铁房地产集团北京丰基置业有限公司、中铁房地产集团浙江京城投资有限公司、中铁房地产集团(贵州)有限公司、中铁房地产集团北京正达置业有限公司、中铁房地产集团(天津)置业有限公司、中铁房地产集团广州有限公司、中铁房地产集团四川有限公司 21 家全资或控股子公司。职工 863 人。资产总额 368. 23 亿元。其中,流动资产 367. 27 亿元;其他资产 0. 95 亿元。

2010 年新增计容积率建筑面积 284 万平方米,完成企业总产值 43. 23 亿元,实现利润 7. 11 亿元(含存货跌价准备冲回 1. 51 亿元),缴纳税金 7. 4 亿元,上缴股份公司资金利息 8. 93 亿元。全员劳动生产率 476. 05 万元/人年,人均创利 84. 86 万元。国有资产保值增值率 115. 52% ,净资产收益率(含少数股东权益) 18. 92% ,净资产收益率(不含少数股东权益)20. 55% ,产值利润率 16. 45% (包括存货跌价准备冲回 1. 51 亿元),资产负债率 91. 72% 。年内,集团公司被股份公司评为 2010 年度计划统计工作先进单位,被北京市石景山区精神文明建设委员会评为 2010 年度石景山区文明单位。　(李　娜　李　刚)

【领导人员】

董事会

董事长	李　黎
内部董事	李　黎
	王　军
	吴仕岩
	易善健
外部董事	曾庆道
	吴太石
	束克欣
	王文英
	王连印
董事会秘书	赵红鹰

监事会

监事	王　彪
	洪　梅

经理层

总经理	吴仕岩
副总经理	赵红鹰
	易善健
	梅洪亮
	申　伟
总会计师	易善健(兼)
总法律顾问	赵福明

党群领导

党委书记	王　军

党委副书记　　　李　黎(兼)
　　　　　　　　吴仕岩(兼)
纪委书记　　　　王　军(兼)
工会主席　　　　易善健(兼)

(范昕宇　韩金霜　张　恒)

【董事会工作】 2010 年,集团公司作为国资委在中央企业重点推广的二级单位董事会规范运作试点单位,集团公司董事会规范运作工作得到充分认可。(1)基础制度建设。制定集团公司《内幕信息知情人和外部信息使用人管理制度》《董事会会议议案管理细则》,建立组织保障体系及对外披露信息制度,进一步提高董事会规范运作水平和议事效率。(2)召开董事会会议。集团公司董事会会议分正式会议、临时会议、研讨会 3 种形式。年内先后组织召开 18 次会议,包括 2 次正式会议、16 次临时会议,通过 7 大类 44 项董事会决议。其中,关于获取土地的决议 25 项;关于审议报告、分配预案的决议 7 项;关于收购合并转让股权的决议 3 项;关于建章立制、投资担保的决议各 1 项;关于募集资金的决议 3 项;关于组织架构的决议 3 项。通过召开董事会会议,解决制度建设、机构设置、人员配备及投资决策等重大问题,为避免集团公司在经营工作中出现程序性风险打下坚实基础。(3)召开专门委员会会议。年内召开两次战略与投资委员会会议,监督指引咨询公司编制集团公司发展战略规划。召开 3 次薪酬与考核委员会会议,审议通过《集团公司 2009 年度绩效奖金发放方案》和《项目公司目标绩效考核管理办法》,为集团公司建立有效的薪酬与考核体系奠定基础。召开 3 次审计与风险管理委员会会议,会议听取集团公司上年度审计报告、计划和风险与内控工作汇报;针对集团公司内部审计、风险与内控工作的任务与目标,会议提出明确的要求和意见。各专门委员会作为董事会控制力的基础,随着工作的不断展开与制度的不断完善,实现其辅助董事会决策的职能。(4)组织外部董事调研。年内组织外部董事对集团公司所属子公司所在 12 座城市的 14 个项目进行为期 6 个月的考察。(5)经验交流。集团公司与大型中央企业、行业标杆企业积极开展经验交流和互动学习。

(范昕宇)

【职工队伍】 职工 863 人。其中,研究生及以上学历 51 人,占职工总数的 5.91%;大学本科及以上学历 518 人,占职工总数的 60.02%。职工平均年龄 32.4 岁。集团公司编制内职工 168 人。其中,教授级高级工程师 3 人;高级职务 48 人;中级职务 75 人;初级职务 38 人。全年引进各类专业人才 350 人。　(韩金霜)

【经营管理】 经营工作。集团公司继续稳健扩大在建工程规模,狠抓在建工程施工进度。2010 年实现新开工面积 431 万平方米,在建工程面积 619 万平方米,当年实现竣工面积 95 万平方米。土地储备工作以市场为导向,及时调整经营策略,果断决策、抢抓机遇,新增开发用地 12 宗,土地储备用地面积 156.93 万平方米,其中建设用地面积 111.07 万平方米,计容积率建筑面积 284 万平方米。

企业管理。2010 年是集团公司工程标准化管理启动年,6 月颁布《工程标准化管理手册》(2010 版),8 月组织各项目公司、总包单位、监理单位举办《工程标准化管理手册》(2010 版)培训班。规范集团公司总承包单位招标管理工作,3 月召开 2010 年度施工总承包项目推介会暨阳光招标发布会,并下发《项目公司施工总承包招标流程指引》。进一步推进集团公司信息化建设,10 月启动集团公司房地产信息系统和门户集成平台,截至 12 月底,完成试点单位的上线试运行、业务蓝图规划和门户集成平台蓝图规划等工作。加强集团公司品牌建设,树立企业良好形象,1 月,集团公司客户会刊《中国铁建地产》正式创刊,经过 1 年的出版运行,取得初步成效。

财务工作。(1)财务管理。继续完善财务组织结构,全面提升企业财务控制力;进一步优化财务信息化平台,充分运用财务报表网报系统和浪潮会计核算系统功能,促进财务会计工作的标准化和规范化;不断加强资金的集中管理、预算和收支计划管理,充分运用资金报表系统加强资金的动态监控。(2)投融资管理。进一步加强信贷集中管理,提高市场融资比例,提高集团公司融资规模。(3)制度建设。印发《中铁房地产集团有限公司"小金库"专项治理实施办法》,成立"小金库"专项治理工作领导小组。(4)财会队伍建设。聘请专家、学者对集团公司财务人员进行税务知识培训,提高财务人员的业务素质。

审计监督。全年完成审计项目 11 项,包括财务收支审计 4 项,内部审计 1 项,后续审计 6 项。针对审计中发现的问题,及时向被审计单位提出相应的改进措施和建议,帮助被审计单位规范财务规章制度,建立健全约束机制,堵塞管理中的漏洞;针对审计中发现的共性问题,向集团公司业务部门提出管理建议,不断完善企业管理机制。全年参加开发项目全案代理、规划设计和工程施工总包等招标监督 20 余次,切实履行审计监督职责。

(杨细初　熊　睿　李　娜　吴凌遥　孟爱梅)

【土地储备】 2010 年,集团公司新增开发用地 12 宗,新增土地储备用地面积 156.93 万平方米。其中,建设用地面积111.07万平方米，计容积率建筑面积284万平方米。竞得北京3宗土地，新进入杭州、广州、天津三大经济圈中心城市，实现立足北京，发展长三角、珠三角与环渤海的战略目标，为集团公司快速发展奠定坚实基础。

（1）北京市丰台区黄土岗居住用地　2010年1月7日，集团公司通过挂牌方式竞得。建设用地面积9.9万平方米，计容积率建筑面积24.76万平方米。其中，配建限价商品房6万平方米；配建公共租赁房6万平方米。

（2）杭州市拱墅区杭汽发铸造车间1号地块　2010年2月11日，集团公司通过挂牌方式竞得。建设用地面积5.24万平方米，计容积率建筑面积14.12万平方米。

（3）杭州市拱墅区杭汽发铸造车间2号地块　2010年2月11日，集团公司通过挂牌方式竞得。建设用地面积4.65万平方米，计容积率建筑面积13.05万平方米。

（4）北京市房山区长阳镇起步区6号地　2010年5月20日，集团公司通过挂牌方式竞得。建设用地面积11.85万平方米，计容积率建筑面积23.53万平方米。该宗地是全国首例以“限房价，竞地价”方式出让的中小套型普通商品住房用地，销售限价12500元/平方米。

（5）成都市高新区仁和片区41号地块　2010年5月21日，集团公司通过挂牌方式竞得。建设用地面积8.03万平方米，计容积率建筑面积24.09万平方米。

（6）成都市成华区青龙场镇7号地块　2010年5月21日，集团公司通过挂牌方式竞得，建设用地面积6.87万平方米，计容积率建筑面积19.39万平方米。

（7）广州市荔湾区旧龙溪路高尔夫球场A地　2010年6月29日，集团公司通过挂牌方式竞得。建设用地面积2.81万平方米，计容积率建筑面积8.44万平方米。

（8）广州市荔湾区旧龙溪路高尔夫球场B地块　2010年6月29日，集团公司通过挂牌方式竞得。建设用地面积3.7万平方米，计容积率建筑面积9.18万平方米。

（9）天津市河北区金钟河大街北侧1、3号地块　2010年6月30日，集团公司通过挂牌方式竞得。建设用地面积18.78万平方米，计容积率建筑面积65.5万平方米。

（10）天津市河北区金钟河大街北侧5号地块　2010年6月30日，集团公司通过挂牌方式竞得。建设用地面积6.45万平方米，计容积率建筑面积21.28万平方米。

（11）北京房山区城关街道（圣水嘉名）居住、公建混合项目　2010年12月17日，集团公司通过招标方式竞得。建设用地面积13.63万平方米，计容积率建筑面积33.74万平方米，其中配建公共租赁房3万平方米。

（12）北京丰台区王佐镇西王佐村居住用地　2010年12月29日，集团公司通过挂牌方式竞得。建设用地面积21.2万平方米，计容积率建筑面积26.92万平方米，其中配建定向安置房5万平方米，回购价格5658元/平方米。（熊　睿）

【项目建设】　北京西派国际公寓　由集团公司与北京摩达斯投资有限公司合作开发，建设用地面积13.86万平方米。2008年底，项目陆续竣工备案并交付业主使用，目前处于售后服务阶段。

长沙山语城　2010年，集团公司收购北京摩达斯投资有限公司所有股权，实现项目公司全部控股及项目续工建设。项目建设面积91.1万平方米，分三期开发建设。其中，一期工程25.42万平方米，已竣工交房；二期一组团工程12.93万平方米，2010年四季度开工建设。

保定中国铁建·京南一品　为集团公司与中铁二十二局集团公司合作开发项目。项目建设面积51.1万平方米，分两期开发建设。其中，一期工程12.89万平方米，结构工程已完成，装修工程全面展开；二期工程44.34万平方米，2010年三季度开工建设。

徐州中国铁建·龙域中央　是集团公司组建以来以市场化运作方式获得的第一个房地产项目。项目建设面积64.2万平方米，分两期开发建设。其中，一期南区工程39.28万平方米，已于2009年底竣工交房；二期北区工程23.62万平方米，2010年三季度开工建设。

合肥中国铁建·国际城　为集团公司独自开发的房地产项目。项目建设面积164.8万平方米，分四期开发建设。其中，一期工程F地块15.73万平方米，已于2010年底竣工交房；二期工程C、D地块46.66万平方米，全面展开装修施工；三期工程A03、A04、A06地块53万平方米，2010年四季度开工建设。

长春中国铁建·国际花园　是集团公司与中铁十三局集团公司合作控股的长春房地产开发有限公司开发的房地产项目。项目建设面积56.3万平方米，分三期开发建设。其中，一期工程20.18万平方米，已于2010年二季度竣工交房；二期工程14.52万平方米，2010年四季度开工建设。

贵阳中国铁建·国际城　是集团公司与北京东和嘉业房地产开发有限公司合作控股的贵州中泓房地产

开发有限公司开发的房地产项目。项目建设面积225.3万平方米,分四期开发建设。其中,一期工程B、F组团48.58万平方米,已全面展开装修施工;二期工程C组团、H-1~2组团、E-2商业区48.19万平方米,2010年四季度开工建设。

北京中国铁建·国际城　是集团公司独自开发的房地产项目。项目建设面积81.4万平方米,分三期开发建设。其中,一期工程1-6地块23.89万平方米,2010年底已全部结构封顶并全面展开装修施工。

成都中国铁建·国际城　是集团公司进军西南,立足成都的重要起点,由集团公司独自开发。项目建设面积126.5万平方米,分三期开发建设。其中,一期工程32.08万平方米,已全部结构封顶并全面展开装修施工;二期工程74万平方米,2010年四季度开工建设。

南宁风岭山语城　是集团公司独自开发的房地产项目。项目建设面积42.9万平方米,分三期开发建设。其中,一期工程及三期一组团工程10.06万平方米,已于2009年竣工交房;二期工程15.81万平方米,已全部结构封顶并全面展开装修施工;三期二、三组团工程17.03万平方米,2010年四季度开工建设。

长沙中国铁建·国际城　是集团公司与长沙经济技术开发有限公司合作控股的湖南中盛嘉业房地产开发有限公司开发的房地产项目。项目分三期开发建设,一期工程28.45万平方米,2010年底全面展开装修施工。

北京中国铁建·原香小镇　是集团公司独自开发的房地产项目。项目建设面积22.36万平方米,2010年竣工交房。

北京中国铁建·青秀城　为集团公司独自开发的房地产项目。项目建设面积30万平方米,2010年处于结构施工阶段。截至年底,最快楼栋已施工至7层。

杭州中国铁建·国际城　为集团公司独自开发的房地产项目。项目建设面积36.4万平方米,分两期开发建设,其中一期工程已于2010年四季度开工建设。

北京中国铁建·长阳国际城　为集团公司独自开发的房地产项目。项目建设面积29.64万平方米,2010年处于基础施工阶段。截至年底,基坑开挖全部完成,开始基础底板防水施工。

成都中国铁建·青秀城　为集团公司独自开发的房地产项目。项目建设面积26万平方米,2010年处于土方开挖阶段。

天津中国铁建·国际城　为集团公司独自开发的房地产项目。项目建设面积107.32万平方米,分三期开发,其中一期工程于2010年四季度开工建设。

（杨细初）

【党群工作】　党的工作。集团公司党委下辖16个党支部,有党员119人。2010年初,集团公司党委领导班子调整,成员由5名增加到8名,领导班子力量大大加强。班子成员均为高学历、高职称,知识结构更趋合理;老中青相结合,年龄结构更加年青化。集团公司党委适时判断国家宏观调控对房地产行业的影响,积极应对,抢抓机遇,围绕生产经营中心,着力抓好领导班子建设,夯实基层党建工作,凝心聚力,构建和谐,把党的政治工作优势转化为促进企业发展的合力,为全面推进企业又好又快发展、实现年度各项任务目标提供强有力的思想和组织保障。(1)党建工作。集团公司党委重点开展建设学习型党组织、创先争优、践行企业价值观等专题教育活动,党委加强指导,各级党组织精心策划、扎实开展,党员踊跃参与,各项活动取得明显成效。(2)宣传思想工作。集团公司党委把开展践行企业价值观活动作为推广企业文化、融合企业文化的良机,进行广泛宣传发动。举行“践行企业价值观,提升发展软实力”演讲比赛,16个项目公司选手以身边的故事诠释对中国铁建核心价值观的深刻理解和感悟;策划组织集团公司成立以来的第一场文艺汇演活动——“和梦想一起成长”迎新春文艺汇演,以创新的艺术形式,回顾集团公司三年多来的发展历程,宣传贯彻企业理念,起到凝心聚力,鼓舞干劲的积极作用。(3)党风廉政建设。制定下发《集团公司开展房地产开发领域突出问题专项治理工作实施方案》,召开2010年党风建设和反腐倡廉工作视频会议,进一步加强廉洁自律教育,完善制度和工作流程,建立监督制约机制,把党风建设和反腐倡廉工作落到实处,年内没有发生违规违纪现象。

工会工作。集团公司工会下辖基层工会11个,工会兼职干部69人,工会会员863人。集团公司各级工会围绕房地产开发中心任务,服务大局,充分发挥工会组织的职能作用,较好地维护了广大员工的合法权益,为企业稳定和发展发挥了作用。举办集团公司第一届“地产杯”羽毛球比赛,组织职工开展拓展训练等活动,提高职工身体素质,熔炼团队精神。（张　恒）

【北京天太金海置业有限公司】　房地产开发四级资质企业。公司机关驻北京市西城区西直门南小街国投大厦东南角西派国际公寓1号楼。2004年6月,由中铁房地产开发有限公司和北京摩达斯投资有限公司联合出资成立。董事长申伟,总经理彭倚剑,党支部书记王晓飞。下设综合行政部、工程部、营销部、财务部。职工17人。其中,中级职务14人;初级职务2人。资产总额78331.1万元。其中,固定资产净值111.36万元;流动资产78281.5万元。

2010年完成销售收入64526.9万元,实现利润23184.5万元。人均创利1363.79万元,全员劳动生产率1252.58万元/人年。国有资产保值增值率103%,净资产收益率44.18%,产值利润率26.9%,投资回报率-37%,资产负债率63.6%,应上缴款完成率100%。 (刘辰燕)

【中铁房地产集团长沙置业有限公司】 房地产开发三级资质企业。公司机关驻湖南省长沙市开福区秀峰路69号。前身为长沙市大联实业发展有限公司,2007年4月9日,由中铁房地产开发有限公司和北京摩达斯投资有限公司联合出资成立;2010年1月,集团公司通过股权受让方式获得北京摩达斯投资有限公司49%的股份,实现100%控股;10月,公司正式更名为中铁房地产集团长沙置业有限公司。董事长彭长城,总经理赵力。下设综合管理部、预算合约部、规划设计部、财务部、工程部、营销部、物业客服部。职工45人。其中,中级职务14人;初级职务3人。资产总额92340万元。其中,固定资产净值62万元;流动资产92278万元。

2010年完成销售收入40661万元,实现利润3335万元。人均创利74.1万元。国有资产保值增值率108.82%,净资产收益率8.5%,产值利润率8.2%,投资回报率8.6%,资产负债率66.4%。年内,公司开发的中国铁建·山语城项目被评为长沙市质量安全优秀示范楼盘,公司被评为长沙市诚信金牌房地产开发企业。 (李 玲)

【中铁房地产开发(保定)有限公司】 房地产开发企业暂定资质。公司机关驻河北省保定市复兴中路999号。2007年5月10日,由集团公司和中铁二十二局集团有限公司联合出资成立。董事长柴纹,党工委书记宁卫东,总经理徐才宝。下设综合管理部、前期管理部、工程部、财务部、销售部、成本预算部、规划设计部、物业服务部。职工38人。其中,高级职务6人;中级职务10人;初级职务7人。资产总额75010.8万元。其中,固定资产净值113万元;流动资产71135万元。

2010年,国有资产保值增值率-35.85%,资产负债率98.66%。年内,公司开发的中国铁建·京南一品项目工地获河北省安全文明工地称号。 (王烂烂)

【徐州中铁房地产开发有限公司】 房地产开发二级资质企业。公司机关驻江苏省徐州市建国西路财富广场A座22层。2007年8月23日正式注册成立,系集团公司全资子公司。执行董事吴仕岩,总经理兼党支部书记田巍。下设综合办公室、前期管理部、销售部、成本合约部、财务部、规划设计部、工程部、物业部。员工44人。其中,高级职务1人;中级职务14人;初级职务8人。资产总额77018万元。其中,固定资产净值117万元;流动资产76627万元。

2010年完成销售收入30882万元。资产负债率96.46%,应上缴款完成率100%。年内,公司被评为徐州地产最具品牌价值企业。 (陈媛媛)

【贵州中泓房地产开发有限公司】 房地产开发企业暂定资质。公司机关驻贵州省贵阳市南明区太慈桥车水路76号。2007年9月28日,由集团公司和北京东和嘉业房地产开发有限公司联合出资成立。董事长、总经理兼党支部书记吴宏晋。下设工程技术部、营销管理部、综合管理部、财务部、项目发展部、产品研发部、造价管理部、计划管理部、物业客服部。职工73人。其中,高级职务3人;中级职务13人;初级职务13人。资产总额348878万元。其中,固定资产净值227万元;流动资产347885万元;其他资产766万元。

2010年,国有资产保值增值率53.75%,资产负债率99.22%。 (崔亚坤)

【长春中铁房地产开发有限公司】 房地产开发四级资质企业。公司机关驻吉林省长春市汽车产业开发区长沈路2488号。2007年11月,由集团公司和中铁十三局集团有限公司联合出资设立。董事长赵红鹰,总经理赵洪军。下设综合管理部、工程管理部、规划设计部、营销部、物业管理部、财务部、前期部、合约部。职工34人。其中,高级职务5人;中级职务7人;初级职务10人。资产总额51955万元。其中,固定资产净值129万元;流动资产51827万元。

2010年完成销售收入52022万元,实现利润7158万元。产值利润率13.76%,国有资产保值增值率494.35%,资产负债率87.05%。年内,公司被长春市房地产协会评为先进会员单位和2009~2010年诚信企业,开发的中国铁建·国际花园项目被中国国际房地产与建筑科技展览会吉林赛区委员会、《城市晚报》评为"吉林名盘"。 (穆 阳)

【中铁地产(成都)开发有限公司】 房地产开发三级资质企业。公司机关驻四川省成都市龙泉驿区北泉路1188号。2008年1月14日正式注册成立,系集团公司全资子公司。执行董事李兴龙,总经理兼党支部书记李兴龙。下设总经理办公室、预算合约部、战略拓展部、设计研发部、营销策划部、财务部、物业管理部。职工29人。其中,中级职务11人;初级职务3人。资产总额165562.17万元。其中,固定资产净值129.48万元；流动资产165285.8万元；其他资产146.89万元。

2010年，国有资产保值增值率-9.14%，资产负债率99.26%。（王宣赫）

【中铁房地产集团（广西）有限公司】 房地产开发企业暂定资质。公司机关驻广西壮族自治区南宁市金湖路63号金源CBD现代城C座17层1736室。2008年1月25日正式注册成立，系集团公司全资子公司。执行董事吴仕岩，总经理兼党支部书记林凤臣。下设综合管理部、前期部、合约预算部、营销策划部、工程管理部、设计管理部、市场发展部、物业管理部、财务部。职工52人。其中，高级职务5人；中级职务4人；初级职务14人。资产总额109069.76万元。其中，固定资产113.927万元；流动资产108955.84万元。

2010年完成销售收入38353万元，实现利润6648万元。国有资产保值增值率675.9%，资产负债率93%，投资回报率6.1%，应上缴款完成率100%。年内，公司被评为股份公司先进工程项目部党组织、财务工作先进单位。（李继华）

【中铁嘉业（北京）投资有限公司】 房地产开发三级资质企业。公司机关驻北京市房山区长阳镇广阳大街1号。2008年1月29日正式注册成立，系集团公司全资子公司。执行董事易善健，总经理兼党支部书记钟金东。下设前期部、成本合约部、工程部、财务部、销售部、规划设计部、综合管理部、物业管理部。职工37人。其中，高级职务1人；中级职务9人；初级职务9人。资产总额185087万元。其中，固定资产净值138万元；流动资产184948万元。

2010年完成销售收入152940万元，实现利润23295万元。人均创利647万元，全员劳动生产率4248万元/人年。国有资产保值增值率1315%，净资产收益率92.3%，产值利润率15.2%，资产负债率89.7%。（于雪芳）

【湖南中盛嘉业房地产开发有限公司】 房地产开发三级资质企业。公司机关驻湖南省长沙市经济技术开发区漓湘路与东六线交汇处中国铁建·国际城售楼部2楼。公司前身为湖南星沙国际物流有限公司，注册资本金1亿元；2008年1月11日，集团公司通过股权受让方式获得湖南星沙物流有限公司51%股份；12月16日，公司正式更名为湖南中盛嘉业房地产开发有限公司。董事长易善健，总经理兼党支部书记孙驿杰。下设综合管理部、前期规划部、营销客服部、财务部、预算合约部、物业管理部、工程部。职工42人。其中，高级职务1人；中级职务11人；初级职务4人。资产总额64279.25万元。其中，固定资产净值398.82万元；流动资产63624.84万元。

2010年，国有资产保值增值率92.09%，资产负债率86.16%。（何润滋）

【中铁房地产集团（惠州）有限公司】 公司机关驻广东省惠州市惠城区马安镇。2008年4月28日正式注册成立，系集团公司全资子公司。董事长兼总经理彭长城。职工3人。资产总额1604万元。其中，流动资产1593万元；固定资产净值3万元；其他资产8万元。

2010年，国有资产保值增值率80%，资产负债率0.28%。（余妙君）

【中铁房地产集团合肥置业有限公司】 房地产开发三级资质企业。公司机关驻安徽省合肥市庐阳区桃园路99号。2008年6月27日正式注册成立，系集团公司全资子公司。执行董事吴仕岩，总经理兼党支部书记铁铮。下设产品研发部、工程管理部、成本管理部、营销部、客服部、财务部、综合管理部、重大事项委员会及项目管理一、二、三部。职工64人。其中，高级职务6人；中级职务11人；初级职务8人。资产总额195418万元。其中，固定资产净值1686万元；流动资产193732万元。

2010年，公司规划开发的中国铁建·国际城项目二期广园、瑞园工程开工建设并对外销售，完成开发总量46万平方米；三期和畅园、德园、桂园工程开工建设，完成开发总量57万平方米。国有资产保值增值率807%，资产负债率96.47%。年内，公司被评为中国铁建先进单位，开发的中国铁建·国际城被中国房地产协会授予中国住宅规划设计·创新示范楼盘称号。（李明明）

【北京第六大洲房地产开发有限公司】 房地产开发企业暂定资质。公司机关驻北京市朝阳区来广营乡清河营村一号地。2009年9月，集团公司通过股权受让方式获得北京第六大洲房地产开发有限公司100%股份。执行董事侯加海，总经理兼党支部书记宫良国。下设综合管理部、成本预算部、前期部、规划设计部、工程部、财务部、营销客服部、商业部、物业管理部。职工58人。其中，高级职务6人；中级职务19人；初级职务6人。资产总额316117.58万元。其中，固定资产净值303.21万元；流动资产315676.32万元。

2010年，国有资产保值增值率96.21%，资产负债率96.99%。（朱民）

【中铁房地产集团北京丰基置业有限公司】 房地产

开发企业暂定资质。公司机关驻北京市丰台区西四环南路101号丰台科技园创新大厦6层。2010年2月3日正式注册成立,系集团公司全资子公司。总经理徐茂义,党支部书记阙方明。下设前期管理部、规划设计部、工程管理部、成本管理部、营销管理部、物业部、财务部、综合管理部。职工40人。其中,高级职务1人;中级职务15人;初级职务9人。资产总额223741万元。其中,固定资产净值139万元;流动资产223457万元。

2010年,资产负债率99%。 (张 倩)

【中铁房地产集团浙江京城投资有限公司】 房地产开发企业暂定资质。公司机关驻浙江省杭州市拱墅区湖州街150号5层。2010年3月30日正式注册成立,系集团公司全资子公司。执行董事、总经理兼党支部书记马建军。下设财务部、前期部、合约部、综合管理部、规划设计部、工程管理部、营销部、物业经管部。职工41人。其中,高级职务1人;中级职务5人;初级职务7人。资产总额205651.52万元。其中,固定资产净值296.16万元;流动资产205248.46万元。

2010年,国有资产保值增值率93.58%,资产负债率97.72%。年内,公司开发的中国铁建·国际城项目获亚洲人居环境协会授予的绿色亚洲人居环境奖。 (张 懿)

【中铁房地产集团(贵州)有限公司】 公司机关驻贵阳市南明区花溪大道中段92号。2010年4月19日正式注册成立,系集团公司全资子公司。董事长兼总经理吴宏晋。资产总额5503.5万元。其中,流动资产5001.18万元;其他资产23150.93元。 (史丽丽)

【中铁房地产集团北京正达置业有限公司】 房地产开发企业暂定资质。公司机关驻北京市房山区长阳镇张家场村村北20米。2010年6月7日正式注册成立,系集团公司全资子公司。执行董事兼总经理王晓飞,党工委书记柳金平。下设前期部、工程部、规划设计部、营销部、合约部、财务部、物业部、综合部。职工32人。其中,高级职务1人;中级职务15人;初级职务6人。资产总额156676.07万元。其中,固定资产净值113.15万元;流动资产156507.23万元。

2010年,资产负债率98.83%。年内,公司开发的中国铁建·长阳国际城项目被北京《信报》评为2011地铁族最期待楼盘。 (韩 蕊)

【中铁房地产集团(天津)置业有限公司】 房地产开发企业暂定资质。公司机关驻天津市河北区中山路66号维多利亚酒店11层。2010年7月15日正式注册成立,系集团公司全资子公司。执行董事代春利,总经理兼党支部书记任望东。下设综合管理部、前期管理部、成本预算部、工程管理部、规划设计部、销售部、财务部、物业管理部。职工43人。其中,高级职务7人;中级职务12人;初级职务4人。资产总额426022.08万元。其中,固定资产净值163.94万元;流动资产425785.93万元。

2010年,资产负债率98.8%。 (何 薏)

【中铁房地产集团广州有限公司】 房地产开发企业暂定资质。公司机关驻广东省广州市荔湾区康王中路486号和业广场1703室。2010年7月28日正式注册成立,系集团公司全资子公司。董事长彭长城,总经理李剑,党支部书记谢东方。下设综合管理部、规划设计部、前期管理部、工程部、营销管理部、成本预算部、财务部。职工17人。其中,高级职务1人;中级职务14人;初级职务2人。资产总额137931万元。其中,固定资产净值178万元;流动资产137731万元;其他资产22万元。

2010年,国有资产保值增值率97%,资产负债率98.6%。 (余妙君)

【中铁房地产集团四川有限公司】 房地产开发三级资质企业。公司机关驻四川省成都市龙泉驿区北泉路1188号。2010年6月3日正式注册成立,系集团公司全资子公司。执行董事李兴龙,总经理兼党支部书记李兴龙。下设总经理办公室、预算合约部、战略拓展部、设计研发部、营销策划部、财务部、物业管理部、中铁逸都项目部、中铁新城项目部、北城华府项目部、中铁骊都项目部。职工81人。其中,高级职务2人;中级职务8人;初级职务9人。资产总额174455.15万元。其中,流动资产174359.9万元;固定资产净值83.12万元;其他资产12.14万元。

2010年,资产负债率97.15%。 (王宣赫)

【重要记载】

▲2月5日 集团公司召开2010年度董事会第3次临时会议,同意出资注册成立项目公司负责北京黄土岗项目的开发建设;同意出资注册成立项目公司负责贵阳兰草坝项目的开发建设。

▲3月19日 集团公司召开2010年度董事会第5次临时会议,同意出资注册成立项目公司负责杭州拱墅区杭汽发铸造车间1、2号地块的开发。

▲3月28日 集团公司召开2010年度施工总承包项目推介会暨阳光招标发布会。

▲4 月 21 日　集团公司召开 2010 年党风建设和反腐倡廉工作视频会议。

▲5 月 15 日　集团公司召开 2010 年度董事会第 8 次临时会议，同意依法注销北京中顺嘉业投资管理有限公司。

▲6 月 8 日　集团公司召开 2010 年度董事会第 9 次临时会议，同意出资注册成立项目公司负责北京市房山区长阳镇起步区 6 号地的开发；同意出资注册成立项目公司负责成都市高新区仁和片区 41 号地和成华区青龙镇 7 号地的开发。

▲6 月 26 日　集团公司召开 2010 年度工程管理工作会议。

▲7 月 1 日　集团公司召开庆祝建党 89 周年视频会议。

▲7 月 12 日　集团公司董事会召开临时电话会议，同意出资注册成立项目公司负责广州市荔湾区芳村高尔夫球场 A、B 地块的开发；同意出资注册成立项目公司负责天津市河北区金钟河大街 1、3、5 号地的开发。

▲8 月 24 日　集团公司召开 2010 年度董事会第 11 次临时会议，同意依法注销北京中盛广源房地产开发有限公司；同意中铁房地产集团广州有限公司吸收合并中铁房地产集团（惠州）有限公司，待吸收合并后，依法注销中铁房地产集团（惠州）有限公司。

▲12 月 22 日　集团公司召开 2010 年度董事会第 15 次临时会议，同意竞得北京市丰台区王佐镇西王佐村住宅项目用地（配置定向安置房）后，出资注册成立项目公司负责该地块的开发。

（范昕宇　张　恒　刘　徽）

中铁第一勘察设计院集团有限公司

【简况】　中铁第一勘察设计院集团有限公司（以下简称铁一院）是国家大型综合性勘察设计单位，持有国家颁发的工程勘察、设计、咨询、建设监理、造价咨询，地质灾害评估、灾害防治、勘查、设计、施工，环境影响评价和测绘等 21 项甲级资质证书；拥有国家批准的对外经济技术经营合作权。主要经营铁路、公路、市政、建筑等行业中的工程勘察、工程设计、工程监理、工程项目管理与评估咨询、工程总承包、岩土工程治理、环境影响评价和对外经济技术合作等项目。铁一院前身为铁道部设计局西北设计分局，1953 年 1 月 1 日成立；1956 年 1 月扩建改称铁道部设计总局第一设计院，1958 年更名为铁道部第一设计院；2001 年由事业单位改为科技型企业，改称铁道第一勘察设计院；2003 年由铁道部划归中国铁道建筑总公司管理，2007 年 7 月 4 日企业改制改称现名。1995 年在全国大型综合性甲级勘察设计单位中第一个通过 ISO9001 质量体系认证；1997 年在全国勘察设计行业综合实力百强中排名第 9 位；2008 年在全行业首批取得住房和城乡建设部颁发的工程设计综合甲级资质；2010 年经商务部会同住房和城乡建设部审批，取得新的对外承包工程资格证书；2007、2009、2010 年在中国工程项目管理营业收入排名中均位居第一；2009 年建立并通过中国船级社质量认证公司质量、环境、职业健康安全“三标一体”综合管理注册认证，同时获得英国皇家 UKAS 质量体系认证。铁一院机关驻陕西省西安市西影路 2 号。下辖 14 个行政管理职能部门、13 个专业设计处（院）、7 个子公司、2 个地铁项目部、12 个参（控）股公司、8 个驻外经营分支机构。职工 3905 人。其中，干部 3112 人；技能工人 760 人。资产总额 30.08 亿元。其中，流动资产 27.47 亿元；固定资产 4.98 亿元；无形资产 2.55 亿元；其他资产 1.08 亿元。拥有卫星定位仪、数字测井仪、全站仪、计算机以及航测、物探、钻探等设备 10535 台（件），原值 2.72 亿元。

2010 年新签合同额 30.36 亿元，完成营业收入 31.55 亿元，实现利润 2.97 亿元。完成勘察设计实物工作量：线路 3208 公里，电化 1704 公里，地质钻探 90.8 万米。全年获得中国勘察设计协会颁发的全国优秀勘察奖 5 项，获得省部级优秀勘察设计和咨询项目一等奖 11 项、二等奖 15 项、三等奖 13 项；获得国家级咨询项目二等奖 2 项；获得国家级优秀 QC 小组成果奖 5 项，省部级优秀及一等 QC 小组成果奖 20 项；获得陕西省科学技术奖 3 项、工程勘察设计计算机优秀软件奖 6 项。年内主持铁道部科研项目 25 项、中国铁建科研项目 16 项、国家基金科研项目 1 项，自主投入新开科研项目 63 项、软件开发项目 19 项。截至 2010 年，铁一院拥有专利 64 项，其中发明专利 7 项；计算机软件著作权 1 项。自 1953 年建院以来，铁一院已设计建成国家和省部级重点工程 142 项，累计完成铁路阶段研究和勘测设计 44.43 万公里。1978～2009 年获国家和省部级“四优”、工程咨询、优质工程、优秀测绘奖 421 项，先后获得全国推行全面质量管理先进单位、中国工商银行和建设银行 AAA 级信誉单位、国家工商行政管理总局守合同重信用企业、中央企业先进集体、全国五一劳动奖状、全国勘察与岩土行业诚信单位、全国地方铁路工作先进单位、中国外贸企业信用体系示范单位、全国企业文化建设百佳贡献单位、中国施工企业技术创新先进企业、中国勘察设计行业"十佳自主创新企业"、全国工程质量管理优秀企业等荣誉。2010年被评为国家火炬计划重点高新技术企业、全国文明诚信示范单位、全国厂务公开民主管理先进单位、全国质量管理小组活动优秀企业、"十一五"期间工程勘察设计行业实施信息化建设先进单位。（王秀梅）

【领导人员】

董事会

董事长	王争鸣
副董事长	李长海(8月19日免)
董事	安光保
	刘为民(8月19日任)
	冉　理(7月21日免)
职工董事	丁　力

行政系统

院长	王争鸣(11月20日免)
	刘为民(11月20日任)
副院长	安光保
	蔡西阳
	刘培硕
	刘为民(11月20日免)
	冉　理(11月20日免)
	朱力争
	李金城
	董　勇(1月20日任)
	彭文盛(1月20日任)
总工程师	冉　理(11月20日免)
	彭文盛(11月20日任)
总会计师	周仲华
顾问	冉　理(7月21日任)
院青藏铁路工程总指挥部总指挥长	魏州泉(8月19日起享受院副职待遇)

党群系统

党委书记	李长海(8月19日免)
	王争鸣(8月19日任)
党委副书记	王争鸣(8月19日免)
	刘为民(8月19日任)
	丁　力
纪委书记	丁　力
工会主席	丁　力

（王秀梅）

【职工队伍】 在岗职工3905人。其中，干部3145人；技能工人760人。干部中，教授级高级工程师153人，高级工程师1048人，工程师1227人，助理工程师717人。工人中，高级技师1人，技师95人，高级工299人，中级工178人，初级工113人，普通工人74人。职工学历结构：博士研究生11人，硕士研究生256人，大学本科2114人，大学专科706人，中专及以下学历818人。年龄结构：30岁及以下640人，31岁～35岁553人，36岁～40岁736人，41岁～45岁685人，46岁～50岁777人，51岁～54岁296人，55岁及以上218人。职工平均年龄39.67岁。有中国工程院院士1人、全国勘察设计大师3人；享受国家政府津贴人员20人，其中在职6人；陕西省"三秦学者"2人；铁道部有突出贡献专家4人。詹天佑铁道科技奖获得者16人。其中，成就奖4人；人才奖4人；青年奖3人；基金奖5人。茅以升铁道工程师奖获得者2人，甘肃省优秀专家1人，院专业技术带头人46人、院优秀青年工程师32人。879人次取得国家(行业)各类资格证书。其中，一级注册建筑师10人；二级注册建筑师23人；一级注册结构师34人；二级注册结构师12人；注册造价工程师74人；注册监理工程师465人；注册咨询工程师90人；注册一级建造师21人；注册二级建造师28人；注册环境影响评价工程师12人；注册环保工程师3人；注册安全工程师6人；注册岩土工程师50人；注册电气工程师24人；公用设备注册工程师27人。

（王秀梅）

【勘察设计】 2010年是铁一院历史上设计工作量最大的一年，一批在建项目进入施工高潮，站前、站后专业进入供图和配合施工的高峰时期。全年完成勘察设计实物工作量：线路3208公里，电化1704公里，地质钻探90.8万米。完成预可行性研究28项7174公里，初测16项2985公里，可行性研究13项1946公里，定测14项2732公里，初步设计11项2617公里，补充定测14项754公里，施工图设计33项4505公里。

（庞福祥）

【经营管理】 市场经营。2010年新签合同68项，合同金额50055万元，进款32541.33万元。全年完成项目投标10项29个标段，中标金额19502.58万元。其中，地铁15816.66万元；地方铁路3143.3万元；城市道路542.62万元。

工程承包与对外合作。年内，铁一院签订工程总承包合同67项，合同金额6.84亿元；工程总承包项目进款11.41亿元。铁路专用线建设和"三电"迁改项目仍是工程总承包的主要内容，岩土工程、环境绿化、市政工程等地方项目逐年增多。不断开拓海外市场，年内签订阿尔及利亚55公里铁路、沙特阿拉伯麦加轻轨、斯里兰卡A09公路、尼日利亚现代化铁路项目的勘察设计或技术服务合同。全年外经项目工程进款折合人民币约8700万元。

财务管理。以企业发展壮大为中心，以管理创新为手段，提升经济效益，推进企业财务管理。夯实会计基础建设和财务制度建设两个基础，加强财务检查、“小金库”治理、信息化管理三项工作，提升会计信息质量与内部管控、全面预算与责任成本管理、资金集中管理与设备集中采购、税收筹划与合法节税四种管理水平。制定《中铁第一勘察设计院集团有限公司会计基础工作规范》，保障院财务目标的实现和财务能力的快速提升。2010年，铁一院实现营业收入31.56亿元，比2009年增长0.46%；财务支出28.87亿元，比2009年增加3026.2万元；实现利润2.97亿元，比2009年增长1.56%。

审计工作。年内按照铁一院和中国铁建审计监事局的工作部署，坚持“围绕中心，服务大局，突出重点，求真务实，依法审计”的工作方针，拓展内部审计工作思路，切实提高依法审计能力和审计工作水平，加强干部离任经济责任审计、财务收支审计、专项审计及基建项目维修审计工作。全年完成审计项目23项。其中，领导干部离任经济责任审计5项；财务收支审计9项；基建维修项目审计5项；专项审计4项。审计查出违规问题64个，涉及金额1270.16万元。

企业管理。加强铁一院生产、经营管理制度建设，对原有的企业内部生产经营管控制度、管理办法进行梳理，进一步规范完善企业规章制度。建立包括公司法人治理结构、公司章程、股东会和董事会备案决议、工商变更等内容的企业管理档案，及时统计，并分析子公司的相关信息，为领导决策提供依据。建立健全以总法律顾问制度为核心的法律风险防范机制，加强铁一院法制建设，有序推进各项法务工作的开展。铁一院在中国勘察设计协会组织的勘察设计行业工程项目管理营业收入和工程总承包完成合同额2010年度排序中，工程项目管理营业收入再次位居榜首；在全国勘察设计行业工程总承包完成合同额排名中，排名第49位，比2009年提升10位，在铁路系统设计院中列第一位。（庞福祥）

【技术创新】 2010年全面实现铁一院“十一五”科技发展规划中所提出的各项发展目标，获得国家火炬计划重点高新技术企业称号。科技创新能力进一步加强，高速铁路修建技术全面掌握，形成具有铁一院自主知识产权的高速铁路专有技术。郑西铁路高速铁路投入运营，组织编写《湿陷性黄土地区高速铁路关键技术研究报告》，形成在湿陷性黄土地区高速铁路修建专有技术。开展兰新铁路第二双线高寒隧道修建技术，戈壁土路基修建技术，大风环境下高标准列车运行安全及速度标准，大风区高标准铁路路基、明洞、桥梁、接触网及大风预警技术等多项研究。结合铁道部、中国铁建科技发展规划（初稿），制定印发铁一院科技发展“十二五”规划。年内组织完成16项铁道部科研项目的中间检查及项目的评审验收。全年组织申报2010年铁道部科研开发计划26项，中国铁建科研开发项目28项；铁一院与铁道部签订科研合同4项，与中国铁建签订科研合同6项；主持铁道部项目25项、中国铁建项目16项、国家基金项目1项。年内组织申请专利29项。截至2010年底，铁一院拥有专利64项，其中发明专利7项；计算机软件著作权1项。年内获陕西省科学技术一等奖1项、三等奖2项，陕西省第十届工程勘察设计计算机优秀软件一等奖1项、二等奖4项、三等奖1项，中国铁建优秀计算机软件一等奖1项、二等奖2项，中国铁建优秀工程标准设计二等奖2项。（庞福祥）

【人才培养】 2010年培训职工8731人次。其中，计划内办班140期，培训5082人次；计划外办班104期，培训2887人次；委外培训672人次；学历学位教育90人。干部培训7834人次，工人培训897人次。以培养领导管理技能、增强创新意识和责任意识、提高财务成本控制能力、加强领导干部思想作风建设、提高基层管理人员的职业素质为主要内容，举办经营管理人员培训班3期。结合铁一院生产情况和承担的工程勘察任务，举办高速铁路及客运专线、城市轨道交通、总体专册、财会统计、质量环境职业健康安全管理体系内审员、技能人员、注册执业资格等多种专业培训班，不断提升职工的业务素质。（庞福祥）

【党群工作】 2010年，铁一院党委下设党（工）委10个、党组1个、党总支16个、党支部175个，有党员3494人，其中在岗党员1890人；院工会下设工会6个，基层工会33个，有专职工会干部9人、会员3924人；院团委下设团（工）委4个、团总支5个、团支部31个，有团员460人。

年内，铁一院党群组织贯彻落实科学发展观，积极开展以创先争优为主题的系列活动，大力宣传贯彻“技术支撑经营、技术控制成本、技术提升管理”的“三技治企”理念，充分发挥思想政治工作优势，为完成全年各项任务发挥重要作用。（1）注重理念引导与治企实践相统一，科学治企取得良好成效。加强东迁后铁一院发展成功实践的总结提炼，形成以“三技治企”理念、三次创业(一次创业在20世纪50年代初到1983年,二次创业在1984年到2005年,三次创业以2005年年底成功实施东移到位为标志)、两大建设(建设中国名优科技型企业、建设和谐一院)、推进从机遇型向能力型转变等为核心的具有铁一院特色的、行之有效的治企方略,较好地解决了理论联系实践并成功指导实践的问题。加大宣传解读力度,推动治企理念被干部职工系统地认识并实践。全院各项重点工作有序推进,铁一院"十一五"发展战略规划顺利实现。(2)坚持"建好班子、管好干部、带好队伍"不放松,三支队伍素质结构进一步优化。铁一院领导班子通过调整,年龄和结构进一步优化。注重发挥院党委中心组"学理论、议大事、谋全局、出思路"的良好功效,大力提高两级班子治企兴企能力,保证各项目标任务落到实处。高层次专家人才培养再创佳绩,技能人才队伍进一步强化,外协队伍管控进一步规范,为保障生产经营工作顺利进行提供了人力保障。(3)注重把创先争优作为服务保障的突出主题,推动各项工作实现重要突破。始终坚持"重在基层、重在实效、重在持久、重在服务"的工作思路,开展以创先争优为突出主题的系列活动,确保全年设计供图和各项重点工作目标的按期兑现。成功召开东移以来首次铁一院基层党的建设工作座谈会,提出进一步提高党建工作服务成效的新要求、新目标和新任务。(4)注重拓展宣传工作和企业文化建设的广度和深度,舆论引导强劲有力。企业大事要事宣传重点突出,形成连续的新闻热点和宣传声势,发挥了较好的舆论引导作用。生产一线报道深入、生动,对会战重点项目加大宣传力度,充分展现一线职工不畏艰难、积极乐观的良好风貌。对外报道发稿200余篇,院网站浏览总量超过160万人次,提升了"科技一院、诚信一院、文化一院"的企业形象。(5)注重强化源头治理和完善预防体系,党风廉政建设为生产经营保驾护航。成功开展铁一院首次"反腐倡廉宣传教育月"活动。以有特色、有影响、有共鸣的系列宣传教育活动,在全院营造"崇廉、爱岗、敬业"的工作氛围。两级领导班子廉洁测评优良率保持较高水平,院领导班子成员优良率97.4%。扎实开展效能监察、案件检查以及工程建设领域突出问题和"小金库"专项治理工作,促进铁一院内部管理尤其是财务内控管理的进一步规范。(6)注重持续推进和谐一院建设,全院以人为本、和谐稳定的氛围进一步巩固。落实三项机制,即坚持每个月和基层党(工)委沟通、每季度作一次信访维稳信息通报和每半年开展一次职工思想动态分析,增强维稳工作的主动性,较好地保持了全院的和谐稳定。因地制宜地组织开展一系列小型多样、丰富多彩的文体活动,积极做好生产一线慰问以及扶贫帮困、送温暖和"三不让"救助工作,联合铁四院开展团员青年主题团日活动,向玉树灾区、新疆特大雪灾地区、西南干旱地区等捐款捐物上百万元,积极参与玉树灾后重建工作,表达企业勇担社会责任以及干部职工讲政治、讲爱心、讲奉献的民族团结友爱精神。(7)注重典型引路和岗位建功相结合,树立"争学赶超、建功立业"的良好风气。年内,铁一院获全国厂务公开民主管理先进单位称号,1人当选全国劳动模范,全年获国家、省、部、中国铁建先进集体和个人表彰奖励60余项。坚持典型引路和岗位建功有效结合,将劳模宣传与弘扬青藏铁路尖兵精神相统一,引导大家积极向劳模学习,与一院同荣辱、共甘苦;积极探索开展基层劳动竞赛的新途径,组织召开铁一院西安地区劳动竞赛经验交流现场会,就创新模式、丰富内容、强化效果进行部署;加强"优秀青年工程师"选树宣传,激发青年投身会战、建功立业的热情,形成有广泛影响力的团员青年的品牌活动。（李景平）

【线路运输设计处】 下设运量设计所、运输设计所、线路设计一所、线路设计二所、站场设计一所、站场设计二所、轨道设计研究所、测管部和处办公室。职工254人。其中,教授级高级工程师10人;高级工程师104人。国家注册咨询工程师20人,国家注册监理工程师17人,国家注册一级建造师2人,国家注册测绘师1人,国家注册安全工程师1人,2人具有项目经理岗位职业资质证书,3人具有国际项目管理资质认证(IPMP C级)。

2010年承担设计项目99项。其中,规划10项;预可行性研究29项;可行性研究12项;初步设计或修改初设12项;施工图设计36项;勘测24项。外委项目新签合同额11183万元,进款4000万元。全年完成产值18992万元,实现利润1414万元。（张晓东）

【地质路基设计处】 下设地质路基一所、地质路基二所、地质路基三所、地质灾害研究所。职工235人。其中,教授级高级工程师18人;高级工程师98人。国家注册监理工程师21人,国家注册土木工程师(岩土)18人,国家注册投资咨询工程师8人,国家注册质量工程师1人。

2010年承担勘测设计项目50余项,咨询项目16项,配合施工32项,境外项目14项,地铁及城市轻轨项目14项。全年完成产值20604万元,进款11486万元,实现利润1130万元。年内获铁路优秀工程勘察设计奖3项。（王立军）

【桥梁隧道设计处】 下设处总室、处办公室和桥一、桥二、桥三设计所及隧一、隧二设计所。职工251人。其中,教授级高级工程师22人;高级工程师80人。

2010年完成初测项目5项,定测和补充定测项目10项,方案竞选与投标项目7项,预可行性研究和可行性研究项目7项,初步设计及补充初步设计项目16项,施工图设计12项,配合施工16项,设计咨询8项。

(李甦冰)

【工程经济设计处】 下设设计一所、设计二所、设计三所、招标代理所、办公室。职工75人。其中,教授级高级工程师5人;高级工程师25人。国家注册造价工程师35人,国家注册咨询工程师8人,国家注册监理工程师6人。

2010年完成阶段性招标代理54批次,新签自揽合同额4743.14万元,完成产值6224.78万元。

(张兰革)

【电气化设计处】 下设供变电所、接触网所,电力一、电力二设计所,地铁设计所、甘肃润通电气化工程有限公司。职工156人。其中,教授级高级工程师9人;高级工程师51人。国际项目管理经理(IPMA C级)7人,国际职业经理人(IPM)2人,国际工程项目经理1人,国家注册二级建造师4人,全国消防设施专项工程设计人员(消防电气)5人。

2010年承担勘察设计项目155项。年内获陕西省优秀设计奖2项,甘肃省优秀设计奖1项,中国铁建优秀设计奖1项;中国铁建优秀标准图设计奖1项;陕西省优秀软件奖2项,中国铁建优秀软件奖1项。

(何廷文 李 悦)

【通信信号设计处】 下设通信设计所、信息设计所、信号设计一所、信号设计二所、地铁所、技术开发应用所、工程部及办公室。职工144人。其中,教授级高级工程师8人;高级工程师40人。国家注册监理工程师8人,国家注册咨询工程师6人,国家注册一级建造师5人。

2010年工程总承包、自揽外委项目发展势头良好,职工收入稳步提高。处领导班子获铁一院"四好领导班子"称号。 (路长平)

【环境与设备设计处】 下设给水排水设计一所、二所,环境工程设计一所、二所,机务设计所,车辆设计所,机械设计所及处办公室。职工107人。其中,教授级高级工程师3人;高级工程师54人。

2010年完成产值8700万元,其中自揽外委进款350余万元。 (任建旭)

【公路与城市道路设计研究院】 下设道路所、地路所、桥梁所、综合所和办公室。职工99人。其中,教授级高级工程师3人;高级工程师47人。国家注册咨询工程师3人,国家注册监理工程师2人,国家注册造价工程师3人,国家注册道路工程师3人,甘肃省注册造价工程师2人。

2010年中标宝麟铁路、斯里兰卡公路等项目。

(魏文海)

【城市轨道与建筑设计研究院】 下设办公室、设计一所、设计二所、设计三所、设计四所、设备所。职工228人。其中,高级工程师68人,高级建筑师13人,工程师72人,建筑师12人。国家注册建筑师19人,国家注册结构工程师26人,国家注册公用设备工程师13人,国家注册监理工程师4人,国家注册造价师4人,国家注册城市规划师1人。

2010年完成设计42项,预可行研究或可行性研究57项,初步设计34项,设计项目咨询28项,施工图设计或配合施工128项。全年完成产值19355万元。

(刘永胜)

【航测遥感设计处】 下设办公室、技术室、测量工程室、遥感室、全数字室、数据采集室、地图编辑室、研发室。职工59人。其中,教授级高级工程师4人;高级工程师20人。国家注册测绘师1人,国家注册质量工程师1人,国家注册会计师1人,3人分别取得国家计算机软件系统分析师、高级程序员、软件设计师资格证书。拥有主要生产设备136台(套)。

2010年新签合同19项1492万元。1人被评为全国劳动模范,1人获陕西省测绘行业先进工作者称号。

(卢庆珠)

【西安地铁总体总包处】 2009年3月成立。下设综合部、总体部、总包管理部、重庆地铁项目部。职工45人。其中,教授级高级工程师4人;高级工程师29人。

2010年完成产值4600万元。总体总包设计处获2010年度西安地铁劳动竞赛先进单位称号,1人被评为西安市地铁建设劳动竞赛先进个人。 (吕西明)

【信息网络处】 下设信息化管理与网络应用所、软件研究与开发所、多媒体制作与研究所。职工39人。其中,教授级高级工程师1人;高级工程师10人。

2010年完成产值810万元。 (贾兴斌)

【工程咨询院】 2010年8月20日成立。下设技术部、项目管理部、综合部。职工23人。其中,教授级高级工程师 7 人；高级工程师 14 人，高级会计师 1 人。国家注册咨询工程师 1 人，国家注册造价工程师 1 人，国家一级注册结构工程师 1 人，国家注册电气工程师 1 人，国家注册监理工程师 2 人。

2010 年直接管理铁路施工图审核项目 30 余项。年内新签铁路工程咨询项目合同 6944. 34 万元，进款 2797. 58 万元。（张凤娥）

【兰州铁道设计院】 下设线运所、桥隧所、地路所、机电所、城建所、环设所、工经所、工程承包部。职工 361 人。其中，干部 348 人；工人 13 人。教授级高级专业技术职务 4 人，高级专业技术职务 90 人。主要生产设备 606 台，运输设备 13 台(套)。

2010 年完成营业收入 29526 万元，支出 26709 万元；实现利润 2817 万元。（李永季　汪涛辉）

【新疆铁道勘察设计院有限公司】 2006 年 8 月 28 日由新疆铁道勘察设计院改制而成。驻新疆维吾尔自治区乌鲁木齐市北京南路 703 号。董事长、院长李斌，党委书记刘岩。下设建筑设计分院和线路运输、地质路基、桥梁隧道、环境设备、电信自控、工程经济、公路设计、综合设计、EPC 管理分处及工程测绘部、工程勘探部、信息中心(文整工厂)、伊犁勘测设计处、成都勘测设计处、试验中心、铁设实业发展公司等单位。职工 573 人。其中，教授级高级工程师 5 人；高级专业技术职务 103 人；中级专业技术职务 149 人；初级专业技术职务 108 人。国家注册建筑师 8 人，国家注册结构师 6 人，国家注册造价工程师 11 人，国家注册公路造价工程师 3 人，国家注册监理工程师 23 人，国家注册设备监理工程师 3 人。拥有仪器设备 327 台(套)。

2010 年完成营业收入 43848 万元，实现利润 3299 万元。全年铁路完成投标 4 项，预可行研究或可行性研究 8 项，勘测 18 项，配合施工 7 项；公路完成定测和施工设计 2 项；工程钻探完成 15. 4 万米，物探完成 8. 59 万标点。（李景平）

【青海铁道工程勘察有限公司】 2006 年 9 月 6 日由青海铁道工程勘察院改制而成。驻青海省西宁市城东区共和南路 23 号。执行董事、总经理马威喜，党工委书记刘德林。下设第十一勘测设计队、工程勘探队、工程设计所、后勤管理服务中心等单位。职工 74 人。其中，高级专业技术职务 5 人；中级专业技术职务 5 人；初级专业技术职务 8 人；技工 46 人；普通工人 3 人。拥有仪器设备 92 台(套)。

2010 年完成营业收入 2945 万元，成本支出 2312 万元，实现利润 153 万元。完成施工图设计 10 项，工程勘测 4 项，工程钻探 7. 39 万米。（李景平）

【甘肃铁道综合工程勘察院有限公司】 2006 年 9 月 8 日由铁道勘察设计院岩土工程公司改制而成。驻甘肃省兰州市城关区和政路 131 号。董事长、院长张巨川，党委书记李伟奇。下设岩土工程公司、物探研究所、第五勘测设计队，第六、第七、第八勘测设计队，勘探部，勘探一队、二队，机械化施工运输队，山东、银川设计处。职工 284 人。其中，教授级高级工程师 3 人；高级专业技术职务 32 人；中级专业技术职务 53 人；初级专业技术职务 48 人；工人 146 人(含技师 13 人)。拥有仪器设备 600 台(套)。

2010 年新签合同额 4700 万元，完成营业收入 23884 万元，实现利润 551 万元。全年完成勘察项目 16 项，测绘 2986. 66 公里、勘探 31. 5 万米、物探 265 万标准点。（李景平）

【陕西铁道工程勘察有限公司】 2006 年 9 月 6 日由陕西铁道工程勘察院改制而成。驻陕西省宝鸡市中山西路 88 号。董事长、总经理黄凯，党委书记侯全德。下设工程承包公司(包括岩土工程部、工程管理部)、工程地质室等单位。职工 272 人。其中，教授级高级工程师 1 人；高级专业技术职务 19 人；中级专业技术职务 17 人；初级专业技术职务 32 人。拥有仪器设备 521 台(套)。

2010 年完成营业收入 15052 亿元，实现利润 913 万元。全年完成铁路勘察项目 45 项，初测 1059 公里，定测 1191 公里，补充定测 1371 公里，钻探 29. 2 万米。（李景平）

【重要记载】

▲1 月 28 日　铁一院勘察设计的郑西铁路客运专线成功试运行，运行最高时速 352 公里。

▲4 月 21 日　铁一院负责总体设计、国内首次采用 BOT 加 EPC 总承包模式运作的交通工程——成渝高速公路复线在重庆开工建设。

▲4 月 27 日　铁一院教授级高级工程师何金学被评为全国劳动模范。

▲4 月 29 日　铁一院被评为 2009 年度西安市地方税收百名突出贡献纳税人。

▲5 月 4 日　铁一院取得新的对外承包工程资格证书。

▲5 月 12 日　铁一院承担施工图设计的成都铁路集装箱中心站举行开通仪式并全面投入运营。铁道部副部长卢春房、四川省省委书记刘奇葆、省长蒋巨峰等出席开通典礼。

▲6 月 1 日　阿根廷交通国务秘书处铁路运输副秘书长 Autonio luna 先生和内阁 Gabriela stortoni 女士一行 3 人到铁一院考察，并就中阿联合体 EPC 总承包阿根廷贝雷格拉诺南北线铁路电气化及现代化项目设计、施工、融资等问题进行坦诚友好的协商交流。副院长彭文盛代表铁一院在合作协议上签字。

▲6 月 23 日　铁一院组织完成的中国铁建科研项目“新型节能型屏蔽门系统研究”、“桥—建组合式高架站结构研究”通过中国铁建组织的专家组评审。

▲6 月 28 日　铁一院设计的西安北动车运用所、西宝铁路客运专线三桥—西安北动车运用所走行线工程顺利建成并投入使用。

▲6 月 30 日　铁一院设计的玉树灾后第一个恢复重建项目——西宁北货运中心抗震救灾应急工程正式开通运营。

▲7 月 10 日　铁一院勘察设计的玉树州藏医院开工建设，标志着中国铁建玉树地震灾后恢复重建项目正式开始。

▲7 月 15 日　铁一院设计的乌兹别克斯坦图基马奇至安哥连铁路电气化改造工程通信信号系统第一批工程顺利开通。

▲7 月 23 日　通信信号设计处“重庆地铁弱电电源设计”QC 小组获 2010 年度国家勘察设计优秀 QC 小组称号。

▲8 月 11 日　铁一院在全国勘察设计行业工程项目管理营业收入和工程总承包完成合同额 2010 年度排序中，位居工程项目管理营业收入第一名。这是铁一院自 2007 年起第三次在全国勘察设计行业工程管理评比中排名第一。

▲9 月 19 日　铁一院获全国质量管理小组活动优秀企业称号。

▲9 月 26 日　铁一院勘察设计的拉萨至日喀则铁路全线开工建设。国家发展和改革委员会主任张平、西藏自治区党委书记张庆黎及铁道部部长共同为拉日铁路建设指挥部揭牌。

▲11 月 13 日　铁一院负责技术管理、技术协调、补充优化设计、配合施工的沙特麦加轻轨铁路正式开通运营。

▲11 月 14 日　铁一院被评为全国厂务公开民主管理先进单位。

▲11 月 28 日　铁一院被评为全国工程勘察设计行业实施信息化建设先进单位。

▲12 月 7 日　铁一院设计的中国目前最大跨度双线简支钢桁梁铁路桥——集包铁路二线古城湾特大桥实现转体，创造多项国内第一。

▲12 月 9 日　铁一院承担的“单层超高玻璃幕墙工程技术研究”、“广州市轨道交通 6 号线东山口站左线站台‘盾构隧道扩挖’施工关键技术研究”两项科研成果通过中国铁建组织的专家组评审，均达到国内领先水平。

▲12 月 14 日　铁一院董事长、党委书记王争鸣获得十佳全国优秀科技工作者提名奖。

▲12 月 22 日　铁一院获 2010 年国家火炬计划重点高新技术企业称号。

▲12 月 30 日　铁一院设计的喀什至和田铁路建成通车，南疆和田地区没有铁路的历史从此结束。

（王秀梅）

中铁第四勘察设计院集团有限公司

【简况】　中铁第四勘察设计院集团有限公司（以下简称铁四院）前身是铁道第四勘察设计院，始建于 1953 年 2 月，原隶属铁道部，2003 年 10 月划归中国铁道建筑总公司管理，2007 年 9 月 11 日改制改称现名。机关驻湖北省武汉市武昌区和平大道 745 号。铁四院拥有国家工程勘察、设计，地质灾害防治工程勘察、设计、监理，环境影响评价、测绘甲级资质，可承担多个行业的工程设计、勘察、咨询、监理和工程总承包，并具有对外经营权。2009 年入选国家发展和改革委员会委托投资咨询评估任务铁路专业咨询评估机构，连续多年位列全国勘察设计综合实力百强单位前列。下辖线路站场设计研究处、桥梁设计研究处、地质路基设计研究处、通信信号设计研究处、航空勘察处、设备设计研究处、电气化设计研究处、城市轨道交通建筑设计研究院、工程经济设计处、道路交通设计研究院、环境工程设计研究处、工程勘察院 12 个生产单位，信息中心、图文印制中心 2 个辅助生产单位，保障服务中心、接待中心 2 个后勤保障单位，杭州分院、海南分公司、厦门分院、深圳分院 4 个驻外分公司，上海分公司、广州分院、南京分院、郑州分院、合肥分公司、福州分院、南昌分公司、长沙分公司、北京分院、苏州设计院、无锡设计院 11 个驻外分公司，中铁四院集团广州设计院有限公司、中铁四院集团南宁勘察设计院有限公司、武汉铁道工程承包有限责任公司、铁四院（湖北）工程监理咨询有限公司、武汉铁四院工程咨询有限公司、武汉鸿基岩土工程院有限责任公司、武汉铁四院工程造价咨询有限公司、武汉铁四院控制爆破技术有限公司、中铁四院集团房地产开发有限公司、惠州大亚湾铁惠实业有限公司、武汉铁辰工程检测有限公司、昆明楚云交通工程设计有限公司12个子公司。职工3891人。资产总额76.82亿元。其中,固定资产净值8.37亿元;流动资产63.9亿元;其他资产4.55亿元。拥有仪器设备13858台(套),机械运输设备402台。机械运输设备净值7996.21万元,总功率42000千瓦,动力装备率11.05千瓦/人,技术装备率21042元/人,设备完好率98%、利用率98%。

2010年新签合同额31.5亿元,实现主营业务收入43.48亿元,完成企业总产值27亿元,其中勘察设计产值19.75亿元;实现利润4.45亿元,净利润3.76亿元。人均创利11.65万元。国有资产保值增值率138.52%,净资产收益率37.06%,产值利润率10.23%,投资回报率250.91%,资产负债率86.61%,应上缴款完成率100%。年内,铁四院被评为全国厂务公开民主管理先进单位,被授予湖北地区勘察设计企业综合实力10强称号,被评为武汉最佳企业公民,被认定为湖北省第十届守合同重信用企业,被湖北省首批认定为创新型企业。 (刘时运)

【领导人员】

董事会

董事长	蒋再秋
副董事长	胡莫愁(1月免)
董事	蒋再秋
	胡莫愁(1月免)
	何义斌
	王玉泽
职工董事	孙万美(3月免)
	刘家美(3月任)

行政系统

院长	何义斌
副院长	王锡和
	汤友富
	田要成
	张华钧
	凌汉东
	谢海林
	莫小玲(1月任)
总工程师	王玉泽

党群系统

党委书记	胡莫愁(1月免)
	何义斌(1月任)
党委副书记	蒋再秋
	何义斌(1月免)
纪委书记	胡莫愁(1月免)
	刘家美(1月任)
工会主席	孙万美(1月免)
	刘家美(2月任)
顾问	孙万美(1月任)

(孙泽兵)

【职工队伍】 职工3891人。其中,干部3494人;工人397人。专业技术干部3444人。其中,教授级高级工程师189人;高级职务1129人;中级职务1165人;初级职务714人。全国工程勘察设计大师2人,新世纪百千万人才工程国家级人选1人,享受国务院政府特殊津贴专家4人,铁道部专业技术带头人2人、青年科技拔尖人才12人,湖北省突出贡献专家6人,享受湖北省政府专项津贴专家2人,湖北省新世纪高层次人才工程第二层次人选4人,武汉市十百千人才工程第二层次人选1人,铁四院专业技术带头人63人、青年科技拔尖人才108人。655人取得国家各类注册资格证书。工人中高级技师84人,技师206人。

(黄绍康)

【勘察设计】 2010年,铁四院针对铁路任务分布不均衡、非铁路项目产能缺口较大等困难,适时采取应对措施,完善生产组织计划,加大海外项目资源投入和管理力度,优化公路及市政项目管理方式,提高生产效率。优先开展铁路"十二五"规划项目和珠三角城际、商阜杭等项目的规划研究,铁路前期工作明显加强;通过加强管控、动态组织,铁路后期项目各阶段工作满足业主要求;通过突出重点、聚力攻坚,杭长、合福铁路等项目施工供图顺利推进;通过靠前指挥、创新工作,高效完成珠三角城际铁路建设管理模式调整和鹰厦、漳龙、外福、赣龙、京九铁路汛期抢险等配合工作。全年开展铁路勘察设计304项次,勘察线路2907公里,预可行性研究5111公里,可行性研究2079公里,初测2205公里,定测2420公里,初步设计2163公里,补充定测4409公里,施工图4516公里,机动钻探432.2万米。开展轨道交通勘察设计55项次,完成产值4.4亿元。开展公路勘察设计29项次,海外项目勘察设计13项次。 (刘时运)

【开拓市场】 2010年,铁四院通过竞标和投标,先后承揽商丘至阜阳至杭州铁路、长沙至浏阳轨道交通、沿江城际铁路、南通至苏州至嘉兴城际铁路、衢州至宁德铁路以及霍尔果斯口岸站和福州至平潭、福州至长乐机场、仙桃和潜江货运支线、九景衢乐德支线、宁芜线改造工程等16项长大铁路干线及重大枢纽工程设计项目，中标流芳站、黄山北站等铁路站房设计项目。围绕珠三角、长三角、长株潭、武汉城市圈和海峡西岸等重点区域，集中配置资源，巩固城际铁路业务的先发优势。以总体总包为重点，承揽城市轨道交通总体总包项目9项，总体总包项目总量达到19项。进一步拓展公路市场，中标山东乐济、湖北襄保等高速公路项目。拓展水底隧道市场领域，积极开展渤海、琼州海峡通道研究。依托股份公司外经资源，开拓海外市场，实现年度海外经营目标。总承包、监理和咨询业务实现长足进步，房地产、资本运营积极审慎推进。出台新的经营管理办法，同时进一步优化经营格局，依托楚云公司拓展昆明市场，挂牌成立乌鲁木齐办事处，筹建海峡（福建）工程设计有限公司。（刘时运）

【科技创新】 2010年，铁四院投入科研经费1.16亿元，完成科研、业建等课题259项。年内获国家、铁道部、湖北省和股份公司各类奖项65项，获得专利19项，软件著作权登记22项。在铁道部公布的2010年度69项"四优"奖项中，铁四院有31项成果获奖，居全路前列，其中"武广客运专线总体设计"成为唯一的特等奖。铁四院总承包工程南京化工园铁路专用线Ⅰ期工程、淮北矿业集团小湖集车站改建工程分别获第五届优秀工程项目管理银奖和优秀工程总承包铜钥匙。铁四院在上海世界博览会中国铁路馆和世界高速铁路大会上展示勘察设计成果，其中中国铁路馆陈列了铁四院设计的代表中国铁路车站最高设计水平的广州南站实物模型。全国人大副委员长路甬祥到院考察，对铁四院科技创新工作给予充分肯定。年内，铁四院设计的沪汉蓉铁路通道合肥至南京铁路工程获第九届中国土木工程詹天佑奖，设计的新武昌火车站获中国建筑学会建筑创作大奖，设计的南京铁路车站站房获第六届全国优秀建筑结构设计二等奖；研发的"铁路工程精密控制网测量数据处理系统"获2010年度湖北省测绘科技进步一等奖。（刘时运）

【企业管理】 战略管理。铁四院不断优化企业战略和中长期发展规划，推进管理咨询成果落地，稳步推进岗位序列管理，完善绩效考核和薪酬分配制度。选取项目试行勘察设计生产人工时管理系统，推进勘察设计项目管理制度体系建设。铁四院自主完成的"铁路设计院勘测设计一体化管理系统建设"成果获第十七届国家级企业管理现代化创新成果一等奖。

安全质量管理。扎实开展质量安全大检查活动和高速铁路质量安全专项检查，完成《高速铁路设计问题反思和整改报告》。加强检查指导，全力确保宜万铁路、福田站等高风险项目以及京沪高速、杭长客运专线等重点项目工程设计安全；结合勘察设计业务和企业实际，深入推进标准化管理，在全路标准化管理现场会上代表设计院交流经验。坚持安全包保责任制，2010年未发生任何重大及以上安全责任事故，获湖北省安全生产先进单位称号。

财务审计。加强资金集中与审批管理，严格执行预算制度，推行全员全过程成本管理模式，成本控制进一步加强。严格控制计划、采购和处置环节，加强资产管理。大力开展内部审计，从单一的合规审计转向"合规、管理、效益"审计，监管功能进一步增强；高度重视铁路项目国家审计工作，完成宜万铁路等4个项目审计配合；开展京沪高速铁路等5个项目审计前的自查自纠工作，未发现责任问题。监察部门进一步完善风险防控措施，狠抓责任落实，取得良好效果。

资质管理和法律工作。年内完成境外承包工程资格证书变更、南宁勘察设计院资质换证等工作，启动轨道交通项目投资评估资质申请。设立企业总法律顾问，制定法律顾问管理办法。

信息化建设。坚持以勘察设计一体化为重点，大力引进和开发专业软件，重点解决内、外业数据处理电子化、自动化、集成化问题，提升设计效率。不断完善勘测设计一体化、办公自动化、人工时系统等管理平台，基础设施同步建设。年内获中国勘察设计协会"十一五"期间中国勘察设计行业信息化实施先进单位称号。（刘时运）

【党群工作】 党的工作。（1）领导班子、干部和人才队伍建设。坚持中心组学习制度，强化领导干部理论学习。创建"四好领导班子"，加强对二级单位创建活动的检查指导和考核工作，及时调整优化各级领导班子。8月，铁四院公布调整后的组织机构及相关岗位编制及职能说明，开展部分部门副职、部门内设机构负责人和一般管理人员岗位竞聘，涉及219个岗位，404人次参加竞聘。针对生产经营需要和组织结构变化，先后调整处级领导班子9个，调整任免中层管理人员61人，提拔处副总26人。加强后备干部队伍建设，开展处级后备干部年度考核工作，并根据考核结果进行调整。积极推荐和选拔高端人才，先后推荐上报各类专家266人次，铁四院总工程师王玉泽获"十佳全国优秀科技工作者"提名奖，选拔专业技术带头人24名、青年科技拔尖人才53名。年内接收高校应届毕业生156人。（2）基层党组织建设。年内深入开展创先争优活动，成立创先争优活动领导小组及工作机构，集团公司和二级单位领导分别建立联系点105个，围绕生产经营任务，组织广大党员干部开展多种形式的岗位奉献、岗位创新、岗位创效活动。年内成立昆明楚云交通公司等党委(党工委)8个,9个二级党组织和140个基层党支部完成换届选举。有5个党组织被湖北省、股份公司评为先进基层党组织,9名党员获湖北省、股份公司优秀共产党员和优秀党务工作者称号。(3)宣传思想工作。全年完成对外报道180篇(次)。其中,报纸新闻147篇;杂志12篇;在中央电视台播放铁四院相关新闻21次。报道充分展现了铁四院干部职工迎难而上、勇于创新、积极投身祖国高速铁路建设的精神风貌。开展法律法规宣传教育,参加股份公司内控与风险知识竞赛获优秀组织奖,被湖北省国资委评为"五五"普法先进单位。广泛开展"践行企业价值观、提升发展软实力"诚信建设活动,举办专题演讲比赛。在宜万铁路最后一座风险隧道齐岳山隧道贯通之际,及时总结表彰宣传富有时代特征的"宜万铁路精神",激发全院干部职工敢于负责、锲而不舍、勇于探索、拼搏奉献的斗志。深入开展文明创建活动,再次通过湖北省最佳文明单位验收。(4)党风廉政建设和纪检监察工作。通过铁四院资讯网、《先锋报》广泛开展反腐倡廉宣传;组织重点岗位人员参观武昌监狱,进行警示教育。加强惩防体系建设,制定《廉洁从业专项监察暂行办法》,通过走访业主、施工单位,建立参建单位电话联系库和电话记录台账,全面了解现场配施人员廉洁从业情况。以"工程建设领域突出问题"和"小金库"专项治理工作为契机,成立检查组深入各重点工程项目和相关单位进行全面排查和清理。认真开展"小金库"自查自纠,通过股份公司组织的检查验收。在20余项工程建设项目、物资设备采购招标中开展效能监察。严肃查处违法违纪案件,全年接受和处理群众来信5件,立案1件,结案1件,党纪处分1人;配合有关纪检监察部门开展案件调查1件,维护了生产经营工作良好环境。(5)"和谐四院"建设。坚持依法治企方针,守法经营、依法办事,积极宣传、耐心解释国家政策法规,妥善处理涉稳问题,不留隐患。严格按照《信访条例》处理有关问题,全年接待来电来访211批291人次,其中初访72件118人次,化解率100%,信访秩序明显好转,被股份公司评为信访稳定工作先进单位。坚持季度职工思想动态分析制度,及时反映职工思想动态,有针对性地开展宣传思想工作。以"关心健康人的健康"为主题,开展心理健康辅导、职工家属联谊、走访慰问、短期休养等活动,缓解身心压力。出台相关政策和办法稳定职工思想,尤其要稳定长期坚守现场一线及出国(境)职工的思想。重视离退休职工党支部建设和思想政治工作,确保"两项待遇"落实,推进离退休职工文体活动阵地建设,保持和谐稳定。

工会工作。铁四院工会认真落实职代会制度,推进院务公开,职工提案答复率100%,被评为全国厂务公开民主管理先进单位。颁发《关于加强指挥部(项目部)工会工作的指导意见》和标准化工作手册,召开现场经验交流会。组织45个项目开展劳动竞赛,6000多人次参加,在股份公司劳动竞赛现场会上,铁四院作为设计院代表交流经验。开展"建言"、"比武"活动,表彰36项群众性合理化建议和技术创新成果。坚持举办丰富多彩的文体活动,被评为湖北省群众体育先进单位。抓好推优树模工作,铁四院副总工程师郭志勇被评为全国劳动模范,8个集体被授予湖北省五一劳动奖状或火车头奖杯,1人获得全国五一劳动奖章,34人次获得湖北省五一劳动奖章或火车头奖章。

共青团工作。铁四院团组织紧密围绕生产经营,强化思想政治教育,引领青年成长成才。年内开展青年思想状况调查,组织"贡献青春力量、打造百年强院"主题征文比赛,积极开展青年科技论文征选活动;实施"青年职业发展导航"计划,提升业务技能和综合素质;大力创建"青年安全生产示范岗",年内15个集体、9名个人获得上级团组织表彰。（刘时运）

【高速铁路勘察设计】 2010年12月3日,铁四院设计的京沪高速铁路先导段动车组试验最高运行时速达到486.1公里,刷新9月28日沪杭高速铁路试运行时速416.6公里的纪录。继武广、郑西铁路客运专线投入运营后,2010年又有沪宁、沪杭城际铁路投入运营。截至年底,铁四院设计建成时速250公里~350公里高速铁路3430公里,占全国投入运营高速铁路的67%。12月7日,铁道部与国际铁路联盟共同主办第七届世界高速铁路大会,大会发布的中国高速铁路发展成就大型画册中,铁四院被作为重点建设企业中的唯一一家设计企业向大会推介。（刘时运）

【宜昌至万州铁路全线开通运营】 2010年12月22日,铁四院设计的宜昌至万州铁路全线开通运营。从1903年清王朝拟修建的川汉铁路至今,宜万铁路不只穿越377公里空间,更穿越了100年时间。自2003年12月1日开工以来,成功穿越20余条暗河,30余处高压富水大断裂、100余处大型溶洞,岩溶处理1088处,战胜100余次突水突泥石等地质灾害。（刘时运）

【城际轨道交通勘察设计】 长三角城际轨道交通成网。2010年7月1日,铁四院设计的沪宁城际铁路通车运营,为2010年上海世界博览会顺利召开提供了有力的交通支持。沪宁城际铁路全长301公里,于2008年7月1日动工,经历有砟改无砟等4次重大技术方案调整,两年内建成通车,创造中国城际铁路建设奇迹。2010 年 10 月 26 日,铁四院设计的沪杭高速铁路通车运营,9 月 28 日试运行时速 416.6 公里。沪杭高速铁路创造多项中国高速铁路建设新成果:首次在软土地区设计并建设了转体最重、跨度最大的自锚上承式高速铁路混凝土拱桥;首次设计并建设 CRTSII 型板式无砟轨道桥上固定端刺;首次采用具有完全自主知识产权的桥上 42 号高速铁路道岔;首次在软土地区设计并建设高速铁路桩板结构跨越地下构筑物;首次设计并建成高速铁路跨度最大且孔数最多的 2×135 米混凝土连续梁;是国内第一条实现安全保护同步设计、同步施工、同步验收,警务区、逃生通道、防抛网、安全监控设施等一次建成的高速铁路。铁四院设计的沪宁、沪杭、杭甬、宁杭等铁路组成长三角主要城市间 1 小时~2 小时交通圈;与京沪高速铁路,沪昆、沪汉蓉、杭长快速客运通道及沿海铁路紧密衔接,构成“四纵四横”高速铁路网主骨架,对于促进长三角地区经济社会发展具有重要意义。

珠三角城际轨道交通勘察设计大力推进。2010 年 12 月 20 日,铁四院勘察设计的珠三角地区第一条城际铁路——广州至珠海城际轨道交通工程通过铁道部初步验收,2011 年 1 月 7 日正式通车运营。铁四院承担珠三角城际规划、规划修编及多项勘察设计任务,主要有穗莞深、佛肇城际,佛莞、广佛环线、广珠城际延长线、广清城际引入广州枢纽及广佛江珠引入工程研究等项目的工程勘察设计。

铁四院承担武汉“1+8”城市圈城际轨道交通线网规划编制和工程勘察设计任务,设计的武汉至黄石、孝感、咸宁、黄冈 4 条城际铁路轨道交通工程建设顺利推进;承担武汉轨道交通 1、2、3、4、8 号线工程的总体总包设计,7 号线前期研究和 2、4 号线及三阳路过江隧道的勘察设计任务,2010 年 7 月 28 日,武汉轨道交通 1 号线二期工程通车运营。继先后设计建成武昌站、汉口站、武汉站之后,2010 年 8 月在武黄城际铁路流芳站建筑设计方案征集中中标。（刘时运）

【中铁四院集团广州设计院有限公司】 铁道行业铁路甲(II)级,建筑工程甲级,工程勘察专业类岩土工程甲级,铁路、建筑岩土工程咨询甲级,工程监理甲级,市政行业(桥梁工程)专业设计及工程测量、咨询乙级资质企业。前身为原广州铁路集团广州铁路勘测设计院,2004 年 3 月更名为铁道第四勘察设计院广州设计院,2007 年 5 月企业改制改称广州四科轨道交通勘察设计研究院有限公司,2008 年 4 月更为现名。公司驻广东省广州市共和西路 6 号。董事长胡丙齐,党委书记丁沧海,总经理胡丙齐。下辖线路所、桥隧所、建筑所、设备所、通号所、工经所、勘测公司、湘钢专用线项目部、英德台泥专用线项目部、广东至艺工程建设监理有限公司。职工 401 人。其中,正式职工 205 人;临时聘用人员 196 人。各类注册人员 87 人次。其中,一级注册建筑师 4 人;一级注册结构师 9 人;注册土木工程师(岩土)5 人;注册监理工程师 33 人;注册造价师 14 人;其他注册工程师 22 人。资产总额 8101 万元。其中,固定资产原值 921 万元、净值 363 万元;流动资产 7724 万元。

2010 年签订合同额 1.3 亿元。其中,勘察设计 1.1 亿元;工程监理 0.2 亿元。开展勘测设计项目 199 项,其中上年转入项目 66 项。完成勘测设计项目 131 项,转入下一年项目 68 项。完成总产值 8430 万元。其中,勘察设计产值 5318 万元;延伸经营产值 3040 万元。勘察设计文件合格率 100%、优良率 100%、优秀率 39%,工程监理项目合格率 100%。全年完成营业收入 15587 万元,实现利润 630 万元、净利润 456 万元,上缴税费 1017 万元。净资产收益率 42%,利润增长率 45%,资产负债率 86%。（郑四安）

【中铁四院集团南宁勘察设计院有限公司】 拥有铁路综合工程、建筑工程、岩土工程、工程测量、地质灾害防治工程、工程咨询等甲级勘察设计证书,工程造价、工程监理等乙级证书以及一类施工图设计文件审查许可证,具有境外工程勘察设计、咨询经营资格。前身为柳州铁路局勘测设计院,成立于 1953 年;2006 年 4 月更名为中铁建柳州勘察设计院,2007 年 4 月改称中铁建柳州勘察设计院有限公司;2009 年 8 月更名为现名。公司驻广西壮族自治区南宁市高新区高五路 3 号。董事长兼总经理张北瑞,党委书记梁国堂。职工 197 人。其中,管理干部 55 人;技术干部 134 人;技术工人 8 人。资产总额 17057 万元。其中,固定资产原值 5845 万元、净值 4750 万元;流动资产 10463 万元;其他资产 1844 万元。

2010 年完成企业总产值 28935 万元,实现利润 330 万元,人均创利 1.76 万元。国有资产保值增值率 101%,净资产收益率 9%,产值利润率 2%,资产负债率 84%,投资收益上缴率 100%,应上缴款完成率 100%。年内获省部级优秀工程咨询成果奖 3 项、QC 成果奖 3 项。（黎建国）

【重要记载】

▲1 月 13 日　铁四院召开干部大会,宣布集团公司领导班子调整决定,股份公司总裁赵广发出席大会并作重要讲话。何义斌任集团公司党委书记,刘家美任集团公司党委常委、纪委书记并为工会主席人选,莫小玲任副院长。原集团公司党委书记胡莫愁达到退休

年龄，按规定免去所任职务并退休。

▲1月21日　董事长蒋再秋入选《湖北日报》、湖北省企业家协会联合举办的“荆楚功勋——企业界60年60人”。

▲1月30日　铁四院设计的广州南站开通运营。广州南站模型陈列进2010年上海世界博览会中国铁路馆。

▲4月9日　全国人大常委会副委员长路甬祥率执法检查组到铁四院开展科学技术进步法执法检查。路甬祥充分肯定铁四院技术创新工作，勉励铁四院将国内工程实践作为最好的广告，实现走向世界的目标。

▲4月11日　武汉市开展“信心2009武汉年度经济人物”系列活动，铁四院被评为武汉最佳企业公民，董事长蒋再秋被评为有突出贡献经济人物。

▲4月24日　铁四院副总工程师郭志勇被评为2010年全国劳动模范。

▲5月17日　铁四院设计的主跨160米、单个转体桥梁重1.68万吨的沪杭铁路客运专线跨沪杭高速公路特大拱桥，在68分钟转体30度后成功合龙。这是铁四院继郑西铁路客运专线洛河特大桥后，高速铁路跨公路桥转体施工设计又一重大突破。

▲5月23日　由英国轨道设计顾问公司董事潘士棠、香港铁路学会会员陈家鼎、伟信顾问集团公司董事陈国雄、港铁公司铁路拓展经理谭伟强等组成的武广高速铁路考察团一行22人到铁四院交流高速铁路技术。

▲5月25日　中国建筑学会在上海举行新中国成立60周年创作设计大奖暨第五届梁思成建筑奖颁奖典礼，铁四院设计的武昌火车站获得中国建筑学会建筑创作大奖。

▲5月28日　铁四院设计的南京长江隧道通车，其过江通道桥梁工程是铁四院设计的第一座自锚式悬索桥，全长665.5米，主跨248米。

▲5月30日　湖北省人民政府批准铁四院工勘院高级技师蒋光友为2009年享受省政府专项津贴人员。

▲6月22日　中国铁建股份公司非执行董事朱明暹和独立董事李克成、赵广杰、魏伟峰在股份公司董事会秘书李廷柱等陪同下到铁四院调研。

▲6月24日　韩国铁道协会副会长申东春任团长的访问团一行20人到铁四院进行高速铁路技术交流。

▲7月1日　铁四院勘察设计的沪宁城际铁路正式投入运营，两年建成通车，创造中国城际铁路快速建设奇迹。

▲7月28日　以班固主席为团长包括南非国民议会交通委员会8名议员及南非驻华使馆人员的南非国民议会交通委员会访问团一行14人到铁四院进行高速铁路技术交流。

▲9月2日　以南非Hlubi部落布雷斯王子为首的南非民间考察团一行到铁四院座谈交流。

▲9月4日　台湾高速铁路公司董事长欧晋德一行到铁四院考察。

▲9月9日　铁四院获湖北省第十届（2008～2009年）守合同重信用企业称号。

▲10月26日　铁四院设计的沪杭高速铁路通车运营。9月28日的试运行最高时速达到416.6公里。

▲10月27日　原全国人大常委会副委员长铁木尔达瓦买提一行在中国驻利比亚大使等陪同下到铁四院利比亚沿海铁路项目部看望员工。

▲10月29日　铁四院设计的南京铁路车站站房获第六届全国优秀建筑结构设计二等奖。

▲11月1日　美国联邦铁路署安全与标准化部主管Robert Lauby先生及加州高速铁路项目管理公司（PB）、GE公司专家一行在铁道部中美项目协调组刘涟清陪同下到铁四院进行高速铁路技术交流。

▲12月7日　由中国铁道部与国际铁路联盟共同主办的第七届世界高速铁路大会在北京国家会议中心开幕。在中国高速铁路发展成就大型画册中，铁四院被作为重点设计企业向大会推介。

▲12月16日　股份公司董事长孟凤朝一行到铁四院调研。孟董事长听取汇报后，充分肯定铁四院经过半个多世纪艰苦创业，已经成长为全国100强勘察设计企业的龙头企业，成为铁路、轨道和地铁三大勘察设计市场的佼佼者，对铁四院发展提出研究战略、发展海外、创新工作、科学发展四点要求。

▲12月22日　宜昌至万州铁路全线开通运营。开通仪式前，院长、党委书记何义斌接受中央电视台等媒体采访。

▲12月27日　铁四院京沪高速铁路建设指挥部常务副指挥长王长法获得全国五一劳动奖章。

▲12月31日　铁四院自主完成的“铁路设计院勘测设计一体化管理系统建设”成果获全国企业管理现代化创新成果审定委员会第十七届国家级企业管理现代化创新成果一等奖。　（刘时运）

中铁第五勘察设计院集团有限公司

【简况】 中铁第五勘察设计院集团有限公司是集工程设计、勘察、咨询、监理、检测及科研开发、设备制造、工程总承包于一体的综合性大型勘察设计企业。拥有工程勘察综合甲级资质,铁路综合设计甲Ⅰ资质,并在建筑、市政、公路等行业具有15项设计、咨询、监理、地灾评估国家甲级资质和对外承包工程资质。机关驻北京市大兴区康庄路9号。前身系中国人民解放军铁道兵科学研究所,创建于1958年10月;1984年1月1日集体转业并入铁道部,改编为铁道部工程指挥部科学技术研究所;1990年10月1日更名为铁道建筑研究设计院,2004年原哈尔滨铁路局齐齐哈尔、哈尔滨勘测设计院划转到铁五院;2005年7月1日改称铁道第五勘察设计院,2008年1月企业改制改称现名。下辖线路运输、地质路基勘察、桥梁、四电、建筑与地铁、市政工程、工程经济、给排水与环境工程、东北勘察设计院及技术研究院等勘察设计和科研单位及海外工程公司、工程承包公司、工程咨询公司、基建开发公司等分公司,全资控股北京铁研建设监理有限公司、北京中铁建北方路桥工程有限公司、北京铁五院工程试验检测有限公司、北京铁五院机械科技开发有限公司、齐齐哈尔蓝图勘察有限公司5家子公司,并设有华东、西北、广州、深圳、济南、郑州、西安、沈阳、内蒙古9个驻外机构。在岗职工1400人,其中专业技术人员1006人。

近几年,集团公司勘察设计业务快速发展,先后承担田德、宿淮、赣韶、连盐(淮)、衡茶吉,包兰增建二线、额哈、前抚,阿扎、苇亚、锡巴、长白、松陶铁路及利比亚南北铁路等国内外新建铁路干线勘察设计;太中银、北同蒲、兰渝(广元至重庆段)、南广(黎塘至肇庆北段)施工图审核;北京地铁亦庄线、大兴线等13个大中城市地铁车站区间设计、勘察、咨询;青藏铁路、京津城际,京沪、沪杭、石武、贵广、厦深等客运专线和新建常规铁路、城市地铁的监理、检测任务;市政、建筑、桥梁、"四电"设计咨询获得新突破;2010年中标九江至池州铁路客运勘察设计项目。开发研制出高速铁路900吨架桥机等一批具有世界先进水平的科研成果;先后获科技进步奖和优秀工程勘察设计奖300余项,拥有国家专利24项,其中软件著作权3项;获国家级工法10项。

2010年新签合同额145500万元,实现收入101310万元,实现利润12175万元。资产总额84301万元。其中,净资产28753万元;固定资产原值13430万元、净值7431万元;流动资产66925万元。年内新增固定资产投资2538万元。国有资产保值增值率136.3%,净资产收益率35.64%,应上缴款完成率100%。集团公司获2009~2010年度中国工程建设管理体系运行优秀企业称号,是北京市科技研究开发机构和北京市高新技术企业。 (王丽洁)

【领导人员】

董事会

董事长	娄德兰
副董事长	吴德增

行政系统

院长	娄德兰
副院长	陈国芳
	庞建文
	杜寅堂
	王立新
总工程师	杨岳勤
总法律顾问	陈国芳

党群系统

党委书记	吴德增
党委副书记	娄德兰
	彭志树(12月改任顾问)
纪委书记	彭志树(12月改任顾问)
工会主席	王从贵

(杨永睿)

【职工队伍】 职工1400人。其中,干部1292人;工人108人。学历构成:研究生241人,大学本科867人,大学专科108人,中专及以下178人。干部中经营管理人员268人,各类专业技术人员1006人。教授级高级工程师37人,高、中级专业技术职务625人,初级专业技术职务426人。拥有全国工程监理大师1人,国家各类注册人员326人,铁道部有突出贡献中青年专家2人、青年科技突出人才5人,詹天佑专项奖获得者10人,茅以升科学技术进步奖获得者2人,享受国务院政府津贴19人。 (杨永睿)

【生产经营】 2010年,集团公司组织参加12项铁路综合勘察设计竞标,中标阿荣旗至讷河、鄯善至大南湖铁路及九江至池州城际铁路项目;参与12个地铁项目投标,中标西安地铁3号线一期工程工点设计、昆明轨道交通3号线工程咨询、合肥地铁1号线一期工程工点设计项目。年内承担连盐、包兰、额哈、松陶等44项铁路勘察设计任务,涉及预可行性研究、可行性研究、初步设计、施工图设计等阶段;同时承担22项地铁、12项施工图审核任务。全年先后策划筹建15个勘察项目部、4个配合施工队。集团公司在确保生产的同时,高度重视安全生产工作,认真开展安全生产和勘察设计质量大检查、大反思、大整改活动,继续保持安全生产的良好态势。 (李 静)

【科技创新】 2010年,集团公司通过北京市企业技术中心认定,获得北京市科学技术委员会自主创新专项立项资助;经国家科学技术部火炬高技术产业开发中心评选,认定集团公司为国家火炬计划重点高新技术企业;铁五院建筑工程实验室通过股份公司首批认定,各项工作正常开展。集团公司启动"十二五"科技发展规划编制工作。年内,集团公司承担科研计划项目93项。其中,国家科研项目10项;省部级科研项目6项;股份公司科研项目21项。开发的"高速铁路900吨简支箱梁建造成套技术与装备"成果获2010年度国家科技进步二等奖;"武广高速铁路路基填筑质量控制参数试验研究"和"铁路舟桥器材技术升级改造研究"成果获股份公司科学技术一等奖,"客运专线双块式无砟轨道制造、施工成套设备及工艺研究"成果获二等奖。开发的"铁路抢修高墩液压顶升施工工法"被认定为铁路建设工程部级工法,"复杂环境深孔控制爆破安全快速施工工法"被评为股份公司优秀工法。全年申报专利4项,获得国家专利授权4项,其中"双块式无砟轨道的施工装备及施工工艺"获得国家发明专利。发明专利"一种中跨连续梁造桥机"获第十二届中国专利优秀奖。集团公司实施产学研合作,推进科技成果市场化和产业化进程,科技成果转化成效显著。获得国家科技进步奖的项目"高速铁路900吨简支箱梁建造成套技术与装备"的子课题"高速铁路预制梁场工业化"实现成果转化,获得经济效益100万元;路基检测仪器"动态变形模量Evd测试仪"和"变形模量Ev2测试仪"实现成果转化,取得经济效益105万元;"Ⅱ型板式无砟轨道板定位自动精调机"项目实现产值720万元。 (刘 嘉)

【综合管理】 内部管理。年内,集团公司制定《大宗物资设备(软件)招标采购管理办法》,建立合格供方档案,推进办公设备采购规范化管理。

人事管理。深入推进专业技术人才队伍建设。全年引进专业技术人员60余人,接收应届毕业生120名,解决158名毕业生及技术骨干进京落户问题。年内王立新获詹天佑中铁建成就奖,周光忠获詹天佑中铁建青年奖。加强专家队伍建设,制定《中铁第五勘察设计院集团有限公司专业技术职务任职资格评审暂行办法》,建立适合集团公司发展的专业技术人员评价体系。年内,68人取得工程师任职资格,30人取得高级工程师任职资格;推荐8人参加在职研究生进修学习。下发《关于进一步加强集团公司员工培训工作的通知》,规范员工培训工作流程,全年组织600余人次参加各类业务培训;创新培训模式,与股份公司北京培训中心合作,选择优秀课程组织集团公司中层及以上领导干部300余人次参加学习。

劳动工资管理。进一步探索以岗位价值和绩效考核为核心的薪酬分配机制,继续执行《铁道第五勘察设计院工资管理暂行办法》,在职职工收入稳步提高。颁布实施《集团公司劳动合同管理暂行办法》,引入并逐步推进劳务派遣用工模式,劳动合同签订率100%、有效率100%。集团公司劳动关系氛围健康和谐,被评为2010年度北京市劳动和谐标兵单位。

财务管理。2010年实施"财务一体化"建设,提高财务管控水平。修订完善集团公司《会计工作指南》,进一步促进会计基础工作规范化,提高会计业务工作质量。加大责任成本管理力度,针对主要业务逐步建立标准成本体系。加强固定资产实物管理,全面清理固定资产,提高资产质量。认真做好经济活动分析工作,实时反映集团公司经济运行情况,防范财务风险。坚持实施资金集中管理,修订《资金集中管理办法》,资金集中管理趋于程序化和规范化,资金集中管理的效益逐步显现。促进银企合作,集团公司分别与中国银行、中信银行签署战略合作协议,提高集团公司融资能力,综合授信额度达到9亿元。

技术质量管理。年内组织开展技术质量合理化建议活动,获铁道部标准设计奖1项,股份公司勘察设计奖3项,全国工程建设优秀QC小组奖2项,铁道部优秀QC小组2项,股份公司优秀QC小组5项。集团公司被评为中国工程建设管理体系运行优秀企业。制定《城市轨道交通建设项目技术管理规定》等10余项技术管理办法和规定,强化技术质量过程控制。主持或参与20项行业标准编制,完成50余项集团业务建设项目。

审计监督。按照集团公司"精益管理年"要求,加大项目责任成本管理和创效保障情况的审计力度,年内对锦赤铁路"四电"迁改项目、扎尼河总承包项目进行专项监察。参加北京中铁建北方路桥工程公司西平铁路项目、遂渝铁路二线项目成本效益核算,对济南项目、包西铁路甘泉项目竣工审计中发现的突出问题责令整改,深入推进降本增效工作。

(王丽洁 杨永睿 韩牛牛 何为锋 眭海清)

【党群工作】 党的工作。集团公司党委下辖基层党委3个、党总支10个、直属支部6个。有党员924名,其中在职党员668名。2010年,集团公司党委以党的十七届四中、五中全会精神为指导,全面贯彻落实科学发展观,注重战略推动、思想推动、组织推动,发挥"推动发展,服务群众,凝聚人心,促进和谐"的作用。广泛开展"克服小院思想,树立大院目标"大讨论活动,促进企业向更高目标发展。集团公司党委中心组全年组织集中学习和专题研讨11次,加强工作研究和调查分析,加大工作帮促调度力度,确保全年工作任务完成。集团公司领导班子被股份公司评为"四好领导班子"。以开展培训学习为抓手,安排中层及以上领导干部学习培训。以做好聘任期满考核为重点,完善干部考核机制。以重点培养、大胆使用为主,100多名技术骨干取得教授级和中高级职称,一批年轻专业人才担重任走上领导岗位,人才队伍建设取得新突破。7月,根据中央要求和股份公司统一部署,在集团公司开展以"抢抓机遇保发展、调整优化上水平"为主题的创先争优活动,涌现出中央企业先进共产党员曹保安,中央企业先进职工、股份公司十佳女职工李嘉,股份公司劳动模范李岩等一批模范人物和先进典型。不断加大对外宣传力度,全年编辑院报12期,更新网站新闻近100次,刊发稿件700余篇。开展多种形式的反腐倡廉教育活动,组织党员干部观看、讨论专题片《一个能人的毁灭——杨池林贪腐案》和电视连续剧《远山的红叶》,学习情况在股份公司《反腐倡廉建设简讯》第6期登载。年内收集整理2009年度集团公司副处职以上领导人员廉政档案83份,与9名新任领导人员进行集体廉洁谈话,参加集团公司95名中层领导人员任期4年的述职述廉考核,配合股份公司纪委开展集团公司3年来党风建设和反腐倡廉工作情况调研。认真开展工程建设领域突出问题专项治理,组成3个工作组深入重点项目检查。积极对外交流,参加2010年铁道设计系统纪检监察工作研讨会,对外协队伍、外聘人员、临聘人员的管理和廉洁从业风险进行深入研讨。

工会工作。集团公司工会会员1117人,其中新会员208人。加强工会组织建设,明确职能分工,配齐各级工会主席,促进工会各项活动开展。开展争先创模活动,评选表彰先进集体11个,劳动模范37名,工会积极分子66名,优秀职工之友9名,优秀工会工作者1名。开展"三比三创"劳动竞赛,评选劳动竞赛优胜项目3个、劳动竞赛先进个人24名、劳动竞赛优秀项目负责人3名。维护职工权益和利益,关心职工生活,大力开展送温暖活动,发动广大职工为做肝移植手术的退休职工郝志新捐款,帮助不幸的退休职工家庭走出困境;落实"三不让"承诺,"三不让"长效帮扶机制初步建立。

共青团工作。集团公司团委围绕生产经营和人才培养,以青年活动为载体,服务团员青年,承担社会责任,引导团员青年健康成长。年内开展"我为抗旱救灾献爱心"募捐活动,动员团员青年为抗旱救灾献出自己的一份爱心;举办"扬起青春风帆,建功五院发展"演讲比赛,激励团员青年立足当前,在企业发展的生动实践中成长成才、建功立业,增强与企业同发展的责任感和使命感;开展"心手相牵——情系家乡孩童"关爱农民工子女服务行动,有效帮扶农民工子女健康成长;举办青年岗位能手与新职工交流座谈会,在青年职工中形成学习先进、争当先进的良好氛围。

(赵忻英　孙咏梅　韩牛牛　李德玮)

【后勤服务】 定期进行房屋维修和水电暖、防水及排污设施的维护管理,确保集团公司生产经营正常开展。加强消防管理,邀请北京市防火中心专家进行消防知识讲座,清查全院消防器材及报警器,坏的及时更换。积极配合属地公安分局、派出所、街道办事处、社区居委会进行政策宣传、人口普查等工作。年内,集团公司获得北京市单位内部安全保卫工作集体嘉奖。

(李　玲)

【线路运输设计院】 院长兼党总支书记吴夯。职工115人。主要业务涵盖经济调查、行车、线路、轨道、站场、机务、车辆、机械、动车及测量10个专业。

2010年完成指令性项目94项,实现产值9172万元,比2009年增长了18%。自揽外委项目19项,新签合同额4230万元,比2009年增长了168%。

(邓学燊)

【地质路基勘察设计院】 院长兼党总支书记富志根。职工98人。下辖地质所、路基所、物探所、岩土勘察设计所、岩土试验中心。

2010年实现产值1.5亿元,自揽项目新签合同额3100万元。年内,院承揽的政泉花园二期及一期北商业项目岩土工程勘察、安化南里危改小区工程岩土工程勘察分别获股份公司优秀工程勘察一、三等奖,院党总支被评为股份公司"五好党支部标兵"。(魏润平)

【桥梁设计院】 院长陈铭,党总支书记王国玮。职工86人。

2010年承担集团公司下拨任务41项,实现产值5979万元,比2009年增长了13.2%。自揽任务34项,新签合同额5151万元,比2009年增长了13%。其中,连盐铁路项目正线长310公里,桥梁总长186公里;衡水市前进街上跨京九、石德铁路立交桥主跨为

70 米 + 70 米转体法施工的独塔斜拉桥，技术含量较高。（庄晓峰）

【四电设计院】 2008 年 2 月，由原通号电化设计分院更为现名。院长汪吉健。职工 100 人。下设通信所、信号所、电力所、电气化所、监理部及办公室。

2010 年承担集团公司勘察设计任务 77 项，完成院间联合设计项目 39 项，自揽任务 28 项。实现总产值 5006 万元，其中自揽任务 2035 万元。年内承揽土耳其安伊高速铁路电气化工程，该项目是中国铁路行业首次获得的海外高速铁路电气化工程，也是中土两国工程承包合作的标志性项目。（李会杰）

【建筑设计院】 院长兼党总支书记刘亚刚。职工 78 人。下辖设计一所、设计二所、设计三所、生产经营部和综合办公室。

2010 年新签合同额 11477 万元，完成产值 4500 万元。主要项目有：中国铁建工程技术研发基地、徐州新城 4 号地块北区工程、中卫铁路车站站房、北京 IDC 产业园、北京京东方八代线配套宿舍方案设计、新建青岛北客站及相关工程施工图审核、G65 高速公路成陵服务区改扩建项目、北京房山区长阳镇起步区 6 号地居住项目、新建石武铁路客运专线新乡东车站站房和高邑西车站站房。（段春秀）

【城市轨道交通设计院】 院长党海军。职工 123 人。

2010 年完成产值 7000 万元。其中，地铁设计 6000 万元；隧道设计含自揽 1000 余万元。年内，长沙项目部被股份公司授予“工人先锋号”称号。（王 徐）

【市政工程设计院】 2008 年 2 月，由原工程咨询公司更为现名。院长兼党总支书刘长勇。职工 73 人。

2010 年完成项目 147 项。其中，道路（含管网）类可行性研究 22 项；建筑类可行性研究 46 项；评估（审核）58 项；设计 14 项；稽察、后评价项目 7 项。全年新签合同额 5110.59 万元，完成产值 3743.72 万元，实现利润 1415.46 万元。（张 扬　刘春凤）

【工程经济设计院】 2008 年 2 月成立。院长兼党总支书记石跃伟。职工 26 人。主要从事铁路、地铁、轻轨、单项建筑的施工组织设计和工程造价咨询服务及有关招投标咨询、工程检算、概算清理、施工图预算编制服务。

2010 年新签合同额 633 万元，完成产值 1265 万元。年内，院被集团公司评为先进集体和技术管理先进单位。院领导班子被集团公司评为“四好领导班子”。（肖佳琳）

【给排水与环境工程设计院】 院长、党支部书记兼总工程师李嘉。职工 36 人。下设环境工程设计所、给排水设计所、生态景观设计所、综合办公室。2010 年注册成立北京大地盛景园林绿化有限公司。

2010 年完成产值 1814 万元，其中铁路项目完成产值 832 万元。自揽外委项目新签合同额 2303 万元，实现产值 982 万元。年内院党支部被评为集团公司先进党支部。（张维成）

【技术研究院】 2008 年 2 月，由原科技研发中心更为现名。院长兼党总支书记徐惠纯。职工 22 人。下设交通战备抢修研究所、施工技术研究所、工程仿真研究所、工程装备研究所和办公室。

2010 年承揽任务 42 项，新立纵向课题 10 项，新签横向项目 32 项。年内，开发的“高速铁路 900 吨简支箱梁建造技术与装备”成果获国家科技进步二等奖，“武广高速铁路路基填筑质量控制参数试验研究”及“铁路舟桥器材技术升级改造研究”成果获中国铁建科学技术一等奖；“新型无斜腹杆双壁钢围堰”专利获得国家实用新型专利授权；“铁路抢修高墩液压顶升施工工法”获股份公司优秀工法一等奖；“提高 K30 平板载荷试验的准确性”成果获全国工程建设优秀 QC 小组二等奖。（刘 陆）

【工程咨询公司】 2008 年 3 月成立。经理沙文杰。职工 68 人。负责集团公司铁路项目初步设计咨询和施工图审核的生产组织、管理协调工作。

2010 年新签合同额 5289 万元，实现营业收入 2507 万元。（朴 松）

【东北勘察设计院】 2008 年 2 月由原东北分院更为现名。院长王宇重，党委书记宋宏祥。职工 282 人。下辖线路站场所、桥梁隧道所、地质路基所、建筑及轨道交通所、通信信号所、工程经济所、地质勘察所、勘察测量所、工程承包公司、监理分公司。固定资产 1728 万元。

2010 年新签合同额 10319 万元，实现营业收入 10060 万元。年内，院获哈尔滨市城乡重点工程建设先进企业称号。（王 玮）

【北京铁研建设监理有限责任公司】 经理李岩。职工 61 人。下设综合办公室、生产经营部、项目管理部、计划财务部、企业规划部、中心试验室、总监办公室。

2010 年新签合同额 52651 万元，完成产值 19682

万元,实现利润 1379 万元。年内,监理的北京至天津轨道交通工程、遂渝铁路无砟轨道综合试验段、合肥至南京铁路工程获中国土木工程詹天佑奖。公司被铁道部评为 A 类监理企业,1 人获股份公司劳动模范称号。

(刘景华)

【北京铁五院工程试验检测有限公司】 总经理兼党支部书记王慨慷。工程技术人员 53 人。主要从事工程试验检测、工程监测、工程咨询、技术开发。下设地基基础检测部、桥梁结构检测部、隧道及地下工程检测部、工程物探部、综合部。

2010 年新签合同额 3134 万元。年内,公司通过中国建筑业协会质量体系复查评审、北京市质量技术监督局监督评审和国家认证认可监督委员会资质认定监督评审,获得铁道部基础设施检测中心颁发的铁路桥梁检定评估技术等级乙级证书、中央国家机关人民防空办公室颁发的人防工程防护设备质量检测机构资格认定证书。北京地铁 6 号线第三方监测项目部获北京市轨道交通安全质量管理先进单位称号。

(张丽君)

【北京中铁建北方路桥工程有限公司】 桥梁、爆破与拆除、土石方工程专业承包一级,地基与基础工程专业承包二级资质企业。经理李树良,党总支书记杨永强。职工 338 人。固定资产 3570 万元,自行研制开发的专用移动支架造桥机 4 套,各类机械设备 320 台(套)。年施工能力 2 亿元以上。

2010 年新签合同额 13111 万元,完成施工产值 8693 万元。在建项目实现结构安全"零事故"、工程质量"零缺陷"。年内通过质量、环境、职业健康安全管理体系监督审核。自主开发的"Lp = 80m 单箱双线简支箱梁移动支架造桥机研制"成果,适用于国内 80 米单箱双线预应力混凝土简支箱梁的节段拼装移动支架造桥机总体方案和关键技术,填补国内空白,达到国际先进水平。

(陈雯婷)

【北京铁兵爆破有限责任公司】 北京市公安局认定的爆破 A 级公司。主要经营各类大型爆破、复杂环境深孔爆破、拆除爆破及城市控制爆破工程和爆破技术开发、技术咨询、技术服务与技术培训、安全评估。职工 38 人。其中,教授级高级工程师 4 人;高级工程师 12 人。实验仪器设备 60 台(套)。

2010 年承揽爆破任务 5 项,完成总产值 350 万元。

(陈雯婷)

【北京铁五院工程机械科技开发有限公司】 总经理蔡泓。职工 46 人。下设办公室、生产部、设计部、销售部。

2010 年新签合同额 1597 万元,实现营业收入 2593 万元。年内,公司开发的"双块式无砟轨道组合式轨排法施工装备及工艺"成果获得"神华杯"第二届中央企业青年创新奖。自主研发移动式现浇施工平台、机械化仰拱栈桥,声屏障吊装设备等一批新产品。并购原首钢液压厂,扩充公司生产和加工能力;建立机械化产业园区,为产品的生产、加工、装配提供生产基地。

(郑月静)

【重要记载】

▲1 月 27 日　集团公司与北京市大兴区国资委正式签约,合作建设高科技机械产业园区。

▲2 月 1 日　集团公司召开 2010 年工作会议、党委全委(扩大)会议和第二届三次职工代表大会。

▲4 月 15 日　铁道部副部长卢春房到集团公司包西铁路义南洛河特大桥 11 孔 64 米预应力混凝土简支箱梁节段拼装施工现场检查指导工作。

▲5 月 6 日　集团公司与中信银行签署战略合作协议。

▲5 月 22 日　中共中央政治局常委、全国人大常委会委员长吴邦国在四川调研期间,专程考察四川地震灾后重建重点项目之一的成都至都江堰铁路。吴邦国对成都至都江堰铁路的建成通车给予高度评价,赞扬铁路部门和建设者为四川地震灾区恢复重建作出了重要贡献。集团公司董事长、院长娄德兰,铁研建设监理公司经理李岩作为监理单位代表受到吴邦国委员长亲切接见。

▲5 月　集团公司开发的"双块式无砟轨道的施工装备及施工工艺"、"中跨连续梁造桥机"和"聚丙烯纤维混凝土轨枕及其制备方法"获得国家发明专利授权。

▲7 月 16 日　集团公司中标九江至池州城际铁路工程。

▲9 月 9 日　集团公司与栢诚(PB)公司组成设计联合体,与中国机械进出口集团有限公司正式签约斯里兰卡南部铁路项目。

▲12 月 26 日　集团公司设计的新建连云港至盐城铁路举行建设动员大会。

(王丽洁)

中铁上海设计院集团有限公司

【简况】 中铁上海设计院集团有限公司是国有大型综合甲级设计企业,也是华东地区唯一一家铁道综合甲I级设计院。从事城市轨道交通、铁路、市政领域的工程勘察设计以及工程总承包、工程监理、技术咨询等业务,拥有涵盖工程建设全过程的8项甲级资质和2项乙级资质,设有经济调查、行车、线路、路基、站场、桥梁、隧道、建筑、通信、信号、电气化、环境评价、工程经济等30余个专业。前身是上海铁路城市轨道交通设计研究院,始建于1953年,原隶属铁道部,2004年划归中国铁道建筑总公司管理,2007年12月28日企业改制改称现名。机关驻上海市天目中路291号。下辖南昌、杭州、合肥、南京、天津、工程勘察、城建设计、监理、咨询等二级单位。专业技术人员1100余人。资产总额52913.88万元。其中,流动资产37496.81万元;非流动资产15417.07万元。

多年来,集团公司始终致力于现代轨道交通技术的研发、应用和推广,在城市轨道交通、铁路、市政工程等领域奉献众多杰作,形成国内海外并举、城轨国铁并重、监理总包并进的经营格局,构建了集团公司多地的区域布局,打造了专家领衔、骨干支撑的专业队伍,确立了在电气化铁路、高标准铁路、城市轨道交通总体规划、总体设计以及轨道、通信、桥隧、环境评价等领域的实力与品牌,呈现出勃勃生机和快速发展的强劲态势。先后获国家和省部级专利、科技进步、科技成果及优秀工程勘察、设计、咨询、软件奖86项,主持或参与编制国家及行业标准、规范6项,获得国家和省部级重合同守信用单位、文明单位等荣誉。

2010年完成新签合同额95820万元,完成营业收入64811.74万元,实现净利润6469.45万元。国有资产保值增值率129.28%,净资产收益率22.94%,资产负债率47.72%,总资产周转率1.46次。 (张文俊)

【领导人员】

董事会

董事长	李永利
副董事长	徐增堂
董事	薛新功

行政系统

院长	薛新功
高级顾问	柳京京
副院长	喻伟巍
	刘建红
	马汉栋
总工程师	薛新功(兼)

党群系统

党委书记	徐增堂
党委副书记	李永利
	薛新功
	辛建成
纪委书记	辛建成(兼)
工会主席	辛建成(兼)

(张文俊)

【职工队伍及培训】 职工1144人,其中专业技术人员960人。高中级以上职务占专业技术人员总数的57.4%,注册人员占专业技术人员总数的20%。特殊工种人员32人。

2010年,集团公司下达培训计划项目174项,应培训1410人次。实际完成234项,培训1729人次,完成年度计划的135%。根据集团公司人员特点,建立新进人员岗前培训、在岗继续教育培训和晋级、转岗培训及待岗培训4种人力资源开发培育方式,基本形成专业技术人员全过程培养的培训链。 (舒 芳)

【勘察设计】 合肥至蚌埠铁路客运专线 该铁路自合肥枢纽引出,经淮南市至蚌埠市,正线长131.8公里,设计时速350公里。年内开展施工图配合。

阜阳至六安铁路 阜阳地区袁寨站至宁西线六安站,正线长157.5公里。年内开展施工图配合。

宿州至淮安铁路江苏段工程 宿淮铁路自津浦线符离集站(含)接出,经宿迁至新长线的袁北站(含),线路长210公里,其中江苏省境内97公里,集团公司负责勘测设计。年内开展施工图配合。

阜淮、淮南、水蚌铁路电气化改造工程 阜淮铁路自阜阳枢纽袁寨站至淮南站,淮南铁路由淮南站至合肥东站,水蚌铁路由水家湖站至蚌埠站,全长282公里。年内开展施工图配合。

宁启铁路南京至南通段电化改造工程 位于江苏省中部,呈东西走向。西起南京铁路枢纽京沪铁路林场站,途经六合、仪征、扬州、江都、泰州、姜堰至海安,过海安经如皋至南通,在南通与沪通铁路衔接连通上海方向,全长269公里,设计时速200公里。年内开展施工图配合。

皖赣铁路宣城站至贵溪站电化改造工程 全长541公里,设计时速160公里。初步设计已完成,尚未审批。

华东二通道合肥至宣城段改造工程　包含淮南铁路(合肥东至芜湖东段)、宁芜铁路(芜湖东至芜湖南段)、皖赣铁路(芜湖南至宣城段)及宣杭铁路,全长420公里,其中集团公司承担215.9公里的勘察设计任务,设计时速120公里。可行性研究已完成,尚未审批。

芜湖至铜陵铁路扩能工程　位于皖南的皖江地区,北邻长江,自芜湖经繁昌至铜陵,全长72.862公里,是沿江铁路的一部分。预可行研究已完成,尚未审批。

淮安至扬州至镇江铁路项目　线路北起苏北淮安市,与京杭运河、京沪高速公路并行,向南经苏中扬州市(宝应、高邮、江都),跨长江后止于苏南镇江市,线路全长224.23公里(含扬镇客车线13.89公里、宁扬客车线7.2公里)。可行性研究已完成,尚未审批。

宁启电气化改造工程二期南通至启东段工程　位于江苏省南通市境内,西接宁启铁路南京至南通段,南临长江、东濒黄海,与长江南通段岸线基本平行,呈东西走向,全长94.3公里。正在进行可行性研究。

城市轨道交通工程　(1)先后承担上海轨道交通3号线(宝山路站至上海火车站)改造工程勘察设计总体总包,天津地铁4号线工程设计总体总包,天津地铁6号线工程车辆段和停车场设计、土建设计5标段,天津地铁4、5、6号线工程通信系统,南昌市轨道交通1号线一期工程工点设计01合同段,上海轨道交通11号线南段工程轨道工程、通信系统(含PIS、电视监控)、信号系统、声屏障工程、调坡测量与设计。(2)中标成都地铁4号线一期4JD标段通信、信号,天津地铁1号线北延伸、南延伸及刘园停车场扩建方案征集,南京地铁12号线工程可行性研究及设计总体总包,苏州地铁4号线支线土建10标段(地下车站),宁波轨道交通1号线二期工程SJ1206标段(土建高架区间和车站)5个项目。　(汪文锋)

【生产经营】　2010年,集团公司有勘察设计项目300余项。为确保生产任务有序、高效开展,集团公司制定《中铁上海设计院集团有限公司勘察设计生产组织管理办法》,进一步优化生产组织管理模式。年内成立集团公司铁路项目投标技术专家委员会和轨道交通技术专家委员会,加大铁路、轨道交通投标技术管理力度,为项目的重大技术策划和决策提供咨询意见及建议,提高技术决策的科学性、系统性、准确性和前瞻性;并在各生产处设立生产所,形成层次分明、逐级负责、全程控制的技术管理体系。采用勘测数字化及设计CAD一体化技术,提高设计效率。年内,集团公司开展淮扬镇铁路初测数字化、可行性研究一体化试点和宁启铁路二期定测数字化、初步设计CAD、协同一体化探索;自主开发集团公司勘测设计一体化协同作业平台系统(V1.0),实现工程项目勘察设计全部数据文件集中管理和电子文件级别的专业间协同设计,并实现集团公司直管项目网上互提电子资料,项目完成情况一目了然;结合淮扬镇铁路初测任务,自主编写项目横断面的数据转换接口程序,实现路基和地质专业间的数据转换;引进金桥桥梁勘察软件,集中采集和处理桥梁勘察资料,为桥梁专业外业勘察提供一站式设计平台。　(汪文锋)

【经营管理】　2010年,集团公司新签合同额95820万元,完成营业收入64812万元。(1)积极参与铁路项目投标。全年参与符夹扩能、沿江城际、漳州古雷港口支线、六安景、沪乍杭、湖苏沪、金华至宁波、金华至台州、合肥至安庆、宿州至徐州城际、福州松下港支线11条铁路项目投标。其中,六安景铁路为方案竞选;符夹铁路扩能、沿江城际铁路、漳州古雷港口支线3个项目为邀请招标;其他7个项目为公开招标。年内,六安景、符夹扩能、沿江城际铁、漳州古雷4个项目公布招标结果,集团公司中标六安景、符夹扩能两个项目。截至年底,集团公司铁路项目13项,线路里程2600余公里。(2)拓展轨道交通市场,完善主营业务结构。年内先后参与成都地铁4号线一期工程系统设计,无锡轨道交通2号线一期工程,天津地铁1号线北延伸、南延伸及刘园停车场扩建方案征集,南京地铁4号线工程可行性研究及设计总体总包,南京地铁12号线工程可行性研究及设计总体总包,苏州地铁2号线延伸线、4号线及其支线分项设计,深圳地铁6号线工程可行性研究及勘察设计总承包,南京地铁8号线、13号线至17号线工程预可行性研究及沿线用地控制规划项目等20项轨道交通项目投标,中标成都地铁4号线一期4JD标段通信、信号,天津地铁1号线北延伸、南延伸及刘园停车场扩建方案征集,南京地铁12号线工程可行性研究及设计总体总包,苏州地铁4号线支线土建10标段(地下车站),宁波轨道交通1号线二期工程SJ1206标段(土建高架区间和车站)5个项目。轨道交通项目比重比2009年的9.7%上升到2010年的24.5%。(3)监理板块持续快速增长。年内,监理公司加强合同管理,注重合同评审深度,对合同中监理的工程范围、内容和工期、履约保证金、付款方式、延期计算及取费、造价增加、奖罚措施等内容着重评审,严格过程控制,保证合同履约。全年参与监理投标项目23项,中标10项。(4)顺应形势变化,大力拓展延伸服务,开辟新的市场领域。勘察设计延伸服务是发展潜力较大的业务板块,其中施工图审核具备投入相对较少、效益相对较高的特点，具有很大的发展空间，并且还可以提升集团公司的业务水平。从2010年7月1日开始，国内铁路项目一律采用施工图招标，这就给施工图审核带来了商机。集团公司主动与相关建设单位沟通交流，提前介入皖赣新双线、九景衢、连盐等项目的施工图审核的前期工作，进一步拓展咨询业务；并从铁道部8月发布的《高速铁路运营沉降监测管理办法》中，获得高速铁路运营维护市场信息，积极运作，签订沪杭铁路客运专线运营期控制网维护和构筑物沉降观测合同。（汪文锋）

【综合管理】 财务管理。按照“精打细算，控成本漏洞，加强预算管理，为可持续发展多做积累”的工作思路，细化预算管理，制定《中铁上海设计院集团有限公司费用报销及货币资金支付审批办法》和《关于加强财务管理若干问题的通知》，进一步规范集团公司财务会计工作秩序。开展“小金库”专项治理，针对薄弱环节及时整改。强化资金归集，铸牢集团公司资金链，盘活存量资金，提高企业资金使用效益。

审计管理。年内根据股份公司“小金库”专项治理工作的要求，集团公司成立“小金库”专项治理工作领导机构和工作机构，内审人员作为工作小组成员参与专项检查，对检查中发现的问题提出整改意见。按照2009年股份公司下达的审计决定，对南昌铁路勘测设计院下属路通公司进行后续审计，提出继续保留的建议，并对路通公司在进一步开拓市场、强化内部管理、加强应收账款催讨、完善合同评审、严格成本控制、提高项目收益等方面提出改进意见。11月开展合肥铁路勘察设计院院长离任审计，对其任职期间经营成果的真实性、财务收支核算的合规性、资产质量和经营绩效变动情况、重大经营决策及执行效果、内部控制的健全有效性、职工管理责任的履行情况、执行国家法律法规和企业内部制度规定情况进行审计评价。积极配合国家审计署做好京沪高速铁路建设项目的审计，按照要求开展自查自纠，并将工作情况以周报形式及时反馈股份公司。

科技管理。年内，集团公司被认定为上海市科技小巨人企业，获得政府资助300万元。制定下发《科技研发项目管理规定》《专利管理办法》等规章制度，初步构建集团公司科技管理体系。实施扁平化、高效率、职责明确的管理理念，遵循“适应科技进步、适应市场、与国际惯例接轨，与国内其他行业接轨，实施以项目管理为核心，技术决策与图纸审查合理分工”的技术体系改革思路，不断完善技术管理和技术决策体系，建立“专业处+综合管理”技术管理体制，构建决策层、管理层、操作层3个层面的技术管理机制。集团公司参与研究的“隧道及地下工程管棚法理论研究、关键技术及应用”科技成果，经专家组评审，认为该成果在作用机理与设计理念和施工中的关键技术具有创新性，环境、社会效益显著，拓展了管棚法的应用范围，总体达到国内领先水平。

质量创优。全年申报科研课题61项，其中“48米半穿式钢梁提速200公里/小时设计研究”、“大直径现浇混凝土薄壁筒桩在萧甬铁路绍兴东站软基处理的应用及其机理的试验研究”、“时速200公里客货共线铁路预应力槽型梁系列化研究”被批准列入股份公司科研课题。年内获国家发明专利2项、实用新型专利1项，省部级优秀工程咨询奖7项，优秀QC成果奖9项。其中，《安哥拉本格拉铁路大修工程预可行性研究报告》《新建铁路阜阳至六安线可行性研究报告》获省部级优秀工程咨询一等奖；“提高高层建筑施工沉降观测的精度”QC小组获全国优秀QC小组奖。

（常月琳　舒芳　沈吟）

【党群工作】 党的工作。(1)深入分析国家经济形势和行业趋势，加强形势教育和宣传引导，增强干部职工的机遇、忧患和责任意识，统一发展认识，为可持续发展奠定思想基础。(2)检查子(分)公司“三重一大”议事决策规则执行情况，对程序不规范、事项界定不清等问题督促整改。(3)严格干部选拔任用程序，全年选拔处级干部13人，调整交流处级干部4人。加强所级管理，建立干部成长平台和后备梯队。完善中层干部绩效考核办法，扩大民主测评范围。(4)强化身份意识，强调企业认同和业主第一的理念，妥善处理文化差异，促进文化融合。(5)5月，集团公司党委召开党建工作会议，系统总结整合重组6年来党建工作经验，出台《加强和改进集团公司党的建设的实施意见》，全面部署集团公司党建工作。7月，根据中央关于深入开展创先争优活动的要求和股份公司党委的统一部署，集团公司以“抢抓机遇、优化结构、提升水平、实现可持续发展”为主题，开展创建先进党组织、争当优秀共产党员活动。(6)深入贯彻领导干部廉洁从业若干规定，在集团公司处级以上干部中开展廉洁从业若干规定的学习与自查活动。

工会工作。2月召开集团公司第二次工会会员代表大会，选举产生新一届工会委员会和经费审查委员会。坚持和完善职工代表大会制度，各级单位相继建立职工代表大会制度和职工大会制度，有效推进集团公司民主管理。5年来，集团公司筹集“三不让”友爱互助互济基金540万元，救助困难职工2100人次413万元。举办首届职工“两会一节”(体育运动会、生产技能运动会、艺术节)系列活动，有效地提升了职工的文体素质，缓解了工作压力，营造了积极健康、乐观向上、团结和谐的氛围。

共青团工作。开展“抢机遇、抓在建”主题形势与任务教育活动，以团委扩大会、团员会议等形式组织学习股份公司工作会议和集团公司“四会”精神，将意志与行动统一到中心任务上来；开展“迎世博”系列宣传活动，编印宣传海报、手册，组织团员青年当好志愿者；开展“践行企业价值观，提升发展软实力”主题征文演讲比赛，征集稿件45篇，其中16篇参加演讲比赛；开展“青年文明号”创建活动，工程勘察院测绘组精测班、上海先行建设监理公司宁启监理站被列为“青年文明号”创建示范点；开展“优秀青年工程师”评选活动，结合集团公司“1258”科技人才培养工程，计划于“十二五”期间评选60名“优秀青年工程师”，为培养专业技术带头人提供人才储备。（孔好兵　张文俊）

【南昌铁路勘测设计院有限责任公司】 由南昌铁路勘测设计院改制而成。是工程咨询甲级，建筑工程设计、市政（桥梁、道路）工程设计、测绘乙级和城市规划丙级资质企业，可承担铁路、轨道交通、市政（道路、桥梁）、建筑工程及其配套的给水排水、电力、通信、信号工程的勘测设计和相应的项目总承包。公司驻江西省南昌市工人新村二路27号。院长康新平，党总支书记彭跃辉。职工249人，其中专业技术干部200人。资产总额9880万元。其中，固定资产原值2307万元、净值1444万元；无形资产（土地使用权）1676万元；流动资产6742万元；其他资产17万元。

2010年新签合同额11375万元，完成企业总产值20302万元，实现利润1773万元、净利润1338万元。国有资产保值增值率126.39%，净资产收益率24.82%（不含少数股东权益）。年内获实用新型专利1项、江西省科技进步二等奖1项。（樊　成）

【杭州铁路设计院有限责任公司】 2007年7月由杭州铁路设计院改制而成。铁路、建筑工程设计及工程咨询、工程总承包乙级资质企业，主要从事铁路线路、站场、桥梁、房建工程设计和建筑设计、工程咨询、工程总承包等业务。公司驻浙江省杭州市延安路468号浙江经贸广场综合楼B座6楼。院长钟国钢。下设综合部、计划经营部、线桥设计所和房建设计所。资产总额2152万元。其中，固定资产原值232万元、净值131万元；流动资产1978万元；其他资产174万元。

2010年新签合同额4300万元，完成企业总产值5088万元，实现利润887万元。国有资产保值增值率164.68%，净资产收益率54.29%。（孙世畅）

【合肥铁路勘察设计院有限责任公司】 原为合肥铁路勘察设计院，2007年12月5日企业改制改称现名。铁路工程设计、建筑工程设计、工程咨询乙级，工程测绘丙级资质企业，主要从事铁路、桥梁、工业与民用建筑、通信信号、给排水、电力等工程勘察设计及工程总承包、技术咨询等业务。公司驻安徽省合肥市瑶海工业园区新海大道15号中国铁建安徽大厦。副院长孟磊主持工作。下设铁道设计所、建筑设计所、综合管理部、总承包部和勘察队。

2010年新签合同额4526万元，完成企业总产值3964万元，实现利润415万元。国有资产保值增值率104%，净资产收益率42.85%。（袁秀侠）

【上海先行建设监理有限公司】 工程监理甲级资质企业，主要从事铁路、市政、房屋建筑工程和通信、信号等行业工程建设监理业务。公司驻上海市天目中路291号。总经理何幸。下设江西分公司。职工702人。资产总额3257.5万元。

2010年新签合同额1.74亿元，完成企业总产值6857.93万元，实现利润494.6万元。净资产保值率151.13%，净资产收益率49.41%。年内，公司监理的上海轨道交通7号线工程获上海市市政工程金奖和中国市政金杯示范工程奖；2个监理单位获得火车头奖杯，3人获得火车头奖章，（贾凤丽）

【天津分院】 具有铁路、市政公用（地铁轻轨、桥隧）、建筑工程和工程勘察、测量、监理、咨询甲级，通信、环境评价、总承包乙级资质。机关驻天津市南开区卫津路18号中恺国际广场新都大厦A座15层。院长顾培龙。下设综合管理部、经营计划部、土建设计室、线路设计室、机电设计室。职工37名。资产总额1999万元。其中，固定资产原值1683万元、净值1604万元；流动资产395万元。

2010年新签合同额192.34万元，完成企业总产值1196万元，实现利润124万元、净利润103万元。净资产收益率5.53%。（姜熙柱）

【南京设计院】 2009年3月16日由南京铁路勘测设计所改制而成。主要从事铁路、轨道交通、桥梁等工程勘察设计和工程总承包、技术咨询等业务。机关驻江苏省南京市中山北路223号建达大厦7楼。院长潘必胜。下设综合部、经营计划部、铁道工程设计所、建筑工程设计所。职工33人。资产总额999.2万元。其中，流动资产892.2万元；非流动资产107万元。

2010年新签合同额1600万元，完成企业总产值1195万元，实现净利润191万元。净资产收益率

107.01%,总资产周转率1.5次。（陈应平）

【工程勘察院】 2006年由上海铁路城市轨道交通设计研究院和南昌铁路勘测设计院所属工程勘察院重组而成。具备工程勘察专业类岩土工程、工程测量甲级和测绘乙级资质,主要从事城市轨道交通、高速铁路、客运专线、山区铁路等岩土工程勘察及岩土工程检测、监测,岩土工程治理、施工,公路、桥梁、工业与民用建筑等工程勘察,精密测量、测绘等业务。机关驻上海市交通路3131号乙。院长朱锦富,党总支书记陈震华。下辖地质工程所、测绘工程所、岩土工程所。职工93人。

2010年完成企业总产值6272万元,实现净利润930万元。年内,院被评为全国工程勘察与岩土行业诚信单位。（李帅）

【城建设计院】 2008年1月由原建筑、机务、车辆、机械设计所组建而成。机关驻上海市天目中路267号蓝宝石大厦15楼B座。院长朱雪斌。下设综合部、建筑所、结构所、设备所、机辆所。生产业务涵盖建筑、结构、电力、给排水、暖通空调、机务、车辆、机械8个专业。专业技术人员64人。

2010年新签合同额4500万元,完成企业总产值2064万元,实现净利润348万元。（施宇平）

【重要记载】

▲1月 上海先行建设监理公司中标宁启铁路林场至扬州东、扬州东至海安县、海安县至南通段复线电气化工程第1标段施工监理,合同投资3134.16万元。

▲2月6日~9日 集团公司二届一次职工代表大会、第二次工会代表大会、2010年工作会、一届五次党委全委(扩大)会召开。

▲2月 集团公司被认定为上海市高新技术企业。

▲4月 上海先行建设监理公司中标新建合肥至福州铁路闽赣段HFMGJL-5站前及站后工程施工监理,合同投资6631万元。

▲5月 杭州铁路设计院被评为浙江省招标投标3A信用等级企业。

▲6月3日 上海先行建设监理公司中标神华集团新建甘其毛道至万水泉南铁路工程施工监理Ⅰ标段,合同投资1415万元。

▲6月25日 集团公司中标苏州市轨道交通4号线支线土建设计Ⅳ-TJSJ10标段,合同投资1374万元。

▲8月 杭州铁路设计院设计的杭州市滨江区火炬大道跨铁立交工程获杭州市建设工程西湖杯(优秀勘察设计)三等奖。

▲8月 上海先行建设监理公司中标赣州至龙岩铁路扩能改造工程监理,合同投资3041万元。

▲10月14日 集团公司获得环境工程设计专项(物理污染防治工程、水污染防治工程)甲级资质。

▲10月28日 集团公司获得电子通信广电行业通信工程类(有线通信)乙级资质。

▲10月 集团公司获股份公司优秀工程设计奖、优秀工程勘察奖各2项,上海优秀工程咨询成果奖5项,江西省优秀工程咨询成果奖2项。

▲11月9日 集团公司被股份公司评为决算工作先进单位。

▲11月13日 集团公司被股份公司评为计划统计工作先进单位。

▲12月20日 集团公司被股份公司评为经营工作先进单位。（张文俊）

中铁物资集团有限公司

【简况】 中铁物资集团有限公司是铁道部铁路建设项目部管物资代理公司、铁路用钢轨招标代理服务商,国家发展和改革委员会批准的成品油专项供应单位,是全球最大的铁路工程物流服务商和全国第二大铁路物资供应商。主营铁路运输、建设所需的钢轨及配件、油料、火工品及大型基建项目所需钢材、水泥等相关物资;兼营工程物流、物资仓储、配送等业务,并受铁道部委托承担部分铁路建设项目物资供应、组织和管理工作。公司机关驻北京市海淀区西四环中路19号。前身系中国人民解放军铁道兵后勤部物资处,1984年1月集体转业并入铁道部,改编为铁道部工程指挥部物资处;1990年3月组建中国铁道建筑总公司物资局,1999年改称中铁建物贸公司,2000年12月4日更名为中铁建物资集团有限公司,2003年企业改制改称现名。下辖13个全资子公司、3个控股子公司和4个钢厂办事处,在3家公司参股,并在鞍山、包头、攀枝花等地设有20余个分公司和办事机构。职工1698人。资产总额130.6亿元。其中,固定资产净值2.7亿元;流动资产123.4亿元;其他资产4.5亿元。

集团公司及所属子公司全部通过质量、环境、职业健康安全管理体系认证,先后取得铁道部铁路建设用钢轨招标与采购供应代理、成品油内部批发经营、工程招标代理、民爆器材经营、部管物资招标代理和中央投资项目招标等重要经营资质。集团公司与鞍钢、包钢、攀钢、武钢、河北钢铁、首钢、中国石油、中国石化、中国建材、中国远洋、中国外运、中铁山桥、中铁宝桥、南岭民爆等大型企业建立长期稳定的战略合作伙伴关系，实现国内首次销售企业与民爆骨干企业共同组建专营公司的合作；成为国内首家成功进军时速350公里百米钢轨市场的企业。先后承担成昆、大秦、京九、南昆、内昆、青藏铁路，京沪高速铁路，郑西、武广铁路客运专线等国家重点工程的物资供应任务，直接或间接参与建设的新建铁路累计50000余公里，占全国铁路总里程的50%，为中国铁路事业的发展作出重大贡献；先后参与京沪、京珠、沪宁等高速公路，北京、上海、广州、深圳、南京等城市地铁，首都机场扩建项目、南京环城铁路、南水北调工程以及诸多港口、码头、水利水电、民用建筑等工程的物资供应；积极为北京2008年奥运会、上海2010年世界博览会、广州2010年亚洲运动会的配套工程提供物资保障；与欧洲、中东、南亚、东南亚、东亚等地建立了良好的业务关系。集团公司先后获得全国诚信文明示范单位、中央企业先进集体、“工人先锋号”、火车头奖杯、北京市和谐劳动关系单位、全国守合同重信用企业、中国诚信经营示范企业、全国用户满意企业、国家AAAA级综合服务型物流企业、北京市国地税A级纳税企业、银行资信等级AAA级信用企业、全国首批物流AAA级信用企业、中国铁建生产经营先进单位等荣誉；成为中国物流与采购联合会、中国铁道物资流通协会、中国建筑材料流通协会和中国建筑业协会材料分会的副会长级单位；在全国最具竞争力的物流企业50强排名中，位列第7名。

2010年新签合同额354亿元，完成企业总产值212亿元（不含关联交易15亿元），实现净利润3.3亿元。全员劳动生产率1418万元/人年，人均创利22万元。职工年人均收入9万元。国有资产保值增值率131.91%，净资产收益率33.49%，流动资产周转率2.19次，投资回报率44.96%，成本费用利润率2.02%，产值利润率1.98%，资产负债率92.61%，投资收益上缴率100%，应上缴款完成率100%。

（王　蕾）

【领导人员】

董事会

董事长	申兆军（9月免）
	金跃良（12月任）
副董事长	金跃良（12月免）
	王　涛
董事	李锦云
职工董事	孔庆林（11月任）

监事会

主席	廖大球
监事	汪启帆
	李景光
职工监事	刘　芳

经理层

总经理	金跃良（12月免）
	王　涛（12月任）
副总经理	张长根
	熊卫东
	李志群
	王跃飞（12月任）
	唐建勇（12月任）
总会计师	李锦云

党群领导

党委书记	申兆军（9月免）
	金跃良（12月任）
党委副书记	金跃良（12月免）
	王　涛（12月任）
	孔庆林
纪委书记	孔庆林（兼）
工会主席	孔庆林（兼）

（马建强）

【职工队伍】 职工1698人，其中干部1068人。干部中专业技术干部529人，约占干部总数的58%。专业技术干部中高级职务59人，中级职务125人，初级职务345人。在岗生产服务人员278人，其中职业技能人员182人，约占工人总数的65%。

（陈广文　胡晓弦）

【企业经营】 （1）广泛开展战略合作。树立大营销格局，调整经济结构。先后与河北钢铁集团、中国建材股份有限公司、中国建材进出口公司签署战略合作协议，提升对市场优质资源的掌控能力；与中国石油合作成立南京中油铁建成品油销售公司；与泰国纳地蓬公司签署战略合作协议；参与股份公司与中国远洋运输（集团）总公司签署的战略合作协议，为海外业务提供便捷；深化与德国福斯罗公司合作；与法国科吉富公司达成合作意向。（2）整体实力稳步提升。2010年，集团公司新签合同额同比增长32%，完成股份公司下达指标的97%；产值同比增长66%，完成股份公司下达指标的32%；净利润同比增长63%，完成股份公司下达指标的65%。西南公司新签合同额70亿元，产值50亿元；东北公司新签合同额60亿元，产值40亿元；中南公司新签合同额40亿元，产值20亿元。东北、西南公司实现净利润5000万元，中南公司4000万元，铁路事业部3000万元,华东、华北、工业公司2000万元,印刷公司、五棵松饭店、西北公司增长较快,华南公司利润率稳居首位。企业整体规模壮大,规模效益初显。(3)企业影响力迅速提高。年内完成沙特麦加轻轨铁路的物资供应工作,与铁道部运输局合作承办第七届世界高速铁路大会工务座谈会,与铁道部工程管理中心合作召开部管物资年会,有效提升集团公司品牌形象。继2007年之后,再次获得全国物流企业AAA级信用企业荣誉。(4)经营结构调整取得较大突破。发挥资金密集型企业优势,巩固核心业务,同时开展现货贸易、国际贸易等业务,推动资源、加工等板块的形成,逐步扭转集团公司经济结构单一、经营品种局限、发展后劲不足的局面。一是品种结构日趋完善。集团公司逐步改变钢材贸易一枝独大的格局,大力推进相关产品的集成供应。全年新签钢材558万吨,钢轨158万吨,道岔3238组,水泥136万吨,炸药1.13万吨,油料19万吨。其中,水泥、油料、炸药销售增幅较大;焦炭、矿石、带钢、生铁等相关品种的贸易起步。二是支持非主营业务加速转型。在五棵松饭店的基础上成立北京公司,在印刷公司的基础上成立贸易公司,实行"一套人马、两块牌子"的管理模式,促进企业转型,重点发展与集团公司主业相符、涵盖于供应链范畴之内的业务。五棵松饭店实现物资贸易的历史性突破。印刷公司全年钢坯贸易、现货贸易14.6万吨,协助物流事业部供应钢坯11.6万吨,企业全年实现产值收入突破5亿元,同比增长616%,实现净利润突破700万元,同比增长2602%,基本实现业务转型。西北公司完全退出酒店经营业务。三是合资公司发展良好。福斯罗(中国)扣件公司为集团公司分红4875万元。福斯罗技术公司净利润超过2000万元。油品公司除中铁十三局集团公司以外与系统内其他工程局建立业务往来,业务遍及国内22个省、直辖市、自治区,项目点53个。民爆公司稳步推进福建、贵州、山西、海南、湖北五省业务,有效冲击了地方垄断带来的价格虚高,为降低股份公司民爆产品采购成本作出积极贡献。中铁工业控股成立辽宁东鑫水泥销售有限公司。四是现货、国际贸易步入正轨。成立现货贸易事业部,发挥现货贸易与工程物流的互补优势,稳步开拓现货市场。东北公司利用仓储优势,在沈阳、大连等地成功打开市场。华东公司的钢材现货贸易突破25万吨,成为企业主要的经济增长点。工业公司现货贸易业务开展半年,其营业收入接近总收入的三分之一。集团公司完成沙特麦加轻轨铁路物资供应、菲律宾地方铁路项目配件供应等工作,积极跟踪并参与阿联酋、泰国、柬埔寨、蒙古、越南、伊朗、印尼、马来西亚、香港等国家和地区的铁路项目,向韩国出口液态钠。将港澳公司独立管理,明确国际贸易导向,为集团公司海外业务奠定基础。(5)集成服务能力显著增强。一是业务集成能力迅速提升。集团公司建立"工程物流系统服务"和"铁路物资集成供应"两大核心业务体系。充分发挥铁道部基建钢轨供应代理商的优势,整合钢轨、道岔、扣配件、轨枕、钢材、水泥等铁路物资业务,形成业务集群,搭建业务之间有机互补、整体协同的业务链条,降低物流成本,扭转业务单一局面,进一步满足客户需要。二是网络布局更加完善。在哈尔滨、南昌、重庆、无锡、南宁等地设立近20家分公司,集团公司二、三级经营机构40余个,经营网络不断完善,并趋于合理,服务能力显著增强。三是集中采购工作有序推进。与股份公司系统内11个集团公司签订供货合同;积极参与哈齐铁路客运专线工程用水泥竞争性谈判,引入东北地区水泥合作供应商,降低施工成本;参与沪昆铁路贵州段物资竞标,打破地方保护主义政策,平抑沿线物价,为兄弟单位节约成本2亿元。在集团公司内部建章立制,成立钢材集中采购领导小组和7个区域工作组,推进集采资源谈判,提升资源掌控力,推动集中采购工作深入开展。三是部管物资代理服务日益成熟。全年为65个建设项目开展部管物资招标采购,参加招标12批次,累计招标成功包件597个,协助建设单位签订部管物资采购合同557份。在铁路建设领域打出"中铁物资集团"企业品牌,并为集团公司工程物流的顺利开展提供了业主、客户、资源保证,已发展成为集团公司经营创效的重要平台。（王 蕾）

【企业管理】 (1)战略规划。集团公司"十二五"规划基本成形,整体思路是:依托中国铁建市场,充分发挥集团公司网络、资源、业务等优势,紧紧围绕工程物流和铁路物资两大核心,在其价值链上、下游充分延伸,打造全新业务格局;建设全国性物流网络体系,全面提升系统服务能力;综合运用重组、整合、并购等手段,推动集团公司规模化扩张,最终实现跨越式发展,成为聚焦两大领域、全球最具实力的大物流商和供应商。"十二五"发展目标是:营业收入800亿元,净利润8亿元,新签合同额1000亿元,成为中国物流企业前五强,争取进入前三名。(2)经营协调。成立7个区域协调小组,总揽集团公司所属单位的内外部协调工作,提升甲供、甲控物资市场份额,全年中标总额35亿元,预期收益5000万元。在此基础上,成立7个集中采购协调小组,将协调工作与集采工作交叉进行、同步开展,通过与国内45家大型资源厂商以及相关业主和施工单位开展合作谈判,提升资源掌控能力。集团公司统一指挥、协同作战能力加强,优化资源布局,开创新的经营管理途径,确保整体效益最大化。(3)机构改革。

东北公司所属徐州中铁物资有限公司划至华东公司管理,内蒙古办事处划至东北公司管理,武广公司划至中南公司管理;华东公司在南昌设立分公司,西南公司在重庆、无锡设立分公司,华南公司在南宁设立分公司;成立中铁物资集团港澳有限公司;接收原中铁二十一局集团五公司所属物资公司,改称为中铁物资集团兰州有限公司;注销西安夏威夷酒店有限公司;在北京五棵松饭店有限公司的基础上成立中铁物资集团北京有限公司,在北京中铁建印刷公司的基础上成立北京中铁建物资贸易有限公司。调整集团公司机关职能与机构编制,撤销石化产品部及人力资源部下设的人事教育中心等4个二级机构,成立发展规划部、营销管理部、集中采购中心、资产投资部、现货贸易事业部,对部分二级机构进行更名。(4)人才强企。在全国范围内招聘现货贸易、工程物流人才,年内引进大学生106名,从国内大型钢厂、各工程局引进现货贸易、工程物流人才27名。加强员工分类培训,开展以满足新业务要求为目的的“适应性”培训,以提高业务技能为目的的“提升性”培训,以提高员工解决问题能力为目的的“综合性”培训。全年组织培训183班次,参训1476人次。业务部门举办多期钢轨道岔业务、材料基础知识等职业技能培训班;6月组织集团公司首次大型、高规格的企业领导人综合素质提升培训班,效果显著。(5)财务管理。集团公司坚持财务核算账套统一管理,资金归集率100%,累计授信额度145亿元。(6)内部监督。配合国家审计署对京沪高速铁路建设项目的延伸审计,配合国资委对股份公司经济责任审计的延伸审计,认真做好12家子公司领导人员的经济责任审计,有效发挥内部审计“促进管理,提高效益”的职能作用。认真开展贯标、安全大检查、“小金库”专项治理、工程建设领域突出问题专项检查工作。(7)建章立制。制定《建设项目质量管理、服务管理、合同履行处罚办法》《副职领导绩效考核暂行办法》《子公司领导绩效考核办法》《机关事业部绩效考核办法》《应收账款管理办法》等规章制度,在集团公司范围内树立“用制度管人管事”的理念,提升企业管理水平。

(王 蕾)

【党群工作】 党的工作。(1)领导班子建设。年内对12个子公司、3个合资公司的领导班子进行考核,调整领导班子成员85人,平均年龄从44.9岁下降到43.4岁,本科及以上学历占67%,中级职称以上占56%;子公司之间交流15人,机关到子公司交流13人。(2)创先争优活动。成立集团公司创先争优活动领导小组,加强活动的组织领导;创先争优活动与深入学习实践科学发展观、争创“四强四优”、创建“四好领导班子”、“七一”评先等活动紧密结合,并确立一批党员先进典型,激发活动原动力,使创先争优活动达到“创有方向、争有目标”。(3)学习型党组织建设。组织开展“党委书记谈学习创新”征文活动,各子公司党委书记深入总结各单位在建立学习型党组织中的经验与做法。(4)党风廉政建设。落实十七届中央纪委五次全会精神,组织党员和领导干部学习贯彻《国有企业领导人员廉洁从业若干规定》,并将落实情况作为党风廉政建设责任制的重要内容。制定《领导人员廉洁自律检查登记表》,积极开展领导人员廉政档案建设工作。(5)企业文化建设。开展系列形势任务教育、职业道德教育和法制教育活动,开展“与祖国共奋进,与企业同发展”主题教育实践活动,鼓励职工为企业振兴发展作出新贡献。(6)宣传工作。年内继续与《人民铁道报》《现代物流报》等媒体合作,及时发布集团公司资讯;结合企业重大事件,在行业媒体发布专版广告,提升企业专业形象。出台《中铁物资集团新闻宣传管理办法(试行)》,规范新闻宣传工作,充分发挥新闻舆论的宣传、导向、监督作用。《中铁物资集团》办报理念更加成熟,初步建立企业报通讯员队伍;编辑思路注重新闻策划环节,版式及内容不断创新,年内与职能部门合作,推出业务知识专栏,增强报纸可读性。

工会工作。集团公司有工会会员1456人,占职工总数的96%。集团公司工会按编制配齐工会办公室人员,并配备女职工委员会副主任,专门管理女职工工作;各子公司按编制配齐工会主席。7月~11月,所属10家公司工会进行换届选举。规范工会财务管理,按时足额上缴工会经费;工会资产产权清晰,自觉接受工会经费审查委员会的监督和检查。全年征集合理化建议75项,采纳38项,实施10项,小型技术创新5项。各级工会均建立劳动保护监督检查委员会,集团公司有股份公司级劳动保护监督检查委员2名,基层兼职劳动保护监督检查员69名。全年实行安全生产检查66次,发现安全隐患22处,提出的整改意见全部采纳。年内,集团公司救济困难职工390人次,发放救济金100万元;慰问离退休老干部和一线职工527人次,发放慰问金48万元;帮助困难职工子女8人,发放助学资金19500元。五棵松饭店工会被中华全国铁路总工会评为模范职工小家;东北、西南公司工会分别被股份公司、四川省总工会评为模范职工之家;2名女职工被全国建筑材料流通协会授予“巾帼文明岗”称号。

共青团工作。年内,集团公司部分机构重新设置,针对公司变动情况及时确定新的团组织机构,保证团的各项工作顺利实施。贯彻学习党的十七届五中全会和团中央书记陆昊讲话精神,组织召开集团公司共青团创先争优青年座谈会,提高团员青年和干部的业务素质和政治素质。开展中央企业团干部及共青团员思想状况问卷调查，分析汇总调查结果，找出当前团员青年关心的热点、难点问题，摸清团员青年思想状况，真正关心、关爱团员青年的工作、生活状况。积极为西南旱区、青海玉树、舟曲灾区捐款；资助3名困难职工子女圆了大学梦；开展“百元奖励，万分牵挂”活动，向21名农民工子女发放奖励基金；实行“团组织在我身边”关爱活动，向8名生活出现特殊困难的团员发放慰问金。年内，各级团组织开展形式多样的文体活动，丰富团员的精神。集团公司本级，西北、华北公司及五棵松饭店分别举办“践行企业价值观，提升发展软实力”主题演讲比赛；华南、中南公司以建国60周年为契机，开展“爱岗敬业”、“在路上”等主题征文活动；西南、华北公司在“五四”期间开展“青春出征”主题户外团队拓展活动；华南公司配合地方上级团委选派15人次参加广州亚运城市志愿者活动。集团公司被评为中央企业五四红旗创建单位，北京市海淀区“青年文明号”、“五星级团支部”，股份公司五四红旗团委，获得股份公司五四青年原创短信大赛优秀组织奖。（王蕾）

【中铁物资集团东北有限公司】 是铁道部授权指定的铁路建设项目部管物资代理单位、国家铁路建设用钢轨指定供应商，拥有铁道部钢轨储备指定仓库和国家战备物资储备仓库。公司驻辽宁省沈阳市大东区东北大马路337号。其前身为中国人民解放军铁道兵后勤部东北办事处，1984年1月集体转业并入铁道部，改编为铁道部工程指挥部东北办事处；1989年更名为中国铁道建筑总公司东北办事处，2003年4月改制改称现名；2010年，集团公司内蒙古办事处划归公司管理。董事长张宝起，党委书记董佃俭，总经理刘振兴（5月任）。职工296人。下设鞍钢、包钢、唐山、葫芦岛等办事处，广东、河北、内蒙古等大型物流供应基地。公司占地面积12万平方米，拥有4条铁路专用线和数台大型吊装设备，仓储面积10多万平方米，年吞吐能力150万吨以上。主要经营铁路建设所需的钢轨、道岔及配件、金属材料、建材等相关物资及工程物流、仓储物流等业务。

2010年实现钢轨销售44.45万吨，战备器材租赁6000吨，装卸作业吞吐量139493吨。全年完成企业总产值41.91亿元，实现净利润5310万元。在岗职工年人均收入10.3万元。国有资产保值增值率71.14%，净资产收益率50.45%，产值利润率1.72%，资产负债率96%，应上缴款完成率100%。公司连续20年被授予全国守合同重信用企业称号，先后获得中国物流行业诚信经营示范单位、诚信中国“七星奖”、2010年中国十大信用企业、国家AAAA级综合物流型企业、辽宁省企业信用等级AAA级单位、辽宁省工商免检企业、辽宁省文明单位、辽宁省先进职工之家、辽宁省节水型企业、中国铁建先进集体、中国铁建模范职工之家、集团公司“四好领导班子”、集团公司先进单位、银行信用等级AAA级单位、沈阳市文明单位标兵、沈阳市安全生产先进单位等荣誉。（马丽丽）

【中铁物资集团华东有限公司】 前身为中国人民解放军铁道兵后勤部华东办事处，1984年1月集体转业并入铁道部，改编为铁道部工程指挥部华东办事处；1989年3月更名为中国铁道建筑总公司华东办事处，2003年6月企业改制改称现名。公司驻上海市长乐路462号。董事长张长根（5月免），党委书记李金荣（5月免），董事长、党委书记郭佳（5月任），总经理蔺建杰。职工132人。下设上海分公司、南昌分公司、杭州分公司、上海佳拓贸易有限公司、上海铁城汽车出租有限责任公司等分支机构。主要经营物资贸易、仓储运输、房屋及设备租赁、汽车出租、工程信息服务以及金属材料、建筑材料、汽车配件批发零售业务。资产总额136000万元。其中，固定资产净值2139万元；流动资产131000万元；无形资产2719万元。

2010年完成企业总产值17.9亿元，实现利润3241万元、净利润2350万元。人均创利24.6万元，职工年人均收入8.8万元。国有资产保值增值率161.63%，净资产收益率40.7%，产值利润率1.81%，投资回报率4.02%，资产负债率94.33%，应上缴款完成率100%。年内，公司被评为上海市重合同守信用AAA级单位。（侯大鹏）

【中铁物资集团中南有限公司】 2005年7月7日成立，2007年成为集团公司独资子公司；2010年6月，中铁物资集团武广有限公司划归中南公司管理。公司驻湖北省武汉市武昌区丁字桥路27号。法定代表人李锦云（5月免）、谢兴沛（5月任），董事长谢兴沛（5月任），总经理谢兴沛（5月免）、杨亮（5月任）。职工61人。下辖武广公司。主营业务为金属合成材料、建筑材料贸易，机械设备、房屋租赁，金属矿、非金属矿销售，水泥、钢材、铁路设备器材销售，仓储服务及货物、技术、代理进出口业务。资产总额95373万元。其中，固定资产净值1707万元；流动资产93483万元；其他资产189万元。

2010年完成企业总产值29亿元，实现净利润4511万元。人均创利74万元，全员劳动生产率4754万元/人年。国有资产保值增值率215.05%，净资产收益率85.69%，产值利润率2.26%，应上缴款完成率100%。12月获得武汉钢铁集团鄂城钢铁有限责任公

司螺纹、普线、普圆2011年度代理经销商资格,年内被评为湖北省纳税立功单位。 （邓芳菲）

【中铁物资集团西北有限公司】 前身系中国人民解放军铁道兵西北办事处,1984年1月集体转业并入铁道部,改编为铁道部工程指挥部西北办事处;2003年4月企业改制改称现名。公司驻陕西省西安市友谊东路150号。董事长宁普选(5月任),党委书记刘升旗(5月任),总经理林斌(5月任)。职工104人。下辖宜万铁路巴东物资仓储基地、兰州物资转运站。主要经营铁路建设所需钢轨及配件、大型基建项目所需钢材和水泥等物资供应及服务、钢材现货贸易、部管物资代理服务、房屋租赁等业务。资产总额29851万元。其中,固定资产净值990万元;流动资产26713万元;其他资产2148万元。

2010年完成企业总产值59244万元,实现利润1325万元。人均创利12.7万元,职工年人均收入4.5万元。国有资产保值增值率136.59%,净资产收益率23.57%,资产负债率79.8%,产值利润率2.24%,投资回报率19.2%,应上缴款完成率100%。（张维泉）

【中铁物资集团西南有限公司】 前身系中国人民解放军铁道兵西南办事处,1984年1月集体转业并入铁道部,改编为铁道部工程指挥部西南办事处;1989年更名为中国铁道建筑总公司西南办事处,2001年企业改制改称成都中铁建西南物资有限公司;2004年划归中铁物资集团有限公司,改称现名。公司驻四川省成都市一环路北一段113号。主要从事铁路用钢轨集中采购代理、系统内成品油及民爆器材采购供应、铁道部部管甲供物资代理、国家重点建设项目工程物流、钢材现货贸易及货物进出口贸易业务及宾馆服务业。董事长季树龙(5月免)、唐建勇(5月任),党委书记季树龙(5月免)、许学良(5月任),总经理唐建勇(12月免)、刘鹏(12月任)。下辖成都、重庆、贵阳、昆明、无锡、西安、兰州、拉萨分公司,铁西宾馆,在桂林、南宁、合肥、南京、芜湖、张掖等地设置经营网点。职工119人。固定资产净值2702万元,流动资产282396万元,其他资产5509万元。

2010年完成营业收入47.83亿元,实现利润5719万元、净利润5255万元。人均创利48万元,全员劳动生产率4018万元/人年。职工年人均收入7.38万元。国有资产保值增值率232.06%,净资产收益率87.18%,产值利润率1.2%,总资产报酬率3.11%,资产负债率97.19%,应上缴款完成率100%。公司先后获得中国诚信信用AAA级资信等级、四川省AAA级守合同重信誉企业、四川省模范职工之家、山东莱钢永锋钢铁有限公司特约经销商荣誉,连续3年被评为集团公司“四好领导班子”。 （武彩虹）

【中铁物资集团华北有限公司】 2002年12月由原石家庄中铁建材料总厂改制为中铁物资集团石家庄有限公司,2007年3月更为现名。公司驻河北省石家庄市桥东区工人街22号。董事长兼党委书记齐卫东,总经理赵清修。职工155人。公司集物资贸易、工程物流、仓储租赁为一体,主要面向中国铁建系统和国家及地方建筑工程市场。拥有仓储库房6万余平方米。固定资产原值3235.95万元、净值1970.94万元,流动资产119133.74万元,非流动资产8745.73万元。

2010年完成企业总产值17.18亿元,实现利润3706.8万元。职工年人均收入3.97万元。国有资产保值增值率124.49%,净资产收益率23.29%,产值利润率1.84%,资产负债率92.3%。年内,公司获石家庄市桥东区地方经济“突出贡献奖”。 （段燕飞）

【中铁物资集团华南有限公司】 2004年1月成立,2006年改制为集团公司全资控股公司。公司驻广东省广州市越秀区东风东路745号东山紫园国际商务大厦17层。董事长、党委书记丁剑平(5月任),总经理王辉(5月任、12月免)。职工65人。下辖南宁分公司。主要经营工程物流、现货贸易,兼营钢轨、道岔及配件业务,并涉及铁路器材相关的国际贸易。

2010年承揽任务9.06亿元,实现利润3884万元。人均创利69.36万元,全员劳动生产率133.95万元/人年。职工年人均收入15.34万元。国有资产保值增值率150.2%,净资产收益率33.82%,产值利润率4.28%,投资回报率55.49%,资产负债率88.33%,应上缴款完成率100%。公司连续3年获广东省守合同重信用企业、集团公司先进单位称号。

（李春艳）

【中铁物资集团北京有限公司(五棵松饭店)】 前身系中国人民解放军铁道兵第一招待所,1984年更名为北京中铁五棵松饭店,2002年更名为北京五棵松饭店;2001年11月划归北京铁建工贸集团公司管理,2006年11月划归中铁物资集团公司管理;2007年12月企业改制改称北京五棵松饭店有限公司,2010年12月组建成立中铁物资集团北京有限公司。董事长兼总经理朱国超(5月免),董事长王跃飞(5月任),党委书记张品,总经理陈明(5月任)。正式职工115人。公司占地面积2.2万平方米。资产总额5461.21万元。其中,固定资产245.44万元;流动资产5164.97万元;其他资产296.24万元。

2010年完成企业总产值10229.93万元，实现利润266.28万元。人均创利1.88万元，全员劳动生产率15.38万元/人年。职工年人均收入4.46万元。国有资产保值增值率114%，净资产收益率17.11%，产值利润率2.6%，资产负债率77.86%，应上缴款完成率100%。年内，公司被北京市海淀餐饮服务行业协会评为经营业绩突出企业。（郭云婷）

【北京中铁工业有限公司】 前身为北京海石丰工业科技开发公司，2001年11月，由工厂局机关服务中心和海石丰工业科技开发公司重组而成，划归北京铁建工贸集团公司管理；2006年11月划归中铁物资集团有限公司管理，2007年7月改制改称现名。公司驻北京市石景山区玉泉路65号。董事长李志群，党委书记林长宝，总经理张燕峰。主营业务为工程物流、铁路线上料集成供应、现货贸易、驻厂监造等一体化物流贸易综合服务，主要服务于铁路、公路、工业与民用建筑等大型建设项目的物贸业务。下设唐山、大同、徐州经营机构，与辽宁东鑫水泥集团公司合资设立辽宁朝阳水泥销售公司。职工120人。资产总额91126万元。其中，固定资产净值759万元；流动资产89739万元；其他资产628万元。

2010年完成营业收入120496万元，实现利润2018万元。人均创利16.8万元，职工年人均收入6.91万元。国有资产保值增值率227.56%，净资产收益率45.51%，产值利润率2.27%，资产负债率93.16%，应上缴款完成率100%。（韩宪浩）

【北京中铁建物资贸易有限公司（印刷公司）】 是经国家新闻出版署批准的国家级书刊定点印刷企业。前身是中国人民解放军铁道兵印刷厂，1951年2月创建于朝鲜战场；1984年兵改工后为中国铁道建筑总公司机关直属单位，2002年划归北京铁建工贸集团公司管理，2006年11月划归中铁物资集团有限公司管理；2007年12月企业改制改称北京中铁建印刷有限公司，2010年11月成立北京中铁建物资贸易有限公司，实行两块牌子、一个机构的经营模式。公司驻北京市复兴路40号。董事长、总经理范玉峰（5月任），党委书记陈继生（5月任）。下辖铁印宾馆，在宣化、三河、唐山、霸州、百子湾等地区设立办事处。职工212人。资产总额20700万元。其中，固定资产净值457.96万元；流动资产20200万元。

2010年销售钢坯146385.83吨，完成企业总产值53700万元，实现利润844万元。人均创利6.81万元，全员劳动生产率16.65万元/人年。职工年人均收入5.14万元。国有资产保值增值率169.47%，净资产收益率34.11%，产值利润率1.57%，投资回报率42.2%，资产负债率84.53%，应上缴款完成率100%。公司被北京市印刷质量协会评为质量管理十佳企业、质量管理先进单位，获北京市守信企业、全国诚信印刷企业称号。（阚 巍）

【中铁物资集团港澳有限公司】 2010年7月28日成立。公司驻广东省珠海市九州大道西3026号11栋。法人代表、执行董事、总经理王辉（7月任），党工委书记季军（12月任）。主要经营城市轨道交通物资供应、现货贸易以及铁路物资的国际贸易。职工34人。资产总额7514万元。其中，固定资产5万元；流动资产7509万元。

2010年完成企业总产值9518万元，实现净利润977万元。人均创利28.7万元，职工年人均收入7万元。国有资产保值增值率128.77%，净资产收益率40.13%，产值利润率13.69%，投资回报率48.87%，资产负债率65.72%。（蒋 柯）

【中铁物资集团南京有限公司】 2007年7月17日成立，前身是中铁物资集团南京分公司。公司驻江苏省南京市中山路179号易发信息大厦15层A座。主要负责铁路建设及大型工程物资供应及服务。法人代表、总经理窦剑锋（5月任），执行董事、党工委书记季军（5月任）。职工16人。资产总额22460万元。

2010年完成企业总产值20757万元，实现利润191万元。人均创利18万元，职工年人均收入8万元。国有资产保值增值率107.79%，净资产收益率6.85%，产值利润率1.28%，投资回报率6.37%。（李恒衡）

【中铁物资集团兰州有限公司】 前身系兰州铁路局工程材料厂、中铁二十一局集团物资公司，2008年划转集团公司管理；2010年7月30日在甘肃注册，12月28日正式挂牌成立。公司驻甘肃省兰州市西固区福利东路68号。主要经营铁路物资、工程物资、成品油、润滑油、仓储服务、物资贸易经营等。执行董事、经理李天海（12月任），党总支书记谷建民（12月任）。职工61人。资产总额1966万元。其中，固定资产净值101万元；流动资产1861万元。拥有起重、运输设备12台。（张 敏）

【中铁物资集团铁建民爆器材专营有限公司】 由集团公司与湖南省南岭民爆器材股份有限公司共同出资组建，2006年10月注册成立。公司驻北京市海淀区西四环中路19号。主营业务为炸药、雷管、导爆索等民用爆破器材,取得北京市民爆物品销售许可证。董事长刘建军,总经理姜延华(6月任)。职工35人。资产总额2820万元。其中,固定资产净值37万元;流动资产2783万元。

2010年完成企业总产值7016万元,实现利润442万元。人均创利13万元,职工年人均收入4.5万元。国有资产保值增值率117%,净资产收益率17.78%,产值利润率6.3%,投资回报率19.75%,资产负债率38.15%,应上缴款完成率100%。 (杨 凯)

【北京中铁福斯罗技术有限公司】 2009年3月17日,集团公司与德国福斯罗公司组建的合资公司,由集团公司控股,注册资本金500万元。公司驻北京市海淀区西四环中路19号。主要研究开发扣件系统技术及技术转让、咨询。董事长熊卫东,总经理刘建国。职工12人。资产总额2763万元。其中,固定资产125万元;流动资产2594万元。

2010年完成企业总产值3425万元,实现净利润2009万元。人均创利167万元。国有资产保值增值率932.7%,净资产收益率145%,流动资产周转率235%,投资回报率803.8%,成本费用利润率363%,产值利润率78.4%,资产负债率17.6%,投资收益上缴率90%,应上缴款完成率100%。 (薛志辉)

【中石油铁建油品销售有限公司】 2009年11月19日,集团公司与中国石油天然气股份有限公司组建的合资公司,注册资本金1亿元。公司驻北京市海淀区复兴路21号海育大厦10层。具有成品油批发及危险化学品经营许可证。主要经营铁道建设系统内汽油、柴油批发业务。董事长、法定代表人钟常青(8月免)、张长根(8月任),总经理杨荷。职工18人。资产总额20565.9万元。其中,固定资产净值197.5万元;流动资产20368.4万元。

2010年完成销售收入111000万元,实现利润2618万元、净利润1971万元。人均创利145万元,职工年人均收入14.8万元。国有资产保值增值率120%,净资产收益率18%,产值利润率2.4%,投资回报率26.2%,资产负债率42.1%,应上缴款完成率327.4%。 (刘兴安)

【中铁物资集团有限公司南昌指挥部】 2010年12月成立,主要负责集团公司资本运作项目——南昌市红谷滩新区市政路网工程。指挥部驻南昌市红谷滩新区丰和南大道2299号梵顿公馆一期1号楼3单元701室。常务副总指挥周庆国,副总指挥陆强。职工4人。 (王 蕾)

【重要记载】

▲1月6日 集团公司代表股份公司与河北钢铁集团有限公司在北京签署战略合作协议。

▲1月20日 集团公司与南京长江隧道公司、中国石油江苏销售公司联合成立南京中油铁建开发实业有限责任公司,将在南京长江隧道设立3座加油站,并为沿线客户提供润滑油、五金、交电等产品服务。

▲6月26日 集团公司南昌市红谷滩新区市政路网BT项目签约仪式在南昌举行,集团公司总经理金跃良代表BT项目联合体在协议书上签字。

▲6月28日 集团公司与中国建材股份有限公司、中国建材进出口公司战略合作签约仪式在北京香格里拉饭店举行。

▲8月26日 集团公司发布《中国铁建物资采购中心暨中铁物资集团钢材集中采购合作供应商选择资格审查公告》。

▲10月22日~26日 集团公司副总经理熊卫东等出席第十一届中国西部国际博览会。西南公司与新津县人民政府就物流园区项目签订投资意向协议。

▲11月 集团公司被评为中国物流企业50强,排名第7位。

▲12月6日 集团公司承办第七届世界高速铁路大会工务座谈会。

▲12月9日 集团公司召开干部大会,宣布集团公司领导班子调整决定:金跃良任集团公司董事长、党委书记,免去总经理职务;王涛任集团公司党委副书记并为总经理人选;王跃飞、唐建勇为副总经理人选。

(王 蕾)

昆明中铁大型养路机械集团有限公司

【简况】 昆明中铁大型养路机械集团有限公司是国家铁路大型养路机械生产基地、国家高新技术企业,专门从事铁路养路机械设计研发、制造和修理。前身系中国铁道建筑总公司昆明机械厂,1954年始建于陕西宝鸡,1964年搬迁到云南昆明,2003年改制为国有控股公司,2008年3月随中国铁建整体上市。机关驻云南省昆明市官渡区金马镇羊方旺384号。占地面积59.17万平方米。职工1726人。

集团公司在上世纪80年代,是一家年产值几百万元的小工厂。1988年,铁道部引进奥地利普拉塞公司技术，集团公司承担国产化任务；1990年生产出中国第一台08－32捣固车，实现“零”的突破。经过20多年的不懈努力，集团公司在技术引进、消化吸收再创新、自主创新上走出一条成功之路，已形成多个系列39个品种的产品格局，填补国内空白。2006年被评为中国名牌产品；2007年集团公司获得首届国家标准创新贡献三等奖，被评为全国质量工作先进单位，开发的大型养路机械成套装备技术与应用项目获国家科学技术进步二等奖。集团公司获得国家专利69项，主持制定大型养路机械铁道行业标准30余项，创立了符合中国国情的大型养路机械发展模式和技术创新体系。截至2010年底，集团公司已为中国铁路提供各类大型养路机械1400余台，国内市场占有率80%以上（另有部分出口），中国大型养路机械装备水平进入世界先进行列，集团公司也成为亚洲第一、世界第二的大型养路机械研发制造基地，为中国铁路提速扩能、青藏铁路的顺利开通和高速铁路建设发挥了不可替代的作用，成为中国铁路科技进步十大标志之一。

近几年来，集团公司抓住机遇，实现快速发展。“十一五”期间完成营业收入94.4亿元，是“十五”期间的3.3倍；实现利税15.6亿元，是“十五”期间的4.2倍。2010年完成企业总产值30亿元，实现营业收入26.93亿元，利税总额4.53亿元。全员劳动生产率186.38万元/人年，人均创利14.19万元。净资产收益率15.09%，产值利润率6.85%，国有资产保值增值率102.22%，资产负债率73.74%，流动资产周转率0.85次。（董 志）

【领导人员】

董事会

董事长	马云昆
国有股董事	马云昆
	任延军
	黄兆祥
	江 河

监事会

成员	沐家林
	郭 云
	熊泽民

经理层

总经理	任延军
副总经理	黄兆祥
	江 河
	孙国庆
	张 忠
	陈永祥
总工程师	胡 斌

党群领导

党委书记	马云昆
党委副书记	任延军
	杨朝凯
纪委书记	莫 斌
工会主席	杨朝凯

（董 志）

【职工队伍】 在岗职工1726人。其中，干部471人；工人580人；劳务工675人。研究生以上学历60人，大学本科314人，大专347人。干部中工程技术人员342人。其中，高级工程师74人；工程师146人；助理工程师122人。工人中高级技师49人，技师49人，高级工86人，中级工207人，初级工77人。（董 志）

【经营管理】 生产经营。2010年新签合同额20.5亿元，为年度计划的102.5%，比2009年增长40.7%；制造、修理各类大型铁路养护机械205台，完成工业总产值300074.6万元，为年度计划的100.02%；收回货款30.36亿元，为年度计划的101.2%，比2009年增长14.44%；实现营业收入26.93亿元，为年度计划的103.58%，比2009年增长3.58%；实现利润2.4亿元、净利润2亿元，为年度计划的100%，比2009年增长6.95%。

技术改造。2008年，股份公司向集团公司投资11.5亿元建设大型养路机械昆明产业基地，一期工程于2010年1月投入生产，使用情况良好。基地全面竣工后，集团公司年生产能力由原来的86个标准台提高到300个标准台，生产能力紧张局面将得到极大地缓解。在新产业基地，集团公司通过信息化和工业化的融合，全面推行精益生产，推动产业升级，建立起手段齐全、工艺先进、管理完善、生产高效的现代化制造体系，真正打造世界一流基地。

产业拓展。2010年，集团公司加快产业拓展的步伐，在昆明和北京组建瑞维通、昆维通和奥通达3个子公司，此外，还在北京成立研发中心和营销分公司。瑞维通公司主要从事大机修理业务，现已正常运营，年底首台大修配砟车通过铁道部鉴定，获得用户好评；昆维通公司主要负责铁路线路养护施工，全年完成产值3000万元；奥通达公司专门从事大机配件生产销售、大机修理和中小型机械制造等业务，完全按照市场化运作，年内实现营业收入8330万元。

安全质量。集团公司以“造精品机械，保铁路平安”为指导思想，扎实工作，促进产品质量再上新台阶。年内，集团公司顺利通过铁道部铁路机车车辆及零部件造修企业安全质量专项检查；取得中国船级社质量、职业、健康安全管理体系复评认证和英国皇家认可委员会的 UKAS ISO 9001 认证证书。全年整机一次交验合格率 98.5%，在产量增加的同时，产品实物质量保持稳定。

信息化建设。推进信息化与产业化的有机融合，年内完成 ERP13 个子系统中的 10 个子系统建设，并扩展实施制造 BOM 整理平台、条码应用和 WMS 接口。积极配合产业基地建设，在物流中心、联合厂房、机加工厂房建立无线局域网，安装并配置 WMS 系统服务器和数据库，引入条码等技术，ERP 与自动化立体仓库实现中间表方式的业务集成。（董 志）

【科技创新】 2010 年，集团公司自主研发、具有完全自主知识产权的 YHGQ－1200 数控气压焊轨车通过验收，交付成都铁路局综合维修中心使用。自主研发的道岔清筛机、桥梁检查车两种新产品完成样机试制。1200 立方米高效清筛机、连续式正线道岔捣固稳定车、轨道吸污车、钢轨铣磨车、高精度测量车、恒张力放线车等新产品研发工作取得实质性进展。其中，轨道吸污车、恒张力放线车完成组装调试；高效清筛机、连续式正线道岔捣固稳定车完成技术设计；钢轨铣磨车通过铁道部方案评审。年内，集团公司获准设立博士后科研工作站，并被认定为国家高新技术企业。

（董 志）

【人才培养】 2010 年，集团公司大力优化人才培养机制，由单纯招收应届毕业生自主培养的方式转变为自主培养和引进社会可用人才相结合的方式，同时采取特殊政策，引进企业急需人才，为集团公司发展提供人才保障。全年举办各类培训班 92 期，培训职工 3611 人次。（董 志）

【党群工作】 党的工作。(1)2010 年，集团公司党委深入学习党的十七届五中全会精神，围绕转变经济发展方式转变观念。党委组织中心组专题学习讨论《中共中央关于制定国民经济和社会发展第十二个五年规划的建议》，结合集团公司开展的创先争优活动，以改革创新的精神全面推进二次创业；同时以“十二五”规划建议为指导，明确发展思路，转变增长方式，促进科学发展，制定集团公司“十二五”规划。学习注重理论成果转化为企业发展的内在动力，运用付诸实践中，推进产业升级，不断推动企业又好又快科学发展，实现集团公司“走出昆明，布局全国，迈向世界”的奋斗目标。(2)深入推进创先争优活动。集团公司紧密结合生产经营实际，创新工作思路，精心设计载体，丰富活动内容，采取多种形式，共同推进创先争优活动向纵深发展，创先争优活动落到实处。(3)深化企业文化建设活动，树立企业市场品牌。集团公司党委组织开展“践行企业价值观，提升发展软实力”主题教育活动，采取多种形式、运用各种平台培育文化理念，切实以文化力提升企业核心竞争力，促进企业更大发展。参加铁路现代化装备展览和第七届世界高速铁路大会，增强企业品牌形象宣传。(4)建设学习型组织，储备公司发展人才。集团公司党委通过组织党委中心组、中层管理干部学习等方式进行理论培训，领导班子成员结合创先争优活动分批参加“行动成功”专题学习，亲身感受“培养教导型企业家，打造教导型组织”行动管理模式，树立“成果导向、数字思维、内向思维”三个理念，以创建学习型领导班子带动学习型党组织建设。年内，集团公司党委先后组织 IRIS 国际铁路行业标准学习、卓越绩效评价准则培训、精益生产理论和实践培训，邀请原铁道部基础部卢祖文局长作《充分利用大好发展形势，创建国际养机航母企业》专题讲座，组织开展《沈阳机床：二次创业强高端》《国内龙头企业迈向世界一流企业》《高标准、讲科学、不懈怠》《零误差、零缺陷、零故障》《精益生产》等学习讨论活动。为提高中层干部的管理水平，选送 8 名干部参加清华大学高级工商管理研究生课程进修班学习。各生产单位采取以师带徒、技能培训等方法，由老员工向新员工传递知识、技能，缩短新员工的成熟周期。(5)加强基层党组织建设，以稳定保发展。开展创岗建区、“五好党支部、六好共产党员”创建、云岭先锋工程活动，并按照创先争优活动要求，将“四强”、“四优”的内容具体细化到“五六好”和创岗建区的考核内容中，促进基层党组织建设。(6)加强党风廉政建设，推进反腐倡廉工作。深入学习贯彻中纪委三次全会、股份公司党风廉政建设工作会精神，不断增强领导干部廉政勤政的自觉意识，结合学习实践科学发展观活动，加强党员领导干部的作风教育、廉洁从业教育和社会主义法制教育。认真开展国有企业领导人员廉洁自律七项要求的监督检查，不断深化党员干部的理想信念和拒腐防变能力。

工会、共青团工作。年内，工团组织开展篮球赛、趣味运动会、文艺晚会等活动，丰富职工的业余文化生活。工会组织在所属基层工会中开展创建模范员工小家活动，共青团组织开展“保安全、求质量、促进度、增效益——昆明中铁青年在行动”和“党建带团建·创建先进团组织和争当优秀团员团干部”主题实践活动，连续第 6 次被评为股份公司五四红旗团委。

（董 志）

【重要记载】

▲1 月 13 日 股份公司董事长、党委书记李国瑞

到集团公司宣布领导班子任免决定。免去王尊贤党委书记、党委委员、副董事长职务，免去马云昆总经理职务；聘任马云昆为党委书记、董事长，聘任任延军为集团公司董事、总经理、党委副书记，聘任孙国庆、张忠、陈永祥为集团公司副总经理，聘任莫斌为集团公司党委委员、纪委书记。

▲1月14日～15日　集团公司召开党委扩大会暨2010年工作会。会议总结2009年的工作情况，并对2010年工作作出安排和部署。

▲2月8日　集团公司召开第二届二次职工代表暨2009年度“双先”表彰大会。

▲2月　集团公司连续第5年获中国工业行业排头兵企业称号。

▲3月22日　奥地利驻华大使到集团公司访问。

▲3月　集团公司获云南省园林单位称号。

▲4月22日　集团公司北京研发中心和北京营销公司挂牌成立。

▲4月　集团公司被评为昆明市工业优秀企业20强。

▲5月19日　集团公司研发的第一台桥梁检查车组装完成。

▲5月27日～28日　集团公司研制的CQS－550道岔清筛机、DWL－48捣固稳定车、YHG－1200焊轨车通过铁道部技术审查。

▲7月29日　集团公司昆明奥通达铁路机械有限公司成立。

▲10月27日　集团公司被授予昆明市第一届“名匠工作室”称号。

▲12月2日　集团公司经国家人力资源和社会保障部、全国博士后管理委员会批准，设立博士后科研工作站。

▲12月27日　北京瑞维通公司首台大修配砟车通过鉴定。

（董　志）

中铁轨道系统集团有限公司

【简况】　中铁轨道系统集团有限公司是以轨道系统产品（道岔、弹条扣件）、施工装备、混凝土制品、电气化制品、钢结构研发、设计、制造、销售、安装、施工、维修、搬运装卸、系统集成、产品进出口、技术咨询为主的专业产业集团。机关驻湖南省长沙市经济技术开发区东七路88号。下辖中铁轨道系统集团道岔分公司、中铁轨道系统集团隧道装备公司、中铁株洲桥梁有限公司、中铁隆昌铁路器材有限公司、株洲中铁电气物资有限公司、中铁建钢结构有限公司、中国铁建工业（尼日利亚）有限公司。职工5380人。其中，干部1331人；工人4049人。资产总额39.75亿元。其中，固定资产原值10.58亿元、净值7.13亿元；流动资产26.53亿元。主要生产设备3103台，总功率64690.11千瓦，技术装备率3.67万元/人，动力装备率11.49千瓦/人。

2010年新签合同额484063万元，完成企业总产值313694万元。职工年人均收入39976元。净资产收益率26.17%，资产负债率76.02%。完成主要实物工作量：道岔1624组，桥梁3515孔，轨枕593102根，双块式轨枕433133根，接触网支柱11398根，工务器材4700万件，闸瓦8.2万件，金具4.3万件，电磁线559吨。

（卢正安　李　红　龙凤鸣）

【领导人员】

股东会

	夏国斌

董事会

董事长	刘飞香
职工董事	李　睿

监事会

主席	房光辉
国有股监事	李忠心

经理层

总经理	刘飞香
副总经理	刘海华
	刘华军
	王全生
	龚道君（1月任）
	贺勇军（1月任）
总会计师	胡少峰
总工程师	王全生（兼）

党群领导

党委副书记	刘飞香（主持党委工作）
纪委书记	李　睿
工会主席	李　睿（兼）

（吴定州）

【职工队伍】　职工4330人。其中，高中（含中专、技校）及以下学历2700人，占职工总数的62.36%；大专学历953人，占职工总数的22.01%；本科及以上学历677人，占职工总数的15.63%。30岁以下1096人，占职工总数的25.31%；30岁～39岁1805人，占职工总数的41.69%；40岁～49岁1251人，占职工总数的

28.89%;50岁~54岁148人,占职工总数的3.42%;55岁及以上30人,占职工总数的0.69%。专业技术人员1152人。其中,在岗职工1091人,非在岗职工61人。专业技术人员中,高级职务78人,中级职务291人,初级职务557人,从事专业技术工作但无职称的226人。全年接收高校毕业生216人。其中,研究生10人;大学本科99人;大专107人;中专及技校214人。 (卢正安)

【经营管理】 生产经营。全年新签合同总额47.82亿元,比2009年增长10.51%;完成营业收入34.34亿元,比2009年增长22.91%;实现净利润3.12亿元。截至2010年底,企业净资产9.53亿元,货币资金存量4.15亿元。

科研开发。集团公司坚持科技兴企发展战略,广揽人才,推动技术进步和创新,企业核心竞争力不断增强。集团公司企业技术中心发展不断完善,在产品开发、专利、科技成果评级等方面取得较好成绩。全年申请并受理专利15项。其中,发明专利6项;实用新型专利9项;授权专利20项。道岔分公司开发或试制道岔新产品50余项,其中的18号、42号等高速道岔达到国际先进水平。道岔分公司和隆昌公司供给沪杭铁路客运专线的高速道岔与扣件经过高速列车时速416.6公里的考验,全线所有道岔、扣件的平稳性和舒适度水平均超过国外,创造世界最好水平,赢得铁道部领导和专家的高度赞扬。隧道装备公司采用"自主研发、全球采购、系统集成、自主产权"的产业化理念,充分利用中国铁建长期积累的施工技术与经验,注重与施工技术相结合,开发新产品30余项,实现盾构机各种大型核心关键零部件的完全自主生产;具有自主知识产权和国际先进水平的土压平衡盾构机已下线,服务于城市地铁工程,该项目列入2010年湖南省和长沙市科技重大专项,获得600万元的科技资金支持;参与"高性能硬质合金关键原材料及盾构刀具产业化技术研发"国家科技支撑项目课题;自主研发的隧道湿喷机将施工技术与先进的机、电、液、气设计技术相结合,具备自动喷射功能,填补中国在大型自行式混凝土湿喷机这一领域的空白,整车技术有望达到国际先进水平;自主研发的混凝土搅拌站基本形成系列化、模块化、快装化;联合研制的旋挖钻机达到国际同类产品先进水平,并得到施工方的称赞。隆昌公司与中国中铁二院工程集团有限责任公司合作研发委内瑞拉铁路Ⅱa和Ⅴb型扣件系统、北京房山地铁ZX-3型扣件系统、塞拉利昂Ⅱb和Ⅲa型扣件系统及台湾UIC60弹性基板弹条产品;高摩合成闸瓦新工艺技术、铁路机车高摩合成闸瓦新工艺技术、无砟轨道用高速扣配件技术均获得省级科研立项及资助。株洲桥梁公司加大轨枕系列产品开发和创新力度,完成Ⅲc型轨枕和Ⅲqc型桥枕、客运专线42号无砟岔枕生产技术、客运专线18号无砟岔枕机组流水法生产技术、沪杭铁路客运专线18号道岔板生产工艺与模具设计方案的研究。咸宁轨枕场成功试制出全国首根LX-I型双块式轨枕,通过铁道部工程管理中心的技术审查。集团公司"高速铁路长线台座岔枕生产技术研究"成果获中国铁建科技成果三等奖。

安全质量。集团公司坚持从建章立制、完善机制抓起,建立责任清晰、运作可控、赏罚分明的安全质量责任体系,保证各项制度的有效执行;从预测、预警、预防入手,开展宣传月活动,提高全员的安全质量意识,及时排查、整改各种隐患,减少事故发生率;加强工艺改进,提高生产工艺水平,从源头上保证产品质量和生产安全,整个集团顺利通过质量、环境、职业健康安全管理"三标一体"认证。推行6S管理,狠抓标准化作业,严格考核制度。建立健全重大危险源监控机制、重大隐患排查治理机制和紧急状况应急预案,加强对生产过程的监管,及时发现、整改存在的问题,杜绝安全、质量责任事故。

企业管理。遵循集团管控与子(分)公司专业化运营相结合的管理模式,形成集团公司重点进行技术开发、人力资源、财务、经营、设备物资和运营风险管控,子(分)公司为生产、质量、安全、成本等责任主体的集团管控思路,集团公司管控能力全面加强。集团管控文件和子(分)公司内部管理与控制制度进一步完善,管控成效显著,2010年成本费用总额占营业收入的比重比2009年降低了1.46个百分点。信息化建设有了较大进步,年内建成集团公司与各子(分)公司的视频网络系统,供应链模块及采购、销售、库存系统管理等基础性管理水平进一步提高,为集团公司全面实施信息化管理奠定基础。 (吴定州)

【党群工作】 党的工作。(1)理论学习扎实有效。以抓好学习实践科学发展观活动整改措施的落实为重点,深入开展学习实践科学发展观活动,集团公司领导班子成员按照各自分工,加大整改落实力度,确保整改工作的扎实推进;各级党委中心组以学习胡锦涛总书记的重要讲话和《中共中央关于制定国民经济和社会发展第十二个五年发展规划的建议》为主线,深刻领会"讲话"和"建议"的精神实质,将重要思想观念和重大决策部署与企业发展的实际结合起来,并就企业如何应对宏观环境变化,做好七个方面的重点工作进行深入讨论。通过学习出思路、出举措。在企业发展战略研究、产品产业发展规划、投资建设、产业重点转移、启动千人转岗工程等重大问题上，思想比较统一，工作比较扎实。(2)领导班子和干部队伍建设得到加强。集团公司党委制定和完善党委中心组学习制度，进一步健全中心组学习的组织机构，明确学习内容，改进学习方式方法，促进各单位中心组学习的加强。集团公司党委对后备干部队伍建设提出具体要求，根据各单位呈报意见和集团公司党委考核了解的情况，掌握一批优秀人才，为集团公司有针对性培养和选拔领导人员打下基础。建立和完善集团公司高级管理人员年度考核制度。先后出台《高级管理人员民主测评及处理办法》《对高级管理人员进行考核及处理的实施意见》，采用个人述职、民主测评和党委评价相结合的方式考核集团公司高级管理人员，为集团公司党委全面掌握领导干部的情况提供重要信息。深入开展“四好领导班子”创建活动，适时调整、充实集团公司机关和子(分)公司领导班子，改善领导班子的年龄、文化和专业结构。(3)基层党组织建设取得成效。株洲桥梁公司党委把创先争优活动与企业中心工作相结合，组织开展“党员形象展示”、“党员一句话承诺”、“争当擂主”等系列活动，激励党员为群众做示范当表率，带领广大职工争上游当先进，促进生产经营和职工转岗培训等各项工作的协调开展。(4)企业文化建设不断深化。运用报纸、局域网、宣传橱窗等各种平台，通过召开座谈会、研讨会、征文活动、演讲比赛、文体活动、培训新员工等多种形式，深入开展践行企业价值观教育活动。集团公司及所属单位组织开展“践行企业价值观，提升发展软实力”主题演讲活动，并组织优秀演讲人员先后在长沙、株洲、涿州、隆昌4个产业园区进行巡回演讲，广泛宣传企业和个人践行企业价值观的先进事迹，在集团公司上下初步形成“共铸诚信，开拓创新”的良好氛围。

纪委工作。加强领导干部廉洁从业教育，通过组织党员干部学习国务院国资委编发的《国有企业廉洁从业教育读本》，观看反腐倡廉警示教育片，剖析腐败现象产生的原因和危害，使广大党员干部和职工接受了一次深刻的反腐防腐的再教育。积极推进效能监察工作，对涿州公司、株洲桥梁公司等单位的重点项目进行效能监察，找出项目管理存在的问题，提出改进措施，促进企业管理加强。以严格执行《国有企业领导人员廉洁从业若干规定》为重点，继续完善和规范企业领导人员廉洁从业行为，企业领导人员廉洁自律工作不断深化，较好地预防了企业受险、个人违纪现象的发生。配合检察院查处1起经济案件。

群团工作。集团公司各级工会组织围绕单位重点项目、难点课题和关键环节，广泛开展“六比六创”劳动竞赛和职工技能竞赛活动，大力实施素质工程，有效地形成了激励职工奋勇争先、建功创业的生动局面。共青团组织结合自身特点，开展“导师带徒”、青年创新创效、“双争”竞赛、青年安全示范岗等活动，促进团员青年健康成长和在生产中发挥突击作用。各级工团组织积极支持抗震救灾工作，组织广大职工向玉树地震灾区捐款35.2万元。年内有13名个人和6个先进集体受到股份公司表彰。（谭光勇　吴定州）

【道岔分公司】 前身为中铁轨道系统集团道岔事业总部，2008年8月改称现名，是集团公司所属非法人单位。驻湖南省株洲市建设北路487号。总经理王全生（兼，10月免）、赵晖（10月兼），党委书记赵晖。下辖综合管理部、技术部、质量安全部、道岔制造部、辙叉制造部、设备部、供应部、营销部、财务部、人力资源部、计划考核部。职工913人。其中，生产工人791人；技术和管理人员122人。资产总额37948.05万元。其中，固定资产净值9682.6万元；流动资产19523.8万元；无形资产及其他资产8741.65万元。

2010年新签合同额16.03亿元，完成产值13.39亿元，实现营业收入13.73亿元，完成净利润2.76亿元。毛利率30.76%。全年生产完成各种规格道岔2698组，辙叉产品冶炼168炉，浇注辙叉1177个，机加工辙叉713个，闪光对接焊用试验轨头110根。2010年，公司高度重视新产品、新工艺、新技术的研发，在产品开发与技术创新上取得实质性的进展。年内技术转化及开发51个道岔产品；完成34个高锰钢辙叉图纸的设计和2个品种合金钢辙叉的设计及试制；试制、试铺7个道岔产品，其中2个产品通过铁道部组织的厂内验收审查。（刘　皓　何文超　哈维贵　易　镀）

【隧道装备公司】 前身为中铁轨道系统集团重型装备分公司，2008年11月成立；2010年6月在重型装备分公司的基础上成立新的重型装备公司和工程机械公司，10月两公司结构重组建立隧道装备公司。公司驻湖南省长沙市经济技术开发区东七路88号。总经理刘华军（兼），党委书记刘华军（12月免）、王守慧（12月任）。主要从事盾构掘进机、矿山法隧道施工装备、混凝土机械产品的研发制造，是湖南省高新技术企业；下辖的隧道装备研究院为企业技术研发单位，开发制造与施工工艺或工法关联的隧道施工装备；盾构生产车间及其工艺设备目前达到国内一流水平，是国内盾构生产能力最大、设备最全、工艺最先进的专业工厂。公司是目前国内为数不多的具有自主研发、核心零部件制造和系统集成能力的企业，也是世界上唯一一家同时具备盾构和矿山法隧道施工装备研发制造能力的企业。职工505人。

2010 年新签销售合同额 70828 万元;工程机械新签合同额 2621 万元;盾构掘进机签订 17 台,合同额 68218.15 万元。其中,长沙地铁 10 台;广州地铁 2 台;北京地铁 1 台;西安地铁 2 台;苏州地铁 2 台。全年完成产值 22067.3 万元,实现销售收入 10417.27 万元。年内开发研制新产品 30 余项;申请并受理专利 11 项,获专利授权 10 项。

自主研发的地铁盾构掘进机,采用世界先进的集成技术和关键元器件,充分考虑现场施工的实际需要,尽力克服现有产品的缺陷和不足,突出安全、环保、节能,实现盾构机各种大型核心关键零部件的完全自主生产和系统集成。创新研发的复合式土压平衡盾构机,针对不同地质,设计了电驱动和液压驱动 2 种驱动方式、3 种型号驱动系统、5 种型式的刀盘,更加适用国内工程施工需要。该机型通过中国铁建专家组评审,认为整机布置合理、功能齐全、参数匹配、技术先进,符合相关标准和规范要求,设计内容完整,达到技术设计深度;取得欧盟 CE 认证,具备自主知识产权。研制的 JS1500/2000/3000 双卧轴混凝土搅拌机、HZS90/120/150 混凝土搅拌站、JC8/9/10 混凝土搅拌输送车、HBT40/60/80 混凝土输送泵、HBT80/90 高铁专用混凝土泵、HBJ80-22 车载泵、ZT5120THB90 短臂式泵机、HGY19/24 全液压布料机等产品具有自主知识产权,达到国内领先水平。自主研发的混凝土成套设备是在国内成熟技术基础上,借鉴国际著名同类企业的设计理念,并根据高速铁路对混凝土搅拌质量的特殊要求,进行创新设计。自主研发的混凝土机械实现系列化、模块化、快装化,较好地满足了高性能、耐久性混凝土搅拌、运输、泵送和布料连续施工要求,产品已在兰新、沪昆、大西、京石、合福等高速铁路成功应用。HPS30 型混凝土喷射机械手自主研制完成,产品将施工技术与先进的机、电、液、气设计技术相结合,集行走、泵送和喷射三大功能于一体,整车采用专用自制底盘,全液压驱动,臂座滑移设计,静态工作区域超过国外同类产品,应用先进的臂架智能控制系统和电子外加剂系统等技术,可实现编程自动喷射功能,填补中国大型自行式混凝土湿喷机领域的空白,工程应用情况良好,得到施工专家的普遍好评,整车技术达到国际先进水平,为 2011 年实现批量生产打下坚实基础。

(李兰英　李雯　张杰)

【中铁株洲桥梁有限公司】　混凝土预制构件及桥梁工程专业承包二级资质企业。前身为铁道部株洲桥梁工厂,始建于 1958 年 6 月,先后隶属长沙铁路局、铁道部基建总局、中国铁路物资总公司,2000 年 8 月划归中国铁道建筑总公司工厂局管理,2001 年 11 月划转中铁十一局集团公司,2007 年 4 月划归中铁轨道系统集团有限公司管理。公司驻湖南省株洲市石峰区建设北路 487 号。董事长郑建华,党委书记刘亚军,总经理刘勇。下辖混凝土制品分公司、信阳分公司、咸宁轨枕场、兰州分公司、六安分公司、新化制枕场、重庆制梁场、哈密分公司、玉门制梁场、隆回制梁场、工程公司、工业实业公司、五金钢模公司和物业公司。资产总额 78245 万元,其中固定资产原值 28527 万元、净值 13835 万元。机械运输设备 1059 台(辆),原值 13634 万元、净值 6759 万元,总功率 2000 千瓦,动力装备率 8.9 千瓦/人,技术装备率 3 万元/人,新度系数 0.5。年生产能力 10 亿元~12 亿元。

2010 年,公司被湖南省委、省政府授予加速推进新型工业化“红旗企业”称号,公司党委被评为股份公司优秀基层党组织。

(张　虹)

【中铁隆昌铁路器材有限公司】　主要从事铁路工务器材、电气化接触网零部件、合成闸瓦的生产经营。具有年产各类弹条扣件 1500 万套,电气化接触网零部件 400 条公里,高、低摩机车车辆合成闸瓦 100 万块的能力。公司驻四川省内江市隆昌县外站路 75 号。公司前身为隆昌工务器材厂,于 1967 年 5 月筹建,1971 年竣工投产,先后隶属于铁道部物资局、中国铁路物资总公司;2008 年 5 月,工厂整体划转中国铁道建筑总公司管理;2009 年 9 月,工厂改制改称现名。董事长、总经理张栋(1 月任),党委书记李滨。职工 628 人。资产总额 44922 万元,其中固定资产净值 13387 万元。

公司是铁道部选定的铁道器材开发中心研究发展基地,2008 年获国家高新技术企业称号。2005 年以来,配合科研院所成功开发Ⅳ、Ⅴ、WJ-7、WJ-8 型铁路客运专线弹条扣件。2007 年开发的Ⅲ型调高弹条,填补国内空白。公司先后获铁道部、四川省质量管理奖,四川省名牌产品称号,被评为全国劳动关系和谐企业、内江市最佳文明单位。

2010 年新签合同额 8.28 亿元,实现营业收入 6.34 亿元,完成企业总产值 5.78 亿元,实现利润 6235 万元。职工年人均收入 30889 元。

(龙　敏)

【株洲中铁电气物资有限公司】　2008 年 12 月由原中铁轨道系统集团电气化制品有限公司和原株洲中铁轨道系统物资有限公司联合组成。公司驻湖南省株洲市红旗北路附 52 号。董事长、总经理周海祥,党委书记姜文斌。职工 294 人,其中在岗职工 155 人。资产总额 14690 万元。其中,固定资产原值 2055 万元、净值 1404 万元;流动资产 9982 万元;其他资产 3304 万元。厂房面积 3 万多平方米,仓储面积 10 多万平方米,铁路专用线1.172公里,年物资吞吐能力40万吨,拥有各类大型制造设备、装卸设备和仓储设备300余台(套)。机械运输设备242台,净值543万元,总功率467千瓦,设备装备率2.96千瓦/人,技术装备率6.13万元/人,设备完好率95%、利用率100%,机械化施工能力98%以上。年生产能力3.5亿元。

公司被评为湖南省高新技术企业、重合同守信用单位,公司货场是株洲市第一家"五星级货场"。2010年,公司被评为株洲市文明建设先进单位和思想政治工作先进单位。（顾 菁）

【中铁建钢结构有限公司】 国家钢结构产品制作与安装专业承包一级资质企业,经营高层建筑钢结构、电站锅炉钢架、工业厂房钢结构及民用建筑钢结构和其他钢结构的制作与安装。始建于1969年底,前身为中国人民解放军6619工厂;1984年1月改称铁道部工程指挥部紫荆关金属结构厂;1997年改名为涿州中铁建筑金属结构总厂,隶属于中国铁道建筑总公司工厂局;2001年11月划转到中铁十八局集团公司,改名为中铁十八局集团涿州中铁建筑金属结构总厂;2003年6月企业改制更名为中铁十八局集团金属结构工程有限公司;2010年7月资产重组,划归中铁轨道系统集团公司更为现名。公司驻河北省涿州市华附中路143号。董事长叶桂秋(7月免)、周海祥(7月任),党委书记李铁军(7月免)、周海祥(党委副书记,7月任),总经理李志勇(7月免)、周海祥(7月任)。公司驻河北省涿州市华阳中路143号。是中国钢结构协会会员、中国工程建设焊接协会会员,中国建筑金属结构协会轻钢结构定点生产和安装单位,为河北省劳动厅指定的锅炉压力容器焊工培训考试基地。具有完善的钢结构、压力容器制造保证体系和工艺检测体系。下设6个车间、1个机械事业部和1个分公司。职工1048人。其中,干部295人;工人744人。专业技术干部225人,技术工人515人。资产总额5.56亿元。拥有抛丸机、数控切割机、数控切钻生产线、H型钢组合焊接流水线、双丝双头立柱焊接中心、埋弧自动焊机等设备810台(套),原值16318万元、净值7529万元,总功率25548千瓦,动力装备率23.87千瓦/人,技术装备率4.99万元/人,设备完好率90%、利用率78%。

2010年新签合同15项2.64万吨,合同额1.9亿元。全年完成钢结构制作1.86万吨,实现产值1.5亿元。职工年人均收入1.5万元。资产保值增值率149%,总资产周转率0.28次,资金收益率-170%,资产负债率95.2%。产品质量合格率100%、优良率87%以上。（陈建国 雷北雁）

【重要记载】

▲2月27日 道岔分公司首批60-12、50-12、60-6R型各两组高锰钢辙顺利完成浇注。

▲3月16日~17日 集团公司一届三次职工代表大会暨2010年工作会在湖南长沙召开。

▲3月19日 北京地铁8号线9标段和西安地铁1号线2标段3台盾构掘进机采购合同签字仪式在天津举行。这是集团公司与用户正式签订的首笔盾构掘进机供货合同,合同金额1亿多元。

▲3月23日 中国土木工程集团公司与集团公司"尼日利亚首都拉各斯梁枕厂合资协议"签字仪式在北京举行。

▲3月28日 中铁株洲桥梁公司参建的京津城际轨道交通工程获第九届中国土木工程詹天佑奖。

▲4月19日~20日 股份公司副总裁夏国斌到集团公司长沙、株洲两个产业园区调研后指出:中铁轨道系统集团公司研发的具有自主知识产权的国产化盾构掘进机,为中国铁建打造了"亮剑"国内外重型施工装备舞台的震撼之器,标志着中国铁建重型装备制造水平迈上一个新台阶。

▲4月25日 在"情暖格桑花,心系玉树人"赈灾募捐特别节目晚会现场,道岔分公司、株洲桥梁公司、电气物资公司向玉树地震灾区捐款30万元。

▲5月24日 集团公司系统集成生产的18、42号预埋套管式道岔板在上海通过铁道部验收,达到国内第一、国际领先水平,填补国内外空白。

▲6月21日 中铁十八局集团涿州金属结构有限公司正式划转集团公司管理。

▲6月30日 集团公司为长沙地铁2号线工程生产的首台盾构掘进机采购合同签订仪式在北京举行。

▲9月28日 集团公司制造的沪杭高速铁路54组高速道岔,创造了时速416.6公里的世界高速铁路列车运行新纪录。

▲11月23日 集团公司出资建设的中国铁建工业尼日利亚有限公司在尼日利亚拉各斯州莱基自由贸易区举行厂区工程开工仪式。

▲12月6日~9日 集团公司参加在北京举行的第十届中国国际现代化铁路技术装备展览会。

▲12月15日 股份公司董事长孟凤朝到集团公司调研,对集团公司取得的成绩给予高度评价:轨道敢为天下先,千难万险只等闲;成功背后多汗水,天道酬勤乐开颜。（吴定州）

北京铁城建设监理有限责任公司

【简况】 北京铁城建设监理有限责任公司成立于1996年1月，前身是中国铁道建筑总公司建设监理分公司，1998年11月完成股份制改革，2006年9月设立董事会和监事会。公司机关驻北京市海淀区复兴路40号中国铁建大厦9层西。下辖1个中外合资公司、2个子公司、11个分公司、4个事业部和31个项目监理站。公司是中国建设监理协会理事单位、北京市建设监理协会副会长单位和中国铁道工程建设协会建设监理专业委员会常务委员单位，具有铁路、市政公用、房屋建筑、地质灾害防治工程甲级，公路工程监理乙级，设备安装、人防工程、地基基础专项检测资质。资产总额22196万元。试验、检测设备750余台(套)，汽车73辆。

2010年新签合同额5亿元，比2009年增长38.14%；完成企业总产值26121万元，比2009年增长23.54%；实现利润1918万元，比2009年增长2.04%。人均创利1.2万元，全员劳动生产率9.1万元/人年。职工年人均收入6.1万元。国有资产增值保值率148.77%，净资产收益率45.2%，产值利润率7.34%，资产负债率84.38%。 （梁振文）

【领导人员】

董事会

董事长	王　鉴
董事	周步科
	秦正刚

监事会

主席	李德琛
监事	彭长林
	朱英爱

经理层

总经理	王　鉴(兼)
副总经理	贾晖东(兼)
	敬廷银
	李克贤
总工程师	敬廷银(兼)
总会计师	蔡梅群

党群领导

党委书记	贾晖东
党委副书记	王　鉴(兼)
工会主席	贾晖东

（梁振文）

【工程项目监理机构】 京沪高速铁路监理联合体项目部　驻山东省济南市。总监理工程师李克贤。

哈大铁路客运专线监理联合体项目部　驻辽宁省营口市鲅鱼圈经济开发区。总监理工程师敬廷银。

郑西铁路客运专线客北环联合体监理站西安北站分站　驻陕西省西安市。总监理工程师尹肃。

厦深铁路福建段监理项目部　驻福建省漳州市。总监理工程师刘三友。

汉宜铁路监理站　驻湖北省仙桃市。总监理工程师沈永瑰。

石武铁路监理站　驻湖北省大悟县。总监理工程师樊金奎。

广深港铁路客运专线监理站　驻广东省深圳市。总监理工程师韩振明。

成绵乐铁路监理站　驻四川省绵阳市。总监理工程师黄平原。

贵广铁路监理站　驻广西壮族自治区贺州市。总监理工程师甘平。

沪宁城际铁路监理站　驻江苏省无锡市。总监理工程师袁国忠。

京津延伸线监理站　驻天津市塘沽开发区。总监理工程师周献奇。

兰渝铁路监理站　驻甘肃省岷县。总监理工程师方路。

南昌枢纽监理站　驻江西省南昌县。总经理工程师刘占文。

关角隧道监理站　驻青海省乌兰县。总经理工程师孙庆卫。

准朔铁路监理站　驻山西省忻州市。总监理工程师艾国民。

兰渝铁路13标段监理站　驻重庆市北碚区。总监理工程师梅东冬。

赣韶铁路监理站　驻广东省韶关市。总监理工程师杨世杰。

西安地铁监理站　驻陕西省西安市。总监理工程师上官建芳。

包西通道绥德监理站　驻陕西省绥德县。总监理工程师谢全红。

宁安铁路监理站　驻安徽省芜湖市。总监理工程师张校冬。

成渝铁路监理站　驻重庆市璧山县。总监理工程师阎平。

津保铁路监理站　驻天津市武清区。总监理工程师王彬。

张唐铁路监理站　驻河北省唐山市。总监理工程师戴刚。

海青铁路监理站　驻山东省平度市。总监理工程师田言军。

云桂铁路监理站　驻广西壮族自治区百色市。总监理工程师王河川。

杭长铁路监理站　驻浙江省金华市。总监理工程师袁国忠。

兰新铁路新疆段监理站　驻新疆维吾尔自治区哈密市。总监理工程师侯和利。

兰新铁路甘青段监理站　驻甘肃省嘉峪关市。总监理工程师王斌。

兰新铁路西宁站监理站　驻青海省西宁市。总监理工程师虞传海。

中南通道监理站　驻山西省隰县。总监理工程师杨少玉。

中铁建工程技术研发基地监理站　驻北京市。总监理工程师靳士锦。（梁振文）

【职工队伍】 在编职工 67 人，实际从业人员 2226 人。其中，全国注册监理工程师 136 人；造价工程师 26 人；安全工程师 47 人；铁道部注册监理工程师 969 人；设备监理工程师 35 人；建造师 42 人；其他省部级注册监理工程师 403 名。142 人取得各行业、省市总监理工程师证书。（薛翠梧）

【主要监理工程】 哈大铁路客运专线第 1 标段监理工程　为联合监理工程，公司为主办方。公司管段长 172 公里。西海特大桥、营海特大桥、海鞍特大桥、鞍辽特大桥、太子河特大桥、北沙河特大桥、马总屯特大桥、鞍山隧道 8 项工程为全线重点工程。

京沪高速铁路第Ⅲ标段监理工程　为联合监理工程，公司为主办方。线路长 266.617 公里，其中公司管段长 134.682 公里。主要工程量：路基 94.742 公里，桥梁 140 座 161469 延长米，隧道 9 座 10219 延长米，涵洞 350 座，铺轨 264.696 公里，预制箱梁 4177 片。过渡段工后沉降控制是工程的重点和难点。

郑西铁路客运专线客北环监理工程　为联合监理工程，公司为主办方。线路长 56.829 公里，外增建咸阳西接轨陇海铁路工程 8.311 公里，其中公司独立监理 KHZQ11 标段和西安北站。西安北站建成后，其规模将成为亚洲最大的火车站。

厦深铁路福建段Ⅰ标段监理工程　为联合监理工程，重点控制性工程包括特大桥 10 座、隧道 1 座。公司被业主委托为总体监理单位，负责全线设计、监理、施工管理。

汉宜铁路Ⅱ标段监理工程　冯家旗特大桥、湖联渠特大桥、沉湖汉江特大桥、跨天仙公路特大桥和软土路基为全线重点工程，深水基础与软基处理是控制难点。汉宜站 2010 年完成监理费 710 万元。

石武铁路Ⅰ标段监理工程　管段长 62.3 公里，线路所经过地区水文地质条件复杂。主要工程量：路基 23.3 公里，桥梁 54 座，涵洞 62 座，隧道 13 座及所有站后工程。2010 年完成监理费 1564.86 万元。

广深港铁路客运专线站后监理工程　管段长 104.6 公里，包括“四电”、站房及站场工程。标段专业间接口多，工程协调量大，结构新颖，施工技术要求高。大跨度钢结构屋顶及悬挑结构和无柱钢结构雨棚为工程的重点和难点。

成绵乐铁路 CMLJL－1 标段监理工程　管段长 108.269 公里。2010 年完成监理费 1890.98 万元。

贵广铁路Ⅴ标段监理工程　管段长 119.42 公里，桥隧比重大，喀斯特地貌发育是管段最显著特点。2010 年完成监理费 2024.38 万元。

准朔铁路Ⅰ、Ⅱ标段监理工程　两个管段长大隧道多，地质条件复杂。2010 年完成监理费 796.69 万元。

京津城际铁路延伸线天津至于家堡 3 标段监理工程　标段长 4.242 公里。2010 年完成监理费 305.51 万元。

赣韶铁路监理工程　线路全长 15.251 公里。2010 年完成监理费 306.96 万元。

西格铁路二线关角隧道 XGJL4－2 标段监理工程　隧道长 32.605 公里，为两座平行的单线隧道，是目前亚洲最长的铁路隧道，也是世界上最长的高海拔隧道，采用钻爆法施工。2010 年完成监理费 358.84 万元。

新建兰渝铁路 LYJL－3 标段监理工程　线路长 86.31 公里，管内 3 座隧道被铁道部确定为极高风险隧道。2010 年完成监理费 1598 万元。

新建兰渝铁路 LYJL－13 标段监理工程　线路长 70.713 公里，全线桥隧总长 51.517 公里，桥隧总长占正线总长的 72.9%。主要工程量：隧道 24 座，其中高风险隧道 4 座；桥梁 43 座，其中复杂桥梁 9 座。2010 年完成监理费 1632.98 万元。

深圳轨道交通监理工程　包括 3 号线 3503 标段、国道 205 深圳段改建工程地盘监理 G5502 标段、布吉客运枢纽 B501 标段、5 号线 5204 标段 4 个监理工程。该工程高架桥比重大，技术含量高，施工工艺复杂，交通疏解难度大，管线迁移数量大。2010 年，3 号线 3503 标段、国道 205 改建工程布吉客运枢纽已完工。

西安轨道交通 2 号线监理工程　管段包括大明宫

西站至龙首原站、龙首原站至安远门站、安远门站至北大街站和龙首原车站、安远门车站3个盾构区间及两个暗挖隧道区间。

广西沿海铁路钦州至北海段扩能改造监理工程　管段长99.47公里。2010年完成监理费490万元。

文昌市清澜大桥监理工程　桥梁跨海长度1276米，主跨采用300米的双塔双索面梁斜拉，合同投资4.2亿元。

新建海天至青岛铁路监理工程　全线设单线特大桥9座14624.05延长米，大桥15座3543.05延长米，中桥28座2098.79延长米。2010年完成监理费290万元。

新建杭州至长沙铁路客运专线3标段监理工程　管段为联合监理工程，以公司为主办方。桥梁总长196.794公里，占线路总线的66.7%；简支箱梁5704榀。

深圳机场南路新建监理工程　合同投资104473.25万元，监理费1179.72万元。2010年完成监理费58万元。

新建兰新铁路第二双线西宁至大通、张掖至红柳河及哈密至乌鲁木齐段监理工程　西宁至大通段长23005米，主要工程以路基、桥梁、隧道为主；张掖至红柳河段主要工程有大坂山隧道15918延长米、大梁隧道6561延长米和祁连山隧道95150延长米。合同投资500.63亿元。

新建南京至安庆铁路NAJZ－4标段监理工程　管段长75.5公里。2010年完成监理费189万元。

新建山西中南部铁路通道ZNJL－5标段监理工程　管段长112.45公里。2010年完成监理费1218.9万元。

新建天津至保定铁路JBJL－3标段监理工程　管段长47.76公里。

新建成都至重庆铁路客运专线工程CYJL－3标段监理工程　管段长66.15公里。主要工程量：隧道14座33327延长米，桥梁22807延长米，路基21.13公里，车站4座。全线路基地段软土、松软土分布广泛，软土深厚，软基处理地段比重大，加固类型多，工艺环节要求高。

新建张家口至唐山铁路ZTJL－4标段监理工程　管段有桥梁46座548000延长米。其中，特大桥15座；大桥9座；中桥22座。2010年完成监理费300万元。

新建云桂铁路YGJL－3标段监理工程　线路长709.62公里。2010年完成监理费350万元。

中国铁道建筑总公司工程技术研发基地监理工程　建筑面积54002平方米，地上14层，地下3层，合同投资25000万元。

（谢　璇）

【经营管理】　2010年新签合同5亿元，包括铁路、市政、房屋建筑项目。新增固定资产1156万元，资产总额2.21亿元。各项盈利指标增长幅度较快，经营模式和创效能力增势较强。年内，公司被中国建设监理协会评为中国工程监理行业先进工程监理企业，公司沪杭铁路客运专线项目部被中华全国铁路总工会授予火车头奖杯，公司监理的4项工程被评为省部级优质工程。

（柯　俊）

【教育培训】　公司重视员工的职业生涯发展，提倡先培训后上岗，努力为员工提供各类培训机会。培训内容包括入职前培训、在职岗位技能培训和企业文化理念培训。培训形式有公司内训、外派培训、外聘培训、自我培训和以会代训等，不同层次的培训方案涉及面广，形式多样，内容丰富。2010年，公司举办综合管理体系暨信息化管理业务培训班，参培人数68人；与高校和社会培训机构合作举办高速铁路无砟轨道铁路工程测量技术培训班、项目负责人和专职安全人员培训班、英语培训班等，参培人数100余人次。1人参加股份公司“十一五”领导干部培训班，178人次参加各类专业人员继续教育培训班，369人参加铁路监理工程师业务培训班，42人参加铁路总监理工程师业务培训班，73人参加铁路工程建设监理员培训班，41人参加铁路工程试验人员培训班。公司用优厚的待遇鼓励员工参加学习与培训，对于取证人员给予奖励。年内有25人通过专升本考试，39人取得专业技术职称，新增国家各类执业资格注册人员52人。

（薛翠梧）

【对外宣传】　公司不断提高内部刊物《铁城监理简报》质量，2010年编发简报54期，刊载信息194条。公司改版网站，派专人负责网站的内容更新，全面、详尽地展示企业的实力和形象。修订企业宣传画册和宣传光盘，印制宣传邮册和企业文化宣传台历，充分利用多种媒介宣传普及企业文化理念，加深政府、行业和员工对铁城文化理念的认知和认同，树立企业良好形象。公司各项目部根据施工情况，及时编发信息、快讯，展示现场活动和工作业绩，架起与业主及相关部门沟通的桥梁。

（龚成术）

【党群工作】　2010年，公司以争创全国优秀监理企业为载体，推动创先争优活动在全公司展开，实现“党建创先争优、发展争先进位”的活动目标。公司党委以进一步加强领导人员作风建设为主题召开民主生活会，领导班子深刻进行自我剖析，认真开展批评和自我批评，营造坦诚相见、真情互动的良好氛围。学习型组织建设初见成效，职工在学习中提高认识，在交流中统一思想，企业整体素质不断提升。"七一"期间，公司各级党组织精心搭建活动平台，组织讲党课、参观革命圣地、入党宣誓等活动，形成亮点纷呈的生动局面。工会组织围绕中心、服务大局，组织开展劳动竞赛、协调劳动关系、建家建线、文体等活动，在维护企业稳定、促进生产经营等方面发挥桥梁纽带和主力军作用。

（田春珍）

【公司荣誉】 2010年，公司被中国建设监理协会评为中国先进工程监理企业，公司沪杭铁路客运专线项目部被中华全国铁路总工会授予火车头奖杯，公司监理的甬台温铁路台州站房工程获浙江省建设工程钱江杯奖。（梁振文）

【信诺工程检测有限公司】 前身为北京铁城建设监理有限责任公司检测部，组建于2000年；2004年8月更名为检测中心，2008年9月单位改制改称现名，是公司第一家子公司。驻北京市复兴路40号。经理王正成。经营范围包括基桩完整性、承载力检测；结构混凝土厚度、密实度、内部缺陷检测及隧道衬砌厚度、密实度检测、钢筋位置测定检测。职工10人。

2010年新签检测协议11份，完成承揽任务292万元。（路利凤）

【重庆铁城公司】 2009年9月成立。驻重庆市渝中区上清寺路9号15楼F户。经理吕联。职工6人。

2010年完成监理合同额32万元。（韩宝渝）

【成都分公司】 2001年7月成立。驻四川省成都市通惠门路3号锦都2幢2单元0904号。经理阎平。主要经营工程监理和工程技术咨询。从业人员143人，下设7个现场监理机构。

2010年完成监理合同额1340万元。（田 源）

【南京分公司】 2004年10月12日成立。驻河南省洛阳市。经理李克贤。主要经营工程监理和工程技术咨询。从业人员145人，下设4个现场监理机构。

2010年完成监理费收入1423万元。（李 凯）

【天津分公司】 前身系北京铁城建设监理有限责任公司第一分公司，2005年8月31日改为现名。驻北京市朝阳区红松园北里甲2号。经理陆裕云。主要经营工程监理和工程技术咨询。从业人员145人，下设7个现场监理机构。

2010年承揽任务3256万元，完成监理费收入1479万元。（寇田喜）

【重庆分公司】 2008年12月成立。驻重庆市渝中区上清寺路9号环球广场大厦15层F户。经营业务范围包括铁路、公路、市政公用、地铁及轻轨、房屋建筑、地质灾害防治工程等施工监理业务。经理吕联。从业人员260人，下设7个现场监理机构。

2010年完成监理费收入4006万元。（韩宝渝）

【深圳分公司】 2007年9月成立。驻广东省深圳市福田区侨香路香格丽苑C幢13A02。经理高建华。主要经营工程监理和工程技术咨询。从业人员103人，下设5个现场监理机构。

2010年完成监理费收入906万元。（徐 辉）

【合肥分公司】 2008年4月成立。驻安徽省合肥市蒙城北路板桥商住楼。经理袁国忠。主要经营工程监理和工程技术咨询。从业人员128人，下设9个现场监理机构。

2010年完成监理费收入1225万元。（朱爱琼）

【电气化工程监理分公司】 2009年成立。驻北京市海淀区复兴路40号院。经理王亚林。主要经营铁路施工站后监理。从业人员65人，下设9个现场监理机构。

2010年新签合同额382万元，完成监理费收入702万元。（黄 琳）

【西安事业部】 2006年3月成立。驻陕西省西安市龙首北路西段9号航天新都B座1单元1205室。经理上官建芳。主要经营工程监理和工程技术咨询。从业人员30人，下设1个现场监理机构。

2010年完成监理费收入177万元。（高宏秀）

【武汉事业部】 2009年1月成立。驻湖北省武汉市东湖开发区关山大道519号光谷坐标城C区8栋1单元401号。经理王春光。主要经营工程监理和工程技术咨询。从业人员48人，下设2个现场监理机构。

2010年完成监理合同额342万元。（陈 杏）

【上海事业部】 2009年4月成立。驻上海市共和新路2303号201室~204室。经理沈志林。主要经营铁路、公路和房屋建筑工程监理。从业人员49人，下设3个现场监理机构。

2010年完成营业收入541万元。（倪 丽）

【房建事业部】 2009年4月成立。驻北京市海淀区阜成路42号中裕商务花园6C－401。经理吴晓媛。主要从事工程监理和工程技术咨询业务。从业人员150人，下设2个现场监理机构。

2010年完成营业收入135万元。 （王兴杰）

【公路事业部】 2010年12月成立。驻北京市丰台区马家堡东路71号立业大厦1303号。经理李革。主要从事工程监理。从业人员4人。 （梁振文）

【重要记载】

▲1月6日 公司召开党委成立大会。贾晖东任党委书记，王鉴任党委副书记。股份公司党委副书记霍金贵出席会议并作重要讲话。

▲同日 公司监理的兰青二线站后工程获青海省建筑工程奖。

▲1月21日 公司连续3年被评为北京市优秀监理企业。

▲5月14日 铁道部副部长卢春房视察公司监理的关角隧道工程。

▲同日 美国高速铁路代表团考察公司监理的沪杭铁路客运专线工程管段。

▲7月12日 铁道部副部长卢春房视察公司监理的哈大铁路客运专线工程管段。

▲9月16日 北京中德工程咨询有限责任公司成立。

▲12月30日 公司取得人防工程监理甲级资质。 （梁振文）

中铁建（北京）商务管理有限公司

【简况】 中铁建（北京）商务管理有限公司前身系北京铁建工贸集团公司，2001年11月组建；2008年1月集团公司改制改称现名。公司驻北京市复兴路40号。下辖中铁建（北京）物业管理有限公司、北京铁建医院、北京铁建宾馆、北京中铁建商贸中心、中铁国际航空服务有限公司、中国铁建机关汽车队。职工665人。

2010年，公司立足院区，转变观念，认真完成各项服务保障工作，努力打造服务品牌，积极拓展外部市场，培育新的经济增长点，固本强基，挖潜增效，实现平稳较快发展。全年完成产值13866万元，比2009年增长49%；实现净利润324万元，比2009年增长28%。资产总额13537万元，负债总额11840万元，所有者权益1697万元。国有资产保值增值率117.2%，资产负债率87.5%。职工年人均收入6.03万元。 （韩 明）

【领导人员】

董事会

董事长	周步科
董事	孙 胜

监事会

主席	于凤丽
监事	杜经红
职工监事	潘吉江

经理层

总经理	周步科
副总经理	孙 胜
副总会计师	王凤丽

党群领导

党委书记	周步科
工会主席	孙 胜

（韩 明）

【职工队伍】 职工665人。其中，在岗职工295人；内部退养职工111人；退休职工259人。在岗干部148人。其中，高级职务17人；中级职务32人；初级职务41人。技术干部占在岗干部总数的60.8%。在岗工人147人。其中，高级技师10人；技师52人；高级技术工人26人；中级技术工人4人；初级技术工人1人。技术工人占在岗工人总数的63.3%。 （孙友霞）

【经营管理】 服务工作。公司以“后勤保障争一流，助推铁建大发展”为责任使命，立足总部机关院区，扎实做好后勤服务各项工作，在物业服务、医疗服务、餐饮服务、票务服务、车辆服务等方面，强化基础，拓宽范围，提升质量，形成特色，努力促进服务工作上水平、上档次、上台阶，得到总部机关及院区居民的认可和好评。物业管理公司坚持“业主至上，科学管理”的服务理念，狠抓优质服务工作，业主满意率达到97.7%以上，在管的中国铁建大厦获北京市物业管理示范项目称号；积极实施“走出去”战略，不断拓展物业市场。北京铁建医院遵循“以病人为中心”的服务宗旨，加强基础设施建设，提升信息化水平，改善就医环境，打造口腔科、中医理疗科、肛肠科等特色科室，聘请专家门诊，推动管理的科学化、规范化。北京铁建宾馆以做好机关餐厅工作为重点，加强经营，提升服务，完善管理，努力做好总部机关的工作餐、会议用餐等各类餐饮服务工作。中铁国际航空服务有限公司开业以来，秉承

"诚实守信、服务至上"的服务经营理念,按照集中采购的相关要求,不断强化内部管理,规范服务流程,积极开拓业务,加强与各大航空公司的合作,努力在股份公司系统内搭建一流的票务服务平台。机关汽车队进一步建章立制,规范服务,车辆管理、使用和维护安全有序,为总部机关的车辆服务提供了保障。

经营工作。公司转变传统观念,创新工作思路,强化经营力度,不断巩固加强总部机关院区市场,积极开拓外部市场,精心培育新的经济增长点,努力做好系统内部机票、特供酒内部集中采购业务,企业"走出去"的步伐不断加大,整体经营创效能力、综合实力进一步增强。在物业管理方面,除在管总部机关院区以外,还承接了北京来广营、长阳中国铁建国际城等物业管理业务,"走出去"发展战略拓展稳健。在商品贸易方面,中国铁建五粮液特供酒销售顺畅,在中国铁建系统内部初步打开市场。在医疗服务方面,积极开展健康体检项目,拓宽创收渠道。中铁国际航空服务有限公司立足系统内部因公机票集中采购的目标定位,加强自身建设,充实人才队伍,不断推进机票集中采购的覆盖面。公司机关注重本级经营创收,规范玉泉东市场管理,做好房屋租赁业务,积极开展商品贸易,加大应收账款的清欠力度,经营工作呈现良好的发展态势。

(韩　明)

【社会事务】 坚持"内抓管理,外塑形象,沟通政府,服务社会"的工作方针,进一步加强社会事务工作管理,促进复兴路40号社区和谐、稳定和发展。2010年,中国铁建机关继续保持北京市爱国卫生红旗单位、首都绿化美化花园式单位称号,维持了股份公司机关良好的社会形象;总公司机关被评为北京市交通安全先进单位,物业管理公司游泳馆被评为北京市优秀体育场馆,北京铁建宾馆被评为残疾人就业诚信单位,机关汽车队被评为北京市海淀区交通安全先进单位。

(韩　明)

【党群工作】 2010年,公司党委紧紧围绕企业服务经营中心做好各项保障工作,为公司的改革发展稳定提供了精神动力和政治保证。(1)认真开展创先争优活动。按照股份公司党委统一部署,公司党委下发活动通知,结合实际制定统一的推进计划;结合公司"七一"表彰暨党建工作座谈会,对创先争优活动进行宣传动员;结合公司年度民主生活会,党员进行公开承诺,领导班子对科学发展观整改方案进行自查和进一步落实;结合贯彻落实股份公司项目党建工作会精神,总结推广党支部"四抓工作法",号召党员争做"三个模范";结合年终工作总结,对活动开展情况进行点评;结合学习型党组织创建活动,加强党委中心组学习安排和指导,物业管理公司被推荐为股份公司学习型党组织建设先进单位;结合迎国庆举行"践行企业价值观,优质服务上水平"演讲比赛,7名选手参赛,活动中穿插文娱节目表演,取得了好的效果,机关汽车队队长王继平被推荐为股份公司企业文化建设先进个人。(2)领导班子建设和党组织建设。坚持每月对两级党委中心组学习内容进行统一安排;公司党委对所属5个单位领导班子进行不同程度的调整和充实,并选送部分干部到党校学习培训。召开公司党建工作座谈会,表彰先进党组织5个、先进个人16名,同时有1个先进党组织、2名先进个人受到股份公司党委表彰。(3)宣传思想工作和稳定工作。组织广大职工深入学习贯彻股份公司、公司工作会精神;针对职工关注的住房改善和单位拆迁问题,认真细致地做好思想稳定工作,保持职工队伍的稳定。(4)党风建设和反腐倡廉工作。纪委认真做好反腐倡廉的各项工作,特别是运用发生在股份公司系统职务犯罪的杨池林案件,剖析思想根源,从中汲取教训,教育大家引以为戒,做到警钟长鸣。(5)工会和共青团工作。工会牵头组织职工职业技能竞赛,9个工种200余名职工参加竞赛,有9名职工获得技术标兵称号,17名职工获得技术能手称号。认真做好帮困扶贫、送温暖工作,元旦、春节期间,公司组成3个慰问组,分别对所属4个单位及12名患重大疾病职工和特困职工进行走访、慰问;所属单位组成5个慰问组,看望、慰问40名困难职工和退休人员。开展向玉树地震灾区捐款活动,521人捐款25310元。共青团组织积极开展活动,年内筹集资金资助企业优秀外聘青工,并为他们搭建成长成才的平台;有2个先进集体和10名优秀个人分别受到各级团组织的表彰,其中物业管理公司大厦服务中心礼仪部获中央企业"青年文明号"称号。

(叶发卿)

【中铁建(北京)物业管理有限公司】 驻北京市海淀区复兴路40号院。原名为北京中铁建物业管理中心,2009年12月改制更为现名。为独立法人实体,北京市物业管理二级资质企业,北京市物业管理协会会员单位。主要负责股份公司机关居民住宅和办公大厦的物业管理。执行董事、党委书记、总经理石兴国。职工378人,其中聘用职工190人。

2010年完成营业收入3824万元,实现净利润121万元。公司党委被评为中国铁建建设学习型党组织先进单位,公司被评为北京市海淀区统计工作先进单位。

(王永红)

【北京铁建医院】 驻北京市海淀区复兴路40号院。

为事业法人单位，系一级综合性医院、社区卫生服务站，北京市基本医疗保险定点医疗机构。主要承担院区及周边地区居民的医疗、预防、保健、健康教育、康复、计划生育“六位一体”社区卫生服务。院长张丽霞，党委书记蒋兆林。在职正式职工33人。其中，干部32人；工人1人。干部中高级职务5人，中级职务12人，初级职务10人。

2010年门诊量10.12万人次，全年收入4751万元，其中门诊收入2321万元。医院顺利通过北京市社区卫生服务绩效考核和北京市免疫预防门诊规范化检查验收，获得北京市临床检验中心颁发的北京市临床血液（血常规）学、临床生化、临床免疫（肝炎）的室间质评证书。年内，医院获商务管理公司2010年度先进单位称号，护理科被评为股份公司模范职工小家。

（李卫莉）

【北京铁建宾馆】 驻北京市海淀区复兴路40号院。为公司所属全资子公司，独立法人实体。总经理、党委书记刘国华（3月免）、杨明云（3月任）。下辖中铁建第三招待所和机关餐厅，建筑面积4935平方米。中铁建第三招待所设有客房56间、床位176张；机关餐厅设有雅间7间，大厅可同时容纳600余人就餐。职工109人。

2010年营业收入828.5万元，净利润30万元，接待顾客265593人次。年内，中铁建第三招待所被北京市人民政府残疾人工作委员会授予残疾人就业安置诚信单位称号，机关餐厅获中国铁建“青年文明号”称号。

（张婧婧）

【北京中铁建商贸中心】 驻北京市海淀区复兴路40号院。为公司所属全资子公司，独立法人实体，注册资本金100万元。资产总额2300万元。主要经营五粮液中国铁建特供酒、建筑材料租赁、物资贸易营销。总经理、党委书记李晓春。职工102人，其中在岗职工48人。

2010年完成主营业务收入570万元，投资收益200万元，实现经营性利润109万元、净利润35万元。

（宋兰平）

【中铁国际航空服务有限公司】 驻北京市海淀区复兴路40号中国铁建大厦一层西区。原隶属中铁二十局集团公司，为法人独资公司，注册资本金5000万元，具有国际一类、国内二类客运销售代理资质；2010年3月将中铁国际航空服务有限公司资产及相关资质由中铁二十局集团公司划转中铁建（北京）商务管理有限公司管理；2010年7月31日，中铁国际航空服务有限公司重新开业运营。执行董事、总经理潘吉江。

（孙友霞）

【中国铁建机关汽车队】 驻北京市海淀区复兴路40号中国铁建大厦B2层。主要负责中国铁建总部机关因公车辆服务保障工作。队长王继平，书记陈彦淼（3月免）。职工52人。拥有大小型车辆51辆。

2010年出车21000余台次，安全行驶89万公里，完成收入683万元，实现净利润24.6万元。年内获中国铁建安全质量标准化车间称号，连续11年被评为北京市海淀区交通安全先进单位，连续26年安全无事故。

（郝子硕）

中铁建中非建设有限公司

【简况】 中铁建中非建设有限公司（以下简称中非建设）成立于2010年2月24日，是股份公司2009年第12次总裁办公会议研究决定并经董事会批准成立的全资子公司，注册资本金10亿元人民币，驻北京市海淀区复兴路40号中国铁建大厦8层。经营范围包括施工总承包、矿产勘察设计、项目投资、货物进出口，拥有中国商务部颁发的“企业境外投资证书”。公司本部设综合管理部（党群工作部）、财务计划部、规划建设部、市场开发经营部、法律风险管理部5个部门。

中非建设是股份公司为加强和推进实现“大海外”战略，加强对尼日利亚莱基自贸区的领导，加快莱基自贸区的建设，深度立体经营以尼日利亚为龙头的非洲建筑市场而成立的。中国铁建赋予中非建设的主要职责是：负责莱基自贸区的投资、规划、开发、建设、招商、运营和管理工作；兼管非洲地区大型工程项目的追踪、报价、签约、组织实施工作；协调中国铁建在非洲地区的对外关系；协调中国铁建所属单位在非洲市场内部关系和资源集中使用度；负责矿产资源类项目的运作管理；负责中国铁建批准的在非洲地区的其他投资项目。

中非建设代表中国铁建管理中非莱基投资有限公司（以下简称中非莱基），通过中非莱基与尼日利亚拉各斯州政府和莱基全球投资有限公司合资并控股莱基自由区开发公司（以下简称莱基开发）。为便于在境外开展工作，在尼日利亚登记注册中非建设尼日利亚有限公司（以下简称中非建设尼日利亚）。

从组建之初到2010年底，中非建设在股份公司的领导和支持下，经营管理工作逐步走上正轨。在业务方面着力推进莱基自贸区开发建设工作，工程建设和招商工作进展较快，与众多中外客商建立了广泛的联系，并成功举办莱基自贸区首届中国工程机械展。同时依托莱基自贸区的开发建设，积极承揽园区内工程项目，并逐渐开拓以尼日利亚为中心的西部非洲市场、以南非为中心的南部非洲市场和以坦桑尼亚、肯尼亚为中心的东部非洲市场，重点跟踪一批国际工程承包项目和资源开发项目。国际商贸物流业务也开始起步，以莱基自贸区为依托，逐步向尼日利亚、西非以至整个非洲辐射。

在内部管理方面，公司研究制定《中铁建中非建设有限公司发展战略及规划纲要(2011～2015)》，明确发展方向；初步制定公司各项规章制度，逐步建立完善公司经营管理体系、财务预算体系、风险管控体系和业务开发体系；调整完善组织结构和部门设置，明确部门职责和岗位配置；加强党组织建设，组建公司党委和各分支机构党支部；加强队伍建设和企业文化建设，陆续招聘引进一批懂经营、会管理、外语优良、有国外工作经验的骨干人员。(郁志兴)

【领导人员】

董事会

董事长	陈晓星
董事	张国峰
	张文锦
	丁永华
	曹锡锐

监事会

主席	于凤丽
监事	李忠心

经理层

总经理	陈晓星
副总经理	张国峰
	张文锦
	丁永华
	池长贵
总工程师	张国峰(兼)
财务总监	曹锡锐

党群领导

党委书记	陈晓星(兼)

(郁志兴)

【职工队伍】 公司本部和全资、合资子公司有中方员工72人。其中，公司本部20人；中非莱基18人；莱基开发20人；中非建设尼日利亚14人。公司本部和各子公司聘用员工61人，中国铁建系统内各单位借调员工7人，中非发展基金有限公司、南京江宁经济技术开发总公司等中非莱基其他股东派出员工4人。76%的员工为大学本科或本科以上学历，员工平均年龄35岁，半数以上公司领导班子成员和员工均长驻国外工作；另外，通过劳务公司派出劳务人员14人。

(郁志兴)

【战略管理】 公司组建之初，根据股份公司赋予中非建设的职责，着手制定公司发展战略规划。规划分析中非建设的现状与发展环境，提出公司的发展愿景、发展目标、经营管理理念和目标市场，确定以莱基自贸区开发建设、国际工程承包和国际商贸物流作为公司的主营业务，明确三大业务发展的指导思想、主要任务及主要措施，并相应制定人才队伍建设、企业文化建设等配套方案。(郁志兴)

【生产经营】 公司坚持"高端运作、营造项目、创新管理、整合资源、属地经营"的经营管理理念，以莱基自贸区开发建设为基石，围绕与自贸区开发建设密切相关的外围配套基础设施，着眼整个非洲市场，跟踪一批较大规模的工程、矿山、铁路、机车车辆供应和铁路特许经营权项目。商贸物流业务立足于莱基自贸区商贸物流园区，并着眼于整个非洲市场乃至全球的贸易物流商机，陆续与名列全球或非洲市场前列的大型跨国物流企业谈判，探索通过收购、兼并、合资、合作等方式，利用其既有网络渠道和专业运营优势，迅速进入非洲物流市场，打造"中国铁建"的国际物流品牌。

(郁志兴)

【党群工作】 党的工作。(1)成立公司党委，并组织首次领导干部民主生活会。经公司党委研究决定，党委书记陈晓星主持党委全面工作，张国峰分管党委组织工作，张文锦分管党委宣传工作，丁永华分管公司工会工作，曹锡锐分管纪检监察工作。(2)加强组织建设。公司陆续成立中非建设机关、尼日利亚公司、莱基自贸区党支部。各党支部的成立进一步加强了对党员工作的领导，调动了党员积极性。(3)组织党员活动，塑造企业文化。积极开展海外"职工之家"建设，有机地将企业文化建设、交流培训、文体活动等放在这个载体上，把政治思想工作和职工之家工作结合起来，把经营管理工作与职工之家工作结合起来，使党建工作和经营管理相互促进、协调发展。

工会工作。公司成立工会委员会筹备组，由丁永华担任筹备组组长。筹备组成立后，积极开展工会筹备工作，了解公司员工工作、思想和生活状态，并准备召开第一次筹备工作会。

共青团工作。公司于9月8日成立团委,并于9月18日召开共青团中非建设有限公司委员会第一次团员大会,选举产生第一届委员会委员。公司团委于8月14日~17日组织共青团员到黔东南考察、体验、学习活动,开展“心手相牵——情系中尼儿童”爱心捐助活动,为贵州省黄平县谷陇镇山坪村太平洞小学捐款捐物。 (郁志兴)

【招聘培训】 为满足公司发展对人才的需求,公司招聘工作通过网络招聘、员工推荐、系统内借调驻勤等方式广揽人才。全年通过简历筛选,有103人参加面试和笔试,录用24人。

为配合公司提出的组建“学习型组织”的战略目标,公司组织编写《中非建设有限公司(含中非莱基投资有限公司)2010年度全员培训实施计划》,先后组织员工赴天津开发区和江苏苏州工业园参观学习,通过现场参观、考察、实训等方式培训员工。公司先后举办尼日利亚莱基自贸区历史沿革和最新进展情况、出国工作入职基本要求与商务知识、莱基自贸区财务管理和投融资基本知识、外事接待礼仪礼节、公文写作和处理、海外经营商务函电基本知识等专题和综合讲座。

(郁志兴)

【中非莱基投资有限公司】 2006年3月成立,注册资本金2亿元人民币。经营范围包括项目投资及投资管理,货物进出口、技术进出口、代理进出口。公司驻北京市海淀区复兴路40号中国铁建大厦8层。股东和股东持股比例为:中国铁建股份公司持股35%,中国土木工程集团公司持股30%,中非基金持股20%,南京江宁持股15%。公司主要负责莱基自贸区的开发建设。

2010年,公司调整发展思路,启动总体规划修编,并获得尼日利亚拉各斯州政府的原则性批准。在总规修编的同时,展开30平方公里控规和1.5平方公里商贸物流园修建性详细规划的设计工作。4月,莱基自贸区一期(11.76平方公里)通过中华人民共和国国家发展和改革委员会的项目投资立项核准。11月,莱基自贸区通过中国商务部、财政部开展的第二次境外经济贸易合作区的确认考核。11月23日,公司在莱基自贸区成功举办首届中国工程机械展。

(郁志兴)

【中非建设尼日利亚有限公司】 2010年3月24日成立,注册资本金1亿奈拉。主营业务为建筑。公司驻尼日利亚拉各斯尼铁大院15号。

2010年积极开展公司运作,完备公司经营手续,完善公司办公条件,建立健全内部管理制度,展开对外经营工作。 (郁志兴)

【重要记载】

▲2009年12月7日　经2009年第12次总裁办公会议研究决定并经董事会批准,成立中铁建中非建设有限公司。

▲2009年12月31日　股份公司印发《关于成立中铁建中非建设有限公司的通知》。

▲2010年1月8日　股份公司印发《关于中铁建中非建设有限公司法人治理结构有关人选的通知》,陈晓星任中非建设董事长,并为总经理人选;张国峰为副总经理、总工程师人选;张文锦、丁永华为副总经理人选;曹锡锐为财务总监人选。

▲2010年2月9日　股份公司印发《关于中铁建中非建设有限公司董事会、监事会组成人员的通知》,董事长陈晓星,董事张国峰、张文锦、丁永华、曹锡锐;监事会主席于凤丽,监事李忠心。

▲2010年2月24日　中非建设在北京市工商行政管理局注册成立,注册资本金10亿元人民币,注册地址为北京市复兴路40号中国铁建大厦8层。

▲2010年3月24日　中非建设在尼日利亚拉各斯注册成立中非建设尼日利亚有限公司,注册资本金1亿奈拉,注册地址为尼日利亚拉各斯尼铁大院15号。

▲2010年4月1日　中国共产党中国铁建股份有限公司委员会印发《关于成立中国共产党中铁建中非建设有限公司委员会的通知》,陈晓星、张国峰、张文锦、丁永华、曹锡锐5人为党委委员,陈晓星任党委书记。

▲2010年4月26日　莱基自贸区一期(11.76平方公里)获得中华人民共和国国家发展和改革委员会境外投资立项核准。

▲2010年6月8日　中国共产主义青年团中国铁建股份有限公司委员会印发《关于同意成立中国共产主义青年团中铁建中非建设有限公司委员会的批复》。

▲2010年7月12日~13日　《尼日利亚莱基自贸区总体规划》和《尼日利亚莱基自贸区起步区修建性详细规划》评审会在北京万达铂尔曼酒店举办,经国内外十余位专家认真评审,通过自贸区总体规划和起步区修建性详细规划。

▲2010年7月20日　中国驻尼日利亚大使馆徐建国大使一行到莱基自由区考察指导工作,对自贸区的开发建设给予肯定,并就自贸区的未来发展提出指

导性意见。

▲2010 年 11 月上旬　董事长兼总经理陈晓星带队考察南非市场,并拜会南非总统祖马及南非政府相关官员,就双方合作交换意见。中国驻南非大使馆钟建华大使对中国铁建积极推动南非高速铁路建设提出建设性意见。

▲2010 年 11 月 23 日　莱基自贸区首届中国工程机械展在尼日利亚莱基自贸区卡口广场举行。在开幕式上，中国驻尼日利亚大使馆邓波清大使，中国铁建股份有限公司周志亮副总裁和尼日利亚拉各斯州副州长 Serah Sosan 女士，联邦政府商务部部长代表、尼日利亚出口加工管理局负责人 Sina 先生等嘉宾分别致辞。

▲2010 年 11 月　莱基自贸区通过中国商务部、财政部开展的第二次境外经济贸易合作区的确认考核。

▲2010 年 12 月 5 日　西非暨尼日利亚华侨华人联合会成立大会在尼日利亚拉各斯举行,董事长兼总经理陈晓星当选联合会副会长。　(郁志兴)

中国铁建(加勒比)有限公司

【简况】　中国铁建(加勒比)有限公司于 2007 年 10 月在特立尼达和多巴哥共和国成立,是中国铁建股份有限公司全资子公司。公司英文全称为 China Railway Construction (Caribbean) Co., Ltd.。公司驻 No. 78 Ellerslie Park, Maraval, Port of Spain, Trinidad, Trinidad and Tobago, W. I.。下辖斯卡博罗总医院项目部。职工 100 人。其中,管理技术人员 24 人;中国工人 76 人。资产总额 9329 万元人民币。其中,固定资产净值 116 万元人民币;流动资产 9213 万元人民币。机械运输设备(挖掘装载机)1 台,净值 8 万美元,设备总功率 74.2 千瓦,设备完好率 100%、利用率 100%。

2010 年完成企业总产值 2846 万美元,实现利润 30.5 万美元。人均创利 0.59 万美元,职工年人均收入 4.79 万美元。资产保值增值率 239.8%,净资产收益率 35.77%。　(韩文华)

【领导人员】

董事长兼总经理　于洪忠

董事副总经理　韩文华　(韩文华)

【工程项目指挥机构】　斯卡博罗总医院项目经理部驻特立尼达和多巴哥信号山。项目经理于洪忠,承包商代表韩文华。　(韩文华)

【职工队伍】　职工 100 人。其中,管理技术人员 24 人;中国工人 76 人。管理技术人员中干部 20 人,其中专业技术干部 16 人,占干部总数的 80%。学历结构:本科以上学历 16 人,占干部总数的 80%;大专学历 3 人,占干部总数的 15%。专业技术干部中,高级职务 5 人,中级职务 4 人,初级职务 7 人,分别占专业技术干部的 31.25%、25% 和 43.75%。　(韩文华)

【特立尼达和多巴哥斯卡博罗总医院工程】　业主为特立尼达和多巴哥卫生部、国家保险财产发展有限公司,由中国铁建股份有限公司承揽并负责设计施工设备采购总承包,中国铁建(加勒比)有限公司、中铁建设集团有限公司、中铁十八局集团有限公司参加工程建设。医院占地面积 196800 平方米,建筑面积 18690 平方米,其中室外面积 4507 平方米。由 28 栋楼组成,合同投资 6645 万美元。2008 年 6 月 4 日工程签约,合同工期 2008 年 11 月 3 日 ~2011 年 5 月 8 日。境外工作人员 216 人。截至 2010 年底,完成 8 栋楼 5700 平方米的装修任务,有 10 栋楼 6000 多平方米正在进行装修。　(韩文华)

【经营管理】　项目跟踪与投标。2010 年,公司在集中精力干好在建项目的前提下,积极与特立尼达和多巴哥新政府高层接触,加大企业宣传和公关力度,提升公众形象,为承揽新项目打下良好基础。对于之前跟踪、参与资格审查、投标的项目,积极与业主及相关政府部门沟通,力争 2011 年承揽任务有新的突破。

经营贸易。公司以项目承揽带动相关贸易经营,并多方寻找业务渠道,为今后的贸易发展创造条件。　(韩文华)

【科技教育】　公司鼓励职工在当地参加在职教育与培训,并提供优越的学习条件,为公司持续稳定发展打下良好基础。　(韩文华)

【党的工作】　公司斯卡博罗总医院项目部临时党支部于 2010 年 11 月经中国铁建股份有限公司机关党委批准成立,党员 8 人,4 人递交入党申请书。为极大地调动和激发全体职工的政治热情和施工生产积极性,支部下发鼓励项目部全体人员积极参加党组织活动的倡议书,并每月召开全体党员大会,激励职工爱党、爱国、爱岗的热情,激发职工大干、快干、实干的劲头,形

成互帮、互学、互进的良好氛围。 （韩文华）

【重要记载】

▲4月20日~21日　股份公司副总裁扈振衣到特立尼达和多巴哥共和国斯卡博罗总医院项目工地进行现场办公。期间，扈振衣副总裁拜会特多卫生部长杰夫·纳瑞斯先生，并与特多国家保险财产发展有限公司总裁温迪·阿里女士签署多巴哥斯卡博罗总医院项目合同，这是中国铁建在美洲地区签订的第一份设计施工与设备采购安装总承包合同。 （韩文华）

中国铁道建设（香港）有限公司

【简况】 2000年1月27日，经对外贸易经济合作部、铁道部和中央人民政府驻香港特别行政区政府联络办公室批准，中国铁道建筑总公司在香港设立一次性项目公司——中国铁道建筑（香港）有限公司。公司组建之初，主要负责香港西部铁路4个标段工程建设项目的组织实施；2002年4月，总公司所在联合体中标香港东部铁路CC－1850合同段后，对外贸易经济合作部于2002年11月20日批准同意将中国铁道建筑（香港）有限公司转为在港永久性公司，为股份公司驻香港常设机构，直属股份公司海外事业部管理，并于2007年5月17日正式更名为中国铁道建设（香港）有限公司。公司驻香港九龙九广铁路红磡站红磡铁路大楼207室。注册资本金600万港元。职工29人。其中，内派员工1人；英籍员工1人；香港雇员17人；深圳公司2人；公司雇佣派往沙特麦加轻轨铁路项目公司的香港雇员8人。资产总额13902万港元。其中，固定资产原值81万港元、净值8万港元；流动资产13894万港元。中国铁道建设（香港）有限公司以中国铁建股份公司的名义和资质承揽工程项目。经营范围：承包或分项承包铁路、公路、桥梁、隧道、水利、港口、城市轨道交通、房建等工程项目的设计、技术咨询、施工或安装；国内资源的调配及资源管理，包括与项目有关的设备、技术及物资采购和进出口贸易；重点从事香港及珠三角地区铁路、城市轨道交通、房建和其他土建工程的投标及中标工程的实施与管理；其他项目的研究开发与经营。

2010年，公司签订工程管理和贸易合同总额9862万港元，其中工程管理合同额5733万港元。全年完成营业额5733万港元、贸易合同额4129万港元；实现利润423万港元。人均创利20万港元，全员劳动生产率765%，国有资产保值增值率120.9%，净资产收益率17.5%。 （郑　重）

【领导人员】

董事总经理	郝桂林
董事	郑　重（主持工作）
财务经理	苏婕芬

（郑　重）

【工程项目指挥机构】 826项目经理部　驻香港元朗青山公路米埔段（加州豪园和米埔新村之间）。项目经理Steven meredith。 （郑　重）

【职工队伍】 职工29人，其中专业技术干部15人。专业技术干部中，高级职务5人，中级职务6人，初级职务4人，分别占专业技术干部的34%、40%和26%。 （郑　重）

【广深港高速铁路隧道深圳皇岗至香港米埔段工程】 即香港港铁公司C826合同段，由中国铁建股份有限公司、中铁十五局集团公司和新昌建筑有限公司组成联合体中标承包，中国铁建股份有限公司占40%股份。工程合同投资17亿港元，合同工期2010年3月~2014年12月。主要工程量：双向9.6米直径盾构隧道1490米和6个联络通道，安装管片1490环。2010年完成营业额404万美元，开工累计完成营业额4663万美元，计划2015年5月底完工。 （郑　重）

【经营管理】 项目跟踪与投标。2010年参与香港地铁西港岛线轨道接触网工程、香港地铁南港岛隧道工程、香港地铁官塘线隧道工程、香港拓展署中环绕道工程和港珠澳大桥2岛1隧工程等项目投标。

出口贸易。全年出口澳大利亚、沙特阿拉伯、德国和伊朗钢轨、道岔及配件销售额3071万港元，净利润113万港元。 （郑　重）

【中铁国际贸易（香港）有限公司】 驻香港九龙九广铁路红磡铁路大楼207室。负责铁路器材的出口贸易，出口国和地区为香港、沙特阿拉伯、澳大利亚、德国及伊朗。主要产品为钢轨、道岔和相关配件、铁路车辆配件和隧道施工车辆，是香港九广铁路公司认可的铁路器材供应商。

2010年完成营业额3071万港元，实现净利润113万港元。 （郑　重）

【中铁土力工程有限公司】 驻香港九龙九广铁路红磡铁路大楼207室。主要从事在香港的地质勘探与监测工作。通过香港品质局ISO9001: 2000版质量管理体系认证,覆盖范围包括滑坡防治、斜坡、挡土墙修葺工程。

2010年主要承担广深港高速铁路CC826项目的隧道沉降、水位观察。全年实现营业额712万港元,实现净利润40万港元。 (郑 重)

【中铁建物业投资(香港)有限公司】 驻香港九龙九广铁路红磡铁路大楼207室。主要负责2010年底在香港观塘购置的约350平方米的写字楼的物业管理。

(郑 重)

【深圳雷威中土建设工程有限公司】 驻广东省深圳市罗湖区新安路森威大厦雍景园1203室。主要负责小额出口贸易及协助香港公司和中铁国际贸易(香港)公司的业务。 (郑 重)

【重要记载】

▲3月 以股份公司名义组建中国铁建股份有限公司—新昌建筑有限公司—中铁十五局集团公司联合体中标广深港高速铁路CC826合同香港标段工程,合同投资17亿港元。

▲10月 以2000万港元购置位于香港观塘约350平方米的写字楼,预计2011年底交付使用。

(郑 重)

诚合保险经纪(北京)有限责任公司

【简况】 诚合保险经纪(北京)有限责任公司(以下简称诚合公司)是中国保险监督管理委员会批准成立,由中国铁建股份有限公司独家出资设立的全国性、综合性保险经纪公司。公司主营业务范围包括建筑安装工程一切险、建筑施工人员人身意外伤害险、企业财产险、机械设备险、机动车辆险、货物运输险、各类责任险等保险经纪业务。机关驻北京市海淀区复兴路40号中国铁建大厦。前身系中国铁道建筑总公司商业保险中心,2009年3月27日,股份公司第一届第15次董事会会议决定成立诚合保险经纪(北京)有限责任公司;2009年11月正式挂牌运营。注册资本金2000万元人民币。公司法人治理结构由股东、董事会、监事会、经理层构成。下设职能部门9个,下辖子公司、分公司各1个。职工42人。

2010年承揽业务371项,新签保费合同1853亿元,新签经纪费合同5000万元,完成营业收入4000万元,实现利润707万元。有效资产由2000万元增加到4022万元。

诚合公司的组建是股份公司进军金融产业的起点,满足了新的市场形式下企业自身风险管理的需求,凭借诚合公司这个平台,建立完善的风险管理系统,实现股份公司对所属单位经营风险的集中、统一管控,对规避股份公司经营过程中的各类风险起到重要的作用。公司可以有效地整合全系统的保险资源,发挥规模购买优势,从保险公司争取优惠的承保条件,从而有效地降低保险费用支出。诚合公司依托中国铁建在铁路、公路、市政、地铁、水利、水电等工程领域丰富的施工管理经验,并特聘一批专家、教授,组成一支集工程技术、保险经纪专家于一体的复合型专业团队,为客户提供高效、专业、周到、精准的服务。 (靳浩冉)

【领导人员】

股东代表	庄尚标
董事会	
董事长	余兴喜(8月免)
	曹锡锐(8月任)
董事	汤建国(8月任)
	孙国富
	金守华
监事会	
主席	于凤丽
监事	李忠心
职工监事	郎玉华
经理层	
总经理	曹锡锐(8月免)
	汤建国(8月任)
常务副总经理	张德清
副总经理	郎玉华

(董化龙 靳浩冉)

【职工队伍】 在岗职工42人。大学本科及以上学历32人,占职工总数的76%;大专学历10人,占职工总数24的%。30岁以下12人,31岁~45岁23人,45岁~59岁7人。专业技术干部17人,占职工总数的40%。专业技术干部中,高级职务4人,中级职务8人,初级职务5人。 (靳浩冉)

【市场经营开发】 2010年,公司积极开拓、精心经营系统内外保险市场，经营规模快速增长，企业发展呈现健康持续的良好势头。项目范围覆盖海内外。国内主要项目有哈牡绥铁路、哈大铁路、南京长江隧道、大西客专、成渝客专、广西沿海铁路、合福铁路、石长铁路、乌锡铁路、湘桂铁路、云桂铁路、山西中南部铁路通道、沪昆客专、张唐铁路、赣龙铁路等，海外项目主要有阿尔及利亚175铁路、阿尔及利亚东西高速公路、中国中铁委内瑞拉铁路、利比亚沿海铁路、西线铁路、土耳其高速铁路、沙特麦加铁路、尼日利亚现代化铁路等。险种涉及工程一切险、人身意外险、企业财产险、机械设备险、货物运输险等。年内承揽牡绥铁路工程全标段保险经纪业务，获得铁路基建项目保险业务全线承揽第一单；承揽成渝铁路客运专线全线工程险业务及4个标段的人身意外险业务，经纪费收入1000余万元。公司在重大项目经营领域取得的重要突破，为公司市场开发初步实现可持续发展打下较好的基础。

（董化龙　靳浩冉）

【保险资源集中管理】 2010年，诚合公司作为股份公司保险资源集中管理的平台，其效应得到较好发挥，集中管控效果凸显。2009年股份公司下发《保险资源集中管理的决定》《保险资源集中管理暂行办法》《保险资源集中管理专责人制度》3份文件，明确要求所属单位要大力推进保险资源集中管理工作。股份公司赋予诚合公司管理全系统保险资源的重任，目的就是防风险、降成本、助索赔。作为保险资源集中管理平台，诚合公司发挥自身优势与特色，以点带面，全方位、多环节入手，在全系统着力进行保险资源集中管理理念的灌输与推广，自觉、努力承担起股份公司风险管理顾问和保险索赔专家角色，为企业强化风险管控、降低成本开支提供技术支撑。采用集中采购、招标采购等多种方式，确保保险方案实现保障最优化、保费最低化目标。运行一年多来，集中管控制度显现出一定效果，资源整合平台能量得以初步释放。据统计，通过诚合公司运作，2010年全系统累计实现节约保费支出近1.1亿元，实现索赔收入1460余万元，较好履行了股份公司赋予的职责，有效降低了工程项目成本支出，有力支持了系统内各单位责任成本管理工作，为实现全系统利益最大化发挥了应有的作用。（董化龙　靳浩冉）

【海外业务开拓】 海外业务发展势头良好，已经逐步成长为公司一个重要的创效板块。2010年先后完成阿尔及利亚东西高速公路、沙特麦加轻轨等14个项目人身意外险以及利比亚沿海铁路、利比亚西线铁路、土耳其高速铁路、阿尔及利亚东西高速公路等多个项目工程险的出单业务。全力跟踪特立尼达和多巴哥公路、澳门轻轨、香港高速铁路、委内瑞拉北部平原铁路、巴西铁路、厄瓜多尔铜矿等新建项目。积极拓展新的业务领域，充分发挥风险管理顾问的角色，与中国铁建沙特麦加项目、阿尔及利亚东西高速公路项目达成合作意向，担任两个项目的保险顾问，取得咨询费收入近40万美元。

（董化龙　靳浩冉）

【协助索赔工作】 2010年针对系统内各单位怨声颇高的“索赔难”问题，公司发挥专业优势和平台优势，从法律、保险、精算等专业角度出发，最大限度地维护股份公司系统内单位的保险权益。以海外工程阿尔及利亚东西高速公路项目为例，2008～2010年，阿尔及利亚遭受百年不遇的暴雨侵袭，项目频繁出险，报案43起，报损金额达上亿元人民币，给施工单位带来严重的经济损失和工作负担。出险后，公司先后7次组织召开索赔协调会，成立全国知名工程险专家组，协调相关保险公司、再保险公司、投保人等保险利益体的立场，该索赔案目前正在按计划推进。截至2010年底，公司累计协助各单位实现索赔收入2700余万元。

（董化龙　靳浩冉）

【产业链布局】 2010年5月，公司出资200万元设立北京佳实德保险公估公司，主要着眼公司长期可持续发展目标，调整公司经营链布局。公估公司依托股东优势和专业优势，与经纪公司实现业务自然对接，延伸经营链条，在一定程度上改变了目前公司经营结构单一的局面，分散了经营风险，又优化了经营结构，培育了新的业绩增长点，使实现更多的边际效益成为可能。目前，公估公司已经完成或正在进行牡绥铁路、海南东环铁路、成绵乐铁路客运专线等多项公估业务。

（董化龙　靳浩冉）

中国铁建股份有限公司北京培训中心

【简况】 中国铁建股份有限公司北京培训中心（中国铁建股份有限公司党校）驻北京市大兴区龙河路16号。前身是1983年12月组建的中国人民解放军铁道兵指挥部干部学校，1984年1月集体转业并入铁道部，更名为铁道部工程指挥部干部学校；1990年10月改称中国铁道建筑总公司干部学校，1991年1月1日定名为中国铁道建筑总公司党校、干部学校；2002年3

月，总公司批准成立中国铁道建筑总公司北京培训中心，实行一套班子，兼有党校、干校、北京培训中心三种职能；2005年5月，总公司决定将干部学校更名为管理学院；2008年1月5日，随着中国铁建股份有限公司整体上市，更名为中国铁建股份有限公司北京培训中心；2009年1月16日，总公司党委决定将中国铁道建筑总公司党校更名为中国铁建股份有限公司党校，实行培训中心（党校）党委领导下的主任（校长）负责制。2002年被列入中央党校原中央企业工委分校（现中央党校国资委分校）教学管理体系，同年被列为中央国家机关会计人员继续教育培训单位。2006年被定为中央党校在职研究教学点，2007年被定为中国人民大学会计专业硕士教学点，2010年北京交通大学土木建筑工程学院设为工程项目管理硕士研究生教学点。校园占地面积1.8万平方米，建筑面积1.54万平方米。下设办公室（党委办公室）、教育培训处、综合教研室、财务处、物业管理中心、信息管理部、法律培训咨询部，已形成同时接待280余名学员的办学规模。在职职工32人。其中，高级职务9人；中级职务11人；初级职务1人。（陈登玉）

【领导干部】

主任（校长）	顾传智
副主任（副校长）	单永新
党委书记	陈继柏
党委副书记	顾传智
纪委书记	单永新（兼，7月任）
工会主席	刘爱武（兼）

（陈登玉）

【教学培训】 2010年举办培训班、承办会议55期（次），培训和接待人员5790人次，入住43777人天。全年培训工作按照“适应企业发展要求、适应企业队伍建设、适应企业职工需求”的工作目标，着力抓主体培训，确保质量；抓专业培训，突出特色；抓业务培训，拓展领域；抓外围培训，开源增效。一是注重优化外部师资，创新培训内容。根据新任务、新信息、新情况，高度重视培训质量，培训课程设置突出企业特色，培训内容新颖。不断更新和充实师资库，优中选优，邀请不同层面师资，组建了一个相对庞大的外部师资库，形成一支相对稳定的外部师资队伍。从现任外交部副部长到国家机关有关专家，从行业权威人士到股份公司领导、系统内资深人士，从中央党校到地方院校的教授，都悉数到校授课，教学水平不断提升，基本实现学员能开阔战略眼光、完善知识结构的目的。二是注重借势发力，增加自身努力附加值。通过争取股份公司领导到校出席开班典礼、结业典礼、面授辅导等途径，扩大培训班的影响力和美誉度，增强培训班的生命力。全年有股份公司三副总师及以上领导19人次到校。尤其在“十一五”第十期主体班15天培训期间，有3位股份公司领导到校授课、讲话，有效地提升了培训班的含金量和满意度。基本实现“要学员学习”到“学员要学习”的转变，“我们需要学员”到“学员需要我们”的转变。三是注重科学组合培训，降低培训总成本。高度重视培训班的优化组合，力争时间长短相当、培训内容相关的培训班同期举办，合班上课。全年有6期培训班合班上课，学员人数多激发教师讲课热情，同时培训成本有效降低，一举两得。四是注重策划培训，充分发挥平台作用。面向中国铁建培养高层次人才，与北京交通大学联合举办工程项目管理硕士研究生班；依据股份公司机关部门业务工作需要，适时策划共青团干部培训班、信访工作培训班等，既符合股份公司人才培养与发展战略的要求，又符合股份公司机关部门带动和提升全系统业务水平的需要，符合送培单位和参训人员提高业务能力的需要，充分发挥了培训平台作用，在系统内收到较好的社会效益。办学规模平稳发展，办学层次不断提升，办学领域得到扩展，办学质量持续向好。全年举办主体班6期，较好地发挥了党校理论阵地的作用；举办股份公司系统专业培训班32期，充分发挥了培训平台作用，为股份公司的改革发展提供智力和人才保障；承办其他培训班和会议17期（次），盘活和用足现有条件和资源。（陈登玉）

【学历教育】 中央党校在职研究生教育面向股份公司系统内外招收处级以上干部和具有中级以上职称的专业技术人员，负责日常的教学、教务和学籍管理工作。在职研究生教育招生名额、学制、课程设置均由中央党校研究生院确定，授课教师由中央党校选派。自2006年开办以来，在职研究生教育稳步发展。截至2010年底，已经毕业的学员有113人；注册在职研究生学员267人。其中，2008级128人；2009级84人；2010级55人。

会计专业硕士学位（MPAcc）的培养对象是国民教育系列大学本科毕业、从事会计或相关领域的实际工作两年以上的会计工作人员，招生名额、学制、课程设置均由中国人民大学确定，授课教师由中国人民大学选派，自2008年开始招生，现有在册学员56人。

工程项目管理硕士研究生的培养对象是国民教育系列大学本科毕业、从事工程项目管理或相关领域的实际工作两年以上的工程项目管理人员，招生名额、学制、课程设置均由北京交通大学确定，授课教师由北京交通大学选派，自2010年开始招生，现有在册学员60人。（陈登玉　王爱芬　高洪勇）

【党群工作】 党务工作。校党委下设3个党支部,有党员36人。2010年,校党委以深入开展学习实践科学发展观活动为契机,召开党员大会,选举产生新一届党委、纪委,初步解决近几年"两委"不健全、工作不便开展的问题,为学校的健康发展提供了组织保障。根据股份公司党委的统一部署,学校党、政、工会联手,组织全体党员、吸收职工群众开展广义的创先争优活动,将创先争优活动、创建学习型党组织活动、"践行企业价值观,提升发展软实力"专题教育活动有机融合,制定两年党建活动规划。组织党委中心组及时学习有关会议、文件精神,指导党支部开展党员过好组织生活等活动。加强领导班子自身建设和思想政治建设,提高组织培训创新的能力。通过办公会议、职工大会、专项会议等形式,积极开展经常性职工教育活动,利用《铁建党校》校刊平台交流学习心得等活动形式,鼓舞士气,凝聚人心,激发干劲。组织职工演讲比赛,开展与学员同台竞技的演讲比赛,极大地挖掘了职工的潜能;组织职工观看教育片,以史为鉴,明心睿智,激发大家的爱校热情和工作激情。有98.9%的党员对《校领导班子贯彻落实科学发展观分析检查报告》表示满意,100%的党员对学校的学习实践活动表示满意。

纪委工作。2010年认真贯彻落实股份公司党风建设和反腐倡廉工作会议精神,扎实履行纪检监察工作的各项职能。坚持以教学为中心,初步做到了"三个适应",即适应十七大把反腐倡廉建设放在更加突出位置的新要求,适应股份公司纪委对领导干部廉洁从业的新需要,适应职工对反腐倡廉期盼的新情况。在具体工作中,将"三重一大"、班子建设、队伍管理与党风建设和反腐倡廉工作紧密结合起来,做到以重大事项民主决策为重点,推进校务行政权力运行公开透明度;以推行"三大行动"为切入点,强化内部控制和风险管理;以创新教学内容和方法为动力,切实加大反腐倡廉教育培训力度。党员干部严格执行廉洁自律有关规定,无一例违纪违法行为发生,也无一例损害群众利益行为发生。

工会工作。校工会积极争取行政支持,创造条件组织形式多样、健康向上的集体活动,先后组织迎春联欢、送温暖、温泉度假、承德避暑、冬季运动、健康体检等大型活动,营造了其乐融融的校园氛围。在重大节假日发放过节费,让职工感受到工会组织的温暖。组织职工民主评议领导班子成员,形成"领导带领职工、职工监督领导"的良性互动机制。

(陈登玉　单永新　刘爱武)

【重要记载】

▲1月26日　中国铁建北京培训中心(党校)教育培训处获中国铁建先进集体称号。

▲3月2日　股份公司党委副书记霍金贵出席"十一五"第九期领导干部和后备干部培训班开班典礼并作重要讲话。

▲4月23日　中国铁建北京培训中心(党校)物业管理中心获中国铁建2010年度"工人先锋号"称号。

▲5月11日　股份公司审计监事局局长黄少军一行到校对北京培训中心(党校)原校长邓光煜离任经济责任审计有关问题的处理的执行情况进行后续审计。

▲5月16日　中国铁建北京培训中心(党校)党委书记陈继柏被中华全国铁路总工会授予火车头奖章。

▲6月8日　股份公司党委副书记霍金贵出席中国铁建第一期组织部长培训班开班典礼并作重要讲话。

▲6月22日　股份公司党委批复,同意中国共产党中国铁建股份有限公司党校(中国铁建股份有限公司北京培训中心)召开党员大会。

▲7月9日　召开中国共产党中国铁建股份有限公司党校(中国铁建股份有限公司北京培训中心)党员大会,选举产生新一届党委、纪委。股份公司党委副书记霍金贵、组织部部长张良才出席大会。

▲11月12日　股份公司党委副书记霍金贵出席"十一五"第十期领导干部培训班开班典礼并作重要讲话。

▲11月22日　股份公司副总裁张宗言为"十一五"第十期领导干部培训班授课。

▲11月26日　股份公司副总裁扈振衣为"十一五"第十期领导干部培训班授课。

▲11月25日　股份公司党委、股份公司批复,同意党校(北京培训中心)组织机构微调。

▲12月10日　举行全校职工与"十一五"第十期后备干部培训班"践行企业价值观,提升发展软实力"联合演讲比赛。

▲12月30日　召开全校职工业绩考核大会,并对校领导班子和员工进行民主测评。　(陈登玉)

2010年3月4日，中铁十七局集团五公司邯武项目副总工程师常鉴玲被山西省总工会授予“十大杰出女职工”称号，同时还获得山西省三八红旗手、五一劳动奖章荣誉。（周福荣 摄）

人 物

特载 | 大事记 | 概况 | 董事会工作 | 工程施工 | 海外经营 境外工程 | 经营管理 | 综合管理 | 科技文化 | 党的工作 | 工会 共青团 | 所属单位 | 人物 | 统计资料 | 文献辑要 | 附录

本栏责任编辑 **杨启燕**

新闻人物

【赵一道·辽宁省第二届有突出贡献高技能人才获得者】 中铁十九局集团三公司公路公司第三项目管理部工长。1960年2月出生，山东省德州市临邑县人。1978年3月入伍，高中文化，高级技师。他在自己平凡的工作岗位上，三十年如一日钻研探索摊铺机的工作原理和操作技巧，长期坚持技术革新，不断改进进口设备的工作性能。通过改变摊铺机燃油系统的供油量和供油时间，解决了发动机功率低，耗油大等缺陷，被誉为“洋设备的驾驭者”。为提高路面摊铺平整度，他与同事一起研究设计，为摊铺机增设浮动基准平衡梁，提高了路面摊铺质量。这项成果为单位节约资金40余万元，被辽宁省交通厅推广到其他施工单位应用。赵一道在技术改进和技术创新上为公司创造财富120余万元，多次获得集团公司及公司先进生产者、文明职工标兵、设备操作红旗机手称号，被辽阳市授予2006年度劳动模范、“百名首席工人”称号，2007年获辽阳市优秀高技能人才称号，2009年被评为辽宁省有突出贡献高技能人才。

（张 莹）

【赵海生·2009年度中国好人榜入选者、山西省道德模范】 中铁十七局集团五公司职工。1956年2月出生，甘肃省甘谷县人。1976年2月参加工作，中共党员。赵海生从1984年开始就义务为职工群众修车，2005年做过直肠癌手术后仍痴心不改。他从自己每月微薄的工资中挤出几拾元钱购买配件、修理器具，打气筒陆续添置了7把。从打气、补胎到换辐条、拧螺丝，行行做到有求必应，从不怠慢。每逢节假日和大型义务活动，他都会打着“学雷锋修车点”、“志愿服务修车点”字样的横幅，走上街头为过往群众免费修车。为了方便居民，先后自备4辆应急自行车供大家使用。有人私下比照街上修理摊点的收费标准给他算了一笔账，26年来，他义务为公司职工修车达120000辆次，这还不包括义务为附近居民修车以及节假日上街为过路行人修车，如果合理收费的话，少说也能挣上20万元。然而，他为职工群众修车不仅分文不取，还贴补进去2万余元。赵海生家境非常贫困，爱人没有工作，久病在身，2008年做过脑开颅手术，家里有未成年的学生和靠他赡养的老人。为了省钱多买些修车零件，他十几年没有回过甘肃老家探亲，还将女儿送回甘肃老家在农村生活了7年。26年来，他先后当过锅炉工、炊事员、车工、饲养员、经济民警、门卫、自行车棚管理员，无论岗位如何变换，他总是恪尽职守、无怨无悔。他先后获山西省第三届道德模范、感动山西十大杰出人物、志愿服务青年楷模、新长征突击手标兵、职工爱岗敬业职业道德标兵称号，被评为首届全国杰出青年志愿者楷模，获得火车头奖章、铁路杰出青年荣誉，被评为太原市十大太原文明人、践行社会主义荣辱观十大学雷锋标兵，被股份公司评为杰出青年志愿者、优秀共产党员标兵、助人为乐道德模范。1996年，联合国志愿服务协调委员会访华期间，专程到中铁十七局集团公司与赵海生座谈，共同交流志愿服务经验体会。《中国铁道建筑报》2010年6月29日、10月1日分别以《好人赵海生感动全国》《善行无疆 道德无价》为题，对他的事迹作了详细报道。

（刘海发　孟庆财）

【张作宏·中国青年五四奖章提名奖获得者】 中铁十四局集团二公司天津112高速公路28标段项目经理。1975年5月出生，山东省菏泽市人。1997年毕业于西南交通大学，中共党员。他曾担任青藏铁路五道梁特大桥总工程师，在施工中破解高原冻土施工技术难题，和工友们只用71天就完成了全长9.7公里施工管区段线下主体工程，使铺架列车提前7天通过管区。二公司青藏项目部被青海省评为青藏铁路建设先进集体，张作宏获得集团公司建功立业劳动奖章。2004年10月，张作宏被任命为京沪高速公路跨津霸铁路分离式特大立交桥工程项目经理。他从施工细节增强员工对“标准”内涵的认识，进而在项目部形成一种细节文化。正是这种注重细节的精神使项目部在全线15个标段中，进度、质量、安全、文明施工名列第一。项目部被中国铁建评为安全标准化文明工地，被共青团天津市委授予“青年文明号”称号，业主先后6次组织全线各施工单位到大桥工地召开现场观摩会。京沪高速公路跨津霸铁路分离式特大立交桥工程被天津市评为金奖海河杯、天津市政工程质量金奖，张作宏被评为齐鲁十大新闻人物，他率领的项目部实现立足天津，滚动发展的目标，赢得了津蓟高速公路延长线第4标段施工任务。该项目投资大，工期紧，地材匮乏，征地拆迁难。开工后，地质与设计又严重不相符。面对困难，张作宏集思广益，实行“工序节点制”和中层以上管理人员“问责制”等一系列管理创新，不仅促使工程如期贯通，而且工程质量优良率达到96%。2008年1月，张作宏担任天津112高速公路28标段双街互通立交工程项目经理。他提出“赢得用户，品牌是影响力；开拓市场，品牌是战斗力；创造效益，品牌是生产力”的施工理念，并将此系统在起步中导入、在工作中渗透、在发展中升华，贯穿队伍建设和施工生产全过程。项目部从2008年初组建到完成项目策划、机构设置、组织上场等一系列施工准备工作，仅用了短短20多天时间，做到了进场快、安家快、施工快，成为全线后段进场第一家施工的建设单位。通过严密组织，张作宏率领的28标段项目部在进度、质量、安全等方面均取得突出成绩，在同类施工标段中名列前茅。2009年，28标段项目部被天津市建筑业协会授予工会工作先进单位称号，获得天津市“青年文明号”荣誉。张作宏先后获得山东省自主创新模范企业家、天津市建筑业企业优秀项目经理、山东青年五四奖章、天津市劳动模范等荣誉。《中国铁建建筑报》2010年7月24日以《有一种境界叫责任》为题，对他的事迹进行了详细报道。

（刘 宁）

【洪淮斌·中央企业先进职工】 中铁二十四局集团福建公司工程部副部长，高级工程师。1973年12月出生，福建省南安市人。1996年7月毕业于成都理工大学工程测量专业，大学本科学历，中共党员。参加工作以来先后负责温福铁路、南昌西环线、昌九城际、宁杭铁路客运专线等福建公司参建的大型工程项目的控制测量及复核工作，多次协助、指导集团公司项目部（甬台温、合宁铁路等工程）的控制测量，累计完成公路和铁路隧道19座/21公里、特大桥3座的控制测量及复核工作，没有发生一起因测量失误引起的技术事故。特别是近两年他先后负责组织南昌西环线、昌九城际铁路、厦深铁路等多项大型项目的施工复测和全长14公里的武夷山隧道的控制测量，克服重重困难，圆满完成了建设单位交给的任务。他坚持走技术创新之路，致力于了解、掌握本专业的先进技术和经验，先后引进激光隧道断面仪、GPS以及RTK测量技术，大大提高了现场测量的效率和精度。尤其是在福州湾边特大桥测量中，他提出“应用全站仪对边测量技术实现跨河水准测量”的新方法，顺利完成跨乌龙江主航道水准测量；在厦门园博园66米倒Y型索塔施工中，提出“以测代放”和“以面代点”的新思路，精确高效地完成索塔放样工作，为工程赢得了宝贵的时间。他善于运用专业知识解决施工测量中的难题，先后参与完成多项科研课题并取得优异成绩。其中，“隧道施工量测监控技术研究与实践”成果获上海铁路局2003年科技进步三等奖；“线路平纵横工程施工计算机辅助系统”成果获上海铁路局2003年科技进步三等奖和中国铁建2005年科技进步三等奖；“跨河水准测量新方法的探索”成果被评为2005年国家优秀QC成果；“竖向预应力倒Y型索塔双侧不对称斜拉桥施工综合技术研究”成果获中国铁建2008年科学技术一等奖。他撰写的论文《应用全站仪对边测量技术实现跨河水准的探索》在《科技资讯》2006年第6期发表，并获集团公司优秀论文一等奖；2008年，他独立完成的《GPS技术在高速铁路长隧道控制测量中的应用研究》硕士论文得到多名教授专家的好评。他先后获得公司首届十佳“青年岗位能手”、集团公司和公司优秀共产党员、先进员工及中国铁建劳动模范、中央企业先进职工等荣誉。

（黄海红）

科技人物

【王争鸣·十佳全国优秀科技工作者提名奖获得者、全国优秀科技工作者】 中铁第一勘察设计院集团公司董事长、党委书记，教授级高级工程师，全国工程设计大师。1957年9月出生，安徽省全椒县人，中共党员。他从事勘察设计工作近30年，具有丰富的工程实践经验和扎实的理论功底，先后被评（聘）为铁路行业交通运输专业技术带头人、全国工程勘察设计大师、陕西省突出贡献专家、陕西省“三秦学者”，成为业内公认的专家。作为铁路交通运输专业技术带头人，先后主持或负责完成全国铁路编组站建设规划总体汇编，郑州、武汉、广州、西安等多项大型铁路枢纽总图设计布局，西安、兰州、乌鲁木齐铁路枢纽和亚洲最大的那曲物流中心的规划研究和设计工作；作为专家组组长，主持审定《珠三角城际交通规划》，负责完成西安城市快速轨道交通规划、《关中城市群城际铁路网规划》的编制和青藏、京九、萧甬、宜万、兰渝、临策、襄渝、西南等40余条长大铁路干线的勘察设计和重大技术决策；作为技术负责人，主持开展京沪高速铁路（徐沪段）、武广、哈大、郑西、京郑、西成、大西、兰新第二双线等国内多条铁路运输通道的勘察设计、重大技术方案的决策实施和科研创新工作；作为主要负责人，完成“新建铁路线路数字化设计平台的研究与应用”课题研究，在将多学科技术交叉与集成应用于线路工程设计方面实现突破，该成果获全国优秀设计软件金奖。他参加的设计项目和研究成果先后获得国家、省部级奖项十余项，为中国铁路事业的发展作出突出贡献。（李景平）

【王玉泽·十佳全国优秀科技工作者提名奖获得者、全国优秀科技工作者】 中铁第四勘察设计院集团公司总工程师，中国勘察设计大师，铁道部高速铁路相关项目专家组成员，享受国务院政府特殊津贴。1960年5月出生，江苏省丹阳市人。1982年7月毕业于西南交通大学，工程硕士学位，中共党员。他长期从事高速铁路和铁路客运专线的勘察设计、技术研发及规范研究等工作，主持或指导京沪高速铁路、合宁铁路等一批国家重点工程勘察设计。1993年，王玉泽担任京沪高速铁铁路徐沪段总体设计负责人。他带领团队开创性地完成大量高速铁路技术攻关及规范编制，组织实施国家“九五”科技攻关项目，主持完成的“测量精度与控制方法”、“京沪高速铁路设计暂行规定”等十多项重大科研课题，填补中国高速铁路技术领域多项空白；主持完成的“京沪高速铁路基础工程技术标准及工程技术方案的研究”、“日本新干线地面设施保养考察报告”等重大工程技术成果，广泛应用于高速铁路和铁路客运专线的研究设计。他参与或主持的项目先后获得两项国家优秀设计金奖、一项国家优秀设计银奖、多项省部级优秀设计奖和科技进步奖，他本人曾获得铁道部铁路专业技术带头人、湖北省五一劳动奖章、火车头奖章、全国工程勘察设计行业国庆60周年信息化突出贡献人物奖等荣誉。（涂黄黄）

模范人物

【张九林·全国劳动模范】 中铁十五局集团一公司岳常高速公路25标段项目部项目经理。1958年9月出生，江苏省扬中市人。1978年3月参加工作，大专学历，中共党员。他参加工作30余年来，一直奋战在施工生产的第一线，先后参加侯月、朔黄铁路，301国道宝鸡段，沪蓉、岳常高速公路等国家、地方重点工程建设，为国家经济建设和企业发展作出突出贡献。他在2005～2009年的沪蓉西高速公路建设中，带领项目部人员相继攻克复杂地质条件下大直径深挖孔桩基础和6个100米以上高墩、200米超大跨度T构连续梁等施工技术难题，安全、高质量地完成了堪称世界梁式桥梁第一高墩群的马水河特大桥施工任务。施工中总结的“高山峡谷条件下薄壁双肢高墩连续刚构桥综合施工技术”成果获中国铁建科技进步一等奖，开发的“柔性双肢薄壁空心墩LGQ模板施工工法”被评为河南省优秀工法，马水河特大桥QC小组获全国建设优秀质量管理小组二等奖。他本人先后被评为铁道部劳动模范、湖北省十佳项目经理，2009年被岳常高速公路开发有限公司评为优秀项目经理，2010年被授予全国劳动模范称号。

（郑凤华）

【黄昌富·全国劳动模范】 中铁十六局集团公司北京站至北京西站地下直径线工程项目经理，教授级高级工程师。1971年3月出生，河南省新县人。1993年7月参加工作，工学博士，中共党员。他先后参与北京、广州、深圳地铁等工程建设，历任技术员、工程师、总工程师、项目副经理。2005年以来，先后任北京地铁10号线6标段项目经理和北京站至北京西站地下直径线工程项目经理，参建工程获得中国建设工程鲁班奖、全国文明安全样板工地、全国AAA级安全文明标准化诚信工地等荣誉。在地铁工程施工中，他依靠科技创新，解决一系列地下施工技术难题，创造性提出“载荷分散法”新概念，铺盖法施工技术、单层通用管片衬砌结构的首次引进均填补国内空白，创造国内盾构施工月成洞540米新纪录。软硬混合地层盾构施工技术难题的成功解决、对进口盾构机国产化的技术革新、高精度自动陀螺经纬仪及快速定位系统的研究，为全面掌握盾构核心技术，推进盾构机及其施工技术国产化，实现机械化、自动化建设城市地下工程作出突出贡献。他坚持管理创新，建立智能信息化工程施工安全监控系统，坚持“合作共赢”施工理念，把零利润项目管理思想和P3项目辅助管理系统全面应用于项目管理之中，总结出一整套项目管理新模式，项目利润比同行业提高10个百分点，为企业创造了良好的经济效益。他积极践行以人为本、和谐共建的思想，尊重并大力推行维护农民工合法权益的同组织、同待遇、同培养、同考核、同评比、同奖励“六同”管理体系，主动将农民工吸纳到党团组织之中，培养了120多名盾构施工专业劳务技术人员，其中2人被北京市评为优秀外来进京务工青年，1人被团中央、劳动和社会保障部等八部委授予2005年全国优秀进城务工青年。他先后获得北京市十大杰出青年、北京市优秀共产党员、中国青年五四奖章标兵、全国五一劳动奖章、全国优秀项目经理、茅以升北京青年科技奖等荣誉，2010年被授予全国劳动模范称号。（刘承宝）

【李令选·全国劳动模范】

中铁二十局集团公司副总经理兼中铁二十局集团公司蒙古国叶罗河铁路工程项目部项目经理，高级工程师。1958年出生，湖南省礼泉县人。1976年2月参加工作，本科学历，中共党员。历任中国人民解放军铁道兵第十师战士、文书、排长、副连长，装备科助理员；铁道部第二十工程局机械设备处主任、科长；铁道部第二十工程局机械工程总公司总经理；中铁二十局集团六公司总经理；中国政府援尼日尔供水项目技术组组长；中铁二十局集团公司安哥拉铁路大修工程项目经理；中铁二十局集团公司蒙古国叶罗河铁路工程项目经理。李令选对工作精益求精，对自己严格要求。在项目经理岗位上，奉献出一座座优质工程，开辟了广阔的国内外市场空间，曾获得火车头奖章、陕西省职工跨世纪立功竞赛标兵、中国铁建杰出人物等荣誉。他先后参加青藏铁路一期，罕东、南昆、内昆、朔黄、湘耒、潭绍等国内多条铁路、公路工程建设和尼日尔、安哥拉、蒙古国海外工程施工。2003年9月，李令选担任中国政府援建尼日尔津得尔市供水项目技术组组长，在西非撒哈拉沙漠43摄氏度高温的恶劣气候下，带领职工仅用了两年时间就圆满完成了中国政府对尼援建投资最大的工程项目，取得工程一次验交成优、项目部两名职工获尼日尔总统骑士勋章的好成绩。2005年初，李令选担任中铁二十局集团公司安哥拉罗安达铁路修复工程项目经理，冒着沿线地雷多、传染病高发等危险，踏勘工地，编制施工方案，搭建临时设施，修筑施工便道，为后续大量人员设备上场及工程全面展开奠定了坚实的基础。2006年10月，李令选任集团公司蒙古国叶罗河铁矿专用铁路工程项目经理，大手笔抓施工，精细化严管理，工程进度、安全、质量、环境保护齐头并进，3个月完成产值7000多万元，受到蒙古国的高度赞扬。目前该项目进展顺利，工程质量全部优良，经济和社会效益显著。（孟繁荣）

【何金学·全国劳动模范】

中铁第一勘察设计院集团公司航测遥感处副总工程师，教授级高级工程师。1965年8月出生，陕西省合阳市人。1987年7月参加工作，工程硕士，中共党员。他主持或参加过青藏铁路和郑西、宝兰、西宝、西成、西运、哈沈、兰新第二双线等客运专线及西合、包西、西平、西康、兰渝、哈罗、尼日利亚铁路等20多条长大铁路项目，安靖、蓝商、西柞等多条公路项目的航测工作；主持和参与了航测、精密工程测量和遥感等方面的科研工作。他主持的“青藏线格尔木至拉萨1：2000航测数字化地形图”获2008年度全国优秀工程勘察铜奖、2009年度中国测绘学会优秀测绘工程金奖，“用DEM自动生成等高线，优质高效完成青藏线数字测图”获国家优秀QC成果奖，“108国道（禹门口至阎良段）1：2000航测数字化成图”、“兰新线武威南至疏勒河1/2000航测、复测工程数字化成图”获陕西省优秀工程勘察一等奖；他参与的青藏铁路工程获2008年度国家科技进步特等奖，被评为建国60周年十佳感动中国工程设计成果。他本人先后被评为集团公司优秀共产党员、先进生产者、青藏铁路建设尖兵、科技创新先进个人，2007年被评为陕西省先进工作者，2010年获全国劳动模范称号。（李景平）

【郭志勇·全国劳动模范】 中铁第四勘察设计院集团公司副总工程师，教授级高级工程师，享受国务院政府特殊津贴。1961年2月出生，江苏省兴化人，中共党员。1997年2月以来，他先后担任京沪高速铁路徐宁段和徐沪段总体设计负责人，组织实施了大量部控课题攻关及主要技术标准、工程设计方案国际咨询。主持的多个项目获国家级优秀设计和省部级科技进步奖，部分成果填补国内高速铁路研究领域空白。参与编制的《高速铁路线路站场实用设计参数的研究》《京沪高速铁路设计暂行规定》等多项规范性文件和科技攻关研究为后续项目建设奠定了坚实的技术基础，广泛应用于铁路客运专线的设计项目。主持完成的《京沪高速铁路磁悬浮技术方案可行性研究报告》《京沪高速铁路磁悬浮技术方案与轮轨技术方案综合分析对比报告》，为国家采用轮轨技术和磁悬浮技术方案决策提供了科学的依据。他主持勘察设计的陇海铁路郑州至徐州段电气化改造工程获2007年度铁道部优秀工程设计一等奖，郑西铁路客运专线获2010年度铁道部优秀总体设计一等奖；主持开发的"计算机辅助选线设计"系统获2006年度全国优秀工程勘察设计金奖。他曾获得湖北省劳动模范、全国五一劳动奖章等荣誉，2010年被评为全国劳动模范。（李　杰）

【庄尚标·全国先进会计工作者、全国五一劳动奖章获得者】 中国铁建股份有限公司副总裁、总会计师、总法律顾问。1962年10月出生，湖北省仙桃市人。1985年毕业于长沙交通学院工程财务会计专业，工学学士，高级会计师，中共党员。2005年8月调入中国铁道建筑总公司任总会计师。

20多年来，庄尚标在财务事业上以其良好的职业操守、勤勉的工作作风、过硬的工作能力和卓著的工作业绩，为企业作出了突出贡献。一是积极推动和组织股改上市，使中国铁建站在新的历史起点上实现跨越式发展。庄尚标任中国铁道建筑总公司总会计师不久，即敏锐地意识到，中国铁建要做大做强，要在激烈的市场竞争中取得优势，就必须尽快进行股改上市。为此，他在领导班子成员中做了许多宣传和推动工作。2007年2月，总公司成立股改上市工作领导小组，庄尚标任股改上市工作办公室副主任，组织领导和参与了中国铁建股改上市的所有重大工作。2008年3月10日、13日，中国铁建分别在上海证券交易所和香港联合证券交易所成功上市。原计划募集资金200多亿元人民币，实际募集资金折合人民币408亿元，创造了香港联交所首次公开募股冻结认股资金历史最高纪录，被海外媒体称为"冻资王"。融资规模位于2008年亚洲地区第一，全球第二；中国铁建首次公开募股分别获得《亚洲金融》2008年度最佳股权交易和最佳首次公开发行奖，亚洲货币杂志2008年度最佳首次公开发行奖，《亚洲财务总监》2008年度交易大奖。中国铁建净资产由发行前的52.7亿元增长到发行后的458.8亿元，增加了7.71倍；资产负债率由发行前的96.64%下降到发行后的77.68%。二是沉着应对国际金融危机，为企业平稳较快发展作出突出贡献。2008年，美国次贷危机的影响开始显现。庄尚标密切关注次贷危机的发展，思考着它可能对公司造成的影响。2008年7月初，他组织全系统二级单位总会计师培训，聘请专家讲解次贷危机问题；8月，他在对上半年经济运行情况进行分析时，提出防范次贷危机影响的意见，并组织有关部门研究制定具体的防范措施，要求所属单位密切关注子公司资金状况，严格执行股份公司信贷规模管理办法及核定的信贷规模，加强担保管理，未经股份公司批准严禁对集团公司外提供担保；同时强化外汇资金和汇兑管理，强化资金安全管理。这些措施，对中国铁建应对国际金融危机，保证企业平稳较快发展起到十分重要的作用。三是积极推动管理创新，强力推行责任成本管理。成本和收入决定着企业的经济效益。庄尚标2005年调到中国铁建工作后，很快掌握责任成本管理的有关情况，决定完善和提升责任成本管理工作，将责任成本管理作为推进企业管理创新、提升企业管理水平、提高经济效益的主要措施。在他的全力推动下，责任成本管理理念已在中国铁建系统深入人心，责任成本管理组织体系和制度体系已在全系统基本建立，责任成本管理基础工作进一步加强，责任成本管理水平明显提高，对提高企业经济效益的效果也越来越明显。四是狠抓全面预算管理、资金集中管理和财会信息化建设，财务管控水平显著提高。中国铁建过去的预算比较简单，内容仅包括财务指标。在庄尚标的推动下，股份公司成立全面预算管理领导小组，在财务部增设全面预算管理处，在所属企业设立全面预算管理领导小组和对应的职能机构，并制定《中国铁建股份有限公司全面预算管理暂行办法》，在全系统建立起全面预算管理的组织体系、制度体系和预算报表体系；开发全面预算管理网络版软件，实现网上填报、网上归集汇总、分部门同步审核，提高了预算编制水平；加大预算执行情况的分析和控制力度，建立每月预算执行情况的通报制度。中国铁建是工程建筑企业，具有点多、面广、高度分散的特点，核算单位多，银行账户多，货币资金余额大。庄尚标分析认为，中国铁建虽然货币资金余额大，但银行贷款也很高，如果能利用好分散的资金偿还部分银行贷款，既可节省大量的财务费用，又可保障资金的安全。造成资金分散的原因既有工程承包企业自身特点以及业主监管等客观原因，也有管理不到位的主观因素，资金相对集中的潜力是存在的，必须下大力抓好资金集中管理。在庄尚标的领导下，中国铁建逐步建立健全资金集中管理制度，规范化管理全系统银行账户，加大各级资金结算中心管理力度，积极开展银行账户清理和授权工作，并分别与中国工商银行、中国农业银行和中国建设银行签订集团账户管理的“资金池”业务框架协议，充分利用大银行营业网点多的优势及其安全、高效的网络系统，实现实时的资金集中。中国铁建资金集中管理已初见成效，大大降低了财务费用，并有几家集团公司还清全部银行贷款。财会信息化建设是提高财会工作水平的重要基础性工作，在庄尚标的大力推动下，中国铁建的网络报表系统、财务集中管理系统和资金集中管理系统的建设不断完善，极大地提高了财务管理工作的效率及能力。五是高质量地完成财务信息披露及与投资者沟通工作，处理好与监管机构及公司利益相关者的关系。中国铁建在上海、香港两地上市后，必须适应境内外监管机构的监管要求，按规定做好信息披露工作，处理好与投资者、债权人等各方面的关系。作为副总裁、总会计师、总法律顾问，庄尚标经常告诫大家，必须要有如履薄冰、如临深渊的谨慎，才能避免出现疏漏。上市以来的情况表明，中国铁建在这些方面做得是出色的。

（穆恒昌）

【王锦友·全国先进会计工作者、全国五一劳动奖章获得者】 中铁十二局集团公司总会计师，高级会计师。1957年11月出生，江苏省淮阴市人。1976年3月参加工作，研究生学历，中共党员。历任财务助理员，财务科长，工程处总会计师，工程局财务处副处长、副总会计师、总会计师等职。从事财务工作30余年，多次获铁道部、中国铁建财会工作先进个人称号，2008年获得山西省五一劳动奖章和第二届十佳总会计师荣誉。在国家及省部级期刊发表学术论文20余篇，兼任两所大学财经类客座教授，多次参加财政部、铁道部和中国铁建财务管理和会计制度的起草和修订工作。他一直是企业经济政策和管理改革的主要推动者，是企业财务管理的领头人，由他构建的施工企业成本机制，先后3次获得全国企业管理现代化创新成果一、二等奖，被国务院国资委誉为施工企业的“邯钢经验”在全国推广，《中铁十二局集团国有资产保全监管办法》得到国资委和中纪委的肯定和推广。他创造性地建立起财务信息快速反应、财务管理内部评价、会计核算集中管理、以内部审计为核心的财务监督、内部管理报表控制五大系统。他倡导建立资金集中和集权管理模式，加强资金集约管理，设立集团公司资金调度中心，充分利用结算过程中的闲散、沉淀资金，提高资金效益，降低资金成本。他注重培养过硬的财会队伍，亲自授课直接培训财务人员3000多人次，为集团公培养锻造出一支作风严谨、素质优良、业务过硬的财务队伍，在行业及全国财务、会计各种竞赛中，有20多人次获奖。他主管企业财务工作以来，企业净收益、利税、国有资产保值增值、员工收入等各项指标，均创全国同行业最好水平，企业连续11年无银行贷款。2007年，集团公司承建的15个总投资500多亿元的在建工程、200多个财务单位经国家审计署严格审计，无一例违规违纪现象，得到国家审计署的高度评价。

（刘　高）

【高治双·全国五一劳动奖章获得者】 中铁十二局集团公司总工程师、集团公司京沪高速铁路土建4标段项目经理部常务副经理，教授级高级工程师。1965年4月出生，山西省原平市人。1987年毕业于石家庄铁道学院，中共党员。2006年任中铁十二局集团公司总工程师。他先后获得中国铁建詹天佑铁道科学技术青年奖、詹天佑铁道科学技术专项人才奖、劳动竞赛最佳组织奖，全国工程建设优秀项目经理，京沪高速铁路股份有限公司建功立业先进个人、十大技术创新人物和火车头奖章等荣誉。参加工作以来，他多次担任技术要求高、施工难度大的工程项目经理或技术主管，所完成的项目从未发生安全事故，质量合格率100％。2008年1月，他出任集团公司京沪高速铁路土建4标段项目经理部常务副经理，以建设世界一流高速铁路为目标，开工以来工程安全质量有序可控。进场后，他克服雨雪冰冻等恶劣环境，组织十五工区员工积极创造条件，提前完成凤阳CFG桩基路基试验段全部任务。试验段的成果应用于京沪高速铁路全线后，为全线节约投资上亿元。他不断优化施工方案、创新工艺工法，进行双柱式端刺、CRTSII型无砟轨道等试验，对京沪高速铁路全线施工具有指导性意义。他积极贯彻“自主创新，建设具有自主知识产权高速铁路”的建设理念，在学习、借鉴和消化吸收国内外既有技术的基础上再创新，板场建设采用“一场四线(4×24)”纵向布局，达到一个循环生产96块板、月生产2800块板的能力，轨道板生产数量多次在京沪高速铁路建设指挥部组织的板场劳动竞赛中夺得第一。2010年4月30日，由八工区施工的无砟轨道先导试验段顺利通过铁道部工程管理中心的评估验收，使得项目经理部成为全线第一家通过无砟轨道施工验收的单位。两年多来，淮河特大桥主桥、京杭大运河86米~8米连续框构桥等13项工程被评为京沪高速铁路建设样板工程，并取得科技成果12项，其中“京沪高速铁路CFG桩复合地基综合技术”等3项成果获京沪高速铁路股份有限公司2009年科技创新成果特等奖。在他的科学指挥下，项目经理部先后4次获得京沪高速铁路股份有限公司信用评价第一名，连续两年获得京沪高速铁路建设建功立业劳动竞赛优胜杯，并于2009年5月获得火车头奖杯。

（刘　高）

【夏吉军·全国五一劳动奖章获得者】 中铁十四局集团公司京沪高速铁路项目部常务副经理兼总工程师。1962年11月出生，山东省荣成市人。1984年毕业于石家庄铁道学院铁道工程系，高级工程师，中共党员。先后参加沪昆铁路浙赣段、渝怀铁路、武广高速铁路等工程施工。在近30年的工程建设中，他进行了大量的技术创新，创造出多项样板工程，是中铁十四局集团公司项目组织管理的标杆。在2009年集团公司首届“十佳道德模范”评选中，他被评为“爱岗敬业”模范，并被集团公司党委授予“爱岗敬业标兵”称号。他的爱岗敬业事迹在《工人日报》《新华网》等多家媒体进行了报道。自2008年4月京沪高速铁路开工建设以来，他深入现场抓施工进度，项目部在100天里，创造箱梁从建场到投产的最短时间纪录，生产架设了京沪高速铁路全线第一孔箱梁。他以科技为先导，组织科技人员先后攻克高性能混凝土控制、高速深水大跨桥梁建造、深厚松软土地基沉降控制、无砟轨道制造和铺设等技术难题，并不断创新施工工艺。

（刘　宁）

【习仲伟·全国五一劳动奖章获得者】 中铁十五局集团公司副总经理兼京沪高速铁路工程指挥部指挥长、党委书记。1964年6月出生，河南省邓州市人。1985年毕业于石家庄铁道学院建筑系，教授级高级工程师，中共党员。他在集团公司京沪高速铁路管段建设管理中，制定“重、难点先行，精心组织、科学管理，均衡、有序推进”的施工总体安排，始终围绕确保完成工期节点目标和投资计划这一主线，配足各种生产要素，全面提升施工生产能力。在他的带领下，集团公司项目部先后在桥面系、特殊结构桥梁、无砟轨道试验段、轨道板生产等方面创下7个全线第一，连续两年超额完成投资计划，各项节点工期目标全部按期或提前实现，并在施工中先后打造出磨盘张制梁场、固镇轨道板场、无砟轨道试验段等一批全线和标段内的标准化示范点。面对在世界一流高速铁路建设中产生的一批领先世界的施工技术，习仲伟敏锐把握，努力攻关，消化吸收再创新。他带领工程技术人员研发的“一厂二线84块板”CRTSII型轨道板预制生产线，解决了张拉台座设计、预应力摩阻测试、预应力定长切割、设备配置、作业流程等技术难题，拓宽了CRTSII型轨道板施工理论，在优化沙石级配、优化混凝土拌和及养护工艺、添加高效外加剂、调整各组分比例等方面实现自主创新。在轨道板生产中应用普通掺合料取得成功，取得显著的社会和经济效益。项目部研发的预应力定长切割机、绝缘钢筋热塑机等9项创新成果，方便施工操作，提高工作效率，均已申报国家级专利。

（郑凤华）

【刘瑞军·全国五一劳动奖章获得者】 中铁十六局集团公司京沪高速铁路项目部五分部工班长，高级工程师。1972年10月出生，河北省唐山市人。1994年7月参加工作，中共党员。先后参加神延铁路、金筠铁路、西攀高速公路、海满铁路等工程项目施工，历任副队长及项目部工程部长、项目副经理、项目经理等职务。2008年1月京沪高速铁路上场后，他担任集团公司项目部五分部工班长，先后参加5号混凝土拌合站、3座特大桥（跨薛枣公路、跨薛郯公路、跨薛常公路特大桥）和枣庄西站线下工程施工。在5号混凝土拌合站的建设中，用“争第一”理念组织施工，以人员进场快、临建安家快、设备就位快、展开施工快“四快”先声夺人，仅用38天，建成一座投资1100多万元、占地1.8万平方米的工厂化管理的高标准拌合站，成为京沪高速铁路全线建成投产最快的一级拌合站。在3座跨公路特大桥施工中，他严格执行“四个标准化”和“试验先行、首件认可、样板引路”的工程管理制度，3座大桥建设工期短，工程质量好。在枣庄西站线下工程施工中，他分专业、分工序，指定专门技术责任人进行现场协调监控，确保各道工序之间衔接连贯，现场井井有条，工程进度很快。项目部自上场以来先后迎来业主观摩会13次，获得业主奖励绿色通知单19张。他先后被集团公司评为优秀工班长、劳动模范、优秀共产党员，在中国铁建组织的“六比六创”劳动竞赛中被评为劳动竞赛优秀组织者，获得京沪高速铁路股份公司建功立业先进个人、火车头奖章等荣誉。

（刘承宝）

【梁毅·全国五一劳动奖章获得者】 中铁十七局集团公司京沪高速铁路1标段项目部常务副经理。1962年2月出生，山西省左云县人。1984年7月毕业于石家庄铁道学院，大学本科学历，教授级高级工程师，中共党员。历任集团公司经营部部长、副总经济师、副总经理兼京津城际轨道交通工程项目指挥长、常务副总经理兼京沪高速铁路1标段项目经理部常务副经理等职。先后参加大秦、侯月、朔黄、京九、南昆、京津城际等多条铁路建设。梁毅负责的京沪高速铁路1标段全长223.94公里，穿越北京、天津等城市，参建员工2万余人。在2008年北京奥运会期间项目待工滞后其他标段近半年的情况下，果断决策，采取增加施工力量、增开工作面、增添机械设备和周转材料等措施，奋起直追，完成年度计划的108%，成为全线施工进度最快的单位。2009年，他深入现场组织竞赛，优化方案，在承台、墩身、制梁、架梁等施工中均创全线最好成绩，年内完成产值95.85亿元。他以人为本，培养人才，打造学习型项目。项目开工以来，项目部与各工区在工地举办桥梁、路基、无砟轨道等技术培训班280多期，培训施工人员1.8万人次。针对桥梁、涵洞等结构物采用高性能混凝土施工的技术难题，特邀铁道科学研究院的专家和学者到项目讲课，并在作业现场指导传授技术，帮助作业人员熟练掌握高性能混凝土的物理性能和施工工艺。通过对无砟轨道技术的引进、消化、吸收和再创新，他带领项目技术骨干编制《无砟轨道施工培训教材》，组织多层次、全方位培训学习，快速提高员工的作业技能。项目部先后为集团公司郑西、石武、杭甬、杭宁、兰新等铁路客运专线项目输送施工技术骨干和各类管理人才680名。注重科技研发，他带领项目团队制定管理制度34项、工序标准257项，攻关小组解决施工技术难题近百个。其中，尾砂灰砟CFG桩柱体试验研究、桩基试验被京沪高速铁路总指挥部评为创新成果一等奖；研发的“CRTSII型板式无砟轨道施工布板软件”填补国内技术空白；“无砟轨道铺设施工综合技术”获国家科技进步奖。项目部还成功研发国内铁路第一台900吨级架桥机、第一套32米双线单箱单室简支箱梁高精度模板、第一条无砟轨道板生产线、第一辆沥青水泥砂浆搅拌车、第一套无砟轨道板精调测量系统、第一台悬臂轮胎式龙门吊及10多种高速铁路专用施工机械设备。先后取得无砟轨道板精调计算机软件、CA砂浆等18项高速铁路施工国家技术专利。加强安全质量管理，组织技术骨干编写项目《质量自控体系文件》，详尽每道工序质量控制要求、现场技术管理人员和作业人员质量责任、有关质量问题的责任追究办法和处罚标准等，被称为“中国高速铁路施工质量自控第一本‘蓝皮书’”，在全国铁路施工中推广学习应用。项目承建的陈咀桥梁段被评为全线桥梁样板段，廊坊路基段被评为全线路基样板段，广阳桥梁厂被评为全线第一梁厂，跨新开高速公路转体桥被誉为全线第一跨；北京特大桥、天津特大桥等7桥墩和路基工程被评为京沪高速铁路总指挥部优质样板工程。他本人获得京沪高速铁路百日大干劳动竞赛优秀项目经理、火车头奖章等荣誉。

（孟庆财）

【孙吉东·全国五一劳动奖章获得者】 中铁十九局集团公司京沪高速铁路项目部总工程师。1984年7月毕业于石家庄铁道学院机械系，大学本科学历，中共党员。历任科长、处长助理、工程公司副总经理，集团公司副总工程师兼京沪高速铁路项目部项目经理。先后获得火车头奖章、全国公路建设优秀项目经理、全国铁路建设优秀项目经理、京沪高速铁路建功立业劳动竞赛先进个人等荣誉。在京沪高速铁路建设中，他组织项目部以最快速度安家设营、建拌合站、硬化梁场,项目部成为1标段第一个建立实验室、第一根桩浇注、第一层梁浇注、第一榀梁架设、第一个连续梁浇注、第一家通过国家高速铁路箱梁生产许可证认证审核的单位。《人民日报》、中央电视台、《中国青年报》、凤凰卫视台、新华网等多家新闻媒体作了多方面的报道。项目部先后获得火车头奖杯、中国铁建建功立业劳动竞赛先进单位、京沪高速铁路百日大战劳动竞赛先进集体和建功立业劳动竞赛先进集体等荣誉,项目部党工委被集团公司党委评为“四好领导班子”。

(张 莹)

【王长法·全国五一劳动奖章获得者】 中铁第四勘察设计院集团公司京沪高速铁路建设指挥部常务副指挥长,教授级高级工程师,中共党员。1965年12月出生,河南省遂平县人,西南交通大学管理硕士。2009年是京沪高速铁路建设攻坚年,他大力推行施工现场技术交底和设计回访制度,全方位为施工单位提供技术支持。2009年上半年先后3次组织对徐沪段路基工程主要风险源、路基边坡防护和排水系统全面排查,清理出路堑石方爆破工点等6大类94处风险源,梳理路基边坡防护和排水系统存在的问题230余个,以工作联系单的方式提出处理措施,分发各参建单位,指导科学施工。王长法患有腰椎间盘突出,每月20多天颠簸在徐沪段642公里施工便道上,他白天坚持工作,夜晚自己学做理疗。2008年寒冬,王长法陪上级领导到土建4标段淮河特大桥工地检查,腰部疼痛难忍仍咬牙坚守,回到驻地已是21时,第二天7时同事们去打探病情,他已赶在上班前在医院打吊针。王长法和指挥部人员一起,为京沪高速铁路建设提供了优质、安全、高效的现场技术服务。2008、2009年连续被铁道部评为京沪高速铁路建设优秀工作者,2010年获得火车头奖章和全国五一劳动奖章。 (李 杰)

【杨兴国·全国五一劳动奖章获得者】 中铁二十二局集团深圳分公司总经理兼党工委副书记,中共党员。1959年5月出生,湖北省长阳县人,土家族。1975年10月参加工作,本科学历,经济师。杨兴国带领分公司全体员工从建章建制入手,加强领导班子和队伍建设,充分发挥自身优势,在竞争激烈的建筑市场站稳脚跟。截至2010年底,深圳分公司在建项目5个,分布于三省一市。他在各个施工现场奔波,狠抓项目的安全质量、工期,提高经济效益。深圳分公司先后承揽并完成四川灾区重建工程、中石油管道输送工程以及三峡地质灾害治理等具有重要政治意义和社会意义的施工任务。汶川震后援建工作是党和国家高度重视的一件大事,深圳分公司承担湖北省援建地震灾区汉源县环湖公路2标段施工任务。在重建工地,他发挥党员的先锋模范作用,身先士卒,形成强大的凝聚力,提前圆满完成援建任务。杨兴国被湖北省授予劳动模范称号,被四川省评为援建先进个人。

(万红梅)

【王云恺·全国五一劳动奖章获得者】 中铁二十四局集团上海铁建工程有限公司物资管理部副部长、都江堰灾后重建指挥部副指挥长,经济员。1956年7月出生,江苏省盐城市人。1973年参加工作,高中学历。在汶川特大地震发生后10天,他就奔赴抗震救灾第一线,参加重灾区绵阳地区临时板房的搭建工作。任务完成后,他转战上海对口支援都江堰的灾后恢复重建工作,任集团公司都江堰灾后重建指挥部副指挥长,主管材料和安全工作。为确保学校的工程质量,他严把材料采购的质量关,把住房屋建筑的第一道关口。在安全工作上,他深入施工现场,经常组织安全检查,发现问题及时提出整改,确保承建的4所学校安全优质建成。在完成学校项目后,他主动要求留下参加蒲虹公路工程建设。这条号称“生命线”的公路是上海援建项目中最艰难的工程,施工区域位于山岭重丘区,山高坡陡,局部地区无水无电。当地常年多雨,严重阻碍蒲虹公路工程施工。面对蒲虹公路建设进度的滞后,他心急如焚,把办公室搬到施工现场,由于工作劳累,旧伤复发,晕倒在工地上,所幸及时救治才脱离危险。但一出院,他又急奔工地投入工作。由于王云恺在援建工作中的出色表现,他被评为四川省灾后恢复重建先进个人。

(周顺芬)

【王胜祖·全国优秀施工企业家】 中铁十一局集团二公司执行董事兼总经理，高级工程师。1966年4月出生，湖北省天门市人。1991年7月毕业于石家庄铁道学院桥梁工程系，大学本科学历，中共党员。历任中铁十一局二处技术科工程师、副科长、副总工程师、项目经理，中铁十一局集团二公司副总经理、董事长兼总经理。自2008年1月担任公司董事长兼总经理以来，他始终秉承“以人为本，构建和谐企业”的发展理念，自觉履行岗位职责，维护班子团结，紧紧依靠班子成员的集体力量促发展；着力解决项目中的资源合理配置以及施工过程中的各种困难和问题，以抓好在建工程和项目成本管理为重点，狠抓制度的完善与落实工作，先后出台和完善各类管理办法与规定20多个，使企业基础管理能力显著增强。近三年来，在他的带领下，公司安全质量形势平稳，项目管理更加规范，经济管理能力不断增强，创利水平显著提高，企业全面建设情况和核心竞争力均上升到一个全新的高度。2008年完成产值27.42亿元，实现利润1342万元，产值收益率7.02%；2009年完成产值45.2亿元，实现利润5622万元，产值收益率9.05%；2010年完成产值57.49亿元，完成产值再创历史新高，实现利润5940万元，产值收益率8.56%，并将集团公司借款全部偿清，贷款清零，极大地改善了公司的负债结构。公司先后获得全国优秀施工企业、全国“安康杯”竞赛优胜企业、全国质量安全信誉AAA级优秀施工企业、湖北省五一劳动奖状、湖北省重合同守信用企业、湖北省劳动竞赛先进单位、湖北省最佳文明单位、股份公司先进工程公司、股份公司20强等荣誉。他本人先后被评为全国公路工程优秀项目经理、湖北省优秀建筑业企业经理、全国优秀施工企业家。（郭 琳）

【韩阁·中国工程建设优秀(高级)职业经理人】 中铁十一局集团公司六公司执行董事、总经理，教授级高级工程师。1966年4月出生，河南省方城县人。1989年7月毕业于西南交通大学起重运输专业，大学本科学历，中共党员。历任技术员、助理工程师，中铁十一局工程机械厂技术科工程师、安装公司经理、副厂长，中铁十一局基建安装工程处副处长，中铁十一局集团基建安装工程分公司副总经理、总经理，中铁十一局集团六公司董事长兼总经理、中铁十一局集团六公司执行董事兼总经理。自2002年12月担任中铁十一局集团基建安装工程分公司总经理以来，他坚持科学决策，理性经营，企业经营规模得到长足发展。在他的带领下，公司安全质量形势平稳，项目管理更加规范，经济管理能力不断增强，创利水平显著提高，企业全面建设情况和核心竞争力均上升到一个全新高度。2008年承揽工程任务1.5亿元，完成企业总产值2.6亿元；2009年，公司承揽工程任务3.6亿元，完成企业总产值6.9亿元，实现利润0.16亿元；2010年，公司承揽工程任务8.1亿元，完成企业总产值8.1亿元，实现利润0.3亿元。企业先后被湖北省评为文明单位、高新技术企业，获第十届全国建筑施工企业、建筑机械租赁企业设备管理优秀单位、湖北省第八届职业道德建设先进单位称号。公司参建的宁启铁路扬州火车站工程获中国建设工程鲁班奖，参建的重庆轻轨较新线工程获全国十大建设科技成就奖，参建的重庆轻轨2号线一期工程被评为中国市政金杯示范工程，重庆轻轨较新线一期PC轨道梁架设工程获国家优质工程银质奖、火车头优质工程一等奖，承建的新建武广铁路客运专线赤壁特大桥工程获湖北省建筑优质工程楚天杯奖。公司沙特麦加轻轨铁路项目部获股份公司“工人先锋号”称号，公司党委被湖北省国资委评为先进基层党组织，公司工会获全国“安康杯”竞赛优胜企业称号。他本人先后获得铁道部青年科技拔尖人才、南昆铁路建设先进个人、火车头奖章、湖北省优秀建筑企业经理等荣誉。

（刘 丽　郭 琳）

【严韧·中国工程建设优秀(高级)职业经理人】 中铁十一局集团桥梁公司执行董事兼总经理，高级工程师。1972年7月出生，湖南省华容县人。大学本科学历，中共党员。2004年2月~2005年8月任中铁株洲桥梁公司总经理助理兼工程师，2005年8月~2007年8月任中铁建鹰潭战备材料总厂有限公司董事长、总经理，2007年9月~2010年2月任中铁十一局集团桥梁公司董事长、总经理，2010年3月任中铁十一局集团桥梁公司执行董事兼总经理。上任以来，他结合公司实际，科学决策，努力打造符合企业实际的管理体制、运作机制、经营模式，积极推行人事、分配、机构编制三项制度改革，制定公司中期发展思路。为了公司的生存和发展，他克服各方面的压力和困难，在一无人才，二无技术，三无资金的情况下，接受集团公司交给的合武高速铁路2.1亿元的制梁任务，建立公司第一个梁场——合武梁场，实现公司由工厂化向工程化的转型。公司的产值效益逐年上升，产值从2006年的0.3亿元增加到2009年的17.3亿元，为国家创税5400余万元；资产从2005年的1000多万元增加到2009年的8.63亿元。公司拥有华北、华东、华中、西南四大区域17个梁、板场。企业先后获得湖北省"安康杯"竞赛活动优胜企业、江西省文明单位、江西省高新技术企业、江西省优秀企业、江西省劳动保障诚信等级AAA级单位等荣誉。他本人先后获得江西省优秀厂长经理、江西省优秀创业企业家、鹰潭市五一劳动奖章、鹰潭市十大杰出青年企业家、中国铁建"身边的青年榜样"、江西省优秀企业家、湖北省国资委勤廉先进个人、中国铁建劳动模范等荣誉。

（郭　琳）

【张凤华·中国工程建设优秀(高级)职业经理人】 中铁十二局集团三公司董事长、总经理。1963年9月出生，山东省宁阳县人。1984年7月毕业于长沙铁道兵学院，高级工程师，中共党员。历任技术员、项目经理、副总经理等职务。2006年任公司主管领导以来，他不断强化目标管理，带领公司一班人在大力提升企业管理品质和发展质量上出实招、求实效，引领企业不断开创发展新局面。在他的领导下，企业先后获得山西省职工职业道德建设先进单位、安全明星企业、五一劳动奖状和中央企业先进集体、全国重合同守信用单位、全国优秀施工企业等荣誉。企业生产经营能力持续跨越，连续两年被评为中国铁建工程公司20强，三年承揽任务276亿元，完成施工产值209亿元；2006年到2010年，企业的综合收益率明显提高，累计实现企业积累8.59亿元，累计上报利润2.8亿元。他以提升专项施工能力为重点，引领企业不断向纵深层次发展，公司的长大隧道施工，既有线施工，铺架施工，百米高墩、深水基础、连续梁、自锚式钢桁梁柔性悬索桥施工以及转体梁施工等施工技术不断成熟。他以科技创新和标准化管理为支撑点，锐意改革，不断提高企业的市场竞争力，成立科学技术中心办公室，并建立了与西南交通大学、石家庄铁道学院等院校的合作联合，拓宽产学研渠道，公司的技术创新力度不断加大。近年来，有1项科技成果综合水平达到国际领先水平，4项科技成果综合水平达到国际先进水平；获部级科学技术奖1项，中国铁建科学技术奖2项；获国家级工法1项，省部级工法17项；获得发明专利授权2项，实用新型专利授权8项。他以标准化管理为依托，创国家优质工程5项、中国建设工程鲁班奖1项、火车头优质工程奖2项、中国交通优质工程奖1项，企业的社会美誉度和市场竞争能力不断提升。他先后获得中国铁建优秀劳动竞赛组织者、集团公司十大创效功臣、山西省个人一等功、火车头奖章等荣誉。

（刘　高）

【罗海滨·中国工程建设优秀(高级)职业经理人】 中铁十二局集团建筑安装公司董事长、党委书记。1961年9月出生，湖南省临湘市人。1978年12月参加工作，大学本科学历，高级工程师，国家一级注册建造师，中共党员。他担任公司主管领导以来，加强战略管理，创新管理理念，完善管理机制，带领全体员工奋发图强，企业综合实力全面提升。他制定产品、规模、市场三个升级发展战略，大力推行房建施工总承包、多元经营、提升管理能力、专业化施工、走出去、科技兴企、人才兴企、文化兴企、合作共赢、诚信兴企十大举措，引领企业科学发展，在房建领域实现"专而精、专而优、专而强"的发展目标。三年来，企业实现跨越式大发展，承揽任务169亿元，完成施工产值111亿元，实现利润2.4亿元，项目综合收益率稳固在8.5%以上，在岗职工收入年均增长保持在15%以上，连续3年入选中国铁建工程公司20强。企业成功进入安哥拉市场，经营范围从单一的房建施工扩展到市政、铁路、机电、房地产等领域，具备了强劲的市场竞争力。在施工规模持续放大的情况下，实现连续安全生产8560天。企业先后获全国优秀施工企业、全国用户满意施工企业、全国建筑业新技术应用先进集体、全国"安康杯"竞赛优胜企业称号，连续多年被评为山西省优秀建筑企业、AAA级信用等级企业和守合同重信用企业，2008年被国资委授予中央企业思想政治工作先进单位称号，获2009年度山西省工程建设质量管理优秀企业。公司先后获得火车头优质工程奖2项，太行杯土木工程大奖2项，山西省建筑工程汾水杯质量奖3项，省部级优质工程10项，省级优秀QC小组2项，创省、市级安全文明工地9个。他本人先后获得山西省企业文化建设先进工作者、中国铁建劳动模范、全国优秀施工企业家、山西省首届十大诚信楷模、山西省优秀企业经理人、山西省劳动模范等荣誉。

（刘　高）

【徐昌旭·中国工程建设优秀（高级）职业经理人】 中铁十六局集团北京工程公司四分公司经理。1969年1月出生，1991年7月参加工作，大学本科学历，高级工程师，国家一级注册建造师，中共党员。历任工长、总工程师、调度长、设计主管等职务。2005年以来，先后担任首都机场综合、首都机场大通关市政、首都机场飞行区消防站、银川建发现代城、银川建发宝湖湾房建等工程项目经理。他工作思路清晰，方法灵活，爱岗敬业，带领四分公司屡创佳绩，为企业创造了良好的经济效益和社会效益。在银川建发现代城工程施工中，他提出“开源节流，精细管理”特色管理模式，采取量化管理细节、降低费用成本、优化方案、变更设计等措施，两年节省管理费用68.65万元，节约成本334万元，增收631万元；在项目管理中，努力培育亮点、打造品牌；进度上，合理倒排工期，确保工期提前率；安全上，分阶段进行危险源辨识，重点布控，坚守底线；质量上，划分环节，定职定责，注重细节，塑造完美品质。工程完成后，业主以议价的方式将另一造价3.8亿元的精品住宅小区工程直接交给项目部施工。项目部先后被评为全国优秀项目经理部、中国AAA级安全文明标准化诚信工地、宁夏回族自治区建筑施工安全质量标准化工地、银川市安全生产文明施工标准化工地。本人先后获集团公司劳动模范、优秀共产党员标兵、优秀青年突击队队长等称号。

（任　燕）

【李洪奇·中国工程建设优秀（高级）职业经理人】 中铁二十三局集团公司董事长、总经理。1952年3月出生，中共党员，西南交通大学研究生，管理硕士学位，高级工程师，国家一级注册建造师。2010年担任集团公司董事长、总经理后，带领全体员工以科学发展为统领，坚持以生产经营为中心，制定了坚定不移地走质量效益型企业发展道路的企业战略，提出“追求卓越，打造品牌，强局富工”的奋斗目标，强基固本，提高素质，强化管理，保持企业持续稳健发展。2010年，集团公司新签合同额208亿元，是2005年的2.72倍，实现每年以33%的速度增长；完成产值190.28亿元，是集团公司建立前4年的总和。2010年获中国建设工程鲁班奖2项、国家优质工程奖2项、省部级优质工程奖10项、省部级用户满意工程1项、中国铁建优质工程6项。截至2010年底，集团公司总资产117亿元，固定资产净值13.79亿元，实现利润2.2亿元，分别是5年前的2.4倍、2.8倍和7.7倍。他本人先后获得全国优秀项目经理、陕西省劳动模范、天津市八五立功奖章、中国有特殊贡献的高级职业经理人等荣誉。

（沈北林）

【王北京·中国工程建设优秀（高级）职业经理人】 中铁二十四局集团公司董事长、党委书记。1954年5月出生，陕西省眉县人，硕士研究生，教授级高级工程师。自2004年3月上任后，他审时度势地提出“以人为本、以和为贵、以食为天”的理念和“按照稳定期、调整期、发展期三个阶段稳步推进企业改革发展稳定”的构想，从方向性、全局性、战略性的高度谋划企业和谐发展。在企业改革发展过程中，他有针对性地提出“做实做专做优做强工程公司”等工作理念，推进企业整体发展。7年来，企业的组织构架、经营规模、综合实力等均发生重大而深刻的变化，初步实现“打造成为中国铁建在华东地区知名品牌”的目标，企业呈现又好又快的良性发展势头。集团公司主业层级由三级变为两级，在安徽、江苏、浙江、福建、江西省会和上海设立工程公司。企业经营规模逐年攀升，2010年新签合同额276.4亿元，是重组之初的9倍多；完成施工产值226.2亿元，是重组之初的7倍多；职工年人均收入43998元，比重组之初增长131.44%。他本人先后获得2008年抗雨雪冰冻灾害先进个人、中央企业劳动模范等荣誉。

（陈　勇）

【吴鹤敏·中国工程建设优秀（高级）职业经理人】 中铁二十四局集团上海铁建工程公司董事长、党委书记。1963年6月出生，江苏省无锡市人。1983年8月参加工作，大学本科学历，高级工程师，中共党员。在公司承建的京沪高速铁路上海虹桥站及华翔路、沪青平公路、漕宝路、跨A8高速公路道路改造等上海世界博览会配套工程中，他深入施工一线，加强组织协调，优化资源配置，确保工程按时完成，为上海世界博览会道路交通保障作出贡献。自2008年3月担任公司董事长、党委书记以来，他通过加强领导班子建设，优化组织结构，严格财务管理，抓好安全质量，推行责任成本管理，加大人才队伍建设力度，提升工程装备水平，夯实企业基础管理，使公司建设得到全面加强。公司先后进入江苏、浙江、四川等地的建筑市场，形成以上海铁路局为核心市场，全方位向路外延伸的市场开发格局。巩固传统优势项目，涉足地铁等新的工程领域，参与建设上海长江隧桥、沪杭铁路客运专线等一大批路内外工程，公司生产经营能力逐年攀升。2010年，承揽工程任务124192万元，完成企业总产值210907万元，实现利润2477万元。他本人先后获得抗震救灾先进个人、上海市重大工程立功竞赛记功个人和组织者、全国建筑业企业优秀项目经理人等荣誉。

（周顺芬）

【郑斌 · 中国工程建设优秀（高级）职业经理人】 中铁建电气化局集团公司总经理，教授级高级工程师，中共党员。1958年12月出生，河北省平山县人。他任总经理5年来，坚持以创新经营观念为先导，以做强做优企业为目标，带领集团公司干部职工艰苦创业、拼搏奉献，使企业经营规模不断扩大，产业链条不断完善，产值利润逐年翻番，内控制度可行有效，综合经济实力明显增强，生产管控能力大幅提升，迅速成长为中国铁路“四电”系统集成的骨干企业，为中国高速铁路发展和建设作出积极贡献。一是企业经营规模快速增长。5年集团公司新签合同额560亿元，逐步实现由单一铁路市场开发向路内、路外和海外三大市场转变的经营格局。以建成开通的郑西、福厦高速铁路，青藏、成灌铁路，遂渝高速公路电力和沙特麦加轻轨铁路为标志，集团公司在高速铁路、高原铁路、高速公路和海外项目等建设领域确立了行业市场地位，发展了中国铁建的电气化产业，提升了电气化施工能力和社会形象，提高了铁道部和社会各界对中国铁建的关注度。二是企业综合实力明显增强。企业历经两次整合重组，专业化施工队伍人数由组建时的3000多人，增加到目前的近9000人。各类专业技术人才由1096人增加到2869人；各类中高级技术工人由1531人增加到3084人。三是企业差异化竞争优势初步显现。引进德国力倍公司接触网零配件生产技术，受让消化工作业已完成，具备产品生产能力。成功研发具有自主知识产权、达到国际领先水平的高速铁路铜镁接触导线，形成批量生产能力，提高了中国铁建的社会影响力。四是以“四电”施工为主营业务，集设计、科研、产品制造、运营维管、京燕商务区开发“5＋1”的产业布局已经形成，对于进一步完善中国铁建的产业结构产生了极其重要的战略意义。他先后获全国劳动模范、湖北省劳动模范、中国卓越职业经理人、中国经济建设特别贡献人物、中国功勋企业家、五星级国际职业经理人等称号。集团公司先后获得全国五一劳动奖状、全国重合同守信用企业、全国优秀施工企业等荣誉。

（邹国华）

先进集体

【中铁十七局集团公司京沪高速铁路土建1标段项目部 · 全国五一劳动奖状获得单位】 中铁十七局集团公司承建的京沪高速铁路1标段全长223.94公里，穿越北京、天津、河北省的廊坊市、沧州市，属全线龙头工程。主要工程量：正线路基15.5公里，轨道板生产、铺设6.9万块，铺轨322公里；桥梁23座208400延长米，占标段总长度的93%，其中悬灌连续梁、钢箱梁、空间刚架、转体桥等特殊结构物79处。自2008年1月上场后，项目部认真贯彻落实铁道部和京沪高速铁路公司有关精神，严格按照“六位一体”和“四个标准化”管理要求，精心组织，精心管理，精心施工，在全线率先打下第一根钻孔桩，筑起第一个桥墩，生产出第一块轨道板，创出第一个桥梁优质样板段和第一个路基优质样板段，建起第一座制梁厂，建造出中国高速铁路第一座大跨度转体桥和第一座空间刚构桥。工程施工中，开展的尾砂灰砟CFG桩柱体试验研究和桩基试验成果被京沪高速铁路总指挥部评为创新成果一等奖；研发的“CRTSII型板式无砟轨道施工布板软件”填补国内空白，并在京沪高速铁路全线推广运用。项目部被评为京沪高速铁路百日大干优胜单位，获得火车头奖杯。

（孟庆财）

【中铁十一局集团一公司 · 全国优秀施工企业】 公司具有公路、市政公用工程施工总承包一级，铁路工程施工总承包二级，地基与基础、桥梁、隧道、公路路面、公路路基工程专业承包一级资质。下辖13个工程队、

4个机运队、2个移动模架专业队、2个无砟轨道专业队、机械设备经租站、物资租赁站、荣铁劳务公司，派出工程项目部48个。职工2385人。其中，干部1340人；工人1045人。专业技术干部1013人，占干部总数的75.6 %；技术工人901人，占工人总数的86.2%。2010年，资产总额22亿元。其中，固定资产原值7亿元、净值4亿元；流动资产17亿元。机械运输设备347台（套），总功率44528千瓦，动力装备率18.7千瓦/人，技术装备率5.2万元/人。年施工能力50亿元以上。公司被评为2008、2009年度中国铁建工程公司20强，先后获得全国优秀施工企业、全国精神文明建设工作先进单位、全国五一劳动奖状、全国模范职工之家和铁道部、湖北省安全生产先进单位及湖北省优秀施工企业金鹤奖、最佳文明单位、重合同守信用企业、AAA信用企业等荣誉。（陈小刚）

【中铁十二局集团一公司·全国优秀施工企业】 公司具有铁路、公路、市政工程施工总承包一级，桥梁、隧道、公路路基、公路路面、水工隧洞工程专业承包一级资质。职工3166人。其中，专业技术人员1525人；一级注册建造师60人。资产总额50.8亿元，大型机械设备755台（套），年施工能力70亿元以上。2008～2010年连续3年名列中国铁建工程公司20强第一位。公司先后获得山西省优秀建筑企业、山西省企业文化先进单位、火车头奖杯等荣誉。公司已形成较强的桥梁、路面、隧道专业施工能力，其中深水大跨度铁路连续刚构桥等施工技术优势明显。公司预制梁场扩建到9个，可生产900吨箱梁在内的各种桥梁，年制梁施工生产能力超过10亿元，黑色路面年施工能力8亿元。公司牢固树立“干就达标准，建就建精品”的质量理念，自觉把“确保结构安全、主体工程零缺陷和使用寿命”作为公司的质量目标。三年来，公司承建的工程无亡人及安全事故，质量合格率100%。公司承建的青藏铁路清水河特大桥、浙赣铁路抚河双线特大桥、晋济高速公路南河特大桥、马莱高速公路上虎峪隧道工程获铁道部火车头优质工程奖，浙赣铁路电气化提速改造工程获第八届中国土木工程詹天佑奖，常张高速公路路面工程获中国公路交通优质工程一等奖。公司坚持诚信自主经营的理念，承揽任务由2008年的76.54亿元、2009年的81.04亿元提高到2010年的90.49亿元，经营规模逐年上台阶，施工产值、上缴利润、职工收入等各项指标逐年攀升。（刘　高）

【中铁十二局集团建筑安装公司·全国优秀施工企业】 公司拥有以房建为主业的完整的资质体系，具有房屋建筑、机电安装、市政公用工程施工总承包一级资质，地基与基础、钢结构、机电设备安装、建筑装修装饰、建筑幕墙工程专业承包一级资质，建筑幕墙、装饰装修工程设计与施工一体化一级资质，房地产开发资质。职工1701人。其中，国家注册一级建造师74人，国家注册二级建造师18人，国家注册一级造价工程师23人，注册安全工程师10人。公司年施工能力50亿元以上，企业资产总额37.46亿元。近3年承揽任务169亿元，完成施工产值111亿元，实现利润2.4亿元，项目综合收益率稳固在8.5%以上，在岗职工收入年均增长保持在15%以上，连续3年被评为中国铁建工程公司20强。在多年的施工中，公司形成以延安火车站、苏州火车站、西安北客站、济南西客站等工程为代表的大型铁路站房、站场施工品牌，以山西建行大厦、广州大学城、贵阳山语城、山西大学多功能图书馆、山西省体育中心主体育场等为代表的房建施工品牌。公司先后获得国家优质工程奖3项、省部级优质工程奖16项；获得国家实用新型专利21项，获得国家、省部级工法26项，有13项QC成果获得省部级以上奖励。公司先后获得全国优秀施工企业、全国用户满意施工企业、全国建筑业新技术应用先进集体、全国“安康杯”竞赛优胜企业、中央企业思想政治工作先进单位、山西省工程建设质量管理优秀企业、山西省用户满意建筑施工企业、山西省安全生产先进单位、山西省文明和谐单位、山西省“科技奉献奖”先进集体一等奖、中国铁建先进工程公司、中国铁建企业文化建设先进单位等荣誉，连年被评为山西省优秀建筑企业、AAA级信用等级企业和守合同重信用企业，企业环境行为被山西省环保厅评为绿色（优秀）等级。（刘　高）

【中铁十三局集团二公司·全国优秀施工企业】 公司先后参加京九、内昆、渝怀、青藏、兰渝、兰新、金温、沪昆等多条铁路干、支线和京珠、长吉、漯周、常澄、京福、苏州绕城等几十条高速公路工程的施工，并在北京、南京、上海、深圳、成都等城市轨道交通建设领域取得较好业绩。公司制定以专业优势与效益为核心，以市场为依托，以构筑地铁专业优势为基点，以强企富工为宗旨，做强地铁主业，做大地铁市场，做响地铁品牌的发展战略；形成以城市地铁为核心产业，大型桥梁、长大隧道为专业特长，铁路、公路、市政、水利等传统产业齐头并进，海外市场稳步发展，在市场竞争中具有多个区域和多个专业共同的发展格局；以东莞水道特大桥、南京地铁，六沾铁路、锦屏水利长大隧道为代表的重难点工程相继突破，施工能力大幅度提升，赢得了很高的社会信誉，创造了新的亮点。公司先后攻克“软流塑”、“高富水、高含量大粒径砂卵石地层复合式土压平衡盾构施工技术”等世界性难题，多项工程被评为国家优质工程。2010年承揽工程任务13项33.3亿元,完成企业总产值30.4亿元,实现利润3550万元;拥有国内外先进的桥梁、隧道、城市轨道交通等大型机械设备65台(套),其中拥有盾构机11台,机械化施工程度达到90%以上,年施工能力50亿以上。近年来,公司先后获中国建设工程鲁班奖2项、中国土木工程詹天佑奖1项、中国市政工程金杯奖3项、省部级优质工程奖12项,获省部级科技成果4项,多项工程被评为省市级安全文明样板工地,在业界享有良好的声誉。（李升旺）

【中铁十三局集团三公司·全国优秀施工企业】 在多年的工程施工中,公司始终坚持“争创行业一流,实现顾客期望,奉献满意工程”的质量方针,先后参与京九、襄渝、宜万、哈大、贵广、厦深、京石、兰新、合福、沈丹等多条铁路工程和沈本、广渝、水界、都汶、云万、赛果、阿和、乔那等多条公路工程和广州、沈阳、杭州、宁波等城市地铁以及阿希金矿、高隆金矿和瓮福磷矿等其他工程施工。其中,参建的大秦铁路工程获国家优质工程奖,京九铁路吉安定南段、深圳盐坝高速公路大梅沙隧道工程、遂渝铁路工程获中国建设工程鲁班奖。近年来,公司走精、专、特的专业化施工之路,在铁路客运专线、城市地铁、复杂桥梁、长大隧道等施工领域积累了丰富的施工经验,管理能力与生产规模和谐统一,逐步实现集约经营,施工产值履创历史新高。2010年承揽工程任务14项64.9亿元,完成企业总产值55.03亿元,实现利润5502万元。公司技术创新能力不断增强,开发的黄延高速公路杜家河特大桥综合施工技术、江黄项目严寒地区超浅埋强风化花岗岩连拱隧道防排水施工技术、杭州地铁穿越钱塘江盾构施工技术具有很高的科技含量。公司连续14年被辽宁省资信评估单位评定为AAA级企业,并被评为省级文明单位;连续8年被评为辽宁省重合同守信用企业;2010年,在中国铁建137家工程公司中,综合实力排名第13位;多人被授予全国五一劳动奖章、全国优秀共产党员等荣誉称号。（李升旺）

【中铁十三局集团四公司·全国优秀施工企业】 公司在发展历程中,逐步形成了科学的管理手段和严格的质量保证体系,先后通过ISO9002质量体系认证和质量、环境、职业健康安全三大管理体系认证。参建的太旧高速公路工程获中国建设工程鲁班奖,京九铁路赣南段工程获中国建设工程鲁班奖和中国土木工程詹天佑奖。公司在铁路、公路两大市场上“抓大兼小、抢优弃劣、立足区域、彰显专业”,在黑龙江、内蒙古地方铁路、公路市场上优势明显,任务承揽、工程质量备受好评。近年来,在武汉、哈尔滨、天津等城市的轨道交通领域打响了品牌,树立了良好的企业形象。公司致力于高、新、难施工领域的拓展,在新型大跨度桥梁、长达隧道、深水桥梁基础等施工领域积累了丰富的经验,尤其是在东北高寒地区施工工艺、工法等方面取得了国际国内领先的科技成果。东北高寒地区第一座船闸大顶子山航电枢纽船闸工程获2010年度国家优质工程银质奖;哈尔滨绕城高速公路松花江大桥、天恒山隧道工程获黑龙江省建设工程龙江杯奖。2010年公司承揽工程任务13项29.4亿元,完成企业总产值50亿元,实现利润3684万元。公司先后获得全国守合同重信用单位、黑龙江省用户满意企业、黑龙江省优秀市政工程施工企业等荣誉。（李升旺）

【中铁十六局集团公司·全国优秀施工企业】 集团公司坚持安全发展、稳健发展、和谐发展的经营理念,积极实施产业结构优化升级、科技创新领先、人才优先发展、精益化管理、企业信誉至上等发展战略,企业的经营规模不断扩大,企业信誉、效益连年攀升。“十一五”期间承揽工程任务1408亿元,完成产值903亿元,实现净利润15.62亿元。自上世纪80年代以来,在国家铁路、公路、市政及城市轨道交通、房建、水利、电力、机场码头等大批重点工程建设中屡创佳绩,先后获中国建设工程鲁班奖13项、国家优质工程银质奖9项、省部级优质工程奖121项、中国土木工程詹天佑奖12项,有8项施工技术获国家科技进步奖,12项工法被评为国家级工法,12项工程创中国企业新纪录。集团公司曾获得或多次获得全国先进施工企业、全国施工技术进步先进企业、全国思想政治工作优秀企业、全国优秀施工企业、全国“安康杯”竞赛优胜企业、全国工程建设质量管理优秀企业、全国行业质量示范企业、全国质量服务诚信示范企业、全国重质量守信用企业、中国优秀诚信企业、全国企业文化建设工作先进单位、全国施工企业管理优胜奖等荣誉。其中2006年以来,五年内获国家科技进步奖2项、省部级科技进步奖18项,中国土木工程詹天佑奖5项,省部级工法16项,国家级新技术应用示范工程1项,国家级管理创新成果2项,取得国家级发明专利3项、实用新型授权专利13项;获中国建设工程鲁班奖5项,国家优质工程银质奖4项、省部级优质工程奖67项。2009年,集团公司通过北京市高新技术企业认证,2010年获得中国企业自主创新100强、企业自主创新组织管理奖等荣誉。（王启山）

【中铁十六局集团电务公司·全国优秀施工企业】 近年来,公司紧紧把握市场机遇,确定“以铁路‘四电’

为主，电务土建并重，国内国外并行”的经营战略，坚持走安全发展、快速发展、和谐发展之路，取得了物质精神文明双丰收。公司充分发挥自身优势搏击市场，抢占建筑市场份额，先后中标首都机场3号航站楼捷运系统（简称APM）机电安装、广州地铁旅客自动运输系统机电安装，烟大轮渡、愉怀铁路、福厦铁路、武广铁路客运专线、京沪高速铁路等电务工程，2008年中标越南北方铁路通信信号工程，实现走出国门的目标。2010年承揽任务10.5亿元，是2007年的3倍，上缴利锐2300余万元。近三年，集团公司共完成产值20.6亿元，年人均产值达到140万元，架设光电线缆3100条公里，安装变配电所、通信信号楼41座，开挖土石7.5万立方米，修建桥隧2500延长米、新建房屋7万平方米。承建的40多个工程项目，全部满足业主的工期和质量要求。其中，首都机场APM项目按期交付使用，奥运期间运营正常，实现零故障目标，公司被评为奥运工程建设先进单位；广州地铁APM项目仅用8个月就完成了计划一年半才能完成的任务，亚运会前投入使用，受到广州地铁公司和亚运组委会的表扬。公司获省部级科技进步奖4项、中国土木工程詹天佑奖1项，中国建设工程鲁班奖3项、省部级优质工程奖4项。2010年，公司被评为北京市质量诚信企业，连续5年被评为北京市“安康杯”竞赛优胜单位，公司领导班子连续4年被集团公司评为“四好领导班子”。

（胡　芳）

【中铁十七局集团一公司·全国优秀施工企业】 近年来，公司抢抓发展机遇，集中优势资源，积极加大高速铁路建设经营规模。公司拥有A类机械动力设备1530台（套），其中900吨梁运架设备、移动模架、整机过隧式架桥机、轨道板生产线等大型专业设备达到国内先进水平，年综合施工能力60亿元以上。建立了福建、江西、湖北、山西、陕西、山东等相对稳固的优势区域，经营足迹遍及全国19个省市。确定做强专业优势、构筑专业领先企业的战略目标。公司坚持以高难度桥梁、长大隧道、高标准路基、桥梁制运架、轨道板生产铺设为重点，着力提升技术管理水平，增强专项施工能力，形成了路桥、隧桥、机运、移动模架、900吨梁制运架、轨道板制作、桥梁悬灌、非标加工、混凝土拌合站、地质灾害治理等“十一大专业板块”竞争优势。公司先后制定完善“两严三控”、“四个中心”、“双目标”、“六位一体”等100多项管理制度和机制，确保合同履约各环节平稳可控，将项目管理纳入标准化、精细化、信息化管理轨道。“十一五”期间，公司承建的工程先后获中国建设工程鲁班奖、中国土木工程詹天佑奖各1项，省部级优质工程奖11项；公司先后获得全国先进集体、全国五一劳动奖状、全国守合同重信用企业、全国安全质量管理先进单位、全国安全生产优秀施工企业、全国优秀企业形象单位、火车头奖杯、全国“安康杯”竞赛优胜企业、全国AAA级信用企业等荣誉。

（贺晓荣　孟庆财）

【中铁十七局集团电气化公司·全国优秀施工企业】

公司实施“改革活企、效益富企、科技强企、人才兴企、德法治企”五大管理战略，推行“工资、技术、经济、资产”四项改革方案，建立并严格落实工程项目“两严三控”及“双目标”管理机制，制定规模与能力、质量与效益、开拓经营与健康发展协调统一的经营方针，在依托在建工程项目，巩固传统领域的同时，深度开发以陕西、重庆、贵州、云南、山东、海南等新领域市场，2010年新签工程合同9亿元以上，完成施工产值7亿元以上，创利2000余万元。公司坚持“以人为本，诚信守约，顾客满意，优质高效，追求卓越”的质量方针和“安全第一，预防为主”的安全生产方针，严格落实国家、地方政府和上级机关的各项法律、法规、条例、制度，确保公司安全质量体系的良好运行。公司参建的京津城际轨道综合接地工程获中国建设工程鲁班奖和中国土木工程詹天佑奖。加强施工队伍建设，合理调配人力资源，小型项目组建1支专业队伍，中型项目组建2～3支专业队伍、大型项目组建4～5支专业队伍，实现科学、精干、高效管理。扎实开展创建“四好领导班子”、“五好党支部”和争当“六好共产党员”、党员“创岗建区”、职工思想道德建设达标等活动，促进企业全面健康发展。

（贺晓荣　孟庆财）

【中铁十九局集团一公司·全国优秀施工企业】 公司具有公路、房屋建筑、市政公用、机电安装工程施工总承包一级，铁路工程施工总承包二级，公路路基、水工隧洞、隧道、地基与基础、钢结构工程专业承包一级资质。年施工能力40亿元以上。经营市场分布在中国18个省市、自治区，直辖市及阿尔及利亚。公司在经营过程中严格执行国家的法律法规，诚实守信，连续13年获省级守合同重信誉企业称号，连续10年被评为辽宁省AAA信誉企业、辽宁省用户满意企业、辽阳市文明单位、辽阳市工商免检单位，2009年被评为中国铁建工程公司20强。公司承建的华电国际邹县发电厂四期工程获中国建设工程鲁班奖，宁波电厂工程获国家优质工程银质奖，苏州绕城高速公路、陕西户勉公路朱家垭隧道工程获火车头优质工程奖，宁波电厂和邹县发电厂获中国电力优质工程奖，获中国铁建优质工程奖11项、集团公司优质工程奖15项。

（张　莹）

【中铁二十局集团四公司·全国优秀施工企业】 公司以创新的思维，探索的精神，锐意改革，开拓创新，全面实现“十一五”战略目标，企业财务状况明显好转，基础管理全面强化，核心竞争力得到极大提升。公司狠抓生产经营，2010 年承揽任务 84.3 亿元，完成企业总产值 44.3 亿元，企业的经济实力明显增强，实现“上规模、上水平、大发展”的战略目标。公司形成工程施工、铁路运输、海外业务、铁路铺架和临管运营五大创效板块，企业综合实力和核心竞争能力不断提升。公司领导班子相互协作，密切配合，思想政治工作扎实有效，职工队伍活力显现。公司获全国模范职工之家和陕西省、河南省精神文明建设先进单位及青岛市精神文明建设标兵单位称号，被中国铁建评为企业文化建设先进集体。 （孟繁荣）

【中铁二十二局集团六公司·全国优秀施工企业】 公司具有房屋建筑、市政公用工程总承包一级，建筑装修装饰、钢结构、消防设施、机电设备安装工程专业承包一级资质。拥有机械运输设备 640 台（套），年施工能力 24 亿元以上。2010 年承揽工程任务 12.86 亿元，完成企业总产值 24 亿元。公司始终坚持“干一项工程，树一座丰碑，交一方朋友，拓一片市场”的经营理念，先后参加北京石景山青少年活动中心、北京中央财经大学研究生公寓、哈尔滨市桥北小区、保定京南一品小区、井冈山铁路、苇亚铁路、广州新客站、哈齐铁路客运专线、牡绥铁路、苏州北环快速路和广州、沈阳、北京地铁等国家、地方重点工程建设，工程合格率 100%，优良率 90% 以上。获国家优质工程奖 1 项、中国市政金杯示范工程 1 项、省部级优质工程 34 项。公司连续 4 年获全国优秀施工企业称号，被评为全国用户满意施工企业。 （万红梅）

【中铁二十四局集团上海铁建工程公司·全国优秀施工企业、全国工程建设质量管理优秀企业】 公司具有市政公用、房屋建筑工程施工总承包一级，公路、铁路工程施工总承包二级，铁路铺轨架梁、桥梁、地基与基础、预应力工程专业承包二级，钢结构工程专业承包三级资质。下辖 3 个子公司、4 个分公司。职工 941 人，资产总额 11.57 亿元，拥有机械运输设备 266 台（套），年施工能力 20 亿元以上。2010 年承揽工程任务 12.42 亿元，完成企业总产值 21.1 亿元，实现利润 2477 万元，职工年人均收入 5.51 万元。公司坚持走科学管理的道路，全面加强安全、质量、科技创新管理，企业保持生产经营持续快速健康发展。在铁路既有线改造，城际铁路、铁路客运专线施工，大跨度桥梁建造，各类异型桥梁建设，既有线下长大箱涵顶进，软土地基处理等施工领域形成核心技术，具有强大而雄厚的施工能力。公司先后参与津浦、沪宁、沪杭、宁启、铜九、甬台温铁路和沪宁城际铁路、沪杭铁路客运专线、京沪高速铁路上海虹桥枢纽等国家铁路及 10 多个省市的市政工程建设，获国家优质工程奖 5 项、省部级优质工程奖 22 项。公司获得火车头奖杯、上海市文明单位、上海市重点工程实事立功竞赛优秀公司、上海市安全生产先进单位等荣誉。 （周顺芬）

【中铁二十四局集团福建铁路建设公司·全国优秀施工企业】 公司具有铁路、市政公用、房屋建筑工程施工总承包一级，公路工程施工总承包二级，桥梁、隧道、地基与基础工程专业承包一级，铁路铺轨架梁工程专业承包二级及城市轨道交通工程专业承包资质。拥有铁路大型养路机械、DPK－32 型铺轨机、WZ500－TY 无砟铺轨机、TJ165 铁路架桥机、ZQM1590 型移动模架公路造桥机、MZ900S 铁路造桥机、重型轨道车、重型轨道吊、贝雷片组装式公路架桥机、混凝土搅拌站、泵车等大型机械设备 1500 台（套），年施工能力 35 亿元以上。公司近年先后承建宁启、合宁、铜九、温福、甬台温、昌九城际、南昌西环、向莆、厦深、宁杭、合福、沪昆等铁路工程建设和福州、龙岩、衢州、沙河北等大型铁路车站、编组场、电气化、沿线站场的新建与改造工程，承担国内多个省市的市政公用、房屋建筑、公路、城市轨道交通、桥梁、隧道等大中型基础设施建设。公司先后获得全国优秀施工企业、中国百强建筑业企业、全国安全文明单位、福建省建筑业先进企业、福建省五一劳动奖状、福建省思想政治工作优秀企业等荣誉。

（李本光）

【中铁建电气化局集团南方公司·全国优秀施工企业】 公司坚持“经营是龙头、经济是核心、项目是基础、机关是保障”的四不动摇思想，加强经营战略思路转变和创新意识，不断开发工程施工领域的新技术和新工艺。2009 年，公司开发“城市轨道交通隧道内接触轨施工技术”和“350 公里/小时高速铁路‘四电’集成施工技术”，被湖北省认定为高新技术企业。近年来，公司强力抓过程控制，铁腕抓安全管理，以持续提升为主线，以和谐发展为准绳，努力把公司建设成为“秩序好、品牌好、效益好、文化好”的一流企业，将公司上下始终统一在标准化、规范化、精细化、制度化、程序化的轨道上，建造出新建合宁铁路客运专线“四电”集成工程和新建青藏铁路格尔木至拉萨段“电力”工程（格尔木至唐古拉北段）等一批国家和省部级以上优质工程。公司先后获得全国五一劳动奖状、全国优秀施工企业、全国用户满意施工企业、全国质量效益型先进施工企业、全国模范职工之家、全国职工职业道德建设十佳单位、全国精神文明建设工作先进单位、全国守合同重信用企业等荣誉。（邹国华）

【中铁建设集团物资公司·全国用户满意服务企业】 公司以“服务集团、内外并举、立足北京、覆盖全国、拓展海外”为发展思路，建立以北京为中心，辐射全国50多个城市及海外巴布亚新几内亚等地区的物资采购平台及分销网络，是中铁建设集团公司独资成立的物资流通企业。公司坚持“合作、分享、共赢”的经营理念，真诚与每一个客户合作，努力为客户创造供应链价值，以共赢获得客户和市场。公司实行“24小时一站式”服务，以电话、传真、网银等现代化办公手段为客户提供足不出户的采购、仓储、运输一条龙满意服务；为工程项目配备专门专业物资服务人员，随时随地为客户提供优质服务。公司采取建立客户满意度调查制度、高层互访制度、召开客户座谈会等形式定期征求客户合理化建议和意见，以客户的需求为出发点及时改进工作流程、服务内容，提高服务质量。公司先后获得中央企业“青年文明号”、中国铁建“工人先锋号”、全国用户满意服务企业等荣誉。（赵大鹏）

逝世人物

【张宏正】 中国共产党优秀党员，中国铁道建筑总公司原党委副书记、纪委书记。2010年3月9日在北京病逝，享年72岁。

张宏正，男，广东省揭阳市人，1939年5月出生，1958年1月参加工作，1961年6月加入中国共产党。张宏正在铁道兵时期，历任战士、文书、文化教员、班长、司务长、营教导员，师组织科干事，师青年科副科长、科长，铁道兵组织部副部长；改工后，历任铁道部工程指挥部政治部组织部副部长、直工部副部长，铁道部第十三工程局党委副书记（主持工作）、党委书记，1993年10月任中国铁道建筑总公司纪委书记，1995年12月任中国铁道建筑总公司党委副书记、纪委书记。2000年1月退休。（黄科山）

【许文泉】 中国共产党党员，中国铁道建筑总公司物资局原党委书记。2010年2月在北京病逝，享年77岁。

许文泉，男，北京市延庆县人，1933年8月出生，1951年6月参加工作，1960年2月加入中国共产党。历任张家口铁路分局电力所助理事务员、材料员；志愿军541部队材料厂材料员；铁道兵后勤部材料处材料员、助理员，物资处副科长、科长；铁道部工程指挥部物资处副处长；中国铁道建筑总公司物资局党委书记。1994年7月退休。（黄科山）

【陈玉煌】 中铁十一局集团公司副总经理，高级经济师。2010年1月2日在北京病逝，享年60岁。

陈玉煌，男，福建省莆田市人，1950年11月16日出生，1969年1月参加工作，1970年5月加入中国共产党。陈玉煌在铁道兵时期，历任战士、技术员、助理工程师、副股长等职；1984年兵改工后，历任局计划经营处统计师、预算合同科科长、经营处副处长，北京办事处主任、书记，集团公司副总经济师等职。陈玉煌连续多年被铁道部、北京市聘为招标评标专家。（张红月）

【刘大伟】 中铁十一局集团二公司总经理，集团公司项目经理，高级工程师。2010年12月8日在北京病逝，享年52岁。

刘大伟，男，湖北省竹山县人，1959年7月12日出生，1978年3月参加工作，1981年10月加入中国共产党。刘大伟在铁道兵时期，历任战士、长沙铁道兵学院学员、技术员等职；1984年兵改工后，历任处助理工程师、项目经理、安质科科长、副处长，公司总经理，集团公司浙赣铁路项目部经理、西格铁路二线工程指挥部指挥长、宿淮铁路工程指挥部指挥长等职。刘大伟曾获湖北省优秀项目经理、全国优秀项目经理等称号。（张红月）

【吴爱良】 中铁十一局集团公司纪委纪检监察处处长、纪委副书记。2010年10月3日在湖北省武汉市病逝，享年60岁。

吴爱良，男，湖南省邵阳县人，1950年2月19日出生，1968年3月参加工作，1970年9月加入中国共产党。吴爱良在铁道兵时期，历任战士、排长、政治指导员、政治教导员等职；1984年兵改工后，历任处纪委副书记、书记、党委副书记，集团公司纪委纪检监察处处长、纪委副书记等职。吴爱良曾获建国60周年中国铁建杰出人物、铁道部铁路廉政公仆称号。2010年2月退休。（谢丽芳）

【戴春兰】 原铁道第十一工程局副局长、工会主席，离休干部。2010年11月8日在湖北省襄樊市病逝，享年79岁。

戴春兰，男，吉林省扶余县人，1931年8月28日出生,1948 年 8 月参军,同年加入中国共产党。先后在嫩江军分区独立三团二营七连、铁道纵队一支队二十一大队、铁道兵一师一团、三团任战士、排长、参谋,铁道兵一师通讯科长、后勤部副部长、副参谋长、副师长等职;1984 年 1 月兵改工后,任铁道部第十一工程局副局长、工会主席,1986 年 8 月任调研员。1992 年 11 月离职休养。 (谢丽芳)

【万夑义】 原铁道第一勘测设计院总工程师,教授级高级工程师,甘肃省第六、七届政协委员。2010 年 11 月 27 日在甘肃省兰州市病逝,享年 78 岁。

万夑义,男,重庆市酉阳土家族苗族自治县人,1932 年 3 月 3 日出生,1954 年 2 月毕业于唐山铁道学院铁道建筑系,1958 年 10 月加入中国共产党。历任勘测队长,总队副总工程师、总工程师、总队长,副院长、院总工程师等职。1994 年退休。 (李景平)

【韩美斋】 原铁道第四勘察设计院工会主席,离休干部,2010 年 4 月 24 日在湖北省武汉市病逝,享年 84 岁。

韩美斋,男,山东省昌邑县人,1927 年 2 月 5 日出生,1946 年 10 月参加中国人民解放军,1947 年 10 月加入中国共产党,1950 ~ 1955 年在杭州铁路局公安处、上饶公安处及铁一院工作。1955 ~ 1983 年在铁四院工作,历任科长、副处长、处长,铁四院副院长、工会主席等职。1983 年 5 月离职休养。 (刘时运)

【周乃庄】 原铁道第四勘察设计院副院长、总工程师、教授级高级工程师。2010 年 5 月 6 日在湖北省武汉市病逝,享年 78 岁。

周乃庄,男,河北省丰润县人,1932 年 11 月 5 日出生,1953 年 8 月参加工作,1956 年 9 月加入中国共产党。历任工程师、桥隧科科长、副总工程师、科研所所长和铁四院副院长、总工程师等职。1998 年 1 月退休。 (刘时运)

光 荣 榜

【"工人先锋号"获得集体】

天津市"工人先锋号"获得集体

中铁十八局集团五公司海河隧道项目部

中铁十八局集团公司兰渝铁路工程指挥部

重庆市"工人先锋号"获得集体

中铁十七局集团四公司奉溪项目部

山西省"工人先锋号"获得集体

中铁十二局集团二公司西山隧道项目部

中铁十二局集团公司大西铁路客运专线工程指挥部

中铁十二局集团公司大西铁路客运专线制梁场

中铁十二局集团二公司北同蒲取直线指挥部

中铁十二局集团建筑安装公司第九项目部

中铁十七局集团三公司桥梁运架公司

中铁十七局集团建筑公司省图书馆项目部

河南省"工人先锋号"获得集体

中铁十五局集团六公司柴木项目龙门吊女司机班组

陕西省"工人先锋号"获得集体

中铁二十局集团四公司蒲城运输公司

贵州省"工人先锋号"获得集体

中铁十二局集团公司贵广铁路七项目部架子队

山东省"工人先锋号"获得集体

中铁十四局集团一公司成绵乐项目部

【"安康杯"竞赛优胜单位】

全国"安康杯"竞赛优胜企业

中铁十一局集团城市轨道公司

中铁十二局集团公司

中铁十二局集团二公司

中铁十四局集团公司

中铁十四局集团四公司

中铁十六局集团铁运工程公司

中铁十七局集团公司

中铁十八局集团三公司

中铁二十局集团二公司

中铁二十局集团三公司

中铁二十一局集团公司

中铁二十三局集团公司

全国"安康杯"竞赛优胜班组

中铁十一局集团三公司两河口项目部

中铁十一局集团城市轨道公司武汉地铁 16 标段项目部

中铁十二局集团建筑安装公司苏州站项目部

中铁十四局集团北京房山桥梁公司沙河制梁场项目部

中铁十七局集团三公司京沪高速铁路 900 吨梁运架班组

中铁十八局集团兰渝铁路工程指挥部

中铁二十局集团二公司第四工程队钢筋班

中铁二十一局集团公司天平铁路第二项目部

全国“安康杯”竞赛优秀组织单位

中铁十二局集团公司

全国“安康杯”竞赛组织工作先进单位

中铁十八局集团建筑安装公司

省部级“安康杯”竞赛优胜企业

中铁十一局集团六公司(湖北省)

中铁十一局集团桥梁公司(湖北省)

中铁十一局集团海外事业部(湖北省)

中铁十四局集团二公司(山东省)

中铁十四局集团三公司(山东省)

中铁十六局集团轨道交通公司(北京市)

中铁十六局集团电务公司(北京市)

中铁十六局集团路桥公司(北京市)

中铁十七局集团公司(山西省)

中铁十八局集团华南公司(天津市)

中铁二十局集团六公司(陕西省)

中铁二十一局集团公司(甘肃省)

中铁二十一局集团四公司(青海省)

中铁二十三局集团四公司(四川省)

中铁第四勘察设计院集团工程勘察院(湖北省)

中铁第四勘察设计院集团公司通号处(湖北省)

省部级“安康杯”竞赛优胜班组

中铁十四局集团五公司石武铁路客运专线项目部(山东省)

中铁十七局集团三公司京沪高速铁路900吨梁运架班组(山西省)

中铁十八局集团公司渝利铁路工程指挥部(天津市)

省部级“安康杯”竞赛优秀组织单位

中铁十一局集团公司武汉城际铁路项目部(湖北省)

中铁十四局集团电气化公司(山东省)

中铁十八局集团公司北京地铁工程指挥部(北京市)

中铁二十局集团公司(陕西省)

【省级五一劳动奖状获得单位】

天津市五一劳动奖状获得单位

中铁十八局集团一公司

中铁十八局集团二公司武黄城际铁路项目部

中铁十八局集团四公司技工学校

中铁十八局集团公司兰渝铁路工程指挥部

重庆市五一劳动奖状获得单位

中铁十一局集团五公司

吉林省五一劳动奖状获得单位

中铁十三局集团公司

山西省五一劳动奖状获得单位

中铁十二局集团二公司宜万铁路项目部

中铁十二局集团电气化公司

中铁十七局集团公司中心医院

河南省五一劳动奖状获得单位

中铁十五局集团四公司

中铁十五局集团五公司

【火车头奖杯获得单位】

中铁建设集团公司

中铁第一勘察设计院集团公司工程经济处

中铁第四勘察设计院集团公司电气化设计研究处

昆明中铁大型养路机械集团公司

中铁轨道系统集团道岔分公司

【专项火车头奖杯获得单位】

高速铁路和铁路客运专线建设火车头奖杯获得单位

中铁十二局集团公司京沪高速铁路土建工程4标段十二工区项目部

中铁十二局集团公司京沪高速铁路济南西站ZH标段一工区

中铁十四局集团公司京沪高速铁路土建4标段大店制梁场

中铁十五局集团公司京沪高速铁路4标段项目部

中铁十七局集团公司京沪高速铁路土建1标段项目经理部

中铁十八局集团公司京沪高速铁路项目部

中铁十九局集团公司京沪高速铁路铺架工区

中铁十七局集团公司郑西铁路客运专线工程指挥部

中铁二十五局集团公司郑西铁路客运专线工程指挥部第一项目部

中铁建电气化局集团三公司郑西铁路客运专线项目部

中铁建电气化局集团公司郑西铁路客运专线“四电”集成工程指挥部

中铁第一勘察设计院集团公司沪宁城际铁路站后工程监理项目部

中铁第四勘察设计院集团公司沪宁城际铁路建设项目组

中铁十一局集团公司沪杭铁路客运专线项目部

中铁十二局集团公司沪杭铁路客运专线项目部

中铁十七局集团公司南广铁路NGZQ－3项目部

铁路客运专线建设火车头奖杯获得单位

中铁十一局集团公司杭长铁路客运专线浙江段项目部一分部

中铁十一局集团公司石武铁路客运专线湖北段项目部

中铁十一局集团公司合福铁路安徽段站前7标段项目部

中铁十一局集团公司京福铁路客运专线闽赣项目部

中铁十一局集团公司渝利铁路项目部

中铁十一局集团公司湘桂铁路扩改工程指挥部

中铁十一局集团公司山西中南部铁路通道7标段项目部三分部

中铁十一局集团公司兰新铁路甘青段项目部

中铁十二局集团公司贵广铁路工程指挥部

中铁十二局集团公司京石铁路客运专线项目部

中铁十二局集团公司宁安铁路1标段工程指挥部

中铁十二局集团公司柳南铁路5标段工程指挥部

中铁十二局集团公司山西中南部铁路通道1标段项目部

中铁十二局集团公司大西铁路客运专线工程指挥部

中铁十二局集团公司兰新铁路第二双线项目部

中铁十二局集团公司兰新铁路甘青段项目部

中铁十三局集团公司兰渝铁路4标段工程指挥部第五分部

中铁十三局集团公司合福铁路安徽段站前2标段项目部

中铁十三局集团公司哈齐铁路客运专线项目部一分部

中铁十四局集团公司向莆铁路工程指挥部

中铁十四局集团公司石武铁路客运专线河北段项目部

中铁十五局集团公司沪昆铁路客运专线江西段站前工程1标段项目玉山制梁场

中铁十五局集团公司哈齐铁路客运专线项目部

中铁十六局集团公司贵广铁路工程指挥部第四项目部

中铁十六局集团公司沪昆铁路客运专线江西段站前工程5标段项目部

中铁十六局集团公司哈齐铁路客运专线项目部一分部

中铁十六局集团公司兰新铁路第二双线项目部二工区

中铁十七局集团公司汉宜铁路项目部

中铁十七局集团公司广深港铁路客运专线综合2标段项目部

中铁十七局集团公司杭长铁路客运专线浙江段项目部

中铁十七局集团公司杭甬铁路客运专线上虞制梁场

中铁十七局集团公司宁杭铁路客运专线第一项目部

中铁十七局集团公司宁杭铁路客运专线第二项目部

中铁十七局集团公司成绵乐铁路工程指挥部

中铁十七局集团公司南广铁路项目部宾阳梁场

中铁十七局集团公司山西中南部铁路通道5标段项目部

中铁十七局集团公司兰新铁路甘青段项目部

中铁十八局集团公司津秦铁路客运专线项目部

中铁十八局集团公司渝利铁路项目部

中铁十八局集团公司山西中南部铁路通道12标段项目部二分部

中铁十九局集团公司长吉城际铁路铺架工区

中铁十九局集团公司向莆铁路工程指挥部

中铁十九局集团公司石武铁路客运专线河南段项目部

中铁十九局集团公司兰渝铁路1标段项目部

中铁十九局集团公司合蚌铁路客运专线站前1标段项目部

中铁十九局集团公司沪昆铁路客运专线江西段站前工程8标段项目部四工区

中铁十九局集团公司京福铁路客运专线闽赣项目部

中铁十九局集团公司盘营铁路2标段五工区

中铁十九局集团公司南钦铁路工程指挥部

中铁十九局集团公司兰新铁路甘青段项目部

中铁二十局集团公司哈齐铁路客运专线项目部

中铁二十一局集团公司津秦铁路客运专线项目部

中铁二十一局集团公司京石铁路客运专线项目部

中铁二十一局集团公司山西中南部铁路通道13标段项目部

中铁二十二局集团公司哈齐铁路客运专线项目部二分部

中铁二十三局集团公司石武铁路客运专线湖北段项目部

中铁二十四局集团公司武九联络线项目经理部

中铁二十四局集团公司宁杭铁路客运专线工程指挥部德清制梁场

中铁二十四局集团公司沪杭铁路客运专线项目部

中铁二十五局集团公司广珠城际铁路房建2标段中山站房项目部

中铁二十五局集团公司南广铁路项目部

中铁建设集团公司海南东环铁路站房项目部

中铁建设集团公司厦门西站项目部
中铁建设集团公司漳州南站项目部
中铁建电气化局集团公司长吉城际铁路工程指挥部
中铁第一勘察设计院集团监理公司石武铁路客运专线湖北段监理站
中铁第一勘察设计院集团工程监理咨询公司合蚌铁路客运专线监理2标段监理总站
中铁第一勘察设计院集团公司大西铁路客运专线工程指挥部桥梁设计组
中铁第四勘察设计院集团公司贵广铁路建设指挥部
中铁第四勘察设计院集团工程监理咨询公司宁杭铁路客运专线监理项目部
中铁第四勘察设计院集团公司线站处
中铁第四勘察设计院集团公司沪杭铁路客运专线项目部
中铁第四勘察设计院集团公司广深港铁路客运专线工地设计组
北京铁城监理公司贵广铁路项目部
北京铁城监理公司哈大铁路客运专线盖州监理分站
北京铁城监理公司石武铁路客运专线湖北段监理站
北京铁城监理公司沪杭铁路客运专线项目部

沙特麦加轻轨铁路建设火车头奖杯获得集体

中铁十二局集团公司沙特麦加轻轨铁路项目部
中铁十六局集团公司沙特麦加轻轨铁路项目部
中铁十九局集团公司沙特麦加轻轨铁路项目部
中铁建设集团公司沙特麦加轻轨铁路项目部
中铁建电气化局集团公司沙特麦加轻轨铁路项目部

【其他荣誉称号获得单位】

全国文明诚信示范单位

中铁第一勘察设计院集团公司

全国全民健身活动先进单位

中铁十二局集团公司体协

全国亿万职工全民健身活动先进单位

中铁第四勘察设计院集团公司

全国建设施工安全生产先进单位

中铁十七局集团五公司

全国企业文化建设优秀单位

中铁十七局集团公司
中铁十七局集团六公司

全国企业文化示范单位

中铁十七局集团六公司

中国工程监理先进工程监理企业

中铁第一勘察设计院集团工程咨询监理公司

中央企业职工技能大赛优秀组织奖获得单位

中国铁道建筑总公司

中央企业职工技能大赛先进单位

中铁十二局集团公司
中铁二十局集团技工学校

北京市模范集体

中铁十六局集团北京公司

山西省模范单位

中铁十二局集团二公司
中铁十七局集团三公司

山西省先进集体

中铁十七局集团一公司宁杭铁路客运专线项目部

福建省先进集体

中铁十七局集团六公司福永A12标段项目部

山西省优秀建筑业企业

中铁十七局集团五公司

湖北省先进建筑业企业

中铁十一局集团建筑安装公司
中铁十一局集团城市轨道公司

山东省富民兴鲁劳动奖状获得单位

中铁十四局集团公司青岛工程指挥部

陕西省重点工程立功竞赛先进集体

中铁二十局集团五公司西宝高速公路项目部

陕西省经济技术创新优胜单位

中铁二十局集团一公司

山西省企业环境行为评价绿色等级（优秀）单位

中铁十七局集团建筑公司

河北省重点支持大型建筑业企业单位

中铁十七局集团三公司

福建省建筑业企业30强

中铁十七局集团六公司

诚信中国“七星奖”2010中国十大信用企业

中铁物资集团公司

【全国优秀项目经理】

全国工程建设优秀项目经理

蒋国云　中铁十一局集团五公司
刘守成　中铁十一局集团一公司
赵宗益　中铁十一局集团电务公司
李　俊　中铁十二局集团一公司
刘广钧　中铁十二局集团二公司
何国民　中铁十二局集团建筑安装公司
李春江　中铁十三局集团一公司

张志刚　中铁十三局集团六公司
张立丰　中铁十四局集团二公司
公绪论　中铁十四局集团四公司
赵光泉　中铁十四局集团公司
张晓峰　中铁十六局集团北京公司
王　毓　中铁十六局集团二公司
赵　永　中铁十六局集团五公司
王应权　中铁十七局集团四公司
冯清晋　中铁十七局集团建筑公司
文　珂　中铁十七局集团公司
邓　勇　中铁十八局集团公司
李少先　中铁十九局集团五公司
苗博宇　中铁十九局集团五公司
罗俊国　中铁十九局集团公司
张　斌　中铁二十局集团六公司
赵　栋　中铁二十局集团四公司
彭荣利　中铁二十局集团公司
张　磊　中铁二十二局集团三公司
郭建东　中铁二十二局集团公司
杨焕科　中铁二十三局集团三公司
张圣强　中铁二十三局集团一公司
张百芹　中铁二十四局集团安徽公司
谢钦方　中铁二十四局集团公司
卢　见　中铁二十四局集团公司

全国建筑业企业优秀项目经理

王学伟　中国铁建股份公司
杨爱国　中国土木工程集团尼日利亚有限公司
谭发刚　中铁十一局集团二公司
杨明亮　中铁十一局集团公司湖北城际铁路工程指挥部
罗延生　中铁十二局集团一公司
崔　涛　中铁十三局集团三公司浙江公司
董　梁　中铁十六局集团公司
周阳宗　中铁十六局集团公司
马洪建　中铁十六局集团二公司
聂武丁　中铁十七局集团三公司
张海龙　中铁十八局集团公司渝利铁路项目经理部
苏在林　中铁十八局集团公司湘桂铁路扩改工程柳南段Ⅳ指挥部
袁宗勇　中铁十九局集团三公司
陈　磊　中铁二十局集团六公司
任文辉　中铁二十一局集团三公司
高志勇　中铁二十一局集团五公司
秦培文　中铁二十二局集团公司
杨　鑫　中铁二十三局集团公司
张晓周　中铁二十三局集团四公司
杨冰勇　中铁二十三局集团四公司
王晓忠　中铁二十三局集团四公司
张先亮　中铁二十四局集团安徽公司
刘宝剑　中铁二十四局集团公司
陈新兵　中铁建设集团公司
李小波　中铁建设集团公司
杨　军　中铁建设集团公司

【技术能手】

全国技术能手

田国锐　中铁十二局集团公司
游泽勤　中铁十一局集团公司
潘文忠　中铁十三局集团公司
智　慧　中铁十七局集团公司

中央企业技术能手

朱建锋　中铁二十局集团公司
弓新亮　中铁十二局集团公司
张　斌　中铁十四局集团公司
彭　东　中铁十二局集团公司
赵金涛　中铁十五局集团公司
刘庆辉　中铁建设集团公司

【省级劳动模范】

山西省特级劳动模范

段东明　中铁十七局集团公司董事长

北京市劳动模范

赵传余　中铁十六局集团一公司副总工程师兼金阿铁路项目经理
韦林书　中铁十六局集团四公司移动模架队队长
谭光华　中铁十六局集团北京公司副总工程师兼海南三亚半山半岛工程项目经理
张长军　中铁十六局集团路桥公司京沪高速铁路项目经理
徐福田　中铁十六局集团北京指挥部副总工程师兼北京站至北京西站地下直径线工程项目部副经理

上海市劳动模范

卢　建　中铁二十四局集团上海公司项目经理

山西省劳动模范

乔志东　中铁十二局集团公司副总经理
罗海滨　中铁十二局集团建筑安装公司董事长
张占军　中铁十二局集团海外工程公司党委书记
李建平　中铁十二局集团三公司工会副主席
赵　朴　中铁十七局集团一公司董事长
成志宏　中铁十七局集团二公司董事长
张耀军　中铁十七局集团四公司副总经理

甘肃省劳动模范

李　宁　中铁二十一局集团公司董事长、总经理

李平顺　中铁二十一局集团二公司银川站改项目部作业队队长

马玉春　中铁第一勘察设计院集团兰州铁道设计院副院长

四川省劳动模范

王忠谋　中铁二十三局集团一公司董事长

袁　松　中铁二十三局集团公司副总工程师

张福领　中铁二十三局集团二公司技师

郭康宁　中铁物资集团公司铁路器材事业部

新疆维吾尔自治区劳动模范

刘朝晖　中铁第一勘察设计院集团公司副总工程师

【省级五一劳动奖章获得者】

天津市五一劳动奖章获得者

王长军　中铁十三局集团电务公司

张师岸　中铁十八局集团一公司项目经理

付彦生　中铁十八局集团一公司常务副经理

韦元良　中铁十八局集团三公司工会主席

姜玮蔚　中铁十八局集团五公司队长

傅建军　中铁十八局集团建筑安装公司高级工程师

兰伯超　中铁十八局集团大都公司董事长兼党委书记

曹美俊　中铁十八局集团隧道公司项目经理

王丽君　中铁十八局集团科研设计院技术负责人

杨国良　中铁十八局集团石武铁路客运专线项目部项目经理

陈　鹏　中铁十八局集团公司副总工程师

重庆市五一劳动奖章获得者

翟秋柱　中铁十七局集团四公司

辽宁省五一劳动奖章获得者

周长斌　中铁十三局集团三公司

吉林省五一劳动奖章获得者

王焕刚　中铁十三局集团六公司

山西省五一劳动奖章获得者

刘永年　中铁十二局集团公司党委副书记、工会主席

李建平　中铁十二局集团三公司工会副主席

杨立存　中铁十二局集团二公司宜万铁路 32 标段项目部书记

都　强　中铁十二局集团二公司宜万铁路 32 标段项目部总工程师

秦长旺　中铁十二局集团二公司宜万铁路 32 标段项目部洞长

李仁生　中铁十二局集团二公司宜万铁路 32 标段项目部掘进队长

张丰年　中铁十二局集团二公司宜万铁路 32 标段项目部机械队长

骆文学　中铁十二局集团二公司宜万铁路 32 标段项目部总工程师

李　俊　中铁十二局集团一公司项目经理

杨　琪　中铁十二局集团三公司项目经理

李保明　中铁十二局集团四公司项目经理

程庆海　中铁十二局集团电气化公司董事长、总经理

何常胜　中铁十二局集团七公司董事长

卢　朋　中铁十七局集团公司

洪应和　中铁十七局集团公司宁杭铁路客运专线项目部

李建伟　中铁十七局集团公司宁杭铁路客运专线项目部

刘谓明　中铁十七局集团公司宁杭铁路客运专线项目部

卫春生　中铁十七局集团公司宁杭铁路客运专线项目部

李宝忠　中铁十七局集团公司宁杭铁路客运专线项目部

霍建基　中铁十七局集团公司宁杭铁路客运专线项目部

范晓玲　中铁十七局集团三公司

包自强　中铁十七局集团铺架公司

李志林　中铁十七局集团公司贵阳枢纽项目部

秦呈权　中铁十七局集团公司机关车队

毕海江　中铁十七局集团四公司

史洪涛　中铁十七局集团四公司

潘生勤　中铁十七局集团物资公司

卢贤存　中铁十七局集团六公司

高长利　中铁十七局集团公司厦深铁路项目部

张文田　中铁十七局集团公司山西中南部铁路通道 5 标段项目部

河南省五一劳动奖章获得者

董　娟　中铁十五局集团三公司工程管理部副部长

王　振　中铁十五局集团二公司工人

王春晓　中铁十五局集团集疏港项目部副经理、总工程师

湖北省五一劳动奖章获得者

李小红　中铁十一局集团四公司董事长

尹衍成　中铁十一局集团四公司武汉地铁 24 标

段劳务工

李　明　中铁十一局集团公司副总工程师

顾湘生　中铁第四勘察设计院集团公司副总工程师

郭建湖　中铁第四勘察设计院集团公司地路处副总工程师

江苏省五一劳动奖章获得者

乌汝领　中铁十五局集团南京公司党委书记

福建省五一劳动奖章获得者

卢贤存　中铁十七局集团六公司

【火车头奖章获得者】

陈志杰　中国土木工程集团公司副总经理

甘胜银　中铁十一局集团二公司汉宜铁路项目部项目经理

杨志刚　中铁十二局集团七公司精测队队长

刘　敏　中铁十三局集团四公司党委书记

刘立新　中铁十四局集团五公司汝郴高速公路项目部工程师

杨运堂　中铁十五局集团一公司董事长

蔡福坤　中铁十六局集团北京公司七分公司技师

张宝明　中铁十七局集团石武铁路客运专线三分部项目经理

杨仕才　中铁十八局集团三公司队长

杜日鹏　中铁十九局集团公司副总经济师

王选尚　中铁二十局集团公司副总经理

张天舒　中铁二十一局集团电务电化公司董事长

刘小东　中铁二十二局集团一公司津秦铁路客运专线项目部技工

王忠谋　中铁二十三局集团一公司董事长

鲁善德　中铁二十四局集团南昌铁路公司作业队长

龙治国　中铁二十五局集团广州公司赣韶项目部党工委副书记

汪文忠　中铁建设集团公司董事长

韦选毅　中铁建电气化局集团公司工会工作部科员

刘永进　中铁建电气化局集团三公司董事长

王晓飞　中铁房地产集团北京天太金海置业公司副总经理

李国良　中铁第一勘察设计院集团公司副总工程师

周宇冠　中铁第四勘察设计院集团公司线站处副总工程师

杨岳勤　中铁第五勘察设计院集团公司总工程师

杨敏捷　中铁上海设计院集团公司桥隧处桥梁一所所长

刘燕华　中铁建（北京）商务管理公司物业管理公司副主任

陈继柏　中国铁建股份公司北京培训中心党委书记

许顺生　中国铁建股份公司副总经济师

【专项火车头奖章获得者】

高速铁路和铁路客运专线建设火车头奖章获得者

文　平　中铁十一局集团公司南京铁路枢纽 NJ－2 标段项目经理部副经理

李　明　中铁十一局集团公司沪杭铁路客运专线 6 标段项目部项目经理

李向阳　中铁十一局集团公司沪杭铁路客运专线 6 标段项目部副经理

郝晋峰　中铁十二局集团公司京沪高速铁路土建 4 标段项目经理部副经理

赵常煜　中铁十二局集团公司京沪高速铁路土建 4 标段项目经理部总工程师

李恒太　中铁十二局集团公司京沪高速铁路土建 4 标段十三工区项目经理

张志安　中铁十二局集团公司京沪高速铁路土建 4 标段定远制板场经理

康明松　中铁十二局集团公司京沪高速铁路土建 4 标段架桥项目部经理

梁建忠　中铁十二局集团公司京沪高速铁路土建 4 标段八工区经理

李晓明　中铁十二局集团公司京沪高速铁路 4 标段三工区试验工

阎保家　中铁十二局集团公司京沪高速铁路济南西客站工程指挥部指挥长

魏中秀　中铁十二局集团公司郑西铁路客运专线指挥部副指挥长

王　林　中铁十二局集团公司郑西铁路客运专线指挥部二项目部三分部项目经理

柯永泉　中铁十二局集团公司沪杭铁路客运专线 4 标段项目部常务副经理

石　斌　中铁十二局集团公司沪杭铁路客运专线 4 标段项目部常务副经理

马天明　中铁十四局集团公司京沪高速铁路土建 4 标段十工区项目部副经理

王可用　中铁十四局集团公司京沪高速铁路土建 4 标段十工区项目部副经理

郑云亭　中铁十四局集团公司京沪高速铁路土建 4 标段十工区项目部工区经理

徐万鹏　中铁十五局集团公司京沪高速铁路土建

4标段十一工区项目部副经理

许传波　中铁十五局集团公司京沪高速铁路土建4标段十一工区项目部副经理

罗　旭　中铁十五局集团公司京沪高速铁路土建4标段十一工区项目部工区经理

俞　剑　中铁十六局集团公司京沪高速铁路土建3标段八工区六分部经理

刘瑞军　中铁十六局集团公司京沪高速铁路土建3标段八工区五分部经理

胡　伟　中铁十六局集团公司京沪高速铁路土建3标段八工区一分部总工程师

刘海涛　中铁十六局集团公司郑西铁路客运专线指挥部计财部副部长

刘　彬　中铁十六局集团公司郑西铁路客运专线指挥部安质部部长

梁　毅　中铁十七局集团公司京沪高速铁路土建1标段项目经理部常务副经理

周志和　中铁十七局集团公司京沪高速铁路土建1标段项目经理部部长

贾建平　中铁十七局集团公司京沪高速铁路土建途标段一工区经理

刘烈生　中铁十七局集团公司京沪高速铁路土建1标段二工区经理

张山城　中铁十七局集团公司京沪高速铁路土建1标段六工区经理

陈志贵　中铁十七局集团公司京沪高速铁路土建1标段七工区经理

吴成明　中铁十七局集团公司京沪高速铁路土建1标段架梁四队工班长

王建平　中铁十七局集团公司郑西铁路客运专线项目部总工程师

王树国　中铁十七局集团公司郑西铁路客运专线项目部党工委书记

梁　毅　中铁十七局集团公司京津城际铁路项目部项目经理

王应权　中铁十七局集团四公司常务副总经理

李有林　中铁十七局集团公司南广高速铁路项目部党工委书记

行平义　中铁十七局集团公司南广高速铁路项目部梁场经理

樊泽海　中铁十七局集团公司南广高速铁路项目部工区经理

李玉华　中铁十八局集团公司京沪高速铁路土建1标段梁场工区工区长

苏跃辉　中铁十八局集团公司京沪高速铁路土建1标段架梁八队铺架经理

杜殿锁　中铁十八局集团公司京津城际铁路项目部副总工程师

王佳贵　中铁十九局集团公司京沪高速铁路项目部常务副经理

孔祥仁　中铁十九局集团公司京沪高速铁路土建1标段铺架工区项目经理

刑兆伟　中铁二十三局集团公司郑西铁路客运专线工程指挥部指挥长

谢书渊　中铁二十三局集团公司郑西铁路客运专线工程指挥部总工程师

许建华　中铁二十四局集团上海电务电化公司上海分公司项目经理

吴鹤敏　中铁二十四局集团公司沪杭铁路客运专线1标段项目部常务副经理

王志刚　中铁二十四局集团公司沪杭铁路客运专线1标段项目部副经理

葛　斌　中铁二十五局集团公司郑西铁路客运专线工程指挥部指挥长

李周玉　中铁二十五局集团公司郑西铁路客运专线工程指挥部常务副指挥长

郭志光　中铁建电气化局集团公司郑西铁路客运专线工程指挥部指挥长

陈宝军　中铁建电气化局集团南方公司副总经理

董建林　中铁建电气化局集团公司郑西铁路客运专线工程指挥部项目经理

冯晓河　中铁建电气化局集团公司郑西铁路客运专线工程指挥部项目经理

李长波　中铁建电气化局集团公司郑西铁路客运专线工程指挥部项目经理

谢静高　中铁建电气化局集团公司郑西铁路客运专线工程指挥部副指挥长

郭栋林　中铁第一勘察设计院集团监理公司京沪高速铁路土建监理1标段项目部副总监理工程师

高文超　中铁第一勘察设计院集团监理公司南京铁路枢纽监理项目部副总监理工程师

刘梦然　中铁第一勘察设计院集团监理公司站长

胡　进　中铁第一勘察设计院集团公司沪宁城际铁路站后工程监理项目部常务副总监

周益宏　中铁第一勘察设计院集团公司沪宁城际铁路站后工程监理项目部监理三组组长

张西兰　中铁第四勘察设计院集团监理公司京沪高速铁路土建监理1标段项目部副总监理工程师

王长法　中铁第四勘察设计院集团公司京沪高速铁路工程指挥部常务副指挥长

徐绪宝　中铁第四勘察设计院集团公司沪杭铁路客运专线建设指挥部副指挥长

易有森　中铁第四勘察设计院集团公司京津城际铁路监理1标段项目经理

李克贤　北京铁城监理公司京沪高速铁路土建监理3标段项目部总监理工程师

邵晓军　北京铁城监理公司京沪高速铁路土建监理3标段项目部第五监理组组长

陈如意　北京铁城监理公司沪杭铁路客运专线2标段项目部总监理工程师

铁路客运专线建设火车头奖章获得者

岳荣华　中铁十一局集团公司沪杭铁路客运专线6标段项目部一工区经理

王　刚　中铁十一局集团公司沪杭铁路客运专线6标段项目部二工区经理

吴志祥　中铁十一局集团公司汉宜铁路项目部总工程师

文中求　中铁十一局集团公司合武铁路项目部计财部副部长

吕建伟　中铁十一局集团公司哈大铁路客运专线铺轨项目部副经理

陈仕猛　中铁十一局集团公司兰渝铁路4标段项目部副经理

翟志才　中铁十一局集团公司京石铁路客运专线项目部分部项目书记

曾稳根　中铁十一局集团公司京石铁路客运专线项目部分部项目经理

李主连　中铁十一局集团公司京石铁路客运专线项目部分部项目书记

李　科　中铁十一局集团公司京石铁路客运专线项目部分部项目副经理

陈建法　中铁十一局集团公司京石铁路客运专线项目部副经理

甘胜银　中铁十一局集团公司杭长铁路客运专线浙江段项目部常务副经理

龙世荣　中铁十一局集团五公司杭长铁路客运专线浙江段项目部党工委副书记

崔力波　中铁十一局集团公司石武铁路客运专线湖北段项目部副经理

刘立军　中铁十一局集团公司石武铁路客运专线湖北段一公司项目部副经理

李书兵　中铁十一局集团公司石武铁路客运专线湖北段二公司项目部经理

蔡小华　中铁十一局集团公司石武铁路客运专线湖北段二公司项目部总工程师

杨方启　中铁十一局集团公司石武铁路客运专线湖北段三公司项目部领工员

汪志刚　中铁十一局集团公司石武铁路客运专线湖北段四公司项目部经理

许广利　中铁十一局集团公司石武铁路客运专线湖北段五公司项目部值班员

陈玉英　中铁十一局集团公司石武铁路客运专线湖北段桥梁公司项目总工程师

王　强　中铁十一局集团公司合福铁路客运专线安徽段站前7标段项目二分部经理

黄文忠　中铁十一局集团公司合福铁路客运专线安徽段站前7标段项目桥梁分部经理

王　波　中铁十一局集团公司京福铁路客运专线闽赣一项目部经理

陈永平　中铁十一局集团公司京福铁路客运专线闽赣三项目部经理

唐双林　中铁十一局集团公司渝利铁路项目部二分部经理

郑天真　中铁十一局集团公司湘桂铁路扩改工程指挥部党工委书记

肖海涛　中铁十一局集团公司山西中南部铁路通道7标段项目部副经理

董瑞武　中铁十一局集团公司大西铁路客运专线工程指挥部副指挥长

余　霖　中铁十一局集团公司兰新铁路甘青段项目部经理

杨汉国　中铁十一局集团公司兰新铁路甘青段项目部副经理

常铁良　中铁十二局集团公司沪杭铁路客运专线4标段项目部六工区经理

张福财　中铁十二局集团公司沪杭铁路客运专线4标段项目部一工区经理

马锡才　中铁十二局集团公司沪杭铁路客运专线4标段项目部梁场场长

杨爱民　中铁十二局集团公司汉宜铁路项目部总工程师

张有才　中铁十二局集团公司广深港铁路客运专线隧道2标段项目部副经理

苏　旭　中铁十二局集团公司向莆铁路工程指挥部预算员

李红斌　中铁十二局集团公司贵广铁路第三项目部经理

李　青　中铁十二局集团公司贵广铁路第六项目部党工委书记

卢子江　中铁十二局集团公司贵广铁路天平山隧道进口项目部经理

王志强　中铁十二局集团公司京石铁路客运专线项目部总工程师

闫鹏华　中铁十二局集团公司京石铁路客运专线

项目部总会计师

冯　辉　中铁十二局集团公司京石铁路客运专线项目部分部项目经理

王双龙　中铁十二局集团公司宁安铁路1标段工程指挥部总工程师

洪成林　中铁十二局集团公司宁安铁路1标段工程指挥部四分项目部经理

武常明　中铁十二局集团公司宁安铁路6标段工程指挥部副指挥

张鹏翔　中铁十二局集团公司宁安铁路1标段工程指挥部一分项目部总工程师

李　峰　中铁十二局集团公司渝利铁路项目部一分部总工程师

李剑波　中铁十二局集团公司渝利铁路项目部三分部经理

张新生　中铁十二局集团公司柳南铁路5标段工程指挥部常务副指挥长

张学文　中铁十二局集团公司柳南铁路5标段工程指挥部一项目部经理

祁玺剑　中铁十二局集团公司山西中南部铁路通道1标段项目经理

王　勇　中铁十二局集团公司山西中南部铁路通道1标段项目副经理

李士元　中铁十二局集团公司山西中南部铁路通道2标段项目经理

王卫宏　中铁十二局集团公司大西铁路客运专线工程指挥部副指挥长

程瑞强　中铁十二局集团公司兰新铁路第二双线项目部制梁场工区长

王显新　中铁十二局集团公司兰新铁路第二双线项目部二工区试验员

范　军　中铁十二局集团公司兰新铁路第二双线甘青段项目部常务副经理

蒲振兴　中铁十二局集团公司厦深铁路项目部总工程师

刘绍石　中铁十三局集团公司兰渝铁路4标段工程指挥部常务副指挥长

刘玉清　中铁十三局集团公司兰渝铁路4标段工程指挥部四分部经理

崔永军　中铁十三局集团三公司贵广铁路工程指挥部常务副指挥长

耿占华　中铁十三局集团三公司贵广铁路第三项目部经理

张洪斌　中铁十三局集团三公司贵广铁路第三项目部总工程师

贺胜槐　中铁十三局集团公司沪昆铁路客运专线贵州段工程指挥部项目经理

杨家福　中铁十三局集团公司京石铁路客运专线项目部分部项目经理

孙允武　中铁十三局集团公司京石铁路客运专线项目部经理

蔡维栋　中铁十三局集团公司京石铁路客运专线项目部分部项目经理

段春凯　中铁十三局集团公司京石铁路客运专线项目部分部项目经理

范玉科　中铁十三局集团公司京石铁路客运专线项目部分部项目经理

王忠良　中铁十三局集团公司沪昆铁路客运专线江西段4标段项目部总工程师

王　涛　中铁十三局集团公司合福铁路客运专线安徽段站前2标段项目部副经理

徐　君　中铁十三局集团公司合福铁路客运专线安徽段站前2标段项目四分部经理

李红星　中铁十三局集团公司哈齐铁路客运专线项目部办公室主任

施海涛　中铁十三局集团公司哈齐铁路客运专线项目部二分部党工委书记

谢伟东　中铁十三局集团公司哈齐铁路客运专线项目部一分部经理

戴文革　中铁十三局集团公司哈齐铁路客运专线项目部常务副经理

王保国　中铁十三局集团公司兰新铁路第二双线甘肃段项目部经理

张守海　中铁十四局集团公司广深港铁路客运专线综合1标段项目部副经理

赵克东　中铁十四局集团公司向莆铁路工程指挥部指挥长

谢晋水　中铁十四局集团公司贵广铁路工程指挥部指挥长

徐　峰　中铁十四局集团公司贵广铁路工程指挥部第四项目部工长

苏　斌　中铁十四局集团公司沪昆铁路客运专线贵州段工程指挥部指挥长

汪庆海　中铁十四局集团公司石武铁路客运专线河北段项目部副经理

王知章　中铁十四局集团公司石武铁路客运专线河北段项目部测量队长

段　浩　中铁十四局集团公司石武铁路客运专线河北段项目部副总工程师

付仁刚　中铁十四局集团公司石武铁路客运专线河北段项目部财务部长

潘志刚　中铁十四局集团公司石武铁路客运专线

河北段项目部分部项目经理

刘　勇　中铁十四局集团公司石武铁路客运专线河北段项目部分部项目经理

李双军　中铁十四局集团公司成绵乐铁路工程指挥部工程部长

孙成新　中铁十四局集团公司成绵乐铁路工程指挥部二工区项目经理

程相华　中铁十四局集团公司云桂铁路广西段项目部经理

张仁群　中铁十五局集团公司广深港铁路客运专线综合4标段项目部主任

胡志广　中铁十五局集团公司广深港铁路客运专线综合4标段项目部五工区经理

曾照勇　中铁十五局集团公司哈齐铁路客运专线项目部一分部经理

杜保中　中铁十五局集团公司哈齐铁路客运专线项目部二分部经理

徐兵涛　中铁十五局集团公司哈齐铁路客运专线项目部副经理

唐振航　中铁十五局集团公司大西铁路客运专线第四项目部钳工班班长

李户名　中铁十五局集团公司沪昆铁路客运专线江西段1标段项目部安全总监

孙成聚　中铁十六局集团公司石武铁路客运专线河南段项目二分部常务副经理

陈炳祥　中铁十六局集团公司兰渝铁路2标段项目部常务副经理

汪文定　中铁十六局集团公司贵广铁路第二项目部工区长

王世达　中铁十六局集团公司贵广铁路第三项目部工程师

孙宝柱　中铁十六局集团公司贵广铁路第四项目部副经理

陈　斌　中铁十六局集团公司沪昆铁路客运专线江西段5标段项目部安全总监

林　贵　中铁十六局集团公司哈齐铁路客运专线项目部六分部总工程师

王彦英　中铁十六局集团公司哈齐铁路客运专线项目部三分部经理

朱克法　中铁十六局集团公司哈齐铁路客运专线项目部副经理

朱红庆　中铁十六局集团公司兰新铁路第二双线项目部副经理

公彦良　中铁十六局集团公司兰新铁路第二双线项目部二工区高级工程师

罗海鹏　中铁十七局集团公司汉宜铁路项目部分部经理

何　进　中铁十七局集团公司广深港铁路客运专线综合2标段项目部副经理

马顺利　中铁十七局集团公司海南东环铁路项目部副经理

朱云飞　中铁十七局集团公司石武铁路客运专线河南段项目二分部经理

张卫国　中铁十七局集团公司沪昆铁路客运专线贵州段工程指挥部总工程师

郭志国　中铁十七局集团公司津秦铁路客运专线轨道制板场经理

王永红　中铁十七局集团公司津秦铁路客运专线一公司副总工程师

林建松　中铁十七局集团公司津秦铁路客运专线六公司工区项目经理

贾晓明　中铁十七局集团公司津秦铁路客运专线工区项目经理

王铁生　中铁十七局集团公司杭长铁路客运专线浙江段项目总会计师

吴昌金　中铁十七局集团公司杭长铁路客运专线浙江段二分部队长

张永红　中铁十七局集团公司杭甬铁路客运专线工程指挥部常务副指挥长

卢庆怀　中铁十七局集团公司杭甬铁路客运专线工程指挥部一工区经理

唐成凤　中铁十七局集团公司杭甬铁路客运专线工程指挥部二工区经理

吴传模　中铁十七局集团公司杭甬铁路客运专线工程指挥部三工区经理

唐海军　中铁十七局集团公司杭甬铁路客运专线工程指挥部四工区技术员

孙陈锋　中铁十七局集团公司杭甬铁路客运专线工程指挥部技术员

单联香　中铁十七局集团公司宁杭铁路客运专线3标段工程指挥部党工委副书记

谢少平　中铁十七局集团公司宁杭铁路客运专线3标段工程指挥部征迁协调员

王向东　中铁十七局集团公司宁杭铁路客运专线3标段工程指挥部一分项目部项目经理

苗永平　中铁十七局集团公司宁杭铁路客运专线3标段工程指挥部二分项目部工程师

刘新福　中铁十七局集团公司宁安铁路6标段工程指挥部一分项目部总工程师

罗嗣学　中铁十七局集团公司宁安铁路工程指挥部部长

叶　明　中铁十七局集团公司宁安铁路工程指挥

部一分部技术员

王领勤　中铁十七局集团公司京福铁路客运专线闽赣项目部副指挥长

李永珑　中铁十七局集团公司成绵乐铁路工程指挥部常务副指挥长

陈锦飞　中铁十七局集团公司成绵乐铁路工程指挥部党工委副书记

薛宝珠　中铁十七局集团公司成绵乐铁路工程指挥部总工程师

薛　晋　中铁十七局集团公司南广铁路项目部副经理

陈嘉宾　中铁十七局集团公司南广铁路项目部驻地指挥部总工程师

曹国平　中铁十七局集团公司南广铁路项目部总工程师

李　强　中铁十七局集团公司南广铁路项目部机械二队队长

刘友平　中铁十七局集团公司山西中南部铁路通道5标段项目部常务副经理

唐俊林　中铁十七局集团公司山西中南部铁路通道5标段一分部副总工程师

郝　军　中铁十七局集团公司兰新铁路第二双线甘青段项目部经理

王智杰　中铁十七局集团公司福厦铁路项目部木兰溪分部党工委书记

崔连友　中铁十八局集团公司向莆铁路工程指挥部指挥长

刘映红　中铁十八局集团公司石武铁路客运专线河南段项目部副指挥长

史振春　中铁十八局集团公司兰渝铁路西秦岭隧道工程指挥部常务副指挥长

李春野　中铁十八局集团公司贵广铁路工程指挥部副指挥长

赵　勇　中铁十八局集团公司贵广铁路第二项目部经理

杜殿锁　中铁十八局集团公司津秦铁路客运专线项目部副指挥长

刘永庆　中铁十八局集团公司津秦铁路客运专线项目部总会计师

卢庆练　中铁十八局集团公司津秦铁路客运专线项目部总经济师

范传亮　中铁十八局集团公司津秦铁路客运专线项目部副指挥长

白军华　中铁十八局集团公司渝利铁路项目部一工区经理

杨长京　中铁十八局集团公司柳南铁路工程4标段二项目部经理

金　学　中铁十八局集团公司柳南铁路工程4标段三项目部经理

纪　飞　中铁十八局集团公司山西中南部铁路通道12标段一分部常务副经理

蒋东磊　中铁十八局集团公司山西中南部铁路通道12标段二分部经理

张宗宝　中铁十八局集团公司大西铁路客运专线第一项目部工区经理

高永亮　中铁十八局集团公司兰新铁路第二双线甘青段项目部经理

张学生　中铁十八局集团公司兰新铁路第二双线甘青段项目部副经理

孙鸿雁　中铁十八局集团公司兰新铁路第二双线甘青段项目部副经理

胡　林　中铁十八局集团公司兰新铁路第二双线甘青段项目部副经理

解佳飞　中铁十九局集团公司长吉城际铁路项目部经理

姜明友　中铁十九局集团公司海南东环铁路项目部常务副经理

王　涛　中铁十九局集团公司石武铁路客运专线河南段项目部副总工程师

周　烨　中铁十九局集团公司兰渝铁路1标段项目部总工程师

张宝永　中铁十九局集团公司兰渝铁路1标段项目部安全总监

刘贵乐　中铁十九局集团公司杭长铁路客运专线浙江段项目部党工委书记

黄祥平　中铁十九局集团矿业公司杭长铁路客运专线浙江段分部书记

张明杰　中铁十九局集团公司沪昆铁路客运专线江西段8标段项目部常务副经理

刘春虹　中铁十九局集团公司合蚌铁路客运专线站前1标段项目部总工程师

房文明　中铁十九局集团公司合蚌铁路客运专线站前1标段项目部一工区经理

石忠祥　中铁十九局集团公司合蚌铁路客运专线站前1标段项目部八工区经理

马南飞　中铁十九局集团公司总经理助理

林占武　中铁十九局集团公司盘营铁路2标段项目部党工委书记

庞克辉　中铁十九局集团公司盘营铁路2标段项目部副经理

白春涛　中铁十九局集团公司盘营铁路2标段五工区经理

刘　义　中铁十九局集团公司盘营铁路2标段铺架工区工程师

孙　朦　中铁十九局集团公司盘营铁路2标段盘山梁场总工程师

姜长清　中铁十九局集团公司南坎铁路工程指挥部指挥长

刘　智　中铁十九局集团公司大西铁路客运专线工程指挥部指挥长

陈金荣　中铁十九局集团公司兰新铁路第二双线甘青段项目部经理

李长城　中铁十九局集团公司厦深铁路项目部副指挥长

韩建红　中铁二十局集团公司石武铁路客运专线河南段项目部经理

张文峰　中铁二十局集团公司沪昆铁路客运专线贵州段工程指挥部常务副指挥长

祝建周　中铁二十局集团公司南广铁路项目部经理

李玉洁　中铁二十局集团公司哈齐铁路客运专线项目部一分部经理

张利民　中铁二十局集团公司哈齐铁路客运专线项目部二分部经理

袁战会　中铁二十局集团公司哈齐铁路客运专线项目部副经理

邓有辉　中铁二十局集团公司兰新铁路第二双线项目部工程部工程师

田国煜　中铁二十局集团公司兰新铁路第二双线项目部三工区班长

任少强　中铁二十局集团公司兰新铁路第二双线甘青段项目部经理

王流宝　中铁二十局集团公司兰新铁路第二双线甘青段项目部工区经理

孙　壮　中铁二十一局集团公司向莆铁路项目部领工员

周万平　中铁二十一局集团公司滦县制梁厂经理

王宝军　中铁二十一局集团公司津秦铁路客运专线二分部项目经理

史保真　中铁二十一局集团公司津秦铁路客运专线三分部项目经理

刘万奇　中铁二十一局集团公司津秦铁路客运专线项目部副指挥长

杨红亮　中铁二十一局集团公司京石铁路客运专线项目部总工程师

冯建军　中铁二十一局集团公司中南部铁路通道13标段项目部常务副经理

王志贵　中铁二十一局集团公司中南部铁路通道13标段项目部副经理

李光军　中铁二十一局集团公司大西铁路客运专线第三项目部项目经理

何学东　中铁二十一局集团公司兰新铁路第二双线项目部二工区工程师

董治国　中铁二十一局集团公司兰新铁路第二双线项目部三工区拌合站操作工

杨志安　中铁二十二局集团一公司沪昆铁路客运专线贵州段二项目部经理

王庆银　中铁二十二局集团公司津秦铁路客运专线项目部总工程师

杨士印　中铁二十二局集团电气化公司副总经理

吴延江　中铁二十二局集团二公司党委书记

谢三立　中铁二十二局集团公司津秦铁路客运专线项目部财务总监

刘洪亮　中铁二十二局集团公司京石铁路客运专线项目部总工程师

滕忠波　中铁二十二局集团公司哈齐铁路客运专线项目部二分部经理

郭有宏　中铁二十二局集团公司哈齐铁路客运专线项目部副经理

张国华　中铁二十二局集团公司哈齐铁路客运专线项目部常务副经理

刘保华　中铁二十二局集团公司柳南铁路工程3标段工程指挥部党工委书记

袁　毅　中铁二十二局集团公司柳南铁路工程3标段工程指挥部总工程师

吴文华　中铁二十三局集团公司向莆铁路青云山隧道1号斜井队副队长

郭庆堂　中铁二十三局集团公司贵广铁路第二项目部经理

刘　德　中铁二十三局集团二公司贵广铁路项目部桥梁架子队工长

王恩和　中铁二十三局集团公司沪昆铁路客运专线工程指挥部党委书记

陈绍秋　中铁二十三局集团公司石武铁路客运专线湖北段项目部工程部部长

段树东　中铁二十三局集团公司石武铁路客运专线湖北段一项目部副经理

朱建国　中铁二十三局集团公司石武铁路客运专线湖北段二项目部党工委书记

陈柏树　中铁二十三局集团公司石武铁路客运专线湖北段三项目部工程队队长

陈三彪　中铁二十三局集团公司石武铁路客运专线湖北段五项目部经理

王家新　中铁二十三局集团公司石武铁路客运专

线湖北段六项目部经理

孙　恩　中铁二十三局集团公司石武铁路客运专线湖北段轨道项目部副总工程师

漆　睿　中铁二十三局集团公司渝利铁路项目部副总工程师

许伟书　中铁二十四局集团公司沪杭铁路客运专线1标段项目部经理

倪　峰　中铁二十四局集团公司沪杭铁路客运专线1标段项目部工区副经理

林祝斌　中铁二十四局集团公司向莆铁路项目部副经理

郑军峰　中铁二十四局集团福建公司沪昆铁路客运专线贵州段指挥长

陆喜钢　中铁二十四局集团公司杭甬铁路客运专线工程指挥部常务副指挥

徐建平　中铁二十四局集团公司杭甬铁路客运专线工程指挥部五分部经理

朱成龙　中铁二十四局集团公司杭甬铁路客运专线工程指挥部一分部电工

来培荣　中铁二十四局集团公司杭甬铁路客运专线工程指挥部分部副经理

肖方锦　中铁二十四局集团公司武九铁路联络线项目部经理

陈爱民　中铁二十四局集团公司宁杭铁路客运专线4标段工程指挥部常务副指挥

林瑞棋　中铁二十四局集团公司宁杭铁路客运专线4标段工程指挥部一分项目部总工程师

胡　斌　中铁二十四局集团公司宁杭铁路客运专线4标段工程指挥部二分项目部架子队长

李　箭　中铁二十四局集团公司宁杭铁路客运专线4标段工程指挥部三分项目部前期办主任

郑志强　中铁二十四局集团公司京福铁路客运专线闽赣项目部党工委副书记

侯建民　中铁二十四局集团公司厦深铁路项目部安全总监

宋文胜　中铁二十四局集团公司合福铁路客运专线安徽段站前4标段项目部常务副经理

杨　东　中铁二十四局集团公司合福铁路客运专线安徽段站前4标段项目部五分部经理

毛盛泰　中铁二十五局集团公司广珠城际铁路房建第四项目部总工程师

梁木华　中铁二十五局集团公司广珠城际铁路房建第五项目部经理

林纯仁　中铁二十五局集团公司海南东环铁路项目部经理

周柱军　中铁二十五局集团公司南广铁路项目部桥梁工区副工长

阳克文　中铁二十五局集团公司南广铁路项目部总工程师

唐荣辉　中铁二十五局集团公司南广铁路项目部经理

隋瑞凌　中铁二十五局集团公司湘桂铁路扩能改造工程1标段工程指挥部指挥长

李　晋　中铁二十五局集团公司大西铁路客运专线第三项目部实验室副主任

杨再清　中铁建设集团公司哈大铁路客运专线项目部指挥长

宋璟毅　中铁建设集团公司海南铁路站房项目部经理

万　靖　中铁建电气化局集团公司汉宜铁路项目部常务副经理

周建文　中铁建电气化局集团公司长吉城际铁路项目部经理

冯大立　中铁建电气化局集团公司石武铁路客运专线河南段项目部总工程师

李　刚　中铁建电气化局集团公司石武铁路客运专线河北段项目部副经理

龙浩畅　中铁建电气化局集团公司石武铁路客运专线河北段项目部分部副经理

齐东会　中铁建电气化局集团公司石武铁路客运专线河北段项目部分部项目总工程师

何　伟　中铁建电气化局集团公司石武铁路客运专线湖北段“四电”集成项目副经理

郑克伟　中铁建电气化局集团公司石武铁路客运专线湖北段“四电”集成项目总工程师

张学哲　中铁建电气化局集团公司宁杭铁路客运专线“四电”集成工程指挥部副指挥

毛　伟　中铁建电气化局集团公司宁杭铁路客运专线“四电”集成工程指挥部电气化分项目部工程师

肖　勇　中铁建电气化局集团公司福厦铁路“四电”集成接触网项目部经理

陈　冰　中铁第一勘察设计院集团公司哈大铁路客运专线工程指挥部常务副指挥长

宾兴旺　中铁第一勘察设计院集团监理公司哈大铁路客运专线总监

刘战奇　中铁第一勘察设计院集团监理公司向莆铁路监理部副总监

刘国庆　中铁第一勘察设计院集团公司兰渝铁路夏官营至广元段工程指挥部所总

刘　云　中铁第一勘察设计院集团工程咨询监理公司沪昆铁路客运专线贵州段副总监

袁亚军　中铁第一勘察设计院集团监理公司石武

铁路客运专线湖北段副总监

黄振海　中铁第一勘察设计院集团监理公司石武铁路客运专线湖北段测量监理员

曲　南　中铁第一勘察设计院集团工程监理公司合蚌铁路客运专线监理站总监理工程师

卢晓刚　中铁第一勘察设计院集团监理公司联合体合福铁路客运专线安徽段监理 2 标段项目部副总监理工程师

吴年仁　中铁第一勘察设计院集团监理公司山西中南部铁路通道监理部总监理工程师

刘建利　中铁第一勘察设计院集团公司线运处设计二所副总工程师

宫万国　中铁第一勘察设计院集团公司新疆指挥部项目副总体

吉俊福　中铁第一勘察设计院集团监理公司监理

李　响　中铁第一勘察设计院集团公司甘青指挥部常务副指挥长

任军辉　中铁第一勘察设计院集团公司甘青指挥部副指挥长

马立新　中铁第一勘察设计院集团公司兰新铁路第二双线甘青段监理站副总监

牛迎国　中铁第一勘察设计院集团公司兰新铁路第二双线甘青段监理站中心试验室主任

陈建禹　中铁第一勘察设计院集团公司福厦铁路监理 1 标段副总监

薛照钧　中铁第四勘察设计院集团公司沪杭铁路客运专线指挥部指挥长

陈晓波　中铁第四勘察设计院集团公司沪杭铁路客运专线指挥部项目副指挥长

陈厚文　中铁第四勘察设计院集团公司沪汉蓉铁路建设指挥部项目设计总体

邓朝辉　中铁第四勘察设计院集团公司高级工程师

孙　辉　中铁第四勘察设计院集团公司高级工程师

沈学军　中铁第四勘察设计院集团公司城建院副总工程师

唐卫平　中铁第四勘察设计院集团工程监理咨询公司高级工程师

韩　冶　中铁第四勘察设计院集团公司哈大铁路客运专线咨询项目部副总咨询师

颜正发　中铁第四勘察设计院集团工程监理咨询公司副总监理工程师

陈　占　中铁第四勘察设计院集团公司处副总工程师

杨　剑　中铁第四勘察设计院集团公司贵广铁路工程指挥部贺广段隧道专册

江荣丰　中铁第四勘察设计院集团公司杭长铁路客运专线浙江段建设指挥部副总体

彭文成　中铁第四勘察设计院集团公司杭甬铁路客运专线建设指挥部桥梁负责人

盛　勇　中铁第四勘察设计院集团公司杭长铁路建设指挥部副指挥长

张德和　中铁第四勘察设计院集团公司—德国沃森公司联合体 1 标段项目部副总监

戴启元　中铁第四勘察设计院集团公司石武铁路客运专线副总体工程师

徐东文　中铁第四勘察设计院集团工程监理咨询公司宁杭铁路客运专线监理 1 标段项目部副总监

谢少新　中铁第四勘察设计院集团工程监理咨询公司宁杭铁路客运专线监理 1 标段项目部监理工程师

余　兴　中铁第四勘察设计院集团公司宁杭铁路客运专线设计指挥部设计总体

洪　伟　中铁第四勘察设计院集团公司宁安铁路工程指挥部指挥长

王中南　中铁第四勘察设计院集团工程监理咨询公司宁安铁路监理站总监

叶兵成　中铁第四勘察设计院集团公司线站处合福铁路客运专线总体设计负责人

阳习丰　中铁第四勘察设计院集团公司隧道专业设计负责人

岳　林　中铁第四勘察设计院集团工程监理咨询公司联合体合福铁路客运专线安徽段监理 1 标段项目部副总监理工程师

刘善平　中铁第四勘察设计院集团公司湘桂铁路建设指挥部项目总体

刘和清　中铁第四勘察设计院集团工程监理咨询公司兰新铁路第二双线施工图审核项目部咨询师

张小坡　北京铁城监理公司沪杭铁路客运专线 2 标段项目部监理工程师

胡伴群　北京铁城监理公司汉宜铁路监理站监理组长

韩振明　北京铁城监理公司广深港铁路客运专线监理站总监

李清芳　北京铁城监理公司哈大铁路客运专线鞍山分站站长

梅东冬　北京铁城监理公司兰渝铁路 13 标段监理站总监理工程师

胡定坤　北京铁城监理公司副总监

袁国忠　北京铁城—德国欧博迈亚联合体杭长铁路客运专线浙江段第一副总监

安　宁　北京铁城监理公司武九联络线监理部总

监

樊金奎　北京铁城监理公司石武铁路客运专线湖北段总监

王　喆　北京铁城监理公司石武铁路客运专线湖北段副总监

杨柏林　北京铁城监理公司宁安铁路监理站副总监

黄平原　北京铁城监理公司成绵乐铁路监理部总监

韩应明　北京铁城监理公司兰新铁路第二双线监理部监理组长

王　斌　北京铁城监理公司兰新铁路第二双线甘青段监理站总监

施照堂　北京铁城监理公司厦深铁路总体监理办公室副总监

谭　风　中国铁建济南工程建设监理大西铁路客运专线监理站副总监

沙特麦加轻轨铁路建设火车头奖章获得者

吕　晶　中国土木工程集团公司沙特麦加轻轨铁路项目部

李春晖　中铁十一局集团公司沙特麦加轻轨铁路项目部

石栋昌　中铁十二局集团公司沙特麦加轻轨铁路项目部桥梁队队长

王　利　中铁十三局集团公司沙特麦加轻轨铁路项目部调度

张海涛　中铁十六局集团公司沙特麦加轻轨铁路项目部阿拉法特1车站工程师

卫建胜　中铁十七局集团公司沙特麦加轻轨铁路项目部总工程师

仲志武　中铁十八局集团公司沙特麦加轻轨铁路项目部高级工程师

刘本党　中铁十九局集团公司沙特麦加轻轨铁路项目部阿拉法特2车站工程师

王艳立　中铁建设集团公司沙特麦加轻轨铁路项目部精装修副总指挥

何明海　中铁建电气化局集团公司沙特麦加轻轨铁路项目部党工委书记

【中国援外奉献奖获得者】

中国土木工程集团公司中国援外奉献奖金奖获得者

靳　辉　陆大同　杜　坚　杨德瑞　徐元英
李　湘　郑明达　袁舒莲　张秀芳　王海涛
赵河海　白志云

中国土木工程集团公司中国援外奉献奖银奖获得者

彭　娜　赵仲宁　唐振玉　朱文英　杨春生
田智民　王克伟　曾昭海　赵　兵　张书舫
赵文斌　晏志华　王继荣　高兰亭　吕砚田
黄传赞　刘庆伟　钟　鼎　李业进　郑文进
陈　绥　傅燕凝　周梓婴　陈宝荣　董志军

【其他荣誉称号获得者】

全国第十一届范长江新闻奖

江耀明　中铁十二局集团公司党委宣传部部长

全国企业文化建设先进工作者

宋占波　中铁十七局集团公司

李炜强　中铁十七局集团公司

兰金星　中铁十七局集团六公司

和谐中国2010年度十大杰出企业家

杨永宏　中铁十七局集团五公司

中央企业先进职工标兵

袁　松　中铁二十三局集团公司副总工程师

中央企业先进职工

郭久明　中铁十七局集团三公司

潘文忠　中铁十三局集团二公司

洪淮斌　中铁二十四局集团福建铁路建设公司工程部副部长

中央企业优秀党务工作者

梁　君　中铁十三局集团公司

中央企业职工技能大赛优秀工作者

刘爱波　中国铁建股份公司人力资源部培训和职业技能鉴定处处长

熊　伟　中铁二十三局集团公司人力资源部副部长

全国"安康杯"竞赛组织工作先进个人

刘金林　中铁十八局集团公司

湖北省"安康杯"竞赛优秀组织者

朱明春　中铁十一局集团公司工会部长

山东省"安康杯"竞赛优秀组织者

李清泰　中铁十四局集团一公司副总经理

山东省富民兴鲁劳动奖章获得者

杨有诗　中铁十四局集团公司董事长、党委书记

马　军　中铁十四局集团隧道公司董事长

四川省优秀企业家

喻丕金　中铁二十三局集团五公司董事长、总经理

山西省一等功

王　忠　中铁十二局集团公司宜万铁路工程指挥部安质部长

刘金冬　中铁十二局集团公司宜万铁路工程指挥部计财部长

段双喜　中铁十二局集团二公司宜万铁路32标

段项目部总经济师

王学义　中铁十二局集团二公司宜万铁路32标段项目部总会计师

袁龙华　中铁十二局集团二公司宜万铁路32标段项目部物资部长

高永杰　中铁十二局集团二公司宜万铁路32标段项目部机电部长

何　锦　中铁十二局集团二公司宜万铁路32标段项目部机械队副队长

黄明成　中铁十二局集团二公司宜万铁路32标段项目部测量班长

李慧勇　中铁十二局集团二公司宜万铁路32标段项目部钻机司机

刘晓龙　中铁十二局集团二公司宜万铁路32标段项目部钻机司机

党忠信　中铁十二局集团二公司宜万铁路33标段项目部洞长

兰福东　中铁十二局集团二公司宜万铁路33标段项目部工程部长

屠树生　中铁十二局集团二公司宜万铁路33标段项目部安质部长

杜启运　中铁十二局集团二公司宜万铁路33标段项目部机械队队长

山西省优秀科技人才

刘巨海　中铁十七局集团二公司

山西省五一巾帼奖

苏晓燕　中铁十七局集团四公司

常鉴玲　中铁十七局集团五公司

山西省十大杰出女职工

常鉴玲　中铁十七局集团五公司

福建省重点项目建设功臣

田要成　中铁第四勘察设计院集团公司副院长

湖北省有突出贡献中青年专家及优秀科技工作者

许克亮　中铁第四勘察设计院集团公司副总工程师

2010年10月12日，中铁二十二局集团三公司为厦门翔安区马巷镇陈新社区救人英雄陈明嘉无偿援建的房子竣工，英雄陈明嘉(中)和母亲(右一)好开心。　(林榕龙 摄)

新建铁路云桂线云南段进行工程质量第三方检测。（王丽洁 提供）

统计资料

本栏责任编辑 **杨启燕**

中国铁建系统新签合同额完成情况统计表

（2010 年度）

单位：万元

数量 类别 / 单位	计划	内控计划	完成	其中：工程承包	其中：勘察设计咨询	其中：工业制造	其中：物资贸易	其中：房地产开发	其中：其他	其中：海外	完成计划（%）	完成内控计划（%）	2009 年同期完成	同比增长（%）
合计	45000000	50000000	74719829	67759182	757901	873612	4024686	1144841	159606	2591252	166. 0	149. 4	62426065	19. 7
中国土木工程集团公司	1000000	2000000	1182895	1105183	2946				74766	989565	118. 3	59. 1	3850431	－69. 3
中铁十一局集团公司	2750000	3000000	5692687	5667744		24943					207. 0	189. 8	3854002	47. 7
中铁十二局集团公司	2900000	3200000	5835366	5770541			64825			205249	201. 2	182. 4	4783960	22. 0
中铁十三局集团公司	2400000	2600000	4134518	4134518						78831	172. 3	159. 0	3281550	26. 0
中铁十四局集团公司	2400000	2600000	4641435	4641435						30997	193. 4	178. 5	2935764	58. 1
中铁十五局集团公司	2750000	3000000	4428482	4315058			113424			323645	161. 0	147. 6	3656574	21. 1
中铁十六局集团公司	2750000	3000000	4996656	4981105	172		15379				181. 7	166. 6	3971013	25. 8
中铁十七局集团公司	2750000	3000000	5441690	5419682			22008			36119	197. 9	181. 4	3699418	47. 1
中铁十八局集团公司	2750000	3000000	3627950	3627950						609068	131. 9	120. 9	4379368	－17. 2
中铁十九局集团公司	2750000	3000000	5433373	5433373							197. 6	181. 1	3558267	52. 7
中铁二十局集团公司	2400000	2600000	4351206	4297151		11102			42953		181. 3	167. 4	3025356	43. 8
中铁二十一局集团公司	1800000	2000000	3198519	3131471				45000	22048		177. 7	159. 9	2216625	44. 3
中铁二十二局集团公司	1800000	2000000	3065461	3065461							170. 3	153. 3	2064708	48. 5
中铁二十三局集团公司	1650000	1800000	2153914	2112503		31999			9412	215500	130. 5	119. 7	2377482	－9. 4
中铁二十四局集团公司	2200000	2400000	2943293	2911781		31512				3000	133. 8	122. 6	3030321	－2. 9
中铁二十五局集团公司	1800000	2000000	2898100	2805879	1792		90430				161. 0	144. 9	2323857	24. 7
中铁建设集团公司	1650000	1800000	2674751	2399012	7997		182300	85441		56430	162. 1	148. 6	1654051	61. 7
中铁建电气化局集团公司	1600000	2000000	1695872	1606732	3080	86061				431	106. 0	84. 8	2206259	－23. 1
中铁房地产集团公司	650000	700000	1014400					1014400		9940	156. 1	144. 9	353576	186. 9
中铁第一勘察设计院集团公司	170000	240000	303698	44917	258781					8196	178. 6	126. 5	246743	23. 1
中铁第四勘察设计院集团公司	270000	300000	315398	52026	263372					4087	116. 8	105. 1	297048	6. 2
中铁第五勘察设计院集团公司	90000	110000	145466	53685	90572				1210	11835	161. 6	132. 2	101239	43. 7
中铁上海设计院集团公司	80000	100000	95820	16782	79038						119. 8	95. 8	80019	19. 7
中铁物资集团公司	1800000	2000000	3540909				3536320		4589		196. 7	177. 0	2692272	31. 5
昆明中铁大型养路机械集团公司	200000	300000	204904			204904				3442	102. 5	68. 3	137853	48. 6
中铁轨道系统集团公司	400000	450000	484064			483092	1		971		121. 0	107. 6	401086	20. 7
北京铁城建设监理公司	27000	30000	50152		50152						185. 7	167. 2	36194	38. 6
中铁建中非建设有限公司			4917	4917						4917				
中国铁道建设（香港）有限公司	9000	10000												
诚合保险经纪（北京）有限责任公司	1300	1500	3657						3657		281. 3	243. 8	1030	255. 1
股份公司本级	1202700	758500	160275	160275							13. 3	21. 1	1210000	－87

制表：荆彩萍

中国铁建系统工程承包业务新签合同额完成情况统计表

（2010 年度）

单位：万元

类别／数量／单位	总计		铁路		公路		机场码头		水利电力		房屋建筑		城市轨道、地铁		市政		其他工程	
	项数	合同额	项数	合同额	项数	合同额	项数	合同额	项数	合同额	项数	合同额	项数	合同额	项数	合同额	项数	合同额
总　　计	2336	67759182	598	43367676	400	9418343	8	26346	151	1177320	454	5304896	155	3965994	423	3178596	147	1320012
占总投资%		100		64		14				2		8		6		5		2
中国土木工程集团公司	66	1107630	5	191188	18	436439	2	4287	3	100694	30	208396	3	145480	5	13855		7291
中铁十一局集团公司	104	5674133	28	4029930	23	782458			2	13615	13	95451	28	686091	5	41225	5	25363
中铁十二局集团公司	105	5780208	21	4043381	29	939389	2	875	9	41548	32	515707	7	182262	3	53035	2	4011
中铁十三局集团公司	125	4117457	11	2269791	31	564940	1	3038	8	168692	12	149057	22	519652	34	388724	6	53563
中铁十四局集团公司	148	4640689	20	2934183	31	814356			35	190857	22	149997	8	268136	24	181551	8	101609
中铁十五局集团公司	189	4345668	7	1832495	78	1517400			6	31273	9	257590	6	215580	42	304469	41	186861
中铁十六局集团公司	171	4950528	40	2889640	33	918722	1	8429	11	69877	22	209009	11	447822	46	379686	7	27344
中铁十七局集团公司	85	5465936	25	4077497	37	1084595			4	10948	6	23293	5	141211	5	82962	3	45429
中铁十八局集团公司	218	3581027	9	1200366	21	414106			24	196146	48	734144	9	318275	95	693243	12	24747
中铁十九局集团公司	117	5445157	36	3712641	19	313593	1	2242	13	190063	16	139059	12	343574	2	26871	18	717114
中铁二十局集团公司	76	4285224	34	3318999	19	590895				5342	6	85448	6	153078	10	127022	1	4441
中铁二十一局集团公司	135	3139595	92	2658328	7	173623			1	150	21	221018	2	1687	8	78870	4	5920
中铁二十二局集团公司	98	3058421	32	2517891	10	183608	1	7475	6	77539	16	96670	5	39311	17	109139	11	26789
中铁二十三局集团公司	88	2124609	26	1352632	10	300754			9	39159	7	55239	12	153380	16	189105	8	34341
中铁二十四局集团公司	178	2903648	59	2088210	15	229399					20	53065	5	60389	68	437327	11	35259
中铁二十五局集团公司	122	2801527	41	2366421	13	146457			9	2595	16	147635	7	73691	30	53987	6	10741
中铁建设集团公司	177	2399012	8	208480					3	20971	157	2161659			9	7902		
中铁建电气化局集团公司	84	1606109	60	1517957	5	5151			7	8893			6	56100	3	9464	3	8543
中铁第一勘察设计院集团公司	17	44917	17	44917														
中铁第四勘察设计院集团公司	16	52026	16	52026														
中铁第五勘察设计院集团公司	8	16782	6	15978											1	159	1	645
中铁上海设计院集团公司	6	53685	5	44726					1	8959								
中铁建中非建设有限公司	2	4917			1	2458					1	2459						
股份公司本级	1	160275											1	160275				

制表：荆彩萍

中国铁建系统企业总产值完成情况统计表

（2010 年度）

单位：万元

单位＼数量＼类别	计划	企业总产值								完成年度计划（%）	2009 年同期完成	同比增长（%）
		完成	其中						其中：海外			
			施工产值	勘察设计咨询	工业制造	物资贸易	房地产开发	其他营业收入				
合　计	37526150	47986570	42917612	827977	941725	2438960	546614	313682	2196242	127.9	36822537	30.3
中国土木工程集团公司	900000	745410	684220	4593				56597	664721	82.8	778766	-4.3
中铁十一局集团公司	2800000	3486682	3453369		30221	1945		1147	214118	124.5	3003017	16.1
中铁十二局集团公司	3100000	4376366	4365309					11057	222417	141.2	3560502	22.9
中铁十三局集团公司	1800000	2495332	2490179	2688		710		1755	6927	138.6	1765960	41.3
中铁十四局集团公司	2000000	2570369	2558321				12048		24445	128.5	2097199	22.6
中铁十五局集团公司	1800000	2714919	2606677		90574			17668	77778	150.8	1878090	44.6
中铁十六局集团公司	2200000	2719316	2676172		5708		18436	19000	25000	123.6	2168677	25.4
中铁十七局集团公司	2700000	3484462	3372169			104202		8091	109893	129.1	2746473	26.9
中铁十八局集团公司	2600000	3604104	3585996	1355	9861			6892	668188	138.6	2851946	26.4
中铁十九局集团公司	2600000	3028087	3027266					821	19041	116.5	2754076	9.9
中铁二十局集团公司	1700000	2073895	1965459		11102		27500	69834	77776	122.0	1524663	36.0
中铁二十一局集团公司	1400000	1815334	1810411					4923		129.7	1039896	74.6
中铁二十二局集团公司	1500000	1871012	1774600			20000	55660	20752		124.7	1214423	54.1
中铁二十三局集团公司	1500000	1902834	1827295		75144			395	33079	126.9	1510378	26.0
中铁二十四局集团公司	1900000	2200037	2107659		60923			31455	25802	115.8	2126395	3.5
中铁二十五局集团公司	1300000	1515207	1469684			33496	955	11072		116.6	835996	81.2

续表

类别 数量 单位	计划	企业总产值								完成年度计划(%)	2009年同期完成	同比增长(%)
		完成	其中						其中：海外			
			施工产值	勘察设计咨询	工业制造	物资贸易	房地产开发	其他营业收入				
中铁建设集团公司	1000000	1746969	1560591	163		185456		759	9291	174.7	786000	122.3
中铁建电气化局集团公司	1200000	1646913	1582235	1315	57688			5675		137.2	1233665	33.5
中铁房地产集团公司	350000	432015					432015			123.4	215276	100.7
中铁第一勘察设计院集团公司	220000	339503		339503					4723	154.3	301750	12.5
中铁第四勘察设计院集团公司	260000	270452		270452					10166	104.0	256000	5.6
中铁第五勘察设计院集团公司	80000	103500		103500						129.4	65800	57.3
中铁上海设计院集团公司	70000	78408		78408					2877	112.0	52652	48.9
中铁物资集团公司	1500000	2116278				2085797		30481		141.1	1408423	50.3
昆明中铁大型养路机械集团公司	350000	279475			279475					79.9	300001	-6.8
中铁轨道系统集团公司	400000	321029			321029					80.3	313694	2.3
北京铁城建设监理公司	25000	26000		26000						104.0	21144	23.0
中铁建(北京)商务管理公司	10000	13864				3809		10055		138.6	9305	49.0
中国铁道建设(香港)有限公司	5000	3545				3545				70.9		
诚合保险经纪(北京)有限责任公司	1200	3657						3657		304.8	955	282.9
北京培训中心	1500	1596						1596		106.4	1415	12.8
股份公司本级	253450											

制表：荆彩萍

中国铁建施工单位建筑业总产值按类别分完成情况统计表

（2010 年度）

单位：万元

单　　位	合计	铁路	公路	房屋建筑	市政	轻轨	地铁	水利	电力	机场	矿山	电信	其他
合　　计	42917612	24585909	9209526	2794545	2232105	887674	1364298	392478	317041	34404	163795	9849	925988
中国土木工程集团公司	684220	212523	219643	157668	58181								36205
中铁十一局集团公司	3453369	2085099	808523	37606	42579	66622	232489		7545			3000	169906
中铁十二局集团公司	4365309	2969669	1013938	170593	86633		94348	16562	8452	5114			
中铁十三局集团公司	2490179	1243168	609652	50193	252579	25875	214198	64347	15037	14900			230
中铁十四局集团公司	2558321	809201	1129448	110329	76528		114813	72879	82809		7351		154963
中铁十五局集团公司	2606677	867394	1168722	31367	279838		186577	14153	20668	171			37787
中铁十六局集团公司	2676172	1264534	537474	138389	335262	319408		53027	13334	9235			5509
中铁十七局集团公司	3372169	2147959	953842	92577	12863		65751	21057	7056	4984	10780	2059	53241
中铁十八局集团公司	3585996	1623397	589160	160361	523089	475769	75025	54321	64604				20270
中铁十九局集团公司	3027266	2193055	328161	19921	2496		157484	59197	48197		140584		78171
中铁二十局集团公司	1965459	1028490	661224	45377	63540		42434	22861	9080		4440	312	87701
中铁二十一局集团公司	1810411	1466969	244013	50513	20821		6932	361	1447				19355
中铁二十二局集团公司	1774600	1241538	239711	71064	86287		16995	13221	19073				86711
中铁二十三局集团公司	1827295	1341620	295952	14099	54238		90007	92	12819		640		17828
中铁二十四局集团公司	2107659	1459049	216111		260107		45797						126595
中铁二十五局集团公司	1469684	1123146	172487	83897	73710		6814	400				4478	4752
中铁建设集团公司	1560591			1560591									
中铁建电气化局集团公司	1582235	1509098	21465		3354		14634		6920				26764

制表：荆彩萍

中国铁建施工单位建筑业总产值按地域分完成情况统计表

（2010 年度）

单位：万元

地域	合计	施工单位																	
		中国土木工程集团公司	中铁十一局集团公司	中铁十二局集团公司	中铁十三局集团公司	中铁十四局集团公司	中铁十五局集团公司	中铁十六局集团公司	中铁十七局集团公司	中铁十八局集团公司	中铁十九局集团公司	中铁二十局集团公司	中铁二十一局集团公司	中铁二十二局集团公司	中铁二十三局集团公司	中铁二十四局集团公司	中铁二十五局集团公司	中铁建设集团公司	中铁建电气化局集团公司
	42917612	684220	3453369	4365309	2490179	2558321	2606677	2676172	3372169	3585996	3027266	1965459	1810411	1774600	1827295	2107659	1469684	1560591	1582235
北京	1024649	4880	19624	5847	23202	232500	7139	158295		63457	45622			74714		14101		368082	7186
天津	1334119				33161	56231	130780	238468		619379	99665			103811	7883		567	42674	1500
河北	1937948		75651	67276	176339	178965	119275	117572	508693	128263	64605		240844	64878		15395	103	96447	83642
山西	2287453		224297	571073	4074	21456	313889	32198	296646	73056	144065	207175	15552	22986	12562	25043	183667	85169	54545
内蒙古	1452806		57464	84283	137642	89863	18626	49897	85907	21714	367047	230518	120776	27147	43989	23023	3960		90950
辽宁	1228799		169026	6470	231801		23083	14377	19704	35281	418607	110546	1050	131587	54954	5634	288		6391
吉林	737014		4000	57877	144359		15649	5754		1007	171562			152073	55262			66440	63031
黑龙江	1275164		19993	19062	319787		71014	149811		1300	48744	74304		257253	209397			98522	5977
上海	428649		17697		15566	59868	5074	22538	7084	17261	7275				10443	261857		1000	2986
江苏	1171488		211719	19292	28063	160283	44865	31056	95332	17051	51076	109539		5420	14968	269319		98511	14994
安徽	1521883		42396	496536	106123	21478	212567	22282	643	7799	220182	11359			17864	258119	64188	40284	63
浙江	1925694		126568	38025	55643	147321	65759	102830	426259	33354	108794	302025	5527	6565	1152	421808		9364	74700
福建	2101903	888	35043	189193	118840	145963	205749	193753	211659	233542	91794		67893	68088	101153	290933	43774	71514	32124
江西	2003019		277304	24812	145045	281567	44613	154942	15372	34498	127131	163328		156714	36171	153139	107136	12952	268295
山东	1055410		15652	150429	478	192429	10567	195396	15034	47126	28521	121870	27109	25563	42144	2761	22769	91855	65707
河南	1285007		67789	34269	550		234300	57942	190273	169849	96674	56744	115416	5849	1100	84635	16538	41000	112079
湖北	2023709		643289	126781	18004	41009	55634	84620	272711	273674	13888	87660		23067	202127	243	−493	27256	154239

续表

地域	合计	施工单位																
		中国土木工程集团公司	中铁十一局集团公司	中铁十二局集团公司	中铁十三局集团公司	中铁十四局集团公司	中铁十五局集团公司	中铁十六局集团公司	中铁十七局集团公司	中铁十八局集团公司	中铁十九局集团公司	中铁二十局集团公司	中铁二十一局集团公司	中铁二十二局集团公司	中铁二十三局集团公司	中铁二十四局集团公司	中铁二十五局集团公司	中铁建设集团公司	中铁建电气化局集团公司
湖南	1229692		126958	218143	48568	84789	82858	17746	71507	8199	8581	115566	20845	21856	98473	17028	204468	84107	
广东	2627947	28897	68553	362333	83332	187963	206853	244922	148160	130391	155951	22178	26795	177412	315055	20808	380993	51760	15591
广西	2133147		120377	463234	146966	125523	6113	93339	114658	171253	176379	3218		224179	206580	13400	251840	8979	7109
海南	307983			5493				54884	82961	3460	6904	2196					27732	124353	
重庆	911976		157011	115957	35797	58963	31807	23105	24715	75450	10196	51892		4826	132686	56195	95058	16188	22130
四川	1104173		70492	46081	84532	125987	143224	69024	88059	122416	16791	29493	23004	48265	107732	49134	2549	9720	67670
贵州	743685		71389	61333	66284	46321	14470	48810	45193	82130	15281		106315	100562	30871	12447	42173		106
云南	695039		25544	41545	44659	25960	59553	173955	31167	40458	90315	7686	13574	36504	50799	32000	19820		1500
西藏	29470			14729					10780		3961								
陕西	2929409		400911	583735	20218	49868	207143	64307	366809	302690	197552	153410	212366	7381	32243	25741	522	105123	199390
甘肃	1312779		139041	156663	180963	12589	2928	81928	131563	61456	174290	19943	286657	7521	7120	1439			48678
青海	423541		539	9400	64127		2042	56272	1387	112818	12961	7033	112220						44742
宁夏	456504		13329	32898	41240	125962	32461	33271		6397	22361		115169						33416
新疆	990225		37595	143123	107889		160864	57878		23079	11450		299299	20379	1488	21655	2032		103494
香港	324	324																	
澳门	12371	12371																	
海外	2214633	636860	214118	219417	6927	85463	77778	25000	109893	668188	19041	77776			33079	31802		9291	

制表：荆彩萍

中国铁建施工单位主要经济技术指标完成情况统计表(一)

(2010 年度)

数量类别 / 单位	劳动生产率					工资			竣工率				
									按竣工产值计算		按房屋竣工面积计算		
	从业人员平均人数(含外部劳务)(人)	企业总产值(万元)	按总产值计算劳动生产率(元/人)	施工产值(万元)	按施工产值计算劳动生产率(元/人)	在岗职工劳动报酬(万元)	在岗职工平均人数(人)	在岗职工平均工资(元/人)	竣工产值(万元)	竣工率(%)	房屋竣工面积(平方米)	房屋施工面积(平方米)	竣工率(%)
合　计	962394	43997248	457165	42917612	445946	911092	204522	44547	16764785	39	4983800	32950394	15
中国土木工程集团公司	4403	745410	1692959	684220	1553986	31472	3114	101066			207025	151635	137
中铁十一局集团公司	96434	3486682	361561	3453369	358107	53201	12426	42814	2141314	62		554141	
中铁十二局集团公司	162501	4376366	269313	4365309	268633	73173	12596	58092	510255	12	1497	3979120	
中铁十三局集团公司	44538	2495332	560270	2490179	559113	46393	10974	42275	1162994	47	197485	603523	33
中铁十四局集团公司	63167	2570369	406916	2558321	405009	55009	13566	40549	459832	18	198650	369879	54
中铁十五局集团公司	41311	2714919	657190	2606677	630989	60137	16684	36045	1323084	51	141829	413523	34
中铁十六局集团公司	62299	2719316	436494	2676172	429569	78953	16732	47187	1816185	68	33434	1396069	2
中铁十七局集团公司	76708	3484462	454250	3372169	439611	80000	17254	46366	1388621	41	49017	676401	7
中铁十八局集团公司	54430	3604104	662154	3585996	658827	52405	14184	36947	1524328	43	541989	2038861	27
中铁十九局集团公司	71443	3028087	423847	3027266	423732	55859	14034	39803	2626043	87	21780	262613	8
中铁二十局集团公司	50008	2073895	414713	1965459	393029	60158	14659	41038	217807	11	155643	581768	27
中铁二十一局集团公司	31866	1815334	569677	1810411	568132	41547	9338	44492	360696	20	145916	845443	17
中铁二十二局集团公司	21122	1871012	885812	1774600	840167	36214	8377	43230	285222	16		487041	
中铁二十三局集团公司	45770	1902834	415738	1827295	399234	31554	11567	27279	57476	3	16200	247793	7
中铁二十四局集团公司	59261	2200037	371245	2107659	355657	54921	11359	48350	612685	29	196504	890608	22
中铁二十五局集团公司	13790	1515207	1098772	1469684	1065761	37260	6828	54569	182894	12	90663	1233889	7
中铁建设集团公司	43881	1746969	398115	1560591	355642	23047	3254	70827	594167	38	2986168	18218087	16
中铁建电气化局集团公司	19462	1646913	846220	1582235	812987	39789	7576	52520	1501182	95			

制表:荆彩萍

中国铁建施工单位主要经济技术指标完成情况统计表(二)

(2010年度)

单位＼数量＼类别	安全生产					主要施工机械				主要材料消耗					
										价值量(万元)			实物量		
	从业人员平均人数(不含外部劳务)(人)	死亡人数(人)	死亡率(‰)	重伤人数(人)	重伤率(‰)	施工机械总功率(千瓦)	动力装备率(千瓦/人)	机械设备净值(万元)	技术装备率(元/人)	钢材	木材	水泥	钢材(吨)	木材(立方米)	水泥(吨)
合　计	235050	27	0.11	4		4389870	19	2190682	93201	10237594	509973	5377753	12352726	2450700	63156425
中国土木工程集团公司	4403					207018	47	69477	157795	32575	1531	25413	48148	4072	187497
中铁十一局集团公司	12453					149262	12	169725	136292	4343012	60875	2951160	993144	28265	4776611
中铁十二局集团公司	14117					461410	33	245750	174081	465679	6382	158981	1108670	53185	5299354
中铁十三局集团公司	10989			2	0.18	226372	21	123290	112194	374537	42622	250880	804744	161846	5115327
中铁十四局集团公司	25882					448965	17	146873	56747	687450	98562	625832	156789	569820	13598656
中铁十五局集团公司	17542					341287	19	236103	134593	559045	107117	195344	1292737	55910	4723915
中铁十六局集团公司	21272	2	0.09			399060	19	183506	86266	369027	68929	87189	820060	923897	2724645
中铁十七局集团公司	17254	2		1	0.26	417827	24	179754	104181	705609	22818	284362	1409237	94989	7003357
中铁十八局集团公司	17760	10	0.56			634566	36	211188	118912	301706	5738	133355	747294	73300	3321055
中铁十九局集团公司	14034					382605	27	204436	145672	527587	2556	156043	1006499	28438	3856724
中铁二十局集团公司	14659	2				39408	3	85708	58468	397902	35094	82060	865958	67370	2074369
中铁二十一局集团公司	10539					105830	10	52738	50041	182038	23455	71787	387315	24468	1669465
中铁二十二局集团公司	8916	1				68919	8	59032	66209	200806	1226	56346	455235	11218	1384836
中铁二十三局集团公司	12193					272089	22	74037	60721	316167	13971	117020	561448	90530	2932867
中铁二十四局集团公司	12218	8	0.65			73369	6	71585	58590	295479	7901	92389	659080	61731	2353105
中铁二十五局集团公司	8921	2		1	0.11	96437	11	53180	59612	242041	5024	69420	529352	44988	1819153
中铁建设集团公司	3254					12352	4	8626	26509	219778	2832	7898	491260	148621	229862
中铁建电气化局集团公司	8644					53094	6	15674	18133	17156	3340	12274	15756	8052	85627

制表:荆彩萍

中国铁建施工单位主要实物工程量完成情况统计表

（2010 年度）

单位 \ 数量 \ 类别	土石方（万立方米）	隧道设计长度（折合米）	桥梁设计长度（折合米）	铺轨（公里）			铺道岔（组）	架梁（孔）	通信、信号			电力、电气化		给排水管路（公里）	公路		
				正线	其中：高速铁路	站线			通信线路（公里）合计	其中：光缆	自动闭塞（区间公里）	供电线路（正线公里）	接触网（正线公里）		合计（公里）	其中：高速公路	其中：路面（平方米）
合　计	152467	1444427	2081404	7472	2274	1293	3906	50510	14146	6482	3734	10054	4737	515	2240	1659	44375983
中国土木工程集团公司	744	326	3331	112		6	22	75							34		
中铁十一局集团公司	10803	108476	163419	1320	267	185	440	7118	656		35	1136	633	3	176	122	12553770
中铁十二局集团公司	10302	237280	239250	131	30	47	105	4606	778			517	397	2	123	123	4543352
中铁十三局集团公司	6111	70049	126925	137	1	33	38	1361	218	89		147	18	65	293	289	6116964
中铁十四局集团公司	6332	69295	66869	518	216	52	56	3067	59	46		96		56	246	189	589632
中铁十五局集团公司	11448	104900	169073	1136	315	163	392	909				14		24	242	174	4490837
中铁十六局集团公司	8067	100593	137012	309	280	19		15	5			334	14		106	56	
中铁十七局集团公司	11127	95495	211664	774	704	52	111	11602	751	273		840	10	10	119	119	2180563
中铁十八局集团公司	4651	198578	129923	363	9	43	107	6821	260						263	96	2910210
中铁十九局集团公司	15366	93871	220541	941	191	116	461	6863	155	17		663		4	146	134	3358866
中铁二十局集团公司	8700	61708	106436	370	35	73	510	532	1014		161	358	14	7	179	177	498103
中铁二十一局集团公司	7489	70243	101720	419	69	132	405	1150	665	415	505	598	439	186	74	65	89682
中铁二十二局集团公司	36305	32632	79246	15		7	93	1067	1473	1143	165	290			89	38	197360
中铁二十三局集团公司	5517	110365	77027	212		101	303	2053	833	376	494	390	39	26	21	6	6566139
中铁二十四局集团公司	4424	37455	150468	502	120	173	506	1578	173	144	3	261	33	132	50	23	280505
中铁二十五局集团公司	5081	53161	98500	213	37	91	357	1693	739	409	19	165			79	48	
中铁建电气化局集团公司									6367	3570	2352	4245	3140				

制表：荆彩萍

中国铁建勘察设计单位主要经济技术指标完成情况统计表

（2010 年度）

数量 类别 单位	企业总产值（万元）										
	合计	其中：境外	勘察设计产值					技术咨询与技术转让产值	勘察设计延伸经营产值	工程承包产值	其他产值
			合计	其中							
				建设项目产值	其中		三大部类产值				
					公路	轨道交通					
合　计	794363	17766	565544	564840	15037	154951	704	18035	76572	132675	1537
中铁第一勘察设计院集团公司	339503	4723	235219	234515	2206	25545	704	5667	30086	68531	
中铁第四勘察设计院集团公司	270452	10166	197510	197510	12831	45159		5252	17690	50000	
中铁第五勘察设计院集团公司	106000		76377	76377		76377		4630	22329	2500	164
中铁上海设计院集团公司	78408	2877	56438	56438		7870		2486	6467	11644	1373

续表

数量 类别 单位	设备、安全					从业人员年末人数（人）				专业技术人员年末人数（人）				
	生产项目数（项）	主要生产设备总台数（台）		计算机总台数（台）	工伤事故人次数（人次）	合计	其中			合计	其中			
		合计	其中：完好台数				在岗职工	聘用人员	临时人员		高级职务人员	中级职务人员	初级职务人员	其他人员
合　计	1121	29053	28545	15240		13505	10226	3279		9517	2981	3048	1868	1620
中铁第一勘察设计院集团公司	308	10559	10348	5570		4619	3895	724		3082	1200	1230	629	23
中铁第四勘察设计院集团公司	304	13770	13495	6642		4908	3893	1015		2834	1171	1116	537	10
中铁第五勘察设计院集团公司	107	3011	3011	1858		2757	1318	1439		2558	361	332	426	1439
中铁上海设计院集团公司	402	1713	1691	1170		1221	1120	101		1043	249	370	276	148

续表

单位 \ 类别 数量	生产人员年末人数(人)					注册执业年末人次数(人)							从业人员平均人数	
	合计	其中				合计	其中						合计	其中：勘察设计平均人数
		勘察生产人员	设计生产人员	工程监理人员	其他人员		一级注册建筑师	二级注册建筑师	一级注册结构工程师	二级注册结构工程师	其他注册工程师	其他注册人员		
合　计	9776	1312	6288	367	1809	1890	46	49	119	19	1630	27	12952	7782
中铁第一勘察设计院集团公司	3070	754	1947	124	245	897	10	23	34	12	799	19	4370	3048
中铁第四勘察设计院集团公司	3343	320	2812	106	105	649	21	11	49	1	563	4	4630	2959
中铁第五勘察设计院集团公司	2324	133	695	57	1439	152	8		11	3	126	4	2758	850
中铁上海设计院集团公司	1039	105	834	80	20	192	7	15	25	3	142		1194	925

续表

单位 \ 类别 数量	工程勘察设计完成情况		其他完成情况		其　中					
					工程咨询完成		工程总承包完成		工程监理完成	
	合同数（项）	合同额（万元）	合同数（项）	合同额（万元）	合同数（项）	合同额（万元）	合同数（项）	合同额（万元）	合同数（项）	合同额（万元）
合　计	238	581543	202	269699	92	24667	62	188998	73	88897
中铁第一勘察设计院集团公司	3	235219	37	104284	15	5667	17	68531	5	30086
中铁第四勘察设计院集团公司	38	197510	102	72942	29	5252	31	50000	42	17690
中铁第五勘察设计院集团公司	98	90572	9	54895	19	7317	6	53685	9	26756
中铁上海设计院集团公司	99	58242	54	37578	29	6431	8	16782	17	14365

续表

单位＼类别＼数量	完成主要实物量情况										
	工程地质（实钻米）	水文地质（实钻米）	工程物探（标准点）	初测铁路正线（公里）	定测铁路正线（公里）	补充定测铁路正线（公里）	预可行性研究铁路正线（公里）	可行性研究铁路正线（公里）	初步设计铁路正线（公里）	施工图铁路正线（公里）	线路折算公里（折算公里）
合　计	5743609	7163	3965186	6380	6540	5905	13832	4535	5909	10035	8444
中铁第一勘察设计院集团公司	903208	5452	3264777	2985	2732	754	7174	1946	2617	4505	3028
中铁第四勘察设计院集团公司	4322163		677842	2205	2420	4409	5111	2079	2163	4516	2907
中铁第五勘察设计院集团公司	402438	1111	11427	685	810	443	1265	184	551	518	1500
中铁上海设计院集团公司	115800	600	11140	505	578	299	282	326	578	496	1009

制表：荆彩萍

中国铁建所属企业投资情况综合统计表(一)

(2010年度)

数量 类别 / 单位	资本运作(万元)						房地产(万元)	
	计划投资	其中		实际投资	其中		计划投资	实际投资
		长期股权项目计划投资	BT项目计划投资		长期股权项目实际投资	BT项目实际投资		
总　计	489000	133229	355771	586759	259834	326925	2117055	1856124
中国土木工程集团公司	11322	11322						
中铁十二局集团公司	12171		12171	56000		56000		
中铁十三局集团公司							6000	15414
中铁十四局集团公司	15848		15848	4000		4000	7500	12351
中铁十五局集团公司								13100
中铁十六局集团公司				2470		2470	5800	14944
中铁十七局集团公司							6100	
中铁十八局集团公司							18271	16589
中铁二十局集团公司							23380	13031
中铁二十一局集团公司							5000	168600
中铁二十二局集团公司				17800		17800	5155	32706
中铁二十五局集团公司							1000	104
中铁建设集团公司							38849	69665
中铁房地产集团公司							1500000	1499620
中铁第一勘察设计院集团公司	2434		2434					
中铁物资集团公司	2989	2989		4534	3004	1530		
昆明中铁大型养路机械集团公司				22135	22135			
股份公司总部	444236	118918	325318	479220	234095	245125	500000	

制表：邵洪博

中国铁建所属企业投资情况综合统计表(二)

(2010 年度)

数量 类别 / 单位	固定资产建设项目		固定资产设备购置			
	计划投资（万元）	实际投资（万元）	计划金额（万元）	计划数量（台）	实际金额（万元）	实际数量（台）
总 计	146134	112554	776498	12249	962473	50410
中国土木工程集团公司	2825	2380	64218	1130	23652	661
中铁十一局集团公司	4800	17635	52662	468	121002	3882
中铁十二局集团公司			24506	200	52584	748
中铁十三局集团公司	860	1080	61739	263	36470	3357
中铁十四局集团公司			35764	210	64551	7594
中铁十五局集团公司	500	760	98164	78	58657	4957
中铁十六局集团公司	1785	1717	44829	139	97000	3383
中铁十七局集团公司	3230	3230	29814	175	65029	2584
中铁十八局集团公司			58964	790	86164	3382
中铁十九局集团公司	1534	1692	54475	495	68975	1147
中铁二十局集团公司	4383	4028	35630	270	69239	2323
中铁二十一局集团公司	2147	1145	25233	334	32607	2511
中铁二十二局集团公司	450		37981	364	42819	2448
中铁二十三局集团公司		143	31716	427	25971	2052
中铁二十四局集团公司	1370	247	26461	322	27054	1706
中铁二十五局集团公司			35174	413	26022	1793

续表

数量 类别 单位	固定资产建设项目		固定资产设备购置			
	计划投资（万元）	实际投资（万元）	计划金额（万元）	计划数量（台）	实际金额（万元）	实际数量（台）
中铁建设集团公司	460	508	1998	39	6960	789
中铁建电气化局集团公司	287	1034	6815	69	19663	1349
中铁房地产集团公司			2500		1451	320
中铁第一勘察设计院集团公司			2472	293	1387	155
中铁第四勘察设计院集团公司	24369	22183	11735	2851	10269	1059
中铁第五勘察设计院集团公司			1851	1319	2381	551
中铁上海设计院集团公司	10235	535	1596	491	1149	489
中铁物资集团公司	10449	3604	3880	411	3396	435
昆明中铁大型养路机械集团公司	52101	39380	20913	170	5166	108
中铁轨道系统集团公司	24349	11253	2879	218	7224	163
北京铁城建设监理公司			777	310	953	215
中铁建（北京）商务管理公司			241		64	53
中铁建中非建设有限公司					377	39
诚合保险经纪（北京）有限责任公司					92	10
北京培训中心					22	16
直管项目公司			309		3822	127
股份公司总部			1202		301	4

制表：邵洪博

中国铁建所属企业投资情况综合统计表(三)

(2010年度)

单位 \ 数量 \ 类别	信息化建设(万元)		计划投资(万元)		实际投资(万元)	
	计划投资	实际投资	合计	其中:BT项目	合计	其中:BT项目
总计	24608	14496	3553295	341166	3532406	326925
中国土木工程集团公司	137	148	78502		26180	
中铁十一局集团公司	917	381	58379		139018	
中铁十二局集团公司	911	213	37588		108797	56000
中铁十三局集团公司	773	138	69372		53102	
中铁十四局集团公司	948	219	60060	15848	81121	4000
中铁十五局集团公司	1048		99712		72517	
中铁十六局集团公司	1789		54203		116131	2470
中铁十七局集团公司	3281	217	42425		68476	
中铁十八局集团公司	1189	588	78424		103341	
中铁十九局集团公司	163	399	56172		71066	
中铁二十局集团公司	678	528	54071		86826	
中铁二十一局集团公司	1100	540	33480		202892	
中铁二十二局集团公司	554	16	44140		93341	17800
中铁二十三局集团公司	1886	351	33480		26465	
中铁二十四局集团公司	271	124	28102		27425	
中铁二十五局集团公司	406	142	36580		26268	

续表

类别 / 数量 / 单位	信息化建设(万元)		计划投资（万元）		实际投资(万元)	
	计划投资	实际投资	合　计	其中：BT 项目	合　计	其中：BT 项目
中铁建设集团公司	746		42053		77133	
中铁建电气化局集团公司	573	413	7675		21710	
中铁房地产集团公司	312	346	1502812		1501417	
中铁第一勘察设计院集团公司	523	2385	5429		3772	
中铁第四勘察设计院集团公司	2630	3670	38734		36122	
中铁第五勘察设计院集团公司	521	713	2372		3094	
中铁上海设计院集团公司	223	456	12054		2140	
中铁物资集团公司	505	198	17823		11732	1530
昆明中铁大型养路机械集团公司	357		73371		66681	
中铁轨道系统集团公司	85	229	27313		18706	
北京铁城建设监理公司	197	234	974		1187	
中铁建(北京)商务管理公司	18	9	259		73	
中铁建中非建设有限公司	18		18		377	
诚合保险经纪(北京)有限责任公司	9		9		92	
北京培训中心	13	60	13		82	
直管项目公司	48		357		3822	
股份公司总部	1779	1779	947217	325318	481300	245125

制表：邵洪博

中国铁建固定资产建设项目竣工情况统计表

（2010 年度）

单位及项目名称	建设性质	建设地点	计量单位	实物量	项目计划总投资（万元）			2010 年实际投入（万元）	资金来源		2010 年底开工累计完成投资（万元）	实际开工日期	实际竣工日期
					小计	企业自有（万元）	其他（万元）		企业自有（万元）	其他（万元）			
合　计					114781	114261	520	49927	49677	250	112011		
中国土木工程集团公司			平方米	1800	3275	3275		1950	1950		2300		
广州万通大厦改造	更新改造	广东			800	800		600	600		600	2010－4－1	2010－10－30
广州接待站改造	更新改造	广东			600	600		200	200		200	2010－4－1	2010－10－19
博茨瓦纳办事处居住地	新建	博茨瓦纳	平方米	1800	350	350						2008－1－1	2009－8－19
中土大厦扶梯改造	更新改造	北京			235	235		210	210		210	2010－4－8	2010－7－14
中土集团公司档案库改造	更新改造	北京			100	100		100	100		100	2010－5－6	2010－7－22
北京中土大厦客房改造	更新改造	北京			980	980		630	630		980	2009－4－10	2010－6－8
中土大厦热力站及空调冷却塔改造	更新改造	北京			210	210		210	210		210	2010－5－6	2010－7－28
中铁十一局集团公司			平方米	9843	2800	2800		1800	1800		2800		
中铁十一局城轨公司科研楼	新建	湖北	平方米	9843	2800	2800		1800	1800		2800	2009－8－26	2010－10－30
中铁十三局集团公司			平方米	4759	1160	640	520	352	102	250	1152		
十三局职工培训综合实训楼	新建	吉林	平方米	4759	1160	640	520	352	102	250	1152	2009－4－1	2010－12－1
中铁十五局集团公司			平方米	27000	3200	3200		760	760		3260		
储油库改扩建项目	改扩建	河南	平方米	26400	3000	3000		500	500		3000	2009－6－10	2010－8－10
中心试验室	新建	河南	平方米	600	200	200		260	260		260	2010－5	2010－12－2
中铁十六局集团公司					500	500		380	380		380		
四公司锅炉房改造	更新改造	北京			500	500		380	380		380		2010－10－30
中铁十七局集团公司			平方米	1026	3230	3230		3230	3230		3230		
上海轨道有限公司办公房屋购置	购置	上海	平方米	1026	3230	3230		3230	3230		3230		2010－10－18

续表

单位及项目名称	建设性质	建设地点	计量单位	实物量	项目计划总投资(万元)			2010年实际投入(万元)	资金来源		2010年底开工累计完成投资(万元)	实际开工日期	实际竣工日期
					小计	企业自有(万元)	其他(万元)		企业自有(万元)	其他(万元)			
中铁十九局集团公司			平方米	6811	1534	1534		1692	1692		1692		
辽阳基地供暖移交改造等	维修	辽宁			819	819		990	990		990	2010－5	2010－1
日照基地维修	维修	山东			48	48		46	46		46		2010－12
辽阳基地维修	维修	辽宁			42	42		32	32		32		2010－12
小屯基地维修	维修	辽宁			15	15		15	15		15		2010－12
室外暖气管道改造	更新改造	辽宁	万元	180	180	180		180	180		180		2010－12
办公楼维修	维修	辽宁	平方米	4811	150	150		135	135		135	2010－5－10	2010－7－12
矿业公司北京办公楼	维修	北京	平方米	2000	100	100		84	84		84	2010－1	2010－2
中铁大厦外墙装修	维修	广东			180	180		210	210		210	2010－1－1	2010－5－15
中铁二十局集团公司					4832	4832		2258	2258		4882		
六公司西安机械厂办公楼	新建	陕西			4599	4599		2000	2000		4599	2008－3－1	2010－5－30
西安机械公司车间改造	更新改造	陕西	套	1	80	80		105	105		105	2010－1－5	2010－9－10
咸阳基地小型基建	更新改造	陕西	项	4	38	38		38	38		38	2010－5－10	2010－10－25
渭南技工学校服务楼	新建	陕西	项	1	115	115		115	115		140	2009－10－31	2010－10－31
中铁二十一局集团公司			平方米	2600	311	311		224	224		304		
火车站招待所屋面大修	大修	甘肃	项	1	7	7		12	12		12	2010	2010
工程29#楼管网大修	大修	甘肃	项	1	13	13		8	8		8	2010	2010
火车站招待所管网大修	大修	甘肃	项	1	4	4		8	8		8	2010	2010
两台自供暖锅炉专修	更新改造	甘肃	项	1	11	11		14	14		14	2010	2010
河湾堡(原钻井基础公司)住宅楼天然气安装	新建	甘肃	项	1	11	11		11	11		11	2010	2010
三公司办公楼屋面防水处理	维修	陕西	平方米	1500	6	6		10	10		10	2010－7－27	2010－9－18

续表

单位及项目名称	建设性质	建设地点	计量单位	实物量	项目计划总投资(万元)			2010年实际投入(万元)	资金来源		2010年底开工累计完成投资(万元)	实际开工日期	实际竣工日期
					小计	企业自有(万元)	其他(万元)		企业自有(万元)	其他(万元)			
三公司基地西院5、6号楼下水道、7、9号楼暖气	维修	陕西	项	1	8	8		5	5		5	2010-11-5	2010-11-12
三公司三原电线线路维修更换	维修	陕西	项	5	2	2		2	2		2	2010-9-8	2010-9-28
三公司东西院管道疏通及化粪池清理	维修	陕西	项	4	5	5		6	6		6	2010-7-5	2010-7-30
三公司基地东院16、17号楼上下水	维修	陕西	项	2	17	17		12	12		12	2010-1-4	2010-1-29
三公司三原上下水管道维修更换	维修	陕西	项	6	1	1		1	1		1	2010-9-8	2010-9-28
五公司1号家属楼前路面维修	大修	甘肃	项	1	6	6		6	6		6	2009	2009
红山根机运公司家属楼维修、安装	大修	甘肃	项	1	6	6		6	6		6	2009	2009
五公司宿舍楼装修工程增加工程	更新改造	甘肃	项	1	15	15		3	3		15	2009	2009
五公司红山根机运公司家属楼室内地沟、地坪维修工程	大修	甘肃	项	1	4	4		4	4		4	2009	2009
五公司1号家属楼1楼新建阳台	大修	甘肃	项	1	1	1		1	1		1	2009	2009
五公司职工1号住宅楼加固	大修	甘肃	项	1	72	72		4	4		72	2009	2009
锅炉及附属设备抢修	维修	甘肃	项	1	2	2		2	2		2	2010	2010
五公司物流管理中心颖川堡办公楼装饰工程	更新改造	甘肃	项	1	31	31		31	31		31	2010	2010
修理厂临时围墙及临时大门建造工程	迁建	甘肃	项	1	2	2		2	2		2	2010	2010
公司104号住宅楼给水管道维修	维修	甘肃	米	64	1	1		1	1		1	2010-5-8	2010-5-12
办公楼及各场院照明、给排水维修等	维修	甘肃	项	1	2	2		2	2		2	2010-1-1	2010-5-31
单身宿舍改造	中修	甘肃	平方米	800	8	8		8	8		8	2010-4-1	2010-4-30
公司104号住宅楼宇防盗门及线路维修	维修	甘肃	套	4	2	2		2	2		2	2010-5-6	2010-5-20

续表

单位及项目名称	建设性质	建设地点	计量单位	实物量	项目计划总投资(万元)			2010年实际投入(万元)	资金来源		2010年底开工累计完成投资(万元)	实际开工日期	实际竣工日期
					小计	企业自有(万元)	其他(万元)		企业自有(万元)	其他(万元)			
38号住宅楼采暖维修		甘肃			1	1		1	1		1	2010-11-6	2010-11-20
公司A、B、C住宅楼电力改造	更新改造	甘肃	个	1	1	1		1	1		1	2010-11-20	2010-11-24
公司A、B、C住宅楼及公司办公楼采暖管道更换	更新改造	甘肃	米	80	3	3		3	3		3	2010-9-5	2010-9-14
供电段办公楼屋面防水修缮	更新改造	甘肃	平方米	300	2	2		2	2		2	2010-11-20	2010-11-24
集团公司院内安装闭路电视监控系统	新建	甘肃	组	11				3	3		3	2010-2-11	2010-2-13
集团公司办公楼屋面维修	维修	甘肃	项	1	22	22		27	27		27	2010-9-22	2010-11-11
集团公司办公楼供暖管道等维修	维修	甘肃	项	1	20	20		2	2		2	2010-9-13	2010-11-8
集团公司办公楼伸缩门及电梯改选	技改	甘肃	项	1	3	3		2	2		2	2010-10-11	2010-10-21
哈密桥梁场办公楼装修	更新改造	新疆	项	1	22	22		22	22		22	2010-4-1	2010-4-30
中铁二十三局集团公司			平方米	3620	93	93		93	93		105		
中心实验室	更新改造	重庆			22	22		22	22		34	2010-5-13	2010-6-25
八公司桥轨车间料仓雨棚	翻建	四川	平方米	2120	39	39		39	39		39	2010-3	2010-5
八公司金结车间桥配厂房延伸	改扩建	四川	平方米	1500	32	32		32	32		32	2010-1	2010-1
中铁二十四局集团公司			个	280	490	490		14	14		284		
漳平办事处水电改造	更新改造	福建	个	280	490	490		14	14		284		2010-11-3
中铁建设集团公司			项	20	460	460		508	508		508		
混凝土分公司料仓顶棚改造及其他	更新改造	北京	项	3	120	120		81	81		81		
中铁大厦展示建设及美化等	更新改造	北京	项	4	162	162		260	260		260		
其他零星改造及维修	更新改造	北京	项	13	178	178		167	167		167		
中铁建电气化局集团公司			项	1	39	39		39	39		39		
阳光板车棚	迁建	湖北	项	1	39	39		39	39		39	2010-8-10	2010-9-10

续表

单位及项目名称	建设性质	建设地点	计量单位	实物量	项目计划总投资(万元)			2010 年实际投入(万元)	资金来源		2010 年底开工累计完成投资(万元)	实际开工日期	实际竣工日期
					小计	企业自有(万元)	其他(万元)		企业自有(万元)	其他(万元)			
中铁第四勘察设计院集团公司			平方米	55893	38968	38968		21936	21936		38968		
生产科研综合楼	新建	湖北	平方米	55893	38968	38968		21936	21936		38968	2007－7－9	2010－9－20
昆明中铁大型养路机械集团公司			平方米	64184	23126	23126		7116	7116		24325		
调试车间	新建	云南	平方米	4162	1249	1249		700	700		1611		
科技与营销大楼	新建	北京	平方米	3600	4480	4480		222	222		4085		
总装预组装车间	新建	云南	平方米	26883	8065	8065		5509	5509		11304		
空压机间	新建	云南	平方米	246	67	67					28		
喷漆库	新建	云南	平方米	2818	896	896		593	593		1223		
联合车间	新建	云南	平方米	26475	8369	8369		92	92		6074		
中铁轨道系统集团公司			平方米	13198	30733	30733		7480	7480		27592		
重型施工装备制造项目	维修	河北	项	1	30000	30000		7163	7163		27275	2008－9－1	2010－4－1
紫荆关分公司维修	维修	河北	项	1	132	132		132	132		132	2010－9－1	2010－10－1
小结构车间改造	更新改造	河北	项	1	24	24		24	24		24	2010－6－1	2010－8－1
生产区办公楼屋面防水	大修	河北	项	1	4	4		4	4		4	2010－9－1	2010－9－1
单身宿舍及食堂外网及打砂房等零星工程	大修	河北	项	1	93	93		93	93		93	2010－1－1	2010－8－1
中铁隆昌铁路器材有限公司办公楼改造及配套	更新改造	四川	平方米	13198	480	480		64	64		64		
中铁物资集团公司			平方米	400	30	30		95	95		190		
华南公司南宁分公司装修	新建	广西	平方米	400	30	30		95	95		190	2010－9－1	2010－12－10

制表：邵洪博

中国铁建建设规模 500 万元以上固定资产建设项目统计表

（2010 年度）

单位及项目名称	建设性质	建设地点	计量单位	实物量	项目计划总投资（万元）			2009 年底开工累计完成投资（万元）	2010 年实际投入资金（万元）	资金来源（万元）		2010 年底开工累计完成投资（万元）	主业（万元）
					小计	企业自有资金	其他资金			企业自有资金	其他资金		
合　　计					357033	325513	31520	128148	106939	106689	250	235087	106939
中国土木工程集团公司			个	200	5980	5980		350	1860	1860		2210	1860
广州万通大厦改造	更新改造	广东			800	800			600	600		600	600
广州接待站改造	更新改造	广东			600	600			200	200		200	200
北京中土大厦客房改造	更新改造	北京			980	980		350	630	630		980	630
购停车位	新建	北京	个	200	3600	3600			430	430		430	430
中铁十一局集团公司			平方米	42676	36867	10867	26000	1000	17635	17635		18635	17635
六公司汉江装备制造基地	新建	湖北			26000		26000		12000	12000		12000	12000
金桥鑫都经济适用房办公楼部分	新建	重庆	平方米	23599	5067	5067			2915	2915		2915	2915
城市轨道公司科研楼	新建	湖北	平方米	9843	2800	2800		1000	1800	1800		2800	1800
电务公司办公楼	新建	湖北	平方米	9234	3000	3000			920	920		920	920
中铁十三局集团公司			平方米	5667	1884	1364	520	800	1080	830	250	1880	1080
一公司江南分公司办公楼	购置	江西	平方米	908	724	724			728	728		728	728
中铁十三局集团公司职工培训综合实训楼	新建	吉林	平方米	4759	1160	640	520	800	352	102	250	1152	352
中铁十五局集团公司			平方米	26400	3000	3000		2500	500	500		3000	500
储油库改扩建项目	改扩建	河南	平方米	26400	3000	3000		2500	500	500		3000	500
中铁十六局集团公司			平方米	5513	2637	2637			1487	1487		1487	1487
中铁十六局集团公司机关基建、技改	技改	北京			537	537			157	157		157	157
四公司锅炉房改造	更新改造	北京			500	500			380	380		380	380
皮村二号院 7 号办公楼		北京	平方米	5513	1600	1600			950	950		950	950
中铁十七局集团公司			平方米	1026	3230	3230			3230	3230		3230	3230
上海轨道公司办公房屋购置	购置	上海	平方米	1026	3230	3230			3230	3230		3230	3230

续表

单位及项目名称	建设性质	建设地点	计量单位	实物量	项目计划总投资（万元）			2009年底开工累计完成投资（万元）	2010年实际投入资金（万元）	资金来源（万元）		2010年底开工累计完成投资（万元）	主业（万元）
					小计	企业自有资金	其他资金			企业自有资金	其他资金		
中铁十九局集团公司					819	819			990	990		990	990
辽阳基地供暖移交改造等	维修	辽宁			819	819			990	990		990	990
中铁二十局集团公司			平方米	35364	10599	10599		2699	3700	3700		6399	3700
一公司办公楼	新建	江苏	平方米	19164	6000	6000		100	1700	1700		1800	1700
六公司西安机械厂办公楼	新建	陕西	平方米	16200	4599	4599		2599	2000	2000		4599	2000
中铁二十四局集团公司			平方米	6713	1150	1150			132	132		132	132
单身职工宿舍改造	更新改造	上海	平方米	800	500	500			25	25		25	25
职工教育培训中心	迁建	福建	平方米	5913	650	650			107	107		107	107
中铁建电气化局集团公司			平方米	16549	2895	2895			832	832		832	832
科技公司生产厂区改造	更新改造	河北	平方米	16549	2895	2895			832	832		832	832
中铁第四勘察设计院集团公司			平方米	80403	50968	50968		17032	22183	22183		39215	22183
生产科研综合楼	新建	湖北	平方米	55893	38968	38968		17032	21936	21936		38968	21936
铁四院科研设计大楼改造	更新改造	湖北	平方米	24510	12000	12000			247	247		247	247
中铁上海设计院集团公司			平方米	28694	18630	13630	5000	6395	535	535		6930	535
购置办公房	购置	天津	平方米	1204	1630	1630		1395	235	235		1630	235
新建科研用房	新建	上海	平方米	27490	17000	12000	5000	5000	300	300		5300	300
昆明中铁大型养路机械集团公司			平方米	132560	125673	125673		30699	38916	38916		69615	38916
材料场	新建	云南	平方米	4212	632	632		210	300	300		510	300
调试车间	新建	云南	平方米	4162	1249	1249		911	700	700		1611	700
科技与营销大楼	新建	北京	平方米	3600	4480	4480		3863	222	222		4085	222
配套设施	新建	北京			4195	4195		1925	2381	2381		4306	2381
项目建设前期费用	新建	云南			48477	48477		8946	1695	1695		10641	1695
总装预组装车间	新建	云南	平方米	26883	8065	8065		5795	5509	5509		11304	5509

续表

单位及项目名称	建设性质	建设地点	计量单位	实物量	项目计划总投资(万元)			2009年底开工累计完成投资(万元)	2010年实际投入资金(万元)	资金来源(万元)		2010年底开工累计完成投资(万元)	主业(万元)
					小计	企业自有资金	其他资金			企业自有资金	其他资金		
移车台	新建	云南	平方米	9016	942	942		282	35	35		317	35
物流配送中心	新建	云南	平方米	13076	3923	3923		724	2534	2534		3258	2534
材料场	新建	云南	平方米	4212	632	632		200	10	10		210	10
通信监控中心	新建	云南	平方米	1838	4300	4300		203	3908	3908		4111	3908
设备购置费	购置	云南			23000	23000			14421	14421		14421	14421
变电所	新建	云南	平方米	698	2143	2143		1028	292	292		1320	292
信息化工程	新建	云南	平方米	360	4370	4370			1610	1610		1610	1610
喷漆库	新建	云南	平方米	2818	896	896		630	593	593		1223	593
联合车间	新建	云南	平方米	26475	8369	8369		5982	92	92		6074	92
单身宿舍、职工食堂及浴室	新建	云南	平方米	16635	3000	3000			736	736		736	736
机加工厂房(包括轮轴生产厂房)	新建	云南	平方米	18575	7000	7000			3878	3878		3878	3878
中铁轨道系统集团公司			项	5	88081	88081		66673	10890	10890		77563	10890
重型施工装备制造项目	维修	河北	项	1	30000	30000		20112	7163	7163		27275	7163
锰钢辙叉项目	新建	湖南	项	1	15000	15000		6516	3120	3120		9636	3120
厂房、办公楼、科研楼及配	新建	湖南	项	1	40000	40000		38501	398	398		38899	398
专用线大修	大修	湖南	项	1	200	200			12	12		12	12
高速铁路扣件生产线建设项目	新建	四川	项	1	2881	2881		1544	197	197		1741	197
中铁物资集团公司			平方米	11844	4620	4620			2969	2969		2969	2969
东北公司综合楼加层及装修	改扩建	辽宁	平方米	5300	1200	1200			57	57		57	57
华南公司港珠澳建设项目办公用房购置	新建	广东	平方米	385	765	765			787	787		787	787
华南公司珠海办公用房购置	购置	广东	平方米	585	995	995			936	936		936	936
武广公司办公用房购置	购置	湖南	平方米	1224	800	800			769	769		769	769
中铁工业 办公楼改扩建项目	改扩建	北京	平方米	4350	860	860			420	420		420	420

制表：邵洪博

中国铁建2010年核准企业利用自有土地建设经济适用住房情况统计表

单位及项目名称	建设性质	建设地点	计量单位	数量	项目计划总投资（万元）	2009年底个人开工累计完成出资（万元）	2010年计划个人出资（万元）	2010年个人实际出资（万元）	开工累计完成投资（万元）	投资阶段
总　　计			平方米	1342152	377511	6112	103616	41529	47641	
中铁十一局集团公司			平方米	73833	11411	1008	4319	4662	5670	
金桥鑫都经济适用房	新建	重庆	平方米	59181	9741		4000	4000	4000	建设期
三公司经济适用房	新建	江西	平方米	14652	1670	1008	319	662	1670	建设期
中铁十二局集团公司			平方米	228082	61511					
三公司高层职工住宅楼	新建	山西	平方米	67882	20365					用地规划
建筑安装公司和三公司翻建职工高层住宅楼	翻建	山西	平方米	123000	28000					用地规划
二公司翻建职工高层商住楼	翻建	山西	平方米	37200	13146					用地规划
中铁十六局集团公司			平方米	280215	93580	2500	50280	22500	25000	
一公司西辛南区50号楼改建	改扩建	北京	平方米	5752	1080		1080	500	500	建设期
皮村北巷2号院危改一期	改扩建	北京	平方米	130000	37500	2500	30000	22000	24500	建设期
四公司怡安园小区棚户改造	改扩建	北京	平方米	128463	49400		19000			
机关南院改造工程一期	改扩建	北京	平方米	16000	5600		200			规划设计
局机关17号楼外挂电梯	改扩建	北京	平方米	139.8	180					
中铁十八局集团公司			平方米	65600	30920		30920			
路桥公司职工住宅楼	新建	河北	平方米	13600	1370		1370			建设期
公司机关经济适用房	新建	天津	平方米	52000	29550		29550			建设期
中铁二十局集团公司			平方米	20000	3901	2604	1297	1297	3901	
六公司西安机械厂住宅楼	新建	陕西	平方米	20000	3901	2604	1297	1297	3901	建设期
中铁二十一局集团公司			平方米	405373	108288		15200	8620	8620	
一公司新建275号职工住宅楼	新建	新疆	平方米	38942	10470		2000	3361	3361	建设期
铁建馨苑住宅小区工程	新建	甘肃	平方米	255634	67818			9	9	用地规划
兰州建西东路420号职工住宅小区	新建	甘肃	平方米	110797	30000		13200	5250	5250	建设期
中铁二十二局集团公司			平方米	248129	62000			3000	3000	
房山长阳镇夏场村2区53号院良乡基地职工	新建	北京	平方米	248129	62000			3000	3000	建设期
中铁第五勘察设计院集团公司			平方米	20920	5900		1600	1450	1450	
中铁第5勘察设计院集团公司9号院职工住宅项目	新建	北京	平方米	12700	3200		700	650	650	建设期
7、8号楼配套工程地下车库	新建	北京	平方米	8220	2700		900	800	800	建设期

制表：邵洪博

中国铁建劳动工资主要指标完成情况统计表

（2010年度）

指标名称	计算单位	2009年	2010年	比2009年 ±	比2009年 ±%
从业人员（在岗职工+其他从业人员）年末人数	人	243409	265137	21728	8.93%
其中：在岗职工	人	209103	229070	19967	9.55%
长期职工	人	204234	223981	19747	9.67%
临时职工	人	4869	5089	220	4.52%
其他从业人员	人	34306	36067	1761	5.13%
聘用的离退休人员	人	1341	1475	134	9.99%
在岗职工和非在岗职工合计年末人数	人	260649	276599	15950	6.12%
其中：非在岗职工	人	51546	47529	-4017	-7.79%
内退	人	44337	40333	-4004	-9.03%
下岗	人				
长期病、休假及其他	人	1132	858	-274	-24.20%
女性	人	56571	60215	3644	6.44%
建制单位外部劳务人员年末人数	人	540300	715285	174985	32.39%
离休退休退职人员年末人数	人	65698	72741	7043	10.72%
从业人员劳动报酬总额	万元	965256	1200847	235591	24.41%
其中：在岗职工工资	万元	867108	1086739	219631	25.33%
其他从业人员劳动报酬	万元	98149	114108	15959	16.26%
在岗职工工资和非在岗职工生活费总额	万元	935722	1161128	2254056	24.09%
其中：非在岗职工生活费	万元	68614	74388	5774	8.41%
建制单位外部劳务人员劳动报酬总额	万元	1453341	1901924	448583	30.87%
从业人员人均劳动报酬	元	39991	46281	6290	15.73%
其中：在岗职工人均工资	元	42388	48848	6460	15.24%
其他从业人员人均劳动报酬	元	26666	30847	4181	15.68%
非在岗职工人均生活费	元	13077	15494	2417	18.48%
其中：内部退养职工	元	14086	17045	2959	21.01%

制表：徐博华

中国铁建年末人员统计表

（2010 年度）

单位	从业人员年末人数	在岗职工	长期职工	临时职工	息工放假人员	其他从业人员	聘用离退休人员	零散外部劳务及其他人员	在岗职工和非在岗职工合计年末人数	非在岗职工年末人数	内部退养职工	下岗职工	长期病、休假及其他职工	建制单位外部劳务人员年末人数	离休退休退职人员年末人数	离休人员	退休人员	退职人员
合计	265137	229070	223981	5089	5944	36067	1475	33381	276599	47529	40333		858	715285	72741	888	70070	1783
中国土木工程集团公司	3976	2719	2480	239		1257	64		2742	23	22		1		170	1	169	
中铁十一局集团公司	12420	12402	12402		221	18		18	16067	3665	3627			90646	2611	10	2593	8
中铁十二局集团公司	14683	13027	13027		243	1656		1656	17231	4204	3843		51	115690	2544		2539	5
中铁十三局集团公司	10931	10913	10546	367	60	18			13843	2930	2681		14	29433	1423	1	1294	128
中铁十四局集团公司	22936	12963	12828	135	187	9973	2	9971	16643	3680	2980		32	35547	3964	13	3330	621
中铁十五局集团公司	18107	17324	17324		1800	783	30	753	21272	3948	2001		99	23956	3192	70	2857	265
中铁十六局集团公司	22191	17698	17698		264	4493	7	4486	19411	1713	865		45	39876	3166	8	2997	161
中铁十七局集团公司	17766	17766	14540	3226					21008	3242	3242			63617	1208		1183	25
中铁十八局集团公司	18201	14521	14521			3680	12	3668	18049	3528	3528			36061	2363	2	2307	54
中铁十九局集团公司	14419	14419	14296	123					18596	4177	3970		21	57333	2788	5	2783	
中铁二十局集团公司	15173	15173	15106	67	35				17696	2523	1936		112	31299	1978		1978	
中铁二十一局集团公司	11548	9830	9830		779	1718		1718	12792	2962	2826		92	28803	5371	76	5295	
中铁二十二局集团公司	9339	8808	8808		203	531	9	522	10322	1514	318		121	12405	2931	97	2826	8
中铁二十三局集团公司	12428	11867	11867		485	561	3	558	13835	1968	1519		84	37889	4254	78	4072	104
中铁二十四局集团公司	12411	11499	11499		1307	912	184	728	12954	1455	1233		116	42529	13599	140	13410	49
中铁二十五局集团公司	9753	7380	7380		26	2373	177	2196	9341	1961	1863		54	8276	7277	78	7141	58
中铁建设集团公司	3760	3760	3760						4205	445	445			47937	223		223	
中铁建电气化局集团公司	9414	8354	8350	4	333	1060	105	955	9487	1133	1058		8	11136	743	6	733	4
中铁房地产集团公司	909	904	901	3		5	1	4	904									
中铁第一勘察设计院集团公司	4723	2142	2142			2581	94	2487	3336	1194	1188		6		3663	93	3337	233
中铁第四勘察设计院集团公司	4754	3891	3891			863	631	232	4266	375	375			2329	3731	106	3625	
中铁第五勘察设计院集团公司	2994	1347	1347			1647	20	1627	1426	79	79				384	33	351	
中铁上海设计院集团公司	1221	1120	1120			101	54	47	1144	24	24				481	11	470	
中铁物资集团公司	1595	1383	1383			212	8	204	1698	315	241				476	5	464	7
昆明中铁大型养路机械集团公司	1724	1049	1049			675		675	1128	79	79				535	7	523	5
中铁轨道系统集团公司	4671	4330	4330		1	341	46	295	4532	202	201		1	523	2865	30	2791	44
北京铁城建设监理公司	2226	1646	958	688		580		580	1646									
中铁建(北京)商务管理公司	541	512	293	219		29	28	1	625	113	113				259		255	4
北京培训中心	53	53	35	18					58	5	4		1		21		21	
股份公司机关	270	270	270						342	72	72				521	18	503	

制表：徐博华

中国铁建在岗职工和非在岗职工年末人数专项指标统计表

（2010 年度）

单位 \ 数量 \ 项目	在岗职工和非在岗职工年末人数中专业技术人员	从事专业技术工作	从事专业技术管理工作	专业技术人员中：工程技术人员	专业技术人员中：女性	专业技术人员技术职务：初级职务	专业技术人员技术职务：中级职务	专业技术人员技术职务：高级职务	专业技术人员技术职务：无技术职务	从事专业技术管理工作之外的其他管理人员	年末人数按文化程度区分：合计	初中以下	高中	技校	中专	大专	大本	研究生
合计	130523	96156	34367	84926	18844	64628	32735	14598	18562	8495	276599	56498	45122	17406	20518	58793	75493	2769
中国土木工程集团公司	930	665	265	491	165	331	257	281	61	82	2742	407	602	348	233	276	790	86
中铁十一局集团公司	8427	7053	1374	5795	1440	4127	1617	740	1943		16067	3377	2670	1107	1019	2770	5084	40
中铁十二局集团公司	9203	6192	3011	5426	940	4680	2540	844	1139		17231	3736	2989	692	1227	2097	6406	84
中铁十三局集团公司	6398	4893	1505	4240	978	2935	1956	858	649	310	13843	2860	2387	1356	754	2410	4042	34
中铁十四局集团公司	7947	5362	2585	5100	1139	3821	2015	1300	811	398	16643	3041	2355	937	1361	3743	5090	116
中铁十五局集团公司	7261	5571	1690	4741	1126	4414	1668	485	694	572	21272	5100	3658	2271	1356	5019	3796	72
中铁十六局集团公司	11012	8459	2553	7017	1578	6060	2067	1052	1833	1010	19411	2962	4485	1159	1128	3856	5683	138
中铁十七局集团公司	8673	5696	2977	4574	1261	4510	1877	705	1581	250	21008	3511	3437	1213	2330	4309	6137	71
中铁十八局集团公司	9164	5765	3399	5921	1128	4596	2156	1110	1302	1178	18049	3879	2933	944	984	4277	4971	61
中铁十九局集团公司	7591	5855	1736	4813	1077	4323	1685	688	895	517	18596	3759	2820	1243	1259	5098	4366	51
中铁二十局集团公司	8763	6257	2506	4937	1234	3927	2433	660	1743	743	17696	4060	2546	1989	1167	3649	4226	59
中铁二十一局集团公司	4910	3566	1344	3519	763	2793	1176	445	496	38	12792	3061	2709	660	888	3166	2269	39
中铁二十二局集团公司	5612	4658	954	3571	650	2959	1013	462	1178	444	10322	2242	1601	366	574	3069	2411	59
中铁二十三局集团公司	6474	4960	1514	4521	1105	3645	1361	417	1051	451	13835	3154	1870	1251	1129	3802	2594	35
中铁二十四局集团公司	4767	3311	1456	3494	494	2700	1603	297	167	674	12954	4389	2514	193	913	2313	2607	25
中铁二十五局集团公司	4630	3240	1390	3086	551	2336	1036	267	991	160	9341	2257	1536	198	700	2038	2591	21
中铁建设集团公司	2419	2064	355	1998	169	1239	955	225			4205	532	601	18	147	860	2008	39
中铁建电气化局集团公司	3532	2088	1444	2350	452	1813	680	294	745	251	9487	1452	1181	340	2483	1766	2204	61
中铁房地产集团公司	566	365	201	268	95	159	165	75	167	177	904	24	36	6	40	265	467	66
中铁第一勘察设计院集团公司	2449	2282	167	2045	396	522	984	936	7	10	3336	404	549	1	184	453	1504	241
中铁第四勘察设计院集团公司	3079	2883	196	2823	680	721	1187	1135	36	755	4266	234	217	150	133	632	2154	746
中铁第五勘察设计院集团公司	1302	1181	121	880	345	372	332	362	236	5	1426	50	57	2	32	136	888	261
中铁上海设计院集团公司	960	778	182	851	246	270	357	194	139		1144	64	48	4	49	156	697	126
中铁物资集团公司	681	299	382	73	124	356	141	60	124	280	1698	195	318	17	55	420	628	65
昆明中铁大型养路机械集团公司	470	331	139	231	79	77	207	86	100		1128	277	73	187	46	188	297	60
中铁轨道系统集团公司	1152	623	529	457	240	557	291	78	226	179	4532	1132	743	749	236	993	636	43
北京铁城建设监理公司	1646	1580	66	1580	300	279	873	329	165		1646	60			49	866	641	30
中铁建（北京）商务管理公司	140	104	36	10	65	36	26	17	61	7	625	211	176	5	30	123	78	2
北京培训中心	23	9	14		7	1	15	7		4	58	22	5		3	5	21	2
股份公司机关	342	66	276	114	17	69	62	189	22		342	46	6		9	38	207	36

制表：徐博华

中国铁建劳动报酬、生活费、工资拖欠情况统计表

（2010年度）

项目 / 数量 / 单位	从业人员劳动报酬总额（万元）	在岗职工工资总额（万元）	其他从业人员劳动报酬总额（万元）	在岗职工工资和非在岗职工生活费总额（万元）	非在岗职工生活费总额（万元）	建制单位外部劳务人员劳动报酬总额（万元）	从业人员人均劳动报酬（元）	在岗职工人均工资（元）	息工放假人员人均生活费（元）	其他从业人员人均劳动报酬（元）	在岗职工和非在岗职工人均工资（生活费）（元）	非在岗职工人均生活费（元）	内部退养职工（元）	下岗职工（元）	年末拖欠工资情况：被拖欠工资在岗职工人数（元）	年末拖欠工资情况：拖欠在岗职工工资总额（万元）	年末拖欠工资情况：人均拖欠工资额（元）
合计	1200847.39	1086739.49	114107.90	1161127.55	74388.06	1901923.70	46281	48848	7583	30847	42927	15494	17045				
中国土木工程集团公司	35781.00	31472.20	4308.80	31547.40	75.20		81265	101067		33427	100566	32696	32696				
中铁十一局集团公司	53256.40	53201.30	55.10	57786.60	4585.30	194702.90	42766	42815	7467	20407	35761	12283	12072				
中铁十二局集团公司	79972.90	73172.60	6800.30	85665.20	12492.60	390295.60	56650	58092	5195	44709	50238	28035	30786				
中铁十三局集团公司	46448.80	46392.90	55.90	49990.00	3597.10	47398.90	42268	42275	13333	37267	35768	11982	12700				
中铁十四局集团公司	79195.60	55008.80	24186.80	604770	5468.20	76073.20	30599	40549	14030	19639	34675	14111	15543				
中铁十五局集团公司	62985.40	60136.80	2848.60	64051.00	3914.20	57113.90	35905	36045	5422	33200	31368	10480	15346				
中铁十六局集团公司	90159.60	78953.40	11206.20	81194.00	2240.60	99078.90	42384	47187	13654	24683	44192	13654	17041				
中铁十七局集团公司	79999.60	79999.60		84935.70	4936.10	124641.40	46366	46366			41317	14944	14994				
中铁十八局集团公司	62024.20	52404.60	9619.60	57791.70	5387.10	101041.50	34924	36946		26900	32449	14857	14857				
中铁十九局集团公司	55859.00	55859.00		60600.60	4741.60	128208.10	39803	39803			33729	12056	12056				
中铁二十局集团公司	60158.40	60158.40		63645.00	3486.60	75424.70	41039	41039	5547		37135	14059	15141				
中铁二十一局集团公司	44355.79	41547.29	2808.50	46789.28	5241.99	63366.50	42087	44493	7397	23385	37749	17147	17478				
中铁二十二局集团公司	38161.80	36214.20	1947.60	37469.80	1255.60	25492.20	42801	43231	7025	36134	38102	8618	10879				
中铁二十三局集团公司	32947.10	31554.20	1392.90	34377.80	2823.60	60047.40	27021	27280	4360	22251	25490	14706	16544				
中铁二十四局集团公司	57721.70	54920.60	2801.10	57021.00	2100.40	155524.80	47243	48350	9124	32609	43998	13119	13852				
中铁二十五局集团公司	43397.00	37259.90	6137.10	40814.40	3554.50	9878.70	48646	54569	9419	29322	45983	17356	17376				
中铁建设集团公司	23046.50	23046.50		23910.30	863.80	250015.60	70825	70825			64379	18778	18778				
中铁建电气化局集团公司	43415.80	39788.60	3627.20	40467.80	679.20	32534.40	50227	52519	10011	33963	46558	6086	17489				
中铁房地产集团公司	7230.20	7219.00	11.20	7219.00			94512	95112		18667	95112						
中铁第一勘察设计院集团公司	43966.80	24085.10	19881.70	26866.40	2781.30		98913	113023		85919	79960	22631	22681				
中铁第四勘察设计院集团公司	57264.60	55065.40	2199.20	56857.70	1792.30	9666.80	124407	143027		29206	133219	42878	42878				
中铁第五勘察设计院集团公司	22882.10	16943.80	5938.30	17197.90	254.10		84094	132167		41267	125992	30614	30614				
中铁上海设计院集团公司	13590.30	12937.80	652.50	13007.97	70.17		113822	118478		63971	116143	25061	25061				
中铁物资集团公司	14173.50	13645.30	528.20	14475.80	830.50		94997	107698		23476	90192	24571	23617				
昆明中铁大型养路机械集团公司	17435.60	14594.60	2841.00	14816.60	222.00		108296	142248		48647	133724	27073	27073				
中铁轨道系统集团公司	12691.90	12009.60	682.30	12162.80	153.20	1418.20	28154	29192	25000	17317	28418	9229	9285				
北京铁城建设监理公司	13039.80	9573.90	3465.90	9573.90			58844	59912		56083	59912						
中铁建（北京）商务管理公司	3229.80	3117.90	111.90	3631.50	513.60		60033	61255		38586	57279	41088	41088				
北京培训中心	514.50	514.50		532.30	17.80		97075	97075			91776	35600	40750				
股份公司机关	5941.70	5941.70		6251.10	309.40		21845	21845			18172	4297	4297				

制表：徐博华

中国铁建机械动力设备资产综合情况统计表

（2010 年度）

项目 / 数量 / 单位	职工人数	期末实有			新购		报废		大修		成新率（%）	设备总功率（千瓦）	技术装备率（万元/人）	动力装备率（千瓦/人）
		总台数	原值（元）	净值（元）	台数	原值（元）	台数	原值（元）	台数	费用（元）				
中铁十一局集团公司	16067	3045	2435425306	1697247274	668	514425552	165	84415677	102	24494683	69.70	463340.00	10.56	28.80
中铁十二局集团公司	16468	5510	3423492202	2457496588	694	722963329	151	51695232	104	9186569	71.80	569249.00	14.90	34.60
中铁十三局集团公司	13256	2324	1681009520	963977116	445	230682100	90	23222122	63	26458073	57.35	332458.00	7.27	25.08
中铁十四局集团公司	16400	3155	2668947001	1468726940	587	318860267	311	71453517	40	2872363	55.03	459797.50	8.96	28.04
中铁十五局集团公司	20404	4389	2980656113	2361028957	440	927512066	263	49384609	35	9504616	79.21	341287.15	11.57	16.73
中铁十六局集团公司	18178	3128	3246048731	2477240284	529	414499933	154	52502360	84	3185734	74.42	569557.83	13.63	31.33
中铁十七局集团公司	17569	5552	2816039288	1797536924	627	409250545	118	71504560	89	11823249	63.83	494231.04	10.23	28.13
中铁十八局集团公司	17609	6081	3151670123	2111875511	1985	675305996	531	142079065	62	7424166	67.01	634565.59	11.99	36.04
中铁十九局集团公司	17967	5213	3185575479	2044364760	895	578018481	1254	85762635	119	16714354	64.00	546579.00	11.40	30.40
中铁二十局集团公司	17972	2742	1478559828	857077688	539	369451906	55	16492265	91	18820003	57.97	418736.10	4.77	23.30
中铁二十一局集团公司	12798	3497	886140029	527379983	451	162846257	112	3046390	95	1541255	59.51	184971.13	4.12	14.45
中铁二十二局集团公司	10068	4405	1142224586	588733362	1769	343240000	37	8092871	9	558396	52.00	218298.00	6.00	22.00
中铁二十三局集团公司	13835	7584	1219303785	740377226	982	234404630	367	55164216	17	1330954	60.72	272089.74	5.35	19.67
中铁二十四局集团公司	12281	3995	1055906095	715852678	506	82253997	178	8703358	17	1402105	68.00	137911.00	6.00	11.00
中铁二十五局集团公司	7366	5016	772263560	531810885	1486	266613428	468	23829104	67	4718516	68.86	124457.60	7.22	16.90
中铁建设集团公司	3184	704	161309348	85858046	130	46987758	251	2967270			53.23	40728.00	2.70	12.79
中铁建电气化局集团公司	7552	596	453997049	296928940	102	129854668	9	566484	7	510400	65.40	69552.00	3.93	9.21
昆明中铁大型养路机械集团公司	1669	921	245859495	144350566	106	56409308	10	546575			58.71	19100.00	8.65	11.44
中铁轨道系统集团公司	4759	2263	481474462	184378690	252	45999124	131	17119269	17	780000	38.29	38861.33	3.87	8.17
2010 年合计	245402	70120	33485902003	22052242421	13193	6529579349	4655	768547583	1018	141325438	66.04	5935770.01	8.99	24.19
2009 年合计	233118	59906	26488027462	17801404535	13438	8368036093	3005	456148647	977	108809425	67.20	4990334.30	7.64	21.41

制表：张宏成

中国铁建主要施工设备综合情况统计表

（2010 年度）

项目/数量/单位	期末实有			进口			闲置			成新率	闲置率	完好率	利用率
	总台数	原值（万元）	净值（万元）	台数	原值（万元）	净值（万元）	台数	原值（万元）	净值（万元）	（%）	（%）	（%）	（%）
中铁十一局集团公司	1563	2224199132	1564826897	77	406582607	275073361	181	308136851	196656121	70. 35	13. 85	89. 70	89. 50
中铁十二局集团公司	2256	2915228544	2154226209	207	1278129803	988866553	50	157941456	111222234	73. 90	1. 50	96. 80	81. 40
中铁十三局集团公司	1229	1363167327	798065458	77	448339178	176240748	89	39184093	18441234	58. 54	2. 87	88. 60	68. 30
中铁十四局集团公司	1709	2298005968	1304728273	93	966991097	568056110	43	43761095	30166708	56. 78	1. 90	89. 00	82. 00
中铁十五局集团公司	836	2400093636	1985993968	139	1529902922	1378571004	73	419214389	327149961	82. 75	8. 73	93. 00	91. 27
中铁十六局集团公司	1756	2039603816	1517812957	68	931048408	703787781	131	158470267	62175356	74. 42	7. 42	95. 08	87. 88
中铁十七局集团公司	3572	2500535857	1617977660	173	313376163	180152701	48	55907000	16460870	64. 71	2. 24	95. 08	90. 01
中铁十八局集团公司	2989	2906311948	1952874820	291	1069034927	799211030	329	262841420	112835347	67. 21	9. 04	92. 30	86. 20
中铁十九局集团公司	1664	2484146765	1640980960	165	459861318	238239631	79	87642356	45591788	66. 10	3. 50	90. 80	79. 50
中铁二十局集团公司	1312	1178889270	724661670	38	112846632	40811827	86	64307446	38173682	61. 47	5. 45	91. 23	75. 60
中铁二十一局集团公司	594	606755662	359456943	28	20249515	9747561	85	15999936	3335980	59. 24	2. 64	93. 13	79. 00
中铁二十二局集团公司	596	702923384	372107274	94	205739021	30939415	71	78460233	1143682	52. 94	11. 91	93. 95	88. 09
中铁二十三局集团公司	774	791503690	536832270	43	168700110	119348649	79	91204897	50763726	67. 82	11. 52	91. 60	78. 16
中铁二十四局集团公司	525	799904968	590384806	33	51324228	29170440	94	104491906	77596318	73. 81	13. 06	95. 47	67. 68
中铁二十五局集团公司	455	465461999	333551642	32	86779910	52773963	51	21190848	7947508	71. 66	4. 55	93. 40	81. 50
中铁建设集团公司	61	92070108	50315308	9	15172135	5981471				54. 65		94. 20	74. 20
中铁建电气化局集团公司	280	396569682	262142340	72	101286300	97687721	12	13505600	8559810	66. 10	4. 29	96. 36	96. 68
昆明中铁大型养路机械集团公司	91	163078102	103419837	26	82823586	45322924				63. 42		100. 00	78. 00
中铁轨道系统集团公司	814	142953037	66969118	8	20031300	2298654	21	43240189	18188222	46. 85	2. 58	91. 02	51. 70
2010 年合计	23076	26471402899	17937328415	1673	8268219165	5742281551	1522	1965499987	1126408554	67. 76	7. 42	93. 20	80. 35
2009 年合计	19309	21389685972	14329329301	1518	6926256677	4802788978	1161	1339600765	641692534	66. 99	6. 26	92. 70	78. 78

制表：张宏成

中国铁建设备专业人员综合情况统计表

（2010 年度）

单位 \ 数量 \ 项目	总人数	专业技术人员（人）						技术工人（人）						主要工种人数（人）			业务培训	
		小计	高级工程师	工程师	助理工程师	技术员	其他管理人员	小计	高级技师	技师	高级工	中级工	初级工	机械司机	汽车驾驶员	修理工	期数	人数
中铁十一局集团公司	3856	1287	73	201	400	155	458	2569	78	151	1090	690	560	573	677	149	30	318
中铁十二局集团公司	2576	542	40	59	100	81	276	2034	23	314	976	412	233	644	840	451	37	643
中铁十三局集团公司	2584	698	50	141	157	121	229	1886	58	117	1065	543	103	684	734	190	26	276
中铁十四局集团公司	2027	761	67	132	180	142	240	1266	35	133	583	280	235	631	461	145	15	254
中铁十五局集团公司	3204	563	29	90	165	123	195	2553	26	201	809	943	574	979	928	221	13	257
中铁十六局集团公司	10187	1271	75	195	352	209	440	2096	51	219	1264	541	303	1173	1077	341	23	735
中铁十七局集团公司	3824	969	46	137	201	122	463	2855	37	358	946	834	681	1563	1244	294	41	381
中铁十八局集团公司	4413	1049	61	182	273	214	319	3364	103	572	1725	628	336	616	1021	217	23	233
中铁十九局集团公司	4335	985	47	212	204	226	296	3350	81	407	682	1173	1007	1336	894	248	111	1077
中铁二十局集团公司	2034	451	11	60	91	75	214	1583	33	172	433	510	435	896	782	94	33	694
中铁二十一局集团公司	1931	471	22	53	59	77	285	1460	14	189	680	295	294	324	590	252	26	823
中铁二十二局集团公司	1570	566	15	87	122	144	198	1004	25	125	288	296	270	607	466	296	36	527
中铁二十三局集团公司	2275	716	34	165	205	123	189	1559	11	268	535	520	225	736	917	237	38	746
中铁二十四局集团公司	1852	404	19	94	80	48	163	1448	13	66	241	794	334	384	489	256	59	1397
中铁二十五局集团公司	734	275	17	42	75	29	110	340	1	4	158	88	89	188	309	87	11	208
中铁建设集团公司	485	112	10	8	14	3	77	373	2	13	31	211	116	186	265	15	25	482
中铁建电气化局集团公司	662	83	1	14	21	17	29	527	1	42	121	178	177	28	410	303	15	15
昆明中铁大型养路机械集团公司	1302	16	0	6	6	0	4	834	38	56	360	292	81	54	50	7	7	148
中铁轨道系统集团公司	2028	84	7	21	35	6	18	1424	10	72	467	520	292	256	65	75	38	868
2010 年合计	51879	11303	624	1899	2740	1915	4203	32525	640	3479	12454	9748	6345	11858	12219	3878	607	10082
2009 年合计	40730	9829	595	1807	2472	1591	3265	32389	556	3282	12651	9518	6609	11965	11498	3483	527	9852

制表：张宏成

中国铁建机械动力设备招标采购情况统计表

（2010 年度）

项目 / 数量 / 单位	招标采购			市场总价	节约资金	未招标采购		
	次数（次）	数量（台、套）	中标合同总价（万元）	（万元）	（万元）	次数（次）	数量（台、套）	总金额（万元）
中铁十一局集团公司	77	430	31555.52	34412.65	2857.00	54	97	9024.23
中铁十二局集团公司	72	374	66539.00	68584.00	2045.00	108	270	5850.00
中铁十三局集团公司	86	280	21343.87	22333.28	989.41	46	57	914.02
中铁十四局集团公司	146	802	119657.90	149277.58	29619.67	18	36	1463.07
中铁十五局集团公司	50	282	89502.09	93350.00	3848.00	73	158	3249.22
中铁十六局集团公司	107	537	43775.04	45838.31	2063.27	11	22	392.24
中铁十七局集团公司	94	525	59086.18	64000.94	4914.76	111	209	8515.89
中铁十八局集团公司	167	1583	62343.69	66260.59	3916.90	287	402	5186.90
中铁十九局集团公司	211	776	54483.10	56728.30	2245.20	53	119	3318.70
中铁二十局集团公司	118	532	36674.19	38068.91	1394.72	7	7	271.01
中铁二十一局集团公司	67	317	12510.53	12885.57	375.04	26	106	3774.09
中铁二十二局集团公司	55	578	26027.00	27495.00	1468.00	49	912	5173.00
中铁二十三局集团公司	30	116	7791.52	8201.12	409.60	303	1105	12395.55
中铁二十四局集团公司	47	143	5655.43	6598.11	942.68	117	299	2564.55
中铁二十五局集团公司	86	488	22491.57	24174.00	1682.43	101	567	1632.12
中铁建设集团公司	6	13	2545.49	2696.00	150.51	73	117	4698.52
中铁建电气化局集团公司	10	85	14818.40	16003.87	1185.47	13	16	557.23
昆明中铁大型养路机械集团公司	16	31	5026.17	5026.17		33	75	614.76
中铁轨道系统集团公司	19	72	1277.87	1758.00	480.13	135	150	4660.86
2010 年合计	1464	7964	683104.56	743692.40	60587.79	1618	4724	74255.93
2009 年合计	1214	6117	641919.19	622462.09	32468.09	1478	4139	96406.33

制表：张宏成

中国铁建大宗物资招标采购情况统计表

（2010 年度）

数量 项目 / 单位	招标次数（次）	市场总价（万元）	中标合同总价（万元）	节约资金（万元）	未招标总金额（万元）
合　计	5283	4900876	4634382	266494	
中铁十一局集团公司	623	703601	673457	30144	
中铁十二局集团公司	516	204140	196520	7620	
中铁十三局集团公司	300	149890	142411	7479	
中铁十四局集团公司	142	98134	68005	30129	
中铁十五局集团公司	421	416321	401329	14992	
中铁十六局集团公司	385	616703	588140	28563	
中铁十七局集团公司	317	530877	483045	47832	
中铁十八局集团公司	361	418948	403103	15845	
中铁十九局集团公司	407	186054	180494	5561	
中铁二十局集团公司	315	264234	253977	10257	
中铁二十一局集团公司	247	208689	191871	16817	
中铁二十二局集团公司	144	99709	96619	3090	
中铁二十三局集团公司	229	415996	394971	21025	
中铁二十四局集团公司	261	314264	308706	5558	
中铁二十五局集团公司	83	98695	94694	4001	
中铁建设集团公司	473	66160	59390	6770	
中铁建电气化局集团公司	59	108461	97651	10810	

制表：刘宝庆

中国铁建原材料、能源情况统计表

（2010 年度）

项目 / 数量 / 类别	计量单位	年初库存量		收入量累计		消费量累计						年末库存量	
				合计		合计		施工生产用		其他消费用			
		数量	金额	数量	金额	数量	金额	数量	金额	数量	金额	数量	金额
总值	万元		514311.4		17549285.0		17360908.8		17306054.5		54854.3		702687.7
（一）能源类	万元		21934.9		2035728.2		2024952.3		2005192.6		19759.7		32710.8
其中：汽油	吨	757		168328		168157		162745		5412		927	
柴油	吨	15054		1696858		1682803		1676147		6656		29110	
原煤	吨	24390		568055		564109		529577		34533		28336	
电力	万千瓦时			917845		917844		907230		10614			
（二）原材料类	万元		492376.5		15513556.9		15335956.5		15300861.9		35094.6		669976.9
1. 黑色金属类	万元		229897.7		6068138.3		5933354.4		5928656.8		4697.6		364681.7
其中：钢材	吨	475384		12204420		11993380		11983080		10299		686424	
（重轨）	吨	63775		862582		808680		808583		96		117677	
2. 有色金属类	万元		1512.1		485519.3		485768.5		485742.9		25.7		1262.9
3. 化工类	万元		8204.3		491526.3		487091.3		487061.8		29.5		12639.3
其中：炸药	吨	3001		190442		186601		186597		3		6843	
雷管	万发	453		15883		14460		14458		2		1877	
导火索	万米	332		13196		12561		12561				968	
4. 建材类	万元		32039.0		3943006.0		3880187.5		3873195.8		6991.7		94857.6
其中：水泥	吨	327834		50114270		49359256		49322779		36477		1082847	
5. 木材类	万元		2235.0		249855.1		245527.9		244973.1		554.8		6562.2
其中：原木	立方米	3263		241280		238889		237175		1714		5653	
锯材	立方米	4008		386392		375554		373192		2361		14846	
胶合板	立方米	1916		441490		430702		430005		696		12703	
6. 金属制品类	万元		13360.7		393002.1		387390.5		387096.2		294.3		18972.2
7. 一次转值机电类	万元		54724.0		929277.4		943525.1		942017.8		1507.2		40476.4
8. 其他类	万元		150403.6		2953232.4		2973111.3		2952117.4		20993.9		130524.6

制表：刘宝庆

中国铁建房地产开发经营情况统计表

（2010 年度）

开发单位	项目名称	建设地点	规划总建筑面积（万平方米）	其中：地上建筑面积（万平方米）	项目计划总投资（万元）	2009 年底开工累计完成投资（万元）	2010 年实际完成投资（万元）	其中：企业自有资金（万元）	其中：银行贷款（万元）	其中：其他资金（万元）	2010 年实际销售面积（万平方米）	2010 年实际销售金额（万元）	2010 年实现营业收入（万元）
总计			2002. 64	1638. 50	9383089	1708031	2757066	1856123	10740	890203	183. 50	1269435	499513
中铁房地产集团公司			1422. 07	1146. 40	7268993	1435676	2353399	1499620.0		853778. 9	140. 20	1014400	432015
北京天太金海置业有限公司	北京西派国际公寓	北京	13. 86	9. 60	183300	172756	21894			21894	1. 60	44128	64527
中铁房地产集团长沙置业有限公司	长沙山语城	湖南长沙	91. 10	74. 10	292135	70020	56758			56758	9. 80	41826	40500
中铁房地产开发（保定）有限公司	中国铁建 · 京南一品	河北保定	51. 10	44. 30	139624	43281	28979			28979	10. 40	41667	
徐州中铁房地产开发有限公司	龙域中央	江苏徐州	64. 20	53. 60	151272	141281	43021			43021	16. 70	71984	30882
贵阳中泓房地产开发有限公司	中国铁建 · 国际城	贵州贵阳	225. 30	180. 00	676090	226049	104886			104886	15. 30	76451	
长春中铁房地产开发有限公司	中国铁建 · 国际花园	吉林长春	56. 30	46. 00	142465	74987	19166			19166	6. 70	32785	52022
中铁嘉业（北京）投资有限公司	中国铁建 · 原香小镇	北京	22. 40	17. 20	134653	87780	70674			70674	13. 90	178309	152940
中铁地产（成都）开发有限公司	中国铁建 · 国际城	四川成都	126. 50	95. 10	377431	67947	115199			115199	20. 20	85845	
中铁房地产集团（广西）有限公司	中国铁建 · 凤岭山语城	广西南宁	42. 90	33. 10	167329	85104	52605			52605	9. 60	84190	38278
湖南中盛嘉业房地产开发有限公司	中国铁建 · 国际城	湖南长沙	120. 00	110. 00	170244	20363	37483			37483	10. 40	38962	
中铁房地产集团合肥置业有限公司	中国铁建 · 国际城	安徽合肥	164. 80	137. 80	596800	125676	72617			72617	13. 30	76052	52866
北京第六大洲房地产开发有限公司	中国铁建 · 国际城	北京	81. 40	61. 40	634143	320432	67487			67487	10. 30	190507	
中铁房地产集团北京丰基置业有限公司	中国铁建 · 青秀城	北京	30. 00	24. 80	331574		241908	218805		23103	2. 00	51694	

续表

开发单位	项目名称	建设地点	规划总建筑面积（万平方米）	其中：地上建筑面积（万平方米）	项目计划总投资（万元）	2009年底开工累计完成投资（万元）	2010年实际完成投资（万元）	其中：企业自有资金（万元）	其中：银行贷款（万元）	其中：其他资金（万元）	2010年实际销售面积（万平方米）	2010年实际销售金额（万元）	2010年实现营业收入（万元）
中铁房地产集团浙江京城投资有限公司	中国铁建·杭州国际城	浙江杭州	36.40	27.20	658817		207849	187471		20378			
中铁地产(四川)开发有限公司	仁和片区41号地青龙场镇7号地	四川成都	56.72	43.50	391302		183124	164724		18400			
中铁房地产集团北京正达置业有限责任公司	中国铁建·长阳国际城	北京	29.64	23.50	258890		160826	144210		16616			
中铁房地产集团广州有限公司	中国铁建·广州国际城	广东广州	20.41	17.60	242518		137465	122718		14747			
中铁房地产集团(天津)置业有限公司	中国铁建·天津国际城	天津	107.32	86.80	1053207		432659	394296		38363			
中铁房地产集团(天津)置业有限公司	房山区城关街道(圣水嘉名)居住、公建混合项目用地	北京	43.00	33.70	337000		138800	123946		14854			
中铁房地产集团(天津)置业有限公	丰台区西王佐村住宅项目	北京	38.72	27.20	330199		160000	143450		16550			
中铁十二局集团公司			13.88	10.99	50000	8118	2526			2526			
湖南华铁房地产有限责任公司	天天向上住宅小区	湖南长沙	13.88	10.99	50000	8118	2526			2526			
中铁十三局集团公司			26.40	23.20	94542	24295	15414	15414			2.80	20536	
天津市春江房地产开发有限公司	靖江雅园二期工程	天津	4.90	4.10	24363	14914	7735	7735			1.70	17000	
天津市春江房地产开发有限公司	成都市新都基地	四川成都	3.70	3.20	9179	9381	1226	1226			1.10	3536	
黑龙江华府房地产开发有限公司	哈尔滨先锋路改造开发项目(暂定名)	黑龙江哈尔滨	17.80	16.00	61000		6453	6453					
中铁十四局集团公司			67.14	57.60	206000	43716	22152	12351	5000	4801	7.50	42331	
青岛中铁凯华房地产开发有限公司	岸芷汀兰(东区)	山东青岛	8.46	8.50	16000	2935	800			800			
中铁十四局集团凯华置业有限公司	岸芷汀兰(西区)	山东青岛	17.49	17.50	25000	4514	3062			3062	2.90	6561	

续表

开 发 单 位	项目名称	建设地点	规划总建筑面积（万平方米）	其中	项目计划总投资（万元）	2009年底开工累计完成投资（万元）	2010年实际完成投资（万元）	其 中			2010年实际销售面积（万平方米）	2010年实际销售金额（万元）	2010年实现营业收入（万元）
				地上建筑面积（万平方米）				企业自有资金（万元）	银行贷款（万元）	其他资金（万元）			
南京昌和房地产开发有限公司	江佑铂庭	江苏南京	26.69	21.20	120000	36267	11939	6000	5000	939	4.60	35770	
济南中铁凯华房地产开发有限公司	名山秀水	山东济南	14.50	10.50	45000		6351	6351					
中铁十五局集团公司			25.23	21.48	70605		13100	13100					
中铁十五局集团临沂置业有限公司	中国铁建·东来尚城	山东临沂	25.23	21.48	70605		13100	13100					
中铁十六局集团公司			33.15	29.50	70920	15348	23679	14944		8735	5.70	27560	19843
海南京博房地产有限公司	琼海京博雅居	海南琼海	9.11	9.10	18200	5000	5800	5800			3.10	9700	9700
海南京博房地产有限公司	定安怡陶园小区	海南定安	3.45	3.40	7100	1248	786	786				1343	1343
福建省顺昌远宏房地产开发有限公司	天天花园四期	福建顺昌	15.69	12.40	32500		10735	2000		8735			
鄂尔多斯市禹人房地产开发有限公司	东方君座一期	内蒙古呼和浩特	4.90	4.60	13120	9100	6358	6358			2.60	16517	8800
中铁十八局集团公司			58.90	51.00	212170	37142	20329	16589	3740		3.60	13500	13099
湖北万佳房地产开发有限公司	鄂州万佳凯旋城	湖北鄂州	25.40	25.00	61324	30519	8081	4341	3740		3.60	13500	13099
湖北博瀚置业有限公司	武汉中北路	湖北武汉	33.50	26.00	150846	6623	12248	12248					
中铁二十局集团公司			23.51	19.10	80240	32257	13031	13031			1.70	7111	26336
重庆中景置业有限公司	同景国际城	重庆	23.51	19.10	80240	32257	13031	13031			1.70	7111	26336
中铁二十一局集团公司			145.20	119.50	652024	38319	168600	168600			4.10	45000	
中铁二十一局集团德盛和置业有限公司	中国铁建·梧桐苑	陕西西安	31.20	25.00	136774	37460	17000	17000			4.10	45000	

续表

开发单位	项目名称	建设地点	规划总建筑面积（万平方米）	其中	项目计划总投资（万元）	2009年底开工累计完成投资（万元）	2010年实际完成投资（万元）	其中			2010年实际销售面积（万平方米）	2010年实际销售金额（万元）	2010年实现营业收入（万元）
				地上建筑面积（万平方米）				企业自有资金（万元）	银行贷款（万元）	其他资金（万元）			
中铁二十一局集团德盛和置业有限公司	中国铁建·国际城	陕西西安	114.00	94.50	515250	859	151600	151600					
中铁二十二局集团公司			23.52	20.70	116075	5456	36024	32706	2000	1318	3.50	12686	7350
黄石天方科技置业有限公司	天方百花园	湖北黄石	13.60	12.70	37058	5230	5250	1932	2000	1318	3.50	12686	7350
中铁二十二局集团第三工程有限公司	中铁海曦	福建厦门	5.80	4.50	70741		30751	30751					
中铁二十二局集团第三工程有限公司	中铁创新园	福建厦门	4.10	3.50	8276	226	23	23					
中铁二十五局集团公司			9.70	9.70	21000	18642.00	104	104			0.20	870	870
中铁二十五局集团柳州万佳房地产开发有限公司	柳州市万佳馨园	广西柳州	9.70	9.70	21000	18642.00	104	104			0.20	870	870
中铁建设集团公司			153.96	129.30	540520	49062	88709	69665		19044	14.10	85441	
中铁建设集团中加伟业房地产有限公司	中加吉鼎住宅区1号住宅楼等16项	北京	12.34	11.30	59520	18810	13404			13404	10.20	73791	
西安侨隆置业有限公司	中国铁建·瑞园	陕西西安	10.31	9.20	48000	8246	7445	1805		5640			
中铁建设集团（信阳）房地产开发有限公司	领秀城	河南信阳	119.80	100.50	310000	22006	15260	15260			3.90	11650	
中铁建设集团房地产有限公司	石景山苹果园交通枢纽商务区J、P地块商业项目	北京	11.52	8.25	123000		52600	52600					

制表：闫翔宇

2010 年 3 月 28 日，中铁房地产集团公司 2010 年度施工总承包项目推介会暨阳光招标发布会在北京举行。（刘 文 摄）

文献辑要

特载
大事记
概况
董事会工作
工程施工
海外经营 境外工程
经营管理
综合管理
科技文化
党的工作
工会 共青团
所属单位
人物
统计资料
文献辑要
附录

本栏责任编辑 **杨启燕**

中国铁建股份有限公司贯彻落实《国有企业领导人员廉洁从业若干规定》实施办法

（中国铁建党纪〔2010〕65 号）

第一章　总　　则

第一条　为认真贯彻落实《国有企业领导人员廉洁从业若干规定》（中办发〔2009〕26 号，以下简称《若干规定》），切实规范企业领导人员廉洁从业行为，加强企业反腐倡廉建设，维护国家和出资人利益，促进企业健康发展，依据《中国共产党纪律处分条例》等党内法规以及国家有关法律法规，结合中国铁建股份有限公司（以下简称中国铁建）实际，制定本实施办法。

第二条　本办法适用于中国铁建所辖各集团公司、公司、党校（以下简称企业）以及其所属的各子、分公司，具有独立经营权的单位和授权经营单位（或分支机构），工程项目部的领导班子成员；股份公司在占控股地位或者主导地位公司中委派、任命、聘用的领导人员以及其他经企业批准执行国有资产管理职务的领导人员；股份公司委派到其他单位的领导人员；股份公司本级部门及以上领导和各直属项目部领导班子成员。

第三条　企业领导人员应当遵守国家法律法规和企业规章制度，认真执行《若干规定》和本办法，依法经营，开拓创新，廉洁从业，诚实守信，切实维护国家利益、企业利益和职工合法权益，努力实现企业又好又快发展。

第四条　贯彻落实本实施办法，要坚持与贯彻落实科学发展观、加强国有企业领导人员作风建设相结合；与构建企业惩治和预防腐败体系、健全企业内部制约和监督机制相结合。

第二章　廉洁从业行为规范

第五条　企业领导人员应当切实维护国家和出资人利益。不得有滥用职权、损害国有资产权益的下列行为：

（一）违反决策原则和程序决定企业生产经营的重大决策、重要人事任免、重大项目安排及大额度资金运作事项；

（二）违反规定办理企业改制、兼并、重组、破产、资产评估、产权交易等事项；

（三）违反规定投资、融资、担保、拆借资金、委托理财、为他人代开信用证、购销商品和服务、招标投标等；

（四）未经批准或者经批准后未办理保全国有资产的法律手续，以个人或者其他名义用企业资产在国（境）外注册公司、投资入股、购买金融产品、购置不动产或者进行其他经营活动；

（五）授意、指使、强令财会人员进行违规调整会计账目和企业经营财务成果、虚报瞒报盈亏导致会计信息失真等违反国家财经纪律、企业财务制度的活动；

（六）公款私存或者利用单位银行账户为个人谋取私利；

（七）未经上级批准，自行决定本级领导人员的薪酬和住房、交通补贴等福利待遇；

（八）未经领导班子集体研究，决定捐赠、赞助事项，或者虽经领导班子集体研究，但未履行报批手续，决定大额捐赠、赞助事项；

（九）将小汽车等企业资产落户到个人名下；

（十）因工作调整、变动调离本企业时，私自带走或接受公务小汽车及其他公共财产；

（十一）其他滥用职权、损害国有资产权益的行为。

第六条　企业领导人员应当忠实履行职责。不得有利用职权谋取私利以及损害企业利益的下列行为：

（一）个人从事营利性经营活动和有偿中介活动，或者在本企业的同类经营企业、关联企业和与本企业有业务关系的企业投资入股；

（二）在职或者离职后接受、索取本企业的关联企业、与本企业有业务关系的企业，以及管理和服务对象提供的物质性利益；

（三）以明显低于市场的价格向请托人购买或者以明显高于市场的价格向请托人出售房屋、汽车等物品，以及以其他交易形式非法收受请托人财物；

（四）委托他人投资证券、期货或者以其他委托理财名义，未实际出资而获取收益，或者虽然实际出资，但获取收益明显高于出资应得收益；

（五）利用企业上市或者上市公司并购、重组、定向增发等过程中的内幕消息、商业秘密以及企业的知识产权、业务渠道等无形资产或者资源，为本人或者配偶、子女及其他特定关系人谋取利益；

（六）未经批准兼任本企业所出资企业或者其他企业、事业单位、社会团体、中介机构的领导职务，或者虽经批准兼职，擅自领取薪酬及其他收入；

（七）将企业经济往来中的折扣费、中介费、佣金、礼金，以及因企业行为受到有关部门和单位奖励的财物等据为己有或私分；

（八）在工程项目招投标活动中，以企业经营活动为名，假公济私、中饱私囊、贪污受贿，以及在物资采购、设备购置、劳务录用中规避招标、虚假招标，或者指使、授意参与招标人员向他人透露标底或泄露其他应当保密的相关事项和资料；

（九）利用职权，擅自将工程项目转包、分包给不具有相应资质和资格的单位和个人，或者指定、授意下级将工程项目转包、分包给不具有相应资质和资格的单位和个人，或高出正常采购和分包市场价格，让利于采购商或分包单位，严重损害企业利益的行为；

（十）违反规定，以借用单位资质或资源私揽工程，谋取私利，或者将企业资质证书和营业执照出租、转让给其他单位及个人，擅自将外部企业或者外部施工队伍挂靠在本企业；

（十一）违反规定，超计价拨付工程款，或者以虚计工程量、虚假验工计价，或者签订虚假合同等方式套取资金，以及违规设置“账外账”和使用“小金库”资金的行为；

（十二）违反干部人事管理制度，泄露民主推荐、考察、酝酿、讨论决定干部任免等有关情况，带病提拔干部、买官卖官、封官许愿、收受贿赂，以及在选举或者干部考察中拉票、贿选；

（十三）借引进人才、人员调动、办理户口之机，为个人谋取私利；

（十四）其他利用职权谋取私利以及损害本企业利益的行为。

第七条　企业领导人员应当正确行使经营管理权，防止可能侵害公共利益、企业利益行为的发生。不得有下列行为：

（一）本人的配偶、子女及其他特定关系人，在本企业的关联企业、与本企业有业务关系的企业投资入股；

（二）将国有资产委托、租赁、承包给配偶、子女及其他特定关系人经营；

（三）利用职权为配偶、子女及其他特定关系人从事工程分包、设备物资购销、施工机械租赁等营利性经营活动提供便利条件；

（四）利用职权相互为对方及其配偶、子女和其他特定关系人从事营利性经营活动提供便利条件，如相互在自己管辖范围内为对方安排使用亲属包工队、私有生产经营设备物资，从中谋取不正当利益；

（五）本人的配偶、子女及其他特定关系人投资或者经营的企业与本企业或者有出资关系的企业发生可能侵害公共利益、企业利益的经济业务往来；

（六）利用职权在本企业、关联企业和与本企业有业务关系的企业为配偶、子女及其他特定关系人支付学习、培训、考察、旅游等费用；

（七）利用职权在管辖范围内使用亲属、关系包工队，或者将个人房产、施工机械、运输设备等出租给本企业、项目部以及关联企业和与本企业有业务关系的企业、单位、项目部等，从中谋取不正当利益；

（八）向相关单位、部门或有关人员采取指定、授意、暗示等方式，为自己或特定关系人谋取私利；

（九）按照规定应当实行任职回避或公务回避而没有回避；

（十）离职或者退休后三年内，在与原任职企业有业务关系的私营企业、外资企业和中介机构担任职务、投资入股，或者在上述企业、机构从事、代理与原任职企业经营业务相关的经营活动；

（十一）其他可能侵害公共利益、企业利益的行为。

第八条　各级企业领导人员应当勤俭节约，依据有关规定进行职务消费。不得有下列行为：

（一）讲求排场、铺张浪费，超标准或超预算配置车辆和开支招待费、差旅费，以及违反外事纪律，超标准、超外事经费预算开支出国访问、考察费用等职务消费；

（二）将履行工作职责以外的费用列入职务消费；

（三）在特定关系人经营的场所进行职务消费；

（四）不按照规定公开职务消费情况；

（五）用公款旅游或者变相旅游，以及接受下级单位用公款安排的个人及亲属观光旅游等活动；

（六）在企业发生亏损或者拖欠职工工资期间，购买或者更换小汽车、公务包机、装修办公室、添置高档办公设备等；

（七）使用信用卡、签单等形式进行职务消费，不提供原始凭证和相应的情况说明，或者长期借用公款、占用公款；

（八）其他违反规定的职务消费以及奢侈浪费行为。

第九条　各级企业领导人员应当加强作风建设，注重自身修养，增强社会责任意识，树立良好的公众形象。不得有下列行为：

（一）弄虚作假，骗取荣誉、职务、职称、待遇或者其他利益；

（二）大办婚丧喜庆事宜，造成不良影响，或者借机敛财；

（三）默许、纵容配偶、子女和身边工作人员利用本人的职权和地位从事可能造成不良影响的活动；

（四）用公款支付与公务无关的娱乐、宴请等活动费用；

（五）在有正常办公和居住场所的情况下用公款长期包租宾馆；

（六）漠视职工正当要求，侵害职工合法权益；

（七）在职工利益分配中，不遵守公司章程和企业有关规定，暗箱操作，有失公平，以及将职工社会保障基金挪作他用；

（八）从事有悖社会公德的活动。

第三章　实施与监督

第十条　企业党委书记、董事长、总经理为本实施办法的主要责任人。

第十一条　各级纪检监察组织和人事、组织等部门，要按照各自职能，认真履行对企业领导人员的教育、管理和监督职责，加强企业领导人员廉洁从业长效机制建设，确保《若干规定》和本实施办法在中国铁建系统贯彻落实。

第十二条　企业领导人员要认真执行《若干规定》和本实施办法，严于律己，自觉接受监督。

（一）企业领导人员要将贯彻落实《若干规定》和本实施办法的情况作为民主生活会对照检查、年度述职述廉和职工代表大会民主评议的重要内容，主动接受监督和民主评议；领导班子民主生活会，每一位班子成员都要对照本实施办法逐条认真检查，开展批评与自我批评；对违反本实施办法的行为，要作出深刻检讨并立即整改，同时报上一级纪检监察组织；没有违反本实施办法的，也要作出明示；领导班子成员中有严重违反本实施办法规定而受到党纪政纪处分的，当年该单位领导班子不能评为“四好”班子。

（二）企业领导人员要认真执行个人重大事项报告、礼品登记上缴和收入申报等制度，按年度向上一级纪检监察组织和人事部门报告本人兼职、投资入股、国（境）外存款情况，本人、配偶及共同生活子女的房产及投资情况，婚姻变化情况，配偶、子女就学、从业和出国（境）定居及有关情况，以及本人认为应当报告的其他事项，由上一级纪检监察组织存入本人廉洁档案。

（三）企业领导人员在经济交往中无法拒收的现金、有价证券、支付凭证、贵重物品和礼品等，应在收到之日起1个月内，交本企业纪检监察组织，未设立纪检监察组织的交办公室暂收，并由办公室交上一级纪检监察组织。由纪检监察组织登记，交财务部门入账。

第十三条　企业应当依据本办法制定规章制度或者将本办法的要求纳入公司章程，建立健全监督制约机制，保证本办法的贯彻执行。

企业要建立结构合理、配置科学、程序严密、制约有效的权力运行机制，建立和完善党委会、董事会、经理班子的决策原则和程序，并认真坚持与严格执行。不得随意删减、更改规定的程序或变通执行。企业要在每年年底向上一级纪检监察组织报告生产经营的重大决策、重要人事任免、重大项目安排及大额度资金运作事项的决策情况。

第十四条　企业要完善以职工代表大会为基本形式的企业民主管理制度，实行企务公开制度。企业重组、改制、关闭、破产和住房调整等重大事项，以及其他涉及职工切身利益的事项，要向职工代表大会报告；需经职工代表大会讨论通过的事项，要经职工代表大会讨论通过后方可实施。

第十五条　企业要按照有关规定建立健全企业领导人员职务消费制度，报上一级纪检监察组织备案，并将职务消费情况作为企务公开的内容定期向职工公开。

第十六条　企业要结合本办法建立领导人员廉洁从业承诺制度，完善重大事项报告制度，规范领导人员廉洁从业行为以及离职和退休后的相关行为。

第十七条　各级纪检监察、工会组织和人事、企管、财务、审计、组织、宣传等部门要按照《若干规定》要求，建立健全国有企业领导人员廉洁从业的各项制度，进一步完善各项监督管理制度，加强对企业领导人员的教育和管理，促进企业领导人员廉洁从业。

（一）以促进企业领导人员廉洁诚信、依法经营为主题，强化对企业领导人员廉洁从业的日常教育，提高领导人员拒腐防变能力，大力推进企业廉洁文化建设，努力形成以廉为荣、以贪为耻的良好风尚，为企业领导人员廉洁从业营造良好氛围。

（二）完善企业领导人员业绩考核、薪酬管理、职务消费、经济责任审计和廉洁从业等制度，将领导人员廉洁从业有关规定纳入国有资产监管制度体系，规范和完善激励和约束机制，促进企业领导人员廉洁从业。

（三）要整合监督资源，采用多种形式，加强出资人的监督，努力形成对企业领导人员监督管理的合力。

1.加强党组织的监督。各级党委要加强对企业下一级党组织及其领导班子特别是主要负责人的监督；指导企业领导班子提高民主生活会质量，促进企业领导人员认真开展批评与自我批评；完善党内监督制度，发挥党员对企业领导人员廉洁从业情况的监督作用。

2.强化纪检监察组织的监督。健全企业纪检监察组织，配齐配强人员；围绕企业廉洁从业突出问题和薄弱环节开展效能监察;依纪依法认真处理信访举报,严肃查处企业领导人员违反本办法的行为。

3. 强化审计监督。认真开展经济责任审计等专项审计,在审计中加强对企业领导人员廉洁从业情况的监督;建立健全审计结果的运用、落实和反馈机制,增强应用效果。

4. 改进和加强职工民主监督。积极探索工会参与企业重大决策的途径和方式;落实职工董事、职工监事制度,保证职工代表依法进入董事会、监事会并履行职责;落实企务公开各项制度,搞好企业领导人员廉洁从业等情况的公开。

5. 加强监事会监督。进一步完善监事会、外派监事制度,在完善公司治理结构中推进监事会建设;建立和完善监事会检查成果的运用、落实及反馈机制,对监事会检查发现的违纪违法案件线索,依照有关规定移交纪检监察组织或者司法机关处理。

第十八条 各级纪检监察组织,要对所管辖的企业领导人员执行本办法的情况进行监督检查。

各级纪检监察组织应当结合年度考核,每年对所管辖的各级企业领导人员执行本办法的情况进行监督检查,并作出评估,考核结束后一个月内向企业党组织和上级纪检监察组织报告。

对违反本办法行为的检举和控告,各级纪检监察组织要及时受理,并作出处理决定或者提出处理建议;符合函询条件的,要按规定进行函询。

对检举、控告违反本办法行为的职工进行打击报复的,要追究相关责任人的责任。

第十九条 各级人事部门,应当将廉洁从业情况作为对企业领导人员考察、考核的重要内容和任免的重要依据。

第二十条 各级审计部门要依法开展各项审计监督,严格执行企业领导人员任期和离任经济责任审计制度,建立健全纪检监察和审计监督工作的协调运行机制。

第二十一条 各级企业的监事会应当依照有关规定加强对企业领导人员廉洁从业情况的监督。

按照本章要求需向上一级纪检监察组织报告备案的事项,应当同时抄报本企业监事会。

第四章 违反规定行为的处理

第二十二条 企业领导人员违反本办法第二章所列行为规范的,视情节轻重,由各级纪检监察组织按照管理权限分别给予警示谈话、调离岗位、降职、免职处理。

应当追究纪律责任的,除适用前款规定外,视情节轻重,依照国家有关法律法规和党内条规给予相应的处分。

涉嫌犯罪的,依法移送司法机关处理。

第二十三条 企业领导人员受到警示谈话、调离岗位的,要减发当年的绩效薪金、奖金;受到降职、免职处理的,要减发或者全部扣发当年的绩效薪金、奖金。

第二十四条 企业领导人员违反本办法获取的不正当经济利益,要责令清退;给企业造成经济损失的,要按照中国铁建股份有限公司、股份公司党委《关于严格经济责任的决定》有关规定承担经济赔偿责任。

第二十五条 企业领导人员违反《若干规定》受到降职处理的,两年内不得担任与其原任职务相当或高于其原任职务的职务。

受到免职处理的,两年内不得担任企业的领导职务;因违反国家法律,造成国有资产重大损失被免职的,五年内不得担任企业的领导职务。

构成犯罪被判处刑罚的,终身不得担任企业的领导职务。

第五章 附 则

第二十六条 企业领导班子成员以外的对国有资产负有经营管理责任的其他人员参照本办法执行。

企业在参股企业中对国有资产负有经营管理责任的人员参照本办法执行。

第二十七条 本办法所称特定关系人,是指与企业领导人员有近亲属以及其他共同利益关系的人。

第二十八条 本办法由中国铁建纪委、监察局负责解释。

第二十九条 本办法自下发之日起施行。2006年10月下发的中国铁道建筑总公司《领导人员廉洁从业若干规定实施办法》(试行)同时废止。

中国铁建股份有限公司
年报信息披露重大差错责任追究制度

（中国铁建董〔2010〕59 号）

第一章 总 则

第一条 为了提高中国铁建股份有限公司（以下简称公司）的规范运作水平，增强信息披露的真实性、准确性、完整性和及时性，提高年报信息披露的质量和透明度，根据《公司法》《证券法》《上市公司信息披露管理办法》《上海证券交易所股票上市规则》《香港联合交易所有限公司证券上市规则》《上海证券交易所上市公司规范运作指引》等有关法律法规及《公司章程》《信息披露管理办法》《重大信息内部报告制度》等规定，结合公司实际情况，制定本制度。

第二条 本制度所指责任追究制度是指年报信息披露工作中有关人员不履行或者不正确履行职责、义务或其他个人原因，对公司造成重大经济损失或造成不良社会影响时的追究与处理制度。

第三条 本制度适用于公司董事、监事、高级管理人员、各下属子公司负责人、控股股东、实际控制人以及与年报信息披露工作有关的其他人员。

第四条 实行责任追究制度，应遵循以下原则：实事求是、客观公正、有错必究；过错与责任相适应；责任与权利对等原则。

第五条 公司年报编制委员会作为年报编制的议事机构，负责年报信息披露重大差错的责任认定工作。公司各部门按照职责分工提供年报编制所需的数据和资料，并对所提供数据和资料的真实性、准确性和完整性承担责任。年报编制委员会根据重大责任涉及内容，指定相关部门收集、汇总造成重大责任的相关资料，提交年报编制委员会审议，视情节轻重提出责任追究的具体处理意见，经公司董事会批准后执行。

第二章 年报信息披露重大差错责任

第六条 有关人员有下列情形之一的应当追究相关责任人的责任：

（一）违反《公司法》《证券法》和《企业会计准则》等国家法律法规的规定，使年报信息披露发生重大差错或造成不良影响的；

（二）违反《上市公司信息披露管理办法》《上海证券交易所股票上市规则》《香港联合交易所有限公司证券上市规则》以及中国证监会和上海证券交易所、香港联合交易所有限公司发布的有关年报信息披露指引、准则、通知等，使年报信息披露发生重大差错或造成不良影响的；

（三）违反《公司章程》《信息披露管理办法》《重大信息内部报告制度》以及公司其他内部控制制度，使年报信息披露发生重大差错或造成不良影响的；

（四）未按照年报信息披露工作中的规程办事且造成年报信息披露重大差错或造成不良影响的；

（五）年报信息披露工作中因不及时沟通、汇报，造成重大失误或造成不良影响的；

（六）其他个人原因造成年报信息披露重大差错或造成不良影响的。

第三章 责任追究的形式及种类

第七条 相关人员违反本制度第六条规定，情节较轻的，采取以下形式追究责任：

（一）责令改正并作书面检讨；

（二）通报批评。

第八条 相关人员具有本制度第六条规定的情形，情节恶劣、后果严重、影响较大且事故确系个人主观因素所致的；打击、报复、陷害调查人或干扰、阻挠责任追究调查的；不执行董事会依法作出的处理决定的；董事会认为其它应当从重或者加重处理的情形的，采取以下形式从重处罚：

（一）调离岗位、停职、降职、撤职；

（二）赔偿损失；

（三）解除劳动合同；

（四）情节严重涉及犯罪的依法移交司法机关处理。

第九条 有下列情形之一的，可从轻、减轻或免予处理：

（一）有效阻止不良后果发生的；

（二）主动纠正和挽回全部或者大部分损失的；

（三）确因意外和不可抗力等非主观因素造成的；

（四）董事会认为其他应当从轻、减轻或者免予处理的情形的。

第十条 公司董事、监事、高级管理人员、各下属子公司负责人出现责任追究范围的事件时，公司在进行上述处罚的同时可附带经济处罚，处罚金额由董事会视事件情节具体确定。

第十一条 在对责任人作出处理前，应当听取责任人的意见,保障其陈述和申辩的权利。

第四章 附 则

第十二条 本制度未尽事宜,或者与有关法律、法规相悖的,按有关法律、法规、规章处理。

第十三条 本制度由公司董事会负责解释和修订。

第十四条 本制度经董事会审议通过并公告之日起施行。

中国铁建股份有限公司内幕信息知情人和外部信息使用人管理制度

(中国铁建董〔2010〕60 号)

第一章 总 则

第一条 为进一步规范中国铁建股份有限公司(以下简称 公司)的内幕信息知情人和外部信息使用人管理,保护公司股东、债权人及其他利益相关人员的合法权益,根据《中华人民共和国公司法》《中华人民共和国证券法》(以下简称《证券法》)《上市公司信息披露管理办法》(以下简称《信息披露管理办法》)等有关法律、法规以及《上海证券交易所股票上市规则》《香港联合交易所有限公司证券上市规则》(前两者合称上市地交易所《上市规则》)和《中国铁建股份有限公司章程》(以下简称《公司章程》)《中国铁建股份有限公司信息披露管理办法》,结合公司实际,特制定本制度。

第二条 公司董事会是内幕信息的管理机构,董事会秘书负责公司内幕信息的日常管理工作。

第二章 内幕信息及内幕信息知情人

第三条 本制度所指内幕信息是指涉及公司的经营、财务或者对公司证券的市场价格有重大影响的尚未公开的信息。

第四条 本制度所指内幕信息的范围包括:

(一)《中国铁建股份有限公司信息披露管理办法》第三十八条所列重大事件;

(二)公司分配股利或者增资的计划;

(三)公司股权结构的重大变化;

(四)公司债务担保的重大变更;

(五)公司营业用主要资产的抵押、出售或者报废一次超过该资产的 30%;

(六)公司的董事、监事、高级管理人员的行为可能依法承担重大损害赔偿责任;

(七)公司收购的有关方案;

(八)适用法律和上市地证券监管规则规定的对证券交易价格有显著影响的其他重要信息。

对于前述重大事件的判断标准应遵守并执行《证券法》《信息披露管理办法》和上市地交易所《上市规则》的有关具体规定。

第五条 本制度所指内幕信息知情人是指公司内幕信息公开前能直接或者间接获取内幕信息的单位及个人,包括:

(一)公司的董事、监事、高级管理人员;

(二)持有公司 5% 以上股份的股东及其董事、监事、高级管理人员,公司的实际控制人及其董事、监事、高级管理人员;

(三)公司控股的公司及其董事、监事、高级管理人员;

(四)由于所任公司职务可以获取公司有关内幕信息的人员;

(五)证券监督管理机构工作人员以及由于法定职责对证券的发行、交易进行管理的其他人员;

(六)公司的保荐人、承销公司股票的证券公司、证券交易所、证券登记结算机构、证券服务机构以及承担公司财务报告审计、审阅业务的有关人员;

(七)法律、行政法规、规章以及规范性文件规定的其他内幕信息知情人员。

第三章 内幕信息知情人的登记备案

第六条 内幕信息知情人应当按照"内幕信息知情人登记表"格式填报相关内容。

第七条 公司各职能部门、各子公司、参股公司、分公司应当指定专人负责汇总内幕信息公开前在报告、传递、编制、审核、披露等环节所涉及的内幕信息知情人名单、内幕信息知情人知悉内幕信息的内容和时间等相关档案,以及内幕信息知情人变更情况,及时向公司董事会秘书局报送"内幕信息知情人登记表",汇总上报公司董事会秘书备案。

第八条 内幕信息知情人登记备案的内容包括但不限于内幕信息事项、内幕信息知情人的单位名称或姓名、任职情况、获取信息的时间及证券监管部门要求的其他信息。

第四章　内幕信息的保密管理

第九条　公司内幕信息知情人对内幕信息负有保密责任，在内幕信息公开前，不得以业绩发布会、分析师会议、投资者调研座谈、媒体采访等形式或途径向外界或特定人员泄露定期报告、临时报告等内幕信息。

第十条　公司内幕信息知情人在获得内幕信息后至信息公开披露前，应当按照公司保密工作规定，妥善保管涉及内幕信息的有关资料。

第十一条　公司董事、监事、高级管理人员及其他内幕信息知情人应采取必要的措施，在内幕信息公开前，将该信息的知情者控制在最小范围内，不得以任何方式向任何单位或个人泄露尚未公开披露的信息，也不得利用该等内幕信息买卖证券，或者建议他人买卖该证券。

第十二条　对于公司聘请的保荐人、顾问律师事务所、会计师事务所、资产评估机构、印刷商、公关顾问公司等外部知情人士或机构，应与其订立保密协议或制定严格的保密安排，确保内幕信息在公开披露之前不会对外泄漏。

第五章　外部信息使用人管理

第十三条　公司依据法律法规等要求向外部单位报送公司内幕信息的，该外部单位及其相关人员为公司外部信息使用人。

第十四条　外部单位没有明确的法律法规依据而要求公司向其报送公司内幕信息的，公司应拒绝报送。

第十五条　公司各职能部门、二级公司依据法律法规等要求，向外部单位报送公司内幕信息的，应当按照本制度第三章有关规定，将外部单位及相关人员作为公司内幕信息知情人登记备案，并按照本制度附件二格式，书面提醒外部单位及相关人员履行保密义务，在两个工作日内向公司董事会秘书局报送“内幕信息知情人登记表”和回执。

第十六条　各二级公司依据法律法规等要求向外部单位报送公司内幕信息的，应当按照《中国铁建股份有限公司重大信息内部报告制度》的要求报备，并同时将“内幕信息知情人登记表”和回执报公司董事会秘书局。

第十七条　公司依据法律法规向特定外部信息使用人报送年度报告相关信息的，提供时间不早于公司业绩快报的披露时间，业绩快报的披露内容不少于向外部信息使用人提供的信息内容。

第十八条　非内幕信息知情人自知悉公司内幕信息后即成为内幕信息知情人，受本制度约束。

第十九条　外部单位及相关人员不得泄漏本公司报送的内幕信息，不得利用所获取的内幕信息买卖本公司证券或建议他人买卖本公司证券。

第六章　责任追究

第二十条　内幕信息知情人发生违反本制度规定的行为，公司将视情节轻重，依据保密有关法规和公司奖惩制度，对责任人给予相应的处罚；触犯国家有关法律法规的，依法将有关责任人移交行政机关或司法机关处理。

第二十一条　公司董事、监事、高级管理人员，持股5%以上的股东、控股子公司及其董事、监事、高级管理人员，以及其他内幕信息知情人员违反本制度之规定，未履行其应承担的义务，公司保留追究其责任的权利。

第七章　附　　则

第二十二条　本制度未尽事宜，或与有关法律法规及《公司章程》规定相冲突的，以有关法律法规或《公司章程》的规定为准。

第二十三条　本制度由董事会负责制定、解释和修改。

第二十四条　本制度自董事会审议通过之日起生效并实施。

中国铁建股份有限公司
董事会会议议案管理细则

（中国铁建董〔2010〕66号）

第一章　总　　则

第一条　为规范中国铁建股份有限公司（以下简称公司或本公司）董事会议案流程管理，提高董事会规范运作水平和议事效率，加强决策的科学性，确保公司及时、完整履行信息披露义务，根据《中华人民共和国公司法》中国证监会《上市公司治理准则》国资委《董事会试点中央企业董事会规范运作暂行办法》《中国铁建股份有限公司章程》（以下简称《公司章程》）《中国铁建股份有限公司董事会议事规则》（以下简称《董事会议事规则》）《上海证券交易所股票上市规则》《香港联合交易所有限公司证券上市规则》（前两者合称上市地交易所《上市规则》）及有关规定，结合公司实际情况，特制定本细则。

第二条　本细则适用于所有以议案名义向公司董事会提交报告等资料，并提请董事会审议决策的提案行为。

第三条　本细则所述的议案，是指提案人提交的、需由董事会审议批准后执行的事项。本细则规定的提案人包括：

（一）代表1/10以上表决权的股东；

（二）监事会；

（三）董事长；

（四）1/3以上董事；

（五）1/2以上独立非执行董事；

（六）总裁；

（七）董事会各专门委员会；

（八）法律及《公司章程》规定的其他情形。

第四条　议案管理相关职责

（一）议案提交人职责

代表1/10以上表决权的股东、监事会、董事长、1/3以上董事、1/2以上独立非执行董事、总裁、董事会各专门委员会可直接向董事会提交议案。

董事会专门委员会工作机构负责经专门委员会审议后提交董事会议案的起草、呈送专门委员会主席审批及提交。

股份公司各职能部门负责经总裁办公会审议后须提交董事会议案的起草、呈送领导审批及提交。

所属子公司如有事项需提交股份公司董事会审议，按照业务归口管理原则，由股份公司相关职能部门按照决策程序提交。

其他议案提交人本着谁提交、谁负责的原则，履行提交程序，承担相应职责。

（二）议案归集人职责

董事会秘书局负责所有拟提交董事会议案的归集。董事会秘书局在收到有关会议议案的书面材料后，尽快汇总报董事会秘书审阅。

（三）议案审核人职责

董事会秘书负责董事会议案的合规性审核。董事会秘书完成审核后呈报董事长。

董事长根据董事会的职责确定董事会会议议题，对拟提交董事会讨论的有关议案进行审核，并决定是否提交董事会讨论。董事长认为议案内容不明确、不具体或者有关材料不充分的，可以要求提议人修改或者补充。

第二章　议案的内容及格式

第五条　为使董事充分掌握议案内容，提高决策效率，向董事会提交的议案应按照上市地交易所《上市规则》《公司章程》及《董事会议事规则》等相关规定起草，内容充分完整、论证明确、形式规范、要件齐备。

第六条　议案的格式

（一）标题

议案标题应简明扼要，一般为“关于XXXXXXXX的议案”。

（二）主送机关

议案的主送机关为公司董事会。

（三）正文

正文为议案的核心内容部分。一般由提请审议的缘由、提请审议的内容、提请董事会决策事项和附件四部分组成。

提请审议的缘由需说明本事项已经履行的相关决策程序。

提请审议的内容按照本细则相关条款及有关法律、法规的规定进行阐述。

提请董事会决策事项须说明该议案需由董事会决议明确的主要内容。

（四）落款

议案落款为提案人全称及提交时间。如议案为董事会各专门委员会提交，落款处应为董事会专门委员会全称；如议案为总裁办公会审议后提交，落款由公司总裁签署或签章。

第三章　议案的提交、归集、发出及审议

第七条　议案的提交

（一）董事会各专门委员会审议决定提交董事会的议案，各专门委员会工作机构须在专门委员会会议审议通过后，尽快拟定议案资料，经专门委员会主席审核同意后，在董事会召开前提交议案的限时内，将议案资料原件及电子版一并提交董事会秘书局。

（二）总裁办公会审议通过，需要提交董事会审议的议案，相关职能部门须在总裁办公会后，尽快拟定议案资料，经分管领导审批，报请总裁审核签字后，在董事会召开前提交议案的限时内，将议案资料原件及电子版一并提交董事会秘书局。

第八条　股份公司各职能部门应根据董事会和专门委员会的要求起草有关议案，提供有关文件、信息和其他资料。提供信息和资料的职能部门及有关人员应对来自于公司内部且可客观描述的信息的真实性、准确性和完整性承担责任。对于来自公司外部的信息和资料的可靠性，应在进行评估后，才可提供给董事会作决策参考，并向董事会说明。

第九条　议案的归集

（一）董事会定期会议议案的归集

董事会定期会议召开前，董事会秘书局发出议案归集通知，议案部门须在董事会会议召开 15 日前，将经分管领导审核和总裁签署（签章）的议案资料原件及电子版送董事会秘书局。

（二）董事会临时会议议案的归集

董事会秘书局收到职能部门、专门委员会工作机构或其他提案人提交的临时议案资料，在报经董事会领导审核确定董事会临时会议召开时间和议案后，提前不少于 5 个工作日发出董事会会议通知和议案资料。

第十条　议案资料的发出

董事会秘书局印制董事会议案资料，连同会议通知，发送全体董事、监事、公司经理层领导、国务院监事会及其他有关列席人员。

第十一条　议案的增加、变更与取消

董事会定期会议的书面会议通知发出后，如果需要变更会议的时间、地点等事项或者增加、变更、取消会议议案的，应当在原定会议召开日之前三日发出书面变更通知，说明情况和新议案的有关内容及相关材料。不足三日的，会议日期应当相应顺延或者取得全体与会董事的认可后按期召开。

董事会临时会议的会议通知发出后，如果需要变更会议的时间、地点等事项或者增加、变更、取消会议议案的，应当事先取得全体与会董事的认可并做好相应记录。

第十二条　议案的审议

会议主持人提请出席董事会会议的董事对各项议案发表明确的意见。

1/2 以上的与会董事或两名以上独立非执行董事认为提案不明确、不具体，或者因会议材料不充分等其他事由导致其无法对有关事项作出判断时，可联名提出缓议该提案，会议主持人应予采纳。提议缓议的董事应当对提案再次提交审议应满足的条件提出明确要求。

第十三条　董事可以在会前向会议召集人、总裁和其他高级管理人员、各专门委员会及其工作部门、会计师事务所和律师事务所等有关人员和机构了解决策所需要的信息，也可以在会议进行中向主持人建议请上述人员和机构的与会代表解释有关情况。

第四章　附　　则

第十四条　本规定自董事会审议通过之日起生效。

第十五条　本规定由董事会负责解释。

中国铁建股份有限公司信访工作办法

（中国铁建办〔2010〕84 号）

第一章 总 则

第一条 为保持股份公司各级领导机关同职工群众的密切联系，保护信访人的正当合法权益，维护信访秩序，规范信访行为，更好地发挥信访工作在构建和谐企业中的作用，根据《中共中央、国务院关于进一步加强新时期信访工作的意见》、国务院《信访条例》和《国务院国资委关于加强中央企业信访工作的意见》等有关规定，结合实际，制定本办法。

第二条 本办法所称信访，是指职工群众，采用书信、电子邮件、传真、电话、走访等形式，向股份公司各级领导机关、工作部门反映情况，提出建议、意见或者投诉请求，依据法规、政策进行处理的活动。

本办法所称信访人，是指采用前款规定的形式，反映情况，提出建议、意见或者投诉请求的职工群众或者其他组织。

第三条 各级领导机关和工作部门，应当做好信访工作，认真处理来信、接待来访，倾听职工群众的意见、建议和要求，接受职工群众的监督，努力为职工群众排忧解难。

各级领导机关和工作部门，应当畅通信访渠道，建立有力、有序、务实、高效的信访工作秩序，积极开展矛盾纠纷排查化解工作，推进信访工作制度化、规范化和法制化建设，为职工群众反映问题提供便利条件。

各级领导机关，要指定一位领导分管信访工作，抓各项具体工作的落实。

任何组织和个人不得打击报复信访人。

第四条 股份公司的信访工作应当在各级机关的领导下，按照“属地管理、分级负责”、“谁主管、谁负责”、“依法、及时、就地解决问题与疏导教育相结合”和“事要解决”的信访工作原则，努力做到“件件有着落、事事有回音”。

第五条 各级领导机关、工作部门，要坚持科学决策、民主决策、依法决策，综合考虑改革的力度、发展的速度和职工群众可承受的程度，保持政策的严肃性、连续性和平衡性，统筹考虑相关政策之间的关联性。在研究制定政策时，要充分听取各方面的意见，尤其要重视信访部门的意见和建议。从源头上预防导致信访事项的矛盾和纠纷。

各级领导和工作部门负责人，应当阅批重要来信、接待重要来访，对于可能造成社会影响的重大、紧急信访事项、信访信息和重大群体性上访事件，主要领导必须亲自出面开展工作，控制事态，依照法规、政策尽快处理，及时把工作情况报告上级机关。

第六条 各集团公司、公司、培训中心，职工人数在 5 千人以上的要建立健全信访工作机构和信访接待场所，配备专职信访干部。对于低于 5 千人的，要按照有利于工作的原则，确定负责信访工作的部门和指定兼职信访工作人员。

各级领导机关要高度重视对信访干部的培养、教育、使用和交流；对信访部门的办公经费和处理信访事项的业务经费要予以保证；要为信访工作人员发放岗位津贴，其额度不低于所在地政府信访部门人员的津贴标准。

第七条 股份公司及各集团公司、公司、培训中心，应当依照有关规定建立健全与信访工作相适应的工作机制，用制度进一步完善本单位新时期信访工作的制度体系。对信访工作中的失职、渎职行为，将视情追究有关责任人员的责任。

第八条 各集团公司、公司、培训中心的信访工作，隶属股份公司，接受股份公司的督促、检查和指导。按要求做好信访统计上报工作。股份公司的信访工作由办公室信访处承办。按业务性质分别交由董事会秘书局、办公室、党委办公室、纪委办公室、工会生产综合部或相关业务部门办理。

第二章 信访事项的受理

第九条 反映股份公司对党和国家以及国资委关于企业改革、发展的有关方针、路线、政策的贯彻执行情况。

第十条 对股份公司以及各集团公司、公司、培训中心提出的意见、建议和要求。

第十一条 股份公司系统职工或铁道兵时期复转退伍人员反映兵改工之前未尽事宜，以及地方群众反映与股份公司有关自身利益的问题。

第十二条 反映股份公司机关工作人员以及所属各单位职工的廉政建设情况。

第十三条 其他涉及股份公司及各集团公司、公司、培训中心职责范围的信访事项。

第十四条 对于受理的信访事项，应当予以登记，并区分情况，在 15 日内分别按下列方式处理：

（一）属于本级机关有关部门办理的信访事项，交有关部门处理，并答复信访人；

（二）属于所属单位职责范围的信访事项，转涉事单位处理,要求报送结果的,要及时报送,并由办理单位答复信访人。

第十五条 下列信访请求将不予受理:

(一)对依照法律程序正在审理之中的案件提出的信访请求;

(二)经过上级机关复核,信访人仍然以同一事由提出的信访请求;

(三)对已经或者依法应当通过诉讼、仲裁、行政等法定途径解决的问题,不予受理,但应当告知信访人依照有关法律、行政法规规定程序向有关机关提出。

第三章 信访工作程序

第十六条 股份公司办公室信访处原则上负责职工群众来信来访的处理工作。股份公司各级领导机关,对于受理的信访事项,在15日内按下列方式处理:

(一)属于股份公司办公室信访处处理的信访问题,由信访处答复处理,并做好政策解释和思想疏导工作;

(二)属于股份公司有关部门处理的信访事项,转送有关部门研究处理,并答复信访人;

(三)对不属于股份公司直接处理的信访问题,转送涉事单位处理,对要求报送办理结果的,承办单位要按时报送,并答复信访人;

(四)对于情况复杂,涉及多个部门的信访问题,经请示领导同意后,由主要部门或信访部门召集有关业务部门,共同研究处理。

对于重大、疑难信访问题,将通知涉事单位,到上一级机关共同研究处理或接回研究处理,并把办理结果答复信访人。

第十七条 职工群众来信来访应当登记姓名、身份证号码、单位、职业、通信地址、邮政编码、简要内容。对于重大信访问题,把办理情况,在请示领导后,由信访部门直接答复或由有关部门直接答复信访人。

第十八条 股份公司机关有关部门查办、交办和督办如下信访问题:

(一)上级和新闻单位领导或有关部门批示给股份公司办理的,呈股份公司领导阅示后,立案办理,按规定时限办结,并向交办机关报告办理结果;

(二)股份公司领导批示报办理结果的,由信访处立案办理或会同有关部门共同立案办理,并把办理结果呈批示领导审示;

(三)交由各集团公司、公司、培训中心办理的信访事项,承办单位,要按规定时限办结,并报送办理结果。

第十九条 股份公司各级工作人员,在职责范围内办理信访事项,应当恪尽职守、秉公办事,查明事实、分清责任,宣传法制、教育疏导,及时妥善处理信访反映的问题,不得推诿、敷衍、拖延。办理信访事项的工作人员与信访问题或信访人有直接利害关系的,应当回避。

第二十条 股份公司各级工作人员,在信访工作中,应当遵守保密制度,不得泄露控告人、检举人的姓名及控告、检举的内容,不得泄露、扩散信访人要求保密及可能对信访人权益造成损害的内容。

第二十一条 股份公司各级领导机关及有关部门决定受理的信访事项,应当自受理之日起60日内办结;情况复杂的,经本机关负责人批准,可以适当延长办理期限,但延长期限不得超过30日,并告知交办机关或信访人延期理由。

交办机关经审核认为处理不当的,可以要求办理单位重新复查处理,被交办单位在收到复查通知之日起30日内提出复查意见。

第二十二条 信访人对上一级机关的复查意见表示不服,可以自收到书面答复之日起30日内向复查机关的上一级机关请求复核。收到复核请求的上一级机关自收到复查请求之日起30日内提出复核意见,并予以书面答复信访人。

第二十三条 信访人对上一级机关的复核处理意见仍然表示不服,并以同一事实和理由继续提出投诉请求的,信访工作机构或有关部门将不再受理。

对重大、复杂、疑难信访事项的处理,必要时可举行信访听证会,经过听证的复核意见可以依法向社会公示。

第四章 信访工作秩序

第二十四条 信访活动应当依法、有序进行,股份公司各级工作人员要充分尊重和保护信访人的信访权利,对来访人员要做到文明热情接待,对来信要认真办理,坚持以人为本,坚决纠正限制和干涉信访人正常信访活动的错误做法,共同维护和构建和谐信访秩序。

第二十五条 多人采用走访形式提出共同信访事项的,应当推选代表,代表人数不得超过5人(含5人),并到指定的接待场所提出。

第二十六条 信访人应当遵守法律、法规和有关规定,不得有下列行为:

(一)在非接待场所采用走访形式提出信访请求的;

(二)在股份公司各级办公场所及其周边、公共场所非法聚集、滋事,围睹和冲击各级机关、施工现场,拦截公务车辆,堵塞、阻断交通,或者以自杀、自伤、自残相威胁的;

(三)扰乱各级领导机关正常工作、生产、经营秩序的；

（四）携带危险物品、管制器具的；

（五）侮辱、殴打、威胁履行信访工作职责的人员，或者非法限制他人人身自由以及工作人员依法执行职务的；

（六）歪曲、捏造事实，散步谣言或者以其他方法故意扰乱公共秩序的；

（七）煽动、串联、胁迫、以财物诱使、幕后操纵他人信访或者以信访为名借机敛财的；

（八）在信访接待场所滞留，或者将无民事行为能力人、限制民事行为能力人、生活不能自理的人弃留在信访接待场所的；

（九）其他扰乱公共秩序、妨害国家机关、企业和公共安全的行为。

第二十七条 股份公司各级信访工作机构或有关工作部门，对滞留的无民事行为能力人、限制民事行为能力人、生活不能自理的人，应当通知其监护人或者有关单位将其带回。

信访工作机构或有关工作部门，对来访的传染病患者、疑似传染病患者，应当通知涉事单位或家庭接回。

第二十八条 信访人严重扰乱公共秩序、妨害公共安全、影响社会稳定的，涉事单位应当向公安机关报告，由公安机关依法、及时采取必要的现场处置措施。事件责任单位有关人员应当按要求及时赶赴现场，教育、疏导、劝返信访人。对重大群体性或非正常上访事件，要主动向当地党委、政府或驻京办事机构沟通汇报，争取当地党委、政府或驻京办事机构的支持和配合。

第五章　信访事项的办理

第二十九条 信访工作机构或指定部门，主要负责信访工作的综合、协调、督促、检查、指导等工作。对接待的来访人员和收到的来信，根据反映内容，除直接处理的以外，应当及时交有关部门或单位处理，并视情负责督办结果。

第三十条 对股份公司提出的证券、事务、投资者关系以及股权代表等方面的问题，送董事会秘书局处理。

第三十一条 对反映股份公司机关文秘工作、综合协调、行政保卫和管理以及档案利用等方面的问题，交办公室处理。

第三十二条 对股份公司提出发展战略和中长期发展规划及子公司的管理、考核、风险内控、编制等方面的问题，交发展规划部处理。

第三十三条 对反映干部工人职务、职称、工资、工龄、选拔、考核、任免、调配、解除劳动关系、离退休、因病、因公死亡和劳动工资、培训与技能鉴定、社会保险、养老保险、工伤保险、失业保险、生育保险、劳保待遇、工龄认定、企业年金、卫生医保以及铁道兵时期退伍转业人员的遗留问题等，交人力资源部处理。

第三十四条 对反映科技开发、勘察设计以及技术利用、设计咨询管理等方面的问题，交科技设计部处理。

第三十五条 对反映市场开发、工程任务承揽、招投标、造价及计划统计方面的问题，交经营计划部处理。

第三十六条 对反映工程质量、工地建设、工程防洪、抗震减灾等方面的问题，交工程管理部处理。

第三十七条 对反映劳动安全、运输安全、安全事故、质量管理等方面的问题，交安全质量监督管理部处理。

第三十八条 对反映房地产开发和职工住房建设，并由此引发的征地、拆迁、环境保护等方面的问题，交房地产管理部门处理。

第三十九条 对反映物资设备、工业发展等方面的问题，交设备物资部处理。

第四十条 对反映在资本投资运营中的咨询评估、投资管理、矿产资源开发、资产管理等方面的问题，交资本运营部处理。

第四十一条 对反映财务管理、国有资产全面预算管理、资金管理和工程款拖欠等方面的问题，交财务部处理。

第四十二条 对反映领导干部离任审计和财务收支、财务预决算、资产质量、经营绩效、建设项目等损害集体经济利益行为等方面的问题，交审计监事局处理。

第四十三条 对反映在企业生产经营过程中，发生的涉法涉诉和法律事务等方面的问题，交法律合规部处理。

第四十四条 对反映海外市场开拓、经营、业务管理和生产以及外事活动等方面的问题，视情交国际部或海外事业部处理。

第四十五条 对反映贯彻执行党的方针路线政策情况以及党的建设等方面的意见和建议，交党委办公室处理。

第四十六条 对反映党员教育、组织建设、思想建设以及铁道兵时期的奖励认证等方面的问题，交组织部处理。

第四十七条 对反映宣传企业、文化建设、新闻报道等方面的问题，交党委宣传部处理。

第四十八条 对检举、揭发、控告党员领导干部，违反党纪、政纪的问题以及对党纪、政纪处分不服的申诉,交纪委、监察部门处理。

第四十九条 对反映职工生活、劳动福利、企务公开、民主管理、劳动表彰、统战和职工代表大会以及维护妇女合法权益等方面的问题,交工会有关部门处理。

第五十条 对反映离退休干部、职工的政治、生活待遇等方面的问题,交离退休职工管理部处理。

第五十一条 因机构调整或在本章中尚未明确归口的信访问题,按惯例和职能分工转有关部门处理。

第五十二条 对信访事项处理的全过程,所形成的材料要立卷归档,妥善保管备查。

第六章 信访工作责任

第五十三条 股份公司机关及其工作人员侵害公民、法人或者其他组织的合法权益,导致信访事项发生,或违反本办法第十九、二十条规定,造成严重后果,构成犯罪的,将由纪委、监察部门立案核查后,移交司法部门,依法追究其刑事责任;尚未构成犯罪的,依法给予党纪、政纪处分。

第五十四条 股份公司各级机关及其工作人员对可能造成社会影响的重大、紧急信访事项和信访信息,隐瞒、谎报、缓报,造成严重后果,构成犯罪的,经纪委、监察部门立案核查后,移交司法部门,对直接责任人依法追究其刑事责任;尚未构成犯罪的,依法给予党纪、政纪处分。

第五十五条 股份公司各级机关及其工作人员,利用职务之便压制、打击报复信访人构成犯罪的,经纪委、监察部门立案核查后,移交司法部门,依法追究其刑事责任;尚未构成犯罪的,依法给予党纪、政纪处分。

第五十六条 信访人违反本办法第二十六条规定,由有关工作人员劝阻、批评或者教育。

经劝阻、批评或者教育无效的,请公安机关予以警告、训诫或者制止。违反集会游行示威或者治安管理法律、行政法规的,请公安机关依法采取必要的现场处置措施,并给予治安管理处罚;构成犯罪的,依法追究刑事责任。

第七章 附 则

第五十七条 各集团公司、公司、培训中心的信访工作,参照本办法制定具体实施办法,并做到认真贯彻执行。

第五十八条 对外国人、无国籍人、外国组织提出的信访请求的处理,将依照国务院《信访条例》的有关规定办理。

第五十九条 本信访工作办法由股份公司办公室、党委办公室负责解释。

第六十条 本信访工作办法自印发之日起施行。中铁建办〔2007〕192 号文件同时废止。

中国铁建股份有限公司公文处理办法

(中国铁建办〔2010〕138 号)

第一章 总 则

第一条 为加强中国铁建股份有限公司(以下简称股份公司)和中共中国铁建股份有限公司委员会(以下简称股份公司党委)机关的公文处理工作,实现公文处理工作的规范化、制度化、科学化,根据《国务院国有资产监督管理委员会公文处理暂行办法》(国资发〔2006〕171 号)、《中国铁道建筑总公司公文处理办法》(中铁建办〔2001〕71 号),制定本办法。

第二条 股份公司、股份公司党委的公文,是企业实施领导和处理公务的具有法定效力和规范体式的文书,是传达贯彻党和国家的路线、方针、政策,指导、布置和商洽工作,请示和答复问题,报告和交流情况的重要工具。

第三条 公文处理指公文的拟制、办理、管理、整理(立卷)、归档等一系列相互关联、衔接有序的工作。

第四条 公文处理应当坚持实事求是、精简、高效的原则,做到及时、准确、安全。

第五条 公文处理必须严格执行国家保密法律、法规和其他有关规定,确保党和国家秘密的安全。

第六条 股份公司办公室、党委办公室是公文处理的管理部门,主管本机关并负责指导下级单位的公文处理工作。办公室文书处(以下简称文书处)和党委办公室秘书处具体承办相关业务工作,应配备专职人员负责公文处理工作,对机关公文处理工作进行检查指导。办公室、党委办公室要分工一名领导分管公文处理工作。机关各部门也要有兼职人员负责公文处理工作。专兼职人员应当相对稳定。

第七条 股份公司各级负责同志应当高度重视公文处理工作,模范遵守本办法并加强对公文处理工作的领导和检查。

第二章　公文种类

第八条　股份公司、股份公司党委的公文种类：

（一）决定

适用于对重要事项或者重大行动作出安排，奖惩有关单位及人员，变更或撤销下级机关不适当的决定事项。

（二）决议

适用于经会议讨论通过的重要决策事项。

（三）指示

适用于对下级机关布置工作，提出开展工作的原则和要求。

（四）通告

适用于在一定范围内公布应当遵守或周知的事项。

（五）通知

适用于印发有关工作制度，任免人员，批转下级机关的公文，转发上级机关和不相隶属机关的公文，传达要求下级机关办理和需要有关单位周知或者执行的事项。

（六）通报

适用于表彰先进，批评错误，传达重要精神，交流重要情况。

（七）报告

适用于向上级机关汇报工作，反映情况，提出建议，答复上级机关的询问。

（八）请示

适用于向上级机关请求指示、批准。

（九）批复

适用于答复下级机关的请示事项。

（十）意见

适用于对重要问题提出见解和处理办法。

（十一）函

适用于商洽工作、询问和答复问题，向不相隶属单位或部门请求批准和答复审批事项。

（十二）会议纪要

适用于记载会议情况和议定事项。

第九条　股份公司、股份公司党委各类公文适用范围：

（一）股份公司文件。用于向国资委及其他上级机关报送请示、报告和意见；发布股份公司重要规章制度；转发国资委及其他上级机关的重要文件；部署股份公司系统的工作和任务，下达、调整计划；重要的机构变动、人员任免、奖惩事项；其他需要以股份公司名义行文的重要事项。

（二）股份公司函。用于与不相隶属机关联系工作、商洽问题；向所属单位布置单项工作和临时任务，下达、调整单项任务计划；答复所属单位的请示事项；转发文件；其他需要以股份公司名义行文的事项。

（三）股份公司党委文件。用于传达贯彻党的路线、方针、政策和国资委的决定、决议、指示；向国资委及其他上级党的机关报告、请示工作；向所属党组织部署工作、答复问题；发布党委有关重要问题的决定、决议、指示、通知、通报等事项；党群组织变动、人员任免；通报、表彰、奖惩事项；其他需要以股份公司党委名义行文的重要事项。

（四）股份公司党委函。用于与不相隶属党的机关联系工作、商洽问题；向所属单位党组织布置单项工作和临时任务，答复所属单位党组织的请示事项；转发文件；其他需要以股份公司党委名义行文的事项。

（五）股份公司纪委文件。用于传达贯彻中纪委、国资委纪委和股份公司党委的决定、决议、指示；向国资委纪委和股份公司党委报告、请示工作；向所属各单位纪委部署工作、答复问题；党风廉政教育、查办案件、执法监察工作情况通报、总结；处分决定、批复、处理意见；其他需要以股份公司纪委名义行文的事项。

（六）股份公司工会文件。用于传达贯彻党和国家的方针、政策，转发上级文件，部署重要工作；向股份公司党委或上级工会请示、报告工作；答复下级工会的请示事项；其他需要以股份公司工会名义行文的事项。

（七）股份公司团委文件。用于传达贯彻共青团中央、中央企业团工委、股份公司党委关于共青团和青年工作的指示精神；向股份公司党委和中央企业团工委报告、请示工作；向所属团组织部署工作、开展活动、答复问题；发布团委有关重要问题的决定、决议、通知等事项；通报、表彰、奖惩事项；其他需要以股份公司团委名义行文的事项。

第三章　公文格式

第十条　公文一般由秘密等级和保密期限、紧急程度、发文机关标识、发文字号、签发人、标题、主送机关、正文、附件说明、成文日期、印章、附注、主题词、抄送机关、印发机关和印发日期等部分组成。

（一）涉及党和国家秘密的公文应当标明密级及保密期限，其中，“绝密”、“机密”级公文应当标明份数序号。涉及股份公司商业秘密的公文，划分“核心商秘”和“普通商秘”，标明保密期限。

（二）紧急公文应当根据紧急程度分别标明“特急”、“急件”；紧急电报应当分别标明“特提”、“特急”、“加急”、“平急”。

（三）发文机关标识应当使用发文机关全称或规范化简称；联合行文，行政机关之间联合行文，主办机关排列在前;党的机关或党政机关之间联合行文,可以用主办机关名称,也可以并用联署机关名称。

(四)发文字号包括机关代字、年份、序号。联合行文,只标明主办机关发文字号。

(五)报上级机关的公文,应当注明签发人、会签人姓名。其中,请示性公文应当在附注处注明联系人及电话。

(六)公文标题,一般应当标明发文机关,准确简要地概括公文的主要内容并标明公文种类。公文标题中除法规、规章名称加书名号外,一般不用标点符号。

(七)主送机关指公文的主要受理机关;抄送机关是指除主送机关外需要执行或知晓公文的其他机关。二者均应使用全称或规范化简称、统称。

(八)公文如有附件,应当在正文之后、成文时间之前注明附件顺序和名称。

(九)公文除"会议纪要"以外,应当加盖发文机关印章。联合行文,一般应加盖所有发文机关的印章,主办机关的印章排列在前。两个单位联合行文,可不署发文单位名称。3 个以上单位(含 3 个单位)联合行文,要署发文机关名称或规范化简称。

(十)成文日期以领导人签发的日期为准,联合行文以最后签发机关领导人的签发时间为准。电报以发出日期为准。会议纪要署会议通过日期。

(十一)公文如有附注(需要说明的其他事项),应当在成文日期之下加括号标注。

(十二)公文应当标注主题词。上行文按照上级机关的要求标注主题词。

(十三)文字从左至右横写、横排。

第十一条 公文中各组成部分的标识规则,按照《中国共产党机关公文处理条例》、《国家行政机关公文处理办法》和《国家行政机关公文格式》(GB/T9704-1999)标准执行。

第十二条 公文用纸采用国际标准 A4 型(210mm×297mm),左侧装订。

第四章　行文规则

第十三条 行文应当确有必要,注重效用。

第十四条 行文关系根据隶属关系和职权范围确定。一般不得越级请示和报告工作。股份公司行政、党委、纪委、工会、团委可以以各自名义单独行文,股份公司办公室、党委办公室以及审计、监察部门可以以各自名义单独行文。机关其他部门不得对外正式行文。

第十五条 股份公司、股份公司党委可以联合行文,其他一般不搞联合行文。联合行文按主办、协办单位依次签发,一般不使用复印件会签。

第十六条 公文内容涉及到机关几个部门的,应当主动协商会签。有关部门之间未协商一致的问题,不得擅自行文。

第十七条 向下级机关和本系统的重要行文,应当同时抄送直接上级机关。

第十八条 "请示"应当一文一事;一般只写一个主送机关,需要同时送其他机关的,应当用抄送形式,但不得抄送其下级机关。不得在非请示性公文中夹带请示事项。

第十九条 除上级领导直接交办的事项外,不得以机关名义向上级领导报送"请示"、"意见"和"报告"。

第二十条 受双重领导的机关向上级机关行文,应当写明主送机关和抄送机关。上级机关向受双重领导的下级机关行文,必要时应当抄送其另一上级机关。

第二十一条 股份公司机关各部门向股份公司领导请示工作应使用"呈批件";汇报工作、反映情况、报告交办事项办理结果应使用"呈阅件"。

(一)"呈批件"和"呈阅件"必须有部门主要领导签字,如内容涉及其他部门职能,应会签。

(二)"呈批件"不得同时分送两位以上股份公司领导阅批。

(三)送股份公司领导传批、传阅的公文,原则上按照领导同志的排序依次呈送。"呈批件"由后往前送批,"呈阅件"由前往后送阅。

(四)"呈批件"和"呈阅件"作为机关内部文件,由各部门起草、管理并与正式公文一并交档案馆存档。

第五章　发文办理

第二十二条 发文办理指以本机关名义制发公文的过程,包括拟制、会签、审核、签发、复核、印制、用印、登记、分发等程序。

第二十三条 公文拟制

(一)草拟公文应当做到:

1. 符合党和国家的法律、法规及其他有关规定。如提出新的政策、规定等,要切实可行并加以说明。

2. 情况确实,观点明确,表达准确,结构严谨,条理清楚,直述不曲,字词规范,标点正确。篇幅力求简短。

3. 公文的文种应当根据行文目的、发文机关的职权和与主送机关的行文关系确定。

4. 拟制紧急公文,应当体现紧急的原因,并根据实际需要确定紧急程度。

5. 人名、单位名称、地名、数据和引文应准确。引用公文应当先引标题,后引发文字号。引用外文应当注明中文含义。日期应当写明具体的年、月、日。

6. 结构层次序数,第一层为"一、",第二层为"(一)",第三层为"1.",第四层为"(1)"。

7. 应当使用国家法定计量单位。

8. 文内使用非规范化简称，应当先用全称并注明简称。使用国际组织外文名称或其缩写方式，应当在第一次出现时注明准确的中文译名。

9. 公文中的数字，除部分结构层次序数和在词、词组、惯用语、缩略语、具有修辞色彩语句中作为词素的数字必须使用汉字外，应当使用阿拉伯数字。

10. 涉密公文，应当根据国家和企业的保密规定标注相应的密级。

（二）拟制公文，对涉及其他部门职权范围内的事项，主办部门应当主动与有关部门协商，取得一致意见后方可行文；如有分歧，主办部门的领导应当出面协调，仍不能取得一致时，主办部门可列明各方理据，提出建设性意见，并与有关部门会签后报请股份公司领导协调或裁定。

第二十四条 公文审核

（一）为保证公文质量，公文送领导签发前，应当认真作好核稿工作。以股份公司名义发文，由文书处核稿；以股份公司党委名义发文，由党委办公室秘书处核稿；纪委、工会、团委分别由其办公部门核稿。以上办公部门应设专职或兼职人员负责核稿。有单独行文权的部门，由该部门领导审核。

（二）公文审核的重点是：是否需要行文，是否符合行文规则和拟制公文的有关要求，行文方式是否妥当，公文格式是否符合公文处理办法的规定等。

（三）公文审核中，如需对文稿作较大修改，应当与拟文部门协商或请其修改；修改后的文稿需由拟文部门领导确认，核稿人员应当进行复核。未经审核的公文，不得送领导签发。

第二十五条 公文签发

（一）以本机关名义制发的上行文，由股份公司董事长、党委书记、总裁签发；以本机关名义制发的下行文或平行文，由股份公司领导或党委领导签发。经领导人签发的公文，不得擅自改动，如必须改动，应按公文制发程序重新审核并报签发人同意。

（二）会议纪要由会议主持人签发。

（三）审批公文时，对有具体请示事项的，主批人应当明确签署意见、姓名和签批日期，其他审批人圈阅视为同意；没有请示事项的，圈阅表示已阅知。

（四）送签的文稿应当为誊清稿。

第二十六条 公文印制

（一）公文正式印制前，文书处、党委办公室秘书处应当进行复核，重点是：审批、签发手续是否完备，附件材料是否齐全，格式是否统一、规范等。经复核需要对文稿进行实质性修改的，应按程序复审。

（二）公文的印制份数根据公文的发送范围和有关规定确定。如需增印公文，由主办部门提出意见，报股份公司办公室主任、党委办公室主任同意。

第六章 收文办理

第二十七条 收文办理指对收到公文的办理过程，包括签收、登记、审核、拟办、批办、承办、催办等程序。

第二十八条 接收公文时，文书处应认真核查来文单位、公文件数、时限要求和密封情况，确认无误后方可签收。签收公文应注明签收人和签收日期；签收绝密件、机密件应登记公文序号；签收特急件应注明签收时间。

第二十九条 收到下级单位上报的需办理的公文，文书处应当进行审核。审核的重点是：来文是否属公文受理范围；是否符合行文规则；内容是否符合国家法律、法规及其他有关规定；文种使用、公文格式是否规范。对不符合规定的公文，报经股份公司办公室主任批准后可退回呈报单位，并说明理由。

第三十条 经审核，对符合规定的公文，文书处应当及时办理。一般性文件可交有关部门办理，需要两个以上部门办理的应当明确主办部门，交主办部门办理。重要公文由股份公司办公室主任或党委办公室主任提出拟办意见后，再送有关部门办理或交分管领导批示。紧急公文，应当明确办理时限。

第三十一条 收到上级来文，文书处应根据来文部门和内容确定主办部门，并及时传递。主办部门收到交办的公文后应当及时办理，不得延误、推诿。紧急公文应当按时限要求办理，确有困难的，应当及时予以说明。

第三十二条 领导秘书或机关部门收到直接送领导同志个人或部门需要办理的公文，应当转文书处按程序办理。特别紧急的公文，可在办理的同时到文书处补办登记手续。

第三十三条 公文办理中遇有涉及其他部门职权的事项，主办部门应当主动与有关部门协商；如有分歧，主办部门领导要出面协调，如仍不能取得一致，可以报股份公司领导协调或裁定。

第三十四条 股份公司办公室、党委办公室负责公文督办工作。国资委和其他上级机关需要办理、回复、反馈结果的公文，由股份公司办公室、党委办公室负责督办，国家信访局等部门转交的有关信访办理件，由股份公司办公室信访处负责督办。

第三十五条 公文办理时限要求

（一）上级机关交办的公文，一般应在两周内办结；有具体时限要求的，从其要求。

（二）机关部门之间会签公文，原则上不超过三个工作日,超时需提前与主办部门协调,否则将视为同意。

第七章 公文归档

第三十六条 公文办理完毕后,应当根据《中华人民共和国档案法》和股份公司档案管理的有关规定,及时整理(立卷)、归档。个人不得保存应当归档的公文。

第三十七条 归档范围内的公文,应当根据其相互联系、特征和保存价值等整理(立卷),要保证归档公文的齐全、完整,能正确反映本机关的主要工作情况,便于保管和利用。

第三十八条 联合办理的公文,原件由主办部门整理(立卷)、归档,其他部门保存复制件或其他形式的公文副本。

第三十九条 每年一季度将上年应归档的文件收集齐全,按文书立卷要求进行整理编目、立卷。归档范围内的公文应当确定保管期限,按照有关规定定期向档案馆移交。

第四十条 拟制、修改和签批公文,书写及所用纸张和字迹材料必须符合存档要求。

第八章 公文管理

第四十一条 公文由文书处专职人员统一收发、审核、用印、归档和销毁。

第四十二条 上级机关的公文,除绝密级和注明不准翻印的以外,经股份公司领导或办公室主任、党委办公室主任批准,可以翻印。翻印时,应当注明翻印的机关、日期、份数和印发范围。翻印件与原件同密级管理。

第四十三条 股份公司、股份公司党委制定的公开发布的规章、规范性文件,应当及时上网公布。经批准公开发布的公文,同发文机关正式印发的公文具有同等效力。

第四十四条 公文复印件作为正式公文使用时,应当加盖复印机关证明章。

第四十五条 公文被撤销,视作自始不产生效力;公文被废止,视作自废止之日起不产生效力。

第四十六条 不具备归档和存查价值的公文,经过鉴别并经股份公司办公室主任批准,可以销毁。销毁秘密公文应当到指定场所由两人以上监销,保证不丢失、不漏销。个人不得擅自销毁公文。其中,销毁绝密公文应当进行登记。

第四十七条 机构合并时,全部公文应当随之合并管理。机构撤销时,需要归档的公文整理(立卷)后按有关规定移交档案馆。工作人员调离岗位时,应将本人暂存、借用的公文按照有关规定移交、清退。

第四十八条 密码电报的使用和管理,按照有关规定执行。

第九章 附　　则

第四十九条 公文中涉及电子公文的有关规定另行制订。

第五十条 股份公司所属各单位的公文处理参照此办法执行。

第五十一条 本办法自发布之日起施行。

第五十二条 本办法由股份公司办公室、股份公司党委办公室负责解释。

中国铁建股份有限公司营业执照使用管理规定

（中国铁建发展〔2010〕118 号）

第一章 总　　则

第一条 为进一步规范中国铁建股份有限公司(以下简称股份公司)营业证照管理工作,更好地为企业生产经营活动服务,结合股份公司实际,制定本规定。

第二条 股份公司营业证照是指股份公司本级经工商总局批准办理的营业执照,包括法人营业执照正本和副本。

第三条 股份公司发展规划部为股份公司法人营业证照的主管部门,负责营业证照的申办、变更、年检和保管。

第四条 股份公司董事会秘书局、财务部等相关部门是营业证照的相关责任部门,负责提供营业证照申办、年检、变更等所需的相关基础资料。

第五条 各集团公司企管部门为集团公司法人营业执照的主管责任部门,负责本单位营业证照的申办、变更、年检和保管。

第二章 营业证照的使用

第六条 营业证照使用坚持一事一申请、一事一办理,先审批、后使用的原则。

第七条 股份公司证照是开展生产经营活动的重要凭证,证照的使用遵循“合法、规范、可控”的原则,禁止不经批准,私自使用、出借。

第八条 使用营业证照的部门或单位,应当按照营业证照所载明的业务种类,在规定的业务覆盖范围内,按营业证照规定开展生产经营活动。

第三章 营业证照的管理

第九条 营业证照主管部门应按照国家有关部门要求,在规定时间内办理证照的年检手续,相关责任部门应按要求及时提供相关支持性材料。

第十条 主管和使用营业证照的单位,都应指派专门人员保管,保管人需妥善保管营业证照原件及其复印件,严防丢失、毁损。营业证照如有遗失,必须立即向主管部门领导报告。保管人员变更,要填写《证照管理交接单》,交接人员、部门领导三方签字认可。

第十一条 营业证照的主管部门,要建立证照使用台账,使用营业证照的单位(以下简称使用单位)应认真填写《中国铁建股份有限公司证照使用申请表》,注明使用范围、事项和时间,经主管部门审核,并报股份公司分管领导批准后办理营业证照的使用手续。

第四章 责任追究

第十二条 任何人不得私自将营业证照文件交由他人使用;证照主管部门必须对所使用的证照负责,对于违反规定使用证照的单位和责任人,股份公司将予以通报批评。有下列情形之一,并造成股份公司名誉损害和经济损失的,视损害程度给予处罚;损害严重的,按责任追究制度给予党纪、政纪处分;构成犯罪的,依法追求刑事责任:

(一)工作失误、玩忽职守,造成营业证照丢失、损毁的;

(二)不按照规定程序办理借用手续,擅自使用、出借营业执照的;

(三)由于工作人员主观原因,造成营业证照没有按时年检和变更的;

(四)营业证照使用过程中,私自改变用途和事项的;

(五)营业执照使用过程中,未按照营业执照所载营业范围使用的。

第五章 附 则

第十三条 各企业也可参照当地政府工商行政管理部门有关规定和本规定精神,结合本企业的实际情况制定本企业证照管理办法。

第十四条 本办法自印发之日起执行,由股份公司发展规划部负责解释。

中国铁建股份有限公司
建设工程企业资质管理规定

(中国铁建发展〔2010〕119 号)

第一章 总 则

第一条 为加强中国铁建股份有限公司(以下简称 股份公司)资质管理工作,促进企业更好地开展经营活动,根据住房城乡建设部、国家发改委等部委有关规定,结合股份公司实际情况,特制定本管理规定。

第二条 本规定适用于股份公司所属全资子公司和控股子公司及其所属公司。

第三条 本规定所涉及的企业资质,是指由住房城乡建设部负责审批和管理的勘察、设计、建筑业企业资质及国家发改委负责审批和管理的工程咨询单位资质。

第二章 资质管理

第四条 股份公司发展规划部为股份公司及所属企业资质归口管理部门。其主要职责为:

(一)组织贯彻住房城乡建设部、国家发改委等主管部委关于企业资质管理方面的法律、法规及相关规定,根据股份公司发展规划,研究企业资质发展方向,制定企业资质管理制度及实施办法,保证资质管理工作的有序进行。

(二)负责股份公司所属企业资质管理工作的业务培训和咨询指导工作。

(三)根据住房城乡建设部、国家发改委等国务院相关部门的规定,负责股份公司管理范围内资质的申请、升级、增项、变更及延续等事项的组织、初审及申报等工作。

(四)负责股份公司所属企业已有资质的管理和监督工作。

第五条 股份公司所属企业应由负责企业管理工

作的部门归口负责本企业及所属企业的资质管理工作。其职责可参照股份公司主管部门职责由本企业具体制定和细化。

第三章 资质申报材料要求

第六条 申报或者增项申请建筑企业资质,应当按照住房城乡建设部的有关规定提交相关材料,材料不全的不得申报。

第七条 申报或增项申请企业资质,应在企业主管领导的统一领导下,按照统一部署,部门分工,各司其责,精心筹划,准备充分的原则进行。

第八条 申报建筑业企业资质,提交的材料按以下分工准备:

(一)建筑企业资质申请表及相应的电子文档,企业法人营业执照副本;企业章程等由企管部门和董事会办公室负责提供。

(二)企业负责人和技术、财务负责人的身份证明、职称证书、任职文件,所需注册职业人员的身份证明,注册执业证书及非注册职业人员的身份证明,注册执业证书,所需的专业技术人员、特殊专业技术人员的职称证书,身份证明、劳动合同及相关资质标准要求提供的材料由人力资源部门负责提供。

(三)建筑企业资质标准要求的企业设备、厂房等相应材料由设备物资部门负责提供。

(四)企业资质标准要求的各类人员养老保险凭证等相关材料由社会保障部门负责提供。

(五)企业资质标准要求的工程业绩材料由经营部门负责提供。

(六)企业资质标准要求的安全生产和质量条件的相关材料由安全生产质量管理部门负责提供。

(七)企业资质标准要求的技术中心、发明专利、工法、科技进步奖项等相关材料由科技部门负责提供。

(八)企业资质标准要求的财务、税务、科技投入指标等相关材料由财务部门负责提供。

(九)企业资质标准要求的信息化相关材料由信息化管理部门负责提供。

(十)企业资质标准要求的其他材料,由各职能部门按职责分工负责提供。

第四章 资质申报程序

第九条 为使股份公司资质资源合理配置,做好资质管理工作,凡股份公司归口范围内的资质,进行申请、升级、增项、变更及延续的,均应经股份公司批准同意后,方可上报有关部委审批。

第十条 股份公司所属企业应根据市场经营及发展状况,于每年1月制定年内资质拟申请、升级、增项计划,并于2月底前报股份公司发展规划部。

第十一条 股份公司所属企业应按照住房城乡建设部、国家发改委等有关规定要求,组织、准备资质申报材料,经企业法定代表人签字并加盖公章后,报送股份公司。

第十二条 凡涉及以下资质的申请、升级和增项的企业,应当首先以书面形式向股份公司提出申请,经股份公司同意后,方可进入准备申报材料等申报程序。

(一)申请勘察综合甲级资质、设计综合甲级资质、施工总承包特级资质。

(二)具有工程设计资质的企业申请建筑业企业资质及具有建筑业企业资质的企业申请工程设计资质。

(三)外商投资设计企业及外商投资建筑业企业申请资质。

(四)股份公司所属二级企业因企业改制、合并、分立等事项申请企业资质的分立、变更等。

第十三条 请示报告中应包括:企业现有资质情况、拟升级增项资质情况、企业近三年经营情况、拟升级增项资质所要求的业绩完成情况、安全质量情况等内容。

第十四条 股份公司发展规划部在受理申报材料截止日起20个工作日内,负责组织对所属企业的申报材料进行初审。

第十五条 股份公司在初审中,有权对企业资格、业绩、人员及财务状况等申报资料的原件进行核验。企业应如实填报相关内容,保证申报材料的真实、有效。

第十六条 股份公司发展规划部将初审合格的申报材料,报经股份公司主管领导审批同意后,统一报送住房城乡建设部、国家发改委等主管部门审批。

第十七条 股份公司归口管理内的资质证书有效期届满,企业应在资质证书有效期届满80日前,向股份公司提出资质延续申请,并报送相关资料,经股份公司初审后,报送国家主管部门审批。

第十八条 股份公司所属企业申请股份公司归口管理以外资质及变更的,应在工商注册所在地建设行政主管部门申报。企业应在申报资质被批准或完成变更后30日内,将准予资质许可的有关资料(一式一份)报股份公司备案。备案资料包括:

(一)资质申请表或资质变更审核表复印件;

(二)新资质证书复印件。

第十九条 股份公司二级企业负责报送所属三级企业资质的备案资料。

第五章 重组(含分离、分立、合并)企业的资质申请

第二十条 重组的企业在重组前,需做好企业资质的总体策划。企业分立,应对资产、人员、设备、业绩进行合理分割,以不影响主体企业中主项资质应达到的标准要求为原则。企业应将资质的策划内容,作为整个重组分立方案的一部分,同时报股份公司审核。

第二十一条 股份公司所属企业在重组、方案确定后,应根据具体情况,准备资质申报或核准资料,工商注册完成后,将申报资料上报股份公司。

第二十二条 企业重组后,按照住房城乡建设部、国家发改委等部委有关规定,只需变更资质证书中企业名称的,在工商注册所在地建设行政主管部门办理变更手续,变更结果报股份公司备案;需要重新核准资质的,将资质申报材料报股份公司,经初审合格后,报资质主管部委审批。

第六章 资质证书的使用及管理

第二十三条 为规范股份公司资质证书的使用,防范经营风险,各企业应指定部门并落实专职人员,负责对资质证书的保管和使用。股份公司发展规划部负责总部资质证书的保管和使用。

第二十四条 各企业要建立资质证书使用登记管理制度。使用资质证书原件要履行使用手续,使用期满应及时归还。使用期间发生问题的,应由使用部门承担责任。资质证书丢失的,要按照住房城乡建设部、国家发改委等部委有关规定,到工商注册所在地建设行政主管部门及时补办。

第二十五条 各企业在资质申请、升级、增项及延续获得批准后,应及时办理换证工作,并报股份公司备案。

第二十六条 企业资质证书必须妥善保管和使用,不得涂改、损毁、伪造、出借、转让、出卖,不得利用资质证书从事违法活动。

第二十七条 股份公司和各集团公司资质主管部门依照国家有关法规和本规定,负责对企业资质证书使用的监督管理,及时纠正资质证书使用过程中的违法违规行为。

第二十八条 根据国家相关规定,需要年检的资质,资质主管部门在规定时限内要及时做好年检工作;具有有效期的资质,在有效期满前,要及时向原审批机构提出资质延续申请。

第二十九条 股份公司及所属企业,根据本单位专业化发展方向和业务调整需要,须做好资质资源的储备和培育工作。

(一)资质主管部门应根据本公司发展战略及实际情况制定资质工作规划和计划,集团公司年初要向股份公司上报年度内资质申报计划。计划应包括,资质申报类别、各项资质条件准备情况及资质资源储备和培育计划;

(二)根据本单位资质申报计划,相关责任部门应做好相应的人员、财务、业绩、科技等资质指标的准备工作,暂时不能满足申报条件的指标,相关部门应根据资质申报时间安排列出工作计划,确保能够及时为资质申报提供相关支持材料。

第七章 罚 则

第三十条 企业因发生质量安全事故影响企业资质的,应按照股份公司有关安全生产管理规定及时上报。对企业隐瞒不报的,股份公司将按照有关规定给予相应处罚。

第三十一条 企业在一年内发生住房城乡建设部颁发的《建设工程勘察设计企业资质管理规定》第十九条、《建筑业企业资质管理规定》第二十一条和国家发改委颁发的《工程咨询单位资格认定办法》第三十条所列违法行为的,股份公司将不予批准资质申请及升级增项等事项,并视其情节给予集团内通报批评等处罚。构成犯罪的,依法追究刑事责任。

第三十二条 企业资质申请资料要真实、可靠。企业隐瞒有关情况或提供虚假材料申请资质的,股份公司不予办理资质申请及升级增项等事项,并追究有关人员责任。有下列行为之一并造成严重后果的,视损害程度给予处罚,损害严重的按相关制度,给予党纪、政纪处分;构成犯罪的,依法追究刑事责任。

(一)伪造、涂改、出租、出借、转让资质证书的;

(二)管理不善,丢失资质、给企业造成损失的;

(三)由于工作拖拉,未按规定时间和要求提供相关资质材料,导致资质申报失误,造成损失的;

(四)由于工作疏忽,导致资质未按期延续、年检、变更等,造成损失的。

第八章 附 则

第三十三条 本规定由中国铁建股份公司发展规划部负责解释。

第三十四条 本规定自颁布之日起施行。

中国铁建股份有限公司技术中心管理办法

（中国铁建科设〔2010〕36号）

第一章　总　　则

第一条　为规范股份公司技术中心工作，充分发挥技术中心的作用，促进股份公司技术中心的有序发展，特制定本办法。

第二章　组织机构

第二条　股份公司技术中心为股份公司的科技创新和管理机构，技术中心实行主任负责制，由股份公司总裁任技术中心主任，分管股份公司科技工作的副总裁任常务副主任，主持日常工作，分管生产的副总裁、总工程师、总经济师、总会计师任副主任。

第三条　股份公司技术中心设技术委员会、办公室、顾问委员会、专家委员会、集团公司技术中心和各专业工程实验室。组织机构见框图。

第三章　技术委员会

第四条　技术委员会是股份公司科技工作的决策机构，技术委员会由股份公司总裁、分管领导、相关业务部门领导及各集团公司分管科技工作的领导组成。

第五条　技术委员会工作职责：

1. 确定股份公司科技发展的布局和优先发展领域；推动股份公司科技创新体系建设；

2. 审定科技发展规划，对技术中心及各研发机构的工作成效进行评估；

3. 监督、指导股份公司技术中心日常运转。

第四章　技术中心办公室

第六条　技术中心办公室为技术中心的日常办事机构，其工作职责：

1. 编制股份公司中长期科技发展规划及年度科研计划；

2. 负责科技创新体系和技术创新平台的建设工作；

3. 负责组织国家级、部委及股份公司科研计划项目、重点新产品项目等有关科技项目立项、政策落实和跟踪，推动科技成果产业化；

4. 负责技术委员会、顾问委员会、专家委员会日常工作；

5. 负责组织各专业研发机构的申报、认定、考核及日常管理工作，支持和指导各专业研发机构的建设和发展；

6. 负责知识产权、信息期刊的管理；

7. 负责科技成果及创新先进个人和单位奖励工作；

8. 负责建立国内、行业知名专家档案，并对专家在股份公司系统的咨询工作进行记录并考核；

9. 归口管理科技研发资金的预、决算及监督管理；

10. 承担与科研合作机构的日常联络工作。

第五章　顾问委员会

第七条　顾问委员会作为股份公司技术中心的咨询层，受技术委员会领导。

第八条　顾问委员会主任由股份公司分管科技的领导（技术委员会常务副主任）担任，秘书长由技术中心委员会秘书长兼任，视咨询内容聘请知名专家组成顾问委员会。

第九条　顾问委员会的主要职能：

1. 为股份公司科技体系建设、中长期科技发展规划、近期研发方向及重点、重大项目科技攻关和重大前瞻性研发项目的开展提供咨询建议；

2. 受顾问委员会主任委托，专家可以以股份公司顾问委员会委员的身份参加相关学术会议、活动。

第十条　专家待遇

1. 顾问委员会专家按照一事一办原则，费用由事由单位或股份公司技术中心承担；

2. 需要股份公司技术中心承担的费用由股份公司科技研发资金支付。

第六章　专家委员会

第十一条　专家委员会委员由外部专家和内部专家组成，实行组长负责制。

第十二条　专家委员会成员应具备的条件：

1. 作风正派、有良好的学术道德、廉洁奉公、遵纪守法、责任心强；

2. 具有高级以上技术职称，具备坚实的专业基础知识，有较丰富的工程实践经验，愿为股份公司科技事业发展服务；

3. 身体健康，年龄适宜。

第十三条　内部专家由各单位推荐，股份公司技术中心办公室审核汇总后，会同股份公司人力资源部审理，经技术委员会审定后统一发布。

第十四条　专家委员会的主要职责是：

1. 了解、掌握和研究专业领域科学技术发展动态，及时向相关管理部门提供信息和工作建议；

2. 参与专业发展研讨、股份公司技术政策、科技发展规划、年度科技计划的制定以及重大科技项目的选题论证；

3. 参加重大工程、重大技术方案的制定、审查和技术攻关等工作；

4. 承担股份公司技术中心委托的其他工作。

第十五条 专家委员会的工作方式：

1. 每年至少召开一次专题会，研讨专业发展方向，提出重点研究课题；

2. 根据工作需要，专家委员会的工作可通过会议、电话、电子邮件方式等多种形式进行，可按专业领域分别组织或召开全体会议；

3. 专家委员会研讨意见、评审结果和论证结论等应形成会议纪要交技术中心办公室存档。

第十六条 专家委员会成员享有以下权利：

1. 向股份公司技术中心提出工作意见和建议；

2. 在决策咨询过程中充分发表个人意见和建议，并可保留个人不同意见；

3. 优先获取技术中心所属机构的相关科技资料。

第十七条 专家委员会成员应承担的义务：

1. 积极参加专家委员会的各项活动；

2. 向专家委员会提供相关专业的科技信息，提出科技开发、推广应用有关建议；

3. 保守企业技术秘密。

第十八条 未经技术中心办公室许可专家委员会成员不得以专家委员会的名义组织任何活动。

第七章　集团公司技术中心

第十九条 集团公司技术中心是集团公司的研发机构，为股份公司技术中心的组成部分。

第二十条 集团公司技术中心的设立应满足本单位技术发展和经营生产的需要，充分考虑技术领域的覆盖面和依托单位的技术优势。集团公司中心由所在单位负责组建，报股份公司技术中心备案。

第二十一条 集团公司技术中心的工作职责为：

1. 负责贯彻落实股份公司的技术创新规划和计划。

2. 参与制定和执行集团公司技术发展战略和技术创新、技术引进、技术开发规划及计划，组织重大科技项目的实施。

3. 组织研究开发有市场前景的新技术、新产品、新工艺、新材料、新装备、为集团公司提高产品质量、更新产品和形成新的经济增长点提供技术支持；负责引进技术的消化、吸收和创新工作，形成具有自主知识产权的技术和主导产品，促进技术成果的转化，形成生产力。

4. 收集、分析与集团公司经营生产业务相关的国内外技术和市场信息，研究行业发展动态，为产品和技术发展决策提供咨询、意见和建议。

5. 充分利用社会科技资源，对外开展技术交流与合作，利用国内外已有的科技成果进行综合集成和二次开发，与高等院校、研究院所及同行企业建立长期、稳定的合作关系。

6. 集团公司技术中心要对各子公司、主要分公司技术开发机构进行指导并提供服务，逐步形成多层次相互衔接的技术开发体系。

7. 创造一流的工作条件，建立有效的人才激励机制，吸引优秀的技术人才以各种形式为企业工作；组织科技人员培训，为集团公司培养和造就高素质的技术人才。

8. 开展技术经营和服务，对科技成果进行技术经济评估、技术咨询和技术转让，促进科技成果在集团公司的推广应用。

第二十二条 集团公司技术中心的组织机构参照股份公司技术中心，具体按本单位的实际情况设立。

第二十三条 集团公司技术中心应做好产学研的开发工作，积极做好与高等院校、科研院所的联合开发工作，有效地组织和运用社会资源为企业技术创新服务。

第八章　专业工程实验室

第二十四条 股份公司工程实验室为股份公司技术中心的专业研发机构。其工作职责是：开展共性、前瞻性技术及重大工程关键技术研究；开展具有自主知识产权、具有良好市场前景的产品开发研制；开展新型建筑材料的研究；开展重要技术标准的研究制定；开展相关成果、产品的推广工作。

第二十五条 股份公司工程实验室认定的组织工作由技术中心办公室负责。采取相关单位推荐、满足条件认定的方式。

第二十六条 认定程序：由工程实验室所在单位提出申请，股份公司技术中心办公室根据认定条件讨论（必要时可提请家顾问委员会及专家委员会讨论）通过后，经技术委员会审定后，由股份公司技术中心发文认可。

第二十七条 申请股份公司工程实验室原则上应具备以下几方面条件：

1. 组织机构健全，具有切实可行的科技发展规划，目标和任务明确。

2. 有良好的相关产业技术领域研发基础，具有一定的技术优势。具有一定的研究开发相关设施。

3. 具有高水平的技术带头人。专业人才匹配合理，有适宜的投入机制和配套激励措施。

4. 具备良好的产学研合作基础。

5. 具有自主知识产权和专有技术。

6. 有主持或参加制定国家、行业技术标准的业绩。

第二十八条 根据股份公司发展需求及企业工程实验室研发实力，股份公司工程实验室的确立也可采取自上而下指定方式。

第二十九条 股份公司工程实验室具有承担与其研发方向相配的股份公司重大科研开发课题的优先权。技术中心将在科研经费等方面予以倾斜。

第三十条 条件成熟的股份公司工程实验室可由股份公司技术中心或其它合适的途径推荐申报国家工程实验室。

第三十一条 股份公司工程实验室研究开发的新技术、新产品、新材料、新装备应优先应用于股份公司系统。股份公司工程实验室负有积极推广研发成果的义务。研发形成的具有自主知识产权的产品（技术、设备、材料等），经股份公司技术委员会同意，可按照有关办法向应用单位收取一定的技术转让费用。

第三十二条 股份公司工程实验室应配合技术中心整体运行要求，承担专业人才培养、技术培训、协助组织观摩交流等义务。

第九章 考核与奖励

第三十三条 顾问委员会考核奖励

1. 技术中心办公室负责建立顾问委员会专家在股份公司系统的咨询工作考核记录。

咨询工作考核记录对专家的每一次重大咨询活动应留有文字考评材料，为以后类似工作的专家聘请提供依据。材料内容包括咨询内容，专家提供的意见，专家的工作态度及在咨询中的影响力等。专家考评材料为内部材料，由技术中心办公室负责妥善保存。

2. 对于为股份公司科技进步做出突出贡献的专家，由顾问委员会主任提出申请，经股份公司技术中心技术委员会审批后，由技术中心主任颁发特别贡献奖。此奖为非常设奖项，奖金数额根据具体情况确定。

第三十四条 专家委员会考核

1. 专家的每一次重大活动应留有文字记录材料，为工作考评提供依据。材料包括活动时间、活动内容、专家提供的意见、专家的工作态度等。

2. 技术中心办公室根据委员的实际工作情况进行综合考评，视考核情况动态管理，及时调整。

第三十五条 创新成果、科技创新个人考核奖励

对在科学技术进步工作中做出突出贡献的创新成果，授予中国铁道建筑总公司科学技术奖；对于为企业科技创新工作做出突出贡献的个人，每年由各单位推荐、股份公司技术中心进行考评，报股份公司技术委员会审批；被评为股份公司科技创新先进个人的人员，授予“股份公司科技创新先进个人”称号，予以表彰并颁发奖励证书。

第十章 附　　则

第三十六条 本办法自发布之日起实施。

第三十七条 本办法由股份公司技术中心办公室负责解释。原《技术中心管理办法》（中铁建科〔2006〕176 号同时废止）。

中国铁建股份有限公司经营工作协调管理办法

（中国铁建经计〔2010〕8 号）

第一章 总　　则

第一条 为适应建筑市场和企业发展变化的新形势，规范和加强经营管理，促进全系统工程经营科学有序进行，发挥特大型建筑施工企业的整体优势，整合系统内经营资源，改善经营承揽的实际效果，提高经济效益，结合当前全系统经营工作的实际情况，特制定本办法。

第二条 要加强《招标投标法》等法律法规的学习，依法经营，在依法合规守纪的前提下加强经营协调管理，并提高运用法律武器维护企业合法利益的能力。

第三条 经营工作是企业最直接的市场竞争行为。要重点加强股份公司和集团公司两个层面上经营工作的协调管理力度，整合资源，统一步调，释放效能，协同对外，为增强企业核心竞争力提供有力保证。必要时，股份公司将积极与国内其它大型建筑施工企业合作，维护企业自身的合法利益。

第四条 经营工作协调管理的主要内容：系统内部经营资源的科学整合和有效利用；经营要素的合理调拨和统筹运用；路内外项目的投标组织、协调及相关工作。

第五条 经营工作协调管理的总体目标：强化全

系统经营资源、要素、行为等的协调组织，防止内部无序竞争，提高企业的整体市场占有率；加强投标协作，遏制恶性竞争，提高承揽任务的质量；挖掘内外经营潜力，提高企业经营工作的整体效能。

第六条 本办法适用于全系统从事国内工程承包业务的所有集团公司。各单位可根据自身实际，制定具体的实施细则。

第二章 协调管理机构

第七条 股份公司经营计划部是全系统经营协调的管理机构，负责全系统经营工作的总体协调管理；各集团公司经营部门为本集团经营协调的管理机构，负责本集团内部的经营协调管理。

第八条 各级经营协调管理机构的人员配置，必须满足经营协调管理的需要，在机构改革中，只能加强不能削弱，要从管理力量上保证经营协调管理的正常进行。

第九条 各级经营协调管理机构要积极参与经营战略、策略及战术的研究与制定，参与经营工作方向及工作重点的研究与部署，参加、指导和协调投标活动，通过加强研究和深入实践，不断提高协调管理水平。

第三章 协调基本原则

第十条 为保证协调工作规范、有序进行，经营协调应贯彻以建设单位意向为主，充分考虑先入为主、专业品牌（业绩）优势、区位竞争优势和滚动发展优势、有效利用信用加分以及各单位经营承揽均衡发展的基本原则。

第十一条 以建设单位意向为主的原则：即对项目标段有限、参与竞争单位多、本系统内单位集中的工程项目，以建设单位意见为主要参考依据进行协调。

第十二条 先入为主的原则：即对于建设单位没有明确意见的项目，可以遵循先入为主的原则，重点考虑介入情况较早，跟踪时间较长，人力、物力、财力投入较大，工作做得较深的单位。

第十三条 专业品牌（业绩）优势的原则：即项目专业性强、业绩要求条件高的工程项目，以各集团公司的资质、专业设备、施工专长、品牌业绩等为主要参考依据进行协调。

第十四条 区位优势和滚动发展的原则：即本区域或本行业内信誉和竞争力明显占优的单位，在协调管理中有优先选择权。

第十五条 有效利用信用加分的原则：即充分发挥路内外项目各单位拥有信用加分的优势，合理调拨内部经营资源，避免两个以上加分单位将信用加分加在一个项目的同一个标段上，协调各单位将信用加分用在规模大、效益好的项目上。

第十六条 各单位经营承揽均衡发展的原则：即维持全系统经营承揽的动态平衡，推强扶弱，以强带弱，实现强者恒强，弱者不弱。

第四章 路内工程经营协调

第十七条 路内工程是经营协调的重点。路内工程经营协调要加大力度，坚持全系统一盘棋，统一部署，统一组织，充分发挥整体优势，科学布局，合理调配，避免无序竞争，实现经营效益的最大化。

第十八条 路内工程经营实行投标报备制度。为避免相互撞车、资源浪费，各集团公司在参加路内项目投标报名前，须向股份公司报告，经股份公司同意后方可报名。

第十九条 路内工程投标需要组成联合体时，原则上只在系统内部进行联合，内部联合情况应征得股份公司的同意。特殊情况需要和系统外单位联合，特别是利用铺架、电气化、电务资质联合，必须向股份公司报告，说明联合的原因和有利因素，股份公司同意后才可联合。

第二十条 对于铺架、四电、房建等专业性较强的项目，股份公司鼓励具备条件的单位积极参加投标，并在适当的时候提供指导和帮助，为项目中标创造条件。

第二十一条 在路内项目招标逐步采用抽签确定评标办法的情况下，各集团公司要多报名、多参与，积极参与路内项目竞争，争取更多的中标机会。

第二十二条 各集团公司在路内投标中必须坚决服从股份公司的协调，报名时要听从股份公司的调配，投标过程中要听从股份公司的安排，交标前要保持与股份公司的沟通，评标期间的相关情况要及时向股份公司汇报。

第五章 路外工程经营协调

第二十三条 要加强路外项目的协调，对于公路、市政、城市轨道等路外重大项目和具备协调条件的项目，股份公司要积极进行协调，维护中国铁建的整体利益。

第二十四条 对于具备协调条件的路外项目，各集团公司应要求所属各工程公司报备，主要由集团公司进行协调，与相关投标单位沟通协商。必要时可向股份公司报告，由股份公司出面与各方沟通，协调各投标单位的经营活动，防止无序竞争和恶性竞争。

第二十五条 路外项目的协调一般遵循尊重建设单位意见、少数单位服从多数单位的意向、区位优势、市场优势、资源优势、资质优势、综合平衡等原则。

第六章　经营协调实施步骤

第二十六条　经营协调的具体工作，由股份公司经营计划部负责协调的人员商各集团公司领导或经营（市场）部长实施。

第二十七条　对于具备协调条件、需要股份公司协调的项目，由各集团公司分管经营的领导提出书面申请，说明需要协调的项目名称、标段、评标办法、协调依据等相关内容，报股份公司经营计划部批准后方可进行协调。

第二十八条　对于股份公司决定协调的项目，各配合单位均需派人到股份公司经营计划部当面确认，原则上由各集团公司经营（市场）部长实施，特殊情况可以委托各单位在京的其他人员。

第七章　经营协调管理奖罚

第二十九条　股份公司经营工作协调管理是在股份公司经营战略方针指导下进行的，建立在公平、公正的基础之上，目的是维护中国铁建的整体利益。各集团公司有权对经营协调的公平、公正进行监督。为确保经营协调顺利进行，要建立和完善相关奖罚机制。

第三十条　将在经营协调过程中的执行力情况作为评选经营工作先进单位的重要条件。对执行股份公司经营协调意见较好的单位，在评选经营工作先进单位时予以重点考虑，并在一定范围内进行表彰。

第三十一条　对不顾全大局或不认真执行股份公司经营协调意见的，视为不服从股份公司的协调，将视不同情况给与处罚。

对于不服从股份公司协调意见的单位，在企业负责人年度经营业绩考核时将根据情况核减上报的新签合同总额：一次不服从，按实际新签合同总额的70%考核；两次以上不服从或性质严重的，扣减年度绩效薪酬总额的50%。对因不服从股份公司协调造成严重后果的，要追究主要负责人及相关责任人的行政责任。

年终“四好班子”的评选将参考各集团公司在经营协调过程中的执行情况。对于不服从股份公司协调意见情节较为严重的集团公司，将取消其参加“四好班子”评选的资格。

2010年中国铁道建筑总公司文件目录

文件号	文件标题
中铁建科设〔2010〕1号	关于公布2009年度总公司优秀工法的通知
中铁建资本〔2010〕2号	关于中国铁建股份有限公司与铜陵有色控股有限公司联合收购加拿大科里安特资源公司股权项目的请示
中铁建安质〔2010〕3号	关于2009年安全生产工作情况的报告
中铁建发展〔2010〕5号	关于中国铁建股份有限公司下属二级企业名称变更的请示
中铁建科设〔2010〕6号	关于颁发2009年度中国铁道建筑总公司科学技术奖的通知
中铁建财〔2010〕7号	关于印发《中国铁道建筑总公司对外捐赠管理办法》的通知
中铁建经计〔2010〕8号	关于2009年投资完成情况和2010年投资计划的报告
中铁建经计〔2010〕9号	关于印发总公司2010年生产经营计划的通知
中铁建设物〔2010〕10号	关于尽快解决减免税焊轨设备移交有关问题的请示
中铁建办〔2010〕11号	关于胡锦涛总书记视察我公司厦门翔安海底隧道有关情况的报告
中铁建财〔2010〕12号	关于宾馆酒店类单位调查情况的报告
中铁建财〔2010〕13号	中国铁道建筑总公司关于向中国铁建股份公司注入资产的请示
中铁建财〔2010〕14号	关于对乐山市老年病专科医院主辅分离辅业改制项目资产评估结果审核备案的报告
中铁建资本〔2010〕15号	关于在尼日利亚投资建设莱基自贸区项目的请示
中铁建财〔2010〕16号	关于中国铁建股份有限公司国有股减持或转持方案的请示
中铁建审〔2010〕17号	关于印发《中国铁道建筑总公司2010年审计工作思路及项目计划》的通知

续表

文件号	文件标题
中铁建发展〔2010〕18 号	总公司 总公司党委关于成立中国铁道建筑总公司《中国铁道建筑报》编辑部的通知
中铁建财〔2010〕19 号	中国铁道建筑总公司关于 2009 年国有资产评估项目统计的报告
中铁建财〔2010〕20 号	关于 2010 年度和 2010 ~ 2012 年任期董事会企业测试评价目标建议值的报告
中铁建人〔2010〕21 号	关于关于中国铁道建筑总公司工程、经济、会计系列高级专业技术职务任职资格评审委员会调整备案的报告
中铁建财〔2010〕22 号	关于向中国铁建股份有限公司注入资产评估项目备案的请示
中铁建财〔2010〕23 号	关于 2009 年度产权登记年度检查及数据汇总情况的报告
中铁建财〔2010〕24 号	中国铁道建筑总公司关于 2009 年度账销案存资产管理情况的报告
中铁建财〔2010〕25 号	中国铁道建筑总公司关于 2009 年度国有资本收益的请示
中铁建财〔2010〕26 号	中国铁道建筑总公司关于 2010 年度一季度国有资本经营预算执行情况的报告
中铁建财〔2010〕27 号	中国铁道建筑总公司关于 2009 年度财务决算的请示
中铁建财〔2010〕28 号	中国铁道建筑总公司关于资产减值准备财务核销的报告
中铁建财〔2010〕29 号	关于施工新技术研究与发展资金的请示
中铁建董〔2010〕30 号	关于中国铁建董事会 2009 年度工作情况的报告
中铁建财〔2010〕31 号	关于 2009 年度和 2007 ~ 2009 年任期经营业绩考核完成情况的报告
中铁建资本〔2010〕32 号	关于中土北亚国际投资发展有限公司名称变更为"中非莱基投资有限公司"的报告
中铁建人〔2010〕33 号	中国铁道建筑总公司 2009 年度工效挂钩清算及 2010 年工效挂钩方案的请示
中铁建财〔2010〕34 号	关于中国铁建股份有限公司公开发行 A 股方案及国有股权管理方案的请示
中铁建人〔2010〕35 号	关于公布 2009 年度工效挂钩清算结果的通知
中铁建科设〔2010〕36 号	关于 2010 年工程咨询单位资格申报工作的请示
中铁建发展〔2010〕37 号	关于成立中国铁道建筑总公司南京长江隧道工程指挥部的通知
中铁建安质〔2010〕38 号	关于"1·23"重大铁路交通事故责任追究落实情况整改的报告
中铁建财〔2010〕39 号	中国铁道建筑总公司关于 2009 年度财务绩效评价工作的报告
中铁建人〔2010〕40 号	关于报送中国铁道建筑总公司监事会兼职监事人选的报告
中铁建人〔2010〕41 号	关于 2010 年度工资总额计划(预算)的报告
中铁建财〔2010〕42 号	关于对外经济技术合作专项资金的请示
中铁建办〔2010〕43 号	中国铁道建筑总公司关于恳请外交部领导会见沙特城乡事务部副部长哈比比的请示
中铁建董〔2010〕44 号	关于中国铁道建筑总公司规范运作有关部门情况的报告
中铁建财〔2010〕45 号	总公司 总公司党委关于成立"小金库"专项治理工作领导小组的通知
中铁建财〔2010〕46 号	中国铁道建筑总公司关于 2010 年二季度国有资本经营预算执行情况的报告
中铁建财〔2010〕47 号	总公司 总公司党委关于印发《中国铁道建筑总公司"小金库"专项治理实施办法》的通知
中铁建财〔2010〕48 号	关于 2010 年第二批中央国有资本经营预算重大科技创新及产业化资金的请示
中铁建董〔2010〕49 号	中国铁道建筑总公司关于延期提交要约收购豁免申请文件补正材料的请示
中铁建发展〔2010〕50 号	关于调整机关离退体职工管理部机构设置和明确工作职责的通知
中铁建办〔2010〕51 号	关于张德江副总理在中国铁建进行安全生产调研情况的报告
中铁建办〔2010〕52 号	关于张德江副总理在中国铁建进行安全生产调研情况的报告

续表

文 件 号	文 件 标 题
中铁建财〔2010〕53 号	中国铁道建筑总公司关于社会性收费项目摸底调查情况的报告
中铁建发展〔2010〕54 号	关于变更莱基自由区开发公司投资总额的请示
中铁建国际〔2010〕55 号	中国铁道建筑总公司关于中铁十四局农民吕寻民在阿富汗被绑架的报告
中铁建财〔2010〕56 号	中国铁道建筑总公司关于调整 2010 年度财务预算主要指标的报告
中铁建财〔2010〕57 号	中国铁道建筑总公司关于境外投资中个人代持产权有关情况的报告
中铁建财〔2010〕58 号	中国铁道建筑总公司关于 2010 年上半年测试评价财务执行情况的报告
中铁建资本〔2010〕59 号	关于对中国国际工程咨询公司《尼日利亚莱基自由贸易区—中尼经济贸易合作区》评估报告的意见
中铁建资本〔2010〕60 号	中国铁道建筑总公司关于在新疆、西藏和四川等四省藏区承建项目情况的报告
中铁建人〔2010〕61 号	关于中国铁道建筑总公司监事会兼职监事人选选举结果的报告
中铁建设物〔2010〕62 号	关于中共中央办公厅督查组到昆明中铁检查胡总书记重要讲话贯彻落实情况的报告
中铁建董〔2010〕63 号	中国铁道建筑总公司关于贯彻国资委对中国铁建董事会 2009 年度工作意见整改措施的报告
中铁建科设〔2010〕64 号	关于公布中国铁道建筑总公司 2010 年度勘察设计“四优”项目的通知
中铁建办〔2010〕65 号	中国铁道建筑总公司关于孟凤朝赴麦加轻轨铁路项目现场慰问检查情况的报告
中铁建设物〔2010〕66 号	关于北京海关稽查焊轨设备移交补缴税款有关问题的请示
中铁建人〔2010〕67 号	关于印发《中国铁道建筑总公司离退休人员统筹外费用管理办法》的通知
中铁建经计〔2010〕68 号	关于出具中国铁建股份有限公司与所属子公司管理关系证明的请示
中铁建经计〔2010〕69 号	关于国家大型铁路养护设备昆明产业基地建设项目监督检查情况的报告
中铁建发展〔2010〕70 号	总公司 总公司党委关于调整机关部门管理规格的通知
中铁建财〔2010〕71 号	关于中央企业“小金库”专项治理工作自查自纠情况的报告
中铁建资本〔2010〕72 号	关于在新疆、西藏和四川承建项目情况的报告
中铁建财〔2010〕73 号	关于编报 2010 年度财务决算报告的通知
中铁建财〔2010〕74 号	关于 2010 年三季度国有资本经营预算执行情况的报告
中铁建财〔2010〕75 号	中国铁道建筑总公司关于 2009 年国有资本经营决算的报告
中铁建战〔2010〕76 号	关于拨付国债资金建设国防交通设施的通知
中铁建办〔2010〕77 号	关于沙特麦加轻轨铁路项目有关情况的通知
中铁建财〔2010〕78 号	中国铁道建筑总公司关于 2010 年度财务决算备案情况的报告
中铁建财〔2010〕79 号	关于印发《中国铁道建筑总公司总部基本建设项目财务管理办法》的通知
中铁建财〔2010〕80 号	中国铁道建筑总公司关于开展“小金库”专项治理自查自纠“回头看”活动情况的报告

2010年中国铁道建筑总公司党委文件目录

文件号	文件标题
中铁建党组〔2010〕1号	中国铁道建筑总公司党委关于贯彻落实《2009～2013年全国党员教育培训规划》实施意见和2010年党员教育培训工作计划的情况报告
中铁建党组〔2010〕2号	关于同意召开中国铁建首届一次职工代表大会的批复
中铁建党办〔2010〕3号	关于中国铁建2009年党委工作总结的报告
中铁建党宣〔2010〕4号	中国铁道建筑总公司关于建立铁道兵纪念馆的请示
中铁建党宣〔2010〕5号	关于筹建“铁道兵纪念馆”的通知
中铁建党宣〔2010〕6号	关于征集铁道兵纪念馆(筹)相关资料的通知
中铁建党组〔2010〕7号	关于成立中国铁建股份有限公司创先争优活动领导小组的报告
中铁建党组〔2010〕8号	关于呈报中国铁建股份有限公司党委深入开展创先争优活动实施方案的报告
中铁建党保〔2010〕9号	关于开展保密承诺书签订人员知识竞赛活动情况的报告
中铁建党保〔2010〕10号	关于组织开展涉密载体清理情况检查的报告
中铁建党办〔2010〕11号	关于组织开展“五五”保密法制宣传教育自查验收工作的报告
中铁建党组〔2010〕12号	关于成立总公司南京长江隧道工程指挥部党工委的通知
中铁建党干〔2010〕13号	关于更换参加专题研讨班培训人选的请示
中铁建党干〔2010〕14号	关于更换参加专题研究班培训人员的请示
中铁建党干〔2010〕15号	关于更换参加专题研究班培训人选的请示
中铁建党办〔2010〕16号	关于定点扶贫工作的报告
中铁建党办〔2010〕17号	关于对国资监管和中央企业改革发展有关建议的报告
中铁建党组〔2010〕18号	关于中国铁建创先争优活动检查情况的报告

2010年中国铁建股份有限公司文件目录

文件号	文件标题
中国铁建工管〔2010〕1号	关于表彰郑西铁路客运专线抢险先进单位的通报
中国铁建资本〔2010〕2号	关于国际金融公司入股中土北亚的请示
中国铁建安质〔2010〕3号	关于表彰2009年度安全生产达标单位的通报
中国铁建安质〔2010〕4号	关于兑现2009年度安全工作包保责任奖的通报
中国铁建安质〔2010〕5号	关于表彰2009年度安全质量标准化工地的通知
中国铁建工管〔2010〕6号	股份公司 股份公司工会关于表彰京沪高铁、铁路客专劳动竞赛获胜单位、劳动竞赛优秀组织者、“工人先锋号”和“工人先锋号标兵”的通报
中国铁建工管〔2010〕7号	关于表彰2009年度工程调度工作先进个人的通报
中国铁建经计〔2010〕8号	关于印发《股份公司经营工作协调管理办法》的通知
中国铁建经计〔2010〕9号	关于中国铁建高级经营管理人员培训班培训情况的通报
中国铁建人〔2010〕10号	股份公司 股份公司党委关于印发《中国铁建股份有限公司总部机关选聘工作人员暂行办法》等三个办法的通知
中国铁建经计〔2010〕11号	关于印发股份公司《工程项目变更索赔工作指导意见》的通知
中国铁建经计〔2010〕12号	关于推进实施工程经营信息管理系统软件的通知

续表

文件号	文件标题
中国铁建经计〔2010〕13号	关于下达2010年内控生产经营计划的通知
中国铁建发展〔2010〕14号	关于中国铁建股份有限公司下属二级企业名称变更的请示
中国铁建财〔2010〕15号	关于表彰2009年责任成本管理工作先进单位和先进个人的通报
中国铁建人〔2010〕16号	关于表彰中国铁建先进集体和劳动模范的决定
中国铁建发展〔2010〕17号	关于进一步深化工程公司建设若干问题的意见
中国铁建发展〔2010〕18号	关于印发《中国铁建股份有限公司关于加强工程队建设的指导意见》的通知
中国铁建人〔2010〕19号	关于下达2010年职业技能鉴定计划的通知
中国铁建监〔2010〕20号	关于表彰效能监察工作先进单位和先进个人的决定
中国铁建董〔2010〕21号	关于印发《中国铁建董事会2010年工作要点》的通知
中国铁建财〔2010〕22号	关于印发《中国铁建股份有限公司对外捐赠管理办法》的通知
中国铁建发展〔2010〕23号	关于中铁物资集团等五家二级单位按工程局规格管理的通知
中国铁建人〔2010〕24号	关于中铁二十一局集团有限公司董事会、监事会组成人员的通知
中国铁建人〔2010〕25号	关于印发《中国铁建股份有限公司外部董事管理暂行办法》的通知
中国铁建发展〔2010〕26号	关于内部控制与风险管理知识竞赛情况的通报
中国铁建人〔2010〕27号	关于中铁建中非建设有限公司董事会、监事会组成人员的通知
中国铁建科设〔2010〕28号	关于2009年度股份公司科技工作有关情况的通报
中国铁建科设〔2010〕29号	关于印发《中国铁建股份有限公司2010年科技工作要点》的通知
中国铁建经计〔2010〕30号	关于印发2010年企业投资计划的通知
中国铁建发展〔2010〕31号	关于成立中国铁建贵阳工程建设指挥部的通知
中国铁建设物〔2010〕32号	关于变更德国促进性贷款确认书项目单位名称的请示
中国铁建人〔2010〕33号	关于中铁十五局集团有限公司董事会、监事会组成人员的通知
中国铁建办〔2010〕34号	关于调整股份公司经理层领导分工的通知
中国铁建经计〔2010〕35号	关于化解武广客专工程沿线路地矛盾及有关铁路工程费用问题的报告
中国铁建科设〔2010〕36号	关于印发《中国铁建股份有限公司技术中心管理办法》的通知
中国铁建科设〔2010〕37号	关于调整中国铁建股份有限公司技术中心技术委员会人员的通知
中国铁建发展〔2010〕38号	关于撤销建设管理分公司和明确华东工程协调管理代表处编制定员的通知
中国铁建办〔2010〕39号	股份公司 股份公司党委关于印发2010年会议计划的通知
中国铁建审监〔2010〕40号	关于表彰2009年度审计工作先进单位和先进工作者的通报
中国铁建审监〔2010〕41号	关于印发《中国铁建股份有限2010年审计工作思路及项目计划》的通知
中国铁建办〔2010〕42号	股份公司 股份公司党委关于印发股份公司机关贯彻落实“四会”精神分工方案的通知
中国铁建工管〔2010〕43号	关于表彰中国铁建股份有限公司2009年度优秀项目经理的通报
中国铁建战备〔2010〕44号	关于落实国家战备储备计划生产改进型六四式军用梁及八三式轻墩的通知
中国铁建经计〔2010〕45号	关于印发《变更索赔工作定期报表制度》的通知
中国铁建信息〔2010〕46号	关于变更股份公司信息化领导小组成员和调整信息化领导小组机构设置的通知
中国铁建经计〔2010〕47号	关于集包铁路“3·19”事故的检讨报告
中国铁建发展〔2010〕48号	关于成立诚合保险经纪(北京)有限责任公司的通知
中国铁建发展〔2010〕49号	关于将中铁十三局集团公司管理的原中铁二十三局集团公司第二工程有限公司划回中铁二十三局集团公司的通知

续表

文件号	文件标题
中国铁建监〔2010〕50号	关于印发《中国铁建2010年效能监察工作指导意见》的通知
中国铁建人〔2010〕51号	关于王长留同志不再担任中铁二十一局集团有限公司外部董事的通知
中国铁建发展〔2010〕52号	关于“十二五”发展规划编制工作有关问题的通知
中国铁建法〔2010〕53号	关于开展“五五”普法总结验收工作的通知
中国铁建资本〔2010〕54号	关于境外合作区确认考核的请示
中国铁建人〔2010〕55号	关于表彰股份公司社保工作先进单位和先进个人的通报
中国铁建办〔2010〕56号	关于对股份公司网站改版升级工作予以表扬的通报
中国铁建人〔2010〕57号	关于做好2010年度专业技术职务评聘工作的通知
中国铁建财〔2010〕58号	关于2009年度责任成本管理报表上报情况的通报
中国铁建董〔2010〕59号	关于印发《中国铁建股份有限公司年报信息披露重大差错责任追究制度》的通知
中国铁建董〔2010〕60号	关于印发《中国铁建股份有限公司内幕信息知情人和外部信息使用人管理制度》的通知
中国铁建财〔2010〕61号	关于核定股份公司2010年度企业信贷规模的通知
中国铁建财〔2010〕62号	关于核定股份公司2010年内部担保额度的通知
中国铁建设物〔2010〕63号	关于大型养路机械关键零部件进口税额减免的请示
中国铁建国际〔2010〕64号	关于加强麦加轻轨铁路项目管理的通知
中国铁建办〔2010〕65号	关于对《国务院国资委关于加强中央企业信访工作的意见》贯彻落实情况督导检查的通知
中国铁建董〔2010〕66号	关于印发《中国铁建股份有限公司董事会会议议案管理细则》的通知
中国铁建董〔2010〕67号	中国铁建股份有限公司关于增发境外上市外资股的请示
中国铁建董〔2010〕68号	中国铁建股份有限公司关于增发境外上市外资股发行方案的请示
中国铁建人〔2010〕69号	关于帮助解决办理护照、签证及劳务配额等有关问题的请示
中国铁建发展〔2010〕70号	股份公司 股份公司党委关于成立中国铁建玉树地震灾后重建指挥部的通知
中国铁建财〔2010〕71号	关于2010年一季度经济运行情况的通报
中国铁建财〔2010〕72号	关于2009年度经济运行情况的通报
中国铁建财〔2010〕73号	关于加强债务风险管理有关工作的通知
中国铁建科设〔2010〕74号	关于下达2010年度股份公司科技研究开发计划的通知
中国铁建发展〔2010〕75号	关于成立中国铁建美国有限公司的通知
中国铁建设物〔2010〕76号	关于调整股份公司节能减排工作领导小组成员的通知
中国铁建发展〔2010〕77号	股份公司 股份公司党委关于成立中国铁建股份有限成渝高速公路复线工程指挥部的通知
中国铁建董〔2010〕78号	中国铁建股份有限公司关于非公开发行A股股票的请示
中国铁建发展〔2010〕79号	关于将中铁十八局集团金属结构工程有限公司划转中铁轨道系统集团公司管理的通知
中国铁建经计〔2010〕80号	关于宜万铁路工程费用问题的请示
中国铁建人〔2010〕81号	关于对麦加轻轨铁路项目会战实施奖惩的通知
中国铁建发展〔2010〕82号	关于发布2009年度“中国铁建工程公司20强”的通知
中国铁建经计〔2010〕83号	关于铁路勘察设计收费标准调整问题的报告
中国铁建办〔2010〕84号	股份公司 股份公司党委关于印发《中国铁建股份有限公司信访工作办法》的通知

续表

文　件　号	文　　件　　标　　题
中国铁建房产〔2010〕85 号	关于进一步加强土地竞拍管理的通知
中国铁建经计〔2010〕86 号	股份公司 股份公司党委关于对中铁轨道系统集团有限公司投标违规处罚的通报
中国铁建财〔2010〕87 号	中铁十五局集团有限公司 2009 年度财务决算的批复
中国铁建财〔2010〕88 号	关于印发《迎接国家税务总局武广高速铁路项目税收检查工作方案》的通知
中国铁建董〔2010〕89 号	关于修订《中国铁建股份有限公司关联交易决策制度》的通知
中国铁建发展〔2010〕90 号	关于印发《中国铁建股份有限公司 2010 年重大/重要风险管控措施落实方案》的通知
中国铁建财〔2010〕91 号	关于规范研发费用和安全生产费用会计核算的通知
中国铁建办〔2010〕92 号	关于成立那适 2 号隧道工程抢险、搜寻指挥部的通知
中国铁建发展〔2010〕93 号	关于做好境外投资联合年检工作的通知
中国铁建办〔2010〕94 号	股份公司 股份公司党委关于印发《中国铁建股份有限公司信访工作领导责任制》的通知
中国铁建办〔2010〕95 号	股份公司 股份公司党委关于印发《中国铁建股份有限公司处理突发性群体上访事件的预案》的通知
中国铁建财〔2010〕96 号	股份公司 股份公司党委关于成立“小金库”专项治理工作领导小组的通知
中国铁建战备〔2010〕97 号	关于下达 2010 年战备事业费、战备科研、器材维修保养、专业保障队伍训练演练计划的通知
中国铁建房产〔2010〕98 号	关于印发《中国铁建房地产开发项目可行性研究报告编制指引》的通知
中国铁建科设〔2010〕99 号	关于下达 2010 年度股份公司科技研究开发计划项目经费资助的通知
中国铁建办〔2010〕100 号	关于表彰 2009 年股份公司网站信息发布先进单位和优秀信息员的通知
中国铁建安质〔2010〕101 号	关于认真学习和贯彻落实《国务院关于进一步加强企业安全生产工作的通知》的通知
中国铁建经计〔2010〕102 号	关于 2009～2010 年度计划统计论文评选结果的通报
中国铁建法〔2010〕103 号	关于落实法制工作三年目标计划督查情况的通报
中国铁建发展〔2010〕104 号	关于进一步加强机关制度建设的通知
中国铁建战备〔2010〕105 号	关于加强战备设施建设有关问题的通知
中国铁建人〔2010〕106 号	关于子公司负责人 2009 年度薪酬结算兑现的通知
中国铁建财〔2010〕107 号	关于公布 2009 年度子公司绩效考核结果的通知
中国铁建财〔2010〕108 号	关于跨地区经营建筑企业所得税征收管理有关问题的请示
中国铁建发展〔2010〕109 号	关于加强工程公司注册地变更搬迁管理有关问题的通知
中国铁建经计〔2010〕110 号	关于参加合福铁路客运专线、广西沿海铁路“四电”系统集成工程项目建设的请示
中国铁建人〔2010〕111 号	股份公司 股份公司党委关于表彰 2010 年中央企业职工技术能大赛获奖选手及有关单位的决定
中国铁建财〔2010〕112 号	关于 2010 年上半年经济运行情况的通报
中国铁建安质〔2010〕113 号	关于进一步加强安全生产工作的通知
中国铁建经计〔2010〕114 号	关于表彰 2009 年度经营工作先进单位和先进个人的通报
中国铁建法〔2010〕115 号	关于中铁十八局集团公司与中铁二十二局集团公司内部经济纠纷协调处理决定的通知
中国铁建经计〔2010〕116 号	关于武咸城际铁路先期建设段工程费用问题的请示
中国铁建办〔2010〕117 号	关于成立中国铁建股份有限公司劳动竞赛委员会及人员组成的通知
中国铁建发展〔2010〕118 号	关于印发《中国铁建股份有限公司营业执照使用管理规定》的通知

续表

文件号	文件标题
中国铁建发展〔2010〕119 号	关于印发《中国铁建股份有限公司建设工程企业资质管理规定》的通知
中国铁建信息〔2010〕120 号	关于印发《中国铁建用户界面及交互(UI)标准》的通知
中国铁建人〔2010〕121 号	关于印发《中国铁建股份有限公司内退人员及内退费用管理办法》的通知
中国铁建经计〔2010〕122 号	关于建立股份公司合同管理与索赔专家制度的通知
中国铁建人〔2010〕123 号	关于严格控制职工总量的指导意见
中国铁建发展〔2010〕124 号	关于成立中国铁建股份有限公司阿联酋分公司的通知
中国铁建经计〔2010〕125 号	关于表彰大规模铁路经营优胜单位和先进个人的通报
中国铁建财〔2010〕126 号	关于加强资金集中管理有关情况的通报
中国铁建安质〔2010〕127 号	关于表彰 2010 年度中国铁建股份有限公司优秀质量管理小组的通报
中国铁建经计〔2010〕128 号	关于编报 2010 年企业固定资产建设项目投资完成情况和 2011 年固定资产建设项目投资计划建议的通知
中国铁建经计〔2010〕129 号	关于印发《中国铁建股份有限公司计划统计优秀论文评选办法(试行)》的通知
中国铁建经计〔2010〕130 号	关于编报 2011 年生产经营计划和布置 2010 年统计年报工作的通知
中国铁建财〔2010〕131 号	关于编报 2011 年度全面预算的通知
中国铁建发展〔2010〕132 号	股份公司 股份公司党委关于调整机关职能部门管理规格的通知
中国铁建财〔2010〕133 号	关于印发《子公司负责人 2010 年绩效考核实施方案》的通知
中国铁建经计〔2010〕134 号	关于从事统计工作人员持证上岗有关事项的通知
中国铁建人〔2010〕135 号	关于公布 2009 年统考技师任职资格人员名单的通知
中国铁建人〔2010〕136 号	关于公布 2009 年高级技师任职资格人员名单的通知
中国铁建人〔2010〕137 号	关于公布 2010 年高级技师任职资格人员名单的通知
中国铁建办〔2010〕138 号	股份公司 股份公司党委关于印发《中国铁建股份有限公司公文处理办法》的通知
中国铁建经计〔2010〕139 号	关于表彰计划统计工作先进单位和先进个人的通知
中国铁建发展〔2010〕140 号	关于全面启动内部控制风险管理工作的通知
中国铁建董〔2010〕141 号	关于进一步加强信息披露工作的通知
中国铁建财〔2010〕142 号	关于 2010 年三季度资金集中管理情况的通报
中国铁建经计〔2010〕143 号	关于印发《中国铁建股份有限公司工程经营工作指导意见》的通知
中国铁建财〔2010〕144 号	关于表彰 2010 年财务工作先进单位和先进个人的通报
中国铁建安质〔2010〕145 号	关于调整中国铁建股份有限公司安全生产委员会组成人员的通知
中国铁建工管〔2010〕146 号	关于表彰股份公司项目管理先进单位及优秀项目经理部的通报
中国铁建财〔2010〕147 号	关于编报 2010 年度财务决算报告的通知
中国铁建发展〔2010〕148 号	关于开展清理整合公司、分公司减少企业管理层级和企业数量专项工作的通知
中国铁建人〔2010〕149 号	关于 2011 年股份公司职业技能鉴定有关问题的通知
中国铁建国际〔2010〕150 号	关于进一步加强海外项目管理的通知
中国铁建经计〔2010〕151 号	关于表彰 2010 年责任成本管理暨经营创效工作先进单位和先进个人的通报
中国铁建发展〔2010〕152 号	关于支持钢结构产业发展的意见
中国铁建科设〔2010〕153 号	关于公布股份公司海外工程优秀论文的通知

续表

文 件 号	文 件 标 题
中国铁建经计〔2010〕154 号	关于包西铁路工程费用问题的紧急报告
中国铁建科设〔2010〕155 号	关于公布股份公司科技专家库专家名单的通知
中国铁建发展〔2010〕156 号	关于调整海外事业部领导职级的通知
中国铁建人〔2010〕157 号	关于印发《中国铁建股份有限公司总部机关员工薪酬管理办法》的通知
中国铁建经计〔2010〕158 号	关于厦门西站站房工程建设费用问题的请示
中国铁建经计〔2010〕159 号	关于印发股份公司领导在责任成本管理暨经营创效工作会议上讲话的通知
中国铁建财〔2010〕160 号	关于对因公国际机票实行集中采购的通知
中国铁建办〔2010〕161 号	股份公司 股份公司党委关于印发《中国铁建股份有限公司报送公文评价办法(试行)》的通知
中国铁建发展〔2010〕162 号	关于调整股份公司上海代表处机构编制有关问题的通知
中国铁建安质〔2010〕163 号	关于表彰 2010 年度安全质量标准工地的通知
中国铁建安质〔2010〕164 号	关于表彰 2010 年度安全先进工作者的通报
中国铁建安质〔2010〕165 号	关于表彰 2010 年度中国铁建股份有限公司优质工程及质量管理先进个人的通报
中国铁建办〔2010〕166 号	关于全面运行中国铁建办公系统(一期)的通知
中国铁建发展〔2010〕167 号	关于成立中国铁建昆明新机场快速公交工程指挥部的通知
中国铁建科设〔2010〕168 号	关于调整中国铁建股份有限公司合理化建议和技术改进评审委员会组成人员的通知
中国铁建审监〔2010〕169 号	关于印发《中国铁建股份有限公司经济责任审计管理暂行办法》的通知
中国铁建审监〔2010〕170 号	关于印发《中国铁建股份有限公司内部审计管理暂行办法》的通知
中国铁建审监〔2010〕171 号	关于印发《中国铁建股份有限公司内部审计质量控制暂行办法》的通知
中国铁建审监〔2010〕172 号	关于印发《中国铁建股份有限公司内部控制审计暂行办法》的通知

2010 年中国铁建股份有限公司党委文件目录

文 件 号	文 件 标 题
中国铁建党组〔2010〕1 号	关于转发《国资委党委办公室转发中央组织部组织局关于中央企业党委(纪委)届中增补委员答复函的通知》的通知
中国铁建党组〔2010〕2 号	关于同意召开中国铁建首届一次职工代表大会的批复
中国铁建党组〔2010〕3 号	关于中铁二十一局集团有限公司党委委员补选候选人的批复
中国铁建党组〔2010〕4 号	关于中铁十一局集团有限公司召开第二次党代会的批复
中国铁建党组〔2010〕5 号	关于印发李国瑞同志在中国铁建党委二届五次全体会议上工作报告的通知
中国铁建党宣〔2010〕5 号	关于筹建“铁道兵纪念馆”的通知
中国铁建党办〔2010〕6 号	关于印发《中国铁建 2010 年党建工作要点》的通知
中国铁建党宣〔2010〕7 号	股份公司党委 股份公司关于表彰企业文化建设先进单位、优秀项目部和先进个人的决定
中国铁建党组〔2010〕8 号	关于中铁十二局集团有限公司召开第三次党代会的批复
中国铁建党组〔2010〕9 号	关于增补中铁二十四局集团有限公司党委委员的批复
中国铁建党组〔2010〕10 号	关于增补中铁物资集团有限公司党委委员的批复

续表

文 件 号	文 件 标 题
中国铁建党办〔2010〕11 号	股份公司党委 股份公司 股份公司工会关于印发《中国铁建股份有限公司职工(代表)大会实施办法》的通知
中国铁建党办〔2010〕12 号	股份公司党委关于印发中国铁建首届职工代表大会《联席会议制度》等六个制度的通知
中国铁建党组〔2010〕13 号	关于转发中共中央组织部、国务院国资委党委《关于在国有企业开展争创“四强”党组织争做“四优”共产党员活动的通知》的通知
中国铁建党组〔2010〕14 号	关于中共中铁十二局集团有限公司第三次代表大会和三届党委纪委一次全会选举结果的批复
中国铁建党组〔2010〕15 号	关于中共中铁十一局集团有限公司第二次代表大会和二届党委纪委一次全会选举结果的批复
中国铁建党组〔2010〕16 号	关于成立中国共产党中铁建中非建设有限公司委员会的通知
中国铁建党办〔2010〕17 号	关于举办第十五届《大路画展》的通知
中国铁建党组〔2010〕18 号	关于转发中共中央组织部《关于在抗旱救灾中进一步发挥各级党组织战斗堡垒作用、各级领导干部模范带头作用和广大共产党员先锋模范作用的通知》的通知
中国铁建党纪〔2010〕19 号	关于认真学习贯彻《中国共产党党员领导干部廉洁从政若干准则》的通知
中国铁建党组〔2010〕20 号	关于表彰先进工程项目部党组织和优秀工程项目部党组织书记的决定
中国铁建党宣〔2010〕21 号	关于成立中国铁建建设学习型党组织工作协调小组的通知
中国铁建党干〔2010〕22 号	关于做好 2010 年度政工专业职务评审工作的通知
中国铁建党组〔2010〕23 号	关于增补中国铁建股份有限公司沙特麦加轻轨项目公司党工委委员的批复
中国铁建党宣〔2010〕24 号	关于印发《中国铁建股份有限公司党委关于推进学习型党组织建设的实施意见》的通知
中国铁建党干〔2010〕25 号	关于转发国资委党委《关于丁原臣同志免职的通知》《关于丁原臣不再担任中国铁建股份有限公司领导职务的函》以及国资委《关于丁原臣免职的通知》的通知
中国铁建党办〔2010〕26 号	关于转发《国务院办公厅关于加强对外科研合作保密工作的通知》的通知
中国铁建党组〔2010〕27 号	股份公司党委 股份公司关于印发李国瑞、赵广发同志在股份公司工程项目部党的建设工作座谈会上报告讲话的通知
中国铁建党办〔2010〕27 号	股份公司党委 股份公司 股份公司工会关于印发《中国铁建股份有限公司建家建线管理办法》的通知
中国铁建党组〔2010〕28 号	股份公司党委 股份公司关于加强和改进工程项目部党的建设的决定
中国铁建党组〔2010〕29 号	关于印发中国铁建股份有限公司创先争优活动实施方案的通知
中国铁建党组〔2010〕30 号	关于成立中国铁建股份有限公司创先争优活动领导小组的通知
中国铁建党宣〔2010〕31 号	股份公司党委 股份公司关于开展“践行企业价值观,提升发展软实力”专题教育活动的通知
中国铁建党组〔2010〕32 号	关于转发国资委党委《关于进一步规范中央企业党费收缴、使用和管理工作的通知》通知
中国铁建党宣〔2010〕33 号	关于表彰中国铁建优秀思想政治工作者的决定
中国铁建党组〔2010〕34 号	关于增设保密办公室的通知
中国铁建党组〔2010〕35 号	关于同意中国共产党中铁建设集团有限公司第二次代表大会的批复
中国铁建党组〔2010〕36 号	关于同意召开中国共产党中国铁建股份有限公司党校(中国铁建股份有限公司北京培训中心)党员大会的批复
中国铁建党组〔2010〕37 号	关于增补昆明中铁大型养路机械集团有限公司党委委员的批复
中国铁建党组〔2010〕38 号	关于增补中铁房地产集团有限公司党委委员的批复
中国铁建党组〔2010〕39 号	关于增补中国土木工程集团有限公司党委委员的批复
中国铁建党组〔2010〕40 号	关于增补中铁二十二局集团有限公司党委常委的批复

续表

文件号	文件标题
中国铁建党组〔2010〕41号	关于表彰先进基层党委、五好党支部标兵、六好共产党员标兵和优秀党务工作者的决定
中国铁建党干〔2010〕42号	关于进一步加强麦加轻轨铁路项目会战思想政治工作的通知
中国铁建党办〔2010〕43号	关于印发李国瑞同志在"七一"座谈会上讲话的通知
中国铁建党组〔2010〕44号	关于中共中铁建设集团有限公司第二次代表大会和第二届委员会、纪律检查委员会一次全会选举结果的批复
中国铁建党办〔2010〕45号	印发《关于有关中央企业失泄密事件的通报》的通知
中国铁建党组〔2010〕46号	关于中共中国铁建股份有限公司党校（中国铁建股份有限公司北京培训中心）党员大会和党委、纪委一次全会选举结果的批复
中国铁建党组〔2010〕47号	关于免除廖礼坤同志中铁二十三局集团有限公司党委委员职务的通知
中国铁建党办〔2010〕48号	股份公司党委 股份公司关于认真学习贯彻国务院国资委主任、党委书记李荣融同志在中央企业负责任人会议上讲话的通知
中国铁建党纪〔2010〕49号	转发《关于以"贯彻落实〈党员领导干部廉洁从政若干准则〉切实加强领导干部作风建设"为主题开好县级以上党和国家机关党员领导干部民主生活会的通知》的通知
中国铁建党纪〔2010〕50号	股份公司党委 股份公司关于转发何勇同志、郝明金同志在"贯彻落实'三重一大'决策制度推进国有（金融）企业党风建设和反腐倡廉工作座谈会"上讲话的通知
中国铁建党宣〔2010〕51号	关于转发国资委《关于印发〈中央企业新闻发布工作指引〉的通知 》的通知
中国铁建党宣〔2010〕52号	关于转发中央外宣办、国资委《关于印发〈关于加强和改进国有企业外宣工作的意见〉的通知》的通知
中国铁建党办〔2010〕53号	股份公司党委 股份公司关于认真组织学习贯彻落实《张德江副总理在中国铁建进行安全生产调研的讲话》的通知
中国铁建党组〔2010〕54号	关于中铁十四局集团有限公司召开第二次党代会的批复
中国铁建党纪〔2010〕55号	关于转发《关于加强和改进中央企业和中央金融机构纪检监察组织建设的若干意见》的通知
中国铁建党组〔2010〕56号	关于中共中铁十四局集团有限公司第二次代表大会和二届党委纪委一次全会选举结果的批复
中国铁建党办〔2010〕57号	关于认真组织学习贯彻《国资委主任、党委书记王勇在慰问中国铁建十四局集团公司北京地铁9号线时的讲话》的通知
中国铁建党宣〔2010〕58号	关于加强中国铁建党委中心组学习的补充意见
中国铁建党组〔2010〕59号	关于调整中国铁建股份有限公司创先争优活动领导小组组长的通知
中国铁建党组〔2010〕60号	关于转发《关于在离退休干部党组织和党员中深入开展创先争优活动的指导意见》的通知
中国铁建党干〔2010〕61号	关于转发《关于严厉整治干部选拔任用工作中行贿受贿行为的通知》等三个文件的通知
中国铁建党组〔2010〕62号	股份公司党委 股份公司关于同意党校（北京培训中心）组织机构微调的批复
中国铁建党组〔2010〕63号	关于转发国资委党委中央企业创先争优活动领导小组《关于开展向郭明义同志学习活动的通知》的通知
中国铁建党组〔2010〕64号	关于创先争优等三项活动检查情况的通报
中国铁建党纪〔2010〕65号	股份公司党委 股份公司关于印发《中国铁建股份有限公司贯彻落实〈国有企业领导人员廉洁从业若干规定〉实施办法》的通知
中国铁建党组〔2010〕66号	股份公司党委 股份公司关于表彰2009年度"四好领导班子"的决定
中国铁建党组〔2010〕68号	关于转发《关于在创先争优活动中认真做好领导点评工作的指导意见》的通知
中国铁建党组〔2010〕69号	关于调整阿尔及利亚项目经理部党工委组成人员的通知

注：27号文为重号文件，67号文为空号文件。

2010年5月29日，中国土木工程学会理事长谭庆琏（右一）到京沪高速铁路中铁十七局集团公司建设工地指导工作。 （周福荣 摄）

附 录

本栏责任编辑 杨启燕

信息资料

坚持科学发展　着力做强做优
培育具有国际竞争力的世界一流企业
——国资委主任、党委书记王勇
在中央企业负责人会议上的讲话
（摘录）

（2010 年 12 月 23 日）

一、2010 年工作进展和“十一五”总结

2010 年是“十一五”收官之年，也是完成“十一五”时期各项目标任务的关键之年。2010 年以来，中央企业认真贯彻落实党中央、国务院各项决策部署，灵活应对复杂多变的国内外经济形势，抓住宏观经济回升的有利时机，进一步巩固和扩大应对国际金融危机的成果，开拓市场，调整结构，强化管理，改革创新，生产经营快速增长，经济效益大幅提升，一些经济指标创历史新高。

2010 年 1 月 ~ 11 月，中央企业累计实现营业收入 14.9 万亿元，同比增长 34.7%；实现净利润 8022.6 亿元（其中扣除少数股东权益后归属母公司所有者的净利润 5320.7 亿元），同比增长 50.1%；上缴税金 1.2 万亿元，同比增长 21.2%；成本费用利润率 7.4%，同比提高 0.6 个百分点。截至 11 月底，中央企业资产总额达到 23.9 万亿元，同比增长 15.6%；净资产 9.3 万亿元，同比增长 14.8%。

一年来，中央企业着力“做强主业增实力，科学发展上台阶”，各项工作取得新的成效。

（一）开拓市场和配置资源能力进一步增强。

中央企业认真研究市场结构和消费需求变化，转变经营策略，创新商业模式，加强协同合作，发挥技术、品牌、网络等优势，市场开拓力度进一步加大。一汽集团、东风公司、兵器装备集团长安公司等企业抓住国家鼓励汽车消费的机遇，优化产品结构，市场份额进一步扩大。中粮集团全力打造从田间到餐桌的全产业链，品牌影响力不断扩大。华润集团积极开发内需市场，完善区域布局和业态布局。神华集团完善销售网络，把煤炭产运销产业链延伸到终端用户。中国电科推进军用技术民用化，承建国内最大的重庆视频管理系统和物联网工程。南航集团细分市场，率先推出高端经济舱，实现差异化服务。东航集团在与上航重组基础上，着力调整机队结构和航线结构，提高了运行效率。中央企业加快“走出去”步伐，国际化经营取得初步成效。中国三峡集团与中国水电集团、南方电网组成中方联营体，合作开发境外大型水电项目。中央航运企业与“走出去”中央企业联动发展，提供海外工程物资供应和物流服务。中国建筑、中国中铁新签合同额超过 100 亿美元。中船集团抓住国际船舶市场局部回暖时机，积极抢订单，国际市场份额逆势提升。中航集团积极发挥航线枢纽网络优势，国际业务量大幅增长。部分中央企业积极实施海外并购，延伸产业链条，全球配置资源能力得到提升。中远集团以获得 35 年特许经营权的方式全面接管希腊 PCT 码头。中国石油、中国石化、中国海油、中化集团、宝钢、武钢等企业积极开发海外资源，增强了资源保障能力。

（二）结构调整和产业升级步伐进一步加快。

中央企业积极落实产业调整振兴规划，加快推进联合重组，优化资源配置，不断延伸和完善产业链和价值链。

鞍钢和攀钢、东航集团和上航联合重组，上海医工院、中出服公司并入国药集团，新时代集团分拆并入中国节能和保利集团，上海船研所并入中国海运，企业布局结构进一步优化。一些中央企业下大力气推进结构调整和产业升级。中国国电、中国大唐、中国华能、中国华电、东方电气集团、中船重工等企业积极发展风电、太阳能等新能源产业，中核集团、国家核电、中电投集团、中广核集团、中核建设集团等企业大力发展核电产业。中国建材积极发展新型建材、新型房屋和新能源材料。中国电信、中国联通和中国移动共同推进电信基础设施共建共享。一批中央企业进一步压缩管理层级，企业组织结构得到优化。国家电网大力实施电网建设、运行等核心业务专业化和人财物等核心资源集约化管理，主营业务管理层级进一步压缩。中国电子通过减层级、缩链条，企业户数缩减了40%。航天科工清理整合子企业，实现6家二级单位房地产业务的全部退出。中国国新控股有限责任公司正式成立，为中央企业改革重组搭建新的平台。

（三）体制机制改革进一步深化。

中央企业公司制股份制改革步伐加快。11家公司首次公开发行股票并上市，中国一重、西电集团等一批企业实现整体上市，中国五矿、中核建设集团等一批企业完成整体改制工作。建设规范董事会企业扩大到30家，董事会规范运作的制度进一步完善，外部董事队伍建设进一步加强，董事会在科学决策、风险防范和加强管理等方面的作用进一步显现。宝钢、神华集团等企业积极探索解决整体上市后母子公司管理构架重叠、职能交叉问题。航天科技、航天科工、中国钢研、有研总院等一批企业借助中关村科技园区的特殊政策，探索岗位分红权激励机制。中央企业劳动用工、收入分配等内部改革取得新进展，普遍推行公开竞聘、末位淘汰和新的用工制度，积极营造重能力、重业绩、重创新的氛围。新兴铸管集团总部机关和所属企业面向全社会公开招聘中高级经营管理人员，总部招聘的60多人中，80%以上来自集团外部。中铝公司严格实行月考核月兑现，收入分配向关键技术岗位和一线操作员工倾斜。

（四）自主创新能力进一步提升。

中央企业普遍加大研发投入，抓住行业关键技术，加大研发攻关力度，在一些重大项目方面取得新的突破。探月工程嫦娥二号任务取得圆满成功。大庆油田持续稳产高效勘探开发技术获得重大突破。中国南车、中国北车实现引进消化吸收再创新，列车制造技术达到国际领先水平。国家电网、南方电网全面掌握特高压核心技术，在世界电网科技领域实现了中国创造和中国引领。电信科研院主导提出的TD－LTE－A成功纳入4G国际标准。上海贝尔新一代宽带无线技术研发取得重大进展。一批中央企业加强合作，推进集成创新，取得积极成效。中广核集团与中国一重、中国二重、东方电气集团、哈电集团等企业通过引进消化吸收再创新，形成我国二代改进技术机型CPR1000。16家中央企业组成电动车产业联盟，积极发展电动车产业。武汉邮科院推进产学研结合，发起组建中国光谷物联网产业技术创新联盟。中国国电加大新能源研发力度，形成20多项拥有自主知识产权的核心技术。中央企业加强国家级技术中心、研发中心、重点实验室建设，设立海外研发基地，科研能力进一步提高。兵器装备集团长安公司在国内外建立汽车研发机构，形成“五国十地、各有侧重”的全球研发格局。中国商飞加快设计研发、总装制造、客户服务三大中心建设，大飞机项目研制取得积极进展。

（五）集团管控能力进一步加强。

许多中央企业进一步明确集团总部职能定位，调整组织架构，增强总部的战略规划和管控能力。中航工业进一步理顺母子公司管理体制，下放相关管理权限，增强总部战略投资和集中管控能力。兵器工业集团启动340项流程建设，逐步建立总部企业化服务型、成员单位市场化开放型的集团化管理机制。许多中央企业通过推行全面预算管理，加强资金集中管控，积极拓展融资渠道，有效降低财务费用。中国石油开展大司库系统建设，推进全球资金集中管理。中国联通推行资源使用效率评价对标体系，有效盘活了各类资产。中央企业全面推行经济增加值考核，资本成本管控和价值创造意识显著提高。中国海油、葛洲坝集团等一批企业在子企业推行经济增加值考核，增强主营业务持续盈利能力。许多中央企业完善全成本控制体系，大力推进精细化管理，有效降低了成本。华侨城集团加快推进重点项目建设，灵活安排销售进度，提升了资源变现能力和资产周转速度。中国有色集团全面开展管理缺陷诊断活动，进一步提升了基础管理水平。一批中央企业注重对新并购企业的业务整合、管理整合和文化融合，集团凝聚力和管控能力进一步增强。国投加快划转企业的业务结构调整，促进业务协同，增强综合竞争优势。中央企业建立健全总法律顾问制度和法律风险防范机制，抵御风险能力进一步增强。招商局集团全面梳理风险控制制度、职责分布、流程与工具，建立健全全面风险控制体系。中材集团以建立健全法律风险防范机制为重点，组织集团总部及所有三级企业开展风险管理体系建设工作。中央企业积极实施信息化登高计划，信息化管理水平进一步提升。港中旅集团建立统一信息平台，强化信息化手段，推进集团集约化和协同发展。

（六）履行企业社会责任进一步增强。

中央企业自觉把履行社会责任的要求融入发展战略，融入日常经营管理，发挥了表率作用。煤电油运和商贸、储备等行业的企业，认真落实国家宏观调控政策，切实采取有效措施，全力保障市场供应。电力、电信和涉农企业加强"三农"服务，为农业稳定高产作出积极贡献。中央企业在上市过程中将部分国有股转由社保基金持有，为充实社保基金、健全社会保障制度作出了积极贡献。中央企业积极落实国家节能减排政策措施，强化节能减排管理，发挥了示范作用。南方电网深入开展节能发电调度工作，推动了发电企业的节能减排。中国节能投资建设世界最大单体建筑光伏一体化项目。通用技术集团成功承办绿博会，发起设立国内首支环境产业基金。初步测算，"十一五"期间中央企业万元产值（可比价）综合能耗下降超过20%；二氧化硫排放量减少38%左右，化学需氧量减少33%左右，全面完成"十一五"节能减排目标。中央企业在保障国家重大活动、抗击严重自然灾害中发挥了关键作用。12家中央企业承建的上海世博会6个企业馆以安全有序的运营、细致周到的服务和极具特色的展项，赢得了各方面的高度评价和广泛赞誉。中国建筑、中国中铁、**中国铁建**、中国水电集团等企业克服高寒缺氧、交通不便等困难，在青海玉树恢复重建中发挥了重要作用。中央企业积极参与社会公益事业，参与援疆援藏、扶贫和西部大开发，为促进区域经济协调发展作出了贡献。中国黄金在建设西藏甲玛项目中，投入大量资金修路、引水、助学、帮扶困难群众，维护了民族团结。许多中央企业积极推进社会责任工作体系和制度建设，国家电网积极开展全面社会责任管理试点，中远集团、中国移动探索建立社会责任指标体系，47家企业编制发布了社会责任报告或可持续发展报告，中国石油、中钢集团发布了国别报告。中国五矿作为中国企业代表，出席联合国全球契约组织领导人峰会，展示了中央企业良好国际形象。

（七）企业党的建设在改进中进一步加强。

中央企业把创先争优活动作为学习实践活动的继续和延伸，紧密结合实际，突出企业特色，围绕企业科学发展中心任务扎实推进，呈现出组织创先进、党员争优秀、企业上水平、职工提素质的良好局面。加强思想作风建设，积极开展学习型党组织建设，持续推动"四好领导班子"建设，领导班子整体素质进一步提升，形成团结和谐、共创佳绩的良好风气。大力实施"人才强企"战略，积极引进海外高层次人才，91人列入国家"千人计划"。高度重视班组建设和职工队伍建设，深入开展岗位练兵、技能培训和技能大赛，职工队伍素质明显提升。不断加强企业思想政治工作和企业文化建设，完善职工代表大会和厂务公开制度，企业凝聚力和职工积极性明显提高。进一步加强反腐倡廉建设，惩防体系框架建设取得明显进展，落实党风廉政建设责任制和"三重一大"决策制度，企业领导人员廉洁从业意识进一步增强。

2010年中央企业改革发展取得的成绩，为"十一五"画上圆满的句号。"十一五"时期，是国有企业改革发展进程重要的五年，也是中央企业改革发展取得重大进展的五年。这五年，中央企业面对国际国内复杂多变的形势，成功应对国际金融危机等重大挑战，资源配置能力明显提高，经济效益和整体实力大幅提升，资产总额、营业收入、上缴税金和税后净利润等主要经营指标实现五年翻一番，年均国有资产保值增值率达到115%，进入世界500强的企业由10家增加到30家。这五年，中央企业布局结构不断优化，自主创新能力明显增强，管理水平显著提高，队伍素质明显提升，党的建设明显加强，适应市场经济要求的管理体制和经营机制进一步完善，改革发展迈出新的步伐，展现了新时代国有企业的风采。在这五年中，中央企业积极承担政治责任和社会责任，在贯彻落实国家宏观调控政策、保障市场供应、维护市场经济秩序等方面发挥了带头作用；在承担国家重大工程项目建设、支持国防现代化建设、保障能源资源安全等方面发挥了顶梁柱作用；在北京奥运会、国庆60周年庆典、上海世博会、广州亚运会等重大活动保障中，在雨雪冰冻灾害、汶川和玉树地震、旱涝灾害等抢险救灾中，发挥了骨干作用。

回顾"十一五"取得的显著成就，追溯国资委成立七年多来的不平凡历程，我们感慨万千。党中央、国务院的正确决策和坚强领导给我们指明了方向，中央各部门和各地党委、政府以及社会各界的支持和帮助给我们增添了力量。七年来，在李荣融的带领下，在国资委和中央企业广大干部职工的奋力拼搏下，我们在积极探索中前进，在迎接挑战中成长，开创了国资监管和中央企业改革发展的崭新局面，为我们在新的历史起点实现新的发展打下了坚实基础。

中央企业改革发展取得的成绩来之不易，创造的精神财富影响深远，积累的经验弥足珍贵。这些年的探索和实践，使我们进一步加深了对社会主义市场经济的认识，增强了搞好国有企业、发展壮大国有经济的信心，坚定了走中国特色社会主义道路的决心。有很多经验值得我们认真总结和继续坚持。

一是坚持基本经济制度，坚定不移地发展壮大国有经济。建设中国特色社会主义，必须坚持公有制为主体、多种所有制经济共同发展的基本经济制度。国有企业是全面建设小康社会的重要力量，是中国特色社会主义的重要支柱，是我们党执政的重要基础。我们必须时刻牢记搞好国有企业、发展壮大国有经济的历史使命，坚定搞好国有企业的信心，毫不动摇、理直气壮地发展壮大国有经济。

二是坚持国有资产管理体制改革的正确方向，牢牢把握出资人职责定位。实践证明，党的十六大作出的国有资产管理体制改革重大决策和确立的重大原则是完全正确的，必须始终坚持。我们既要依法履行好出资人职责，强化监管，维护好所有者权益；又要充分尊重企业的经营自主权和法人财产权，维护好企业作为市场主体和法人实体依法享有的各项权利，做到不缺位、不越位、不错位。

三是坚持市场经济的改革方向，深入推进国有企业改革。建立现代企业制度是深化国有企业改革的方向。必须加快推进国有大型企业公司制股份制改革，转换经营机制。推进规范的董事会建设，积极探索中国特色国有企业公司治理结构。进一步深化企业内部改革，使企业机制与职工观念符合中国特色社会主义市场经济的要求。

四是坚持遵循市场规律和企业发展规律，推动企业科学发展。必须按照市场化原则合理配置资源，充分调动和发挥企业的积极性和能动性。层层落实责任，建立有效的激励和约束机制。坚持主业发展方向，提高集团管控能力，有效防范经营风险。推进体制创新、技术创新和管理创新，形成适应市场经济要求的管理体制和经营机制。

五是坚持党对国有企业的领导，加强和改进企业党建工作。党对国有企业的领导、党组织发挥政治核心作用、职工民主管理，是国有企业的独特政治优势。要深入探索现代企业制度条件下发挥企业党组织政治核心作用的有效方法与途径，努力把企业党组织政治优势转化为核心竞争力。要营造优秀人才脱颖而出的良好环境，增强领导干部能力，提高职工队伍素质。要把反腐倡廉建设贯穿于国资监管和企业改革发展的全过程，为国有企业持续健康发展提供有力保障。

二、“十二五”时期中央企业改革发展的总体思路

“十二五”是中央企业贯彻落实科学发展观、加快转变发展方式的重要时期。我们要深入贯彻落实党的十七大和十七届历次全会精神，全面分析面临的形势和存在的问题，精心谋划“十二五”时期的目标任务和主要措施，扎实推进中央企业改革发展各项工作，在新的历史起点上努力取得新的更大成绩。

（一）深入分析面临的形势和问题。

关于当前以及今后一段时期面临的形势，党的十七届五中全会和中央经济工作会议作出了深刻分析。总体上看，国际国内形势正在发生新的复杂变化，中国发展既面临难得的历史机遇又面对新的风险和挑战。从国际看，世界经济将继续缓慢复苏，但受政治、经济、安全等多种因素影响，不稳定、不确定因素仍然较多，复苏进程仍将艰难曲折。从国内看，中国仍处于重要战略机遇期，经济发展长期向好的趋势没有改变，各种有利条件依然存在，但面临的矛盾和问题也不少。面对复杂多变的国际国内经济形势，中央企业既面临新的发展机遇，也面临一系列新的挑战和困难。

当前及今后一个时期，中国工业化、信息化、城镇化、市场化、国际化深入发展，国内市场潜力巨大；加快转变经济发展方式、调整布局结构、发展战略性新兴产业，给企业发展提供了广阔的空间；劳动力素质改善，科技创新能力不断增强，基础设施日益完善，发展的物质、技术和体制基础更加牢固；全球产业结构的深度调整，新一轮科技革命的孕育发展，为中国企业在一些领域实现跨越式发展创造了条件。我们要坚定信心，抓住机遇，努力在新一轮国际竞争中赢得先机，赢得主动。

在看到有利条件的同时，我们更要保持清醒的头脑，冷静分析面临的一系列新的重大挑战和问题。从国际经济运行环境看，国际金融危机促使全球治理结构面临重大调整，世界多极化、经济全球化速度加快，气候变化以及能源资源安全、粮食安全等全球性问题更加突出。国际资本加速流动，主要货币汇率持续较大波动和金融市场动荡，国际大宗商品价格高位震荡，资产价格泡沫和通货膨胀风险增大。从国内经济发展环境看，经济结构调整压力加大，经济增长的资源和能源约束进一步加强，完成节能减排的任务更加艰巨，投资和消费关系失衡，就业总量压力和结构性矛盾并存，制约科学发展的体制机制障碍依然较多，改善民生和维护社会稳定任务十分艰巨。从产业发展环境看，国际金融危机正在催生世界范围产业新发展，全球进入空前的创新密集和产业变革时代，主要发达国家已经开始研究并进行后危机时代的战略部署，抢占科技制高点。中国部分产业产能过剩矛盾突出，企业自主创新能力不强，关键技术自给率低，主要分布在国际产业链中低端环节。战略性新兴产业还处于发展初期，缺乏自主知识产权、市场配套体系不完善、政策标准体系尚未健全等问题亟待解决。从市场竞争格局看，国际金融危机发生后，发达国家的优秀企业及时进行战略调整和组织架构调整，反应速度更加敏捷，而中国国有企业调整速度相对较慢。随着社会整体收入的提高，企业的人力成本将进一步增加。各种形式的贸易保护主义愈演愈烈，国际市场竞争更加激烈。总体来看，中央企业改革发展面临的外部形势日益复杂，难度和压力不断加大，对此我们要有清醒的认识,提前做好应对更大挑战和困难的准备。

同时我们还要看到,中央企业改革发展中还存在一些不可忽视的问题,经济运行中的困难还很多,发展质量不高、后劲不足的问题还比较突出。一是缺乏真正具有国际竞争力的大公司大企业集团。整体上看,中央企业的核心竞争力和国际竞争力还不强,缺乏具有较强影响力的国际知名品牌,国际化人才严重不足,组织框架和经营模式不能适应国际化经营的需要。在国际标准和竞争规则的制定中,影响力还比较小。一些企业在国际市场恶性竞争十分严重。二是布局结构调整任务仍然十分艰巨。国有资本分布面仍然过宽、过散,有进有退、合理流动的机制尚不健全。组织结构不合理,大而不强的问题比较突出。许多行业还处在国际产业链低端,一些企业仍然延续高投入、高消耗的发展模式。三是技术创新能力不强。中央企业普遍面临自主创新能力不强,研发投入、研发能力和水平与跨国公司相比有很大差距的问题。重要产业对外技术依赖度比较高,不少核心关键技术还受制于人,创新型人才比较缺乏,科技创新尚未成为中央企业发展的支撑力量。四是管理水平和资源配置效率不高。一些企业管理链条过长,集团管控能力弱,缺乏对重要子企业和境外资产的有效监控和管理,重大资产损失时有发生。一些企业盲目铺摊子,主业不够突出,主营业务盈利能力较弱或盈利基础不牢固,财务风险和经营风险大。五是现代企业制度需要进一步完善。中央企业母公司公司制股份制改革相对滞后,公司治理结构还不完善,适合国情的治理模式有待进一步探索和完善,转换企业经营机制还有大量工作要做。六是企业历史包袱仍很沉重。中央企业办社会等各种负担仍然比较重,厂办大集体改革试点进展缓慢,一些企业主业优质资产上市后存续企业十分困难,一些历史遗留债务、人员安置等问题尚未完全化解。

总之,中央企业改革发展正处于一个关键的历史阶段,机遇和挑战并存,希望与困难同在。我们要增强忧患意识、风险意识、责任意识和大局意识,准确判断形势,充分利用国内外有利条件,克服不利因素影响,解决制约科学发展的问题,推动中央企业更好更快发展。

(二)"十二五"时期中央企业改革发展的指导思想和总体思路。

根据党的十七届五中全会和中央经济工作会议精神,"十二五"时期推进中央企业改革发展的指导思想是:高举中国特色社会主义伟大旗帜,以邓小平理论和"三个代表"重要思想为指导,深入贯彻落实科学发展观,坚持基本经济制度,以科学发展为主题,以加快转变发展方式为主线,深化企业改革,完善监管体制,优化资源配置,围绕做强做优中央企业、培育具有国际竞争力的世界一流企业,深入实施转型升级、科技创新、国际化经营、人才强企、和谐发展战略,加强和改进企业党的建设,全面提升中央企业整体素质和发展质量,增强活力,壮大实力,为经济社会发展作出新的更大贡献。

"十二五"时期的总体思路,概括起来是:**围绕"一大目标",实施"五大战略",加强"三大保障"**。"十二五"时期,中央企业改革发展的核心目标就是:**做强做优中央企业、培育具有国际竞争力的世界一流企业**。这一目标是基于中央企业的地位作用,立足国家整体发展战略所提出来的。中央企业大多处在关系国家安全和国民经济命脉的重要行业和关键领域,做强做优中央企业,是加快转变经济发展方式、实现科学发展的必然要求,关系经济社会发展的全局,关系全面建设小康社会宏伟目标的实现。本世纪的第一个十年,中国成功抓住了重要机遇期,经济社会发展取得了举世公认的巨大成就。国际金融危机以来,世界政治经济格局发生了重大变化,中国在国际政治经济中的影响力越来越大,必须有一批与之相匹配的大企业大集团。中央企业大多是行业排头兵,经过多年来的改革发展,活力和竞争力大幅提升,许多企业在某些方面接近或达到世界先进水平,有的已经达到世界领先水平,具备了发展成为具有国际竞争力的世界一流企业的基础和条件。我们一方面要做强做优中央企业,更好地发挥在经济社会发展中的骨干中坚作用;另一方面要集中力量,集中资源,培育一批在国际市场上能与跨国公司同台竞争的大企业大集团。

做强做优是对每一个中央企业提出的要求,具体来说要做到"四强四优"。**"四强"就是自主创新能力强、资源配置能力强、风险管控能力强、人才队伍强;"四优"就是经营业绩优、公司治理优、布局结构优、企业形象优。**在做强做优的基础上,要着力培育一批具有国际竞争力的世界一流企业。这些企业应该具备以下主要特征:主业突出,公司治理良好;拥有自主知识产权的核心技术和国际知名品牌;具有较强的国际化经营能力和水平;在国际同行业中综合指标处于先进水平,形象良好,有一定的影响力。我们要通过"十二五"乃至更长时期的努力,加快培育一批这样的世界一流企业。

做强做优中央企业、培育具有国际竞争力的世界一流企业,是一项长期性、战略性的目标任务。实现这一目标,必须把着力点始终放在做强做优、提升综合素质和主业核心竞争力上,切不可盲目追求规模扩张。根据中央企业改革发展实际,"十二五"时期要重点实施转型升级、科技创新、国际化经营、人才强企、和谐发展"五大战略”，力争取得新的突破。

大力实施转型升级战略。国有经济的转型升级是加快转变经济发展方式的迫切要求，也是做强做优中央企业、培育世界一流企业的关键所在。要推进增长方式由主要依靠要素投入、规模扩张向主要依靠科技进步、劳动者素质提高、管理创新转变。推进国有资本向关系国家安全和国民经济命脉的重要行业和关键领域集中。推进产业布局向产业链高端发展，向战略性新兴产业发展。推进产权结构向股份化、多元化、证券化转变。

大力实施科技创新战略。科技进步和创新是加快转变经济发展方式的重要支撑，也是做强做优中央企业、培育世界一流企业的重要举措。要加大研发投入，建立健全技术创新投入、研发、转化、应用机制，建设以企业为主体、市场为导向、产学研相结合的技术创新体系。推进科技资源优化配置，着力打造一批具有前瞻性的重大、共性技术研发平台，形成基础研究、预先研究、工程技术研究、应用研究相配套的梯次研发结构。力争在一些关键领域有重大技术突破，培育一批高附加值的尖端产品，打造一批国际知名的高端品牌。

大力实施国际化经营战略。提升国际化经营能力和水平是做强做优中央企业、培育世界一流企业的必然要求。加快“走出去”步伐，积极开展海外业务，提升国际市场份额，优化产业链和价值链。培养全球化的战略思维和开放视野，立足全球配置资本、人才、技术、市场等各类资源，逐步实现战略、运营、管理、文化全球化。深化国际经济技术的交流与合作，掌握国际竞争规则，融入世界经济主流。

大力实施人才强企战略。人才是中央企业加快转变发展方式、实现科学发展的第一资源、第一推动力，是做强做优中央企业、培育世界一流企业的重要基础。要创新人才发展机制，优化人才发展环境，积极开发利用国内国际两种人才资源，大力推进人才职业化、市场化、专业化、国际化，大幅提高人才创新能力。坚持高端引领、整体开发，统筹推进出资人代表、经营管理人才、党群工作者、科技人才和技能人才队伍协调发展，结构不断优化，素质明显提升。

大力实施和谐发展战略。保障和改善民生是加快转变经济发展方式的根本出发点和落脚点，企业在追求经济利益的同时，实现与社会、环境的和谐发展，是做强做优中央企业、培育世界一流企业的客观需要。要建立健全企业社会责任战略、治理、融合、绩效、沟通机制，推进中央企业模范履行社会责任，努力做依法经营、诚实守信的表率，做节约资源、保护环境的表率，做以人为本、构建和谐企业的表率。

“十二五”时期，我们在大力实施好“五大战略”的同时，必须进一步深化国有企业改革、完善国资监管体制、加强和改进党的建设，为实现做强做优中央企业、培育世界一流企业的目标，提供持续的动力、体制和组织“三大保障”。

继续深化国有企业改革，增强企业活力。坚持把深化改革作为做强做优中央企业、培育世界一流企业的强大动力，建立健全适应市场经济要求、具有活力的经营机制。加快推进公司制股份制改革，建立比较完善的现代企业制度和科学有效的公司治理结构。建立健全市场化选人用人和激励约束机制。加快解决历史遗留问题，为国有企业改革发展提供良好的环境。

不断完善国资监管体制，增强监管有效性。坚持把完善国资监管体制作为做强做优中央企业、培育世界一流企业的体制保障，建立健全国资监管快速反应、协同有效机制。进一步完善国资监管组织体系、法规体系和责任体系。整合监管资源，加强监管协同，增强监管的前瞻性、及时性、针对性和有效性。围绕做强做优中央企业、培育世界一流企业的目标，加大国有资本经营预算的支持力度，探索完善分类监管和分类考核。

加强和改进企业党建工作，充分发挥党组织的政治核心作用。坚持把发挥国有企业党组织的独特优势作为做强做优中央企业、培育世界一流企业的组织保障，建立健全企业党建创先争优、发挥政治核心作用机制。深入开展创先争优活动，推进学习型党组织建设，不断增强党组织的凝聚力和党员的战斗力。探索现代企业制度条件下党组织参与决策、带头执行、有效监督的有效途径。加强“四好领导班子”建设，推进以惩防体系建设为重点的反腐倡廉建设。加强企业文化建设、工会共青团等群团工作和职工队伍建设。

三、2011 年要着力抓好的几项工作

2011 年是国家“十二五”规划的开局之年，也是实现中央企业“十二五”发展目标的起步之年。当前要抓紧做好中央企业“十二五”发展规划的制定和组织实施工作，落实国家“十二五”规划，并与各专项规划以及地方规划衔接，按照中央企业“十二五”发展规划的要求，抓紧制定、修订和完善本企业“十二五”规划，分解落实各项工作目标。要按照中央经济工作会议的部署和要求，结合本行业、本企业实际，进一步研究工作思路，完善措施，狠抓落实，把各项工作做得更扎实、更有效，为全面实施“十二五”各项任务开好局、起好步。要着力做好以下工作：

（一）巩固和扩大生产经营平稳向好态势。

一是深入研判形势。密切关注宏观调控政策取向和市场竞争格局变化,加强经济运行监测分析和预警,切实组织好生产经营,及时防范风险,保持平稳较快发展。二是加大市场开拓力度。利用中央扩大内需的相关政策,深入了解市场需求和产业发展动态,加快调整产品结构,加大营销力度,提升服务水平,巩固和扩大市场份额。三是提升"走出去"水平。稳定海外市场,控制成本,提高效益。加强对境外工程建设项目的管理。加强"走出去"的协同合作,避免恶性竞争。

(二)深入推进中央企业布局结构调整。

一是推进联合重组。按照战略协同、资源配置有效的原则,规范推进与各类所有制企业的并购重组。围绕"培育世界一流企业"的目标,促进中央企业的资源向重要行业的优势企业集中。二是强化资源整合。加大企业内部资源整合力度,优化业务结构和组织结构。采用多种方式剥离重组非主业资产。支持具备条件的企业探索产融结合。三是推进产业升级。优化产品结构,改善品种质量,增强产业配套能力,淘汰落后产能,实现传统产业优化升级。集中力量重点支持有较好基础的企业发展战略性新兴产业。

(三)继续加大企业改革力度。

一是加快公司制股份制改革步伐。鼓励中央企业进行不留存续资产的整体上市,主业资产已经整体上市的,通过多种途径实施集团层面整体上市;涉及国家安全和国民经济命脉、必须采取国有独资形式的企业,要进行公司制改革;其他行业和领域的中央企业,要积极引进各类投资者,实现产权多元化。二是进一步建设和完善规范董事会。加快推进符合条件的中央企业建设规范的董事会。进一步健全规范董事会运作的制度体系,完善外部董事制度和职工董事制度,加强董事队伍建设,优化董事结构,提高董事会运作水平。理顺国资委和董事会之间的运作关系,健全董事、董事会与国资委沟通和交流机制,完善董事会与监事会的工作关系。三是加快解决历史遗留问题。继续推进分离企业办社会职能和厂办大集体改革,做好政策性关闭破产收尾和债转股后续工作。抓紧清理解决一批历史欠账,加快处理低效无效资产和微利亏损企业。

(四)加强自主创新和品牌建设。

一是加快推进企业科技资源整合。积极推进科研院所与大企业集团有效结合,抓紧建设一批具有超前性的重大技术研发平台。继续推进创新型企业建设和产学研结合,推进技术创新引导工程,完善技术创新信息平台,增强科技服务功能。二是加强创新人才培养。建立创新人才培养有效机制,培养科技领军人才,大力引进海外高层次科技人才,以未来科技城为重点加快建设人才创新创业基地,探索设立人才基金和科技奖励基金。三是加强自主知识产权和知名品牌建设。加大研发投入,努力突破一批居于领先地位的关键核心技术。加大知识产权创造、应用、管理和保护力度。采取积极有效措施进一步提升品牌价值。

(五)强化企业管理。

一是进一步提高集团控制力。加强总部建设和内部管理体制调整,压缩管理层级,建立健全集团化运作体系。加强战略和规划管理,强化投资决策管理,统一配置集团资源,提升集团化运作水平。二是加强财务管理体系建设。推进全面预算管理,建立全员、全成本管理体系,提升控制成本的能力。加大集团资金集中管理力度,严控对外担保,严控借贷规模和资产负债率。强化总会计师职责落实。三是加强内控机制建设。优化内部控制流程,强化内部审计,推动内审工作向管理审计、风险审计转型。四是加强风险管控。健全全面风险管理体系,加强重大风险管控、效能监察和过程监督,完善风险监测识别与防范体系。切实加强金融衍生品等高风险业务的风险防范与控制。建立健全企业法律风险防范机制。五是提升管理现代化水平。继续加强信息化建设,不断提高管理信息化水平。加强与国际同行业先进水平对标。总结推广企业管理典型经验,强化管理创新。

(六)进一步加强国资监管。

一是继续完善国有资产监管体制和制度。加快企业国有资产基础管理条例等重点立法。深化经济增加值考核,强化全员业绩考核,调整不适应科学发展要求的分类指标,增强考核的针对性、有效性。合理调控中央企业职工收入分配水平,完善中央企业负责人薪酬管理和福利保障制度,规范职务消费,严肃分配纪律,增强执行收入分配政策的自觉性和严肃性。完善国有资本经营预算管理制度,加强国有资本收益管理,强化预算执行监督,发挥国有资本经营预算对企业重组、科技创新等的引导作用。二是进一步完善出资人财务监督和产权管理。进一步完善财务预决算、绩效评价、审计监督、监事会监督成果运用等工作,健全财务信息管理体系,增强财务信息的及时性、准确性。继续完善产权管理制度,强化国有产权交易监管,进一步规范上市公司国有股东行为。三是整合监管资源,切实提高监管的有效性。建立有效的协调机制,加强监管协同性,形成监管信息互通、检查成果共享的工作机制。建立快速反应机制,充分利用信息化手段,加强对重要子企业、境外企业重大事项的监管。进一步加强监事会当期监督，完善外部监督机制。定期向社会发布国有企业改革发展信息和国有资产的经营情况，稳步推进中央企业财务信息公开。

（七）积极履行企业社会责任。

一是在经济社会发展中积极履行责任。带头贯彻落实国家宏观调控政策，自觉维护市场经济秩序。维护职工合法权益，建立职工收入正常增长机制，改善困难职工生活条件。支持“三农”建设，做好援疆援藏和扶贫工作，做好青海玉树灾后重建工作，积极参与社会公益活动，规范对外捐赠。二是强化节能减排工作。加强节能减排组织、监测、考核体系和相关制度建设，强化重点企业节能减排监测与分析。加快节能技术改造，淘汰消耗高、污染重、技术落后的工艺和产品，全面推行清洁生产。三是建立完善社会责任工作体系。研究制定中央企业社会责任工作指引，建立完善社会责任报告发布制度。推广宣传优秀社会责任实践，积极开展利益相关方沟通。

（八）加强和改进企业党的建设。

一是以开展创先争优活动为重点推动党建工作。紧扣落实“十二五”规划目标任务，围绕加强基层党组织建设和发挥共产党员的先锋模范作用，不断深化创先争优活动。创新基层党组织活动内容、方式和载体，增强基层党建工作活力，提升党组织的创造力、凝聚力和战斗力。二是进一步加强企业领导班子建设。不断深化中央企业“四好领导班子”创建活动。继续加强中央企业领导班子的组织建设、作风建设和思想政治建设，优化班子结构，提高综合素质，增强整体功能。全面开展中央企业领导班子和领导人员综合考核评价工作，强化综合考评结果运用。加大竞争性选拔高层经营管理者工作力度。三是加强宣传思想工作。贯彻落实好中办、国办转发的《中央宣传部、国务院国资委关于加强和改进新形势下国有及国有控股企业思想政治工作的意见》。按照中央关于推进学习型党组织建设的战略部署，持续深入推进学习型党组织建设。大力推进精神文明建设，进一步宣传中央企业改革发展中涌现出的郭明义等先进人物和先进事迹。继续推进企业文化建设。四是加强反腐倡廉建设。积极推进惩防体系融入经营管理工作，对“三重一大”决策制度和廉洁从业规定执行情况实施有效监督；切实加强纪检监察组织建设；坚决查办违规违纪违法案件。健全巡视机构，完善巡视制度，提高巡视成效。五是加强对群众工作的领导。指导推进工会、共青团等群众组织开展创先争优活动。建立健全职工代表大会制度，推进企业民主管理。切实推进班组建设，积极开展岗位练兵、技能大赛、国际化职业资格认证等活动。

这里，我还要对企业领导班子提几点工作上的要求。

一是进一步加强学习研究。企业能否实现科学发展，关键要看领导班子的能力和水平。领导班子要带头加强理论学习，提高理论素养，不断增强把握规律、运用规律的能力。要认真学习党和国家的路线方针政策，掌握与工作相关的各项法律、规章和制度，增强工作的政策性和合规性。要注重学习跨国经营的理论和知识，着力培养全球化视野和国际化经营能力。要深入研究、全面分析企业发展中的薄弱环节和突出矛盾，集中力量解决一些长期存在的、绕不开躲不过的重点难点问题。

二是进一步抓好转变作风。要切实增强对党和国家有关政策、制度和决策的执行力，大力发扬真抓实干精神，既要有思路、有部署，又要抓实施、抓落实，确保取得成效。要扑下身子抓工作，深入基层搞调研，广泛了解实际情况，集思广益，谋划发展。要深入一线体察职工冷暖，了解职工诉求，千方百计为职工办实事、办好事，切实关心和帮助低收入和下岗职工等生活困难群体，想方设法为他们解决实际困难，改善生活。

三是进一步加强宣传引导。要高度重视新闻宣传工作，积极宣传企业改革发展中好做法好经验，宣传基层企业在完成急难险重任务中的先进事迹。积极开展正面引导，由被动应对向主动宣传转变，邀请有关部门、专家学者、媒体记者走进中央企业，向他们介绍中央企业改革发展情况。要切实转变观念，善待媒体，善用媒体，主动加强与新闻媒体的联系和沟通，建立交流合作平台，勇于接受新闻媒体和社会的监督。要建立健全宣传工作体系，牢固树立中央企业“一盘棋”思想，整合宣传资源，形成工作合力。加强舆论引导特别是网络舆论引导，提高应对媒体突发事件和公关危机的能力，第一时间向公众发布真实信息，掌握主动权，避免恶意炒作。

四是进一步关注安全和稳定工作。安全和稳定是一把手的责任，也是硬任务。要认真贯彻落实《国务院关于进一步加强企业安全生产工作的通知》，按照“安全第一、预防为主、综合治理”的方针，切实加强对安全生产的组织领导，加大隐患排查治理力度，突出作业现场管理，完善应急管理体系，提高安全风险防范能力，遏止重特大生产安全事故发生，实现安全生产形势的根本好转。要从源头上预防不稳定事件发生，严格按照《关于建立国有企业改革重大事项社会稳定风险评估机制的指导意见》，对企业重大改革进行社会稳定风险评估，明确责任主体。要建立健全信访工作长效机制，及时解决职工群众的合理诉求。要进一步加强群体性事件预防和处置工作，做好不稳定信息预警，抓早、抓小、抓苗头，力争将隐患消除在基层，消除在萌芽状态，维护好企业和社会的稳定。

美国《财富》2011 年度“世界企业 500 强”前 20 名企业名单

2011 年排名	2010 年排名	公司名称	营业收入（百万美元）	利润（百万美元）	国家
1	1	沃尔玛	421849	16389	美国
2	2	荷兰皇家壳牌石油公司	378152	20127	荷兰
3	3	埃克森美孚	354674	30460	美国
4	4	英国石油公司	308928	-3719	英国
5	7	中国石油化工集团公司	273422	7629	中国
6	10	中国石油天然气集团公司	240192	14367	中国
7	8	国家电网公司	226294	4556	中国
8	5	丰田汽车公司	221760	47656	日本
9	6	日本邮政控股公司	203958	4891	日本
10	11	雪佛龙	196337	19024	美国
11	14	道达尔公司	186055	14001	法国
12	17	康菲石油公司	184966	11358	美国
13	16	大众公司	168041	9053	德国
14	9	安盛	162236	3641	法国
15	270	房利美	153825	-14014	美国
16	13	通用电气公司	151628	11644	美国
17	12	荷兰国际集团	147052	3678	荷兰
18	*	嘉能可国际	144978	1291	瑞士
19	28	伯克希尔-哈撒韦公司	136185	12967	美国
20	38	通用汽车公司	135592	6172	美国

美国《财富》2011年度“世界企业500强”中国企业名单

序号	2011年排名	2010年排名	公 司 名 称	营业收入（百万美元）	利润（百万美元）
1	5	7	中国石油化工集团公司	273421.9	7628.7
2	6	10	中国石油天然气集团公司	240192.4	14366.9
3	7	8	国家电网公司	226294.0	4556.1
4	60	112	鸿海科技集团	95190.5	2450.4
5	77	87	中国工商银行	80501.3	24398.2
6	87	77	中国移动通信集团公司	76673.3	9733.1
7	95	137	中国中铁股份有限公司	69973.3	1106.3
8	105	133	中国铁建股份有限公司	67414.1	627.3
9	108	116	中国建设银行	67081.4	19920.3
10	113	118	中国人寿保险（集团）公司	64634.5	3505.4
11	127	141	中国农业银行	60535.6	14015.4
12	132	143	中国银行	59212.4	15425.5
13	139	242	来宝集团	56696.1	605.6
14	145	182	东风汽车公司	55748.2	2479.7
15	147	187	中国建筑工程总公司	54721.1	1364.6
16	149	156	中国南方电网有限责任公司	54448.7	1025.3
17	151	223	上海汽车工业（集团）总公司	54257.2	1914.0
18	162	252	中国海洋石油总公司	52408.3	7238.7
19	168	203	中国中化集团公司	49537.2	797.5
20	197	258	中国第一汽车集团公司	43434.4	2125.5
21	210	224	中国交通建设股份有限公司	40414.2	1394.1
22	211	276	宝钢集团有限公司	40327.4	2230.4
23	220	254	中国中信集团公司	38984.5	4926.8
24	221	204	中国电信集团公司	38469.3	443.5
25	226	275	中国南方工业集团公司	37996.4	224.7
26	228	332	中国五矿集团公司	37555.1	523.1
27	246	327	广达电脑公司	35721.1	590.5
28	249	348	中国北方工业（集团）总公司	35629.4	533.6
29	258	281	国泰人寿保险股份有限公司	34795.5	-206.9
30	275	313	中国华能集团公司	33681.2	28.6
31	278	314	河北钢铁集团	33548.6	167.7
32	288	371	中国人民保险公司	32579.4	573.5
33	292	356	神华集团	32446.1	4256.4
34	296	315	中国冶金科工集团公司	32076.3	296.9

续表

序号	2011年排名	2010年排名	公　司　名　称	营业收入（百万美元）	利润（百万美元）
35	310	330	中国航空工业集团公司	31006.4	704.2
36	319	382	怡和集团	30053.0	3084.0
37	325	*	首钢集团	29181.4	238.2
38	327	383	平安保险	28927.2	2557.3
39	330	436	中国铝业公司	28871.0	-41.1
40	339	431	仁宝电脑工业股份有限公司	28171.0	739.1
41	340	428	武汉钢铁(集团)公司	28170.4	227.8
42	342	*	中国邮政集团公司	28093.6	1306.9
43	345	395	中国华润总公司	27820.4	1620.5
44	349	434	台湾中油股份有限公司	27570.3	507.6
45	351	397	华为	27355.7	3509.1
46	353	352	中国中钢集团公司	27265.6	-216.7
47	361	302	和记黄埔有限公司	26925.9	2579.3
48	365	312	中粮集团有限公司	26468.8	800.3
49	366	415	江苏沙钢集团	26387.8	396.5
50	370	368	中国联合网络通信集团有限公司	26025.0	181.4
51	374	412	中国大唐集团公司	25915.4	-447.3
52	397	440	交通银行	24264.3	5767.6
53	398	*	中国远洋运输(集团)总公司	24249.7	1161.3
54	404	477	中国国电集团公司	24016.4	114
55	407	*	中国电子信息产业集团有限公司	23761.3	133.9
56	409	452	台塑石化股份有限公司	23734.3	1299.7
57	429	*	中国铁路物资总公司	22630.7	107.3
58	430	*	中国航空油料集团公司	22630.1	143.3
59	434	*	中国机械工业集团有限公司	22486.9	546.1
60	445	*	河南煤业化工集团有限责任公司	21714.7	325.6
61	449	*	联想集团	21594.4	273.2
62	457	*	冀中能源集团	21255.2	136.8
63	462	*	中国船舶重工集团公司	21054.9	762.4
64	466	*	中国太平洋保险(集团)股份有限公司	20878.0	1264.1
65	474	*	中国化工集团公司	20715.0	15.9
66	483	*	浙江物产集团	20001.4	91.7
67	484	*	中国建筑材料集团有限公司	19995.8	313.2
68	486	487	宏碁	19978.7	480.1
69	499	*	纬创集团	19538.1	382.1

2011 年度全球最大 225 家承包商中国企业排名表

序号	排序		公司名称
	2011 年	2010 年	
1	1	1	**中国铁建股份有限公司**
2	2	2	中国中铁股份有限公司
3	3	6	中国建筑股份有限公司
4	5	5	中国交通建设股份有限公司
5	7	8	中国冶金科工集团有限公司
6	15	26	中国水利水电建设集团公司
7	20	27	上海建工(集团)总公司
8	37	43	中国东方电气集团有限公司
9	42	55	中国化学工程集团公司
10	51	75	中国石油工程建设公司
11	52	53	浙江省建设投资集团有限公司
12	53	60	中国葛洲坝集团股份有限公司
13	54	54	中国机械工业集团公司
14	66	90	中国石油天然气管道局
15	68	* *	云南建工集团有限公司
16	74	101	青建集团股份公司
17	75	86	中信建设有限责任公司
18	85	105	江苏南通三建集团有限公司
19	86	81	上海城建(集团)公司
20	88	98	山东电力基本建设总公司
21	90	125	中国寰球工程公司
22	94	123	安徽建工集团有限公司
23	105	106	中原石油勘探局
24	109	109	中国石化工程建设公司
25	118	111	大庆油田工程有限公司
26	123	158	江苏南通六建建设集团有限公司
27	125	153	山东电力建设第三工程公司
28	130	136	上海电气集团股份有限公司
29	136	165	南通建工集团股份有限公司
30	143	171	新疆北新建设工程(集团)有限责任公司
31	145	145	台湾中鼎工程股份有限公司
32	153	167	中国电力工程顾问集团公司
33	161	* *	沈阳远大铝业工程有限公司
34	170	162	**中国土木工程集团有限公司**
35	177	203	中国江苏国际经济技术合作公司
36	192	* *	哈尔滨电站工程有限责任公司
37	196	220	泛华建设集团有限公司
38	217	* *	中国武夷实业股份有限公司
39	219	* *	中地海外建设集团有限公司
40	221	194	中国地质工程集团公司

注:表中 2010 年排名名次标 * * 的为 2011 年首次入选或 2010 年未入选企业。

2011 年度国际最大 225 家承包商中国企业排名表

序号	排序		公司名称
	2011 年	2010 年	
1	11	13	中国交通建设股份有限公司
2	20	22	中国建筑股份有限公司
3	24	41	中国水利水电建设集团公司
4	26	26	中国机械工业集团公司
5	27	46	中国石油工程建设公司
6	29	25	**中国铁建股份有限公司**
7	32	32	中信建设有限责任公司
8	33	53	中国中铁股份有限公司
9	54	89	上海建工（集团）总公司
10	58	79	山东电力建设第三工程公司
11	61	31	中国冶金科工集团有限公司
12	71	84	中国葛洲坝集团股份有限公司
13	78	78	上海电气集团股份有限公司
14	80	80	中国东方电气集团有限公司
15	83	69	中国石化工程建设公司
16	86	86	**中国土木工程集团有限公司**
17	89	76	中国石油天然气管道局
18	92	124	中国化学工程集团公司
19	95	108	哈尔滨电站工程有限责任公司
20	100	101	山东电力基本建设总公司
21	112	* *	中地海外建设集团有限公司
22	113	117	北京建工集团有限责任公司
23	115	125	中国水利电力对外公司
24	118	123	中国石化集团中原石油勘探局
25	125	119	中国江苏国际经济技术合作公司
26	127	133	青建集团股份公司
27	129	106	中国地质工程集团公司

续表

序号	排序		公司名称
	2011 年	2010 年	
28	134	92	台湾中鼎工程股份有限公司
29	145	141	中国大连国际经济技术合作集团有限公司
30	151	135	中国技术进出口总公司
31	154	159	中国河南国际合作集团有限公司
32	155	179	安徽省外经建设(集团)有限公司
33	158	151	中国寰球工程公司
34	162	160	中国机械进出口(集团)有限公司
35	163	169	新疆北新建设工程(集团)有限责任公司
36	168	* *	沈阳远大铝业工程有限公司
37	170	157	安徽建工集团有限公司
38	176	140	中国万宝工程公司
39	177	186	中国中原对外工程公司
40	178	* *	中国海外经济合作总公司
41	183	185	中国江西国际经济技术合作公司
42	187	162	泛华建设集团有限公司
43	191	137	合肥水泥研究设计院
44	193	184	中国武夷实业股份有限公司
45	200	197	南通建工集团股份有限公司
46	202	200	江苏南通三建集团有限公司
47	203	* *	中国石油天然气管道局
48	204	149	上海城建(集团)公司
49	206	207	中鼎国际工程有限责任公司
50	214	217	浙江省建设投资集团有限公司
51	220	* *	云南建工集团有限公司
52	225	224	中国成套设备进出口(集团)总公司

注:表中 2010 年排名名次标* *的为 2011 年首次入选或 2010 年未入选企业。

2011年中国企业500强名单

名次	企业名称	营业收入(万元)
1	中国石油化工集团公司	196904221
2	中国石油天然气集团公司	172088519
3	国家电网公司	152880849
4	中国工商银行股份有限公司	54500200
5	中国移动通信集团公司	51901596
6	中国中铁股份有限公司	47366265
7	中国铁建股份有限公司	47015879
8	中国建设银行股份有限公司	45408700
9	中国人寿保险(集团)公司	43752296
10	中国农业银行股份有限公司	40794200
11	中国银行股份有限公司	40024770
12	中国建筑股份有限公司	37041753
13	东风汽车公司	36883383
14	中国南方电网有限责任公司	36857369
15	上海汽车工业(集团)总公司	36727716
16	中国海洋石油总公司	35476183
17	中国中化集团公司	33532680
18	中国第一汽车集团公司	29401552
19	中国交通建设股份有限公司	27357150
20	宝钢集团有限公司	27298409
21	中国中信集团公司	26389387
22	中国电信集团公司	26040613
23	中国兵器装备集团公司	25720490
24	中国五矿集团公司	25421754
25	中国人民保险集团股份有限公司	24431400
26	中国兵器工业集团公司	24118198
27	中国华能集团公司	22799419
28	河北钢铁集团有限公司	22709711
29	神华集团有限责任公司	21963390
30	中国冶金科工集团有限公司	21713056
31	中国航空工业集团公司	20988800
32	首钢总公司	19753446
33	百联集团有限公司	19644457
34	中国平安保险(集团)股份有限公司	19553413
35	中国铝业公司	19543309
36	武汉钢铁(集团)公司	19069111
37	中国邮政集团公司	19017095
38	华润(集团)有限公司	18805269
39	华为技术有限公司	18507600
40	中国中钢集团公司	18456624
41	中粮集团有限公司	17917250
42	江苏沙钢集团有限公司	17862398
43	中国联合网络通信集团有限公司	17681154
44	中国大唐集团公司	17542649
45	中国远洋运输(集团)总公司	16415080
46	交通银行股份有限公司	16374112
47	中国国电集团公司	16242588
48	广州汽车工业集团有限公司	16224204
49	中国电子信息产业集团有限公司	16084475
50	北京汽车集团有限公司	15769729
51	苏宁电器集团有限公司	15622292
52	国美电器有限公司	15490000
53	中国铁路物资股份有限公司	15319125
54	中国航空油料集团公司	15318726
55	中国机械工业集团有限公司	15221844
56	鞍钢集团公司	15157209
57	天津市物资集团总公司	14862736
58	河南煤业化工集团有限责任公司	14699085
59	联想控股有限公司	14669743
60	冀中能源集团有限责任公司	14385863
61	中国船舶重工集团公司	14252440
62	中国太平洋保险(集团)股份有限公司	14166200
63	海尔集团公司	14053629
64	中国化工集团公司	14022404
65	浙江省物产集团公司	13539303
66	中国建筑材料集团有限公司	13535530
67	中国华电集团公司	13015252
68	中国电力投资集团公司	12704010
69	山东魏桥创业集团有限公司	11845598
70	美的集团有限公司	11671971
71	太原钢铁(集团)有限公司	11654838
72	山西煤炭运销集团有限公司	11588080
73	山东钢铁集团有限公司	10976027
74	中国平煤神马能源化工集团有限责任公司	10662320
75	山东能源集团有限公司	10598960
76	山西焦煤集团有限责任公司	10572891
77	光明食品(集团)有限公司	10417152
78	陕西延长石油(集团)有限责任公司	10207104
79	黑龙江北大荒农垦集团总公司	10160000
80	中国水利水电建设集团公司	10148156
81	上海电气(集团)总公司	9942011
82	天津冶金集团有限公司	9852214
83	中国供销集团有限公司	9693017
84	天津汽车工业(集团)有限公司	9665895
85	中国中煤能源集团有限公司	9601682
86	天津中环电子信息集团有限公司	9480707
87	上海绿地(集团)有限公司	9478176
88	中国外运长航集团有限公司	9465135
89	中国通用技术(集团)控股有限责任公司	9383848
90	新华人寿保险股份有限公司	9364308
91	开滦(集团)有限责任公司	9326836
92	金川集团有限公司	9233633
93	潍柴控股集团有限公司	9113760
94	中国航天科工集团公司	9043872
95	中国医药集团总公司	8817424
96	江西铜业集团公司	8634538
97	大连大商集团有限公司	8615769
98	上海建工(集团)总公司	8585000

名次	企业名称	营业收入(万元)
99	天津钢管集团股份有限公司	8515615
100	山西潞安矿业(集团)有限责任公司	8500830
101	天津天钢集团有限公司	8300015
102	中国航空集团公司	8248441
103	中国重型汽车集团有限公司	8119180
104	新兴际华集团有限公司	8035667
105	中国东方航空集团公司	8010875
106	中国南方航空集团公司	7824707
107	泰康人寿保险股份有限公司	7744119
108	阳泉煤业(集团)有限责任公司	7555878
109	上海烟草集团有限责任公司	7282682
110	招商银行股份有限公司	7137700
111	天津天铁冶金集团有限公司	7130832
112	中兴通讯股份有限公司	7026387
113	本钢集团有限公司	6902791
114	山西晋城无烟煤矿业集团有限责任公司	6854486
115	浙江吉利控股集团有限公司	6827951
116	马钢(集团)控股有限公司	6805958
117	华晨汽车集团控股有限公司	6793178
118	正威国际集团有限公司	6781763
119	厦门建发集团有限公司	6770462
120	中国南车集团公司	6680286
121	铜陵有色金属集团控股有限公司	6654485
122	万向集团公司	6613800
123	徐州工程机械集团有限公司	6602645
124	湖南华菱钢铁集团有限责任公司	6578713
125	中国北方机车车辆工业集团公司	6482579
126	中国海运(集团)总公司	6481092
127	新疆广汇实业投资(集团)有限责任公司	6475589
128	雨润控股集团有限公司	6475546
129	海航集团有限公司	6466806
130	杭州钢铁集团公司	6436295
131	海信集团有限公司	6374092
132	红塔烟草(集团)有限责任公司	6325981
133	江苏悦达集团有限公司	6232144
134	国家开发投资公司	6143153
135	南京钢铁集团有限公司	6098646
136	珠海振戎公司	6098492
137	珠海格力电器股份有限公司	6080724
138	广厦控股创业投资有限公司	6035959
139	兖矿集团有限公司	6032548
140	湖南中烟工业有限责任公司	5888856
141	四川长虹电子集团有限公司	5859688
142	福建联合石油化工有限公司	5857077
143	广东物资集团公司	5831123
144	酒泉钢铁(集团)有限责任公司	5694581
145	新希望集团有限公司	5595767
146	广东省广新控股集团有限公司	5579451
147	红云红河烟草(集团)有限责任公司	5499012
148	杭州娃哈哈集团有限公司	5487355
149	中国民生银行股份有限公司	5476800
150	绿城房地产集团有限公司	5420000
151	安徽海螺集团有限责任公司	5389400
152	庞大汽贸集团股份有限公司	5377439
153	海亮集团有限公司	5258400
154	北大方正集团有限公司	5214299
155	武汉商联(集团)股份有限公司	5212909
156	TCL 集团股份有限公司	5183357
157	中国国际海运集装箱(集团)股份有限公司	5176832
158	陕西煤业化工集团有限责任公司	5156645
159	淮南矿业(集团)有限责任公司	5150679
160	北京建龙重工集团有限公司	5126817
161	江苏华西集团公司	5125876
162	中国黄金集团公司	5122864
163	南山集团有限公司	5120064
164	长沙中联重工科技发展股份有限公司	5085768
165	山东六和集团有限公司	5068613
166	河南省漯河市双汇实业集团有限责任公司	5066989
167	三一集团有限公司	5020000
168	中天钢铁集团有限公司	5016965
169	中国中材集团有限公司	5010701
170	天津市一轻集团(控股)有限公司	5000300
171	上海浦东发展银行股份有限公司	4985585
172	中国港中旅集团公司	4837930
173	广州铁路(集团)公司	4818250
174	厦门国贸控股有限公司	4809649
175	包头钢铁(集团)有限责任公司	4797643
176	内蒙古电力(集团)有限责任公司	4774013
177	浙江省能源集团有限公司	4702046
178	中国诚通控股集团有限公司	4674979
179	比亚迪股份有限公司	4668535
180	陕西有色金属控股集团有限责任公司	4622904
181	山东大王集团有限公司	4592139
182	浙江省兴合集团公司	4580663
183	恒大地产集团	4580140
184	上海复星高科技(集团)有限公司	4569219
185	天津渤海化工集团公司	4559695
186	中国有色矿业集团有限公司	4547986
187	无锡产业发展集团有限公司	4505925
188	中国核工业集团公司	4454545
189	日照钢铁控股集团有限公司	4412783
190	安徽省徽商集团有限公司	4379994
191	天津荣程联合钢铁集团有限公司	4376256
192	安阳钢铁集团有限责任公司	4372115
193	兴业银行股份有限公司	4345591
194	大连万达集团股份有限公司	4339652
195	江苏新长江实业集团有限公司	4329266
196	北京城建集团有限责任公司	4321296
197	广东省粤电集团有限公司	4299980
198	中国烟草总公司湖南省公司	4294715
199	大秦铁路股份有限公司	4201380
200	上海世博(集团)有限公司	4122641
201	湖北宜化集团有限责任公司	4108935
202	山西煤炭进出口集团有限公司	4062147
203	上海城建(集团)公司	4060000
204	四川省宜宾五粮液集团有限公司	4029684

名次	企业名称	营业收入(万元)
205	三胞集团有限公司	3980819
206	厦门海翼集团有限公司	3951373
207	北京建工集团有限责任公司	3933412
208	新余钢铁集团有限公司	3866655
209	东方电气股份有限公司	3808011
210	河北津西钢铁集团股份有限公司	3775850
211	云天化集团有限责任公司	3766624
212	物美控股集团有限公司	3750456
213	上海医药集团股份有限公司	3741107
214	广东格兰仕集团有限公司	3722894
215	广西玉柴机器集团有限公司	3704602
216	中国葛洲坝集团公司	3704335
217	山东省商业集团有限公司	3702662
218	上海华谊(集团)公司	3699916
219	新华联合冶金投资集团有限公司	3690620
220	上海纺织控股(集团)公司	3634705
221	浙江恒逸集团有限公司	3607627
222	天津百利机电控股集团有限公司	3582315
223	大连西太平洋石油化工有限公司	3570378
224	黑龙江龙煤矿业控股集团有限责任公司	3563681
225	浙江中烟工业有限责任公司	3542970
226	奇瑞汽车股份有限公司	3537921
227	内蒙古伊泰集团有限公司	3525971
228	江苏汇鸿国际集团有限公司	3511668
229	山东黄金集团有限公司	3493835
230	浙江省国际贸易集团有限公司	3491306
231	青岛钢铁控股集团有限责任公司	3485576
232	安徽江淮汽车集团有限公司	3471074
233	华侨城集团公司	3442354
234	河北敬业企业集团有限责任公司	3438118
235	临沂新程金锣肉制品集团有限公司	3423996
236	广发银行股份有限公司	3408515
237	雅戈尔集团股份有限公司	3348136
238	广东省交通集团有限公司	3308711
239	大冶有色金属集团控股有限公司	3264918
240	中国化学工程股份有限公司	3258320
241	恒力集团有限公司	3250480
242	哈尔滨电气集团公司	3225505
243	淮北矿业(集团)有限责任公司	3223792
244	重庆商社(集团)有限公司	3215632
245	太平人寿保险有限公司	3200626
246	江苏三房巷集团有限公司	3177616
247	北京首都旅游集团有限责任公司	3169904
248	浙江省商业集团有限公司	3161013
249	江西萍钢实业股份有限公司	3149313
250	陕西汽车集团有限责任公司	3137042
251	北京控股集团有限公司	3118499
252	浙江省建设投资集团有限公司	3101645
253	中国中纺集团公司	3087432
254	金东纸业(江苏)股份有限公司	3075301
255	北京金隅集团有限责任公司	3073125
256	湖北中烟工业有限责任公司	3071298
257	通威集团有限公司	3063896

名次	企业名称	营业收入(万元)
258	浪潮集团有限公司	3053517
259	宁波金田投资控股有限公司	3036011
260	内蒙古蒙牛乳业(集团)股份有限公司	3026541
261	内蒙古伊利实业集团股份有限公司	2966498
262	江苏苏宁环球集团有限公司	2952000
263	重庆建工集团股份有限公司	2923386
264	长城汽车股份有限公司	2897189
265	江苏西城三联控股集团有限公司	2867590
266	江苏阳光集团有限公司	2866095
267	天狮集团有限公司	2856380
268	紫金矿业集团股份有限公司	2853958
269	中国工艺(集团)公司	2838134
270	红豆集团有限公司	2818600
271	广东省丝绸纺织集团有限公司	2773446
272	南方石化集团有限公司	2752872
273	广州医药集团有限公司	2752645
274	杭州汽轮动力集团有限公司	2745835
275	中天发展控股集团有限公司	2734295
276	江铃汽车集团公司	2719540
277	湖南省建筑工程集团总公司	2714049
278	海南大印集团有限公司	2713098
279	河南中烟工业有限责任公司	2682846
280	晶龙实业集团有限公司	2672924
281	四川华西集团有限公司	2671700
282	天津一商集团有限公司	2660644
283	新华联控股有限公司	2623299
284	奥克斯集团有限公司	2621103
285	成都建筑工程集团总公司	2619663
286	浙江荣盛控股集团有限公司	2604134
287	山东泰山钢铁集团有限公司	2604107
288	江苏申特钢铁有限公司	2602279
289	唐山港陆钢铁有限公司	2598080
290	碧桂园控股有限公司	2580411
291	厦门象屿集团有限公司	2576816
292	中国盐业总公司	2568624
293	滨化集团公司	2546193
294	山东招金集团有限公司	2536421
295	四川宏达(集团)有限公司	2536014
296	申能(集团)有限公司	2534147
297	四川省川威集团有限公司	2519760
298	扬子江药业集团有限公司	2501626
302	人民电器集团有限公司	2485721
303	北京银行	2483461
304	江阴澄星实业集团有限公司	2452410
305	北京市政路桥建设控股(集团)有限公司	2451385
306	华夏银行股份有限公司	2447889
307	阳光保险集团股份有限公司	2446216
308	广州市建筑集团有限公司	2428809
309	百兴集团有限公司	2421253
310	南京医药产业(集团)有限责任公司	2415239
311	重庆机电控股(集团)公司	2412418
312	中国恒天集团有限公司	2405347
313	世纪金源投资集团有限公司	2402798

名次	企业名称	营业收入(万元)
314	海城市西洋镁矿有限公司	2400325
315	江苏高力集团有限公司	2393521
316	广东省广晟资产经营有限公司	2368231
317	山东时风(集团)有限责任公司	2363926
318	广西建工集团有限责任公司	2346788
319	浙江省交通投资集团有限公司	2337958
320	唐山瑞丰钢铁(集团)有限公司	2337512
321	云南建工集团有限公司	2333215
322	天津友发钢管集团有限公司	2330848
323	金龙精密铜管集团股份有限公司	2329025
324	河北文丰钢铁有限公司	2324345
325	山东鲁北企业集团总公司	2324123
326	陕西东岭工贸集团股份有限公司	2322147
327	陕西建工集团总公司	2312286
328	福佳集团有限公司	2301336
329	江苏扬子江船业集团公司	2266895
330	上海华冶钢铁集团有限公司	2258908
331	杭州橡胶(集团)公司	2249364
332	中国煤炭科工集团有限公司	2236925
333	青建集团股份公司	2228763
334	广西投资集团有限公司	2221897
335	福建省三钢(集团)有限责任公司	2220311
336	中国国际技术智力合作公司	2220298
337	上海人民企业(集团)有限公司	2207688
338	重庆钢铁(集团)有限责任公司	2198712
339	义马煤业集团股份有限公司	2196755
340	江西赛维 LDK 太阳能高科技有限公司	2196582
341	山东太阳纸业股份有限公司	2196542
342	华盛江泉集团有限公司	2193973
343	万基控股集团有限公司	2190828
344	东方国际(集团)有限公司	2187347
345	上海市糖业烟酒(集团)有限公司	2180001
346	河南神火集团有限公司	2175477
347	南金兆集团有限公司	2175187
348	广东省建筑工程集团有限公司	2129624
349	九州通医药集团股份有限公司	2125177
350	远大物产集团有限公司	2121081
351	山东中烟工业有限责任公司	2118738
352	徐州矿务集团有限公司	2109802
353	重庆化医控股(集团)公司	2105643
354	青山控股集团有限公司	2100000
355	桐昆集团股份有限公司	2099222
356	山东京博控股股份有限公司	2084451
357	山东金诚石化集团有限公司	2082155
358	云南煤化工集团有限公司	2082031
359	贵州中烟工业有限责任公司	2074708
360	吉林亚泰(集团)股份有限公司	2069831
361	德力西集团有限公司	2069467
362	新世纪控股集团有限公司	2064319
363	安徽省皖北煤电集团有限责任公司	2062864
364	江苏南通三建集团有限公司	2058000
365	天津二轻集团(控股)有限公司	2056793
366	新疆特变电工集团有限公司	2053899

名次	企业名称	营业收入(万元)
367	江苏国泰国际集团有限公司	2053783
368	雅居乐地产控股有限公司	2052019
369	昆明钢铁控股有限公司	2050435
370	深圳市天音通信发展有限公司	2038253
371	盾安控股集团有限公司	2035269
372	江苏南通二建集团有限公司	2034806
373	旭阳控股有限公司	2033958
374	郑州煤炭工业(集团)有限责任公司	2032412
375	陕西龙门钢铁(集团)有限责任公司	2028705
376	山东如意科技集团有限公司	2020289
377	亚邦投资控股集团有限公司	2014886
378	沈阳煤业(集团)有限责任公司	2009407
379	上海外高桥造船有限公司	2008777
380	天正集团有限公司	2003138
381	青岛啤酒股份有限公司	1989783
382	北京京城机电控股有限责任公司	1982564
383	重庆市能源投资集团公司	1980039
384	西王集团有限公司	1974421
385	东北特殊钢集团有限责任公司	1967419
386	腾讯控股有限公司	1964603
387	河南豫联能源集团有限责任公司	1962774
388	尚德电力控股有限公司	1960379
389	金地(集团)股份有限公司	1959250
390	中金再生资源(中国)投资有限公司	1957180
391	浙江前程投资股份有限公司	1952596
392	江苏省丝绸集团有限公司	1941494
393	丰立集团有限公司	1928819
394	沈阳远大企业集团	1920049
395	上海国际港务(集团)股份有限公司	1910545
396	中国广东核电集团有限公司	1906885
397	西部矿业集团有限公司	1899157
398	天津市医药集团有限公司	1897284
399	山东高速集团有限公司	1872435
400	山东晨鸣纸业集团股份有限公司	1866196
401	伊川电力集团总公司	1853812
402	春风实业集团有限责任公司	1852903
403	浙江中成控股集团有限公司	1837328
404	中储发展股份有限公司	1834723
405	同方股份有限公司	1825751
406	中南控股集团有限公司	1825268
407	华泰集团有限公司	1808503
408	北京外企服务集团有限责任公司	1801715
409	哈药集团有限公司	1800000
410	上海永达控股(集团)有限公司	1785615
411	河北普阳钢铁有限公司	1785275
412	广州万宝集团有限公司	1771204
413	万达控股集团有限公司	1760489
414	新疆金风科技股份有限公司	1759550
415	天津港(集团)有限公司	1751557
416	沂州集团有限公司	1749998
417	西林钢铁集团有限公司	1735829
418	广西柳工集团有限公司	1723390
419	江苏省苏中建设集团股份有限公司	1720446

名次	企业名称	营业收入(万元)
420	内蒙古鄂尔多斯羊绒集团有限责任公司	1716680
421	北京能源投资(集团)有限公司	1714195
422	新华锦集团有限公司	1709406
423	云南冶金集团股份有限公司	1707230
424	苏州创元投资发展(集团)有限公司	1693208
425	利群集团股份有限公司	1693036
426	盛虹集团有限公司	1689406
427	利华益集团股份有限公司	1681632
428	江苏法尔胜泓昇集团有限公司	1663644
429	东营方圆有色金属有限公司	1655967
430	山东东明石化集团有限公司	1654831
431	河北省物流产业集团有限公司	1653285
432	江苏金浦集团有限公司	1652418
433	安徽建工集团有限公司	1651463
434	中国轻工业品进出口总公司	1650754
435	安徽国贸集团控股有限公司	1648284
436	江苏新世纪造船(集团)有限公司	1644184
437	云南锡业集团(控股)有限责任公司	1643841
438	四川公路桥梁建设集团有限公司	1643166
439	大连机床集团有限责任公司	1642154
440	亨通集团有限公司	1641979
441	北京首都创业集团有限公司	1637597
442	三角集团有限公司	1626122
443	江苏双良集团有限公司	1625919
444	江苏金辉集团公司	1620772
445	郑州宇通集团有限公司	1620560
446	河北建工集团有限责任公司	1620000
447	石家庄北国人百集团有限责任公司	1619223
448	江苏华厦融创置地集团有限公司	1615860
449	宁波银亿集团有限公司	1615030
450	重庆力帆控股有限公司	1605513
451	山东石横特钢集团有限公司	1592328
452	湖南晟通科技集团有限公司	1590499
453	山东西水橡胶集团有限公司	1590462
454	中国西电集团公司	1588152
455	波司登股份有限公司	1580011
456	山东淄博傅山企业集团有限公司	1578594
457	新疆天业(集团)有限公司	1575338
458	天津城建集团有限公司	1565900
459	山西省国新能源发展集团有限公司	1557374
460	深圳市中金岭南有色金属股份有限公司	1552235

名次	企业名称	营业收入(万元)
461	精功集团有限公司	1551021
462	中国贵州茅台酒厂有限责任公司	1550241
463	黑龙江省建设集团有限公司	1534629
464	宁波富邦控股集团有限公司	1530145
465	白银有色集团股份有限公司	1529410
466	福建省能源集团有限责任公司	1528110
467	重庆轻纺控股(集团)公司	1527488
468	中太建设集团股份有限公司	1527046
469	华勤橡胶工业集团	1521231
470	浙江宝业建设集团有限公司	1518836
471	维维集团股份有限公司	1516718
472	天津市津能投资公司	1514162
473	北京住总集团有限责任公司	1510600
474	龙湖地产有限公司	1509312
475	玲珑集团有限公司	1508721
476	山东博汇集团有限公司	1507067
477	浙江昆仑控股集团有限公司	1504480
478	三河汇福粮油集团有限公司	1503658
479	凌源钢铁集团有限责任公司	1493466
480	隆鑫控股有限公司	1485079
481	山东科达集团有限公司	1480177
482	武安市裕华钢铁有限公司	1474151
483	海城市后英经贸集团有限公司	1469641
484	许继集团有限公司	1469260
485	青岛港(集团)有限公司	1464587
486	浙江元立金属制品集团有限公司	1461790
487	河南豫光金铅集团有限责任公司	1458460
488	传化集团有限公司	1457968
489	远东控股集团有限公司	1453368
490	河北新金钢铁有限公司	1445683
491	天津市建工集团(控股)有限公司	1443121
492	北京燕京啤酒集团公司	1441961
493	沈阳机床(集团)有限责任公司	1435268
494	老凤祥股份有限公司	1431090
495	浙江八达建设集团有限公司	1428656
496	辽宁铁法能源有限责任公司	1428348
497	杉杉控股有限公司	1428080
498	天津纺织集团(控股)有限公司	1423337
499	浙江龙盛控股有限公司	1421638
500	福田雷沃国际重工股份有限公司	1419873

中国铁建所属单位名录

单位名称	地址	电话	邮政编码
中国土木工程集团有限公司	北京市海淀区北蜂窝4号	010－63263392	100038
北京中土大厦	北京市海淀区北蜂窝6号	010－63260860	100038
中土凯明工程咨询有限公司	北京市海淀区北蜂窝8号中雅大厦B座10层	010－63435030	100038
中土国际贸易有限公司	北京市宣武门西大街大成广场28号7门11层1108室	010－63600930～42	100053
北京中铁建总国际经贸有限公司	北京市海淀区北蜂窝6号	010－51843894	100038
中土集团公司轨道工程公司	北京市顺义区李遂镇葛代子新村1号	010－51848284	101313
广州中土实业发展有限公司	广东省广州市环市西路135号	020－86661050	510010
上海中土实业有限公司	上海市共和新路666号	021－56623777	200070
中国土木工程集团珠海分公司	广东省珠海市吉大石花东路58号28栋6座	0756－3222650	519015
海南基冠房地产开发(香港)有限公司	海南省海口市大同路25号华发大厦B座502室	0898－66526568	570102
中土集团福州勘察设计研究院有限公司	福建省福州市晋安区茶园街道沁园支路41号	0591－87051157	350013
中土尼日利亚有限公司	Airport Road, Behind Dantata Quarry, 2nd Junction, off Galadima Village, Abuja P. O. BOX 6667 WUSE ABUJA NIGERIA	09－5242023	
中土东非有限公司	坦桑尼亚达累斯萨拉姆市邮政信箱4083	00255－22－2851129	
中国土木工程博茨瓦纳有限公司	博茨瓦纳哈伯罗内市特鲁昆	00267－3925332	
中国土木阿尔及利亚有限公司	阿尔及尔市,El－Achour区,Oued Romane街,Ouahrani 70号	00213－21307103－111	
中土集团公司阿联酋代表处	阿拉伯联合酋长国阿布扎比市43076号邮箱	00971－2－6459417	
中土集团俄罗斯有限公司	Room 310"B", 154 Lenin Str. YuZhno_sokhalinsk 693000, Russia	007－42－42464758	
中国土木工程集团有限公司利比亚分公司	利比亚的黎波里Gargash街邮政信箱1409	00218－21－4834600	
中国土木工程集团有限公司沙特分公司	No. 8 Humaidan shuw Street SulaimaniaDist, P. O. Box: 99861 Riyadh 11625 KSA	00966－1－4608288	
中国土木工程集团(香港)有限公司	香港九龙尖沙咀漆咸道南39号铁路大厦23楼	00852－22718899	
中国土木工程(澳门)有限公司	澳门新口岸北京街怡德商业中心15楼E、F座	00853－28781160	
中铁(澳门)有限公司	澳门友谊大马路南方大厦1楼JLMNO座	00853－28706416	
中土巴西国际商业有限公司	Rua. Prof. Artur Ramos, 241/cj. 91, Jardim Paulistano CEP 01454－011, Sao Paulo－SP	0055－11－38127068	
中土集团公司日本代表处	NAGAMINE BILDG, 7F 2－12－13, SHINKAWA CHUO－KU, TOKYO 104－0033, JAPAN	0081－3－35535065	
中土集团公司(波兰)有限公司	波兰华沙德拉夫斯卡大街17号	0048－22－8223062	
中国铁建土耳其安卡拉分公司	629. Sokak, Villa 3. Funda Beyazevler Sitesi, Oran 06500 Ankara, Turkey	0090－312－4911130/29	
土铁项目欧洲代表处	德国法兰克福60431海波林大街62号	0049－69－520148	
中铁十一局集团有限公司	湖北省武汉市武昌区中山路347号	027－88710613	430071
第一工程有限公司	湖北省襄樊市航空路73号	0710－3712139	441104
第二工程有限公司	湖北省十堰市白浪中路99号	0719－8362010	442013

续表

单位名称	地址	电话	邮政编码
第三工程有限公司	湖北省十堰市武当路15号	0719－8763791	441300
第四工程有限公司	湖北省武汉市武昌区华光大道21号	027－87586438	430074
第五工程有限公司	重庆市沙坪坝区新桥新村71号	023－89065226	400037
第六工程有限公司	湖北省襄樊市七里河路2号	0710－3718609	441003
电务工程有限公司	湖北省武汉市东湖开发区佳园路19号	027－51129300	430074
建筑安装工程有限公司	湖北省襄樊市长虹北路3号	0710－3719250	441057
桥梁工程有限公司	江西省鹰潭市南站路24号	0701－7027093	335003
城市轨道工程有限公司	湖北省武汉市东湖开发区华光大道21号	027－87586460	430074
北京办事处	北京市海淀区羊坊店东路19号	010－63988099	100038
东南区域经营部	福建省福州市北环中路2号屏山苑C座1405室	0591－87735892	350003
中南区域经营部	湖北省武汉市武昌区中山路347号中铁大厦2603室	027－88710950	430071
华南区域经营部	广东省广州市黄埔大道中109号华江花园A2803	027－85611465	510630
西南区域经营部	贵州省贵阳市贵乌路冠竹苑F栋1单元501室	0851－6751059	550001
西北区域经营部	陕西省西安市南二环东段141号新亚大厦3层	029－82235838	710054
北方区域经营部	山西省太原市五一路198号华夏银行后(精英家园)B座818号	0351－3523337	030001
华东区域经营部	上海市普陀区远景路97弄58号2401室	021－61077598	200061
东北区域经营部	辽宁省沈阳市和平区十四纬路402号	024－23865103	110000
襄樊管理部	湖北省襄樊市七里河路2号	027－3718400	441003
中铁十二局集团有限公司	山西省太原市西矿街130号	0351－6353114	030024
第一工程有限公司	山西省临汾市育红路9号	0357－3128231	041000
第二工程有限公司	山西省太原市小店区人民南路19号	0351－6355010	030032
第三工程有限公司	山西省太原市万柏林区西线街39号	0351－6356010	030024
第四工程有限公司	陕西省西安市未央区徐家湾红旗东路3号	029－86584806	710021
建筑安装工程有限公司	山西省太原市迎泽西大街169号	0351－6354192	030024
电气化工程有限公司	山西省太原市万柏林区西线街19号	0351－6356547	030024
第七工程有限公司	湖南省长沙市天心区友谊路202号	0731－85585548	410004
市政工程有限公司	广东省珠海市情侣南路158号海愉半岛花园2栋4单元1105室	0756－3232906	519015
铁路养护工程有限公司	西藏自治区拉萨市经济技术开发区林琼岗路13－1号	0891－6752100	850000
海南振海工程有限公司	海南省海口市面前坡东村1号	0898－36630208	570206
物资公司	山西省太原市万柏林区西线街27号	0351－6356551	030024
铁道大厦	山西省太原市迎泽西大街143号	0351－6353765	030024
中心医院	山西省太原市西矿街182号	0351－6354145	030053
铁路工程学校	湖南省湘潭市广技路58号	0732－58281074	411100
兴城疗养院	辽宁省兴城市兴海北路103号	0429－3919478	125100
广州工程指挥部	广东省广州市天河区中山大道建中路5号9层	020－85558258	510665
华东工程指挥部	上海市闵行区鹤庆路66号	021－54710423	200240
西北工程指挥部(陕西工程公司)	陕西省西安市未央路125号第5国际A座17层	029－82126558	710018
川渝工程指挥部	四川省成都市武侯区广福桥正街5号7层	028－85099545	610041
云贵工程指挥部	云南省昆明市国贸路577号	0871－7183879	650200
北京办事处	北京市宣武区马连道南街1号楼A栋2207房间	010－63478128	100055

续表

单 位 名 称	地 址	电 话	邮政编码
中铁十三局集团有限公司	天津市空港经济区环河北路80号空港商务园东区E6栋	022－84861226	300308
第一工程有限公司	辽宁省大连市沙河口区沙跃街9号	0411－62838201	116033
第二工程有限公司	广东省深圳市盐田区东海大道盐田港9号小区中铁大厦	0755－25288114	518083
第三工程有限公司	辽宁省沈阳市东陵区方家栏路60号	024－24202435	110043
第四工程有限公司	黑龙江省哈尔滨市道外区先锋路459号	0451－55188210	150008
第五工程有限公司	四川省成都市新都区学院东路289号	028－83961732	610500
第六工程公司	吉林省长春市二道区岭东路2216号	0431－86161068	130033
电务工程有限公司	天津市河东区新开路46号冠福大厦12层	022－60895971	300011
天津工程科技有限公司	天津市西青区中北镇碧岭园小区C区22栋	022－23799039	300381
吉林省现代城建轨道交通勘察设计院有限公司	吉林省长春市二道区公平路2299号	0431－86161948	130033
天津春江房地产公司	天津市河北区望海楼北里30号	022－26360835	300143
深圳市中铁达实业公司	广东省深圳市盐田区盐田港后方陆域6号区中铁达物流大厦	0755－25206299	518083
长春春原工程科技开发有限公司	吉林省长春市二道区岭东路2138号	0431－86161114	130033
西北工程指挥部	甘肃省兰州市城关区张掖路1号保利大厦B座5楼	0931－8479719	730030
华东工程指挥部	上海市浦东新区云台路1000弄14号1301室	021－33905171	200123
北京办事处	北京市石景山区玉泉西里二区远洋山水31楼8单元202号	010－88609844	100040
赣州办事处	江西省赣州市八一四大道南段铁龙大酒店	0797－8159099	341000
物业管理分公司	吉林省长春市二道区岭东路2138号	0431－86161114	130033
中铁十三局技师学院	吉林省长春市兴隆山镇	0431－86165313	130102
中铁十四局集团有限公司	山东省济南市和平路1号	0531－88386449	250014
第一工程发展有限公司	山东省日照市海曲东路66号	0633－2285916	276826
第二工程有限公司	山东省泰安市东岳大道西首	0538－2183456	271000
第三工程有限公司	山东省兖州市北环城路16号	0537－83493230	271200
第四工程有限公司	山东省济南市英雄山路267号	0531－82516869	250002
第五工程有限公司	山东省兖州市北站	0537－3638015	272017
电气化工程有限公司	山东省济南市和平路16号	0531－88385366	250014
北京中铁房山桥梁有限公司	北京市房山区阎村镇房山科技工业园区燕房园8号	010－51882869	102400
山东凯华置业有限公司	山东省济南市和平路16号	0531－88385800	250014
山东铁正工程试验检测中心有限公司	山东省济南市和平路16号	0513－88386413	250014
隧道工程有限公司	山东省济南市十六里河镇兴隆山庄	0531－88387001	250002
水利水电工程分公司	山东省济南市历下区中润世纪广场A3座18号楼10层	0531－88386697	250014
建筑安装工程分公司	山东省济南市二环东路3966号东环国际广场B座3层	0531－82516088	250100
北京工程指挥部	北京市海淀区阜城路115号	010－88120700	100039
青岛工程指挥部	山东省青岛市高科园香港东路254号	0532－8889627	266061
成都工程指挥部	四川省成都市高新区芳草街36号瑞升大厦A座15层	028－85122509	610041
西安工程指挥部	陕西省西安市未央路199号基业大厦7层	029－86402366	710021
广州工程指挥部	广东省广州市白云区光辉街48号1203室	020－26271565	510430
海外工程分公司	山东省济南市和平路16号	0531－8385631	250014
职工教育培训中心	山东省济南市十六里河镇兴隆山庄	0531－88387263	250002

续表

单 位 名 称	地 址	电 话	邮政编码
物业管理中心	山东省济南市和平路1号	0531－88385175	250014
交通战备办公室	山东省济南市和平路1号	0531－88386637	250014
中铁十五局集团有限公司	河南省洛阳市四通路2号	0379－62637114	471013
第一工程有限公司	陕西省西安市经济技术开发区凤城二路13号	029－62689130	710018
第二工程有限公司	河南省焦作市工业路518号	0391－2589888	454003
第三工程有限公司	河南省洛阳市火车西站	0379－62688438	471041
第四工程有限公司	河南省郑州市二七区新圃东街117号	0371－67055019	450052
第五工程有限公司	河南省洛阳市买家街123号院	0379－62639111	471002
第六工程有限公司	河南省洛阳市邙山路4号院	0379－62631640	471013
第七工程有限公司	河南省洛阳市洛常路6号院	0379－62631065	471002
贵州路桥工程有限公司	贵州省都匀市北工区	0854－8326123	558004
成都建设工程有限公司	四川省成都市郫县犀浦镇珠江东街16号	028－87847202	611731
西北工程有限公司	陕西省西安市碑林区东关柿园路1号	029－62661856	710048
西南公司	云南省昆明市福景路38号	0871－8052558	650228
天津工程公司	天津市经济技术开发区洞庭路122号	022－25325252	300457
中南公司	湖北省武汉市武昌区友谊大道特1号友谊国际小区6栋1单元	027－88703059	430060
华北公司	北京市石景山区聚兴园小区	010－52630677	100040
华东公司	上海市闵行区莘泐路232号	021－64921100	201100
华南公司	广东省深圳市宝安区阳光海花园3C222室	0755－2917873	518101
新疆公司	新疆维吾尔自治区乌鲁木齐市青海路123号	0991－7881962	830011
南京公司	广西壮族自治区南京市江宁开发区将军大道129号2幢108室	025－85437406	211100
国际工程公司	北京市朝阳区百子湾西里金海商富中心A座20层	010－59572623	100124
河南置业有限公司	河南省郑州市航海路197号索克世纪大厦9楼	0371－87553035	450000
城市交通公司	广东省广州市番禺区钟村镇	020－39901250	511495
济阳迎宾黄河大桥有限公司	山东省济阳县经二路73号	0531－84225799	251400
包西铁路工程指挥部	陕西省绥德县龙湾开发区	0912－5710038	718000
京沪高速铁路工程指挥部	安徽省固镇县谷阳路222号	0552－6670000	233700
天津集疏港项目经理部	天津市塘沽区新港2号路文体中心院内	022－25790402	300456
沪昆铁路客运专线项目部	江西省上饶市上饶县工业园区一舟大道西人武部民兵基地	0793－8666013	334100
广深港铁路客运专线项目部	广东省深圳市福田区上梅林中康路北73号	0755－83143352	518049
阳翼高速公路项目部	山西省阳城县下芹村锦华小区内	0356－4296723	048100
阜六铁路项目部	安徽省阜阳市颍上县南照镇	0558－4130510	236214
龙浦高速公路项目部	福建省浦城县万安乡万新路18号	0599－2863085	353400
大西铁路客运专线项目部	山西省晋中市介休市定阳路	0354－7219169	032000
哈齐铁路客运专线项目部	黑龙江省大庆市让胡路红骥牧场鲍斯生态区	0459－6143926	163713
太原西南环项目部	山西太原晋源新区龙山大街	0351－6779015	030025
郑开城际铁路项目部	河南省开封市杏花营农场汴河堤村北	0378－3128363	475000
职工培训中心	河南省洛阳市邙山路1号院	0379－63697521	471013

续表

单位名称	地址	电话	邮政编码
中铁十六局集团有限公司	北京市朝阳区红松园北里2号	010－84311177	100018
第一工程有限公司	北京市顺义区府前东街15号	010－69424859	101300
第二工程有限公司	天津市河东区万新村三区	022－24370961	300162
第三工程有限公司	浙江省湖州市湖东路288号	0572－2096966	313000
第四工程有限公司	北京市怀柔区迎宾中路2号	010－51045424	101400
第五工程有限公司	河北省唐山市丰润区光华道2号	0315－3082351	064000
北京轨道交通工程建设有限公司	北京市通州区新华大街226号	010－69525837	101100
铁运工程有限公司	河北省高碑店市兴华北路17号	0312－5591013	074000
路桥工程有限公司	北京市密云县新北路29号	010－69080800	101500
电务工程有限公司	北京市朝阳区楼梓庄皮村北巷甲2号	010－51884197	100018
北京工程有限公司	北京市朝阳区红松园北里2号	010－51884760	100018
北京工程指挥部	北京市朝阳区西大望路19号金港国际2号楼	010－87755336	100124
广州工程指挥部	广东省广州市天河区黄埔大道中157号801室	020－85525611	510655
粤海工程指挥部	海南省海口市龙昆南路鸿基花园B1栋	0898－66534478	570206
重庆工程指挥部	重庆市洋河中路望海花园C3座14－6	023－67852831	400020
福州工程指挥部	福建省福州市五一中路47号	0591－83399100	350005
厦门工程指挥部	福建省厦门市莲岳路152号新华大厦8楼	0592－53929016	361012
云南工程指挥部	云南省昆明市官渡区新亚洲体育城星都总部基地08栋	0871－7187348	650214
宁夏工程指挥部	宁夏回族自治区银川市黄河中路恒泰大厦19楼	0951－5056926	750001
四川工程指挥部	四川省成都市金牛区西体北路8号附1号	028－87662608	610031
南京工程指挥部	江苏省南京市瑞金路大清河长发东村一栋	025－84624438	210016
顺昌工程指挥部	福建省顺昌县	0599－7822611	353200
湖南工程指挥部	湖南省长沙市芙蓉区龙柏路69号	0731－84734981	410001
铁龙物资公司	北京市朝阳区红松园北里2号	010－51883618	100018
京博公司	海南省琼海市人民路412号	0898－62831212	571400
神朔铁路运营部	陕西省神木县神木北站	010－51883237	719316
中铁十七局集团有限公司	山西省太原市平阳路84号	0351－7257114	030006
第一工程有限公司	山西省太原市小店区人民北路18号	0351－7093970	030032
第二工程有限公司	陕西省西安市咸宁中路55号	029－62827210	710043
第三工程有限公司	河北省石家庄市中山西路	0311－83986582	050081
第四工程有限公司	重庆市北部高新区洪湖西路18号上丁企业公园24～25栋	023－67030811	401121
第五工程有限公司	山西省太原市小店区人民北路20号	0351－2620114	030032
第六工程有限公司	福建省福州市连江中路181号中铁大厦	0591－3662081	350014
建筑工程有限公司	山西省太原市学府街387号	0351－7233915	030006
电气化工程有限公司	山西省太原市高新区高新街32号	0351－7026348	030006
上海轨道交通工程有限公司	上海市浦东新区张杨路1515弄16号	021－68554723	200135
铺架公司	山西省太原市平阳路84号	0351－7258941	030006
物资有限公司	山西省太原市迎新街南2巷1号	0351－3252633	030008
山西锌兴工程检测有限公司	山西省太原市平阳路西一巷17号	0351－7258527	030012
物业管理中心	山西省太原市平阳路84号	0351－7258316	030006
中心医院	山西省太原市小店区人民北路19号	0351－7259800	030032

续表

单 位 名 称	地 址	电 话	邮政编码
中铁十八局集团有限公司	天津市河西区柳林	022－60282114	300222
国际工程有限公司	天津市河西区柳林中铁十八局办公大楼	022－60282748	300222
第一工程有限公司	河北省涿州市冠云路86号	0312－3686966	072750
第二工程有限公司	河北省唐山市丰润区光华道8号	0315－7763222	063030
第三工程有限公司	河北省涿州市冠云路	0312－3686114	072750
第四工程有限公司	天津市汉沽区大丰路98号	022－67182220	300480
第五工程有限公司	天津市塘沽区新北路3199号	022－25216507	300450
第六工程有限公司	天津市河西区柳林	022－60282685	300222
建筑安装工程有限公司	河北省高碑店市迎宾路	0312－2918221	074000
北京中铁大都工程有限公司	北京市大兴区西红门镇	010－60243246	100076
房地产开发有限公司	天津市河西区柳林中铁十八局办公大楼	022－60283031	300222
隧道工程公司	天津市河西区柳林中铁十八局办公大楼	022－60283820	300222
路桥工程公司	河北省涿州市大石桥	0312－3893900	072750
科研设计院	天津市河西区柳林中铁十八局办公大楼	022－28187974	300222
物业管理公司	天津市河西区柳林中铁十八局大院	022－60282472	300222
上海工程公司	上海市闸北区止园路417号	021－66297072	200071
福建工程公司	福建省福州市福飞路福泉花园	0591－87714928	350012
中原工程公司	河南省郑州市兴华南街兴华小区	0371－67173008	450000
华南工程公司	广西壮族自治区南宁市金州路31号	0771－2380008	530021
中铁十九局集团有限公司	北京市经济技术开发区荣华南路19号	010－59819114	100176
第一工程有限公司	辽宁省辽阳市白塔区卫国路138号	0419－2324114	111000
第二工程有限公司	辽宁省辽阳市白塔区和平路17号	0419－2327210	111000
第三工程有限公司	辽宁省辽阳市太子河区南郊街137号	0419－2326114	111000
第六工程有限公司	江苏省无锡市凤翔路987号(凤加创业园)	0510－83109698	214045
第五工程有限公司	辽宁省大连市金州区拥政街586号	0411－82163715	116000
第七工程有限公司	广东省珠海市拱北港昌路111号中铁大厦	0756－8180416	519020
电务工程有限公司	辽宁省辽阳市白塔区和平路6号	0419－2327058	111000
轨道交通有限公司	北京市顺义区林河经济开发区林河大街16号	010－57477798	101300
房地产开发有限公司	辽宁省辽阳市白塔区和平路17号	0419－2327005	111000
矿业投资有限公司	北京市丰台区莲怡园东路风荷曲苑3号楼	010－52730878	100161
辽阳基地	辽宁省辽阳市白塔区和平路17号	0419－2327940	111000
计量测试中心	辽宁省辽阳市白塔区和平路17号	0419－2327082	111000
物资总公司	辽宁省辽阳市白塔区和平路17号	0419－2327498	111000
职工中心医院	辽宁省辽阳市白塔区卫国路75号	0419－2327160	111000
西南指挥部	重庆市渝中区菜袁路209号新东福花园紫烟阁10－1	0877－3806011	400016
西北指挥部	陕西省榆林市神木县大保当镇	0912－8632160	719302
东北指挥部	辽宁省沈阳市和平区五里河城A座14楼	024－31501023	110004
华东指挥部	上海市静安区康定路211号艺海大厦3楼	021－52131855	200041
华南指挥部	广西壮族自治区南宁市五象广场东方曼哈顿2403号	0771－5532717	530012
北京指挥部	北京市石景山区鲁谷大道聚兴园3号楼2单元102室		100040
海外指挥部	北京市经济技术开发区荣华南路19号	010－59819230	100176

续表

单 位 名 称	地 址	电 话	邮政编码
中铁二十局集团有限公司	陕西省西安市太华北路 89 号	029－82153333	710016
第一工程有限公司	江苏省苏州市新区大同路 10 号	0512－66160328	215151
第二工程有限公司	北京市海淀区西四环北路 158 号慧科大厦 12 层	010－88591336	100142
第三工程有限公司	重庆市渝北区黄山大道中段 5 号水星科技发展中心	023－61808839	401121
第四工程有限公司	山东省青岛市东海东路 89 号	0532－88017020	266061
第五工程有限公司	云南省昆明市官渡区国贸路星河明居 A 幢附属楼	0871－7176649	650200
第六工程有限公司	陕西省西安市辛家庙康新路	029－62600206	710032
电气化工程有限公司	陕西省西安市高新区新型工业园企业壹号公园 6 号	029－62680920	710119
房地产开发有限公司	重庆市南岸区江南大道 19 号城市之光 30 楼	023－62962309	400060
西安工程机械有限公司	陕西省西安市辛家庙康新路	029－86714578	710032
陕西物资有限公司	陕西省西安市华清东路 125 号	029－82320372	710032
兰州商贸有限公司	甘肃省兰州市张掖路 250 号时代广场 9 楼	0931－4903591	730030
路桥分公司	陕西省西安市太华北路 89 号	029－82153890	710016
技工学校	陕西省渭南市向阳北街 245 号	0913－2167628	714000
咸阳基地管理处	陕西省咸阳市文林路	029－33785467	712000
西安基地管理处	陕西省西安市太华北路 89 号	029－82152759	710016
东南工程指挥部	上海市闸北区中华新路 469 号 905 室	021－61234690	200070
西南工程指挥部	四川省成都市高新区天府大道北段 20 号高新国际广场 B 座 401 号	028－85315100	610041
华北工程指挥部	北京市海淀区板井路世纪金源大饭店 6 单元 8D	010－88464965	100097
西北工程指挥部	陕西省西安市太华北路 89 号	029－82152621	710016
海外工程指挥部	陕西省西安市太华北路 89 号	029－82153510	710016
海外工程保障中心	上海市宝山区友谊路 318 号 5 号楼	021－56782099	201900
中铁二十一局集团有限公司	甘肃省兰州市城关区和平路 63 号	0931－4924727	730000
第一工程有限公司	新疆维吾尔自治区乌鲁木齐市河南西路 12 号	0991－7923607	830011
第二工程有限公司	甘肃省兰州市城关区和平路 63 号	0931－4952187	730000
第三工程有限公司	陕西省咸阳市迎宾路	029－33784008	712000
第四工程有限公司	陕西省西安市高新区唐延路中段 37 号洛克大厦	029－68593506	710065
第五工程有限公司	甘肃省兰州市火车站南路 189 号	0931－4958689	730000
电务电化工程有限公司	甘肃省兰州市红山西路 148 号	0931－4924696	730000
北京分公司	北京市海淀区万丰路 18 号院 5 号楼 3 层	010－58872110	100073
德盛和置业有限公司	陕西省西安市雁南五路商通大道曲江综合服务中心 6 楼	029－85567281	710061
铺架工程公司	陕西省西安市南二环东段 236 号金桂苑大厦 6 楼	029－82350511	710054
中铁建投有限公司	北京市宣武区宣外大街 28 号富卓大厦 B 座 908 室	010－63029992	100052
中铁二十二局集团有限公司	北京市石景山区石景山路 35 号	010－51889839	100043
第一工程有限公司	北京市石景山区鲁谷路 74 号	010－51889913	100040
第二工程有限公司	北京市石景山区石景山路 35 号	010－51886517	100043
第三工程有限公司	福建省厦门市观音山国际商务运营中心 11 号楼 22 层	0592－5536927	361008
第四工程有限公司	河北省高碑店市和平路 39 号	0312－2823016	074000
第五工程有限公司	重庆市渝中区大坪正街 140 号 2 栋 1 单元 10－6 号	023－68573556	400042
第六工程有限公司	黑龙江省哈尔滨市南岗区下夹树街 128 号	0451－86424637	150006

续表

单位名称	地址	电话	邮政编码
哈尔滨铁路建设集团有限责任公司	黑龙江省哈尔滨市南岗区西大直街113号	0451-86422547	150006
电气化工程有限公司	北京市丰台区太平桥路15号尚西商务中心3层	010-63379259	100073
北京天瑞机械设备有限公司	北京市海淀区复兴路40号	010-51889787	100855
天瑞泰投资有限公司	北京市石景山区石景山路35号	010-51887445	100043
深圳分公司	广东省深圳市罗湖区新安路森威大厦雍景园12楼	0755-82357420	518002
铁路运营指挥部	北京市海淀区复兴路40号	010-51888752	100855
中铁二十三局集团有限公司	四川省成都市二环路西二段10-1号	028-68311110	610072
第一工程有限公司	山东省日照市黄海路65号	0633-8626706	276826
第二工程有限公司	黑龙江省齐齐哈尔市铁锋区站前大街256号	0452-2924257	161000
第三工程有限公司	四川省成都市温江区天府街中段336号	028-67230000	611130
第四工程有限公司	四川省成都市东门街84号	028-83389372	610031
第六工程有限公司	重庆市渝中区嘉滨路118号	023-63037128	400012
第七工程有限公司	广东省深圳市龙岗区中心城龙城北路3号荔园4楼	0755-89982299	518172
第八工程有限公司	四川省成都市青羊工业集中发展区G区8栋AB座	028-68618100	610092
轨道交通工程有限公司	上海市浦东新区惠南镇城南路335号	021-68038111	201300
川东水泥有限公司	四川省达州市渠县三汇镇	0818-7887828	635209
电务工程有限公司	天津市南开区密云一支路燕宇花园45号	022-27531522	300112
中铁二十四局集团有限公司	上海市会文路2号	021-51221317	200071
安徽工程有限公司	安徽省合肥市新海大道15号	0551-2124910	230001
江苏工程有限公司	江苏省南京市玄武区板仓街9号C区1号楼	025-85437820	210042
上海铁建工程有限公司	上海市共和新路911号	021-51231157	200070
浙江工程有限公司	浙江省杭州市江城路692号	0571-87806165	310009
福建铁路建设有限公司	福建省福州市火车站沁园路77号	0591-87577551	350013
南昌铁路工程有限公司	江西省南昌市二七南路109号	0791-7022857	330002
新余工程有限公司	江西省新余市铁兴路216号	0790-6968255	338025
南昌建设有限公司	江西省南昌市二七南路116号	0791-6110683	330002
上海电务电化有限公司	上海市天目中路585号新梅大厦18F	021-51226558	200070
贵溪桥梁厂有限公司	江西省贵溪市柏里大道	0701-3773371	335400
鹰潭设备安装工程有限公司	江西省鹰潭市环城东路105号	0701-6447216	335000
上海房地产开发有限公司	上海市民德路20号	021-51223735	200071
路桥分公司	上海市秣陵路80号华象大楼15F	021-51236006	200070
轨道交通分公司	上海市虬江路1000号聚源大厦10F	021-51223097	200071
中铁二十五局集团有限公司	广东省广州市中山一路55号	020-61327005	510600
广州铁路工程有限公司	广东省广州市越秀区桂花岗东2号	020-61357417	510405
柳州铁路工程有限公司	广西壮族自治区柳州市和平路138号	0772-3924927	545007
第二工程有限公司	湖南省衡阳市珠晖区乐群里166号	0734-2523457	421002
第三工程有限公司	湖南省长沙市人民中路职院街129号	0731-2636687	410001
电务工程有限公司	广东省广州市共和西路8号	020-61327499	510600
建筑安装工程有限公司	广东省广州市共和西路8号	020-61339022	510600
恒元建筑工程公司	广西壮族自治区柳州市红岩路二区75号	0772-3926659	545007

续表

单 位 名 称	地 址	电 话	邮政编码
南方实业开发有限公司	广东省广州市共和西路8号	020－61323737	510600
广州铁诚质量检测有限公司	广东省广州市共和西路8号	020－61324447	510600
房地产开发有限公司	广东省广州市中山一路55号	020－61324047	510600
轨道交通工程有限公司	广东省广州市中山一路55号	020－61324047	510600
北方分公司	山东省青岛市崂山区苗岭路29号	0532－89098013	266061
中铁建设集团有限公司	北京市石景山区石景山路20号	010－51885010	100131
北京中铁建安装工程有限公司	北京市石景山区石景山路20号501室	01－51885232	100131
北京中铁装饰工程有限公司	北京市石景山区石景山路20号712室	010－51885423	100131
北京中铁电梯工程有限公司	北京市石景山区石景山路20号5层510室	010－51885201	100131
北京中铁建工物资有限公司	北京市石景山区石景山路20号812室	010－51885211	100131
中铁建设集团物业管理有限公司	北京市石景山区石景山路20号2层201室	010－51812845	100131
中铁建设珠海有限公司	广东省珠海市拱北迎宾大道西侧御花园乾清阁	0756－8119401转803	519060
中铁建设集团西安工程有限公司	陕西省西安市高新区高新四路17号志诚商务C座5层	029－87939848	710075
中铁建设集团湖北建设有限公司	湖北省武汉市硚口区汉正街487号	0596－6960080	430100
北京中铁建设有限公司	北京市石景山区石景山路20号505室	010－51885128	100131
中铁建设集团西北设计有限公司	陕西省西安市高新区高新四路17号志诚商务C座506B	029－87939848	710075
北京尚信世恒工程检测有限公司	北京市石景山区吴家村路1号		
中铁建设集团中加伟业房地产有限公司	北京市密云县沙河村西云秀花园翠竹园2号4层	010－51812904	101500
中铁建设集团(信阳)房地产开发有限公司	河南省信阳市浉河区河南路66号	010－51812904	464100
陕西京创房地产开发有限公司	陕西省咸阳市文林小区11号楼412室	010－51812904	712000
西安侨隆置业有限公司	陕西省西安市雁塔区朱雀南路50号长江丰泽园A座3层	010－51812904	710075
中铁建设集团房地产有限公司	北京市石景山区石景山路20号401、402、409、611室	010－51812904	100131
澳门中北建设有限公司	澳门北京街244号澳门金融中心9楼A座	0756－8119401转803	
巴新公司	巴布亚新几内亚国家首都区布洛克区1311号	010－51885043	
北京佳景晟房地产有限公司	北京市石景山区石景山路20号408房间	010－51812904	100131
北京分公司	北京市石景山区石景山路20号	010－51885128	100131
天津分公司	天津市津南区双港镇津沽路北宋庄道东	022－24326670	300350
西安分公司	陕西省西安市高新区高新四路17号志诚商务C座5层	029－8793848	710075
山西分公司	山西省太原市南沙河北沿岸295号	0351－4083059	30012
郑州分公司	河南省郑州市金水区东明路187号	0371－68107080	450008
武汉分公司	湖北省武汉市蔡甸区蔡甸街新天村八组		430100
长沙分公司	湖南省长沙市开福区秀峰大道69号山语城	0731－85229261转806	410008
广东分公司	广东省珠海市拱北迎宾大道西侧御花园乾清阁7层D	0756－8119401转803	519060
海南分公司	海南省洋浦吉浦路怡园小区2幢2单元204室	0898－68575317	570200
济南分公司	山东省济南市历下区七家村1号	0531－87586029	250013
华东分公司	上海市闵行区莘松路855号第一幢三楼A区	021－34687677	201100
南宁分公司	广西壮族自治区南宁市青秀区民族大道131号航洋国际2#2811号	0771－5561973	530028
房地产开发分公司	北京市石景山区石景山路20号401、402、409、611室	010－51812904	100131

续表

单 位 名 称	地 址	电 话	邮政编码
铁路工程总指挥部	北京市石景山区石景山路20号	010－51885657	100131
海外工程分公司	北京市石景山区石景山路20号	010－51885043	100131
建筑设计院	北京市石景山区石景山路20号中铁建设大厦9层	010－51885084	100131
设备安装分公司	北京市石景山区张仪村1号	010－51885165	100040
装饰分公司	北京市石景山区吴家村1号	010－51885423	100040
市政工程分公司	北京市石景山区张仪村1号	010－51885153	100040
商品砼分公司	北京市石景山区张仪村1号	010－51885172	100040
模板架构件加工租赁中心	北京市石景山区张仪村1号	010－51885508	100040
设备租赁分公司	北京市石景山区吴家村1号	010－51885232	100040
房产膳食服务管理中心	北京市石景山区张仪村1号	010－51812845	100131
工程资源分公司	北京市	010－52252065	
中国铁建电气化局集团有限公司	北京市石景山区石景山路29号	010－88779813	100043
第一工程有限公司	河南省洛阳市白马寺镇18号	0379－62630033	471013
第二工程有限公司	山西省太原市尖草坪区昌盛西街18号	0351－3258248	030023
第三工程有限公司	河北省高碑店市兴华北路57号	0312－7932801	074000
第四工程有限公司	湖南省长沙市雨花区中意一路728号	0731－85627012	410116
第五工程有限公司	广西壮族自治区柳州市红岩路二区6号	0772－3924776	545007
南方工程有限公司	湖北省武汉市东湖开发区华光大道19号	027－51129200	430074
北方工程有限公司	山西省太原市迎泽西大街369号	0351－6354026	030053
北京京燕饭店有限公司	北京市石景山区石景山路29号	010－68876666	100043
西安电气化制品有限公司	陕西省渭南市华县莲花寺	0913－4810408	714101
科技有限公司	河北省高碑店市西大街建国胡同9号	0312－7938502	074013
北京中铁建电气化设计研究院	北京市石景山区石景山路29号	010－88779906	100043
城市轨道交通分公司	北京市石景山区石景山路29号	010－88779952	100043
轨道交通器材有限公司	江苏省常州市武进区雪堰镇潘家工业集中区	0519－86547055	213179
康远新材料有限公司	江苏省江阴市周庄镇港西路113号江阴市电工合金有限公司	0510－86238213	214423
青海维管公司	青海省西宁市青海花园49号楼2栋1202号	0971－7121904	810000
中铁房地产集团有限公司	北京市石景山区阜石路166号泽洋大厦16层	010－52638620	100043
北京天太金海置业有限公司	北京市西城区国投大厦东南角西派公寓1号楼	010－66116689	100043
中铁房地产集团长沙置业有限公司	湖南省长沙市开福区秀峰路69号山语城会所3楼	0731－84849200	410210
中铁房地产开发(保定)有限公司	河北省保定市复兴中路999号	0312－5907906	071051
徐州中铁房地产开发有限公司	江苏省徐州市建国西路75号财富广场A座22层	0516－85969070	221006
贵州中泓房地产开发有限公司	贵州省贵阳市南明区太慈桥车水路76号	0851－5505188	550007
长春中铁房地产开发有限公司	吉林省长春市汽车产业开发区长沈路2488号	0431－85739808	130011
中铁地产(成都)开发有限公司	四川省成都市龙泉驿区北泉路1188号	028－84867208	610100
中铁房地产集团(广西)有限公司	广西壮族自治区南宁市金湖路63号金源CBD现代城C座17层1736号	0771－2829988	530111
中铁嘉业(北京)投资有限公司	北京市房山区广阳大街1号	010－80393567	102442
湖南中盛嘉业房地产开发有限公司	湖南省长沙市经济技术开发区漓湘路与东六线交汇处中国铁建·国际城售楼部2楼	0731－4023296	410100

续表

单位名称	地址	电话	邮政编码
中铁房地产集团(惠州)有限公司	广东省惠州市惠城区马安镇	0756－2290339	516057
中铁房地产集团合肥置业有限公司	安徽省合肥市庐阳区桃源路99号	0551－5661988	230041
北京第六大洲房地产开发有限公司	北京市朝阳区来广营乡清河营村1号地	010－84912792	100012
中铁房地产集团北京丰基置业有限公司	北京市丰台区西四环南路101号丰台科技园创新大厦6层	010－63720216	100070
中铁房地产集团浙江京城投资有限公司	浙江省杭州市拱墅区湖州街150号5F	0571－88297918	310015
中铁房地产集团(贵州)有限公司	贵州省贵阳市南明区花溪大道中段92号	0851－5505188	550007
中铁房地产集团北京正达置业有限公司	北京市房山区长阳镇长周路与长阳大街(长杨路)交汇处西北角	010－80368198	102401
中铁房地产集团(天津)置业有限公司	天津市河北区中山路66号维多利亚酒店11层	022－86340088－1105	300142
中铁房地产集团广州有限公司	广东省广州市荔湾区康王中路486号和业广场1703室	020－81237200	510140
中铁房地产集团四川有限公司	四川省成都市龙泉驿区北泉路1188号	028－84867208	610100
中铁第一勘察设计院集团有限公司	陕西省西安市西影路2号	055－65021(路)	710043
新疆铁路勘察设计院有限公司	新疆维吾尔自治区乌鲁木齐市北京南路703号	073－56021(路)	830011
青海铁道工程勘察有限责任公司	青海省西宁市共和南路23号	075－92227(路)	810007
甘肃铁道综合工程勘察院有限公司	甘肃省兰州市民主西路35号	071－34733(路)	730000
陕西铁道工程勘察有限公司	陕西省宝鸡市中山西路88号	017－22123(路)	721001
甘肃综合铁道工程承包有限责任公司	甘肃省兰州市和政路127号	071－34597(路)	730000
甘肃铁一院工程监理有限责任公司	甘肃省兰州市和政路127号	071－33053(路)	730000
西安铁一院工程咨询监理有限责任公司	陕西省西安市高新区丈八一路1号汇鑫IBC大厦B座	029－81770772	710065
甘肃格瑞生态技术有限公司	陕西省西安市西影路2号	055－49064(路)	710043
甘肃环通工程试验检测有限公司	甘肃省兰州市和政路131号	071－33676(路)	730000
甘肃宏图文印有限公司	陕西省西安市西影路2号	055－49068(路)	710043
中铁第四勘察设计院集团有限公司	湖北省武汉市武昌区和平大道745号	027－86812844	430063
线路站场设计研究处	湖北省武汉市武昌区和平大道745号	027－86816139	430063
桥梁设计研究处	湖北省武汉市武昌区和平大道745号	027－86811470	430063
地质路基设计研究处	湖北省武汉市武昌区和平大道745号	027－51155953	430063
航空勘察处	湖北省武汉市武昌区和平大道745号	027－51156015	430063
设备设计研究处	湖北省武汉市武昌区和平大道745号	027－86814195	430063
通信信号设计研究处	湖北省武汉市武昌区和平大道745号	027－51155236	430063
电气化设计研究处	湖北省武汉市武昌区和平大道745号	027－86814200	430063
工程经济设计处	湖北省武汉市武昌区和平大道745号	027－51155305	430063
环境工程设计研究处	湖北省武汉市武昌区和平大道745号	027－51156234	430063
城市轨道交通建筑设计研究院	湖北省武汉市武昌区和平大道745号	027－51155288	430063
道路交通设计研究院	湖北省武汉市武昌区和平大道745号	027－51156792	430063

续表

单位名称	地址	电话	邮政编码
工程勘察院	湖北省武汉市洪山区铁机村	027－51156248	430063
信息中心	湖北省武汉市武昌区和平大道745号	027－86811459	430063
图文印制中心	湖北省武汉市武昌区和平大道745号	027－86814198	430063
保障服务中心	湖北省武汉市武昌区和平大道745号	027－51155657	430063
接待中心	湖北省武汉市武昌区和平大道745号	027－51155080	430063
杭州分院	浙江省杭州市江干区彭埠镇	0571－86493110	310021
海南分院	海南省海口市和平南路78号宁屯大厦11层	0898－65337543	570203
厦门分院	福建省厦门市金培南二路1号	0592－3822125	361004
北京分院	北京市海淀区小马厂华天大厦11楼	010－63323794－1616	100039
上海分院	上海市广灵四路24号甲7层	021－55390252	200083
广州分院	广东省广州市广花二路85号矿泉游泳场	020－61358689	510400
南京分院	江苏省南京市瑞金路33号瑞金花苑10楼A座	025－84585248	210016
福州分院	福建省福州市北环路沁园新村3栋3103号	0591－87595548	350013
郑州分院	河南省郑州火车站架桥机院内	053－54020（路电）	450052
合肥分院	安徽省合肥市新站开发区高阳路东	0482－25433（路电）	230011
深圳分院	广东省深圳市南山区学府路荟芳园D栋5楼	0755－26530649	518054
上海分公司	上海市广灵四路24号开隆大厦甲7层	021－65608347	200083
广州分院	广东省广州市广花二路85号矿泉游泳场	020－61358689	510400
南京分院	江苏省南京市中央路399号天正国际广场6栋15楼	025－84585248	210037
郑州分院	河南省郑州市郑东新区CBD内环金成国际B座12楼	053－54020（路电）	450052
合肥分公司	安徽省合肥市新站开发区高阳路东	0482－25433（路电）	230011
福州分院	福建省福州市北环路沁园新村3栋3103号	0591－87595548	350013
南昌分公司	（驻地待定）	18607082035	
长沙分公司	湖南省长沙市袁家岭五一大道253号湘域中央2号楼32层	073－88152889	410011
北京分院	北京市海淀区小马厂华天大厦11楼	010－63325104	100039
苏州设计院	江苏省苏州市新区青石路500号	0512－68139639	215009
无锡设计院	江苏省无锡市青扬路99号数码大厦601室	0510－80217758	214001
中铁四院集团广州设计院有限公司	广东省广州市共和西路6号	020－61322417	510600
中铁四院集团南宁勘察设计院有限公司	广西壮族自治区南宁市高新区高新五路3号	0771－2722157	530003
武汉铁道工程承包有限责任公司	湖北省武汉市武昌区和平大道745号	027－86715014	430063
铁四院（湖北）工程监理咨询有限公司	湖北省武汉市武昌区和平大道745号	027－86811518	430063
武汉铁四院工程咨询有限公司	湖北省武汉市武昌区和平大道745号	027－51156952	430063
武汉鸿基岩土工程院有限责任公司	湖北省武汉市武昌区和平大道745号	027－51155953	430063

续表

单 位 名 称	地 址	电 话	邮政编码
武汉铁四院工程造价咨询有限公司	湖北省武汉市武昌区和平大道745号	027－51155305	430063
武汉铁四院控制爆破技术有限公司	湖北省武汉市武昌区和平大道745号	027－51155512（路电）	430063
中铁四院集团房地产开发有限公司	湖北省武汉市武昌区和平大道745号	027－51155729	430063
惠州大亚湾铁惠实业有限公司	广东省惠州市惠阳区人民六路锦珠花园B栋502号	0752－3362178	516211
武汉铁辰工程检测有限公司	湖北省武汉市武昌区和平大道745号	027－51155407	430063
昆明楚云交通工程设计有限公司	昆明世纪城国际商务中心2号楼19层	0871－8273284	650247
中铁第五勘察设计院集团有限公司	北京市大兴区康庄路9号	010－51011506	102600
线路运输设计院	北京市大兴区康庄路9号	010－51011110	102600
地质路基勘察设计院	北京市大兴区康庄路9号	010－51011689	102600
桥梁设计院	北京市大兴区康庄路9号	010－51011569	102600
四电设计院	北京市大兴区康庄路9号	010－51011265	102600
城市轨道交通设计院	北京市大兴区康庄路9号	010－51011227	102600
建筑设计院	北京市大兴区康庄路9号	010－51011589	102600
市政工程设计院	北京市大兴区康庄路9号	010－51011584	102600
工程经济设计院	北京市大兴区康庄路9号	010－51011269	102600
环境工程设计院	北京市大兴区康庄路9号	010－51011180	102600
应用技术研究院	北京市大兴区康庄路9号	010－51011159	102600
工程机械研究设计院	北京市大兴区康庄路9号	010－51011751	102600
工程咨询公司	北京市大兴区康庄路9号	010－51011660	102600
东北勘察设计分院	黑龙江省哈尔滨市南岗区西大直街119号	0451－86424957	150006
郑州勘察设计院	河南省郑州市金水区玉凤路333号发展国际14层	0371－60309812	450000
北京铁研建设监理有限责任公司	北京市大兴区康庄路9号	010－51011278	102600
北京铁五院工程试验检测有限公司	北京市大兴区康庄路9号	010－51011217	102600
北京中铁建北方路桥工程有限公司	北京市大兴区康庄路9号	010－51011679	102600
北京铁五院工程机械有限公司	北京市大兴区康庄路9号	010－51129802	102600
北京铁五院置业公司	北京市大兴区康庄路9号	010－51011179	102600
中铁上海设计院集团有限公司	上海市天目中路291号	021－51225147	200070
南昌铁路勘测设计院有限责任公司	江西省南昌市工人新村二路27号	0791－7021157	330002
合肥铁路勘察设计院有限责任公司	安徽省合肥市瑶海工业园区新海大道15号	0551－2123581	230011
杭州铁路设计院有限责任公司	浙江省杭州市延安路468号省经贸大厦B座6楼	0571－56735530	310006
上海先行建设监理有限公司	上海市天目中路291号	021－63818678	200070
上海铁路局工程咨询有限责任公司	上海市天目中路291号	021－63179645	200070
南京设计院	江苏省南京市中山北路223号建达大厦7楼	025－85835799	210009
天津分院	天津市南开区卫津路18号中恺国际广场A座1503室	022－27776863	300073

续表

单 位 名 称	地 址	电 话	邮政编码
中铁物资集团有限公司	北京市海淀区西四环中路19号	010－51881098	100143
东北有限公司	辽宁省沈阳市东北大马路337号	024－88204558	110044
华东有限公司	上海市长乐路462号	021－62172358	200020
中南有限公司	湖北省武汉市武昌区丁字桥路25号	027－87929851	430070
西北有限公司	陕西省西安市友谊东路150号	029－82258491	710054
西南有限公司	四川省成都市一环路北一段113号	028－87664714	610031
华北有限公司	河北省石家庄市工人街22号	0311－85364898	050000
华南有限公司	广东省广州市越秀区东风东路745号东山紫园国际商务大厦17楼	020－38880314	510610
北京有限公司(五棵松饭店)	北京市海淀区西四环中路19号五棵松饭店	010－51881188	100143
北京中铁工业有限公司	北京市石景山区玉泉路65号	010－88688618	100040
北京中铁工业有限公司	北京市石景山区玉泉路65号院	010－88688618	100040
港澳有限公司	广东省珠海市九州大道西3026号11栋	0756－3800227	519070
南京有限公司	江苏省南京市中山路179号15楼A座	025－83368335	210005
兰州有限公司	甘肃省兰州市西固区福利东路68号	0931－3940628	730060
铁建民爆器材专营有限公司	北京市海淀区西四环中路19号	010－51873806	100143
中石油铁建油品销售有限公司	北京市海淀区复兴路21号海育大厦10层	010－68576262	100036
北京中铁福斯罗技术有限公司	北京市海淀区西四环中路19号218房间	010－51881070	100143
鞍钢办事处	辽宁省鞍山市鞍山市铁东区二一九路16号国贸大厦西座18F	0412－2288198	114001
包钢办事处	内蒙古自治区包头市昆区民族东路香港花园景秀苑10栋55号	0472－2185878	014010
攀钢办事处	四川省攀枝花市炳草岗大街泰隆大厦14楼	0812－3359128	617000
武钢办事处	湖北省武汉市武昌区丁字桥27号	027－87129886	430071
南昌指挥部	江西省南昌市红谷滩新区丰和南大道2299号梵顿公馆一期1号楼3单元701室	0791－3956729	330038
昆明中铁大型养路机械集团有限公司	云南省昆明市东郊杨方旺384号	0871－3831998	650215
昆明奥通达铁路机械有限公司	云南省昆明市东郊杨方旺384号	0871－5388007	650215
北京瑞维通工程机械有限公司	北京市房山区大件路1－7号	010－59735836	102400
北京昆维通铁路机械化工程有限公司	北京市房山区大件路1－7号	010－59735819	102400
中国铁建重工集团有限公司	湖南省长沙市经济技术开发区东七路88号	0731－84071801	410100
道岔分公司	湖南省株洲市建设北路	0731－84071806	412005
中铁株洲桥梁有限公司	湖南省株洲市建设北路487号	0731－28372019	412005
中铁隆昌工务器材有限公司	四川省隆昌县金鹅镇外站路75号	0832－5166500	642150
株洲中铁电气物资有限公司	湖南省株洲市田心北站路81号	0731－22681288	412001
中铁建钢结构有限公司	河北省涿州市华阳中路143号	0312－3853972	072750
北京铁城建设监理有限责任公司	北京市海淀区复兴路40号	010－51886957	100855
信诺工程检测有限公司	北京市海淀区复兴路40号	010－52689365	100855
重庆铁城公司	重庆市渝中区上清寺环球广场15楼F户	023－86362370	400015

续表

单 位 名 称	地 址	电 话	邮政编码
天津分公司	北京市朝阳区红松园 2 号	010－51883750	100018
南京分公司	河南省洛阳市四通路 2 号	0379－62637873	471013
成都分公司	四川成都市通惠门路 3 号锦都 2 幢 2 单元 0904 号	028－66663176	610015
合肥分公司	安徽省合肥市蒙城北路板桥商住楼 1－802 室	0551－5695162	230041
深圳分公司	广东省深圳市福田区侨香路香格丽苑 C 幢 13A02	0755－28536274	518034
电气化分公司	北京市复兴路 40 号	010－51886938	100855
重庆分公司	重庆市渝中区上清寺环球广场 15 楼 F 户	023－86362370	400015
上海分公司	上海市闸北区延长中路 775 号如家酒店 3 楼 303－304 室	021－66309270	200070
武汉事业部	湖北省武汉市东湖开发区关山大道 519 号长城. 坐标城 C 区 8 栋 1－4－401		430223
西安事业部	陕西省西安市未央区龙首北路西段 9 号航天新都 B 座 1 单元 1205 室	029－86222033	710014
房建事业部	北京市海淀区阜成路 42 号院中裕商务花园 6 号 C－401	100036	
公路事业部	北京市丰台区马家堡东路 71 号立业大厦 1303	010－67569191	100070
中铁建(北京)商务管理有限公司	北京市复兴路 40 号	010－51888421	100039
中铁建(北京)物业管理有限公司	北京市复兴路 40 号	010－51887649	100039
北京铁建宾馆	北京市复兴路 40 号	010－51889602	100039
北京铁建医院	北京市复兴路 40 号	010－51888417	100039
北京中铁建商贸中心	北京市复兴路 40 号	010－51887115	100039
中铁国际航空服务有限公司	北京市复兴路 40 号	010－51887251	100039
中国铁建股份有限公司机关汽车队	北京市复兴路 40 号	010－51886222	100039
中国铁建投资有限公司	北京市复兴路 40 号中国铁建大厦 5 层	010－52689571	100855
中铁建中非建设有限公司	北京市复兴路 40 号中国铁建大厦 8 层	010－52689321	100855
中国铁建(加勒比)有限公司	No. 78 Ellerslie Park, Maraval, Port－of－Spain, Trinidad and Tobago, west Indies	1868－6222074	
中国铁道建设(香港)有限公司	香港九龙港铁红磡站港铁红磡大楼 207 室	852－27749886	
诚合保险经纪有限责任公司	北京市复兴路 40 号中国铁建大厦 8 层东侧	010－52689666	100855
北京培训中心(党校)	北京市大兴区龙河路 16 号	010－69296341	102600
中国铁道建筑报社	北京市复兴路 40 号	010－51887497	100855
中国铁建阿尔及利亚项目经理部		00213－21－586828	16000
中国铁建上海代表处	上海市宝山区岭南路 1115 号	021－62682670－8000	200435
中国铁建包西铁路工程指挥部(协调组)	陕西省延安市东关街百姓家园 1406 号	0911－2118278	716000
中国铁建昆明市二环改扩建工程指挥部	云南省昆明市官渡区新亚洲体育城星都总部 36 栋 5 楼	0871－3549867	650214
中国铁建沙特麦加轻轨项目公司	沙特阿拉伯王国吉达市安德鲁斯大街中国铁建大厦	0966(2)6520268	21432
中国铁建鱼洞长江大桥建设指挥部	重庆市巴南区鱼洞镇双安街 47 号万友康磐苑	023－66289127	401321

续表

单位名称	地址	电话	邮政编码
中国铁建贵阳工程建设指挥部	贵州省贵阳市金阳新区金阳大道北段武警贵阳支队	0851－4138238	550022
中国铁建玉树地震灾后重建指挥部	青海省玉树州玉树县西杭路中国铁建玉树地震灾后重建指挥部	0976－8823732	815000
中国铁建成渝高速公路复线工程指挥部	重庆市璧山县璧城镇农市街30号	023－85296388	402760
中国铁建昆明新机场快速公交工程指挥部	云南省昆明市官渡区新亚洲体育城星都总部36栋3楼	0871－3574667	650214
中铁建山东京沪高速公路济乐有限公司	山东省济南市高新技术开发区天辰大楼1188号	0531－89703607	250101
中国铁道建筑总公司重庆铁发遂渝高速公路有限公司	重庆市渝北区洪湖东路55号财富中心19栋	023－67908816	401121
中国铁道建筑总公司北京通达京承高速公路有限公司	北京市怀柔区庙城怡安园	010－51043072	101401
中国铁道建筑总公司咸阳中铁路桥有限公司	陕西省咸阳市世纪西路108号	029－33690262	712000
中国铁道建筑总公司南京长江隧道工程指挥部	江苏省南京市广州路5号君临国际B座21栋	025－51861299	210008

索　　引

使用说明

1. 本索引采用内容分析索引法编制。除大事记外，年鉴中有实质检索意义的内容均予以标引，以便检索使用。

2. 本索引基本上按汉语拼音音序排列。具体排列方法如下：以数字开头的，排在最前面；汉字标目按首字的音序、音调依次排列，首字相同时，则以第二个字排序，并依此类推。

3. 索引标目后的数字，表示检索内容所在的年鉴正文页码；数字后面的英文字母 a、b，表示年鉴正文中的栏别，组合在一起即指该页码及左、右两个版面区域。年鉴中用表格、图片反映的内容，则在索引标目后面用括号注明（表）、（图）字，以区别于文字标目。

4. 为反映索引款目间的隶属关系，对于二级标目，采取在上一级标目下缩二格的形式编排，之下再按汉语拼音音序、音调排列。

0～9

A

B

C

D

E

F

G

H

J

K

L

M

N

P

Q

R

S

T

W

Z

（王彦祥　毋栋　编制）